Lernräume gestalten – Bildungskontexte vielfältig denken

Klaus Rummler (Hrsg.)

Lernräume gestalten – Bildungskontexte vielfältig denken

Waxmann 2014
Münster • New York

Bibliografische Informationen der Deutschen Nationalbibliothek
Die Deutsche Nationalbibliothek verzeichnet diese Publikation in der Deutschen Nationalbibliografie; detaillierte bibliografische Daten sind im Internet über http://dnb.d-nb.de abrufbar.

Medien in der Wissenschaft, Band 67

ISSN 1434-3436
ISBN 978-3-8309-3142-3
ISBN-A 10.978.38309/31423

Der Volltext ist online unter www.waxmann.com/buch3142 abrufbar.
Die Einzelbeiträge und zugehörige Dateien sind unter http://2014.gmw-online.de abrufbar und kommentierbar.

www.waxmann.com
info@waxmann.com

Umschlaggestaltung: Pleßmann Design, Ascheberg
Umschlagfoto: © John Wilhelm, Regula Müller (Pädagogische Hochschule Zürich)
Satz: Stoddart Satz- und Layoutservice, Münster
Druck: Hubert & Co., Göttingen

Gedruckt auf alterungsbeständigem Papier,
säurefrei gemäß ISO 9706

MIX
Papier aus verantwortungsvollen Quellen
FSC® C016439
FSC www.fsc.org

Printed in Germany

Inhalt

5.1 Spezifische Perspektiven auf Videos

6. Spielräume: Gamification und Spielelemente in Lernräumen

7. Strukturen zur Gestaltung von Lernräumen an Hochschulen

9. Softwaregestaltung ist Raumgestaltung

Klaus Rummler

Lernräume gestalten: Bildungskontexte vielfältig denken

Das Thema der 22. Jahrestagung der Gesellschaft für Medien in der Wissenschaft *#GMW14* ist die Gestaltung von Lernräumen. Die darin enthaltenen jeweils komplexen Begriffe ‚Lernen', ‚Räume' und ‚Gestaltung' eröffnen vielschichtige Lesarten und Verbindungen. Lernende und Lehrende gestalten ihre Räume gemeinsam und der Begriff der Lernräume rückt die didaktische Gestaltung der Orte und Umgebungen des Lernens in den Mittelpunkt, mit denen und in denen sich Lernende und Lehrende gemeinsam auseinandersetzen. Gleichzeitig ist der Begriff der Gestaltung mit dem Gedanken der Bildung verknüpft, nämlich der reflexiven und der aktiven Verbindung der Subjekte mit *Welt*.

Vor dem Hintergrund von Social Media und Mobile Learning steht die Gestaltung physischer und virtueller Lernräume vor besonderen Herausforderungen. Methoden, Lernwege oder -strategien der Lernenden verändern sich mit den Medien, was bedeutet, dass pädagogische Interventionen angepasst werden müssen. Aktuell betrifft dies z.B. das Verhältnis zwischen persönlichen Lernumgebungen und institutionellen Lernplattformen und deren unterschiedlichen Ausprägungen und Angeboten. Es ist insbesondere die Frage, ob und wie die Werkzeuge, die in Lernräumen kombiniert werden, reflexive und kooperative Prozesse der Konstruktion von Wissen bzw. des Erlangens von Erkenntnissen fördern oder ermöglichen.

Die *#GMW14* lädt dazu ein, das Thema Lernräume aus unterschiedlichen Perspektiven und Disziplinen zu diskutieren. Dabei sind dieser Tagungsband, die Konferenz und die Präsentationen ebenso konsequent als Lernräume konzipiert, die die Beteiligten gestalten können. Zu welchem Ausmaß und mit welchem Erfolg das gelingt, bleibt weiterhin gleichsam ein Experiment. Festzuhalten bleibt, dass die Organisation einer Tagung im Wesentlichen das Bereitstellen von Lernräumen bedeutet und sowohl Vortragende als auch das Publikum zur aktiven Gestaltung aufgerufen sind. Das Format „EduCamp meets GMW" macht dies zum Prinzip und bietet allen Teilnehmenden der wissenschaftlichen Tagung die Möglichkeit, bestimmte Themen durch niederschwelligen Zugang einzureichen und zu diskutieren.

Die Beiträge dieses Sammelbandes und der Tagung sind Workshops und Vorträge im Langformat (Papers). Eine Besonderheit sind „flipped conference"-Beiträge, die explizit fordern, von den Teilnehmenden vor der Veranstaltung in bestimmter Weise rezipiert und vorbereitet worden zu sein, um die Teilnehmenden während der Konferenz in eine enge Diskussion aktiv einzubeziehen. Beiträge im Kurzformat sind Projektkonzepte, die Austausch und Feedback suchen, Hands-on-Sitzungen, Praxis- und Werkstattberichte sowie Visionen & Konzepte. Dieser Tagungsband ist kein isolierter Sammelband, sondern steht im Kontext der im Rahmen der Tagung entstehenden Medien und Texte. Insofern versammelt die Website www.gmw2014.ch die einzelnen Beiträge, die parallel kommentierbar als Wiki-Buch erscheinen, das OpenAccess-Buch als PDF, die Folien der Präsentationen, die Aufzeichnungen der Keynotes, die ausgestellten Poster, Videokommentare und Zusammenfassungen der Teilnehmenden usw. Diese Vielfalt bietet eine umfangreiche Zusammenschau und facettenreiche Zugangsweisen zum aktuellen Diskurs zu „Medien in der Wissenschaft" in der Bandbreite architektonischer Gestaltung von Hochschulräumen bis hin zur Softwaregestaltung aus Sicht der Informatik. Insofern eröffnet das Kapitel *Lernräume gestalten – physisch und digital* die Perspektive auf verschiedenste Raumbegriffe an der Schnittstelle zwischen analog und digital.

Das Kapitel *Eigenräume und Freiräume: Persönliche Lernumgebungen* versammelt Beiträge, in denen die Heterogenität der Lernenden und ihre eigenen Aneignungspraktiken und Zugangsweisen zu *Welt* im Vordergrund stehen.

Lernräume gezielt gestalten: Perspektiven von Hochschul- und Mediendidaktik nimmt die Gestaltung von Lernräumen durch Dozierende und Lehrpersonen in den Blick und präsentiert exemplarische Anwendungsfelder.

Die Beiträge im Kapitel *Unkonventionelle Räume* befassen sich gezielt mit der *Konferenz als Lernraum.* Beide werden auf der Konferenz als „flipped conference" umgesetzt und fordern von den Teilnehmenden aktive Beteiligung und bestimmte vorherige Vorbereitung.

Massive Open Online Courses (MOOCS) im Sinne von *Kursräumen* sind auch in diesem Jahr ein viel diskutiertes Thema, wobei die Gestaltung von Videos in diesem Rahmen spezifisch beleuchtet wird.

Das Kapitel *Spielräume: Gamification und Spielelemente in Lernräumen* ordnet das Thema in die Hochschuldidaktik ein und zeigt unterschiedliche Aspekte und Anwendungsfelder auf.

Die Unterstützung der *Strukturen zur Gestaltung von Lernräumen an Hochschulen* betrifft einerseits das Vorhandensein und die Gestaltung politischer und konzeptioneller Strukturen an Hochschulen, aber auch physische Infrastrukturen zum Lehren und Lernen mit digitalen Medien.

Das Kapitel *Raumwechsel: Institutionelle Lernumgebungen im Kontext digitalisierter Alltagswelt* befasst sich mit unterschiedlichen Perspektiven auf Lernplattformen, deren Gestaltung und Implementierung sowie verschiedenen Anwendungsfeldern.

Softwaregestaltung ist Raumgestaltung, ist der Imperativ des letzten Kapitels und verdeutlicht die Bedeutung, die der Programmierung von Software als pädagogisch-didaktische Gestaltungsleistung und der damit verbundenen Verantwortung gegenüber den Anwendern zukommt.

Sabina Brandt, Gudrun Bachmann

Auf dem Weg zum Campus von morgen (Keynote)

Zusammenfassung

In einem explorativ angelegten Projekt des Bereichs Bildungstechnologien wurde an der Universität Basel untersucht, wie der „Campus von morgen" aussehen kann und welche Schritte dorthin führen. Das Projekt hat gemeinsam mit Nutzerinnen und Nutzern universitärer Räume sowie Gestalterinnen und Gestaltern von Lernumgebungen einen Blick auf ‚den Campus von heute' geworfen und gemeinsam Thesen ‚für den Campus von morgen' formuliert.

Dieser künftige Campus

- unterstützt das Lernen und Lehren im Sinne der Partizipation und Enkulturation. Dies verlangt insbesondere nach Räumen für Gruppenarbeit, Fachdiskurs und informellen Austausch.
- wird als Lebens- und Lernort geplant, der angemessen auf die veränderten Bedürfnisse einer zunehmend mobilen und diversen Studierendenschaft reagieren kann.
- wird von einer Organisationskultur getragen, bei der Studierende als Angehörige der Universität in die Gestaltung eingebunden sind.
- wird möglich durch Planungsprozesse und Betriebskonzepte, welche die Aufnahme und Umsetzung neuer Entwicklungen und Anforderungen fördern.

Der vorliegende Beitrag fasst die in der Publikation *Lernumgebungen an der Hochschule. Auf dem Weg zum Campus von morgen* (Škerlak et al., 2014) veröffentlichten Projektergebnisse in einem Übersichtsartikel zusammen.

1 Einleitung

Räume prägen uns – durch ihre architektonischen Charakteristika, ihre Innenausstattung, aber auch durch unser subjektives Erleben in ihnen. Gerade Hochschulen sollten sich deshalb der Frage stellen, wie ‚Raum für Bildung' aussieht und aussehen sollte, und wie verschiedene Disziplinen einen Beitrag für ein besseres Verständnis von Raum leisten können, beispielsweise Architektur und Psychologie, Design und Didaktik, Informatik und Pädagogik.

Dank mobiler Geräte wird mittlerweile prinzipiell an jedem Ort auf dem Campus gelernt. Doch wie wachsen der virtuelle und der reale Lernraum zusammen? Und wie genau kann eine beides umfassende Lehr- und Lernumgebung aussehen? Dies waren die Grundfragen für das Projekt ‚ITSI – Moderne Lernumgebung für den Campus von morgen'[1].

Aktuelle Bildungstrends sowie praktische Folgen der Umsetzung der Bologna-Reform bildeten den Ausgangspunkt:

- Selbststudium, Gruppen- und Projektarbeit gewinnen an Bedeutung *(shift from teaching to learning)*,
- Prüfungen werden studienbegleitend und kompetenzorientiert durchgeführt *((e)-assessment)*,
- Der gesamte Campus wird zum Lernort *(mobile learning)*,
- Die virtuelle Komponente wird integraler Bestandteil der Lernumgebung *(virtual learning environment)*.

Aus diesen Entwicklungen im Bildungsbereich und den Fortschritten im Bereich der IT resultieren neue Nutzungsbedürfnisse für und Ansprüche an universitäre Räume, die im Rahmen des Projekts ITSI untersucht wurden. Um diesen zu genügen, benötigt der Campus von morgen also verschiedene Typen von Räumen:

- *Lehrräume* für die Durchführung und Organisation der Lehrveranstaltungen,
- *Lernräume* für selbstgesteuertes Lernen, allein oder in Gruppen,
- *Zwischenräume*, in denen sich Studierende erholen, mit anderen austauschen und verpflegen können,
- *Prüfungsräume* für die Durchführung der zahlreicher gewordenen und oft zeitgleichen Prüfungen,
- *Spielräume*, um innovative Lehr- und Lernformen zu entwickeln und umzusetzen.

Zusammen konstituieren die verschiedenen Raumtypen den universitären Campus. Gemeinsam mit Nutzerinnen und Nutzern universitärer Räume sowie Gestalterinnen und Gestaltern universitärer Lernumgebungen wurden im Rahmen von fünf Workshops entlang dieser Raumtypen verschiedene Perspektiven auf den Campus vertieft, Problemfelder identifiziert und Zukunftsszenarien skizziert. Parallel zu den Workshops wurden Begleitstudien zur Vertiefung einzelner Aspekte durchgeführt. Zudem wurden durch Exkursionen an andere Universitäten wertvolle Erfahrungen gewonnen.

1 ITSI steht für „IT-Service Integration in Studium und Lehre". Das gesamte Projekt umfasste zwei Phasen. In der ersten Phase lag der Fokus auf den IT-Services, die zweite Phase konzentrierte sich auf die Gestaltung zukünftiger Lernumgebungen und das Zusammenspiel von virtuellen und physischen Räumen auf dem Campus. Das Projekt ITSI ist online unter http://itsi.ltn.unibas.ch/ [11.05.2014] umfassend dokumentiert. Zudem wurden die Beiträge des Projektteams sowie von Referentinnen und Referenten einer Workshop-Reihe zum Projekt in einer Abschlusspublikation zusammengefasst (Škerlak et al., 2014). Das Buch ist online frei zugänglich unter http://www.waxmann.com/buch3056 [11.05.2014].

Den verschiedenen Workshops und Studien[2] gemeinsam ist das induktive Vorgehen mittels empirisch-qualitativer Exploration mit dem Ziel, die Anforderungen von Studierenden an eine moderne Lernumgebung beschreiben zu können.

2 Passt der traditionelle Campus zum Studieren von heute?

Der folgende Abschnitt richtet das Augenmerk auf universitäre Lern- und Lehrräume und deren Gestaltung.

2.1 ‚Lernwanderer' – zum Lernen unterwegs

„Ich bin ein Lernwanderer". So bezeichnete ein Student sein Studierverhalten. Treffender hätte er den Kern aktueller Entwicklungen nicht benennen können. Im Projekt ITSI wurde die Bezeichnung ‚Lernwanderer' zur Metapher über die Studierenden von heute: Sie sind zum Lernen unterwegs auf dem Campus und auch ausserhalb, falls die Ressourcen woanders besser sind oder andere Aktivitäten andere Orte nahelegen (z.B. Nebenerwerb, Kinderbetreuung, Sport etc.). Als Lernwanderer suchen sie sich die für die jeweilige Tätigkeit optimale Umgebung und nutzen auch „Zwischenzeiten" etwa beim Pendeln oder zwischen Lehrveranstaltungen. Lernwanderer sind sie einerseits dank mobiler Geräte, digitaler Literatur und Online-Lernmaterialien, andererseits verbringen sie aber auch wegen ihres dichten Stundenplans den Studienalltag vermehrt auf dem Campus und wechseln die physischen und virtuellen Orte zwischen Lehrveranstaltungen, Lernzeiten und ‚Leerzeiten' häufig. Im Zusammenhang mit dem Lernwandern haben sich Themenfelder herauskristallisiert, die auf Handlungsbedarf bei der Campusgestaltung hinweisen. Im Folgenden werden entlang dieser Themenfelder ein Bild des Campus aus Studierendenperspektive nachgezeichnet und aus organisationaler Sicht die damit verbundenen Spannungsfelder dargestellt.[3]

(A) Lernen auf dem Campus: Orte und Infrastruktur

Lernwanderer haben alles, was sie für ihren Alltag brauchen, stets mit dabei; nicht nur Lernmaterialien und Lerninfrastruktur, sondern auch das restliche Tagesgepäck wie Jacken und Verpflegung, Sportsachen oder Instrumente, Fahrradhelme oder Regenschirme. Irgendwo muss das Gepäck untergebracht werden, und unsere Beobachtungen haben gezeigt, dass in der Regel nur begrenzt Stauraum (z.B. Schliessfächer, Garderoben) vorhanden ist und dass z.B. auch Arbeitstische recht schmal sind, wenn neben dem Laptop auch noch Bücher,

2 Die zugrundeliegenden Studien sind in Bachmann et al. (2014) beschrieben und auf dem Projektblog http://itsi.ltn.unibas.ch/ [11.05.2014] umfassend dokumentiert.

3 Die im Folgenden dargestellten Themen- und Spannungsfelder sind in Bachmann (2014) durch Bildmaterial und Zitate aus den verschiedenen Studien veranschaulicht.

ein Skript oder Ordner Platz haben sollen. Die meist genannten Bedürfnisse der Lernwandernden sind: Platz für Kommunikation und Konzentration, Platz für das mobile Büro, Informationen darüber, wo generell gelernt werden kann und wo aktuell Platz dafür ist, sowie mehr Steckdosen, mehr Stauraum und WLAN auf dem ganzen Campus. Obwohl die Studierenden ihren Studienalltag als tägliche Lernwanderung beschreiben, wünschen sich viele trotzdem einen festen Arbeitsplatz auf dem Campus, an dem sie sich einrichten und ihre persönliche ‚Lerninfrastruktur' liegen lassen können.

Spannungsfeld ‚jederzeit und überall' versus ‚an einem Ort'

Die Wünsche bezüglich Lernen auf dem Campus befinden sich in einem Spannungsfeld zwischen ‚Lernen jederzeit und überall' einerseits und ‚Lernen an einem Ort', einer Art ‚home-base' andererseits. Diese beiden Bedürfnisse verdeutlichen, dass viele Studierende ihren Lebensmittelpunkt zunehmend auf den Campus verlegen. Es geht nicht darum, die beiden Wünsche gegeneinander auszuspielen oder die Studierenden durch ein einseitiges Angebot zu einem bestimmten Lernverhalten zu drängen, sondern ein ausgeglichenes, situationsangepasstes Angebot zu schaffen oder zu erhalten.

(B) Lernen in wechselnden Kontexten: Grenzen und Übergänge

Privates und Studium mischen sich, formale Lehrsituationen gehen in informellen Austausch über, konzentrierte Lernphasen wechseln sich mit Erholungsphasen ab. In diesem Zusammenhang stellt sich die Frage nach den Grenzen und Übergängen zwischen den verschiedenen Kontexten, in denen sich Studierende bewegen: Wo sind sie gewünscht oder sogar erforderlich, wo überflüssig oder hinderlich?

Spannungsfeld ‚integriert' versus ‚getrennt'

Aus der Perspektive der Universität stellt sich die Frage, inwieweit die integrierte Mischnutzung (sei es virtuell oder physisch) gewünscht und wo eher der Trennung den Vorzug gegeben wird. In diesem Spannungsfeld ‚integriert' versus ‚getrennt' geht es darum, die Grenzen und Übergänge zwischen Lehr- und Lernräumen, Lern- und Zwischenräumen, Studierenden und Dozierenden, Konzentration und Kommunikation, Universitärem und Privatem, Lernen und Erholung, Fachdisziplin und Interdisziplinarität usw. bewusst zu gestalten. Die Frage, wie flexibel oder spezifisch eine Umgebung, ein Raum oder ein Werkzeug sein muss oder darf, lässt sich nicht abschliessend beantworten, sondern muss stets neu gestellt werden, auch unter Einbezug der künftigen Nutzerinnen und Nutzer. Die Lösungen müssen auch nicht immer baulicher oder technischer Natur sein. Häufig reichen bereits gemeinsam ausgearbeitete und explizit gemachte Nutzungsregeln aus.

(C) Lernen an der Universität: Nutzungskulturen

Studierende kommen nicht nur zum Besuch einer Veranstaltung auf den Campus und gehen dann wieder nach Hause. Manchmal werden sie jedoch so behandelt, als ob sie genau dies täten: nicht als Angehörige der Institution, sondern als Besucher. Die Räumlichkeiten sind entsprechend für Besucher optimiert, da implizit erwartet wird, dass die Studierenden im Anschluss an die Lehrveranstaltung den Campus wieder verlassen. Mancherorts haben die Studierenden dagegen die Möglichkeit, z. B. einen fachbereichseigenen Lernraum selbst zu gestalten und tragen dort auch die Verantwortung für dessen Nutzung.

Spannungsfeld ‚Serviceanspruch' versus ‚Eigenverantwortung'

Aus institutioneller Sicht ergibt sich daraus ein Spannungsfeld zwischen ‚Serviceanspruch' von Studierenden als Kunden und deren ‚Eigenverantwortung' als Angehörige der Institution; ein Balanceakt, der im Zusammenhang mit der Bologna-Reform auch in anderen Kontexten beobachtet wird (vgl. Gómez Tutor, Hobelsberger & Menzer, 2011). Die verschiedenen Nutzungskulturen in den Gebäuden haben einen Einfluss auf die Lernkulturen im jeweiligen Fach. Von Studierenden selbst gesteuerte Projekte und Initiativen werden durch eine eigenverantwortliche Nutzungskultur unterstützt. Dafür sollten sowohl fachspezifisch als auch fächerübergreifend entsprechende Räumlichkeiten zur Verfügung gestellt werden. Auch bei diesem Spannungsfeld geht es nicht darum, sich als Hochschule für die reine Kundenorientierung oder die ausschliessliche Eigenverantwortung zu entscheiden, sondern ein für das eigene Profil angemessenes ‚Sowohl-als-auch' zu ermöglichen.

(D) Lernen im Fach: (Fach-)Sozialisation

In verschiedenen Kontexten betonten die Studierenden, dass es für sie wichtig sei, dort lernen zu können, wo auch ihre eigene Disziplin angesiedelt ist. Studierenden ist die Identifikation mit dem Fach (genauso wie die Identifikation mit der Institution Universität) ein wichtiges Bedürfnis. (Lern-)Räume im Fachbereich und der Zugang zu solchen können das Zugehörigkeitsgefühl dabei massgeblich beeinflussen. Umgekehrt formulierten die Studierenden explizit auch den Wunsch nach Orten für den interdisziplinären Austausch.

Spannungsfeld ‚Fachkulturen' versus ‚Universitas'

Für die Universität ergibt sich ein Spannungsfeld zwischen ‚Fachkulturen' und ‚Universitas'. Idealerweise identifizieren sich Studierende sowohl mit ihrem Fach bzw. ihren Fächern als auch mit der Universität als Ganzem. Wie können also sowohl Fachkulturen wie auch interdisziplinärer Austausch gefördert werden? Ergibt sich Fachdiskurs am ehesten in facheigenen Lernräumen? Wie organisiert sich eine Fachgemeinschaft überhaupt räumlich? Wie wirken sich Studiengänge, die mehr als ein Fach vorsehen, auf die Identifikation der Studierenden mit Fach und Universität und auf die Fachkulturen aus? Wichtig dabei ist, dass es sowohl dezentraler Lernräume bei den Fächern als auch zentraler Lernräume bedarf, und dass das eine nicht auf Kosten des anderen ausgebaut werden sollte.

(E) Lernen mit Anderen: Austausch und Diskurs

Studierende halten sich nicht nur für die Lehrveranstaltung oder das konzentrierte Arbeiten auf dem Campus auf. Sie brauchen und wünschen sich auch Orte für die Gruppenarbeit, den fachlichen Diskurs und den informellen Austausch. Das Projekt ITSI hat sichtbar gemacht, dass die Universität Basel zu wenige spezifisch für den Austausch und die Gruppenarbeit gestaltete Räume bietet. Wenn möglich weichen die Studierenden deshalb auf andere Orte aus, wie zum Beispiel Cafés oder die eigene WG. Diese bieten jedoch meist nicht die ideale Umgebung für Gruppenarbeiten: Dort fehlt die benötigte Infrastruktur, es gibt zu wenig Platz oder es ist schlicht zu laut, um sich auf die Gruppenarbeit zu konzentrieren. Die angebotenen Lernräume und Arbeitsplätze sind meist für das konzentrierte Selbststudium konzipiert. Ein ähnliches Bild zeigt sich bei den Lehrräumen. Sie sind in der Regel frontal für die Instruktion ausgerichtet und bieten wenig Flexibilität für die Gruppenarbeit oder den Austausch im Plenum.

Spannungsfeld ‚individuell' versus ‚diskursiv'

Aus institutioneller Sicht ergibt sich hier ein Spannungsfeld zwischen ‚individuell' und ‚diskursiv'. Beide Lernformen gilt es durch entsprechende Räume angemessen zu unterstützen. Traditionelle, über lange Zeiten gewachsene Universitäten haben eher zu wenige Räume und Orte für das Gruppenlernen, den Fachdiskurs und den informellen Austausch.

(F) Lernen wie zu Hause? Atmosphäre und Verpflegung

Verbringen Studierende den ganzen Tag auf dem Campus, dann wird dieser zu ihrem Lebensraum. Unter dem Titel ‚An der Uni zuhause' werden auf einem Studierendenblog der Universität Basel Orte auf dem Campus vorgestellt, ‚an denen man es sich gemütlich machen kann'.[4] *Verpflegung*, *Aussicht*, *Atmosphäre*, *Natur* sind die vier Gesichtspunkte, unter denen jeweils ein Ort an der Uni vorgestellt wird – diese Qualitäten sind für die heutigen Studierenden wichtig. Vergleichbar mit einer gesunden ‚Work-Life-Balance' scheint den Studierenden eine ausgewogene ‚Learn-Life-Balance' wichtig. Dabei spielt auch frische, gesunde, abwechslungsreiche und günstige Verpflegung eine bedeutende Rolle.

4 Vgl. http://beast.unibas.ch/an-der-uni-zuhause [11.02.2014].

Spannungsfeld ‚Wohnstube' versus ‚Arbeitsplatz'
Aus institutioneller Sicht lohnt es sich, gemäss den vorigen Ausführungen, das Thema ‚Essen' nicht zu unterschätzen. Das Spannungsfeld, das sich im Zusammenhang mit Verpflegung und Atmosphäre für die planende Hochschule ergibt, könnte als ‚Wohnstube' versus ‚Arbeitsplatz' bezeichnet werden. Hier stellt sich die Frage, inwieweit eine Hochschule den Wünschen nach Gemütlichkeit, guter Atmosphäre und gesundem Essen gerecht werden sollte bzw. will, und wo hier die Grenzen zu setzen sind. Andererseits kann man auch fragen, warum der Wohlfühlfaktor gerade an Bildungsinstitutionen oft negativ konnotiert ist. Muss Lernen ‚wehtun'? Die Lernforschung deutet auf das Gegenteil hin: In positiv erlebten Umgebungen lernt es sich besser.[5] Im Sinne einer nachhaltigen Universität müsste neben effizientem Wirtschaften und ökologischer Verträglichkeit auch das Wohlbefinden der sich darin bewegenden Menschen ein zentrales Anliegen sein.

2.2 Studieren heute: Implikationen für die Campusgestaltung

Ausgehend von Beobachtungen aus studentischer Sicht haben sich also zusammenfassend folgende sechs Themenfelder herauskristallisiert:

(A) *Orte und Infrastruktur:* Heutige Studierende sind ‚Lernwanderer'. Sie wandern zwischen Lehrveranstaltungen, Pausen, individuellen Lernzeiten und Gruppenarbeiten und sind oft mit ihrem Tagesgepäck von morgens bis abends auf dem Campus.

(B) *Grenzen und Übergänge:* Das Studium findet in wechselnden Kontexten statt, wobei manche Studierende Aktivitäten wie Selbststudium, Gruppenarbeit und Erholung sowie die dafür genutzten physischen und virtuellen Räume klar trennen. Andere bleiben lieber für alles am gleichen Ort und wünschen sich flexiblere und vielfältigere Umgebungen.

(C) *Nutzungskulturen*: Studierende fühlen sich als Angehörige der Universität, möchten Räume entsprechend nutzen dürfen und können verantwortlich zum Betrieb beitragen.

(D) *(Fach-)Sozialisation*: Die Identifikation sowohl mit der Universität als Ganzem als auch mit ihrer ‚akademischen Heimat' (Studienfach) ist für Studierende zentral.

(E) *Austausch und Diskurs*: Der Campus ist für sie ein wichtiger Ort für Gruppenarbeit und den Austausch mit Kommilitoninnen und Kommilitonen.

(F) *Atmosphäre und Verpflegung*: Das Wohlbefinden auf dem Campus ist für die Studierenden kein nebensächlicher, sondern ein wesentlicher Aspekt.

---

5 Vgl. z.B. das Konzept der grundlegenden psychologischen Bedürfnisse (Krapp, 2005) oder das Konzept der positiven Verstärkung (Edelmann & Wittmann, 2012).

In den genannten Themenfeldern besteht auf der Basis unserer Beobachtungen Handlungsbedarf für die Hochschule. Dabei geht es nicht um ein ‚Entweder-oder‘, sondern vielmehr um ein ‚Sowohl-als-auch‘: Die beiden Pole der Spannungsfelder spannen dabei den jeweiligen Gestaltungsspielraum auf und sind als sich ergänzende Gegenwerte zu betrachten (siehe dazu Bachmann, Dittler & Tesak, 2004).

In diesem Sinne sollte der Campus von morgen

- zeit- und ortsunabhängiges Lernen ermöglichen und gleichzeitig einen festen Lernort bieten *(Spannungsfeld: ‚jederzeit und überall‘ versus an einem Ort)*,
- Übergänge für flexible Nutzungsformen schaffen und wo nötig Grenzen definieren *(Spannungsfeld: integriert versus getrennt)*,
- die Studierenden als Kunden respektieren und als Angehörige der Universität einbinden *(Spannungsfeld: Serviceanspruch versus Eigenverantwortung)*,
- fachspezifische Lösungen ermöglichen und gesamtuniversitäre Angebote und Identifikationsmöglichkeiten schaffen *(Spannungsfeld: Fachkultur versus Universitas)*,
- Räume sowohl für das individuelle Selbststudium, als auch für die Gruppenarbeit und den informellen Austausch bereitstellen *(Spannungsfeld: individuell versus diskursiv)* sowie
- einen Arbeitsort bieten, der gleichzeitig Teil des Lebensraums ist *(Spannungsfeld: Wohnstube versus Arbeitsplatz)*.

2.3 Campusgestaltung im Kontext didaktischer Ansprüche

Grundlage der folgenden Überlegungen liefert eine Arbeit der Hochschuldidaktikerin und Mathematikerin Anna Sfard (1998) mit dem Titel ‚On Two Metaphors for Learning and the Dangers of Choosing Just One‘. Ihr Verständnis von universitärem Lernen basiert auf zwei Metaphern: dem Erwerb von Wissen und Fähigkeiten einerseits (‚Aneignungsmetapher‘) und der Enkulturation, d.h. Hineinwachsen in die Wissenschafts- und Fachkultur, andererseits (‚Partizipationsmetapher‘) (vgl. deutsche Übersetzung von Wegner & Nückles, 2013). Je nach Perspektive sind die verschiedenen Aspekte des Lernens unterschiedlich ausgeprägt (Tab. 1).

Tab. 1: Zwei Metaphern des Lernens (nach Sfard, 1998, S. 7)

	Lernen als „Aneignung“	Lernen als „Partizipation“
Studienziel	individuelle Bereicherung	Teilnahme an der Fachcommunity
Lernen	sich etwas zu eigen machen	Teilnehmende/r werden
Studierende	rezipieren (konsumieren), (re-)konstruieren	nehmen peripher teil, als „Lehrlinge“/wiss. Nachwuchs
Lehrende	vermitteln, stellen zur Verfügung	nehmen als ExpertInnen teil, führen und sichern den Fachdiskurs
Wissen	ist individueller Besitz, „Substanz“	ist eine Aktivität, Partizipation, Kommunikation

Ähnlich wie bei den oben beschriebenen Spannungsfeldern geht es auch hier nicht um ein Entweder-oder im Sinne der Förderung von einzig dem Erwerb von Fähigkeiten oder nur dem Hineinwachsen in das wissenschaftliche Denken einer Fachgemeinschaft. Es braucht beides. Lernen als ‚Aneignung‘ und Lernen als ‚Partizipation‘ sind hier die sich ergänzenden Gegenwerte und in diesem Sinne die zwei Hälften des Lernens. Sfard (1998) bezeichnet die beiden Metaphern als Linsen, durch die universitäres Lernen betrachtet werden kann (vgl. auch Wegner & Nückles, 2013, S. 17). Blickt man durch diese beiden Linsen auf den Campus, dann fällt auf, dass er für ein Lernen als ‚Aneignung‘ sehr gut funktionierende Räume und gute Infrastruktur bereitstellt, hingegen für ein Lernen als ‚Partizipation‘ keine ideale Umgebung ist. *Der Campus dient* – im Sinne von Sfard – bisher nur *dem ‚halben‘ Lernen*, eine weitere zentrale These des Projektes.

Studierende und Dozierende sollten in ihrem Verständnis von partizipativer Lehr-/Lernkultur auch durch Räume und Organisation unterstützt werden. Im Sinne von Sfard geht es auch hier um ein Sowohl-als-auch: nicht darum, bestehende Lehrräume und individuelle Lernplätze durch Orte für Fachdiskurs, informellen Austausch oder Gruppenarbeit zu ersetzen, sondern darum, beides zu ermöglichen. So kann der Campus künftig dem ‚ganzen‘ Lernen dienen. Eine wichtige Rolle spielen dabei auch die sogenannten Zwischenräume, die im folgenden Kapitel näher betrachtet werden.

3 Zur Funktion universitärer „Zwischenräume“

Neben und zwischen Hörsälen, Seminarräumen und studentischen Lernräumen bietet der Campus einen häufig unterschätzten weiteren Raumtypus: In Verpflegungs- und Wartezonen, auf Treppen und Korridoren und auf all den Wegen und Plätzen des Campus, drinnen wie draussen, findet ein wichtiger Teil universitären Lebens statt. Solche ‚Zwischenräume‘ könnten zunächst definiert werden als all das, was nicht in eine der anderen Kategorien von

Funktionsräumen fällt. Zugleich lassen sich aber typische Bedürfnisse und Verhaltensweisen definieren, die in diesen Räumen ‚wohnen' – Franke, Haude und Noennig beschreiben ‚Rückzug und Dialog' als Hauptfunktionen universitärer ‚Freiräume' und die darin liegende Offenheit als gemeinsames Moment: ‚Das (noch) Ungewisse und Unbestimmte ist eine Bedingung von Lernen, Entdeckung und Kreativität. Innovation und Wissensbildung brauchen eine Denk- und Gesprächskultur der ungewissen Ausgänge. Dafür bietet die Universität die Freiheit zum Dialog – und die Freiheit zum Rückzug. Zwischen beiden oszilliert der Wissensbetrieb; er ist auf sie angewiesen' (Franke, Haude & Noennig, 2012, S. 79).

So erlaubt es eine positive Definition dieses Raumtyps, Zwischenräume, die gemeinhin gerade als Nicht-Funktionsräume wahrgenommen werden, nach ihrer Funktion für Nutzende zu beschreiben: als Räume für informelle Kommunikation und informelle Formen des Lernens, für Austausch und Erholung sowie, entgegen ihrem eher geringen Stellenwert in der Campusplanung, nicht zuletzt als Orte der Identifikation mit der Universität und akademischem Leben. Mit solch einer erweiterten Definition können weitere Angebote – im physischen wie im virtuellen Raum, und von der Universität bzw. einzelnen Fächern initiiert oder auf studentischen Initiativen beruhend – zu diesem Raumtypus gezählt werden, etwa auch Aufenthaltsräume, Sportangebote, Studierendencafés, Online-Diskussionsforen, Blogs und vieles mehr.

3.1 Austausch und Networking

Die wichtigste Funktion des universitären Zwischenraums ist unbestritten die als Raum für informelle Kommunikation: Er dient als Informations- und Ideenbörse, unterstützt die Vernetzung auf allen Ebenen der Universität und ist damit auch ein Ort (und Instrument) des Wissensmanagements innerhalb der Organisation Hochschule. Neben den körperlichen Bedürfnissen nach Nahrung und Erholung ist es vor allem der Austausch, der diese Orte für alle Universitätsangehörigen gleichermassen anziehend macht.

Networking, hier innerhalb der wissenschaftlichen Gemeinschaft, ist eines der wichtigsten Zwischenraum-Themen (vgl. Wenger, 1998). Sozialisation und Rollenvorbilder, ein Lernen als und durch Enkulturation (vgl. Sfard, 1998), finden ebenfalls zumindest teilweise in Zwischenräumen statt, in denen sich Forschende, Lehrende und der wissenschaftliche Nachwuchs treffen.

3.2 Erholung, Rückzug, Bewegung

In ihrer zweiten Funktion als Raum für Rückzug und Erholung bieten Zwischenräume Möglichkeiten für geistige und körperliche Balance zur anspruchsvollen wissenschaftlichen Arbeit und tragen durch Angebote zur Verpflegung, Entspannung und Bewegung zu Gesundheit und dem Erhalt der Leistungsfähigkeit bei. Gerade die ‚Lernwanderer‘ wünschen sich für ihren Tagesablauf auf dem Campus auch Rückzugs- und Erholungsmöglichkeiten für die Zeit zwischen den verschiedenen Aktivitäten. Einige Angebote (wie z.B. der Universitätssport) fördern gleichzeitig die Begegnung der Studierenden untereinander.

3.3 Identifikation

Eine gute Zwischenraum-Gestaltung, z.B. mit geeigneter Infrastruktur (Arbeitsmöglichkeiten, Sitzmöbel, Informationsangebot etc.), Verpflegungsangebot, lebendigen Plätzen oder selbst gestalteten Aufenthaltsräumen, kann Anknüpfungspunkte und ein Gefühl von ‚Zuhause auf dem Campus‘ bieten. Nicht zufällig sind es gerade die Zwischenräume des Campus, die der Universität für die Studierenden ein Gesicht geben und ihnen ein ‚Wir-Gefühl‘ vermitteln: Hier wird studentische Kultur gelebt, werden wichtige Informationen ausgetauscht, hier verabredet man sich mit KommilitonInnen zum Essen, zur gemeinsamen Freizeit oder zum Lernen, schliesst Freundschaften und verbringt Zeit zwischen Lehrveranstaltungen – mal mit Vor- oder Nachbereitung fürs Studium, mal privat, mal individuell, mal in Gemeinschaft. In vielen Zwischenräumen trifft man auch Dozierende informell. Man kann fortgeschrittenere Studierende und WissenschaftlerInnen beobachten und verstehen, wie sie Herausforderungen begegnen, und so auch im Sinne Anna Sfards durch Partizipation bzw. Enkulturation lernen (vgl. Sfard, 1998). Die Sicherheit, sich selbst die für das Studium notwendigen Informationen beschaffen und Unterstützung finden zu können, trägt erheblich zum Studienerfolg bei. Und auch ihr Selbstverständnis als WissenschaftlerInnen und als Angehörige der Universität entwickeln Studierende und NachwuchsforscherInnen nicht nur an der ‚Bench‘ oder im Seminarraum, sondern massgeblich in der informellen Kommunikation mit Fachkolleginnen und Fachkollegen, Studierenden, Forschenden und Lehrenden.

3.4 Universitätskultur in Zwischenräumen

Eine weitere Zwischenraum-Funktion ist zwar nicht explizit intendiert, könnte jedoch für das Nachdenken über die Universität und den Campus von morgen und die dort gewünschte Atmosphäre zentral werden: Gerade in diesen Räumen, in denen spontan und zugleich nach ungeschriebenen Regeln kommuniziert wird und sich Lerngelegenheiten ergeben, wird die Lern- und Organisationskultur der Universität verhandelt, tradiert und zugleich sichtbar: Wer gehört zur Universität, und ab welcher Qualifikationsstufe gehört man zur wissenschaftlichen Fachgemeinschaft? Sind Studierende Universitätsangehörige oder Gäste? Wer kommuniziert mit wem? Wie wichtig ist eine hierarchische Ordnung im täglichen Umgang (zwischen Studierenden unterschiedlicher Studienstufen ebenso wie zwischen Studierenden und Universitätsmitarbeitenden oder Mitarbeitenden untereinander)? Gibt es Gewohnheitsrechte oder implizite Trennlinien (z.B. durch heimliche Sitzordnungen)? Wie ist allgemein das Gesprächsklima, wer initiiert Gespräche? Gibt es mehr oder weniger sozial unterstützte Lernformen? Sind Regeln eindeutig formuliert und transparent? Nehmen die Nutzenden Rücksicht aufeinander? Herrscht eine Verbots- oder eine Gebotskultur vor? Wird Mobiliar gut behandelt? Wer vertraut wem?

Für solche und viele andere Fragen lassen sich in Zwischenräumen Beobachtungen und Antworten gewinnen und Rückschlüsse auf die Organisationskultur ziehen – der Zwischenraum birgt Potenzial als Indikator wie als Promotor universitärer Kultur. Im Sinne von Oblinger (2006) ist es auch möglich, über das räumliche Angebot sowie Regeln und Anregungen darin auf Veränderungen der Nutzungsgewohnheiten und -bedürfnisse zu reagieren bzw. Veränderungen zu initiieren und somit den Raum als ‚Change Agent' zu nutzen[6].

4 Fazit: Wie gestalten wir die Zukunft?

Ziel des Projekts ITSI war es, eine gemeinsame Idee für den ‚Campus von morgen' vor dem Hintergrund bildungspolitischer Veränderungen und technologischer Innovationen zu entwickeln. Es ging nicht darum, einen Anforderungskatalog mit Checkliste zu erarbeiten, sondern durch eine qualitativ-explorative Methode die Diskussion um die Campusplanung im Kontext der Gestaltung moderner Lernumgebungen an der Hochschule anzuregen. Die Projektergebnisse können folgenden drei Bereichen zugeordnet werden:

- *Organisationsentwicklung:* Das Projekt hat einen Reflexionsraum eröffnet und so wesentlich dazu beigetragen, dass die beteiligten Akteure miteinander ins Gespräch gekommen sind und bezüglich Anforderungen und Spezifika moderner Lernumgebungen sensibilisiert wurden.
- *Konkrete Massnahmen:* Aus dem Projekt heraus sind an der Universität Basel konkrete Massnahmen eingeleitet worden. So wurde inzwischen für die Distribution von Lehrmaterialien eine Plattform mit Anbindung an das zentrale Campus-Management-System (z.B. an das Online-Vorlesungsverzeichnis und die Veranstaltungsbelegung) eingeführt, was ein grosses Anliegen von

6 Eine vertiefte Reflexion sowie Empfehlungen zur Gestaltung passender Zwischenräume in Universitäten findet sich in Brandt (2014).

Seiten der Studierenden war. Für E-Assessment werden verschiedene Pilot-Szenarien durchgeführt, um die Potenziale für die Universität Basel zu testen. Zudem wurde eine ‚Arbeitsgruppe Lernräume' gebildet, die Projekte für Um- und Neubauten an der Hochschule mit Wissen aus dem Projekt ITSI begleitet. So soll Expertise zur Gestaltung zeitgemässer Lernräume aufgebaut, ausgetauscht und innerhalb der Universität verfügbar gemacht werden. In Pilotprojekten werden ‚neue Lernorte' entwickelt, um daraus Erfahrungen mit anders gestalteten Lernumgebungen zu sammeln und Verbesserungspotenziale abzuleiten.
- *Entwicklungsperspektiven:* Da niemand die zukünftigen Bedürfnisse mit Sicherheit voraussagen kann, ging es beim Projekt ITSI v. a. darum, den Weg zum Campus von morgen aufzuzeigen bzw. erste Schritte in diese Richtung einzuleiten und dafür adäquate Methoden vorzuschlagen. Dabei scheint das schrittweise Umsetzen von Pilotprojekten, bei denen iterativ ausprobiert, beobachtet und auf der Grundlage von Evaluationsergebnissen weiterentwickelt wird, ein vielversprechendes Vorgehen. Als wichtiger erster Schritt auf dem Weg zum Campus von morgen sollten IT-Spezialistinnen, Didaktiker, Raumplanerinnen und Innenarchitekten bereits bei der Konzeption und nicht erst bei der Umsetzung an einen Tisch gebracht und Nutzerinnen und Nutzer von Beginn an miteinbezogen werden.

Der Campus von morgen braucht Räume, die den Rahmen für die Kernaufgabe von Universitäten bieten, nämlich die (Aus-)Bildung von Menschen im Sinne der Wissensvermittlung, des kreativen Umgangs mit diesem Wissen, aber auch der Partizipation und Enkulturation in die Fachkultur. Er ist ein Campus für das ‚ganze Lernen', der dem ‚Lernwanderer' auf seinem Bildungsweg eine geeignete Umgebung bietet.

Literatur

Bachmann, G. (2014). Passt der traditionelle Campus zum Studieren von heute? In T. Škerlak, H. Kaufmann & G. Bachmann (Hrsg.), *Lernumgebungen an der Hochschule. Auf dem Weg zum Campus von morgen* (S. 93–121). Medien in der Wissenschaft, 66. Münster/New York: Waxmann.

Bachmann, G., Brandt, S., Kaufmann, H., Röder, H., Schwander, U. & Škerlak, T. (2014). Moderne Lernumgebungen für den Campus von morgen. Das Projekt ITSI. In T. Škerlak, H. Kaufmann & G. Bachmann (Hrsg.), *Lernumgebungen an der Hochschule. Auf dem Weg zum Campus von morgen* (S. 17–52). Medien in der Wissenschaft, 66. Münster/New York: Waxmann.

Bachmann, G., Dittler, M. & Tesak, G. (2004). Didaktik und Lernen. *Uni Nova, Wissenschaftsmagazin der Universität Basel, 98/2004*, 15–17.

Brandt, S. (2014). Kultur (er)leben. Zur Funktion universitärer ‚Zwischenräume'. In T. Škerlak, H. Kaufmann & G. Bachmann (Hrsg.), *Lernumgebungen an der*

Hochschule. Auf dem Weg zum Campus von morgen (S. 193–216). Medien in der Wissenschaft, 66. Münster/New York: Waxmann.

Edelmann, W. & Wittmann, S. (2012). *Lernpsychologie*. 7. vollständig überarbeitete Auflage. Weinheim: Beltz.

Franke, K., Haude, B. & Noennig, J. R. (2012). Rückzug und Dialog: die Aktivierung universitärer Zwischenräume. *Zeitschrift für Hochschulentwicklung, 7* (1), 77–86.

Gómez Tutor, C., Hobelsberger, C. & Menzer, C. (2011). Zwischen Serviceanspruch und Eigenverantwortung – ein Balanceakt in Zeiten Bolognas. *Zeitschrift für Hochschulentwicklung, 6 (2)*, 238–249.

Krapp, A. (2005). Das Konzept der grundlegenden psychologischen Bedürfnisse. Ein Erklärungsansatz für die positiven Effekte von Wohlbefinden und intrinsischer Motivation im Lehr-Lerngeschehen. *Zeitschrift für Pädagogik, 51 (5),* 626–641.

Oblinger, D. G. (2006). Space as a Change Agent. In D. G. Oblinger (Hrsg.), Learning Spaces (Chapter I). Educause e-Book, online verfügbar: www.educause.edu/learningspaces [18.07.2014].

Sfard, A. (1998). On Two Metaphors for Learning and the Dangers of Choosing just one. *Educational Researcher, 27* (4), 4–13.

Škerlak, T., Kaufmann, H. & Bachmann, G. (Hrsg.) (2014). *Lernumgebungen an der Hochschule. Auf dem Weg zum Campus von morgen*. Medien in der Wissenschaft, 66. Münster/New York: Waxmann.

Wegner, E. & Nückles, M. (2013). Kompetenzerwerb oder Enkulturation? Lehrende und ihre Metaphern des Lernens. *Zeitschrift für Hochschulentwicklung, 8 (1)*, 15–29.

Wenger, E. (1998). *Communities of Practice. Learning, Meaning and Identity.* Cambridge/New York: Cambridge University Press.

Werner Sesink

Überlegungen zur Pädagogik als einer einräumenden Praxis (Keynote)

Zusammenfassung

Wer sich wissenschaftlich mit der Pädagogik beschäftigt, wird selten auf das Thema Raum stoßen. Zwar gibt es seit Ende der 1990er Jahre ein wachsendes Interesse an Raumfragen in der Pädagogik, die Zahl der diesbezüglichen Veröffentlichungen steigt kontinuierlich an. Allerdings erscheint Raum dort als ein zwar wichtiges, aber doch eher spezielles Thema: Es geht um den durch materiale Bauten und/oder durch soziale Handlungen und Gefüge strukturierten *empirischen* Raum, in dem Menschen aufwachsen, in dem sie leben, den sie nutzen und gestalten; es geht um städtische Räume, um Gebäude, um Plätze und Orte, in und an denen Pädagogik stattfindet. In diesem Beitrag soll es dagegen darum gehen, ob und wie Räumlichkeit Pädagogik selbst in ihrem eigenen Kern ausmacht.

Über metaphorischen und nicht-metaphorischen Gebrauch des Wortes „Raum"

Sobald es um die theoretischen Grundlagen dieser Disziplin geht, spielt der Raum entsprechend keine Rolle mehr. Selbstverständlich führt in pädagogischer Rede kein Weg um den Gebrauch des Wortes herum, wenn von Frei- und Spielräumen die Rede ist, die Menschen für ihre Entwicklung benötigen (und damit nicht leere Räume, Freiflächen, Spielplätze und Spielzimmer gemeint sind). Aber die Rede vom Raum erscheint dann als „nur" metaphorisch, ohne dass die Möglichkeit und Zulässigkeit dieser Metaphorik als Hinweis auf ein ihr zu Grunde liegendes inneres Verhältnis von Pädagogik und Raum verstanden würden.

Die Unterscheidung von metaphorischem und nicht-metaphorischem Gebrauch des Raumbegriffs in der Pädagogik – so plausibel sie zunächst erscheinen mag – scheint mir letztlich jedoch nicht haltbar. Auch wenn wir im angeblich nicht-metaphorischen Sinne von einem Raum, beispielsweise einem Klassen- oder Seminarraum sprechen, wird unser Reden nur sinnvoll, wenn die vermeintlich nur metaphorische Rede vom Raum mitschwingt. Und umgekehrt: Die angeblich nur metaphorische Rede vom Raum, wenn wir etwa über Freiraum für selbstbestimmte Entwicklung sprechen, bedient sich Vorstellungen, die der Anschauung von Räumen entlehnt sind, von denen wir in angeblich nicht-metaphorischer Weise sprechen. Wie wir es drehen und wenden – angeblich metaphorische und angeblich nicht-metaphorische Rede vom Raum handeln vom Selben; nur die Erfahrungsebene, auf der sich dieses Selbe manifestiert, ist jeweils eine andere.

Wo sich die Pädagogik dem Raumthema explizit zuwendet, konzentriert sie sich auf jene Räume, von denen bei angeblich nicht-metaphorischem Wortgebrauch die Rede ist: auf Gebäude, Plätze, Orte und Flächen, in, an und auf denen sich Pädagogik abspielt. Selbstverständlich wird dabei Bezug genommen auf pädagogische Vorstellungen von der Qualität der Prozesse, für die Raum gegeben werden soll. Was in aller Regel dagegen nicht geschieht, ist, diese Qualität im Raumbegriff selbst aufzuspüren. Pädagogische Qualität wird als Anforderung an die Raumgestaltung herangetragen; aber es wird nicht erfasst, dass es der *Raumbegriff* selbst ist, *in welchem wir aufspüren können, was denn die Qualität des Pädagogischen im Kern ausmacht.*

Meine Überlegungen werden sich nicht auf den empirischen Raum beschränken, sondern – wenn man denn diese Kantsche Begriffspolarität darauf anwenden darf – den *intelligiblen* Raum der Pädagogik bedenken und so *die Räumlichkeit der Pädagogik selbst*, die Metaphorik der Rede vom Raum als Verweis auf einen Wesenskern dieser Praxis herausarbeiten. Mit anderen Worten, Elemente einer pädagogischen Theorie des Raums oder einer Theorie des pädagogischen Raums (beide Formulierungen treffen zu) sollen entwickelt werden.

Dieser Zugang darf nicht als Alternative zur Thematisierung des empirischen Raums verstanden werden, sondern als ein alternativer Zugang zur Betrachtung auch des empirischen Raums. Ich werde daher an dem ansetzen, woran sich das aktuelle Interesse an Raumfragen in der Pädagogik festmacht: Die Entdeckung, dass pädagogische Prozesse in einem nicht unerheblichen Maße von der gebauten Umgebung beeinflusst und mitgeprägt werden – immer wieder wird in den einschlägigen Veröffentlichungen zustimmend die Rede vom Raum als „drittem Erzieher“ zitiert[1] –, hat zu der Konsequenz und Forderung geführt, dass die Pädagogik diese Einflüsse nicht nur zu erkennen und zu berücksichtigen, sondern sich in diesem Bedingungsfeld selbst gestaltend einzubringen habe. Schulbauten etwa sollten nicht mehr nur nach ökonomischen, technisch-funktionalen und psychologisch-ergonomischen, sondern eben auch nach pädagogischen Gesichtspunkten architektonisch gestaltet werden. Von *pädagogischer Architektur* ist die Rede. (Montag-Stiftung, o.J.)

Pädagogik und Raum werden hier in einer ähnlichen Weise zusammengebracht wie etwa Pädagogik und Informationstechnik bei der Gestaltung virtueller Lernräume oder der Entwicklung von E-Learning-Tools: Zwei voneinan-

1 Z.B. Schäfer/Schäfer 2009; Loris Malaguzzi, dem Begründer der Reggio-Pädagogik, wird die häufig zitierte Formel vom Raum als „drittem Pädagogen“ zugeschrieben.

der normalerweise getrennte Theorie- und Praxisbereiche – hier Pädagogik und Architektur – kooperieren in einem umgrenzten Aufgabenfeld.

Meine folgenden Überlegungen zielen jedoch über solche sicherlich höchst wünschenswerten Kooperationen hinaus und verfolgen den Gedanken, dass es zwischen Pädagogik und Architektur eine tiefere Verwandtschaft gebe, der nachzugehen sich lohnen könnte. „Raum“ ist hierzu der Schlüsselbegriff.

Drei zentrale Theorie-Elemente gewannen in den letzten Jahren für das intendierte Projekt einer pädagogischen Theorie des Raums Kontur:

- die Dialektik von gestaltetem und zu gestaltendem Raum (*room* und *space*),
- das Theorem von der zurückhaltenden Technik,
- die Trias von poietischem, potenziellem und symbolischem Raum.

Room und *Space*

Die Verbindung zwischen dem metaphorischen Gebrauch des Raumbegriffs und seiner physisch-architektonischen Bedeutung erschließt sich, wenn man auch hinsichtlich des architektonischen Raums zwei Dimensionen des Raumbegriffs bedenkt, für die wir im Deutschen allerdings – anders als im Englischen – keine unterschiedlichen Begriffe haben. Im Englischen wird mit *room* der gestaltete und umgrenzte Raum bezeichnet: Zimmer, Hallen, generell architektonische Räume; mit *space* dagegen der leere Raum: der Zwischenraum, der Weltraum, der virtuelle Raum (Cyberspace). Dies sind jedoch nicht zwei Raumarten, sondern zwei Perspektiven auf Raum, die zusammengehören.[2] Auch ein voll möbliertes Zimmer (*room*) bedarf, um Lebensraum für Menschen sein zu können, des freien Raums (*space*), der nicht durchgestaltet und belegt ist, sondern dem Bewohner des Raums für seine freie Bewegung zur Verfügung steht. *Space* gehört zum physischen Raum; und ist doch nicht physisch.

In seiner philosophischen Abhandlung zu einer Phänomenologie des Mensch-Raum-Verhältnisses hat Otto Friedrich Bollnow versucht, sich seinem Thema auf dem Wege einer Reflexion des „wissenschaftlich noch unbelasteten“ Gebrauchs des Wortes Raum bzw. seiner „verbalen Wendungen“ (Bollnow, 1963, S. 32f.) zu nähern. Hierbei greift er u.a. auch das Verb „einräumen“ auf und weist auf dessen Doppeldeutigkeit hin: zum einen Dingen ihren Platz in einer räumlichen Ordnung zuzuweisen (z.B. beim Einräumen eines Schrankes), zum andern Platz zu machen, indem man sich (z.B. in einer Diskussion von einer bisher fest eingenommenen Position) zurückzieht. (Bollnow, 1963, 36) Es ist diese

2 Vgl. Bächer 2003. Er weist explizit auf die Differenz von *room* und *space* hin, spricht allerdings von „zweierlei Räumen“ (Bächer, 2003, S. 17) und identifiziert space mit „dem grenzenlosen All bzw. dem abstrakten mathematischen Raum“. (Bächer, 2003, S. 17)

Doppeldeutigkeit, um die es mir geht, wenn ich im Folgenden Pädagogik als eine „einräumende Praxis“ erörtern werde; und zwar nicht in dem Sinne, dass „einräumen“ mal das Eine und mal das Andere heißen kann, sondern dass es im pädagogischen Kontext immer Beides zugleich und in wechselseitiger Beziehung bedeutet.

Wenden wir uns zunächst der erst genannten Bedeutung zu: einen Raum – auch einen Zeit-Raum – ausfüllen mit Dingen, Gegenständen, Tätigkeiten. Das pädagogische Äquivalent dazu wäre die transitive Bedeutung des Wortes „bilden“: jemandem etwas bei-bringen, Lerngegenstände präsentieren; Lernzeit mit pädagogisch angeleiteten Tätigkeiten ausfüllen.

Die zweite Bedeutung: Platz machen, sich zurückziehen, also (Zeit-)Raum nicht füllen, sondern frei-geben, und ihr pädagogisches Äquivalent: Menschen Raum geben für ihre Entwicklung aus eigenem Impuls (also für „sich bilden“ in intransitiver Bedeutung) scheinen zunächst in klarem Gegensatz dazu zu stehen und uns vor die Alternative zu stellen, ob wir das Eine (bilden im transitiven Verständnis) *tun* oder das Andere (sich bilden im intransitiven Verständnis) *zulassen* wollen. In der pädagogischen Theorietradition ist diese Alternative unter den verschiedensten Gegensatzformulierungen (wie Zwang versus Freiheit bei Kant, Führen oder Wachsenlassen bei Litt) immer wieder diskutiert worden und als letztlich unhaltbar herausgestellt worden. Weder ist ein rein transitives Bilden denkbar – dieses liefe auf einen technischen Herstellungsprozess hinaus; noch ein rein intransitives Bilden – dieses liefe auf einen solipsistisch abgekapselten und daher in sozialer und kultureller Hinsicht inhalts- und vermittlungsleeren reinen Naturprozess hinaus. Bildung im neuzeitlich-pädagogischen Verständnis impliziert vielmehr eine reflexive Vermittlung von transitivem und intransitivem Bildungsmoment: die bewusste Beziehung des eigenen Bildungsimpulses auf die von außen gesetzten Bedingungen und Anforderungen und damit eine synthetisierende Transformierung beider Momente.[3]

Die somit deutlich werdende Beziehung zwischen der bildungstheoretisch vertrauten Dialektik von intransitivem und transitivem Bildungsmoment und der Doppeldeutigkeit des Wortes „einräumen“ führt uns zurück zur oben angesprochenen Differenzierung der beiden Raumdimensionen *room* und *space* als einer Unterscheidung von gestaltetem und zu gestaltendem Raum. Im *gestalteten* Raum finden wir Bestimmungen wie Nähe und Ferne, Oben und Unten, Innen und Außen, Objekte und Funktionen, Beziehungen und Isolationen usw. vor. Im *zu gestaltenden* Raum müssen all diese Bestimmungen erst noch getroffen werden. Der gestaltete Raum ist zu erkunden und zu rekonstruieren; der zu gestaltende Raum ist (noch) leer und (erst) zu konstruieren. Der gestaltete Raum bietet bestimmte begrenzte Möglichkeiten an; der zu gestaltende Raum fragt nach Möglichkeiten bzw. fordert auf, seine Möglichkeiten zu bestimmen.

3 Genauer und ausführlicher hierzu vgl. Sesink, 2001, S. 183ff.; Sesink, 2000.

Space ist materiell nicht greifbar; greifbar ist nur, wo er endet, wo der Raum „anstößig" wird (Sesink, 2006, S. 53f). Und doch ist *space* keineswegs Metapher, sondern höchst real. *Room* gibt es nur, wo er *space* enthält; und *space* gibt es nur im *room*.

Interessanterweise finden wir nun im pädagogisch-metaphorischen Gebrauch des Wortes Raum fast immer nur jene Bedeutung von Raum wieder, welche im Englischen als *space* bezeichnet wird, während dort, wo die mögliche pädagogisch bedeutsame Wirkung von architektonischem Raum thematisiert wird, die Perspektive auf *room* klar dominiert. Das ist nachvollziehbar: Im metaphorischen Gebrauch geht es meist um die Einräumung der Möglichkeit von Selbstbestimmung, insofern um ein Sich-Zurücknehmen von Pädagogik und einen Verzicht auf direkt prägenden Einfluss. Die Wirkung von architektonischem Raum hingegen wird in der Regel kausal an den Elementen und Eigenschaften festgemacht, die ihn empirisch ausmachen. Mir käme es demgegenüber darauf an, für beide Themenbereiche gleichermaßen die Dialektik von *room* und *space* zu betonen: Ein Mensch entwickelt sich in Auseinandersetzung mit den Gegebenheiten der Welt, in der Abarbeitung an ihren Widerständen; Raum für Entwicklung ist nicht denkbar ohne begrenzende, widerständige Elemente, welche Realitätsbezug vermitteln; Bewegung ist immer nur relational zu etwas Unbewegtem erfahrbar. (Vgl. Böhme, 2006, S. 126) Architektonische Räume wiederum wirken entsprechend dadurch, dass ihre Eigenschaften die Bewegung der Menschen in ihnen inspirieren, indem sie Möglichkeiten und Anregungen anbieten, auf welche diese durch ihr Verhalten antworten. Räume, welche ein bestimmtes Verhalten erzwingen, welche einschüchtern, welche Spuren am Menschen hinterlassen, ohne dass diese in ihnen Spuren hinterlassen dürfen, wären Räume ohne *space*; „unmenschliche Architektur" (Kükelhaus, 1973).

Zurückhaltende Technik

Normalerweise geht man davon aus, dass Raum eben einfach existiert, „da ist" – um uns herum und wir in ihm. Anders, wenn wir von Freiraum oder Spielraum sprechen: Solcher Raum – nehmen wir an – muss gewährt, eingeräumt oder auch erst geschaffen, erkämpft, erobert und dann verteidigt, gegebenenfalls erweitert werden. (Bollnow, 1963, S. 34) Da menschliches Leben ohne Freiraum jedenfalls dann nicht denkbar ist, wenn wir Freiheit als eine Grunddimension menschlicher Existenz betrachten, müssen wir auch das *Schaffen von Raum* als eine *basale Dimension menschlicher Lebenspraxis* ansehen. Die Vorstellung von einem statischen, unveränderlich gegebenen Raum ist dann abzulösen durch Vorstellungen des Raumschaffens:

> „Raum in diesem ursprünglichen Sinn ist … nicht an sich schon vorhanden, sondern wird erst durch eine menschliche Tätigkeit gewonnen, indem man ihn durch Rodung der Wildnis (die also nicht Raum ist) abgewinnt.“ (Bollnow, 1963, S. 33)

Hier, bei der Schaffung von freiem Raum setze ich jene humane Sinnbestimmung von Technik an, die ich mit dem Begriff „zurückhaltende Technik“ bezeichne.

Zurückhaltende Technik ist eine Technik, die einerseits die Zwänge einer unbeherrschten Natur zurückhält und so von den notwendigen Reaktionen auf deren Gewalten, Zumutungen und Anforderungen *entlastet*, andererseits aber auch *sich selbst zurückhält.* Die wesentliche Leistung der Technik inner- und außerhalb der Bildung wird hierbei weniger in der zweckrationalen Weltgestaltung als in der *Schaffung eines Möglichkeitsraums* gesehen, in dem frei von den Zwängen der Natur und geschützt vor ihren Gewalten menschliche Kreativität sich entfalten kann.

Erläutern wir dies am Beispiel der Architektur (vgl. zum Folgenden auch Sesink, 2006). Am Anfang steht unübersehbar ihr zerstörerisches Werk. Damit überhaupt gebaut werden kann, muss der Bauplatz geräumt werden. Da wird verbrannt und gerodet, ein- und abgerissen; zertrümmert und geschleift; da werden Areale – wie man so schön sagt – dem Erdboden gleichgemacht. Wüsste man nicht, dass damit nur der Boden bereitet wird für das anschließende konstruktive Wirken der Architektur, ließe sich das einleitende Vernichtungswerk von kriegerischen Handlungen schwerlich unterscheiden. Es wird also Gewalt ausgeübt gegen das, was ist: gegen Natur, wenn mit dem Bauen überhaupt erst angefangen wird; gegen die bestehende Bebauung, wenn umgebaut werden soll.

Was die Architektur also macht, bevor ihr konstruktives Werk begonnen werden kann, ist die Schaffung von freiem Raum durch gewaltsame Zerstörung von vorhandener Bewachsung bzw. Bebauung. Diese Gewalt muss sie, zumal der Natur gegenüber, zudem aufrechterhalten. Was der Gewalt der Technik weichen musste, muss auch weiterhin gehindert werden, diesen Raum erneut zu besetzen. Zurückhaltung meint insoweit das Freimachen und Freihalten von Raum durch Zurückdrängen und Zurückhalten dessen, was diesen Raum zuvor besetzte und ihn zurückzugewinnen trachtet.

Was ist nun der *geräumte Bauplatz*? Er ist ein leerer Ort, aber zugleich der Platz für eine potenziell unendliche Vielzahl neuer Bauten. Jeder Bauplatz hat zudem *Grenzen*, ist also umgeben von bewachsenem oder bebautem Raum, der nicht zur Disposition steht. Dessen Unangetastetheit ist Bedingung für die Wahrnehmbarkeit der Freiheit zum Neuentwurf. Dort kann der Architekt die von ihm zu schaffende Leere des Bauplatzes aushalten und produktiv wenden, ohne den Boden unter den Füßen zu verlieren. Zugleich ist dies die alte Welt, an die das Neue sich wird anschließen müssen.

Dieses *Anschlussnehmen* lässt sich in zweierlei Weise auslegen. Zum ersten wird neuer Lebensraum geschaffen für Menschen als Wesen, die einem ursprünglicheren Lebensraum, nämlich dem Naturraum entstammen, daher als leibliche Wesen Bedürfnisse haben, denen die Bauten zu entsprechen haben. Zum zweiten wurde die Architektur selbst ermöglicht: Ihrer Entwurfstätigkeit wurde Raum gegeben; sie hat Raum in Anspruch genommen; und sie hat Raum verbraucht. Sie muss und kann dies wiedergutmachen, indem sie nun ihrerseits Raum schafft. Für das, was sie hervorbringt, was sie baut, ist also nicht allein maßgeblich, was dann an Bausubstanz errichtet wird: die physischen Elemente nämlich, aus denen der Bau besteht, sondern ebenso der *leere Raum zwischen* diesen, der Raum, den sie schafft, damit Menschen sich dort bewegen können. Architektur (ver)braucht Raum, und sie schafft Raum; sie *(ver)braucht Raum, um Raum schaffen zu können*; Raum für menschliche Bewegung.

Die Bewegung von Menschen, der architektonisch Raum gegeben wird, ist dabei primär als *physische Bewegung* gedacht: Menschen betreten den Raum, gehen hindurch, setzen sich, springen auf, eilen um eine Säule herum, lehnen sich aus dem Fenster usw. Und doch: Die Bewegung von Menschen ist nie nur physisch. Sie halten inne, weil ihnen plötzlich etwas auffällt. Sie gehen auf und ab, um ihren Gedanken auf die Sprünge zu helfen. Ihre physischen Bewegungen sind permanent von geistigen Bewegungen begleitet; teils durch diese motiviert; teils diese anregend. Ein architektonischer Raum ist immer auch ein Kulturraum. Anders gesagt: *Menschliche Bewegung ist immer inspiriert*, nämlich von der Lebensintentionalität des sich bewegenden Menschen, von der Unruhe der sehnsüchtigen menschlichen Natur durchdrungen.[4]

Architektur ist also eine Praxis der Ermöglichung von inspirierter Bewegung. Der Raum, den sie frei gibt, kann enger oder weiter sein. Die Bewegungsmöglichkeiten in ihm können mehr oder weniger reglementiert sein. Sind sie vollständig determiniert, also von den Diktaten des Baus eindeutig festgelegt, wird die Bewegung maschinell. Dann haben wir einen technischen Raum, einen Maschinenraum vor uns. Technik ist dann nicht ermöglichend, sondern erzwingend; nicht raumgebend, sondern raumfüllend; nicht zurückhaltend, sondern penetrant.

Wenn wir die Einsichten aus dem Beispiel der Architektur verallgemeinern und auf die *Leitvorstellung einer zurückhaltenden Technik generell* beziehen, dann heißt dies: Technik hält den Menschen Anforderungen der Umwelt „vom Leib“; entlastet sie von der Notwendigkeit, sich in ständiger Reaktionsbereitschaft zu

---

4 Vgl. hierzu Merleau-Pontys Ausführungen zur Überlagerung „konkreter“ (im empirischen Raum sich vollziehender) und „abstrakter“ („im Möglichen oder Nicht-sein“ sich vollziehender) Bewegung. (Merleau-Ponty 1966, 137)

halten. Damit schafft sie Raum für die Menschen, sich ihrer unverwirklichten Natur zuzuwenden, eine ihnen angemessene Lebensform zu entwickeln. Menschlicher Lebensraum ist durch Technik geschaffener und geschützter Raum für die Entfaltung der menschlichen „Naturanlage“ (Kant), also für ihre produktiven Kräfte. Er ist zugleich durchlässig für den notwendigen Austausch mit dem Naturraum, aus dem Menschen stammen.

Poietischer Raum

Mit dem Adjektiv „poietisch“ will ich anschließen an die Bedeutung des altgriechischen Wortes poiesis, welches das Hervorbringen und Herstellen durch den Menschen bezeichnete und damit den Gegenbegriff darstellte zur genesis, dem Werden durch und aus Natur (physis). Dennoch wurde poiesis, das Hervorbringen durch den Menschen, noch in einer engen Beziehung zur genesis, dem Naturprozess, verstanden: als Nachahmung (mimesis) jener Verfahrensweisen, welche man der Natur gleichsam absah, zu spezifisch menschlichen Zwecken. Das Sich-Auskennen in diesen Verfahrensweisen und ihre praktische Beherrschung: dies nannte man techne, das – modern gesprochen – Knowhow, das der poiesis zugrunde lag und das sich dem Verständnis (episteme) der Natur verdankte.

Der Gebrauch des Adjektivs poietisch soll also einen Raum charakterisieren, bei dessen Gestaltung Anschluss gesucht wird an jene Voraussetzungen und Bedingungen, die jeder architektonischen und bautechnischen Konstruktion vorausgehen. Als gestaltende Praxis birgt Technik eine Bedeutung und einen humanen Sinn, der über die Immanenz technischer Funktionalität hinausweist. In sie sind Träume, Wünsche, Hoffnungen, das Begehren nach einer menschengerechteren Welt eingebildet (in-formiert). Technik schließt an dieses Träumen, Wünschen, Hoffen, Begehren an. Sie schließt damit an die leibliche Naturgegründetheit der menschlichen Existenz an, wie dies eben auch noch im altgriechischen Wort poiesis enthalten war, das vor allem die handwerkliche Weise des Herstellens bezeichnete und in seinen ästhetisch-sinnlichen Qualitäten ein Gütekriterium geltend machte, das die Form des Produkts nicht allein mit Blick auf Funktionalität bewertet.

Die Poietik eines Raums ist demnach das, was die Menschen, die ihn betreten oder nutzen, in ihrer Leiblichkeit und Sinnlichkeit berührt; was sie als Stimmung oder Atmosphäre eines Raumes empfinden und in ihnen eine gefühlsmäßige Resonanz auslöst.[5] Sie erschließt sich – wie Gernot Böhme herausstellt – nicht

5 Hermann Schmitz differenziert im Rahmen seiner „Neuen Phänomenologie“ den „leiblichen Raum“ (die leibliche Kommunikation mit dem Raum), den „Gefühlsraum“ (die Stimmung eines Raums und die gefühlsmäßige Gestimmtheit durch den Raum), den „Ortsraum“ (die Anordnung der Objekte im Raum) und schließlich die „Wohnung“, in

durch die visuelle Anschauung, sondern allein durch „leibliche Anwesenheit“ (Böhme, 2006, S. 105). Es gebe

> „einen spezifischen Sinn für das Darin-Sein, den Sinn, den man Befindlichkeit nennt. Im Befinden spüren wir, wo wir uns befinden. Das Spüren unserer eigenen Anwesenheit ist zugleich das Spüren des Raumes, in dem wir anwesend sind.“ (Böhme, 2006, S. 108)

Auch wenn in den letzten Jahren eine zunehmende Sensibilität in der Pädagogik für diese Dimension des Raums zu konstatieren ist, hat ihre Beachtung in der Vergangenheit kaum eine Rolle gespielt. Im Gegenteil: Die wachsende Bedeutung virtueller Räume für Bildungsprozesse (Online-Studiengänge, E-Learning, Schulen am Netz usw.) bringt eine Tendenz zur Vernachlässigung des architektonisch-physischen Raums mit sich. Der in den üblichen Computerräumen in Schulen und Hochschulen zur Verfügung gestellte Raum orientiert sich meist am Raumbedarf der technischen und leiblichen „Hardware“; d.h. nicht der Raum für freie Bewegung, sondern das möglichst lückenlose Ausfüllen des freien Raums steht – im Sinne einer verheerend missverstandenen Raumökonomie – im Vordergrund. Bewegungsraum ist nur für den virtuellen, nicht für den physischen Raum vorgesehen. Die Bedürfnisse des menschlichen Leibes bleiben in nahezu jeder Hinsicht unberücksichtigt. Die sog. Ergonomie ist bisher vorrangig auf die *Vermeidung von physischen Schädigungen bei an die unbewegte Technik gebundener Tätigkeit* ausgerichtet. Ihre Berücksichtigung hat mit der Vorstellung von Frei- und Spielraum ungefähr so viel zu tun wie die „gaulgerechte“ Gestaltung des Zaumzeugs für einen Ackergaul. Eine Ansprache der Sinne ist in aller Regel nicht vorgesehen, wird sogar von funktional denkenden Raumnutzern oft als überflüssiger Luxus abgelehnt.

Unter pädagogischen Gesichtspunkten ist daher gerade der *Verschränkung von virtuellem und physischem Raum* für Bewegung, Entwicklung und Bildung ganz besondere Aufmerksamkeit zu schenken. Die wachsende Bedeutung virtueller Bildungsräume enthebt uns nicht der Sorge für die physisch-architektonischen Räume, sondern stellt an deren Gestaltung neue Anforderungen.[6]

Wenn Lernende den virtuellen Raum „betreten“, nehmen sie eine mehr oder weniger bewusste Erfahrung vom physischen Raum, in dem sie sich aufhalten, mit; eine Hintergrundvorstellung von der Beachtung, die dort der leiblich-sinnlichen Dimension menschlichen Lebens faktisch zukommt oder gar gebührt. Wenn die Lernenden am Computer sich beispielsweise während des gemeinsamen Aufenthalts im virtuellen Raum gegenseitig den Rücken zuwenden, wie dies

---

der „sich alle drei genannten Formen der Räumlichkeit zusammen“ finden. (Schmitz, 2009, S. 46)

6 Vgl. dazu die Überlegungen zur architektonischen Gestaltung von Bildungsräumen/Lernumgebungen bei Diéz Aguilar & Sesink, 2000; Diéz-Aguilar, 2006.

die Arrangements in Computerräumen in Bildungseinrichtungen sehr oft vorsehen, dann wird auch die für kollaboratives Lernen grundlegende wechselseitige Zuwendung vom virtuellen Raum monopolisiert und die *physische Begegnung entwertet.* Der Aufenthalt in einem *Container für Apparate und Körper*, der vor allem nach Gesichtspunkten maximalen Fassungsvermögens konzipiert wurde, prägt sich anders ein als der Aufenthalt in einem Raum, der Bewegung ermöglicht und mit seinen ästhetischen Qualitäten die Sinne anspricht.

Inzwischen zeichnet sich ab, dass die herkömmlichen Computerräume sich weitgehend überlebt haben, weil die Technik so klein und leicht wird, dass sie unauffällig ins Körpernahfeld integriert werden kann und somit ständig und überall der Zugang zum Internet möglich ist oder sogar das permanente Online-Sein zum normalen Alltagszustand wird (*invisible* oder *ubiquitous Computing*). Der Lernende wäre daher ständig schon vor Ort im virtuellen Lernraum, egal, wo er sich physisch gerade aufhält. Wozu, so könnte man daher fragen, dann noch eigene Lernräume und Schulgebäude? Wird dann nicht die ganze Welt zur Schule? Ist Bildungsraum dann nicht überall?

„Schizotopie" (Anders, 1980, S. 85) würde zum Dauerzustand. Im virtuellen Raum ist die Welt draußen ausgesperrt. *Dort* kann sie nicht stören. Wenn der Lernende dennoch den Straßenlärm hört, wenn er abgelenkt wird durch ein Geschehen an dem Ort, an dem er sich physisch gerade befindet, wenn er von einem anderen Menschen angesprochen wird, dann erfährt er dies alles nicht im virtuellen Bildungsraum, sondern an seinem physischen Aufenthaltsraum, der aber *nicht als Bildungsraum vorbereitet* ist. Er verliert den Schutz, den ihm ein eigens eingerichteter Bildungsraum bietet.

Gerade die Aussperrung der physisch-materiellen Welt aus dem virtuellen Raum macht die Lernenden, die sich dort aufhalten, *im physischen Raum störbar und verletzlich.* Ihre Konzentration wird im virtuellen Raum beansprucht; und so fehlt es an Aufmerksamkeit für das Geschehen im physischen Raum; oder umgekehrt. Die äußere Welt bricht umso ungehinderter in den Bildungs(zeit)raum ein, als *die virtuelle Welt unfähig* ist, *schützende Grenzen im physischen Raum zu ziehen.* Wenn das Geschehen im virtuellen Bildungsraum so viel Konzentration absorbiert, dass die wirkliche Welt um den Lernenden herum von ihm praktisch vergessen wird, dann ist es umso wichtiger, dass der reale Raum, an dem er sich aufhält, ein für solches Sich-Vergessen-Können vorbereiteter, die Lernenden *schützender*, die rechtzeitige Rückkehr aus dem virtuellen Raum zugleich unterstützender, also *attraktiver* Raum ist.

Potenzieller Raum

Hier knüpfe ich an den vom englischen Psychoanalytiker und Kinderarzt D.W. Winnicott entwickelten Begriff des Potenziellen Raums an (vgl. Sesink, 2002). Für Winnicott ist dies ein Raum, der weder nur in der Phantasie existiert noch in seiner je gegebenen physischen Realität aufgeht, sondern dadurch gekennzeichnet ist, dass in ihm sich in der spielerisch-experimentellen Begegnung von subjektiver Vorstellungskraft und real existierender Welt wechselseitig Potenziale der Entwicklung und Veränderung erschließen. Für Potenziellen Raum scheinen sich die Begriffe „Freiraum" und „Spielraum" als Synonyme anzubieten. Aber der Potenzielle Raum ist kein metaphorischer Raum. Er ist ein in Realität eingelassener Raum jenseits von Realität; ein Raum, in dem realitätsverändernde Kräfte entdeckt werden, sich entwickeln und erprobt werden können, an realen Dingen, die aber nicht in ihrem Gegebensein hinzunehmen, sondern hinsichtlich ihrer noch unerschlossenen Möglichkeiten wahrzunehmen sind.

Winnicott hatte für diese Art der Realitätsbegegnung im Potenziellen Raum das in sich versunkene Spiel des kleinen Kindes vor Augen. Das Kind agiert mit realen Dingen; aber es „funktioniert sie um" im Dienste seiner schöpferischen Einbildungskraft. Dazu bedarf es des realen Schutzes vor Umweltstörungen, einer zurückhaltenden Präsenz von Erwachsenen, die seinem Spiel Raum geben, und des Vertrauens in die eigenen Kräfte und in eine Umwelt, die es „sein lässt". Potenzieller Raum ist Winnicotts Name für den Ort, an dem diese Art von Weltbegegnung möglich ist; er sei „der Ort, an dem wir leben" (Winnicott, 1974, S. 121).

Was Winnicott damit beschrieben hat, ist der Raum für Bildung, von dem in der Pädagogik meist nur metaphorisch die Rede ist, während die tatsächliche praktische Sorge für die realen Bedingungen des Lernens als „bloß technisches", nämlich abgeleitetes instrumentelles Handeln verkannt wird. Winnicott zeigt, dass und wie pädagogische Technik als raumgebendes Handeln verstanden werden kann und muss, ohne das pädagogisch nichts gelingen kann.

Ich möchte das an einem *Beispiel* illustrieren. Ein Kind findet in der Realität der Wohnung, in der es mit seinen Eltern und Geschwistern lebt, eine Menge Dinge vor, die in dieser Realität ihren Ort und ihre Bestimmung haben; zum Beispiel Kochtöpfe, die gewisse sinnlich wahrnehmbare Eigenschaften haben, ihren speziellen Platz in der Küche haben, indem sie entweder in einem Küchenschrank aufbewahrt werden, auf dem Herd im Gebrauch sind oder nach dem Gebrauch in der Spülmaschine für den nächsten Gebrauch wieder hergerichtet werden. In der gesamten Anordnung der Dinge „spricht" sich die Realität eines Kochtopfes aus, der entsprechend sich die Familienangehörigen verhalten, und zwar nicht nur, wenn sie ihn gerade benutzen. Es gehört zur Entwicklung eines Kindes, diese Realität zu entdecken. Aber was heißt das genau?

Entdeckung der Realität heißt – nach Winnicott – zweierlei: Entdeckung der je existierenden Realität und Entdeckung der potenziellen Realität. Ein in der Wohnung entdeckter Kochtopf kann zum einen vom Kind hinsichtlich seiner existierenden Realität entdeckt werden, wenn es beobachtet, was die anderen Familienangehörigen mit ihm machen, und wenn es sich in diese Weise von Realität einführen lässt, indem es diesen Gebrauch des Topfes mit- und nachmacht.

Zum zweiten aber kann ein Kochtopf hinsichtlich seiner Potenzialität als Trommel entdeckt werden. Ob zufällig erfahren oder durch systematisches Ausprobieren herausgefunden oder durch kognitiven Transfer (Ähnlichkeit der Form zwischen dem Topf in der Küche und einer auf einer Festbühne gespielten Trommel) erschlossen: Der Topf, entdeckt das Kind, hat das Zeug zur Trommel. Er ist nicht nur, was er in der Realität der familiären Umgebung eben ist, sondern er ist auch, als was er sich – in Relation zu den Fähigkeiten des Kindes – erschließen lässt.

Denn dies ist die Bedingung: Im Topf kann die potenzielle Trommel nur entdeckt werden, wenn das Kind in sich den potenziellen Trommler entdeckt. Während es beim Entdecken des Topfes als Kochgerät in die existierende Realität eintaucht und diese durch sein eigenes Tun bestätigt und fortsetzt (allerdings auch da durch die Art, wie es kocht, durchaus eigene Akzente setzen kann), kreiert es im spielerischen Gebrauch des Topfes als Trommel *eine neue, zu seinen eigenen schöpferischen Fähigkeiten relationale Realität.* Es verändert die Welt, in der es lebt; und es verändert sich selbst (zum Trommler).

Als realistischer Kochtopfbenutzer „funktioniert" das Kind im Sinne der bestehenden Realität. Als trommelnder Kochtopfmissbraucher dagegen funktioniert es Teile der bestehenden Realität um, verstößt es gegen die Ordnung der Dinge, macht es etwas kaputt (der Kochtopf bekommt Beulen; der ebenfalls missbrauchte Kochlöffel bricht durch), wird es zum Störenfried. Die Mutter wird ärgerlich; das Kind wird zurechtgewiesen: Die Realität wehrt sich insofern dann gegen ihre kreative Verwandlung. Als realistischer Kochtopfbenutzer wird das Kind, was die Realität ihm abverlangt; als trommelnder Kochtopfmissbraucher wird es etwas, was die Kochtopfrealität nicht vorgesehen hat, was in ihr keinen Platz hat.

Das Spiel ist also *Entdeckungsreise zur Potenzialität der Welt wie des eigenen Selbst* in ihrem wechselseitigen Erschließungsverhältnis. Ohne eine reale oder potenzielle Trommel wird das Kind in sich den Trommler kaum entdecken können.

Hinsichtlich der Entdeckung der Potenzialität der Welt ist Spiel *Forschung und Experiment*; hinsichtlich der Entdeckung der eigenen Potenzialität ist das Spiel *Bildung, Erprobung und Übung*. Es ist – wie Winnicott sagt – die Quelle aller menschlichen Kultur. (ebd., S. 116, 118)

Der Spielraum nach Winnicott ist ein „dritter Bereich". (ebd., S. 119) Er unterscheidet sich erstens vom Raum der Realität, da dort alle Bestimmungen des Objektes bereits festliegen. Er unterscheidet sich zweitens vom Raum der reinen Phantasie, da dort dem Objekt beliebige Eigenschaften durch das Subjekt zugeschrieben werden können, ja, das Objekt selbst frei erfunden werden kann. (ebd., S. 40–42) Im Spielraum sind sowohl die absolute Macht der Realität als auch die absolute Macht der Phantasie gebrochen. Subjekt und Objekt lassen sich aufeinander ein um einer neuen realen Möglichkeit bzw. möglichen Realität willen.

Am Beispiel der Kochtopftrommel lässt sich auch sehen, dass Raum für Spiel nicht einfach da ist, sondern geschaffen werden muss; aber auch nur dann geschaffen werden kann, wenn er wahrgenommen wird. Wie ist das gemeint?

Ein Kinder- oder Spielzimmer kann gebaut werden. Aber das Kinderzimmer ist an sich noch kein Spielraum. Ebenso kann ein eigener architektonischer Raum für das Spielen fehlen und dennoch Spielraum existieren. Wenn die Mutter dem Kind verbietet, den Topf als Trommel zu nutzen, weil sie darauf beharrt, dass Töpfe nur Töpfe sind („Ein Topf ist kein Spielzeug!"), wenn sie also das Realitätsprinzip unbeugsam gegen das Kind zur Geltung bringt, hat das Kind in dieser Hinsicht keinen Spielraum (auch wenn es ein Kinderzimmer hat). Erforderlich ist demzufolge, dass die Realität – hier repräsentiert durch die Mutter – sich zurückhält (dass die Mutter das Diktat des Realitätsprinzips bricht) und das Kind gewähren lässt, so dass ein Raum entsteht, in dem die Dinge der Welt zwar präsent sind (wie der Kochtopf), aber nicht mehr beanspruchen, nur das zu sein, was sie sind, sondern gleichsam transparent werden hinsichtlich ihrer über ihr gegenwärtiges Sein hinausweisenden Potenzialität.

In diesem Sinne also: Durch *Zurückhaltung* wird Raum geschaffen; und doch auch wieder nicht, solange er nicht wahrgenommen wird. Wenn das Kind die potenzielle Trommel im Topf nicht sieht (vielleicht weil in ihm kein potenzieller Trommler steckt; oder weil es befürchtet, dass die Topfrealität nicht dulden wird, als Trommel wahrgenommen zu werden), dann existiert kein Spielraum, und dann erschließt sich auch keine transzendente Potenzialität des Topfes. Das Kind selbst schafft den Spielraum, der ihm durch Zurückhaltung eingeräumt wird, indem es ihn wahrnimmt.

Pädagogisch geht es primär nicht darum, Menschen dazu auszubilden, die objektiven Möglichkeiten wahrzunehmen, welche „die Welt", etwa in Gestalt ihrer technischen Artefakte, anbietet, sondern darum, sie an ihre eigenen Potenziale heranzuführen. Winnicotts Konzeption des Potenziellen Raums zeigt allerdings, dass dies ein wechselseitiges Erschließungsverhältnis ist: Menschen entdecken ihre eigenen noch verborgenen Potenziale, indem sie auf die noch unentborgenen Möglichkeiten stoßen, die ihnen die Welt bietet.

Symbolischer Raum[7]

Wir lehren, was Bewegung, Entwicklung und Bildung uns bedeuten, nicht nur über das, was wir sagen und behaupten, nicht nur über unsere didaktischen Konzepte und Arrangements, sondern in ganz hohem Maße auch durch den Wert, den wir der Gestaltung des physischen Raums für Bildungsprozesse beimessen, und den Aufwand, den wir in sie investieren. Auch *der nach pädagogischen Gesichtspunkten gestaltete Raum für Bildung enthält eine* Art Lehraussage oder *Botschaft*[8], mit der sich die Nutzer dieses Raums auseinanderzusetzen haben und zu der sie sich verhalten in der Art und Weise, wie sie dann in diesem Raum agieren.

Der Raum kann sagen: Hier geht es vor allem darum, Menschen an die Möglichkeiten der Technik heranzuführen; das entscheidende Entwicklungspotenzial für unsere Zukunft liegt also in der Technik – wenn die Technik unübersehbar den Raum dominiert, im Zentrum steht, vielleicht gar auf Podeste gestellt wird und die Bewegungsmöglichkeiten der Menschen sich danach richten, wie man sich an die Technik begibt und an ihr aufhält.

Der Raum kann sagen: Leerer Raum ist überflüssiger Luxus; nur ausgefüllter Raum ist guter Raum – wenn er nach dem Kriterium maximaler Raumausnutzung (Unterbringung möglichst vieler Computerarbeitsplätze) gestaltet wurde.

Der Raum kann aber auch sagen: Es geht um Euch, die Lernenden; es geht um Menschen mit leiblichen Bedürfnissen; es geht um physische als inspirierte Bewegung, um Zusammen-, Für- und Miteinander-Lernen – wenn die Technik sich zurückhält, wenn die Raumgestaltung sich flexibel unterschiedlichen Bedürfnissen der Nutzer anpassen lässt, wenn Menschen dort ihre Spuren hinterlassen dürfen und sollen, wenn die Sinne der Nutzer angesprochen und sie also in ihrer ganzen Existenz ernst genommen werden.

Literatur

Anders, G. (1980). *Die Antiquiertheit des Menschen. Bd. 2: Über die Zerstörung des Lebens im Zeitalter der dritten industriellen Revolution.* München: C.H. Beck.

Bächer, M. (2003). Nichts als Raum. In F.-J. Jelich & H. Kemnitz (Hrsg.), *Die pädagogische Gestaltung des Raums. Geschichte und Modernität* (S. 15–30). Bad Heilbrunn: Klinkhardt.

Böhme, G. (2006). *Architektur und Atmosphäre.* München: Wilhelm Fink.

7 Um Missverständnisse zu vermeiden: Gemeint ist nicht der Raum der Symbole, sondern die symbolische Qualität des Raums.

8 Rittelmeyer thematisiert eine „Rhetorik von Schulbauten“: „Schularchitektur bringt jeweils spezifische Botschaften zum Ausdruck.“ (Rittelmeyer, 2009, S. 157)

Bollnow, O. F. (1963). Mensch und Raum. Stuttgart: Kohlhammer.
Diéz Aguilar, M. (2006). Pädagogische Räume. Gestaltung einer multimedialen Lernumgebung. In W. Sesink (Hrsg.), *Subjekt – Raum – Technik. Beiträge zur Theorie und Gestaltung neuer Medien in der Bildung* (S. 55–77). Münster: Lit-Verlag.
Diéz Aguilar, M. & Sesink, W. (2000). Multimediale Lernumgebungen als Räume für Bildung: das Konzept der Computer-Studienwerkstatt. In W. Sesink (Red.), *Bildung ans Netz. Implementierung Neuer Technologien in Bildungseinrichtungen – pädagogische und technische Vermittlungsaufgaben* (S. 197–205). Wiesbaden: Hessisches Ministerium für Wirtschaft, Verkehr und Landesentwicklung.
Kükelhaus, H. (1973). *Unmenschliche Architektur. Von der Tierfabrik zur Lernanstalt.* Köln: Gaia.
Merleau-Ponty, M. (1966). Phänomenologie der Wahrnehmung. Berlin: de Gruyter, 1966 (im Orig. Paris 1945).
Montag Stiftung Jugend und Gesellschaft (o.J.). *Pädagogische Architektur: Lebens- und Lernraum Schule.* Bonn. http://www.paedagogische-architektur.de/startseite.html
Rittelmeyer, C. (2009). Schulbauten als semiotische Szenerien. Eine methodologische Skizze. In J. Böhme (Hrsg.), *Schularchitektur im interdisziplinären Diskurs. Territorialisierungskrise und Gestaltungsperspektiven des schulischen Bildungsraums* (S. 157–170). Wiesbaden: VS-Verlag.
Schäfer, G. E. & Schäfer, L. (2009). Der Raum als dritter Erzieher. In J. Böhme (Hrsg.), *Schularchitektur im interdisziplinären Diskurs. Territorialisierungskrise und Gestaltungsperspektiven des schulischen Bildungsraums* (S. 235–248). Wiesbaden: VS-Verlag.
Schmitz, H. (2009). *Der Leib, der Raum und die Gefühle.* 2. Aufl. Bielefeld und Basel: Edition Sirius.
Sesink, W. (2001). *Einführung in die Pädagogik.* Münster: Lit-Verlag.
Sesink, W. (2000). Transitiver, intransitiver und reflexiver Bildungsbegriff. In W. Sesink (Red.), *Bildung ans Netz. Implementierung Neuer Technologien in Bildungseinrichtungen – pädagogische und technische Vermittlungsaufgaben* (S. 35–39). Wiesbaden: Hessisches Ministerium für Wirtschaft, Verkehr und Landesentwicklung,
Sesink, W. (2002). *Vermittlungen des Selbst. Eine pädagogische Einführung in die psychoanalytische Entwicklungstheorie D.W. Winnicotts.* Münster: Lit-Verlag.
Sesink, W. (2006). Wissende Beweglichkeit. Über das Räumen von Plätzen, das Bauen von Räumen und die Bewegung des Entwerfens. In W. Sesink (Hrsg.): *Subjekt – Raum – Technik. Beiträge zur Theorie und Gestaltung neuer Medien in der Bildung* (S. 48–54). Münster: Lit-Verlag.
Winnicott, D. W. (1974). *Vom Spiel zur Kreativität.* Stuttgart: Klett-Cotta.

Kerstin Mayrberger, Swapna Kumar

Mediendidaktik und Educational Technology

Zwei Perspektiven auf die Gestaltung von Lernumgebungen mit digitalen Medien

Zusammenfassung

Der Beitrag problematisiert die internationale Verständigung über die angemessene Verwendung von Fachbegriffen. Ausgehend von der deutschsprachigen Diskussion um die didaktisch motivierte Gestaltung von Lehr- und Lernumgebungen mit digitalen Medien für formale Bildungskontexte werden exemplarisch die Ansätze Mediendidaktik und Educational Technology systematisch hinsichtlich Begriffsverständnis, Historie und disziplinärem wie administrativem Kontext verglichen. Abschließend werden professionsbezogene Folgerungen gezogen, die vor allem auf dem unterschiedlichen Grad an institutioneller Verankerung beider Perspektiven aufbauen. Die Autorinnen kommen zu dem Schluss, dass es keine eindeutige Übereinstimmung von deutsch- und englischsprachigen Fachbegriffen gibt. Aus diesem Grund wird abschließend für eine bewusste, kontextualisierte Verwendung disziplinspezifischer Begriffe für internationale Publikationen plädiert.

1 Problemstellung

Das Lehren und Lernen mit digitalen Medien (nicht nur) im Hochschulkontext ist ein international stark diskutierter und beforschter Gegenstand. Dieses lässt sich an vielfältigen internationalen wie nationalen Konferenzen und Publikationsorganen festmachen, wie auch an Beispielen aus Praxis und Entwicklung, die Gemeinsamkeiten in der konkreten Umsetzung oder ähnliche Forschungsinteressen aufweisen. Doch bei der Betrachtung des konzeptionellen und theoretischen Rahmens werden auch wesentliche Unterschiede deutlich, die es im Austausch über das Lehren und Lernen mit Medien zu differenzieren gilt.

Im deutschsprachigen Raum wird im erziehungswissenschaftlichen Kontext vorwiegend die Mediendidaktik als disziplinärer Bezugsrahmen für die Gestaltung von Lehr- und Lernprozessen mit digitalen Medien herangezogen – darüber hinaus wird je nach (fach-)spezifischem Kontext von E-Learning, Bildungstechnologie, Informations- und Kommunikationstechnologien (IKT) im Unterricht oder Technology Enhanced Learning (TEL) gesprochen, wenn das

Lehren und Lernen mit Medien gemeint ist. Im englischsprachigen Raum werden Termini wie E-Learning, Internet and Communication Technologies (ICT) in Education, Educational Technology, Instructional Technology und Instructional Design verwendet, aber es gibt wenige Termini, die gleichbedeutend in allen englischsprachigen Ländern (Australien, Großbritannien, den USA und Kanada) eingesetzt werden. Im deutschsprachigen Raum werden nicht selten englische Begriffe übernommen und mit Bedeutungen versehen, die in englischsprachigen Ländern anders konnotiert sind. Das mag auch an den unterschiedlichen sozialen, politischen und historischen Kontexten liegen, vor deren Hintergrund sich Begrifflichkeiten mit ihren Bedeutungen in spezifischer Weise entwickelt haben (z.B. die Verwendung von ‚instructional design' und ‚Instruktionsdesign', ‚didactic' und ‚Didaktik' sowie ‚E-Learning'). In diesem Sinne greift der vorliegende Artikel nun exemplarisch die beiden tendenziell erziehungswissenschaftlichen Sichtweisen der Mediendidaktik und Educational Technology auf, die zwei wesentliche Perspektiven auf die didaktisch motivierte Gestaltung von Lernumgebungen und Lernräumen mit digitalen Medien ausmachen. Es werden Gemeinsamkeiten und Unterschiede aufgezeigt, die es zu kennen und zu berücksichtigen gilt, um theoretischen Missverständnissen in Publikationen im Kontext von Forschungsvorhaben wie auch Praxisprojekten vorzubeugen. Deshalb ist die vorliegende Auseinandersetzung für Forscher/-innen, Praktiker/-innen sowie für Lehrende und Lernende, die im nationalen und internationalen Raum agieren, gleichermaßen relevant. Eine solche kritisch konstruktive Erörterung – die im Rahmen der gebotenen Kürze im vorliegenden Beitrag nicht erschöpfend erfolgen kann – soll auch dazu beitragen, die deutschsprachige Mediendidaktik mit ihrem spezifischen Kontext international neben anderen medienbezogenen Ansätzen differenziert positionieren zu können. Diese Themenstellung mag nicht neu sein (vgl. u.a. Petko, 2014, S. 157–158; Kerres, 2012, S. 43–44) und es gibt auch keine eindeutige Handlungsempfehlung, doch ist eine Auseinandersetzung damit angesichts des zunehmenden ‚Internationalisierungsdrucks' hinsichtlich internationaler Publikationen zum Lernen und Lehren mit digitalen Medien hoch relevant.

Die nachfolgende Erörterung erfolgt in drei Schritten: Im folgenden Abschnitt 2 werden die Begriffe Mediendidaktik und Educational Technology vergleichend vorgestellt. Der Abschnitt 3 geht auf die historische Entwicklung beider Theorielinien ein um dann im Abschnitt 4 den Blick auf den disziplinären Kontext und das Bildungssystem zu wenden. Der Abschnitt 5 schließt mit zentralen Folgerungen.

2 Mediendidaktik und Educational Technology

Das Lernen und Lehren mit Medien im formalen Bildungskontext wird vor allem aus zwei Perspektiven thematisiert: erstens der psychologischen (empirischen) Lehr- und Lernforschung (Horz, 2011; Fischer, Mandl & Todorova, 2009) und zweitens der Mediendidaktik (Kerres, 2012; Hüther, 2005), die in diesem Beitrag im Schnittfeld von Allgemeiner Didaktik und Medienpädagogik bzw. Medienbildung (Tulodziecki, Herzig & Grafe, 2010) verortet wird. Da im vorliegenden Kontext weniger der psychologische und mehr der didaktische Zugang zum Lehren und Lernen mit Medien im Fokus steht, werden in diesem Beitrag die Mediendidaktik und Educational Technology vordergründig behandelt.

Mediendidaktik ist nicht eindeutig definiert und es finden sich relativ enge wie weite Begriffsbestimmungen in der aktuellen Literatur. So wird aus medienpädagogischer Perspektive Mediendidaktik bis heute sehr allgemein als ‚Lernen mit Medien' gegenüber der Medienerziehung als ‚Lernen über Medien' abgegrenzt (Hüther, 2005). Konkretere Begriffsbestimmungen betonen einerseits eine eher funktionale Sicht: „Mediendidaktik befasst sich mit den Funktionen, der Auswahl, dem Einsatz (einschließlich seiner Bedingungen und Bewertung), der Entwicklung, Herstellung und Gestaltung sowie den Wirkungen von Medien in Lehr- und Lernprozessen. Das Ziel der Mediendidaktik ist die Optimierung dieser Prozesse mithilfe von Medien" (DeWitt & Czerwionka, 2013, S. 31). Hüther (2005, S. 237) stellt in Abgrenzung zu einer primär technisch motivierten Medienwahl klar heraus, dass Mediendidaktik „letztlich die Basis für didaktisch begründete Medienentscheidungen" liefert. Andererseits liegen pädagogisch einzuordnende Begriffsbestimmungen vor, die deutlicher auch den Erwerb von Medienkompetenz und Medienbildung intendieren: „Mediendidaktik beschreibt den Bereich der Didaktik und zugleich der Medienpädagogik, in dem alle Überlegungen zusammengefasst sind, bei denen es im wesentlichen um die Frage geht, wie vorhandene Medien bzw. Medienangebote oder eigene Medienbeiträge zur Erreichung pädagogisch gerechtfertigter Ziele gestaltet und verwendet werden können bzw. sollen" (Tulodziecki et. al, 2010, S. 41). Mediendidaktik wird im vorliegenden Beitrag nicht mit E-Learning gleichgesetzt. E-Learning in seinen Varianten wird in diesem Zusammenhang als Sammelbegriff für das Lernen mit digitalen Medien in vorwiegend formalen Bildungskontexten verortet und damit als Gegenstand von Mediendidaktik angesehen.

Educational Technology bedeutet „the study and ethical practice of facilitating learning and improving performance by creating, using, and managing appropriate technological processes and resources" (Januszewski & Molenda, 2008, S. 2). Diese gegenwärtig allgemein akzeptierte Definition ist im ‚Handbook of Research on Educational Communications and Technology' der ‚*Association for Educational Communications and Technology*' (AECT) zu finden, das gerade in der 4. Auflage im Jahr 2013 aktualisiert wurde. Das Handbuch erfasst „models, strategies, technologies, design and development" (Spector et al, 2008, S. xvii) bezüglich Theorie und Praxis in ‚Educational Technology' und stellt eine weithin akzeptierte Grundlage zur Verfügung, die von Educational Technology Abteilungen in den USA übernommen wird. Der Begriff ‚Educational Technology' wird in den USA oft austauschbar mit ‚Instructional Technology' verwendet, der folgendermaßen definiert wird: „the theory and practice of design, development, utilization, management, and evaluation of processes and resources for learning" (Seels & Richey, 1994, S 1). Seit der 3. Auflage des AECT Handbuchs (2008) wird jedoch allgemein der Begriff ‚Educational Technology' bevorzugt. Weitere Begriffe, die mit Educational Technology verwechselt werden, sind Instructional Design oder Instructional Systems Design[1], was sowohl als eigenes Fach neben Educational Technology als auch als Teil der Disziplin Educational Technology gesehen wird. In diesem Beitrag wird der Begriff ‚Educational Technology' im Sinne der oben genannten akzeptierten Definition von Januszweski und Molenda (2008) verwendet. Es zeigt sich hier, dass die Begriffsverständnisse im deutsch- und US-amerikanischen Raum im Kern recht ähnlich sind, doch je nach Definition die dezidierte Fokussierung auf den Lernprozess und den Lernerfolg durch und mit Medien einen anderen Stellenwert hat. Die unterschiedlichen Schwerpunktsetzungen lassen sich u.a. mit der historischen und institutionellen Entwicklung der Fachgebiete erklären.

3 Entwicklungsgeschichte

Die formalen Anfänge des didaktisch motivierten Lernens und Lehrens mit Medien werden nicht selten am ersten gedruckten Schulbuch, dem „Orbis sensualium pictus" des Johann Amos Comenius im 17. Jahrhundert festgemacht, das die damalige Welt mit Bildern und dazugehörigen Texten beschrieb. Die Geschichte der Mediendidaktik verläuft nach Einschätzung Hüthers (2005) zeitlich weitgehend identisch mit der Entwicklung des Unterrichtens, „denn immer schon sind technische Hilfsmittel zur Kommunikation und Verständigung im Alltag sehr schnell nach ihrem Aufkommen auch zu Zwecken der Belehrung und des Unterrichtens genutzt worden" (Hüther, 2005, S. 235). Der vorliegende Beitrag setzt allerdings erst bei der Diskussion im 20. Jahrhundert an, weil sich hier durch eine zunehmende (Massen-)Medienvielfalt die Gestaltung von Lehr- und Lernprozessen mit Medien stark verändert hat.[2] So lassen sich beispielsweise in Deutschland in Anlehnung an Hüther (2005) und Tulodziecki

1 Instructional Design wird als ein „systematic process that is employed to develop education and training programs in a consistent and reliable fashion" (Reiser & Dempsey, 2007, S. 11) definiert.

2 Dieses zeigt sich auch im schulischen Kontext an der Diskussion zum Einsatz digitaler Medien aus Perspektive der Fachdidaktiken (vgl. für einen knappen Überblick Petko,

et al. (2010) für die Entwicklung der **Mediendidaktik** sehr grob formuliert zwei Entwicklungswellen ausmachen. Bis zur Mitte des 20. Jahrhunderts wurden (audio-visuelle) Bildungsmedien von Lehrenden verwendet und eingesetzt. Dafür wurde 1934 die *Reichsstelle für den Unterrichtsfilm* gegründet, aus dieser in Deutschland 1943 das bis heute bestehende *Institut für Film und Bild in der Wissenschaft und Unterricht* (FWU) hervorging. In den 1960er Jahren stellten sich mit der Weiterentwicklung der Medientechnologie und elektronischen Massenmedien vermehrt medienbezogene Fragen, zur funktionalen Optimierung von Lernprozessen mit Technologien. Diese zweckrationalen Tendenzen unter Rückbezug u.a. auf die Arbeiten Skinners führte zu einem sehr bildungstechnologischen Verständnis von Unterricht (z.B. Programmierter Unterricht, Sprachlabore), das in den darauffolgenden 1970er Jahren kritisiert wurde. Mit einer handlungs- und teilnehmerorientierten Mediendidaktik wurde hier eine Gegenposition aufgebaut, die im Sinne einer zweiten Welle die Medien auch in der Hand der Lernenden sieht (vgl. zur Übersicht mediendidaktischer Ansätze über die Zeit Tuldoziecki et al. S. 98–112). In dieser Zeit liegt im deutschsprachigen Raum formal gesehen die Geburtsstunde der Mediendidaktik. Anfang der 1960er Jahre stellte Paul Heimann ein allgemeines didaktisches Modell zur Planung und Analyse von Unterricht vor, das erstmalig als eigenständiges Strukturelement neben den Methoden, Zielen und Inhalten sowie den anthropogenen und sozial-kulturellen Voraussetzungen der Lernenden die Medien benennt (vgl. Tulodziecki et al., 2010). Auf Grund dieser Entwicklungstendenzen haben Medien heute aus allgemeindidaktischer wie fachdidaktischer und pädagogischer Sicht im Unterricht die Doppelfunktion eines Lehr- und Lernmittels (Hüther, 2005) oder anders ausgedrückt herrschen bis heute mediendidaktische Ansätze wie das variantenreiche Lernumgebungskonzept vor, das die Medien in den Händen der Lehrenden und der Lernenden gleichermaßen sieht. Seit den 1990er Jahren verlief parallel zu systematischen Einführungsbestrebungen von Informations- und Kommunikationstechnologien in den Schulen („Schulen ans Netz") die hochschulbezogene Entwicklung des Lernens und Lehrens mit Medien sehr viel schneller. Ging es anfänglich noch um die Entwicklung von multimedialen oder hypermedialen Lernumgebungen, virtueller (Fern-)Lehre und später deren (Weiter-)Entwicklung unter dem Dach von „E-Learning", so hat sich heute vor allem das Blended Learning als Variante von E-Learning für die Hochschullehre etabliert, das mit der aktuellen Diskussion um rein virtuelle Lehre in Form von Massive Open Online Courses (MOOC) kritische wie konstruktive Impulse erhält.

In den USA wird der Begriff E-Learning zur Kenntnis genommen, doch wird stattdessen im Hochschulbereich in der Regel von **Educational Technology** gesprochen. Denn in den USA findet die Lehre sowohl im Hochschulbereich

2013, S. 119–129) oder im Bereich der Hochschule an der Diskussion zum spezifischen Einsatz von E-Learning in den Fächern.

als auch in den Schulen zunehmend selbstverständlich in Form von Blended Learning statt. Das virtuelle Lernen oder ‚online education' hat sich etabliert. So haben im Jahr 2013 etwa 33,5% aller Studierenden mindestens einen virtuellen Kurs belegt (Allen & Seaman, 2014), und viele Bundesstaaten fordern von Schüler/-innen ein oder zwei virtuelle Kurs(schein)e vor dem Schulabschluss ein.

Educational Technology hat in den USA eine lange Geschichte, die durch verschiedene Kräfte und Disziplinen wie Kommunikationswissenschaften, Lernpsychologie und Computerwissenschaften Gestalt annahm. Sie wird als eigenständige Disziplin aber auch als fachübergreifend anerkannt. AECT, die führende Organisation auf diesem Gebiet, wurde 1923 zuerst als *Department of Visual Instruction* von der *National Education Association* gegründet. Danach erfuhr das Gebiet des audio-visuellen Unterrichts und ‚educational radio' (Schulfunk) während des 2. Weltkriegs parallel zu dem Auftauchen von ‚instructional systems design' an Aufmerksamkeit (Molenda, 2008). Sogenannte ‚activity center' für Lehreraus- und -fortbildung im Medieneinsatz sind auch zwischen 1932 und 1945 entstanden. Nach Kriegsende traten viele Personen mit Erfahrungen in Instructional-Design-Prozessen und Educational Media bei Institutionen der höheren Bildung an (Saettler, 1990). Vor, während oder nach dem Krieg wurden die Begriffe ‚educational' oder ‚instructional' den gängigen Medien vorangestellt, um die Disziplin zu bezeichnen, z.B. Educational Media, Educational Television, Educational Technology – damit klar war, dass es um den Einsatz der Medien im Bildungsbereich ging. Ab den frühen 1960er Jahren wurde der Begriff ‚Educational Technology' von Autoren und Abteilungen übernommen. Diese kurze Geschichte des Begriffs ‚Educational Technology' in den USA hebt die Tatsache hervor, dass der Terminus und die Disziplin sowohl von Akademikern als auch von Bildungsinstitutionen in den USA akzeptiert wird[3]. Educational Technology ist heute ein interdisziplinäres Gebiet, das in verschiedenen Kontexten wie Schulen, im Hochschulbereich, in Firmen und beim Militär Anwendung findet. Beispielsweise können ‚Educational Technologists' nicht nur fachübergreifend, sondern auch fachspezifisch arbeiten und ‚Educational Technology Researcher' Bildungsprozesse in verschiedenen Disziplinen erforschen, seien es Geisteswissenschaften, Naturwissenschaften oder angewandte Wissenschaften. In dieser klaren disziplinären Orientierung mit einem klaren breiten Verständnis vom Gegenstand unterscheidet sich Educational Technology grundlegend von der deutschsprachigen Mediendidaktik, neben der die Fachdidaktiken gleichermaßen den Einsatz von Medien in Lehr- und Lernprozessen aus fachlicher und fachdidaktischer Perspektive erforschen.

3 Eine vollständige Historie der Disziplin Educational Technology in den USA auszuführen ist an dieser Stelle nicht möglich, ist aber bei Saettler (1990) und Molenda (2008) vom Lernen mit Audio bis zur Internetära zu finden.

4 Mediendidaktik und Educational Technology im disziplinären und administrativen Kontext

Im deutschsprachigen Raum herrscht bis heute keine Einigkeit darüber, inwiefern **Mediendidaktik** eine selbstständige Disziplin oder Teildisziplin der Medienpädagogik bzw. Medienbildung ist. Tulodziecki et al. (2010) vertreten den deutlichen Standpunkt, Mediendidaktik als Teildisziplin der Medienpädagogik (neben der Medienerziehung) und zugleich Allgemeinen Didaktik zu sehen. Anders verortet Kerres (2012, S. 36) Mediendidaktik als bildungswissenschaftliche Disziplin und sieht sie entsprechend als interdisziplinäres Fachgebiet in den Bildungswissenschaften (Kerres, 2012, S. 37). Petko (2014, S. 157) stellt hier ergänzend in den Raum, dass aus schulischer und schulpädagogischer Perspektive es nahe läge, „die Mediendidaktik als Teilgebiet der allgemeinen Didaktik oder als eine eigenständige Querschnittsdisziplin zu begreifen." Die domänenspezifische Perspektive der Fachdidaktiken zum Einsatz von Medien in formalen Lehr- und Lernprozessen würde für eine solche Querschnittsaufgabe sprechen, die den Medieneinsatz ergänzend aus einer medienpädagogischen wie allgemeindidaktischen Perspektive betrachtet, damit diese überfachlichen Sichtweisen im Zuge der Planung, Durchführung, Evaluation und Reflexion der Gestaltung von in der Regel fachbezogenen Lernumgebungen ebenso berücksichtigt wird.

Es zeigt sich sehr deutlich, dass die Entwicklungen im US-amerikanischen Raum von einer starken Institutionalisierung geprägt sind, die sich auf Organisation und Inhalte von Educational Technology auswirkt. Eine solche fehlt in äquivalenter Weise bis heute im deutschsprachigen Raum. Nur in relativ wenigen Fällen[4] ist Mediendidaktik zumeist im Kontext von Medienpädagogik und Medienbildung (z.B. als (bildungswissenschaftliches) Angebot in der universitären Lehrerbildung oder in erziehungswissenschaftlichen BA- und MA-Studiengängen) als reguläres Studienangebot belegbar oder gar als umfassender Studienschwerpunkt wählbar. Dagegen konnte sich durch die vermehrte Einführung von E-Learning-(Service)-Stellen an Hochschulen (stellenweise auch im Kontext hochschuldidaktischer Zentren) Mediendidaktik im deutschsprachigen Raum mehr oder weniger service-, praxis- oder forschungsorientiert in einer relativen Breite mitverankern. Die Etablierung von Mediendidaktik in Form von institutionellen Studiengängen mit spezifischem Abschluss, wie es in den USA die Regel ist, ist im deutschsprachigen Raum zurzeit nur bei sehr weni-

4 Vgl. für eine Übersicht der vielfältigen Studienvarianten zusammengestellt von der Gesellschaft für Medien und Kommunikationskultur (GMK) URL: http://www.gmk-net.de/fileadmin/pdf/studiengaenge_medienpaedagogik_medienwissenschaften_erziehungswissenschaften.pdf (02.04.2014)

gen (weiterbildenden) Masterstudiengängen zu finden.[5] Ebenso – und das muss kein Nachteil sein – gibt es im deutschsprachigen Raum keinen Konsens darüber, welche Inhalte ‚Mediendidaktik' im jeweiligen Studium umfasst oder über diesbezügliche Standards.

Als Disziplin ist **Educational Technology** (oder Instructional Technology) in einer *School* oder *College of Education* in einer amerikanischen Hochschule oder Universität angesiedelt. Sie ist jedoch nicht in einer Fakultät der Psychologie oder Informatik zu finden, was die Tatsache unterstreicht, dass es sich bei Educational Technology um eine Disziplin handelt, die sich mit den mediengestützten *Bildungs*prozessen und *Lern*prozessen beschäftigt. Nach administrativen und politischen Gesichtspunkten wird der Terminus akzeptiert und verstanden als Gebrauch von Medien zum Lehren und Lernen. Das *US Department of Education* hat seit über 25 Jahren ein *Office of Educational Technology*, das „leadership for transforming education through the power of technology" und „national Educational Technology policy" als ihre Aufgaben sieht. Alle vier Jahre veröffentlicht dieses Büro den *National Educational Technology Plan* (NETP), der in Zusammenarbeit mit Forscher/-innen vorbereitet wird. Die aktuellste Ausgabe ‚Transforming American Education: Learning Powered by Technology' 2010 beschreibt „the five essential components of learning powered by technology: Learning, Assessment, Teaching, Infrastructure, and Productivity."[6] Zusätzlich unterhalten einzelne Staaten Educational Technology Ämter in ihren *Departments of Education* und schreiben Educational Technology Planziele vor.[7]

Studiengänge in *Schools* und *Colleges of Education*, die für die Lehreraus- und -fortbildung verantwortlich sind, versuchen der Herausforderung gerecht zu werden, die in dem NETP (Atkins et al., 2010) skizziert wird. Lehrerausbildung in Educational Technology richtet sich nach den Standards der *International Society for Technology in Education* (ISTE), einer professionellen Organisation, die *National Educational Technology Standards* für Schüler, Lehrer (Standards*T, 2008), Technology Coaches, Administratoren, und Informatiklehrer festsetzt[8]. Basierend auf den ISTE-Standards legt auch NCATE (*National Council for Accreditation of Teacher Education*) die Erfordernisse fest. Akkreditierte Lehreraus- und -fortbildungsstudiengänge in den USA bemühen sich, diese Standards einzuhalten, indem sie Educational-Technology-Scheine in ihrem Curriculum einfordern, die von Educational-Technology-Abteilungen durchgeführt werden. Genauso wichtig wie das Engagement in Teacher Education sind

5 Vgl. Universität Duisburg-Essen (‚Educational Media'), Donau-Universität Krems (‚eEducation') sowie der Masterstudiengang ‚E-Learning und Medienbildung' an der PH Heidelberg.

6 https://www.ed.gov/edblogs/technology (02.04.2014)

7 Z.B. New Hampshire, http://www.education.nh.gov/instruction/ed_tech/index.htm und Florida, http://www.floridatechplan.org (02.04.2014)

8 Vgl. https://www.iste.org/standards (02.04.2014)

die Masterstudiengänge der Educational-Technology-Abteilungen sowie entsprechende Promotionsstudiengänge.

5 Professionsbezogene Folgerungen und Fazit

Angesichts des Bologna-Prozesses und der Internationalisierung der Hochschulen ist es von Forschenden bis hin zu Praktiker/-innen wichtig, zur besseren fachlichen Verständigung bestehende Begriffe und Ansätze zum gemeinsamen Fachgebiet im englischsprachigen wie deutschsprachigen Raum zu kennen und vergleichen zu können. Der vorliegende Beitrag unternimmt anhand von Mediendidaktik and Educational Technology einen Versuch in diese Richtung. Obwohl Mediendidaktik und Educational Technology beispielsweise auf die gleichen psychologischen Theorien referenzieren, Bezüge zur Informatik und Kommunikationswissenschaft herstellen und von ähnlichen Medienerscheinungen und technologischen Innovationen beeinflusst worden sind, bestehen doch wesentliche Unterschiede in der politischen, administrativen und institutionellen Wahrnehmung und Akzeptanz im jeweiligen Bildungskontext. Es besteht eine deutlichere Vorstellung von Educational Technology als Disziplin in den USA als von der Mediendidaktik im deutschsprachigen Raum. Aus dieser theoretischen Auseinandersetzung ergeben sich zwei durchaus auch praxisrelevante Konsequenzen, erstens hinsichtlich des Studiums wie auch der Profession selbst sowie zweitens für die Verwendung von Begriffen.

Blickt man nun *erstens* auf die Profession, so zeigt sich in den USA, dass sich Wissenschaftler/-innen und Bildungsexperten/-inn/-en überwiegend darüber einig sind, was unter Educational Technology als Disziplin oder einem Master-Studiengang in Educational Technology inhaltlich und strukturell zu verstehen ist. Zusätzlich haben im Jahr 2010 Hartley et al. fünf Kompetenzen für ‚Educational Technologists' festgelegt, nämlich 1) ‚Knowledge Competence', 2) ‚Process Competence', 3) ‚Instructional Design Processes', 4) ‚Personal and Social Competence' und 5) ‚Innovative and Creative Competence'. Masterstudiengänge bemühen sich, die ersten drei Kompetenzen als Minimum und die letzten zwei Kompetenzen anhand von Praktika oder Projektarbeiten abzudecken. Weiterführende Promotionsstudiengänge in ‚Curriculum and Instruction', ‚Curriculum and Teaching' oder ‚Educational Leadership' mit der Fachrichtung ‚Educational Technology', ‚Instructional Technology' oder ‚Instructional Systems Design' werden seit über 25 Jahren in den USA angeboten. Ein ‚Educational Technologist' oder ‚Instructional Technologist' ist in verschiedenen Arbeitsbereichen (z.B. an Hochschulen, an Schulen, bei Non-Profit-Organisationen, beim Militär) zu finden. Ausschreibungen für ‚Educational Technologist' oder ‚Instructional Design'-Stellen erfordern regelmäßig einen Master in ‚Educational Technology', ‚Instructional Systems Design', ‚Instructional Technology' oder ähnlichen Bereichen.

Im deutschsprachigen Raum gibt es bisher keine einheitliche akademische Voraussetzung, um als Mediendidaktiker/-in oder im Bereich ‚E-Learning' tätig zu sein. Je nach Stellenprofil werden akademische Abschlüsse in einer relativen Spannbreite im Feld von Erziehungswissenschaft, Psychologie oder Informatik bis hin zu umfangreicher fachspezifischer Praxiserfahrung (z.B. Naturwissenschaften, Jura, Geisteswissenschaften) vorausgesetzt. Zwar gibt es zunehmend Überlegungen zu spezifischen akademischen E-Kompetenzen oder akademischer Medienkompetenz, doch fehlt es an einem stimmigen Modell professionellen Handelns. Allein in der Lehrer/-innenbildung und Ausbildung von pädagogischen Fachkräften wird seit Jahren auf ein umfassendes Modell einer medienpädagogischen Kompetenz im Sinne von medienpädagogischer Professionalität rekurriert. Eine medienpädagogische Kompetenz für Lehrende umfasst kurz gefasst fünf Kompetenzbereiche, die deren medienbezogene Professionalität ausmachen: die persönliche Medienkompetenz sowie zielgruppenspezifische Kompetenzen im Bereich der Mediensozialisation, Medienerziehung bzw. Medienbildung, Mediendidaktik und Organisationsentwicklung. Dieser Ansatz lässt sich aus konzeptioneller Sicht durchaus auf das Lehren und Lernen mit Medien im Hochschulkontext im Sinne einer Gestaltung von Bildungsräumen mit Medien adaptieren, ohne die Perspektive auf Medien als Werkzeuge zu verkürzen (vgl. u.a. Mayrberger, in Druck). Entsprechend lässt sich hier für die mediendidaktische Praxis folgern, dass ein höherer Grad an Professionalität in der Mediendidaktik besonders in erziehungswissenschaftlichen oder in allgemein bildungswissenschaftlichen Studiengängen ein erster Ansatz sein könnte, um zur Profilierung des Fachgebiets sowie Verständigung über die inhaltliche Ausrichtung und -gestaltung beitragen zu können.

Die in diesem Beitrag vorgenommene Differenzierung zwischen Mediendidaktik und Educational Technology birgt *zweitens* auch Konsequenzen für deren Verwendung in jeglichen Publikationen. Allen voran sollte deutlich geworden sein, dass die deutschsprachige Mediendidaktik nicht einfach mit Educational Technology gleichzusetzen ist oder synonym verwendet werden kann. Eine solche Übersetzung würde bestehende Erwartungen auf deutschsprachiger Seite nicht erfüllen. Ebenso ist die Verwendung von ‚media didactics' im englischsprachigen Raum nicht ratsam, da ‚didactics' in den USA vorwiegend mit sehr traditionellen Methoden der Lehre assoziiert wird. Aus deutschsprachiger Perspektive ist es deshalb angebracht, bei Verwendung des Begriffs ‚didactics' diesen immer im intendierten Kontext zu erläutern. Denn bis heute zeichnen sich mediendidaktische Ansätze vor allem durch eine gemäßigte konstruktivistische Auffassung aus, die sich mit der Verwendung von ‚didactics' tendenziell ausschließt. Dieses Beispiel soll im Sinne einer zweiten Folgerung deutlich machen, dass es gerade im Bereich des Lehrens und Lernens mit digitalen

Medien keine eindeutige Empfehlung für die Verwendung von deutschsprachig konnotierten Begriffen im US-amerikanischen Raum im Sinne einer fachspezifischen Übersetzungstabelle geben kann. Deshalb ist es wichtig, sich dieser Nicht-Passung bewusst zu sein und die verwendeten Begriffe in Publika kontextualisiert einzuführen und zu erläutern.

Abschließend bleibt zu betonen, dass dieser Beitrag nicht den Anspruch auf eine erschöpfende vergleichende Erörterung der Begriffe in ihrem Kontext erfüllen kann. Wichtiges Anliegen ist es vielmehr herauszustellen, dass sowohl im deutschsprachigen als auch im US-amerikanischen Raum disziplinspezifische Begriffe verwendet werden, die es erforderlich machen, sie in ihrem Entwicklungskontext zu betrachten, bevor sie vorschnell verwendet werden. Die vorgelegte Empfehlung ist als möglicher Weg anzusehen, in internationalen Publikationen bewusst die Begriffe zu wählen. Über diese pragmatische Ebene hinaus liegt die Intention der Autorinnen darin, auf theoretischer Ebene eine fruchtbare Diskussion im Feld der Gestaltung von Lernumgebungen mit digitalen Medien anzustoßen, die in Zeiten des europäischen ‚Bologna-Prozesses' und Internationalisierungstendenzen der Hochschulen sowie der zunehmenden Mediatisierung von Bildungsprozessen über die Lebenszeit in ausführlicher Weise überfällig erscheint. Nur so kann sichergestellt werden, dass sich die deutsch- und englischsprachigen Akteure zur Gestaltung von Lernräumen mit digitalen Medien sinnvoll und konstruktiv verständigen können.

Literatur

Allen, I. E. & Seaman, J. (2014). *Grade Change: Tracking online education in the United States.* Babson Park, MA: Babson Survey Research Group. http://www.onlinelearningsurvey.com/reports/gradechange.pdf

de Witt, C. & Czerwionka, T. (2013). *Mediendidaktik. Studientexte für Erwachsenenbildung.* (2. Aufl.). Bielefeld: Bertelsmann Verlag.

Fischer, F., Mandl, H. & Todorova, A. (2009). Lehren und Lernen mit neuen Medien. In R. Tippelt & B. Schmidt (Hrsg.), *Handbuch Bildungsforschung* (S. 753–773). Wiesbaden: VS Verlag.

Hartley, R., Kinshuk, K. R., Okamoto, T. & Spector, J. M. (2010). The education and training of learning technologists: A competences approach. *Educational Technology & Society, 13*(2), 206–216.

Horz, H. (2011). Lernen mit Medien. In H. Reinders, H. Ditton, C. Gräsel & B. Gniewosz (Hrsg), *Empirische Bildungsforschung. Gegenstandsbereiche* (S. 21–23). Wiesbaden: VS Verlag.

Hüther, J. (2005). Mediendidaktik. In J. Hüther & B. Schorb (Hrsg.), *Grundbegriffe Medienpädagogik* (S. 234–240). München: kopaed.

Januszewski, A. & Molenda, M. (2008). Definition. In A. Januszewski & M. Molenda (Hrsg.), *Educational Technology* (S. 1–14). New York: Lawrence Erlbaum Associates.

Kerres, M. (2012). *Mediendidaktik: Konzeption und Entwicklung mediengestützter Lernangebote*. 3. Aufl. München: Oldenbourg.

Mayrberger, K. (in Druck). Medienbezogene Professionalität von Hochschullehrenden fördern können. Erscheint in M. Merkt, N. Schaper & C. Wetzel (Hrsg.), *Professionalisierung der Hochschuldidaktik*, Tagungsband der Deutschen Gesellschaft für Hochschuldidaktik (dghd). Gütersloh: Bertelsmann.

Molenda, M. (2008). Historical foundations. In J. M. Spector, M. D. Merrill, J. V. Merriënboer & M. P. Dirscoll (Hrsg.), *Handbook of research on educational communications and technology* (3. Aufl.) (S. 3–20). New York: Taylor & Francis Group.

Petko, D. (2014). *Einführung in die Mediendidaktik. Lehren und Lernen mit digitalen Medien.* Weinheim: Beltz.

Reiser, R. A. & Dempsey, J. V. (2007). *Trends and issues in instructional design (2. Aufl.).* Upper Saddle River, NJ: Pearson Education, Inc.

Saettler, P. (1990). *The evolution of American educational technology*. Englewood, CO: Libraries Unlimited, Inc.

Seels, B. & Richey, R. (1994). *Instructional technology: The definition and domains of the field.* Washington, DC: AECT Press.

Spector, J. M., Merrill, M. D., van Merrienboer, J. & Driscoll, M. P. (2008). Preface. *Handbook of Research on Educational Communications and Technology.* (3. Aufl.). New York: Taylor & Francis Group.

Tulodziecki, G., Herzig, B. & Grafe, S. (2010). *Medienbildung in Schule und Unterricht. Grundlagen und Beispiele*. Bad Heilbrunn: Klinkhardt.

Nina Grünberger

Räume zum Flanieren, Spielen und Lernen

Überlegungen zur Gestaltung von Bildungs- und Lernräumen im Kontext kultureller Entwicklungen

Zusammenfassung

Bei der Gestaltung von physischen und medial-virtuellen Lern- und Bildungsräumen gilt es nicht nur didaktische Konzepte zur Informationsvermittlung zu berücksichtigen. Auch Fragen danach, *wie* ein Raum gestaltet ist, *welche Objekte* in einen Raum integriert werden, *welche Rolle* Lernende im Raum einnehmen und *welche Stimmung* ein Raum vermittelt, sind zentral. Gleichzeitig unterliegen Lern- und Bildungsprozesse kulturellen Bedingungen, die ebenso Auswirkungen auf die Gestaltung von Lern- und Bildungsräumen haben. In diesem Beitrag werden anhand theoretischer Zugänge zu postmodernen Lebensformen und zur Wahrnehmung von Raumstimmungen Orientierungspunkte zur Gestaltung von Lern- und Bildungsräumen etabliert. Diese Orientierungspunkte stellen keine konkreten Handlungsanleitungen zur Konzeptionierung von Lern- und Bildungsräumen dar, sondern ermöglichen einen holistischen Blick auf das vorzufindende Spannungsfeld.

1 Einleitung

Kultur ist im Wandel. Und mit der Kultur ist unser Sein in der Kultur im Wandel. Und mit der Kultur und dem Sein in der Kultur ist auch unsere Wahrnehmung, unser Agieren, unser Denken und die Art und Weise des Lernens im Wandel.

Dies zeigt sich insbesondere dann, wenn sich die Kultur in ihren Grundpfeilern verändert: Wenn wir einen „shift" oder einen „turn" von einer speziell geprägten Kultur zur nächsten vollziehen. Ein solcher Wechsel der Kultur hat meist auch in der Wissenschaft einen sogenannten „Paradigmenwechsel" zur Folge. Ein solcher kultureller Wandel und wissenschaftlicher Paradigmenwechsel war jener hin zur Postmoderne (vgl. z.B. Bauman, 1995; Lyotard, 1979). Trotz der Stimmen zum Ende, zur Nicht-Gültigkeit oder Nicht-Mehr-Gültigkeit der Postmoderne und zum Ausrufen der „Post-Postmoderne" (vgl. bspw. Heine, 2013; Steffens, 1995; Zschocke, 2011), halten sich darin vertretene grundlegende Überlegungen zur Beschreibung der kulturellen Gemeinschaft bis dato (vgl. bspw. Herzinger, 1999). Einige gehen durch Aktualisierung und Zuspitzung postmoderner Thesen über den eigentlichen Rahmen der Postmoderne hinaus (vgl. bspw. Fassler, 2009). In Baumans Beschreibungen gesellschaftlicher Bedingungen nimmt die Räumlichkeit der Kultur ebenso wie die Gestaltung und die Bewegung innerhalb dieser eine zentrale Stellung ein. So beschreibt er die Gesellschaft nach der Moderne als eine flüchtige, fluide oder gasförmige. In dieser Zeit definiert sich das Verhältnis von Zeit und Raum neu (Bauman, 2000, S. 12ff). In dieser Flüchtigkeit und Fluidität zu leben und sich darin zu bewegen, nimmt spezifische Formen an. Der westliche, moderne Mensch agiert mehr und mehr als „Flaneur", als „Spieler" und „Tourist" (1995). Wie stellt sich das Lernen eines Spielers, eines Flaneurs und eines Touristen dar? Wie gilt es Lern- und Bildungsräume dahingehend zu gestalten? Dass das Spiel in postmodernen Gesellschaften eine besondere Bedeutung hat, wurde bereits von einigen Autoren betont (vgl. bspw. Anz, 2001; Meder, 2004; Stöger, 2005). Ebenso fand das Spielerische Eingang in Lernkonzepte wie im Bereich des Serious Gamings, des Digital Game Based Learnings (Prensky, 2004) und der Gamification-Welle (Deterding, Dixon, Khaled & Nacke, 2011; Deterding, 2012). Aber genügt es, das Spiel in Lern- und Bildungsprozesse zu integrieren oder gilt es nicht viel eher Lern- und Bildungsprozesse grundlegender gegenwärtigen Lebensbedingungen anzupassen? Lern- bzw. Bildungstheorien und didaktische Konzepte wurden in Anlehnung an Erläuterungen zu postmodernen Gesellschaftsstrukturen entwickelt (vgl. u.a. Klafki, 2007; Koller, 1999, 2012). *Für die Gestaltung von Lern- und Bildungsräumen stellt sich jedoch ebenso die Frage, wie diese angesichts des kulturellen Wandels aussehen sollen, um Lern- und Bildungsprozesse zu ermöglichen oder gar zu fördern.*

Dieser Frage soll sich hier angenähert werden, indem (1) zunächst Hinweise zur Darlegung gegenwärtiger Lebens- und Lernbedingungen in der westlichen postmodernen Gesellschaft gegeben werden. Auf Grund des Bezugs zum Räumlichen hat sich hier die Berücksichtigung von Baumans Überlegungen als sinnvoll erwiesen. Diese werden hier exemplarisch herangezogen, wenngleich damit viele andere Konzepte auf Grund des Umfangs dieses Beitrags unberücksichtigt bleiben müssen. Im Anschluss (2) wird die Frage, was für die Gestaltung eines Raumes auf Basis von Böhmes Atmosphären-Konzept zu berücksichtigen ist, erörtert (Böhme, 1995, 2001; Chandler, 2011), um schließlich Orientierungspunkte für die Konzeptionierung von Lern- und Bildungsräumen zu etablieren.

2 Wir reisen, flanieren und spielen

Wie bereits angemerkt, definiert Bauman (1995) verschiedene, für postmoderne Gesellschaften charakteristische Lebensformen. Die hierfür typischsten seien jene des „Flaneurs“[1], des „Touristen“ und des „Spielers“. Die zentrale Art und Weise, wie wir in der westlichen Gesellschaft des 21. Jahrhunderts leben, hat unumgänglich Auswirkungen auf die Fragen

- *wie* wir lernen und uns bilden,
- *was* wir lernen und *wozu* wir uns bilden (Lern- und Bildungsziele),
- und *wie* Lern- und Bildungsräume den Lebensformen adäquat gestaltet sein können.

Wenn sich heutige Lebensformen von den bisherigen grundlegend unterscheiden, dann liegt es nahe, dass auch die bisherige Gestaltung von Lern- und Bildungsräumen re-konzeptionalisiert werden muss. In einem ersten Schritt ist es daher notwendig, die genannten Lebensformen näher zu beschreiben. Gleichzeitig muss bedacht werden, dass die hier angeführten exemplarisch gewählt wurden. Unter Bezug auf einen anderen theoretischen Rahmen würden sich diese Lebensformen abweichend darstellen. Zentrale Aspekte davon dürften sich jedoch in den meisten Konzepten zeigen.

2.1 Der Flaneur

Unter Flanieren versteht man alltagssprachlich ein Herumspazieren. In postmodernen Gesellschaften flaniert man nicht nur physisch, sondern vielmehr auch „psychisch“. So wie man spazierend von einem Ort zum nächsten schlendert und dabei jeweils für unbestimmte, aber meist kurze Zeit an einem Ort verweilt, ehe man weiterzieht, so stellt sich auch das „psychische“ Flanieren dar: Das Leben besteht aus einer „Reihe von Episoden“. Man schlendert durch diese Episoden, die kürzer oder länger dauern, aber doch stets ein Ende haben und zieht schließlich zur nächsten Episode weiter. Dabei ist es wesentlich, dass die vorherige Episode auf die nachkommende keine Konsequenzen hat (Bauman, 1995, S. 150). Das Herumziehen von einer Episode zur nächsten ist beim Flanieren ein „Spielerisches“. Der Vagabund zieht im Unterschied dazu aus einer Notwendigkeit durch eine fehlende Heimat von einem Ort zum nächsten. Als räumliche Manifestation des Flanierens hat sich die Einkaufsstraße entwickelt. Hier lässt sich bequem von einem Platz zum nächsten wandern (Bauman, 1995, S. 155). Auch medienbasierte Umgebungen laden zum Flanieren ein. So kann man durchs Web *surfen*, in Online-Lernumgebungen *herumstreifen* oder im Rahmen von MOOCs (Massive Open Online Courses) gemeinsam *an einem Ort verweilen,* selbst wenn einen physisch tausende Kilometer trennen.

1 Bauman (1995, S. 155ff.) nennt als vierte Lebensform jene des „Vagabunden“. Diese unterscheidet sich nur marginal von jener des „Flaneurs“. Daher werden diese beiden Lebensformen im Folgenden zusammengefasst.

2.2 Der Tourist

Während das Flanieren eine alltägliche Lebensform darstellt, streben wir regelmäßig danach, aus diesem Alltag auszubrechen. Wir suchen das Abenteuer, den Kontrast zum Alltag, das Andere. Wir suchen neue Erfahrungen. Der Tourist gleicht einem „bewußten und systematischen Sammler von Erfahrungen" (Bauman, 1995, S. 156). Wir verlassen von Zeit zu Zeit bewusst die gewohnte Umgebung und suchen einen fremden Ort auf. Wir reisen dabei einzig, *um zu reisen* und nicht etwa, um an einen anderen Ort zu gelangen.

> „Er oder sie [der Tourist/ die Touristin] bewegt sich vor allem ‚um zu' und nur in zweiter Linie (wenn überhaupt) ‚infolge von' (selbst wenn dieses ‚um zu' zufällig nur eine Flucht vor der Enttäuschung aus der letzten Eskapade zum Ziel hat." (Bauman, 1995, S. 156)

Auf seinen Abenteuerreisen wagt sich der Tourist zwar in fremde, aber dennoch abgesicherte und geregelte Gebiete. Selbst aufregende Schreckmomente sind abgesichert und stellen kein wirkliches Risiko für Touristen dar. Bauman (1995, S. 157) formuliert es so: Die Welt des Touristen ist „grenzenlos freundlich", „willig gegenüber den Wünschen und Launen des Touristen" und „immer zu Diensten".

2.3 Der Spieler

Bauman beschreibt das Flanieren als ein spielerisches Herumziehen durch die Episoden des Lebens. Dass das Spielerische einen zentralen Stellenwert in postmodernen Gesellschaften einnimmt, kann auch bei anderen Autoren nachgelesen werden (vgl. bspw. Anz, 2001; Meder, 2004; Stöger, 2005). Bauman hebt hervor, dass Erwachsene gegenwärtig bereit sind, ein Spiel in gleicher Ernsthaftigkeit und „Rückhaltlosigkeit" wie Kinder zu spielen. Das oberste Ziel eines Spiels ist es, zu gewinnen. Daher gibt es im Spiel keinen „Raum für Mitleid, Erbarmen, Mitgefühl oder Zusammenarbeit". Jeder ist auf sich selbst zurückgeworfen und strebt nach dem Sieg. Dies jedoch nur in der durch das Spiel begrenzten Zeit. Ist diese Episode und damit das eine Spiel vorbei, dürfen keine Konsequenzen für nachkommende Spiele, für Lebens-Episoden entstehen.

> „Das Spiel ist wie Krieg, trotzdem darf dieser Krieg, der ein Spiel ist, keine geistigen Narben und keinen andauernden Groll hinterlassen." (Bauman, 1995, S. 161)

Das Spiel zeichnet sich nach Bauman dadurch aus,

- dass es zeitlich begrenzt ist. Gleichzeitig strukturiert das Spiel die Zeit. Denn jedes Spiel und auch jede Spielsequenz hat einen spezifischen „Sinnzusammenhang“ inhärent. Durch dieses bestimmte Sinnsystem ist jedes Spiel abgeschlossen und unabhängig (Bauman, 1995, S. 160). Dies beschreibt in ähnlicher Weise Fasslers These (2009) der partiellen und temporären Sub-Gesellschaften im Gegensatz zu einer großen und allumfassenden Gesellschaft. Wenn eine Spieleinheit beendet ist, steht die Tür für ein neues Spiel offen. Die zuvor gespielten Spiele dürfen keine Folgen für die nachkommenden haben.
- Das Spiel kann dabei niemals von jemandem kontrolliert oder beherrscht werden. So muss das Spiel notwendigerweise zwar zu einem Ende gebracht werden, der Spielausgang ist jedoch bis zum Ende unvorhersehbar.

> „Im Spiel ist die Welt selbst Mitspieler, Glück und Unglück sind nur die Züge der Welt-als-Spieler. In der Konfrontation von Spieler und Welt gibt es weder Gesetze noch Gesetzlosigkeit, weder Ordnung noch Chaos. Es gibt einfach nur Spielzüge (...).“ (Bauman, 1995, S. 1960)

- Damit gewährleistet ist, dass das Spiel auf Seiten der Spielenden keine weitreichenden Folgen hat, müssen sich die Spielenden stets darüber bewusst sein, dass es sich dabei „nur um ein Spiel“ handelt.
- Ziel des Spiels ist, dieses zu gewinnen. Man spielt mit den Mitspielern indem man versucht, dessen Spielzüge zu antizipieren und ihm einen Schritt voraus zu sein.

Wenn nun diese drei Lebensformen – des Flaneurs, des Touristen und des Spielers – die zentrale Art und Weise darstellen, wie wir innerhalb unserer westlichen Gesellschaft agieren und daran partizipieren, dann gilt es diese Lebensformen auch bei der Gestaltung von Lern- und Bildungsräumen zu berücksichtigen. Was kann aber unter Lern- und Bildungsräumen verstanden werden? Wie können diese definiert werden? Was ist bei der Gestaltung dieser zu berücksichtigen?

3 Der Raum und seine Atmosphäre

Der Frage, wie sich Räume und deren Atmosphären darstellen, hat sich der Phänomenologe Gernot Böhme in einer umfassenden Theorie gewidmet. Dabei baut er auf Hermann Schmitz’ Atmosphärenbegriff auf und erweitert diesen.

Zentral ist hierbei, dass Räume – hier tatsächlich physische und weniger medial-virtuelle Räume – Subjekte, die den Raum betreten, in eine bestimmte Stimmung versetzen und deren Sein bedingen. Diese Stimmung ist ausschlaggebend für die Wahrnehmung des Raumes und der Objekte im Raum durch das Subjekt. Den Träger dieser Stimmungen nennt Böhme (1995, S. 15/29) „Atmosphäre". Um zu explizieren, wie wir Atmosphären wahrnehmen greift Böhme auf Maurice Merleau-Pontys „Phänomenologie der Wahrnehmung" (1945) zurück. Bei Merleau-Ponty bedarf es für die Wahrnehmung einer Wechselwirkung eines leiblichen Subjekts in einer konkreten Welt mit Objekten und anderen Subjekten (Folkmann, 2010, S. 42; Merleau-Ponty, 1945). Auch die Wahrnehmung von Atmosphären ist nur in der Wechselwirkung zwischen Raum und Subjekt möglich. Atmosphären sind also weder alleine dasjenige, das vom Raum oder den Objekten im Raum ausgeht und auf das Subjekt wirkt, noch betreffen sie alleine die Wahrnehmung und damit die Befindlichkeit des Subjekts. Subjekte und Objekte in einem Raum sind ineinander „verflochten" und innerhalb dieses Geflechts – im „Dazwischen" – ist die Atmosphäre aufspürbar (Chandler, 2011, S. 558). Die Atmosphäre in diesem „Dazwischen" genau zu lokalisieren ist unmöglich. Eindeutig kann jedoch bestimmt werden, welche Stimmung die Atmosphäre an das Subjekt weitergibt. Dieser Atmosphären-Charakter wirkt auf das Subjekt etwa beglückend, bedrückend, ermüdend usw. Die Stimmung stellt sich also durch gleichzeitige leibliche Anwesenheit der Person in einem Raum mit Objekten ein (Böhme, 1995, S. 30). Hierzu zwei Beispiele:

- Betritt man als Schuljunge zum ersten Mal ein Klassenzimmer, kann der Raum mit der Tafel und den in einer Reihe stehenden Tischen und Stühlen einschüchternd wirken. Betritt der damalige Schuljunge 50 Jahre später den gleichen Raum, wird sich die Atmosphäre – als zwischen Subjekt und Raum entstanden – anders darstellen.
- Loggt man sich zum ersten Mal auf jene Online-Lernplattform ein, die einen durch das Master-Studium begleiten wird, erscheint einem die Oberfläche im Idealfall einladend. Auch der virtuelle Raum vermittelt eine Stimmung, die die Person angesichts ihrer gegenwärtigen Konstituierung aufnimmt. Loggt man sich nach misslungener Klausur oder retrospektiv nach erfolgreicher Absolvierung des Studiums ein, wird jeweils eine andere Stimmung entstehen. Das Design und der Aufbau der Online-Lernplattform trägt dazu gleichermaßen bei, wie die jeweilige Konstituierung der Person.

Für die Gestaltung von physischen wie auch medial-virtuellen Lern- und Bildungsräumen sind hier zwei Aspekte von besonderer Bedeutung. Einerseits das Verhältnis des Subjekts zum Raum und zu Raum-Objekten sowie andererseits die Art und Weise der Wahrnehmung der Raum-Stimmung.

3.1 Lern- und Bildungsräume als Zwischenräume

Wie bereits erläutert, ist das Verhältnis eines Subjekts zum Raum und zu Raum-Objekten sowie die Wechselwirkung dieser aller wesentlich für die Wahrnehmung der Raum-Stimmung. Die Wahrnehmung der Raum-Stimmung in physischen und medial-virtuellen Lern- und Bildungsräumen kann Lern- und Bildungsprozesse maßgeblich beeinflussen. Insofern muss sich die Gestaltung eines Raumes daran orientieren, welche Stimmung erzeugt werden soll. Die tatsächliche Erzeugung der angestrebten Stimmung kann nicht sichergestellt werden. Denn die Stimmung entsteht in der Zusammenwirkung der einzelnen Elemente. Böhme (1995, S. 22f., 2001, S. 31; 54) verortet die Atmosphäre im „Dazwischen" zwischen Subjekt und Raum. Er formuliert es so, dass die Atmosphäre nichts „Relationales" zwischen Subjekt und Objekt, sondern die „Relation selbst" ist. Dabei gibt es zwei Tendenzen: Zum einen kann die Atmosphäre eher vom Raum ausgehen und zum anderen vom wahrnehmenden Subjekt. Insofern gilt es auch für die Gestaltung von Lern- und Bildungsräumen zu berücksichtigen, dass Stimmungen angeleitet werden können. Inwiefern eine Person jedoch tatsächlich diese Stimmung aufnimmt, ist von der Gestaltung des Raumes sowie vom Subjekt selbst abhängig. Nie jedoch liegt das Evozieren der Stimmung nur im Raum begründet. Sind Objekte so stark stimmungserzeugend, dass ein Hervorrufen von Stimmungen sehr wahrscheinlich ist, dann spricht Böhme (2001, S. 46) in Anlehnung an Schmitz vom „Atmosphärischen" oder „Halbding". Für das Atmosphärische kennzeichnend ist ein starkes Hervortreten der Objekt-Eigenschaften, die Böhme *„Bestimmungen"* nennt. Dieses Objekt wirkt auf das Subjekt und auf seine Umgebung und versetzt es in die jeweilige Stimmung.

3.2 Die Wahrnehmung von Lern- und Bildungsräumen

Atmosphären werden nicht einfach „gesehen" oder „gehört". Atmosphären werden nicht alleine mit herkömmlichen Sinnesorganen im Sinne einer monodirektonalen Wahrnehmung eines Gegenstandes durch das Subjekt erfasst. Vielmehr versetzt ein Raum und dessen Eigenschaften ein Subjekt mit seiner körperlichen Präsenz in eine bestimmte Stimmung. Böhme beschreibt das im Sinne der Phänomenologie als ein „leibliches Spüren" der Stimmung. Befinden wir uns etwa in der Nähe eines Baumes, so riechen und sehen wir diesen nicht nur, sondern wir „Spüren" seine und die eigene Anwesenheit in der Umgebung (Böhme, 2001, S. 37). Wahrnehmung ist nach Böhme (2001, S. 31) die Erfahrung des Spürens, „daß ich selbst da bin und wie ich mich, wo ich bin, befinde". Auch hier greift er auf Merleau-Ponty zurück. In der engen Verknüpfung von Subjekt und Objekten im Wahrnehmungsakt wird es unmöglich, das wahrnehmende Subjekt vom es umgebenden Raum zu trennen (Folkmann, 2010, S. 42). Für den

Wahrnehmungsprozess bedeutet dies, dass das Subjekt zunächst die Atmosphäre eines Raums „leiblich" wahrnimmt. Erst dann kann das Subjekt den Raum oder Raum-Objekte wahrnehmen (Böhme, 2001, S. 45). Diese Wahrnehmung ist dann schon von der durch die Atmosphäre erzeugten Stimmung im Subjekt geprägt. Dies gilt wiederum für physische und medial-virtuelle Räume. Ist es bspw. das Licht in einem Restaurant, das es beharrlich und dadurch als qualitätsvolles Restaurant erscheinen lässt, so können auf der Online-Lernplattform etwaige Sujetbilder, die Schriftart und -form oder auch die Kommunikationsform in Posts oder in Audio-Dateien, zum Lernen einladen oder demotivieren. – Darauf gilt es zu achten.

4 Gestaltung einer Umgebung für Flaneure, Touristen und Spieler

Was gilt es nun bei der Gestaltung von physischen als auch medial-virtuellen Lern- und Bildungsräume zu bedenken? – Folgend werden dazu Orientierungspunkte, jedoch keine konkreten und direkt umsetzbaren Handlungsanweisungen expliziert.

Zunächst haben wir nach Böhme erörtert, dass Lernende beim Betreten eines Raumes durch dessen Eigenschaften in eine Stimmung versetzt werden und diese Stimmung die weitere Wahrnehmung des Raumes und der Raum-Objekte prägt.

(1) Daher gilt auch für Lern- und Bildungsräume, dass *durch die architektonische Gestaltung bei physischen Räumen und die grafische Gestaltung bei medial-virtuellen Lernräumen eine Stimmung vermittelt* wird. Dies beginnt bereits bei Fragen wie:

- Wie ist der Zugang zu einem Lernraum gestaltet?
- Werden und wie werden Lernende bei Betreten angesprochen? Oder müssen sich Lernende zunächst selbst orientieren?
- Ist der Lern- oder Bildungsraum übersichtlich gestaltet? Gibt es wiedererkennbare Symbole, die die Orientierung erleichtern?

Für die Gestaltung des Raumes sind aber nicht nur Objekte, sondern auch andere Subjekte in diesem Raum relevant. Hierbei stellen sich Fragen wie:

- Welche Subjekte befinden sich im Raum und sind deren Rollen für die anderen im Raum ersichtlich?
- Gibt es eine Gleichwertigkeit oder eine Hierarchie unter den Subjekten (bspw. eine lehrende Person versus eine lernende Person)?
- Können Personen untereinander in Austausch treten? Gibt es hierbei mögliche Hürden und wie sehen diese aus (insbesondere bei virtuellen Lernumgebungen)?

(2) Angepasst an die genannten postmodernen Lebensformen gilt es, *Lern- und Bildungsräume als Orte des Verweilens beim Flanieren zu verstehen.* Personen kommen und gehen und verweilen unterschiedlich lang. Das Verweilen und das Absolvieren von Lern- und Bildungsprozessen darf auf nachkommende Episoden keinen Einfluss haben. Wird etwa ein Lernprozess abgebrochen, so sollten Lernende eine Chance erhalten, zu einem späteren Zeitpunkt die gleiche Episode erneut zu bearbeiten oder ungehindert in andere Episoden überzugehen. Möchte man umfangreichere Lern- und Bildungsräume gestalten (bspw. Lehrgänge, Curricula etc.), gilt es diese ebenso als aneinandergereihte Episoden zu verstehen. Wesentlich hierbei ist, ein verbindendes Element zu schaffen, das den Lernenden das Verständnis über diese Verbundenheit und das Beziehungsverhältnis ermöglicht. So kann die Gefahr eingedämmt werden, dass Lernende zu rasch von einer Episode zur nächsten springen und damit länger andauernde Lern- und Bildungsprozesse abbrechen.

Orientieren wir uns bei der Gestaltung von Lern- und Bildungsräumen an der Metapher der *Einkaufsstraße*, so gilt es eine *„Bildungsstraße"* zu bauen, mit Shops, die „Learnings" unterschiedlicher Art anbieten. Dabei bleibt es möglich, zu einem späteren Zeitpunkt in einen anderen Laden zu gehen. Zudem erschließt sich allen der Sinn sowie die Atmosphäre der gesamten „Bildungsstraße". Anders als bei tatsächlichen Einkaufsstraßen gilt es bei Bildungsstraßen jedoch nicht nur den eher oberflächlichen Konsum von Gütern, sondern auch eine tiefergehende Auseinandersetzung, kontrastierende Erfahrungen und Raum für Reflexion anzubieten. Die Metapher der Bildungsstraße kann aber zum einen auch so gelesen werden, dass gerade durch die Etablierung von medial-virtuellen Lern- und Bildungsräumen das Lernen ortsungebunden und daher auch *auf der Straße* stattfinden kann. Zum anderen kann man im Kontext der OER-Bewegung (Open Educational Resources) die Metapher der Bildungsstraße so interpretieren, dass zunehmend Lern- und Bildungsräume für alle – also auch für bildungsfernen Personen *von der Straße* – eröffnet werden[2].

In Verbindung mit der genannten zeitlichen Strukturierung des Spiels und des Alltags durch das Spiel, gilt auch hier, dass bei der Gestaltung von Lern- und Bildungsräumen – insbesondere in Form einer Aneinanderreihung und Verschachtelung von Episoden – gewährleistet werden muss, dass nicht zu viele Episoden gleichzeitig zu bearbeiten sind und das Spielende absehbar ist.

(3) *Lern- und Bildungsräume sollen das „Sammeln von Erfahrungen" ermöglichen, die über das bisherig Erfahrene hinausgehen.* In dem Sinne, als der Tourist nach dem Anderen, dem Fremden, dem Abenteuer strebt, sollen auch Lern- und Bildungsräume neue, fremde, abenteuerliche Erfahrungen ermöglichen. Dies gilt es auf inhaltlicher und didaktischer Ebene zu berücksichtigen.

2 Diese Überlegungen sind auf Basis eines Kommentars im Reviewverfahren entstanden, für das ich mich an dieser Stelle bedanken möchte.

Das „Sammeln von Erfahrungen" kann und soll schließlich zu einer Darstellung der gesammelten Erfahrungen führen (bspw. in Form eines Credit-Systems oder durch die Vergabe von „badges").

(4) *Und schließlich gilt es Lern- und Bildungsräume als Spielräume zu verstehen,* auch wenn dabei Vorsicht geboten ist. Der Spielcharakter kann Lernenden zu einem intrinsisch motivierten, lustvollen und durch Spannung charakterisierten Lernen verhelfen. Jedoch strebt Spielen nach Spielgewinn. Wie Bauman es beschreibt, gibt es im Spielen kein Zusammenspiel und kein Mitleid gegenüber Verlierern. Definiert man das Spiel wie Bauman in verkürzter Form als herkömmliches Spiel („Game", „Ludus"), so stellt sich die Angelegenheit wie beschrieben dar. Unter Spiel kann jedoch mehr verstanden werden, wie die Auseinandersetzung mit dem Begriff „play" oder „paidia" darlegt[3]. Bei der Gestaltung von Lern- und Bildungsräumen als Spielräume gilt es daher sich zu vergewissern, ob man den kompetitiven Charakter des Spiels implementieren möchte. Wenn dem so ist, dann gilt es weiterhin eine Reflexionsmöglichkeit über diesen kompetitiven Charakter zu bieten. Zudem sollte man sich als Gestalter eines ludischen Lern- und Bildungsraumes darüber im Klaren sein, dass auch hier gilt: Es ist *nur ein Spiel.* Möchte man eine tiefergehende Auseinandersetzung der Lernenden mit Lerninhalten, dann muss gewährleistet werden, dass die erworbenen Kenntnisse und Kompetenzen auch über das Spiel hinaus getragen werden.

Resümierend kann gesagt werden, dass die Gestaltung von Lern- und Bildungsräumen unterschiedlichsten Bedingungen unterliegt. Der Fokus wird häufig auf die zunächst augenscheinlichsten Faktoren wie Lerninhalte oder Dauer der Lerneinheit gelegt. Es darf jedoch nicht übersehen werden, dass Lern- und Bildungsprozesse auch einem kulturellen Wandel unterliegen. Wenngleich durch vermehrte Einführung von Online-Lernumgebungen bereits auf einen kulturellen Wandel reagiert wird, so darf auch bei der Gestaltung dieser online-basierten Lern- und Bildungsräume nicht auf eine differenzierte Auseinandersetzung mit der Frage, *wie wir heute lernen und uns bilden*, vergessen werden.

Literatur

Anz, T. (2001). Das Spiel ist aus? Zur Konjunktur und Verabschiedung des „postmodernen" Spielbegriffs. *Amsterdamer Beiträge zur neueren Germanistik, 49*(1), 15–33.

Bauman, Z. (1995). *Life in fragments: essays in postmodern morality.* Oxford/Cambridge: Blackwell.

3 Vgl. neben vielen anderen bspw. Caillois, 1958, S. 38; Deterding, Dixon, Khaled & Nacke, 2011; Raessens, 2010, S. 11f.

Bauman, Z. (2000). *Flüchtige Moderne.* (R. Kreissl, Übers.). Frankfurt am Main: Suhrkamp (2003).

Böhme, G. (1995). *Atmosphäre: Essays zur neuen Ästhetik* (6. Aufl.). Frankfurt am Main: Suhrkamp.

Böhme, G. (2001). *Aisthetik. Vorlesung über Ästhetik als allgemeine Wahrnehmungslehre.* München: Fink.

Caillois, R. (1958). *Die Spiele und die Menschen – Maske und Rausch.* Stuttgart: Schwab (1960).

Chandler, T. (2011). Reading Atmospheres: The Ecocritical Potential of Gernot Böhme's Aesthetic Theory of Nature. *Interdisciplinary Studies in Literature and Environment, 18*(3), 553–568.

Deterding, S. (2012). Gamification: Designing for Motivation. *interactions, 19*(4), 14–17.

Deterding, S., Dixon, D., Khaled, R. & Nacke, L. (2011). From game design elements to gamefulness: defining „gamification". In *Proceedings of the 15th International Academic MindTrek Conference: Envisioning Future Media Environments* (S. 9–15). Tampere, Finland: ACM.

Fassler, M. (2009). *Nach der Gesellschaft: infogene Welten, anthropologische Zukünfte.* München: Fink.

Folkmann, M. N. (2010). Evaluating Aesthetics in Design: A Phenomenological Approach. *Design Issues/ MIT Press, 26*(1), 40–53.

Heine, M. (2013). Die Postmoderne ist tot. *Le Bohémien.* Abgerufen von http://le-bohemien.net/2013/02/25/die-postmoderne-ist-tot/.

Herzinger, R. (1999). Postmoderne ohne Ende. *Die Zeit.* Abgerufen von http://www.zeit.de/1999/17/199917.s-postmoderne_.xml

Klafki, W. (2007). *Neue Studien zur Bildungstheorie und Didaktik: zeitgemässe Allgemeinbildung und kritisch-konstruktive Didaktik* (6. neu ausgestattete Auflage). Weinheim; Basel: Beltz.

Koller, H.-C. (1999). *Bildung und Widerstreit. Zur Struktur biographischer Bildungsprozesse in der (Post-)Moderne.* München: Fink.

Koller, H.-C. (2012). *Bildung anders denken – Einführung in die Theorie transformatorischer Bildungsprozesse.* Stuttgart: Kohlhammer.

Lyotard, J.-F. (1979). *Das postmoderne Wissen: Ein Bericht.* (O. Pfersmann, Übers., P. Engelmann, Hrsg.) (7., ü.a. Auflage.). Wien: Passagen Verlag (2012).

Meder, N. (2004). *Der Sprachspieler: Der postmoderne Mensch oder das Bildungsideal im Zeitalter der neuen Technologien* (2. wesentl. erw. A.). Würzburg: Königshausen & Neumann.

Merleau-Ponty, M. (1945). *Phänomenologie der Wahrnehmung.* (R. Boehm, Übers.) (Nachdr.). Berlin: de Gruyter (1974).

Prensky, M. (2004). *Digital Game-based Learning.* New York: McGraw-Hill.

Raessens, J. (2010). *Homo Ludens 2.0. The Ludic Turn in Media Theory.* Antrittsvorlesung, Universität Utrecht, Fakultät für Geisteswissenschaften. Abgerufen von http://igitur-archive.library.uu.nl/oratie/2012-0918-200528/1045628_Oratie_Raessens_ENG.pdf.

Steffens, A. (1995). *Nach der Postmoderne. Mit philosophischen Texten zur Gegenwart.* Düsseldorf: Bollmann Verlag.

Stöger, P. (2005). *Das Spiel – Ortungsversuche (Annäherungen zu einer integrativen pädagogischen Anthropologie – Essay und Skizze)* (1. Aufl.). Innsbruck: Studia-Univ.-Verl.

Zschocke, B. J. (2011). Die Kulturmißachtung. Oder: Das Ende der Postmoderne verpaßt. Abgerufen von http://www.blauenarzisse.de/index.php/anstoss/item/2633-kleine-reihe-zu-den-groessten-fehlern-der-konservativen-ii-die-kulturmissachtung-oder-das-ende-der-postmoderne-verpasst (28.03.2014).

Mandy Schiefner-Rohs

Metaphern und Bilder als Denkräume zur Gestaltung medialer Bildungsräume – erste Sondierungen

Zusammenfassung

Die Gestaltung von (medialen) Bildungsräumen ist abhängig von den Vorstellungen von Medien und Räumen der Lehrenden und Lernenden. Denkt man über Raum und Bildung nach, so können viele Assoziationen in den Sinn[1] kommen: Von Frei- und Eigenräumen, Sozial- und Kursräumen, Überwachungs- und Vertrauensräumen, über Fach- und Bilderräumen bis hin zu Spielräumen werden jeweils unterschiedliche Vorstellungen von Räumen und damit mögliche Konnotationen für Lehren und Lernen in diesen geweckt. Eine gedankliche Offenheit für unterschiedliche Vorstellungen von Räumen scheint damit auch für die Gestaltung von (medialen) Bildungsräume notwendig. Offen bleibt jedoch, welche Assoziationen die unterschiedlichen (Raum-)Metaphern für die Gestaltung von Lehr-Lernszenarien hervorrufen, und wo Potenziale, aber auch Grenzen dieser Metaphern und Vorstellungen liegen. Der vorliegende Artikel fokussiert unter dem Begriff der Denkräume Vorstellungen und Bilder von medialem Lehren und Lernen. Dabei werden vor allem Raum- und Medienmetaphern näher beleuchtet, welche als Denkraum die Ausgestaltung medialer Bildungsräume beeinflussen können.

1 Problemaufriss: Pädagogik und Raum

Die Lehrerbildung soll Pädagoginnen und Pädagogen auf eine Bildungswirklichkeit vorbereiten, die heute kaum vorstellbar scheint (vgl. Schiefner-Rohs, 2013, S. 6). Damit wird es zunehmend zentral sein, über flexible und kreative Denkräume[2] zu verfügen, um vielfältige mediale Bildungsräume gestalten zu können[3]. Aus diesem Grund ist vor allem die Lehrerbildung gefragt, sich mit den Anforderungen und Ausgestaltungen von medialen Bildungsräumen zu befassen. Offen ist allerdings, welche Vorstellungen von diesen vorherrschen und wie sie bei Lehrpersonen entstehen, wenn deren Gestaltung komplex, vorausset-

1 Bezug nehmend auf den Call der GMW im Jahr 2014.

2 Mit der Metapher der Denkräume wird in diesem Artikel vor allem Vorstellungen von Bildungsräumen sowie das Nachdenken über das Zusammenspiel von Räumlichkeit und Medien verstanden.

3 Schon früh sprach Rolf Schulmeister in diesem Zusammenhang auch von didaktischer Phantasie, die es auszubilden gilt (vgl. Schulmeister, 2007).

zungsreich und ergebnisoffen ist (Spanhel, 2010). Um eine Auseinandersetzung anzustoßen, ist es allerdings erst notwendig, zu Beginn kurz auf das Verhältnis von Pädagogik und Raum einzugehen, bevor man sich dann der medialen Verfasstheit dieses Verhältnisses widmen kann.

Blickt man auf die Geschichte der Pädagogik, ist diese schon immer eng mit der Frage nach *Räumlichkeit* verknüpft, sowohl als Lerngegenstand in Form von (lernender) Aneignung verschiedener Sozialräume als auch als Teil von Sozialisation (vgl. Schrammel, 2008). Aber auch die absichtsvolle Gestaltung von Bildungsprozessen durch die Gestaltung von Räumen ist Thema in der Pädagogik. Denn Bildungsprozesse sind neben der Gestaltung von Zeitlichkeit auch abhängig von einer Gestaltung angemessener Räume: So findet institutionalisiertes Lehren und Lernen oft in dafür eingerichteten Räumen statt, die „(...) auch als Ausdruck bestimmter Lernkonzepte verstanden werden" (Eugster & Tremp, 2013, S. 35) können. Aber nicht nur die *Gestaltung* der Räumlichkeit, sondern auch das *Agieren von Personen* in einem Raum haben Auswirkungen auf pädagogische Prozesse. Beide Prozesse stehen in einem engen Wechselverhältnis zueinander. So haben beispielsweise die Anordnungen von Lernenden und der didaktischen Medien im Raum Auswirkungen auf Kommunikation und damit die Gestaltung von Lehr-Lernszenarien. Gerade in institutionalisierten Lernarrangements wie der Schule und auch der Hochschule hat oftmals ein jedes seinen Platz: Lernende in angeordneten Bänken im (Klassen-)Raum oder Hörsaal, Lehrende ebenso wie die Tafel oder Präsentationsfolien im vorderen Teil des Raumes. Diese „Territorialisierung der Schüler- und Lehrkörper ermöglicht, verhindert aber auch Vermittlungs- und Aneignungsprozesse" (Böhme, 2009, S. 18). Offen ist allerdings die Frage, wie sich diejenigen Medien, die sich nicht mehr klar räumlich verorten lassen und denen selbst raumerzeugender Status zugeschrieben wird (z.B. Sesink, 2008), sich in diese (Raum-) Konzeptionen einfügen oder neue entstehen lassen. Einen ersten Hinweis auf Vorstellungen davon könnten Metaphern liefern, mit denen Medien versehen werden. Im Folgenden werden daher unterschiedlich Raummetaphern des Lehrens und Lernens mit digitalen Medien in den Blick genommen, um sie als Denkraum für die (medien-)pädagogische Arbeit zu beleuchten. Welche Bilder werden mit Hilfe der Metaphern erzeugt und welche Implikationen haben diese für die Nutzung dieser Medien, auch zur Gestaltung medialer Bildungsräume?

2 Mediale Denk- und Handlungsräume: erste Sondierungen

Betrachtet man die Lehrerbildung als ein Hineinwachsen in (medien-)pädagogische Handlungspraxis, ist auch die Auseinandersetzung mit Vorstellungen und Annahmen zentral, die Denken und Handeln prägen. Wesentlich sind dafür die Vorstellungen des Subjekts über Ziele und Gegenstände sowie den zur

Verfügung stehenden (pädagogischen) Handlungsraum. Diese Vorstellungen (in Form von mentalen Modellen oder Metaphern[4]) prägen dann das Handeln des Subjekts (vgl. Lakoff & Johnson, 2004). Daher scheint es notwendig, sich in der Lehrerbildung mit mentalen Modellen und Metaphern von (medialen) Bildungsräumen auseinanderzusetzen. Bilder von Lehrenden über Lehren und Lernen prägen didaktisches Handeln: „(...) weil sich an ihnen die Aufbereitung des Unterrichtsgegenstandes, die Wahl der Methoden, die Art der Kommunikation (...) kurzum die spezifische Form der Inszenierung von Unterricht orientiert." (Rolff, 2008, S. 162). Bilder von Lehren und Lernen gibt es seit Beginn der Pädagogik (vgl. Treml, 2000). Sie können nun *prozessbezogen* sein und damit die Handlung in den Vordergrund stellen (Lehren und Lernen als Form des Gesprächs, als Museumsbesuch oder Forschungsprojekt); sie enthalten aber auch *räumliche* Anteile (Schulraum, Labor, ...), die einen (gedanklichen) Rahmen für pädagogische Handlungen aufspannen. Doch nicht nur *Bilder von Lehren und Lernen* prägen das Lehrhandeln, sondern auch *Bilder von Medien* sowie deren Konzeptionen (z.B. Medium als Ding oder Raum).

Eine erste Analyse soll im Folgenden unter dem Blickwinkel von (medien-) pädagogischem Denken und Handeln versucht werden. Zu fragen ist neben der Art von Metaphern auch danach „welche Werte, Ziele, Normalitätsmuster, kognitive Differenzierungen [...] von einer Metapher fokussiert bzw. erzeugt [werden]? Und im Gegenteil: Welche Denk- und Handlungsmöglichkeiten werden durch die gleiche Metaphorik nicht thematisiert bzw. sogar verdeckt?" (Schmitt, 2004, [9]).

Bezogen auf die Analyse von Medien- und Raummetaphern kann dazu auf die Arbeit von Gehring (2004) zurückgegriffen werden. Diese eher allgemeinen Medienmetaphern werden um Metaphern und Analogien aus dem Umfeld des mediengestützten Lehrens und Lernens ergänzt. Eine systematische Metaphernanalyse (vgl. Schmitt, 2014) kann allerdings aufgrund des zur Verfügung stehenden Platzes und der Fülle an Datenmaterial an dieser Stelle indes nicht geleistet werden. Allerdings verdeutlicht diese exemplarische Analyse einiger Konzepte schon Leerstellen, die für die weitere medienpädagogische Arbeit in der Lehrerbildung relevant werden. In einem ersten Schritt wird der Blick auf die zugrundeliegenden Medien gelenkt, bevor im Anschluss daran Orte und Umgebungen betrachtet werden. Daran anschließend werden Orientierungsmetaphern und Dualismen beleuchtet, um im letzten Schritt Handlungsanalogien zu untersuchen.

4 Metaphorische Konzepte können als Teil mentaler Modelle gesehen werden, aber nach Schmitt (2004) u.a. auch als Teil „subjektiver Theorien" (Groeben et al., 1988) oder in Zusammenhang mit Deutungsmustern oder Skripte. Allen Konzepten ist gemeinsam, dass sie versuchen, Beziehungen zwischen den Vorstellungen von Subjekten und ihrem Handeln zu erklären.

2.1 Von der Datenautobahn zum Netz – Medienmetaphern

Betrachtet man verschiedene Metaphern für (digitale) *Medien* wie Netz, Surfen, Datenautobahn, Global Village, aber auch Web*seite* oder Lesezeichen[5] als *ein* Ausdruck mentaler Modelle oder Bilder, so fällt auf, dass diese insgesamt häufig „sehr einfach gehalten und leicht verständlich" (Hoffstadt, 2008, S. 97) sind. Sie rekurrieren oftmals auf bisher bekannte (Leit-)Medien wie Bücher (Web*seiten*) oder bekannte Räume (Straßen, Meer oder Dörfer). Unter Bezugnahme auf bereits Bekanntes geben sie „Orientierung in unbekannten, abstrakten, gedachten Räumen bzw. strukturieren ein neues Gebiet räumlich" (Gehring, 2004, S. 12). Diese Orientierung ist vor allem für die Anfangszeiten des Aufkommens eines neuen Mediums von Nöten, da dieses so erst einmal in Vorstellungen und Handlungspraxen eingepasst werden kann. Während einige Metaphern vor allem auf gegenständliche Aspekte fokussieren (Meer, Straßen, usw.), impliziert das Netz oder auch neuerdings die Cloud eine Abstraktion und Dreidimensionalität des Raumes, der als nicht abgeschlossen und als ohne Grenzen zu denken ist. Damit suggerieren diese Vorstellungen von Medien eine Offenheit bzw. Weitläufigkeit, die sich auf die Gestaltung von Lehr-Lernprozessen auswirken kann (vgl. Kap. 3).

Den Zusammenhang zwischen Medien und der konkreten Gestaltung nehmen Gebäudemetaphern bzw. -analogien auf, die in der Beschreibung von Medien auf bisher bekannte Räume und Vorstellungen von (institutionalisiertem) Lehren und Lernen verweisen. Gerade der Beginn des E-Learning war geprägt von derartigen Bildern, und manche ziehen sich bis heute durch. In Learning-Management-Systemen sieht man z.B. oftmals eine Anlehnung an konkrete Räume[6]: es gibt Online-„Kurse" und virtuelle Klassenzimmer (Virtual Classrooms), aber auch Foren für Diskussionen oder Bibliotheken. Damit entstehen Vorstellungen und Wahrnehmungen in Anknüpfung zu bisherigen Formen von „klassischen" Bildungsräumen, so dass ein Learning-Management-System als „material geronnene Raumordnung" (Böhme, 2009, S. 15) verstanden werden kann. Auch die Begrifflichkeit Lernplattform arbeitet mit einem ähnlichen Bild: Zum einen wird durch die Lern*plattform* eine ebene Fläche gezeichnet, bei der aber an den Grenzen ein Absprung möglich zu sein scheint.

5 Vgl. auch Löw (2001, S. 95f.) oder auch Gehring (2004).

6 Moodle nimmt diese Metapher ernst und schreibt auf der Homepage: „Teilnehmende und Lehrende treffen sich zum Lehren und Lernen normalerweise in Seminarräumen, Klassenräumen oder Hörsälen. Moodle ist das digitale Pendant zu einem analogen Veranstaltungsgebäude" http://moodle.de/mod/book/view.php?id=2916&chapterid=272 (17.03.14)

2.2 Vom Ort zur Umgebung

Schon früh wurden Medien als Teil des didaktischen Konzepts in die Planung von Lehrveranstaltungen aufgenommen, wie z.B. im Berliner Modell (Heimann et al., 1965). Ausgehend von Bildern und Film als Medien blieben das Berliner Modell und seine Weiterentwicklungen bis weit in das Computerzeitalter relevant und eher gegenständlichen Medienformen (z.B. Karten, Filmen, Dias oder Computern) verhaftet. Als Erklärung hierfür könnte dienen, dass neben den „traditionellen" Medien auch der Computer als „Rechenmaschine" (vgl. Alpsancar, 2013) gut in die o.g. Raumkonzeptionen und in Bildungsinstitutionen und damit verbundenen Lehrvorstellungen integrierbar scheint. Daher konnte lange beim Einsatz von Technologie in Lehr-Lernszenarien auf etablierte Vorstellungen von Lehren und Lernen und damit verbundenen Handlungsmuster zurückgegriffen werden. Erst mit der zunehmenden Ausbreitung des Internets und des Social Webs wird deutlich, dass die Konzeption des Computers als „Ding" (vgl. ebd.) nicht ausreicht. Dadurch formt sich u.a. der Bildungsraum an sich und ist nicht mehr nur auf die Gestaltung des territorialen Raumes beschränkt. Dies erfordert auch einen veränderten Blick auf Lehrhandeln mit und in Medien. Schon seit den 1980er Jahren ist in der pädagogischen Literatur auf die Gestaltung von Lern*umgebungen* hingewiesen worden, die auf eine Abkehr vom Klassenzimmer als Lern*ort*[7] fokussierten (vgl. z.B. Maurer, 1981). Das dabei zugrunde gelegte Konzept der (Lern-)*Umgebung* impliziert eher einen das Subjekt umgebenden Raum ohne feste Grenzen. Diese Umgebung wird erst „durch Handlungen und Kommunikation hervorgebracht" (ebd.) und kann damit als sozial konstruierter Interaktionsraum gefasst werden (Bukow et al., 2012, S. 7). Diese dabei entstehenden medialen Umgebungen sind dann nicht mehr „als gegebene Konstante zu verstehen, als Behälter oder Rahmen, in dem sich Soziales abspielt, sondern als durch soziale Praktiken erst Erzeugtes aufzufassen" (Schroer, 2006, S. 275). Und auch dies hat Auswirkungen auf Lehren und Lernen (vgl. Kap. 3).

2.3 Von Innen nach außen – Orientierungsmetaphern und Dualismen

Neben diesen Metaphern gibt es aber auch *„Orientierungsmetaphern"* (Lakoff & Johnson, 2004). Hierbei stehen mehrere unterschiedliche Konzepte miteinander in Beziehung, die etwas über die Orientierung im Raum sagen (ebd., S. 11). Im Diskurs um Lehren und Lernen in Bildungsinstitutionen ist vor allem die Orientierungsmetapher von „innen und außen" verbreitet. Somit ist das Internet in vielen Vorstellungen von Schule oder Hochschule meist „außen", während Lehren und Lernen „innen" stattfindet, und Seminarinhalte werden ins Netz

7 Die Diskussion zur Unterscheidung von Raum und Ort kann an dieser Stelle nicht geleistet werden, für eine Vertiefung sei an dieser Stelle auf Schroer (2006) verwiesen.

„aus"gelagert. Aber auch Dualismen bieten Orientierungen an, auch wenn es im strengen Sinne keine Metaphern sind. Die Unterscheidung zwischen virtuell und real ist zum Beispiel oftmals auch in einer Binärlogik gedacht: Auf der einen Seite gibt es die reale Welt, auf der anderen Seite die virtuelle Welt, und man konnte bis vor kurzem (zumindest gedanklich), nur in einer der beiden Welten sein. Wenn man online ist, kann man nicht gleichzeitig offline sein, man muss sich also für eine der beiden Zustände (oder Räume) entscheiden. Und wenn man von der einen in die andere Welt geht, dann geht dann „ins Internet". Auch der Ausdruck der Lern*portale* evoziert diesen Zugang, denn über das Portal bekommt man Zutritt oder tritt hinaus. Damit wird hier dahinterliegend mit Öffnung und Schließung oder den Übertritten zwischen zwei getrennten Räumen gearbeitet.

2.4 Vom (Schul-)Buch zum Tablet – Handlungsanalogien

Bekanntermaßen geschieht eine Ausbildung medialer lehrbezogener Handlungspraxen meist in traditionellen Räumen und basierend auf bestimmten Vorstellungen von Lehren, Lernen, Medien und (Hoch-)Schule. Wichtig werden die bisher exemplarisch aufgeführten Denkräume in Form von Vorstellungen, Metaphern und Dualismen vor allem dann, wenn diese konstituierend für die Gestaltung von Handlungsräumen werden. Stellt man daher das Handeln der Subjekte in den Vordergrund, „(...) erscheint es zentral, niemals nach der Technologie an sich zu fragen, sondern immer nach dem wissensabhängigen, kulturell spezifischen Umgang mit diesen Medien" (Reckwitz 2007, S. 94). Neben Metaphern für Medien oder Räume werden dann auch *Analogien* sichtbar, die sich weniger auf die Sprache und Vorstellungen beziehen, sondern auf Handlungspraxen, die z.B. in der Schule alltäglich sind. So weisen z.B. das Interactive Whiteboard und die Tafel vielerlei Gemeinsamkeiten zu den „traditionellen" Handlungspraxen von Lehrpersonen auf. Damit werden Medien zum einen hoch anschlussfähig an die Gestaltung von Schulräumen, indem das Whiteboard z.B. die Tafel im Klassenzimmer einfach ersetzt; zum anderen bleiben sie aber auch hinter neuen Möglichkeiten und Gestaltung innovativer Szenarien zurück. Ähnliche Analogien sind beim Tablet-Einsatz zu finden, wenn es lediglich als (Schul-)Buchersatz genutzt wird. Unter Bezugnahme auf dahinterliegende ähnliche Handlungspraxen scheinen diese Medien dann schnell und mit wenig (kognitiven, didaktischen) Aufwand in den Unterricht integrierbar zu sein, neue Möglichkeiten des Lehrens und Lernens aber eher zu verdecken.

2.5 Zusammenfassung

Zusammenfassend sieht man, dass sich unterschiedliche Metaphern und Vorstellungen ausbilden, die zuerst einmal Ausdruck von Denkweisen sind. Diese haben Auswirkungen auf die Sichtweise von Welt, aber auch für Handlungen in dieser oder die Gestaltung pädagogischer Umgebungen (z.B. Groeben et al., 1988). Während einige Medienmetaphern eine große Offenheit suggerieren (Datenmeer, Netz, Cloud), erzeugen vor allem Gebäudemetaphern zur Beschreibung von Medien in Zusammenhang mit Lehren und Lernen eher absolutistisch geprägte (Denk-)Räume (Löw, 2001), die einen Dualismus von Körper und Raum evozieren und sich damit euklidischen Raumvorstellungen annähern (vgl. Böhme, 2009, S. 131). Diese sind dann eher statisch, ohne Bewegung und kognitiv verbunden mit territorial geprägten Lernräumen wie beispielsweise dem Schulraum. Dieser Rekurs auf bekannte Räume oder Orte vermag es allerdings kaum adäquat, aktuelle Medienentwicklungen und damit einhergehende veränderte Handlungspraxen darzustellen. Hier kommen die Vorstellungen an Grenzen, da die Vergleichsbilder in ihrer Räumlichkeit Grenzen aufweisen. Schaut man sich z.B. Medienentwicklungen wie Social Media und Augmented Reality an, so werden räumliche Grenzen (Thiedeke, 2012) obsolet und Metaphern wie Netze und Clouds scheinen passender als Gebäudemetaphoriken. Diese Entwicklungen müssten daher neben einer Erweiterung von Erfahrungsräumen für Subjekte auch zu neuen Formen bzw. Vorstellungen von Räumen führen, „(…) die durch Überlagerungen, Übergänge, durch ein In- und Übereinander gekennzeichnet sind“ (vgl. Pietraß & Schachtner, 2013, S. 265). Damit werden relativistische Sichtweisen passender, in denen es vor allem um die Herstellung von Relationen (Löw, 2001, S. 17f.) oder die Herausbildung sozial vermittelter Räume geht. Hierfür werden allerdings neben der Cloud noch mehrere eingängige ‚Denkräume‘[8] benötigt, die vor allem Orientierungen von innen-außen, on- und offline, usw. obsolet werden lassen. Sesink (2007) behilft sich mit einem Rekurs auf das Englische und unterscheidet zwischen „Room“ und „Space“. Der Lernraum (Room) ist ein bereits gestalteter, formeller Lernraum, wie beispielsweise ein Klassenzimmer oder eine Lernplattform. Innerhalb dieses „Rooms“ werden dem Lernenden unterschiedlichste Möglichkeiten zum Erkenntnisgewinn aufgezeigt. Der „Space“ hingegen ist ein vom Lernenden zu gestaltender Raum, der Lernende auffordert, die Lernmöglichkeiten selbst zu bestimmen. Lern*kontexte* unterscheiden sich so von Lern*räumen* aufgrund der Lernziele, welche vom Individuum selbst gewählt sind. Sie sind als der Bezugsrahmen zu verstehen und konstituieren pädagogische Räume. „Spacing“ kann dann als bewusste Gestaltung, Aushandlung oder Aneignung von Raum (Brüsemeister, 2013, S. 47) verstanden werden.

8 Die Diskussion zur Unterscheidung von Raum und Ort kann an dieser Stelle nicht geleistet werden, für eine Vertiefung sei an dieser Stelle auf Schroer (2006) verwiesen.

Angesichts der Vielfalt an Medien und Medienangeboten können Lernende relativ frei Kontexte für ihr Medienhandeln erzeugen und damit auch selbst mediale Bildungsräume gestalten und erfahren.

3 Implikationen für die Gestaltung medialer Bildungsräume in der Lehrerbildung

Betrachtet man nochmals einen Schritt zurückgehend die Entwicklung digitaler Medien für Lehren und Lernen in den letzten Jahren, so kann festgestellt werden, dass es zwischen dem Neuaufkommen eines Mediums und einer angemessenen medialen Handlungspraxis oftmals zu Verzögerungen kommen kann. Zwar sind Medienformate verfügbar, etablierte pädagogische Handlungspraxen, vor allem in Bildungsinstitutionen, zeigen sich bisher dafür aber nur vereinzelt. Dies könnte u.a. daran liegen, dass Denkräume erst ausgebildet werden müssen – wie man aktuell beispielsweise an Social Media in formalen Bildungskontexten sieht (Schiefner-Rohs, 2013). Betrachtet man die oben genannten Metaphern, scheinen Leerstellen in der Gestaltung innovativer Lernumgebungen (vgl. Hofhues et al., 2013) auf Vorstellungen zurückzuführen zu sein, weil diese schon Grenzen in sich aufweisen: Dadurch, dass mediale Bildungsräume in traditionellen Bildern gedacht werden, werden sie schon durch das evozierte Bild in ihre Grenzen in sich verwiesen. Ein kultureller Zeichen- bzw. Bildervorrat muss dafür vorhanden sein: „Offenbar muss die Kultur bereits bestimmte Codes bereithalten, welche den Umgang mit einem Artefakt zumindest *denkmöglich* machen, damit dieses umgekehrt Praxis und Subjektivität zu beeinflussen vermag“ (Reckwitz, 2007, S. 94f., Herv. M.S.-R.).

Um diese Codes oder Bilder generieren zu können, und damit Denkräume zu weiten oder neu zu eröffnen, müssen Handlungspraxen allerdings gedacht, ausprobiert und verstetigt werden. Dabei sind vor allem kreative und experimentelle Lerngelegenheiten in der Hochschule und der Lehrerbildung relevant, um diese Praktiken mit angehende Lehrpersonen auszutarieren und erfahrbar zu machen; aber auch, um an Vorstellungen von medialen Bildungsräumen zu arbeiten. Denn „Raumbilder sind Deutungsmuster, das heißt Erklärungszusammenhänge, die es den Akteuren erlauben (sollen), soziale Erfahrungen in einen generelleren Sinnzusammenhang zu stellen“ (Kessl & Reutlinger, 2008, S. 73). Damit sind Lehrende und Lernende gleichzeitig angesprochen, denn beide verfügen über Bilder von Lernen, Medien und Räumen. Zielführend scheint es also zu sein, die Gestaltung von Bildungsräumen nicht nur als Aufgabe von Pädagogen zu sehen, sondern auch die *Aneignung* von medialen Bildungsräumen und die so entstehenden Denkräume stärker in den Blick zu nehmen. Damit ist auch zu fragen, wie eine Ausübung von Praktiken gefördert oder behindert wird bzw. wie das Hineinwachsen in Handlungspraxen (z.B. in der Lehrerbildung) vonstatten geht.

Zu betrachten sind hier neben den oben genannten „Weitungen" von Metaphern vor allem (implizite und explizite) Verbote und Handlungsnormen, vor allem in (Bildungs-)Institutionen, denn „durch überwiegend implizite Kritiken, Korrekturen und Sanktionen wird ein praktisches Verständnis darüber hergestellt, was eine regelgerechte Ausführung der Praktik ist und was nicht" (Alkemeyer, 2010, S. 8).

Zusammenfassend zeigen die hier vorgestellten ersten Überlegungen die Notwendigkeit, (mediale) Denk- und Handlungsräume von Lehrpersonen zu gestalten und stärker zu untersuchen. Benötigt wird eine Analyse der medial geprägten „(…) Verhältnisse zwischen material-physischen Territorialordnungen, sozialen Praxisräumen und kognitiv-mentalen Maps" (Böhme, 2009, S. 13), um darauf aufbauend angemessene Gestaltungsbedingungen in der Ausbildung medienpädagogischer Fähigkeiten und Fertigkeiten ableiten zu können.

Literatur

Alkemeyer, T. (2010). Auf den Spielfeldern der Subjektivierung. *Einblicke – Forschungsmagazin der Universität Oldenburg, 25*(52), 7–11, http://www.presse.uni-oldenburg.de/download/einblicke/52/alkemeyer.pdf (19.05.2014)

Alpsancar, S. (2013). *Das Ding namens Computer. Eine kritische Neulektüre von Vilém Flusser und Mark Weiser*. Bielefeld: transcript Verlag.

Bader, R. (2010). Orientierung im virtuellen Raum – Mentale Modelle internetgestützter Lernumgebungen im Studium der Sozialen Arbeit. In K. Hugger & M. Walber (Hrsg.), *Digitale Lernwelten* (S. 157–174). Wiesbaden: VS Verlag.

Böhme, J. (2009). Raumwissenschaftliche Schul- und Bildungsforschung. In J. Böhme (Hrsg.), *Schularchitektur im interdisziplinären Diskurs. Territorialisierungskrise und Gestaltungsperspektiven des schulischen Bildungsraums* (S. 13–24). Wiesbaden: VS Verlag.

Brüsemeister, T. (2013). Schulraumgestaltung im Kontext der allgemeinen soziologischen Diskussion von Raum. In J. Kahlert, M. Kirch, Kai Nitsche & K. Zierer (Hrsg.), *Handbuch der Schulraumgestaltung. Theoretische Grundlagen und praktische Umsetzung* (S. 46–58). Bad Heilbrunn: Klinkhardt.

Bukow, G. C., Fromme, J. & Jörissen, B. (2012). Mediale Transformationen unseres Verhältnisses zu Raum und Zeit. In G. C. Bukow, J. Fromme & B. Jörissen (Hrsg.), *Raum, Zeit, Medienbildung. Untersuchungen zu medialen Veränderungen unseres Verhältnisses zu Raum und Zeit* (S. 7–20). Wiesbaden: VS Verlag.

Eugster, B. & Tremp, P. (2013). Organisierte Beziehungen in Universitäten: Das Beispiel „Forschendes Lernen". *Personal- und Organisationsentwicklung in Einrichtungen der Lehre und Forschung, 8*(2+3), 34–38.

Gehring, E. (2004). *Medienmetaphorik. Das Internet im Fokus seiner räumlichen Metaphern*. Berlin: dissertation.de.

Groeben, N., Wahl, D., Schlee, J. & Scheele, B. (1988). *Das Forschungsprogramm Subjektive Theorien: eine Einführung in die Psychologie des reflexiven Subjekts*. Tübingen: Francke.

Heimann, P., Otto, G. & Schulz, W. (1965). *Unterricht. Analyse und Planung.* Hannover: Schroedel Verlag.

Hoffstadt, C. (2008). *Denkräume und Denkbewegungen. Untersuchungen zum metaphorischen Gebrauch der Sprache der Räumlichkeit.* Karlsruhe: universitätsverlag. http://digbib.ubka.uni-karlsruhe.de/volltexte/documents/876781 (19.05.2014).

Hofhues, S., Schiefner-Rohs, M., Bremer, C. & Egloffstein, M. (2013). Konzeptionen und Förderansätze von Medienkompetenzen in der Lehrpersonenbildung. In C. Bremer & D. Krömker (Hrsg.): *E-Learning zwischen Vision und Alltag* (S. 392–394). Münster: Waxmann Verlag.

Kessl, F. & Reutlinger, C. (2007). *Sozialraum. Eine Einführung.* Wiesbaden: VS Verlag.

Lakoff, G. & Johnson, M. (2004). *Leben in Metaphern: Konstruktion und Gebrauch von Sprachbildern.* Heidelberg: Carl-Auer Verlag.

Löw, M. (2001). *Raumsoziologie.* Frankfurt am Main: Suhrkamp.

Maurer, F. (1981). Lernen als räumliche Erfahrung. Anmerkungen zum Projektbericht „Vom Klassenzimmer zur Lernumgebung". *Die deutsche Schule, 73*(4), 257–263.

Pietraß, M. & Schachtner, C. (2013). Entgrenzung zwischen Realität und Virtualität. Grundlagen und Formen. In W. Thole, H.-R. Müller & S. Bohne (Hrsg.), *Erziehungswissenschaftliche Grenzgänge. Markierungen und Vermessungen.* (S. 253–267). Opladen: Barbara Budrich.

Reckwitz, A. (2007). Die historische Transformation der Medien und die Geschichte des Subjekts. In A. Ziemann & L. Ellrich (Hrsg.), *Medien der Gesellschaft – Gesellschaft der Medien* (S. 89–107). Konstanz: UVK.

Rolff, H. (2008). Vom Lehren zum Lernen, von Stoffen zu Kompetenzen – Unterrichtsentwicklung als Schulentwicklung. In C. Rohlfs, M. Harring & C. Palentien (Hrsg.), *Kompetenz-Bildung. Soziale, emotionale und kommunikative Kompetenzen von Kindern und Jugendlichen* (S. 145–168). Wiesbaden: Springer VS.

Schiefner-Rohs, M. (2013). Das Social Web als Erfahrungsraum für die Lehrerbildung – Medienbildung zwischen Werkzeug und Raum. *journal für lehrerinnen- und lehrerbildung, 4*(13), 6–11.

Schmitt, R. (2012). Diskussion ist Krieg, Liebe ist eine Reise, und die qualitative Forschung braucht eine Brille – Review Essay. *Forum Qualitative Sozialforschung*, 5, (2), Art. 19, http://www.qualitative-research.net/index.php/fqs/article/ view/621/1345 (10.06.2014).

Schmitt, R. (2014). Eine Übersicht über Methoden sozialwissenschaftlicher Metaphernanalysen. In M. Junge (Hrsg.), *Methoden der Metaphernforschung und -analyse* (S. 13–30). Wiesbaden: Springer Fachmedien.

Schrammel, S. (2008). Überlegungen zur räumlichen Analyse von Bildungs- und Erziehungsprozessen. In R. Egger, R. Mikula, S. Haring, A. Felbinger & A. Pilch-Ortega (Hrsg.), *Orte des Lernens* (S. 91–99). Wiesbaden: VS Springer.

Schroer, M. (2006). *Räume, Orte, Grenzen. Auf dem Weg zu einer Soziologie des Raumes.* Frankfurt am Main: Suhrkamp.

Schulmeister, R. (2007). *Grundlagen hypermedialer Lernsysteme: Theorie – Didaktik – Design.* München: Oldenbourg Verlag.

Sesink, W. (2007). Raum und Lernen. *Education Permanente, 41*(1), 16–18.

Sesink, W. (2008). Bildungstheorie und Medienpädagogik. Versuch eines Brückenschlags. In W. Sesink & J. Fromme (Hrsg.), *Pädagogische Medientheorie* (S. 13–35). Wiesbaden: VS Verlag.

Spanhel, D. (2010). Mediale Bildungsräume. Ihre Erschließung und Gestaltung als Handlungsfeld der Medienpädagogik. In P. Bauer, H. Hoffmann & K. Mayrberger (Hrsg.), *Fokus Medienpädagogik. Aktuelle Forschungs- und Handlungsfelder* (S. 29–44). München: kopäd.

Thiedeke, U. (2012). Innerhalb von Außerhalb – Soziologische Bemerkungen zur Medialität gesellschaftlicher Exklusionsräume. In G. C. Bukow, J. Fromme & B. Jörissen (Hrsg.), *Raum, Zeit, Medienbildung. Untersuchungen zu medialen Veränderungen unseres Verhältnisses zu Raum und Zeit* (S. 119–133). Wiesbaden: VS Verlag.

Treml, A. K. (2000). *Allgemeine Pädagogik. Grundlagen, Handlungsfelder und Perspektiven der Erziehung*. Stuttgart: Verlag W. Kohlhammer.

Alexander Unger

Lernumgebung upside down

Eine Auseinandersetzung mit der persönlichen Lernumgebung im Kontext des medienbasierten Lernens

Zusammenfassung

Web-2.0-Angebote verzeichnen schon seit Jahren einen durchschlagenden Erfolg. Auch die Angebote an virtuellen Lernumgebungen wie Learning-Content-Management-Systeme (LCMS) sind vielfältig und werden ständig weiterentwickelt. Dabei ist die Nachhaltigkeit und Verankerung dieser Angebote im Alltag der Nutzer allerdings nicht immer zufriedenstellend. Dieser Artikel befasst sich im Anschluss an die Diskussion um Personal Learning Environments (PLEs) mit dem Begriff der Lernumgebung und entfaltet diese in einem noch weiterreichenden Sinne als persönliche Umgebung. Von diesem Verständnis ausgehend wird die Umgebungsanalyse als Methode zur Analyse von Lernumgebungen vorgestellt, die eine nachhaltige Gestaltung virtueller Lernumgebungen insbesondere im Bildungsbereich unterstützt. Die Gestaltung von (hybriden) Lernumgebungen wird dabei als bedeutsames Element einer medienpädagogischen „Hybridisierungskompetenz“ gesehen, die vor dem Hintergrund der Mediatisierung zunehmend an Bedeutung gewinnt.

1 Die Revolution des Lernens und das Problem der Nachhaltigkeit

Blicken wir auf die letzten 20 Jahre zurück, so ist festzustellen, dass digital-interaktive Medien sich rasant verbreitet und unsere Lebenswelt weitgehend durchdrungen haben. Social Network Sites (SNS) wie Facebook, die aus dem (Lern-)Alltag kaum mehr wegzudenken sind, markieren dabei aber letztlich die Spitze des rasanten Mediatisierungsprozesses (vgl. Krotz, 2001). Auch die Angebote und Trends im Bereich des E-Learning wechseln sich schnell ab: vom Computer Based Training (CBT) und dem multimedialen Lernen der 2000er Jahre, über das Web Based Training (WBT), die Virtuelle Universität und das Blended Learning bis hin zu PLEs und Massive Open Online Courses (xMOOCS), um nur einige zu nennen.

Es ist kaum zu bestreiten, dass diese Trends und Technologien die Lehr-/Lernkultur beeinflusst und verändert haben. Nichtsdestotrotz muss aber festgehalten werden, dass die oft prophezeite Revolution des (formalen) Lernens bisher ausgeblieben ist. Weder wird der größte Teil des Schulstoffs über Lehrprogramme vermittelt, wie dies bereits 1977 prognostiziert wurde (vgl. Frank/ Meder, 1971, 158), noch ist der realweltliche Campus oder der Klassenraum durch virtuelle Lernumgebungen ersetzt worden. Der überragende Anteil der Studierenden ist weiterhin in klassischen Studiengängen eingeschrieben und nicht an virtuellen Universitäten (vgl. Schulmeister, 2001, 31) und Lernen bleibt trotz multimedialer und vernetzter PCs nach wie vor eine anstrengende Angelegenheit (vgl. Weidenmann, 2002).

Es wäre nun aber auch unangemessen, aus diesen Beispielen den Schluss zu ziehen, dass virtuelle Lernumgebungen keinen Beitrag zu Lernprozessen leisten könnten: Je nachdem, wie weit oder eng der Medienbegriff gefasst wird, sind Lernen und Medialität untrennbar miteinander verbunden. Nichtsdestotrotz stellt sich die Frage, warum sich gerade die nachhaltige Implementierung von E-Learning-Angeboten als so schwierig erweist. Es gibt eine ganze Palette an Inhalten, Kursen und Lernumgebungen, die zwar mit hohem Aufwand entwickelt wurden, von den Lernenden aber kaum angenommen werden. Diese Frage ist umso drängender, da Anwendungen wie Facebook, Dropbox, Wikipedia usw. mittlerweile aus dem Lernalltag von Studenten und Schülern gar nicht mehr wegzudenken sind. Auch Attwell et al. weisen auf das „failure of organisation-driven approaches" im Vergleich zum „success of community-driven approaches in the spirit of Web 2.0" (2008, 76) beim technologiebasierten Lernen hin.

Ein Grund für diese geringe Verankerung im Lernalltag mag darin liegen, dass es sich bei klassischen E-Learning-Angeboten um „Steuerungstechnologien" für individuelles Lernen handelt, während Social-Software-Angebote die vermeintliche Peripherie des Lernens wie Kommunikation, Vernetzung, Kooperation und Produktion betreffen. Wie auch die Diskussion über PLEs nahelegt, scheint die Passung der Angebote für die Bedürfnisse der Lernenden und für ihre bereits etablierte Lernumgebung ein entscheidendes Kriterium darzustellen. Viele Ansätze des E-Learning konzentrieren sich zu stark auf das Lehren und die Lehrumgebung und verlieren die oft unterschätzte Lernumgebung aus dem Blick.

Ausgehend von der Bedeutung der persönlichen Lernumgebung befasst sich dieser Artikel mit dem Begriff der Lernumgebung und entwickelt diese, entgegen dem gängigen Verständnis, als individuell zum Lernen eingerichtete Umgebung, in die virtuelle Lernangebote wie Social Media oder LCMS vom Lernenden integriert werden müssen, um Nachhaltigkeit entfalten zu können. Im Anschluss an die Diskussion um PLEs entfaltet der Artikel das Konzept der Umgebungsanalyse (vgl. Unger, 2006)[1], mit dem bestehende Lernumgebungen

1 Es wird hier an die Überlegungen dieses Artikels angeschlossen, die durch die Diskussion um PLEs eine neue Aktualität gewonnen haben und entsprechend weiterentwickelt werden.

im Zuge ihrer medialen Anreicherung analysiert und Hinweise für eine nachhaltige Gestaltung gewonnen werden können.

2 Von der PLE zur persönlichen Lernumgebung

Das Konzept der persönlichen Lernumgebung steht im Kontext des informellen und lebenslangen Lernens sowie dem sogenannten Web 2.0 und Social Software und damit dem Übergang vom Lernenden als Konsument zum Prosumenten (vgl. Attwell, 2007, 2). Während die weit verbreiteten LCMS nach wie vor mit der Implementierung kommunikativer und kooperativer Elemente sowie der Ermöglichung einer aktiveren Rolle der Lernenden kämpfen, etablieren sich im WWW Angebote wie Blogs, Wikis, Social Bookmarking und Networking Sites, die neben der Vernetzung mit einer Community auch Produktion und Austausch von User Created Content (UCC) ermöglichen. Im Grunde schaffen sich versierte User mit diesen Angeboten in Eigeninitiative eine (Lern-)Umgebung, die selbstgesteuertes und kollaboratives Lernen resp. Produktion ermöglicht. Damit realisieren kommerzielle Anwendungen scheinbar eine Lernkultur, um deren Etablierung die Pädagogik spätestens seit der Reformpädagogik kämpft – allerdings vornehmlich im informellen Bereich.

Wie Schaffert und Kalz zeigen (2009, 16), variieren die Ansätze zur Umsetzung von PLEs von der Integration in bestehende Anwendungen wie LCMS bis hin zu eigenständigen Frameworks[2], die dem Lerner eine Meta-Umgebung anbieten, in der er die Werkzeuge und Angebote integrieren kann, die er für sein Lernen braucht. Der Ansatz der PLEs kann daher als ein Versuch verstanden werden, den bereits informell genutzten Werkzeugen, vornehmlich Web 2.0-Anwendungen, einen Rahmen zu geben und diese auch für formales Lernen nutzbar zu machen. Damit setzen PLE im Zeichen der Lernerzentrierung den Trend fort, nicht mehr auf Adaptivität wie bei Intelligenten tutoriellen Systemen (ITS) zu setzen, sondern dem Lernenden schlicht selbst die Möglichkeit geben, sein Lernen in einem umfassenden Sinne selbst zu „steuern". Im Zentrum des Konzepts der PLE steht daher die Idee, „den Lernenden und seine Aktivitäten und Bedürfnisse in den Mittelpunkt zu stellen" und ihm eine Plattform anzubieten, in der er „verteilte Online-Informationen, -Ressourcen oder Kontakte" (Schaffert & Kalz, 2009, 6) integrieren kann und die ihm die Möglichkeit bietet, eigene Produkte zu generieren und diese auf andere Onlineplattformen zu exportieren.

---

2 Allerdings stellt die Integration der verschiedenen ausgewählten Webservices, sowohl aus technischer wie aus Datenschutzsicht, eine nicht zu unterschätzende Herausforderung dar.

Diese Idee ist eben so „simpel" wie „smart": Statt eine Multifunktionsumgebung zu programmieren, deren Kommunikations- und Kollaborationswerkzeuge beim Release vielleicht schon überholt sind, wird eine flexible Meta-Umgebung angeboten, in der die aktuell favorisierten Tools und Webservices als Lernressourcen integriert werden können. Bei PLEs steht daher die zum Lernen einzurichtende Umgebung im Mittelpunkt, die bei vielen LCMS und anderen Anwendungen vorgegeben ist und ggf. an den Bedürfnissen der Lernenden vorbeigeht. Mit dieser Orientierung weist der Ansatz auch in Richtung der bereits bestehenden Lernumgebung, die nicht ersetzt, sondern aufgegriffen und angereichert werden soll.

Allerdings wirft das Konzept der PLE bei allen technologischen und pädagogischen Potenzialen auch einige Fragen auf. Wie Attwell et al. (2008, 79) anmerken, geht es beim Lernen mit PLEs weniger um die Vermittlung von konkreten Inhalten wie beim klassischen E-Learning, sondern um die Unterstützung selbstgesteuerten Lernens durch eine persönliche Online-Lernumgebung. Mit dieser Lernkultur gehen aber mindestens zwei Probleme einher: Zum einen stellt sich die Frage, ob Anwendungen und Nutzungsroutinen aus informellen Kontexten einfach in formale Kontexte übertragen werden können und welche Rolle Lehrer und Bildungsinstitutionen spielen sollen, „if learners themselves developed and controlled their own online learning environment" (Attwell, 2007, 1). Zum anderen bleibt offen, ob ein selbstgesteuertes Lernen unter der Einbeziehung der Community für alle Bildungskontexte und Altersstufen angemessen ist.[3] In Teilen der Diskussion entsteht bisweilen der Eindruck, dass Lernen als Selbstzweck losgelöst von jeglichen Bildungskontexten und Strukturen stattfindet.

Die Diskussion um PLEs scheint daher auch nicht ganz frei von gewissen technologischen Verkürzungen zu sein, die auch das Verständnis von Lernumgebungen betrifft, die mitunter in den bereits genutzten Web-Anwendungen aufgehen, die Lerner in ein Meta-Framework integrieren sollen. Dies stellt aber eher eine personalisierte Softwareumgebung dar, die zwar einen Teil einer persönlichen Lernumgebung ausmacht, in der die Lernumgebung im eigentlichen Sinne aber nicht aufgeht.[4] Schauen wir uns „reale" Lernumgebungen an, die sich Lerner z.B. beim Studieren eingerichtet haben, so zeigt sich, dass diese sowohl mediale wie nicht-mediale Elemente integrieren sowie im Kontext ins-

3 Daher wird an dem Ansatz der PLE auch kritisiert, dass er sich im Grunde nur auf „fertig gebildete" Personen mit hoher Medienkompetenz, resp. Webaffinität, bezieht. Solche Personen findet man in vielen produktiven Online-Szenen wie z.B. der Modding-Szene, deren Mitglieder sich für die kooperative Produktion komplexe Arbeitsumgebungen und damit quasi ihre eigenen funktionierenden PLEs bauen (vgl. Unger, 2012).

4 Hinzu kommt, dass der Lernende zumindest beim Framework-Ansatz die Elemente der Lernumgebung auswählen kann die Interaktionsumgebungen, die diese Elemente wiederum anbieten, sind von ihm aber nicht frei gestaltbar sondern obliegen Google, Facebook und Co., was eigentlich nicht wünschenswert sein kann.

titutioneller und formaler Vorgaben zu sehen sind. Auch wenn die nicht medialen Elemente in der Diskussion meist untergehen, wird auf diese als möglicher Bestandteil von PLEs hingewiesen: „PLEs, are a relatively new concept that changes the focus of the learning processes from the VLE towards a user-built, personalized set of tools – not necessarily digital ones – that are used to manage content and interactions, and support the learning experience." (Kompen, Edirisingha & Monguet, 2009, 33). Geht es also tatsächlich um die persönliche Lernumgebung von Lernenden und nicht nur um eine (Web 2.0) Toolsammlung, so ist es notwendig, noch einen weiteren Schritt aus der virtuellen Lernumgebung heraus in die Lebenswelt zu tun.

3 Die Räumlichkeit der Lernumgebung

Es ist offensichtlich, dass es sich bei der Lernumgebung um einen zusammengesetzten Begriff handelt, der die Begriffe Lernen und Umgebung verbindet. Eine solche Verbindung leuchtet heutzutage im Zeitalter der virtuellen Lernumgebungen durchaus ein. Blickt man aber zurück in die Geschichte des Lernens, so spielen die Räume oder Umgebungen, in denen Lernen stattfindet, nur eine untergeordnete Rolle gegenüber der Organisation des Stoffes (Didaktik), der verwendeten Methode oder der Persönlichkeit des Lehrers. Von dieser Tendenz zeugt auch das didaktische Dreieck, das die Wechselwirkung von Stoff, Lehrer und Lerner als ausreichend ansieht, um Lehr-/Lernprozesse abzubilden.

Es würde den Rahmen des Artikels sprengen, die Diskussion über verschiedene Lernbegriffe und Theorien zu entfalten. Stattdessen wird hier auf den Aspekt des Raums – genauer der Räumlichkeit – eingegangen, der, wie zu zeigen sein wird, in einer sehr engen Verbindung zu „Lernen" steht. Lernen im Kontext von Räumlichkeit und Raumaneignung wird nicht wie beim klassischen E-Learning in Anlehnung an den Informationsbegriff entwickelt, sondern als eng verbunden mit der Erschließung und Einrichtung von Umgebungen. Wie kann nun aber die Räumlichkeit der Lernumgebung und die Aneignung von Umgebungen zum Lernen beschrieben werden? Scheinbar kommen hier verschiedene Umgebungsdimensionen ins Spiel, von denen im Folgenden drei entfaltet werden sollen: die materielle, die formale und die angeeignete Umgebung.[5]

5 Das Konzept der Umgebungsanalyse umfasst zwölf Dimensionen, die bei der Analyse von Lern- und Arbeitsumgebungen herangezogen werden können. Das Konzept wurde in mehreren Seminaren an der OVG Magdeburg und der Universität Hamburg eingesetzt und als empirische Methode weiterentwickelt.

3.1 Die angeeignete Lernumgebung

Folgt man dem phänomenologischen Ansatz, so ist der Mensch nicht nur ein zeitliches, sondern auch ein räumliches Wesen (vgl. Bollnow, 2002, 22). Räumlich ist er nicht (nur), weil er sich in einem vorgegebenen Raum befindet, sondern weil er sich seine Umwelt räumlich aneignet und diese zu einer Umgebung macht (vgl. Heidegger, 1993, 66). Dieses Erschließen von Raum und Räumen, das in verkürzter Form auch in den sozialökologischen Ansatz eingeht, kann als Lern- bzw. Bildungsprozess verstanden werden, über den sich eine Person Orte, Personen, Ressourcen usw. für ihre „persönliche" Umgebung aneignet. Diese Aneignung von Raum erfolgt aber nicht beliebig, sondern aufgrund eines „Werks" bzw. moderner formuliert, eines Projekts, das eine Person verfolgt. So eignet sich eine Pädagogikstudentin aufgrund ihres Selbstentwurfs die Orte und (Lern-)Ressourcen an, die ihr bei der Realisierung ihres Projekts „Studium" helfen. Durch diese Kopplung von Selbstentwurf und Erschließung wird die räumliche Umgebung hochgradig identitätsrelevant: Menschen spannen einen Umgebungsraum um sich herum auf, der mit ihrem Identitätsentwurf korrespondiert. Es liegt daher auf der Hand, wenn es darum geht Lernumgebungen und -kulturen zu verstehen, diese in den Blick zu nehmen.

Aus subjektiver Perspektive sind persönliche Lernumgebungen gleichzusetzen mit individuellen Verweisungsnetzen, über die Lernende den Elementen in ihrer Umwelt, die sie sich im Kontext ihrer Lernprojekte angeeignet haben, eine Bedeutung zuschreiben. Es handelt sich hierbei um eine individuelle Bedeutungsebene, die visuell für Dritte nicht direkt wahrnehmbar ist. Für den Lernenden ist dieses individuelle Verweisungsnetz aber sehr real und konstituiert seine persönliche Lernumgebung, in der er agiert. Veränderungen, z.B. im materiellen Raum oder auf der Ebene von Ordnungen, können sich auf persönliche Lernumgebungen auswirken und werden von den Lernenden als sehr real wahrgenommen.

Bei der Analyse dieser „virtuellen" Dimension ist zu beachten, dass persönliche Lernumgebungen keine statischen Räume sind, sondern äußerst flexible Verweisungsnetze, die zwar eine gewisse Beständigkeit aufweisen, sich über die Zeit aber verändern. So sieht die Lernumgebung eines B.A.-Studenten oft anders aus als die eines M.A.-Studenten und eine virtuelle Lernplattform, die für den Ersten relevant ist, mag der Zweite vielleicht gar nicht in sein persönliches „Lernumgebungsnetz" aufnehmen. Das entscheidende Kriterium ist hier also nicht die vermeintlich objektive Qualität der Lernplattform und ihrer Angebote, sondern ihre „Zuhandenheit" (vgl. Heidegger, 1993, 54) oder Passung für die bestehende persönliche Lernumgebung. Diese lebensweltliche Integration stellt auch den besten Garant für Nachhaltigkeit dar, vor allem dann, wenn es sich um eine expansive Integration und keine defensive, durch Druck von außen erzwungene, handelt (vgl. Holzkamp, 1995). Hinzu kommt, dass Lernumgebungen bspw. von Studierenden Überschneidungen aufweisen, da Seminare in einem bestimmten Semester zu absolvieren sind und man nicht umhin kommt, die Bibliothek zu nutzen. Bei aller Durchschnittlichkeit weist jede Lernumgebung aber auch individuelle und einzigartige Elemente auf, die nur für wenige oder sogar nur einen Lernenden relevant sind. Die Umgebungsstrukturen können daher auch Einblicke in Lernstile geben, die über gängige psychologische Ansätze hinausgehen.

So wichtig diese „persönliche“ Dimension auch ist, letztlich geht aber auch in ihr die „multidimensionale“ Lernumgebung nicht auf. Es deutet sich bei der Darstellung schon eine gewisse Dialektik zwischen persönlicher Bedeutung und „fremdbestimmten“ Vorgaben an. Zwar erschaffen sich Lernende ihre je eigene Lernumgebung, aber schon durch das jeweils verfolgte Projekt fließen in die Erschließung gewisse Vorgaben ein. Dies gilt sowohl im formalen Bereich, z.B. bei Studiengängen, wie auch im informellen Bereich, bspw. bei produktiven Online-Communitys, die auch gewisse Regeln und Strukturen aufweisen. Daher ist es wichtig, im Rahmen einer Umgebungsanalyse auch die materielle und die formale Dimension einer Lernumgebung zu analysieren, um ein vollständiges Bild zu erhalten.

3.2 Die materielle Lernumgebung

Die materielle Sphäre oder der cartesianische Raum stellt zumeist die erste Assoziation dar, wenn es um Lernräume geht. Es handelt sich bei dieser Dimension um den vorhandenen, metrisch abmessbaren Raum, wie er z.B. in Grundrissen von Gebäuden repräsentiert wird, der aufgrund seiner Materialität eine Widerständigkeit aufweist. Es gibt in der raumphilosophischen Diskussion eine lange Tradition dieses Raumverständnis zu kritisieren (vgl. Günzel, 2010), da es einen toten und nicht-gelebten Raum repräsentiert. Werden z.B. von Außenstehenden Klassenräume in den Sommerferien betrachtet, so können diese einen Eindruck über mögliche Potenziale und Defizite (z.B. zu kleine Klassenräume, fehlende Fenster usw.) gewinnen. Hieraus kann aber nicht abgeleitet oder erkannt werden, wie dieser Raum „genutzt“, d.h. angeeignet und mit Bedeutung belegt wird. Dies gilt auch für virtuelle Umgebungen – ein Blick auf die Softwarearchitektur und das Userinterface geben auch noch keinen Aufschluss darüber, wie diese tatsächlich genutzt werden.

Trotz dieser Kritik spielen auch die materiellen Gegebenheiten eine wichtige Rolle für persönliche Lernumgebungen, da sie letztlich die Aneignung durch einen Lernenden rahmen, d.h. sowohl ermöglichen wie gleichzeitig begrenzen. Ein Vorlesungsraum mit fest installierten Sitzreihen kann nur schlecht von einer Lerngruppe als Arbeitsraum angeeignet werden. Für das Verständnis einer Lernumgebung und ihrer Lernkultur (eigentlich Lehr-/Lernkultur) ist gerade dieses Verhältnis von materiellen Gegebenheiten und intendierter Aneignung hochgradig aufschlussreich, da an diesem abgelesen werden kann, ob die materielle Umgebung „zuhanden" ist bzw. wo sie dies nicht ist.[6]

3.3 Die formale Lernumgebung

Die Auseinandersetzung mit den Raumtheorien von Autoren wie Foucault und Lefebvre macht allerdings auch deutlich, dass es neben der subjektiven Aneignung und den materiellen Gegebenheiten noch eine dritte entscheidende Dimension gibt, die so unauffällig wie wirkmächtig ist. In „Überwachen und Strafen" (1994) zeigt Foucault am Beispiel von institutionellen Räumen wie dem Kloster oder der Schule, dass in diesen Institutionen nicht nur über die materiellen Gegebenheiten Ordnung geschaffen wird, sondern dass diese vor allem über Regeln etabliert wird (vgl. Foucault, 1994, 173ff.).

Bei der Institution Schule gehören zu dieser formalen Dimension die Stundenpläne, die Pausenglocke, Verhaltensregeln im Unterricht. Beim Studium sind dies dementsprechend Studien- und Prüfungsordnungen, Raumpläne, Seminarregeln usw. Diese werden bei der individuellen Erschließung zwangsläufig mitangeeignet. Aufgrund der Wirkmächtigkeit solcher formaler Regeln stellen sie ein wichtiges Moment der Umgebungsanalyse dar – vor allem wenn man zu diesen auch didaktische Konzepte in einem weiten Sinne, wie z.B. Seminarkonzepte zählt, die durch die Ordnung von Lernprozessen in der Zeit ebenfalls eine wirkmächtige Struktur erzeugen.

Allerdings gilt auch hier wieder, die Differenz zwischen formalen Vorgaben und dem Umgang mit diesen in der gelebten Umgebung zu beobachten. Oft schaffen sich Lernende Freiräume durch einen kreativen Umgang mit formalen Vorgaben, die in einer subversiven Dimension gefasst, hier aber nicht weiter ausgeführt werden können. In diesem Sinne ist es auch immer wichtig, nach „anderen Räumen" zu schauen. In Bildungskontexten sind dies auch Orte innerhalb einer Institution, in der gegebene Verhaltensregeln abgeschwächt oder völlig andere in Kraft gesetzt werden, wie dies z.B. beim Pausenhof in der Schule der Fall ist.

3.4 Die gelebte Lernumgebung

Was ist nun aber die Lernumgebung? Bei der Auseinandersetzung mit dem Begriff zeigt sich nicht nur eine Lernumgebung, sondern drei Umgebungen resp. Dimensionen, die alle bei der medialen Anreicherung und Gestaltung

6 Diese Überlegung verweist auf eine weitere Dimension – die potenzielle Dimension einer Lernumgebung, die im Sinne Lefebvres die ausgeschöpften Potenziale der Umgebung umfasst (vgl. Unger, 2013, 206).

relevant sind. Für die Gestaltung virtueller Lernumgebungen mag die materielle Dimension am wenigsten relevant erscheinen – da mit virtuellen Umgebungen die Grenzen des materiellen Raums schließlich überwunden werden sollen. Anderseits können sich gerade hier Ansatzpunkte für eine nachhaltige Integration virtueller Lernumgebungen und deren Ausgestaltung zeigen. Letztlich ist es entscheidend, bei einer Umgebungsanalyse die drei Dimensionen in ihrem Zusammenhang zu sehen: Die materielle und formale Sphäre bilden die gegebene Umgebung, über die die Lernenden im Erschließungsprozess eine eigene Umgebung ausbilden, resp. diese mit ihren Bedeutungsstrukturen durchdringen.

Die individuelle Lernumgebung kann dabei natürlich auch Elemente integrieren, die über diese Umgebungen hinausgehen und deren Raumgrenzen sprengen, z.B. wenn sich Lerngruppen in WGs treffen. Entscheidend für die konkrete Umgebungsanalyse ist gerade das Zusammenspiel dieser drei Dimensionen, die die gelebte Umgebung bilden. Bei der konkreten Analyse ist daher die hier dargestellte deduktive Vorgehensweise quasi umzukehren: Durch die Beobachtung konkreter Nutzungssituationen können induktiv Rückschlüsse auf die drei Umgebungen und die etablierte Praxis des Lernens gezogen werden.

Letztlich können diese drei Sphären auch auf die Lehrumgebung bezogen werden, d.h. auf die Umgebung, die ein Lehrender im Rahmen der materiellen und formalen Vorgaben zum Lernen eingerichtet hat. Um einen umfassenden Eindruck über die etablierte Kultur des alltäglichen Lehrens und Lernens zu erhalten, ist aber noch ein weiteres Element zu berücksichtigen, das hier aufgrund der Fokussierung der Auseinandersetzung auf die Lernumgebungen nicht näher behandelt werden konnte: die Interaktion zwischen den verschiedenen Akteursgruppen.

4 Ausblick: Die Umgebungsanalyse in der Praxis

Aus (medien-)pädagogischer Sicht umfasst der Begriff der persönlichen Lernumgebung weit mehr als das Interface eines LCMS oder ein Framework mit favorisierten Webservices. Es empfiehlt sich daher, wenn es wirklich um die Gestaltung und Anreicherung von Lernumgebungen geht (und nicht um deren „Überschreibung“), sich zunächst damit zu beschäftigen, wie Lernen in dem zu gestaltenden Kontext stattfindet. Der hier umrissene Umgebungsbegriff stellt einen Ansatz dar, um ein umfassendes Verständnis der persönlichen wie der gegebenen Lernumgebung und deren Zusammenwirken als entscheidende Aspekte einer Lernkultur zu gewinnen.

Von diesem „Umgebungsverständnis“ aus ist es wiederum möglich, Gestaltungsvorgaben für ergänzende mediale Elemente abzuleiten, die eine expansive

Erweiterung ermöglichen. Hierdurch soll letztlich auch dafür gesorgt werden, dass reale und virtuelle Elemente nicht unvermittelt nebeneinander stehen, sondern nahtlos ineinander greifen und im optimalen Fall eine hybride Lernumgebung bilden. Virtuelle Lernumgebungen, die solch eine expansive Anlage aufweisen, stellen für Nutzer einen greifbaren Mehrwert dar und haben gute Chancen, in die bestehenden persönlichen Lernumgebungen integriert zu werden. Auch für die Entwicklung von PLEs als Meta-Framework kann es durchaus hilfreich sein zu wissen, welche Webservices Lernende für welche Zwecke nutzen, wie sie ihr Lernen mit diesen organisieren und welche Bereiche des Lernalltags durch diese nicht abgedeckt werden.

Die Analyse der drei Sphären erfordert in der Praxis eine „Methodentriangulation". Neben der Auswertung von Grundrissen und der Analyse von Material in Form von Ordnungen kann die gelebte Lernumgebung letztlich nur über Beobachtung erfasst werden. Im Kontext von verschiedenen Projekten und Lehrveranstaltungen zur medialen Anreicherung erfolgte dieser Schritt unter Einsatz eines Beobachtungsbogens, der zwölf Analysedimensionen umfasst. Damit ist die Umgebungsanalyse aber noch nicht komplett, denn aus der Beobachtung lässt sich nur bedingt ableiten, was alles zur Lernumgebung der Lernenden gehört und welche Bedeutung sie den einzelnen Elementen zuschreiben. Dies lässt sich letztlich nur über verbale Methoden, z.B. in Form von halbstrukturierten Interviews und den Einsatz von Tagbüchern oder Zeichnungen realisieren.

Wie entscheidend die Hinweise aus einer Umgebungsanalyse sein können, verdeutlicht das Beispiel eines Großprojekts zur Implementierung eines LCMS für ein ingenieurwissenschaftliches Fach an einer hessischen Universität (vgl. Unger, 2006). Diese LCMS war so angelegt, dass sie vor allem auf eine Aufbereitung der Vorlesungsinhalte in Kursform mit einem komplexen Metadatensystem ausgelegt war. Die Grundidee war, dass über eine bessere und kontinuierliche Inhaltsvermittlung eine höhere Anzahl Studierender die Abschlussprüfung besteht und letztlich den Studiengang erfolgreich absolviert. Im Grunde wurde hier also ein Teil der bestehenden Lernkultur medial dupliziert. Ein zentrales Ergebnis der Umgebungsanalyse war allerdings, dass die Vorlesung für die Studierenden in ihren Lernumgebungen nur eine untergeordnete Rolle spielte und eher zur Kontaktpflege und Strukturierung des Tagesablaufs diente. Das eigentliche Lernen fand in den Übungen und insbesondere den informellen Lerngruppen statt, die sich zu Studienbeginn bilden und oft bis zum Ende des Studiums bestanden.

Das Lernen in den Lerngruppe unterscheidet sich allerdings deutlich von der Inhaltsvermittlung in der Vorlesung und entspricht eher dem auch in der Diskussion um PLEs angeführten selbstgesteuerten, kommunikativ-kooperativ und community-orientierten Lernen. Gerade für diese Lernformen hätten sich die Studierenden Unterstützung gewünscht und damit Angebote zur Vernetzung der Lerngruppen und der Lernmaterialien sowie Unterstützung durch E-Tutoring, mit Feedback über den Lernfortschritt. Bei diesen Voraussetzungen hätte eine PLE mit Kollaborationswerkzeugen sicher eine höhere Chance gehabt, nachhaltig in die persönliche Lernumgebung integriert zu werden als ein noch so ausgefeiltes Kurssystem.

Diese Erfahrung spricht dafür, eine „Hybridisierungskompetenz" im Kontext von medienpädagogischen Studiengängen auszubilden. Neben der Auseinandersetzung mit den Potenzialen neuer didaktischer Konzepte und (Social) Softwareanwendungen für Lern- und Bildungsprozesse wäre ein weiteres entscheidendes Element dieser Kompetenz die Analyse bestehender Umgebungen und die Auslotung der Möglichkeit für eine expansive mediale Anreicherung. Die Mediatisierung gesellschaftlicher Räume vollzieht sich zwar bereits und liegt zu großen Teilen außerhalb unserer Eingriffsmöglichkeiten. Allerdings gibt es auch Bereiche, in denen dieser Prozess durchaus gestaltet werden kann. Die Fähigkeit zur verantwortungsvollen Gestaltung von hybriden Umgebungen scheint daher in einem Zeitalter, in dem fast jede Bildungsinstitution eine oder mehrere Lernplattformen im Einsatz hat und sich Lernen fast immer unter Einbezug medialer Elemente vollzieht, mehr als relevant für das Professionalitätsprofil von Medienpädagogen.

Literatur

Attwell, G. (2007). Personal Learning Environments – the future of E-Learning? *eLearning Papers*, 2/1, 1–8.

Attwell, G., Bimrose, J., Brown, A. & Anne-Barnes, S. (2008). Maturing learning: Mash up Personal Learning Environments. In: F. Wild, M. Kalz, M. Palmér (Hrsg.), *Proceedings of the First International Workshop on Mashup Personal Learning Environments* (MUPPLE08) Maastricht, 388 (S. 78–86). Retrieved from http://ceur-ws.org/Vol-388/

Bollnow, O. F. (2000). *Mensch und Raum*. Stuttgart: Kohlhammer.

Frank, H. & Meder, B. (1971). *Einführung in die kybernetische Pädagogik*. München: DTV.

Günzel, S. (2010). Raumkehren. In: S. Günzel (Hrsg.), *Raum. Ein interdisziplinäres Handbuch* (S. 77–89). Stuttgart: Verlag J. B. Metzler.

Foucault, M. (1994). *Überwachen und Strafen*. Frankfurt a. M.: Suhrkamp.

Heidegger, M. (1993). *Sein und Zeit*. Tübingen: Max Niemeyer Verlag.

Holzkamp, K. (1995). *Lernen: Subjektwissenschaftliche Grundlegung*. Frankfurt a.M.: Campus Verlag.

Kompen, R. T., Edirisingha, P. & Monguet, J. (2009). Using Web 2.0 Applications as Supporting Tools for Personal Learning Environments. In M. Lytras, E. Damiani, D. Avison, A. Naeve & D. Horner (Hrsg.), *Best Practices for the Knowledge Society* (S. 33–40). Berlin: Springer Verlag.

Krotz, F. (2001). *Die Mediatisierung kommunikativen Handelns. Der Wandel von Alltag und sozialen Beziehungen, Kultur und Gesellschaft durch die Medien.* Opladen: Westdeutscher Verlag.

Schaffert, S. & Kalz, M. (2009): Persönliche Lernumgebungen: Grundlagen, Möglichkeiten und Herausforderungen eines neuen Konzepts. In A. Hohenstein & K. Wilbers (Hrsg.), *Handbuch E-Learning. Expertenwissen aus Wissenschaft und Praxis – Strategien, Instrumente, Fallstudien* (Group 5, Nr. 5.16, S. 1–24). Köln: Deutscher Wirtschaftsdienst.

Schulmeister, R. (2001). *Virtuelle Universitäten. Virtuelles Lernen.* München: Oldenburg.

Unger, A. (2006). Umgebungsanalyse – Nachhaltige Gestaltung von virtuellen Lernumgebungen. In W. Sesink (Hrsg.), *Subjekt – Raum – Technik* (S. 91–117). Münster: LIT-Verlag.

Unger, A. (2012). Modding as a part of Game Culture. In J. Fromme & A. Unger (Hrsg.), *Computer Games and New Media Cultures. A Handbook of Digital Game Studies* (S. 509–525). Heidelberg, London, New York: Springer.

Unger, A. (2013). Raum und Raumerschließung aus pädagogischer Perspektive. In B. Jörissen & K. Westphal (Hrsg.), *Mediale Erfahrungen: Vom Straßenkind zum Medienkind* (S. 197–217). Beltz: Weinheim.

Weidenmann, B. (2002). Multicodierung und Multimodalität im Lernprozess. In L. Issing & P. Klimsa (Hrsg.), *Information und Lernen mit Multimedia* (S. 45–64). Weinheim: Beltz.

Judith Seipold

Lernergenerierte Contexte

Ressourcen, Konstruktionsprozesse und Möglichkeitsräume zwischen Lernen und Bildung

Zusammenfassung

Das Konzept der „Learner Generated Contexts" (Luckin, 2008; 2009; 2010; Luckin et al., 2005; Luckin et al., 2007; Luckin et al., 2010), das in Großbritannien in Zusammenhang mit Technology Enhanced Learning (TEL) wie z.B. dem Mobilen Lernen diskutiert wird, soll helfen, Lernsituationen in formellen und informellen Umgebungen zu fassen, zu operationalisieren und reproduzierbar und übertragbar zu gestalten. Aus Sicht der deutschsprachigen Medienpädagogik bietet das hierzulande kaum beachtete Konzept zudem Ansatzpunkte, um beispielsweise Lernen, Medienkompetenz und Medienbildung unter einen gemeinsamen Schirm zu fassen und dabei Aspekte und Konstruktionsprozesse bei formellen und informellen Lernprozessen als relevant für Lernen mitzubedenken, die auf beispielsweise Aneignung, Bedeutungszuweisung und Subjektivität hin ausgerichtet sind.

1 Lernergenerierte Contexte[1]: Eine knappe Einführung in die britische Diskussion aus medienpädagogischer Sicht

Mit Blick auf die deutschsprachige medienpädagogische Forschung ist das Context-Konzept mit expliziter Nennung wenig rezipiert (zu einer Diskussion des Ansatzes innerhalb der Medienpädagogik siehe Aßmann, 2010; 2013). In Großbritannien hingegen gewinnt es seit einigen Jahren im Bereich des Technology Enhanced Learning (TEL) unter dem Stichwort „user generated contexts" (Pachler et al., 2010) oder „learner generated contexts" (siehe dazu auch Cook, 2010; Garnett, 2008) zunehmend an Relevanz. Schlüsselfigur der britischen medienpädagogisch ausgerichteten Diskussion ist Rosemary Luckin,

1 Im Folgenden wird zwischen Kontext und Context unterschieden. Dort, wo mit Kontext Umgebung oder Zusammenhang gemeint ist, bleibt die Schreibweise Kontext bestehen. Dort, wo Kontext eindeutig dem theoretischen Rahmen der Contexts und user-generated Context bzw. learner-generated Context zuzuordnen ist, wird die Schreibeweise Context eingeführt. Dies soll zum einen die Lesbarkeit und Verstehbarkeit erleichtern, zum anderen impliziert die Adaption der englischen Schreibweise, dass Context ein eigenständiges theoretisches und analytisches Modell darstellt.

die mit ihrem Konzept der Lernergenerierten Contexte einen Planungs- und Analyserahmen für selbstgesteuertes Lernen verfügbar macht. Das Modell, mit dem sie dabei operiert, ist der sogenannte „Ecology of Resources framework“ (Luckin, 2010), der das Verhältnis des Lernenden zu seiner oder ihrer Lernumgebung beschreibt und dabei Elemente dieser Lernumgebung explizit macht, die zur Operationalisierung von personalisiertem und selbstgesteuertem Lernen herangezogen werden können. Konkret sind diese Elemente einer Lernumgebung als die Ressourcen „Umgebung“, „Werkzeuge und Menschen“ sowie „Wissen und Fertigkeiten“ (ebd., S. 90ff.) definiert. Die Lernenden werden als aktiv an ihrem Lernen beteiligt dargestellt. Sie sind in der Lage, in aushandelnder und konversationsgeprägter Interaktion ihren Lernprozess und ihre Lernumgebung – bei Bedarf mit Hilfe anderer – zu gestalten und verfügbare Ressourcen schnell zu evaluieren und auf die aktuellen Lernziele hin auszurichten (Luckin, 2010).

2 Sequenziell, vergänglich, rekursiv: Beschaffenheit Lernergenerierter Contexte

Lernergenerierte Contexte sind durch die Lernenden in Interaktion hergestellte Strukturen/Situationen/„Räume“. Diese Lernsituationen bzw. Bildungsräume sind durch ihre örtliche und zeitliche Begrenztheit, situationsbezogene Ressourcenverfügbarkeit und Vergänglichkeit charakterisiert, basieren aber gleichzeitig auf mehr oder weniger stabilen Strukturen, Handlungskompetenzen und kulturellen Praktiken der Lernenden. Neben Technologien, Lerngegenständen, Konzepten und Handlungskompetenzen ist es auch jede andere nur erdenkliche Art von Ressource, die dabei zur Erstellung von Contexten herangezogen werden oder im Prozess der Contextkonstruktion entstehen kann. So wird beispielsweise auch der jeweilige Lernergenerierte Context selbst, der Konstruktionsprozess und das gemeinsame Aushandeln von Bedeutungen zur Ressource (Brown, 2010; Sharples, 2010).

Lernergenerierte Contexte sind als linear und sequenziell ablaufend beschreibbar. Durch die jeweils spezifische Art der Interaktion der Lernenden mit den jeweils verfügbaren Ressourcen allerdings werden „Raumgefüge“ konstruiert, die sich auch als einzelne und voneinander abtrennbare Sequenzen zeigen können. So ist ein Lernergenerierter Context im linearen Verlauf gekennzeichnet durch einen Fortschritt und durch die Fokussierung auf bestimmte Elemente unter Berücksichtigung der aktuellen (subjektiven oder objektiven) Perspektive und Zielrichtung der Lernenden. Gleichzeitig bestehen Lernergenerierte Contexte aus vernetzten (Hyper-)Strukturen, die an bereits bestehende und künftige Ressourcen anknüpfen (Sharples, 2010).

Da Lernergenerierte Contexte durch die Interaktion der Lernenden mit ihrer Umgebung entstehen (Dourish, 2004; Bakardjieva, 2005), sind Lernergenerierte Contexte zwar an bestimmte Orte gebunden, Lernen generell allerdings nicht. Denn Lernergenerierte Contexte können ad hoc konstruiert und ebenso schnell aufgelöst werden. Für Fragen der Nachhaltigkeit, Reproduzierbarkeit und Übertragbarkeit von Lerninfrastruktur und Lernprozessen ist das problematisch; für die Stärkung von Subjektivität und Individualität beim Lernen, für eine selbst zu verantwortende und im Bedarfsfall flexible Strategie Lebenslangen Lernens sowie für Medienbildungsdimensionen jedoch vermutlich unumgänglich.

3 Subjektivität, Aneignung und Bedeutungszuweisung, Ressourcen, Handlung und Struktur: Zentrale Bestandteile von Lernergenerierten Contexten

Rosemary Luckin führt als die zentralen Komponenten eines Lernergenerierten Contextes „Umgebung", „Werkzeuge und Menschen" sowie „Wissen und Fertigkeiten" (Luckin, 2010, S. 90ff.) an. Darunter wären Strukturen (z.B. Familie, Schule, Peers, Massenmedien, Web 2.0), Ressourcen (z.B. Lernmaterialien, Medieninhalte, Mobiltechnologien, Wissen, Kompetenzen), Handlungskompetenzen (z.B. Medienkompetenz) und kulturelle Praktiken (z.B. ritualisierte Kommunikation oder ritualisierte Einstellungen) zu fassen.[2] Konstituierendes Moment bei der Contextkonstruktion ist aber die Interaktion der Lernenden, also ihr Handeln. Spätestens an dieser Stelle wird der Bezug zu dem Konzept der Dualität von Handlung und Struktur deutlich (Giddens, 1997, S. 430), und auch Luckin et al. (2005) selbst machen das explizit:

> „[Ein Lernergenerierter Context ist] eine Situation definiert durch soziale Interaktionen, welche selbst historisch situiert und kulturell spezifisch sind." (Luckin et al., 2005, S. 4f.)

Die Lernenden bewegen sich also nicht nur in Strukturen (dazu gehören auch Lernergenerierte Contexte), sondern stellen sie auch her. Dass dabei Handeln und Interaktion nicht ausschließlich, aber eben auch, mittels Technologien geschieht, sollte den kritischen Blick auf eine Technologiezentrierung beim Lernen stärken. Denn Technologien werden bei dem Ansatz, den das Konzept der Lernergenerierten Contexte verfolgt, zu einer Ressource unter vielen. Damit verlieren sie ihre dominante Position zugunsten der Handlungskompetenzen und kulturellen Praktiken der Lernenden, die bei der Contextkonstruktion, also dem Aufbau und Verändern von und Handeln in Strukturen, notwendig sind.

2 Zum konzeptionellen Rahmen der Soziokulturellen Ökologie Mobilen Lernens, an den hier angeknüpft wird, siehe Pachler et al. (2010).

Weiterhin ist der Aspekt der Dualität von Handlung und Struktur in der Diskussion wichtig, wenn es darum geht, den Lernenden Autonomie im Lernprozess zuzugestehen und ihr Lernen vor dem Hintergrund ihrer Subjektivität nachzuvollziehen, zu verstehen und anzuerkennen. Denn es ist zu bedenken, dass Handeln kulturell verankert ist. Das spiegelt sich in den Erfahrungen, dem Wissen, den Themen, den Interessen und dem Eigensinn der Lernenden wider.

Was bedeuten in Zusammenhang mit Lernergenerierten Contexten Vokabeln wie „Eigensinn“ und „Subjektivität“? In erster Linie bedeutet es, anzuerkennen, was mit Aneignung (siehe dazu bspw. Pachler et al., 2010, S. 224) konnotiert ist und den Lernenden in ihrem außerschulischen Alltag in Zusammenhang mit Hobbys, Interessen, Fantum (Tough, 1971, S. 14 zitiert nach Vavoula, 2009, S. 341) oder Alltagsorganisation gelingt: Das ist zum Beispiel Lesen, Schreiben, Reflektieren, Kommunizieren, Netzwerken, Produzieren, Organisieren, Recherchieren usw. In ihren selbst konstruierten – meist außerschulischen – Lerncontexten sind die Lernenden bereits souveräne Fachmänner und Fachfrauen, ExpertInnen, LehrerInnen, DisponentInnen, JournalistInnen, KonsumentInnen. Dabei legen die Lernenden oft auch Strategien für Lebenslanges Lernen an. Wie deutlich solches Lernen, Aneignen und Medienhandeln in erster Linie subjektiv sinnstiftend ist, erschließt sich mit einem Blick auf das Handeln und die Ressourcen. Ihnen weisen die Lernenden vor dem Hintergrund ihres jeweils persönlichen Lebenslaufs (Bachmair, 1996; 2005; Krotz, 2005, S. 53f.) Bedeutungen zu. Dies ist notwendig, um sinnstiftend handeln zu können und sich in Prozessen der Aneignung im Sinne einer Medienbildungstheorie (siehe dazu beispielsweise Jörissen & Marotzki, 2008; Marotzki & Jörissen, 2008; Bachmair, 2010b; Spanhel, 2010; Tulodziecki, 2010) in Strukturen des Alltags zu orientieren und sich schließlich auch zu verorten (Bachmair & Seipold, 2003).

Neben dem Brückenschlag zwischen Lernen und Medienbildung erlaubt das Konzept der Lernergenerierten Contexte unter den Vorzeichen „Eigensinn“ und „Subjektivität“ auch, Dimensionen für Lernen systematisch mitzubedenken, die mit z.B. Persönlichkeitsentwicklung und Sozialisation in Verbindung stehen. Denn Aneignung als „bedeutsame Aktivität, die ein reflexives Verhältnis des Einzelnen zur Welt hervorbringt“ (Pachler et al., 2010, S. 224) ist – und das wird deutlich, wenn man sich Aneignung vor dem Hintergrund von Hobby oder Fantum verdeutlicht – eng verbunden mit ästhetischen Dimensionen und Präferenzen (Experte von Beat Music oder Kenner von Pavel Filonov), Dimensionen von Körperlichkeit (Fan der Backstreet Boys oder Parkour aktiv praktizierend) oder Aspekten des Protests oder des zivilen Ungehorsams (Teilnehmer an Anti-Atomkraft-Demos oder überzeugt aktiv beim „Guerilla Gardening“). Die Ausprägungen des aneignenden Handelns sind dabei vielfältig, vernetzt, linear, mobil, interpretationsoffen, kulturell situiert, klar interessengeleitet, schwer objektivierbar, affektiv, reflektiert, global, lokal, fluide, stabil, … An dieser Stelle schließt sich über Handlungskompetenzen und kulturelle

Praktiken der Kreis zum Lernen und Lernen wird um Dimensionen angereichert, die eher in den Bereich von ästhetischen Präferenzen, Lifestyle und normativer Grundorientierung fallen.

4 Fokuswechsel: Konsequenzen für ein personalisiertes und handlungsbasiertes Verständnis von Lernen

Welche Konsequenzen lassen sich bis hierhin aus der Diskussion um Lernergenerierte Contexte ziehen (siehe dazu auch Seipold, 2012)?

- Das Context-Konzept rückt den Fokus weg von nutzergenerierten Inhalten (user generated contents [UGC]), die innerhalb von Contexten entstehen (Luckin et al., 2010), und damit weg von dem Gedanken, Lernwerkzeuge oder vorgegebene Lerninhalte seien für den Lernprozess zentral.
- Das Modell der Lernergenerierten Contexte wird einem Bild von Lernen als Aneignung und Bedeutungszuweisung innerhalb formalisierter und informeller Strukturen gerecht, da es sich weg von der Idee des Lernenden als Konsument vorgegebener Inhalte hin zu der des Lernenden als Produzent selbst gewählter und erstellter Ressourcen und Strukturen bewegt (The Learner Generated Contexts Group, 2008).
- Lernmaterialien wie das Schulbuch bilden nicht mehr die einzigen Ressourcen für Lernen; die Handlungskompetenzen der Lernenden werden ebenso wie die Technologien, Strukturen, kulturellen Praktiken, Netzwerke, Inhalte etc. als Ressourcen relevant, egal, ob sie aus dem Alltag der Lernenden oder aus schulischen Lernzusammenhängen stammen.
- Da Contexte situativ und jederzeit und an jedem Ort herstellbar sind, verschwindet auch der traditionelle Lernraum Klassenzimmer/Schule aus dem Zentrum der Betrachtung; andere Orte oder Räume, seien es das Schwimmbad, der Chatroom oder die Bushaltestelle, werden zu relevanten Lernorten.
- Die Nutzenden/Lernenden agieren bei der Contextkonstruktion hochgradig flexibel und sind in der Lage, ihre verfügbaren Ressourcen den Anforderungen und Gegebenheiten von Contexten und Ressourcen anzupassen, wobei eine Nutzung der Ressourcen auch anders als ursprünglich in der Ressource angelegt durchaus möglich ist.
- Lernergenerierte Contexte als „neue Kulturprodukte“ (Bachmair, 2010a, S. 24) sind durch die Lernenden hergestellt. Mit den Elementen „Aneignung“ und „Bedeutungszuweisung“ rückt die subjektive Perspektive beim Lernen ins Zentrum und erlaubt, subjektiv sinnstiftendes Medienhandeln als legitime Aneignungsstrategie und als Lernen zu fassen.
- Mit Blick auf Subjektivität und Eigensinn manifestieren sich in den Lernergenerierten Contexten Dimensionen wie Handlungskompetenzen, kul-

turelle Praktiken, Expertisen, Wissen, Ästhetik, Verständnis von Lernen, Aspekte der Identität der Lernende, usw.
- Damit eröffnet das Context-Konzept den Blick auf den Alltag der Lernenden und auf informelles Lernen und erlaubt es, Verbindungslinien zwischen informellen und formellen Kontexten und Aktivitäten zu schaffen und systematisch zu rahmen.
- Entsprechend könnte mit Blick auf derartiges mediales Alltagshandeln eben dieses ein Anknüpfungspunkt für das Ausbilden von nachhaltigen Strukturen und Ressourcen für Lebenslanges Lernen und von Medienbildung werden, und vermutlich macht solch eine Nachhaltigkeit nur vor den ganz individuellen Perspektiven, dem Eigensinn und der Subjektivität der einzelnen Lernenden Sinn.
- Hinsichtlich der Umsetzung in formalisierten Strukturen wie Schule, Hochschule, Aus- und Weiterbildung wären Unterricht zu planen, Lernräume zu konzipieren und Bildungsräume zu eröffnen zum einen unter Berücksichtigung der Komponenten, mithilfe derer Lernergenerierte Contexte operationalisierbar sind (das wären beispielsweise Strukturen, Handlungskompetenzen, Ressourcen) und zum anderen mit Blick auf Lernen, das durch subjektiv sinnstiftendes Handeln geprägt ist (Stichwörter für eine erste Annäherung an eine diesbezügliche Operationalisierung wären Subjektivität, Aneignung und Bedeutungszuweisung).

5 Lernen, Medienkompetenz und Medienbildung: Lernergenerierte Contexte auf dem Weg zu einer Bildungstheorie?

In der Context-Diskussion ist zum einen die Frage nach der Dynamik, der Situiertheit, der sozialen Interaktion und den Ressourcen bestimmend. Zum anderen stehen die Fragen nach der Anbindbarkeit von Ressourcen und ihre Relevanz für nicht nur Lernen, sondern auch Subjektivität, Reflexivität und „in der Welt sein“ im Raum. Anknüpfend an Letzteres sind Lernergenerierte Contexte für Medienbildung erschließbar. Schlüssel dazu sind die Handlungskompetenzen, kulturellen Praktiken und Ressourcen der Lernenden. Medienkompetenz ist dabei eine Handlungskompetenz (Baacke, 1999, S. 8; Bachmair, 2010a, S. 13), die zur Contextkonstruktion herangezogen werden kann.

Während Medienkompetenz mit eben diesem Begriff in der Diskussion um Lernergenerierte Contexte bislang nicht relevant ist, gibt es Hinweise darauf, dass Lernergenerierte Contexte nicht ausschließlich in Zusammenhang mit schulischem Lernen zu sehen sind, sondern es auch darum geht, sich in der Welt zu orientieren und zu verorten. Falk und Dierking (1992; 2000) beschreiben Lernen laut Mike Sharples (2010) in ihren frühen Arbeiten als Bedeutungszuweisung (meaning making), später benennen sie es dann explizit als solche. Ziel sei es, in der Welt zu überleben und zu „gedeihen“ bzw. „voranzukommen“ oder „Erfolg zu haben“ (im Original: to prosper; Sharples, 2010, S. 4), so Mike Sharples. Dieses Konzept von Lernen ist so sehr von institutionalisiertem Lernen losgelöst und fokussiert die aktiven Aneignungs- und Orientierungsleistungen der Lernenden in ihrem Alltag derart, dass diese Umschreibung eher einer Auffassung von Bildung entspricht. Mit dieser Interpretation des Textes von Falk und Dierking durch Mike Sharples wird die Diskussion um Lernergenerierte Contexte unmittelbar anschlussfähig an den in Deutschland stattfindenden Diskurs zur Medienbildung (siehe dazu beispielsweise Jörissen & Marotzki, 2008; Marotzki & Jörissen, 2008; Bachmair, 2010b; Spanhel, 2010; Tulodziecki, 2010).

6 Lernergenerierte Contexte als individuelle, auf Lernen und Bildung ausgerichtete Lebens- und Handlungsräume: Versuch eines Fazits

Lernergenerierte Contexte sind Handlungsraum, Lernraum, Reflexionsraum, Möglichkeitsraum, Persönliche Lernumgebung, Lernsituation, Bildungsraum. Sie sind beschreibbar als Situationen, Sequenzen und Verläufe, die durch die Zusammensetzung von Ressourcen konstruiert werden. Lernergenerierte Contexte sind dynamisch und werden ad hoc und in situ aktiv handelnd, aushandelnd und Bedeutungen zuweisend mit aktuell verfügbaren Ressourcen konstruiert. Entsprechend fällt der Versuch einer definierenden Umschreibung aus: Lernergenerierte Contexte sind ein Konstrukt aus Persönlicher Lernumgebung (PLE) und individuellem, auf Lernen und Bildung ausgerichteten Lebens- und Handlungsraum (Seipold, 2013). Hinsichtlich der Interaktion der Lernenden mit den ihnen zur Verfügung stehenden Ressourcen und hinsichtlich Aneignung, Bedeutungszuweisung und Subjektivität bleibt diese Beschreibung jedoch defizitär.

Mögliche Konsequenzen, die sich aus der Diskussion und der Interpretation der Diskussion für ein personalisiertes und handlungsorientiertes Verständnis von Lernen ergeben, sind oben ausführlicher dargestellt. Sie beziehen sich auf Schule, Hochschule, Aus- und Weiterbildung sowie auf Alltag als Strukturen, die informelle und formelle Handlungskompetenzen und kulturelle Praktiken zu beherbergen haben; auf Kompetenzen der Weltaneignung, die Herstellung von relevanten lebensweltlichen Bezugsrahmen und auf Bildung; auf Lernen, Aneignung und Bedeutungszuweisung als kulturelle Praktiken, die sich mit den strukturellen medialen Rahmenbedingungen und der Verfügbarkeit von Ressourcen und vor diesem Hintergrund mit Blick auf Subjektivität verändern;

und nicht zuletzt auf die Konstruktion des „Lerner-Seins", auch außerschulisch und lebenslang. Welche Herausforderungen und Chancen sind darin angelegt?

Erstens ist es die Operationalisierung von Lernergenerierten Contexten, mit dem Ziel, Contexte nachhaltig, übertragbar, skalierbar und reproduzierbar zu machen. Dies ist vor allem in Zusammenhang mit schulischem Lernen und den kulturellen Praktiken von Schule und Lernen relevant und ist vor dem Hintergrund der „räumlichen" und zeitlichen Ausdehnung von Contexten, den Bezügen der Ressourcen zueinander und der Subjektivität der Lernenden zu sehen. Da also die Ressourcen eines situativ hergestellten Lernergenerierten Contextes wahrscheinlich kein zweites Mal exakt so verfügbar sein können, scheint die Übertragbarkeit auf reproduzierbares und strukturell nachhaltiges schulisches Lernen schwierig zu sein. Wie dennoch der Versuch einer Operationalisierung von Lernergenerierten Contexten aussehen kann, zeigen Luckin et al. (2005) anhand diverser statischer (Lerninhalt, Lernprozesse, Lernorte) und dynamischer („organisierenden Aktivitäten"; ebd., S. 7) Dimensionen.

Zweitens ist das Konzept von „Lernen" zu erweitern. Dabei sind neben den strukturellen Elementen, die für die Planung und Evaluierung schulischen, personalisierten und selbstgesteuerten Lernens relevant sind, auch solche Elemente an Lernen anbindbar, die im Bereich von Aneignung, Hobby, Interesse, Fantum, Persönlichkeitsentwicklung, Sozialisation etc. verortet sind. An dieser Stelle bekommt Lernen auch ästhetische Dimensionen, ist an Lebenseinstellungen angebunden und mit bestimmten Normen und Werten belegt. Dabei werden Lernen, Aneignung, Bedeutungszuweisung, Orientierung und Verortung subversiv, kreativ, situiert, partizipativ, multimodal, konversationsbasiert, spielerisch, ästhetisch, unkonventionell, progressiv, transformativ, diskursiv – einfach hochgradig personalisiert und subjektiv sinnstiftend. Denn Lernergenerierte Contexte basieren, wie Rosemary Luckin et al. (2010) ausführen, auf der Autonomie der Lernenden, nicht auf organisatorischen Anforderungen. Und auch hier sind die Herausforderungen vornehmlich aus Sicht des schulischen Lernens zu formulieren, denn den Lehrenden kommt in diesem Zusammenhang die Aufgabe zu, zu moderieren, einzuordnen, zu übersetzen, zu orientieren, zu unterstützen usw.

Drittens ist das Konzept der Lernergenerierten Contexte um eine Bildungsdimension zu erweitern, denn es geht in der Diskussion nicht nur um Lernen, sondern um „in der Welt sein" und darum, sich aneignend in der Welt zu orientieren und zu verorten – durch Interaktion mit Ressourcen. Wäre unter solchen Voraussetzungen das Konzept der Lernergenerierten Contexte geeignet, lose miteinander verbundene Konzepte wie Lernen, Medienkompetenz und Medienbildung innerhalb des Rahmens Lernergenerierte Contexte und mit Blick auf so etwas wie eine „personalisierte und medial informierte lebenslange Lern- und Bildungsstrategie" zusammenzuführen? Zumindest jedoch eignet sich das Konzept der Lernergenerierten Contexte, um von einer Technologiezentrierung beim mediengestützten und medienunterstützten Lernen abzurücken und stattdessen Aspekte in den Vordergrund zu stellen, die über technologische Entwicklungen und kommende Technologiewellen hinaus Nachhaltigkeit von Lernen fokussieren und dabei auf Personalisierung, Handlungsorientierung und das Individuum hin ausgerichtet sind.

Literatur

Aßmann, S. (2010). Medienhandeln als kontextübergreifender Lernprozess. In T. Hug & R. Maier (Hrsg.), *Medien – Wissen – Bildung. Explorationen visualisierter und kollaborativer Wissensräume* (S. 102–115). Innsbruck: University Press.

Aßmann, S. (2013). *Medienhandeln zwischen formalen und informellen Kontexten Doing Connectivity*. Wiesbaden: Springer. doi 10.1007/978-3-658-01940-2.

Baacke, D. (1999). „Medienkompetenz“: theoretisch erschließend und praktisch folgenreich. *medien + erziehung*, (1), 7–12.

Bachmair, B. (Hrsg.) (2010). *Medienbildung in neuen Kulturräumen: Die deutschsprachige und britische Diskussion*. Wiesbaden: VS Verlag für Sozialwissenschaften.

Bachmair, B. (1996). *Fernsehkultur: Subjektivität in einer Welt bewegter Bilder*. Opladen: Westdeutscher Verlag.

Bachmair, B. (2005). Mediensozialisation im Alltag. In L. Mikos & C. Wegener (Hrsg.), *UTB Medien- und Kommunikationswissenschaft, Pädagogik, Psychologie, Soziologie: Vol. 8314. Qualitative Medienforschung. Ein Handbuch* (S. 95–114). Konstanz: UVK Verlagsgesellschaft.

Bachmair, B. (2010). Einleitung: Medien und Bildung im dramatischen kulturellen Wandel. In B. Bachmair (Hrsg.), *Medienbildung in neuen Kulturräumen. Die deutschsprachige und britische Diskussion* (S. 9–30). Wiesbaden: VS Verlag für Sozialwissenschaften.

Bachmair, B. & Seipold, J. (2003). Intertextuelle und intramediale Bezüge als Orientierungsangebot – systematische Überlegungen und exemplarische Untersuchungen zu Verweisen auf das Fernsehangebot. In B. Bachmair, P. Diepold & C. de Witt (Hrsg.), *Jahrbuch Medienpädagogik: Vol. 3. Jahrbuch Medienpädagogik 3* (S. 51–81). Opladen: Leske + Budrich. Retrieved from http://kobra.bibliothek.uni-kassel.de/bitstream/urn:nbn:de:hebis:34-2009093030454/1/BachmairOrientierungsangebot.pdf.

Bakardjieva, M. (2005). *Internet society: The internet in everyday life*. London: SAGE Publications.

Brown, E. (2010). Introduction to location-based mobile learning. In E. Brown (Hrsg.), *Education in the wild. contextual and location-based mobile learning in action. A report from the STELLAR Alpine Rendez-Vous workshop series* (S. 7–9). Nottingham.

Cook, J. (2010). Mobile Learner Generated Contexts. Research on the Internalization of the World of Cultural Products. In B. Bachmair (Hrsg.), *Medienbildung in neuen Kulturräumen. Die deutschsprachige und britische Diskussion* (S. 113–125). Wiesbaden: VS Verlag für Sozialwissenschaften.

Dourish, P. (2004). What we talk about when we talk about context. *Personal and Ubiquitous Computing, 8*(1), 19–30. Retrieved from http://www.dourish.com/publications/2004/PUC2004-context.pdf.

Falk, J. H. & Dierking, L. D. (1992). *The museum experience*. Washington, D.C: Whalesback Books.

Falk, J. H. & Dierking, L. D. (2000). *Learning from museums: Visitor experiences and the making of meaning*. Walnut Creek, Cal.: AltaMira Press.

Garnett, F. (2008). *A Coincidence of Motivations leading to Agile Configurations*. Shock of the Old 7. Retrieved from http://de.slideshare.net/lgc/learner-generated-contexts-337522/.

Giddens, A. (1997). *Die Konstitution der Gesellschaft: Grundzüge einer Theorie der Strukturierung* (3. Aufl.). Frankfurt/Main: Campus Verlag.

Jörissen, B. & Marotzki, W. (2009). *Medienbildung – Eine Einführung: Theorie – Methoden – Analysen*. Bad Heilbrunn: UTB; Klinkhardt.

Krotz, F. (2005). *Neue Theorien entwickeln: Eine Einführung in die Grounded Theory, die Heuristische Sozialforschung und die Ethnographie anhand von Beispielen aus der Kommunikationsforschung*. Köln: Herbert von Halem Verlag.

Luckin, R. (2008). The learner centric ecology of resources: A framework for using technology to scaffold learning. *Computers & Education*, (50), 449–462. doi 10.1016/j.compedu.2007.09.018.

Luckin, R. (2009). *Learning, context and the role of technology*. London: Institute of Education Press.

Luckin, R. (2010). *Re-designing learning contexts: Technology-rich, learner-centred ecologies*. New York: Routledge.

Luckin, R., Du Boulay, B., Smith, H., Underwood, J., Fitzpatrick, G., Holmberg, J. et al. (2005). Using Mobile Technology to Create Flexible Learning Contexts. *Journal of Interactive Media in Education*, (22). Retrieved from http://jime.open.ac.uk/2005/22/.

Luckin, R., Akass, J., Cook, J., Day, P., Ecclesfield, N., Garnett, F. et al. (2007). Learner-Generated Contexts: Sustainable learning pathways through open content. In P. McAndrew & J. Watts (Hrsg.), *Open Learn. Researching open content in education. Proceedings of the OpenLearn2007 Conference, Milton Keynes, UK, 30-31 October, 2007* (S. 90–94). Retrieved from http://learnergeneratedcontexts.pbworks.com/f/Olearnpaper2007.pdf.

Luckin, R., Clark, W., Garnett, F., Whitworth, A., Akass, J., Cook, J. et al. (2010). Learner Generated Contexts: a framework to support the effective use of technology to support learning. In M. J. W. Lee & C. Loughlin (Hrsg.), *Web 2.0-based e-learning: applying social informatics for tertiary teaching* (S. 70–84). Hershey, PA: IGI Global. Retrieved from http://knowledgeillusion.files.wordpress.com/2012/03/bookchapterluckin2009learnergeneratedcontexts.pdf.

Marotzki, W. & Jörissen, B. (2008). Medienbildung. In U. Sander, F. von Gross & K.-U. Hugger (Hrsg.), *Handbuch Medienpädagogik* (S. 100–109). Wiesbaden: VS Verlag für Sozialwissenschaften.

Pachler, N., Bachmair, B. & Cook, J. (2010). *Mobile learning: structures, agency, practices*. New York: Springer.

Seipold, J. (2013). *Mobiles Lernen: Diskussionsinput*. Kick-Off-Meeting „Mobiles Lernen in der Schule“, Zürich. Retrieved from http://de.slideshare.net/judiths/mobiles-lernen-diskussionsinput.

Seipold, J. (2012). *Mobiles Lernen: Analyse des Wissenschaftsprozesses der britischen und deutschsprachigen medienpädagogischen und erziehungswissenschaftlichen Mobile Learning-Diskussion.* Kassel: Universität Kassel. Retrieved from http://nbn-resolving.de/urn:nbn:de:hebis:34-2012121242324.

Sharples, M. (2010). Foreword. In E. Brown (Hrsg.), *Education in the wild. contextual and location-based mobile learning in action. A report from the STELLAR Alpine Rendez-Vous workshop series* (S. 4–6). Nottingham. Retrieved from http://mlearning.noe-kaleidoscope.org/resources/ARV_Education_in_the_wild.pdf.

Spanhel, D. (2010). Medienbildung statt Medienkompetenz: Zum Beitrag von Bernd Schorb (merz 5/09). *medien + erziehung, 54*(1), 49–54.

The Learner Generated Contexts Group (2008). *Learner Generated Contexts – Working Definition.* Retrieved from http://learnergeneratedcontexts.pbworks.com/Working+Definition.

Tough, A. (1971). *The Adult's Learning Projects: A fresh approach to theory and practice in adult learning.* Toronto: Ontario Institute for Studies in Education.

Tulodziecki, G. (2010). Medienkompetenz und/oder Medienbildung: Ein Diskussionsbeitrag. *medien + erziehung, 54*(3), 48–53.

Vavoula, G. (2009). Issues and Requirements for Mobile Learning Research. In G. Vavoula, N. Pachler & A. Kukulska-Hulme (Hrsg.), *Researching mobile learning. frameworks, tools and research designs* (S. 339–349). Oxford: Peter Lang.

Maren Lübcke, Flavio Di Giusto, Claude Müller Werder, Daniela Lozza

Besser, schlechter, ändert nichts? – Tabletnutzung an der Hochschule

Zusammenfassung

Durch den Einsatz neuer Technologien im Unterricht können neue Lehr- und Lernräume entstehen. Im Idealfall wird eine solche Einführung durch ein entsprechendes didaktisches Konzept entwickelt und begleitet. Es zeigt sich jedoch immer wieder, dass solche Neuerungen auch aus anderen Gründen eingeführt werden oder einfach entstehen und zur Realität im Klassenzimmer werden. Ein vieldiskutiertes Beispiel für Letzteres ist die Nutzung von Smartphones im Unterricht, wodurch neue Räume der Ablenkung, aber auch des Austausches geöffnet werden. Bei solchen ungeplanten Änderungen oder Erweiterungen bestehender Lernräume stellt sich für die Lehre und das Lernen die Frage „Besser, schlechter, ändert nichts?".

In der vorliegenden Untersuchung wird das Projekt EvaTab vorgestellt, das einen Pilotversuch des Instituts für Biotechnologie der ZHAW zur Senkung des Papierverbrauchs im Studium aus didaktischer Perspektive evaluiert. Dazu wurden alle Dozierenden und Studierenden mit Tablets ausgestattet und die Studierenden verpflichtet, nur noch mit den digitalen Fassungen der Unterrichtsmaterialien zu arbeiten. Der Beitrag fasst die Ergebnisse der explorativen Interviewphase zusammen. Die Nutzung von Tablets während der Präsenz-, der Selbststudiums-, der Prüfungsvorbereitungsphase und in der Prüfung selbst wird unterschieden. Dabei wird immer gleichermaßen die Dozierenden- wie auch die Studierendenperspektive berücksichtigt. Es zeigt sich, dass gängige Vorurteile gegen die Nutzung von Tablets wie beispielsweise ein erschwertes Lese- und Orientierungsverhalten im Text nicht haltbar sind. Stattdessen entstehen vielfältigste Lehr- und Lernpraktiken, die alle zu einer sehr positiven Bewertung des Einsatzes von Tablets führen.

1 Papierloses Studium mit Tablets: Zielsetzung und Innovationsgrad

Ausgangslage für das Pilotprojekt war die Tatsache, dass das Department Life Science and Facility Management innerhalb der Zürcher Hochschule für Angewandte Wissenschaften (ZHAW) die höchsten Druckkosten hat. Eine stärker computergestützte Lehre mit Einsatz von Laptops wurde bisher als schwierig angesehen, da die Studierenden mathematische Formeln und Zeichnungen direkt in die Skripte schreiben mussten. Tablets bieten hier ein geeignetes Medium, da nun die Bearbeitung elektronischer Unterlagen mit handschriftlichen Notizen möglich wurde.

Verschiedene Initiativen kamen zusammen und das Institut für Biotechnologie stattete alle Studierenden (n=31) und Dozierenden (n=19) des 2. Jahrgangs im Herbstsemester 2013 mit Tablets (inkl. Stift und Tastatur) aus. Die Studierenden verpflichteten sich, auf ausgedruckte Skripte und Unterlagen zu verzichten, und Rückmeldung zur Tauglichkeit und zur Lernerfahrung zu geben. Die Unterlagen wurden als PDF auf der Lernplattform Moodle zur Verfügung gestellt. Das Tablet kam durchgehend in allen Fächern des 3. Semesters zum Einsatz. Dies umfasste Naturwissenschaften[1], Technologie[2] sowie Gesellschaft und Kommunikation[3] mit zwei Fächern. Die Dozierenden bekamen ebenfalls ein Tablet zur Verfügung gestellt, wobei dieser Gruppe der Einsatz frei gestellt war.[4]

Beiden Gruppen wurde zur Auswahl gestellt, ob sie als Tablet mit dem Microsoft SurfacePro oder dem Apple iPad arbeiten wollten. Diese Strategie wurde gewählt, um eine Möglichst hohe Akzeptanz bei beiden Benutzergruppen zu erreichen. Diese Wahlfreiheit wurde auch durchweg positiv aufgenommen, führte aber auch zu höherem Aufwand in der Durchführung, da die beiden Gerätetypen bekannte Inkompatibilitäten aufweisen und Hardware doppelt angeschafft werden musste.

Tablets werden klassischerweise im Zusammenhang mit mobilem Lernen, das flexibel, zeit- und ortsunabhängige Lernerfahrungen und Zugang zu diversen Lerntools ermöglicht, diskutiert (Traxler & Kukulska-Hulme, 2005). Das Tablet wird als vertrauenswürdiges und kosteneffizientes Lernmedium im Rahmen eines Blended- oder Distance-Learning-Arrangements (Traxler & Kukulska, 2005; Rosman, 2008) angesehen. Mit Tablets können andere Lehr- und Lernformen ergänzt oder ersetzt werden (Rosman, 2008; Gupta & Manjrekar, 2012). Der hier untersuchte Pilot muss als relativ ungewöhnlich betrachtet werden, geht es doch nicht darum, neue Lernformen auszuprobieren, sondern um einen 1:1-Ersatz für das Papier. Das Projekt ist explizit für die Dozierenden mit der Prämisse gestartet, dass keine Änderungen am bisherigen Unterrichtskonzept notwendig sind.

Die These von EvaTaB ist jedoch, dass es dennoch zu Änderungen im Lehr- und Lernprozess kommt. Diese Änderungen aufzuspüren und nachzuzeichnen ist Ziel des Projektes. Der Fokus liegt dabei auf den Lehr- und Lernpraktiken,

1 Zellbiologie, Zellkulturtechnik, Molekularbiologie, Pharmakologie und Toxikologie, Analytische Chemie, Biochemie, Proteinreinigung (Downstream Processing).
2 Bioverfahrenstechnik, Bioprozesstechnologie, Mess- und Automatisierungstechnik, Steril-Technik, Umwelttechnologie, Statistik.
3 Englisch und Qualitätsmanagement.
4 Zur Dokumentation und Kommunikation des Projektes wird von der Projektleitung ein Blog geführt: https://blog.zhaw.ch/papierlosesstudium/

unter Berücksichtigung einer besonderen Perspektive: Die Evaluation erfolgt als Analyse des Tablet-Einsatzes in verschiedenen Lehr- und Lernphasen:

- Präsenzphase
- Selbststudium/Vorbereitungsphase
- Prüfungsvorbereitung
- Prüfung

Die grundlegende Hypothese ist, dass der Tablet-Einsatz in diesen vier Lehr- und Lernphasen unterschiedlich starke Vor- und Nachteile aufweist und deswegen eine phasenbezogene Analyse sinnvoll ist. Den Autoren ist keine Studie bekannt, die einen vergleichbaren Ansatz verfolgt.

1.1 Vorgehensweise und Methodik bei EvaTab

EvaTab kombiniert verschiedene Erhebungsmethoden und Betrachtungsweisen und arbeitet mit Kontrollgruppen. Das gesamte Evaluationsprojekt erstreckt sich über drei Phasen, in der zwei Semester Unterricht mit Tablets evaluiert werden.

Explorationsphase
In der ersten Phase wurden qualitative Interviews mit Studierenden, Dozierenden, IT-Verantwortlichen sowie mit der Projektleitung geführt. Schwerpunkt der Interviewphase ist die Ex-post-Betrachtung und Reflexion der Erfahrungen des Herbstsemesters 2013 und eine erste explorative Erhebung der Lehr- und Lernerfahrungen, die mit den Tablets entstehen. Diese Untersuchungsphase dient dazu, die Validierungsphase vorzubereiten und auf die Lernphasen bezogen, die spezifischen Besonderheiten in der Tabletnutzung zu erheben.

Validierungsphase
Im Frühjahrssemester 2014 werden in den jeweiligen Unterrichtsphasen (Präsenz- und Selbststudiumsphase, Prüfungsvorbereitung, Prüfungsphase) kurze Online-Befragungen der Studierenden und Dozierenden vorgenommen, die den tatsächlichen Umgang mit den Tablets aus dem Moment heraus untersuchen. Zu dieser aktuellen Erhebung findet parallel eine ähnliche Befragung einer Kontrollgruppe statt, die aus demselben Studiengang stammt, aber noch mit Papier lehrt und lernt. Mit diesen phasenbezogenen Erhebungen können Eindrücke, die in der Ex-post-Betrachtung vor dem Hintergrund der Prüfungsergebnisse gemacht worden sind, korrigiert und auf eine breitere Basis gestellt werden.

Kontextualisierungsphase
In der Kontextualisierungsphase wird dann zusätzliches Quellenmaterial, z.B. Erhebung der studentischen Lehrevaluation der vergangenen Jahrgänge genutzt.

Damit soll noch einmal überprüft werden, welchen Einfluss die Tabletvergabe auf die Gesamtbeurteilung der Lehrveranstaltungen tatsächlich hat.

Die vorliegende Untersuchung zeichnet die Ergebnisse der Explorationsphase entlang der vorgeschlagenen Unterscheidung in Lehr- und Lernphase nach.

2 Tablet statt Papier – Ergebnisse der Exploration

2.1 Fallauswahl

Für die Auswahl der Interviews wird auf die Methode des selektiven Sampling zurückgegriffen, bei der eine kriteriengeleitete Fallauswahl vorgenommen wird, dabei wurde die Samplegrösse, die relevanten Merkmale und ihre Ausprägungen im Vorfeld festgelegt (Kelle & Kluge, 2010: 50).

Sechs Studierende wurden nach folgenden Kriterien ausgewählt:

1. Studienleistung: Je zwei Studierende mit hoher, durchschnittlicher und unterdurchschnittlicher Studierendenleistung wurden befragt.[5]
2. Geschlecht: drei Frauen und drei Männer.[6]
3. Tablet: SurfacePro und iPad. Da sich das Nutzungskonzept beider Tablets doch deutlich unterscheidet[7], waren wir bestrebt, drei Nutzende der einen und drei Nutzende der anderen Gruppe zu befragen, allerdings konnten durch die Berücksichtigung der prioritären Merkmale nur zwei SurfacePro-Nutzende in das Sample gewählt werden.

Mit dieser Fallauswahl wurde sichergestellt, ein möglichst breites Meinungsspektrum in den Interviews vorzufinden.

Für die Dozierendenperspektive wurden zwei Interviews geführt. Das Auswahlverfahren arbeitete hier mit der Methode der Fallkontrastierung, allerdings nach anderen Kriterien: Unterscheidungsmerkmal war die Einstellung zum Projekt. So wurde ein sehr engagierter Dozent – einer der Treiber des Projektes – befragt, wie auch ein Dozent, der dem Projekt etwas kritischer gegenüber eingestellt ist und der für sich persönlich auf einen Tableteinsatz verzichtet.

---

5 Den Interviewern war nicht bekannt, welcher der befragten Studierenden in welcher Leistungsgruppe einzuordnen war.

6 Obwohl Gupta und Manjrekar (2012) nachgewiesen haben, dass der Geschlechtsfaktor bei den Studierenden keinen Einfluss auf die Einsatzabsicht von Tablets in der Lehre hat, wurde dieser Aspekt explizit mit aufgenommen.

7 Das Apple iPad ist beispielsweise stärker konsumenten- und privatnutzerorientiert, während das Microsoft SurfacePro dem Businessbereich zuzurechnen ist und hier als schlanker Laptopersatz dienen soll.

Darüber hinaus wurden noch Interviews mit IT und der Projektleitung geführt, die im Rahmen der vorliegenden Fragestellung einen geringeren Informationswert haben und weniger stark berücksichtigt werden.[8]

2.2 Allgemeines / Technische Implikationen

Die in der Literatur angesprochenen technischen Vor- und Nachteile des Tableteinsatzes wurden auch in den Interviews aufgegriffen. So sind die vergleichsweise günstigen Anschaffungskosten bei einem ähnlichen Funktionsumfang wie das Laptop (Bush & Cameron, 2011) ein interessanter Punkt. Die schlechte Akkulaufzeit der Tablets – ein in der Literatur relativ häufig genannter Mangel (Alzaza & Yaakub, 2010) – ist im vorliegenden Projekt nur beim SurfacePro relevant. Wie gravierend dieser Nachteil ist, wird aber uneinheitlich bewertet. Besonders auffällig ist, dass gerade iPad-Nutzer hier den Vorteil gegenüber dem SurfacePro herausstellen *„iPad ist leichter und hat längere Akkulaufzeit“* (S3m: 21). Einschränkungen in der Nutzung durch kontextabhängige Umweltfaktoren, wie beispielsweise die Sonnenlichteinstrahlung, oder durch allfällige Restriktion in puncto Systemsprachen (Traxler & Kukulska, 2005) wurden überhaupt nicht erwähnt.

Kritischer scheint jedoch – und das wird durchaus auch an der ZHAW geteilt – der Sicherheitsverlust und eine Schwächung des Datenschutzes (Rosman, 2008; Alzaza & Yaakub, 2010; Messinger, 2011), die durch die Nutzung von Dropbox und ähnliche Cloudlösungen, die unabdingbar für den Gebrauch der Tablets sind, entstehen. *„Der größte Teil der Daten liegt auf Dropbox. Und das ist nicht gut aus meiner Sicht als Informatiker. Daten in der Dropbox sind aus meiner Sicht gefährlich, vor allem bei Forschungsdaten. Es gibt ein SWITCH-Projekt, Dropbox für Hochschulen. Ansonsten sollte man eine Cloud-Lösung für die ZHAW haben.“* (ITm: 50).

2.3 Präsenzphase

Das Pilotprojekt zum papierlosen Studium zielt in erster Linie auf Veränderungen in der Präsenzphase ab. Die Präsenzphase des Studiums bezeichnet die Phase, in der die Lehrenden und die Studierenden in verschiedenen Lehrformaten wie etwa Vorlesungen, Seminare, Übungen oder Praktika zusam-

8 Die Interviews wurden anhand eines Leitfadens in Mundart geführt, die Transkription erfolgte jedoch gleich ins Hochdeutsche, sodass die hier aufgeführten Zitate keine wortwörtliche Wiedergabe darstellen. Die Codierung erfolgte mit der Software Atlas. ti, die Angaben, aus welchen Interviews die Zitate stammen, sind wie folgt angegeben S(tudent) oder D(ozent), Nummer, Geschlecht. Die Zeilenangabe bezieht sich auf die Ausgabe in Atlas.ti.

menkommen. Die größten Anteile des Unterrichts machen Vorlesungen aus, bei denen die Studierenden nun alle Unterlagen vorab auf Moodle zur Verfügung gestellt bekommen und diese dann auf ihre Tablets laden. Die Tablets – ausgestattet mit externer Tastatur und Stift – dienen der Bearbeitung der Unterlagen.

Alle Befragten gaben an, gut im Unterricht mit dem Tablet arbeiten zu können. Überraschenderweise unterscheidet sich die tatsächliche Nutzungsweise sehr stark. Ein Teil der Befragten bedient das Tablet ausschließlich über das Display: Die Tastatur *„wurde mühsam mit der Zeit"* und dann *„mit Handschrift begonnen"* (S1m: 27). *„Nein, ich habe die Tastatur nicht einmal benutzt. [...] Ich bin der Handschreibtyp. Ich schreibe nur auf die iPad-Tastatur. Ich schreibe so wenig, dass diese mir ausreicht."* (S5w: 125). Dann gibt es andere, die ausschließlich die Bearbeitung der Unterrichtsdokumente über die Tastatur vornehmen. Es werden *„mehr"* Notizen gemacht im Vergleich zum Papierstudium, da diese Arbeit *„...viel schneller mit der Tastatur..."* zu bewältigen sei. (S2m: 60). Wohingegen *„Zeichnungen und Skizzen sind mühsam mit dem Tablet."* (S3m: 45). Inwieweit dies mit den gewählten Gerätetypen zusammenhängt, ist unklar, so gibt es bei der iPad-Gruppe durchaus beide Nutzungsweisen. Auch die gestalterischen Möglichkeiten hinsichtlich Farbauswahl und Stiftart werden unterschiedlich und unterschiedlich stark eingesetzt. Insgesamt kann festgestellt werden, dass die Nutzungsweisen sehr individuell sind und eine große Bandbreite widerspiegeln.

Ob diese große Bandbreite sich im Unterschied zum Studium mit Papier erst durch das Tablet entwickelt hat, oder es eine Fortschreibung des vielfältigen Umgangs mit dem Medium Papier ist, ist aus den Interviews heraus nicht festzustellen. Wie stark die Veränderung durch die Tablets eingeschätzt wird, schwankt stark. *„Der Vorteil ist, dass alles direkt aufgeschrieben werden kann und man sich nichts mehr merken muss. Teilweise hat man etwas auf dem Tablet nicht gleich gefunden, was aber selten vorkam. Für mich ist das iPad unverzichtbar geworden."* (S4w: 24) Dagegen steht die Aussage *„Der Unterschied ist nicht so gross, aber ich würde nicht mehr wechseln. Es ist besser so."* (S3m: 102). Ein anderer Befragter teilt die Hauptvorteile, dass man besser Notizen machen kann und alle Unterlagen zusammen hat: *„Es ist ein positiver Unterschied, da ich eine wüste Schrift habe und Blätter verloren habe. Management ist einfacher. Aber Grafiken sind mühsam zu erstellen."* (S2m: 48). Diese Aussage wird von den meisten Befragten unterstützt. Für das Anfertigen von Grafiken und Skizzen sind die Tablets noch ungeeignet, da sie nicht präzise genug auf die Eingabe des Nutzers reagieren. Für einen Teil der Befragten schließt dies auch Formeln und handschriftliche Berechnungen in den mathematischen Fächern mit ein: *„Sobald es ums Rechnen geht, ist Papier einfacher."* (S4w: 81). Einige nutzen die erweiterten Möglichkeiten, die durch den Internetzugang bestehen, im Unterricht aktiv: *„Das Tablet bietet grossen Vorteil zur Wissenserweiterung während der Vorlesung, man kann schnell googeln, um etwas zu verstehen."* (S1m: 167), das hängt allerdings auch von der Qualität des Lehrveranstaltung ab: *„Wenn der Dozent gut doziert, hört man auch eher zu. Wenn der Dozent einschläfernd ist, schweift man schnell ab und geht ins Internet.“* (S4w: 152). Teilweise wird auch proaktiv gezielt nach Lern-Applikationen gesucht: *„Im Labor müssen wir Gefahrenzeichen von Stoffen kennen. Dazu gibt es eine App von einem deutschen Institut, wo man die Namen des Stoffs eingeben kann und alle nötigen Infos dazu bekommt.“* (S5w:112).

So heterogen die Tablets in der Präsenzphase durch die Studierenden genutzt werden, so heterogen wird auch der Unterricht durch die Dozierenden gestaltet. Während die meisten Dozierenden in der Wahrnehmung der Studierenden das Tablet als Präsentationsgerät für die Folien nutzen, gibt es einen kleineren Anteil der insgesamt 19 Dozierenden, der zunehmend auch die interaktiven Funktionen wie etwa Bearbeitung der Folien während der Präsentation, Integration von Multimediaelementen nutzt. Ein wiederum anderer kleinerer Teil der Dozierenden verzichtet selbst auf den Einsatz der Tablets und führt den Unterricht auf bekannte Weise mit Wandtafel bzw. mit Papier fort. *„Ja, einige arbeiten aktiver mit dem Tablet, viele benutzen es als leichteren Computer. Andere benutzen es gar nicht für die Vorlesung. Ich würde sagen, aktiv benutzen es 10%, für Präsentationen 70-80%, der Rest kommt mit dem Laptop.“* (S3m: 119). Grundsätzlich scheint es aber mehr Schulungsbedarf auf Seiten der Dozierenden als der Studierenden für den Einsatz von Tablets zu geben.[9]

Diese positiven Ergebnisse werden auch in der Literatur gestützt. In der Studie von Bush und Cameron (2011) wird festgehalten, dass die Verwendung des Tablets zur Visualisierung und Bearbeitung der Vorlesungsunterlagen gleich gut oder sogar als besser geeignet empfunden wird als die ausgedruckte Skriptversion. Überdies wird festgestellt, dass der vielschichtige Tablet-Einsatz das persönliche und das Klassenraum-Lernen verbessert hat (Bush & Cameron, 2011; Messinger, 2011). Im weiteren Verlauf von EvaTab werden wir sehen, ob sich der positive Lerneindruck auch in besseren Lernleistungen niederschlägt. Die befragten Dozierenden konnten dazu noch keine Einschätzung geben. *„Ich kann es nicht sagen, da auch jeder Jahrgang anders ist.“* (D2m: 80).

2.4 Selbstlernphase / Vorbereitungsphase

Die Selbstlernphase findet zwischen den Unterrichtseinheiten statt und dient der Vor- bzw. Nachbereitung der Inhalte der Präsenzphase. Für die Dozierenden

9 An anderen Hochschulen scheint eine ähnliche Diagnose feststellbar: Hier gibt es auf Seiten der Schülerinnen und Schüler ein adäquates Verständnis und eine gute Sensibilisierung für Tablets (Alzaza & Yaakub, 2010). Die Lehrenden scheinen jedoch Mühe zu haben und wünschen sich mehr Ausbildung und Training im Umgang mit dem Tablet, bevor sie dieses im Unterricht bei den Studierenden einsetzen (Messinger, 2011).

bedeutet diese Phase vor allem die Vorbereitung des Unterrichts für die folgende Woche.

In dieser Phase wird das Tablet durch die Studierenden vor allem als E-Reader genutzt, um das Unterrichtsmaterial durchzusehen. Damit wird es als weiteres Device in die vorhandene Medienwelt integriert und von den meisten Nutzern komplementär zum Laptop / bzw. zum Desktop eingesetzt. *„Ich habe Smartphone, iPad und Surface. Ich habe auf der einen Seite meine Cloud, Skydrive, und die ist super und ich kann mit allen Geräten darauf zugreifen. Mit Handy Stundenplan anschauen, mit iPad Mails prüfen und Folien anschauen und Surface ist mehr zum Bearbeiten von Sachen gedacht, wenn es professionell und genau sein muss."* (S2m: 21). Hier ersetzt das SurfacePro tatsächlich das Laptop, wobei nebenbei noch am Desktop-PC gearbeitet wird und das private iPad weiterhin zum Einsatz kommt. Bei einem solchen Setting ist der Datenaustausch zwischen den Geräten wichtig, weshalb auch der Hinweis auf den Cloud-Dienst Skydrive erfolgt. In allen Interviews kommt zum Ausdruck, dass Papier auch zu Hause weitestgehend ersetzt wurde und während des Semesters praktisch keine Rolle spielt. Ausdrucke werden gar nicht oder wenn, nur sehr selektiv (zum Anlegen eines kleinen Kompendiums) vorgenommen. *„Wenn es nötig ist, aber nicht viel. Nur explizite Dinge, die im Praktikum gebraucht werden. [...] Generell Sachen, die ich oft verwende, werden ausgedruckt. Da ist der Anteil unter 10%, was ausgedruckt wird."* (S1m: 70). Ob der elektronische Austausch durch Unterlagen genutzt wird, wird unterschiedlich bewertet. *„Nein. Das macht praktisch niemand."* (S3m: 75). Wohin gegen eine Befragte angibt: *„Wir tauschen sehr, sehr viel aus. Einziger Nachteil ist, dass die Posteingänge immer voll sind. Diese müssen kontinuierlich geleert werden. Für grössere Gruppenarbeiten haben wir Dropbox."* (S5w: 174f).

Die private Nutzung wird vor allem von den iPad-Nutzern herausgestellt, positiv wird gewertet, das Tablet individualisieren zu können. In der Literatur gibt es die Feststellung, dass die private Nutzung überdies die akademische Nutzung des Geräts fördert (Bush & Cameron, 2011).

Erwartbar, aber dennoch interessant ist die Feststellung, dass durch die Tablets die Moodle-Nutzung zunimmt. Nicht nur müssen die Studierenden jetzt regelmäßig auf Moodle zugreifen, um sich die aktuellen Unterlagen herunterzuladen, auch die anderen Funktionen wie etwa Foren, scheinen mehr genutzt zu werden. *„Ja, Moodle wird aktiver benutzt. Heute geht ohne Moodle fast nicht mehr. E-Mail wird sehr fleissig genutzt. Auch Frageforen werden auf Moodle benutzt, meistens vor den Prüfungen."* (S1m: 137). Das Lernen, Nachfragen und der Austausch untereinander verlagert sich in virtuelle Räume.

Bei den beiden befragten Dozierenden ergibt sich in der Nutzung während der Kursvorbereitung ein unterschiedliches Bild. Während der eine die Mobilität des Tablets schätzt: *„Da ich viel pendle, verwende ich das Tablett gerne im Zug, da* *es handlicher ist." (D1m: 125)*, bereitet der andere Dozent den Unterricht am PC vor, so dass es keinen Unterschied gibt. Für die Dozierenden könnte sich die Gefahr ergeben, dass sie zu viele Informationen auf Moodle zur Verfügung stellen, weil das Teilen und Distribuieren ungleich leichter geworden ist: *„Es besteht die Gefahr, das Dozenten mehr Dokumente an Studierenden ausgeben, weil die Hemmschwelle tiefer ist, als wenn man das Dokument ausdrucken und dann abgeben müsste. Endlose Informationsflut und die Studierenden wissen nicht mehr was relevant ist und was nicht." (D2m: 120)*.

2.5 Prüfungsvorbereitungsphase

An der ZHAW ist eine unterrichtsfreie Zeit von zwei Wochen im Lehrplan verankert, die der Vorbereitung auf die anstehenden Prüfungen dient. In der Prüfungsvorbereitungsphase spielen Tablets die geringste Rolle, machen den kleinsten Unterschied zu den Kursunterlagen auf Papier. *„Ich mache es gleich wie vorher. Vorher hatte ich meine Folien."* (S3m: 169). Die Skripte und Folien werden auf dem Tablet gelesen, aber dann setzen die Lernwege für die Prüfungsvorbereitung ein, die es auch bisher schon gab. *„Über das iPad lese ich praktisch nur. In der Prüfungszeit beim Zusammenfassungen schreiben, schreibe ich auf Papier."* (S1m: 48). Wahlweise werden dann Zusammenfassungen erstellt und nur noch mit den Exzerpten gelernt, oder aber es wird direkt vom Skript und den eigenen Notizen gelernt. Die Orientierung in den Unterlagen fällt allen Befragten nicht sonderlich schwer. *„Mit der Suchfunktion kann man direkt den Suchbegriff eingeben und das funktioniert sehr gut. Oder über das Inhaltsverzeichnis direkt auf das Kapitel drücken. [...] Aber man findet so die Sachen viel schneller"* (S2m: 75). Einige Studierende fügen die Einzeldateien zusammen und nutzen die Stichwortsuche, um gezielt zu bestimmten Abschnitten zu springen oder orientieren sich an der Gliederung, die die Vorlesung bietet. Aber auch die Möglichkeiten zur Bearbeitung der Unterlagen in PDF wird an dieser Stelle geschätzt.

2.6 Prüfungsphase

Die Prüfungsphase stellt technisch gesehen – und damit indirekt auch für die Dozierenden – die größte Herausforderung dar. Es ist die Phase, wo tatsächlich vor Ort das Gelernte abgeprüft wird. Open-Book-Prüfungen, die über das Tablet durchgeführt werden, bergen die Gefahr des Missbrauchs durch a) Zugriff auf das Internet und damit Zugriff auf Ressourcen, die in bisherigen Prüfungen, wo nur die Unterrichtsmaterialen mitgenommen werden durften, nicht gegeben waren und b) durch Kollaboration und Daten bzw. Lösungsaustausch untereinander. Momentan ist es technisch nicht möglich, beide Zugriffswege zu unterbinden. Gerade der letzte Punkt wird von einem Dozierenden als sehr kritisch gesehen, da der Leistungsnachweis individuell zu erbringen ist und nicht als Gruppenarbeit. *„Ein faires Prüfungsverfahren ist mit OpenBook nicht möglich. [...] Stoff wird nicht mehr geprüft, sondern wie die Studierenden untereinander die Daten austauschen. Dadurch gibt es eine Verzerrung. Das ist unfair gegenüber den Studierenden, welche die Aufgaben selbst lösen." (D2m: 74)* Die Studierenden selbst halten diese Bedenken für durchaus realistisch. Auf die Frage, welcher Weg des Betrugs eher gegangen wird, wird gesagt: *„Definitiv Internet. Ja, weil unsere Klasse recht anständig ist, da schaut jeder ein bisschen für sich. Wenn man etwas gefunden hat, gibt man es nicht gleich weiter. Man hat gelernt und will sich während der Prüfung nicht ablenken lassen durch Chat etc."* (S2m: 81). *„Ich hatte in meiner Prüfung keine Zeit, um mit anderen zu kommunizieren. Hätte auch nicht gewusst mit wem. Mit einem Gruppenchat wäre es vielleicht möglich. Internet ausmachen auf Tablet ist Blödsinn, da nicht kontrollierbar. Ich denke die grösste Gefahr geht von der Nutzung des Internets aus. Die Prüfungen sind so konzipiert, dass man gar nicht alle Aufgaben schafft."* (Sw5: 222).

Wie bei der Prüfungsvorbereitungsphase angedeutet, macht die Suchfunktion das Auffinden von Schlagworten in den vorhandenen PDFs ungleich leichter. Der Vorteil wird besonders stark, wenn die verschiedenen Dateien in eine einzige integriert werden. Der befragte Student, der die Dateien dann auch zusammenfügt, gibt entsprechend an, mit dem Tablet auch ohne illegale Nutzung des Internets die Open-Book-Prüfungen als einfacher als früher empfunden zu haben.

Schlussendlich zwingt die Nutzung von Tablets als Papierersatz zu einer Umstellung der Prüfung von Open-Book auf Closed-Book, oder aber auch zur Entwicklung von neuen Prüfungsformaten.

3. Fazit

Die erste explorative Phase von EvaTab zeichnet ein durchweg positives Bild der Tabletnutzung in der Wahrnehmung der Studierenden. Dies überrascht ein wenig, da in Umfragen vor der tatsächlichen Einführung die Erwartungen deutlich zurückhaltender waren. So zeigt z.B. eine Studie der Berner Fachhochschule, dass sich lediglich 40% der Studierenden vorstellen könnten, Unterlagen ausschließlich in elektronischer Form zu nutzen (Preller et al., 2014). In den Interviews kommt jedoch zum Ausdruck, dass klassische Vorurteile gegen die Tabletnutzung, wie etwa die eingeschränkte Lese- und Orientierungsfähigkeit im Dokument, nicht haltbar sind. Als besonders positiv wird dabei sowohl von Studierenden als auch von Dozierenden angesehen, dass alle Unterlagen immer verfügbar sind. Den Studierenden gefällt, dass sich bei der Bearbeitung der

Unterlagen Notizen und Anmerkungen schneller und übersichtlicher einfügen lassen.

Aber ist dieser Vorteil tatsächlich der Arbeit mit dem Tablet geschuldet oder eher dem papierlosen Studium, dass auch mit anderen Geräten wie etwas Laptops realisierbar wäre? Eine genaue Abgrenzung der beiden Erklärungsvarianten wird in der Validierungsphase von EvaTab im Frühjahrssemester 2014 durchgeführt.

Erste Hinweise zur Beantwortung könnten in der dargestellten Nutzungsvielfalt der Tablets liegen. So arbeitet ein Teil der befragten Studierenden ausschließlich mit der Tastatur, eine Bearbeitungsform, die also auch mit anderen elektronischen Geräten möglich wäre. Zwei der Befragten gaben jedoch an, nur handschriftlich zu Arbeiten und ggf. mal auf die im iPad integrierte Tastatur auszuweichen. Tablets unterstützen in dieser Hinsicht die Vielfalt unterschiedlicher Lernertypen stark.

Es stellt sich für zukünftige Projekte die Frage, ob eine bestimmte Variationsbreite an Tools zur Verfügung gestellt werden müsste, um auf die spezifischen Lern- und Arbeitsweisen eingehen zu können. Unterstützung bekommt ein solcher Ansatz durch die Begeisterung, die die beiden ausgegebenen Tabletversionen erzeugen: Das Microsoft SurfacePro wird tatsächlich als Laptopersatz verwendet, wohingegen das Apple iPad einen anderen Umgang mit elektronischen Dokumenten nahelegt.

Die positive Einschätzung der Studierenden wird im weiteren Projektverlauf genauer untersucht werden, sie müsste – wenn es tatsächlich zu einer Verbesserung des Lernprozesses führt – sich auch in besseren Prüfungsresultaten niederschlagen. Nicht auszuschließen ist dabei, dass gar nicht eine qualitative Verbesserung des Lernens vorliegt, sondern das Ergebnis eine Art Hawthorne-Effekt (Gillespie 1993) darstellt. Damit würde die Zufriedenheit bei den Studierenden nicht durch die Tablets an sich, sondern durch die Rahmenbedingungen – durch die privilegierte Situation, mit wertvollen Geräten als erste Klasse innerhalb der ZHAW ausgestattet zu werden – erzeugt werden.

Auch stellt sich die Frage, ob eine Übertragbarkeit auf andere Studiengänge so ohne weiteres gegeben ist. Das Pilotprojekt zum papierlosen Studium zeichnet sich durch eine sehr offene Dozierendengruppe aus. Es ist einiges an finanziellen Mitteln investiert worden, zudem sind bei einer umfassenderen Einführung noch organisatorische Prozesse wie Verwaltung und Ausgabe der Geräte aufzusetzen. In letzter Konsequenz steht eine Debatte an, ob die Verantwortung der Ausstattung der Studierenden mit Tablets bei der Hochschule zu sehen ist oder ob nicht der BYOD-Ansatz (Bring your own device) machbarer erscheint.

Bevor jedoch solche weitreichenden Diskussionen anstehen, werden die weiteren Untersuchungen innerhalb von EvaTab zeigen, ob sich die sehr positive

Bewertung des Einsatzes von Tablets an der Hochschule auch über die nächsten Lernphasen hinweg bestätigen lässt.

Literatur

Alzaza, N. S. & Yaakub, A. R. (2011). Students' Awareness and Requirements of Mobile Learning Services in the Higher Education Environment. *American Journal of Economics and Business Administration*, *3*(1), 95–100.

Bush, M. H. & Cameron, A. H. (2011). *Digital Course Materials: A Case Study of the Apple iPad in the academic Environment.* (Dissertation, Pepperdine University, Malibu, US). Abgerufen von http://pepperdine.contentdm.oclc.org/cdm/ref/collection/p15093coll2/id/139

Gillespie, R. (1993). *Manufacturing Knowledge: A History of the Hawthorne Experiments.* Cambridge: Cambridge University Press.

Gupta, G. & Manjrekar, P. (2012). Using Mobile Learning to enhance Quality in Higher Education. *SIES Journal of Management*, *8*(1), 23–30.

Kelle, U. & Kluge, S. (2010). *Vom Einzelfall zum Typus: Fallvergleich und Fallkontrastierung in der qualitativen Sozialforschung.* 2. überarb. Aufl. Heidelberg: Springer VS.

Messinger, J. (2011). *M-Learning: An Exploration of the Attitudes and Perceptions of High School Students versus Teachers regarding the current and future Use of Mobile Devices for Learning* (Dissertation). Abrufbar von ProQuest Dissertations and Theses (UMI No. 3487951).

Preller, M., Zwahlen, S. & Grösser, S. (2014). *E-Reader im Studium. Evaluationsstudie zur Einführung elektronischer Literatur an der Berner Fachhochschule.* Bern: Berner Fachhochschule – Fachbereich Wirtschaft. Abgerufen von https://www.alexandria.unisg.ch/export/DL/229053.pdf

Rosman, P. (2008). M-Learning as a Paradigm of new Forms in Education. E+M *Economi a Management*, *1*(08), 119–125. Abgerufen von http://publikace.k.utb.cz/handle/10563/1001604

Traxler, J. & Kukulska-Hulme, A. (2005). *Mobile Learning in developing Countries– Knowledge Series.* Abgerufen von: http://dspace.col.org/handle/123456789/159.

Yong, L. & Shengnan, H. (2010). Understanding the Factors driving M-Learning Adoption: A Literature Review. *Campus-Wide Information Systems*, *27*(4), 210–226. doi:10.1108/10650741011073761.

Kathrin Galley, Frederic Adler, Kerstin Mayrberger

Der längerfristige Einfluss von Tablets auf das Studium und die persönliche Lernumgebung Studierender

Zusammenfassung

Der vorliegende Beitrag untersucht die Frage, wie sich die Bereitstellung eines Tablets über die Zeit von zwei Jahren auf die persönlichen Lernumgebung Studierender bzw. auf deren Studium auswirkt. In einer explorativen, standardisierten ‚Grundbefragung' schätzen gut 30 Studierende eines medienaffinen Studiengangs die Nutzung ihres Medienensembles ein, nachdem sie ein Tablet zwei bis zweieinhalb Jahre für Studium und Freizeit gleichermaßen genutzt haben. Die zentrale Frage ist dabei, welche Rolle ein Tablet für die Befragten und ihre Arbeitsabläufe im weiten Kontext Studium tatsächlich spielt. Neben der allgemeinen positiven Beurteilung durch die Studierenden zeigen sich in der konkreten Nutzung deutliche Einschränkungen auf deren Seite. Die Ergebnisse sind aufschlussreich hinsichtlich der aktuellen Medienverwendung Studierender sowie für die Gestaltung von Lehr- und Lernprozessen mit digitalen Medien und besonders mit mobilen Endgeräten.

1 Persönliche Lernumgebung Studierender

In der Diskussion um persönliche Lernumgebungen (PLE) spielen mobile Endgeräte wie Smartphones und Tablets immer noch eine große Rolle. Tablets werden sogar als „tragbare, personalisierte Lernumgebung" bezeichnet (Johnson et al., 2013, S. 17). Dabei werden aber oft Geräteeigenschaften mit anderen Innovationen (z.B. Social Software/Social Web) vermengt. Mobile Endgeräte und Entwicklungen im Internet haben Nutzungsgewohnheiten sicherlich verändert, unter kritischer Betrachtung stellt sich aber die Frage, welche tatsächliche Rolle Tablets für die Befragten spielen und inwiefern hier von Einflüssen gesprochen werden kann, die die Geräte in ihrer Verwendung auf die Gestaltung von Lernumgebungen haben.

Für den vorliegenden Kontext wird das Konzept der persönlichen Lernumgebung (PLE) (u.a. Attwell, 2007; Schaffert & Kalz, 2009) als Rahmen herangezogen. Hierbei ist wesentlich, dass die Lernenden sich und ihren Wissenserwerbsprozess mit Hilfe digitaler, vernetzter, mobiler Medien und im sozialen Austausch weitgehend selbstständig organisieren. Mobile Endgeräte und Social Media sind hierfür besonders gut geeignet, da die Lernenden mit deren Hilfe in der Lage sind, die jeweils persönliche Lernumgebung zu vernetzen (Schaffert & Kalz, 2009) und so ihr persönliches Netzwerk zum Wissenserwerb zu organisieren (Leone, 2013, S. 16f., für eine genauere Darstellung vgl. Bettinger et al., 2013). Geht man von dieser Sichtweise auf das aktuelle Medienensemble von Studierenden und deren Verwendung aus, so liegt die Schlussfolgerung nahe, dass die Hinzunahme eines neuen mobilen Endgerätes die persönliche Lernumgebung und die Organisation von Prozessen des Wissenserwerbs beeinflussen kann.

2 Ausgangslage und Forschungsdesign

Grundlage für die vorliegende Betrachtung der Rolle von Tablets im Studium ist die seit dem Sommersemester 2012 laufende Studie „UniPAd" (Bettinger, Adler, Mayrberger & Dürnberger, 2013). Im Rahmen des Projekts „UniPAd"[1] werden an der Universität Augsburg seitdem durchschnittlich 39 Studierenden iPads[2] nach dem 1:1-Prinzip über das gesamte Semester zur freien Nutzung zur Verfügung gestellt. Die explorativ angelegte Studie erkundet, inwiefern Tablets von Seiten der Studierenden für ihr Studium verwendet werden, wenn es keine institutionelle Implementation bzw. externen Vorgaben bezüglich des Geräteeinsatzes gibt. Besonders bedeutsam ist dabei, welche Rolle das Tablet in der persönlichen Lernumgebung im weiten Kontext Studium für die Befragten einnimmt[3].

Die Studierenden, die im Rahmen der Studie mit Tablets ausgestattet wurden, sind ausschließlich im Studiengang „Medien und Kommunikation" eingeschrieben und gelten damit als grundsätzlich medienaffin. Seit nunmehr fünf Semestern werden Erhebungen mit unterschiedlichem Fokus durchgeführt. In einem früheren Beitrag (Bettinger et al., 2013) wurden über alle Erhebungen der Studie „UniPAd" hinweg zentrale Hürden abgeleitet, die die Nutzung der Tablets einschränken. Der vorliegende Beitrag fokussiert nun ergänzend die Ergebnisse der semesterweise durchgeführten schriftlichen, standardisierten Online-Befragung im Sinne einer explorativen Längsschnittstudie (‚Grundbefragung'). Die diesem Beitrag zugrunde liegenden Daten entstammen der ‚Grundbefragung' aus dem Sommersemester 2013 und dem Sommersemester 2014. Somit werden vor allem Auswirkungen nach einer längeren Nutzungszeit betrachtet.

1 Vgl. http://www.imwk.uni-augsburg.de/meddid/forschung/unipad/ (02.04.2014)

2 Die Anzahl der teilnehmenden Studierenden wechselt aufgrund von Studienabschlüssen, Praktikumssemestern und Auslandssemestern. Die genutzten iPads gehören der zweiten Generation an und verfügen über WLAN (ohne 3G/UMTS) sowie 64 GB Speicher.

3 Im vorliegenden Beitrag wird mit der „Grundbefragung" der Teilbereich des Projekts „UniPAd" vorgestellt, der im Sinne einer deskriptiven Basisuntersuchung eine stärkere Fokussierung auf das Gerät und dessen Verwendung im Studium vornimmt. In einem weiteren Teilbereich der Studie steht primär das Subjekt mit seinen Bedarfen im Zentrum.

In diesen letzten Erhebungsphasen konnten insgesamt 30 Studierende des Studiengangs „Medien und Kommunikation" befragt werden[4]. Davon besaßen neun Teilnehmende ihr Tablet bereits seit dem Sommersemester 2012, während 22 Teilnehmende im Wintersemester 2012/2013 mit dem Gerät ausgestattet wurden. Seit dem SoSe 2013 wurde die Grundbefragung in der vorliegenden Form durchgeführt, d.h. die Daten beziehen sich auf Nutzungsweisen nach mindestens einem Semester der Eingewöhnung, wodurch der Neuigkeitseffekt vermindert wurde.

Im Folgenden werden im Rahmen der gebotenen Kürze wesentliche Ergebnisse der aktuellen Grundbefragung aus dem SoSe 14 überblicksartig dargestellt, markante Aspekte weiter ausgeführt und mögliche Folgerungen – immer mit Blick auf die relativ kleine, aber konstante Stichprobe – aufgezeigt. Zudem werden, wo es angemessen erscheint, Vergleiche zur Erhebung im SoSe 2013 hergestellt.

Bei der Beurteilung der konkreten Einflüsse spielen für den vorliegenden Beitrag schon früher im Rahmen von Einzelinterviews festgestellte übergreifende Hürden eine Rolle, die deswegen hier als Ausgangslage benannt werden:

1) „Studierende haben ein geringes Bewusstsein für ihre PLE, da sie subjektiv betrachtet lediglich eine lose Sammlung von Geräten und Diensten zu speziellen und isolierten Zwecken nutzen.
2) Studierende haben eine sehr enge Auffassung von Lernen, die sich mehrheitlich auf das Memorieren von Faktenwissen bezieht. Sie weisen alternativen Lernformen im Studium wie in Gruppen zu arbeiten, Referate zu halten oder Lektüre aufzubereiten höchstens einen indirekten Lerneffekt zu.
3) Studierende können Studium und Freizeit mehrheitlich schlecht trennen und nutzen Tablets und Dienste für beide Zwecke und in beiden Kontexten." (Bettinger et al., 2013)

Die im Folgenden vorgestellten Ergebnisse schließen hier an und beziehen sich ebenfalls auf die Rolle von Tablets im Studium und der PLE, doch wird hierfür nun auf eine größere Fallzahl sowie eine längere Erhebungsphase Bezug genommen und eine standardisierte Erhebungsmethode zu Grunde gelegt.

3 Potenziale eines Tablets für die PLE Studierender

Im Rahmen der ‚Grundbefragung' wurden mit Hilfe eines standardisierten Fragebogens verschiedene Teilaspekte erhoben. Dazu zählen: eine veränderte Nutzung der vorhandenen Endgeräte (zeitlich und örtlich), die Nutzung bestimm-

4 Dieser Studiengang umfasst vielfältige Lernformen, vor allem aber Seminare und projektorientierte Gruppenarbeiten neben wenigen Vorlesungen und Übungen.

ter Anwendungen und eine veränderte Nutzung für bestimme Lernsituationen sowie die Entgrenzung der Nutzung zwischen Studium und Freizeit.

Um nun die Auswirkungen des Tablets auf die persönliche Lernumgebung der Studierenden feststellen zu können, ist es zunächst wichtig zu wissen, aus welchen Geräten sich die PLE ohne das Tablet bisher zusammensetzte. Zum letzten Erhebungszeitpunkt im SoSe 2014 verfügen noch im Gegensatz zum SoSe 2013 alle der 30 befragten Studierenden über ein Smartphone und jeder Befragte gibt an, einen Laptop oder ein Netbook zu besitzen. Es besitzen lediglich noch sieben Teilnehmende einen Desktop-PC und fünf einen iPod-Touch. Nach den drei wichtigsten Vorteilen des Tablets für sie persönlich gefragt, antworten die meisten Studierenden, dass das Gerät immer mitgenommen werden kann, da es klein und handlich ist (23), viel schneller startet als ein Laptop (21) und ständiges Ausdrucken von studienrelevanten Texten erübrigt (16). Insgesamt werden die Vorteile eher weniger darin gesehen, dass der Akku lange hält (10), man alles Wichtige dabei hat (8) oder dass viele Funktionen in einem Gerät vereint werden (8) und das Gerät überall genutzt werden kann (4). Als häufigste Problematik wurde von 19 Befragten angegeben, dass sie es als hinderlich empfinden, dass ihr Tablet kein 3G unterstützt. Es wurden nun ein wenig mehr Probleme mit fehlenden Apps (10), der Synchronisierung mit anderen Geräten (12) oder der fehlenden Tastatur (11) als Nachteile angegeben. 16 Studierende finden eine Anwendung auf einem anderen Gerät besser und 14 Befragte sehen die Dateiverwaltung mit dem iPad als umständlich an. Zuletzt genannter Aspekt hat sich seit dem SoSe 2013 tendenziell verstärkt. Als ein Indikator für die aktive Integration des Tablets in der PLE wird hier die Bereitschaft gesehen, neue Applikationen (Apps) zu suchen und zu nutzen. So geben lediglich noch neun Studierende an, heute noch selbstständig nach neuen Applikationen zu suchen, um ihre Sammlung zu erweitern und elf Befragte nehmen immerhin die App-Empfehlungen von Freunden an, auch wenn sie selbst nicht (mehr) aktiv nach Applikationen zur Erweiterung ihrer PLE suchen. Diese Verteilung ist gegenüber dem SoSe 2013 relativ gleich geblieben. Insgesamt heißt es auch, dass zwei Drittel der befragten Studierenden Anwendungen auf dem iPad verändern und noch Anpassungen vornehmen und ein weiteres Drittel diesbezüglich keine Notwendigkeit sieht.

Innerhalb der ‚Grundbefragung' war die Frage nach der tatsächlichen Rolle, die das iPad für die Studierenden und ihre Arbeitsabläufe im weiten Kontext Studium spielt, bedeutsam. Zehn Befragte geben an, das Gerät bis Mai 2014 voll in ihren persönlichen Arbeitsablauf für das Studium integriert zu haben. Immerhin 15 Studierende haben es zum Teil in ihre persönlichen Abläufe integriert und nur fünf Personen nutzen das Tablet eher selten in ihrem Studienalltag (vgl. Grafik 1). Diese Zahlen sind gegenüber dem SoSe 2013 relativ konstant geblieben. Insgesamt lässt sich also feststellen, dass 25 von 30 Befragten das Tablet vermutlich als festen Bestandteil ihrer PLE nutzen.

Dass die meisten Befragten sich einer positiven Wirkung des Tablets (auf ihre PLE) bewusst sind, lässt sich daraus schließen, dass 16 Personen sich entweder ganz sicher (3) oder sehr wahrscheinlich (13) ein Tablet gekauft hätten, wenn sie es nicht im Rahmen der Studie erhalten hätten. Elf Studierende hingegen hätten sich kein Tablet gekauft. Hier hat es eine deutliche Verschiebung zur Befragung im SoSe 2013 gegeben, wonach sich bei einer größeren Stichprobe von 46 Studierenden lediglich 6 sicher und 13 sehr wahrscheinlich ein Gerät angeschafft hätten. An anderer Stelle gaben im aktuellen Semester 24 von 30 der Befragten an, sehr aufgeschlossen für neue Technologien zu sein und schon immer recht früh technische Neuerungen zu besitzen; im SoSe 2013 waren das nur 8 von 46 der Befragten.

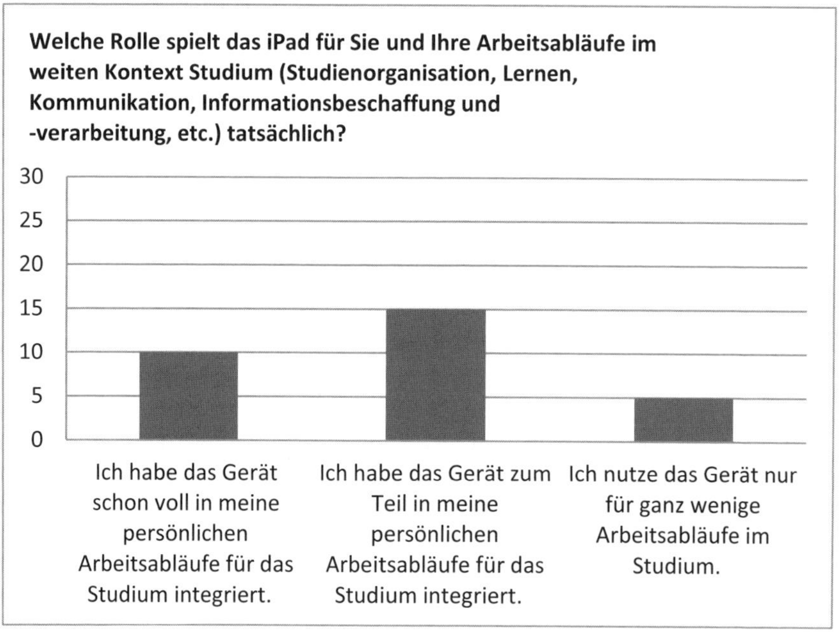

Grafik 1: Rolle des iPads für Studierende im Studium

Die Beobachtung, dass Studierende Schwierigkeiten damit haben, Freizeit und Studium klar zu trennen (vgl. Bettinger et al., 2013), zeigt sich auch in der vorliegenden Befragung. 21 von 30 Teilnehmenden haben den Eindruck, dass sich Tätigkeiten für Studium und Freizeit eher vermischen (ansonsten wird bewusst getrennt oder dieser Umstand nicht bewusst wahrgenommen). Dieser Eindruck ist seit dem SoSe 2013 relativ konstant geblieben. Wie bedeutsam das Tablet für die PLE der Studierenden ist, obwohl sie ein Smartphone und einen Laptop besitzen, zeigt sich dadurch, dass es lediglich zwei der Befragten nicht für wichtig halten, schnell etwas mit dem iPad nachschlagen zu können. Die übrigen 29 Studierenden halten diesen Aspekt für äußerst wichtig. Das heißt gleichzeitig, dass der Einfluss des Tablets auf die PLE, wenn auch unbewusst, sehr groß ist. In die gleiche Richtung deutet auch die mehrheitliche Zustimmung der Studierenden zu der Aussage, dass das Tablet dabei hilft, an jedem Ort Studienaufgaben bearbeiten zu können (24). Hier sind die Aussagen zum SoSe 2013 ebenfalls relativ konstant geblieben. Ähnlich zu werten ist auch die Tendenz, dass die meisten Befragten (24 von 30) der Meinung sind, durch das Tablet in der Freizeit mehr für das Studium zu erledigen, was im SoSe 2013 ähnlich war (35 von 46).

In diesem Untersuchungsteil wird mit dem Schwerpunkt auf der iPad-Nutzung im Kontext anderer mobiler Endgeräte wie Smartphone und Laptop ein relativ starker Fokus auf die technische Komponente einer PLE gelegt. Bestätigt wird dieser gewählte Technikfokus in der Erhebung dadurch, dass bei allen drei Geräten und zusätzlich bei der (mobilen) Internetnutzung sowie bei der Nutzung sozialer Netzwerke mehrheitlich angegeben wurde, dass sie mehrmals täglich verwendet werden – und zwar sowohl im privaten als auch studiumsbezogenen Kontext.

Da neben der Geräteausstattung auch die Software (oder im Falle der Tablets konkret die Apps) eine wichtige Rolle in der PLE der Studierenden spielen, wurden in der Befragung auch verschiedene für das Studium relevante Applikationen abgefragt. Zu den meistgenutzten Apps zählen „Dropbox" (10), „Adobe PDF" (22), Apps für öffentliche Verkehrsmittel (20) und „YouTube" (25). Durchweg alle Studierenden geben sogar an, die „Facebook"-App genutzt. Es zeigt sich also, dass das Tablet für soziale Netzwerke, aber auch zur Lernorganisation genutzt wird. Und da Social Software für die Realisierung der Idee von einer vernetzten PLE eine immense Bedeutung hat (Bettinger et al., 2013), kann dem Tablet als eine Art zentrale Schaltstelle/Brücke wiederum ein starker Einfluss für die Ausgestaltung und Nutzung der PLE der Studierenden zugeschrieben werden. Auch im Sommersemester 2013 zeichnet sich diese Entwicklung in der ‚Grundbefragung' bereits ab, da hier ebenfalls Facebook die meistgenutzte Applikation ist, gefolgt von YouTube und Dropbox.

4 Orte, Zeiten und Zwecke (eingeschränkter) Tabletnutzung

Bei der Verwendung von Tablets zeigen sich trotz der genannten Potenziale in Abschnitt 2 ebenso Einschränkungen, die den Einsatz des Tablets auf bestimmte Aufgaben beschränken. Dies wird besonders bei den gestellten Fragen zur studiumsbezogenen Nutzung des Tablets zu bestimmten Zwecken und Zeiten sowie an bestimmten Orten deutlich.

Für die Kommunikation (SMS, E-Mail, Chat) nutzen die Studierenden vor allem das Smartphone mehrmals am Tag (27), das Tablet wird sogar noch weniger (10) als der Laptop (14) genutzt. Beim Sammeln und Ordnen wichtiger Informationen wird der Laptop bevorzugt genutzt, der von 12 Studierenden dafür mehrmals und von acht Studierenden einmal am Tag genutzt wird. Für den Abruf von Informationen zwischendurch wird dagegen bevorzugt das Tablet (mehrmals 11, einmal am Tag 8) oder Smartphone (mehrmals 16, einmal am Tag 3) genutzt. Beim Anfertigen von Notizen dominieren noch die analogen Hilfsmittel („Block und Stift", 10 mehrmals, 4 einmal am Tag) und das Smartphone (15 mehrmals, 6 einmal am Tag) vor dem Tablet (2 mehrmals, 6 einmal am Tag), während der Laptop eine geringe Rolle spielt. Hier zeigt sich gegenüber der Erhebung vom SoSe 2013 ein deutlicher Unterschied, in dem das Smartphone gegenüber den anderen Möglichkeiten viel mehr für Notizen verwendet wird. Bei der täglich mehrmaligen Nutzung zur Recherche dominiert der Laptop (5) vor dem Tablet (3), wobei das Smartphone keine Rolle spielt. Bei der Lektüre längerer Texte werden vor allem Ausdrucke (5 mehrmals und einmal am Tag sowie 6 mehrmals pro Woche) und das Tablet (5 mehrmals und einmal am Tag sowie 9 mehrmals pro Woche) genutzt. Es scheint sich das Tablet hier als neues Lesegerät langsam zu etablieren. Bei der Lektüre kürzerer Texte wird das iPad so auch am häufigsten genutzt, gefolgt vom Laptop. Beim Verfassen längerer Texte wird immer noch bevorzugt der Laptop genutzt (10 mehrmals und einmal am Tag und 13 mehrmals pro Woche). Tablet und analoge Hilfsmittel werden gleichermaßen nicht verwendet. Der Laptop hat einen ähnlichen Vorsprung gegenüber analogen Hilfsmitteln und Tablets, wenn es um das Überarbeiten von Texten geht. Ein ähnliches Verhältnis zeigt sich auch beim gemeinsamen Verfassen von Texten und mit geringerem Umfang beim Erstellen von Präsentationen.

Neben der technologischen und zweckorientierten Perspektive auf die PLEs wird zusätzlich die persönliche Lernumgebung der Studierenden im Hinblick auf ihre physische Präsenz an verschiedenen Lernorten betrachtet. Alle Befragten geben an, vorwiegend zu Hause für ihr Studium zu arbeiten. Aber auch die Bibliothek, Cafeteria oder andere Orte auf dem Campus werden häufig als Arbeitsplatz für das Studium angegeben. Orte, die keine direkte Verbindung zum Studium oder Leben der Studierenden haben, werden hingegen nur sehr sporadisch als Lernorte gewählt. Dazu zählen etwa öffentliche Cafés, öffentliche Verkehrsmittel oder einfach „draußen" sein. Hier sind zur Erhebung im SoSe 2013 kaum Veränderungen auszumachen (vgl. Grafik 2).

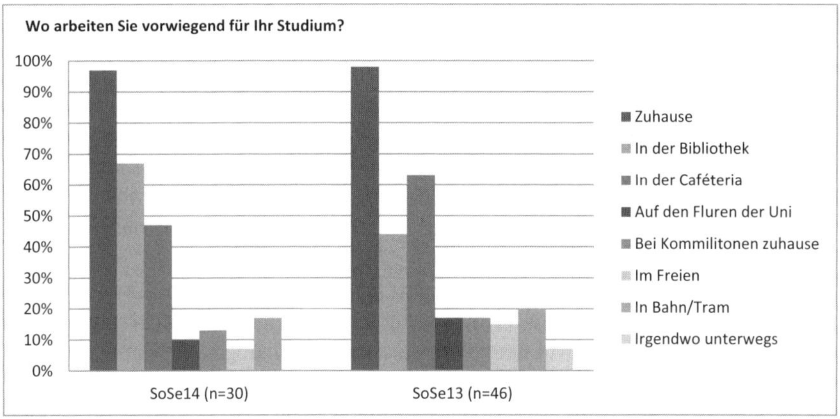

Grafik 2: Bevorzugte Arbeitsorte im Studium (max. 4 Nennungen möglich)

Doch muss bei diesen Aussagen insgesamt berücksichtig werden, dass die Geräte nicht mit 3G ausgestattet sind. Die Aussagen lassen dennoch den vorsichtigen Schluss zu, dass die meisten Studierenden, obwohl sie angeben, dass sich Studium und Freizeit häufig vermischen, die Orte zum studiumsbezogenen Arbeiten bewusst wählen.

Hinsichtlich der Nutzung an verschiedenen Orten zeigt sich eine deutliche Präferenz der kleineren mobilen Geräte sowie analoger Hilfsmittel, die gleichhäufig genutzt werden. Auffällig ist, dass „zuhause" vor allem das Smartphone mehrmals am Tag (28) genutzt wird, und dann gefolgt wird vom Laptop (23 mehrmals am Tag) und Tablet (18 mehrmals am Tag). In der Bibliothek wird ebenfalls das Smartphone am häufigsten und der Laptop etwas weniger, aber gleich häufig wie das Tablet und analoge Hilfsmittel, genutzt. Bei der mobilen Nutzung innerhalb der Universität (mit freiem WLAN-Zugang für Tablets) allgemein, unterwegs auf den Fluren sowie bei der Arbeit in der Caféteria oder an Tischen zur Gruppenarbeit zeigt sich eine einheitliche Präferenz von Smartphone vor Tablet, gefolgt von analogen Hilfsmitteln und Laptop. In mobilen (nicht in jedem Fall vernetzten) Kontexten außerhalb der Universität (bei Kommilitonen zuhause, im öffentlichen Café, in der Bahn/Tram, „unterwegs") zeigt sich mit deutlichem Abstand, dass eher das Smartphone dominiert.

Insgesamt hat sich in der Befragung die Dominanz von Laptop und analogen Hilfsmitteln zu bewusst für das Studium vorgesehenen Zeiten bestätigt. Für ungeplante Zeitfenster oder für kurze Zeiträume dominieren Tablet und Smartphone. Zu festen, reservierten Zeiten werden Laptop (2 sehr häufig, 6 eher häufig) und analoge Hilfsmittel (2 sehr häufig, 2 eher häufig) stärker als das Tablet genutzt (1 eher häufig, 10 selten, 19 nie). Zu unterschiedlichen Zeiten, die spontan genutzt werden, dominieren bei der sehr häufigen Nutzung dagegen Smartphone (27) und Tablet (22) gleichermaßen, sowie „wenn zwischendurch kurz Zeit ist“ (Smartphone (25) und Tablet (20)). Allerdings werden auch Laptop (4) und analoge Hilfsmittel (6) „zwischendurch“ noch oft genutzt. Wenn zwischendurch etwas nachgeschlagen werden muss, dann sehr häufig mit dem Smartphone (19) und Tablet (21). Wenn zwischendurch etwas notiert, nachgetragen oder geändert werden soll, hat das Tablet (16 sehr häufig) bereits zum Smartphone (20 sehr häufig) aufgeschlossen (vermutlich wegen der besseren Bedienung bei ähnlich hoher Mobilität). Lediglich in kurzen Wartezeiten wird das Smartphone (28 sehr häufig) noch stärker als das Tablet (14 sehr häufig) genutzt. In allen Fällen spielen Laptop und analoge Hilfsmittel eine deutlich geringere Rolle – dieses zeigt sich auch in der Entwicklung im Vergleich zum SoSe 2013, wonach die Nutzung von Laptop und analogen Hilfsmitteln langsam, aber stetig, weniger wird. Doch nach wie vor sind Laptop und analoge Hilfsmittel die erste Wahl, wenn die Nutzung geplant erfolgen soll. Zu spontanen, ungeplanten Zeiten haben auch in den vorangegangenen Erhebungen Tablet und Smartphone klar dominiert. Diese eher kleinteiligen Aussagen zu studiumsbezogenen Nutzungszwecken stellen ein Indiz dafür dar, wie Studierende mobile Endgeräte in ihren Studienalltag (nicht) integrieren.

5 Zusammenfassung und Ausblick

Trotz guter Voraussetzungen zeigt sich, dass ein Tablet aufgrund verschiedener Einschränkungen gegenüber den bisherigen Elementen der persönlichen Lernumgebung (Laptop, Smartphone, analoge Hilfsmittel) ein „Zwischending“ ist. Somit scheint es eine Nische dort zu finden, wo es besser ist als das kleine Smartphone und praktischer als der große, funktionsumfänglichere Laptop. Dabei kann es mehr Aufgaben übernehmen als das Smartphone, eignet sich für viele Aufgaben aber nicht so gut wie der Laptop. Deutlich zeigt sich dabei, dass der Laptop aufgrund seiner Bedienung und Möglichkeiten weiterhin das zentrale Hilfsmittel der Studierenden ist. Gerade in mobilen Settings zeigt sich, dass das Smartphone noch öfter als das Tablet genutzt wird. Zu unterschiedlichen, ungeplanten/flexiblen Zeiten hat das Tablet aber eine ähnlich hohe Bedeutung erreicht wie das Smartphone bzw. dieses abgelöst. Die Daten lassen vermuten, dass das Tablet gerade unbewusst eine größere Bedeutung zu haben scheint. Dies ist beispielsweise an der guten Einbindung des Tablets in die Nutzung von Social Software und der Nutzung von Anwendungen zur Lernorganisation erkennbar. Fraglich ist, wie sich die Nutzung über den hier betrachteten Zeitraum von drei Semestern hinaus verändert und welche Akzeptanz Geräte mit alternativer Ausstattung fänden (z.B. mit integriertem Netzzugang). Hinsichtlich der Nutzungsentwicklung kann zusammenfassend festgehalten werden, dass es im Vergleich zur Nutzung im SoSe 2013 durchweg kaum Veränderungen gibt. Die unterschiedlichen Nutzungsweisen auf Seiten der Studierenden scheinen sich nach der Eingewöhnungsphase relativ schnell auf einem Niveau eingependelt zu haben, das über die Zeit ähnlich bleibt.

Die Daten sind überwiegend deskriptiv zu verstehen und gezogene Schlüsse stellen Interpretationen dar, die zumeist einer weitergehenden Überprüfung bedürfen. Ebenso ist zu berücksichtigen, dass die erhobenen Daten auf retrospektiven Selbsteinschätzungen der Studierenden und nicht auf einer direkten Erfassung beruhen. Zudem muss beachtet werden, dass die Stichprobe relativ klein ist und sich auf einen medienaffinen Studiengang bezieht (innerhalb dessen wurden aber BA- und MA-Studierende niedriger und höherer Semester gleichermaßen berücksichtigt).

Doch trotz aller genannten Einschränkungen können die hier vorgelegten, durchaus technikzentrierten Aussagen dazu beitragen, derzeitige mitunter euphorische Annahmen über eine vermeintliche allzeitige Nutzung mobiler Endgeräte durch Studierende insgesamt realistischer einzuschätzen. Es zeigt sich in dieser wie auch in repräsentativen Mediennutzungsstudien zunehmend, dass in der relevanten Altersgruppe zwar beinahe jede und jeder ein Smartphone besitzt und die Tabletnutzung stetig steigt. Doch zeigt sich in der vorliegenden Exploration ebenso, dass derartige mobile Endgeräte erst nach und nach in die persönliche Lernumgebung integriert und selbstverständlicher genutzt werden – auch abhängig von Rahmenbedingungen wie etwa ein zur Verfügung stehendes WLAN-Netz. Selbst als medienaffin geltende Studierende behalten tradierte Arbeitsweisen auch im Studium bei und ändern diese insgesamt nur zögerlich. Aus diesem Grund kann die vorliegende Explorationsstudie als eine Quelle für didaktische Überlegungen und Planungsentscheidungen bei der Gestaltung von Lernumgebungen mit digitalen, vernetzten, mobilen Endgeräten dienen, die an die tatsächliche Alltagswelt heutiger Studierender anknüpfen. In den nächsten Jahren mag sich das ändern, wenn man Johnson et al. (2013) glauben schenkt, doch zeigen die vorliegenden Ergebnisse für den Moment, dass derzeit eine Art „Übergangssituation" vorliegt. Diese erfordert es, innovative Szenarien für die akademische Lehre mit mobilen Endgeräten realistischer zu planen, um einer vorzeitigen Ernüchterung und didaktischen Desillusionierung vorzubeugen.

Literatur

Attwell, G. (2007). Personal Learning Environments – the future of eLearning? In *eLearning Papers 2 (1)*. Verfügbar unter: http://www.elearningeuropa.info/files/media/media11561.pdf. P.A.U. Education, Barcelona.

Bettinger, P., Adler, F., Mayrberger, K. & Dürnberger, H. (2013). Herausforderungen bei der Nutzung von Tablets im Studium: Zur Relevanz der Gestalt der PLE, Lernverständnis und Entgrenzung. In C. Bremer & D. Krömker (Hrsg.), *eLearning. Zwischen Vision und Alltag. Zum Stand der Dinge* (S. 62–73). Münster u.a.: Waxmann.

Johnson, L., Adams Becker, S., Cummins, M., Estrada, V., Freeman, A. & Ludgate, H. (2013). *NMC Horizon Report: 2013 Higher Education*. Austin, Texas: The New Media Consortium.

Leone, S. (2013). *Characterisation of a Personal Learning Environment as a Lifelong Learning Tool*. New York, Heidelberg: Springer.

Schaffert, S. & Kalz, M. (2009). Persönliche Lernumgebungen: Grundlagen, Möglichkeiten und Herausforderungen eines neuen Konzepts. In K. Wilbers & A. Hohenstein (Hrsg.), *Handbuch E-Learning. Expertenwissen aus Wissenschaft und Praxis – Strategien, Instrumente, Fallstudien* (S. 1–24). Köln: Deutscher Wirtschaftsdienst (Wolters Kluwer Deutschland).

Sabrina Herbst, Claudia Minet, Daniela Pscheida, Steffen Albrecht

Von Infrastrukturen zu Möglichkeitsräumen

Erwartungen von WissenschaftlerInnen an Onlineumgebungen für die Wissensarbeit

Zusammenfassung

Onlineumgebungen spielen seit dem Aufkommen des WWW und des Web 2.0 eine zunehmend wichtige Rolle für die Wissensarbeit – sei es als institutionelles Lernmanagementsystem (LMS), als Persönliche Lernumgebung (PLE) oder als Virtuelle Forschungsumgebung (VFU). In allen diesen Fällen werden virtuelle Räume gestaltet, zur Unterstützung der Nutzenden in ihrer persönlichen wie gemeinsamen Arbeit mit Wissensbeständen. Und immer stellt sich die Frage: Wie muss die Onlineumgebung gestaltet sein, um effizientes, kollaboratives Arbeiten zu ermöglichen, anzuregen und zu fördern? Der vorliegende Beitrag geht dieser Frage am Beispiel virtueller Forschungsumgebungen nach. Vor dem theoretischen Hintergrund der Unterscheidung von „room" und „space" (Sesink, 2007) werden empirische Ergebnisse zu Anforderungen an virtuelle Forschungsumgebungen präsentiert und dargestellt, welche Lehren sich allgemein für die Gestaltung von Onlineumgebungen für die Wissensarbeit ziehen lassen.

1 Theoretischer Hintergrund

Die Beschaffenheit von Räumen ist seit jeher entscheidend für Prozesse des Lehrens und Lernens. Spätestens seit dem „Spatial Turn" in den Sozialwissenschaften (vgl. Döring, 2009) erfolgt die wissenschaftliche Betrachtung auch aus der Perspektive des sozial konstruierten Raumes. Beeinflusst durch die zunehmende Ortsungebundenheit wissenschaftlicher Kollaboration im Zuges des Globalisierungsprozesses (vgl. Waltman et al., 2011) sowie den verstärkten Einsatz digitaler Medien in Lehre und Forschung und strukturelle Veränderungen an Hochschulen im Zuge des Bologna-Prozesses (vgl. DINI, 2009), gewinnen dynamische Raumkonzepte für Lehr- und Lernräume zu Beginn des 21. Jahrhunderts an Bedeutung.

Ausgehend von Sesinks (2007) zweidimensionalem Raumbegriff in der Unterscheidung zwischen „room" und „space" lässt sich eine grundlegende Herausforderung für virtuelle Lern-, Arbeits- und Forschungsumgebungen als Räume der Wissensarbeit ausmachen: Raum umfasst hier im Sinne von „room" den architektonisch (physisch oder mittels Software) gestalteten Raum, während „space" einen „Zwischenraum" meint, der durch soziales Handeln erst zu gestalten ist. Der „room" wird durch die soziale Eroberung des „space" erst zum eigentlichen Lebens- und Arbeitsraum (vgl. Sesink, 2007, S. 51). Gelingen wird dies jedoch nur, wenn die Architektur des „room" zur sozialen Gestaltung des „space" einlädt. Für die Gestaltung virtueller Lernumgebungen spiegelt sich diese Notwendigkeit in der Diskussion um die Potenziale von Social Software zur Unterstützung informellen Lernens sowie der Debatte Lernmanagementsysteme vs. Persönliche Lernumgebungen wider (vgl. u.a. Kerres, 2006, Baumgartner, 2008, Kahnwald et al., 2010). Forschungsräume bzw. Arbeitsräume von WissenschaftlerInnen sind „rooms", im physischen Sinne als Büros, Labors, Hörsäle oder Seminarräume. Je nachdem wie WissenschaftlerInnen sie durch ihre Arbeitspraxis gestalten, werden sie zu Arbeits-, Forschungs- oder Lernräumen. Der virtuelle (Sinn-offene) „Cyberspace" wird durch die Arbeitspraxis der „Cyberscientists" (zum Begriff der Cyberscience vgl. Nentwich, 2003) zur Arbeits- und Forschungsumgebung der WissenschaftlerInnen.

Zentral für die soziale Konstruktion von Räumen der Wissensarbeit sind soziale Interaktionen. Dabei kommt Kollaborationen eine zunehmende Bedeutung sowohl in Forschung als auch Lehre (Wuchty et al., 2007, Köhler et al., 2008, Pscheida & Köhler, 2013) zu. Lorenz et al. (2013) konstatieren jedoch, dass in der alltäglichen Arbeitspraxis der WissenschaftlerInnen generell wenig kollaborativ gearbeitet wird (vgl. Lorenz et al., 2013, S. 4) und kommen zu dem Schluss, dass hier Unterstützungsbedarf, auch durch virtuelle Forschungsumgebungen, besteht.

Der Begriff der Virtuellen Forschungsumgebung (VFU) zielt im engeren Sinne auf ihre virtuelle Gestaltung als „room": auf die Bereitstellung von Forschungsinfrastrukturen zur gemeinsamen Arbeit an digitalisierten Daten, wie sie in verschiedenen BMBF-geförderten Projekten für die Geistes- und Sozialwissenschaften (z.B. TextGrid, SOEB) entwickelt werden (vgl. BMBF, 2013). Als Umgebung, die verschiedene webbasierte Anwendungen, interagierende Systeme und Prozesse zur Unterstützung von Forschungsprozessen, innerhalb und außerhalb institutioneller Grenzen, gebündelt zur Verfügung stellt, überwindet sie in einem weiteren Sinne die Starrheit einer VFU und wird zu einem dynamischen, sozial gestaltbaren Raum, der Interaktion und Kollaboration zwischen Forschenden und anderen in Forschungsprozesse involvierten Akteuren unterstützen kann (vgl. Carusi & Reimer, 2010).

Hinsichtlich der Integration verschiedener webbasierter Werkzeuge in eine virtuelle Forschungsumgebung stellt sich die Frage, inwieweit WissenschaftlerInnen diese überhaupt nutzen. Eine eher gelegentliche Nutzung im beruflichen

Alltag stellen Rowlands et al. (2011) fest. Zentrale Anreize sind dabei u.a. Effizienzsteigerungen in der Arbeitspraxis und die einfache Verfügbarkeit und Handhabung von Web-2.0-Tools (Rowlands et al., 2011) sowie die Einbindbarkeit ihrer Nutzung in eine bestehende Praxis (Bader, Fritz & Gloning, 2012, S. 101). Hingegen stellen Zeitmangel und ein unklarer Nutzen für die eigene Arbeit die größten Barrieren dar (Rowlands et al., 2011).

2 Fragestellung und Methodik

Ausgehend von den theoretischen Überlegungen zum Wechselverhältnis zwischen „room" und „space" stellt sich die Frage nach Anforderungen von WissenschaftlerInnen an die Gestaltung von Onlineumgebungen, damit diese auch sozial im Sinne eines Wissensraumes erschlossen werden. Dazu sind Kenntnisse der aktuellen Nutzung verschiedener Web-2.0-Werkzeuge durch WissenschaftlerInnen notwendig. Zudem gilt es, ihre digitale Arbeitspraxis genauer zu erschließen.

Die generelle Nutzung und die spezifische Nutzungspraxis onlinegestützter Anwendungen und Social Media durch sächsische WissenschaftlerInnen wurden mit Hilfe quantitativer und qualitativer Analysemethoden durch das eScience-Forschungsnetzwerk Sachsen untersucht und mit bundesdeutschen Daten zur Rolle von Social Media und onlinebasierten Anwendungen ergänzt. Dazu wurde die 2012 in Sachsen realisierte Online-Befragung zur Nutzung von Web-2.0-Tools in erweiterter und abgeänderter Form im Herbst 2013, auf Basis einer nach Region und Hochschultyp geschichteten Stichprobe, im gesamten Bundesgebiet mit insgesamt 778 befragten WissenschaftlerInnen durchgeführt.

Aufbauend auf der Online-Befragung von 2012 wurden von Dezember 2012 bis Juli 2013 Leitfadeninterviews mit sächsischen WissenschaftlerInnen durchgeführt, um Einblicke in ihre spezifische Nutzungspraxis von Online-Anwendungen und Social-Media-Tools zu bekommen sowie Potenziale und Folgen einer zunehmend digital unterstützten Wissenschaft zu untersuchen. Die Akquise der InterviewpartnerInnen erfolgte im Zuge der Online-Befragung und ergänzend über eine Onlinerecherche. Anschließend wurden WissenschaftlerInnen gezielt auf Grundlage der Kriterien a) Fächergruppe, b) Statusgruppe und c) Geschlecht ausgewählt und kontaktiert. Das finale Befragungssample umfasste 19 Personen. Der Interviewleitfaden bezog sich auf die Themenbereiche „Nutzung von digitalen onlinebasierten Werkzeugen im wissenschaftlichen Arbeitsalltag, persönliche Erfahrungen" sowie „Persönliche (Wissenschafts-)Biografie, eigene Entwicklungsperspektiven und Perspektiven auf Wissenschaftskultur und -verständnis". Ergänzt wurden die beiden Themenbereiche durch Fragen zu „Erwartungen an die eScience-Plattform". Die telefonisch oder face to face durchgeführten Interviews wurden transkribiert und anonymisiert. Die

Auswertung erfolgte qualitativ-inhaltsanalytisch in Anlehnung an das Verfahren der qualitativen Inhaltsanalyse nach Philipp Mayring (2000).

3 Nutzung von Web-2.0-Tools in der Wissenschaft

Im Fokus der bundesweiten quantitativen Befragung standen die berufliche Nutzung von 17 verschiedenen Tools, Nutzungskontext und Nutzungsmotivation sowie der Verbreitungsgrad von VFU und die Einstellungen der WissenschaftlerInnen gegenüber Social Media.

Die Ergebnisse zeigen, dass WissenschaftlerInnen im beruflichen Kontext vor allem Recherchewerkzeuge wie die Wikipedia (95,2%) oder Online-Datenbanken (79,3%) nutzen. Ebenfalls weit verbreitet sind Mailinglisten (76,2%), Cloud-Dienste (67,8%) und VoIP-Dienste wie Skype (58,0%). Auch Internetforen, Wikis, Lernmanagementsysteme und Literaturverwaltungsprogramme werden von jeweils mehr als der Hälfte der Befragten im Kontext ihrer wissenschaftlichen Arbeit eingesetzt. Social-Media-Tools stellen hingegen auch 2014 noch immer eher ein Nischenphänomen dar. So sind Microblogging-Dienste unter WissenschaftlerInnen zwar fast vollständig bekannt (zu 97%), genutzt werden sie jedoch nur von einer Minderheit (15%). Auch andere Social-Media-Tools wie Weblogs, Online-Texteditoren und Social-Bookmarking-Services finden bei maximal einem Drittel der WissenschaftlerInnen Anwendung. Eine Ausnahme bilden hier Soziale Netzwerke mit wissenschaftlicher Ausrichtung, die von 48,8% der WissenschaftlerInnen im Kontext ihrer wissenschaftlichen Arbeit genutzt werden. Entscheidend für die Nutzung verschiedener Werkzeuge sind, wie bereits von Bader et al. und Rowlands festgestellt, vor allem praktische Beweggründe, wie die Beschleunigung und effiziente Gestaltung von Arbeitsprozessen. Auch der Druck der eigenen Community oder der Wunsch von KollegInnen und ProjektpartnerInnen wird als Nutzungsgrund angegeben. Die häufigsten Gründe, Web-2.0-Tools für berufliche Zwecke nicht zu nutzen, sind ein aus Sicht der Befragten fehlender Mehrwert der Anwendungen und fehlender Bedarf an technischer Unterstützung in dieser Form. Ebenfalls nicht unerheblich ist die fehlende Zeit, um sich mit den Anwendungen vertraut zu machen sowie Bedenken hinsichtlich der Nutzungsbedingungen, vor allem von Social Media. Generell zeigen sich WissenschaftlerInnen also gegenüber Web-2.0-Tools aufgeschlossen und besitzen geringe Berührungsängste. Dennoch hegt die Mehrheit der Befragten eine gewisse Skepsis hinsichtlich der Privatsphäre und Sicherheit der eigenen Daten im Internet.

3.1 Nutzung und Verständnis virtueller Forschungsumgebungen

Virtuelle Forschungsumgebungen sind für WissenschaftlerInnen bisher wenig relevant und werden nur von 1,8% der Befragten eingesetzt. Nur 9,3% ist der Begriff der VFU bekannt. Unter einer VFU verstehen die Befragten „eine soziale Plattform für Forschung" oder eine „Plattform, auf der man seine Ergebnisse einstellt und teilt" bzw. ermöglichen VFUs eine „Vernetzung über [die] eigene Institution hinaus" oder stellen eine „internat[ionale] Plattform zur Verteilung von Forschungsergebnissen" dar. Auch entgrenztes Arbeiten spielt eine wichtige Rolle. So sehen WissenschaftlerInnen eine VFU auch als Werkzeug zur „Überholung von zeitlichen und räumlichen Barrieren in der Forschung" und für ein „Forschen, ohne analoge Umgebungen (brick&mortar) nutzen zu müssen". Eine Herausforderung für eine VFU könnte die Arbeitsvielfalt verschiedener Fachgebiete sein. So sei eine VFU „wesentlich datenbasierter Forschungsverbund, in Folge für nicht datenbezogene Diskurse wenig tauglich". Die Herausforderungen fachspezifischen und interdisziplinären kollaborativen Arbeitens können durch eine gegenseitige Abgrenzung der Bereiche nicht bewältigt werden. Die VFU als „integriertes Literatur-, Daten-, und Kommunikationssystem einer Community" sei so „per definitionem nicht machbar – vor allem, wenn man interdisziplinär und innovativ forschen und arbeiten will". In den Erklärungen zu den Funktionen einer VFU werden in einigen Fällen Vergleiche zu webbasierten Tools wie Dropbox, ResearchGate oder Moodle angeführt, um den Funktionsumfang einer VFU einzuordnen. So werden z.B. VFUs mit typischen Lernmanagementsystemen (LMS) in der Form assoziiert, dass sie „sowas wie Moodle für Forschungszwecke" darstellen. Wie die Befragungsergebnisse zeigen, nutzen immerhin 10% der WissenschaftlerInnen klassische LMS auch im Kontext von Forschungstätigkeiten, u.a. zur Abstimmung und zum Austausch von Informationen und Materialien.

4 Anforderungen an virtuelle Forschungsumgebungen – was wollen die Nutzenden?

Die hier dargestellten ersten Ergebnisse aus der noch laufenden Interviewauswertung beziehen sich auf Aussagen der Interviewten zu ihren Erwartungen an eine virtuelle Forschungsplattform, ihre Bereitschaft, eine solche Plattform zu nutzen und ihre Investitionsbereitschaft. Den Ergebnissen liegen 23[1] Interviews zu Grunde. Die verwendeten Zitate erheben keinen Anspruch auf

1 Zu den 19 Interviews wurden 4 im Teilprojekt „Veränderungen des E-Learning unter dem Einfluss von eScience" des eScience-Forschungsnetzwerk Sachsen geführte Interviews herangezogen.

Repräsentativität, sondern sollen einen Einblick in die Erwartungen möglicher Nutzender an eine Forschungsplattform geben.

4.1 Integration verschiedener digitaler Werkzeuge

Mit der Integration verschiedener, bereits existierender digitaler Anwendungen kann eine virtuelle Forschungsumgebung dem vielfältigen Nutzungsverhalten von WissenschaftlerInnen gerecht werden. Dies erscheint auch deswegen sinnvoll, weil bestimmte spezielle Werkzeuge sich für bestimmte Arbeitsschritte bewährt haben: „Da gibt es Softwaretools, die dafür geeignet sind" (Interview 10). Es sollte sowohl Schnittstellen zu Social-Media-Anwendungen, als auch zu digitalen, nichtonlinebasierten Werkzeugen, wie „gängige Textbearbeitungssoftware" (Interview 8), geben. Die Unterstützung und Gewährleistung effizienten wissenschaftlichen Arbeitens ist dabei wichtig, „[nicht, Anm. der AutorInnen] dass ich mich bei zehn Sachen einloggen und immer das gleiche eingeben muss, sondern dass ich das aus dieser Plattform heraus halt steuern kann" (Interview 8).

4.2 Unterstützung von Kollaboration und Vernetzung

Die zunehmende Bedeutung des kollaborativen Arbeitens und der Vernetzung im wissenschaftlichen Arbeitsalltag wird auch von den Interviewten wahrgenommen: „so alleine für sich hinforschen ist glaube ich im 21. Jahrhundert kaum mehr möglich" (Interview 1). Eine Unterstützung mit digitalen Medien werde daher immer wichtiger (vgl. Interview 8). Die disziplinäre und interdisziplinäre Vernetzung von WissenschaftlerInnen, der Aufbau eines wissenschaftlichen Netzwerks, „eine Art Facebook für die Fachcommunity" (Interview 15), stellt dabei aus Sicht der Interviewten eine besondere Stärke einer virtuellen Forschungsumgebung dar: „in erster Linie wird sie nur dazu dienen, wahrscheinlich um sich kennenzulernen, um ein Team zu bilden" (Interview 4). Gleiches gilt für die Kommunikation zwischen den Nutzenden. Diese zu unterstützen sei ein „key feature, [...] das, was es [die Plattform, Anm. d. AutorInnen] am allerbesten kann [...], dass Kommunikationskanäle geschaffen werden" (Interview 11). Neben einer Sozialen Netzwerkfunktion und Möglichkeiten zur direkten Kontaktaufnahme mit anderen Nutzenden sollte eine Community-Funktion die Kommunikation über die Grenzen des eigenen Arbeitskontextes hinweg unterstützen. Für Kommunikation und Organisation von Zusammenarbeit sind Werkzeuge zur gemeinsamen Terminfindung und Onlinekalender, aber auch Desktop-Anwendungen wie Outlook (vgl. Interviews 4, 13, 15) erforderlich.

Zur Erleichterung des gemeinsamen Erstellens von Berichten, Forschungsanträgen und wissenschaftlichen Veröffentlichungen wird die Integration eines Online-Editors, z.B. Etherpad (vgl. Interviews 20–23), mit bereits integrierten Templates für Berichte oder Journal-Artikel (vgl. Interview 5) begrüßt (vgl. Interview 8). Über Versionsverwaltung sollte es möglich sein zu „sehen, der und der hat dann und dann dort und dort was geändert“ (Interview 8, vgl. Interviews 20–23). Zum kollaborativen Arbeiten ist den Interviewten auch die Vereinfachung des Austauschs und der gemeinsamen Analyse von Forschungsdaten wichtig. In einer „Dateiablage“ (Interview 11) z.B. für die Archivierung, als „zentrale[r] Ort für die Information“ (Interview 3), die eine Vielzahl an Dateiformaten unterstützt (vgl. Interview 5), sollten sowohl „empirisches Material“ (Interviews 20–23) als auch Metainformationen, wie „Kontaktdaten, zu meinetwegen zu interviewenden Personen“ (Interviews 20–23) abgelegt werden können. Der Begriff „Daten“ ist dabei breit gefasst, hierunter fällt z.B. auch Videomaterial, welches untersucht, be- oder erarbeitet wird (vgl. Interview 18). Eine gemeinsame Literaturverwaltung würde die gemeinsame Recherche erleichtern, „dass nicht doppelt gearbeitet wird, der eine recherchiert das und der andere recherchiert das noch mal“ (Interview 12).

4.3 Chancen und Herausforderungen für den Einsatz einer virtuellen Forschungsumgebung

Damit sich WissenschaftlerInnen eine virtuelle Forschungsumgebung („room“) im Sinne des „space“ zu eigen machen können, muss diese also entlang ihrer Arbeitspraxis entwickelt werden. Durch Unterstützung geographisch getrennten kollaborativen Arbeitens wird sie flexiblen Arbeitsweisen, „dass die Leute [...] mehrere Arbeitsplätze haben, hier und zu Hause“ (Interviews 20-23), gerecht. Vernetzungs- und Kommunikationsfunktionen tragen der Bedeutung von Kooperation im Hochschulkontext Rechnung und unterstützen effizientes wissenschaftliches Arbeiten. Die virtuelle Forschungsumgebung als gemeinsame Datenbasis ermöglicht im Endeffekt, dass „aus denselben Daten aufgrund unterschiedlicher theoretischer Grundpositionen unterschiedliche Schlussfolgerungen“ (Interview 5) gezogen werden können.

Für die erfolgreiche und nachhaltige Nutzung lassen sich verschiedene Rahmenbedingungen identifizieren. Eine gemeinsame Datenbasis erfordert Stabilität und Kontinuität der technischen Infrastruktur, etwa mit Blick auf die Größe der Datenmengen (vgl. Interview 5). Eine kritische Masse an Nutzenden ist entscheidend, um für sie einen Mehrwert zu generieren, d.h. „einen lebendigen Austausch“ (Interviews 9, 6) bzw. „Netzwerkeffekt[e]“ (Interview 4) zu ermöglichen oder verschiedene Kompetenzen zu bündeln, um die gegenseitige Unterstützung bei wissenschaftlichen Fragestellungen zu fördern: „eine Frage, die vielleicht irgendwo öffentlich steht, [hat] größere Chancen, beantwortet zu werden“ (Interview 6).

Vor diesem Hintergrund ist auch eine benutzerfreundliche Bedienbarkeit wichtig (z.B. Interview 8), so „[d]ass man dann mit wenigen Klicks dort zum Ziel kommt“ (Interview 10) und „alle partizipieren können“ (Interview 5). Eine große Rolle spielen auch hier Datenschutz und -sicherheit. Der Schutz persönlicher Daten muss bereits von Anfang an mitgedacht werden, „dass ich so wenig wie möglich private Informationen preisgeben muss“ (Interview 18). Die Nutzenden sollten wissen, „wo die Daten liegen, wer darauf [...] Zugriff hat“ (Interview 7). Über den Grad der Sichtbarkeit eigener Daten und Inhalte wollen sie dabei selbst entscheiden (vgl. Interview 5). Gleiches gilt für Forschungsdaten, hier sollte zugleich Zusammenarbeit möglich sein, so „[d]ass es Bereiche gibt die man teilen kann und Bereiche, die quasi unter Verschluss sind“ (Interview 18). Eine Balance zwischen dem Schutz persönlicher und forschungsrelevanter Daten sowie der notwendigen Offenheit kann durch die Vergabe verschiedener Login-Formen bzw. Rechte erreicht werden (vgl. Interviews 10, 8).

Bedeutsam für die Sicherstellung der Nachhaltigkeit einer virtuellen Forschungsumgebung ist nicht zuletzt ihre Finanzierung zur Weiterentwicklung und Qualitätssicherung (vgl. Interview 7, 13). Dabei ist die Bereitschaft zu investieren abhängig vom erwarteten Mehrwert, im Vergleich zu bestehenden Werkzeugen (vgl. Interviews 1, 17). Grundsätzlich ist eine Bereitschaft vorhanden, Zeit in Einarbeitung und kontinuierliche Nutzung zu investieren (vgl. Interviews 10, 11). Hinsichtlich finanzieller Investitionen wird von den Interviewten vorgeschlagen, eine Forschungsplattform kostenfrei zur Verfügung zu stellen bzw. eine Kostenübernahme durch die Forschungsinstitutionen, an denen die Interviewten tätig sind.

5 Umsetzung in die Praxis: Innovation und neue Herausforderungen

Die empirischen Untersuchungen dienen neben der Erforschung von Veränderungen der Wissenschaft im Zuge der Digitalisierung, auch als Anhaltspunkte für die Gestaltung einer innovativen Forschungsumgebung, zur Unterstützung kollaborativer Wissensarbeit in Wissenschaft, Wirtschaft und anderen Bereichen.

Die eScience-Forschungsplattform wurde vor dem Hintergrund des Projektcharakters wissenschaftlichen Arbeitens konzipiert. „Projekte“ als wesentliches Ordnungsprinzip für Personen, Ressourcen, Aufgaben und Tools, können im virtuellen Raum abgebildet, kontrolliert, kollaborativ und ortsunabhängig bearbeitet werden. Das Projektmanagement stellt somit die Kernfunktion dar.

Die Bearbeitung erfolgt auf drei sozialen Ebenen mit je eigenen Benutzerschnittstellen: (1) Die „Gruppe", d.h. alle an einem Projekt beteiligten Personen. Gruppen werden durch Projekte konstituiert und eröffnen zugleich dem einzelnen Nutzer Zugriff auf Projekte sowie zugehörige Funktionalitäten und Ressourcen. (2) Der einzelne Nutzer, der in mehrere Projekte und damit mehrere Gruppen involviert sein kann. Durch die Einbindung in und die Aufgaben innerhalb dieser Projekte hat er eine spezielle Sicht auf die gemeinsame Arbeit, die in einem gesonderten „privaten Bereich" abgebildet wird. (3) Schließlich bildet sich durch die personalen Überschneidungen bei der Projektbearbeitung und durch das Nebeneinander unterschiedlicher Projekte ein „Gemeinschaftsraum" heraus, eine plattforminterne Öffentlichkeit, die zur interessierten Öffentlichkeit außerhalb der Plattform hin geöffnet werden kann. Jede Aktivität hat letztlich Implikationen auf allen drei Ebenen, umgekehrt werden auf jeder Ebene unterschiedliche Tools zur Unterstützung der Wissensarbeit angeboten. Dem Bedürfnis nach Datenschutz und -sicherheit wird durch die Eigenentwicklung einer Plattform Rechnung getragen, installierbar auf den Servern der jeweiligen Institution, aber auch auf vertrauenswürdigen Host-Servern (z.B. Universitätsrechenzentren). Die abgestuften Sozialebenen vom Privatraum hin zum Gemeinschaftsraum gewährleisten weitgehende Kontrolle über die Offenheit von Daten und Kommunikation. Einige Tools zur Unterstützung von Kollaboration und Kommunikation in der Wissensarbeit sind bereits in die Plattform integriert – Wiki, Etherpad, Videokonferenz, Direkt- sowie Gruppenkommunikation (sog. „Pinnwand") und Filesharing-Funktionalitäten. Weitere Tools lassen sich dank einer offenen Architektur einbinden. Als virtuelle Forschungsumgebung im weiteren Sinne soll die Plattform zur (interdisziplinären) Zusammenarbeit anregen. Die Konzeption auf Basis von Projekten mag zwar Einschränkungen hinsichtlich disziplinärer Anforderungen an die wissenschaftliche Arbeit mit sich bringen, entspricht aber dem Wunsch nach einer möglichst breiten Nutzung und erleichtert auch die Zusammenarbeit über die Grenzen der institutionalisierten Wissenschaft hinaus, hin zu einer Innovations- und Wissensarbeit, die auch wirtschaftliche und andere gesellschaftliche Akteure einbezieht.

6 Fazit und Ausblick

Ausgehend von einem sozialkonstruktivistischen Raumverständnis sollte gezeigt werden, dass die Berücksichtigung der Arbeitspraxis und der Bedürfnisse von WissenschaftlerInnen (als potenzielle Nutzende) entscheidend für die praktische Gestaltung einer virtuellen Forschungsumgebung sind.

Die empirischen Ergebnisse haben für Forschungsumgebungen belegt, was auch für Lernumgebungen gilt: Die Bereitschaft zur Nutzung besteht, sofern der Kreis der Nutzenden vergleichsweise klein, d.h. überschaubar und vor allem kontrollierbar bleibt. Als Gründe dafür können die anhand der qualitativen Interviews aufgezeigten Motivlagen der Nutzenden dienen: Einerseits werden die Kommunikations- und Kollaborationsmöglichkeiten der Onlinemedien hoch geschätzt, andererseits bestehen gravierende Bedenken hinsichtlich der Offenlegung von Daten und dem Missbrauch von Vertrauen. Zentraler Maßstab der Nutzung ist zudem die Auswirkung auf die Effizienz des wissenschaftlichen Arbeitens. Ob dies eine Folge des zunehmenden Profilierungs- und Rechtfertigungsdrucks innerhalb der Wissenschaft ist, kann hier dahingestellt sein. Für die Gestaltung von Onlineumgebungen für die Wissensarbeit schränkt diese Fokussierung auf Effizienz die nötigen Spielräume für innovative Entwicklungen jedoch stark ein. Auch diese Ergebnisse bestätigen frühere Studien, die für die Nutzung von Web-2.0-Tools durch WissenschaftlerInnen Barrieren infolge der Ausrichtung an Kosten-Nutzen-Erwägungen identifiziert haben (Rowlands et al., 2011; Bader et al., 2012). Die praktische Umsetzung der Erkenntnisse in die Gestaltung einer innovativen Forschungsplattform kann aufgrund der erst probehalber erfolgenden Nutzung noch nicht bewertet werden. Bereits jetzt hat sich aber gezeigt, dass Usability-Aspekte sowie die Sicherstellung der nachhaltigen Verfügbarkeit eine Herausforderung für Hochschulinstitutionen darstellen und eines stärkeren Engagements von Hochschulen bedürfen.

Literatur

Bader, A., Fritz, G. & Gloning, T. (2012). *Digitale Wissenschaftskommunikation 2010–2011. Eine Online-Befragung*. Gießen: Gießener Elektronische Bibliothek. Online abrufbar: http://nbn-resolving.de/urn:nbn:de:hebis:26-opus-85396.

Baumgartner, P. (2008). Die zukünftige Bedeutung von Online-Lernen für lebenslanges Lernen. In L. Issing & P. Klimsa (Hrsg.), *Online-Lernen – Handbuch für das Lernen mit dem Internet* (S. 505–513). München: Oldenbourg.

Bundesministerium für Bildung und Forschung (BMBF) (2013). *Forschungsinfrastrukturen für die Geistes- und Sozialwissenschaften*. Online abrufbar: http://www.bmbf.de/pub/forschungsinfrastrukturen_geistes_und_sozialwissenschaften.pdf.

Carusi, A. & Reimer, T. (2010). *Virtual research Environment. Collaborative Landscape Study*. Online abrufbar: http://www.jisc.ac.uk/media/documents/publications/vrelandscapereport.pdf.

Deutsche Initiative für Netzwerkinformation e.V. (DINI) (Hrsg.) (2009). Studentischer Ideenwettbewerb „Lebendige Lernorte" 2009. Betrachtungen der DINI-Arbeitsgruppe „Lernräume". Online abrufbar: http://dini.de/wettbewerbe/lebendige-lernorte/auswertung/.

Döring, J. (Hrsg.) (2009). *Spatial Turn: Das Raumparadigma in den Kultur- und Sozialwissenschaften*. Bielefeld: Transcript.

Kahnwald, N. & Albrecht, S. (2009). Lernorte als Orte gemeinschaftlichen Lernens. In Deutsche Initiative für Netzwerkinformation e.V. (DINI) (Hrsg.), *Studentischer*

Ideenwettbewerb „Lebendige Lernorte“ 2009. Betrachtungen der DINI-Arbeitsgruppe „Lernräume“ (S. 49–59). Online abrufbar: http://dini.de/wettbewerbe/lebendige-lernorte/auswertung/.

Kahnwald, N., Albrecht, S., Herbst, S., Stark, A., Weller A. & Köhler, T. (2010). Informal learning in formal contexts? An empirical assessment of the potential role of PLEs in higher education. In *Proceedings of the PLE conference, Barcelona, 8.-9. Juli 2010*. Online abrufbar: http://pleconference.citilab.eu/wp-content/uploads/2010/06/ple2010_submission_16.pdf.

Kerres, M. (2006). Potenziale von Web 2.0 nutzen. In A. Hohenstein & K. Wilbers (Hrsg.), *Handbuch E-Learning*, München: DWD.

Köhler, T., Kahnwald, N. & Reitmaier, M. (2008). Lehren und Lernen mit Multimedia und Internet. In B. Batinic & M. Appel (Hrsg.), *Medienpsychologie* (S. 477–501). Berlin: Springer.

Lorenz, A., Mohamed, B., Pscheida, D., Seidel, N., Albrecht, S. & Köhler, T. (2013). (Wissens-)Kooperation und Social Media in Forschung und Lehre. In C. Bremer & D. Krömker (Hrsg.), *E-Learning zwischen Vision und Alltag* (S. 253–265), Münster: Waxmann. Online abrufbar: http://www.waxmann.com/?eID=texte&pdf=2953Volltext.pdf&typ=zusatztext.

May, A. (2009). Einleitung: Eine gesamtuniversitäre Herausforderung – Perspektiven des studentischen Ideenwettbewerbs „Lebendige Lernorte“. In Deutsche Initiative für Netzwerkinformation e.V. (DINI) (Hrsg.), *Studentischer Ideenwettbewerb „Lebendige Lernorte“ 2009. Betrachtungen der DINI-Arbeitsgruppe „Lernräume“* (S. 6–13). Online abrufbar: http://dini.de/wettbewerbe/lebendige-lernorte/auswertung/.

Mayring, P. (2000). Qualitative Inhaltsanalyse. *Forum Qualitative Sozialforschung, 1 (2)*. Online abrufbar: http://nbn-resolving.de/urn:nbn:de:0114-fqs0002204.

Nentwich, M. (2003). *Cyberscience. Research in the Age of the Internet.* Vienna: Austrian Academy of Science Press.

Pscheida, D. & Köhler, T. (2013). *Wissenschaftsbezogene Nutzung von Web 2.0 und Online-Werkzeugen in Sachsen 2012. Studie des „eScience – Forschungsnetzwerk Sachsen“*. Dresden: TUDpress. Online abrufbar: http://nbn-resolving.de/urn:nbn:de:bsz:14-qucosa-106272.

Pscheida, D., Albrecht S., Herbst, S., Minet, C. & Köhler, T. (2014). *Nutzung von Social Media und onlinebasierten Anwendungen in der Wissenschaft. Erste Ergebnisse des Science 2.0-Survey 2013 des Leibniz-Forschungsverbundes „Science 2.0“*. Dresden. Online abrufbar: http://nbn-resolving.de/urn:nbn:de:bsz:14-qucosa-132962.

Rowlands, I., Nicholas, D., Russell, B., Canty, N. & Watkinson, A. (2011). Social media use in the research workflow. *Learned Publishing 24*, 183–195. Online abrufbar: http://dx.doi.org/10.1087/20110306.

Sesink, W. (2007). Die Zukunft des Bildungsraums. *FIfF-Kommunikation, 3*, 49–54. Online abrufbar: http://fiff.de/publikationen/fiff-kommunikation/fk-2007/fk-3-2007.

Waltman, L., Tijssen, R. J. W. & van Eck, N. J. (2011). Globalisation of science in kilometres. *Journal of Informetrics, 5(4)*, 574–582.

Wuchty, S., Jones, B. F. & Uzzi, B. (2007). The Increasing Dominance of Teams in Production of Knowledge. *Science, 316*, 1036–1039.

Petra Bauer, Kathrin Mertes, Adrian Weidmann

Forschungsorientiertes Lehren und Lernen mit Hilfe einer Forschungscommunity (Projektvorhaben)

Zusammenfassung

Die Forschungscommunity ist eine dynamische Lern- und Informationsplattform rund um das Thema Forschung in der Medienpädagogik, die in den folgenden Semestern aufgebaut wird und forschendes Lernen ermöglichen soll. Abhängig von den Entwicklungen in Wissenschaft und Forschung sowie den Erfahrungen der Studierenden und Lehrenden wird sie hinsichtlich Aufbau und Inhalt sukzessive angepasst. Damit soll eine nachhaltige forschungsbezogene Lehre im Bereich der Medienpädagogik ermöglicht werden.

Langfristig dient die Community als Informations- und Arbeitsplattform für nachfolgende Semester und kann Ideen für Anschlussprojekte liefern. In diesem Sinne dient sie als permanenter Open Online Course (OOC).

Diese Plattform wird sich aus verschiedenen Bereichen zusammensetzen: Literaturdatenbank, Sammlung von Abschlussarbeiten, Hinweise zu externen Forschungsprojekten, Studien und Tagungen, Teilbereichen für die forschungsbezogene Lehre sowie eines Angebotsbereiches für externe Unternehmen und Institutionen, die Abschlussarbeitsthemen anbieten.

Die Einrichtung dieser Forschungscommunity wird in den Jahren 2014 und 2015 vom Gutenberg Lehrkolleg (GLK)[1] der Johannes Gutenberg-Universität Mainz im Rahmen der Förderung von innovativen Lehrprojekten finanziell unterstützt.

1 Zielsetzung, Inhalte und Struktur der Forschungscommunity

Im Bachelor- und Masterstudiengang des Studienschwerpunktes finden in jedem Semester forschungsbezogene Lehrveranstaltungen statt. Diese sind in den Modulhandbüchern der Studiengänge verankert. Innerhalb der Seminare wird bisher entweder gemeinsam an einem Forschungsprojekt oder in Kleingruppen an mehreren Projekten gearbeitet. Eine Vernetzung der einzelnen Projekte und Seminare gibt es nicht. Auch nach Ende der Semester sind die Forschungsprojekte für andere Studierende, die DozentInnen oder Dritte nicht ein-

1 GLK: www.glk.uni-mainz.de

sehbar. Das möchten wir gerne ändern und die einzelnen Projekte transparenter und nachhaltiger gestalten.

In der „Forschungscommunity" sollen die Forschungsprojekte, die im Rahmen der Forschungsseminare durchgeführt werden, nach einheitlichen Kriterien (Themenbereich, Fragestellung, Forschungsstand, begleitende Literatur, Forschungsmethoden, Methodendesign, Auswertungsverfahren und Ergebnisse) gesammelt und dargestellt werden.

1.1 Forschendes Lernen

Studierende sollten in Zeiten von Bologna nicht nur etwas über Forschung lernen, sondern innerhalb des Studiums selbst zu Forschern werden. Damit ist die Aufhebung der Grenze zwischen Lehre und Forschung zu verstehen. Im Sinne des forschenden Lernens werden Studierende in die Lage versetzt, selbst wissenschaftlich zu arbeiten, sich Themenfelder in Projekten anzueignen und forschend tätig zu werden (vgl. Euler, 2005). Forschendes Lernen ist mehr als eine aktivierende Lehrmethode. Die Studierenden übernehmen dabei nicht nur einzelne Aufgaben im Forschungsprozess, sondern sie werden in den gesamten Forschungsablauf eingebunden. Die Prozessanteile sind dabei das Finden einer geeigneten Forschungsfrage, die Auseinandersetzung mit dazugehöriger Theorie, die Entscheidung für eine passende Forschungsmethode, Datenerhebung und Auswertung sowie die Verschriftlichung und Präsentation der Forschungsergebnisse (vgl. Dürnberger et al., 2011). Gabi Reinmann bezeichnet dies als einen Forschungszyklus von Erfahrung-Reflexion-Konzeption-Experiment. „Forschende identifizieren aus der erfahrenen Praxis wissenschaftlich relevante Themen, reflektieren den Forschungsstand und formulieren Fragestellungen. Sie konzipieren Untersuchungspläne und entscheiden sich für Methoden, um dann eine Untersuchung durchzuführen und auszuwerten. Die Ergebnisse werden vermittelt und/oder angewandt und fließen in die Praxis zurück" (vgl. Reinmann, 2013, S. 4).

Das forschende Lernen kann durch den Einsatz digitaler Medien unterstützt werden. So können Audio- und Videotechnologien als Werkzeuge für die Materialisierung und Dokumentation von Wissen eine wichtige Rolle spielen. Aber auch die Wissensteilung und die Kommentierung und Bewertung von Erkenntnissen kann durch digitale Medien ermöglicht werden. Beispiele hierzu sind Wissenschaftsblogs, Peer-Review-Verfahren, E-Portfolio und Wiki-Systeme (vgl. Reinmann, 2009).

An diesem Punkt knüpft die Idee der Forschungscommunity an: Sie will den Forschungszyklus unterstützen, indem sie erstens Informationen sammelt und zur Verfügung stellt, zweitens die Forschungsprozesse dokumentiert und drittens deren Ergebnisse präsentiert.

1.2 Inhalte der Forschungscommunity

Um die Potenziale des Wissensaustausches und der virtuellen Kollaboration zu verbessern, werden entsprechende Online-Werkzeuge (Foren, Chat, Onlinedokumente, Wiki, Mind-Map, Konferenztool, ...) zur Verfügung gestellt. Ergänzend dienen Verlinkungen zu weiteren Onlineseminaren des eigenen Arbeitsbereiches und anderer Hochschulen als Informationsmöglichkeit zum wissenschaftlichen Arbeiten und zu Forschungsmethoden.

Die bisher geplante Struktur sieht folgende Inhalte vor:

- Bereich zu Forschungsprojekten innerhalb der Seminare. Eine mögliche Struktur könnte folgende Themen beinhalten: Forschungsthema, Fragestellung, Methoden und Methodenmix, Forschungsstand, Theorien, Auswertungsdokumente und Ergebnisse, Konzepte für die Praxis.
- Materialiensammlung: Literatur zu Methoden der empirischen Sozialforschung, wissenschaftlichem Arbeiten und dem Forschungstand innerhalb der Medienpädagogik. Sammlung von aktuellen Forschungsergebnissen mit der Angabe der Forschungsgruppen und möglicher Literatur.
- Informationsteil zu Abschlussarbeiten (Bachelor- und Masterarbeiten): Organisatorische Hinweise zum Ablauf dieser Studienphase. In einer Datenbank sollen die Themen bisheriger Abschlussarbeiten veröffentlicht werden. Zusätzlich könnte die Abrufbarkeit herausragender Arbeiten eingerichtet werden. Dieser Bereich kann eine thematische Orientierung bieten, Einblicke in relevante Literatur ermöglichen und Beispiele zum Aufbau wissenschaftlicher Arbeiten zeigen (vgl. Dürnberger, 2010). Außerdem soll in diesem Bereich eine Plattform für Betriebe und Institutionen, die forschungsorientierte Abschlussarbeiten zu vergeben haben, eingerichtet werden.
- Informationsteil zu Tagungen, Methodenworkshops und Forschungsthemen.
- Verknüpfung mit anderen Lehrangeboten wie z.B. Bildung allgemeiner Schlüsselkompetenzen im Studium, Methoden der Sozialforschung, etc.

Die Gestaltung der Community wird in Kooperation mit dem Medienzentrum der Johannes Gutenberg-Universität Mainz durchgeführt. Das Medienzentrum unterstützt dabei sowohl bei der Auswahl einer geeigneten Plattform, der Gestaltung der Forschungscommunity als auch bei der Dokumentation von Forschungsprojekten.

Bei der Auswahl werden verschiedene Lernplattformen berücksichtigt, die vom ZDV oder vom Virtuellen Campus Rheinland-Pfalz angeboten werden. Dazu zählen Moodle, Ilias, Share Point, Reader, Olat. Zusätzlich werden kostenlose Web-2.0-Tools wie Blogsoftware (Wordpress) und Software für Kommunikation und Zusammenarbeit für Bildungseinrichtungen (Google Apps for Education) auf ihre Einsatzmöglichkeiten getestet. Diese Systeme werden vorab hinsichtlich ihrer Funktionen verglichen. Anschließend wird die Entscheidung für ein System in Abhängigkeit von vorab definierten Anforderungen getroffen.

2 Impulse für Strukturveränderungen im Fach/Fachbereich

Ziele dieser Forschungscommunity ist das Erreichen von Nachhaltigkeit der forschungsbezogenen Lehre im Studienschwerpunkt über einzelne Seminare und Semester hinaus sowie die Bereitstellung eines Systems für das Wissensmanagement innerhalb der Arbeitsgruppe. Die Forschungscommunity soll im Sinne eines Open Online Courses (OOC) für alle Studierenden offen sein und nicht nur innerhalb eines Seminars zum Austausch dienen (vgl. Robes, 2012). Die Teilnehmerzahl ist unbegrenzt. Somit werden innerhalb der forschungsbezogenen Veranstaltungen traditionelle Formen der Wissensvermittlung mit einem frei zugänglichen Onlineangebot verbunden. Die Studierenden stellen ihre Forschungskonzepte innerhalb des OOCs vor. Dies kann mit unterschiedlichen (medialen) Formen wie z.B. Videos, Texten, Foren, Gruppenarbeiten gestaltet werden. Die Lehr- und Lernplattform bleibt offen und wird nicht nach einem Semester geschlossen. Die Studierenden haben somit in anderen Studienabschnitten Zugang zu forschungsbezogenen Materialien und können sich zum Beispiel in der Studienabschlussphase zu möglichen Forschungsfeldern und Themen zu Abschlussarbeiten informieren und Literaturempfehlungen zu Forschungsmethoden sichten.

Dieses forschungsbezogene Lehrangebot wird kontinuierlich formativ evaluiert. Anhand der Evaluationsergebnisse kann die Plattform inhaltlich und technisch verbessert und an die Bedürfnisse der Studierenden und Lehrenden angepasst werden.

Eine Übertragung des Konzeptes und einzelner Inhalte der Forschungscommunity in andere Arbeitsgruppen und Studiengänge ist möglich und erwünscht.

3 Projektplan

Für die Einführung des Projektes ist zunächst ein Zeitraum von drei Semestern geplant. In den nächsten Semestern (SoSe 2014 bis SoSe 2015) wird die Forschungscommunity konzipiert, auf einem Lernmanagementsystem eingerichtet und mit den entsprechenden Inhalten und Onlinetools ausgestattet. Begleitend wird eine formative Evaluation unter den Studierenden und Lehrenden durchgeführt, anhand derer die Nutzungsmöglichkeiten und die Struktur immer wieder hinterfragt und entsprechende Anpassungen vorgenommen werden können. Anschließend soll das Lernmanagementsystem verstetigt und kontinuierlich aktualisiert werden.

Literatur

Dürnberger, H. & Hofhues, S. (2010). Gestaltung von Rahmenbedingungen für das forschende Lernen. *Zeitschrift für Hochschulentwicklung*, *5*(2), 47–61.

Dürnberger, H. et al. (2011). Digitale Werkzeuge für das forschende Lernen. In I. Jahnke & J. Wildt (Hrsg.), *Fachbezogene und fachübergreifende Hochschuldidaktik* (S. 167–175). Bielefeld: W. Bertelsmann Verlag.

Euler, D. (2005). Forschendes Lernen. In W. Wunderlich & S. Spoun (Hrsg.), *Universität und Persönlichkeitsentwicklung*. Frankfurt, New York: Campus. Verfügbar unter: http://www.edudoc.ch/static/infopartner/iwp_fs/2005/iwp27_250105.pdf (15.01.2014).

Reinmann, G. (2013). *Forschendes Lernen oder Bildung durch Wissenschaft. Hochschuldidaktische Überlegungen zum Kern universitärer Lehre.* Redemanuskript 16.10.2013. Zeppelin Universität. Verfügbar unter: http://gabi-reinmann.de/?p=4374 (15.01.2014)

Reinmann, G. (2009). Wie praktisch ist die Universität? Vom situierten zum Forschenden Lernen mit digitalen Medien. In L. Huber, J. Hellmer & F. Schneider (Hrsg.), *Forschendes Lernen im Studium. Aktuelle Konzepte und Erfahrungen* (S. 36–52). Bielefeld: Universitäts Verlag Webler.

Robes, J. (2012). *Massive Open Online Courses. Das Potenzial des offenen und vernetzten Lernens.* Verfügbar unter: http://www.weiterbildungsblog.de/wp-content/uploads/2012/06/massive_open_online_courses_robes.pdf (16.01.2014).

Dorit Assaf

Maker Spaces in Schulen: Ein Raum für Innovation (Hands-on Session)

Zusammenfassung

In diesem Paper zeigen wir die Entwicklung von den Personal Computern, die unser Leben komplett verändert haben, über die Personal Robots, die in den Schulunterricht Einzug halten, bis zur Open-Hardware-Bewegung, initiiert vor 10 Jahren mit prominenten Projekten wie Arduino. Gleichzeitig ist die Maker-Bewegung mit ihren digitalen Fabrikationstechnologien aufgekommen. Der Kreativität bleiben keine technologischen Grenzen mehr gesetzt. Alles ist machbar. In einem Maker Space treffen traditionelle Werkstattgeräte wie Holz- und Metallverarbeitungswerkzeuge, Nähmaschinen, Lötstationen auf moderne Geräte wie 3D-Drucker, CNC-Maschinen und Laser-Cutter. Wir zeigen die neuen Trends der Maker Spaces und diskutieren ihr Potenzial für die Schulen.

1 Von Personal Computers zu Personal Robots

Seit Mitte der 1980er Jahre wurde der Personal Computer für den Privathaushalt erschwinglich mit der Auswirkung, dass diese Rechner unser Leben in den letzten 30 Jahren vollständig verändert haben. Ähnlich wie bei den Computern kamen Mitte der 1990er Jahre preisgünstige Personal Robots auf. Roboter waren einst überaus teure und komplizierte Geräte, die nur in der Industrie anzutreffen waren und von Spezialisten programmiert wurden. Heute findet man Roboter in Wohnungen und in Klassenzimmern, sei es als autonomer Staubsauger oder als innovative Lernplattform. Abbildung 1 zeigt einige heute übliche Roboterplattformen, die innerhalb und ausserhalb des Schulunterrichts verwendet werden. Die wohl bekannteste und am häufigsten anzutreffende Plattform ist LEGO Mindstorms (Abb. 1i). Es gibt einige Gründe für die Popularität von Robotern im Unterricht. Universitäten verzeichnen seit den 1980er Jahren einen Rückgang im Interesse der Studenten an sogenannten MINT-Fächern (Mathematik, Informatik, Naturwissenschaften, Technik). Gleichzeitig besteht eine wachsende Nachfrage in MINT-nahen Berufen. Institutionen aus Bildung, Forschung und Industrie fördern in den letzten Jahren Initiativen, Forschungslabors und -projekte im Bereich des „educational robotics", wie z.B. Roberta (Bredenfeld & Leimbach, 2010), FIRST[1], IPRE[2], CEEO[3],

1 http://www.usfirst.org/roboticsprograms
2 http://www.roboteducation.org
3 http://www.ceeo.tufts.edu

KIPR[4], und TERECoP (Alimisis, 2007). Häufig werden auch ausserschulische Roboterwettbewerbe veranstaltet, die prominentesten sind RoboCupJunior[5], FIRST LEGO League[6] sowie World Robot Olympiad[7]. Roboter im Unterricht werden oftmals als innovative, praxisbezogene Lerntools angesehen, die pädagogische Ansätze wie Konstruktionismus, problembasiertes Lernen und kollaboratives Lernen ermöglichen. Das Arbeiten mit Robotikplattformen fördert heute für Studierende wichtige Kompetenzen in den Bereichen Problemlösung, Kreativität, logisches Denken, Team Work, Technik, Konstruktion und Informatik (Barker et al., 2012; Alimisis, 2007).

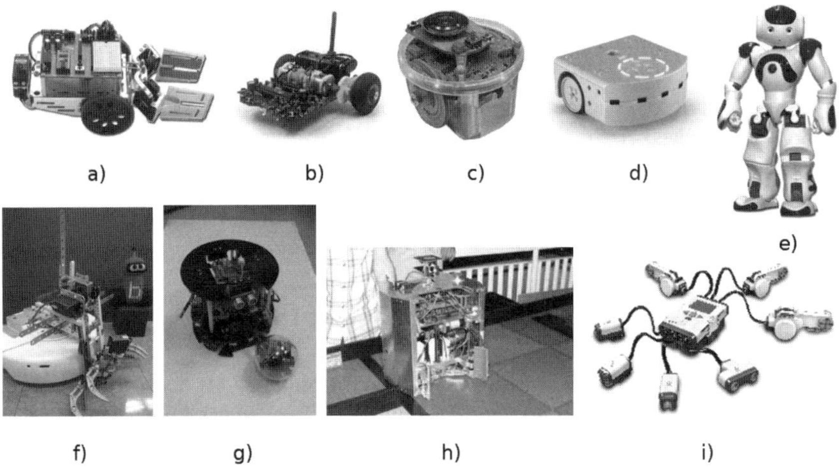

Abb. 1: Eine Auswahl von Roboterplattformen, die im Unterricht und bei Roboterwettbewerben benutzt werden. a) Boe-bot, b) Asuro, c) e-puck, d) ThymioII, e) Nao, f) Botball, g) ein Roboter an RoboCup, h) ein Roboter an Eurobot, i) LEGO Mindstorms NXT

2 Von Personal Robots zu Digital Fabrication

Die Beispiele der Roboterplattformen in Abbildung 1c, d, e, i zeigen einige gemeinsame Eigenschaften auf. Erstens sind sie ein fertiges Endprodukt, d.h. ihre Bauform kann nicht verändert werden (ausser LEGO Mindstorms, Abb. 1i). Zweitens wird ihr „Innenleben“ (d.h. die Elektronik) entweder bewusst nicht exponiert oder die Produkte werden aus Stabilitätsgründen mit einem robusten Gehäuse versehen. Eine fixe Plattform führt mit sich, dass die Flexibilität der

4 http://www.kipr.org/
5 http://www.robocup.org/robocup-junior/
6 http://www.firstlegoleague.org/
7 http://www.wroboto.org

Kreationen verloren geht. Aus diesem Grund werden wohl oft für komplexere Aufgaben die Roboter von Grund auf selbst gebaut, wie die Beispiele der Roboter aus Wettbewerben zeigen (Abb. 1f, g, h). Einen Roboter mit all seinen Bestandteilen, wie Computer Board, Motoren, Sensoren, Stromversorgung etc. selbst zu bauen erfordert viel Know-how und Zeit. Mikrocontroller zu programmieren ist nicht trivial und stellt eine grosse Hürde für Laien dar.

Das Arduino-Projekt[8] hat seit 2005 einen Stein ins Rollen gebracht. Seitdem wächst die „open-hardware"-Community rasant, mit monatlich neuen Produkten in allen möglichen Anwendungsbereichen. „Open-hardware" ist das Hardware-Pendant der „open-source"-Philosophie. Elektronikplatinen werden designt und die Schaltpläne frei zugänglich gemacht, mit der Idee, die Boards so zu verwenden, wie sie sind, oder aber auch zu ergänzen, zu verändern und wieder zur gemeinsamen Nutzung freizugeben. Das Arduino-Board (Abb. 2a) ermöglicht Laien, Mikrocontroller zu nutzen. Das Board kann mit einem USB-Kabel angeschlossen werden und wird mit einer vereinfachten Sprache programmiert. Mittlerweile gibt es unzählige Arduino-Boards sowie Arduino-kompatible und ähnliche Produkte. Neueste Trends sind komplette, preisgünstige, vollwertige Minicomputer, auf denen eine Linuxdistribution läuft (z.B. Raspberry Pi, Abb. 2c).

Produkte wie Arduino eröffnen neue Möglichkeiten. Nutzer können nun Sensoren und Motoren steuern, die Daten über Netzwerke übermitteln usw. Gleichzeitig mit den Open-Hardware-Produkten startete der „Digital Fabrication"-Trend. Unter Digital Fabrication versteht man die Fabrikation von Produkten mit Hilfe von Computern und computergesteuerten Maschinen. Prominente Beispiele dafür sind Laser Cutter, CNC-Maschinen und 3D-Printer. Ein 2D- oder 3D-Modell wird mit einer CAD-Software erstellt und das Objekt von der Maschine „ausgedruckt", bzw. erstellt oder ausgeschnitten. Ähnlich wie bei den Computern und Robotern werden die einst nur für die Industrie erschwinglichen Maschinen immer günstiger, dank Open-Hardware- und Open-Software-Projekten. Abbildung 4 zeigt Beispiele professioneller Maschinen und ihre preisgünstigen Alternativen für Hobbyisten. Abbildung 4a, ein professioneller 3D-Drucker, der preislich im Bereich der 30.000 CHF anzusiedeln ist, und Abbildung 3b, der kleine Bruder, der ab 1.000 CHF zu haben ist. Natürlich unterscheiden sich die beiden Maschinen erheblich in der Qualität. Für den Hobbyisten ist die günstige Variante meistens völlig ausreichend. Sehr einfache Leiterplatinen können mit einem preisgünstigen Vinyl-Cutter (1.000 CHF) (Abb. 4d) erstellt werden, im Gegensatz zum professionellen Gerät (Abb. 4c), welches um die 15.000 CHF kostet. Ebenso gibt es auch zahlreiche Open-Source-Alternativen zu den teuren CAD-Software-Lizenzen, wie sie in der Industrie verwendet werden. Es werden aber auch ganz neuartige Maschinen von der

8 www.arduino.cc

Maker-Bewegung entwickelt, die es so in der Industrie nicht gibt. OpenKnit strickt automatisch das am Computer entworfene Kleidungsstück (Abb. 3). Diese Do-It-Yourself-Community, welche die Open-Hardware- und Digital-Fabrication-Produkte entwickelt und nutzt, wird gerne auch Maker-Community genannt. Die Philosophie wendet sich vom reinen Konsum ab hin zum individuellen Kreieren eigener (High-Tech-)Produkte. Die Wissensvermittlung geschieht über Blogs, Bücher, Online-Video-Tutorials, Kurse, das Know-how wird oftmals autodidaktisch aber auch über die Community angeeignet. Neues wird aus Bestehendem kreiert, das Kopieren und Verändern vorhandener Designs ist die herrschende Vorgehensweise. Proprietäre Schnittstellen, Lizenzen und Patente passen nicht in diese Philosophie. Das Motto lautet „Wenn du es (das Produkt) nicht öffnen kannst, besitzt du es nicht". Die Maker-Bewegung und ihre Praktiken, individualisierte Produkte lokal, just-in-time in kleinsten Stückzahlen zu erstellen, wird auch als neue industrielle Revolution gesehen (Anderson 2012).

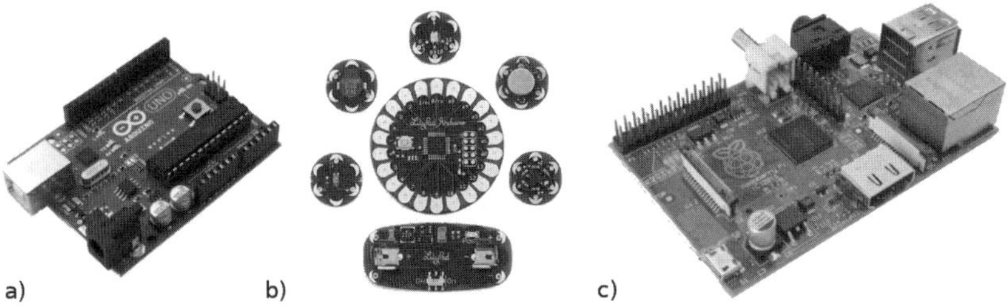

Abb. 2: Einige Vertreter der Open-Hardware-Controller-Boards. a) Arduino Uno, b) Arduino Lilypad (für e-Textilien), c) Raspberry Pi (ein kleiner Linux-Computer)

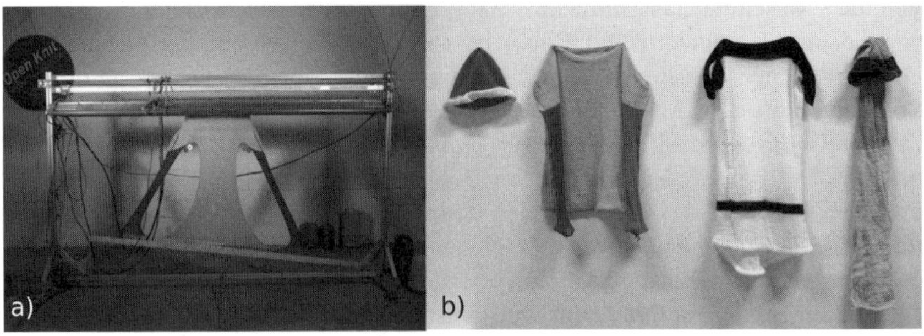

Abb. 3: OpenKnit: Eine automatische Strickmaschine. Das Kleidungsstück wird auf dem Computer entworfen und an die Maschine gesendet. a) Die Strickmaschine strickt einen Pullover, b) einige Beispiele der Kleiderkollektion, die mit der Maschine produziert wurde.

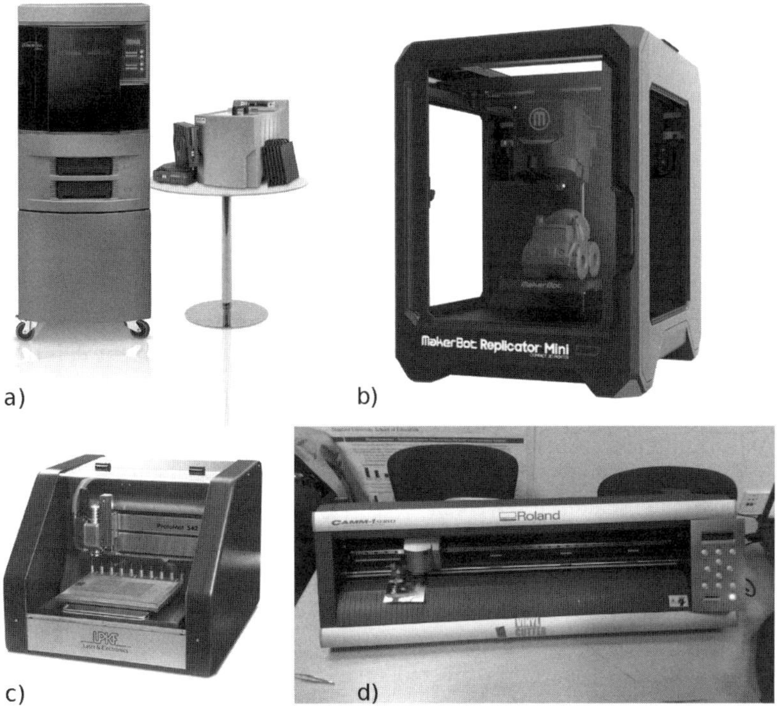

Abb. 4: Die professionellen, teuren Maschinen der Industrie und ihre preisgünstigen Pendants für Hobbyisten. a) Dimension Elite 3D-Drucker, ca. 30.000 CHF, b) Makerbot Replication Mini ca. 1.000 CHF, c) LPKF Circuit Printer ca. 15.000 CHF, d) Camm 1-servo vinyl cutter ca. 1.000 CHF.

3 Digitale Fabrikationsräume – Maker Spaces

Der Maker benötigt klassische Werkzeuge und Maschinen, wie Holz- und Metallverarbeitungswerkzeuge, Nähmaschinen, Schweissgeräte, Lötstationen etc., sowie neueste und moderne Geräte, wie CNC-Maschinen, Laser-Cutter und 3D-Drucker. All diese Werkzeuge sind in einem durchschnittlichen Hobbyraum kaum vorzufinden. *Maker Spaces*, oder auch *Fablabs*, sind digitale Fabrikationsräume. Sie stellen die benötigten Maschinen zur Verfügung, bieten Kurse an und sind oftmals communitybetrieben. Mitglieder, welche Experten in einem speziellen Bereich sind, bieten Kurse im Umgang mit den benötigten Geräten an. Mitgliedsabonnements für die Benutzung der Maschinen und des Raumes können täglich, monatlich und jährlich bezogen werden. Arbeitsplätze und Stauräume, von der Schublade bis zum grösseren Studio, werden ebenso vermietet. Oftmals werden auch Startups aus Maker Spaces betrieben. In nur wenigen Jahren ist die Anzahl von Maker Spaces anfänglich in den USA aber mittlerweile auch weltweit explodiert. Abbildung 5 zeigt die Mietstudios des „Artisan's Asylum", eines der grössten Maker Spaces in den USA. Abbildung 6 zeigt einige der vielen verschiedenen Werkstatträume. Hier treffen Künstler, Bastler, Designer, Hobbyisten, Computerfreaks und Studierende aller Generationen aufeinander (Kelly, 2013; Kemp, 2013).

4 Maker Spaces in Schulen

Nach dem Aufkommen von Maker Spaces für Privatpersonen werden diese Räume nun vermehrt auch an Schulen eingerichtet. Ein Argument dafür ist die Tatsache, dass für andere Fächer extra Räume eingerichtet und Infrastruktur angeschafft werden. Für den Sportunterricht gibt es Turnhallen, für Musik gibt es Musikzimmer, jedoch für das Konstruieren, für Technik und Innovation gibt es selten geeignete Räume. Der Maker Space ist ein neuer Raum, der das klassische, schulische Werken und die Handarbeit mit digitalen Fabrikationstechnologien verschmilzt.

Das Ziel von Maker Spaces und Maker-Aktivitäten an Schulen ist, dass das traditionelle Handwerk, welches eher bei Berufsschülern präsent ist, wieder vermehrt in Gymnasien und höheren Bildungsinstitutionen Einzug hält. Von der „Aufwertung" des Handwerks mit modernen digitalen Fabrikationstechnologien profitieren alle Schülerinnen und Schüler zugleich. Die traditionellen, eher theorieorientierten, höheren Bildungsinstitutionen fördern dadurch wichtige Kompetenzen der heutigen Zeit: Innovationsfähigkeit, Konstruktion, Kollaboration, Projektmanagement, Problemlösekompetenz, Handwerk, Umgang mit digitalen Technologien, Umgang mit Misserfolgen (Blikstein, 2013; Martinez & Stager, 2013).

Die Bestrebungen, Maker Spaces in Schulen einzurichten und Maker-Aktivitäten in den Lehrplan zu integrieren, sind sehr neu. Die benötigten pädagogischen Rahmenbedingungen sowie die genaue Gestaltung dieser Lernräume und Aktivitäten müssen noch erforscht werden. Sicherheitsaspekte, Lärmemissionen, Organisation, Finanzierung, Versicherungsfragen, Raum- und Unterrichtsstruktur müssen ebenso berücksichtigt werden.

Ein Maker Space ist nicht nur eine Werkstatt, in der physische Gegenstände kreiert werden. Es wird vor allem auch Wissen generiert, welches von den Mitgliedern selbst aufbereitet und oft über Online-Plattformen geteilt wird. Nicht die Maschinen, sondern die Menschen der Community sind die wichtigsten Akteure in einem Maker Space.

Abb. 5: „Artisan's Asylum[9]" in Boston ist eines der grössten Maker Spaces in den USA. Ca. 3700m², 250 monatliche Mitglieder, 25 verschiedene, mehrwöchige Kurse, 15 monatliche Trainingskurse. a) und b) Künstler, Hobbyisten, Erfinder, Designer und Startups haben sich in den insgesamt 110 zur Verfügung stehenden Studios verschiedener Grössen eingemietet.

Für die Umsetzung von Maker Spaces innerhalb und ausserhalb von Schulen zeichnet sich ein erster Trend ab. Bibliotheken waren schon immer öffentlich zugängliche Wissensräume, eine wichtige Institution in jeder Schule und jedem Quartier. Vom Internet als beliebte, schnelle Informationsquelle sowie von der Digitalisierung von Büchern sind traditionelle Bibliotheken sehr stark betroffen. Der Grundsatz der Bibliothek als Wissensraum deckt sich mit der Idee des Maker Spaces. Beide haben das Ziel, Menschen in ihrer Umgebung zu dienen und Wissen als lebenslanges Lernen zu vermitteln. Moderne Bibliotheken soll-

9 http://artisansasylum.com/

ten in Richtung aktiver Wissensvermittlung gehen und nicht nur Wissen in Form von Büchern lagern. Weltweit werden die ersten Bibliotheken mit modernen digitalen Fabrikationsgeräten ausgerüstet, mit der Idee zusätzlich zum traditionellen Lernen aus Büchern auch das Lernen durch Kreieren zu fördern (Kelly, 2013; Britton, 2012; Hildreth, 2012; Norris, 2014).

Abb. 6: Einige der verschiedenen Werkstattbereiche im Maker Space „Artisan's Asylum". a) Holzverarbeitungswerkstatt, b) Fahrradwerkstatt, c) Holz CNC Maschine, d) Schmuck- und Glasverarbeitungswerkstatt.

5 GMW14 Workshop Proposal

Während des dreistündigen GMW14-Workshops werden wir die neuen Trends und Produkte der Maker-Bewegung vorstellen. Die Teilnehmer werden e-Textilien mittels eines Arduino Lilypads bauen (Abb. 2b). Das Board, die Sensoren (z.B. Licht, Temperatur etc.), Motoren (z.B. Vibrationsmotor) und Batterien werden in Textilien vernäht und der Stromkreislauf mittels eines leitenden Fadens geschlossen. Der Mikrocontroller wird mit der Arduino-Entwicklungsumgebung programmiert (Buechley & Hill, 2010; Buechley et al., 2008; Peppler & Glosson, 2013).

Gleichzeitig werden wir zusätzlich benötigte, kleine Plastikteile vor Ort designen (mittels CAD) und mit einem 3D-Drucker ausdrucken. Mit den e-Textilien der Teilnehmer werden wir ein kleines Sensornetzwerk erstellen. Die Sensordaten werden über das Sensornetzwerk übermittelt und auf einer Webseite angezeigt (evtl. auch mit sozialen Medien verbunden). In drei Stunden kreieren die Teilnehmer eigene e-Textilien, drucken selbstdesignte Stücke aus und erstellen ein kleines „Internet der Dinge". Gleichzeitig werden wir die Idee des Maker Spaces an Schulen mit den Teilnehmenden diskutieren. Wir werden auch Einblick in die Forschung und einen Überblick über unsere aktuellen Projekte geben.

Literatur

Alimisis, D., Moro, M., Arlegui, J., Pina, A., Frangou, S. & Papanikolaou, K. (2007). Robotics & Constructivism in Education: the TERECoP project. *In Proceedings of EuroLogo 2007*, Bratislava.

Anderson, C. (2012). *Makers. The new industrial revolution.* London: Random House.

Barker, B., Nugent, G., Grandgenett, N. & Adamchuk, V. (2012). *Robots in K-12 Education: A New Technology for Learning.* Hershey: IGI Global.

Blikstein, P. (2013). Digital Fabrication and ‚Making' in Education: The Democratization of Invention. *FabLabs: Of Machines, Makers and Inventors*, 1–21.

Bredenfeld, A. & Leimbach, T. (2010). The roberta initiative. In *Workshop Proceedings of SIMPAR 2010*, 558–567. Darmstadt.

Britton, L. (2012). The Makings of Maker Spaces, Part 1: Space for Creation, Not Just Consumption. *The digital shift.* New York: Library Journal.

Buechley, L. & Hill, B. M. (2010). LilyPad in the wild: how hardware's long tail is supporting new engineering and design communities. In *Proceedings of the 8th ACM Conference on Designing Interactive Systems,* 199–207. New York: ACM.

Buechley, L., Eisenberg, M., Catchen, J. & Crockett, A. (2008). The LilyPad Arduino: using computational textiles to investigate engagement, aesthetics, and diversity in computer science education. In *Proceedings of the SIGCHI conference on Human factors in computing systems*, 423–432. New York: ACM.

Hildreth, S. (2012). *Makers on the Move in Libraries and Museums.* Up Next. The official Blog of the Institute of Museum and Library Services. http://blog.imls.gov/?p=2494

Kelly, A. (2013). Why do we need one of those? The role of the public library in creating and promoting makerspaces. In *ALIA National Library & Information Technicians Symposium.* Canberra, Australia.

Kemp, A. (2013). *The Makerspace Workbench.* Sebastopol: Maker Media.

Martinez, S. L. & Stager, G. (2013). *Invent to learn. Making, Tinkering, and Engineering in the classroom.* Torrance: Constructing Modern Knowledge Press.

Norris, A. (2014). Make-Her-Spaces as Hybrid Places: Designing and Resisting Self Constructions in Urban Classrooms. *Equity & Excellence in Education*, *47*(1), 63–77.

Peppler, K. & Glosson, D. (2013). Stitching Circuits: Learning About Circuitry Through E-textile Materials. *Journal of Science Education and Technology*, *22*(5), 751–763.

Nicola Würffel

Auf dem Weg zu einer Theorie des Blended Learning

Kritische Einschätzung von Modellen

Zusammenfassung

Nachdem vor ungefähr einem halben Jahrzehnt eine intensive Forschungstätigkeit zu den theoretischen Grundlagen des Blended Learning ausgemacht werden konnte, finden sich zwar weiterhin viele Artikel zu Anwendungskontexten, jedoch nur wenige, die sich explizit der Theoriebildung widmen. Gerade weil die Verbreitung von Blended Learning steigt und die Anwendungskontexte sich ausdifferenzieren, erscheint eine solche dringend notwendig. Diesem Desiderat versucht der vorliegende Artikel nachzukommen, indem er vier Modelle analysiert und ihre Stärken und Schwächen einander gegenüberstellt. Auf der Grundlage der Analyse können Gesichtspunkte benannt werden, die bei der Fortentwicklung von Modellen zum Blended Learning berücksichtigt werden sollten.

1 Einleitung

In den letzten Jahren finden sich im Bereich des Blended Learning viele Beschreibungen von Anwendungsszenarien, aber zu wenig Publikationen, die sich explizit der Theoriebildung[1] widmen (wie z.B. Picciano et al., 2013). Dabei kann diese keineswegs als abgeschlossen betrachtet werden, im Gegenteil. Es besteht nicht nur aufgrund der sich immer weiter ausdifferenzierenden Anwendungs- und Forschungskontexte deutlicher Forschungsbedarf (vgl. Halverson et al., 2012): Blended Learning ist zudem weiterhin ein Bereich, der sich durch eine sehr unscharfe Terminologieverwendung und eine unzureichende Modellbildung auszeichnet (vgl. Graham et al., 2013: 1).

Der folgende Artikel konzentriert sich auf die Modellbildung im Bereich des Blended Learning. In der Theoriebildung ist die Erstellung von Modellen ein

---

1 Im Sinne einer „design theory", die Gibbons (2013, zitiert in Graham et al., 2013: 15) folgendermaßen definiert: „Design theory produces a body of synthetic principles which can be used to design, to plan, to prescribe, to devises, to invent, to create, and to otherwise channel natural forces for accomplishment of human purposes." Während eine „scientific theory" versucht zu verstehen und zu erklären, wie und warum Dinge passieren, versucht die „design theory" zu entdecken, wie man Dinge so beeinflussen kann, dass sie geschehen (vgl. ibid.).

wichtiger Schritt:[2] Sie erfordert das Abstecken eines theoretischen Beschreibungs- bzw. Forschungsrahmens, die Bestimmung grundlegender Aspekte eines Phänomens sowie deren Kategorisierung und Systematisierung. Einige Modelle zeigen darüber hinaus Beziehungen zwischen verschiedenen Aspekten eines Phänomens auf. Dies kann ebenfalls der Systematisierung, es kann aber auch der Beschreibung von Ursache-Wirkungs-Beziehungen zwischen verschiedenen Komponenten des Phänomens dienen. In der Praxis können Modelle helfen, Planungen zu erleichtern sowie Evaluation gezielter zu ermöglichen.

In der Literatur findet man verschiedene Modelle, die versuchen, Faktoren von Blended-Learning-Szenarien sowie deren Beziehung zueinander zu beschreiben und zu visualisieren. Der Artikel beschreibt vier sehr unterschiedliche Modelle und analysiert ihre Stärken und Schwächen.[3] Die Herausarbeitung der Stärken und Schwächen der Modelle kann als Grundlage für eine Weiterentwicklung einer Theorie des Blended Learning und als ein Ansatzpunkt für die Ausarbeitung neuer Modelle dienen. Erste Überlegungen zu einer Neukonzeption eines Blended-Learning-Modells erfolgen am Ende des Vortrags auf der GMW. Nur eine gemeinsame Diskussion (z.B. über Modelle) kann die (theoretische) Diskussion über BL voranbringen und das Potenzial dieser Lernform für das Schaffen von Freiräumen und Raumwechseln wirklich ausloten.

2 Modelle zum Blended Learning

Es existiert eine Vielzahl von Modellen zum Blended Learning, die in sehr unterschiedlicher Komplexität versuchen, das Phänomen zu beschreiben, theoriebildend zu wirken und/oder eine Grundlage für die Praxis zu geben.

Graham et al. (2013) arbeiten in ihrem Artikel zur Einschätzung der Theorie- und Modellbildung in der Forschung zum Blended Learning mit einer Taxonomie von Gibbons und Bunderson (2005), die zwischen „explore, explain and design models“ unterscheiden (Graham et al., 2013: 15ff.). Die *explore*-Modelle bilden ab, was es gibt, definieren und kategorisieren. Die *explain*-Modelle versuchen nachzuvollziehen, wieso etwas passiert, benennen Gründe und Korrelationen. Die *design*-Modelle schließlich beschreiben Interventionen, die zum Erreichen eines gesetzten Ziels eingesetzt werden müssen, und formu-

2 Bei der Unterscheidung von Modell und Theorie folge ich Graham et al. (2013: 14): Die Autoren sehen beides als zwei Enden eines Kontinuums.

3 Die Auswahl der Modelle erfolgte nicht auf der Grundlage einer systematischen Sichtung der weltweiten Literatur zum BL, da dieser Artikel erst einen Anfang einer umfassenderen Forschungsarbeit zum Thema darstellt, in dessen Rahmen eine solche vorgenommen werden wird. Für diesen Artikel erfolgte die Auswahl der Modelle auf der Grundlage der bisher gesichteten Literatur und mit dem Ziel, möglichst heterogene Modelle zu zeigen.

lieren dafür notwendige „operational principles“, d.h. die für das Erreichen des Ziels notwendigen Bedingungen (vgl. ibid.: 19).

In der Forschung zum Blended Learning existieren nach der Analyse der Autoren vor allem *explore*- und *design*-Modelle. Die Autoren kritisieren, dass die ersten zu häufig nur auf Oberflächenaspekte (wie die technische Umsetzung) fokussieren und zu selten auch pädagogische Aspekte miteinbeziehen. Dies macht deutlich, dass die Autoren Blended Learning nicht als reine Lehrorganisationsform verstehen, sondern als Lernform, bei deren Beschreibung und Erforschung auch didaktisch-pädagogische Aspekte berücksichtigt werden müssen.[4] Welche Aspekte das sein müssen und wo die Grenzziehung zu anderen Forschungs- bzw. Entwicklungsbereichen gesetzt wird, benennen die Autoren allerdings nicht.

Die *explore*-Modelle beziehen sich zudem zu häufig nur auf Einzelfälle und liefern kaum übertragbare Ergebnisse (vgl. ibid.: 29). In den wenigen vorhandenen *explain*-Modellen, die die Autoren ausmachen konnten, wurden in den meisten Fällen vorhandene theoretische Erklärungsansätze auf neue Kontexte angewendet, ohne dass wirklich der Versuch unternommen wurde, die Theorie des Blended Learning substantiell voranzubringen. Insgesamt kritisieren die Autoren:

> First, many of the models and theories have not articulated clearly the core attributes, relationships, and rationale behind their selection and organization. […] Second, the heavy focus in existing models on physical or surface-level characteristics rather than pedagogical or psychological characteristics is impeding progress (Graham et al., 2013: 28–29).

Im Versuch, der Forderung der Autoren nach verstärkten Anstrengungen in der Weiterentwicklung von Modellen nachzukommen, werden im Folgenden vier Modelle in Abgrenzung voneinander dargestellt und kritisch bewertet. Alle Modelle können dem Typ der *explore*-Modelle zugeordnet werden und berücksichtigen auch didaktisch-pädagogische Aspekte.

2.1 Das Modell von Wiepcke: zu schön, um wahr zu sein

Für Wiepcke stellt Blended Learning ein Lernkonzept dar, dass ein gendersensibles Lernen ermöglicht, da es die Integration der weiblichen Sozialisation bewerkstelligt. Dies versucht sie in ihrer Arbeit von 2006 zu belegen. Ihr defi-

4 Letztlich ist das eine Frage, die im Zusammenhang mit dem Einsatz digitaler Medien schon immer Anlass zum Dissens gegeben hat: Lassen sich übertragendes Medium – oder im Fall von BL bestimmte Rahmenbedingungen wie Virtualität, Synchronizität, Medialität, Lernort etc. – und die didaktische Lehrmethode trennen oder „should we consider technology and instructional method as an inseparable dyad that are used together to achieve the goals of education“ (Bernard et al., 2014: 116)?

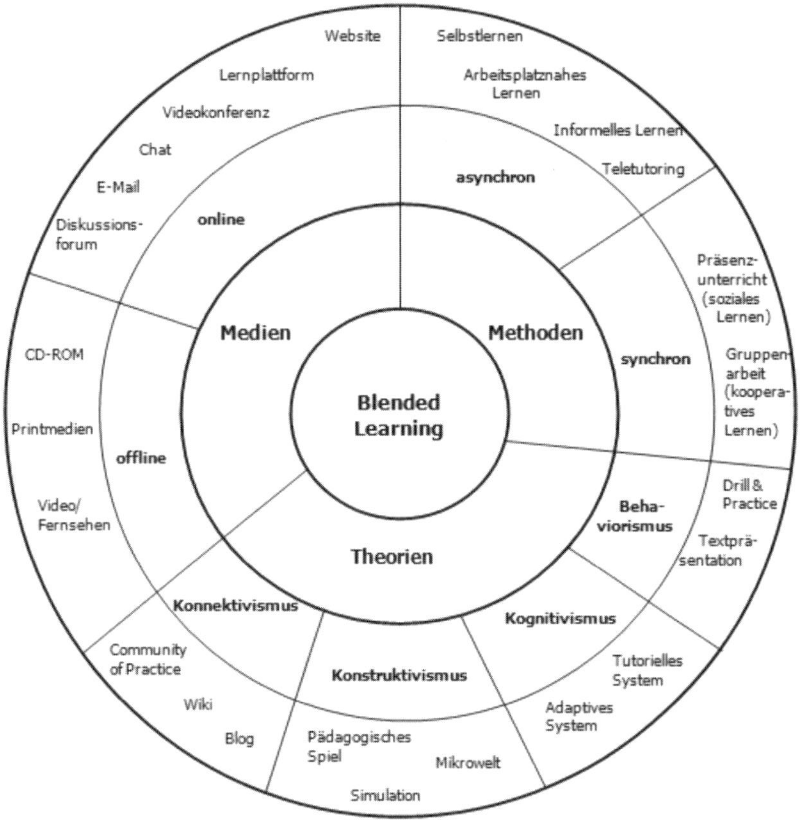

Abb. 1: Modell aus Wiepcke, 2006: 69

nierendes Modell (2006) unterscheidet die hinter einem Szenario bzw. hinter bestimmten Teilen von Blended-Learning-Szenarien liegenden Lerntheorien (Behaviorismus, Kognitivismus und Konstruktivismus), die verwendeten (online oder offline) Medien sowie die (asynchronen und synchronen) Methoden. All diesen Aspekten können nach Wiepcke bestimmte Softwarekomponenten bzw. computergestützte Lernumgebungen zugeordnet werden (vgl. ibid.: 50ff.), die im äußeren Ring des Modells benannt werden.

Eine Stärke des Modells von Wiepcke könnte man darin sehen, dass es ihr gelingt, in einer übersichtlichen Visualisierung wichtige Aspekte der Lernform des Blended Learning zusammenzufassen, vor allem Aspekte, die diese Lernform von anderen unterscheidet. In einer Zeit, als Blended Learning sich als Lernform erst durchzusetzen begann und die Theoriebildung am Anfang stand, konnte damit vielleicht gut ein erster Einblick in diese neue Lernform vermittelt werden.

Trotzdem überwiegen meiner Meinung nach die Schwächen des Modells. So sehe ich große Probleme bei der Terminologie, d.h. in der Verwendung bzw. der Beschreibung bestimmter Begriffe und Konzepte. Ein Beispiel für eine problematische Zuordnung und eine zu undifferenzierte Verwendung von Begriffen sehe ich im Bereich der Lerntheorien: Hier wird nicht sorgfältig zwischen Lerntheorie und didaktischem Ansatz unterschieden. So ist davor zu warnen, lerntheoretische Theorien, die zu beschreiben versuchen, wie Lernen wahrscheinlich abläuft bzw. wie es ablaufen kann, in direkte didaktische Handlungsanweisungen umzuwandeln und sie in diesem Sinne in direkten Zusammenhang mit bestimmten Methoden, Softwaresystemen oder Lernumgebungen zu bringen, wie es (leider nicht nur) Wiepcke in ihrer Arbeit und ihrem Modell tut (vgl. ibid.: 50ff.).

Durch seine geschlossene, scheinbar wohl strukturierte Visualisierungsform suggeriert das Modell zudem eine theoretische Vollständigkeit und geschlossene Systematisierung der Erfassung, die es nicht einlöst. Es eignet sich deshalb aus meiner Sicht weder für eine Weiterverwendung in der Theoriebildung noch für die Anwendung in der Praxis.

2.2 Das Modell von Schulmeister et al.: technischen Bedarf ermitteln

Das Modell von Schulmeister et al., das einen deutlichen Praxisbezug hat, besteht aus sechs Skalen, bei denen sich allgemein quantitative von technischen und mediendidaktischen sowie pädagogisch-didaktischen Kategorien abgrenzen lassen (vgl. Schulmeister et al., 2008: 26f.). Die sechs Skalen wurden auf der Grundlage der Analyse unterschiedlichster Hochschulveranstaltungen erstellt. Ziel dieser Studie war es, Aspekte von E-Learning in Form von Skalen zu beschreiben, mit deren Hilfe es möglich sein sollte, Hochschulveranstaltungen in Bezug auf die Verwendung von E-Learning sowohl zu beschreiben als auch zu planen, auf dieser Grundlage den Bedarf an Hard- und Software zu bestimmen und eine Qualitätssicherung vorzunehmen. Bei den extrahierten Aspekten handelt es sich um den Grad der Virtualität, die Gruppengröße, den Grad der Synchronizität und den der Medialität, den Aspekt Content versus Kommunikation und den Grad der Aktivität (der Lernenden).

	I	II	III
1) Virtualität	Präsenzveranstaltung	Integrierte Veranstaltung	Virtuelles Seminar
2) Gruppengröße	Individuelles Lernen	Lernen in Gruppen	Lernen in Großgruppen
3) Synchronizität	Asynchron	Asynchron + Synchron	Synchron
4) Medialität	Gering	Mittel	Hoch
5) Inhalt vs. Kommunikation	Lernen anhand bereitgestellter Inhalte	Inhalte/Diskurs alternierend	Lernen im Diskurs
6) Aktivitätsgrad	Rezeptive Lernformen	Mischformen	Aktive Lernformen

Abb. 2: Skalen nach Schulmeister et al., 2008: 27–31

Schulmeister et al. benennen mit ihren sechs Skalen grundlegende Aspekte des E-Learning wie auch des Blended Learning. Konzipiert man einen Blended-Learning-Kurs entlang der Skalen, dann wird man einen technischen Bedarf gut bei seinem Hochschulrechenzentrum anmelden können. Das Modell macht mit der Wahl von „Skalen" zudem deutlich, dass es sich bei vielen Dimensionen um Kontinua handelt und dass die jeweiligen Aspekte von Blended Learning in bestimmten Szenarien in Mischformen auftreten können.

Auch bei dem Modell von Schulmeister et al. lassen sich aber Schwächen benennen. Eine sehe ich in der ungenügenden Granularität der Skalen und damit in der Möglichkeit, die Mischformen genauer beschreiben zu können. Ich habe das in Würffel 2011 am Beispiel der Kategorie Gruppengröße zu verdeutlichen versucht:

> Doch auch an ihnen [den quantitativen Kategorien Virtualität und Gruppengröße, nw] zeigt sich schon das Problem der Granularität der Beschreibung: Wenn es sich bei der betrachteten Lehr-Lernsituation durchgehend um die Erstellung von Online-Selbstlernmaterialien mit Tutor-Unterstützung handelt, dann gilt die Gruppengröße 1 sowohl für die Makro- als auch alle denkbaren Mikroebenen des Kurses. Wenn man an die Planung eines Blended-Learning-Seminars für eine Gruppe von 30 Studierenden denkt, so gilt auf der Makroebene die Gruppengröße ‚Großgruppe'; auf der Mikroebene werden die Situationen aber sehr variieren und vom Einzellernenden über die Kleingruppe bis hin zum Plenum reichen. Wo würde man bei einer Beschreibung eines Blended-Learning-Kurses dann das Kreuz auf der Skala setzen? Nur bei der Großgruppe? Oder bei allen drei möglichen Gruppengrößen? In vielen Versuchen der Sammlung von Beschreibungsparametern oder der Erstellung von Modellen wird dieses Problem leider nicht thematisiert. (Würffel, 2011: 327–328)

Die fehlende Granularität führt dazu, dass bestimmte Phänomene mit dem Modell nicht erfasst werden können, z.B. die Verteilung der (virtuellen und nicht virtuellen) Phasen, die Verteilung von Arbeitsformen oder auch Szenarien mit einem Sandwichmodell auf der Mikroebene, bei denen während einer Präsenzphase eine asynchrone Online-Aktivität durchgeführt wird.

Eine weitere Schwäche des Modells sehe ich in dem Versuch, eine Dimension von E-Learning bzw. Blended Learning zu erfassen, die bei Wiepcke den Kategorien „Methode" und „Lerntheorie" entspräche. In einem früheren Modell bezeichnet Schulmeister (2003: 176) diese Dimension noch mit der Kategorie „Lehr-Lernmethoden" und beschreibt sie mit den Polen direkte Instruktion und interaktives oder selbstgesteuertes Lernen. Diese Ausformulierung der Kategorie erschien zwar schon damals unzureichend, um das breite Feld von möglichen Lehr-Lernmethoden zu erfassen, stellte aber den Versuch dar, diesen komplexen Aspekt in das Modell einzuarbeiten. Statt die Dimension differenzierter zu erfassen, wurde im Modell von 2008 nun der umgekehrte Weg begangen: Die Autorinnen und Autoren beschränken sich stärker auf beobachtbare Parameter und thematisieren die dahinter liegenden didaktisch-methodischen Entscheidungen nicht (mehr). Dazu kommt, dass die Beschreibung der (nach den Worten der Autorinnen und Autoren, ibid.: 30) „nicht interpretationsfreien" fünften Kategorie „Content vs. Kommunikation" weit unbefriedigender ausfällt als die der anderen und eigentlich nur die Benennung der notwendigen Werkzeuge umfasst. Dadurch entsteht der Eindruck einer relativen Deckungsgleichheit mit der sechsten Kategorie: Ein rezeptives Lernen ist eines, in der die Informationsvermittlung im Mittelpunkt steht, ein aktives Lernen eines, bei dem kommuniziert wird. Die Beschränkung der Reichweite der Skalen macht vielleicht Sinn in Hinblick auf die reduzierte Anwendung des Modells in einem Hochschulrechenzentrum, das je nach geplanter Art der (Nicht-)Kommunikation gar keine bis sehr vielfältige Kommunikationswerkzeuge zur Verfügung stellen muss. Für den Zweck der Verwendung des Modells für die Planung oder auch die Evaluation von Blended-Learning-Szenarien fehlen aber wichtige Aspekte (wie sie z.B. Kirchhoff nennt, vgl. 2.3).

2.3 Das Modell von Kirchhoff: sich der Komplexität stellen

Kirchhoff (2008) benennt in ihrem eher forschungsorientierten, für die Beschreibung von Blended-Learning-Kursen für den Fremdsprachenunterricht entwickelten Modell sechs Parameter: Modi, Integrationsmodell, Distribution der Lehr- und Lernziele, Lehr- und Lernmethoden, Aufgaben von Lehrenden und Lernenden und Lernorte. Auch wenn die genaue Beschreibung der sechs Parameter deutlich macht, dass diese nicht immer ganz zu Ende gedacht worden sind (vgl. dazu weiter unten oder ausführlicher Würffel, 2011: 330ff.), versucht Kirchhoff bei ihrem Modell doch, didaktisch-pädagogische Aspekte dezidiert miteinzubeziehen und nicht bei der Beschreibung physikalisch-technischer Rahmenbedingungen stehenzubleiben. Ich möchte an dieser Stelle nicht auf alle Parameter eingehen, sondern nur die beschreiben, die sich in bestimmten Aspekten von den Kategorien in den anderen Modellen abheben.

Kirchhoffs erster Parameter *Modi* betrifft die Mischung zwischen Präsenzunterricht und Online-Lehre. Auch Kirchhoff stellt fest, dass die quantitative Verteilung beider Modi ein wichtiger Aspekt jedes Blended-Learning-Szenarios sei. Sie führt aber darüber hinaus auch aus, dass der Hauptmodus meist in Abhängigkeit vom Lerngegenstand, den diesem und der Zielgruppe angemessenen Methoden sowie der Qualität der zur Verfügung stehenden bzw. zur Ausgestaltung des Modus genutzten Werkzeugen bzw. Medien bestimmt werde. Auch die Einstellungen und Kompetenzen der Nutzenden sowie die Unterstützung der Institution könnten die Wahl des Hauptmodus beeinflussen. Kirchhoff bleibt damit nicht nur bei der reinen Beschreibung des Parameters, sondern nennt auch Aspekte, die seine Ausgestaltung nachhaltig beeinflussen können und die z.B. bei einer Evaluation von Kursen und Programmen dringend berücksichtigt werden müssen. Das Modell nimmt so explizit pädagogische Aspekte mit auf und versucht, Korrelationen zu beschreiben. Leider krankt ihr erster Parameter an einer gewissen Unschärfe: Wollte man gemäß dem Skalenmodell von Schulmeister et al. argumentieren, vermischen sich in Kirchhoffs Parameter der Grad der Virtualität, der Sychnronizität und der Medialität, ohne dass dies explizit benannt wird bzw. diese Aspekte voneinander abgrenzt werden.

Ähnlich interessant, aber terminologisch problematisch ist ihr zweiter Parameter, den sie mit dem Begriff der *Integrationsmodelle* (vgl. ibid.: 95ff.) betitelt. Sie meint damit zum einen das Sequenzierungsmuster der verschiedenen Modi (alternierend oder parallel) und zum anderen das Verhältnis von fakultativen und obligatorischen Lernaktivitäten. Beides sind Punkte, die mit vielen anderen Modellen nicht erfasst werden können, die aber für den Aufbau der Kurse und das Lernen in den Kursen von großer Bedeutung sein können. So wird bei vielen Modellen die Möglichkeit eines parallelen Ausbringens von Präsenzunterricht und Online-Lehre (also z.B. der Nutzung einer Wiki-Aktivität während der Präsenzphase) nicht mitgedacht.

Mit ihren Parametern der *Distribution der Lehr- und Lernziele* (vgl. ibid.: 102ff.) und der *Lehr- und Lernmethoden* (vgl. ibid.: 104ff.) betrachtet Kirchhoff die Verknüpfung von zwei genuin didaktischen Planungs- bzw. Entscheidungsfeldern mit den verschiedenen Modi: Zu Recht weist sie darauf hin, dass sich die Verfolgung bestimmter Lernziele und der Einsatz (oder auch der Wechsel) bestimmter Methoden besser für den Präsenzmodus und die Verfolgung und der Einsatz anderer besser für den Online-Modus eignen. Auch dies sind Dimensionen, die bei der Planung, Beschreibung und Evaluation von Blended-

Learning-Kursen bedacht werden sollten, die sich aber mit den Skalen von Schulmeister et al. nicht beschreiben lassen und die Wiepcke mit der Nennung von asynchronen und synchronen Methoden nur unzureichend erfasst.

Auch der Parameter *Aufgaben von Lehrenden und Lernenden* (vgl. ibid.: 108ff.) erscheint terminologisch unscharf: Kirchhoff fasst an dieser Stelle eine Reihe von Aspekte zusammen, die zum Teil sehr unterschiedliche Ebenen des Blended Learning betreffen: die Aufgaben der Lehrenden, die Interaktionsformen, die Lehrer- und Lernerrollen und den Grad der Lernerautonomie.

Einer näheren Betrachtung wert erscheinen mir vor allem die Interaktionsformen. Darunter versteht die Autorin die „Erweiterung der Vorstellung von den Sozialformen des Lernens um die Komponente der digitalen Medien“ (ibid.: 110). Sie fokussiert damit einen Aspekt von Blended Learning, der auf der Mikroebene liegt – einem Bereich, der sich mit vielen anderen Modellen nicht erschließen lässt.

Kirchhoffs Modell bietet damit insgesamt ein großes Potenzial für ein Weiterdenken einer Theorie des Blended Learning, da es viele Aspekte in den Blick nimmt, die die komplexe Situation des Blended Learning bestimmen. Man müsste allerdings darüber nachdenken, ob alle von ihr angesprochenen Aspekte wirklich zum Kern eines Modells zum Blended Learning gehören könnten bzw. müssten.

2.4 Das Modell von Staker und Horn: von den Lernorten her denken

Das Modell von Staker und Horn (2012 und 2013) basiert auf der Analyse einer ganzen Reihe von Realisierungsformen von Blended Learning im K-12-Sektor (in Deutschland entspräche dies der Phase zwischen Kindergarten und Abitur). Ziel ist es, mit diesem Modell einen Beitrag zur besseren Erfassung der Blended-Learning-Landschaft im Bereich Schule (in den USA) zu leisten und eine Grundlage für eine „shared language“ zu schaffen, mithilfe derer man über das neue Phänomen sprechen kann. Das Modell umfasst vier Haupttypen von Blended-Learning-Szenarien, wobei sich der erste Typ in vier Untertypen auffächert (vgl. für die folgenden Ausführungen ibid., 2012: 8ff.):

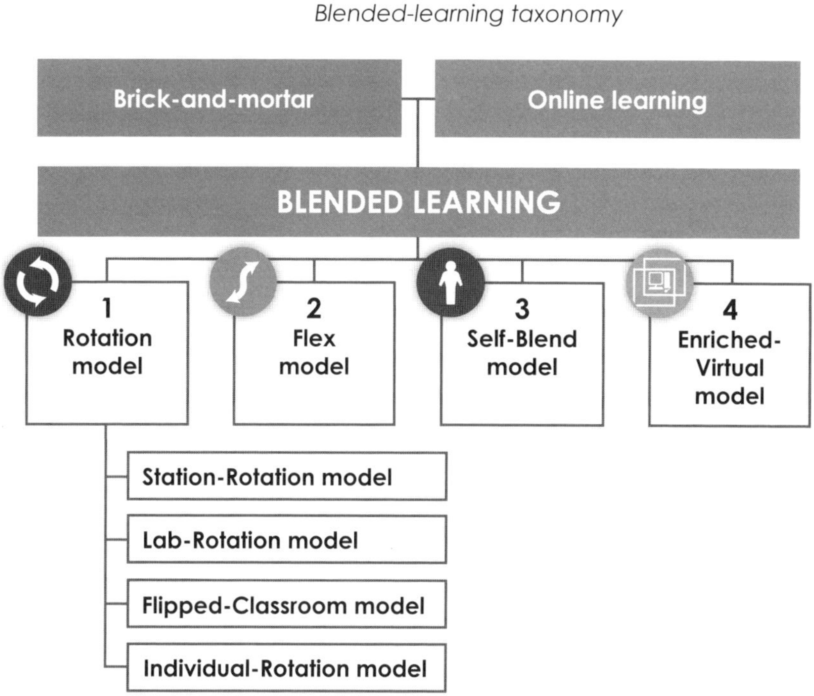

Abb. 3: Blended-Learning-Modell von Staker und Horn, 2012: 2

Das *Rotation Model* beschreibt einen Kurs, bei dem die Studierenden nach einem festgelegten Plan oder nach Vorgabe des Lehrenden zwischen verschiedenen Lernmodalitäten wechseln, wobei eine Modalität das Online-Lernen sein muss. Andere Modalitäten können durch Instruktionsphasen in Kleingruppen oder im Plenum, durch Projekte, Einzeltutorien oder individuelle Aufgabenbearbeitungen auf Papier realisiert werden. Bei dem *Rotation Model* gibt es vier verschiedene Varianten: Das *Station-Rotation Model* würde man im deutschen Forschungsdiskurs wahrscheinlich als Stationenlernen bezeichnen. Wichtig ist hierbei, dass alle Lernmodalitäten innerhalb des Klassenzimmers stattfinden. Beim *Lab-Rotation Model* wechseln die Lernenden zwischen verschiedenen Orten in der Schule hin und her, wobei mindestens einer davon ein Computerraum ist, indem online gelernt wird. Beim *Flipped-Classroom Model* wechseln sich lehrergesteuertes bzw. lehrerbetreutes Präsenzlernen in der Schule mit einem Online-Lernen ab, bei dem außerhalb der Schule mithilfe von didaktisierten Online-Materialien zum selben Thema gelernt wird. Der Hauptteil des didaktischen Inputs erfolgt über die Online-Materialien. Beim *Individual-*

Rotation Model hat jeder Lernende einen eigenen Lernplan, nach dem er rotiert – wobei auch hier wieder mindestens eine Lernmodalität das Online-Lernen sein muss.

Beim *Flex Model* wird hauptsächlich online gelernt; es gibt aber eine intensive Betreuung durch einen Lehrenden, die sowohl in Präsenz als auch online erfolgen kann und flexibel an den Lernenden angepasst wird. Beim *Self-Blend Model* (bzw. dem *A la carte Model*, vgl. Christensen, Horn & Staker, 2013: 5) können sich Lernende ihr Lernen in Teilen selbst zusammenstellen und ihren normalen Präsenz-Schulunterricht durch einige reine Online-Kurse ergänzen. In der Regel sind die Lernenden aber weiterhin jeden Tag an der Schule. Beim *Enriched-Virtual Model* schließlich ist das nicht der Fall: Hier ergänzen sich Präsenzunterricht in der Schule und das Lernen in Online-Kursen relativ gleichberechtigt.

Auch wenn man beim Modell von Staker und Horn die Vermischung von Ebenen an mehreren Stellen kritisieren kann (zum Beispiel beim *Rotation Model* – die Beispiele für die verschiedenen Lernstationen bewegen sich auf ganz unterschiedlichen Ebenen, und nach welchen Kriterien diese voneinander unterschieden werden, bleibt leider völlig unklar), ist der Blickwinkel, den die Autoren einnehmen, aber ein interessanter. Bei ihrem Modell spielen gemäß ihrer Definition von Blended Learning der Lernort sowie die Steuerungsmöglichkeiten des Lernenden eine entscheidende Rolle. Diese ist bei den anderen Modell in dieser differenzierten Form nicht der Fall: Kirchhoff spricht zwar die Möglichkeit des parallelen Einsatzes von Präsenz- und Onlinephasen an und differenziert auch zwischen verschiedenen Lernorten. Den Aspekt der Selbststeuerung thematisiert aber auch sie nicht.

3 Fazit und Ausblick

Auch wenn die Analyse der vier Modelle gezeigt hat, dass die Kritik von Graham, Henrie und Gibbons (zur Fokussierung auf Oberflächen-Aspekte und zur terminologischen Unschärfe, s.o.) in Teilen auch für diese Modelle gilt, hat sie doch dazu geführt, dass wichtige Aspekte herausgearbeitet werden konnten, die bei einer Weiterentwicklung der Theorie des Blended Learning fruchtbar gemacht werden sollten. So beinhaltet das Modell von Schulmeister et al. grundlegende Aspekte, die in keinem Modell zum Blended Learning fehlen sollten. Die Modelle von Kirchhoff und Staker und Horn wiederum liefern Ansatzpunkte dafür, welche didaktisch-pädagogischen Aspekte in Blended-Learning-Modellen wie berücksichtigt werden könnten – wobei die tatsächliche Relevanz der jeweils genannten Aspekte noch vertiefter diskutiert werden müsste. Für mich stellt sich angesichts der vier Modelle darüber hinaus die Frage, ob man Blended Learning tatsächlich in einem Übersichtsmodell erfassen kann oder ob es nicht eines mehrstufigen Modells bedarf, das es auch erlaubt, die Mikroebene von Blended-Learning-Unterricht in den Blick zu nehmen. Erste Überlegungen zu einem solchen wurden im Vortrag auf der GMW-Tagung 2014 vorgestellt. Sehr deutlich ist, dass die Theoriebildung im Bereich Blended Learning eigentlich noch am Anfang steht und es dringend weiterer Arbeiten bedarf, die sich dem Bereich widmen.

Literatur

Bernard, R., Borokhovski, E., Schmid, R., Tamim, R. & Abrami P. (2014). A meta-analysis of blended learning and technology use in higher education: from the general to the applied. *Journal of Computing in Higher Education, 26* (1), 87–122.

Christensen, C. M., Horn, M. B. & Staker, H. (2013). *Blended Learning Disruptive? An introduction of the theory of hybrids.* Innosight Institute. http://www.christenseninstitute.org/publications/hybrids/ [20.05.2014]

Gibbons, A. S. (2013). *An architectural approach to instructional design.* New York, NY: Routledge.

Gibbons, A. S. & Bunderson, C. V. (2005). Explore, explain, design. In K.K. Leonard (Hrsg.), *Encyclopedia of Social Measurement* (S. 927–938). New York, NY: Elsevier.

Graham, C. R., Henrie, C. R. & Gibbons, A. S. (2013). Developing models and theory for blended learning research. In: A. G. Picciano, C. D. Dziuban, C. R. Graham (Hrsg.), *Blended Learning, Volume 2: Research Perspectives* (S. 13–33). New York, London: Routledge.

Halverson, L. R., Graham, C. R., Spring, K. J. & Drysdale, J. S. (2012). An analysis of high impact scholarship and publication trends in blended learning. *Distance Education, 33* (3), 381–413.

Kirchhoff, P. (2008), *Blended Learning im Fachfremdsprachenunterricht.* München: Langenscheidt ELT.

Picciano, A. G., Dziuban, C. D. & Graham, C. R. (2013). *Blended Learning, Volume 2: Research Perspectives.* New York, London: Routledge.

Schulmeister, R. (2003). *Lernplattformen für das virtuelle Lernen: Evaluation und Didaktik.* München u.a.: Oldenbourg.

Schulmeister, R., Mayrberger, K., Breiter, A., Fischer A., Hofmann J. & Vogel, M. (2008). *Didaktik und IT-Service-Management für Hochschulen – Referenzrahmen zur Qualitätssicherung und -entwicklung von eLearning-Angeboten.* http://www.mmkh.de/upload/dokumente/Referenzrahmen_Qualitaetssicherung_elearning_April09.pdf. [20.05.2014: Dokument auf dem Server leider nicht mehr verfügbar].

Staker, H. & Horn, M. B. (2013). *Classifying K-12 Blended Learning, Innosight Institute.* Online: http://www.christenseninstitute.org/publications/classifying-k-12-blended-learning-2/ [20.05.2014]

Wiepcke, C. (2006). *Computergestützte Lernkonzepte und deren Evaluation in der Weiterbildung. Blended Learning zur Förderung von Gender Mainstreaming.* Hamburg: Kovac.

Würffel, N. (2011). Über die Mühen der Theoriebildung in Bezug aufs Blended Learning – sechs mal sechs und immer noch nicht genug (ge)Blend(et)? In B. Schmenk & N. Würffel (Hrsg.), *Drei Schritte vor und manchmal auch sechs zurück. Internationale Perspektiven auf Entwicklungslinien im Bereich Deutsch als Fremdsprache. Festschrift für Dietmar Rösler zum 60. Geburtstag* (S. 325–340). Tübingen: Narr.

Peter Baumgartner, Ingrid Bergner

Lebendiges Lernen gestalten

15 strukturelle Empfehlungen für didaktische Entwurfsmuster in Anlehnung an die Lebenseigenschaften nach Christopher Alexander

Zusammenfassung

Der nachfolgende Beitrag diskutiert die von Christopher Alexander in seinem vierbändigem Opus Magnum „The Nature of Order" beschriebenen Lebenseigenschaften auf ihre Anwendbarkeit in der Didaktik. Die AutorInnen gehen dabei davon aus, dass die von Alexander ausgearbeiteten Prinzipien räumlicher Strukturmuster in der Didaktik adäquat durch Prinzipien zeitlicher Strukturmuster übersetzt werden können. Was bei Alexander geometrische Strukturmuster („Zentren") darstellen, interpretieren wir für die Pädagogik als didaktische Verlaufsprinzipien; seine räumliche Anordnung von Objekten wird bei uns eine zeitliche Gestaltung des Unterrichtsverlaufs. So können die 15 räumlich definierten Lebenseigenschaften von Alexander als didaktische Entwurfsmuster für lebendiges Lernen bzw. Unterricht genutzt werden.

1 Was hat Architektur mit Unterrichtsgestaltung zu tun?

Wir argumentieren in diesem Artikel, dass die von Christopher Alexander beschriebenen architektonischen Gestaltungsprinzipien für didaktisches Design nutzbar gemacht werden können. Die Idee für eine gewinnbringende Übertragung, Interpretation oder Übersetzung liegt aus unserer Sicht in einer Isomorphie (Strukturgleichheit) der beiden Gebiete Architektur und Pädagogik begründet: Wenn – so unsere Annahme – beide Berufsfelder es mit Design bzw. Gestaltung zu tun haben, dann sollten gewisse abstrakte Gestaltungsprinzipien sich von einem Fachgebiet in das andere transferieren lassen.

Eines der größten Probleme bei der Ausbildung von Lehrpersonen ist es, ein „Gefühl" für lebendige Unterrichtsszenarien zu vermitteln, von Situationen also, die ein Optimum von Lerngelegenheiten beinhalten, die nicht nur kurzweilig, interessant, motivierend, sondern auch aktivierend, fordernd und gleichzeitig fördernd sind. Es ist daher kein Zufall, wenn die grundsätzliche Frage gestellt wird: „Ist Unterrichten eine Kunst, ein Handwerk oder eine Wissenschaft?" (Dreyer, 2006). Dahinter nämlich verbirgt sich die Frage, ob der Lehrberuf nach Kriterien einer exakten Wissenschaft vermittelt werden muss, oder ob die Praxis, d.h. viel Übung den Königsweg für die Aneignung der entsprechenden Fähigkeiten darstellt oder ob es gar wie in der Kunst keine objektiven Bewertungsmaßstäbe gibt und daher zu unterrichten ein – nicht weiter spezifizierbares und damit nicht lehrbares – Talent erfordert.

Wir teilen mit Diana Laurillard die Ansicht, dass Lehren eine Designwissenschaft darstellt (2012):

> Teaching is changing. It is no longer simply about passing on knowledge to the next generation. Teachers in the 21st century, in all educational sectors, have to cope with an ever-changing cultural and technological environment. Teaching is now a design science. Like other design professionals – architects, engineers, town planners, programmers – teachers have to work out creative and evidence-based ways of improving what they do. (Laurillard, 2012)

Wenn wir „Design“ mit Gestaltung übersetzen (z.B. „didaktisches Design“) – dann können wir Lehren als eine Gestaltungswissenschaft verstehen, die zwar gewissen abstrakten Prinzipien unterliegt, die aber in ihrer Gesamtheit genommen nicht in der Lage sind, konkrete Unterrichtssituationen eindeutig zu spezifizieren. Ähnlich wie bei Architektur und allen anderen Designwissenschaften kann ein großer Teil dieser nicht spezifizierten Elemente durch langjährige Praxis, d.h. durch Erfahrungswissen angeeignet werden. Trotzdem bleibt aber immer noch ein Rest an unbestimmten Aspekten offen, der durch eine Art ästhetisches Empfinden („Gefühl“), das sich sprachlich nicht ausdrücken lässt, geschlossen werden muss.

Aus diesem Grund sind Formblätter als Hilfsmittel für die Planung der Unterrichtsgestaltung (vgl. Abb. 1: Böhmann & Klaffke, 2010, S. 21) bloß eine sehr grobe Annäherung an die komplexen Interdependenzen didaktisch wirksamer Elemente. Reinhard Bauer (2014) verweist in diesem Zusammenhang mit Jank & Meyer (2002, S. 104ff.) auf die Fähigkeit „Komplexitätsmanagement“, die berufserfahrene Lehrpersonen gegenüber Neulingen auszeichnet. Statt diese Erfahrungen in langwieriger Praxis selbst zu erleben, braucht es daher eine andere Form bzw. Methode wie dieses Erfahrungswissen (zumindest rudimentär) schneller als durch eigene Praxis vermittelt werden kann. Es wird vermutet, dass die von Christopher Alexander entwickelte Methode der Pattern Language (Mustersprache) dieses Problem löst (Bauer & Baumgartner, 2012; Bauer, 2014; Baumgartner, 2011; Kohls, 2013).

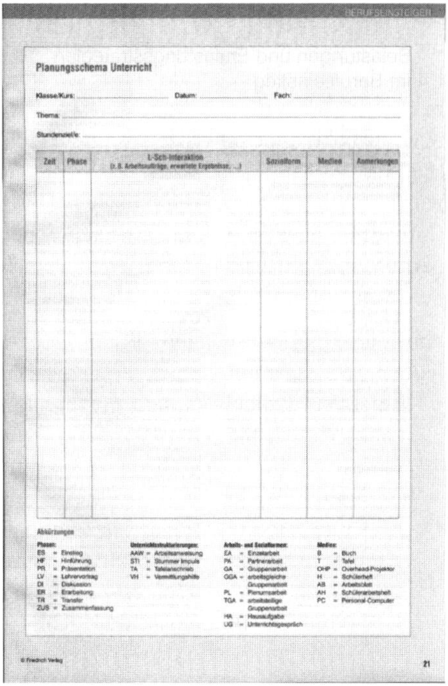
BERUFSEINSTEIGER

Planungsschema Unterricht

Klasse/Kurs: ______ Datum: ______ Fach: ______

Thema: ______

Stundenziel/e: ______

Zeit	Phase	L-Sch-Interaktion (z. B. Arbeitsaufträge, erwartete Ergebnisse, ...)	Sozialform	Medien	Anmerkungen

Abkürzungen

Phasen:
ES = Einstieg
HF = Hinführung
PR = Präsentation
LV = Lehrervortrag
DI = Diskussion
ER = Erarbeitung
TR = Transfer
ZUS = Zusammenfassung

Unterrichtsstrukturierungen:
AAW = Arbeitsanweisung
STI = Stummer Impuls
TA = Tafelanschrieb
VH = Vermittlungshilfe

Arbeits- und Sozialformen:
EA = Einzelarbeit
PA = Partnerarbeit
GA = Gruppenarbeit
GGA = arbeitsgleiche Gruppenarbeit
PL = Plenumsarbeit
TGA = arbeitsteilige Gruppenarbeit
HA = Hausaufgabe
UG = Unterrichtsgespräch

Medien:
B = Buch
T = Tafel
OHP = Overhead-Projektor
H = Schülerheft
AB = Arbeitsblatt
AH = Schülerarbeitsheft
PC = Personal-Computer

© Friedrich Verlag 21

Abb. 1:
Planungsschema Unterricht

2 Didaktische Entwurfsmuster und Erfahrungswissen

In seinem epochalen Werk „The Nature of Order“ hat Christopher Alexander 15 sogenannte „Lebenseigenschaften“ beschrieben, die er in langjährigen architektonischen Studien und Naturbeobachtungen gewonnen hat. Er bemerkt, dass es nicht exakt diese 15 Eigenschaften sein müssen, dass es ein paar mehr oder weniger ebenfalls sein könnten. Gleichzeitig aber betont er, dass seiner Meinung nach die Größenordnung in der Anzahl der Prinzipien durchaus stimmig ist: Es sind daher nicht zwei, drei oder mehrere hundert Eigenschaften, die als „Fundamental Properties of Living Centers“ bezeichnet werden können, sondern wir können davon ausgehen, dass es in der Natur rund ein Dutzend – vielleicht ein paar mehr oder weniger – gibt, die wir finden und uns nutzbar machen können.

Seit einiger Zeit wird darüber diskutiert, inwieweit sich die Theorie der Mustersprachen von Christopher Alexander auch auf andere Gebiete übertragen lässt. Ursprünglicher Ausgangspunkt war natürlich die Architektur, doch schon bald wurden Anwendungen in objektorientierter Softwareprogrammierung (Gamma, Helm, Johnson & Vlissides, 1995) und anderen technisch strukturierten Gestaltungsbereichen wie Webdesign oder Human-Computer Interface publiziert (z.B. Schmidt & Rising, 2001; Schümmer & Lukosch, 2007). Auch in andere nicht-technische Gebiete, die Fertigkeiten mit gestaltendem Charakter zum Inhalt haben und meist bloß in Form von sequentiell organisierten Handbüchern bzw. Leitfäden die notwendigen Fähigkeiten vermitteln – z.B. Organisations- bzw. Projekthandbücher – verbreitete sich der Ansatz von Christopher Alexander (DeMarco et al., 2007; z.B. Rising & Manns, 2004). Und „last but not least" wurde auch versucht, didaktisches Design in Form sogenannter „didaktischer Entwurfsmuster" mit dem Mustersprachen-Ansatz von Christopher Alexander zu vermitteln. Einen guten und leicht verständlichen Überblick zu den verschiedenen Anwendungsfeldern gibt Helmut Leitner (2007).

Auffallend bei den pädagogischen Übersetzungen der Ideen von Alexander sind jedoch zwei Charakteristika:

- Einerseits handelt es sich um didaktische Gestaltungsvorschläge von InformatikerInnen für ihren Programmierunterricht (Eckstein et al., 2012), die für professionelle Lehrkräfte trivial wirken und daher eher enttäuschen, statt inspirieren.
- Andererseits sind die meistens didaktischen Entwurfsmuster für technologisch unterstützte Unterrichtsszenarien, d.h. für E-Learning-Arrangements entwickelt worden (Bauer & Baumgartner, 2012; Derntl, 2007; Kohls & Wedekind, 2010; Kohls, 2013; Köhne, 2005; Laurillard, 2012).

Ohne Übertreibung kann daher gesagt werden, dass der Mustersprachen-Ansatz noch nicht in der allgemeinen Didaktik angekommen ist. Die Ursache dafür sehen wir im Fehlen einer metatheoretischen Fundierung sowohl im Bereich der Pädagogik als auch bei den Mustersprachen. Während aus unserer Sicht auf der pädagogischen Seite die Bezugnahme zu einem didaktischen Kategorialmodell notwendig ist, bedarf es auf der Seite der Mustersprachen einer philosophischen Grundlegung als Qualitätsmaßstab um entscheiden zu können, welche Muster „lebendig" sind und welche nicht. Für die Qualität der Muster in der inzwischen berühmt gewordenen „Pattern Language" (Alexander, Ishikawa & Silverstein, 1977) hat Alexander in „The Timeless Way of Building" (1979) noch keinen Namen gehabt und sie daher QWAN (Quality without a name) genannt. Später dann in „The Nature of Order" hat er diese Qualität mit den 15 Lebenseigenschaften zu fassen versucht.

Wir können hier auf die Bedeutung und Ausformulierung eines didaktischen Kategorialmodells aus Platzgründen nicht näher eingehen. Wichtig hier ist jedoch anzumerken, dass die Begriffe des Kategorialmodells eine theoretische Grundlegung darstellen, nach deren Prinzipien dann die jeweilige Unterrichtsgestaltung ausgerichtet wird. Wird beispielweise das Kategorialmodell nach Baumgartner verwendet (2011, S. 101), dann wird ein LernerInnen-zentrierter Ansatz gewählt, der technologische Unterstützung in die allgemeine

Didaktik integriert. Auch E-Learning fällt dann darunter und braucht kein eigenes theoretisches Modell.

3 Entwurfsmuster und 15 Lebenseigenschaften

Für beide im zweiten Abschnitt genannten Ausrichtungen von didaktischen Entwurfsmustern (von InformatikerInnen einerseits und für E-Learning-Anwendungen andererseits) gilt gleichermaßen: Es wird zwar der Beschreibung und Anordnung formaler Kriterien von Mustersprachen große Beachtung gewidmet; eine praktisch wirksame Verknüpfung mit der von Alexander nachgelieferten philosophischen Grundlegung seines Ansatzes in „The Nature of Order" für die Pädagogik/Didaktik fehlt derzeit jedoch fast noch vollkommen.

3.1 Bisherige Versuche, „Zentrum" in die Didaktik zu übersetzen

Es sind uns bisher bloß drei Ansätze bekannt, die Lebenseigenschaften aus der Architektur für die Didaktik übersetzen:

- **Reinhard Bauer und Peter Baumgartner (2011)** wenden die 15 Lebenseigenschaften jeweils gleichzeitig auf vier didaktische Dimensionen (Raum, Zeit, soziale Interaktion und Inhalte) an Hand einer spezifischen Unterrichtsmethode („Kugellager") an. Aus heutiger Sicht muss dieser Versuch aus zweierlei Gründen als wenig überzeugend eingeschätzt werden:
  - Einerseits fehlt eine Entsprechung, was in der Pädagogik als „Zentrum" anzusehen ist. Das ist aber wesentlich, weil alle von Alexander beschriebenen Lebenseigenschaften sich aus Zentren „nähren", d.h. sie sind ihre Grundlage und Quelle der Kraft. Jede der restlichen 14 Lebenseigenschaften lässt sich in Bezugnahme zu einem „starken Zentrum" – der zentralen und wichtigsten Lebenseigenschaft – definieren. In der hier reflektierten Arbeit von Bauer und Baumgartner hingegen scheint es so, dass jedes Mal (und dazu auch noch für jede der 4 Dimensionen) ein anderer Prozess oder ein anderes Objekt als Zentrum fungiert.
  - Andererseits wird zu starr und schematisch für jede der einzelnen Eigenschaften eine – meistens isolierte – Entsprechung zu finden versucht, was dann insgesamt 60 relevante Aspekte für Lebenseigenschaften ergibt. So betont sogar Alexander selbst, dass nicht immer alle Lebenseigenschaften vorhanden sein müssen. Gleichzeitig ist es aber auch wichtig zu beachten, dass es keine isolierten einzelnen Muster sozialer Lernkonfigurationen (Unterrichtsmethoden) gibt, sondern immer der Gesamtzusammenhang („wholeness") zu beachten ist.

- **Takashi Iba (2012)** stellt zwischen Alexanders Zentren, die immer aus räumlich konfigurierten Objekten bestehen, und der Pädagogik eine Analogie her:

  > The analogy developed … is that a whole that is composed of learning is viewed as a whole in the Alexander's definition; and that learning that is lively is viewed as a center. (ebd.)

  Leider sind uns nähere Ausführungen in dieser Analogiebildung nicht bekannt, da es nur einen Hinweis in einem Blogeintrag ohne detaillierte Ausführung gibt. Wir halten jedoch die Analogiebildung von Iba für sehr gelungen. Unser unabhängig davon entwickelter Vorschlag geht in eine ähnliche Richtung. Allerdings fehlt uns bei Iba der Zusammenhang mit der bildungswissenschaftlichen Theorietradition und dementsprechend eine Bezugnahme zu einem didaktischen Kategorialmodell.
- **Reinhard Bauer (2014)** hingegen erfüllt in seiner Dissertation beide Bedingungen für eine gelungene Übertragung der Lebenseigenschaften auf die Pädagogik: Transfer des Begriffs „Zentrum" und Bezugnahme auf didaktische Theorietraditionen. So übersetzt er den wichtigen – aus dem physikalischen Raum entnommenen – Zentrumsbegriff geometrisch angeordneter Objekte bei Alexander in den Begriff der (Gestaltungs-)„Entscheidung" des sogenannten „kognitiven" Raums. Auf diese Entsprechung kommt er gerade deswegen, weil nach seiner umfangreichen Untersuchung und Beschreibung didaktischer Modelle deutlich geworden ist, „dass im Zuge der Gestaltung von Unterricht Lehrende neben einer Analyse der Bedingungen für Unterricht eine Vielzahl von Entscheidungen zu fällen haben" (a.a.O., 219). Es folgt eine recht freie, aber immer den didaktischen Grundlagen entsprechende Interpretation der 15 Lebenseigenschaften. Besonders interessant ist es, dass er ihnen jeweils entsprechende Handlungen in Form von Verben zuordnet.
  - Es ist sicherlich noch zu früh (die Dissertation ist soeben erschienen), um zur Bedeutung der Analogiebildung bei Bauer ein kompetentes (und schon gar nicht: abschließendes) Urteil zu fällen. Es fällt jedoch auf, dass dem (isolierten) Begriff der Entscheidung jene Komplexität fehlt, die es erlaubt, ihn mit anderen Entscheidungen (= Zentren) in Kontrast, Widerspruch, Rekursion, Verstärkung, Wiederholung etc. zu setzen, wie es im Begriff des „Zentrums" von Alexander verlangt wird.
  - Außerdem möchten wir anmerken, dass es nicht die „Entscheidungen" selbst sind, die in einer Unterrichtssituation erfahrbar werden, sondern ihre Folgen, d.h. ihre Umsetzungen bzw. Realisierungen. Gleiche Entscheidungen können in unterschiedlichen Situationen zu unterschiedlichen Ergebnissen führen, wohingegen unterschiedliche Entscheidungen in unterschiedlichen Kontexten zum gleichen Ergebnis führen könnten. Mit dem Begriff „Entscheidung" wird eine zusätzliche vermittelnde Schicht eingeführt, die übrigens auch in anderen Gestaltungsbereichen – unter an-

derem auch in der Architektur – ihre Bedeutung haben müsste. Alexander spricht jedoch nicht von architektonischen Entscheidungen, sondern von sichtbaren, d.h. wahrnehmbaren Zentren.

3.2 Unser eigener Versuch, „Zentrum" in die Didaktik zu übersetzen

Unsere eigene Idee für eine Analogiebildung ist denkbar einfach: Unser „Zentrum" ist die Lernaktivität selbst, d.h. das entsprechende didaktische Szenario, das im pädagogischen Sinne einer (möglichst optimalen = lebendigen) Lerngelegenheit entspricht. Zum Unterschied vom abstrakten Lernbegriff bei Takashi Iba und den noch weiter hergeholten Begriff der „Entscheidung" für eine didaktische Gestaltungsoption bei Reinhard Bauer ist bei unserer Analogie das Szenario als eine reale Konfiguration wahrnehmbar. Zwar lässt es sich durch die Begriffe des didaktischen Kategorialmodells ebenfalls noch weiter analytisch abstrahieren, aber diese Generalisierung stellt keine notwendige Voraussetzung dar.

Damit aber die 15 Lebenseigenschaften nicht bloß auf Aspekte des einen einzelnen, und damit isolierten betrachteten Zentrums aufbauen (notwendig sind didaktische Konstellationen von Lernaktivitäten oder Lerngelegenheiten), betrachten wir die zeitlichen Verlaufsformen von Unterrichtssituationen. Es geht also um die didaktische Dramaturgie im Sinne des methodischen Gangs (Meyer, 1994, S. 130). Das beinhaltet sowohl einen zeitlichen Ablauf (= äußere Seite) als auch die Folgerichtigkeit (Kohärenz) der miteinander verknüpften Unterrichtsschritte (= innere Seite).

Es ist sozusagen die Gestaltung und Planung der Choreographie des Unterrichtsverlaufs. Wenn bei Alexander von Zentren gesprochen wird, die *nebeneinander* liegend sich gegenseitig verstärken (= Lebenseigenschaft „Positive Space"), dann sind es in unserer Analogie Zentren, die *nacheinander* verstärkend wirken. Die geometrische Anordnung im Raum wird zu einer sequenzierten Konfiguration in der Zeit.

Wir glauben, dass diese Übersetzung von räumlichen in zeitlichen Konfigurationen nicht nur mit der noch zu zeigenden Sinnhaftigkeit an den einzelnen Lebenseigenschaften deutlich wird, sondern dass auch zwei Hypothesen diese Vorgangsweise zusätzlich stützen.

- So bezeichnet die Raumzeit oder das Raum-Zeit-Kontinuum in der Relativitätstheorie die Vereinigung von Raum und Zeit in einer einheitlichen vierdimensionalen Struktur. Die Übersetzung von Raum in Zeit hat also auch eine naturwissenschaftliche Basis bzw. Entsprechung.
- Michael Polanyi betont nicht nur, dass „wir mehr wissen, als wir zu sagen wissen" (1985, S. 14), sondern zeigt auch, dass dieses Erfahrungswissen,

das er als „tacit knowledge“ (implizites Wissen, eigentlich „stummes Wissen“) bezeichnet, sowohl eine räumliche (z.B. Gesichter erkennen) als auch eine zeitliche Komponente (z.B. „Schocksilbenexperimente“) hat (vgl. Baumgartner, 1993, S. 216ff.).

4 Die 15 Lebenseigenschaften für die Didaktik adaptiert

In diesem Abschnitt handeln wir nun alle 15 Lebenseigenschaften nach Alexander ab. Um die Eignung unserer Übersetzung von „Zentrum“ zu Lernaktivität, Lerngelegenheit, didaktisches Szenario etc. zu demonstrieren, ist der Begriff „center“ in den Originalzitaten (Alexander, 2006, S. Vol I., 239ff.) jeweils durch „educational scenario“ zu ersetzen!

Name	Zitat	Interpretation: didaktisches Prinzip
Strong Center	[D]efines the way that a strong center requires a special field-like effect, created by other centers, as the primary source of its strength.	Diese **rekursive Definition** eines didaktischen Szenarios hat seine Grundlage in einer **inklusiven Hierarchie verschiedener didaktischer Gestaltungsebenen** (vgl. dazu genauer: Baumgartner, 2011, S. 64ff.)
Level of Scales	[A] way that a strong center is made stronger partly by smaller strong centers contained in it, and partly by its larger strong centers which contain it.	**Achte auf geeignete Proportionen.** Wähle bei aufeinander folgenden Aktivitäten, Gruppengrößen etc., thematischen Blöcken geeignete Proportionen.
Boundaries	[A] way in which the field-like effect of a center is strengthened by the creation of a ring-like center, made of a smaller center which surround and intensify the first. The boundary also unites the center with the centers beyond it, thus strengthening it further.	**Grenzen ziehen und mit einem didaktischen Mehrwert versehen**: z.B. einen Vortragenden mit einer inhaltlich informativen Einleitung vorstellen. Grenzen sind also selbst als Lerngelegenheiten zu planen und zu gestalten.
Alternating Repetition	[A] way in which centers are strengthened when they repeat, by the insertion of other centers between the repeating ones.	**Wiederhole nicht dieselben Aktivitätsmuster, sondern wechsle sie turnusmäßig.** Immer derselbe Typ der Übung wird bald recht langweilig. (vgl. „Roughness“ und „Echoes“)
Positive Space	[A] way that a given center must draw strength, in part, from the strength of other centers immediately adjacent to it in space.	**Plane aufeinanderfolgende Lernsequenzen so, dass sie sich unterstützen.** Überlege, ob und wie die nachfolgende Aktivität die vorhergehende in ihrem Effekt verstärken kann.

Good Shape	[A] way that the strength of a given center depends on its actual shape, and the way this effect requires that even the shape, its boundary, and the space around it are made up of strong centers.	**Gestalte kohärente Lernaktivitäten.** Lerngelegenheiten müssen sowohl in sich als auch in den verschiedenen Kontexten (Modul, Curriculum, Lehrgang), zum Lernziel und auch zu früheren wie späteren Sequenzen sowie zu den TeilnehmerInnen stimmig sein.
Local Symmetries	[A] way that the intensity of a given center is increased by the extent to which other smaller centers which it contains are themselves arranged in locally symmetrical groups.	**Plane lokale Symmetrien ein.** Eine größere Aktivität wird durch kleinere ähnliche Sequenzen verstärkt (z.B. Hauptvortrag auf einer Konferenz wird durch kleinere Vorträge in getrennten Schienen oder „Tracks“ unterstützt).
Deep Interlock and Ambiguity	[A] way in which the intensity of a given center can be increased when it is attached to nearby strong centers, through a third set of strong centers that ambiguously belong to both.	**Verknüpfe zwei Lernaktivitäten durch eine dritte Aktivität so, dass sie ohne Übergang ineinander fließen.** (Siehe zum Kontrast: „Boundaries“).
Contrast	[A] way that a center is strengthened by the sharpness of the distinction between its character and the character of surrounding centers.	**Gestalte aufeinanderfolgende Lernaktivitäten kontrastreich.** Achte darauf, dass in verschiedenen didaktischen Dimensionen gleichzeitig eine deutliche Abwechslung spürbar wird.
Gradients	[A] way in which a center is strengthened by a graded series of different-sized centers which then “point” to the new center and intensify its field effect.	**Führe schrittweise zu einem wichtigen Lernziel hin.** Plane die Lernaktivitäten nach allen Kategorien einer adäquaten Lerntheorie systematisch und aufbauend.
Roughness	[A] way that the field effect of a given center draws its strength, necessarily, from irregularities in the size, shapes and arrangements of other nearby centers.	**Wiederhole nie exakt gleich.** Baue leichte Variationen in wiederholende Aktivitäten ein (vgl. „Alternating Repetition“ und „Echoes“).
Echoes	[A] way that the strength of a given center depends on similarities of angle and orientation and systems of centers forming characteristic angles thus forming larger centers, among the centers it contains.	**Betone bei Wiederholungen jeweils immer unterschiedliche Aspekte.** Variiere z.B. in Mathematik die Fragestellung bzw. Variable nach der aufgelöst wird.
The Void	[A] way that the intensity of every center depends on the existence of a still place – an empty center – somewhere in its field.	**Plane kreative Unterbrechungen.** Auch Pausen sind zu gestalten, und zwar so, dass sie frühere und spätere Lernaktivitäten unterstützen.

Simplicity and Inner Calm	[A] way the strength of a center depends on its simplicity – on the process of reducing the number of different centers which exist in it, while increasing the strength of these centers to make the weigh more.	**Vermeide zu komplexe Lernarrangements.** Peile das Lernziel – wenn möglich – auf direktem Weg ohne unnötige Ablenkungen und Exkurse an.
Not-Separateness	[A] way the life and strength of a center depends on the extent to which that center is merged smoothly – sometimes even indistinguishably – with the centers that form its surroundings.	**Gestalte die zeitliche Choreographie fließend.** Vermeide „Ecken" und „Kanten". (Vergleiche mit „Boundaries" und „Contrast").

Literatur

Alexander, C. (1979). *The Timeless Way of Building*. Oxford University Press.

Alexander, C. (2006). *The Nature of Order Set: v. 1, v. 2, v. 3 & v.* Center for Environmental Structure.

Alexander, C., Ishikawa, S. & Silverstein, M. (1977). *A Pattern Language: Towns, Buildings, Construction*. Oxford University Press.

Bauer, R. (2014). *Didaktische Entwurfsmuster. Diskursanalytische Annäherung an den Muster-Ansatz von Christopher Alexander und Implikationen für die Unterrichtsgestaltung* (Dissertation). Alpen-Adria Universität Klagenfurt, Klagenfurt. Abgerufen von http://tinyurl.com/o4ywqxr

Bauer, R. & Baumgartner, P. (2011). A First Glimpse at the Whole. Christopher Alexander's Fifteen Fundamental Properties of Living Centers and Their Implication for Education. In C. Kohls & J. Wedekind (Hrsg.), *Investigations of E-Learning Patterns: Context Factors, Problems and Solutions* (S. 272–284). Hershey, Pennsylvania: IGI Global. Abgerufen von http://peter.baumgartner.name/wp-content/uploads/2012/12/Bauer_Baumgartner_2011_A-First-Glimspe-at-the-Whole.pdf

Bauer, R. & Baumgartner, P. (2012). *Schaufenster des Lernens – Eine Sammlung von Mustern zur Arbeit mit E-Portfolios*. Münster: Waxmann.

Baumgartner, P. (1993). *Der Hintergrund des Wissens – Vorarbeiten zu einer Kritik der programmierbaren Vernunft* (Bd. 26). Klagenfurt: Kärntner Druck- und Verlagsgesellschaft m.b.H. Abgerufen von http://peter.baumgartner.name/wp-content/uploads/2013/06/Baumgartner_1993_Hintergrund-des-Wissens.pdf

Baumgartner, P. (2011). *Taxonomie von Unterrichtsmethoden: ein Plädoyer für didaktische Vielfalt*. Münster: Waxmann.

Böhmann, M. & Klaffke, T. (2010). Die Neuen kommen! Gut starten in Schule und Kollegium. Supplement zum Friedrich Jahresheft. In *Friedrich Jahresheft*. Seelze: Friedrich Verlag.

DeMarco, T., Hruschka, P., Lister, T., McMenamin, S., Robertson, J. & Robertson, S. (2007). *Adrenalin-Junkies und Formular-Zombies – Typisches Verhalten in Projekten*. München: Carl Hanser.

Derntl, M. (2007). *Patterns for Person-Centered E-Learning* (Illustrated edition.). Ios Press.

Dreyer, H. P. (2006). Ist Unterrichten eine Kunst, ein Handwerk oder eine Wissenschaft? *VSH-Bulletin*, (1). Abgerufen von http://www.ch-hochschullehrer.ethz.ch/pdfs/2006_1_S8_Dreyer.pdf

Eckstein, J., Manns, M. L., Sharp, H., Marquardt, K., Chandler, J., Sipos, M., Völter, M., Wallingford, E. & Bergin, J. (2012). *Pedagogical Patterns: Advice for Educators*. CreateSpace Independent Publishing Platform.

Gamma, E., Helm, R., Johnson, R. E. & Vlissides, J. (1995). *Design Patterns. Elements of Reusable Object-Oriented Software.* Amsterdam: Addison-Wesley Longman.

Iba, T. (2012). Re-Thinking Education and Learning with C. Alexander's Latest Theory. *Creative Systems Lab. An exploration for understanding how creative emergence occurs*. Abgerufen von http://creativesystemslab.blogspot.co.at/2012/09/re-thinking-education-and-learning-with.html

Jank, W. & Meyer, H. (2002). *Didaktische Modelle* (5. völlig überarb. Aufl.). Frankfurt am Main: Cornelsen Scriptor.

Kohls, C. (2013). *The Theories of Design Patterns and their Practical Implications exemplified for E-Learning Patterns* (Dissertation). Katholische Universität Eichstätt-Ingolstadt, Eichstätt.

Kohls, C. & Wedekind, J. (Hrsg.). (2010). *Investigations of E-Learning Patterns*. IGI Global. Abgerufen von http://www.igi-global.com/bookstore/titledetails.aspx?titleid=46986

Köhne, S. (2005). *Didaktischer Ansatz für das Blended Learning: Konzeption und Anwendung von Educational Patterns* (Dissertation). Universität Hohenheim, Fakultät für Wirtschafts- und Sozialwissenschaften, Hohenheim. Abgerufen von http://opus.ub.uni-hohenheim.de/volltexte/2006/123/

Laurillard, D. (2012). *Teaching as a design science: building pedagogical patterns for learning and technology*. New York, NY: Routledge.

Leitner, H. (2007). *Mustertheorie. Einführung und Perspektiven auf den Spuren von Christopher Alexander* (1. Aufl.). Graz: Nausner & Nausner.

Meyer, H. (1994). *Unterrichtsmethoden 1, Theorieband.* (6. Aufl.). Frankfurt am Main: Cornelsen Scriptor.

Polanyi, M. (1985). *Implizites Wissen.* Frankfurt am Main: Suhrkamp.

Rising, L. & Manns, M. L. (2004). *Fearless Change: Patterns for Introducing New Ideas: Introducing Patterns into Organizations*. Amsterdam: Addison Wesley Longman.

Schmidt, D. C. & Rising, L. (2001). *Design Patterns in Communications Software.* Cambridge University Press.

Schümmer, T. & Lukosch, S. (2007). *Patterns for Computer-Mediated Interaction.* Chichester: John Wiley & Sons.

Elke Lackner, Michael Kopp

Lernen und Lehren im virtuellen Raum

Herausforderungen, Chancen, Möglichkeiten

Dieser Beitrag wird im Format „flipped conference" umgesetzt.

Zusammenfassung

Der Beitrag zeigt die Ambivalenz von Auflösung des physischen Lernraumes und Bindung an den virtuellen Raum auf und veranschaulicht dabei die Konsequenzen für den Konzeptionsprozess der Lehrenden und den Lernprozess der Studierenden. Die Interaktion und gemeinsame Wissenskonstruktion unter den Lernenden nimmt im virtuellen Raum eine große Bedeutung ein, die Instruktion durch die Lehrpersonen steht nicht mehr im Mittelpunkt. Für beide Seiten bedeutet dies, mit neuen Lernmedien, Lernformen und geforderten Kompetenzen konfrontiert zu sein. Es gilt, mit den Freiheiten und Möglichkeiten des virtuellen Raumes und dessen Implikationen umzugehen. Im Beitrag werden einzelne zentrale Aspekte des Themas Lernen und Lehren im virtuellen Raum in einer Abwägung des Möglichen und Machbaren aus Sicht der universitären Praxis diskutiert und diese Aspekte den geforderten und geförderten Kompetenzen auf Seiten der Lehrenden und Lernenden gegenübergestellt.

1 Der virtuelle Lehr- und Lernraum

Universitäre Hörsäle und Universitätsbibliotheken sind schon lange nicht mehr die einzigen Orte, an denen studentische Lernprozesse stattfinden. Der virtuelle Raum als Lernraum, im Unterschied zum Lehrraum, wird immer wichtiger: Literaturrecherche findet online und mittels mobiler Endgeräte ubiquitär statt, ebenso die Kommunikation und Kollaboration unter Kommilitoninnen und Kommilitonen in sozialen Netzwerken. Eine neue Art des Lernens entsteht: „Seit der Etablierung des Web 2.0 und der damit einhergehenden technischen Entwicklungen hat sich das Kommunikations- und Interaktionsverhalten drastisch verändert. Soziale Medien wie YouTube, Facebook, Twitter oder Wikipedia erlauben einen massiven Daten- und Informationstransfer, an dem sich jeder und jede relativ einfach beteiligen kann. Technische Geräte wie Smartphones und Tablets sowie die Kommunikationskosten erlebten einen massiven Preisverfall und ermöglichen den weitgehend orts- und zeitunabhängigen Zugang zu diesen Daten und Informationen." (Kopp et al., 2013, S. 476) Das nicht an Institutionen gebundene *informelle* Lernen nimmt in seiner Bedeutung gegenüber dem *formellen* Lernen zu (So et al., 2008).

Einzig die Lehre ist an vielen (deutschsprachigen) Hochschulen noch an physische Seminarräume und Hörsäle als Lehrräume gebunden. Lehrveranstaltungen im virtuellen Raum, also Online-Lehrveranstaltungen oder -Kurse, haben sich in Europa (noch) kaum durchgesetzt, wenngleich der aus dem angloamerikanischen Raum stammende und vom *Horizon Report* 2013 als sich im Hochschulbereich kurzfristig etablierende Entwicklung identifizierte Trend der MOOCs, also Massive Open Online Courses, oder anders gesagt, (prinzipiell) offene Online-Kurse mit einer großen Anzahl an Teilnehmenden, auch an europäischen Bildungsinstitutionen immer stärker wahrgenommen wird.[1] So plant die Technische Universität München beispielsweise, selbst MOOCs anzubieten, nachdem man zuvor mit edX (www.edx.org), einem der führenden amerikanischen Anbieter, kooperiert hat, die Ludwig-Maximilians-Universität München kooperiert mit Coursera (www.coursera.org) (Schulmeister, 2013). In Österreich gibt es seit März 2014 die von der Technischen Universität Graz und der Karl-Franzens-Universität Graz gemeinsam betriebene MOOC-Plattform iMooX (www.imoox.at). Mit iversity (www.iversity.org) existiert seit 2011 eine eigene deutsche Plattform.

In welcher Form und in welchem Ausmaß MOOCs zukünftig Einfluss auf das Lehr- bzw. Lernverhalten haben und ob durch sie virtuelle Lehr- und Lernräume entstehen, die Hochschulen in ihrem Bestreben nach zeitgemäßen Lehr-/Lernsettings unterstützen, lässt sich zum gegenwärtigen Zeitpunkt noch nicht mit Gewissheit postulieren. Als aktueller Trend belegen MOOCs jedoch eine Entwicklung, die grundsätzlich unumkehrbar scheint: Wiewohl die Präsenzlehre auch weiterhin ihren Platz in den Hochschulen hat, wird der Anteil der Online-Lehre (in unterschiedlichsten Ausprägungen) steigen. Durch das Anbieten von Online-Kursen können Hochschulen nicht nur den virtuellen Raum als Lehrraum entdecken, sondern auch einer gesellschaftlichen Forderung nachkommen, wie sie von Kopp et al. (2013, S. 476) beschrieben wird: „Die Möglichkeit des zeit- und ortsunabhängigen Lernens spielt dabei eine immer bedeutendere Rolle, sei es, weil Studierende ihre Ausbildung nebenberuflich absolvieren, nicht an ihrem Studienort wohnen oder Betreuungspflichten haben. Hochschulen sind hier gefordert, entsprechende Angebote zu entwickeln und bereitzustellen.“ Gerade im Bereich des lebenslangen Lernens wünschen sich die Lernenden „zunehmend, an Lernangeboten teilzunehmen, die sie mit ihren beruflichen und privaten Verpflichtungen gut vereinbaren können.“ (Kerres, 2012, S. 106) Diese geänderten gesellschaftlichen Rahmenbedingungen stellen die Hochschulen vor zahlreiche neue Herausforderungen, nicht nur auf technischer und organisatorischer, sondern vor allem auch auf rechtlicher Ebene. Hierzu zählt beispielsweise eine allgemeine Rechtsunsicherheit aufgrund fehlender klarer Regelungen im Bereich Urheberrecht in der Lehre, die „zu einem sehr verhaltenen Einsatz von

1 Eine kritische Betrachtung und Erläuterung des Konzepts MOOC sowie einen Überblick über unterschiedliche MOOC-Anbieter liefert Schulmeister (2013).

Bildungstechnologien“ (Kopp et al., S. 477) führt, wobei es „gleichzeitig [...] durch CC-Lizenzen zu einem veränderten Nutzungs- und Publikationsverhalten“ (ebd.) kommt. Die Änderung des Nutzungsverhaltens von Materialien sowie die Verbreitung des Konzepts der Open Educational Resources sind als kontinuierlicher Prozess zu sehen, der für eine Änderung der eingesetzten Lehr- und Lernmedien und ihre Erstellung und Dissemination sorgt (Ebner & Schön, 2013; Mruck et al., 2013).[2]

Durch die genannten Veränderungen, die sich auch in einer Öffnung und Sichtbarmachung der Lehre nach außen manifestieren, eröffnen sich für die Hochschule auch als Arbeitgeberin neue Aufgabenfelder: „Der Einsatz von Bildungstechnologien ist grundsätzlich mit einem Mehraufwand für die Lehrenden verbunden. Um diesen Mehraufwand zu egalisieren, sind Anreizsysteme – in Form von Geld, Anerkennung und/oder Karriere – notwendig [...]. Ihre komplexen Strukturen zum Beispiel bei der Vereinheitlichung des Dienstrechtes, der Integration von E-Learning in die Curricula, der Implementierung von Online-Anteilen in die Präsenzlehre oder der Bereitstellung ausreichender personeller und finanzieller Ressourcen lassen die Hochschulen hier aber nur in kleinen Schritten vorankommen.“ (Kopp et al., 2013, S. 477) Nur wenige Hochschulen haben bisher E-Learning-Strategien formuliert und implementiert, um den virtuellen Raum als Lehr- und Lernraum zu definieren, organisieren und auch rechtlich abzusichern (Kleimann, 2008) und Anreizsysteme für die Nutzung des virtuellen Raums zu schaffen (Steinmetz & Rensing, 2005).[3]

2 Das Lehren im virtuellen Raum

Dass Lehren in mediengestützten Settings und folglich im virtuellen Raum einen zusätzlichen Aufwand für die Lehrpersonen bedeutet, wurde bereits mehrfach dargestellt (Kleimann, 2008; Steinmetz & Rensing, 2005). Für die Lehrenden stellen sich dabei unterschiedliche neue Herausforderungen, wie sie im analogen Zeitalter nicht bekannt waren. Drei dieser Herausforderungen sollen in den folgenden Abschnitten näher betrachtet werden: Lehrmedien, Lehrformen und Kompetenzen.

---

2 Auf das Thema *Lernmedien* wird in den Abschnitten zwei und drei noch genauer eingegangen,

3 Eine ausführliche Betrachtung der genannten Rahmenbedingungen für die Hochschule liefert der Beitrag „Technologie in der Hochschullehre. Rahmenbedingungen, Strukturen und Modelle“ von Kopp et al. (2013). Der Bereich *Schule* wird von Babnik et al. (2013) in „Technologieeinsatz in der Schule. Zum Lernen und Lehren in der Sekundarstufe“ dargestellt. Darin behandeln die Verfasser/innen unter anderem Lernformen und aus ihnen abgeleitete Kompetenzen, die im Studium an einer Hochschule vorausgesetzt werden.

2.1 Lehrmedien im virtuellen Raum

In unserer Informationsgesellschaft wird ständig neues Wissen produziert und im Internet weltweit verbreitet. So werden beispielsweise in nur einer Minute auf Google zwei Million Suchanfragen registriert, 204 Millionen E-Mails verschickt und 571 neue Webseiten erstellt (Educational Technology and Mobile Learning, 2013). Durch diese rasante Entwicklung und Verbreitung von Wissen verringert sich seine Halbwertszeit, was dazu führt, dass „wissenschaftliche Entwicklungen und Forschungen das Wissen der Menschheit circa alle fünf Jahre verdoppeln“ (Puls, 2011).

Lehrpersonen – wie auch wissenschaftlich Forschende – sind folglich mit einem immer kürzeren Anpassungsrhythmus an neue Erkenntnisse und neues Wissen konfrontiert. War es in der Vergangenheit durchaus möglich, Lehrressourcen, wenn auch mit kleinen Anpassungen und Aktualisierungen, über den Zeitraum mehrerer Semester einzusetzen, so ist dies heute kaum mehr denkbar. Das gedruckte Skriptum wird durch eine digitale Variante ersetzt, in die auch interaktive und multimediale Inhalte einfließen können, und die auf einer Lernplattform oder einem ähnlichen Portal bzw. über Cloudspeicherdienste für die Studierenden zugänglich gemacht wird (Ebner & Schön, 2013). Durch die digitale Bereitstellung können inhaltliche Anpassungen schnell und unkompliziert vorgenommen und Multimedialität und Interaktivität in die Lehr- und Lernressourcen integriert werden (Tesar et al., 2013). Links zu Online-Ressourcen werden direkt aus dem Dokument aufgerufen und müssen nicht mehr manuell eingegeben werden.

Zusätzlich zum digitalen Skriptum stehen den Lehrenden auch andere Medien zur Verfügung, die sich als Lehrmedien an der Hochschule – aber nicht nur dort – eignen. Neben auf digitalen Skripten basierenden oder neu erstellten E-Books (Rößling et al., 2013), die sich mittlerweile auf zahlreichen E-Readern oder mit der entsprechenden Applikation auch auf mobilen Geräten oder im Browser lesen lassen, können auch Podcasts in allen ihren Erscheinungsformen (Zorn et al., 2013), sei es als Vodcast oder Screencast, Lehrveranstaltungsaufzeichnungen (Kopp et al., 2013) oder Materialsammlungen, die auf Basis von sogenannten Content Curation Tools erstellt wurden, als Medien zur Wissensvermittlung dienen.[4] Durch die digitale Bereitstellungsmöglichkeit stehen Materialien für unterschiedliche Lerntypen und unterschiedliche Schwierigkeitsgrade zur Verfügung. Die Lernenden wählen jene Materialien aus, die ihrem Wissensstand entsprechen. So können sowohl Lernschwache als auch Begabte und Interessierte individuell gefördert werden. Die Lehrenden bieten den Lernenden Möglichkeiten

4 Dass es sich hierbei nur um einen Ausschnitt aller Möglichkeiten handelt, sei angemerkt. Die Liste neuer und alternativer Lernmedien im virtuellen Raum ist viel umfassender und kann nur angerissen werden. Auf die Frage nach Kriterien für gute und schlechte Lernmedien antwortet Kerres (2012).

zur Individualisierung des Lernprozesses an, die von diesen wiederum nach eigenem Ermessen genutzt werden können.

2.2 Lehrformen im virtuellen Raum

Wie bereits beschrieben wurde, hat sich die Art und Weise, wie Lernende und Lehrende kommunizieren und interagieren, durch die ubiquitäre Verfügbarkeit und Zugänglichkeit des virtuellen Raums infolge der starken Ausbreitung mobiler Endgeräte wie Tablets und Smartphones stark verändert. Interaktion und Kommunikation sind nicht mehr auf den physischen Raum des Lehrraumes oder einer Cafeteria beschränkt, die Studierenden tauschen sich verstärkt in sozialen Netzwerken aus. Diesem veränderten Lernverhalten kann auch mit veränderten Lehrformen Rechnung getragen werden.

Dem Konstruktivismus (Reinmann, 2013) und Konnektivismus (Siemens, 2005) folgend können im virtuellen Raum einer Lernplattform Interaktions- und Kommunikationsräume für die Lernenden geschaffen werden, in denen sie sich im Sinne des sozialen Lernens austauschen oder auch gegenseitig helfen (Kerres, 2012). Dieser Austausch kann über Foren oder Chats passieren, auch soziale Netzwerke können für diesen Austausch genutzt werden. Die Studierenden werden über spezifische Arbeitsaufträge zur Zusammenarbeit und gemeinsamen Diskussion angeregt. Die Lehrenden verfolgen die Interaktionen der Lernenden aus der Position eines Trainers bzw. einer Trainerin oder eines Lernbegleiters bzw. einer Lernbegleiterin heraus. Hierfür können zum einen neue, speziell für den Einsatz im virtuellen Lehrraum entwickelte, zum anderen aber auch aus der traditionellen Lehre bekannte und für den virtuellen Lehrraum adaptierte Methoden verwendet werden. Ein Beispiel aus der Praxis ist das Cyberstorming. Es handelt sich hierbei um eine Weiterentwicklung des klassischen Brainstormings, bei dem die Lernenden in einem Chat oder einem Wiki beispielsweise Begriffe oder Themen sammeln. Diese Sammlung kann unter verschiedenen Gesichtspunkten erfolgen: zur Erhebung von Interessensgebieten und Erwartungen ebenso wie zum Abtasten von Vorwissen am Beginn einer thematischen Einheit. Eine ausführliche Beschreibung dieses Modells und seiner Einbettungsmöglichkeiten in einen größeren Kontext findet sich auf der Mediendidaktischen Modellsammlung der Universität Graz (http://mdm.uni-graz.at), die Lehrenden der Universität Graz in der Praxis erprobte Methoden und Modelle zum Lehren im virtuellen Raum bietet.

Die von der Lehrperson zur Verfügung gestellten Lernmedien sind nicht mehr alleinige Wissensgrundlage, vielmehr werden die Studierenden dazu angehalten, sich auch selbst auf die Suche nach Materialien zu begeben und von den Entdeckungen ihrer Kolleginnen und Kollegen zu profitieren (Stichwort: Schwarmintelligenz) sowie sich gemeinsam auszutauschen und in diesem

Zusammenhang neues Wissen zu generieren (Siemens, 2005). Zum Teilen der gefundenen Ressourcen können Tools aus dem Bereich der Content Curation ebenso verwendet werden wie klassische Wikis, Foren oder Datenbanken, um nur einige Möglichkeiten zu nennen.

2.3 Lehrkompetenzen im virtuellen Raum

Für die Lehrenden ist der virtuelle Lehr- und Lernraum mit einem veränderten Kompetenzprofil verknüpft. Neben der fachlichen Expertise, die weiterhin zentrale Kompetenz bleibt, werden verstärkt zusätzliche Kompetenzen gefordert. Drei davon sollen im Folgenden kurz betrachtet werden: Medienkompetenz, mediengestützte Methodenkompetenz und Kompetenzen im Bereich E-Moderation.

Durch die Öffnung des virtuellen Raums zum Lehr- und Lernraum ergibt sich für die Lehrenden die Notwendigkeit, sich mit dem Umgang mit digitalen Medien vertraut zu machen und sich Medienkompetenz anzueignen, die teilweise auch den technischen Bereich und die Logik des Mediums betreffen. Diese reicht vom bloßen Erstellen von Materialien bis hin zum Bedienen einer Lernplattform unter Ausnützung ihrer didaktischen Möglichkeiten. Plant die Lehrperson zum Beispiel Screencasts als Lernvideos zur Verfügung zu stellen, so muss nicht nur der Inhalt erarbeitet werden, sondern es müssen auch ein geeignetes Programm zur Aufnahme des Videos gesucht, Möglichkeiten des Schnitts bedacht und eine Plattform ausgewählt werden, über die die Videos zur Verfügung gestellt werden können. Außerdem sind beim Erstellen Rahmenbedingungen wie die Rezeptionsfähigkeit der Lernenden in Hinblick auf audiovisuelle und am Bildschirm konsumierte Ressourcen zu bedenken (Kerres, 2012). Werden Videos nicht selbst erstellt, so ist unter Wahrung der Urheberrechte Material zu suchen, das in der Lehre eingesetzt werden darf.

Darüber hinaus sind durch den Wegfall des Schwerpunkts des expositorischen Lernens durch Instruktion auf Ebene der mediengestützten Methodenkompetenz neue Methoden und Möglichkeiten notwendig, die Kommunikation, Kollaboration und Interaktion zwischen den Lernenden ermöglichen oder auslösen. Arbeitsaufträge sind mitunter als Impulse zur Diskussion zu sehen, Materialien für unterschiedliche Lerntypen und Wissensniveaus sind zur Verfügung zu stellen, wobei diese unter Umständen den Studierenden nur als Ausgangspunkt für eigene Recherchen und selbst generierte Ressourcen dienen (siehe dazu auch Kapitel 3.2).

Greift die Lehrperson lenkend in inhaltliche Diskussionen ein, so braucht sie hierfür Kompetenzen im Bereich der E-Moderation, die zum einen sprachlicher und zum anderen methodischer Natur sind. Die Arbeitsaufträge sind so zu formulieren, dass sie Diskussionen auslösen, gestartete Diskussionen sind gegebenenfalls am Laufen zu halten und in besonders aktiven Gruppen müssen Kommunikationsstränge zusammengeführt oder geteilt werden (Ebner et al., 2013; Salmon, 2007).

3 Das Lernen im virtuellen Raum

Eine wesentliche Basis für das Lernen im virtuellen Raum ist für die Lernenden das Oszillieren zwischen der Auflösung des physischen Raumes und der Bindung an den virtuellen Raum. Der virtuelle Raum als Lernraum ermöglicht durch den Verzicht auf einen vorgegebenen physischen Raum das zeit- und ortsunabhängige und somit flexiblere Lernen. Die gleichzeitige Bindung an den virtuellen Raum einer Lernplattform beispielsweise liefert Orientierung und bietet durch Möglichkeiten einer Entanonymisierung bzw. Personalisierung Halt. Man lernt zu jenen Tageszeiten und an jenen Orten, die individuell als geeignet erscheinen. Diese Flexibilität zeigt sich auch in der Möglichkeit, das eigene Lerntempo zu wählen und jene Passagen wiederholen zu können, die Schwierigkeiten bereiten.

Gleichzeitig jedoch wird das Lernen im virtuellen Raum auch als aufwändig betrachtet, wie Kerres (2012, S. 93) unterstreicht: „Weil mediengestütztes, selbstgesteuertes Lernen vielfach weniger gewohnt ist, erscheint konventioneller Unterricht für Lernende subjektiv als weniger aufwändig.“ Die neugewonnene Freiheit der Studierenden im Lernprozess ist groß – folglich auch der Anspruch an ihre Selbstorganisiertheit, Selbstbestimmtheit und Eigenverantwortlichkeit. Der Umgang mit neuen Lernmedien und Lernformen erfordert und fördert gleichzeitig Kompetenzen, auf die sich die Lernenden zusätzlich zum Wissenserwerb einstellen müssen, was den oben genannten subjektiv empfundenen Mehraufwand beim Lernen im virtuellen Raum mit digitalen Lernmedien erklärt.

3.1 Lernmedien im virtuellen Raum

Lernende benutzen in ihrem Lernprozess nach wie vor hauptsächlich die von den Lehrenden zusammengestellten und zur Verfügung gestellten Lernmedien, wenngleich sich diese, wie in 2.1 beschrieben, im virtuellen Lehrraum qualitativ und zunehmend auch quantitativ verändern. Die Quellen, aus denen die Lernenden ihr Wissen beziehen, beschränken sich im virtuellen Raum nicht mehr auf das geschriebene und gedruckte Printprodukt, sondern sind digital und multimedial geworden (Kretschmann & Linten, 2013). Online-Publikationen, Lernvideos, Content-Curation-Portale, Microblogging oder Blogs sind nur einige der neuen Lernmedien, die von den Lernenden im Lernprozess genutzt werden können.

Diese Multi- bzw. Plurimedialität wirkt sich auch auf die Literaturrecherche und -beschaffung aus: Recherche findet heute nicht mehr nur „im institutseigenen Bibliothekskatalog“ (ebd.) statt, sondern „in Zeiten von Web 2.0 und 3.0 fast ausschließlich im weltweiten Netz“ (ebd.). Onlinedatenbanken, eBooks, eJournals und Suchmaschinen werden zur Recherche genutzt, auf Fernleihen muss man nicht mehr wochenlang warten, sondern sie werden schnell via E-Mail zugestellt.

Der virtuelle Lern- und Rechercheraum bietet zahlreiche unterschiedliche Lernmedien an, die zeit- und ortsunabhängig abgerufen und konsumiert werden können. Durch die wachsende Mobilität der Studierenden und die weite Verbreitung mobiler Endgeräte ist das Lernen nicht mehr auf den eigenen Schreibtisch oder den Lesesaal der Bibliothek beschränkt (Specht et al., 2013). Mobile Endgeräte haben sich mittlerweile immer mehr zu einem wichtigen Lernbegleiter entwickelt, der einen Zugang zum virtuellen Lernraum ermöglicht und somit die Bindung an die traditionellen physischen Lernorte auflöst. Lernen wird *mobile* und *ubiquitous*, ein Internetzugang reicht aus, um den virtuellen Lernraum zu öffnen.

Dabei gilt, dass der virtuelle Lernraum, wie auch das Internet allgemein, das ist, „was die Menschen ihm zuschreiben und mit ihm tun. Es ist ein *konstruktivistisches Medium*, weil es durch Konstruktion der Menschen entsteht.“ (Kerres, 2012, S. 137) Der virtuelle Lernraum ermöglicht neben der Verfügbarmachung zahlreicher Lernressourcen auch, sich mit Kolleginnen und Kollegen schnell auszutauschen, gemeinsam Wissen zu produzieren und aus der Interaktion und Kommunikation zu lernen, worin sich ein „entscheidende[r] Unterschied zu den bisherigen Szenarien des *einsamen* Lernens mit Medien“ (ebd., S. 105) identifizieren lässt. Kerres (ebd., S. 161) folgert daraus: „Das Internet wird *sozial*.“ Dies führt der Autor darauf zurück, dass nicht nur die Inhalte von Webseiten interessant sind, sondern auch die Kommunikation und Interaktion mit anderen, „weil sie von anderen gleichgesinnten Menschen aufgesucht werden“ (ebd.), mit denen man sich auf sozialen Netzwerken oder in Foren, in Learning Communities oder in ähnlichen Kontexten austauschen kann.

3.2 Lernformen im virtuellen Raum

Der virtuelle Lernraum ermöglicht und fordert durch die Stärkung des informellen Lernens infolge der gestiegenen Mobilität der Lernenden eine Adaptierung jener Lernformen, die im traditionellen physischen Lernraum eines Hörsaals zum Einsatz kommen. Dabei ergeben sich neue Möglichkeiten des sozialen Lernens, das sich nicht auf einen eingeschränkten geographischen Raum bezieht, sondern in seiner weltweiten Komponente zu sehen ist (Kerres, 2012). Die Lernenden bekommen die Möglichkeit, sich mit Gleichgesinnten auf der gesamten Welt auszutauschen bzw. mit ihnen in Kontakt zu treten. Im Sinne eines konnektivistisch vernetzten Lernens werden dabei neue Wissensquellen geöffnet und verfügbar gemacht: „Die Bedeutung des *individuellen* Wissenserwerbs tritt damit gegenüber der Verfügbarkeit *kollektiven* Wissens, der Partizipation an diesem Wissen und seiner Entwicklung zurück.“ (ebd., S. 166) Die Lernenden generieren zusätzlich zu den von den Lehrenden zur Verfügung gestellten Lernressourcen eigene Ressourcen innerhalb unterschiedlicher Netzwerke, die sich durch einen fließenden Übergang zwischen formellen und informellen Lernprozessen auszeichnen. Das expositorische Lernen wird um das kooperative Lernen sowie das explorative und das soziale Lernen erweitert. Es gilt im Sinne des *Seamless Mobile Learnings* Medienbrüche zu vermeiden (So et al., 2008).

Sobald der Lernprozess jedoch nicht mehr eindeutig vorgegeben wird, steigt der Anspruch an die Lernenden, selbstgesteuert zu lernen. Dieses selbstgesteuerte Lernen kann dabei mit Kerres (ebd., S. 5) unterschiedliche Formen annehmen, „alleine, mit anderen Lernern oder mit der Unterstützung einer betreuenden Instanz“. Eine Mischung aller drei Ebenen scheint dabei die höchste Effizienz zu haben, wenn man bedenkt, dass in MOOCs die fehlende Interaktion zwischen Studierenden und Lehrenden als einer der Gründe für die hohen Abbruchraten gesehen werden kann (Khalil & Ebner, 2013, 2014) und MOOC-Plattformen wie Udacity beispielsweise aus diesem Grund seit kurzem auch (kostenpflichtige) tutorielle Begleitungen anbieten (Herbold, 2014).

3.3 Lernkompetenzen im virtuellen Raum

Die veränderten und adaptierten Lernformen fordern von den Studierenden eine Neugewichtung von Kompetenzen, auf die sie bislang vielleicht nur in geringen Maßen zurückgreifen mussten. So erfordert das selbstgesteuerte Lernen einen hohen Grad an Selbstorganisation. Die Studierenden können durch die Flexibilität, die ihnen der virtuelle Lernraum bietet, selbstgesteuert lernen, müssen dafür aber ihre Lernzeiten selbst bestimmen und einteilen (Kerres, 2012, S. 393; Schulmeister & Metzger, 2011). Dabei müssen sie selbst entscheiden, wie viel an Informationen sie verarbeiten können und in welcher Form sie sich das Wissen aneignen wollen. Die Aufnahmekapazität während des Lernprozesses schwankt nicht nur je nach Komplexität der Inhalte, ihrer medialen Aufbereitung und der Basis, die die Studierenden bereits mitbringen (Kerres, 2012), sondern auch nach individuellen Faktoren, wie beispielsweise das soziale Umfeld oder die Tagesverfassung.

Darüber hinaus ist im virtuellen Lernraum die „Informationskompetenz“ (Kretschmann & Linten, 2013, S. 186) eine zentrale Kompetenz, die sich nicht nur darin äußert, relevante von irrelevanten Informationen und valide von nicht validen Rechercheergebnissen zu unterscheiden. Es handelt sich vielmehr um

„die Fähigkeiten, einen Informationsbedarf zu erkennen und zu benennen, eine Suchstrategie zu entwickeln, die geeigneten Informationsquellen zu identifizieren und zu nutzen, die Informationen schließlich zu beschaffen, zu evaluieren und sie so weiterzuverarbeiten, dass die ursprüngliche Fragestellung effektiv und effizient gelöst wird.“ (ebd.)

Es geht demnach nicht nur um die Beschaffung von Informationen, sondern gleichzeitig um die Sammlung und Verwaltung der gefundenen Informationen und Quellen. Eine spezifische Methoden- bzw. Medienkompetenz wird beispielsweise notwendig, um mit im virtuellen Raum vorhandenen browserbasierten Literaturverwaltungsprogrammen, wie Evernote (www.evernote.com), Diigo (www.diigo.com) und Zotero (www.zotero.org), umzugehen (Lackner & Ederer-Fick, 2014; Kretschmann & Linten, 2013). Da nun aber, konnektivistisch betrachtet, Menschen ebenfalls als Lernmedien verstanden werden, spielen auch die soziale Kompetenz und die Sprachkompetenz im virtuellen Lernraum eine spezifische Rolle. Lernende müssen lernen, sich zu vernetzen, sich in sozialen Netzwerken zurechtzufinden und sprachlich so zu agieren, dass aufgrund des Fehlens der nonverbalen Sprachebene Kommunikation auch im virtuellen Raum funktioniert (Ebner et al., 2013).

4 Zusammenfassung

Durch die Öffnung des virtuellen Lehr- und Lernraumes ergeben sich sowohl für die Lehrenden als auch die Lernenden zahlreiche Möglichkeiten im Hinblick auf den Lehr- und Lernprozess. Die an diesen virtuellen Raum gekoppelten Möglichkeiten und Freiheiten stellen jedoch beide Seiten vor neue Herausforderungen, an die es sich zu gewöhnen gilt. Das Lernen wird immer informeller, die von den Lehrenden zur Verfügung gestellten Lehrmedien werden als Ausgangspunkt für die Kommunikation und Interaktion mit Kolleginnen und Kollegen gesehen, die zeitlich nicht mehr auf den physischen Raum des Lehrsaals oder vorab ausgemachte Treffen beschränkt sind. Der Austausch erfolgt sowohl synchron als auch asynchron in sozialen Netzwerken und in Diskussionsforen auf Lernplattformen oder in Learning Communities.

Die Lehrperson ist nicht mehr alleinige Bereitstellerin von Wissen und Informationen, diese werden vielmehr kollektiv gesucht, entwickelt und diskutiert. Die für einen im virtuellen Raum erfolgreichen Lehr- und Lernprozess notwendigen Kompetenzen müssen dabei teilweise von den Lehrenden und Lernenden erst ausgebildet bzw. adaptiert und übernommen werden, wobei sich diese Übernahme als kontinuierlicher Prozess darstellt, der von den Lehrenden und Lernenden bereits aktiv gestaltet wird. Die institutionelle Verankerung des virtuellen Lehr- und Lernraums stellt allerdings vielerorts noch ein Desiderat der Zukunft dar.

Literatur

Babnik, P., Dorfinger, J., Meschede, K., Waba, S., Widmer, M. & Mulley, U. (2013). Technologieeinsatz in der Schule. Zum Lernen und Lehren in der Sekundarstufe. In M. Ebner & S. Schön (Hrsg.), *Lehrbuch für Lernen und Lehren mit Technologien* (S. 465–473). Berlin: epubli. Online: http://l3t.eu/homepage/das-buch/ebook-2013/kapitel/o/id/106/name/technologieeinsatz-in-der-schule.

Ebner, M. & Schön, S. (2013). Das Schulbuch – überhaupt noch zeitgemäß? *OCG Journal. Das IT-Magazin der österreichischen Computer Gesellschaft, 38* (3), 18–19. Retrieved from http://www.ocg.at/sites/ocg.at/files/medien/pdfs/OCG-Journal1303.pdf.

Ebner, M., Schön, S., Bäuml-Westebbe, G., Buchem, I., Lehr, C. & Egloffstein, M. (2013). Kommunikation und Moderation. Internetgestützte Kommunikation zur Lernunterstützung. In M. Ebner & S. Schön (Hrsg.), *Lehrbuch für Lernen und Lehren mit Technologien* (S. 157–165). Berlin: epubli. Online: http://l3t.eu/homepage/das-buch/ebook-2013/kapitel/o/id/121/name/kommunikation-und-moderation.

Educational Technology and Mobile Learning. (2013). *Here is what happens online in 60 seconds.* Retrieved from http://www.educatorstechnology.com/2013/07/here-is-what-happens-online-in-60.html.

Herbold, A. (2014). *Sebastian Thrun im Interview. „MOOCs sind bisher nicht gut genug".* Retrieved from http://www.tagesspiegel.de/wissen/sebastian-thrun-im-interview-moocs-sind-bisher-nicht-gut-genug/9331844.html.

Kerres, M. (2012). *Mediendidaktik. Konzeption und Entwicklung mediengestützter Lernangebote.* München: Oldenbourg.

Khalil, H. & Ebner, M. (2013). Interaction Possibilities in MOOCs – How Do They Actually Happen? International Conference on Higher Education Development (S. 1–24), Mansoura University, Egypt. Retrieved from http://de.scribd.com/doc/134249470/Interaction-Possibilities-in-MOOCs-%E2%80%93-How-Do-They-Actually-Happen.

Khalil, H. & Ebner, M. (2014). MOOCs Completion Rates and Possible Methods to Improve Retention – A Literature Review. In *Proceedings of World Conference on Educational Multimedia, Hypermedia and Telecommunications 2014*, im Druck.

Kleimann, B. (2008). Kapazitätseffekte von E-Learning an deutschen Hochschulen. Konzeptionelle Überlegungen – Szenarien – Modellrechnungen. *HIS: Forum Hochschule 6*/2008. Retrieved from http://www.his.de/pdf/pub_fh/fh-200806.pdf.

Kopp, M., Ebner, M., Nagler, W. & Lackner, E. (2013). Technologie in der Hochschullehre. Rahmenbedingungen, Strukturen und Modelle. In M. Ebner & S. Schön (Hrsg.), *Lehrbuch für Lernen und Lehren mit Technologien* (S. 475–482). Berlin: epubli. Online: http://l3t.eu/homepage/das-buch/ebook-2013/kapitel/o/id/114/name/technologie-in-der-hochschullehre.

Kretschmann, R. & Linten, M. (2013). Literatur und Information. Datenbanken, Fachliteratur, Literaturrecherche und -verwaltung. In M. Ebner & S. Schön (Hrsg.), *Lehrbuch für Lernen und Lehren mit Technologien* (S. 185–199). Berlin: epubli. Online: http://l3t.eu/homepage/das-buch/ebook-2013/kapitel/o/id/143/name/literatur-und-information.

Lackner, E. & Ederer-Fick, E. M. (2014). Neue Wege wissenschaftlichen Arbeitens für Studierende: M(obil) – S(elbstorganisiert) – M(ediengestützt). Unterstützung durch Tools und Anwendungen aus dem Web 2.0. In R. Egger & C. Wustmann (Hrsg.), *Forschungsgeleitete Lehre in einem Massenstudium. Bedingungen und Möglichkeiten in den Erziehungs- und Bildungswissenschaften.* Wiesbaden: Springer VS, im Druck.

Mruck, K., Mey, G., Schön, S., Idensen, H. & Purgathofer, P. (2013). Offene Lehr- und Forschungsressourcen. Open Access und Open Educational Resources. In M. Ebner & S. Schön (Hrsg.), *Lehrbuch für Lernen und Lehren mit Technologien* (S. 311–318). Berlin: epubli. Online: http://l3t.eu/homepage/das-buch/ebook-2013/kapitel/o/id/112/name/offene-lehr-und-forschungsressourcen.

New Media Consortium. (2013). *The NMC Horizon Report 2013: Higher Education Edition.* Retrieved from http://www.nmc.org/pdf/2013-horizon-report-HE.pdf.

Puls, F. (2011). *In jeder Sekunde wächst das Wissen, doch die Halbwertzeit des Wissens schrumpft.* Retrieved from http://www.wissensmanagement-der-zukunft.de/in-jeder-sekunde-wachst-das-wissen-doch-die-halbwertzeit-des-wissens-schrumpft/.

Reinmann, G. (2013). Didaktisches Handeln. Die Beziehung zwischen Lerntheorien und Didaktischem Design. In M. Ebner & S. Schön (Hrsg.), *Lehrbuch für Lernen und Lehren mit Technologien* (S. 127–138). Berlin: epubli. Online: http://l3t.eu/homepage/das-buch/ebook-2013/kapitel/o/id/93/name/didaktisches-handeln.

Rößling, G., Idensen, H. & Nagler, W. (2013). Vom Online-Skriptum zum E-Book. Lehr- und Lernunterlagen als elektronische Bücher. In M. Ebner & S. Schön (Hrsg.), *Lehrbuch für Lernen und Lehren mit Technologien* (S. 249–256). Berlin: epubli. Online: http://l3t.eu/homepage/das-buch/ebook-2013/kapitel/o/id/123/name/vom-online-skriptum-zum-e-book.

Salmon, G. (2007). *E-Moderating. The Key to Teaching & Learning Online*. London; New York: RoutledgeFalmer.

Schulmeister, R. (2013). Der Beginn und das Ende von OPEN. Chronologie der MOOC-Entwicklung. In R. Schulmeister (Hrsg.), *MOOCs – Massive Open Online Courses. Offene Bildung oder Geschäftsmodell?* (S. 17–59). Münster u.a.: Waxmann.

Schulmeister, R. & Metzger, C. (Hrsg.). (2011). *Die Workload im Bachelor: Zeitbudget und Studierverhalten. Eine empirische Studie*. Münster u.a.: Waxmann.

Siemens, G. (2005). Connectivism: A Learning Theory for the Digital Age. *International Journal of Instructional Technology & Distance Learning*, January 2005, 2 (1), 3–10. Retrieved from http://www.itdl.org/Journal/Jan_05/Jan_05.pdf.

So, H.-J., Kim, I. & Looi, C.-K. (2008). Seamless Mobile Learning: Possibilities and Challenges Arising from the Singapore Experience. *Educational Technology International* 9 (2), 97–121. Retrieved from http://competency.guideline.co.kr/pds/2008research/nij08_5.pdf.

Specht, M., Ebner, M. & Löcker, C. (2013). Mobiles und ubiquitäres Lernen. Technologien und didaktische Aspekte. In M. Ebner & S. Schön (Hrsg.), *Lehrbuch für Lernen und Lehren mit Technologien* (S. 217–225). Berlin: epubli. Online: http://l3t.eu/homepage/das-buch/ebook-2013/kapitel/o/id/113/name/mobiles-und-ubiquitaeres-lernen.

Steinmetz, R. & Rensing, C. (2005). Internetbasierte Hochschullehre in den kommenden 10 Jahren. Herausforderungen und Lösungsansätze aus technologischer und organisatorischer Perspektive. In M. Kerres & R. Keil-Slawik (Hrsg.), *Hochschulen im digitalen Zeitalter: Innovationspotenziale und Strukturwandel* (S. 173–189). Münster u.a.: Waxmann.

Tesar, M., Stöckelmayer, K., Pucher, R., Ebner, M., Metscher, J. & Vohle, F. (2013). Multimediale und interaktive Materialien. Gestaltung von Materialien zum Lehren und Lernen. In M. Ebner & S. Schön (Hrsg.), *Lehrbuch für Lernen und Lehren mit Technologien* (S. 99–107). Berlin: epubli. Online: http://l3t.eu/homepage/das-buch/ebook-2013/kapitel/o/id/98/name/multimediale-und-interaktive-materialien.

Van Treek, T., Himpsl-Gutermann, K. & Robes, J. (2013). Offene und partizipative Lernkonzepte. E-Portfolios, MOOCs und Flipped Classrooms. In M. Ebner & S. Schön (Hrsg.), *Lehrbuch für Lernen und Lehren mit Technologien* (S. 287–299). Berlin: epubli. Online: http://l3t.eu/homepage/das-buch/ebook-2013/kapitel/o/id/149/name/offene-und-partizipative-lernkonzepte.

Zorn, I., Seehagen-Marx, H., Auwärter, A. & Krüger, M. (2013). Educasting. Wie Podcasts in Bildungskontexten Anwendung finden. In M. Ebner & S. Schön (Hrsg.), *Lehrbuch für Lernen und Lehren mit Technologien* (S. 257–265). Berlin: epubli. Online: http://l3t.eu/homepage/das-buch/ebook-2013/kapitel/o/id/111/name/educasting.

Alexandra Totter, Thomas Hermann

Dokumentations- und Austauschräume

Der Einsatz von Blogs in der berufspraktischen Ausbildung von Lehrpersonen

Zusammenfassung

Studierende an Pädagogischen Hochschulen verbringen einen wichtigen Teil ihrer Ausbildung zur Lehrperson in der berufspraktischen Ausbildung im Schulfeld. Damit die Betreuung durch Mentorinnen und Mentoren sowie der Austausch mit anderen Studierenden während der dezentral organisierten Praktikumsphasen aufrechterhalten werden können, sind neue Austauschplattformen gefragt. Die Pädagogische Hochschule Zürich betrat in diesem Zusammenhang Neuland und startete ein Projekt, bei dem Blogs als multimodale Kommunikationsumgebungen mit definierbaren Zugriffsrechten und Kommentarfunktionen für neue Formen von kollaborativem Lernen eingesetzt wurden. Der Beitrag stellt ein Projekt vor, bei dem 45 Studierende und vier Mentoren während drei Wochen Blogs als Dokumentations- und Austauschräume nutzten, mit dem Ziel, mögliche Szenarien für den Einsatz von Blogs in der berufspraktischen Ausbildung zu erkunden. Weiter werden die Ergebnisse einer explorativen Studie präsentiert, die die Erfahrungen und Einschätzungen der Studierenden zum Nutzen und der Nützlichkeit des Blogs für dieses Praktikum zeigen.

1 Einleitung

Im Hochschulkontext werden Blogs vermehrt als Werkzeug eingesetzt, um selbstorganisiertes und reflexives Lernen zu fördern (Bernhardt & Wolf, 2012; Buchem, Appelt, Kaiser, Schön & Ebner, 2011; Sim & Hew, 2010). Seit einigen Jahren werden Blogs auch in der berufspraktischen Ausbildung von Lehrpersonen genutzt (Deng & Yuen, 2009, 2012; Wopereis, Sloep & Poortman, 2010; Yang, 2009), um kollaboratives Lernen, Reflexion, Kommunikation und soziale Unterstützung zu begünstigen.

Die berufspraktische Ausbildung ist ein zentrales Element in der Ausbildung von Lehrpersonen und leistet einen wesentlichen Beitrag dazu, die Studierenden auf ihre Aufgaben als Lehrperson im Berufsfeld vorzubereiten (Hascher, 2012; Kreis & Staub, 2011). Sie thematisiert – an der Schnittstelle zwischen Theorie und Praxis – sowohl stufen- als auch fächerübergreifende Inhalte. Der Auftrag der berufspraktischen Ausbildung ist eng verknüpft mit dem Berufsauftrag von Lehrpersonen (Heitzmann & Messner, 2001) und beschäftigt sich mit einer Reihe von Themen, wie z.B.

- Fragen zur Unterrichtsplanung und -durchführung,
- unterschiedliche Lehr- und Lernarrangements,
- diagnostische und didaktische Basistechniken,
- Klassenführung und Lernprozessbegleitung,
- aktuelle Fragen zum schulischen Berufsfeld und zur Institution Schule.

Allerdings zeigen Befunde der berufspraktischen Forschung in der Lehrerbildung auch Defizite (Hascher, 2012; Hobson, Ashby, Malderez & Tomlinson, 2009; Meyer & Kiel, 2014). Es kann zu mangelnder Kommunikation, Koordination und Kooperation zwischen Ausbildenden und Studierenden kommen. Unter anderem fühlen sich Studierende in ihrer berufspraktischen Ausbildung zu wenig emotional und psychologisch unterstützt (Hobson et al., 2009). Der Erwerb von handlungspraktischem Reflexionswissen gelingt nicht immer. Die kritische Reflexion der Studierenden bleibt mitunter an der Oberfläche oder entwickelt sich zur „Reflexion um ihrer selbst willen" (Sundli, 2007).

Im Folgenden werden erste Ergebnisse eines Projektes vorgestellt, in dem das Potential von Blogs in der berufspraktischen Ausbildung über mehrere Praktika hinweg untersucht wird. Konkret wird in diesem Beitrag der Frage nachgegangen, wie angehende Lehrpersonen in ihrem ersten Praktikum, basierend auf der von den Mentoren vorgegebenen Einsatzszenarios, die Nutzung und die Nützlichkeit von Blogs einschätzen und was bei der Einführung von Blogs sowohl didaktisch als auch hinsichtlich der Arbeitsbelastung in diesem Setting beachtet werden muss, um Studierende zu gewinnen, diese Technologie zu nutzen. Zunächst wird ein Überblick über die Funktion und den Ablauf der berufspraktischen Ausbildung von Lehrpersonen an der Pädagogischen Hochschule Zürich (PH Zürich) gegeben. Anschliessend werden die Studie, die Einsatzszenarios, das zugrundeliegende theoretische Rahmenmodell zur Nutzung von Blogs sowie die Ergebnisse vorgestellt. Der Beitrag schliesst mit einem Fazit und Ausblick.

2 Berufspraktische Ausbildung von Lehrpersonen an der PH Zürich

Die berufspraktische Ausbildung an der PH Zürich für Studierende der Primarstufe ist ins reguläre Studium eingebettet. Dieses dauert drei Studienjahre bzw. sechs Semester (Pädagogische Hochschule Zürich, 2014). Im ersten und zweiten Semester finden die Module „Didaktisches Handeln und Denken 1 und 2" statt, bei denen unter anderem an sieben Tagen pro Semester Praxisphasen in Schulen stattfinden.

Zudem absolvieren die Studierenden zwischen dem ersten und zweiten Semester das dreiwöchige Praktikum 1 an einer Primarschule. Dabei übernehmen je zwei Studierende in Absprache mit der Praxislehrperson Teile des Unterrichts in einer Klasse. Der Schwerpunkt des Praktikums 1 bildet die Gestaltung von darbietenden Unterrichtssequenzen.

Im weiteren Verlauf der berufspraktischen Ausbildung durchlaufen die Studierenden im vierten Semester ein siebenwöchiges Quartalspraktikum, bei dem je zwei Studierende gemäss ihrem Fächerprofil den gesamten Unterricht einer Klasse übernehmen. Schwerpunkte bilden die Umsetzung ihrer Unterrichtsplanungen, fachdidaktische Vertiefungen, Aspekte des fachspezifisch-pädagogischen Coachings sowie verschiedene Formen der Zusammenarbeit und Umsetzungen von unterschiedlichen Lehr- und Lernformen.

Das Lernvikariat findet im fünften Zwischensemester statt und dauert mit Vor- und Nachbereitungszeit vier Wochen. Es ist das erste Element der berufspraktischen Ausbildung, das von den Studierenden in Eigenverantwortung ohne Begleitung einer Praxislehrperson absolviert wird. Indem sie den gesamten Unterricht in einer Klasse alleine übernehmen, erfahren die Studierenden die Auswirkungen ihres pädagogischen Handelns in einer mit ihrem künftigen Berufseinstieg vergleichbaren Situation und überprüfen ihren in der bisherigen Ausbildung entwickelten Lehrstiel und entfalten diesen weiter.

Das Schlusspraktikum findet im Zwischensemester nach dem sechsten Semester statt und bildet zusammen mit berufspraktischen Diplomprüfungslektionen und der Portfolioarbeit und -präsentation ihrer im Studium gemachten Kenntnisse und Erfahrungen den Abschluss der berufspraktischen Ausbildung. Die Studierenden übernehmen in der Regel allein während zwei Wochen den gesamten Unterricht. Schwerpunkte sind die im Verlaufe des Studiums erworbenen Professionskompetenzen, der spezifisch auf die jeweilige Klasse adaptierte Unterricht, die Klassenführung und die Vorbereitung auf den Berufseinstieg.

Eine wichtige Rolle in der berufspraktischen Ausbildung bilden die Begleitpersonen. Dabei wird zwischen Mentorinnen und Mentoren und Praxislehrpersonen unterschieden.

2.1 Mentorinnen und Mentoren

Mentorinnen und Mentoren sind Vertreter der PH Zürich, die Gruppen von 10 bis 14 Studierenden während ihrer gesamten berufspraktischen Ausbildung begleiten (Pädagogische Hochschule Zürich, 2014). Ihre Aufgabe ist es, die Praxis mit den Ausbildungsinhalten der systematischen Lehre zu verknüpfen

(Heitzmann & Messner, 2001). Sie vermitteln Theorie zu didaktischen und pädagogischen Themen in den Modulen „Didaktisch Handeln und Denken 1 und 2“, leiten Reflexionsgruppen, begleiten Vorbereitungsarbeiten für Praktika, hospitieren im Unterricht, betreuen die Portfolioarbeit der Studierenden und bewerten die schulpraktische Arbeit (Schüpbach, 2001).

2.2 Praxislehrpersonen

Die berufspraktische Ausbildung an der PH Zürich findet in enger Zusammenarbeit mit Schulen statt. Während der Praktika bilden erfahrene Lehrpersonen als Praxislehrpersonen die Studierenden in ihren Klassen aus. Sie begleiten und beraten die Studierenden beim Aufbau von professionsbezogenen Kompetenzen und tragen wesentlich zur Vorbereitung der Studierenden auf die Übernahme einer Schulklasse an der Primarschule bei (Kreis & Staub, 2011). Studierende können von Praxislehrpersonen auf vielfältige Art und Weise profitieren (Hobson, et al., 2009).

Trotz des engmaschigen Betreuungssystems zeigt die Forschung zur berufspraktischen Ausbildung auch Defizite auf. Die in der Einleitung erwähnten Probleme wie durch mangelhafte Kommunikation hervorgerufene geringe emotionale oder psychologische Unterstützung sind teilweise bedingt durch die geografisch grossräumige Verteilung der Studierenden während der Praktika. Ein direkter Kontakt mit Mentorinnen und Mentoren sowie Peers ist nur bedingt möglich.

Ein gemeinsam gestalteter und genutzter Blog soll als virtueller Dokumentations- und Austauschraum während der Praktika den erwähnten Defiziten und Problemen entgegenwirken.

3 Nutzung und Nützlichkeit von Blogs in der berufspraktischen Ausbildung

Die explorative Studie untersucht, wie angehende Lehrpersonen während eines dreiwöchigen Praktikums (Praktikum 1 an der PH Zürich) die von den Mentoren vorgegebenen Einsatzszenarios von Blogs ausführen und hinsichtlich Nutzung und Nützlichkeit einschätzen.

Die Ergebnisse liefern erste Information zur Erschliessung des Feldes für die berufspraktische Ausbildung an der PH Zürich. Es sollen kritische Aspekte identifiziert und Einsatzszenarios ausgewählt bzw. modifiziert werden, um den ersten Einsatz von Blogs in der berufspraktischen Ausbildung optimal zu gestalten.

3.1 Theoretisches Rahmenmodell

Für den Einsatz von Blogs in der berufspraktischen Ausbildung entwikkelten Deng und Yuen (Deng & Yuen, 2007; Deng & Yuen, 2009, 2011) ein „model of educational affordance of blogs“. Sie sehen den Wert von Blogs im Bildungskontext in folgenden Bereichen:

- Individueller Bereich
  - Selbstdarstellung (*Self-expression*): Studierende können ihre Erfahrungen dokumentieren, Gedanken publizieren und Emotionen in multimodaler Form ausdrücken mit Hilfe von Texten, Bildern, Audio- und Videodateien.
  - Selbstreflexion (*Self-reflection*): Durch das asynchrone Medium des Blogs haben die Studierenden mehr Zeit, ihre Überlegungen und Ideen zu strukturieren und durchzudenken. Sie müssen nicht unmittelbar und schnell reagieren.
- Gemeinschaftlicher Bereich
  - Soziale Interaktion (*Social interaction*): Durch das Kommentieren von Beiträgen durch Peers und Mentorinnen und Mentoren und das Verlinken von Blogs wird die soziale Interaktion zwischen Peers und Mentorinnen und Mentoren unterstützt. Blogs können die Bildung von professionellen Lern-Netzwerken fördern, in denen kollaboratives und kooperatives Lernen stattfindet.
  - Reflexiver Dialog (*Reflective dialogue*): Durch das Schreiben von Kommentaren zu Beiträgen kann ein (öffentlicher) Diskurs zwischen Peers, Mentorinnen und Mentoren, Experten etc. im Sinne eines reflexiven Dialoges entstehen.

3.2 Untersuchungsdesign und Stichprobe

Basierend auf den Erkenntnissen und Ergebnissen des bisherigen Forschungsstandes zu Blogs (Buchem et al., 2011; Deng & Yuen, 2007; Jimoyiannis & Angelaina, 2012; Sim & Hew, 2010) in der berufspraktischen Ausbildung und den Anforderungen an die berufspraktische Ausbildung der PH Zürich wurden folgende Fragestellungen untersucht:

- Wie bewerten die Studierenden die Nutzung und Nützlichkeit der von den Mentoren vorgegebenen Einsatzszenarien im Blog?
- Eignet sich der Blog als Instrument zur Förderung der Reflexionsfähigkeit der Studierenden in der berufspraktischen Ausbildung?
- Was muss bei didaktischen Einsatzszenarien und der Anwendung von Blogs in der berufspraktischen Ausbildung berücksichtigt werden?

An dem Projekt nahmen vier Mentoratsgruppen mit insgesamt 45 Studierenden teil (35 Frauen und 10 Männer). Drei Mentoratsgruppen bestanden aus je 12 Studierenden (Männer und Frauen gemischt) und eine Mentoratsgruppe bestand aus 9 Studierenden (nur Frauen). Die Studierenden waren auf mehrere Schulhäuser im Kanton Zürich verteilt. Zwei Studierende absolvierten jeweils gemeinsam das Praktikum in einer Klasse. Die Studierenden kannten sich alle persönlich. Sie wurden seit Beginn des Studiums von einem Mentor betreut und absolvierten gemeinsam Lehrveranstaltungen. Der Mentor besuchte mindestens einmal während des Praktikums die Studierenden an ihrer Praktikumsschule und beobachtete den Unterricht. Im Anschluss an den Besuch bzw. die Unterrichtsbeobachtung erfolgte eine Besprechung zwischen Mentor und Studentin bzw. Student.

Für das Projekt wurde für jede Mentoratsgruppe ein passwort-geschützter Gruppenblog eingerichtet, auf den die Studierenden und der Mentor Zugriff hatten. Die jeweiligen Blogs basierten auf der hochschulinternen aktuellen Wordpress-Version als Blogfarm-Umgebung.

Das Alter der Studierenden variierte zwischen 19 und 35 Jahren. 80% der Studierenden waren zwischen 19 und 22 Jahre alt. 70% der Studierenden absolvierten eine Ausbildung in der Zielstufe Primarschule, 25% in der Zielstufe Sekundarschule und 5% in der Zielstufe Kindergarten/Unterstufe.

Gemeinsam mit den Mentoren wurden für das Projekt verschiedene Einsatzszenarien entwickelt. Die Studierenden hatten die Aufgabe, während des dreiwöchigen Praktikums 1, ein bis drei Beiträge pro Woche in ihren jeweiligen Gruppenblogs zu posten.

Beiträge umfassten Unterrichtsvorbereitungen (sogenannte Verlaufsplanungen) des eigenen Unterrichts, Fragen zu Unterrichtssituationen, Reflexionen des eigenen Unterrichts, Vorstellung der Praktikumsklasse, Schilderungen von eindrücklichen, erfreulichen oder frustrierenden Erlebnissen, Unterrichtsmaterialien und -ideen und Informationen rund um das Praktikum 1 (z.B. Besuchsplanung).

Neben dem Erstellen von Beiträgen hatten die Studierenden zusätzlich die Aufgabe, ein bis zwei Kommentare pro Woche zu posten. Dabei ging es um die Beantwortung von Fragen, dem Kommentieren von Beiträgen von Mitstudierenden, vor allem zu deren Planungen oder Reflexionen.

Beiträge und Kommentare wurden sowohl von Mentoren als auch Studierenden verfasst und umfassten neben Text auch Tabellen, Bilder und Videomaterial.

Als Datengrundlagen für diese Untersuchung dienten die Blogbeiträge und Kommentare der Studierenden, wie während des dreiwöchigen Praktikums verfasst wurden. Zusätzlich wurden die Studierenden nach Ende des Praktikums 1 gebeten, an einer Online-Befragung teilzunehmen. Die Entwicklung des

Fragebogens orientierte sich an der aktuellen Literatur (Chu, Kwan & Warning, 2012; Wopereis et al., 2010) und der Fragestellung der explorativen Studie.

3.3 Ergebnisse

Primäres Ziel der hier vorgestellten Studie war die Beantwortung der **Fragestellung: Wie bewerten die Studierenden die Nutzung und Nützlichkeit der von den Mentoren vorgegebenen Einsatzszenarien im Blog?** Zusätzlich wurde noch eine allgemeine Frage zum Reflektieren im Praktikum gestellt. Weiter wurde das Nutzungsverhalten Studierender bezüglich Blogs vor und während des Praktikums erhoben.

Nutzung von Blogs vor dem Praktikum 1

Von den insgesamt 40 Studierenden, die an der Online-Befragung mitmachten, hatten acht Studierende vor dem Projekt bereits einen eigenen Blog (20%), 32 hatten keinen Blog (80%). Zusammenfassend lässt sich sagen, dass die Studierenden vor dem Praktikum 1 kaum eigene Blogbeiträge und Kommentare in andere Blogs schrieben, und auch kaum Kommentare zu ihren eigenen Blogs erhielten. Bezüglich Lesen gaben die Studierenden an, dass sie im Durchschnitt einmal im Monat oder weniger andere Blogbeiträge und Kommentare in anderen Blogs lasen.

Nutzung von Blogs während des Praktikums 1

Die 45 Studierenden verfassten während der drei Wochen des Praktikums 1 insgesamt 183 Beiträge und 139 Kommentare. Die Mentoren posteten 23 Beiträge und 29 Kommentare.

Die Beiträge wurden auch einer ersten thematischen Analyse unterzogen. Von den 183 Beiträgen enthielten 143 Beiträge reflexive Passagen. In 88 Beiträgen wurden 88 Verlaufsplanungen gepostet. In 87 Fällen beschrieben die Beiträge Emotionen. In 75 Beiträgen wurden Fragen gestellt. In 27 Fällen wurde Unterrichtsmaterial gepostet. Zu beachten ist, dass in einem Beitrag gemäss den Einsatzszenarien verschiedene Themen behandelt werden konnten.

Neben der Auszählung der tatsächlich verfassten Beiträge und Kommentare wurden die Studierenden gebeten, anzugeben, wie häufig Sie in den Blogs lasen.

Über die vier Mentoratsgruppen hinweg verfassten die Studierenden durchschnittlich während der drei Wochen des Praktikums vier Beiträge und drei Kommentare (Minimum = 0; Maximum = 9 Beiträge und Kommentare).

Im Durchschnitt lasen die Studierende ein- bis zweimal pro Woche die Blogbeiträge und Kommentare ihrer Mitstudierenden. Die eigenen Beiträge lasen die Studierenden einmal alle zwei Wochen.

Nützlichkeit von Blogs während des Praktikums 1

Die Studierenden wurden gebeten, die Nützlichkeit von Blogs während des Praktikums hinsichtlich folgender Aspekte zu bewerten:

- Nützlichkeit allgemein,
- eigene Erfahrungen dokumentieren, reflektieren sowie Erfahrungen der Mitstudierenden mitbekommen,
- Austausch von Informationen, von Unterrichtserfahrung, von Unterrichtsmaterial,
- über Stimmungen und Gefühle berichten,
- sich gegenseitig unterstützen.

Die Studierenden bewerteten mittels einer vierteiligen Antwortskala, wie sehr sie den Aussagen zustimmten (stimme überhaupt nicht zu = 1, stimme eher nicht zu = 2, stimme eher zu = 3, stimme voll und ganz zu = 4).

Allgemein wurde die Nützlichkeit von Beiträgen und Kommentaren im Praktikum 1 wie folgt bewertet (Tabelle 1): Die Studierenden stimmten zu, dass die Kommentare des Mentors nützlich waren (MW = 2.85, SD = .834). Ebenfalls als nützlich stuften sie die Beiträge des Mentors (MW = 2.78, SD = .920) und die Kommentare der Mitstudierenden ein (MW = 2.73, SD = .816). Hingegen hielten die Studierenden die Beiträge der Mitstudierenden für eher weniger nützlich (MW = 2.45, SD = .876).

Vergleicht man die allgemeine Nützlichkeit, so zeigte sich folgender statistisch signifikante Unterschied: Studierende bewerteten die Kommentare der Mentoren statistisch signifikant nützlicher als die Kommentare ihrer Mitstudierenden (Wilcoxon-Test für nicht normalverteilte Daten, p = .007). Bezüglich der Beiträge zeigte sich kein statistisch signifikanter Unterschied.

Tabelle 1: Mittelwert und Standardabweichung der Bewertung der Nützlichkeit von Blogs – allgemein

Nützlichkeit allgemein	MW	SD
Kommentare meines Mentors zu meinen Beiträgen während des „Praktikum 1" waren für mich nützlich.	2.85	.834
Beiträge meines Mentors während des „Praktikum 1" waren für mich nützlich.	2.78	.920
Kommentare meiner Mitstudierenden zu meinen Beiträgen während des „Praktikum 1" waren für mich nützlich.	2.73	.816
Beiträge meiner Mitstudierenden während des „Praktikum 1" waren für mich nützlich.	2.45	.876

Anmerkung: N = 40, Antwortskala – stimme überhaupt nicht zu = 1, stimme eher nicht zu = 2, stimme eher zu = 3, stimme voll und ganz zu = 4

Die Nützlichkeit, Erfahrungen zu dokumentieren, zu reflektieren und etwas von Mitstudierenden mitzubekommen wurde folgendermassen bewertet. Tabelle 2 zeigt, dass die Studierenden „etwas über die Erfahrungen ihrer Mitstudierenden während des Praktikums mitzubekommen" als am nützlichsten bewerteten (MW = 3.20, SD = .911). Die Zustimmung bezüglich der Nützlichkeit „Erfahrungen zu dokumentieren" lag ebenfalls über dem theoretischen Mittelwert von 2.5 (MW = 2.7, SD = .883). Weniger nützlich wurde von den Studierenden die Möglichkeit bewertet, „über Erfahrungen im Praktikum zu reflektieren" (MW = 2.63, SD = .979).

Tabelle 2: Mittelwert und Standardabweichung der Bewertung der Nützlichkeit von Blogs – Erfahrungen dokumentieren, reflektieren, von Mitstudierenden mitbekommen

Erfahrungen …	MW	SD
Für mich war es nützlich, etwas über die Erfahrungen meiner Mitstudierenden während des „Praktikum 1" mittels Blog mitzubekommen.	3.20	.911
Für mich war es nützlich, meine Erfahrungen während des „Praktikum 1" mittels Blog zu dokumentieren.	2.70	.883
Für mich war es nützlich, über Erfahrungen während des „Praktikum 1" mittels Blog zu reflektieren.	2.63	.979

Anmerkung: N = 40, Antwortskala – stimme überhaupt nicht zu = 1, stimme eher nicht zu = 2, stimme eher zu = 3, stimme voll und ganz zu = 4

Bezüglich der Nützlichkeit „Austauschen von …" (siehe Tabelle 3) wurde der Austausch von praktischer Unterrichtserfahrung während des Praktikums von den Studierenden am nützlichsten bewertet (MW = 2.83, SD = .903), gefolgt von Informationsaustausch (MW = 2.60, SD = .928). Weniger nützlich wurde die Möglichkeit bewertet, Unterrichtsmaterial auszutauschen (MW = 2.35, SD = .802).

Tabelle 3: Mittelwert und Standardabweichung der Bewertung der Nützlichkeit von Blogs – etwas auszutauschen

Austauschen von …	MW	SD
Für mich war es nützlich, praktische Unterrichtserfahrung während des „Praktikum 1" mittels Blog auszutauschen.	2.83	.903
Für mich war es nützlich, Informationen während des „Praktikum 1" mittels Blog auszutauschen.	2.60	.928
Für mich war es nützlich, Unterrichtsmaterial während des „Praktikum 1" mittels Blog auszutauschen.	2.35	.802

Anmerkung: N = 40, Antwortskala – stimme überhaupt nicht zu = 1, stimme eher nicht zu = 2, stimme eher zu = 3, stimme voll und ganz zu = 4

Ebenfalls über dem theoretischen Mittelwert bewerteten die Studierenden die Nützlichkeit, über Stimmungen und Gefühle während des Praktikums zu berichten (MW = 2.60, SD = 1.008). Weniger nützlich war es für die Studierenden, sich gegenseitig mittels Blog zu unterstützten (MW = 2.43, SD = .903, Tabelle 4).

Tabelle 4: Mittelwerte und Standardabweichung der Bewertung der Nützlichkeit von Blogs – Affekte und Unterstützung

Affekt und Unterstützung	MW	SD
Für mich war es nützlich, über Stimmungen und Gefühle (Erfreuliches, Frustrationen) während des „Praktikum 1“ mittels Blog zu berichten.	2.60	1.008
Für mich war es nützlich, sich gegenseitig während des „Praktikum 1“ mittels Blog zu unterstützen.	2.43	.903

Anmerkung: N = 40, Antwortskala – stimme überhaupt nicht zu = 1, stimme eher nicht zu = 2, stimme eher zu = 3, stimme voll und ganz zu = 4

Einstellung zum Reflektieren im Praktikum

Auf allgemeiner Ebene stimmten die Studierenden mehr oder weniger voll und ganz zu, dass es *sinnvoll* ist, über Erfahrungen im Praktikum zu reflektieren (MW = 3.83, SD = .446).

Bezüglich der Einschätzung der Nützlichkeit für sie persönlich stimmten die Studierenden eher weniger zu, dass es für sie persönlich *nützlich* war, über Erfahrungen während des Praktikums mittels Blog zu reflektieren (MW = 2.63, SD = .979).

Faktoren, die die Teilnahme am Blog minderten

Wie aus Tabelle 5 hervorgeht, minderten folgende Faktoren die Teilnahme am Bloggen. Studierende stimmten am ehesten zu, dass sie genug Austausch mit ihren Mitstudierenden (MW = 3.20, SD = .732) und Unterstützung durch ihre Mitstudierenden (MW = 3.08, SD = .859) ausserhalb des Blogs, direkt an der Praktikumsschule hatten.

Weniger mindernden Einfluss hatten die Faktoren „Zeit“ (MW = 2.60, SD = .871) und die „Bevorzugung anderer Medien, um sich mit Mitstudierenden auszutauschen“ (MW = 2.58, SD = .958).

Tabelle 5: Mittelwerte und Standardabweichung der Faktoren, die die Teilnahme am Bloggen beeinflussen

	MW	SD
Ich hatte genug Austausch mit meinen Mitstudierenden ausserhalb des Blogs, direkt an der Praktikumsschule.	3.20	.723
Ich hatte genug Unterstützung durch meine Mitstudierenden ausserhalb des Blogs, direkt an der Praktikumsschule.	3.08	.859
Ich hatte zu wenig Zeit, um Beiträge zu schreiben.	2.60	.871
Ich bevorzuge den Einsatz anderer Medien, um mich mit meinen Mitstudierenden auszutauschen.	2.58	.958
Ich wusste nicht, was ich in meinen Beiträgen schreiben soll.	2.28	.877
Ich ziehe es vor, anstelle des Gruppenblogs meinen eigenen Blog oder mein eigenes (Lern-)Journal zu schreiben.	1.98	.800
Ich fühlte mich nicht wohl, im Blog meine Erfahrungen und Gefühle mit anderen zu teilen.	1.83	.844
Ich hatte nur eingeschränkten Internetzugang.	1.65	.864
Zuwenig Mitstudierende schrieben Beiträge im Blog.	1.65	.700

Anmerkung: N = 40, Antwortskala – stimme überhaupt nicht zu = 1, stimme eher nicht zu = 2, stimme eher zu = 3, stimme voll und ganz zu = 4

Obwohl in der Literatur immer wieder darauf hingewiesen wird, dass Blogs die Reflexionsfähigkeit von Studierenden unterstützen und fördern (Bernhardt & Wolf, 2012; Chu et al., 2012; Wopereis et al., 2010), konnten die Ergebnisse der Studie diese Aussage noch nicht bestätigen. Allgemein wurde Reflexion von den Studierenden als wichtiger Bestandteil des Praktikums angesehen. Für sich selbst sahen sie allerdings Blogs nur bedingt nützlich als Tool zur Selbstreflexion bzw. zum reflexiven Dialog im Sinne des „model of educational affordance of blogs“ (Deng & Yuen, 2011).

Wie schon in anderen Studien (Chu et al. 2012; Deng & Yuen, 2012) sahen Studierende, die erstmals einen Blog im Praktikum verwendeten, die Nützlichkeit von Blogs vor allem darin, einen virtuellen Raum zur Selbstdarstellung und zur sozialen Interaktion zu haben. Folgende Aspekte standen dabei im Vordergrund:

- Erfahrungen von Mitstudierenden mitzubekommen,
- Erfahrungen zu dokumentieren,
- Austausch praktischer Unterrichtserfahrung,
- Informationen auszutauschen,
- über Stimmungen und Gefühle während des Praktikums zu berichten.

4 Fazit und Ausblick

Basierend auf den explorativen Ergebnissen der Studie zum Einsatz von Blogs im Praktikum 1 an der PH Zürich konnten erste Erfahrungen gesammelt werden, was bei Anwendungsmöglichkeiten und didaktischen Einsatzszenarios für einen erfolgreichen erstmaligen Einsatz bzw. bei der Einführung von Blogging-Tools berücksichtigt werden sollten. Das Praktikum 1 ist für Studierende mit einem hohen zeitlichen Aufwand verbunden (Unterrichtseinheiten planen, dokumentieren, durchführen etc.). Beitrags- und Kommentaraufträge im Rahmen der Blogtätigkeit sollten daher nicht mehr als ein bis zwei Aufträge pro Woche umfassen. Studierende schätzen primär den Blog als Raum für soziale Interaktion. Im Austausch darüber, wie das Praktikum erlebt wird, welche Erfahrungen gemacht werden, erhalten Studierende sowohl vom Mentor als auch von den Mitstudierenden emotionale und psychische Unterstützung während des Praktikums.

Blogs werden nicht per se als Reflexionstool wahrgenommen. Soll die Reflexionsfähigkeit der Studierenden gefördert werden, so sollte dies durch einen dem Praktikum bzw. dem Blogeinsatz vorangehenden Workshop angeleitet werden. Verschiedene Formen reflexiven Schreibens können vorgestellt werden, aber auch thematische Hinweise, worauf der Fokus der Reflexion gelegt werden könnte, erleichtern den Einstieg in die Reflexion.

Das vorgestellte Projekt steht im Zusammenhang mit einer vom Schweizerischen Nationalfonds geförderten Studie der Pädagogischen Hochschule Schwyz (Leading House), der PH Zürich und der Universität Bern. Im weiteren Verlauf der berufspraktischen Ausbildung soll dabei das Potenzial des Bloggens für die Bewältigung von Stress während der Praktika von angehenden Lehrpersonen und Ärzten/-innen untersucht werden. Diesbezügliche Resultate werden ab Mitte 2015 zur Verfügung stehen.

Literatur

Bernhardt, T. & Wolf, K. D. (2012). Akzeptanz und Nutzungsintensität von Blogs als Lernmedium in Onlinekursen. In G. S. Csanyi, F. Reichl & A. Steiner (Hrsg.), *Digitale Medien – Werkzeuge für exzellente Forschung und Lehre* (S. 141–152). Münster: Waxmann.

Buchem, I., Appelt, R., Kaiser, S., Schön, S. & Ebner, M. (2011). Blogging und Microblogging: Anwendungsmöglichkeiten im Bildungskontext. In M. Ebner & S. Schön (Hrsg.), *Lehrbuch für Lernen und Lehren mit Technologien*. Berlin: epubli. Online: http://l3t.tugraz.at/index.php/LehrbuchEbner10/article/download/63/69.

Chu, S. K. W., Kwan, A. C. M. & Warning, P. (2012). Blogging for Information Management, Learning, and Social Support during Internship. *Educational Technology & Society, 15*(2), 168–178.

Deng, L. & Yuen, H. K. (2007). *Exploring the role of weblogs in supporting learning communities: An integrative approach.* Paper presented at the ascilite: ICT: Providing choices for learners and learning, Singapore.

Deng, L. & Yuen, H. K. (2009). *Value of Blogs in Preservice Teacher Education.* Paper presented at the 17th International Conference on Computers in Education, Hong Kong.

Deng, L. & Yuen, H. K. (2011). Towards a framework for educational affordances of blogs. *Computers & Education, 56*, 441–451.

Deng, L. & Yuen, H. K. (2012). Understanding student perceptions and motivation towards academic blogs: An exploratory study. *Australasian Journal of Educational Technology, 28*(1), 48–66.

Hascher, T. (2012). Lernfeld Praktikum – Evidenzbasierte Entwicklungen in der Lehrer/innenbildung. *Zeitschrift für Bildungsforschung, 2*(2), 109–129.

Heitzmann, A. & Messner, H. (2001). Die berufspraktische Ausbildung von Lehrpersonen. *Beiträge zur Lehrerbildung 19*(1), 5–16.

Hobson, A. J., Ashby, P., Malderez, A. & Tomlinson, P. D. (2009). Mentoring beginning teachers: What we know and what we don't. *Teaching and Teacher Education, 25*(1), 207–216.

Jimoyiannis, A. & Angelaina, S. (2012). Towards an analysis framework for investigating students' engagement and learning in educational blogs. *Journal of Computer Assited Learnig, 28*, 222–234.

Kreis, A. & Staub, F., C. (2011). Fachspezifisches Unterrichtscoaching im Praktikum. *Zeitschrift für Erziehungswissenschaften, 14*, 61–83.

Meyer, B. & Kiel, E. (2014). Wie Lehramtstudierende ihr Praktikum erleben – Selbstbildbeschädigung, Selbstbildbestärkung und Entwicklung. *Zeitschrift für Bildungsforschung, 4*(1), 23–41.

Pädagogische Hochschule Zürich. (2014). Berufspraktische Ausbildung. Retrieved from http://www.phzh.ch/de/Berufspraktische-Ausbildung/Startseite/ [22.03. 2014].

Schüpbach, J. (2001). Das Nachdenken über das eigene Lehren lernen. *Beiträge zur Lehrerbildung, 19*(2), 232–243.

Sim, J. W. S. & Hew, K. F. (2010). The use of weblogs in higher education settings: A review of empirical research. *Educational Research Review, 5*, 151–163.

Sundli, L. (2007). Mentoring – A new mantra for education? *Teaching and Teacher Education, 23*(2), 201–214.

Wopereis, I. G. J. H., Sloep, P. B. & Poortman, S. H. (2010). Weblogs as instruments for reflection on action in teacher education. *Interactive Learning Environments, 18*(3), 245–261.

Yang, S.-H. (2009). Using Blogs to Enhance Critical Reflection and Community of Practice. *Educational Technology & Society, 12* (2), 11–21.

Robin Woll, Matthias Birkenstock, Daniel Mohr, Pascal Berrang, Tino Steffens, Jörn Loviscach

Hundert Jahre Quizze – und nichts dazugelernt? (Visionen & Konzepte)

Zusammenfassung

In Online-Kursen feiern kurze, automatisierte Lernstandskontrollen („Quizze“) in Form von Multiple-Choice-Tests und Freitexteingaben eine Renaissance. Allerdings werden automatisierte Tests oft zu naiv eingesetzt und bleiben damit hinter ihren Möglichkeiten zurück. Dieser Beitrag ist ein Plädoyer für intelligentere Formen. Er benennt in der Praxis zu wenig beachtete Arbeiten zum klassischen Einsatz von automatisierten Tests als formative Assessments, zeigt aber vor allem neuere Arbeiten und neue Ideen auf, wie automatisierte Tests nicht nur Lernstandskontrollen sein können, sondern direkte Lerneffekte besitzen. Außerdem diskutiert er die schlanke Produktion von Quizzen.

1 Einleitung

Zwar nicht die Selbsttests, aber zumindest die schnell auswertbaren Tests haben eine mindestens hundertjährige Geschichte, wie der „Kansas Silent Reading Test“ von Frederic Kelly (1916) belegt. Fast ebenso lang dauert die Diskussion darüber an: Viele Anwendungen von Multiple-Choice-Tests – in den meisten Fällen eigentlich *Single*-Choice-Tests – und kurzen Freitexteingaben werden zu Recht als geistlos kritisiert. Andererseits sind dies schon allein aus technischer Sicht verlockende Formate, weil sie sich einfach und robust automatisiert prüfen lassen.

Die Komplexität der so prüfbaren Aufgaben ist naturgemäß beschränkt: Wenn der Test zum Beispiel bloß das zahlenmäßige Endergebnis einer aufwändigeren physikalischen Aufgabe prüft, ist der diagnostische Wert gering, denn auf dem Weg dorthin können zu viele verschiedene Fehler passiert sein; meist gibt es gar mehrere mögliche Modellannahmen mit vielleicht sogar verschiedenen Ergebnissen. Hier sorgt die automatische Rückmeldung „Falsch!“ allenfalls für Irritationen. Erst recht sind mehrschrittige Argumentationen, diskutierbare Annahmen und Ergebnisse kaum und gestalterische Aufgaben gar nicht mit automatisierten Selbsttests prüfbar.

Oft wird als Vorteil der Selbsttests deren Objektivität hervorgehoben: Die Bewertung bleibt gleich, unabhängig von der Tagesform der/des Prüfenden und unabhängig von einem Anker-Effekt durch die davor bewerteten Leistungen. Allerdings misst ein naiv konstruierter Selbsttest im Zweifelsfall nicht das, was eigentlich von Interesse ist. Eine korrekte Antwort kann auch bedeuten, dass es versteckte Hinweise in der Auswahl der Antworten gibt oder dass die Antwort auswendig gelernt wurde, vielleicht sogar ungewollt, zum Beispiel durch Üben mit Probetests oder mit Gedächtnisprotokollen vorheriger Teilnehmer. Reliabilität ist nicht Validität.

Trotz aller dieser Einschränkungen sind automatisierte Selbsttests nicht nur aus technischer Sicht verlockend: Die schnelle Rückmeldung erlaubt, Probleme frühestmöglich zu erkennen (und hoffentlich auch zu beheben). Sie korrigiert eine Unterschätzung oder Überschätzung der eigenen Leistung und stärkt damit das Selbstvertrauen oder nährt nötige Zweifel. Geeignet aufgebaute Selbsttests können durchaus auch Verständnis prüfen, siehe Abschnitt 2 dieses Beitrags.

Selbsttests dienen aber nicht nur der Rückmeldung, sondern können auch zum Aufpassen oder Mitdenken anhalten. Man kann sie als Gamification verstehen, so wie in einem Spiel beständig Hindernisse zu überwinden sind. Sie können direkt dem Lernen dienen – mehr als das erneute Lesen eines Texts – und Denkweisen einüben, siehe den Abschnitt 3 dieses Beitrags. Solche Anwendungen weisen über die üblichen behavioristischen Einsätze von Selbsttests hinaus.

2 Formatives Assessment

Zur „professionellen" Konstruktion von Selbsttests gibt es viele Ratgeber (siehe die Studie in Haladyna et al., 2002), die sich meist der Abwehr von „Test Wiseness" (der Fähigkeit, die richtige Antwort zu raten) und der Verständlichkeit widmen, aber oft zentrale Punkte auslassen: 1. Validität: Testet der Test, was er testen soll? (Und welches eine Konzept soll das sein?) 2. Diagnostische Tiefe: Erlaubt das Testergebnis Rückschlüsse auf Probleme? Zum Beispiel sollten Rechenaufgaben so gestellt sein, dass sich aus dem Ergebnis die Art des Fehlers schließen lässt. Schon deshalb verbietet sich die Antwortoption „none of the above".

Weil die korrekten Antworten von Multiple-Choice-Tests bei manueller Platzierung seltener eine Randposition haben (Attali & Bar-Hillel, 2003), empfiehlt sich eine per Computer ausgewürfelte Platzierung. Das Format „Discrete-Option Multiple-Choice" geht noch einen Schritt weiter als die per Computer ausgewürfelte Platzierung von Antworten, indem es die Antwortmöglichkeiten eine nach der anderen abfragt, so dass nie die gesamte Liste zu sehen ist (Foster & Miller, 2009).

Wenn angesagt wird, dass nicht mehr nur eine einzige Antwort pro Frage richtig sein muss, kann die Quote richtiger Antworten drastisch fallen (Schulze et al., 2005). In der Mathematik können bei freier, algebraisch geprüfter Formeleingabe Lösungen auf unendlich viele Weisen geschrieben werden ($2 = 6/3 = \sqrt{4} = \ldots$) und sogar unendlich viele verschiedene Lösungen korrekt sein: „Geben Sie die Gleichung einer Gerade an, welche die *x*-Achse nicht schneidet.“

„Ordered Multiple-Choice Tests“ prüfen die Verständnistiefe, indem ihre Antwortoptionen jeweils verschiedenen Verständnisstufen entsprechen (Hadenfeld & Neuman, 2012). Freitexteingaben sind dem tieferen Lernen zuträglicher als Multiple-Choice-Aufgaben (Simkin & Kuechler, 2005). Ein Test auf tieferes Verstehen sind „Two-Tier Multiple-Choice Tests“, in denen eine Aussage als wahr oder falsch zu bewerten und aus einer Liste von Begründungen eine auszuwählen ist (Treagust, 2006). Eine interdisziplinäre Verbindung: Tests zum Nachweis tiefer Verarbeitung sind auch in der Künstlichen Intelligenz ein Thema (Levesque, 2013).

3 Mehr als Prüfungen

Selbsttests nur zur Überprüfung einzusetzen, heißt, ihr Potenzial zu verschenken: Das Nachdenken über die Frage verursacht einen Behaltenseffekt, der über den des abermaligen Lesens eines Texts hinausgehen kann und obendrein das Selbstvertrauen stärkt (Agarwal et al., 2012). Rückmeldungen – am besten sogar verzögert – über die richtige Antwort erhöhen diesen Effekt und lindern, dass bei einem Multiple-Choice-Test falsche Antworten erscheinen, die später erinnert werden könnten (Butler & Roediger, 2008). Multiple-Choice-Tests können sogar anders als Freitextantworten helfen, falsche Antworten als solche zu erinnern (Little et al., 2012).

Längere Prozeduren, wie man sie etwa mit „worked examples with fading” (Moreno et al., 2006) einübt, lassen sich in Reihen von Quizzen übersetzen (Jeuring et al., 2011; Schypula et al., 2013). Die Einsatzmöglichkeiten von Selbsttests reichen vom Schaffen von Aufmerksamkeit bis hin zu höheren Stufen der Bloom-Taxonomie (Krathwohl, 2002). Schon einfache Quizze helfen, bei Online-Vorlesungen weniger mit den Gedanken abzuschweifen (Szpunar et al., 2013). Auf der anderen Seite kann das Testen auch den Transfer unterstützen (Carpenter, 2012).

Ohne automatische Rückmeldung müssen Leitfragen, Fragen nach der eigenen Einschätzung, Fragen nach Beispielen und ähnliche Fragen auskommen (siehe z.B. Williams, 2013). Man kann sie vielleicht mit Aufforderungen zu Selbsterklärungen vergleichen. Diese sind als lernförderlich bekannt (Roy & Chi, 2005).

Gerade, wenn die Teilnahme an Selbsttests optional ist, erweist sich der dafür verlangte Denkaufwand als Zwickmühle: Die Tests dürfen nicht zu schwierig sein, um die Lerner nicht abzuschrecken; gleichzeitig müssen sie schwierig genug sein, um einen Lerneffekt zu haben, denn gerade der Erinnerungsaufwand fördert das längerfristige Lernen (Bjork & Bjork, 2011). Um diese Situation zu entschärfen, kann man über motivierende Texte à la „Übung macht den Meister!" nachdenken (Williams et al., 2013), über Adaptivität, Gruppendynamik und Gamification. Letztere kann sich in äußerlichen Spielelementen wie Abzeichen, Punkteständen, Bestenlisten und „Levels" zeigen (mit zweifelhaftem Nutzen, siehe Ferrara, 2013), aber auch in einem durchdachten Aufbau mit austariertem Schwierigkeitsniveau.

Die Autoren betreiben seit September 2013 die Plattform Capira[1], die Quizze grafisch über Videos legt. So mag ein Mathematik-Video kurz vor dem Resultat einer vorgeführten Rechnung stoppen; im Videofenster erscheint an dem Platz des erwarteten Ergebnisses eine Eingabeaufforderung. Dort soll das Ergebnis vorab eingegeben werden, als Selbsttest. Nach der Eingabe läuft das Video weiter und man erfährt die korrekte Antwort, samt Erklärung.

Die leichtfüßige grafische Verbindung mit dem Video ohne unruhiges Hin und Her zwischen Videoansicht und Frageseiten erlaubt eine höhere zeitliche Dichte von Quizzen. Außerdem lassen sich Quizze an gezielten Stellen in Texten, Bildern und Formeln platzieren, was den Ballast eines Begleittext oft überflüssig macht. Im auf Capira derzeit verfügbaren Mathematik-Brückenkurs wird diese Technik insbesondere eingesetzt, um zum Mitdenken beim Betrachten der Erklärvideos anzuleiten: Die Quizze wiederholen etwa gerade benötigte Grundbegriffe, fragen aber insbesondere nach dem kommenden Schritt der im Fortschritt befindlichen Rechnung.

Eine weitere Anwendung von Quizzen, welche die Autoren derzeit erforschen, ist das Einüben von Heuristiken in der Mathematik. Quizze stellen hier Fragen (mit automatisch geprüften Antworten), die sich Lernende später selbst stellen sollen, zum Beispiel: In welcher Größenordnung liegt das Ergebnis? Was wird der letzte Schritt einer Rechnung sein, mit der man das gewünschte Resultat bestimmt?

4 Produktion von Quizzen

Während etwa Screencast-Vorlesungsmitschnitte heute schnell und einfach machbar sind, erweist sich die Produktion von Selbsttests immer noch als aufwändig. Offensichtlich, um sehr viele Anwendungsfälle abzubilden, geraten die Autorenansichten von Selbsttests in gängigen Learning-Management-Systemen,

1 www.capira.de

aber auch in LearningApps.org[2] und in dem in gewissem Rahmen adaptiven Oppia[3] komplex. Im Unterschied zu den beiden letzteren verlangen die klassischen Learning-Management-Systeme obendrein relativ viele Mausklicks auf Knöpfe wie „Absenden“ und „Speichern“ und verteilen die Eingaben auf viele Bildschirmseiten.

Die Autoren haben deshalb Software entwickelt, die es gestattet, Quizze „live“ mit einem Erklärvideo aufzuzeichnen. Eingabefelder usw. werden direkt am Tablet gezeichnet, im Zweifelsfall sogar, ohne die Aufnahme zu stoppen. Eine über richtig/falsch hinausgehende Rückmeldung zu dem Quiz ist oft verzichtbar, weil direkt danach im Video die Lösung ausgeführt werden kann. Neben dem Eingabeaufwand steht der Aufwand, der in die Didaktik von Quizzen gesteckt werden sollte – aber selten gesteckt wird. Hier arbeiten die Autoren an Mustervorlagen insbesondere für die erwähnten Aufgaben, die Heuristiken einüben sollen.

5 Fazit

Schon die kurzen Selbsttests bieten ein selten ausgeschöpftes Potenzial zum Lernen. Dies geht weit über das reine Abprüfen von elementarem Wissen und Können hinaus. Umso größer werden die Möglichkeiten mit den hier nicht besprochenen längeren, ebenfalls automatisiert prüfbaren Aufgaben, etwa zur Entwicklung elektronischer Schaltungen in einem Simulator oder zur Programmierung, und mit Aufgaben mit Kollaboration und/oder Rückmeldungen unter „Peers“. Diese weitergehenden Möglichkeiten sind allerdings aufwändiger und didaktisch schwerer vorauszuplanen. Andererseits ist gerade die didaktische Engführung durch kurze Selbsttests ein „Spoonfeeding“, das mit vielen Vorstellungen von akademischer Bildung kollidiert, sich aber als Gewohnheit einschleifen kann. Um „Problemlöser(in)“ auf Hochschulniveau werden zu können, darf man sein Studium nicht einsam vorm Rechner sitzend mit automatisiert geprüften Tests absolviert haben.

Literatur

Agarwal, P. K., Bain, P. M. & Chamberlain, R.W. (2012). The value of applied research: Retrieval practice improves classroom learning and recommendations from a teacher, a principal, and a scientist. *Educational Psychology Review, 24,* 437–448.

2 http://learningapps.org
3 www.oppia.org

Attali, Y. & Bar-Hillel, M. (2003). Guess where: the position of correct answers in multiple-choice test items as a psychometric variable. *Journal of Educational Measurement, 40*(2), 109–128.

Bjork, E. L. & Bjork, R. A. (2011). Making things hard on yourself, but in a good way: Creating desirable difficulties to enhance learning. In M.A. Gernsbacher et al. (Hrsg.), *Psychology and the real world: Essays illustrating fundamental contributions to society* (S. 56–64). New York: Worth Publishers.

Butler, A. C. & Roediger, H. (2008). Feedback enhances the positive effects and reduces the negative effects of multiple-choice testing. *Memory & Cognition, 36*(3), 604–616.

Carpenter, S. K. (2012). Testing enhances the transfer of learning. *Current Directions in Psychological Science, 21*(5), 279–283.

Ferrara, J. (2013). Games for persuasion. argumentation, procedurality, and the lie of gamification. *Games and Culture, 8*(4), 289–304.

Foster, D. & Miller Jr., H. L. (2009). A new format for multiple-choice testing: Discrete-Option Multiple-Choice. *Psycholgy Science Quarterly, 51*(4), 355–369.

Hadenfeld, J. C. & Neumann, K. (2012). Die Erfassung des Verständnisses von Materie durch Ordered Multiple Choice Aufgaben. *Zeitschrift für Didaktik der Naturwissenschaften, 18*, 317–338.

Haladyna, T. M., Downing, S. M. & Rodriguez, M. C. (2002). A review of multiple-choice item-writing guidelines for classroom assessment. *Applied Measurement in Education, 15*(3), 309–334.

Jeuring. J., Heeren, B. & Goguadze, G. (2011). *Math-Bridge deliverable D 6.2: diagnostic tools improved and integrated in Math-Bridge.* Abgerufen von http://project.math-bridge.org/downloads/outcomes/deliverables/D6-2.pdf

Kelly, F. J. (1916). The Kansas Silent Reading Tests. *Journal for Educational Psychology, 7*(2), 63–80.

Krathwohl, D. R. (2002). A revision of Bloom's taxonomy: an overview. *Theory into Practice, 41*(4), 212–264.

Levesque, H. J. (2013). *On our best behaviour.* Abgerufen von http://www.cs.toronto.edu/~hector/Papers/

Little, J. L., Bjork, E. L., Bjork, R. A. & Angello, G. (2012). Multiple-choice tests exonerated, at least of some charges. Fostering test-induced learning and avoiding test-induced forgetting. *Psychological Science, 23*(11), 1337–1344.

Moreno, R., Reisslein, M. & Delgoda, G.M. (2006). Toward a fundamental understanding of worked example instruction: impact of means-ends practice, backward/forward fading, and adaptivity. In *Frontiers in Education Conference, 36th Annual*, 5–10.

Roy, M. & Chi, M. T. H. (2005). The self-explanation principle. In R. E. Mayer (Hrsg.), *Cambridge Handbook of Multimedia Learning* (S. 271–286). Cambridge: University Press.

Schulze, J., Drolshagen, S., Nürnberger, F., Ochsendorf, F., Schäfer, V. & Brandt, C. (2005). Einfluss des Fragenformates in Multiple-choice-Prüfungen auf die Antwortwahrscheinlichkeit: eine Untersuchung am Beispiel mikrobiologischer Fragen. *GMS Zeitschrift für Medizinischen Ausbildung, 22*(4): Doc218.

Schypula, M., Kurt-Karaoglu, F., Schwinning, N., Striewe, M. & Goedicke, M. (2013). Beobachtungen zur Motivation der Studierenden bei verschiedenen Frageformaten. *DeLFI,* 35–46.

Simkin, M. G. & Kuechler, W. L. (2005). Multiple-choice tests and student understanding: What is the connection? *Decision Sciences Journal of Innovative Education, 3*(1), 73–97.

Szpunar, K. K., Khan, N. Y. & Schacter, D. L. (2013). Interpolated memory tests reduce mind wandering and improve learning of online lectures. *Proceedings of the National Academy of Sciences, 110*(16), 6313–6317.

Treagust, D. (2006). Diagnostic assessment in science as a means to improving teaching, learning and retention. *UniServe Science Assessment Symposium*, 1–9.

Williams, J. J. (2013). Improving learning in MOOCs with cognitive science. *AIED 2013 Vol. I, Workshop on Massive Open Online Courses,* 49–54.

Williams. J. J., Paunesku, D., Heley, B. & Sohl-Dickstein, J. (2013). Measurably increasing motivation in MOOCs. *AIED 2013 Vol. I, Workshop on Massive Open Online Courses,* 55.

Thomas Tribelhorn

„Toolbox Assessment" – ein hochschuldidaktischer Service im virtuellen Raum (Praxis- und Werkstattbericht)

Zusammenfassung

Zeitgemäße Hochschullehre verlangt nach zeitgemäßen Prüfungsformen. Mit „Assessment", wie es hier verstanden wird, ist jedoch nicht nur die abschließende Lernerfolgskontrolle gemeint. Im Ideal der kompetenzorientierten Hochschullehre erhalten die Studierenden auch auf dem Weg zur angestrebten Handlungskompetenz immer wieder Gelegenheit zur Standortbestimmung. Eine Benotung ist dabei nicht zwingend, informierendes Feedback jedoch schon. Mit der „Toolbox Assessment"[1] erhalten Lehrende dazu nun ein attraktives Hilfsmittel buchstäblich in die Hand.

1 Wirkfaktor Feedback

Informatives Feedback ist nachweislich einer der stärksten Faktoren, welche den Lernerfolg positiv beeinflussen. Zahlreiche Studien belegen inzwischen den massiven Einfluss von Lernerfolgskontrollen, besonders jedoch von inhaltsreicher Rückmeldung, für Lernprozesse und Lernerfolg (Evans, 2013). Die Rückmeldung an die Lernenden soll dabei nicht (ab-)wertend sondern unterstützend, zeitnah und spezifisch sein (Shute, 2008). Sie soll neben dem Endergebnis auch den Prozess dahin sowie die Selbstregulation der Lernenden betreffen (Hattie & Timperley, 2007).

Lernerfolgskontrollen können mehrere Funktionen haben. Die beiden wichtigsten sind die *formative* und die *summative* Funktion. Formativ bedeutet, die Lernenden erhalten Rückmeldung über ihren aktuellen Wissensstand aufgrund der Resultate in der Lernerfolgskontrolle, welche somit primär zur Standortbestimmung dient. Aus den Ergebnissen werden Konsequenzen für den weiteren Lernprozess gezogen. Summative Funktion meint, dass mit der Lernerfolgskontrolle eine Lerneinheit, ein Modul oder ein ganzer Studiengang abgeschlossen wird. Aufgrund der Resultate werden die Lernenden eingestuft oder erhalten eine Bescheinigung für das erfolgreiche Erreichen angestrebter Kompetenzen. Wichtig hierbei ist: Nach der Prüfung ist vor der Prüfung – die Analyse des Prüfungsergebnisses, und besonders des Weges dazu, birgt

1 www.assessment.unibe.ch

großes Potential für den erfolgreichen weiteren Lernprozess. Lehrende und Lernenden tun somit gut daran, den „formativen Charakter“ summativer Lernerfolgskontrollen zu berücksichtigen.

Studierende erhalten jedoch oft unvollständiges oder unzulängliches Feedback, welches meist kaum über den Hinweis „bestanden/nicht bestanden“ hinausgeht. Dies ist erstaunlich, da mit der Rückmeldung auf Lernleistungen das Lernverhalten direkt beeinflusst wird. Vollständige Rückmeldung zeigt die erreichten Kompetenzen auf, enthält differenzierte Begründungen für Kritik und ist ergänzt mit Empfehlungen. Die Qualität der Rückmeldungen kann unter Berücksichtigung folgender Prinzipien gewährleistet werden (vgl. Juwah et al., 2004). Nutzbringendes Feedback:

- unterstützt die Entwicklung der Selbstbeurteilungskompetenz,
- begünstigt den Dialog zwischen Lernenden untereinander sowie mit der Lehrperson,
- trägt zur Klärung von Lernzielen, Beurteilungskriterien und erwartetem Niveau bei,
- zeigt Wege zum Schliessen von Lücken auf,
- liefert den Lernenden differenzierte Informationen über ihr Lernen,
- fördert Selbstvertrauen und positive motivationale Überzeugungen,
- liefert den Lehrenden Informationen zur Optimierung des Lernarrangements.

2 Lehrende bleiben bei ihren Routinen

Gute Lehrende verfügen über ein Methodenrepertoire, mit dem sie sich bei Bedarf schnell ein Bild zum Lernstand der Studierenden machen können, um Rückmeldung zu geben und das eigene Lehrangebot entsprechend anzupassen. Sie setzen also häufiger formative Lernerfolgskontrollen ein. Diese „adaptive Lehrkompetenz“ (Bischoff et al., 2005) führt bei den Lernenden offensichtlich zu besseren Lerneffekten. Es ergibt sich dabei nämlich ein wechselwirkender Rückmeldeprozess, der im Schnittfeld von Assessment und Evaluation liegt: Die Standortbestimmung ermöglicht den Lernenden einerseits eine Selbsteinschätzung (*Self-Assessment*), gleichzeitig zeigt das Gesamtbild der Resultate den Lehrenden, wie weit ihr Lehrangebot die erhofften Lerneffekte ermöglicht hat (*Evaluation*). Dieser wechselwirkende Rückmeldeprozess ist für Hattie (2011) ein Hauptfaktor für größere Lernerfolge in qualitativ hochwertigen Lernszenarien. Damit zeigt sich ein weiterer zentraler Aspekt von Lernerfolgskontrollen, welcher als *informative Funktion* benannt werden kann.

Zur Realisierung solcher Standortbestimmungen existiert eine Menge an methodischen Möglichkeiten. Eine der bekanntesten Methodensammlungen dazu wurde vor gut zwanzig Jahren unter der Bezeichnung „Classroom Assessment Techniques“ publiziert (Angelo & Cross, 1993). Obgleich zahlreiche Methoden in der Literatur beschrieben sind, bleiben Lehrende aus diversen Gründen jedoch oft beim herkömmlichen System ihrer Prüfungsverfahren, welche die Lehrkultur an den jeweiligen Institutionen repräsentieren. Die erwähnte adaptive Lehrkompetenz manifestiert sich jedoch unter anderem durch die Verfügbarkeit eines breiten Repertoires an Lehr- und Assessment-Methoden, aus welchem situationsspezifisch die angemessenen gewählt und umgesetzt werden können. Eine Möglichkeit für Lehrende, dieses individuelle Methodenrepertoire zu erweiterten, ist beispielsweise die Teilnahme an hochschuldidaktischen Weiterbildungsangeboten. Das Angebot wird in der Regel jedoch nur von Personen wahrgenommen, welche ein Interesse an der Optimierung ihres Lehrangebotes haben und bereit sind, neue Formen von Lehre und Assessment zu integrieren. Aber auch die Teilnahme an hochschuldidaktischen Weiterbildungen ist noch kein Garant für die tatsächliche Anpassung der Lehrstrategien, solange die Lehrenden die entsprechende Absicht noch nicht gebildet haben (Trigwell & Prosser, 1996).

Generell scheinen die Teilnehmenden didaktischer Weiterbildung ihr neu erworbenes Wissen zu wirksamer Hochschullehre nicht ohne weiteres in ihren Lehralltag transferieren zu können. Auch wenn eine Einstellungsänderung feststellbar ist, so scheint die Umsetzung im Lehralltag stark von Kontextfaktoren abhängig zu sein. Noch schwieriger ist es, diesen Kontext zu beeinflussen und auf institutioneller Ebene positiven Einfluss auf die Lehrkultur zu nehmen (Stes et al., 2007). So stehen innovative Lehrkräfte oft alleine da. Qualitativ hochstehende und situationsadäquate Assessmentformen bewusst einzusetzen ist für die Lehrenden anstrengender. Kolleginnen und Kollegen im Lehrkörper, die unreflektiert auf immer dieselben bekannten Formate zurückgreifen, können dadurch eine frustrierende Wirkung haben. Somit ist eine gewisse Resignation innovativer Lehrpersonen durchaus verständlich – besonders angesichts der Tatsache, dass die akademische Karriere nach wie vor primär durch die wissenschaftliche Publikationstätigkeit befeuert wird, jedoch kaum durch das Engagement für gute Lehre. Die Reflexion der eigenen Lehrpraxis in hochschuldidaktischen Weiterbildungen (oder danach) führt zudem unweigerlich zur Konfrontation mit den eigenen Schwächen in der Lehre. So ist es nicht verwunderlich, wenn ein Professor Folgendes zu einem Mitglied des Hochschuldidaktik-Teams im Vertrauen anmerkt: „Weißt du, wir wollen uns da nicht exponieren. Könnt ihr nicht ein Angebot machen, das wir uns anonym vom PC aus holen können?"

3 Support „on-the-go" für Dozierende

Aus den genannten Gründen wurde an der Universität Bern die „Toolbox Assessment" entwickelt, ein flexibles elektronisches Methodenrepertoire, dessen Layout speziell für Tablets und Smartphones gestaltet ist. Den Lehrenden wird

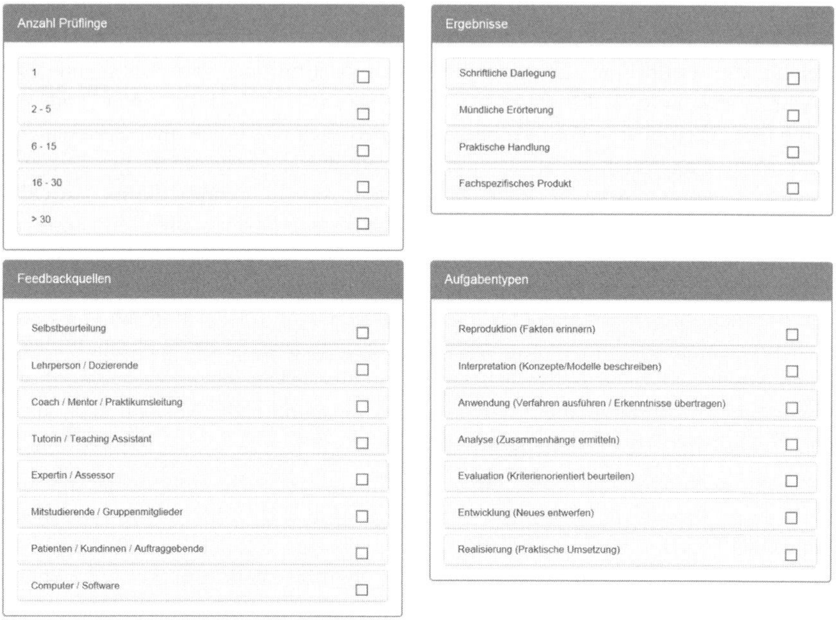

Abb. 1: Auswahlfilter in der Toolbox Assessment (Ansicht mit Tablet)

damit die Möglichkeit zur strukturierten Suche nach alternativen Assessment-Formaten gegeben. Ausgehend von einer konkreten individuellen Lehr- bzw. Prüfsituation setzen sie entsprechende Auswahlfilter und erhalten anschliessend eine Liste mit Vorschlägen, deren Relevanz am Bildschirm grafisch angezeigt wird. Die Detailansicht öffnet eine Beschreibung, welche die Umsetzung des jeweiligen Formates im eigenen Lehrangebot unterstützt. Bei Bedarf kann per Knopfdruck ein PDF der Beschreibung generiert werden. Das innovative Werkzeug soll Perspektiven erweitern und den Lehrkörper animieren, alternative Leistungsnachweise einzusetzen, indem die relevante Information schnell und flexibel zugänglich gemacht wird. Durch die optimierte Darstellung für mobile Endgeräte soll das Supportangebot möglichst niederschwellig im Alltag der Lehre zugänglich sein.

Ein wichtiger Faktor zur Steigerung der Nutzungswahrscheinlichkeit ist die kompakte Darstellung der einzelnen Methoden. Die Beschreibungen werden vom Team der Hochschuldidaktik im Sinne des *Hamburger Verständlichkeitsmodells* (Langer et al., 2011) möglichst verständlich und kurz verfasst. Im Kontext ihrer Beratungs- und Fortbildungstätigkeit erfahren die Mitarbeitenden der Hochschuldidaktik außerdem von vielen weiteren Prüfungsformen, welche von den Lehrenden eingesetzt werden. Nicht selten handelt es sich dabei um sehr interessante Varianten oder gar neu entwickelte Assessmentformen. Durch den Kontakt mit vielen Lehrenden, welche bereit sind, ihre Version der Lernerfolgskontrollen zu veröffentlichen, wird so die Sammlung auch durch die Nutzerinnen und Nutzer selbst kontinuierlich erweitert. Die Beiträge werden dabei durch die Mitarbeitenden der Hochschuldidaktik redigiert und im System erfasst. Zur Illustration folgend zwei Beispiele aus der Toolbox:

1) Kurz-Essays mit Feedback: Beispiel einführendes Proseminar (1. oder 2. Semester) Soziologie. Die Studierenden schreiben drei bis vier ein- bis zweiseitige Essays, auf die sie jeweils zeitnahes konkretes Feedback erhalten. Alleine oder in Kombination mit einem Vortrag oder einem ausführlicheren Schluss-Essay ergibt dies einen kumulativen Leistungsnachweis. Variante: jede/r Student/in kann einen „Joker-Essay“ verfassen und dafür einen anderen aus der Schlussbewertung ausgliedern. Damit kann die Bewertung eines unzulänglichen Textes mit der eines besseren kompensiert werden. Die Qualität der Texte steigt von Mal zu Mal deutlich, besonders dann, wenn immer dasselbe Beurteilungsraster eingesetzt wird. Der Fokus bei diesem Beispiel liegt – aufgrund der Zielgruppe Studienanfänger/innen – auf formalen Kriterien sowie der Kompetenz, Wichtiges kurz und prägnant zu formulieren.

2) Mündliche Prüfung mit Strukturlegetechnik: Es sind mehrere Sets von Karten zu verschiedenen Prüfungsthemen in separaten Couverts verpackt. Auf den Couverts steht das entsprechende übergeordnete Thema. Auf den Karten stehen Kernbegriffe bzw. zentrale Konzepte des jeweiligen Themas. Die Prüflinge wählen ein Thema, öffnen das Couvert und strukturieren die enthaltenen Begriffskarten zu einem sinnvollen Ganzen. Die Gesamtstruktur sowie die einzelnen Begriffe müssen erläutert werden. Die Prüfenden stellen bei Bedarf weitere Prüfungsfragen. Hinweis: Die wählbaren Prüfungsthemen (Couverts) müssen sich alle auf demselben Komplexitätsniveau befinden. In jedem Couvert muss sich dieselbe Anzahl an Begriffen befinden. Es empfiehlt sich, ca. zwölf Begriffe zu verpacken. Idealerweise sind einfachere und schwierigere Begriffe enthalten.

Zurzeit ist die „Toolbox Assessment“ in der Pilotphase. Erste Rückmeldungen geben Hinweise darauf, dass die Beschreibungen etwas ausführlicher im Sinne von „Rezepten“ formuliert sein sollten. Die Toolbox wird in den Grundlagenkursen des hochschuldidaktischen Programmes an der Uni Bern vorgestellt und eingesetzt. Ebenso wird sie über die uni-internen Kommunikationskanäle vorgestellt.

Der flexible Zugang zu komprimiert dargestellten Lernerfolgskontrollen federt den Aufwand zur didaktischen Innovation etwas ab. Dadurch erhöht sich auch die Wahrscheinlichkeit, dass das eine oder andere Format von den Lehrenden tatsächlich ausprobiert wird. Im Sinne einer „Online-Repertoirisierung“ haben Lehrende damit die Möglichkeit, situations- und bedarfsorientiert eine Sammlung angemessener Assessmentformen aufzurufen. Damit verbunden ist die Hoffnung, dass hochschuldidaktisches Wissen so über die Seminarräume der Fortbildung hinaus durch den virtuellen Raum besser in die Räume der Fakultäten und Institute dringt.

Literatur

Angelo, T. A. & Cross, K. P. (1993). *Classroom Assessment Techniques. A Handbook for College Teachers*. San Francisco: Jossey-Bass.

Bischoff, S., Brühwiler, C. & Baer, M. (2005). Videotest zur Erfassung „adaptiver Lehrkompetenz". *Beiträge zur Lehrerbildung, 23*(3), 382–397.

Evans, C. (2013). Making Sense of Assessment Feedback in Higher Education. *Review of Educational Research, 83(1),* 70–120.

Hattie, J. & Timperley, H. (2007). The Power of Feedback. *Review of Educational Research, 77*(1), 81–112.

Hattie, J. (2011). Which Strategies Best Enhance Teaching and Learning in Higher Education? In D. Mashek & E. Yost Hammer (Hrsg.), *Empirical Research in Teaching and Learning: Contributions from Social Psychology* (S. 130–142). West Sussex: Blackwell Publishing Ltd.

Juwah, C., MacFarlane-Dick, D., Matthew, B., Nicol, D., Ross, D. & Smith, B. (2004). *Enhancing student learning through effective formative feedback.* York: The Higher Education Academy.

Langer, I., Schulz von Thun, F. & Tausch, R. (2011). *Sich verständlich ausdrücken* (9. Aufl.). München: Ernst Reinhardt

Shute, V. J. (2008). Focus on Formative Feedback. *Review of Educational Research, 78*(1), 153–189.

Stes, A., Clement, M. & Van Petegem, P. (2007). The Effectiveness of a Faculty Training Programme: Long-term and institutional impact. *International Journal for Academic Development, 12*(2), 99–109.

Trigwell, K. & Prosser, M. (1996). Congruence between intention and strategy in university science teachers' approaches to teaching. *Higher Education, 32*, 77–87.

Simon Baumgartner, Jürg Fraefel

Mobile Sprachräume

Mobile Unterrichtsszenarien in einem Forschungs- und Entwicklungsprojekt der Pädagogischen Hochschule Zürich (Praxis- und Werkstattbericht)

Zusammenfassung

Unabhängig davon, ob Mobilgeräte zum Üben von Vokabeln, als Wissenswerkzeuge zur Unterstützung von Schreibprozessen oder unterwegs als Literaturguide[1] eingesetzt werden, mobile Lernszenarien können auf ganz unterschiedliche Weise zum Sprachunterricht beitragen. Zwei Unterrichtsszenarien, die im Rahmen des Forschungs- und Entwicklungsprojekts „Mobiles Lernen" an der PH Zürich entwickelt wurden, geben Einblick, wie Mobilgeräte als didaktische Hilfsmittel im Unterricht eingesetzt werden und zeigen auf, welcher Nutzen sich daraus für die Schreibförderung und den Sprachunterricht ergibt.

1 Forschungs- und Entwicklungsprojekte an der PH Zürich

Studierende sind während ihres Studiums an der Pädagogischen Hochschule und später als Lehrperson immer wieder mit Ergebnissen aus Evaluationen und Forschungsprojekten konfrontiert. Während sie meistens ‚nur' Rezipienten wissenschaftlicher Ergebnisse sind, können sie in den FE-Projekten der PH Zürich aktiv am Prozess einer systematischen Erkenntnisgewinnung partizipieren. Im Unterschied zum universitären Studium steht bei angehenden Lehrpersonen jedoch nicht ein Zugewinn an forschungsmethodischen Kompetenzen im Zentrum, sondern die Entwicklung einer forschenden, d.h. kritisch-reflexiven und frageentwickelnden Haltung zum gewählten Thema.

Neben dem Ziel, die Studierenden wissenschaftliches Vorgehen miterleben zu lassen, geht es aus lerntheoretischer Sicht im beschriebenen FE-Projekt „Mobiles Lernen" darum, den Studierenden den Raum zu geben, sich im Sinne eines forschenden Lernens selbstständig mit dem Projektthema auseinanderzusetzen.

---

1 Der Zürcher Literaturparcours ist ein Beispiel für Augmented Learning im Deutschunterricht. Die Teilnehmenden werden anhand von Fragen, die auf dem Mobilgerät standortabhängig präsentiert werden, zu verschiedenen Orten in Zürich geführt, wo Dichter und Denker gelebt und gewirkt haben. Das Projekt wurde von einer ersten Klasse des Gymnasiums Unterstrass in Zusammenarbeit mit Dozierenden der PH Zürich entwickelt. Link: http://quiztrail.com/quiz/detail/211

So werden die Unterrichtsideen und das Evaluationsdesign primär von den Studierenden entwickelt, die Dozierenden stehen beratend zur Seite.

2 Praxisprojekt „Mobiles Lernen“ von Studierenden

Das FE-Projekt thematisiert den Einsatz von Mobilgeräten als didaktische Hilfsmittel im Schulunterricht auf der Primarstufe. Die Studierenden sollen mit der Entwicklung und Erprobung eigener Unterrichtsszenarien lernen, begründete Medienentscheidungen zu treffen, indem sie sich vertieft mit den Erfolgs- und Scheiternsbedingungen auseinandersetzen. Zentral, aber nicht selbstverständlich ist die Erkenntnis, dass die blosse Verwendung von Mobilgeräten noch kein Unterrichtsziel darstellt, abgesehen von der unbestritten motivierenden Wirkung der mobilen Geräte. Kerres (2000) formuliert es so, dass Medien dazu beitragen sollen, Bildungsprobleme zu lösen, wobei die Medienentscheidung ‚nur‘ ein Teil der Unterrichtsplanung darstellt, nebst weiterer Entscheidungen zu Inhalt, Zielen und Methoden.

2.1 Überlegungen zu „Mobilem Lernen“

Mit der Verbreitung von Mobilgeräten ist die Verfügbarkeit von Kommunikations- und Informationsressourcen heute allgegenwärtig, diese Entwicklung betrifft auch die Schule. Diese hat die Aufgabe, die Kinder auf ein Leben in der Informationsgesellschaft vorzubereiten. Sie sollen lernen, mit Medien verantwortungsvoll und kritisch umgehen, gleichzeitig soll ihnen auch gezeigt werden, wie sie die Medien für den Wissenserwerb nutzen können.

In den Schulen diskutierte man anfangs vor allem über die Risiken der Handynutzung: Handys als Kostenfalle, der Konsum pornografischer und gewaltdarstellender Inhalte, Cybermobbing etc. Die Kinder und Jugendlichen lernten mehr über das Handy als mit ihm (Seipold, 2012), zumal in der Folge viele Schulen Handyverbote aussprachen und die Mobilgeräte in die Freizeit verbannten. Erst allmählich rückte der pädagogische und didaktische Nutzen von Smartphones und Tablets in den Fokus der Schule. Heute wird das Unterrichten mit Mobilgeräten in vielen Projekten erprobt und evaluiert: Projektschule Goldau[2], my-Pad[3], etc.

Durch die Anbindung ans Internet machen Mobilgeräte aber vor allem eine riesige Menge an Wissensressourcen verfügbar. „Mobiles Lernen“ erschöpft sich jedoch nicht in der Distribution von Inhalten. In der Forschungsliteratur wer-

2 www.projektschule-goldau.ch/brings-mit
3 www.my-pad.ch/das-projekt

den unter dem Begriff „Mobiles Lernen“ ganz unterschiedliche Lernszenarien subsumiert, welche die Eigenschaften und Funktionen von Mobilgeräten nutzen. Häufig ist „Mobiles Lernen“ charakterisiert als ubiquitär (allgegenwärtig), situiert, individualisiert und informell (Sharples et al., 2007). Lernende können mit Mobilgeräten zeit- und ortunabhängig auf Lernressourcen aus dem Internet zugreifen, entsprechend den Bedürfnissen im jeweiligen Anwendungskontext. Als Kommunikations- und Organisationsmittel unterstützen Mobilgeräte den Austausch und das kollaborative Arbeiten. Mobilgeräte sind aber nicht zuletzt auch leistungsfähige Kleincomputer, mit denen Lernende eigene Inhalte in Form von Text, Bild und Film erstellen, bearbeiten und präsentieren oder mit Hilfe von Trainings-Apps üben können. Ein möglicher gemeinsamer Nenner für diese Vielzahl von Anwendungsszenarien ist, dass das mobile Lernen die Lernenden ins Zentrum stellt, die zunehmend selbstverantwortlich, selbst gestaltend und vernetzt ihr Wissen aufbauen. Lernen konzentriert sich weniger auf einen bestimmten Ort, sondern findet dort statt, wo sich der Lernende befindet – sei dies im realen oder virtuellen Raum.

2.2 Ablauf des Praxisprojekts

Das FE-Projekt „Mobiles Lernen“ ist in drei Phasen unterteilt: Zu Beginn des Projekts erhalten die Studierenden in einer Einführungswoche Einblicke in die Mobile Learning-Diskussion und erfahren, wie auf diesem Gebiet geforscht wird. Weiter lernen sie die Grundlagen des Evaluierens kennen, die sie für die Auswertung ihrer eigenen Unterrichtsszenarien benötigen. In der zweiten Phase während des Semesters entwickeln die Studierenden in Gruppen eigene Unterrichtsszenarien und leiten daraus eigene Evaluationsfragestellungen ab. Anschließend erproben sie ihre Unterrichtsszenarien in Schulklassen – Partnerklassen, welche bereits Tablets im Unterricht einsetzen – und erheben die Daten zu ihren Fragestellungen. In der Schlusswoche tragen die Studierenden die Ergebnisse aus den einzelnen Projekten zusammen und leiten daraus Empfehlungen ab. Zur Erarbeitung der Schlussprodukte werden die Studierendengruppen aufgelöst und als Redaktionsteam mit Ressorts neu organisiert. Die Gruppen haben ihre Erkenntnisse während des gesamten Projekts in einem Blog dokumentiert. Diese Einträge sind Grundlage für die Abschlusspublikation und die mündliche Präsentation.

2.3 Die Unterrichtsszenarien der Studierenden

Die Schulbesuche der Studierenden in den Partnerklassen zeigen, dass die Mobilgeräte häufig in Phasen des selbstorganisierten Lernens verwendet werden, etwa zum individuellen Üben von Vokabeln oder Kopfrechnen mit Trainings-

Apps. Dagegen stehen in den Unterrichtsszenarien, welche die Studierenden selbst entwickeln, Gruppenarbeit und eigene Wissensinhalte der Schülerinnen und Schüler im Vordergrund, das heißt die Verwendung der Tablets zum Sammeln, Erzeugen, Bearbeiten und Präsentieren von Texten, Bildern und Tönen. Dabei sind Lernszenarien in Sachkunde, Sport und Musik entstanden: Dokumentieren des Lieblingsorts im Quartier, Aufzeichnen und Analysieren der eigenen Körperhaltung im Sport, „Bauen“ von Rhythmen im Musikunterricht. Diese Lernszenarien dienen den Studierenden einerseits als Unterrichtsideen im künftigen Schuldienst, andererseits können sie auch Ausgangspunkt sein für eine vertiefte wissenschaftliche Auseinandersetzung, die im FE-Projekt nicht zu leisten ist, aber Thema einer Bachelor- oder Masterarbeit sein könnte, z.B. zur Eignung der App „Isle of Tune“ als visuell-spielerischer Zugang in der Rhythmuslehre.[4]

2.4 Mobile Sprachräume im Schulunterricht

Mediengestütztes Lernen hat im Bereich der Sprachen eine lange Tradition, welche in mobilen Lernszenarien weitergeführt wird (Traxler, 2013). Sprachenlernen ist in vielerlei Hinsicht verbunden mit Mobilität: Der kreative Umgang mit Sprache erfordert beispielsweise räumliche Veränderung, etwa bei der Nutzung von Tablets als Aufnahmegerät im und ums Schulhaus. Digitale Medien können den Schreibprozess entlasten, auch der soziale Austausch hat eine Entlastungsfunktion (Philipp, 2012, S. 65). Ein solcher Austausch kann durch Mobilgeräte und deren ortsunabhängige Nutzbarkeit erleichtert werden. Die Mobilität des Sprachraums äußert sich auch darin, dass das Mobilgerät den Lernraum Klassenzimmer mit dem außerschulischen Raum verbindet (Friedrich et al., 2011). Zwei Unterrichtsszenarien im Bereich der Sprachförderung werden nachfolgend beschrieben.

Die Lehrpersonen in den besuchten Partnerklassen setzen das Tablet vor allem im individualisierten Unterricht ein. Die Studierenden hingegen gestalten ihre Lektionen durchweg als kollaborative Unterrichtsszenarien, wie z.B. im Unterrichtsszenario „Das Tablet erzählt Geschichten“, das mit einer 6. Klasse im Englischunterricht durchgeführt wurde. Anlass für dieses Unterrichtsszenario waren eigene Erlebnisse der Studierenden mit Schreibaufträgen, welche die Auseinandersetzung mit den fertigen Texten vernachlässigten, was für die Schreibenden demotivierend wirken kann. Als Gegenmaßnahme sind die Texte an ‚echte‘ Adressaten gerichtet und die Verfasser/innen und Leser/innen tauschen sich über den Text aus (Bachmann, 2010). Die Studierenden überlegten sich

4 Die Abschlussberichte der FE-Projekte 2012/13 und 2013/14 mit allen Unterrichtsszenarien sind online verfügbar: http://tiny.phzh.ch/mobileslernen (wahlweise als ausführliches PDF oder als iBook zur Präsentation).

vor diesem Hintergrund ein Unterrichtsszenario, bei dem die Schülerinnen und Schüler zuerst auf dem Tablet Bilder zu einer Geschichte anordnen und dazu einen Text schreiben. Anschließend werden die Tablets zwischen den Gruppen ausgetauscht und die Schüler schreiben sich gegenseitig eine Rückmeldung. Am Schluss der Lektion werden die Geschichten und die Rezensionen in der Klasse vorgestellt.

Zur Überprüfung der Evaluationsfragestellung führten die Studierenden mit der Klasse ein Gruppeninterview durch. Bis auf eine Schülerin stimmten alle der Aussage zu, dass die Tablets den Austausch unterstützt hätten, sowohl bezüglich des Herumreichens der Geräte beim kooperativen Schreiben und Austauschen der Texte zwischen den Gruppen als auch bezüglich der inhaltlichen Rückmeldungen in Form von Rezensionen. Zudem beurteilten die Lernenden das Schreiben durchweg motivierender, wenn die Texte von den Mitschülerinnen und -schülern gelesen werden.

Das Unterrichtsszenario „Kreativer Umgang mit Sprache" wurde mit einer 6. Klasse im Deutschunterricht durchgeführt. Aus dem Gespräch mit der Lehrperson ging hervor, dass ihre Klasse Schwierigkeiten habe mit dem spontanen Schreiben. Die Studierenden überlegten sich in der Folge, wie Mobilgeräte zum Abbau von Schreibblockaden und zur Förderung kreativen Schreibens beitragen können. Eine bekannte Methode aus der Schreibdidaktik ist die Beschäftigung mit einem Stimulus (einem Gegenstand oder einer Situation), der bei der schreibenden Person mögliche Assoziationen zu einem Thema auslöst. Mobilgeräte eignen sich gut zur Aufnahme von solchen Stimuli und die Lernenden wurden beauftragt, mit den Tablets im Schulareal Fotos zu machen und Geräusche aufzunehmen. Danach schrieben sie zu ihren Produkten eine Kurzgeschichte. Für die Aufnahmen und die Auswahl der Stimuli arbeiteten sie in Zweierteams, die Geschichte schrieb jedes Kind für sich.

Die Studierenden überprüften ihre Annahme, dass ein Stimulus, der für die Kinder eine persönliche Bedeutung hat, das kreative Schreiben unterstützt, in einer Dokumentenanalyse. Mit einem selbst entwickelten Kriterienraster wurden die Schülertexte daraufhin untersucht, ob sie einen roten Faden aufweisen, fließend geschrieben und einfallsreich sind. Die Studierenden betrachteten diese Kriterien mehrheitlich als erfüllt. Die Geschichten sind nachvollziehbar und einfallsreich, vor allem aber wussten alle Kinder etwas zu schreiben. Das Ergebnis der Dokumentenanalyse wurde auch von den Aussagen der Schülerinnen und Schüler bestätigt, die zu zwei Dritteln aussagten, die Aufzeichnung von Bildern und Geräuschen hätte sie beim Finden einer Schreibidee unterstützt.

3 Fazit

In den Studierendenprojekten werden eine Vielzahl von effektiven Maßnahmen zur Schreibförderung ausprobiert: Schreiben am Computer, kooperatives Schreiben, Förderung des Vorstellungsvermögens oder Rückmeldungen zu Texten. Aufgrund ihrer multimedialen Aufzeichnungs- und Präsentationsfunktionen und aufgrund der Mobilität scheinen Tablets Potenzial zu haben, unterstützend zur Schreibförderung beizutragen. Die Mobilität des Sprachraums äußert sich im Unterrichtsszenario „Kreativer Umgang mit Sprache“ darin, dass das Mobilgerät den Lernraum Klassenzimmer mit dem außerschulischen Raum verbindet. Das Mobilgerät ermöglicht es, etwas für den Lernenden Bedeutsames in die Schule zu integrieren und sich damit sprachlich auseinanderzusetzen. Im Unterrichtsszenario „Das Tablet erzählt Geschichten“ wird der Raum nicht als Ort, sondern als Unterrichtssetting thematisiert: die Mobilität des Gerätes, das den sozialen Austausch der Lernenden in der Ausführung ihres Schreibauftrages unterstützt.

Literatur

Bachmann, T. (2010). Schreibaufgaben mit Profil – in allen Fächern (Vortrag sims-Tagung 2010). URL: http://www.netzwerk-sims.ch/wp-content/uploads/2013/09/Unterlagen_2.sims-Tagung-2010.zip [10.03.2014].

Friedrich, K., Bachmair, B. & Risch, M. (2011). *Mobiles Lernen mit dem Handy: Herausforderung und Chance für den Unterricht*. Weinheim: Beltz.

Kerres, M. (2000). Medienentscheidungen in der Unterrichtsplanung. Zu Wirkungsargumenten und Begründungen des didaktischen Einsatzes digitaler Medien. *Bildung und Erziehung, 53*(1), 19–39.

Philipp, M. (2012). Wirksame Schreibförderung. Metaanalytische Befunde im Überblick. *Didaktik Deutsch, 33*, 59–73. URL: http://www.fhnw.ch/personen/maik-philipp/dateien/Philipp_2012_Wirksame_Schreibfoerderung.pdf [10.03.2014].

Seipold, J. (2012). *Mobiles Lernen. Analyse des Wissenschaftsprozesses der britischen und deutschsprachigen medienpädagogischen und erziehungswissenschaftlichen Mobile-Learning-Diskussion*. URL: http://nbn-resolving.de/urn:nbn:de:hebis:34-2012121242324 [10.03.2014].

Sharples, M., Taylor, J. & Vavoula, G. (2007). A Theory of Learning for the Mobile Age. In R. Andrews and C. Haythornthwaite (Hrsg.), *The Sage Handbook of Elearning Research* (S. 221–47). London: Sage.

Traxler, J. (2013). *Mobile learning for languages: Can the past speak to the future?* Monterey, CA: The International Research Foundation for English Language Education. URL: http://www.tirfonline.org/english-in-the-workforce/mobile-assisted-language-learning/1 [10.03.2014].

Monika Niederhuber, Daniel Trüssel, Urs Brändle

Auf Exkursionen neue Wege gehen

Der Einsatz von Smartphones und Tablets zur Erfassung, Visualisierung und Analyse räumlicher Objekte, Strukturen und Phänomene (Poster)

Zusammenfassung

Die weite Verbreitung von Mobiltelefonen mit Navigationssystemen eröffnet grundsätzlich neue und einfache Möglichkeiten der Erfassung, Visualisierung und Interpretation von räumlichen Daten im Rahmen von Lehrveranstaltungen, insbesondere auf Exkursionen. Der vorliegende Artikel beschreibt, wie Studierende Datensätze in Echtzeit aufnehmen, mit ihren Smartphones oder Tablets visualisieren und vor Ort zusammen analysieren und diskutieren.

1 Neue Wege gehen

Im zweiten Bachelorsemester der ETH-Studiengänge Agrar-, Erd-, Lebensmittel- und Umweltnaturwissenschaften werden gemeinsame Exkursionen angeboten. Diese ein- bis zweitägigen „Integrierten Exkursionen" haben unter anderem zum Ziel, dass sich die Studierenden vor Ort mit interdisziplinären Fragestellungen auseinandersetzen und so die Inhalte verschiedener Lehrveranstaltungen zueinander in Beziehung setzen. Die Exkursionsthemen weisen häufig einen räumlichen Aspekt auf und befassen sich mit Fragestellungen wie z.B.: „Wie lassen sich die Brutgebiete der Tigermücke im Tessin charakterisieren, wo liegen diese und wie sieht ihre räumliche Verteilung aus?" oder „Was ist ein geeigneter Standort für eine Windturbine und wie wird ein solcher Standort evaluiert?" oder „Wie kann bei der Zonenplanung die räumliche Information über landwirtschaftlich wertvolle Böden optimal einbezogen werden?" Im bisherigen didaktischen Konzept bereiten sich die Studierenden durch Literaturstudium vor und erhalten im Feld vertiefte Informationen, die Auseinandersetzung mit (räumlichen) Daten bleibt aber oft oberflächlich.

Die großflächige Erfassung von relevanten Parametern vor Ort wird in Feldkursen häufig durchgeführt und stellt bei den Studierenden einen realen Bezug zur Qualität und Bedeutung der Daten her. Aufgrund der beschränkten Zeit für die Datenerfassung, Auswertung und Interpretation konnten bis anhin auf Integrierten Exkursionen keine solchen Erfassungsexperimente durchgeführt werden. Jüngste Entwicklungen im Mobilfunk- und GIS[1]-Bereich eröffnen nun aber neue Möglichkeiten: 1) moderne Endgeräte wie Smartphones und Tablets verfügen meist standardmäßig über relativ gute GNSS-Empfänger (GPS, GLONASS, etc.), 2) die meisten Studierenden sind im Besitz solcher Geräte, und 3) durch spezifische Apps wird die Datenaufnahme und -visualisierung einem breiten Publikum zugänglich. Im Projekt „GISsmox" (GIS supported mobile outdoor experiments) wird ausgehend davon ein neuer Typ von aktivem Lernen der Studierenden auf Integrierten Exkursionen entwickelt.

2 GISsmox – Feldexperimente mit mobiler GIS-Applikation

GISsmox ist ein departementsübergreifendes und fachlich unabhängig ausgerichtetes Projekt, welches vom Innovedum Fonds (www.innovedum.ethz.ch) der ETH Zürich für die Jahre 2014 und 2015 gefördert wird. Es verfolgt im Wesentlichen drei Ziele:

1. Die Studierenden beschäftigen sich auf Exkursionen mit räumlichen Objekten, Phänomenen oder Strukturen intensiver, indem sie deren Eigenschaften und Position mit mobilen Geräten (Smartphones, Tablets) erfassen.
2. Die Studierenden erleben die Erfassungsphase als kollektives Experiment, da die Eingaben aller Teilnehmenden in Echtzeit sichtbar sind.
3. Die Studierenden erfahren eine neue Form von zeit- und raumnaher Versuchsauswertung: Unmittelbar nach der Erfassung werden die erhobenen Daten gemeinsam vor Ort auf den Mobilgeräten dargestellt, analysiert, interpretiert und zur Diskussion von spezifischen Fragestellungen verwendet.

Im Gegensatz zu bereits etablierten Experimenten in Feldkursen[2] erfolgt die Datenerfassung nach einer minimalen Einführung mit den privaten Mobilgeräten der Studierenden. Die Daten werden dabei vom System automatisch in einer grafisch vorbereiteten Darstellung zur Auswertung zur Verfügung gestellt. Die durch diesen einfachen Ansatz eingesparte Zeit steht für Interpretation und Diskussion in Gruppen und im Plenum zur Verfügung.

Für das Frühjahrssemester 2014 wurden fünf fachlich geeignete Exkursionen ausgewählt, bei denen folgende GISsmox-Einsätze durchgeführt wurden: Kartierung von Windgeschwindigkeit und Richtung am Standort eines zukünftigen Windparks; Darstellung der Bodenbeschaffenheit in einer landwirtschaftlich genutzten Moorzone; Aufnahme potentieller Brutstätten von Tigermückenlarven in einer Siedlungszone; Erfassen von Standorten gebietsfremder Pflanzenspezies; Bestimmung der lokalen Ausbreitung von Pflanzenindividuen.

1 Geographische Informationssysteme und Wissenschaften
2 http://www.educause.edu/ero/article/educational-potential-mobile-computing-field

3 Planung und Ablauf einer GISsmox-Exkursion

Die nachfolgende Abbildung 1 zeigt schematisch den Ablauf der einzelnen Phasen, den didaktischen Workflow sowie die technische Architektur einer GISsmox-Exkursion.

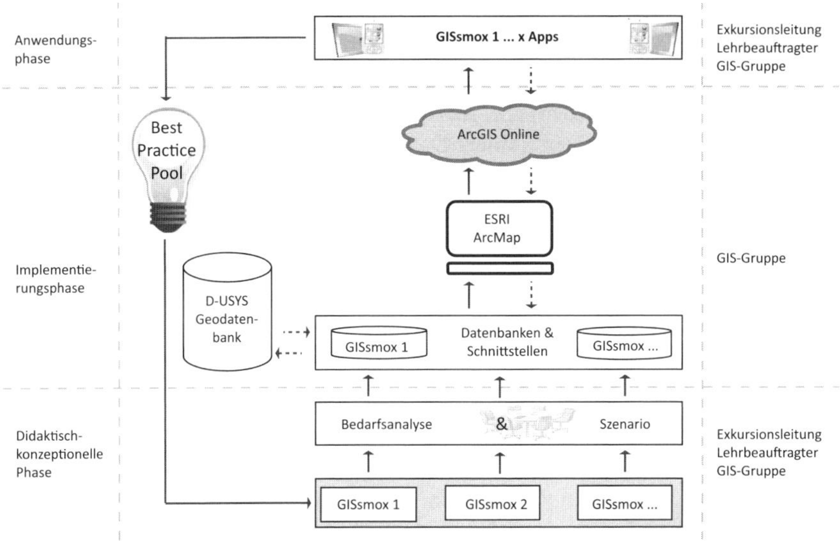

Abb. 1: Phasen, didaktischer Workflow und technische Komponenten einer GISsmox-Exkursion

Jede GISsmox-Exkursion gliedert sich in die folgenden drei Phasen: 1. didaktisch-konzeptionelle Phase, 2. Implementierungsphase und 3. Anwendungsphase. Für die Vorbereitung einer solchen Exkursion arbeiten die Exkursionsleitung, der Lehrbeauftragte und die GIS-Gruppe des Departements Umweltsystemwissenschaften eng zusammen.

Die Planung jeder Exkursion beginnt mit einer didaktisch-konzeptionellen Phase, in welcher der Lehrbeauftragte zusammen mit der Exkursionsleitung ein erstes Szenario ausarbeitet und überprüft, inwieweit durch den Einsatz von mobilen Geräten ein didaktischer Mehrwert für diese Exkursion geschaffen werden kann und welche Daten dabei im Feld aufgenommen werden sollen. Zusammen mit der GIS-Gruppe werden darauf aufbauend deren praktische und technische Machbarkeit überprüft und eventuell Anpassungen vorgenommen. Zusätzlich wird abgeklärt, ob weitere Instrumente oder Genehmigungen für die Erfassung der Daten notwendig sind.

Danach folgt die Implementierung der Datenstruktur durch die GIS-Gruppe, basierend auf der Esri-Software ArcMap. Zusätzlich wird definiert, wie die aufzunehmenden Daten visuell dargestellt und nach der Erfassung prozessiert werden sollen. Sobald diese Arbeiten abgeschlossen sind, werden die Daten in das cloudbasierte Content-Management-System ArcGIS Online von Esri integriert und den Studierenden mit Hilfe der mobilen „Collector App" zugänglich gemacht.

Vor jeder Integrierten Exkursion erhalten die Studierenden Informationsmaterialien, um sich auf die entsprechende Exkursion vorzubereiten. Bei einer GISsmox-Exkursion werden sie zusätzlich darüber informiert, dass sie mit Hilfe ihrer Smartphones und Tablets Daten aufnehmen werden und dazu aufgefordert, sich die frei verfügbare Collector App herunterzuladen (iOS/Android). Die Datenerfassung erfolgt meist in Zweiergruppen. So können sich die Studierenden bei der Dateneingabe absprechen, z.B. wenn Messunsicherheiten bestehen. Während die Studierenden die geforderten Daten über eine Maske eingeben, liefern die Geräte die genaue Position für die erfassten Datenpunkte. Alle Beteiligten können in Echtzeit sehen, wo andere etwas erfasst haben und welche Eigenschaften die erfassten Objekte besitzen. So entsteht bereits während der Erhebungsphase ein Datenbild des untersuchten Gebiets und erste Hypothesen können in den Erfassungs-Teams gebildet werden (siehe Abbildung 2).

Abb. 2: Darstellung von erfassten Datenpunkten auf einem Smartphone während des Sammelns; links: Gesamtansicht des Gebietes; Mitte: Detailansicht; rechts: Eingabemaske (in diesem Fall: potentielle Brutstätten für Tigermückenlarven)

Unmittelbar nach der Erfassung treffen sich die Studierenden und besprechen bzw. analysieren gemeinsam die Ergebnisse aufgrund von vorbereiteten Fragestellungen in Gruppen und im Plenum mit den Experten. Die optimale didaktische Ausgestaltung dieser Auswertungsphase ist eines der Kernziele des GISsmox-Projekts.

Nach jeder Exkursion erfolgt eine Evaluation in Bezug auf den didaktischen Mehrwert und die Akzeptanz des neuen Mediums. Dafür werden sowohl die Meinungen und Ansichten der Studierenden als auch der Exkursionsleitung – basierend auf einem formativen und summativen Fragebogen – eingeholt. Informationen aus direkten Gesprächen sowie Beobachtungen während der Exkursion fliessen ebenfalls in die Evaluation mit ein. Berücksichtigt werden auch technische Aspekte.

Die von den Studierenden erfassten Daten werden durch die GIS-Gruppe in einer Geodatenbank abgelegt und können im nächsten Jahr wiederverwendet werden. So kann zukünftig bei den GISsmox-Exkursionen neben dem räumlichen auch ein zeitlicher Aspekt mitberücksichtigt werden. Eine Veröffentlichung des Projekts in einem öffentlich zugänglichen Best Practice Pool ist geplant.

4 Erste Erfahrungen und Ausblick

Das Projekt befindet sich in der Anfangsphase, jedoch liegen bereits erste, überwiegend positive Erfahrungen vor. Seitens der Studierenden wurde vor allem die Interaktivität während der Exkursion begrüßt. Die Platzierung der Experimente jeweils nach der Mittagspause hatte den gewünschten reaktivierenden Effekt auf die Studierendengruppe. Die Exkursionsleiter begrüßten die Einfachheit des Technikeinsatzes. Alle Beteiligten waren beeindruckt von der Menge an Daten, welche in den 30–45 Minuten dauernden Erhebungen zusammenkamen. Verbesserungspotential wurde bei den Fragestellungen für die Auswertungsphase geortet.

Das Poster wird die didaktischen und technischen Komponenten des Projektes aufzeigen. Zudem wird es eine Anleitung bieten, auf deren Basis jeder Besucher der GMW-Tagung mit Hilfe des eigenen Smartphones raumbezogene Informationen sammeln und mit den anderen Tagungsteilnehmern teilen kann.

Weiterführende Informationen

- Innovedum: http://www.innovedum.ethz.ch/
- ArcGIS Online: http://www.esri.com/software/arcgis/arcgisonline
- Collector App: http://www.esri.com/software/arcgis/smartphones/collector-app

Klaus Rummler, Walter Scheuble, Heinz Moser, Peter Holzwarth

Schulische Lernräume aufbrechen:
Visual Storytelling im Berufswahlunterricht

Zusammenfassung

„Was wolltest du früher einmal werden, was willst du jetzt werden?“ Entlang dieser zentralen Aufgabe stellten Schüler/innen von elf Sekundarschulklassen die Entwicklung ihre Berufswünsche mit Hilfe von Fotos dar und erläuterten diese im mündlichen Vortrag. Dies bildet den Kern des an der PH Zürich initiierten Schulprojekts „Visualisierte Berufswünsche: Potenziale der Fotografie für Berufsbildung und Berufswahlunterricht (VIBES)“.[1] Mit eigenen Fotografien sich der bisherigen Berufswünsche zu versichern, eröffnet Jugendlichen und Lehrpersonen neue Lernräume, die den Übergang von der Alltagswelt in die Schule dokumentieren und den Einstieg in den Berufswahlunterricht erleichtern.

Dieser Beitrag präsentiert das Projekt „VIBES“ im Kontext des schweizerischen Berufswahlunterrichts und zeigt anhand erster qualitativer Ergebnisse, welche Visualisierungs- und Erzählstrategien die Lernendenden in diesem Reflexionsprozess entfalten. Des Weiteren präsentiert der Beitrag eine Reihe quantitativer Ergebnisse zur Akzeptanz und Wirksamkeit des didaktischen Settings.

1 Berufswahl als riskante Chance mit hohem Orientierungsbedarf

Mit dem Übergang von der „modernen“ zur „postmodernen“ Gesellschaft hat sich die Situation der Berufswahl als eine wichtige Zäsur in der beruflichen Karriere junger Menschen verschärft. Becks Theorie der Individualisierung und Pluralisierung von Lebensmöglichkeiten und sein Konzept der Risikogesellschaft (1986) haben dazu wichtige Deutungsmuster beigetragen. Er geht davon aus, dass gegenüber früheren Zeiten immer mehr Menschen aus traditionellen Normen herausgelöst werden und aus einer pluralisierten Optionenvielfalt ihr eigenes Leben wählen dürfen und müssen. Einerseits ist dies ein Gewinn an Freiheit, auf der anderen Seite handelt es sich um riskante Chancen, da

1 Folgende Personen haben im Projekt VIBES mitgearbeitet: Heinz Moser, Thomas Hermann, Peter Holzwarth, Daniel Jungo, Mareike Düssel, Sarah M. Schlachetzki, Klaus Rummler und Walter Scheuble.

das Subjekt für das Gelingen seines gewählten Lebensentwurfes selbst die Verantwortung übernehmen muss.

Das hinter dieser Entwicklung stehende Risiko beschreibt Beck als Flexibilisierung von Lebenslagen, welche für den Einzelnen grosse Unsicherheiten erzeugt. Enttraditionalisierung bedeutet z.B. für Risikolerner am Übergang von der Pflichtschulzeit ins Berufsleben den Wegfall traditioneller Wege beruflicher Ausbildung und Karriere sowie den Wegfall von Selbstverständlichkeiten im Verständnis bestimmter Berufe. Es ist nicht mehr selbstverständlich, den elterlichen Handwerksbetrieb zu übernehmen, und in vielen Bereichen ist das Selbstverständnis ganzer Berufsstände und -gruppen für Jugendliche nicht mehr greifbar oder verständlich (vgl. Rummler 2012, S. 43). Der rasante technische Wandel trägt zudem dazu bei, dass sich überkommene Berufsbilder häufig innerhalb weniger Jahre total verändern.

Vor diesem Hintergrund stellt sich die Frage, in welcher Form schulische Berufsorientierung, -information und -beratung auf gesellschaftliche Wandlungsprozesse dieser Art reagieren. Die damit verbundene Aufgabe bringt Peavy (1998, S. 58) auf den Punkt, der von einer beruflichen Beratung verlangt, die Menschen dabei zu unterstützen, unter diesen unvorhersehbaren Bedingungen auf eine befriedigende Weise zu „navigieren“ und zu orientieren. Zentral wird dabei die Kooperation zwischen den berufssuchenden Jugendlichen, den Eltern, der Schule, der Berufsberatung und der Wirtschaft gesehen (Egloff & Jungo, 2009). Die Kooperationspartner geben Entscheidungs- und Realisierungshilfen.

Die Bedeutung des Visuellen

Der Gedanke des „Navigierens“ und „Orientierens“ ist auch verbunden mit der Bedeutung visueller Stimuli. Dies hängt mit jenen konzeptuellen Aussagen zusammen, welche in der Gesellschaft allgemein eine verstärkte Bedeutungszunahme des Visuellen konstatieren und dies mit den Begriffen „visual turn“, „pictorial turn“ (Mitchell) oder „iconic turn“ (Boehm) zum Ausdruck bringen: „Bildungs-, Lern- und Sozialisationsprozesse werden heute generell viel stärker als früher durch Bilder beeinflusst.“ (Marotzki & Niesyto, 2006, S. 7). All diesen Überlegungen ist gemeinsam, dass sie mit der heutigen Informations- und Mediengesellschaft eine starke Zunahme von visuellen Kommunikationsangeboten verbinden. Die Dominanz der Schriftsprache wird durch multimodale Ausdrucksformen gebrochen, welche verstärkt mit Visualität verbunden sind (vgl. Kress & van Leeuwen, 2001, S. 1).

Bilder dienen den Heranwachsenden als symbolische Ausdrucksmittel, die sie zur Beziehungsregulierung nutzen. Visualisierungen ermöglichen die Thematisierung von Aspekten des inneren Erlebens, die dem sprachlichen Bewusstsein nicht direkt zugänglich sind. „Der Blick durch die Kamera führt nach aussen – und nach innen.“ Mit dieser Charakterisierung verdeutlicht Kunz (2010,

S. 69) das Potenzial der Fotografie, über die Beschäftigung mit dem physisch wahrnehmbaren Äusseren eine Auseinandersetzung mit sich selbst anzustossen. Es ist davon auszugehen, dass bei der fotografischen Visualisierung von Berufswünschen bereits bestehende innere Bilder eine Rolle spielen. Diese können sowohl durch persönliche Erfahrungen mit Berufen im Alltag geprägt sein (z.B. Lehrperson, Bäcker, Busfahrer) als auch durch mediale Erfahrungen (z.B. Kriminalkommissar). Je nachdem, ob in konkreten Berufsfeldern dokumentarisch fotografiert wird oder ob Berufe inszeniert werden, kommen die bestehenden Vorstellungsbilder mehr oder weniger zum Tragen. Durch die Produktion konkreter Berufsbilder entsteht die Chance, bestehende Vorstellungsbilder zu reflektieren und zu hinterfragen.

Photo elicitation als „Visual Storytelling"

Eine Schwierigkeit beim Einsatz von Bildern in Interpretationsprozessen ist deren Mehrdeutigkeit. Dies kann interpretierende Betrachter zu Aussagen über deren Bedeutung verleiten, die als Lesart zwar möglich, aber hochspekulativ sind (vgl. Moser, 2005, S. 27). Um diesem Dilemma zu entkommen, ist im Rahmen der visuellen Forschung das Konzept der Photo elicitation entwickelt worden, mit welchem Fotos mit narrativen Interviews der Betroffenen kombiniert werden (Harper, 2002, S. 13). Bei der Methode der Photo elicitation werden Fotos zum Anlass von qualitativen Interviews genommen. Häufig sind es dabei Fotos, welche in einer ersten Forschungsphase von den Interviewten im Sinne von Foto-Tagebüchern (Moser, 2008, S. 138f.) selbst gemacht wurden.

Eine mit Photo elicitation verbundene Annahme geht davon aus, dass es Menschen mit geringeren kulturellen und ökonomischen Ressourcen (aus bildungsbenachteiligenden Milieus) und in diesem Zusammenhang auch häufig Migrant/innen oft leichter fällt, sich mittels Bildern statt mittels Sprache auszudrücken. In diesem Sinne betont auch Holzwarth, dass Kinder und Jugendliche, die sich sprachlich noch nicht so gut mitteilen können, über den visuellen Ausdruck eine Ergänzung ihrer Kommunikationsmöglichkeiten erhalten (vgl. Holzwarth, 2008).

2 Visualisierte Berufswünsche: Projektrahmen und Ziele

In der Schweiz entscheiden sich 80% der 13- bis 16-jährigen Sekundarstufenschüler/innen für eine Berufslehre, während 20% ihre Berufswahl durch den Besuch eines Gymnasiums auf später verschieben (Bundesamt für Statistik, 2013). In der Berufswelt und in der Berufsbildung hat die Arbeit mit Medien einen hohen Stellenwert. Dies sollte auch der Berufswahlunterricht verstärkt abbilden.

Vor diesem Hintergrund hat das an der PH Zürich initiierte und in Zusammenarbeit mit dem Laufbahnzentrum der Stadt Zürich durchgeführte Schulprojekt „VIBES" (gefördert durch den Schweizerischen Nationalfonds) mit Fotografien zu den eigenen Berufswünschen von Jugendlichen gearbeitet, welche diese selbst gestalteten. Gleichzeitig entstanden aus der Fotodokumentation visuelle und narrative Berufsbiographien, welche die Schüler/innen mittels einer PowerPoint-Präsentation vorgetragen haben. Die Präsentationen in elf teilnehmenden Schulklassen sind eines von zwei Teilprojekten – das andere widmet sich der Nutzung visueller Methoden in der Berufsberatung (Laufbahnzentrum der Stadt Zürich: Daniel Jungo) – und sollen helfen, ein neues didaktisches Modell für den Einstieg in den Berufswahlunterricht zu entwickeln.

Das Projekt geht dabei von der These aus, dass insbesondere sozial und ökonomisch benachteiligte Gruppen ihre Ressourcen und Potenziale besser entfalten können, wenn sie ihre Berufsbiographien gestützt über Visualisierungen narrativ erfassen und vortragen können. Aber auch der Berufswahlunterricht verändert sich selbst, wenn über die sprachliche Auseinandersetzung mit Berufswünschen hinaus verstärkt visuelle Elemente wie Fotografien eingesetzt werden. So meint einer der beteiligten Lehrpersonen im Nachgespräch: *„Was mir an diesem Projekt sehr gut scheint ist, dass sie sich mit ihrer Berufswahl, mit ihren Berufsträumen auseinandersetzen mussten. Dass sie selber die Veränderungen in sich gemerkt haben. ‚Ich bin von der Prinzessin, über Königin zu Köchin geworden.'"* (Aussage einer Schülerin im Projekt) Das Arrangieren oder „Kuratieren" von Fotografien zu einer kleinen Geschichte ist dabei ein Teil aktiver Identitätsarbeit, bei der multimodale Repräsentationen eine tragende Rolle spielen. Die anschliessende Versprachlichung der „Bildgeschichten" mit Blick auf die Präsentation bietet einen Beginn des Berufswahlentscheidungsprozesses und ermöglicht vielerlei Anschlussgespräche zwischen Schüler/innen, aber auch mit Lehrpersonen und Eltern. Nicht zuletzt wird dadurch der traditionelle schulische Lernraum gegen aussen aufgebrochen und wird so durchlässig für Impulse aus der Alltagswelt der Jugendlichen.

2.1 Konstruktion und Überprüfung eines didaktischen Modells zur visuellen Berufserkundung in den Sekundarschulen

Dieser Teil des Projekts umfasst einen konstruktiven und einen evaluativen Teil: (a) Im konstruktiven Teil ging es darum, das Konzept „Visual Storytelling" in ein didaktisches Modell umzusetzen, das von interessierten Lehrpersonen im Kanton Zürich im Berufswahlunterricht umgesetzt werden sollte. Dabei war es eine wesentliche Voraussetzung, den Lehrpersonen mit der Ausarbeitung von PowerPoint-Präsentationen durch Schüler/innen einen niederschwelligen Zugang zum Arbeiten mit Bildern in der Schule zu ermöglichen. Im Rahmen der Arbeit mit PowerPoint sollten die beteiligten Schüler/innen Erzählungen über ihre Berufswünsche produzieren, die dann wiederum im Projektkontext zu analysieren sind. Darüber hinaus sollte die Projektarbeit intensive Kommunikationen zwischen Lehrpersonen und Schüler/innen sowie zwischen den Schüler/innen untereinander anregen.

(b) Der evaluative Teil untersucht die Arbeit an den Schulen auf einer empirischen Basis mit quantitativen und qualitativen Methoden. Für die Mitarbeit am Projekt wurden über interessierte Lehrpersonen elf Sekundarschulklassen (Typ A, B und C) in den Kantonen Zürich (ZH), Schaffhausen (SH) und Solothurn (SO) gewonnen. Unter den Schüler/innen sind auch jene Gruppen stark vertreten, für welche infolge schwacher Schulleistungen, Migrationshintergrund und/oder sozialer Lage die Berufswahlsituation eine besondere Herausforderung darstellen könnte.

Konstruktion eines Unterrichtsmodells
Das didaktische Modell „Visual Storytelling“ ist im Rahmen eines mehrstufigen Berufswahlprozesses zu verorten, wie er im Lehrplan der Volksschule verankert ist. Das „Visual Storytelling“ ist vor allem als Einstieg in den Berufswahlprozess zu sehen. Schüler/innen werden sich selbst über aktives Fotografieren und mit den anschliessenden Diskussionen bewusster über ihre Berufswünsche, deren Wandel und über den aktuellen Stand ihrer diesbezüglichen Überlegungen. Dies bereitet sie auf den anschliessenden Entscheidungsprozess vor, der zur Wahl eines Lehrberufs führt.

In diesem Sinn ist das Projekt und die Intervention in den elf Schulklassen (Experimentalgruppen) auf dem Hintergrund eines „Design-based Research“-Projektes gleichsam die Entwicklung eines verallgemeinerten Unterrichtsmodells, das während der Interventionen in den Klassen entsteht. Eine zweite Gruppe von 10 Klassen startete den Berufswahlunterricht ohne das vorlaufende Berufswünsche-Projekt (Kontrollgruppen).

2.2 Evaluation des Unterrichtsmodells zur visualisierten Berufserkundung

Die Erprobung und Evaluation des Konzepts erfolgt iterativ und teilweise begleitend zu den anwendungsorientierten Interventionen in den Schulklassen. Dabei wurden drei unterschiedlich perspektivische Zugriffe gewählt:

(a) Schulbesuche bei den elf Experimentalgruppen
In den elf Klassen der Experimentalgruppe wurden die Präsentation und Diskussion der Vorträge mit Video aufgenommen und mit verschiedenen qualitativen Verfahren und Schwerpunkten systematisch interpretiert. Die Aufnahmen wurden

durch die Forschenden organisiert, die gleichzeitig den Unterrichtsprozess beobachteten und im Sinne teilnehmender Feldbeobachtung ihre Wahrnehmungen aufzeichneten. Erste Ergebnisse in Bezug auf Visualisierungsstrategien und narrative Strukturen präsentiert Kapitel 3.1.

Bei diesem Element geht es nicht allein um die Analyse der Wirkung des didaktischen Modells. Weitere Auswertungsschritte werden auch biografische Fragen zur Berufswahl einschliessen: Woher kommen Berufswünsche? Wie wichtig sind sie für die Jugendlichen? Gibt es eine Entwicklung, die in den Erzählungen deutlich wird etc.?

(b) Die Evaluation der Schüler/innenperspektive
Bei den Schüler/innen aller 21 Klassen wurde ein quantitativer Online-Fragebogen eingesetzt. Angesichts der Fallzahl von 412 Schüler/innen, die am Projekt beteiligt sind, war eine korrelationsstatistische Auswertung möglich, wobei Kriterien wie Geschlecht und Migrationshintergrund einbezogen wurden. Speziell die Experimentalgruppen sollten das Unterrichtsmodell und insbesondere den Aspekt visualisierte Berufserkundung bewerten. Neben geschlossenen wurden auch offene Fragen einbezogen, welche eine differenziertere Meinungsäusserung erlauben. Die Ausarbeitung des quantitativen Fragebogens erfolgte parallel zur Entwicklung des Unterrichtsmodells. Erste Ergebnisse dieser Befragung präsentiert Kapitel 3.2.

(c) Evaluation zur Perspektive der Lehrpersonen
Um die Perspektive der Lehrpersonen in den Entwicklungsprozess einzubeziehen, wurden nach Abschluss der Schulbesuche (a) und nach der ersten Datensichtung der Online-Schülerbefragung (b) leitfadengestützte Fokus-Gruppengespräche mit jeweils 3 bis 4 der insgesamt 15 Lehrpersonen durchgeführt. Ziele der Interviews waren die Rückspiegelung der Ergebnisse der Fragebögen, eine Diskussion darüber, wie ein Einstieg in den Berufswahlunterricht zu gestalten wäre und eine detaillierte Evaluation der Projektphase aus der Sicht der beteiligten Lehrpersonen. Die Gruppengespräche wurden videografiert und die Teilnehmenden erhielten im Anschluss eine schriftliche Zusammenfassung.

Die noch laufende Auswertung der Gruppengespräche wird zeigen, inwiefern die Lehrpersonen die Einschätzungen der Schüler/innen bestätigen können, wie die Lehrpersonen das didaktische Setting einschätzen und wie das Modell angepasst werden müsste.

3 Erste Ergebnisse: Darstellungsstrategien und Wirkung des didaktischen Modells

3.1 Wie Jugendliche Berufswünsche darstellen: Visualisierungsstrategien und narrative Strategien

Die im Vorprojekt mit 3 Schulklassen der Sekundarstufe entstandenen Präsentationen wurden bereits qualitativ ausgewertet. Der Fokus lag dabei auf den Fragen, wie Schüler/innen Fotos und Grafiken in den PowerPoint-Folien einsetzen und welche Visualisierungsstrategien sie dabei entfalten. In Bezug auf die Präsentation selbst und die Verbalisierung war die Frage, wie Schüler/innen ihre Vorträge sprachlich aufbauen.

Visualisierungsstrategien
Die Projekterfahrungen weisen auf verschiedene Strategien der Visualisierung von Berufswünschen hin, die auf unterschiedliche Grade der Auseinandersetzung und Lernchancen hinweisen.

Der Beruf Polizist/in beispielsweise kann auf verschiedene Arten dargestellt werden:

- Foto eines Polizisten aus dem Internet herunterladen
- Polizisten im öffentlichen Raum ansprechen und fotografieren
- Sich auf einer Berufsmesse mit einem Polizeimotorrad fotografieren lassen
- Ein Polizeigebäude von aussen fotografieren
- Ein polizeispezifisches Objekt fotografieren
- Ein Kinderbild mit Polizeiverkleidung abfotografieren
- Sich selbst als Polizist inszenieren
- Sich im Rahmen einer Fotostory als Polizist inszenieren (mit Sprechblasen)

Weitere besondere Visualisierungsstrategien sind:

- Bilder von Kindheitshelden aus dem Internet (z.B. Superman)
- Verbindung von Person und Beruf durch Collagen (z.B. eigenes Bild vor Flugzeugfoto)
- Berufsbezogene Spielfiguren abfotografieren (z.B. mit Playmobilfiguren ein Filmset aufbauen)
- Sich in einem echten Berufskontext inszenieren (z.B. Schuhverkäufer im Sportladen)

Generell lassen sich selbstproduzierte und nicht selbstproduzierte Fotos unterscheiden (Eigenproduktionen vs. Fremdproduktionen) und auf einer anderen Ebene eher dokumentarische und mehr inszenierende Zugänge.

Narrative Strukturen

Angeregt durch das Konzept narrativer Strukturen nach Ohler (2004) wurde für das Projekt eine vereinfachte Minimalformel für Geschichten zu Grunde gelegt. So sollen Geschichten aus mindestens zwei Ereignissen bestehen, die in einer zeitlichen Abfolge geschehen und irgendwie miteinander verbunden sind. Ausserdem braucht es eine Evaluation, das heisst eine persönliche Bewertung, Einordnung oder Erklärung zu dem Erzählten. In diesem Sinne wurden die Präsentationen der Schüler/innen der drei Schulklassen aus der Vorstudie qualitativ in Bezug auf ihre Erzählstruktur und -strategie kodiert. Als erstes Ergebnis ergeben sich dabei vier grobe narrative Strukturen: Additive Strukturen, ausschliessende Strukturen, entwicklungsorientierte Strukturen und reflexive Strukturen.

Additive Struktur

Bei der additiven Erzählstruktur reihen die Jugendlichen ihre Berufswünsche additiv aneinander. Die Berufe sind chronologisch geordnet, jedoch werden Zusammenhänge, Brüche oder Wenden kaum begründet. So wird ein Wunsch relativ willkürlich als Lösung präsentiert, oder es wird die Lösung offen gehalten. Z.B.: 1. Chefkoch (mit 5 Jahren), 2. Fussballer (mit 10 Jahren), 3. Fotograf (heute).

Ausschliessende Strukturen

Hier werden Berufe genannt, die explizit ausgeschlossen wurden. Manchmal folgt darauf der aktuell positiv interessierende Beruf, wobei dies entwicklungsorientiert oder epiphanisch erfolgen kann. Z.B. berichtet ein Jugendlicher über den Beruf des Rechtsanwalts, der von einem Freund der Familie ausgeübt wird, geht dann zum Berufswunsch des Schauspielers über, den er mit Karatefilmen und Kampfsportarten verbindet. Auch wenn er sich selbst dabei in Bildern präsentiert, schliesst er diese Berufe dann für sich doch als unrealistisch aus.

Entwicklungsorientierte Struktur

Entwicklungsorientierte Darstellungen sind auf eine Lösung hin verdichtet. Dies kann implizit oder explizit geschehen, wenn z.B. technische Berufe immer stärker in den Mittelpunkt gelangen, ohne dass dies der vortragende Schüler selbst thematisiert, oder dass Jugendliche sich explizit immer mehr zu einem sozialen Beruf hingezogen fühlen. Beispielhaft dafür ist die Darstellung einer Jugendlichen, die mit dem Berufswunsch einer Tierheim-Chefin beginnt und dann zur Tierärztin übergeht. Als dritten Beruf nennt sie Floristin, weil ihr das Binden von Blumensträussen gefällt. Als vierten Berufswunsch nennt sie Kindergärtnerin/Kinderbetreuerin, da sie es liebe, sich mit Kindern zu unterhalten. Darauf folgt als fünfter Berufswunsch Drogistin, was sie mit dem Kundenkontakt begründet. Deutlich verdichten sich ihre Berufswünsche in die Richtung eines sozialen und kommunikativen Berufs.

Reflexive Struktur
Hier werden einer oder mehrere Wunschberufe ausführlich dargestellt. In der Präsentation werden die Gründe bzw. der Weg dazu detailliert ausgearbeitet. Es können dabei auch auszuschliessende Berufe genannt werden, um die Entscheidung für den Wunschberuf noch zu unterstreichen. Beispielhaft ist hier ein Jugendlicher, der nur einen Beruf nennt, nämlich den des Schlagzeugers, den er vielfältig begründet. Er berichtet, dass er diesen Berufswunsch schon seit seiner Kindheit hatte, erklärt die fotografierten Schläger und andere Teile des Schlagzeugs. Er betont, dass er mit seiner Band Konzerte gibt und die Schlagzeugprüfung eben bestanden hat. Weitere Berufe werden in der Präsentation nicht erwähnt.

Bei dieser vorläufigen Auswertung der ersten 54 Präsentationen ist zu bemerken, dass die Schüler/innen sicher nicht immer das zu verbalisieren vermochten, was sie eigentlich mit ihrer Präsentation ausdrücken wollten. Weiter ist zu bedenken, dass die schriftliche Aufgabenstellung sowie evtl. mündliche Akzentuierungen durch die Lehrpersonen die Gestaltung der Vorträge beeinflussten und strukturierten. Diese Vorstrukturierung kann einerseits als Hilfestellung für die Erarbeitung der Präsentation gesehen werden; sie kann aber auch die Offenheit in der Auseinandersetzung mit den Berufswünschen einschränken. Festzuhalten bleibt, dass je freier die Aufgabenstellung ist, desto besser können eigene narrative Strukturen realisiert werden.

3.2 Erste Befragungsergebnisse – Wirksamkeit des didaktischen Modells

Einen Kern der Untersuchung bildete die schriftliche Befragung aller Schüler/innen, die insgesamt am Projekt teilnahmen. Die Stichprobe und Online-Befragung umfasste dabei 100% der Grundgesamtheit (412 Schüler/innen), wobei lediglich 28 (6,8%) ungültige Fragebögen eingingen. Damit stehen N=384 gültige Fragebögen zur Verfügung.

Der Fragebogen war in vier Bereiche aufgebaut:

1. Teil: Fragen zu dir selbst und zur Berufswahl
2. Teil: Fragen zu deiner Berufsentscheidung
3. Teil: Fragen zu eurem Berufswahlunterricht
4. Teil: Fragen zu eurem Fotoprojekt

Die sechsstufigen Antwortskalen umfassten:
1 = Trifft überhaupt nicht zu; 2 = Trifft überwiegend nicht zu; 3 = Trifft eher nicht zu; 4 = Trifft eher zu; 5 = Trifft überwiegend zu; 6 = Trifft vollständig zu

Wirksamkeit des didaktischen Modells: Erste Ergebnisse der quantitativ schriftlichen Online-Befragung

Zur Kontrolle und Überprüfung des didaktischen Modells und der Projektintervention wurden im Teil 4 des Fragebogens sechs spezifische Fragen zum Fotoprojekt und zur Präsentation gestellt (siehe Abb. 1).

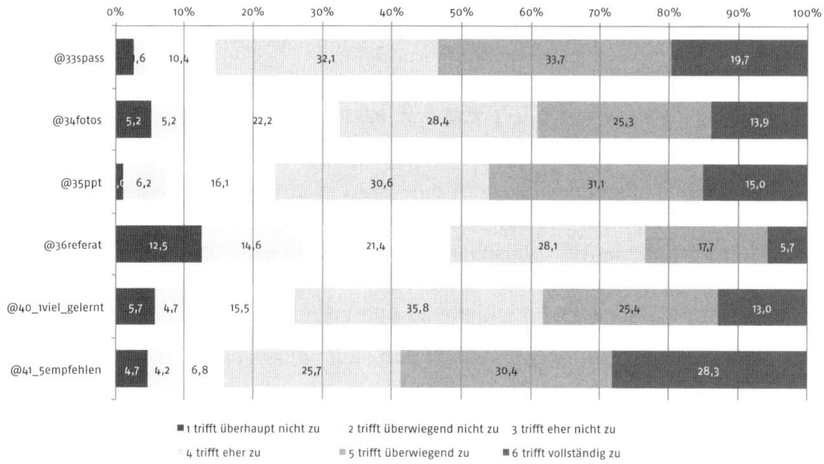

Abb. 1: Ergebnisse zur Projektdurchführung (Teil 4)

Erste Auswertungen weisen darauf hin, dass die Attraktivität der verschiedenen Medienaktivitäten recht different eingeschätzt werden:

@33spass: „Insgesamt hat das Projekt Spass gemacht"

Der „Spassfaktor" wird für die Projektarbeit allgemein hoch eingeschätzt. Die Schülerinnen und Schüler geben auch zum Ausdruck, dass sie während der Projektarbeit viel gelernt haben, deshalb wohl auch ihre generelle Weiterempfehlung zur Durchführung des Berufswahlprojekts in anderen Klassen.

@34fotos: „In diesem Projekt hat mir besonders das Fotografieren gefallen"

Besonders die Medienarbeit mit Fotos gefällt den Mädchen deutlich besser als den Knaben. Wird der Migrationshintergrund in die Auswertung einbezogen, so bestätigt sich die eingangs formulierte Vermutung, dass Jugendliche mit Migrationshintergrund die Arbeit mit Fotos deutlich höher bewerten als ihre Vergleichsgruppe.

@35ppt: „In diesem Projekt hat mir besonders das Arbeiten an der Präsentation gefallen"

Die Arbeit mit PowerPoint-Präsentationen hat den Schüler/innen insgesamt gut gefallen. Statistisch war dies bei den Jugendlichen der niedrigeren Anforderungstufen der Sekundarschule (Sek C+B) in einem noch höheren Mass der Fall, was wiederum den Erfolg des Projekts für „Risikolernende" (Rummler, 2012) bestätigt. Wenn Jugendliche zudem bereits ein etwas klareres Berufsbild haben, trifft die Arbeit mit Präsentationen ebenfalls auf grössere Zustimmung als in der Vergleichsgruppe.

@36referat: „In diesem Projekt hat mir besonders das Präsentieren vor der Klasse gefallen"

Obwohl die Jugendlichen hier kaum eine klare Stellung beziehen, schätzen die Knaben das Präsentieren vor der Klasse tendenziell etwas höher ein, was einem entwicklungspsychologisch typischen Genderverhalten der Knaben entsprechen könnte. Diejenigen, die noch ein eher unklares Berufsbild haben, zeigten sich bei dieser Frage besonders zurückhaltend und unsicher.

@40_1viel_gelernt: „In diesem Projekt habe ich vieles gelernt"

Insgesamt sind die Schüler/innen der Meinung, dass sie im Projekt viel gelernt haben. Besonders die Schülerinnen der niedrigeren Anforderungsstufen (Sek C+B) und diejenigen, die bereits ein etwas klareres Berufsbild haben, konnten vom Projekt besonders profitieren.

4 Ausblick

Die weiteren qualitativen Auswertungen des Datenmaterials werden die bisherigen Ergebnisse ergänzen und differenzieren. Zudem wird bei der Auswertung ein besonderes Augenmerk auf die Bedeutung des Visuellen im Lern- und Bildungsprozess und insbesondere im Prozess des Berufswahlunterrichts zu legen sein. Bislang konnte das Projekt den spezifischen Bildungswert des Visuellen nicht explizit zu Tage fördern.

Zentral ist dennoch, dass das Projekt die Schüler/innen darin unterstützt, eine Auslegeordnung ihrer Berufswahl-Wünsche zu erarbeiten. Oft lässt sich an den Präsentationen auch ablesen, inwieweit bereits eine Verdichtung auf bestimmte Berufsfelder erfolgt und wie sehr dabei Familie und relevante Dritte eine Rolle spielen. Allerdings betonen die beteiligten Lehrpersonen, dass es weniger darum gehe, dass sich die Schüler/innen in diesem Projekt bereits auf einen bestimmten Beruf festlegen. Ziel ist für sie in diesem Projekt die Berufswahlbereitschaft, wie eine Lehrperson in den Nachgesprächen erklärt: *„Es geht eigentlich um Berufswahlbereitschaft, nicht darum schon alles zu wissen und zu sagen: ‚Ich* *weiss, welcher Beruf und mir muss niemand etwas sagen'. Das heisst nicht unbedingt Berufswahlbereitschaft. Ich habe jetzt z.B. mit einer dritten Sek Klasse, die diesbezüglich völlig vernachlässigt sind, zu tun ... Da kam heraus, dass die Schülerinnen und Schüler noch völlig in der Ebene vom Traumberuf stehen geblieben sind."*

Dass „Visual Storytelling" nicht zuletzt für die schwächeren Schüler/innen von Bedeutung ist, wurde im Rahmen des Projekts deutlich. So waren die referierenden Jugendlichen ausnahmslos engagiert bei der Sache, um ihre Berufswünsche darzustellen. Die Sichtung der Videos konnte keinen Unterschied zwischen den Erzählungen zu einfacheren und anspruchsvolleren Berufen (mit eher akademischer Ausrichtung) ausmachen. Die Visualisierung hilft vielen Schüler/innen die richtige Formulierung zu finden und macht sie beim Vortragen sicherer.

Die Ergebnisse der quantitativen Schülerbefragung weisen in eine ähnliche Richtung, wonach das „Visual Storytelling" besonders den schwächeren Schüler/innen und denjenigen mit Migrationshintergrund hilft. Gleichzeitig unterstützt das didaktische Modell besonders diejenigen Schüler/innen, die sich bereits mit ihren Berufswünschen auseinandergesetzt haben. Für Schüler/innen, die noch eher unklare Berufsvorstellungen und -wünsche haben, müssten für das didaktische Modell noch spezifische Unterstützungsmöglichkeiten entwickelt werden.

Literatur

Beck, U. (1986). *Risikogesellschaft – Auf dem Weg in eine andere Moderne.* Frankfurt/Main: Suhrkamp.

Bundesamt für Statistik (2013). Gymnasiale Maturitätsquoten. http://www.bfs.admin.ch/bfs/portal/de/index/themen/15/06/dos/blank/05/01.html.

Harper, D. (2002). Talking about pictures: A case for photo elicitation. *Visual Studies, 17*(1), 13–26. doi:10.1080/14725860220137345.

Holzwarth, P. (2008). *Migration, Medien und Schule. Fotografie und Video als Zugang zu Lebenswelten von Kindern und Jugendlichen mit Migrationshintergrund.* (Hrsg. von H. Niesyto) (1. Aufl., Bd. 3). München: KoPäd Verlag.

Egloff, E. & Jungo, D. (2009). *Berufswahltagebuch. Kommentare für Lehrpersonen.* Bern: Schulverlag plus AG.

Kress, G. & Leeuwen, T. van. (2001). *Multimodal Discourse: The Modes and Media of Contemporary Communication.* London: Arnold.

Kunz, R. (2010). Der Blick durch die Kamera führt nach aussen – und nach innen. Urbane Lebenswirklichkeit in der Fotografie von Jugendlichen. *NZZ.* Zürich.

Moser, H. (2005). Visuelle Forschung – Plädoyer für das Medium Fotografie. *MedienPädagogik, 9.* www.medienpaed.com/Documents/medienpaed/9/moser0503.pdf.

Moser, H. (2008). *Instrumentenkoffer für die Praxisforschung: Eine Einführung* (4., überarbeitete Auflage.). Freiburg: Lambertus-Verlag.

Niesyto, H. & Marotzki, W. (2006). Einleitung. In W. Marotzki & H. Niesyto (Hrsg.), *Bildinterpretation und Bildverstehen* (S. 7–13). Wiesbaden: VS Verlag für Sozialwissenschaften. doi:10.1007/978-3-531-90399-6_1.

Ohler, J. (2004). Visual Portrait of a Story (dillingham, 2001), with transformation (ohler, 2003). http://www.jasonohler.com/pdfs/VPS.pdf.

Peavy, R. V. (1998). *SocioDynamic Counselling: A Constructivist Perspective.* Victoria: Trafford Publishing.

Rummler, K. (2012). *Medienbildungschancen von Risikolernern. Eine Analyse der Nutzung mobiler und vernetzter Technologien durch männliche jugendliche Risikolerner und die in den Nutzungsmustern angelegten Chancen für Medienbildung.* Kassel: Universität Kassel. doi:10.978.300/0404528.

Joshua Weidlich, Christian Spannagel

Die Vorbereitungsphase im Flipped Classroom

Vorlesungsvideos versus Aufgaben

Dieser Beitrag wird im Format „flipped conference" umgesetzt.

Zusammenfassung

Im *Flipped Classroom* oder *Inverted Classroom* bereiten sich Studierende in der Regel mit Hilfe von Vorlesungsvideos auf die Präsenzveranstaltungen vor. Problematisch daran ist, dass Videos oft nur beiläufig geschaut und oberflächlich verarbeitet werden. In der aufgabenbasierten Vorbereitungsphase befassen sich die Studierenden mit geeigneten Aufgaben anstelle von Vorlesungsvideos. Dadurch sollen lernrelevante kognitive Prozesse initiiert werden, welche wiederum höhere Lernergebnisse in der gemeinsamen Präsenzphase ermöglichen können. Auf Basis der *Revised Taxonomy* nach Anderson und Krathwohl (2001) und der Basismodelle nach Oser und Patry (1994) sowie Oser und Baeriswyl (2001) wurde eine aufgabenbasierte Flipped-Classroom-Einheit mit dem Ziel konzipiert, den außerhochschulischen Lernraum in der Vorbereitungsphase effektiver zu nutzen. In einer ersten Studie zeichneten sich gewisse Vorteile der aufgabenbasierten Vorbereitungsphase gegenüber derjenigen mit Vorlesungsvideos ab.

1 Flipped Classroom

Die Hochschullehre befindet sich in einem ständigen Wandel. Aus der Kritik an der traditionellen Vorlesung wurden jüngst die Methode *Flipped Classroom*, *Inverted Classroom* bzw. *umgedrehte Lehre* entwickelt (vgl. Handke et al., 2012; Musallam, 2010; Lage, Platt & Treglia, 2000; Strayer, 2007; Warter-Perez & Dong, 2012; Spannagel, 2011). Hierbei werden Teile der Instruktion mit Hilfe von Multimedia (in der Regel Vorlesungsvideos) in den außerhochschulischen Lernraum zum Selbststudium ausgelagert. Der erhoffte Vorteil ist, dass die Präsenzzeit dann für anspruchsvollere Tätigkeiten als zur Rezeption eines Vortrags genutzt werden kann, beispielsweise für Diskussionen oder das gemeinsame Lösen von Aufgaben: „The fundamental idea behind flipping the classroom is that more classroom time should be dedicated to active learning where the teacher can provide immediate feedback and assistance" (Warter-Perez & Dong, 2012, S. 1). Die Auslagerung der Instruktion kann dabei verschiedene Formen annehmen: An einem Ende des Spektrums finden sich Konzepte, bei denen eine aufgezeichnete Vorlesung online zur Verfügung gestellt wird, die von Studierenden im Selbststudium geschaut werden (vgl. Lampi et al., 2006). Am anderen Ende finden sich Vorbereitungsmaterialien mit einem Medienmix aus Texten, Videos, Folien oder Aufgaben, um beispielsweise verschiedenen Lernstilen gerecht zu werden (vgl. Lage et al., 2000, S. 31f).

An der ausschließlichen Vorbereitung durch Vorlesungsvideos gibt es allerdings einige Kritikpunkte:

- Die Informationsaufnahme aus den Videos erfolgt oft nur oberflächlich oder beiläufig (Fischer & Spannagel, 2012). Das Selbststudium im außerhochschulischen Lernraum läuft also Gefahr, ineffektiv zu sein. Dieser Tendenz kann in gewissem Rahmen durch zusätzliche Materialien wie Worksheets oder Quizaufgaben entgegengewirkt werden.
- Fundamentaler ist die Kritik aus fachdidaktischer Perspektive. So bietet es sich beispielsweise beim Lernen von Begriffen in der Mathematik an, nicht mit einer Inputphase zu beginnen, sondern die Studierenden zunächst Erfahrungen mit Beispielen und Gegenbeispielen der Begriffskategorien sammeln zu lassen. Diese Erfahrungen lassen sich dann anschließend gemeinsam systematisieren und auf eine formale Ebene heben. Die anfängliche Begriffspräsentation anhand von Definitionen in Vorlesungsvideos mag zwar aus Zeitgründen reizvoll sein, führt aber tendenziell eher zum Auswendiglernen von Definitionen und birgt die Gefahr der oberflächlichen Verarbeitung.

Diesen Problemen kann durch eine aufgabenbasierte Vorbereitungsphase entgegengewirkt werden. Dabei wird erstens versucht, höherwertige kognitive Aktivitäten in den beiden Lernphasen zu ermöglichen. Zweitens sollen die fachlichen Lernprozesse ihrer Struktur nach besser abgebildet werden.

2 Kognitive Prozesse in der Lernzieltaxonomie

Das Konzept der aufgabenbasierten Vorbereitungsphase basiert auf der Überlegung, dass bei der Beschäftigung mit geeigneten Aufgaben höherwertige bzw. anspruchsvollere kognitive Prozesse initiiert werden als bei der Betrachtung von Vorlesungsvideos. Zur Klärung, was mit „höherwertig" gemeint ist, können Lernzieltaxonomien wie beispielsweise die *Revised Taxonomy* nach Anderson und Krathwohl (2001) herangezogen werden. Diese ist geeignet, um lernrelevante kognitive Prozesse allgemeiner Art zu hierarchisieren. Somit ergeben sich folgende, fachunabhängige Überlegungen zum Flipped Classroom:

Die überarbeitete und erweiterte Modifikation der Lernzieltaxonomie von Bloom (1956) umfasst auf der Ebene der kognitiven Prozesse folgende hierarchisch angeordnete Lernziele: *remember, understand, apply, analyze, evaluate* und *create*. Den sechs Grundkategorien liegen spezifischere Prozesse zu Grunde. So können beispielsweise dem Lernziel *analyze* drei konkrete kognitive Prozesse untergeordnet werden: *differentiating, organizing* und *attributing* (vgl. Anderson & Krathwohl, 2001, S. 79ff.).

Wendet man diese Lernzielkategorien auf die traditionelle Vorlesung an, so lässt sich konstatieren, dass die Vorlesung in der klassischen Präsenzveranstaltung im Wesentlichen der Informationsvermittlung dient. Den Studierenden kommt dabei die Aufgabe zu, die Informationen aufzunehmen, zu behalten und zu verstehen, was im Wesentlichen den Lernzielen *remember* und *understand* zugeordnet werden kann. In der anschließenden Phase des Selbststudiums werden diese Inhalte in der Regel auf Aufgaben angewendet (z.B. in Übungsaufgaben zur Vorlesung). In dieser Phase werden also überwiegend die Lernziele *understand* und *apply* angesprochen. Allerdings ist oft problematisch, dass in der Vorlesung selbst nicht alle Inhalte verstanden wurden. Gerade in Mathematikvorlesungen gibt es das Phänomen, dass Studierende frühzeitig „aussteigen“ und dann zu Hause versuchen müssen, das Unverstandene nachzuarbeiten, bevor sie sich mit den Anwendungsaufgaben befassen können. Durch die Tatsache, dass dieses Selbststudium durch rudimentäres Verständnis gekennzeichnet ist, können höherwertige Lernziele (*analyze*, *evaluate*, *create*) nur schwerlich erreicht werden.

Es herrschen also ungünstige Lernbedingungen im traditionellen Lehrkonzept, die das Erreichen von anspruchsvolleren Lernzielen erschweren. Die Schlüsselkategorie in der Lernzieltaxonomie stellt dabei der Prozess *understand* dar, denn dieser erlaubt erst den Zugang zu den folgenden, komplexeren kognitiven Prozessen, die sich auf Transferleistungen beziehen (vgl. Mayer, 2002). Daher ist es entscheidend, dass das Erreichen dieser Kategorie gesichert ist. Das Konzept der umgedrehten Lehre kommt der Sicherung der Lernzielkategorie *understand* entgegen: Die Vorlesung ist nun nicht mehr ein flüchtiger Vortrag, sondern steht permanent zur Verfügung und kann in individuellem Tempo erarbeitet werden. Bleiben noch Verständnisfragen übrig, können diese in der Präsenzveranstaltung gestellt werden. In der Präsenzzeit selbst können dann auf dem erzeugten Vorverständnis basierend Aufgaben zu höherwertigen Lernzielen bearbeitet werden. Die Schwerpunktverschiebung der Rezeption von *remember* zu *understand* begünstigt die Erreichung von diesen komplexeren Lernzielen in der Präsenzphase (*apply, analyze, evaluate, create*).

Es kann nun vermutet werden, dass auch die Vorbereitungsphase bereits für Lernziele, die über *remember* und *understand* hinausgehen, genutzt werden kann. Aktivere Vorbereitungsformen, welche nicht nur auf der Rezeption von Vorlesungsvideos, sondern auf der Beschäftigung mit komplexen Aufgaben basieren, können bereits in der ersten Phase höhere kognitive Prozesse wie *apply*, *analyze*, *evaluate* und *create* stimulieren. Diese Prozesse zeichnen sich durch einen zunehmend kreativen, produktiven Eigenanteil der Lernenden aus (vgl. Mayer, 2002). Die Studierenden können dann ihre selbst erzeugten Ergebnisse mit in die Präsenzveranstaltung bringen und mit den Kommilitonen und dem Dozenten gemeinsam diskutieren. Die aufgabenbasierte Vorbereitungsphase dient also dem Ziel, möglichst hochwertige Prozesse bereits im Selbststudium zu initiieren, um dadurch eine intensivere Vorbereitung zu forcieren, ganz nach der Devise: „Je gehaltvoller die Vorbereitungsphase ist, desto gewinnbringender kann die Präsenzveranstaltung genutzt werden.“

3 Basismodelle des Lernens

Je nach Lerninhalt bietet sich mitunter eine spezifische Reihung kognitiver Aktivitäten im Sinne einer Abfolge von Lernschritten an, die zum Erlernen der entsprechenden Inhalte dienen, sogenannte *Basismodelle* des Lernens (Oser & Baeriswyl, 2001; Oser & Patry, 1994; Bescherer, Spannagel & Zimmermann, 2012). Dies wird beispielsweise im Rahmen der „Choreographie des Unterrichts“ nach Oser und Baeriswyl (2001) berücksichtigt (vgl. auch Niegemann et al., 2004): Jedem Lernprozess eines bestimmten Lernzieltyps liegt eine spezifische Tiefen- oder Basisstruktur notwendiger Lernschritte zu Grunde. Die Sicht- bzw. Oberflächenstruktur des Unterrichts, d.h. die Abfolge der Lehrmethoden, muss sich an dieser Tiefenstruktur orientieren. Nicht immer sehen diese Basismodelle die „Wissensvermittlung“ als ersten Schritt vor. Beim Lernzieltyp *Problemlösen* beispielsweise muss die Lernschrittfolge *Problem generieren, Problem formulieren, Lösungswege vorschlagen, Lösungswege testen und auswählen, Transfer* eingehalten werden. Ähnlich wird dies im *Problem Based Learning Cycle* nach Hmelo-Silver (2004) formuliert, demgemäß bei der Bewältigung von Problemen (oder Aufgaben) die Lernenden fünf Schritte durchlaufen müssen: *identify facts, generate hypotheses, identify knowledge deficiencies, apply new knowledge, abstraction.* Beim einem anderen Lernzieltyp (*Begriffsbildung*, vgl. z.B. *Begriffserwerb durch Abstrahieren*; Franke, 2000) ist hingegen die anfängliche Auseinandersetzung mit Beispielen und Gegenbeispielen wichtig, danach werden die wesentlichen Merkmale des Begriffs formuliert. Es schließt sich der aktive Umgang mit dem neuen Begriff und die Anwendung in anderen Bereichen an. In vielen Schritten der unterschiedlichen Basismodelle scheinen Videos, in denen Wissen dargeboten wird, zur Förderung der entsprechenden Lernprozesse nicht angemessen zu sein. In Mathematikvorlesungen und entsprechenden Videos wird aber gerade dies oft gemacht: Es wird beim Basismodell *Begriffsbildung* gerade nicht die aktive Auseinandersetzung mit Beispielen und Gegenbeispielen gefördert, sondern eine Definition des Begriffs präsentiert.

Die Bewusstmachung der unterschiedlichen Lernzieltypen und der damit verbundenen Basismodelle des Lernens kann zahlreiche neue Impulse in die Durchführung des Flipped Classrooms bringen. Erstens ist die Reihung „Wissensaneignung zu Hause“ und „Wissensanwendung in der Präsenzphase“ zur

Erreichung verschiedener Lernzieltypen nicht unbedingt angemessen. So muss beispielsweise in einem ersten Schritt des Basismodells *Problemlösen* das Problem analysiert werden. Dies verweist bereits auf das weit über *remember* und *understand* hinausgehende Lernziel *analyze* gemäß der oben beschriebenen Lernzieltaxonomie hin. Zweitens müssen Input-Videos nicht unbedingt am Anfang eines Lernprozesses stehen, sondern können in verschiedenen Phasen relevant sein. Drittens kann die Anwesenheit des Lehrenden ebenfalls in verschiedenen Phasen notwendig sein, nicht unbedingt nur in der zweiten Phase. Und viertens können Videos auch statt zur Wissensvermittlung zum Geben von Impulsen für das eigenständige Durchführen relevanter Lernprozesse in der Vorbereitungsphase dienen. Dabei können die Basismodelle nach Oser und Baeriswyl eine fundierte Entscheidungshilfe darstellen, beispielsweise darüber, bei welchen Schritten des Modells Erklärvideos oder Aufgaben sinnvoll sein könnten oder wann eine gemeinsame Erarbeitung der Inhalte zielführend wäre. All dies führt darauf hin, dass die Selbstlernphase zu Hause nicht nur zum Betrachten von Input-Videos genutzt werden sollte, sondern dass der verstärkte Einsatz entsprechender Aufgaben effektiver sein könnte, da diese kognitive Prozesse stimulieren können, die den Basismodellen entsprechen.

4 Untersuchung

In einer ersten Studie wurde die Effektivität des Einsatzes von Aufgaben zur Vorbereitung im Flipped Classroom getestet. Mathematik-Lehramtsstudierende, die an der Vorlesung „Mathematische Grundlagen I (Primarstufe)“ der Pädagogischen Hochschule Heidelberg teilnahmen, wurden zufällig zwei Gruppen zugeordnet, von denen eine die Vorbereitung mit Aufgaben vorsah. Die zweite Gruppe lernte mit Vorlesungsvideos. Die Untersuchung und ihre Ergebnisse werden in den folgenden Kapiteln erläutert.

4.1 Teilnehmer

Probanden für diese Studie waren 26 Lehramtsstudierende im Fach Mathematik, die sich in der 90-minütigen Einheit mit dem Thema „Dezimalbruchentwicklung“ beschäftigen sollten. Es handelte sich um elf Studenten und 15 Studentinnen der ersten zwei Semester, die zufällig auf beide Testgruppen verteilt wurden. So durchliefen 13 Studierende die Vorbereitungsphase mit Aufgaben und 13 Studierende die Vorbereitungsphase mit einem Erklärvideo.

4.2 Methode

Das Experiment umfasste vier Phasen: die Vorbereitungsphase, einen ersten Test, die Simulation einer Präsenzphase und einen abschließenden zweiten Test (vgl. Abbildung 1).

Beide Gruppen setzten sich in ihrer Vorbereitung mit dem Thema „Dezimalbruchentwicklung" auseinander. In der ersten Gruppe fand dies über Aufgaben statt, die eine konstruktive Auseinandersetzung mit dem Thema erforderten, beispielsweise: „Entwickle eine Methode, mit der man vom gekürzten Bruch auf den Typ der Dezimalbruchentwicklung schließen kann, ohne diesen zu berechnen". Um diese Auseinandersetzung zu unterstützen und um Überforderung zu vermeiden, wurden Hilfestellungen angeboten: Die Studierenden konnten auf videobasierte Tipps zugreifen, die auf einen entscheidenden Aspekt des Themas hinwiesen oder einen Zwischenschritt erklärten. Diese wurden unter Berücksichtigung der Prinzipien zur Gestaltung von Multimedia (vgl. Mayer, 2003) entwickelt, sodass der Lernprozess nicht durch eine ungünstige Gestaltung der Hilfestellungen beeinträchtigt wurde. Die Studierenden wurden außerdem dazu angehalten, möglichst auf diese Hilfen zu verzichten und sie nur bei Bedarf aufzurufen (*help on demand*; Bescherer & Spannagel, 2009). Bei diesen Hilfestellungen handelte es sich nicht um Erklärvideos, wie sie im Flipped Classroom eingesetzt werden, sondern um kurze Tipps, die für das vorliegende Experiment in Videoform dargeboten wurden. Diese sollten die Lernenden beim eigenständigen Lösen der Aufgabe unterstützen.

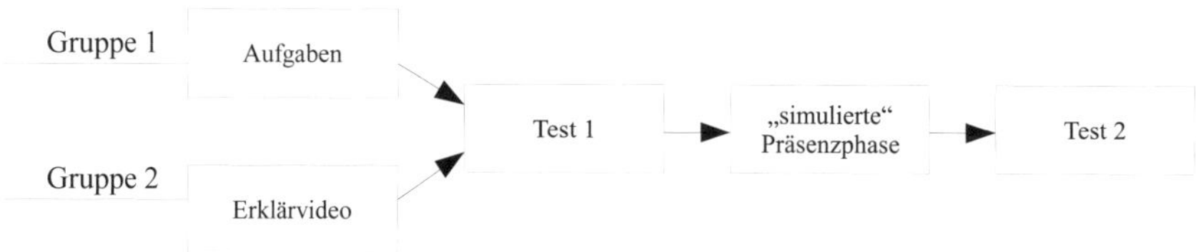

Abb. 1: Verlauf des Experiments für beide Gruppen

Die andere Gruppe bereitete sich mit einem Erklärvideo ähnlich den üblichen Vorlesungsvideos vor, wie es ihnen aus bisherigen Veranstaltungen bekannt war. Dazu erhielten sie ein Worksheet, welches parallel zur Rezeption des Videos ausgefüllt werden sollte. Die darin enthaltenen Fragen korrespondierten direkt mit den Inhalten des Videos, sodass keine konstruktive Eigenleistung erforderlich war, beispielsweise: „Welche verschiedenen Grundtypen von Dezimalbruchentwicklungen gibt es? Gib jeweils drei Beispiele an."

Beide Gruppen bearbeiteten nach der Vorbereitungsphase einen identischen Test, der drei Fragen umfasste. Es handelte sich dabei um die Überprüfung des unmittelbar vorangegangenen Inhalts.

Im Anschluss folgte der dritte Schritt, die Präsenzphase. Eine tatsächliche Präsenzphase hätte den Rahmen der Studie bei weitem gesprengt und wäre in Hinblick auf die Durchführbarkeit des Experiments schwer zu realisieren. So wurde die Präsenzphase „simuliert". Dies geschah in Form eines längeren Videos, in dem die zentralen Aspekte des Themas aufgegriffen, formalisiert und systematisiert wurden, ähnlich wie dies in einem Unterrichtsgespräch in der Präsenzphase möglich wäre. Diese zweite Phase war für beide Gruppen identisch.

Zuletzt wurde ein zweiter Test durchgeführt, der umfangreicher war und der die Anwendung des Wissens in mehreren Fällen erforderte. So wurden den Studierenden unterschiedliche Brüche präsentiert, anhand derer sie den Typ und die Form der Dezimalbruchentwicklung bestimmen sollten. Die Ergebnisse dieses Tests zeigen, inwieweit die Studierenden die Inhalte der Einheit erfasst haben und in der Lage sind, diese auf konkrete Beispiele anzuwenden. Auch dieser Test war für beide Gruppen identisch.

Zusätzlich zu den Ergebnissen der beiden Tests wurde das subjektive Empfinden bezüglich der Schwierigkeit der jeweiligen Phasen erhoben. Dies wurde dadurch erreicht, dass die Probanden in Phase 1, Phase 2 und Phase 4 auf ihrem jeweiligen Blatt den empfundenen Schwierigkeitsgrad der jeweiligen Phase auf einer Skala von 1 bis 6 angeben sollten.

4.3 Ergebnisse

Die abhängige Variable „Testergebnis" ist nicht intervallskaliert. Darüber hinaus ist die Gruppengröße mit jeweils 13 Versuchspersonen relativ klein. Daher wurde als statistisches Verfahren nicht die ANOVA gewählt, sondern ein nichtparametrisches Äquivalent (Zendler, Vogel & Spannagel, 2013). Es liegt ein zweifaktorieller Split-Plot-Versuchsplan mit Messwiederholung auf einem Faktor (Testzeitpunkt) vor. Mit Hilfe des Bredenkamp-D^{pq}-Tests kann somit auf einen Haupteffekt bzgl. des Faktors Testzeitpunkt und auf Interaktionseffekte geprüft werden. Das Signifikanzniveau beträgt dabei nach einer Bonferroni-Korrektur $\alpha=0{,}025$. Sowohl der Test auf den Haupteffekt bzgl. des Faktors Testzeitpunkt ($\chi^2_{(1)}=0{,}15$, $p=0{,}6985$) als auch der Test bzgl. der Interaktionseffekte ($\chi^2_{(1)}=3{,}85$, $p=0{,}0497$) sind nicht signifikant.

Nichtsdestotrotz lassen sich gewisse Tendenzen der erreichten Punkte über den Verlauf der Studie ausmachen: Die Probanden, die mit dem Erklärvideo gelernt hatten, konnten bei Test 1 eine durchschnittliche Punktzahl von

8,92 erreichen. Test 2 ergab ein Ergebnis von 5,85. In der aufgabenbasierten Art der Vorbereitung erreichten die Probanden im ersten Test durchschnittlich 4,92 Punkte und im zweiten Test 6,23 Punkte. 7 von 13 Probanden der Kontrollgruppe haben sich von Test 1 zu Test 2 verschlechtert, 3 verbessert, 3 weitere haben dasselbe Ergebnis erzielt. 9 der 13 Probanden der aufgabenbasierten Gruppen verbesserten sich von Test 1 zu Test 2, einer stagnierte, drei erzielten dasselbe Ergebnis. Abbildung 2 illustriert diese Tendenz.

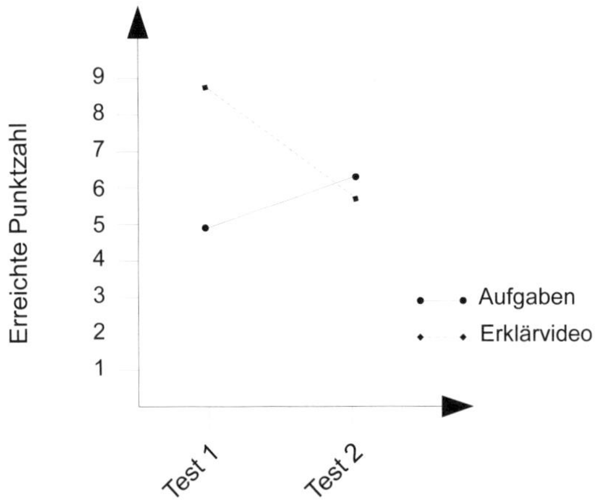

Abb. 2: Die Auswirkung der Vorbereitung auf den Verlauf der Lernergebnisse

Für die Auswertung der empfundenen Schwierigkeit zu drei Messzeitpunkten wurde ebenso das nichtparametrische Bredenkamp-D^{pq}-Verfahren verwendet. Sowohl der Test auf den Haupteffekt bzgl. des Faktors mit den drei Messzeitpunkten ($\chi^2_{(2)}$=14,44, p=0,0007) als auch der Test bzgl. der Interaktionseffekte t($\chi^2_{(2)}$=8,10, p=0,0174) sind auf einem Bonferroni-korrigierten Niveau von 0,025 signifikant. Dies bedeutet: Die empfundene Schwierigkeit verändert sich über die Zeit in der Gesamtgruppe, und es gibt signifikante Unterschiede in der Entwicklung beider Versuchsgruppen. Die Verläufe beider Gruppen veranschaulicht Abbildung 3a.

Die Probandengruppe mit Erklärvideo bewertete die subjektive Schwierigkeit der Vorbereitungsphase im Durchschnitt mit 1,85. Über den Verlauf des Experiments steigt dieser Wert stetig: Test 1 wurde mit einem durchschnittlichen Wert von 2,08 als marginal anspruchsvoller empfunden, Test 2 mit einem deutlich höheren Wert von 4,54. Obwohl die Streuung der Werte ebenfalls zunimmt (0,899; 0,954; 1,198), empfanden die Probanden dieser Gruppe Test 2 im Mittel als 2,46 Skalenpunkte anspruchsvoller als Test 1. Bei der subjektiven Schwierigkeit der anderen Probandengruppe (aufgabenbasiert) verhält es sich anders: Diese empfand die Vorbereitung mit 3,08 als vergleichsweise anspruchsvoller als die Kontrollgruppe. Ein tendenziell gleichbleibender Verlauf kann hier festgestellt werden, da die subjektive Schwierigkeit von Test 1 mit 2,75 und jene von Test 2 mit 3,62 angegeben wurde.

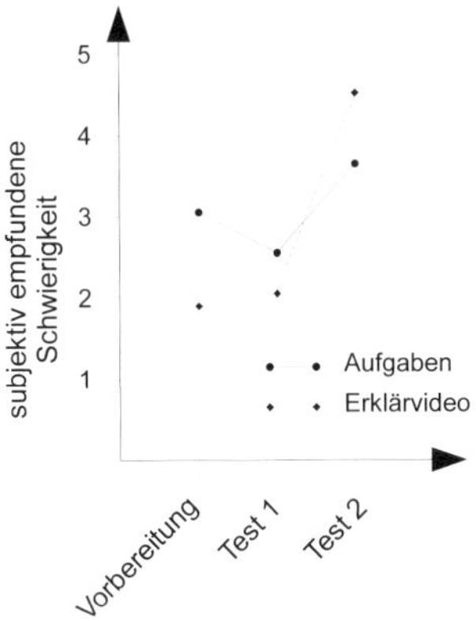

subjektiv empfundene Schwierigkeit

Testergebnis	Vorbereitung	Test 1	Test 2
Test 1	-0,42*	-0,03	0,20
Test 2	-0,09	0,09	-0,43*

Abb. 3: a) Subjektiv empfundene Schwierigkeit zu drei Testzeitpunkten (links) und b) Korrelation zwischen den Testergebnissen und der subjektiv empfundenen Schwierigkeit (rechts)

Bei der Untersuchung von Korrelationen (Spearman, zweiseitig) konnte ein signifikanter (p=0,029) negativer Zusammenhang zwischen der subjektiv empfundenen Schwierigkeit von Test 2 und den Lernergebnissen von Test 2 gefunden werden. Der Korrelationskoeffizient von r=-0,43 weist daraufhin, dass ein hohes Schwierigkeitsempfinden mit hoher Wahrscheinlichkeit mit niedrigen Ergebnissen in dieser Testphase auftritt. Ein ähnlicher Zusammenhang ergibt sich zwischen der subjektiv empfundenen Schwierigkeit der Vorbereitung und den Ergebnissen von Test 1 (r=-0,42, p=0,34). Die Korrelationskoeffizienten können Abbildung 3 b) entnommen werden.

4.4 Diskussion

Die Studie liefert erste Anhaltspunkte über die Auswirkung einer Vorbereitungsphase mit Aufgaben im Vergleich zur Vorbereitung mit Erklärvideos. Die Studierenden, die mit Aufgaben gelernt hatten, nahmen die Vorbereitungsphase und den anschließenden Test schwieriger wahr als die Studierenden der Vergleichsgruppe. Nach der „Präsenzphase“ dreht sich dieses Verhältnis um. Insbesondere ist der große Unterschied zwischen Vorbereitungs- und Präsenzphase bei der Gruppe mit Erklärvideo eklatant: Während die Vorbereitungsphase und der anschließende Test im Vergleich als sehr leicht wahrgenommen wurden, wurde der Test nach der Präsenzphase als im Vergleich sehr schwer wahrgenommen. Bei der Gruppe mit der aufgabenbasierten Vorbereitungsphase sind die Unterschiede nicht so deutlich. Dies könnte ein Indiz dafür sein, dass die Vorbereitungsphase mit Erklärvideo tendenziell zu oberflächlicheren kognitiven Prozessen führt, wodurch der zweite Test als schwieriger empfunden wird. Die Begegnung mit anspruchsvollen Testfragen stellt möglicherweise eine größere Herausforderung dar, wenn in der Vorbereitung nicht bereits höhere Lernziele angestrebt wurden. Die aufgabenbasierte Vorbereitungsphase hingegen scheint bei den Studierenden in ein höheres Level kognitiver Prozesse zu führen und damit besser auf den kognitiv anspruchsvollen zweiten Test vorzubereiten. Dies schlägt sich zwar nicht in signifikanten Unterschieden bezüglich der Testergebnisse nieder, aber auch hier ist eine Tendenz zu erkennen: Während in Test 1 die Leistung der Gruppe mit Erklärvideo deutlich besser ist als die Leistung der aufgabenbasierten Gruppe, gleichen sich die Ergebnisse in Test 2 an. Allerdings können durch die geringe Stichprobengröße Verzerrungen der Ergebnisse, beispielsweise durch variierendes Vorwissen der Probanden, nicht ausgeschlossen werden.

5 Ausblick

Es ist klar, dass es sich bei der hier dargestellten Untersuchung um eine erste Studie handelt, die nicht verallgemeinert werden darf. Hier müssen in Zukunft weitere Experimente zum Vergleich von Vorlesungsvideos und aufgabenbasierten Vorbereitungsphasen im Flipped Classroom durchgeführt werden, insbesondere auch mit anderen Inhalten in anderen Disziplinen. Denkbar wären auch kombinierte Vorbereitungsphasen, in denen die Bearbeitung von komplexen Aufgaben durch videobasierte Instruktion ergänzt wird. Für weitere Untersuchungen könnte es vielversprechend sein, das erreichte Niveau kognitiver Prozesse genauer zu bestimmen, eventuell über Kompetenzmessungen mit unterschiedlichen Kompetenzniveaus. Damit könnten die theoretischen Annahmen bezüglich der Erreichbarkeit von höheren Lernzielen in aufgabenbasierten Vorbereitungsformen überprüft werden.

Ebenso sollten die Basismodelle unterschiedlicher Lernzieltypen hinsichtlich der Vereinbarkeit mit dem Flipped Classroom geprüft werden, um die spezifische Abfolge von Vorbereitungs- und Präsenzphasen in der Praxis auf ein theoretisches Fundament zu stellen. Dies könnte in lernzieltypspezifische Flipped-Classroom-Modelle münden, in denen Selbststudium und Instruktion an adäquaten Stellen des Lernprozesses platziert werden.

Danksagung

Wir danken den Mitgliedern der Playgroup Heidelberg (www.playgrouphd.de) für wertvolle Tipps und Hinweise zu diesem Projekt.

Literatur

Anderson L.W. & Krathwohl D. R. (2001). *A taxonomy for learning, teaching and assessing: A revision of Bloom's taxonomy of educational objectives.* Boston: Pearson Education Group.

Bescherer, C. & Spannagel, C. (2009). Design Patterns for the Use of Technology in Introductory Mathematics Tutorials. In A. Tatnall & A. Jones (Hrsg.), *Education and Technology for a Better World* (S. 427–435). Berlin, Heidelberg, New York: Springer.

Bescherer, C., Spannagel, C. & Zimmermann, M. (2012). Neue Wege in der Hochschulmathematik – Das Projekt SAiL-M. In M. Zimmermann, C. Bescherer & C. Spannagel (Hrsg.), *Mathematik lehren in der Hochschule – Didaktische Innovationen für Vorkurse, Übungen und Vorlesungen* (S. 93–104). Hildesheim: Franzbecker.

Fischer, M. & Spannagel, C. (2012). Lernen mit Vorlesungsvideos in der umgedrehten Mathematik-Vorlesung. In J. Desel, J. M. Haake, C. Spannagel (Hrsg.), *DeLFI 2012 – Die 10. e-Learning Fachtagung Informatik der Gesellschaft für Informatik e.V.* (S. 225–236). Bonn: Köllen Druck+Verlag.

Franke, M. (2000). *Didaktik der Geometrie.* Heidelberg, Berlin: Spektrum Akademischer Verlag.

Handke, J. & Sperl, A. (2012). *Das Inverted Classroom Model.* Begleitband zur ersten deutschen ICM-Konferenz. München: Oldenbourg Verlag.

Hmelo-Silver, C. (2004): Problem-Based Learning: What and How Do Students Learn? *Educational Psychology Review*, *16*(3), 235–266.

Lage, M., Platt, G. & Treglia, M. (2000). Inverting the Classroom: A Gateway to Creating an Inclusive Learning Environment. *The Journal of Economic Education, 31*(1), 30–43.

Lampi, F., Kopf, S. & Effelsberg, W. (2006). Mediale Aufbereitung von Lehrveranstaltungen und ihre automatische Veröffentlichung – Ein Erfahrungsbericht. In M. Mühlhäuser, G. Rößling & R. Steinmetz (Hrsg.), *DeLFI 2006: 4. e-Learning Fachtagung Informatik* (S. 27–38). Bonn: Gesellschaft für Informatik.

Mayer R. E. (2002). Rote versus Meaningful Learning. *Theory into Practice, 41*(4), 226–232.

Mayer, R. E., Moreno, R. (2003). Nine Ways to Reduce Cognitive Load in Multimedia Learning. *Educational Psychologist, 38*(4), 43–52.

Mussalam, R. (2010). *The effects of using screencasting as a multimedia pretraining tool to manage the intrinsic cognitive load of chemical equilibrium instruction for advanced high school chemistry students.* Dissertation, University of San Francisco.

Niegemann, H. M., Hessel, S., Deimann, M., Hochscheid-Mauel, D., Asanski, K. & Kreuzberger, G. (2004). *Kompendium E-Learning.* Berlin: Springer.

Oser, F. & Baeriswyl, F. J. (2001). Choreographies of Teaching: Bridging Instruction to Learning. In V. Richardson (Hrsg.), *Handbook of Research on Teaching* (4. Aufl., S. 1031–1065). Washington, DC: American Educational Research Association.

Oser, F. & Patry, J.-L. (1994). Sichtstruktur und Basismodelle des Unterrichts: Über den Zusammenhang von Lehren und Lernen unter dem Gesichtspunkt psychologischer Lernverläufe. In R. Olechowski & B. Rollett (Hrsg.), *Theorie und Praxis. Aspekte empirisch-pädagogischer Forschung – quantitative und qualitative Methoden* (S. 138–146). Frankfurt a. M., Bern: Lang.

Spannagel, C. (2011). Die Mathematikvorlesung aus der Konserve. In J. Sprenger, A. Wagner & M. Zimmermann (Hrsg.), *Mathematik lernen, darstellen, deuten, verstehen – Didaktische Sichtweisen vom Kindergarten bis zur Hochschule* (S. 253–261). Wiesbaden: Springer Spektrum.

Strayer, J. (2007). *The effects of the classroom flip on the learning environment: a comparison of learning activity in a traditional classroom and a flip classroom that used an intelligent tutoring system.* Dissertation, The Ohio State University.

Warter-Perez, N. & Dong, J. (2012). Flipping the Classroom: How to Embed Inquiry and Design Projects into a Digital Engineering Lecture. *Proceedings of the 2012 ASEE PSW Section Conference Cal Poly-San Luis Obispo.*

Zendler, A., Vogel, M. & Spannagel, C. (2013). Useful experimental designs and rank order statistics in educational research. *International Journal of Research Studies in Education, 2*(2), 83–106.

Timo Hoyer, Fabian Mundt

e:t:p:M – ein Blended-Learning-Konzept für Großveranstaltungen

Zusammenfassung

Der Beitrag stellt das von den Autoren an der Pädagogischen Hochschule Karlsruhe entwickelte Blended-Learning-Konzept e:t:p:M vor. Wir konzentrieren uns auf die Darstellung der vier Kernbestandteile des Konzepts, das für regelmäßig stattfindende Großveranstaltungen gedacht ist. Ein besonderes Gewicht liegt bei e:t:p:M in der Verschränkung von modernen Internettechnologien (Web-App) mit Präsenzveranstaltungen, die teils von Hochschuldozenten und teils von speziell ausgebildeten Studierenden (studentische Mentoren) übernommen werden. Vor dem Hintergrund der zunehmenden Digitalisierung der Hochschullehre versteht sich e:t:p:M als ein integrativer Ansatz, der auf eine verbesserte Betreuungssituation von Studierenden insbesondere am Studienanfang und ein selbstbestimmtes Studium abzielt. Mehrere Evaluationen bescheinigen dem 2013 mit dem Hochschullehrpreis der Pädagogischen Hochschule Karlsruhe ausgezeichneten Konzept eine erfolgreiche Umsetzung in der akademischen Lehre.[1]

1 Einleitung

Wie gestaltet sich Hochschullehre im 21. Jahrhundert? Das traditionsreiche Feld der akademischen Lehre wird zunehmend mit den herausfordernden Veränderungen eines technischen Fortschritts konfrontiert, der mit atemberaubendem Tempo neue, hochschuldidaktische Möglichkeiten eröffnet und deren zeitnahe und innovative Integration in das Lehrangebot verlangt. Die „Digitalisierung der Hochschullehre" erscheint als notwendiger Vorgang einer sich entwickelnden Hochschullandschaft. Allerdings sind die damit verbundenen Möglichkeiten und Grenzen keineswegs ausgelotet (vgl. Bischof/von Stuckrad 2013). Der „Digitalisierungsprozess" der Hochschullehre steht am Anfang. Auch wenn bereits vereinzelte hochschuldidaktische Konzepte („Inverted Classroom", „MOOCs" etc.) praktisch erprobt wurden, kann (noch) von einer „schlafenden Revolution" ausgegangen werden (vgl. Bischof et al., 2013).

Vor diesem Hintergrund wurde e:t:p:M als ein Blended-Learning-Szenario (Kerres, 2013: 7ff.) konzipiert, das die Stärken digitaler Medien mit den Vor-

1 Website des Projekts: http://www.ph-karlsruhe.de/institute/ph/ew/etpm/.

zügen präsenzbasierter Lehre verbindet. Das Akronym e:t:p:M bringt diese systematische Integration akzentuiert zum Ausdruck. Der Buchstabe *e* verweist auf *virtuelle Lernräume* in Form von *eLearning-Angeboten*, dic in Bezug zu einer *Theorie- und Textfundierung* stehen (*t*). *Physische Lernräume* werden durch die Buchstaben *p* und *M* markiert, die darauf abheben, dass das Gesamtkonzept *praxis- und präsenzbasiert* ist und ein umfassendes *Mentoringprogramm* beinhaltet. e:t:p:M zeichnet sich also gerade dadurch aus, dass es virtuelle und physische Lernräume *gleichberechtigt* miteinander kombiniert und auf diese Weise eine Verbesserung der Lehr-Lernsituation anstrebt.

Dabei adressiert das Konzept einen spezifischen „Problemfall" akademischer Lehre: die Großveranstaltung (z.B. regelmäßig stattfinde Einführungsveranstaltungen). Auch wenn das e:t:p:M-Konzept wenig an der katastrophalen Betreuungsrelation zwischen Dozierenden und Studierenden (vgl. Himpsl, 2014) ändern kann, ermöglicht es zumindest eine individuellere, differenzierte Unterstützung und Begleitung der Studierenden in kleineren Lehr-Lern-Settings. Das ist insbesondere in der Studieneingangsphase erforderlich, in der die Studierenden mit der für sie ungewohnten akademischen Lehr-Lern-Kultur konfrontiert werden. Hier wird der Grundstein für ein erfolgreiches, selbstorganisiertes Studium gelegt (vgl. Krawietz, Raithelhuber & Roman, 2014).

In den folgenden Abschnitten werden die Gestaltung der virtuellen und physischen Lernräume und deren systematischer Zusammenhang skizziert. Um dem „konzeptionellen Gerippe" etwas empirischen Gehalt zu verleihen, gibt der abschließende Ausblick gleichzeitig Einblicke in studentische Rückmeldungen, die mehrfach durchgeführten Evaluationen entnommen sind.

2 Virtuelle Lernräume: Online-Lektionen, Literatur und Web-App

2.1 Online-Lektionen

Das Zentrum des eLearning-Angebots von e:t:p:M bilden Online-Lektionen. Dabei handelt es sich um im Studio aufgenommene und nachbearbeitete Videos mit einer Länge von rund 30 Minuten. Damit dauern die Online-Lektionen einerseits erheblich länger als die Videoanteile der derzeit viel diskutierten MOOCs, POOCs oder SPOCs. Andererseits sind die einzelnen Lektionen deutlich kürzer als traditionelle Vorlesungen. Der zeitliche Umfang von ca. 30 Minuten ist theoretisch mit den Aufmerksamkeitskapazitäten von Studierenden zu begründen (vgl. Gerbig-Calcagni, 2009) und hat sich in der Praxis bewährt. Er erlaubt es, komplexe Inhalte (Theorien, historische Prozesse, empirische Sachverhalte etc.), die z.B. in den Sozial- und Geisteswissenschaften elementar sind, ununterbrochen im systematischen Zusammenhang darzustellen. Überdies können die

Abb. 1: Standbild einer Online-Lektion

Studierenden einer kompakten und hochgradig verdichteten Wissensvermittlung in zirka 30 Minuten konzentriert folgen; längere digitale Kurse werden der Erfahrung nach selten in einem Zug angeschaut.

Jede Online-Lektion ist das Ergebnis einer umfassenden Produktions- und Postproduktionsphase. Neben einem auf das jeweilige Thema visuell vorbereitenden Intro und einem standardisierten Abspann (u.a. mit Copyrighthinweisen) besitzt jede Lektion wiederkehrende ästhetische Merkmale, die den Vortrag der Sprecherin oder des Sprechers illustrieren, ergänzen, vertiefen und die Rezeption sowohl intensivieren als auch erleichtern. Zu nennen sind eingeblendete „Pinnwände", die besonders relevante oder im Vortrag unterlassene Informationen (Jahresdaten etc.) teils vollbildlich, teils im Bildhintergrund enthalten. Die Lektionen sind in thematische Abschnitte untergliedert, die durch sog. „Fähnchen" gekennzeichnet sind. Dabei handelt es sich um Einblendungen am unteren Bildschirmrand, die eine inhaltliche Einheit bezeichnen. Größere inhaltliche Abschnitte werden durch visuell gestaltete Kapiteleinblendungen markiert. Insgesamt entsteht dadurch eine sorgfältige, übersichtliche Strukturierung des jeweiligen Themas. In der Regel sind pro Online-Lektion ca. 30 „Fähnchen" angemessen. Längere Zitate werden vollbildlich dargestellt und durch eine zweite Sprechstimme vertont. Zur Veranschaulichung der Inhalte werden Bilder, Grafiken, Diagramme, Buchcover etc. eingeblendet. Abbildung 1 zeigt ein Standbild einer Online-Lektion. Zu sehen ist neben dem Sprecher ein „Fähnchen" und eine „Pinnwand".

Eine Gesamtveranstaltung besteht derzeit aus 11 Online-Lektionen, die wöchentlich für die Studierenden freigeschaltet werden.

2.2 Literatur

Die Online-Lektionen vermitteln in verdichteter, visualisierter Form Theoriezugänge zu elementaren Feldern und Fragestellungen der Fachdisziplin, in unserem Fall der Allgemeinen und Historischen Erziehungswissenschaft. Digitalisierte Medien sind eine Erweiterung herkömmlicher Lehr-Lern-Medien, sollen diese aber nicht zum Verschwinden bringen (vgl. Petko, 2014: 104ff.). Wissenschaftliche, hermeneutische Textarbeit etwa bleibt eine bedeutsame Praxis, die die Studierenden besonders in stark von Theoriedebatten geprägten Fächern erlernen und ausüben müssen.

Zu jeder Online-Lektion wird den Studierenden deshalb ein Text zur Verfügung gestellt, der die in der Lektion angesprochene Thematik weiterführt. Hierbei handelt es sich um Primär- oder Sekundärliteratur unterschiedlicher Gattungen (Wissenschaftliche Texte, Essays, literarische Texte, Vorträge). Bewährt hat sich ein Gesamtumfang von rund 200 bis 230 Seiten. Jedem Text werden Bearbeitungshinweise, spezifische Fragen und Aufgaben sowie weiterführende Literaturangaben hinzugefügt. Sämtliche Texte werden einheitlich typographiert (keine eingescannten Texte), mit einer durchgehenden Seitenzählung und laufenden Zeilennummerierungen versehen, was die Lektüre und die gemeinsame Bearbeitung erleichtert.[2]

2.3 Web-App

Die Qualität und Akzeptanz eines eLearning-Angebots steigt und fällt mit seiner Benutzerfreundlichkeit und Zugänglichkeit (vgl. Marcus, 2013). Es genügt nicht, qualitativ hochwertige Online-Lektionen und adressatengerecht aufbereitete Literatur zur Verfügung zu stellen. Die Art und Weise, *wie* dieses Angebot präsentiert und verfügbar gemacht wird, ist von entscheidender Bedeutung. Im Rahmen von e:t:p:M haben wir eine Web-App entwickelt, die den spezifischen Anforderungen des Konzepts und den Ansprüchen der Studierenden gerecht wird. Es ist bewusst auf die Adaption bestehender LMS wie Stud.IP, ILIAS oder Moodle verzichtet worden, wenngleich eine Schnittstelle zu diesen integriert wurde (z.B. um Zugangsdaten zu übertragen). Die e:t:p:M Web-App basiert auf modernen Internettechnologien und folgt den Prinzipien des „Responsive Web

2 Alle Texte wurden mit LaTeX gesetzt und an die Erfordernisse der Seminararbeit angepasst.

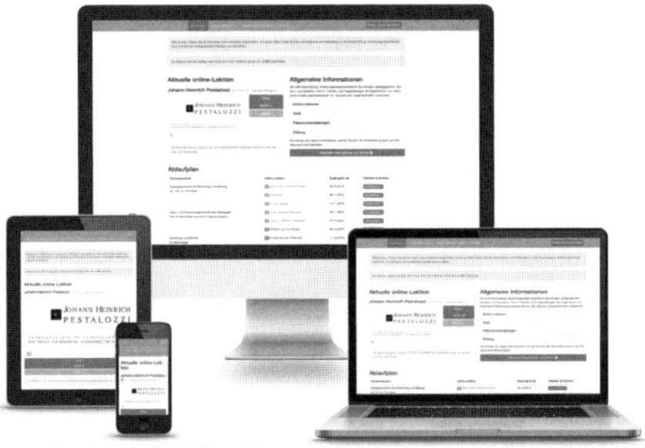

Device images © http://www.affordablewebdesign.com/wp-content/uploads/2013/07/responsive-web-design-layouts.jpg [Stand: 20.01.2014]

Abb. 2: Responsive Web-App

Design“ (Marcotte 2011)[3]: Derselbe Inhalt wird je nach Endgerät optimal zur Verfügung gestellt – sowohl auf Personal Computern als auch auf Tablets und Smartphones (Abbildung 2).

Der Funktionsumfang der Web-App umfasst vier Bereiche. *Erstens* macht sie die digitalen Inhalte (Online-Lektionen und Literatur) zugänglich. *Zweitens* ermöglicht sie einen einfachen Zugriff auf allgemeine Informationen. *Drittens* bietet sie einen umfassenden „Häufig gestellte Fragen“-Bereich an, und *viertens* erlaubt sie eine einfache Kommunikation zwischen Studierenden und Dozierenden (Meldungen, Kontaktformulare).

Insbesondere dem ersten Punkt kommt eine große Bedeutung zu, da keine andere Möglichkeit besteht, die Inhalte der Veranstaltung abzurufen. Vor diesem Hintergrund wurde ein HTML5-Videoplayer integriert. Das hat zwei Vorteile. Zum einen können die Online-Lektionen unabhängig vom jeweiligen Abspielgerät jederzeit betrachtet werden („mobiles Lernen“). Zum anderen kann auf externe Anbieter mit ggf. problematischen Datenschutz- und Urheberrechtsbestimmungen verzichtet werden.[4] Darüber hinaus bietet der Videoplayer der Web-App Interaktionsmöglichkeiten, die auf die weiteren Bestandteile von e:t:p:M abgestimmt sind und über eine bloße Rezeption der jeweiligen Online-

3 Bei der e:t:p:M Web-App handelt es sich um eine *Client-Server-Anwendung*. Die *client-side* der Web-App basiert auf HTML5, CSS3 und jQuery 2 (JavaScript). Die *server-side* verwendet das kostenfreie Open Source Framework *Laravel*, das in PHP geschrieben ist (vgl. Rees, 2014).

4 Die Web-App und alle Inhalte werden über das interne Hochschulnetz betrieben. Das moderate Anforderungsprofil der Applikation kommt diesem Anwendungsszenario entgegen.

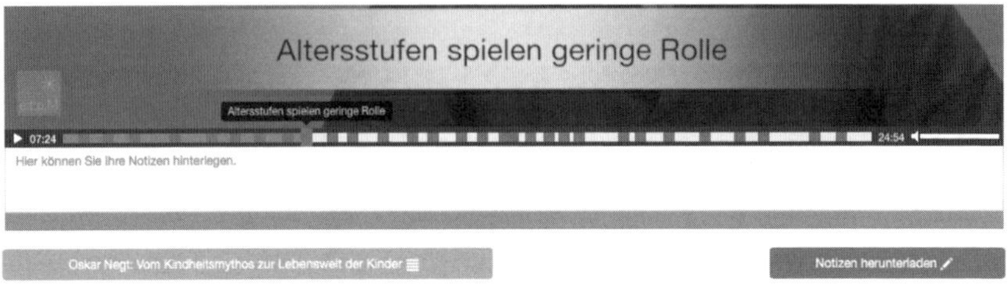

Abb. 3: Notizfunktion

Lektion hinausgehen. Das ist beispielsweise eine interaktive *Timeline*, die es ermöglicht, je nach Bedürfnis direkt zu einem „Fähnchen" (und somit zu einer Themeneinheit) der Online-Lektion zu springen. Es ist außerdem möglich, über ein eingeblendetes Feld zu jedem „Fähnchen" eine individuelle Notiz (Querverbindungen, Eselsbrücken, Anmerkungen etc.) zu verfassen (max. 500 Zeichen). Diese wird verschlüsselt und personalisiert in einer Datenbank gespeichert und lässt sich jederzeit ergänzen, ändern, löschen. Damit solche Videoannotationen auch in den Präsenzveranstaltungen fruchtbar gemacht werden können, besteht jederzeit die Möglichkeit, diese als PDF-Dokument herunterzuladen (Abbildung 3).

Neben der Wiedergabe der Online-Lektionen und den damit verbundenen interaktiven Elementen können die jeweiligen Texte heruntergeladen werden. Sie werden als einheitlich formatiertes PDF-Dokument zur Verfügung gestellt.

3 Physische Lernräume: Präsenzveranstaltungen und studentisches Mentoring

Der Einsatz von digitalen Medien, die die Großveranstaltung weitgehend ersetzen, gestattet die Bildung von kleineren Lehr-Lern-Gruppen, in denen eine unmittelbarere, kommunikative und handlungsorientierte Bearbeitung der Themen möglich ist. Dieser Intention folgend beinhaltet e:t:p:M mehrere präsenzbasierte Lehr-Lern-Einheiten.

3.1 Präsenzveranstaltungen

Insgesamt können hier vier verschiedene Typen unterschieden werden.

1. Einführungsvorlesung
Die Gesamtgruppe (im konkreten Fall um die 700 Studierende) wird vom Dozenten über das Format, den Ablauf und den inhaltlichen „roten Faden" der Veranstaltung informiert.

2. Mentoriate
Die Gesamtgruppe wird über ein spezielles Zuordnungssystem in 15 etwa gleich große Kleingruppen (Mentoriate) geteilt. Diese Gruppen treffen sich wöchentlich zu festgelegten Zeiten mit ihren studentischen Mentoren (pro Mentoriat jeweils ein Tandem). Die Mentoren sind Studierende höherer Semester, die zu diesem Zweck in einem Zertifikatsstudium ausgebildet werden (siehe 3.2). Sie unterstützen und beraten die Studierenden bei der Aneignung der Stoffe, beim Umgang mit wissenschaftlichen Texten, bei generellen Fragen zum Studium und bei der Klausurvorbereitung. Die Dozenten können nach vorheriger Absprache an einzelnen Veranstaltungen teilnehmen.

3. HGF-Vorlesungen
Nach jeder thematischen Einheit (zwei- oder dreimal im Semester) finden sog. „Häufig gestellte Fragen"-Vorlesungen für die Gesamtgruppe statt. Hierfür sammeln die Mentoren im Vorfeld inhaltsbezogene Fragen der Studierenden, reichen sie an die Dozenten weiter, die sie in den Vorlesungen besprechen. Zudem können sich die Studierenden jederzeit auf der Web-App in der dort eingerichteten HGF-Seite über alle wesentlichen Fragen zum formalen Ablauf der Gesamtveranstaltung und zur Klausur informieren.

4. Abschlussvorlesung
Eine Woche vor der abschließenden Prüfung findet eine Vorlesung für die Gesamtgruppe statt, in der insbesondere die Modalitäten der Prüfung, nochmals offene Fragen und die Ergebnisse der Evaluation thematisiert werden.

3.2 Studentisches Mentoring

Zirka 30 studentische Mentoren begleiten und unterstützen die Erstsemesterstudierenden beim Übergang von der schulischen in die akademische Lehr-Lern-Kultur. Mit dem Übergang von der Schule zur Hochschule ändert sich für die Studierenden die Lehr-Lernumwelt auf gravierende Weise. Jüngere Untersuchungen weisen auf Krisen und Kontinuitäten dieser bildungsbiografischen Statuspassage hin (vgl. Bornkessel & Asdonk, 2011). Im Zuge dessen gewinnt die hochschuldidaktische Gestaltung der Studieneingangsphase an Aufmerksamkeit. Dahinter steht die Erkenntnis, dass eine konfliktarme Transition Schule-Hochschule von ausschlaggebender Bedeutung ist, um das Studium motiviert und erfolgreich zu absolvieren (vgl. Krawietz et al., 2014). Viele Studierende tun sich mit der Umstellung auf die ungewohnte Lehr-Lernkultur der Hochschule allerdings schwer. Unterstützungsangebote, die einen gelingenden Studienbeginn und einen selbstverantwortlich gestalteten Studienverlauf erleichtern, sind notwendig (vgl. Schmitt, 2010). Diese Aufgabe können sinnvollerweise Studierende übernehmen, die sich in einem fortgeschrittenen Studiensemester befinden und auf eigene, vergleichbare Erfahrungen und Lernschritte wie die Studienanfänger zurückblicken. Untersuchungen bestätigen, dass das Mentoring in der Studieneingangsphase verglichen mit vorlesungs- und dozentenzentrierten Lehrformen das aktive Lernen stärker erhöht und die psychischen Belastungen der Studierenden verringern hilft (vgl. Öhlschlegel-Haubrock, Rach & Wolf, 2014).

Die Mentoren müssen für ihre Tätigkeit ausgebildet und in ihrer Arbeit ihrerseits professionell begleitet und betreut werden. Das Zertifikatsstudium Mentoring verfolgt das Ziel, Studierende höherer Semester darin zu qualifizieren, dass sie Studienanfänger/innen beim Übergang von der schulischen zur akademischen Lehr-Lern-Kultur unterstützen, dass sie wissenschaftliches Denken und Arbeiten in den jeweiligen Fächern anbahnen, den Theorie-Praxis-Transfer herstellen helfen, bei der Klärung und Aneignung von fachspezifischen Inhalten beraten und den Weg zu einem selbstverantwortlichen Studium begleiten. Das Zertifikatsstudium umfasst 15 CP und kann sich über zwei oder mehrere Semester erstrecken. In Seminaren erwerben die Studierenden a) Kompetenzen zur beratenden Unterstützung selbstverantwortlichen Studierens (Studiencoaching, Lernstrategie- und Zielentwicklung, Zeitmanagement etc.), sie werden b) in Methoden und Techniken wissenschaftlichen Arbeitens eingeführt (Recherche, Hermeneutik, wissenschaftliches Schreiben etc.), und sie erlernen c) Lehr-Lern-Methoden, die insbesondere den Umstand berücksichtigen, dass in der Eingangsphase des Studiums zumeist noch keine Vorerfahrungen mit der akademischen Lehr-Lern-Kultur vorhanden sind. In einer obligatorischen Blockveranstaltung in der ersten Woche des Wintersemesters werden die Zertifikatsstudierenden inhaltlich und methodisch auf das konkrete Mentoriat vorbereitet. Das Zertifikat erhalten die Studierenden nach erfolgreicher Durchführung des Mentoriats. Als Leistungsnachweis gilt eine schriftliche Ausarbeitung, in der das Mentoriat dokumentiert und reflektiert wird. Den Mentoren wird nahegelegt, dass sie ihr Angebot der Studierendenbegleitung auch nach Erwerb des Zertifikats in fachbezogen oder fächerübergreifend zusammengesetzten Gruppen aufrecht erhalten.

4 Einblicke – e:t:p:M als Lehr-Lern-Kontext

Bisher wurden zwei Evaluationen des e:t:p:M-Konzepts durchgeführt und ausgewertet. Beide Male nahmen überdurchschnittlich viele Studierende daran teil: im Wintersemester 2012/2013 40% (n = 285) und im Wintersemester 2013/2014 26,8% (n = 185). Der Fragebogen umfasst insgesamt mehr als 80 Items, die sich sowohl auf das Gesamtkonzept als auch auf die vier Bestandteile von e:t:p:M beziehen. Im Folgenden werden die zentralen Ergebnisse der Evaluation zusammenfassend dargestellt. Alle interpretierten Resultate finden sich in Abbildung 4.[5]

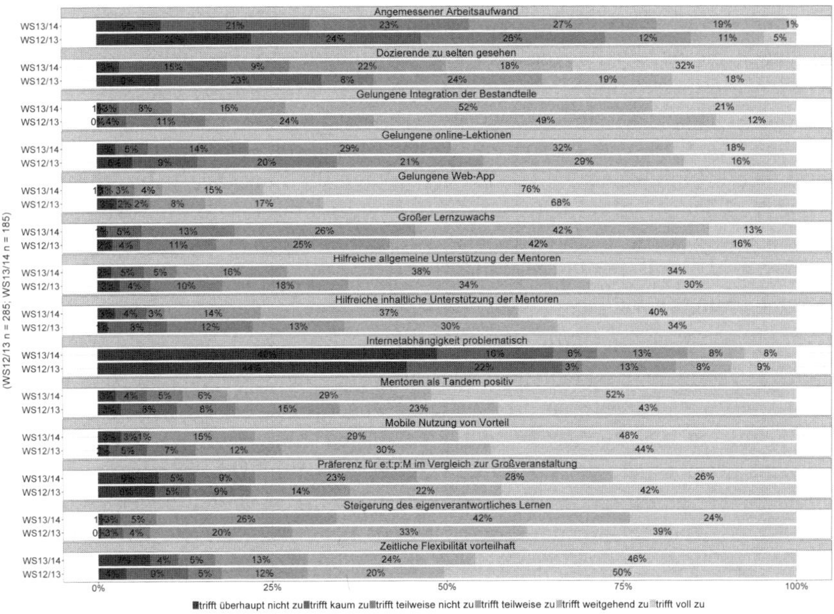

Abb. 4: Evaluationsergebnisse (Auszug)

Der Anlage nach zielt e:t:p:M auf eine systematische Integration virtueller und physischer Lernräume. Dass dieser Anspruch gelingt, wird durch die Rückmeldung der Studierenden bestätigt. Eine deutliche Mehrheit bescheinigt dem Gesamtkonzept eine sinnvolle Integration der einzelnen Bestandteile. Diese positive Bewertung wird noch deutlicher, wenn man nach der nachhaltigen Wirkung des Blended-Learning-Konzepts im Hinblick auf das eigenverantwortliche Lernen – gemeinhin als „Schlüsselkompetenz" erfolgreichen Studierens

5 Die detaillierten Ergebnisse beider Evaluationen sind online verfügbar: http://home.ph-karlsruhe.de/etpM/evaluationsergebnisse

angesehen – fragt. Nahezu alle Studierenden stimmen zu, durch e:t:p:M in ihrem eigenverantwortlichen Lernen gefördert worden zu sein.

Gleichwohl fördert die Konzeption die Studierenden nicht nur, es fordert sie auch. Zwar ist sich die Mehrheit der Studierenden sicher, durch die integrativen Lernformen viel und mehr als in anderen Einführungsveranstaltungen gelernt zu haben, allerdings mussten sie dafür auch einige Lernzeit investieren. Die gegenüber 90-minütigen Vorlesungen verkürzten, aber inhaltlich sehr dichten Online-Lektionen, die mehrfach anzuschauen sind, führen zu keiner Zeitersparnis, was auch nicht beabsichtigt ist. Den meisten Studierenden kommt insbesondere die weitgehend unabhängige Wahl eines individuellen Lernorts und einer individuellen Lernzeit sehr entgegen. Sie bevorzugen das Online-Format eindeutig im Vergleich zu einer klassischen Vorlesung mit ca. 300 bis 400 Personen. Dabei ist es gerade die dauerhafte Verfügbarkeit der Inhalte und die Unabhängigkeit von festen Vorlesungsterminen, die positiv bewertet werden. Dass man dadurch vom Internet abhängig ist, stört wenige der „Digital Natives“. Vielmehr ist es gerade die hohe Qualität und Funktionalität der Responsive Web-App, die geschätzt wird. Diese Einschätzung lässt sich auch durch die Zugriffsstatistik stützen. Pro Semester konnten ca. 13.000 Videoabspielungen und 40.000 Web-App-Zugriffe verzeichnet werden. Darüber hinaus wird der Umfang, die Gestaltung und der Anspruch der 30-minütigen Online-Lektionen in diesem Zusammenhang als äußerst gelungen und passend bewertet.

Bei aller positiven Bewertung des eLearning-Angebots sollen die anderen drei gleichberechtigten Bestandteile nicht ausgeklammert werden. So konnten die Mentorinnen und Mentoren die Studienanfänger/innen bei ihrem Übergang von der Schule in die Hochschule gut unterstützen. Und auch wenn eine leichte Tendenz besteht, dass die Erstsemesterstudierenden die Dozierenden gerne öfter erlebt hätten, gaben die meisten an, dass ihnen die Mentoren und Mentorinnen bei der Klärung inhaltlicher Fragen helfen konnten. Dass die Mentoriate im Tandem geleistet wurden, wurde dabei als besonders vorteilhaft wahrgenommen. Positiv zu werten ist ferner, dass sich das arbeitsintensive Zertifikatsstudium einer sehr großen Nachfrage erfreut. Darin besteht vielleicht die stärkste Anerkennung des hier vorgestellten Konzepts.

Literatur

Bischof, L., Friedrich, J.-D., Müller, U., Müller-Eiselt, R. & von Stuckrad, T. (2013). *Die schlafende Revolution. Zehn Thesen zur Digitalisierung der Hochschullehre.* Gütersloh: CHE. Verfügbar unter http://www.che.de/downloads/Im_Blickpunkt_Thesen_zur_Digitalisierung_der_Hochschullehre.pdf [09.05.2014].

Bischof, L. & von Stuckrad, T. (2013). *Die digitale (R)evolution. Chancen und Risiken der Digitalisierung akademischer Lehre.* Gütersloh: CHE. Verfügbar unter http://www.che.de/downloads/CHE_AP_174_Digitalisierung_der_Lehre.pdf [09.05.2014].

Bornkessel, P. & Asdonk, J. (Hrsg.). (2011). *Der Übergang Schule – Hochschule*. Wiesbaden: VS Verlag.

Gerbig-Calcagni, I. (2009). *Wie aufmerksam sind Studierende in Vorlesungen und wie viel können sie behalten?* Unveröffentlichte Dissertation, Pädagogische Hochschule Weingarten. Verfügbar unter http://d-nb.info/1000576183/34 [09.05.2014].

Himpsl, F. (2014). Betreuer, dringend gefragt. *Die Zeit*. 09/2014. Verfügbar unter http://www.zeit.de/2014/09/betreuungsrelation-professor-studenten [09.05.2014].

Kerres, M. (2013). *Mediendidaktik. Konzeption und Entwicklung mediengestützter Lernangebote*. München: Oldenbourg Wissenschaftsverlag.

Krawietz, J., Raithelhuber E. & Roman, N. (2014). Übergänge in der Hochschule. In W. Schröder, B. Stauber, A. Walther, L. Böhnisch & K. Lenz (Hrsg.), *Handbuch Übergänge* (S. 651–687). Weinheim/Basel: Beltz/Juventa.

Marcotte, E. (2011). *Responsive Web Design*. New York: A Book Apart.

Marcus, A. (Hrsg.). (2013). *Design, User Experience, and Usability. Health, Learning, Playing, Cultural and Cross-Cultural User Experience*. Berlin/Heidelberg: Springer.

Öhlschlegel-Haubruck, S., Rach J. & Wolf, J. (2014). Förderung der Selbstwirksamkeitserwartungen in der Studieneingangsphase mittels Mentoring. *Zeitschrift für Hochschulentwicklung, 9* (1), 23–35.

Petko, D. (2014). *Einführung in die Mediendidaktik. Lehren und Lernen mit digitalen Medien*. Weinheim/Basel: Beltz/Juventa.

Rees, D. (2014). *Code Bright. Web application development for the Laravel framework version 4 for beginners*. Vancouver: Leanpub.

Sauter, A., Sauter, W. & Bender, H. (2004). *Blended Learning: effiziente Integration von E-Learning und Präsenztraining*. Köln: Luchterhand.

Schmitt, L. (2010). *Bestellt und nicht abgeholt. Soziale Ungleichheit und Habitus-Struktur-Konflikte im Studium*. Wiesbaden: VS Verlag.

Stefan Andreas Keller, Thomas Bernhardt, Benno Volk

„Teach-ins reloaded" – Unkonferenzen und BarCamps

Charakter, aktueller Stand und Potenzial offener Tagungsformate im Wissenschaftsbetrieb

Dieser Beitrag wird im Format „flipped conference" umgesetzt.

Zusammenfassung

Der Beitrag analysiert die historischen Wurzeln neuer Tagungsformate im Wissenschaftsbetrieb, die als BarCamps bzw. Unkonferenzen bezeichnet werden. Anhand einer Befragung wichtiger Exponenten solcher Communities und Organisator/innen von verschiedenen BarCamps im deutschsprachigen Raum und in den USA stellt der Beitrag die Struktur solcher Formate, ihre Akzeptanz im Wissenschaftsbetrieb sowie ihr Potenzial für die Zukunft dar. Mit der historischen Rückführung auf den gesellschaftlichen Aufbruch der 1960er Jahre lassen sich die neuen Tagungsformate in eine gesamtgesellschaftlich geführte Diskussion um die Demokratisierungspotenziale des Internets einbetten. Abschließend wird der Frage nachgegangen, wie groß die Anzahl und der Einfluss alternativer Tagungsformate im Wissenschaftsbetrieb ist.

1 Einleitung: „Freie Software, freie Liebe!"

„Die Veröffentlichung der Daten erfüllt alle Kriterien guter Sabotage: Das gut geölte Laufen der Maschine wird gestört, Autoritäten verlieren Einfluss und werden unterminiert. Die Entdeckung der Fehlbarkeit Gottes ist der erste Schritt zum Sturz seines Throns."[1] So lautete die Stellungnahme einer mit „The Simpsons"-Masken auftretenden Hacker-Gruppe namens „Virtual Monkeywrench" zu ihrem Coup, der zu Beginn des Jahres 2001 weltweit für Schlagzeilen sorgte: Sie veröffentlichten von ihnen gehackte persönliche Daten wie z.B. Kreditkartennummern von Teilnehmenden des Weltwirtschaftsforums in Davos (Schweiz) – ein jährliches Treffen illustrer Kreise aus Wirtschaft und Politik. Unter dem Motto „Freie Software, freie Liebe!" wollten sie damit auf das Informations- und Wissensmonopol der „Mächtigen dieser Welt" hinweisen.

---

1 WEF-Hacker: „Freie Software, freie Liebe!" In: Spiegel Online, 12. Februar 2001, online verfügbar: http://www.spiegel.de/netzwelt/web/wef-hacker-freie-software-freie-liebe-a-117124.html, Stand: 1. März 2014.

Der Coup gelang auf dem Höhepunkt einer Welle von politischen Aktionen, die per Internet organisiert oder sogar rein virtuell durchgeführt wurden. Dahinter stand eine soziale Bewegung aus lose miteinander verbundenen linksorientierten Politgruppierungen, NGOs, Netizens und Computerfreaks, die man gemeinhin unter dem Begriff der „Antiglobalisierungsbewegung“ zusammenfasst.[2] Diese Bewegung wurde zentral vom Gedanken geleitet, dass das Internet ein Raum der Freiheit und der Demokratie sei und es damit möglich werde, das Informations- und Wissensmonopol der „Mächtigen dieser Welt“ zu brechen (Wishart & Bochsler, 2002). Diese Vorstellung einer sog. „digital democracy“ (Loader & Mercea, 2012, S. 2) basiert grundsätzlich auf dem Gedankengut der 68er-Bewegung. Die Verknüpfung des Slogans „Freie Liebe“ – eines *der* zentralen Kernthemen der 68er – mit dem Slogan „Freie Software“ durch die Hackergruppe „Virtual Monkeywrench“ ist ein deutliches Zeichen hierfür. Kernthemen der 68er-Bewegung wie die Abschaffung von Hierarchien, die Demokratisierung und die Erhöhung der politischen Partizipation eines jeden Menschen werden hier wieder aufgenommen und mit der Technologie des Internets verknüpft (Gilcher-Holthey, 2008). Seit dem Aufkommen von Social Media und insbesondere seit dem sog. Arabischen Frühling hat die Diskussion um die Demokratisierungspotenziale des Internets noch einmal zugenommen (sog. „second wave digital democracy“ vgl. Loader & Mercea, 2012).

Vergleichbare Tendenzen lassen sich nun auch im weltweiten Wissenschaftsbetrieb feststellen: Bewegungen wie Open Access oder Open Content sind von diesem Gedankengut gespiesen, doch auch im Bereich wissenschaftlicher Tagungsformen lassen sich neue Entwicklungen feststellen. Inspiriert durch den Geist von Web 2.0 und Social Media, beginnen BarCamps als neue Konferenzformen die Welt der Wissenschaften zu erobern. Diese Entwicklung birgt das Potenzial in sich, die paradoxerweise an den Rand gedrängte Interaktivität und Kommunikation wieder ins Zentrum wissenschaftlicher Tagungen zu rücken. Diese Konferenzformen bzw. Tagungsformate haben das Potenzial, eines der traditionellsten Rituale der Wissenschaftswelt – eben die wissenschaftliche Tagung – zu reformieren, indem sie etablierte Strukturen und Hierarchien angreifen und damit bestehende Wissensmonopole erschüttern.

2 Die klassische akademische Tagung – Struktur und Zweck

Der Gang zu Tagungen und Konferenzen gehört zu einer der Haupttätigkeiten von Wissenschaftler/innen. Solche Besuche können für die wissenschaftliche Karrierebildung genauso zentral sein wie das Publizieren in einschlägigen

2 Siehe: http://de.wikipedia.org/wiki/Globalisierungskritik, Stand: 1. März 2014. Anmerkung: Der Artikel ist inhaltlich sehr ausführlich und detailliert. Einzig die Rolle des Internets als Transport- und Organisationsmedium wird nicht behandelt.

Zeitschriften. Wissenschaftliche Tagungen sind dabei immer noch überwiegend hierarchisch strukturiert: In manchen Wissenschaftsbereichen gleichen einige Tagungen Initiationsritualen, durch welche junge aufstrebende Wissenschaftler/innen von den etablierten „Platzhirschen" geschleust werden, um sie auf ihre Tauglichkeit zu prüfen und eine Passung an die traditionellen Normen des Wissenschaftsbetriebs zu erreichen (Bretschneider, 1999).

Das Paradoxe daran ist, dass infolge dieser rituellen Handlungen der kommunikative Aspekt, der eigentlich im Vordergrund von solchen Veranstaltungen stehen sollte, ins Abseits gedrängt wird. Die Tagungen bestehen in der Regel aus einer Reihe von mehr oder minder lückenlos aneinandergereihten Referaten. Für Diskussion bleibt in der Regel wenig bis gar keine Zeit. Häufig handelt es sich bei den Referatsgrundlagen auch noch um einen Fließtext, der für den geplanten Tagungsband geschrieben wurde und nicht für ein mündliches Referat gedacht war. Somit bestehen viele dieser Events aus einer Reihe von für alle Beteiligten ermüdenden Selbstdarstellungsritualen.[3] Auch in den USA scheint es laut einem Artikel in der renommierten Washingtoner Zeitung „The Chronicle of Higher Education" nicht viel anders zu sein: „If you've been to a traditional humanities conference, you know what a soul-crushing experience it can be. First you apply months ahead of time to a program committee, which will take its sweet time deciding whether your paper or panel idea merits a place. Then you shell out money to spend three days in windowless conference rooms listening to other people dutifully read *their* papers. There might even be a PowerPoint presentation. If you're lucky, you'll manage to have a real conversation about the topic during a coffee break before you're off to the next panel." (Howard, 2010).

3 Das Konzept der Unkonferenzen und BarCamps

Die neuen Formen wissenschaftlicher Tagungen sind zentral von der Motivation geleitet, solche Strukturen abzuschaffen. Interessanterweise fand die erste solche Tagung – ein sog. BarCamp (wir verwenden in der Folge diesen Begriff für alle daraus hervorgehenden Tagungsformen) – bereits 2005 statt, als „offen für die Öffentlichkeit"-Alternative[4] zu den jährlichen von Tim O'Reilly organisierten FooCamps (**F**riends **o**f **O**'Reilly)[5], an denen nur geladene Gäste teilnehmen durften und damit exakt im selben Jahr, in welchem sein geflügeltes Wort des „Web 2.0" (O'Reilly, 2005) weltweite Verbreitung fand. Mit der Charakterisierung als „user-generated conference" (ebd.) wird erstens diese Verbindung mit der

3 Vgl. dazu z.B. Hoeren, Thomas: Akademische Rituale: Tod den Tagungsbänden! In: Spiegel Online, 20. Oktober 2009, http://www.spiegel.de/unispiegel/jobundberuf/akademische-rituale-tod-den-tagungsbaenden-a-655408.html, Stand: 1. März 2014.

4 Siehe: http://en.wikipedia.org/wiki/Barcamp, Stand: 1. April 2014.

5 *Foo* und *bar* werden in der Programmiersprache als Platzhalter für Variablen verwendet.

Idee des Web 2.0 explizit gemacht. Der ebenfalls zur Charakterisierung solcher Tagungsformen eingesetzte Begriff der „Unkonferenzen“ macht zweitens klar, von was sich die Erfinder der BarCamp-Idee absetzen wollen: von der klassischen starr strukturierten, hierarchischen Tagungsform in der Form aneinandergereihter Referate hin zu einer offenen, spontanen, kreativen Diskussion unter Gleichberechtigten zu Themen, die von einer Mehrheit der Teilnehmenden als wichtig erachtet werden.

Unkonferenzen und BarCamps zeichnen sich durch die Einführung offener Formate aus: Interessierte können thematische Vorschläge für sog. „Sessions“ einbringen, entweder im Vorfeld oder direkt an der Tagung. Die Organisatoren stellen lediglich Räume zur Verfügung, in denen diese Sessions durchgeführt werden können. Ablauf und Inhalte werden von den Teilnehmenden hauptsächlich im Tagungsverlauf selbst entwickelt. Die Teilnehmenden entscheiden mittels Voting, welche Sessions durchgeführt werden. Grundsätzlich steht die Diskussion im Vordergrund; wenn jemand eine Session vorgeschlagen hat, so ist es lediglich seine Aufgabe, die Session zu moderieren und zu Beginn einen Input zu geben – z.B. mit der Formulierung von zwei zentralen Fragen zum Thema, die er oder sie diskutieren lassen möchte. Der überwiegende Teil der Session besteht in einer Diskussion aller Anwesenden über das Thema. Alle Teilnehmenden können und sollen sich also aktiv beteiligen, anstatt zur passiven Rezeption gezwungen zu sein.

4 Aktueller Stand und Einfluss von BarCamps

Um das Phänomen dieser hierarchiefreien Tagungsformate besser erklären zu können und um eine Einschätzung der aktuellen Lage von BarCamps vornehmen zu können, wurden Personen befragt, die an der Organisation und Durchführung von wissenschaftlichen BarCamps beteiligt waren.

Aktueller Stand von BarCamps

Die Wahrnehmung der befragten Exponenten ist diesbezüglich recht unterschiedlich: In der Wahrnehmung von Jöran Muuß-Merholz[6], der u.a. das OERcamp[7], ein EduCamp und das MOOCcamp[8] organisiert hat, gibt es weiterhin eine deutliche Zunahme an BarCamps. Claudia Bremer[9] von der Universität Frankfurt/M., die ebenfalls an der Organisation des MOOCcamp beteiligt war, findet, dass „der Hype nachlässt, sich dafür aber Variationen zu entwickeln beginnen“. Diese Tagungsformate werden eher zu Normalität und „werden eins von vielen mög-

6 Schriftliche Auskunft von Jöran Muuß-Merholz, 22. März 2014.
7 Treffen zu freien Bildungsmaterialien – http://oercamp.mixxt.de.
8 Fachforum und Barcamp zu MOOCs – http://mooccamp.mixxt.de.
9 Schriftliche Auskunft von Claudia Bremer, 22. März 2014.

lichen Veranstaltungsformaten und auch ausdifferenziert, heisst: es entstehen Anpassungen, verschiedene Formen usw." Karlheinz Pape, der mehrere regelmäßig stattfindende BarCamps ins Leben gerufen hat (darunter KnowledgeCamp, CorporateLearningCamp und WissensTransferCamp), sieht BarCamps derzeit erst am Beginn des Hype-Cycles; allerdings bezieht sich seine Aussage hauptsächlich auf den Bereich der Privatwirtschaft.[10]

Für Johannes Busse[11], Professor für Hochschuldidaktik in angewandten Wissenschaften für MINT-Fächer an der Technischen Hochschule Mittelhessen und wie Karlheinz Pape an der Durchführung des WissensTransferCamp – #WITRAC14[12] beteiligt, stehen BarCamps und Unkonferenzen „auf der innovativen, unkonventionellen Seite von Wissenschaft und Praxis – also dort, wo Innovation stattfindet". Für Pape ist denn auch die Generierung von neuem Wissen und neuen Ideen kombiniert mit personellem Networking der große Vorteil von BarCamps, der sie attraktiv macht und ihren Einfluss vergrößert.

Die neuen Tagungsformen fließen aber auch zunehmend in traditionelle wissenschaftliche Veranstaltungen ein: Thomas Bernhardt, Experte für neue Bildungstechnologien an der Universität Bremen und Mitiniatator der EduCamp-Initiative im deutschsprachigen Raum, ist der Meinung, dass inzwischen jede zweite bis dritte Tagung mit offenen Formaten arbeite.[13] Amanda French wird als lokale THATCamp-Koordinatorin an der US-amerikanischen Ostküste „regelmäßig" kontaktiert und um Unterstützung bei der Integration oder Parallelführung eines BarCamps gebeten.[14]

Kombination von BarCamps mit traditionellen Tagungsformaten

Jöran Muuß-Merholz hat gute Erfahrungen mit Mischformen, also BarCamps mit darin integrierten traditionellen Konferenzelementen, sammeln können. Beim zweiten OERcamp wurde z.B. die Struktur so gesetzt, dass auch diejenigen, die vor allem wegen des angekündigten Programms gekommen waren, mehr oder weniger gedrängt waren, auch am BarCamp teilzunehmen (zwei Tage Konferenz, dabei 1/4 kuratierte Konferenz, 1/2 Barcamp, 1/4 kuratierte Konferenz). „Ich halte Mischformen für gut, wenn man Menschen ansprechen will, die noch keine eigenen Barcamp-Erfahrungen haben", so Muuß-Merholz. Auch Claudia Bremer sieht in den verschiedenen, real-existierenden Mischformen viel Positives: „Ich persönlich präferiere solche Mischformen, damit auch Input reinkommt". Karlheinz Pape organisierte mehrere „BarCamp-

10 http://knowledgecamp.mixxt.org, http://colearncamp.hessenmetall.de, http://wissenstransfercamp.mixxt.de. (schriftliche Auskunft von Karlheinz Pape, 23. März 2014).
11 Schriftliche Auskunft von Johannes Busse, 22. März 2014.
12 7./8. März 2014 an der Technischen Hochschule Mittelhessen, Friedberg.
13 Schriftliche Auskunft von Thomas Bernhardt, 26. August 2013.
14 Schriftliche Auskunft von Amanda French, 8. April 2014. Sie ist regionale THATCamps-Koordinatorin auf Initiative des Center for History and New Media (CHNM, http://www.chnm.gmu.edu).

Foren“ an traditionellen Konferenzen wie z.B. dem eLearning Summit, z.B. parallel zu Vorträgen mit drei Sessions nacheinander von je 20 Minuten.

Zwei Beispiele: EduCamp und THATCamp

An dieser Stelle möchten wir speziell auf zwei solcher BarCamp-Formen in der Wissenschaft eingehen. Beide werden von Angehörigen von Communities durchgeführt, die eine besondere Affinität zu Informations- und Kommunikationstechnologien aufweisen: das EduCamp von Medien- und Kommunikationswissenschaftlern und das THATCamp aus dem Bereich der Digital Humanities. EduCamps werden weltweit seit 2007 durchgeführt, im deutschsprachigen Raum seit 2008 (vgl. Bernhardt et al., 2010, S. 26). Das THATCamp (The Humanities and Technology Camp) ist eine Initiative des Center for History and New Media der George-Mason-University in Virgina (USA) und existiert ebenfalls seit 2008.[15] Unterdessen finden THATCamps überall auf der Welt statt. Auch diese Tagungsform ist eine Unkonferenz wie das EduCamp, doch zusätzlich werden sog. BootSessions angeboten, vorab festgelegte thematische Slots mit geladenen Gästen. Es handelt sich also um eine Mischform.

Stellenwert von Web 2.0 und Social Media in BarCamps

Beide BarCamp-Formen sind vor und während der Tagung stark durch den Einsatz von Web-2.0-Technologien und Social Media geprägt: Vor einem EduCamp etwa wird zum Zwecke des Community building eine Kommunikationsplattform eingesetzt.[16] Dort können Details, wie die Anreise oder das Finden von Unterkünften, geklärt werden. Interessierten bietet sich damit aber auch die Möglichkeit, bereits vorab einen Session-Vorschlag zu posten und so die Reaktion der Community zu testen. Stößt der Vorschlag bereits im Vorfeld auf Interesse, so ist die Chance groß, dass die Session später auch durchgeführt werden kann. Das gibt Sicherheit und auch Motivation, sich gut vorzubereiten und Energie in die Gestaltung der Session zu investieren. Es ist auch potenziell möglich, dass auf der Plattform gepostete Kommentare den eigenen Input optimieren oder gar zu einer gemeinsamen Leitung einer Session führen.

Während der Tagung kommen Social-Media-Instrumente wie Twitter zum Einsatz. Ein speziell auf die Tagung zugeschnittener Hashtag ist Standard. Der Einsatz von Twitter an Tagungen ist umstritten,[17] wird aber von vielen Teilnehmenden als bereichernd erlebt: Da man nie an allen Sessions gleichzeitig teilnehmen kann, geben Tweets die Möglichkeit mitzuerleben bzw. nachzuvollziehen, was in anderen Sessions geschieht und sie ermöglichen es gleichzeitig

15 http://thatcamp.org und http://www.chnm.gmu.edu.
16 http://educamp.mixxt.de.
17 Vgl. z.B. Nowviskie, Bethany: Uninvited guests: Regarding twitter at invitation-only academic events, Bethany Nowviskie, 25. April 2010, online verfügbar: http://nowviskie.org/2010/uninvited-guests, Stand: 1. März 2014.

auch, mit den Urhebern der Tweets, falls gewünscht, in Kontakt zu treten. Auch und besonders dann, wenn man selber nicht an der Konferenz teilnehmen kann.

Insgesamt ist ein BarCamp ein kommunikativ-kreatives Ereignis, welches sehr motivierend wirkt und in dem man schnell mit anderen Teilnehmern in eine aktive Diskussion tritt; ihr akademischer Grad spielt dabei keine Rolle. Alle BarCamp-Organisator/innen bezeichnen die Kommunikation und Interaktion während der Veranstaltung als das wichtigste und gewinnbringendste Resultat: „The chief results are human, social, intellectual, internal", so Amanda French. Sie beschreibt die Erfahrung einer Unkonferenz mit einem „höheren Grad von intellektuellem Engagement verglichen mit einer traditionellen wissenschaftlichen Konferenz" (Howard, 2010).

Die Frage der Nachhaltigkeit: Sicherung von BarCamp-Resultaten

Natürlich hat diese Tagungsform auch ihre Nachteile: Die offene Form kann potenzielle Interessenten verunsichern: Wie kann man sich auf diese Tagungsform adäquat vorbereiten? Was geschieht genau an der Tagung? Für die Vorbereitung können Social-Media-Instrumente wie gezeigt gute Dienste leisten, doch welche Resultate bringt solch eine Tagung hervor? Bei BarCamps ist in der Regel nicht vorgesehen, dass Ergebnisse nach der Tagung publiziert werden und es gibt keine klassischen Tagungsbände: „That might put off some traditionalists who want to know what to expect out of a professional gathering", so Amanda French (ebd.). Die Dokumentation des Geschehenen ist eine große Herausforderung für solche Tagungsformen: Wie soll man die Inhalte der Sessions festhalten? Und wer ist für die Dokumentation verantwortlich?

Es gibt aber durchaus eine Reihe von Methoden, mit denen man die Inhalte von BarCamps in Resultate gießen kann: Als sehr sinnvoll und bereichernd kann der Einsatz von kollaborativen Online-Schreibwerkzeugen (z.B. piratepad.net [eine Variante der Etherpads] oder edupad.ch) als „selbstorganisierte Dokumentationsform" (Karlheinz Pape) betrachtet werden. Allerdings ist diese Art der Sicherung von Resultaten auch „BarCamp-typisch als dezentral beschriebene (oder auch nicht beschriebene) Etherpads", so Jöran Muuß-Merholz. Es hängt also von der Aktivität einzelner Session-Teilnehmer ab, ob und wie gut eine Session dokumentiert wird.[18] Für die THATCamp-Community wurde ein „THATCamp Proceedings"-Web-Portal geschaffen, welches weltweit alle Blog-Posts versammelt.[19]

Beim EduCamp in Bremen hat man zudem mit Videos als Dokumentationsform experimentiert, in denen die Leiter/innen von einzelnen Sessions in 140

18 Mit einer organisierten Dokumentation, ausgeführt z.B. durch studentische Mitarbeiter, können diese Resultate jedoch optimiert werden. Vgl. THATCamp Switzerland in Lausanne 2011: http://switzerland2011.thatcamp.org/session-reports, Stand: 01.03.2014.

19 http://proceedings.thatcamp.org

Sekunden beschrieben, um was es in ihrer Session ging, was die Ergebnisse waren und wie es nun weiter geht, sozusagen als „audiovisuellen Beleg aller Sessions" (Bernhardt, 2011). Allerdings sind Informationen durch netzbasierte Dokumentationsformen wie Aufzeichnungen, Live-Übertragungen und der Einsatz von Etherpads flüchtiger und weit weniger greifbar und strukturiert wie ein Tagungsband. Die wissenschaftliche Reputation solcher Publikationsformen ist dementsprechend (noch) gering.

Teilnehmerstruktur von BarCamps

Die Teilnehmerstruktur der BarCamps ist sehr gemischt: Studierende, Akademiker, Universitätsangehörige wie z.B. Verwaltungsangestellte oder Bibliothekare, E-Learning-Experten, Archivare, Museumsspezialisten, Angestellte aus der Privatwirtschaft etc. tummeln sich auf den verschiedenen Camps. Jöran Muuß-Merholz ist sich sicher, dass es im Wissenschaftsbetrieb in Deutschland kein Format gibt, bei dem die Mischung unterschiedlicher Gruppen so gut funktioniert wie beim BarCamp. Nicht nur im deutschsprachigen Raum, sondern auch in der US-amerikanischen THATCamp-Community handelt es sich bei der Mehrzahl der Besucher/innen um Studierende oder Angehörige des akademischen Mittelbaus. Nur an den von Karlheinz Pape mitorganisierten BarCamps stammte die Mehrzahl der Teilnehmer/innen aus der Privatwirtschaft (60%). Professor/innen, v.a. von den klassischen Universitäten sind kaum oder gar nicht anzutreffen – und wenn, dann gehören sie laut Thomas Bernhardt „zu den jüngeren Generationen, die selbst auch aktiv im Web 2.0 unterwegs sind und für eine Öffnung von Wissenschaft einstehen".

Teach-in meets Unconference meets „Digital Democracy"

Der größte Teil des traditionellen Wissenschaftsbetriebs wurde also von den neuen Tagungsformen noch nicht erfasst – das liegt wohl nicht zuletzt im expliziten Versuch der BarCamps, hierarchische Strukturen des Wissenschaftsbetriebes aufzubrechen.[20] In diesem Versuch erinnern sie an die universitären Teach-ins der 1960er Jahre. Damit sprechen sie natürlich die unteren Hierarchiestufen mehr an als die wissenschaftlich etablierte Klientel. Es handelt sich insgesamt um eine „Bottom-up"-Bewegung, wie Claudia Bremer treffend resümiert.

Teach-ins wie auch die Unkonferenzen verfolgen sehr ähnliche Zielsetzungen bezüglich des Status und der Rolle der Teilnehmer/innen: Zentral ist, dass alle gleiche Rechte und gleiche Rollen haben. Hierarchien sind explizit nicht erwünscht, zudem ist jeder Teilnehmer aufgefordert, sich aktiv an den

20 „There's an appealing spontaneity and democratic angle to this approach, and you don't have to scour an inch-thick conference program to find a topic that interests you. Ms. French points out that THATCamp also sidesteps some of the hierarchies that shape traditional conferences, where Big Name Scholars and Rising Stars tend to take up a lot of the limelight—and not because they necessarily have the most intriguing ideas." (Howard, 2010).

Diskussionen zu beteiligen. Das Ziel ist, die Macht akademischer Hierarchien zu brechen bzw. den Machtfaktor aus der Diskussion auszuschließen. Dahinter steht die Idee, dass dadurch jede Stimme gleichberechtigt gehört werden und sich aus der Diskussionen möglichst aller Teilnehmenden eine egalitäre Meinungsbildung und Wissensgenerierung etablieren kann. Im Prinzip greifen diese Formen damit klassisch aufklärerische Vorstellungen des herrschaftsfreien Räsonnements emanzipierter Bürger des 18. Jahrhunderts wieder auf, wie sie von Denkern wie Immanuel Kant oder Jean-Jacques Rousseau beschrieben worden sind – mit (aktuellerem) Verweis auf den Philosophen Jürgen Habermas, der seit den 1960er Jahren den herrschaftsfreien Diskurs als eine solche Idealvorstellung in Theorie und Praxis propagiert, können diese Bestrebungen geradezu als typisch „habermasianisch" bezeichnet werden.[21]

In einem Punkt unterscheiden sich die Teach-ins der 1960er Jahren von den heutigen BarCamps jedoch klar: Bei allen Formen der „direkten Aktion" der 68er-Bewegung ist eine deutliche politische Motivation erkennbar. Sit-ins beispielsweise wurden explizit als Protestformen zur Störung und Blockade von Veranstaltungen eingesetzt.[22]

Dagegen fehlt diese politische Motivation in den alternativen Tagungsformen anscheinend weitgehend – bislang ist uns lediglich ein Beispiel bekannt, wo ein BarCamp direkt als „Protestaktion" gegen klassische wissenschaftliche Tagungsformate durchgeführt wurde.[23] Viel weiter verbreitet ist jedoch die (friedliche) Form der sich gegenseitig befruchtenden Kombination: Seit 2010 wird z.B. ein EduCamp jeweils parallel zur jährlichen Tagung der „Gesellschaft für Medien in der Wissenschaft" (GMW) durchgeführt. [24]

Anlässe und Motive zur Organisation von BarCamps

Die Initialzündung zur Organisation eines BarCamps entsteht nicht aus einer Protesthaltung heraus, sondern viel häufiger aus dem Versuch, Akteure und Interessierte eines noch wenig erforschten, neuen Themengebiets miteinander zu verbinden und aus dem Austausch neue Impulse für das Themenfeld zu generieren. So war es beim ersten EduCamp 2008 (vgl. Bernhardt et al. 2010, S. 26) in

---

21 Vgl. Habermas, Jürgen: Strukturwandel der Öffentlichkeit: Untersuchungen zu einer Kategorie der bürgerlichen Gesellschaft, Frankfurt am Main 1990 (Erstausgabe 1962).

22 Vgl. Klimke, Martin: Sit-in, Teach-in, Go-in: Zur transnationalen Zirkulation kultureller Praktiken, in: Klimke, Martin; Scharloth, Joachim (Hg.): 1968. Handbuch zur Kultur- und Mediengeschichte der Studentenbewegung, Stuttgart 2007, S. 119–136. Insbesondere S. 122.

23 TeilnehmerInnen der Tagung „Keine Bildung ohne Medien!" vom 24./25.03.2011 organisierten aus Protest gegen die traditionelle Form der Tagung spontan vor Ort ein BarCamp. Vgl. http://medialepfade.de/2011/03/kongress-keine-bildung-ohne-medien, Stand 28. März 2014.

24 Pre-Conference: Programm: GMW'10 Zürich, o. J., http://gmw-online.de/archiv/gmw10/programm/pre-conference.html, Stand: 26. August 2013.

Ilmenau, dies war die Grundmotivation zur Etablierung des THATCamp-Formats in den USA und dies war auch die Motivation zur Durchführung des OERCamp 2012 in Bremen von Jöran Muuß-Merholz: „Es gab einen recht überschaubaren Kreis von Menschen, die dazu in Deutschland diskutierten. [...] Insofern war ein Ausgangspunkt das Ziel: Wir wollen die Beteiligten und Betroffenen zum Austausch zusammen bringen." Johannes Busse beschreibt dieses gemeinsame Betreten von Neuland so: „Unsere Diskussionen waren hoch innovativ und eher auf neue Einsichten, bis hin zu neuen Fragen ausgerichtet. Also Wissenschaft in der Frühphase von Erkenntnis und nicht in der ‚Sack zu-Phase'". Und er ergänzt: „Es ist die beste Tagungsform, die ich kenne: viel Diskussion, viel Austausch, spannende Themen, gute Kontakte für den wissenschaftlichen Austausch." Jöran Muuß-Merholz arbeitet häufig in Bereichen, die noch nicht institutionalisiert sind: „Da sind Austausch untereinander und Exploration wichtige Ziele und Kennzeichen. Und das funktioniert mit BarCamps besonders gut." Karlheinz Pape beschreibt BarCamps zudem als ein Format, in dem informelles, selbstgesteuertes Lernen möglich sei. Bei BarCamps handle es sich um ein Beispiel für neue „Lern-Dienstleistungen".

Auffallend an den hier untersuchten BarCamp-Formen ist, dass alle Communities einen starken Bezug zur digitalen Technologie und zu Neuen Medien aufweisen, was den partizipativen Geist der 1968er zusätzlich befeuert. Besonders gegen Ende der 1990er Jahre organisierten sich Vertreter der Antiglobalisierungsbewegung über das Netz und starteten Aktionen, die mitunter als „virtual sit-in(s)"[25] bezeichnet werden.

Mit dem Einsatz der digitalen Medien greifen Unkonferenzen und BarCamps diese Ideen auf und integrieren sie in den Verlauf der Tagung. Laut Thomas Bernhardt wollten die EduCamp-Initianten „ein neues Format probieren, welches die Offenheit und Partizipationsmöglichkeiten des Internet widerspiegelt".

5 Fazit und Ausblick

Die befragten Organisatoren/-innen von BarCamps schätzen den Bekanntheits- und Verbreitungsgrad solcher offener Tagungsformate im Wissenschaftsbetrieb (noch) als gering ein. Laut Johannes Busse sei die Akzeptanz und das Engagement vor allem bei den teilnehmenden Personen sehr hoch: „die kommen auch immer wieder ...". Jöran Muuß-Merholz vermutet, „dass 98% der Menschen im Wissenschaftsbetrieb noch nicht einmal den Begriff kennen." Seiner Erfahrung nach sind diejenigen, die die Formatidee (auf dem Papier) ken-

25 Bochsler & Wishart, S. 164. Vgl. auch S. 187ff. (Breaking down the hierarchical walls of Wall Street – Ideologie der 68er, dass jeder etwas vom Kuchen haben soll. „Now the power is in your hands") sowie 284 (Riots in Seattle 1999 als Beweis für „evidence of the power of the Internet as a force for political organisation").

nenlernen, häufig erst einmal skeptisch, ob das so funktionieren kann. Allerdings hat Muuß-Merholz gleichzeitig den Eindruck, „dass diejenigen, die dann eigene Barcamp-Erfahrungen machen, danach meist überzeugt von dem Format sind. Also kurz gesagt: ‚You gotta see it, to believe it.'"

Noch ist der grösste Teil des Wissenschaftsbetriebs also traditionell organisiert. Doch Unkonferenzen und BarCamps haben das Potenzial, das bestehende Monopol der etablierten Tagungen aufzubrechen. Laut Thomas Bernhardt werden Veranstalter klassischer Konferenzen abgeschreckt durch „die Unsicherheiten in Bezug auf Beiträge und Partizipation insoweit […], als dass sie meist nur Teile der Konferenz offen anlegen und die häufig auch mit untypischen vorab angekündigten Sessions. Ich fände es wirklich spannend, wenn man eine GMW- oder DeLFI-Tagung zur Hälfte (oder sogar komplett) als reguläres BarCamp anlegen würde. Professoren stünden dann neben ihren WiMis [wissenschaftlichen Mitarbeitenden, Anm. d. Autoren] und Studenten und würden ihr Paper-Thema dem Publikum zur Abstimmung vorstellen. Gibt es keine Interessenten, findet die Session eben nicht statt." Die Chance von Unkonferenzen und BarCamps für den Wissenschaftsbetrieb besteht also darin, die Tagungsformen langsam „von innen her" zu reformieren, indem zunehmend „hybride" Tagungen mit offenen Formaten unter Beibehaltung klassischer Elemente durchgeführt werden. Nichtsdestotrotz bleibt aber die alles entscheidende Frage, ob die Mehrzahl der sich an den wissenschaftlichen Diskussionen beteiligenden Teilnehmenden überhaupt daran interessiert ist, offene Tagungsformate zu unterstützen. Also ob sie grundsätzlich „habermasianisch" denken und diese Prinzipien auch gegen etablierte Rituale umsetzen möchten. Wie bei vielen anderen Gebieten in den Wissenschaften – z.B. neue Publikationsformen wie Open Access, neue Kommunikationsformen wie Social Media etc. – stellt sich die Frage, ob die potenziell davon Profitierenden den Mut haben, etablierte Strukturen und Traditionen im Wissenschaftsbetrieb zu verändern.

Literatur

Bernhardt, T. (2011). *Gestaltung eines Lernraumes.* Blogbeitrag auf E-Learning 2.0. Online: http://www.elearning2null.de/2011/03/25/educamp-gestaltung-eines-lernraumes/ [24.03.2014].

Bernhardt, T., Büffel, S. & Kirchner, M. (2010). Bildung am „Lagerfeuer". EduCamps als partizipatives Konferenzformat im Web-2.0-Stil. In H. Dürnberger, S. Hofhues & T. Sporer (Hrsg.), *Offene Bildungsinitiativen: Fallbeispiele, Erfahrungen und Zukunftsszenarien* (S. 25–35). Münster: Waxmann.

Bretschneider, F. (1999). *Akademische Rituale. Symbolische Praxis an Hochschulen.* Leipzig: Universität Leipzig Redaktion Hochschule Ost.

Gilcher-Holthey, I. (2008). *Die 68er Bewegung: Deutschland – Westeuropa – USA.* 4. Aufl. München: C. H. Beck.

Howard, J. (2010). The „Unconference": Technology Loosens Up the Academic Meeting. In *The Chronicle of Higher Education*, 23. Mai 2010. Online: http://chronicle.com/article/The-Unconference-Technol/65651 [01.03.2014].

Loader, B. D. & Mercea, D. (Hrsg.) (2012). *Social Media and Democracy: Innovations in Participatory Politics*. New York: Routledge.

O'Reilly, T. (2005). *What Is Web 2.0? Design Patterns and Business Models for the Next Generation of Software*. Online: http://oreilly.com/web2/archive/what-is-web-20.html [01.03.2014].

Wishart, A. & Bochsler, R. (2002). *Leaving reality behind. Insight the battle for the soul of the Internet*. New York: Harper Collins.

Beat Döbeli Honegger, Michael Hielscher

Tagungsbände als Diskussionsräume?

Social Reading als erster Schritt zur flipped conference

Dieser Beitrag wird im Format „flipped conference“ umgesetzt.

Zusammenfassung

Die Präsenzzeit an Tagungen ist rar und entsprechend wertvoll. Ist es angesichts der heutigen technischen Möglichkeiten sinnvoll, wenn Teilnehmende unvorbereitet zu Präsenztagungen kommen und Präsentierende ihre schriftlichen Beiträge vorstellen, ohne etwas von den Interessen der Teilnehmenden zu wissen? Der Beitrag diskutiert, ob eine Kommentiermöglichkeit der Tagungsbeiträge im Vorfeld einer wissenschaftlichen Tagung eine Voraussetzung zur Nutzung der Präsenzzeit im Sinne einer *flipped conference* steigern könnte und skizziert eine Umsetzung für die Jahrestagung der GMW 2014. Die Autoren möchten mit dem Beitrag und der Umsetzung als *proof of concept* entsprechende Diskussionen in der GMW anstossen.

1 Trifft sich der digital scholar beim virtuellen Bier?

Verschiedene Autoren schätzen die Veränderungen aller Bereiche unserer Lebenswelt durch die Digitalisierung als so grundlegend ein, dass die Digitalisierung mit der Erfindung des Buchdrucks verglichen und von einem Leitmedienwechsel vom Buch zum Computer gesprochen wird (z.B. Manovich, 2001; Giesecke, 2002; Baecker, 2007).

Dieser Leitmedienwechsel betrifft auch die Wissenschaft. Die Digitalisierung verändert alle Phasen des Umgangs mit Wissen (Wissensgenerierung, Wissensrepräsentation, Wissenskommunikation, Wissensnutzung) und damit wesentliche Arbeitsbereiche von Wissenschaftlerinnen und Wissenschaftlern (Giesecke, 2002; Weller, 2011). Zur Wissenskommunikation, aber auch Wissensrepräsentation und Wissensgenerierung spielen wissenschaftliche Präsenztagungen bis heute neben wissenschaftlichen Zeitschriften und Büchern eine wichtige Rolle. Sie dienen zum relativ zeitnahen Austausch von wissenschaftlichen Erkenntnissen und daraus entstehenden neuen Fragestellungen.

Die Digitalisierung verändert die Ausgangslage für wissenschaftliche Tagungen. Sowohl wissenschaftliche Zeitschriften als auch Tagungsbände liegen zunehmend digital vor, Vorträge an Tagungen sind immer häufiger nach der Tagung oder sogar live über das Internet abrufbar. Umgekehrt können Tagungen auch zeitnah Inhalte (Videostreams, Kommentare etc.) von ausserhalb in die Konferenz integrieren. Dieser Wandel von der relativ abgeschlossenen Tagung zu einer permeablen Tagung wird verschiedentlich als *amplified conference*[1] bezeichnet (Dempsey, 2007; Wankel & Wankel, 2011; Weller, 2011).

Damit stehen Präsenztagungen vor der gleichen Frage wie alle Präsenzveranstaltungen im Bildungsbereich angesichts des Leitmedienwechsels: Welche Bedeutung hat die physische Präsenz, wie wird diese möglichst sinnvoll genutzt? Welchen Mehrwert bietet die zeitliche und örtliche Synchronisierung von Teilnehmenden, wenn viele Elemente von Tagungen heute auch ohne physische Präsenz möglich sind?

2 Flipped Classroom

Bereits vor der heutigen Verbreitung von Computer und Internet haben sich Tagungsformate entwickelt, welche den Austausch der Teilnehmenden vor die Wissenspräsentation gestellt haben, z.B. mit der *OpenSpace-Methode* (Owen, 1997). Seit 2005 besteht mit *Barcamps* ein auf den Verleger Tim O'Reilly zurückgehendes Tagungsformat, das bezüglich Offenheit und Unstrukturiertheit über OpenSpace-Veranstaltungen hinausgeht. Neben der Betonung des Austausches konzentrieren sich diese Tagungsformate vor allem auf die Präsenz an der Veranstaltung, die Tagungsvorbereitung der Teilnehmenden wird weniger beachtet.

In Schule und Hochschule wird derzeit unter dem Begriff *flipped classroom* mit einer Methode experimentiert, die zwar ebenfalls den Austausch in den Präsenzphasen in den Vordergrund stellt, daneben aber auf die Präsenzvorbereitung der Teilnehmenden beruht. Statt dass (wie dem traditionellen Unterricht unterstellt wird) die Lehrperson oder der Dozent in den Präsenzphasen Wissen vermittelt und die Lernenden nach der Präsenzphase ohne Betreuung versuchen, das Gelernte zu üben, wird dies beim *flipped classroom* umgedreht. Die Wissensvermittlung geschieht – neuerdings unterstützt durch digitale Medien wie beispielsweise Videos – vor der Präsenzveranstaltung. In den Präsenzphasen wird versucht, das vorher gelernte Wissen anzuwenden und zu diskutieren.

3 Social Reading

Die Diskussion von Texten ist ein Bereich, der bereits lange vor der Erfindung des Begriffs *flipped classroom* in Schule und Hochschule nach der *flipped*

1 Siehe http://en.wikipedia.org/wiki/Amplified_conference

classroom-Methode durchgeführt worden ist: Lernende lesen als Vorbereitung auf die Präsenzphase einen Text, der dann in der Präsenzphase diskutiert wird.

Das gemeinsame Lesen und Diskutieren von Texten ist auch nicht auf formale Bildungskontexte beschränkt. Buchclubs und Lesezirkel funktionieren auch ausserhalb der formalen Bildung nach dem gleichen Muster.

Die Digitalisierung hat nun social software ermöglicht, die das gemeinsame Diskutieren von Texten auch ohne physische Präsenz erlauben. Auf entsprechenden Plattformen treffen sich dabei Gleichgesinnte, um meist zeitversetzt über Texte zu diskutieren. Dies wird als *social reading* (Cordón-García et al., 2013) bezeichnet. Technisch lassen sich dabei zwei Arten solcher social reading-Plattformen unterscheiden:

- **Diskussionsplattform losgelöst vom Primärtext**: Der zu diskutierende Text selbst ist auf der Plattform nicht verfügbar, sondern wird von den Teilnehmenden anderweitig (in gedruckter oder digitaler Form) organisiert. Bekanntere Beispiele solcher Plattformen sind Goodreads[2] und LovelyBooks[3].
- **Diskussion direkt im oder am Primärtext:** Auf der Plattform ist der Primärtext abrufbar und direkt kommentierbar. Dies vereinfacht das Kommentieren spezifischer Textstellen, da Verknüpfungen zwischen Primärtext und Kommentar einfacher abzurufen sind. Im deutschsprachigen Raum befindet sich die Plattform sobooks[4] seit Oktober 2013 in einem geschlossenen Testbetrieb. Angemeldete Nutzerinnen und Nutzer können Bücher auf der Plattform kaufen und danach online lesen und kommentieren. Sie können auch einzelne Sätze aus den gekauften Büchern in sozialen Netzwerken (Facebook, Twitter, Google+) zitieren, wonach dieser Satz öffentlich sichtbar wird. Während sobooks sich erst im Aufbau befindet, stellt die 2011 gegründete social-reading-Plattform Readmill Ende Juli 2014 ihren Betrieb ein.[5] Im Bildungsbereich gehörte das amerikanische Unternehmen Inkling[6] zu den ersten, die Bücher auf Tablets mit social-reading-Funktion anboten. Studierende können Fragen, Notizen und Markierungen mit anderen Lernenden oder ihrem Dozierenden teilen. Im deutschsprachigen Raum bieten derzeit (März 2014) die existierenden Schulbuchplattformen digitaleschulbuecher.de und scook.de keine social-reading-Funktionen.

Social-reading-Plattformen ermöglichen zwar das Diskutieren von Texten ohne physische Präsenz, sie lassen sich aber auch im Sinne von Blended Learning als Vorbereitung für Präsenzveranstaltungen nutzen. Lernende erhalten den

2 Siehe http://www.goodreads.com
3 Siehe http://www.lovelybooks.de
4 Siehe http://www.sobooks.de
5 Siehe https://readmill.com/epilogue
6 Siehe http://www.inkling.com

Auftrag, einen Text als Vorbereitung zu studieren, Fragen zu notieren, unklare oder wichtige Stellen zu markieren. Die Lehrperson kann nun entweder diese Daten zur Vorbereitung der Präsenzveranstaltung nutzen oder diese Daten in die Präsenzveranstaltung einfliessen lassen. Beide Varianten haben fundiertere Diskussionen und eine bessere Nutzung der Präsenzzeit zum Ziel.

4 Flipped conference durch social reading?

Die für Lehrveranstaltungen gemachten Überlegungen lassen sich auch auf wissenschaftliche Tagungen übertragen. So gedacht kann social reading ein vorbereitender Baustein für eine *flipped conference* sein. Vor der Digitalisierung lagen Tagungsbände erst zur oder gar erst nach einer Präsenztagung vor. Referentinnen und Referenten an solchen Tagungen standen somit vor einem Publikum ohne jegliche Kenntnis des präsentierten Beitrags. Die Präsentation bestand weitgehend darin, den Inhalt des Tagungsbeitrags in der zur Verfügung stehenden Zeit möglichst attraktiv vorzustellen. Auf die Präsentation folgten Fragen, die das Publikum erst im Laufe der Präsentation formulieren konnte.

Die Digitalisierung erleichterte in technischer Hinsicht die Publikation von Tagungsbänden bereits *vor* der Präsenztagung. Die notwendige Zeit zur Vorbereitung vorausgesetzt, konnten Tagungsteilnehmende nun die Beiträge lesen, den Besuch einzelner Präsentationen aufgrund des Beitragsinhalts und nicht nur des Beitragstitels und -abstracts planen und auch bereits vorgängig Fragen an die Referierenden vorbereiten.

Wird nun im Vorfeld einer Tagung den Teilnehmenden nicht nur der digitale Tagungsband, sondern auch eine Plattform für social reading zur Verfügung gestellt, so kann die Tagungsvorbereitung einen Schritt weitergehen. Besucherinnen und Besucher können die Beiträge nicht nur lesen, sondern zuhanden der Präsentierenden auch kommentieren und mit Fragen versehen. Im optimalen Fall stimmen die Autorinnen und Autoren eines Beitrags ihre Präsentation an der Tagung auf die Rückmeldungen zu ihrem Beitrag ab. Wenn somit sowohl die Teilnehmenden als auch die Präsentierenden genügend Zeit in die Tagungsvorbereitung investieren können und wollen, steigt die Passung zwischen den Erwartungen des Publikums und den vorgestellten Inhalten, womit die Qualität des Informationsaustauschs an der Präsenztagung steigen dürfte.

Diskussionen zu den Tagungsbeiträgen bereits im Vorfeld der Präsenztagung zu ermöglichen, führt aber zu mindestens zwei Arten von Herausforderungen:

1. Sind alle Beteiligten bereit, den dazu nötigen Vorbereitungsaufwand zu leisten?
2. Kannibalisiert eine solche Diskussionsmöglichkeit die Präsenztagung?

4.1 Erhöhter Vorbereitungsaufwand für alle Beteiligten

Social reading des Tagungsbandes erhöht den Vorbereitungsaufwand für alle Beteiligten:

- Die Veranstalter müssen zeitliche und technische Ressourcen zur Verfügung aufbringen, um eine Social-reading-Plattform mit den Tagungsbeiträgen zu bestücken und die Plattform gegebenenfalls moderierend zu betreuen.
- Die Teilnehmenden müssen den Willen und die notwendige Zeit zur Lektüre und zur öffentlichen Kommentierung aufbringen.
- Die Autorinnen und Autoren der Beiträge schlussendlich müssen die eingebrachten Rückmeldungen auch lesen und ihre Präsentation an der Tagung selbst entsprechend anpassen, damit die Rückmeldungen optimale Wirkung erzielen.

In Anlehnung an das Pareto-Prinzip wird bei Online-Communitys oft von der Ein-Prozent-Regel gesprochen: Ein Prozent der Teilnehmenden trägt aktiv Inhalte bei, neun Prozent kommentieren und 90% sind reine Leser (Nielsen, 2006; Lovink, 2007). Für wissenschaftliche Tagungen müsste die Motivation zur Tagungsvorbereitung detaillierter untersucht werden, aber bereits eine Diskussion an der Preconference der GMW-Jahrestagung 2012 hat ein breite Palette an Überlegungen zu zeitlichen Investitionen der Teilnehmenden zur Tagungsvorbereitung ergeben. Es ist deshalb offen, ob Beitragende und Teilnehmende bereit sind, den benötigten Vorbereitungsaufwand auf sich zu nehmen, damit social reading des Tagungsbandes eine Tagung bereichern kann. Leisten jedoch die Teilnehmenden oder die Präsentierenden diesen Beitrag nicht oder nur teilweise, können die Erwartungen an die Präsenztagung durch social reading noch weiter auseinanderdriften und den Erfolg der Tagung schmälern.

4.2 Kannibalisierung der Präsenztagung

Eine weitere Gefahr der Ermöglichung von social reading des Tagungsbandes besteht in einer Kannibalisierung der Präsenztagung. Mit der Möglichkeit, die Tagungsbeiträge nicht nur zu lesen, sondern sogar zu kommentieren und damit mit den Autorinnen und Autoren in einen Austausch zu kommen, entfällt unter Umständen ein weiterer Anreiz für den Tagungsbesuch. Dies insbesondere dann, wenn die Veranstalter es zulassen, dass nicht nur die angemeldeten Teilnehmenden einer Tagung, sondern alle interessierten Nutzerinnen und Nutzer die Beiträge kommentieren dürfen. Bleiben zu viele potenzielle Teilnehmende einer Tagung dieser fern, weil der überwiegende Teil ihrer Informations- und Kommunikationsbedürfnisse über die Social-reading-Funktionen abgedeckt werden, so wäre die Präsenzveranstaltung letztendlich in Frage gestellt.

5 Social reading des Tagungsbandes an der GMW 2014

5.1 Konzeptionelle Überlegungen

Die Tagungsbände der Jahrestagung der Gesellschaft für Medien in der Wissenschaft (GMW) sind seit einigen Jahren digital frei verfügbar[7]. Von 2008 bis 2010 wurden die Tagungsbände nach der Tagung freigeschaltet, 2011 während der Tagung und seit 2012 bereits vier Wochen vor der Präsenztagung. 2013 waren die Beiträge zusätzlich auch einzeln download- und kommentierbar[8], die Kommentarfunktion wurde aber praktisch nicht genutzt. Dies könnte neben der bereits erwähnten Zeitressourcenproblematik darauf zurückzuführen sein, dass

- sich eine solche Kommentarkultur erst entwickeln muss,
- diese Kommentarmöglichkeit zu wenig bekannt war,
- die angebotene Kommentarmöglichkeit zu wenig attraktiv war oder
- unklar war, ob und welche Auswirkungen Kommentare auf die Präsenzveranstaltung haben würde.

Die Autoren des vorliegenden Beitrags versuchen, die ersten drei Punkte an der diesjährigen Jahrestagung der GMW 2014 zu adressieren. Dazu sollen die präsentierten Beiträge vor der Tagung nicht nur in Form des digitalen Tagungsbandes als PDF-Datei zum Download verfügbar, sondern auch online kommentierbar sein. Zu diesem Zweck haben die Autoren dieses Beitrags unter http://2014.gmw-online.de eine Social-reading-Plattform eingerichtet und werden die angenommenen und zur Publikation freigegebenen Tagungsbeiträge einpflegen und die Kommentarmöglichkeit entsprechend bewerben.

Die Autoren sind sich bewusst, dass sie mit einem Social-reading-Angebot nur den *Vorbereitungsteil* einer flipped conference adressieren, nicht aber den *Präsenzteil*. Um die Präsenzzeit aufgrund der geleisteten Vorbereitungsarbeit systematisch besser zu nutzen, müssten Tagungsformate angepasst und entsprechend angekündigt werden. Solche Anpassungen erfordern jedoch Diskussionen innerhalb der Tagungsgemeinschaft und der Veranstalter. Die Autoren hoffen, mit diesem *proof of concept* von social reading entsprechende Diskussionen an der Tagung anzustossen.

7 Siehe http://www.gmw-online.de/veranstaltungen/jahrestagungen/archiv/
8 Siehe http://gmw2013.de/beitrage/

5.2 Technische Aspekte

Technisch umgesetzt wird dies mit der Installation von *WordPress*[9] und dem WordPress-Plugin CommentPress[10]. Dieses Plugin erweitert die bestehende Kommentarfunktion von WordPress um die Möglichkeit, Texte absatzweise zu kommentieren. Ein besonderes Layout ermöglicht, solche Kommentare einerseits im Kontext des Beitrags und andererseits chronologisch darzustellen (siehe Abbildung 1). Beim Auswählen eines Abschnitts eines Beitrags in der linken Inhaltsspalte werden automatisch die entsprechenden Kommentare in der rechten Spalte angezeigt. Umkehrt führt ein Auswählen eines Kommentars in der rechten Spalte dazu, dass der kommentierte Absatz in der linken Spalte angezeigt wird. Ansonsten stehen die gleichen Funktionen wie bei einer WordPress-Installation ohne CommentPress-Plugin zur Verfügung. Dies hat sowohl für die Veranstalter, die Autorinnen und Autoren von Beiträgen als auch für Tagungsbesucherinnen und -besucher den Vorteil, dass ein relativ bekanntes und benutzerfreundliches Content Management System mit bewährten Kommentarfunktionen genutzt werden kann.

Für die Herstellung der GMW-Tagungsbände wurde vom Verlag in den letzten Jahren Adobe InDesign[11] verwendet. Es existieren verschiedene Möglichkeiten, wie die Beiträge möglichst automatisiert aus dem InDesign-Dokument in einzelne Wordpress-Beiträge umgewandelt werden können. Bei der Vorstellung des Beitrags sollen die gemachten Erfahrungen präsentiert werden.

Da die von CommentPress genutzte Kommentarfunktion von WordPress die Autorinnen und Autoren von Beiträgen automatisch per Mail informiert, wenn zu ihren Beiträgen neue Kommentare abgegeben worden sind, können die Erstautorinnen und -autoren der Tagungsbeiträge automatisiert über Kommentare zu ihren Einreichungen informiert werden, was die Wirkung der Kommentare erhöhen dürfte.

Die eingesetzte technische Lösung wird speziell auf die Anforderungen der GMW-Jahrestagung zugeschnitten. Das Konzept liesse sich auch auf heute weit verbreitete Conference-Tools wie *EasyChair*[12], *ConfTool*[13] oder *iChair*[14] übertragen. Durch entsprechende Erweiterungen und Anpassungen dieser Softwarelösungen könnten Social-reading-Funktionalitäten ohne nennenswerten Zusatzaufwand für die Veranstalter angeboten werden (siehe Abschnitt 4.1). Doch auch technisch ist geplante Implementation im Rahmen der GMW-Jahrestagung 2014 als *proof of concept* zu verstehen. Abhängig von den gemachten Erfahrungen soll die Idee effizienter implementiert werden.

9 Siehe http://wordpress.org/
10 Siehe http://futureofthebook.org/commentpress/
11 Siehe http://www.adobe.com/InDesign
12 Siehe http://www.easychair.org
13 Siehe http://www.conftool.net
14 Siehe http://sourceforge.net/projects/ichair/

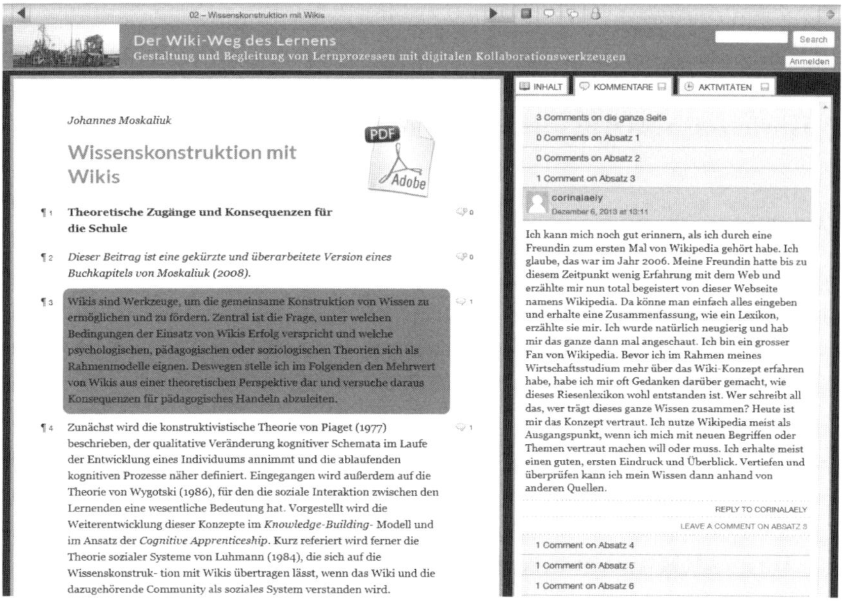

Abb. 1: Screenshot einer CommentPress-Installation (http://buch.wikiway.ch)

Literatur

Baecker, D. (2007). *Studien zur nächsten Gesellschaft.* Frankfurt a. M.: Suhrkamp.

Cordón-García, J. et al. (2013). *Social reading – Platforms, applications, clouds and tags.* Oxford: Chandos Publishing.

Dempsey, L. (2007). *The amplified conference.* Online: http://orweblog.oclc.org/archives/001404.html (abgerufen am 28.03.2014).

Giesecke, M. (2002). *Von den Mythen der Buchkultur zu den Visionen der Informationsgesellschaft – Trendforschungen zur kulturellen Medienökologie.* Frankfurt a. M.: Suhrkamp Verlag.

Lovink, G. (2007). *Zero Comments – Elemente einer kritischen Internetkultur.* Bielefeld: transcript Verlag.

Manovich, L. (2001). *The Language of New Media.* Cambridge: MIT Press.

Nielsen, J. (2006). *Participation Inequality: Encouraging More Users to Contribute.* http://www.nngroup.com/articles/participation-inequality/ (abgerufen am 28.03. 2014)

Owen, H. (1997). *Open Space Technology.* San Franscisco: Berrett-Koehler Publishers.

Weller, M. (2011). *The Digital Scholar – How Technology is Transforming Academic Practice.* New York: Bloomsbury Press.

Wankel, C. & Wankel, L. (2011). *Higher education administration with social media.* Bingley: Emerald.

Oliver B. T. Franken, Helge Fischer, Thomas Köhler

Geschäftsmodelle für digitale Bildungsangebote

Was wir von xMOOCs lernen können

Zusammenfassung

Der Beitrag beleuchtet xMOOCs aus strategischer Perspektive und exploriert die Geschäftsmodelle von Anbietern der MOOC-Plattformen *Iversity*, *Coursera* und *Udacity* im Rahmen einer vergleichenden Einzelfallstudie inhaltsanalytisch. Erläutert wird, warum die Verwendung von MOOCs in der wissenschaftlichen Aus- und Weiterbildung an Hochschulen interessant ist und welche akteursspezifischen Nutzenerwartungen es gibt. Diskutiert werden Befunde hinsichtlich der Angebote, Teilnehmer, Finanzierung, Erträge und Marktstrategie.

1 Das xMOOC-Versprechen

MOOCs[1] gehören zu den vielversprechenden Trends im E-Learning. Im Horizon Report 2013, der die kurz-, mittel- und langfristigen Technologietrends im Hochschulbereich erfasst, wurden MOOCs als Schlüsseltrend der kommenden Jahre identifiziert[2]. Nahezu täglich wird im Jahr 2013 über MOOCs in wissenschaftlichen (z.B. Schulmeister, 2013) oder in Massenmedien (z.B. Berliner Zeitung vom 06.06.2012[3]) berichtet. Das MOOC Scoreboard des Informationsportals „Open Education Europa“[4] identifiziert aktuell 458 MOOCs allein an Hochschulen in Europa. Nationale und internationale Wissenschaftsorganisationen (z.B. der Stifterverband der deutschen Wissenschaft oder die OECD) sprechen sich öffentlich und mit deutlicher Vehemenz für MOOCs aus. Etablierte Wirtschaftsunternehmen wie die Deutsche Telekom AG bringen sich in Stellung, um am Erfolg von MOOCs teilzuhaben[5]. Ebenso versuchen Hochschulen selbst, sich für diesen vermutlich völlig anders funktionieren Bildungsmarkt aufzustellen, gehen Kooperationen mit anderen Hochschulen oder sogenannte Public Private Partnerships ein. Anbieter großer US-Plattformen

1 MOOC steht für Massive Open Online Course (vgl. Schulmeister, 2013). Im Beitrag geht es um sog. xMOOCs, d.h. cMOOCs werden nicht adressiert. Zur Unterscheidung siehe Schulmeister (2013).
2 http://www.mmkh.de/fileadmin/dokumente/Publikationen/2013-horizon-report-HE-German.pdf
3 http://www.berliner-zeitung.de/teil-2--bildung/kostenloser-online-unterricht-studieren-im-netz---das-ende-der-uni-,16311080,16311208.html
4 http://www.openeducationeuropa.eu/de/european_scoreboard_moocs
5 Die Telekom hat das MOOC-Portal www.iversity.org finanziell unterstützt.

haben Risikokapital in Millionenhöhe eingeworben, um Angebote und Zielgruppe zu erweitern (Kapitel 4).

Woher kommt der Marketingerfolg, was begründet diesen sog. MOOC-Hype? Die These der Autoren lautet: MOOCs liefern (anscheinend) Antworten auf alte Fragen des Hochschul- und Bildungsbetriebs, die unmittelbar mit der Digitalisierung von Hochschulbildung verknüpft sind, wie Demokratisierung von Hochschulbildung für breite Gruppen, zudem Reputationseffekte für Lehrende und Bildungsanbieter sowie die Erschließung neuer Finanzierungsquellen (vgl. Bischof & von Stuckrad, 2013; Bershadskyy et al., 2013). Diese Fragen sind nicht neu, sondern gehen zurück auf euphorische Erwartungen von Wissenschaftlern und Bildungspraktikern, verknüpft mit der Ausbreitung des E-Learning seit den 1990er Jahren (vgl. Köhler et al., 2007; Schulmeister, 2010). Inwiefern MOOCs die in sie gesetzten Hoffnungen erfüllen können, lässt sich zurzeit nicht abschließend beurteilen, für eine nüchterne Betrachtung ist es zu früh (es fehlen Belege) und die Euphorie ist zu groß.

Der Beitrag kann wirtschaftliche Potenziale von MOOCs nicht vollumfänglich bewerten, dies haben u.a. Bershadskyy et al. (2013) versucht, aber analysiert diese aus Sicht unterschiedlicher Hochschulakteure (Kapitel 2). Zudem werden Forschungsbefunde vorgestellt (Kapitel 4), wo Geschäftsmodelle ausgewählter Anbieter von MOOC-Plattformen in einer vergleichenden Fallstudie inhaltsanalytisch untersucht werden. Insofern trägt die Studie dazu bei, das ökonomische Potenzial von MOOCs für die Hochschule faktenbasiert beurteilen zu können. Zugrunde liegt dem Beitrag die Annahme, dass (insbesondere Weiterbildungseinrichtungen von) Hochschulen ihre Einnahmen und Ausgaben durch MOOCs optimieren können (Kapitel 3)[6].

2 Akteursspezifische Nutzenerwartungen an xMOOCs

Exemplarisch beginnt die Darstellung der Nutzenpotentiale von MOOCs aus Sicht unterschiedlicher Akteure mit der *Hochschule* als pädagogisch und wirtschaftlich handelnder Organisation (vgl. KEG, 2003, 2013; WR, 2006). Danach wird aus Sicht einer *Einrichtung für wissenschaftliche Weiterbildung* an Hochschulen diskutiert. Für das *wissenschaftliche Personal* werden denkbare Nutzenpotentiale benannt, da sie MOOCs herstellen, einsetzen und erforschen. Nur aus Platzmangel wurden Erwartungen von Politikern, Studierenden, der interessierten Öffentlichkeit, Non-Profit-Organisationen, Unternehme(r)n und Betreibern von MOOC-Plattformen nicht ausgeführt. Hervorzuheben sind die im Hochschulraum USA gegenüber Europa bzw. Deutschland ande-

6 Erarbeitet wurde dieser im Projekt „Qualitätssicherung und Qualitätsmanagement in der postgradualen Weiterbildung“ (Q2P) mit Unterstützung des Europäischen Sozialfonds (ESF).

ren Rahmenbedingungen (Zugang, Studiengebühren, Qualität), welche die Entwicklung und Benutzung von MOOCs prägen (vgl. Bischof & von Stuckrad, 2013; Gaebel, 2013; KEG, 2000, 2003, 2013; Schulmeister, 2013). Dies ist in jeder Diskussion über MOOCs an heimischen Hochschulen zu berücksichtigen (vgl. Bischof & von Stuckrad, 2013; Gaebel, 2013).

2.1 Nutzenerwartungen von Hochschulen

Bischof und von Stuckrad (2013) prognostizieren eine zunehmende Integration digitaler Lernformate wie MOOCs mit traditionell präsenzbasierten Lernformaten in wissenschaftlichen Aus- und Weiterbildungsangeboten an Hochschulen und schreiben ihnen Potentiale für die inhaltliche, didaktische und organisatorische (Um-)Gestaltung der Aus- und Weiterbildung zu. Zudem sind MOOCs in einer Marketingstrategie zur Markenbildung[7] und zur Steigerung der wissenschaftlichen Reputation einsetzbar (vgl. ebd.). Aus Sicht der Hochschule tragen MOOCs zu Studienorientierung, Personal- und Studierendenauswahl bei (vgl. ebd.). Diesen Chancen stehen z.B. organisatorische und rechtliche Risiken gegenüber, die Entwicklung und Verwendung von MOOCs hemmen. So fehlen geeignete Verfahren für die Anrechnung des Arbeitsaufwands der Lehrenden für die Erstellung von MOOCs ebenso wie für die Teilnahme von Studierenden an MOOCs mittels ECTS-Zertifizierungen (vgl. ebd.).

2.2 Nutzenerwartungen von Weiterbildungsinstitutionen

MOOCs dienen dem Marketing von Einrichtungen und zur Bereitstellung hochschuldidaktischer und wissenschaftlicher Weiterbildungsangebote an Hochschulen. Ferner sind MOOCs ein von *(einigen)* Lernwilligen akzeptiertes Format für digitale und für Blended-Learning-Angebote. Insofern ist auf die Nachnutzbarkeit von digitalen Angeboten zu verweisen. Dieser Mehrwert ermöglicht es Einrichtungen, einen *guten* MOOC mit einem bedarfsorientierten kostenpflichtigen Angebot zu verknüpfen, um damit Einnahmen zu erzielen (vgl. Vollmer, 2013, S. 23). Kritisch anzumerken ist, dass die Zunahme frei verfügbarer digitaler Lernressourcen zu weiteren Konkurrenzsituationen für Weiterbildungsanbieter führt und sich negativ auf die Zahlungsbereitschaft von Weiterbildungsinteressierten auswirken dürfte (vgl. Kerres & Preußler, 2013).

7 Vgl. hierzu eine Pressemitteilung der TU München vom 13.01.2014 (siehe http://www.tum.de/die-tum/aktuelles/pressemitteilungen/kurz/article/31287/).

2.3 Nutzenerwartungen von Wissenschaftlern

Professoren und wissenschaftliche MitarbeiterInnen können ihre Lehre mit didaktischen Konzepten wie flipped classroom planen und so bedarfsorientiere Blended-MOOC-Angebote anbieten, die digitale und präsenzbasierte Formate didaktisch fundiert verknüpfen (vgl. Bischof & von Stuckrad, 2013; Schulmeister, 2013). Damit einhergehend fördern MOOCs die Sichtbarkeit akademischer Lehre, die Reputation von Hochschullehrenden und damit auch die Relevanz von *guter Lehre* für die Karriere Lehrender. Durch die weltweite Verfügbarkeit und Konkurrenz von MOOC-Plattformen wird ein neuer Anreiz für Lehrende entfaltet, Ressourcen für die Erstellung mediendidaktisch guter MOOCs zu budgetieren (vgl. Bischof & von Stuckrad, 2013). Aus der angloamerikanischen Diskussion um die Vergabe von Credit Points ist bekannt, dass Hochschullehrende um ihre berufliche Existenz fürchten, wenn MOOCs mit präsenzbasierten Lehrveranstaltungen rechtlich gleichgestellt werden (vgl. ebd.; Schulmeister, 2013). Dies führt auch in deutschen Hochschulen zu Vorbehalten. Insofern sind mit MOOCs viele Erwartungen verbunden, die aus Sicht o.g. Akteure teils nicht neu sind, aber bisher aufgrund fehlender Instrumente nicht realisiert wurden. Eine evtl. Eignung von MOOCs wird sich erst in einigen Jahren zeigen.

3 Untersuchungsdesign

Vorangehend wurde deutlich, dass MOOCs aus Sicht verschiedener Akteure monetäre und nicht monetäre Mehrwerte erwarten lassen. Zur Beurteilung ökonomischer Potenziale für Hochschulen wurde eine Studie zur Analyse der Geschäftsmodelle von Plattformbetreibern durchgeführt.

3.1 Zielstellung

Die Studie liefert empirisch fundierte Erkenntnisse zu Geschäftsmodellen marktführender Anbieter von MOOC-Plattformen. Die Fallbeispiele sollen divergente, möglichst funktionierende Geschäftsmodelle zur Generierung von Einnahmen und Gewinnen von profit- und gemeinwohlorientierten Organisationen skizzieren (vgl. Euler, Seufert & Zellweger, 2006; Winand, Bohl & Höfer, 2006), um ausgehend davon Best-Practice-Beispiele zu identifizieren und Empfehlungen für die Verwendung von MOOCs abzuleiten. Eingebettet in Visionen zur künftigen digitalen wissenschaftlichen Aus- und Weiterbildung an Hochschulen ist zu fragen *(1) welche Produkte und Dienstleitungen angeboten werden; (2) welche Positionierung am Markt erfolgt und (3) welche Erlöse/Rückflüsse die ökonomische Tragfähigkeit sichern?*

3.2 Forschungsmethodik

Zur Generierung der benötigten Erkenntnisse wurde von 01–06/2014 eine vergleichende Fallstudie realisiert. Es werden Dokumentenanalysen für 5 bis 7 ausgewählte Anbieter durchgeführt. Hierfür werden journalistische und wissenschaftliche Beiträge sowie veröffentlichte Dokumente und Aussagen leitender Führungskräfte mit einem selbst entwickelten Kategoriensystem inhaltsanalytisch untersucht. Bisher wurden 4 Anbieter analysiert (Stand 03/2014), aufgrund ihrer Prominenz die 3 großen amerikanischen Plattformen *Coursera, Udacity* und *edX* sowie das deutsche Start-up-Unternehmen *Iversity*. Das hierarchisch strukturierte Kategoriensystem wurde mit einer zusammenfassenden qualitativen Inhaltsanalyse induktiv vervollständigt, d.h. die Analyse begann mit 4 deduktiven Kategorien, die sich aus den Bestandteilen eines Geschäftsmodells nach Euler, Seufert und Zellweger (2006) ergaben, die während/nach der Dokumentenanalyse mit inhaltlich passenden Kategorien ergänzt wurden. Die Darstellung der Ergebnisse folgt den Hauptkategorien (Angebote/Teilnehmer, Finanzierung/Erträge, Marktpositionierung, Wertschöpfungsprozesse[8]).

4 Ausgewählte Befunde

4.1 Für den Betreiber der xMOOC-Plattform *iversity.org*

Angebote und Teilnehmende

Auf der Plattform *iversity.org* stehen zurzeit 30 MOOCs bereit, davon laufen bzw. beginnen bald 17 Kurse. Die Plattform hatte bei Inbetriebnahme am 15.10.2013 bereits ca. 115.000 und am 19.02.2014 ca. 500.000 angemeldete NutzerInnen[9,10,11]. Das Unternehmen hat sich bis Ende 2014 das Ziel gesetzt[12], mit weiteren MOOCs ca. 1 Mio. registrierte NutzerInnen insgesamt zu erreichen. Im Kurskatalog von *iversity.org* gibt es keine thematische Struktur, verschiedenste MOOCs werden auf akademischem Niveau angeboten. Es ist nicht bekannt, wie sich die NutzerInnen z.B. hinsichtlich sozioökonomischer Merkmale zusammensetzen, die Plattform adressiert Hochschulen, Lehrende sowie Unternehmen[13].

---

8 Befunde für diese Kategorie waren bei Erstellung dieses Beitrags noch nicht explizit ausgewiesen.
9 https://iversity.org/pages/iversity-launches-with-115k-students
10 https://iversity.org/pages/iversity-doubles
11 https://iversity.org/pages/enrolments-revenue
12 Vgl. Pressemitteilung des Risikokapitalgebers bmp media investors AG: http://www.mediainvestors.de/de/unternehmen/presse/iversity-ruft-experten-beirat-ins-leben.html
13 https://iversity.org/

Aus Sicht der Autoren ist die Inbetriebnahme der MOOC-Plattform auf *iversity.org* das Ergebnis einer strategischen Neuausrichtung des anbietenden Unternehmens, weil der Betreiber Anfang 2011 als GmbH gegründet wurde. Dieser hat im Oktober 2011 die Plattform *un.iversity.org* bereitgestellt. Die zurzeit (noch) parallel laufende Plattform fördert kostenlos hochschulübergreifende Kommunikation und Kollaboration von Wissenschaftlern, Lehrenden und Studierenden (ca. 45.000 Nutzer bis 09/2011 und ca. 60.000 Nutzer bis 03/2013)[14,15,16].

Finanzierung und Erträge

Die Finanzierung der Geschäftsidee der Gründer begann mit einem EXIST-Gründerstipendium. Weitere öffentliche und private Mittel folgten im Juli 2011 in Höhe von 1 Mio. Euro von der BFB Frühphasenfonds Brandenburg GmbH (2013), wobei 75% von der EU und 25% vom Land Brandenburg getragen wurden, sowie in Höhe von ca. 0,5 Mio. Euro von der bmp media investors AG (2012, 2013) in Form einer offenen Minderheitsbeteiligung am Unternehmen (je ca. 15%). Insofern konnte die Geschäftsführung der iversity GmbH für die Etablierung als MOOC-Anbieter im deutschsprachigen Raum öffentliche und private Mittel einwerben. Ferner liegen weitere Hinweise für private Investitionen in das Unternehmen vor[16,17,18], ohne dass dies für unsere Recherche vollständig transparent wurde. Die Plattform ist zurzeit werbefrei und die Teilnahme an MOOCs kostenfrei. Laut einer Pressemitteilung von Iversity vom 19.02.2014 werden mittlerweile erste Einnahmen und Umsätze mit kostenpflichtigen (Präsenz-)Prüfungen an ausgewählten Orten in Deutschland erwirtschaftet, z.B. in den Räumen einer Hochschule, wo die schriftliche Prüfung dem Erwerb eines mit ECTS-Punkten verknüpften (zusätzlichen) Zertifikats der mit Iversity kooperierenden Hochschule dient[19]. Die Höhe der Prüfungsgebühren ist unbekannt und es ist davon auszugehen, dass ein Teil an die Hochschulen fließt, um

14 http://www.wiwo.de/technologie/digitale-welt/startup-der-woche-der-digitale-campus-iversity/ 7896734.html

15 http://netzwertig.com/2013/03/11/kostenlose-onlinekurse-iversity-will-moocs-in-deutschland-gros-rausbringen/

16 http://un.iversity.org/pages/pressrelease6

17 http://www.mediainvestors.de/de/unternehmen/presse/iversity-schlie%C3%9Ft-weitere-finanzierungsrunde-und-gewinnt-marcus-riecke-als-ceo.ht

18 An der iversity GmbH beteiligten sich in einer zweiten Finanzierungsrunde neben den bisherigen Investoren auch der Business Angel Masoud Kamali sowie die T-Venture Holding GmbH, eine Tochtergesellschaft der Deutschen Telekom AG (siehe http://www.t-venture.com/portfolio).

19 Erprobt wurde dies im MOOC „Einführung in die Betriebswirtschaftslehre“ (4 ECTS) mit der RWTH Aachen, sowie im MOOC „Grundlagen des Marketing“ (5 ECTS) mit der Fachhochschule Lübeck. An der RWTH Aachen wurde der MOOC mit einer Präsenzveranstaltung verbunden, die zum Diskutieren und Reflektieren von Fällen diente (siehe: https://iversity.org/pages/moocs-for-credit; https://iversity.org/courses/einfuhrung-in-die-betriebswirtschaftslehre; https://iversity.org /pages/enrolments-revenue).

die Kosten für die Erstellung der MOOCs zu refinanzieren[20]. Die iversity GmbH und ihre Investoren sehen neben Gebühren für Prüfungen und Zertifikate weitere Quellen für Einnahmen (vgl. bmp media investors AG, 2012) in Provisionen für Stellenausschreibungen Dritter, für Skripte und Bücher.

Marktpositionierung
Hinweise auf die Marktpositionierung liegen wenige vor. Denkbar sind verstärkte Partnerschaften mit deutschen bzw. europäischen Hochschulen sowie mit Unternehmen, weil die Plattform auch digitale Studiengänge, bestehend aus mehreren MOOCs, bereitzustellen plant[21], und MOOCs als Instrument für das employer branding, respektive für die betriebliche Weiterbildung betrachtet werden können[22].

4.2 Für den Betreiber der xMOOC-Plattform *coursera.org*

Angebote und Teilnehmende
Der Betrieb der durch 2 Informatik-Professoren der Stanford University gegründeten Plattform startete im April 2012 durch das amerikanische Unternehmen Coursera Inc. Aktuell bietet *coursera.org* eigenen Angaben zufolge 631 MOOCs von weltweit 108 Partner-Hochschulen an[23]. Inwieweit die vorhandenen MOOCs in ein Curriculum gehören, ist nicht zu erkennen. Kennzahlen zur Plattform (registrierte NutzerInnen, vorhandene MOOCs, Hochschulpartner) sind nach Schulmeister (2013) schnell obsolet, da z.B. die Zahl der registrierten NutzerInnen bis 04/2012 auf ca. 1 und bis 08/2013 auf ca. 4 Mio. wuchs. Bei der Anzahl der MOOCs und Partner verhält es sich ähnlich, Coursera Inc. bot im August 2013 *„nur"* 417 Kurse von 84 Hochschulen an. Für wenige MOOCs liegen Daten über einzelne Merkmale wie formale Abschlüsse oder Herkunftsländer von Teilnehmenden vor (vgl. ebd.).

Finanzierung und Erträge
Innerhalb der ersten 2 Monate konnte Coursera Inc ca. $16 Mio. Risikokapital von Kleiner Perkins Caufield & Byers und New Enterprise Associates einwerben[24], bis 07/2013 weitere ca. $49 Mio. unbekannter Herkunft (vgl. Schulmeister, 2013). Erste Umsätze von ca. $800.000 bis 07/2013 wurden mit der Durchführung von Prüfungen und der Vergabe von Zertifikaten

20 Bspw. an die Libera Università Internazionale degli Studi Sociali Guido Carli in Rom, der ersten Partner-Hochschule, die in die Erstellung von vier MOOCs investiert und diese auf der Plattform iversity.org anbietet (siehe: https://iversity.org/pages/enrolments-revenue).

21 http://un.iversity.org/pages/pressrelease6

22 https://iversity.org/

23 https://www.coursera.org/

24 http://chronicle.com/article/mayor-players-in-the-mooc/138817/#disqus_thread

in MOOCs mit Signature Track ($30-90)[25] erzielt. Einnahmen sollen auch aus Dienstleistungen für die Erstellung und Nutzung von MOOCs durch Partner-Hochschulen resultieren, die – je nach Model[26] – daran beteiligt werden (vgl. ebd.).

Marktpositionierung
Laut Schulmeister (2013) beabsichtigte Coursera Inc. anfänglich nur mit einer geringen Anzahl elitärer Hochschulen zu kooperieren. Jedoch gab es zwischenzeitlich einen unternehmerischen Strategiewechsel, demzufolge jetzt mit möglichst vielen Hochschulen weltweit zusammen gearbeitet wird, um Marktführer zu werden.

4.3 Für den Betreiber der xMOOC-Plattform *udacity.com*

Angebote und Teilnehmende
Die Betreiber der Plattform *udacity.com*, Udacity Inc., wurde bereits Anfang 2012 u.a. durch S. Thrun gegründet, damals Informatikprofessor an der Stanford University und Forscher bei Google (vgl. Schulmeister, 2013). Auf der Plattform werden gegenwärtig 36 MOOCs angekündigt, darunter 12 kostenpflichtige Angebote. Nutzer dieser MOOCs bearbeiten (eigene) Projekte, erhalten individuelle Unterstützung durch TutorInnen und ein Zertifikat am Ende. Ferner ist jeder MOOC einer Niveaustufe (Beginner, Intermediate, Advanced) zugeordnet[27]. In Übereinstimmung mit Schulmeister (2013) ist anzumerken, dass diese MOOCs spezifische Fachinteressen in der Informatik, Mathematik (Statistik), Physik und Psychologie bedienen. Bis 08/2012 wurden ca. 739.000 NutzerInnen erreicht, aktuellere Zahlen liegen nicht vor (vgl. ebd.). Auf der Plattform ist ersichtlich, dass wie von Schulmeister (2013), Loviscach und Wernicke (2013) angekündigt, 4 von 12 geplanten MOOCs für einen MOOC-basierten Masterstudiengang am Georgia Tech bereits vorliegen. Zudem profitieren Unternehmen neben betrieblichen Weiterbildungsangeboten auch von Vorschlägen für neue MitarbeiterInnen, die sie von Udacity erhalten (vgl. Dellarocas & Van Alstyne, 2013).

Finanzierung und Erträge
Der unternehmerische Betreiber greift zur ökonomischen Absicherung neben privaten Mitteln der Gründer auch auf privates Risikokapital und auf eigene Einnahmen zurück. Bis 04/2013 wurde Risikokapitel[28] in Höhe von mindestens

25 Die Feststellung der Identität erfolgt durch ein Live-Bild des Personalausweises und durch Analyse der Tastatureingaben während der Prüfung (vgl. Schulmeister, 2013).
26 http://www.gilfuseducationgroup.com/wp-content/uploads/university-of-michigan-coursera-fully-executed-agreement.pdf
27 https://www.udacity.com/courses#!/All
28 http://chronicle.com/article/mayor-players-in-the-mooc/138817/#disqus_thread

$21 Mio. akquiriert, darunter $15 Mio. von Andreessen Horowitz. Ausgewählte MOOCs sind mit einer Nutzungsgebühr für Zusatzdienste (Betreuung, Zertifikat) versehen, die je nach MOOC $150 bzw. $200 pro Monat und TeilnehmerIn beträgt (ggf. abzgl. Rabatten). Weitere Einnahmen sind mit einer prozentualen Beteiligung (ca. 40%) an den von Georgia Tech eingenommenen Studiengebühren für die Immatrikulation im gemeinsamen Masterstudiengang vorgesehen (ca. $7000 pro StudentIn). Die hierfür benötigten MOOCs werden von Udacity Inc. und ProfessorInnen der Georgia Tech entwickelt[29], jedoch mit Wagniskapital in Höhe von $2 Mio. von AT&T Inc. finanziert. AT&T als Vertreiber von Telekommunikations- und Internetdienstleistungen investiert mit der Erwartung, AbsolventInnen für das Unternehmen zu rekrutierten und betriebliche Weiterbildungsangebote zu erhalten[30] (vgl. Schulmeister, 2013; Loviscach & Wernicke, 2013). Erste Verträge wurden mit Hochschulen ausgehandelt, die MOOCs verwenden, Credit Points vergeben und dafür $150 pro StudentIn zahlen (vgl. Schulmeister, 2013). Auch Einnahmen aus der Vermittlung von Arbeitsplätzen werden diskutiert (vgl. Dellarocas & Van Alstyne, 2013).

Marktpositionierung
Udacity Inc. verlautbart Hinweise zur Bildung strategischer Partnerschaften, die Schulmeister (2013) bestätigt. Bei 18 der 36 gegenwärtig angekündigten Kurse werden als Partner Hochschulen (San José State University, Georgia Institute of Technologie) oder Unternehmen (z.B. Google) angeführt, wobei unbekannt ist, wie die Kooperation konkret beschaffen ist. Die Durchführung von Prüfungen übernimmt ein Dritter, der Standorte vorhält (vgl. Dellarocas & Van Alstyne, 2013).

5 Schlussfolgerungen und Ausblick

Die Vielzahl und Vielfalt der gegenwärtig weltweit immer häufiger produzierten MOOCs ist ein deutlicher Hinweis, dass diese das Potential für einen anhaltenden Trend im E-Learning haben. Ungewiss ist, wie sich dieser Trend weiterentwickeln wird und welche Form des Betriebs die Hochschulen oder andere Betreiber wählen. Dies macht weitere Untersuchungen und Analysen notwendig. Dem wird zum Teil durch Weiterführung der hier zugrunde liegenden Studie Rechnung getragen. So zeigen erste Ergebnisse bereits jetzt, dass z.B. Kennzahlen für auf der Plattform Coursera vorhandene MOOCs täglich obsolet werden können. Zudem ist nicht nur für die USA, sondern auch für Deutschland zu konstatieren, dass private Investitionen in digitale Aus- und Weiterbildungsangebote zunehmen. In Deutschland könnte die Erstellung und

29 Eine inoffizielle Kostenkalkulation legen Loviscach und Wernicke (2013) vor.
30 http://www.fastcompany.com/3021473/udacity-sebastian-thrun-uphill-climb

Verwendung von MOOCs für die wissenschaftliche Aus- und Weiterbildung an Hochschulen ein zukunftsträchtiger Markt sein, wo verschiedenartig motivierte Akteure (von der weiterbildungsinteressierten Fachkraft über den Weiterbildungs- oder Personaldienstleister und Unternehmen bis hin zur Privatperson) investieren und auch profitieren. Konstatiert werden kann, dass MOOCs:

- von medienaffinen Wissenschaftlern entwickelt und durchgeführt werden;
- ein innovatives Format für wissenschaftliche Bildungsangebote darstellen;
- zwar potentiell für jeden Mann / jede Frau zugänglich sind, aber vorerst und in Anlehnung an Schulmeister (2013) wahrscheinlich nur eine verhältnismäßig „kleine" medienaffine und an wissenschaftlicher Aus- und Weiterbildung interessierte Personengruppe erreichen;
- als modernes Instrument das Hochschul- und Bildungsmarketing beleben;
- auf vorhandenen, digitalen und miteinander konkurrierenden Plattformen angehäuft und zur vorrangig kostenlosen Nutzung bereitgestellt werden.

Es ist unwahrscheinlich, dass die Verwendung von MOOCs jeden Akteur zufriedenstellen wird. Genauso unwahrscheinlich ist, dass diese kurzfristig wieder verschwinden! Erst Aushandlungsprozesse der an der Herstellung beteiligten Akteure werden Spannungsfelder balancieren und vermittelnde Kompromisse gestalten – wobei die wissenschaftlich fundierte Aufklärung und Begleitung der Akteure hilfreich ist. Unsere Befunde legen nahe, in anschließenden Studien danach zu fragen:

1. welche Anregungen o.g. Erkenntnisse für Organisation und Management der wissenschaftlichen Weiterbildung an Hochschulen geben;
2. ob sich die Geschäftsmodelle auch im akademischen Bildungsbetrieb durch die Verwendung von MOOCs weiterentwickeln;
3. inwieweit und zu welchen Anteilen MOOCs in Deutschland als Weiterbildungsangebot, Marketinginstrument oder Personalauswahlverfahren genutzt und
4. welche Qualitätssicherungsverfahren implementiert werden?

Literatur

Bershadskyy, D., Bremer, C. & Gaus, O. (2013). Bildungsfreiheit als Geschäftsmodell: MOOCs fordern die Hochschulen heraus. In C. Bremer & D. Krömker: *eLearning zwischen Vision und Alltag* (S. 33–44). Münster: Waxmann.

Bischof, L. & von Stuckrad, T. (2013). *Die digitale (R)evolution?* Gütersloh: CHE.

bmp media investors AG (2012). *Geschäftsbericht 2011.* Online: http:// www.mediainvestors.de/sites/mediainvestors.de/files/imce/bmpGB2011D.pdf.

bmp media investors AG (2013). *Geschäftsbericht 2012.* Online: http:// www.mediainvestors.de/sites/mediainvestors.de/files/imce/bmpGB2012D.pdf.

Dellarocas, C. & Van Alstyne, M. (2013). Money Models for MOOCs. In *Communications of the ACM*, 8/2013, 25–28. Online: http://papers.ssrn.com/sol3/papers.cfm?abstract_id=2333924.

Euler, D., Seufert, S. & Zellweger, F. (2006). Geschäftsmodelle zur nachhaltigen Implementierung von eLearning an Hochschulen. In M. Breitner & G. Fandel (Hrsg.), *E-Learning. Geschäftsmodelle und Einsatzkonzepte* (S. 85–103). Wiesbaden: Gabler.

Gaebel, M. (2013). *Potential von offenen Onlinekursen aus der Sicht der europäischen Hochschulen.* Berlin: European University Association.

Kerres, M. & Preußler, A. (2013). Möglichkeiten für die Erwachsenenbildung. *DIE Zeitschrift für Erwachsenenbildung*, 2/2013, 28–30.

Köhler, T., Neumann, J. & Saupe, V. (2008). Organisation des Online-Lernens. In L. J. Issing & P. Klimsa (Hrsg.), *Online-Lernen. Ein Handbuch für das Lernen mit Internet.* München: Oldenbourg.

Kommission Europäischer Gemeinschaften (KEG) (2000). *Memorandum über Lebenslanges Lernen.* Brüssel: KEG.

Kommission Europäischer Gemeinschaften (KEG) (2003). *Die Rolle der Universitäten im Europa des Wissens.* Brüssel: KEG.

Kommission Europäischer Gemeinschaften (KEG) (2013). Europäische Hochschulbildung in der Welt. Brüssel: KEG.

Loviscach, J. & Wernicke, S. (2013). Zwei MOOCs für Udacity. In R. Schulmeister (Hrsg.) *MOOCs – Massive Open Online Courses. Offene Bildung oder Geschäftsmodell?* (S. 81–100). Münster: Waxmann.

Schulmeister, R. (2010). Ein Bildungswesen im Umbruch. In S. Mandel, M. Rutishauser & E. Seiler Schiedt (Hrsg.), *Digitale Medien für Lehre und Forschung.* Münster: Waxmann.

Schulmeister, R. (2013). Der Beginn und das Ende von Open. In R. Schulmeister (Hrsg.), *MOOCs – Massive Open Online Courses. Offene Bildung oder Geschäftsmodell?* (S. 17–59). Münster: Waxmann.

Vollmer, T. (2013). Sichtwort: ‚Erwachsenenbildung 2.0'. *DIE Zeitschrift für Erwachsenenbildung*, 2/2013, 22–23.

Winand, U., Bohl, O. & Höfer, A. (2006). Grundlagen zur Gestaltung von Geschäftsmodellen für akademische eBildungsdienstleistungen. In M. Breitner & G. Fandel (Hrsg.), *E-Learning Geschäftsmodelle und Einsatzkonzepte* (S. 69–77). Wiesbaden: Gabler.

Wissenschaftsrat (WR) (2006). *Empfehlungen zur künftigen der Rolle der Universitäten im Wissenschaftssystem.* Köln: WR.

Daniela Pscheida, Andrea Lißner, Anja Lorenz, Nina Kahnwald

Vom Raum in die Cloud: Lehren und Lernen in cMOOCs

Zusammenfassung

Konnektivistisch ausgerichtete Massive Open Online Courses (cMOOCs) sind eine Form des Lernens ‚in der Cloud'. Die Entscheidung, die Orientierung gebenden Grenzen gewohnter physischer und virtueller Lernräume (Vorlesungssaal, Lernmanagementsystem) zu überschreiten und den Lernprozess in ein in jeglicher Hinsicht offenes Netzwerk zu transferieren, stellt Lehrende wie Lernende vor die Herausforderung, Aspekte wie Verortung, Sichtbarkeit und soziale Beziehungen neu zu gestalten. Der Artikel analysiert cloudspezifische Besonderheiten des Lehrens und Lernens anhand von Erfahrungen und Evaluationsergebnissen des Saxon Open Online Course (SOOC). Er liefert damit einen Beitrag zur Diskussion um die bleibenden Potenziale des MOOC-Formats im Bereich der akademischen Aus- und Weiterbildung.

1 Einleitung

Massive Open Online Courses (MOOCs) wurden insbesondere in den beiden zurückliegenden Jahren intensiv diskutiert. 2013 konnten sich die MOOCs sogar auf den „Peak" des Gartner Hype Cycles for Education (Gartner, 2013) vorarbeiten. Dies setzt auch Hochschulen allmählich unter Zugzwang, mögliche Potenziale für ihre (Weiter-)Entwicklung kritisch herauszuarbeiten (vgl. Schulmeister, 2013). Hier ist es an der Zeit, die organisatorischen und didaktischen Besonderheiten dieser offen im Netz stattfindenden Lehr-Lern-Arrangements genauer in den Blick zu nehmen und danach zu fragen, welchen bleibenden Beitrag das MOOC-Format im Bereich der akademischen Aus- und Weiterbildung liefert.

Dieser Artikel widmet sich insbesondere solchen Bildungsangeboten, die sich am Leitbild des vernetzten Lernens orientieren und daher auch als konnektivistische MOOCs (cMOOCs) bezeichnet werden (vgl. Wedekind, 2013). Sie sind hinsichtlich der Lernziele, -inhalte und -materialien sowie der genutzten Kanäle grundsätzlich offen gestaltet. Der Preis für dieses Höchstmaß an Offenheit ist das Auflösen von Lernraumgrenzen: Das gesamte Netz wird zum potenziellen Ort des persönlichen und gemeinschaftlichen Lernens, was mit einer strukturell nicht abgrenzbaren (Lern-)Wolke (einer offenen Cloud) verglichen werden kann.

Am Beispiel des im Sommersemester 2013 und Wintersemester 2013/14 durchgeführten Saxon Open Online Course (SOOC) wird im Folgenden gezeigt, wie sich die didaktische Situation in der Cloud von jener in klassischen virtuellen Räumen (wie etwa Lernmanagementsystemen) unterscheidet. Dafür werden mit Hilfe der SOOC-Begleitevaluation insbesondere solche Aspekte empirisch beleuchtet, die als Reaktion auf die gesteigerte Offenheit des Lehr-Lern-Arrangements zu einer Destabilisierung des Lernprozesses führen können. So wird der Frage nachgegangen, was die Entgrenzung in cMOOCs für einen traditionell geschlossenen Raum wie die Hochschule bedeutet und wie eine kontextangepasste Umsetzung akademischer Lehrveranstaltungen in offenen Lernumgebungen aussehen könnte.

2 Vom Raum zur Cloud

In der Literatur zur Schularchitektur bzw. Lernraumgestaltung wird im Rückgriff auf Loris Malaguzzi und die Reggio-Pädagogik gern die besondere Rolle des Raums als „dritter Pädagoge“ in Lernprozessen betont (vgl. u.a. Dobrowsky, 2012, 159; Schäfer & Schäfer, 2009, 235). Der Raum ist in diesem Verständnis weit mehr als ein Versammlungsort für Lehrende und Lernende. Räume sind soziale Landschaften und gleichzeitig individuelle Umgebungen, die motivierend und fördernd, aber auch hemmend und entmutigend wirken können. Raumgrenzen und Rahmenbedingungen wie Einrichtung, Aufteilung, Geräuschpegel oder auch Lichtverhältnisse haben in physischen Räumen Einfluss auf den Lernerfolg. Das gilt in vielleicht noch stärkerem Maße auch für virtuelle Lernräume, die im Zeitalter des Internets an Bedeutung gewinnen. Dabei wurden diese bislang meist als Erweiterung oder digitale Replik des physischen Lernraums umgesetzt.

2.1 Virtuelle Lernräume

Ein typisches Beispiel für eine digitale Erweiterung oder Imitation des physischen Lernraums stellen Lernmanagementsysteme (LMS) dar (vgl. Schulmeister, 2005). Sie umfassen i. d. R. Funktionen zur Präsentation von Inhalten, zum Erstellen von Aufgaben und Übungen, zur Leistungsbewertung, zur Kommunikation sowie zur Administration und Organisation von Kursen, Terminen und Lernfortschritten (vgl. Baumgartner et al., 2004). Insbesondere durch kommunikative Funktionen, wie Chat, Forum oder auch Videokonferenzmodule, erlauben und fördern LMS ein räumlich verteiltes und zeitversetztes Lernen, bieten als Gesamtumgebung aber weiterhin einen festen Anlaufpunkt für Lehrende und Lernende.

Ähnliches gilt für das Format der sogenannten virtuellen Klassenräume, in denen reale Lehr-Lern-Prozesse in physischen Räumen authentisch simuliert werden (vgl. Häfele et al., 2012). Lehrende und Lernende treten im Rahmen einer Videokonferenz synchron in Kontakt und können von verschiedenen Standorten aus an der Veranstaltung teilnehmen. So wird nicht nur eine gemeinsame Rezeption und Diskussion der Lerninhalte möglich, sondern auch eine synchrone Begegnung aller Beteiligten, auch wenn diese virtuell bleibt (vgl. Schulmeister, 2008).

2.2 E-Learning 2.0, Konnektivismus und MOOCs

Mit den Möglichkeiten von Web 2.0 und Social Media verändern sich die bisherigen Prämissen virtuellen Lernens. Bereits 2005 kritisierte Steven Downes, dass bestehende E-Learning-Lösungen, wie bspw. LMS, vor allem darauf konzentriert sind, Lerninhalte zu verteilen (vgl. Downes, 2005). Unter den neuen Bedingungen können Nutzende hingegen selbst gestaltend eingreifen und bleiben nicht länger nur Rezipienten vorgegebener Inhalte. Downes bezeichnet dieses durch Partizipation geprägte Lernen als E-Learning 2.0: Lernende sollen das gesamte Netz als persönlichen Lernraum begreifen und lernen, diesen zu organisieren und zu strukturieren. Damit werden beim E-Learning 2.0 gerade nicht klassischer Lernszenarien virtuell Simulation, sondern vielmehr der Netzwerkcharakter des Internets für das (individuelle) Lernen genutzt.

Die Idee des Lernens als Vernetzungsprozess von Individuen und Ressourcen über die Grenzen virtueller Räume hinaus entspricht dem Ansatz des Konnektivismus (Siemens, 2005). Dieser beruht auf der Feststellung, dass die heutige Informationswelt so umfassend und dynamisch ist, dass Lernen vor allem im Einsatz von Techniken besteht, Informationen zu finden, zu bewerten und für sich zu verwenden. Die Fähigkeit zu Aufbau und Pflege von Wissensnetzwerken aus Personen und Informationsobjekten stellt daher eine Kernkompetenz des 21. Jahrhunderts dar.

Die konnektivistisch orientierten cMOOCs greifen die Ideen des E-Learning 2.0 auf und nutzen die Vernetzungsmöglichkeiten des Internet zur intensiven Kollaboration. Das unterscheidet sie auch von den in der öffentlichen Wahrnehmung weitaus präsenteren xMOOCs, die vorrangig den distributiven Charakter des Internet für die Präsentation von Inhalten nutzen. Auch das Verständnis von Offenheit unterscheidet sich zwischen den beiden Formaten: Während xMOOCs hier eher den kostenfreien Zugang zum Lehrangebot über Institutionengrenzen hinaus sowie Freiheitsgrade in der zeitlichen Bearbeitung der Lehrinhalte sehen, erweitern cMOOCs den Offenheitsgedanken auf Lernziele, -inhalte und -materialien sowie die für das Lernen genutzten Kanäle. Teilnehmende von cMOOCs brechen daher aus den Grenzen eines einzelnen Lernraums aus: Nicht nur, dass eine physische Anwesenheit im Raum für das

Lernen nicht mehr notwendig ist, auch sämtliche Lernprozesse, Lernhandlungen und Aneignungsprozesse finden nun verteilt in der ‚Cloud' statt.

3 Cloud-basiertes Lernen in cMOOCs

Cloud-basiertes Lernen meint den Einsatz virtuell verteilter Rechen- und Speicherressourcen für Lehr- und Lernprozesse (vgl. Erpenbeck & Sauter, 2013, 86f.). Dabei haben sich in der Praxis zwei verschiedene Ausprägungen herausgebildet. Neben dem Lernen mit Anwendungen, die in der Cloud, d.h. dezentral auf verteilten Servern angeboten werden (bspw. Google Drive, Dropbox), werden auch die Lernhandlungen als Cloud Learning bezeichnet, bei denen nicht nur verschiedene Dienste, sondern auch verteilte Inhalte aus der Cloud genutzt werden. Beide Ausprägungen werden in cMOOCs miteinander kombiniert.

Ein LernRAUM – ob physisch oder virtuell in den Köpfen der Akteure – ist nicht mehr vorhanden. Jegliches Lernhandeln beruht auf Vernetzung von Inhalten und Personen, Verbindungen zwischen Knoten, dem Filtern und Strukturieren von Informationen. Im Gegensatz zu den stark vorstrukturierten Räumen in Lernplattformen und virtuellen Klassenzimmern geht es beim Cloud Learning in cMOOCs folglich um die Gestaltung der entstehenden Freiräume (vgl. Sesink, 2007, 51).

Diese, wenn man so will, Neugestaltung des Lernprozesses jenseits des Raums fordert Lehrende und Lernende gleichermaßen. So boten klassische Lernräume auch Sicherheiten. Wenn das gesamte Netz zum potenziellen Lernort wird, stehen diese zur Disposition. Folgende Aspekte lassen sich hier in Anlehnung an die grundsätzlichen Herausforderungen offener Online-Kurse (vgl. Robes, 2012, 11) und auf Basis der praktischen Erfahrungen im SOOC als relevant herausarbeiten:

1. **Aspekt der Verortung:** In cMOOCs gibt es keinen verbindlichen Lernort. Der Kurs besteht und entwickelt sich aus einer vorab nicht definierten Zahl vernetzter Beiträge, die durch Lernaktivitäten entstehen. In diesem Sinne verändert der Kurs nicht nur beständig seine Konturen in Hinblick auf die ihm zugehörigen Inhalte, er wechselt auch fortlaufend die Orte, an denen er ‚stattfindet'.
2. **Aspekt der Kommunikations-/Informationskanäle:** Teilnehmende von cMOOCs sind i. d. R. nicht an feste Werkzeuge oder Kommunikationskanäle gebunden. Es steht ihnen frei, welche Medien sie nutzen wollen, um sich über Lerninhalte auszutauschen, ihren Lernprozess zu dokumentieren und wichtige Ergebnisse zu kommunizieren. Ergebnis ist ein buntes Potpourri an Quellen, Formaten, Diensten und Einzelbeiträgen, die berücksichtigt werden müssen.

3. **Aspekt der Zeit:** cMOOCs erlauben den Teilnehmenden (bis auf wenige Fixpunkte) eine weitgehend freie Organisation ihrer Lernzeiten. Die Teilnehmenden dürfen und müssen daher eigenverantwortlich darüber entscheiden, wann und wie lange sie sich mit dem Kurs beschäftigen. Hinzu kommt, dass das zeitlich freie Ein- und Aussteigen in den bzw. aus dem Kurs durchaus üblich ist.
4. **Aspekt der Beziehungen:** cMOOCs bestehen im Allgemeinen nicht aus einer festen Lerngruppe, wie bspw. aus einer Seminargruppe oder einer Klasse. Da potenziell jede/r Interessierte – konstant oder nur zeitweilig – am Kurs teilnehmen kann, bilden die Teilnehmenden eher ein offenes Netzwerk. Je umfangreicher und dynamischer die Gruppe ist, umso schwerer können die Teilnehmenden einen Überblick darüber gewinnen, wer mit ihnen lernt und über welche Lernaktivitäten die anderen Lernenden versuchen, ihre Lernziele zu erreichen. Dies beeinflusst das Gefühl der sozialen Eingebundenheit.
5. **Aspekt der Aufmerksamkeit und der Wahrnehmung:** Ein stabilisierender Gruppenbezug wird insbesondere über die Gewissheit gewährleistet, dass das eigene Tun von anderen Teilnehmenden und letztendlich auch von den Veranstaltenden gesehen wird. Was im physischen Lernraum selbstverständlich ist und auch im LMS gewährleistet werden kann, bleibt im cMOOC unsicher und muss durch alternative Mechanismen der Aufmerksamkeitslenkung – etwa durch Aggregationswerkzeuge oder spezielle Formulare – hergestellt werden.
6. **Aspekt des Feedbacks und der Anerkennung:** Das Bedürfnis Lernender, von anderen Lernenden und insbesondere den Lehrenden wahrgenommen zu werden, resultiert nicht allein aus dem Wunsch nach sozialer Einbindung und Orientierung. Gerade im Hochschulkontext, wo es stets auch um die Erreichung von Studienzielen und -abschlüssen geht, entsteht die Unsicherheit, ob die eigenen Lernaktivitäten und -leistungen die Anforderungen des Kurses erfüllen (vgl. Pscheida et al., 2014). Da cMOOCs weitgehend auf selbstgesteuertes Lernen mit individuellen Lernzielen setzen, sind abschließende Prüfungen oder zwischenzeitliche Tests unüblich. Vielmehr muss mit ebenso individuellen Feedback-Formen gearbeitet werden. Lehrende aber auch andere Lernende können bspw. die Beiträge mit Kommentaren versehen. Dieses Vorgehen verlangt hohe Sensibilität: Es gilt abzuwägen, in welchem Umfang und in welcher Frequenz Rückmeldungen gegeben werden. Zudem findet ohne den klar definierten Lernraum die Kommentierung i. d. R. dort statt, wo auch der Lernprozess stattfindet – was diesen in positiver als auch negativer Richtung stark beeinflussen kann. Schließlich bedeutet die Arbeit mit Feedback in der Cloud auch, dass diese sowohl kursöffentlich als auch und vor allem öffentlich im Netz einsehbar wird.

7. **Aspekt der Öffentlichkeit:** Im Gegensatz zu klassischen E-Learning-Kursen in LMS finden cMOOCs nicht in einem durch Zugangsgrenzen geschützten Lernraum statt, sondern offen im Netz. Insofern sind die Lernaktivitäten der Teilnehmenden jederzeit für jedermann einsehbar – ganz gleich, ob diese Person selbst Teil des Kurses ist oder nicht. Die Bereitschaft, den eigenen Lernprozess öffentlich im Netz zu dokumentieren, kostet Überwindung, da aus der Offenlegung der persönlichen Fragen, Wissenslücken und Erkenntnisse auch eine nicht zu unterschätzende Verletzbarkeit resultiert. Das öffentliche Lernen wirft auch Fragen nach der Gewährleistung des Schutzes des geistigen Eigentums und von Persönlichkeitsrechten auf.

4 Lernen in der Cloud im Rahmen des SOOC – Erfahrungen und Evaluationsergebnisse eines konnektivistischen MOOCs

Der Saxon Open Online Course (SOOC) fand im Rahmen eines durch das Hochschuldidaktische Zentrum Sachsen (HDS) geförderten Projekts im Sommersemester 2013 (SOOC13) und Wintersemester 2013/14 (SOOC1314) als erster sächsischer cMOOC statt. Mit den Themen „Lernen 2.0: Social Media für das persönliche Lern- und Wissensmanagement“ und „Lehren und Lernen mit Social Media“ waren beide Kursdurchläufe thematisch eher selbstreflexiv angelegt und verbanden Methode, Medieneinsatz und Fachinhalte miteinander.

Der Tradition des von Downes und Siemens 2008 organisierten CCK08[1] folgend, fand auch der SOOC jenseits eines festen gemeinsamen Lernraums statt, sondern nutzte die offenen Netzwerkstrukturen des Internets. So waren alle Teilnehmenden aufgefordert, ihren Lernprozess mit Hilfe verschiedener Online-Werkzeuge eigenverantwortlich zu organisieren. Auch die Dokumentation erfolgte durch Beiträge über ohnehin genutzte oder speziell für den SOOC eingerichtete Social-Media-Kanäle. Die Veranstaltenden lieferten in den vier thematischen Blöcken jedes Durchlaufs mit verschiedenen, über den zentralen Kursblog im zweiwöchigen Rhythmus kommunizierten Materialien, Links und themenbezogenen Fragen einen Einstieg in den individuellen Lernprozess. Die Auswahl der tatsächlich für das persönliche Lernen genutzten Artefakte lag jedoch bei den Teilnehmenden. In den beiden SOOC-Kursdurchläufen entstand damit eine sich beständig erweiternde und verändernde Cloud aus vernetzten Materialien, Quellen, Teilnehmerbeiträgen, Kommentaren und den dazu genutzten Werkzeugen und Kommunikationskanälen.

Die Besonderheit des SOOC war dabei dessen enge Einbindung in den Kontext der Hochschullehre. Dies stellte die Veranstaltenden einerseits vor die organisatorische Herausforderung, die cloud-basierte Offenheit des cMOOC-For-

1 http://www.elearnspace.org/blog/2008/10/30/connectivism-course-cck08/

mats mit dem institutionellen und oft auch räumlich motivierten Rahmen der Hochschule zu verbinden (persönliche Anwesenheit, eindeutige Anforderungen, überprüfbare Lernleistungen). Andererseits bedeutete dies die Arbeit mit einer Gruppe von Teilnehmenden (SOOC13: 52%, n=99; SOOC1314: 65%, n=52 Studierendenanteil), die bislang kaum an diese Lernform gewöhnt waren.

In beiden Kursdurchläufen fand eine begleitende Evaluation statt, die aus je einem Online-Fragebogen zu Beginn, in der Mitte und am Ende jedes Kursdurchlaufs sowie einem abschließenden Auswertungsworkshop bestand. Die erhobenen Daten[2] werfen ein interessantes Licht auf die im vorangegangenen Abschnitt beschriebenen cloud-spezifischen Aspekte von cMOOCs im Hochschulkontext und werden im Folgenden vorgestellt und diskutiert.

4.1 Verortung

In den Zwischenbefragungen der SOOC-Durchläufe wurden die Teilnehmenden bezüglich ihrer Einschätzung zum Erleben des eigenen Lernprozesses befragt. Da im Vergleich zu traditionellen Lernszenarien in abgegrenzten Räumen die Lernmaterialien sowie Bezugspartner nur über das Internet zu erreichen sind, wurde erhoben, wie die Lernenden (vor allem die Studierenden) mit der Dezentralität und dadurch möglicherweise entstehenden Unsicherheit umgehen. Dabei wurde deutlich, dass im SOOC13 ein Großteil der Befragten (43%, n=28) Bedenken hatte, wichtige Inhalte im SOOC zu verpassen. Im SOOC1314 konnte der Anteil der unsicheren Personen durch eine transparentere Formulierung der Anforderungen und ein individuelleres Bewertungssystem auf 31% (n=29) reduziert werden.

4.2 Informations- und Kommunikationskanäle

In cloud-basierten Formaten wird nicht nur die Kompetenz im Umgang mit digitalen Werkzeugen geschult, sondern auch die Bereitschaft zu ihrer Nutzung grundlegend vorausgesetzt. In beiden Kursen wurde die Nutzung der unterschiedlichen Kanäle zum Arbeiten und Austausch im Rahmen der Zwischenevaluation nach zwei Wochen erhoben. Die von den Veranstaltenden vorgeschlagenen Kanäle Weblog (Wordpress) und Twitter wurden insgesamt sehr rege von 53,6% bzw. 35,7% im SOOC13 (n=28) sowie von 86,2% bzw.

2 Da die Teilnahme an der Begleitevaluation auf freiwilliger Basis erfolgte, beteiligte sich jeweils nur ein Teil der offiziell gemeldeten Teilnehmenden (SOOC13: 242 Personen, SOOC1314: 152 Personen) an den einzelnen Befragungsrunden. Zudem variiert die Zahl der ausgefüllten Fragebögen teilweise stark zwischen den Befragungen. Es wird daher im Folgenden das jeweils gültige „n“ angegeben.

44,8% im SOOC1314 (n=29) genutzt. Daneben setzten einige Teilnehmende dem Cloud-Learning-Ansatz entsprechend aber auch weitere Anwendungen wie Facebook oder Google+ ein.

4.3 Zeit

Die freie Organisation der Lernzeiten im SOOC – bis auf wenige fixe Termine, wie die Live-Sessions – erschien den Teilnehmenden zunächst als positiver Aspekt. Als Grund für die Auswahl dieser Lehrveranstaltung gaben die Befragten in den Anfangsbefragungen die fehlende Präsenzpflicht und die Möglichkeit zur freien Zeiteinteilung an. Im Nachgang des Kurses haben sich die Einschätzungen der Teilnehmenden jedoch ein wenig geändert. Viele sprechen und schreiben von einem zu großen Zeitaufwand. Die Abschlussbefragungen zeigen hingegen, dass dieser eher deutlich unter dem lag, was laut European Credit Transfer System (Kultusministerkonferenz 2003, 16) als Workload für die zu erreichenden Credit Points vorgesehen ist.

4.4 Beziehungen

In cloud-basierten Kursen gibt es keine begrenzte Lerngruppe. Interessierte aus verschiedensten Kontexten können miteinander längerfristig oder auch nur kurzzeitig in Kontakt treten. Für eine erfolgreiche Selbstorganisation und die Fortentwicklung im Bereich der Medienkompetenzen ist es notwendig, dass die Teilnehmenden vernetzt arbeiten. Im SOOC13 gaben insgesamt 59% (n=30) an, sich (eher) gut vernetzt zu fühlen, was sich im SOOC1314 durch die Einführung einer Kommentarpflicht für diejenigen, die Credit Points erhalten möchten, auf 84% erhöhen ließ (n=24). Auch das Lesen und Kommentieren der Blogbeiträge anderer Teilnehmender stellte für einen großen Teil (SOOC13: 67%/n=30, SOOC1314: 84%/n=24) eine gute Möglichkeit zur Informationsgewinnung und Forcierung des Lernerfolges dar.

4.5 Aufmerksamkeit und Wahrnehmung

Aufgrund der Offenheit bei der Wahl von Kommunikationswerkzeugen entstand beim SOOC Unsicherheit unter den Teilnehmenden, ob ihre Beiträge zum Kurs überhaupt für die anderen Teilnehmenden und die Kursleitung auffindbar sind und damit in den Bewertungsprozess einfließen können. Dieser Unsicherheit wurde mit einem Blogaggregator und einem zusätzlichen Einreichungsformular für zu bewertende Beiträge begegnet. Dieses Formular gab 46% (n=28) der SOOC13-Partizipierenden die Sicherheit, dass ihr Beitrag auch wahrgenommen und beurteilt wird. Im SOOC1314 wurde dieses Formular durch eine Verbalbeurteilungsfunktion ergänzt, was die Transparenz der Bewertung erhöhen sollte. 65% (n=29) der SOOC1314-Teilnehmenden empfanden dieses Formular als hilfreich.

4.6 Feedback und Anerkennung

Alle Beiträge, die in das Einreichungsformular eingetragen wurden, waren für die Bewertung relevant. Im SOOC13 fand die Bewertung am Kursende durch Sichtung aller eingereichten Leistungen des Studierenden statt. Im SOOC1314 wurden für jeden einzelnen Beitrag Badges in Bronze, Silber und Gold sowie eine Verbalbeurteilung vergeben, um eine höhere Transparenz der Bewertungsprozesse zu erzeugen. Diesen Effekt bestätigten auch 55% (n=29) der Lernenden. 38% gaben an, dass ihnen die Badges helfen, ihre Leistungen besser einschätzen zu können und 51% stimmten der Aussage zu, dass Verbalurteile ihnen Möglichkeiten aufzeigten, wie sie sich weiter verbessern können.

4.7 Öffentlichkeit

Die Wahrung der Persönlichkeitsrechte und des Datenschutzes in einem derart öffentlichen Kursformat ist keine leicht zu lösende Aufgabe. Im SOOC durften daher alle Online-Aktivitäten explizit unter Pseudonymen durchgeführt werden. Nur die Kursveranstaltenden kannten die Klarnamen. Aber nicht nur die Lernprodukte sind frei im Netz verfügbar, auch die entsprechenden Verbalbewertungen und Badges, welche durch die Lehrenden vergeben wurden. Dennoch lässt sich feststellen, dass fast durchgehend eine positive Einschätzung der öffentlichen Bewertung mit Badges erfolgte. Nur 4% (n=24) fanden das öffentliche Bewerten der Beiträge „eher nicht so gut".

5 Fazit

Cloud-basierte Lernszenarien stellen Lehrende und Lernende vor die Herausforderung, Lernprozesse jenseits von Sicherheit und Orientierung gebenden Aspekten zu gestalten, die bislang mit dem Konzept des Lernraums verbunden waren. cMOOCs nutzen nicht nur die Netzwerkstrukturen des Internets, sie geben auch wichtige Gelegenheiten zur Übung und Erprobung nicht-linearer Lernstrategien. Im SOOC wurde versucht, den durch das offene Arrangement provozierten Unsicherheiten durch intensive Betreuung und Begleitung sowie die Ermutigung zur Entwicklung individueller Strategien zu begegnen. Dazu gehörte auch, das Bewusstsein für die Möglichkeiten einer selbstbestimmten Gestaltung des Lernprozesses zu schärfen. Die Ergebnisse der Begleitevaluation dokumentieren die Schwierigkeiten, aber auch die Wirksamkeit derartiger Bemühungen.

Insbesondere die geschlossenen Lernräume der Hochschule versperren Studierenden häufig den Blick auf die Möglichkeiten zum offenen und selbstbestimmten Lernen. cMOOCs wie der SOOC bieten insofern eine sinnvolle Erweiterung und Ergänzung des bestehenden Repertoires der Hochschullehre, dass sie eine konkrete Kursstruktur und klar definierte Leistungsanforderungen mit offenen Materialien, freien Werkzeugen und unbegrenzten Kommunikations- und Kollaborationsmöglichkeiten verbinden.

Allerdings darf nicht verschwiegen werden, dass die in cMOOCs geforderte Intensität der Lernbegleitung den im Hochschulkontext üblichen Betreuungsaufwand um ein Vielfaches übersteigt, weshalb eine reguläre Umsetzung im Hochschulkontext ohne drittmittelgestützte Projekte wie dem SOOC oder das Zusammenlegen personeller Ressourcen durch Hochschulkooperationen kaum realisierbar erscheint.

Literatur

Baumgartner, P., Häfele, H. & Maier-Häfele, K. (2004). Lernplattformen für das Corporate e-Learning. In U. Hugl & S. Laske (Hrsg.), *Virtuelle Personalentwicklung. Status und Trends IuKT-gestützten Lernens* (S. 95–117). Wiesbaden: Gabler Edition Wissenschaft.

Dobrowsky, A. (2012). Den Raum umräumen. Die Schule als gestalteter Lern- und Lebensraum. In E. Rauscher (Hrsg.), *Lernen und Raum. Gebaute Pädagogik und pädagogische Baustellen* (Pädagogik für Niederösterreich, Bd. 5, S. 155–164). https://www.ph-noe.ac.at/fileadmin/rektor/Sammelband5/02_04_Dobrowsky.pdf [13.06.2014]

Downes, S. (2005). E-learning 2.0. *eLearn Magazine* 10/2005. http://elearnmag.acm.org/featured.cfm?aid=1104968 [13.06.2014]

Erpenbeck, J. & Sauter, W. (2013). *So werden wir lernen! Kompetenzentwicklung in einer Welt fühlender Computer, kluger Wolken und sinnsuchender Netze*. Berlin, Heidelberg: Springer Gabler.

Gartner, Inc. (2013). *Hype Cycle for Education, 2013*. https://www.gartner.com/doc/2559615/hype-cycle-education- [13.06.2014]

Häfele, H. & Maier-Häfele, K. (2012). *101 e-Le@rning Seminarmethoden: Methoden und Strategien für die Online- und Blended-Learning-Seminarpraxis*. Bonn: managerSeminare.

Kultusministerkonferenz der Länder (2010). *Ländergemeinsame Strukturvorgaben für die Akkreditierung von Bachelor- und Masterstudiengängen.* http://www.kmk.org/fileadmin/veroeffentlichungen_beschluesse/2003/2003_10_10-Laendergemeinsame-Strukturvorgaben.pdf. [13.06.2014]

Panke, S. (2011). *Personal Learning Environment und Open Online Course: Neue Formen offenen Lernens im Netz*, e-teaching.org. http://www.e-teaching.org/materialien/artikel/langtext_offen_lernen_panke_2011.pdf [13.06.2014]

Pscheida, D., Lorenz, A., Lißner, A., Kahnwald, N., Zauner, L. & Dubrau, M. (2014). *Massive Open Online Courses in Higher Education – Performance Assessment in Open Learning Arrangements.* Proceedings of the 8th International Technology, Education and Development Conference (INTED), Valencia, March 10–12, 2014, 5659–5667.

Robes, J. (2012). Massive Open Online Courses: Das Potenzial des offenen und vernetzten Lernens. In A. Hohenstein & K. Wilbers (Hrsg.), *Handbuch E-Learning*, Beitrag 7.21. Köln: Wolters Kluwer. http://www.weiterbildungsblog.de/wp-content/uploads/2012/06/massive_open_online_courses_robes.pdf [13.06.2014]

Schäfer, G. E. & Schäfer, L. (2009). Der Raum als dritter Erzieher. In J. Böhme (Hrsg.), *Schularchitektur im interdisziplinären Diskurs. Territorialisierungskrise und Gestaltungsperspektiven des schulischen Bildungsraums* (S. 235–248). Wiesbaden: VS Verlag für Sozialwissenschaften.

Schulmeister, R. (2005). *Lernplattformen für das virtuelle Lernen: Evaluation und Didaktik*. 2. Auflage. München: Oldenbourg.

Schulmeister, R. (2008). Lernen in virtuellen Klassenräumen. In L. J. Issing & P. Klimsa (Hrsg.), *Online Lernen – Handbuch für Wissenschaft und Praxis* (S. 179–194). München: Oldenbourg.

Schulmeister, R. (Hrsg.) (2013). *MOOCs – Massive Open Online Courses. Offene Bildung oder Geschäftsmodell?* Münster, New York, Münster: Waxmann. http://www.waxmann.com/fileadmin/media/zusatztexte/2960Volltext.pdf [13.06.2014]

Sesink, W. (2007). Die Zukunft des Bildungsraums. *FIfF-Kommunikation*, 3/2007, 49–54.

Siemens, G. (2005). Connectivism: A Learning Theory for the Digital Age. *International Journal of Instructional Technology and Distance Learning,* 2(1), http://www.itdl.org/journal/jan_05/article01.htm [13.06.2014]

Wedekind, J. (2013). MOOCs – eine Herausforderung für die Hochschulen? In G. Reinmann, M. Ebner & S. Schön (Hrsg.), *Hochschuldidaktik im Zeichen von Heterogenität und Vielfalt* (S. 45–62). Bad Reichenhall: BIMS e.V. http://www.bimsev.de/n/userfiles/downloads/festschrift.pdf [13.06.2014].

Wenger, E. (1998). *Communities of Practice: Learning, Meaning, and Identity.* Cambridge: Cambridge University Press.

Tanja Jadin, Martina Gaisch

Enhanced MOOCs (eMOOCs)

Eine soziokulturelle Sichtweise auf die aktuelle MOOC-Landschaft

Zusammenfassung

Neben xMOOCs und cMOOCs wird an dieser Stelle ein weiteres Format von MOOCS, die sogenannten enhanced MOOCs (kurz eMOOCs) vorgestellt. Unter Berücksichtigung interkultureller Unterschiede sowie der Erweiterung des Lernraums in Richtung trialogisches Lernen soll die MOOC-Landschaft erweitert werden. Im Zentrum der eMOOCs stehen Lernende mit ihren individuellen Bedürfnissen, dem jeweiligen soziokulturellen Hintergrund und differenzierten Sichtweisen auf den Lerninhalt.

1 Bisherige MOOC-Umsetzungen – ein kurzer Überblick

Massive Open Online Courses (MOOCs) erfreuen sich großer Beliebtheit und werden als neues attraktives Lernangebot angepriesen, da sie aus wirtschaftlicher Perspektive neue Möglichkeiten für E-Learning Anbieter darstellen. Aus lerntheoretischer und didaktischer Sicht bieten MOOCs viel Altbekanntes, Lerninhalte werden präsentiert und anschließend abgeprüft. Auch die Einteilung in kurze Sequenzen ist seit dem Aufkommen von Microlearning nichts Neues. Insbesondere das Format der xMOOCs bietet traditionelles Lernen in Form von Videosequenzen und nachfolgendendem Quiz an. Die Angebote in einem Forum zu diskutieren und zu hoffen, dass viele Lernende partizipieren, ist seit der Implementierung der ersten Lernplattformen auch eher alter Wein in neuen Schläuchen als ein neues Lernkonzept. Dennoch können MOOCs Erfolge aufweisen, ziehen sie doch Lernende „massiv“ an.

Andere MOOC-Formate, wie die cMOOCs, nutzen vermehrt Web-2.0-Tools und fördern kollaboratives Lernen. Basierend auf der Idee des Konnektivismus wurden verschiedene MOOCs im deutschsprachigen Raum umgesetzt und evaluiert (Bremer, 2012). In Ergänzung dazu gibt es verschiedene Einsatzmöglichkeiten von MOOCs, allen voran wird das Format als Chance für Entwicklungsländer angesehen. So gibt es unter anderem nicht nur die vielzitierte Aussage von Daphne Koller, wonach afrikanische Länder von Online-Lernangeboten profitieren, sondern auch konkrete Einsatzszenarien von MOOCs in Flüchtlingscamps (Moser-Mercer, 2014), was den Eindruck hinterlässt, es handle sich bei MOOCs um ein Allheilmittel. Auch bei der Eröffnungsrede von Patrick Aebischer im Rahmen der eMOOC-Konferenz in Lausanne kam in Hinblick auf Afrika der Hinweis, dass diese Länder „thirsty for higher education" sind und dieser Wissensdurst ein erhebliches Potential für den Einsatz von MOOCs birgt (Aebischer, 2014). Hier stellt sich jedoch die Frage, wie Lerninhalte aufbereitet und präsentiert werden sollen. Wird auf individuelle Unterschiede Bedacht genommen und wie kann man Bestrebungen entgegenwirken, um Neokolonialismus vorzubeugen und interkulturellen Unterschieden gerecht zu werden. Nachfolgend wird ein MOOC-Konzept vorgestellt, welches Lernende in Hinblick auf kulturelle Unterschiede in den Vordergrund stellt und aus einer soziokulturellen Lernperspektive, nämlich dem trialogischen Lernen, beleuchtet.

2 Enhanced MOOCs (eMOOCs)

Die diversen MOOC-Konzepte können unterschiedlichen Lernansätzen zugeordnet werden. Während xMOOCs stark an behavioristisch orientiertes Lernen (Clarà & Barberà, 2013; Jadin & Gaisch, 2014) erinnern, werden cMOOCs einer konstruktivistischen Sichtweise bzw. dem Konnektivismus zugeschrieben. Enhanced MOOCs hingegen nehmen einen soziokulturellen Ansatz ins Visier, der sich einerseits vermehrt aus einer lerntheoretischen Perspektive, andererseits aus der kulturwissenschaftlichen Sichtweise zusammensetzt. Diese beiden komplementären Perspektiven werden kurz vorgestellt.

2.1 Kulturdimensionen und Standards

Dem Einfluss kultureller Unterschiede auf digitale Lehr-Lernszenarien wurde lange sehr wenig Beachtung geschenkt oder, wie im Falle von MOOCs, bis lang gar keine Bedeutung beigemessen. An dieser Stelle wird kurz auf die Differenzierung von Kulturdimensionen und Kulturstandards eingegangen, um dann eine Brücke zu schlagen, die für eine kulturell-sensible MOOC-Brille von Relevanz sein kann.

Während quantitative Kulturzugänge oft von Makro-Paradigmen geleitet werden, die sich mit gesellschaftsrelevanten Kulturdimensionen befassen (siehe House, 2004; Trompenaars, 1998; Hall & Hall, 1990; 1969; Hofstede, 2001; 1997) und in jüngerer Zeit das Hauptaugenmerk auf Kulturstandards (Utler & Thomas, 2010; Thomas, 2003; Thomas et al., 2003; Schroll-Machl, 2002) legen, gehen interpretative Mikrostudien oft von speziellen Settings aus, in denen soziale Akteure auf ihr emisches Kulturverständnis zurückgreifen und dadurch eine kontextualisierte und dynamische Sicht auf Kultur lenken, die nicht nur gesellschaftliche Normen, sondern auch Organisations- und Professionskultur miteinbezieht.

Was auffällt, ist, dass bei der Konzeptualisierung von MOOCs weder Dimensionen und Standards der Gesellschaftskultur herangezogen werden, noch andere Kulturaspekte eine prominente Rolle einnehmen.

Aus diesem Grund will der Ansatz von enhanced MOOCs (eMOOCs) eine holistische Herangehensweise anregen, in dem Bewusstsein, dass neue Interkulturen geschaffen werden, indem institutionelle, professionelle, strukturelle und ethnische Grenzen aufgezeigt werden, ohne jedoch Differenzierungen vorzuschreiben. Vielmehr sollen individuelle Wahrnehmungen dynamisch reflektiert und mit gesellschaftlichen Kulturen abgeglichen werden. Die Entstehung eines neuen kulturellen Raums, in dem das Wechselspiel von Kulturen im Bereich Lernen, Kommunizieren, Arbeiten, Reflektieren, aber auch gesellschaftliche Normen einen prominenten Platz einnehmen, ist das Ziel einer umfassenden Sicht auf MOOCs, um globales gemeinschaftliches Lernen weiter effektiv voranzutreiben.

2.2 Lerntheoretische Aspekte

In Ergänzung zu bekannten Lerntheorien wie Behaviorismus, Kognitivismus und Konstruktivismus wird seit einigen Jahren diskutiert, ob Konnektivismus (Siemens, 2004) eine weitere lerntheoretisch relevante Theorie darstellt (z.B. Clarà & Barberà, 2013). In diesem Zusammenhang gibt es auch Assoziationen zwischen MOOCs und lerntheoretischen Ansätzen. So werden etwa xMOOCs als eher behavioristisch und cMOOCs als konnektivistisch eingestuft (Clarà & Barberà, 2013; Jadin & Gaisch, 2014). Was jedoch bisher kaum diskutiert wurde, ist ein soziokultureller Ansatz basierend auf Vygotsky (1980), der im Kontext kollaborativen Lernens Bedeutung erlangt hat (Fischer, 2002). Lernen wird dabei nicht nur als ein individueller Prozess betrachtet, sondern als ein sozialer Prozess mit Einbeziehung von kulturellen Werkzeugen und Symbolen (Fischer, 2002; John-Steiner & Mahn, 1996; Kozulin, 2003). Entscheidend dabei ist die gemeinsame Wissenskonstruktion und nicht die individuelle Wissensakquisition. Neben den bekannten Publikationen von Scardamelia und Bereiter (1996) gibt es einen interessanten Ansatz des trialogischen Lernens von Paavola, Lipponen und Hakkarainen (2004). Trialogisches Lernen vereint die Konzepte der Cultural Historical Activity Theory (Vygotsky, 1980). mit den Arbeiten von Engeström (2001) (expansive learning), Nonaka und Takeuchis' (1995) Modell der Wissenskreation, sowie die Wissensgenerierung von Scardamelia und Bereiter (1996). Sie unterscheiden zwischen drei Metaphern, der *knowledge acquisition* (Lernens als Wissensaneignung), der *knowledge participation* (Lernen durch Partizipation) und der *knowledge creation* (kollaborative Wissensgenerierung). Die Wissensaneignung fokussiert auf Fakten und Konzepte im Rahmen einer individuellen Rekonstruktion von vorhandenem Wissen. Im Rahmen der Partizipation rückt der kollaborative Prozess der Wissensaneignung in den Vordergrund, wo gemeinsame Diskussionen und Aktivitäten eine zentrale Rolle spielen. Beim trialogischen Lernen spielen mehrere Komponenten zusammen: soziale Interaktionen zwischen Individuen und damit verbundene soziokulturelle Prozesse, persönliche Erfahrungen der Akteure sowie die jeweilige Arbeit in der Gruppe, welche rund um ein geteiltes Objekt bzw. Artefakt erfolgt. Um die Entwicklung neuen Wissens unter Verwendung diverser Artefakte geht es beim Prozess der Wissensgenerierung. Unter dieser Perspektive wird Lernen erweitert durch die Verwendung geteilter, unter anderem kulturell geformter, Artefakte. Dabei spielen beim trialogischen Lernen auch die Werkzeuge eine bedeutsame vermittelnde Rolle im Lernprozess. Die entscheidende Frage für MOOCs ist daher, wie eine kollaborative Wissensgenerierung gefördert und wie dieser Lernprozess basierend auf den kulturellen Unterschieden der Lernenden unterstützt werden kann.

3 Design-Prinzipien zur Gestaltung von eMOOCs

Das Format der eMOOCs stellt gezielt soziokulturelle Unterschiede von Lernenden in den Mittelpunkt mit einem zentralen Fokus auf kollaborative Wissensgenerierung im Zuge des Lernprozesses. In Zusammenhang mit dem Konzept trialogisches Lernen wurden im Rahmen des Projektes Knowledge Laboratory Practices (KP-Lab) Design-Prinzipien erarbeitet, welche kurz vorgestellt und als Referenzrahmen für eMOOCs diskutiert werden. In Tabelle 1 sind die sechs Design-Prinzipien nach Paavola, Lakkala, Muukkonen, Kosonen und Karlgren (2011) aufgelistet, welche zum Teil im Laufe des EU Projekts KP-Lab angepasst wurden. Die Design-Prinzipien wurden im Rahmen einer Studie von Lakkala et al. (2010) auf ihre Anwendbarkeit bei Lehr-Lernszenarien in Hochschulen untersucht.

Tab. 1: Design Principles of Trialogical Learning (Paavola et al., 2011)

DP 1	Organizing activities around shared "objects".
DP 2	Supporting integration of personal and collective agency and work through developing shared objects.
DP 3	Emphasizing development and creativity in working on shared objects through transformations and reflection.
DP 4	Fostering long-term processes of knowledge advancement with shared objects (artefacts and practices).
DP 5	Promoting cross-fertilisation of various knowledge practices and artefacts across communities and institutions.
DP 6	Providing flexible tools for developing artefacts and practices.

Das erste Design-Prinzip ist von entscheidender Bedeutung, indem es die Relevanz eines gemeinsam genutzten Objekts unterstreicht, um welchen sich die kollaborativen Aktivitäten drehen. Dabei betonen Paavola et al. (2011), dass ein Objekt ein Wissensartefakt sein kann, d.h. ein Dokument, ein Plan, ein Modell oder aber auch Wissensprozesse oder -praktiken. Gemäß dem zweiten Design-Prinzip findet im Rahmen kollaborativer Aktivitäten eine Interaktion zwischen der individuellen Expertise und der Aktivität in der Gruppe statt, wobei die Integration von persönlichem und kollektivem Handeln und der Arbeit von gemeinsam genutzten Objekten unterstützt wird. Das dritte Prinzip referenziert auf die Bedingungsfaktoren für die Wissenskonstruktion. Dabei spielt die Explikation impliziten Wissens ebenso eine Rolle wie die Bereitstellung verschiedener Tools zur Interaktion und die Bearbeitung des gemeinsamen genutzten Objekts (Paavola, 2011). Das vierte Design-Prinzip weist darauf hin, dass die Wissensgenerierung rund um ein gemeinsam genutztes Objekt eines längeren Zeitraums bedarf. Das kann einen Kurs, über mehrere Module hinweg stattfinden oder einen noch längeren Zeitraum in Anspruch nehmen. Unter Cross-fertilisation im fünften Prinzip wird die Interaktion von beteiligten Personen aus unterschiedlichen Organisationskulturen, Professionskulturen, aber auch diversen gesellschaftlichen Sozialisierungen verstanden. Dabei ist auch die authentische Verwendung von Wissensartefakten von wesentlicher Bedeutung. Dieses Prinzip betont die Auseinandersetzung von geteilten Artefakten außerhalb der eigenen Bildungsinstitutionen in der Zusammenarbeit mit anderen Communities. Als Beispiel sei hier das fallbasierte Lernen unter Einbeziehung von Experten genannt. Das letzte Design-Prinzip betont die Verwendung von Technologien bzw. Werkzeugen, welche die Gestaltung, das Teilen und die Weiterverwendung und Veränderung von geteilten Objekten ermöglichen (Paavola, 2011).

4 Konzeption und Gestaltung von eMOOCs

Betrachtet man die Design-Prinzipen als Referenzrahmen für die Gestaltung von eMOOCs, so können folgende Schlüsse gezogen werden. Ein gemeinsam genutztes Objekt kann in Rahmen von MOOCs vielseitig sein. So kann z.B. durch eine konkrete Aufgabenstellung die Entwicklung und Auseinandersetzung mit einem Wissensartefakt angeregt werden. Nehmen wir an, es handelt sich um einen MOOC-Kurs zur „Einführung in Web development". Zu Beginn des Kurses könnte gemäß des E-Moderationskonzepts von Gilly Salmon (2011) eine Sozialisationsphase stehen. Hierbei gibt es verschiedene Möglichkeiten. Um die Vorteile von Social-Media-Applikationen zu nutzen, kann einerseits die Vernetzung via Social-Media-Tools im Vordergrund stehen oder der Austausch einer virtuellen Visitenkarte. Die Vorstellung mittels einer virtuellen Visitenkarte sollte den jeweiligen soziokulturellen Hintergrund, die jeweilige Profession, die individuellen Erfahrungen, persönliche Eigenschaften, das

Vorwissen und die Erwartungen an den Kurs offenbaren. Damit könnte auch das zweite Designprinzip adressiert werden. In einer nächsten Phase könnte der Konzeptionierung eines geteilten Artefakts vermehrt Aufmerksamkeit zukommen. Dabei sollen die Lernenden des MOOC-Kurses in Gruppen z.B. eine Zeichnung zu einer Homepage, z.B. die Landing Page einer Non-Profit-Organisation erstellen (DP 1). Im Rahmen der Gruppenarbeit bringen Lernende ihre individuelle Sichtweise auf das Lernobjekt ein, wobei hier sowohl die jeweils gesellschaftliche Kultur, als auch professionskulturelle und epistemologische Sozialisierungen wesentlich einwirken. Unter Einbeziehung all dieser Faktoren kommt es im Rahmen der gemeinsamen Ausarbeitung letztendlich basierend auf den jeweiligen Kenntnissen, Erfahrungen und Perspektiven zu einer geteilten Sichtweise auf das Lernobjekt „Homepage" (DP 3). Dabei ist wesentlich anzumerken, dass diese geteilte Sichtweise eines langen Prozesses bedarf, währenddessen die sozialen Akteure Wertigkeiten kontextrelevant diskutieren und interpretieren und die Bedeutungsrelevanz dynamisch verhandeln. Dies würde bedeuten, dass das Lernen und Arbeiten rund um das Artefakt im Sinne des 4. Designprinzips immer wieder durch Einzelaufgaben in einen langfristigen Prozess mündet. Für die Ausarbeitung des Lernobjekts sind entsprechende Werkzeuge von Relevanz (DP 6), welche es ermöglichen, dieses zu bearbeiten, Anmerkungen zu hinterlassen, es zu verändern und zu transformieren. Entsprechende Werkzeuge sollten Lernenden vorgeschlagen werden. Hierbei kommen verschiedene Web-2.0-Medien zum Einsatz. Entscheidend für den Gruppenprozess und die Förderung der Wissenskonstruktion ist die Explikation impliziten Wissens, welches aber gerade bei interkulturellen Gruppen sehr schwer zugänglich ist. Deshalb ist es umso wesentlicher, Aufgaben über einen längeren Zeitraum zu bearbeiten, um zu ermöglichen, dass sich jede Person einbringen kann und somit das Lernobjekt effizient weiterentwickelt wird. Hier spielen wesentliche gruppendynamische Prozesse hinein, die kulturrelevante Sozialisierungen in Betracht ziehen und wesentliche Komponenten wie jene von kollektivistischen oder individualistischen Kulturen beinhalten. Für eine stimulierende Zusammensetzung der Lernenden in der Gruppe, und hier bieten MOOCs eine große Chance, stellt die Zusammenarbeit von Personen aus unterschiedlichen Institutionen mit unterschiedlichem soziokulturellem Hintergrund einen Mehrwert dar. In diesem Zusammenhang wäre es sinnvoll, gemäß des fünften Design-Prinzips, Feedbackgruppen einzubauen oder durch zusätzliche Einbindung von Experten ergänzende Sichtweisen in die jeweilige Gruppenarbeit einzubringen.

5 Zusammenfassung und Fazit

Das Potential von MOOCs liegt generell darin, dass nicht nur Lernende mit unterschiedlichem Vorwissen teilnehmen, sondern dass sich jene oft auch ganz wesentlich im Hinblick ihrer soziokulturellen sowie institutionellen Sozialisierung unterscheiden, und dadurch auch hinsichtlich ihrer Lernerfahrungen und Motivation. Was das Konzept von eMOOCs anlangt, so wird auf kollaborative Entwicklung sozial geteilter und kulturell geformter Artefakte besonders Bedacht genommen. Das kollaborative Lernen mit gemeinsam benutzten Objekten wird dabei im Sinne des trialogischen Lernens und mit einer kultursensiblen Brille als Mehrwert betrachtet, um die Wissenskonstruktion zu fördern. Das vorgestellte Beispiel stellt eine mögliche Umsetzung dar und soll zu weiteren Diskussionen im Bereich eines diversifizierten Ansatzes des Online-Lernens führen.

Enhanced MOOCs eröffnen nicht nur eine erweiterte Sicht auf die MOOC-Landschaft, sie richten auch verstärktes Augenmerk auf bislang wenig beachtete Dimensionen des Lernens und kultureller Aspekte, die sich nicht nur auf Makroparadigmen stützen, sondern auch auf kontextualisierte und interpretative Settings, und somit einen Kulturraum schaffen, der Diversität nicht nur duldet, sondern sie zu nutzen weiß.

Literatur

Aebischer, P. (2014). 20 MOOCs later: What have we learned? Keynote. *EMOOCs 2014, Lausanne.* Video verfügbar unter: http://www.youtube.com/watch?v=xxp1p-pqpls.

Bremer, C. (2012). Open Online Courses als Kursformat? Konzept und Ergebnisse des Kurses „Zukunft des Lernens“ 2011. In G. Csanyi, F. Reichl & A. Steiner (Hrsg.), *Digitale Medien – Werkzeuge für exzellente Forschung und Lehre* (S. 153–164). Münster: Waxmann.

Clarà, M & Barberà, E. (2013). Learning online: massive open online courses (MOOCs), connectivism and cultural psychology. *Distance Education, 34*(1), 129–136. http://dx.doi.org/10.1080/01587919.2013.770428.

Fischer, F. (2002). Gemeinsame Wissenskonstruktion – theoretische und methodologische Aspekte. *Psychologische Rundschau, 53*(3), 119–134.

Engeström, Y. (2001). Expansive learning at work: Toward an activity theoretical reconceptualization. *Journal of education and work, 14*(1), 133–156.

Hall, E. T. & Hall, M. R. (1969). *The hidden dimension* (Vol. 1990). New York: Anchor Books.

Hall, E. T. & Hall, M. R. (1990). *Understanding cultural differences* (Vol. 12). Yarmouth, ME: Intercultural press.

Hofstede, G., Hofstede, G. J. & Minkov, M. (1997). *Cultures and organizations*. New York: McGraw-Hill.

Hofstede, G. H. (2001). *Culture's consequences: Comparing values, behaviors, institutions and organizations across nations*. London: Sage.

House, R. J. & Javidan, M. (2004). Overview of GLOBE. *Culture, leadership, and organizations: The GLOBE study of, 62*, 9–28.

Jadin, T. & Gaisch, M. (2014). Extending the MOOCversity. A Multi-Layered and Diversified Lens for MOOC In U. Cress & C. Delgado Kloos, (Hrsg.), *Proceedings of the European MOOC Stakeholder Summit 2014* (S. 73–79).

Kozulin, A. (2003). Psychological Tools and Mediated Learning. In A. Kozulin, B. Gindis, V. S. Ageyev & S. M. Miller (Hrsg.), *Vygotsky's Educational Theory in Cultural Context* (S. 15–38). Cambridge: Cambridge University Press.

Lakkala, L., Ilomäki, L. Kosonen, K. Paavola S. & Muukkonen, H. (2010). Exploring the applicability of trialogical design principles for examining knowledge practices in education. In A. Morch, A. Moen & S. Paavola (Hrsg.), *Collaborative knowledge creation: Practices, tools and concepts,* http://www.knowledgepractices.info/wiki/index.php?title=Handbook_on_Trialogical_Learning.

Moser-Mercer, B. (2014). MOOCs in fragile contexts. In U. Cress & C. Delgado Kloos (Eds.), *Proceedings of the European MOOC Stakeholder Summit 2014* (S. 114–121).

Nonaka, I. & Takeuchi, H. (1995). *The knowledge-creating company: How Japanese companies foster creativity and innovation for competitive advantage*. London u.a.

Paavola, S. (2011). *Design Principles of Trialogical Learning.* KP-Lap Project Wiki. Online: http://kplab.evtek.fi:8080/wiki/Wiki.jsp?page=DesignPrinciplesOfTrialogicalLearning [30.3.2014].

Paavola, S., Lakkala,, M., Muukkonen, H., Kosonen, K. & Karlgren, K. (2011). The roles and uses of design principles for developing the trialogical approach on learning. *Research in Learning Technology, 19*(3), 233–246.

Paavola, S., Lipponen, L. & Hakkarainen, K. (2004). Models of Innovative Knowledge Communities and Three Metaphors of Learning. *Review of Educational Research, 74*(4), 557–576.

Salmon, G. (2011). *E-Moderating. The Key to Teaching and Learning Online* (3rd edition). New York, NY: Routledge.

Scardamalia, M. & Bereiter, C. (1996). Computer Support for Knowledge Building Communities. In T. Koschmann (Hrsg.), *CSCL: Theory and Practice of an Emerging Paradigm.* (S. 249–268). Mahwah, N.J.: Lawrence Erlbaum Associates.

Schroll-Machl, S. (2002). *Die Deutschen – Wir Deutsche: Fremdwahrnehmung und Selbstsicht im Berufsleben*. Göttingen: Vandenhoeck & Ruprecht.

Siemens. G. (2004). Connectivism: A Learning Theory for the Digital Age. *elearningspace*. Online: http://www.elearnspace.org/Articles/connectivism.htm.

Thomas, A. (2003). Kultur und Kulturstandards. In A. Thomas, S. Kammhuber & S. Schroll-Machl (Hrsg.), *Handbuch Interkulturelle Kommunikation und Kooperation, 1*, (S. 19–31). Göttingen: Vandenhoeck & Ruprecht.

Thomas, A., Schroll-Machl, S., Kammhuber, S. & Kinast, E. U. (Hrsg.). (2009). *Handbuch Interkulturelle Kommunikation und Kooperation: Band 1 und 2 zusammen* (Vol. 1). Göttingen: Vandenhoeck & Ruprecht.

Trompenaar, F. & Hampden-Turner, C. (1998). *Riding the waves of culture: Understanding diversity in global business.* Nueva York: McGraw Hill.

Vygotsky, L. S. (1980). *Mind in society: The development of higher psychological processes.* Harvard: University press.

Utler, A. & Thomas, A. (2010). Critical Incidents und Kulturstandards. In J. Straub, A. Weidemann & S. Nothnagel (Hrsg.), *Wie lehrt man interkulturelle Kompetenz*, (S. 317–331). Bielefeld: transcript.

Matthias Uhl, Jörn Loviscach

Abstrakte Räume und unterschwellige Signale

Neue Sichten auf das Phänomen „MOOC“ (Visionen & Konzepte)

Zusammenfassung

Bei „Lernräumen“ denkt man zunächst an Hörsäle und Bibliotheken. Was aber mehr und mehr zählt, sind medial im Internet generierte Lernräume und damit verbundene weitere Handlungsräume, die analog zu Marktplatz, Bühne und Rennstrecke funktionieren, insbesondere in den massiven offenen Online-Kursen (MOOCs). Um sich in diesen Räumen zu positionieren, senden die Akteure Signale – insbesondere sogenannte „teure Signale“ nach Art der (scheinbar) unnötig aufwändigen Federn eines Pfaus – über die Leistungsfähigkeit als Institution, Dozent oder Lerner sowie Signale über das Verständnis von Bildung. Diese Art der Betrachtung erhellt einige scheinbar paradoxe Effekte.

1 Einleitung

Vordergründig geht es bei den MOOCs – insbesondere den xMOOCs – darum, Bildung und Ausbildung zu „transportieren“. Man sollte aber nicht nur fragen, was die Menschen mit dem Medium machen, sondern auch, was das Medium mit den Menschen macht. Eine Antwort aus dem ausgehenden letzten Jahrtausend – „People's responses to media are fundamentally social and natural.“ (Reeves & Nass, 1996: 251) – bietet sich vor diesem Hintergrund als lohnender Ansatzpunkt für Analysen an. Die massiven offenen Online-Kurse (MOOCs), ihre Anbieter und ihre Nutzer vermitteln neben den offensichtlichen Inhalten mächtige Botschaften, die unterschwellig, aber intensiv auf das Bildungssystem einwirken.

Um die Signale und ihre Effekte zu gliedern, verwendet dieser Beitrag die Metapher von Räumen, und zwar Lernräumen, die vor allem durch die elektronische Unterstützung zu weltweiten Handlungsräumen geworden sind. Drei dieser Räume werden diskutiert: der Marktplatz, auf dem MOOCs um Aufmerksamkeit buhlen, die Bühne, in dem die Lehrenden sich und ihre Lehre inszenieren, und die Rennstrecke, auf der die Teilnehmenden miteinander konkurrieren.

2 Marktplatz

Coursera[1] und edX[2] mit ihren Sammlungen von MOOCs sind Marktplätze – jedoch solche Marktplätze, auf denen im Wesentlichen (noch?) nicht mit Geld bezahlt wird, sondern mit Aufmerksamkeit. Es drängt sich die Frage auf, warum Institutionen, die normalerweise Bildungsangebote gegen Geld verkaufen, hier scheinbar anders handeln.

Eine ressourcenzentrierte Analyse bringt Licht ins Dunkel. Unser Werkzeug dazu ist die Theorie des „costly signaling" aus Biologie und Ökonomie (Zahavi, 1975; Zahavi & Zahavi, 1998; Gintis et al., 2005). Das Musterbeispiel der Biologen ist ein prächtiger Pfau. Dessen Federkleid ist ein fälschungssicherer Indikator für genetische Qualitäten (Petrie, 1994). Dieses Gefieder würde einen weniger fitten Vogel zur leichten Beute für Raubfeinde machen. Man spricht von „teuren Signalen", weil diese nur durch einen massiven Einsatz von Ressourcen erzeugt werden können – der entscheidende Aspekt für die Fälschungssicherheit. Auch *unsere* Kultur bedient sich dieser Technik.

Die Anbieter von MOOCs wenden Ressourcen für Vorbereitung, Produktion, Technik und Betreuung auf – ohne große Chance, dafür direkt finanziell entschädigt zu werden. Die Theorie des „costly signaling" führt zur Hypothese, dass es strategisch (ob bewusst oder unbewusst!) nicht in erster Linie um die Teilnehmer geht. Diese sind nur Mittel zum Zweck, um die Leistungsfähigkeit der jeweiligen Alma mater weltweit in den Medien sichtbar zu machen. Die Adressaten dieser Signale sind also nicht nur die MOOC-Teilnehmer, sondern vor allem die Leser etwa von Time Magazine und ZEIT, insbesondere potenzielle Großspender, die Eltern von zukünftigen Studierenden und die späteren Arbeitgeber. Es geht um Reputation und anderes symbolisches Kapital (Bourdieu, 1993). Münch (2009, S. 155) schrieb schon vor den xMOOCs: „Monetäres Kapital muss in exklusive akademische Luxusgüter investiert werden, um den Wert des symbolischen Kapitals zu steigern. Dieses aufgewertete symbolische Kapital kann wieder genutzt werden, um die Schenkung von höheren Geldsummen zu erreichen usw."

Auch andere Bildungsanbieter sind Adressaten dieser teuren Signale: Durch – zunächst – kostenlose Angebote lässt sich etwaige Konkurrenz bereits im Vorfeld abschrecken, ohne dass man wegen Dumping belangt werden könnte. Und Anbieter am unteren Ende der akademischen Hackordnung können sich mit den Federn der Ivy-League-Universitäten schmücken. Dies ist eine mögliche Interpretation für die Nutzung von an den letzteren produzierten MOOCs an weniger prestigeträchtigen Universitäten und an Community Colleges.

1 https://www.coursera.org/
2 https://www.edx.org/

Auf die Frage, ob sich MOOCs „nachhaltig" finanzieren ließen, gibt es damit eine scheinbar paradoxe Antwort: Die Ivy-League-Universitäten veranstalten die MOOCs nicht, weil sich damit (direkt) Geld verdienen lässt, sondern weil sich damit *kein* Geld verdienen lässt. Zumindest in den Jahren 2012 und 2013 war der mediale Effekt größer als jener der bisherigen teuren Maßnahmen wie dem Anwerben von Nobelpreisträgern. Deren Zahl wirkt sich medial eher indirekt aus, zum Beispiel über das Shanghai-Ranking (ARWU, 2014).

Sollten auch durchschnittliche Universitäten MOOCs anbieten, ginge der Signalwert „exzellenter" Leistungsfähigkeit verloren. Der Effekt der teuren Signale wird allerdings schon jetzt konterkariert: Erstens treten die Plattformen, insbesondere Coursera und edX, in den Vordergrund. Das Schlagwort „Amazonification" drängt sich auf: Die Plattform wird zum Herrscher auf einem zweiseitigen Markt. Zweitens gibt es aktuell (Mitte Mai 2014) den Trend, MOOC-artige Formate als preiswerte Weiterbildung zu offerieren. Viele Kurse des MOOC-Anbieters Udacity[3] werden nur noch von Firmenvertretern angeleitet. Mit verspielter grafischer Gestaltung der Webseite und einer Geld-zurück-Garantie setzt sich Udacity vom Premium-Segment ab.

Es wird spannend sein zu sehen, inwieweit auch die Ivy-League-Universitäten „echte" Zertifikate für wenig Geld anbieten. So hat die Harvard Business School eine zweimonatige, 1.500 US-Dollar teure Weiterbildung namens HBX gestartet[4]. Dies kann einen durchschlagenden Effekt auf die Reputation von Harvard-Titeln haben – muss aber nicht: Die massenhafte Verbreitung von iPods und iPhones hat dem Elite-Image des Computerherstellers Apple offensichtlich nicht geschadet. Eine emotional stark aufgeladene Marke kann diese Diskrepanz vielleicht tragen.

3 Bühne

Die Rezeption der MOOC-Videos stellt überraschenderweise eine ganz andere Situation dar als die in Abschnitt 2 behandelte Auswahl. Untersuchungen zur Nutzung (siehe zum Beispiel Guo et al., 2014) legen nahe, dass sich eine auf den ersten Blick teure Produktion nicht auszahlt. Die Nutzer fühlen sich eher von Produktionen angesprochen, die ein Gefühl von Authentizität vermitteln. Der Dozent erscheint als menschliches Gegenüber, vielleicht sogar, indem er wie der Stanford-Physiker Leonard Susskind ungezwungen Plätzchen kaut oder einen Apfel isst.[5]

---

3 https://www.udacity.com/
4 http://www.hbs.edu/news/releases/Pages/hbs-launches-first-online-offering-hbx.aspx
5 siehe zum Beispiel ab 55:30 in http://youtu.be/SwhOffh0kEE

Das Open-Air-Konzert, das ein MOOC faktisch darstellt, muss sich als Gespräch unter vier Augen verkaufen. Das von Richard Mayer (2009) als lernwirksam benannte „Personalization Principle" scheint in den sogenannten Khan-Style-Videos[6] perfekt umgesetzt. Dort schaut man auf einen (oft rein elektronischen) Notizzettel mit live entstehenden, ungelenken Handskizzen und lauscht dem Erklärer. Dies scheint einen persönlichen Bezug zu vermitteln – möglicherweise die „parasoziale Beziehung" der Medienwissenschaften (Vorderer & Schmitz, 1996).

Video-Studiotechnik ist wohl so allgegenwärtig geworden, dass sie nicht mehr als zuverlässiger Indikator für die Qualität eines Projekts wahrgenommen wird. Möglicherweise ist gerade das Vermeiden einer gestylten Oberfläche im Bildungskontext attraktiv, weil es als individuell und persönlich wahrgenommen wird. Bei einem zigtausendfach angeklickten Video ist dies natürlich eine pure Illusion. Aber auch eine Illusion kann sehr wirkungsvoll sein, wie in der Medizin die Placebos zeigen.

Die MOOC-Technik erlaubt, jeden Klick von Hunderttausenden von Nutzern nachzuvollziehen („Learning Analytics"). Mit Sekundenauflösung lassen sich zum Beispiel Wahrscheinlichkeiten bestimmen, mit denen Nutzer aussteigen (Kim et al., 2014). Solche Daten werden in Zukunft wohl benutzt, um ein maximal involvierendes Format zu schaffen, also insbesondere, um trotz Massenbetrieb das Authentische zu suggerieren. Andere Industrien betreiben schon lange ein solches „Impression Management", man denke nur an in der Fabrik abgewetzte Jeans und Joghurtbecher mit scheinbar handgeschriebenen Etiketten. Vielleicht werden demnächst Khan-Style-Videos minutiös nach Drehbuch gemacht – samt Versprechern.

„Handgemachte" Videos stehen in eklatantem Widerspruch zum Einsatz von MOOCs zur Steigerung oder Wahrung von Reputation. Wie die Autoren wissen, wird deshalb an Hochschulen, die Reputation zu verlieren haben, kontrovers über den öffentlichen Einsatz von Khan-Style-Videos diskutiert. Um trotz eines solchen (scheinbar?) unaufwändigen Formats den Einsatz zu demonstrieren, werden die MOOC-Produzenten nach anderen Wegen suchen: „Behind the scenes"-Berichte bieten sich an, um die Vielzahl an beteiligten Akteuren zu zeigen, ebenso Sequenzen, in denen beiläufig, aber wohlplatziert Supercomputer oder ein nobler Campus auftauchen. Schon jetzt gibt es Vortragsaufzeichnungen vor schönen Kulissen mit attraktiven Statistinnen und Statisten als „Publikum".[7]

6 Salman Khan führt seinen Stil hier vor: http://youtu.be/Ohu-5sVux28

7 Siehe http://chronicle.com/blogs/bottomline/u-of-phoenix-lectures-by-clay-christensen-redefine-model-students/

4 Rennstrecke

Im Rahmen der MOOCs besteht auch für Teilnehmer die Möglichkeit, als Signalgeber in Aktion zu treten – zum einen in den begleitenden Foren und zum anderen im wirklichen Leben, wo der Verweis auf Kurse im Kontext der Berufstätigkeit wichtig sein kann.

In den meisten MOOCs besteht keine Pflicht, aktiv am Forum teilzunehmen. Der größte Teil der Teilnehmer tritt dort nicht in Erscheinung; es gibt aber einige „Superposter" (siehe etwa Huang et al., 2014). Sie treten in einen Wettstreit in Sachen Generosität/Altruismus ein. Außer dem Respekt der Kursgemeinschaft gab es ursprünglich keinen Anreiz dafür. Inzwischen werden Spitzenreiter mit speziellen Badges oder mit der Teilnahme an Videochats gelockt – oder mit der Rolle eines „Community Teaching Assistant" in zukünftigen Auflagen des Kurses. Das massive Posten zeigt, dass hier ein Mensch mit Zeit, intellektuellen Ressourcen und der Bereitschaft ist, eine Sache voranzubringen beziehungsweise anderen zu helfen.

Die biologische Formulierung des „Costly Signaling" geht auf eine Situation bei sozial lebenden Vögeln zurück (Zahavi, 1975), die diesem Verhalten im digitalen Interaktionsraum sehr ähnlich ist. Bei den Graudrosslingen hängt die Stellung eines Tiers davon ab, wie lange es über die fressende Gruppe wacht und dazu währenddessen selbst auf Nahrungsaufnahme verzichtet. Analog hierzu gewinnen auch die Helfer im Chat durch ihre Aktivität nichts hinzu, außer – und hier fehlen Untersuchungen – Bekanntheit und Respekt in der Gemeinschaft.

Das Signalverhalten der Teilnehmer kann jedoch auch auf den Alltag zielen. In MOOCs erworbene Zertifikate weisen den Inhaber als medienkompetent, intrinsisch motiviert und gut fortgebildet aus. Wer durch das Belegen von MOOCs Einsatz dokumentiert, hat bessere Chancen auf dem Arbeitsmarkt, nicht unbedingt durch das erworbene Wissen, sondern durch das glaubhafte, weil teure Signal überdurchschnittlichen Engagements. In Wettlauf um knappe Arbeitsplätze könnte das „lebenslange Lernen" auf eigene Kosten in der Freizeit zu einer ungeschriebenen Pflicht werden, analog zu den bisherigen unbezahlten Praktika.

In einem vergleichbaren Wettlauf stehen die Lehrenden und Mitarbeiter der Kurse. Sie arbeiten oft gratis oder zumindest unter Preis, um die Ehre zu haben, mit einem optimalen MOOC an die Weltöffentlichkeit zu gehen. Alle, die unter solchen Bedingungen arbeiten, schließen eine Wette ab, dass ihnen dieses Engagement in irgendeiner Weise nützen wird. Man weiß sich in einem Rennen um rare Professuren und rare Mitarbeiterstellen. Es wäre interessant zu untersuchen, inwieweit der Beschäftigungsstatus negativ mit der Beteiligung an MOOC-Produktionen korreliert.

5 Fazit

MOOCs nur aus der Perspektive der (Aus-)Bildung zu sehen, greift zu kurz. Einige scheinbar widersprüchliche Verhaltensweisen lösen sich durch die Analyse mit Hilfe von Signalen auf. Außerdem treten inhärente Konflikte deutlicher zu Tage: Zum Beispiel kommen Khan-Style-Videos beim Publikum an, sind aber augenscheinlich nicht reputationsförderlich.

Dass die MOOCs Signale an jedermann senden – insbesondere an Entscheidungsträger in Bildung und Politik – wird nicht ohne Effekt bleiben: Was in den MOOCs als Bildung inszeniert wird, gerät in Form und Inhalt zum Idol für alle Institutionen. Es drohen Kollateralschäden für die Lernenden und Lehrenden an den Institutionen jenseits der Ivy League: „Yale's attitude (and every other top university's attitude) toward what those universities are inherently about is seriously harming the education of every high school student and almost every college student in the country. Yale doesn't know that it's doing this." (Schank, 2011, S. 186)

Literatur

ARWU (2014). *About Academic Ranking of World Universities.* Abgerufen von http://www.shanghairanking.com/aboutarwu.html.

Bourdieu, Pierre (1993). *Die verborgenen Mechanismen der Macht.* Frankfurt am Main: Suhrkamp.

Gintis, H., Bowles, S., Boyt, R. T. & Fehr, E. (2005). *Moral sentiments and material interests: the foundations of cooperation in economic life.* Cambridge: MIT Press.

Guo, P. J., Kim, J. & Rubin, R. (2014). How video production affects student engagement: an empirical study of MOOC videos. *Learning@Scale* (S. 41–50).

Huang, J., Dasgupta, A., Ghosh, A., Manning, J. & Sanders, M. (2014). Superposter behavior in MOOC forums. *Learning@Scale* (S. 117–126).

Kim, J., Guo, P. G., Seaton, D. T., Mitros, P., Gajos, K. Z. & Miller, R. C. (2014). Understanding in-video dropouts and interaction peaks in online lecture videos. *Learning@Scale 2014* (S. 31–40).

Mayer, R. E. (2009). *Multimedia learning.* Second Edition. Cambridge: Cambridge University Press.

Münch, R. (2009). *Globale Eliten, lokale Autoritäten. Bildung und Wissenschaft unter dem Regime von PISA, McKinsey & Co.* Frankfurt am Main: Suhrkamp.

Petrie, M. (1994): Improved growth and survival of offspring of peacocks with more elaborate trains. *Nature 371*, 598–599.

Reeves, B. & Nass, C. (1996). *The media equation.* Cambridge: Cambridge University Press.

Vorderer, P. & Schmitz, H. (1996). *Fernsehen als Beziehungskiste.* Opladen: VS Verlag für Sozialwissenschaften.

Schank, R. (2011). *Teaching minds: how cognitive science can save our schools.* New York: Teachers College Press.
Zahavi, A. (1975). Mate selection – a selection for a handicap. *Journal of Theoretical Biology 53*, 205–214.
Zahavi, A. & Zahavi, A. (1998). *Das Handicap-Prinzip.* Frankfurt am Main: Insel.

Alexander Tillmann, Jana Niemeyer, Detlef Krömker

„Im Schlafanzug bleiben können" – E-Lectures zur Diversifizierung der Lernangebote für individuelle Lernräume

Zusammenfassung

Individuelle Lernräume für Studierende zu ermöglichen ist eine Reaktion von Hochschulen auf gesellschaftliche Veränderungsprozesse. Überfüllte Hörsäle, heterogene Lebensanforderungen und -weisen bewirken, dass E-Lectures (Veranstaltungsaufzeichnungen) heute ein etabliertes Element zur Diversifizierung der universitären Lernangebote darstellen. Im vorliegenden Beitrag beschreiben wir auf Grundlage einer empirischen Studie Nutzungsmuster, Verhaltensweisen sowie Lerneffekte von Nutzergruppen unterschiedlicher fachlicher Leistungsfähigkeit im Umgang mit E-Lectures. Die Ergebnisse zeigen, dass E-Lectures als adäquates Mittel zum Zwecke der Erschaffung individueller Lernräume fungieren und damit einen wichtigen, unterstützenden Beitrag im Lernprozess vieler Studierender spielen.

1 Einleitung

E-Lectures haben sich im Lehrbetrieb der Goethe-Universität etabliert. Seit dem Sommersemester 2010 werden hier Veranstaltungen aufgezeichnet und den Studierenden über das E-Lecture-Portal – zusätzlich zur regulären Lehrveranstaltung – zur Verfügung gestellt. Die fortschreitende Ausdifferenzierung des Lehr- und Lernbetriebs wirft dabei weitreichende Fragen zum Einsatz, Nutzen und der Wirksamkeit auf den Lernprozess im Hochschulbereich auf. Im Zentrum der vorliegenden Untersuchung steht die Frage nach individuellem Lernverhalten mit E-Lectures und Nutzungsmustern sowie deren Effekte auf studentische Lernleistungen. Dabei sollen Chancen und Risiken bei der Nutzung und dem Lernen mit E-Lectures identifiziert und Hypothesen, wie erfolgreiches Studieren mit E-Lectures gelingen kann, abgeleitet werden.

Das Forschungsinteresse an voranschreitenden Individualisierungsprozessen (vgl. u.a. Schroer, 2001) und den damit einhergehenden Nutzungsanforderungen sich weiter ausdifferenzierender Lebenswelten sowie Ansprüche und vermeintliche Bedarfe der so genannten *NetGeneration* (Tapscott, 2008) bilden den Hintergrund der Untersuchung und werfen Fragen nach der Funktion von

E-Lectures zur Gestaltung individueller Lernräume auf. Dieser Generation[1] wird aufgrund ihres Aufwachsens in einer sich technologisch rasant verändernden und vernetzten Welt nachgesagt, dass sie anders denkt, lernt sowie andere soziale Eigenschaften entwickelt als ihre Vorgängergenerationen es je taten, und zugleich andere Erwartungen an das Leben stellt (vgl. Jones & Shao, 2011, 3). Dies bezieht sich auch auf die Wahl des Lernraums, wie eine Studierende auf die Frage nach Mehrwerten des E-Lecture-Angebotes im Freitext anmerkt (siehe Zitat im Beitragstitel „Im Schlafanzug bleiben können"). Gleichzeitig kann bei der Generation nicht ohne weiteres von einem hohen Maß an Medienkompetenz ausgegangen werden (vgl. Schulmeister, 2009).

Der Beitrag baut mit einer differenzierten Betrachtung von Mehrwerten und Risiken bei der Nutzung von E-Lectures auf bestehende Forschungsergebnisse auf. Speziell im Fokus stehen mit den Fragestellungen zur individuellen Nutzung von Veranstaltungsaufzeichnungen, der Beschreibung von wahrgenommenen Vorteilen bei der Gestaltung der eigenen Lernräume in unterschiedlichen Lebens- und Lernsituationen sowie der Analyse von Nutzungsmustern verschiedener Nutzergruppen in Verbindung mit Lerneffekten in aktueller Literatur beschriebene Forschungsdesiderata zur Nutzung von E-Lectures im akademischen Bereich. Damit adressiert er eine Reihe von Forschungsfragen, zu denen Ergebnisse nur in geringem und weniger differenziertem Maße sowie mit vergleichsweise geringen Stichprobenzahlen vorliegen (vgl. u.a. die Review-Artikel von Kay, 2012; Heilesen, 2010).

2 Methoden

Als Evaluationsinstrument wurden schriftliche Befragungen via Fragebögen eingesetzt. Die Studierenden wurden in den Präsenzsitzungen mit papierbasierten Fragebögen befragt und die zum Befragungstermin nicht anwesenden Studierenden erhielten Online-Fragebögen via E-Mail oder über das Videoportal. Das Antwortverhalten wurde überwiegend auf sechsstufigen Likert-skalierten Items erfasst und durch Fragen im offenen Antwortformat ergänzt. Zur Beantwortung zentraler Fragen nach Einschätzungen von Lerneffekten und individueller Fachkompetenz unterschiedlicher Nutzergruppen wurde auf etablierte Erhebungsinstrumente zurückgegriffen.

1 Dabei sind die Termini für die Generation, die in einer zunehmend digitalisierten Umwelt aufwuchsen und -wachsen, inzwischen zahlreich. Es wird vornehmlich gesprochen von der NetGeneration (Tapscott, 2008), den digital natives (Prensky, 2001), dem Homo Zappiens (Veen, 2003) oder der Generation Y (u.a. Jorgensen, 2003).

2.1 Videomaterial und Stichprobe

Im Wintersemester 2013/14 wurden an der Goethe-Universität Frankfurt 77 Vorlesungen (Vortragsserien) aus fast allen Fächern aufgezeichnet. Etwa 40% der Vortragsserien sind mit inzwischen etwa 4.000 Stunden E-Lectures öffentlich über das Videoportal abrufbar.[2] Die Vorlesungsaufzeichnungen werden hier in unterschiedlichen Formaten für zuhause oder unterwegs angeboten. Die Entwicklung der Vorlesungsaufzeichnungen seit dem WS 2010/11 ist in Abb. 1 dargestellt.

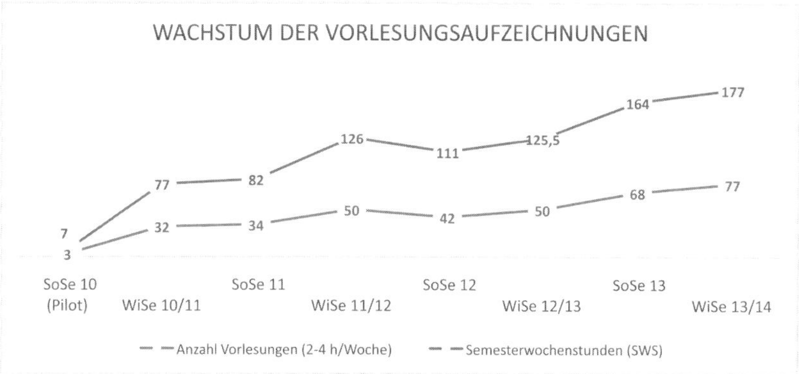

Abb. 1: Wachstum nach Veranstaltungen und Semesterwochenstunden (SWS)

An der vorgestellten Studie nahmen insgesamt 3.281 Studierende der Goethe-Universität teil, die im Wintersemester 2013/14 Veranstaltungen besuchten, in denen E-Lectures aufgezeichnet wurden. Dabei stammen 1.704 ausgefüllte Fragebögen aus den naturwissenschaftlichen und 1.577 aus den geisteswissenschaftlichen Fachbereichen. Der Anteil der weiblichen Studierenden beträgt 51%. Die meisten befragten Studierenden (87%) befinden sich im ersten bis dritten Fachsemester und haben ein Alter unter 24 Jahren.

2.2 Erhebung individueller Fachkompetenz

Zur differenzierten Betrachtung von Zusammenhängen zwischen unterschiedlichen Nutzungsmustern und fachbezogenen Leistungseinschätzungen werden Angaben zu individuellen Fachkompetenzen in Anlehnung an das Verfahren nach Braun et al. (2008) über Selbsteinschätzungen erhoben. Das Instrument

2 Das E-Lecture-Portal ist über die folgende Internetadresse zugänglich: http://electure.studiumdigitale.uni-frankfurt.de.

misst die selbsteingeschätzte Kompetenz als einen Indikator für erfolgreiches Lernen. Die Studierenden wurden danach gefragt, was sie zum Zeitpunkt der Befragung können (Kompetenzzustand). Ein Lernerfolg ist dann erreicht, wenn Studierende den Gegenstandsbereich der Veranstaltung verstanden haben und anwenden können.

Standardisierte Tests zur Erfassung hochschulrelevanter Kompetenzen liegen bisher nicht vor. Daher fehlen systematische Untersuchungen zur Validität von Selbsteinschätzungen eigener Kompetenzen im Hochschulbereich, die über Vergleiche von Testergebnissen und Selbsteinschätzungen zu eruieren wären. Studien zur Validität von Selbsteinschätzungen von Personeneigenschaften zeichnen diesbezüglich aber ein positives Bild. So stellten z.B. Gosling, John, Craik und Robins (1998) sowie Spain, Eaton und Funder (2000) fest, dass Selbsteinschätzungen persönlicher Eigenschaften oder Verhaltensweisen oft sehr gute Prädiktoren für alternative Messungen derselben Konstrukte waren, obwohl die Genauigkeit der Selbsteinschätzungen über Individuen, Kontexte und das gemessene Konstrukt hinweg variierte. Darüber hinaus resümieren Lucas und Baird (2006) im Hinblick auf Selbstauskünfte: „Although errors surely do occur, they often do not severely limit the validity of the measures“. Zusammenfassend stellen Klieme, Artelt und Stanat (2002) heraus, dass „Selbstauskünfte … bei Jugendlichen und Erwachsenen durchaus ein gültiges Bild über zentrale Aspekte ihrer […] Kompetenz“ abgeben (ebd., S. 215). So gehen wir vorerst davon aus, dass die Selbsteinschätzungen der Studierenden einen validen Indikator für Kompetenzerwerb darstellen. Die Ergebnisdaten geben damit auch Auskunft über den *Outcome*, d.h. über den Erfolg eines Lernarrangements zur Vermittlung der Fachinhalte durch selbsteingeschätzte Kompetenzen der Studierenden.

Einzelne Items der Skala zur Erfassung der Fachkompetenz nach Braun et al. (2008) wurden leicht verändert und anschließend hinsichtlich der Gütekriterien der klassischen Testtheorie überprüft. Die Konstruktvalidität der Skala konnte bestätigt werden. Tabelle 2 zeigt die Itemkennwerte.

Tab. 2: Itemkennwerte der Skala zur Einschätzung der eigenen Fachkompetenz

Item Nr.	Formulierung	MW	SD	rit / α	a1
1	Ich kann wichtige Begriffe/Sachverhalte aus dieser Lehrveranstaltung wiedergeben.	4,25	1,13	,78	,86
2	Ich kann einen Überblick über das Thema der Lehrveranstaltung geben.	4,49	1,12	,73	,82
3	Ich kann komplizierte Sachverhalte aus dieser Lehrveranstaltung anschaulich darstellen.	3,71	1,22	,81	,88
4	Ich kann eine typische Fragestellung des Gegenstandsbereiches dieser Lehrveranstaltung bearbeiten.	4,20	1,17	,77	,85
5	Ich kann Widersprüche und Ähnlichkeiten der Lerninhalte (bspw. Widersprüche zwischen verschiedenen Modellen oder Verfahren etc.) dieser Lehrveranstaltung herausarbeiten.	3,93	1,17	,72	,81
6	Ich kann die Qualität von Fachartikeln zum Thema dieser Veranstaltung gut beurteilen.	3,50	1,25	,53	,69
Gesamtskala	**Fachkompetenz (Mittelwert der Items 1–6)**	**4,02**	**0,97**	**,91**	

Erläuterung: MW = Mittelwert, SD = Standardabweichung, rit = Trennschärfe, α = Cronbach's Alpha, a1 = Ladung auf dem ersten Faktor (Fachkompetenz), Kodierung der Beurteilungsskala von „trifft nicht zu“ = 1 bis „trifft zu“ = 6.

Eine konfirmatorische Faktorenanalyse mittels Hauptkomponentenmethode sollte zeigen, ob eine eindimensionale Struktur der Skala zugrunde liegt, was bedeuten würde, dass die Antworten der Studierenden wahrscheinlich auf eine gemeinsame Dimension zurückzuführen sind. Die Hauptkomponentenanalyse ergab, dass alle Items hoch auf einen Faktor laden (vgl. Tab. 1), der 67,4% der Gesamtvarianz aufklärt und als „Fachkompetenz“ bezeichnet wird. Die eindimensionale Faktorenstruktur der sechs Items legt nahe, zur Beurteilung der eigenen Fachkompetenz – als Indikator für Lernerfolg – das arithmetische Mittel aus den sechs Items zu bilden. Zur Bestimmung der Messgenauigkeit der Skala wurde die interne Konsistenz mit Hilfe von Cronbach's α berechnet. Fisseni (1990, S. 102) spricht ab Werten von α = ,90 von hohen Reliabilitäten. Die interne Konsistenz der Skala „Fachkompetenz“ liegt demnach mit Cronbach's α = ,91 im hohen Bereich (vgl. Tab. 2).

Zur weiteren Analyse von Nutzungsmustern der Studierenden in Abhängigkeit von ihrer Fachkompetenz wurden drei Nutzergruppen gebildet. Dazu wurde der Wertebereich der Skala zwischen 1 (geringe Kompetenz) und 6 (hohe Kompetenz) in drei gleich große Wertebereiche aufgeteilt.

2.3 Methode zur Auswertung der Freitextantworten

Um der Frage nachzugehen, welche Möglichkeiten zur Gestaltung individueller Lernräume mit Hilfe der Vorlesungsaufzeichnungen besonders hervorgehoben werden, wurden die Freitextantworten zu Stärken des Angebotes in einem qualitativen Verfahren nach Legewie (1994) ausgewertet. Die in diesem Analyseprozess gewonnenen Kategorien bilden die zentralen Aspekte bei der Nutzung der eLectures ab. Dabei wurden die Aussagen der Studierenden getrennt nach unterschiedlichen Nutzergruppen erfasst, um gruppenspezifische Nutzungsmuster herauszuarbeiten.

Die Gruppenaufteilung wurde nach den Angaben zum Item 3 der Fachkompetenzskala durchgeführt (vgl. Tab. 2). Die Einschätzungen zu der Aussage des Items 3, „Ich kann komplizierte Sachverhalte aus dieser Lehrveranstaltung anschaulich darstellen", kann als ein Indikator in einem höheren kognitiven Anforderungsbereich interpretiert werden, d.h. Studierende mit hohen Itemwerten schätzen ihre Kompetenz, Sachverhalte aus der Veranstaltung verstanden zu haben und erklären zu können, hoch ein. Die Selbsteinschätzungen konnten auf einer sechsstufigen Likert-Skala angegeben werden, die Endpunkte waren mit 1 = „trifft nicht zu" bis 6 = „trifft zu" gekennzeichnet. Studierende mit den Itemwerten 1 oder 2 bilden die erste Untergruppe mit geringer Leistungseinschätzung, Studierende mit Werten 3 oder 4 die Gruppe zwei mit mittlerer Leistung und Studierende, die die Skalenwerte 5 oder 6 angaben, bilden die Gruppe drei mit hoher Leistungsfähigkeit. Im Anschluss an diese Gruppeneinteilung kann untersucht werden, welche Aspekte bei der Nutzung von E-Lectures für Lerner mit unterschiedlichem Leistungsstand von besonderer Bedeutung sind, bzw. inwiefern sich Bedürfnisse der Studierenden je nach Leistungsvermögen unterscheiden.

3 Ergebnisse der Studie

3.1 Unterschiedliche Nutzungsmuster je nach Leistungsniveau

Studierende nutzen digitale Medien sehr unterschiedlich, je nach Fähigkeiten, Einstellungen, Lernverhalten und Erfahrungen, die sie bereits gemacht haben (Grosch & Gigion, 2011). Individuelle Unterschiede bei der E-Lecture-Nutzung und die Analyse von Zusammenhängen zwischen Nutzungsmustern und erfolgreichem Lernen wurden bisher nur selten und anhand deutlich kleinerer Stichproben untersucht (vgl. Kay, 2012). Um diesen Forschungsdesiderata nachzugehen, wurden die Studierenden in drei Gruppen je nach ihrer Fachkompetenz unterteilt (vgl. Kap. 2). Durch die Aufteilung der Studierenden nach Leistungsniveau kann der Fragestellung nachgegangen werden, wie erfolgreiche Studierende mit dem E-Lecture-Angebot auch im Vergleich mit weniger leistungsstarken Lernern umgehen und welche Nutzungsmuster sich erkennen lassen. Dazu wurden Kreuztabellen angelegt, deren Verteilung über Chi-Quadrat-Tests inferenzstatistisch geprüft wurden und einfaktorielle Varianzanalysen angewandt, um signifikante Unterschiede bei der Nutzung von E-Lectures zwischen den unterschiedlichen Leistungsniveaus zu ermitteln (Überblick in Tab. 3).

i.) Als erstes lässt sich die Hypothese stützen, dass die leistungsstarken Studierenden E-Lectures intensiver nutzen als leistungsschwächere. In dem Fall, dass die Studierenden eine Präsenzveranstaltung nicht besuchen konnten, schauen sich von den erfolgreichen Studierenden 64% die Vorlesungsaufzeichnungen vollständig an und nur 10 % gar nicht, während die leistungsschwächeren nur zu 42% vollständig die verpasste Vorlesung nachholen und 22% dies gar nicht tun.

ii.) Studierende mit hoher Fachkompetenz nutzen die E-Lectures zur Wiederholung auch nach dem Besuch einer Präsenzveranstaltung signifikant häufiger als Studierende mit geringer Fachkompetenz.

iii.) Signifikante Gruppenunterschiede zeigen sich auch bei der Frage, ob die Studierenden aufgrund der Nutzung des E-Lecture-Angebotes die Besuche der Präsenzveranstaltungen reduziert haben. Während nur 37% der Gruppe mit hoher Fachkompetenz die E-Lectures auch als Alternative zum Besuch der Veranstaltung nutzt, gibt über die Hälfte der Gruppe mit geringer Fachkompetenz an, aufgrund des E-Lecture-Angebotes ihre Präsenzzeit zu reduzieren. Die leistungsschwächeren Studierenden reduzieren also aufgrund des E-Lecture-Angebotes ihre Besuche der Präsenzveranstaltung, nutzen aber anschließend das Angebot weniger intensiv, wohingegen die leistungsstarken Studierenden überwiegend das vollständige Lernangebot (Präsenzveranstaltung und E-Lectures) nutzen. Bei Analysen des Lernverhaltens konnte an anderer Stelle gezeigt werden, dass einige Studierende zu Aufschiebeverhalten (Prokrastination) neigen (vgl. Schulmeister et al., 2012, 26). Bei einem Teil der leistungsschwächeren Studierenden könnte das E-Lecture-Angebot diese Neigung verstärken. Da man vermeintlich die Vorlesung später als E-Lecture nachholen kann, geht man zunächst einer anderen Beschäftigung nach, schafft es anschließend jedoch nicht, die Veranstaltung tatsächlich nachzuholen. Für diese Studierenden könnte das E-Lecture-Angebot aufgrund der Möglichkeit des Aufschiebens zu schlechteren Lernergebnissen führen. Dagegen zeigt sich, dass die leistungsstärkeren Studierenden durch das erweiterte Lernangebot mit E-Lectures, welches zur Nachbereitung und zum Nacharbeiten verpasster Präsenztermine vielfach genutzt wird, ihren Lernerfolg steigern können. Die Leistungsverbesserung liegt vermutlich jedoch eher am Lernverhalten, also dem aktiven Umgang mit den Aufzeichnungen, dem Pausieren, Nachschlagen und Wiederholen in Verbindung mit allen zur Verfügung stehenden Materialien, wie Texte, Skripte und Folien (vgl. Kap. 3.2.2) und nicht an dem audio-visuellen Material an sich (vgl. auch

Heilesen, 2010, 1066). Denn es ist wohl so, dass erfolgreiche Studierende häufig alle ihnen zur Verfügung stehenden Lernmaterialien nutzen und die jeweiligen Vorteile der Angebote für ihre Lernsituation effektiv einsetzen (ebd.).

iv. + v.) Untermauert wird diese Hypothese durch die Fragen zur Nachbereitung und dem Wunsch, ein E-Lecture-Angebot auch für andere Veranstaltungen zur Verfügung zu haben. Während die leistungsstarken Studierenden einerseits signifikant häufiger auch ohne E-Lecture die Veranstaltung nachbereiten, also auch andere Materialien nutzen, wünschen sie sich andererseits deutlich häufiger auch für andere Veranstaltungen E-Lectures zur Verfügung zu haben.

vi.) Darüber hinaus nehmen sie auch stärker eine Erleichterung im Studienalltag durch das E-Lecture-Angebot wahr, d.h. die leistungsstärkeren Studierenden sind in der Lage, das diversifizierte Lernangebot effektiv für ihre Zwecke zu nutzen. Dagegen ist diese Kompetenz bei leistungsschwächeren Studierenden geringer ausgeprägt. Für einen Teil dieser Studierenden besteht die Gefahr, eine Neigung zum Aufschiebeverhalten (Prokrastination) durch das E-Lecture-Angebot zu verstärken.

vii) Der Anteil an Studierenden, die angeben, die E-Lectures gar nicht zu nutzen, ist in allen drei Leistungsgruppen gleich groß (Tab. 3). Darüber hinaus stellte sich die Frage, welchen Medienmix Studierende zur Vor- und Nachbereitung der Veranstaltung nutzen und ob sich Gruppenunterschiede durch Präferenzen für bestimmte Medien zeigen. Insgesamt geben über die Hälfte (51%) aller Befragten an, die Veranstaltung überwiegend mit Texten vor- und nachzubereiten, 35% nutzen Texte und E-Lectures zu gleichen Teilen und 14% gaben an, überwiegend das E-Lecture-Angebot zur Vor- und Nachbereitung zu nutzen. Zwischen den Gruppen gab es keine systematischen Unterschiede bei der Medienwahl zur Vor- und Nachbereitung.

Tab. 3: Unterschiede des Studierendenverhaltens bei der E-Lecture-Nutzung je nach Fachkompetenz. χ^2=Chiquadrat-Testwert; p=Wahrscheinlichkeit eines Effektes zwischen den Gruppen; n.s.=nicht signifikant; M=Mittelwert; SD=Standardabweichung; η^2=partielles Eta-Quadrat; Skalen 1=„trifft nicht zu" bis 6=„trifft zu".

	geringe Fachkompetenz (n=249)	mittlere Fachkompetenz (n=1305)	hohe Fachkompetenz (n=1070)
i) In dem Fall, dass ich eine Präsenzveranstaltung nicht besuchen konnte, schaue ich mir das eLecture-Angebot meistens … (χ^2(4, n=2624) = 54,69, p<0,001)			
vollständig an	42%	54%	64%
teilweise an	36%	33%	26%
gar nicht an	22%	13%	10%
ii) Nach dem Besuch der Präsenzveranstaltung schaue ich mir das eLecture-Angebot meistens … (χ^2(4, n=2624) = 16,12, p<0,01)			
vollständig noch einmal an	5%	5%	8%
teilweise noch einmal an	31%	35%	37%
nicht noch einmal an	64%	61%	56%
iii) Aufgrund der Nutzung der eLectures habe ich meine Besuche der Präsenzveranstaltung reduziert. (1=ja, 0=nein) (χ^2(4, n=2624) = 18,79, p<0,001)	51%	45%	37%
	M (SD)	M (SD)	M (SD)
iv) Ich bereite die Lehrveranstaltung nach, auch ohne die eLectures zu nutzen. (p<0,001; η^2= 1%)	3,4 (1,9)	3,7 (1,8)	3,9 (1,8)
v) Ein Angebot an eLectures wünsche ich mir auch für andere Veranstaltungen.(p<0,001; η^2= 1%)	4,8 (1,6)	5,2 (1,3)	5,3 (1,2)
vi) Das eLecture-Angebot bringt eine spürbare Erleichterung im Studienalltag. (p<0,001;η^2= 4%)	4,3 (1,6)	4,9 (1,3)	5,2 (1,2)
vii) Ich nutze die eLectures nicht. (n.s.)	15% (von n=350)	13% (von n=1599)	14% (von n= 1202)

Bei der Frage danach, wo die Studierenden die E-Lectures nutzen, bestehen keine Gruppenunterschiede. Ein Großteil (knapp 80%) nutzt das Angebot zu Hause, 10% an der Universität und ebenfalls 10% nutzen die E-Lectures überwiegend unterwegs.

3.2 Freitextantworten

3.2.1 Kriterien für die Nutzung von eLectures

Die qualitativen Rückmeldungen der Freitextantworten bieten einen reichen Datensatz, der die Heterogenität der E-Lecture-Nutzung eindrücklich widerspiegelt. Insgesamt wurden in den Geistes- sowie Naturwissenschaften zusammen 2.470 Kommentare zu etwa gleichen Teilen abgegeben.

Unter der Kategorie **individuelle Lerngestaltung** werden hier Freitextantworten eingeordnet, die auf E-Lecture-immanente Eigenschaften rekurrieren, welche die individuelle Einteilung des Lernstoffs begünstigen. Zum einen ist das die Option, pausieren zu können, wann man möchte, Aspekte nachzuschlagen – auch um Notizen (n=248) zu ergänzen (vgl. auch Copley, 2007; Traphagan et al., 2010) – und bei Fragen/Unklarheiten (n=155) die Vorlesung (teilweise) noch einmal zu wiederholen (vgl. auch Fernandez et al., 2009), um das eigene Wissen zu festigen (n=397), zum anderen aber auch, um sich gut auf Klausuren/Prüfungen vorzubereiten (n= 64). Kriterien wie die Möglichkeit, nach Belieben vor- und zurückzuspulen (n=68) sowie das eigene (Lern-)Tempo (n=140) zu bestimmen, werden ebenfalls als Elemente individuellen Lernens hervorgehoben.

Neben dem Zeitmaß, dem individuellen Tempo, betonen die befragten Studierenden die Option zur **flexiblen Zeiteinteilung** (n=224) als äußerst positiv. Weitere Nennungen, die unter der Kategorie „flexible Zeiteinteilung" zu gruppieren sind, sind Zeitnot/Zeitmangel (n=44) oder auch Zeitersparnis (n=20). Die **Sicherheit**, auch wirklich nichts zu verpassen (n=77), und die gleichzeitige Verfügbarkeit (n=57) der E-Lectures werden des Weiteren als klare Vorteile für die eigene Lerngestaltung hervorgehoben. So wird deutlich, dass eine flexible und individuelle Einteilung der Lernzeit zur Gestaltung individueller Lernräume von Bedeutung ist (vgl. Kay, 2012, S. 823), und, dass E-Lectures als genuine Verbesserung des Studienalltags angesehen werden (vgl. auch Heilesen, 2010, S. 1063). Die Häufigkeit der Nennungen zeigt, dass dies einer der entscheidenden Aspekte im Kontext der E-Lecture-Nutzung ist. Laut Tapscott wollen Studierende der *NetGeneration* Freiheit in allem, was sie machen, speziell Entscheidungsfreiheit oder Kontrolle über ihre eigenen Lebensumstände (vgl. Tapscott, 2008) und damit auch über ihre eigenen Lernumstände. Die Veranstaltungen zuhause vor- und nachzubereiten (n=132), da die Lautstärke im Hörsaal (n=60) Probleme bei der **Konzentration** verursachen, veranlasste einige Studierende zu der Aussage, durch die Möglichkeit, in Ruhe den Lernstoff durchgehen zu können, auch eine bessere Lernfähigkeit (n=83) zu erreichen. Die Aufmerksamkeit in der Vorlesung selbst wird zudem durch das Angebot erhöht, da der Konflikt zwischen Aufpassen und Mitschreiben entschärft wird (n=12). Neben den bisher genannten Faktoren, warum Studierende das E-Lecture-Angebot nutzen, sind es selbstverständlich auch die **äußeren Umstände**, wie die Überschneidung von Veranstaltungen (n=165), das Pendeln an den Campus (n=93), Krankheit (n=195) oder auch (Studenten-)Jobs (n=47) sowie diverse andere Termine (n=97), die dazu führen, dass sich die Studierenden mehr und mehr auf das E-Lecture-Angebot verlassen. So ist es natürlich gelegentlich auch die **Motivation**, an der es hapert, weil die Studierenden einfach mal zu bequem (n=17) sind oder die Veranstaltung zu einem ungünstigen Zeitpunkt (n=24) stattfindet.

3.2.2 „Ein Video kann ich anhalten, den Dozenten nicht" Fachkompetenzen oder die Unterschiede im Nutzungsbedarf

Die Auswertung der Freitexte getrennt nach Nutzergruppen geringer, mittlerer und hoher Fachkompetenz (vgl. 2.1) gibt Aufschluss darüber, welche Aspekte bei der E-Lecture-Nutzung von den einzelnen Gruppen besonders hervorgehoben werden. Den Vorteil, das eigene **Lerntempo** bestimmen zu können, ist eine vergleichsweise häufig erwähnte Unterkategorie (n=140), die Studierende aller drei Gruppen nennen. Allerdings wird der Vorteil, das eigene Lerntempo bestimmen zu können, in der Gruppe, die sich selbst eine geringere Fachkompetenz zuschreibt, vergleichsweise häufiger genannt (11% aller Nennungen der Gruppe) als von der Gruppe mit hoher Fachkompetenz (4% der Nennungen in der Gruppe). An einem Ankerbeispiel lässt sich der Bedarf, das eigene Lerntempo wählen zu können, anschaulich darstellen:

> „Da ich bei den electures mit dem Mitschreiben besser mitkomme, weil ich die Möglichkeit habe, auf Pause zu drücken und zurück zu spulen. In der Vorlesung hingegen bin ich damit noch beschäftigt einen wichtigen Inhalt aufzuschreiben, in der Zeit ist ein neuer wichtiger Inhalt zum Aufschreiben schon gesagt worden und ich habe es verpasst, komme nicht mehr mit."

Anlehnend daran wird die Möglichkeit, die Veranstaltung pausieren zu können, dabei erneut von der leistungsschwächeren Gruppe häufiger (14%) als von der leistungsstärkeren (9%) genannt, was einmal mehr die Hypothese stützt, dass für Studierende, die ihre Fachkompetenz geringer einschätzen, die „individuelle Zeiteinteilung" mit individuellem Lerntempo und dem Pausieren entscheidender ist. Zusätzlich ist eine Auswertung der Freitextantworten getrennt nach Studierenden aus den Geistes- und Naturwissenschaften bezüglich der Überschneidungsproblematik aufschlussreich. So sind es vor allem die naturwissenschaftlichen Fächer, die über Doppelbelegung klagen – dieses Problem wird in den Freitextantworten der Naturwissenschaften gleich doppelt so oft genannt (GW: n=54 / NW: n=111). Damit werden mit der Evaluation auch strukturelle Schwächen in der Organisation von Studiengängen aufgedeckt. Der Komponente Zeit wird insgesamt in den Freitexten aller Gruppen viel Beachtung geschenkt, so geben beispielsweise auch einige wenige Studierende bezüglich der „Nicht-Nutzung" von E-Lectures an, dass sie keine (Extra-)„Zeit" zum Schauen von E-Lectures haben oder ihnen der Zeitaufwand zum Auffinden des Angebots zu groß erscheint. Kritisch wird des Weiteren gesehen, dass durch die fortschreitende Technologisierung der Universität die Gefahr bestehe, die Lehrveranstaltungen würden nach und nach durch Bildschirme ersetzt und damit das „Diskussions-Potential", der „Sinn einer Universität", gleich mit ihnen. Das E-Lecture-Angebot dient zwar explizit als Zusatzangebot und soll keineswegs Lehrveranstaltungen ersetzen, die Reflexion darüber ist für manch Befragten jedoch ein wichtiger Punkt. Flexibel die eigene Zeit einteilen zu können, wird über alle Nutzergruppen hinweg als Mehrwert wahrgenommen und stellt somit eine entscheidende Größe im Umgang mit E-Lectures dar:

> „Es ist zeitunabhängig, man kann seine „Hochzeit" nutzen und erst nachmittags die Vorlesung ansehen, weil man z.B. morgens um 9 Uhr noch zu müde wäre. Man kann sich Zeiten freihalten, in denen man Geld zur Studienfinanzierung verdienen muss und individuell passend den Stoff der Vorlesung trotzdem selbst ansehen. Dadurch wird die Eigenverantwortlichkeit des Lernens gefördert. Wenn man krank ist und länger nicht zu der Veranstaltung hingehen kann, kann man trotzdem das gesamte Lehrangebot gleichberechtigt nutzen – Chancengleichheit wird gefördert (…)."

Gleichberechtigte Nutzungsmöglichkeiten und Förderung der Eigenverantwortlichkeit des Lernens ist das bestmögliche Ziel, das mit E-Lectures erreicht werden kann. Schulmeister, Metzger und Martens identifizieren, dass es nicht darum ginge, unterschiedliche „Lehrmethoden für Lerner mit unterschiedlichem Lernverhalten" komplett neu zu entwerfen, um der Heterogenität der Lernenden gerecht zu werden. Vielmehr ginge es darum, sich die Lehrorganisation, die Lernszenarien, die zahlreichen Lernmethoden und die Lernumgebungen anzuschauen, um zu überprüfen, welche sich zur Unterstützung des Lernprozesses am besten eignen (vgl. Schulmeister et al., 2012, 25).

4 Fazit und Ausblick

Erhöhte Studierendenzahlen führen dazu, dass die E-Lectures noch einmal an Bedeutung gewinnen und als angemessene Kompensation der zum Teil schwierigen Studienbedingungen (überfüllte Hörsäle etc.) wahrgenommen werden. Selbstverständlich sollten E-Lectures nicht als einfache Antwort struktureller Probleme an Universitäten missbraucht werden, sondern die Verbesserung der Studienbedingungen im Einklang mit dem Ausbau von unterstützenden Zusatzangeboten stehen. Die Studie macht deutlich, dass das E-Lecture-Angebot als Ergänzungsangebot zu Präsenzveranstaltungen sowohl für leistungsstärkere Studierende, die ihre Fachkompetenzen bereits hoch einschätzen, als auch für leistungsschwächere Studierende neue Möglichkeiten zur Bearbeitung des Lernstoffs und damit ein flexibleres, auf die individuellen Bedürfnisse der Lernenden ausgerichtetes Lehrangebot bietet. Anhand der Studie mit 3.281 befragten Studierenden zeigt sich, dass es zum einen sehr deutliche Unterschiede in der Nutzung von E-Lectures gibt: Leistungsstärkere Studierende kompensieren prozentual häufiger ihre Abwesenheit mit E-Lectures und nutzen diese auch häufiger zur Wiederholung der Veranstaltung. Zudem reduzieren sie deutlich weniger ihre Präsenz als ihre leistungsschwächeren KommilitonInnen. Zum anderen werden aber z.B. keine signifikanten Differenzen hinsichtlich der genannten Flexibilität in der Zeiteinteilung erkennbar. Die Befragten wünschen sich flexible, individuelle Zeiteinteilungen auf zwei Ebenen, zum einen nach individuellem Lerntempo zu arbeiten, aber auch zu entscheiden, wann gelernt wird („freedom of choice or control“) (vgl. auch Kay, 2012, S. 823 in Bezug auf Tapscott, 2008). Darüber hinaus sorgt das E-Lecture-Angebot für Chancengleichheit auf zwei Ebenen. Erstens stellen die Möglichkeiten, nach individuellem Lerntempo arbeiten zu können, Chancengleichheit für Studierende unterschiedlicher kognitiver Leistungsfähigkeit her und zweitens besteht Chancengleichheit in Bezug auf Zugang zum Lernangebot für Studierende in bestimmten Lebenssituationen (Elternzeit, Pflege von Angehörigen, etc., vgl. auch Tillmann et al., 2012; Rust & Krüger, 2011).

Somit wird deutlich, dass E-Lectures einen wichtigen Beitrag zur Einrichtung individueller Lernräume für Studierende in unterschiedlichen Lebenssituationen leisten und durch ihren genuinen Charakter den Nutzungsbedürfnissen von Studierenden aller Leistungsniveaus gerecht werden können. Indes zeigt sich, dass eine gewisse Regulationskompetenz vonnöten ist, wenn Veranstaltungen substituiert werden und die Studierenden eigenverantwortlich Sitzungen nachholen müssen. Es wird erkennbar, dass leistungsschwächere Studierende diesbezüglich mehr Schwierigkeiten aufweisen (vgl. Kapitel 3.1). Die Unterstützung heterogener Lerngruppen kann nach Schulmeister, Metzger und Martens nur „durch die Etablierung einer autonomiefördernden Lern- und Rückmeldekultur“ gelingen (vgl. Schulmeister et al., 2012, S. 27). Die E-Lectures dienen unseres Erachtens dieser Forderung und sind dabei ein Schritt zur Unterstützung von Eigenverantwortlichkeit im Lernprozess – im Sinne einer aktivierenden Unterstützung des Selbststudiums.

Literatur

Braun, E., Burkhard, G., Leidner, B. & Hannover, B. (2008). Das Berliner Evaluationsinstrument für selbsteingeschätzte, studentische Kompetenzen (BEvaKomp). *Diagnostica, 54* (1), 30–42.

Copley, J. (2007). Audio and video podcasts of lectures for campus-based students: Production and evaluation of student use. *Innovations in Education and Teaching International, 44*(4), 387–399.

Fernandez, V., Simo, P. & Sallan, J. M. (2009). Podcasting: A new technological tool to facilitate good practice in higher education. *Computers & Education, 53*(2), 385–392.

Fisseni, H.-J. (1990). *Lehrbuch der psychologischen Diagnostik.* Göttingen: Hogrefe.

Gosling, S. D., John, O. P., Craik, K. H. & Robins, R. W. (1998). Do people know how they behave? Self-reported act frequencies compared with on-line codings by observers. *Journal of Personality and Social Psychology, 74*, 1337–1349.

Grosch, M. & Gidion, G. (2011). *Mediennutzungsgewohnheiten im Wandel. Ergebnisse einer Befragung zur studiumsbezogenen Mediennutzung.* Karlsruhe: Scientific Publishing.

Heilesen, Simon B. (2010). What is the academic efficacy of podcasting? *Computer & Education, 55*, 1063–1068.

Jones, C. & Shao, B. (2011). *The Net Generation and Digital Natives. Implications for Higher Education.* Higher Education Academy, York. Online: http://www.heacademy.ac.uk/assets/documents/learningandtech/next-generation-and-digital-natives.pdf.

Jorgensen, B. (2003). Baby Boomers, Generation X and Generation Y? Policy implications for defence forces in the modern era. *Foresight, 5*(4), 41–49.

Kay, Robin H. (2012). Exploring the use of video podcasts in education: A comprehensive review of the literature. *Computers in Human Behaviour, 28*, 820–831.

Klieme, E., Artelt, C. & Stanat, P. (2002). Fächerübergreifende Kompetenzen. In F. E. Weinert (Hrsg.), *Leistungsmessungen in der Schule* (S. 203–218). Weinheim: Beltz.

Legewie, H. (1994). Globalauswertung von Dokumenten. In A. Boehm, A. Mengel & T. Muhr (Hrsg.), *Texte verstehen – Konzepte, Methoden, Werkzeuge* (S. 177–182). Konstanz: Universitätsverlag.

Lucas, R. E. & Baird, B. M. (2006). Global self-assessment. In M. Eid & E. Diener (Hrsg.), *Handbook of multimethod measurement in psychology* (S. 29–42). Washington, DC: American Psychological Association.

Prensky, M. (2001). Digital Natives, Digital Immigrants. *On the Horizon, 9*(5), 1–6.

Rust, I. & Krüger, M. (2011). Der Mehrwert von Vorlesungsaufzeichnungen als Ergänzungsangebot zur Präsenzlehre. In T. Köhler & J. Neumann (Hrsg.), *Wissensgemeinschaften. Digitale Medien – Öffnung und Offenheit in Forschung und Lehre* (S. 229–239). Münster: Waxmann.

Schulmeister, R., Metzger, C. & Marten, T. (2012). *Heterogenität und Studienerfolg. Lehrmethoden für Lerner mit unterschiedlichem Lernverhalten.* Paderborn: Universität Paderborn.

Schulmeister, R. (2009). *Gibt es eine „Net Generation"? Dekonstruktion einer Mystifizierung.* Erweitere Version 3. Hamburg. Online: http://www.zhw.uni-hamburg.de/uploads/schulmeister_net-generation_v3.pdf [13.06.2014].

Schroer, M. (2001): *Das Individuum der Gesellschaft. Synchrone und diachrone Theorieperspektiven.* Frankfurt a. M.: Suhrkamp.

Spain, J. S., Eaton, L. G. & Funder, D. C. (2000). Perspective on personality: The relative accuracy of self versus others for the prediction of emotion and behavior. *Journal of Personality, 68*, 837–867.

Tapscott, D. (2009). *Grown up digital: How the Net generation is changing your world.* New York: McGraw-Hill.

Tillmann, A., Bremer, C. & Krömker, D. (2012). Einsatz von eLectures als Ergänzungsangebot zur Präsenzlehre. Evaluationsergebnisse eines mehrperspektivischen Ansatzes. In T. Köhler & J. Neumann (Hrsg.), *Wissensgemeinschaften: Digitale Medien – Öffnung und Offenheit in Forschung und Lehre* (S. 235–249). Münster: Waxmann.

Traphagan, T., Kusera, J. V. & Kishi, K. (2010). Impact of class lecture webcasting on attendance and learning. *Educational Technology Research and Development, 58*(1), 19–37.

Veen, W. (2003). A new force for change: homo zappiens. *The Learning Citizen, 7*, 5–7.

Maxime Pedrotti, Nicolae Nistor

Einfluss studentischer Motivation auf die Bereitschaft zur Nutzung eines Online-Vorlesungsportals

Zusammenfassung

Ein erfolgreicher Einsatz onlinebasierter Lernumgebungen zur Erweiterung klassischer universitärer Präsenzlehre hängt wesentlich von der Motivation der Studierenden ab, die vom Einsatz der Lernumgebungen profitieren sollen. Der vorliegende Beitrag beschäftigt sich mit der Frage nach dem Einfluss motivationaler Faktoren auf die Intention von Studierenden, onlinebasierte Lerntechnologien zu nutzen. Es werden Ergebnisse einer empirischen Studie zur Nutzung eines Online-Vorlesungsportals mit integrierter Lernumgebung an einer großen deutschen Universität vorgestellt. Zur Erklärung des Nutzungsverhaltens werden Dimensionen von Motivation im Sinne der Selbstbestimmungstheorie herangezogen und mit einer multiplen linearen Regressionsanalyse auf ihren Einfluss überprüft. Abschließend werden die Ergebnisse mit aktuellen Forschungsergebnissen in Verbindung gebracht, um mögliche weitere Forschungsansätze aufzuzeigen.

1 Einführung

Der Einsatz onlinebasierter Lerntechnologien zur Erweiterung klassischer Präsenzlehre ist zum Standard für moderne Hochschulen geworden. Sei es in Form von Vorlesungsaufzeichnungen, die über das World Wide Web abrufbar gemacht werden – als Substitut und/oder Komplement zum Vorlesungsangebot der Universität vor Ort (vgl. z.B. Kriszat et al., 2010; Pedrotti et al., 2014) – oder in Form von Lernmanagementsystemen (LMS) zur Organisation von Blended-Learning-Angeboten oder als Dateirepository zur Verteilung von Foliensätzen. MOOCs kombinieren (zeitlich gekürzte) Vorlesungsaufzeichnungen mit (bestehenden oder eigens für diesen Zweck entwickelten) LMS zu einem Angebot von reinen Online-Kursen (vgl. Schulmeister, 2013). Das Flipped Classroom soll klassische Lehr-Lernkonzepte ablösen und mehr Interaktivität und selbstständiges Arbeiten in Hörsäle und Seminarräume bringen (z.B. Zenker et al., 2013). Eine volle Entfaltung des pädagogischen Potentials solcher technologiegestützter Lehr-Lernmethoden setzt allerdings die Nutzung der Bereitstellungswege und damit der zugrunde liegenden Technologien (Lernplattformen, Videoportale, etc.) von Seiten der Studierenden voraus, ohne die eine Verbesserung des Lernerfolgs und damit ein pädagogischer Mehrwert nicht erzielt werden kann. Motivation zählt als einer der wichtigsten Antriebsfaktoren in Lernkontexten (Deci et al., 1991; Hazrati-Viari et al., 2013) – intrinsische Motivation als Grundlage einer maximal selbstbestimmten Entscheidungsfindung führt zu erhöhter Lernaktivität und damit auch zu besseren Ergebnissen im Wissens- und Kompetenzerwerb. In diesem Beitrag soll daher untersucht werden, welchen Einfluss studentische Motivation auf die Nutzung onlinebasierter Lerntechnologien ausübt, beispielhaft anhand eines Online-Vorlesungsportals mit integrierter virtueller Lernumgebung, das an einer großen deutschen Universität seit über zehn Jahren im Einsatz ist. Im Folgenden wird zunächst die zentrale theoretische Grundlage dieser Untersuchung dargestellt, aus der sich die Forschungshypothesen ableiten lassen. Daran anschließend werden im empirischen Teil das Forschungsdesign und die wichtigsten Befunde zusammengefasst. Abschließend werden diese Ergebnisse im Hinblick auf die Hypothesen diskutiert und Ausblicke für zukünftige Forschung geliefert.

2 Theoretischer Hintergrund

2.1 Motivation

Motivation im Sinne der Self-Determination Theory (SDT; Ryan & Deci, 2000) teilt sich auf in intrinsische Motivation, extrinsische Motivation und Amotivation, wobei Einteilung und Anordnung nach dem Grad der individuellen Selbstbestimmung und der zugehörigen Regulationsmechanismen erfolgt. Am oberen Ende des Selbstbestimmungskontinuums befindet sich die intrinsische Motivation, die keiner externen Regulation bedarf, da die Person aus eigenem Antrieb (z.B. aus Spaß an der Tätigkeit) entscheidet und handelt, während am unteren Ende die Amotivation mit dem geringsten Autonomieempfinden zu finden ist, da Handlungen ausschließlich extern bestimmt und ohne Übereinstimmung mit den persönlichen Neigungen stattfinden. Zwischen diesen Polen des Motivationsspektrums werden vier Stufen der Regulation ausgemacht, die (von Amotivation bis intrinsischer Motivation) durch wachsende Internalisierung und sinkenden Bedarf externer Steuerung gekennzeichnet sind. External reguliertes Handeln entspricht dem klassischen Verständnis extrinsischer Motivation und umfasst Situationen, in denen das Handeln eindeutig einem extern vorgegebenen Anreiz zugeordnet werden kann, z.B. eine positive Bewertung. Bei introjizierter Regulation liegt der Anreiz bei der Stabilisierung des Selbstwertgefühls der handelnden Person. Identifizierte Regulation kommt durch das Gefühl zustande, dass eine bestimmte Handlung sich positiv auf weiteres (erwünschtes) Handeln auswirkt. Integrierte Regulation beschreibt Situationen, in denen positive Handlungsfolgen im Sinne identifizierter Regulation in Einklang mit dem eigenen Wertesystem gebracht und damit inter-

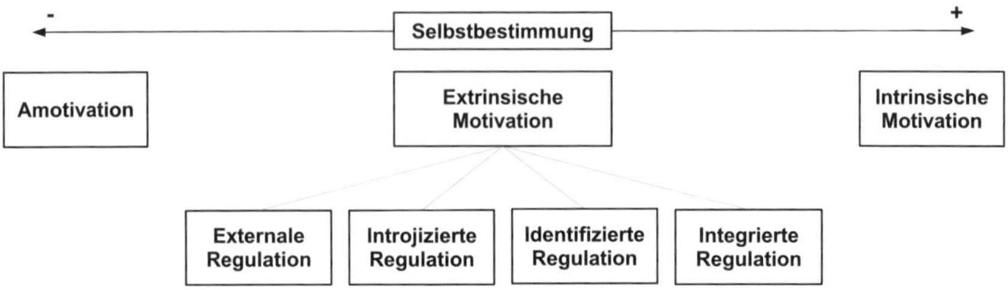

Abb. 1: Dimensionen der Motivation mit Unterteilung der extrinsischen Motivation nach Regulationsform und Grad der Selbstbestimmung (nach Ryan & Deci, 2000)

nalisiert wurden. Aufgrund der stets primär extern verankerten Orientierung sind diese vier Regulationstypen als Teilbereiche extrinsischer Motivation gesehen (ebd.).

Nistor (2013) liefert Hinweise darauf, dass insbesondere die Faktoren der intrinsischen Motivation und der identifizierten Regulation jeweils einen starken Einfluss auf die Nutzung einer onlinebasierten Lernumgebung ausüben – wobei betont wird, dass die intrinsische Motivation sich auf die Nutzung des LMS bezieht, nicht auf das Lernen der über das LMS angebotenen Inhalte. Auch Amotivation wird als einflussreiche Variable (mit negativer Wirkung) in Bezug auf Nutzungsintention identifiziert.

Daran anschließend sollen im Rahmen dieser Untersuchung diese drei Faktoren auf ihren Einfluss auf die Intention von Studierenden untersucht werden, eine Online-Vorlesungsplattform mit integrierter Lernumgebung zu nutzen. Auch hier handelt es sich um eine onlinebasierte Lerntechnologie, die der Erweiterung der klassischen Präsenzlehre dienen soll. Das Setting einer Website für Vorlesungsaufzeichnungen, deren Nutzung nicht verpflichtend ist, und die nicht als zwingender Ersatz für den Besuch der Präsenzveranstaltung eingerichtet wurde, ermöglicht es, die beiden als besonders einflussreich identifizierten Variablen mit einer größeren Fallzahl empirisch auf ihren Einfluss zu untersuchen, wobei die Amotivation aufgrund ihres als negativ festgestellten Einflusses ebenfalls einbezogen werden sollte.

2.2 Forschungshypothesen

Der Einfluss der motivationalen Aspekte im Sinne der SDT auf die Intention zur Nutzung der hier untersuchten Online-Vorlesungsplattform lässt sich – anschließend an die Ergebnisse von Nistor (2013) – in folgenden Teilhypothesen beschreiben:

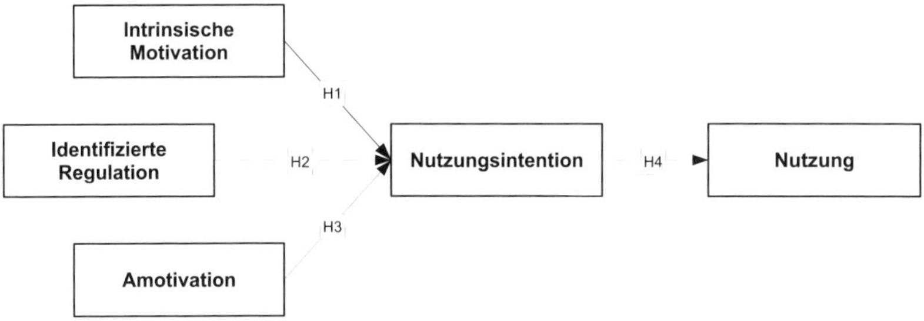

Abb. 2: Zusammenhangsmodell Motivation-Intention-Nutzung mit Kennzeichnung der Forschungshypothesen

- **H1**: Intrinsische Motivation zur Verwendung der Online-Vorlesungsplattform wirkt sich positiv auf die Nutzungsintention aus.
- **H2**: Identifizierte Regulation wirkt sich positiv auf die Nutzungsintention aus.
- **H3**: Amotivation wirkt sich negativ auf die Nutzungsintention aus.

Der angenommene Einfluss der Intention zur Nutzung einer Technologie auf die tatsächliche Nutzung wird in der vierten Teilhypothese beschrieben:

- **H4**: Nutzungsintention wirkt sich positiv auf die tatsächliche Nutzung aus.

Diese vier Hypothesen sollen im Folgenden anhand einer empirischen Studie überprüft werden.

3 Empirische Untersuchung

3.1 Forschungsdesign

Die vorliegende Untersuchung analysiert Nutzereinstellungen und Nutzungsverhalten mit Bezug auf ein Online-Vorlesungsportal mit integrierter Lernumgebung an einer großen Universität in Deutschland (vgl. Pedrotti et al., 2014). Seit über zehn Jahren werden regulär angebotene Präsenzvorlesungen aufgezeichnet und anschließend mit synchronisierten Folien im WWW bereitgestellt. Seit dem Wintersemester 2010/11 wird dieses Angebot erweitert durch eine interaktiv nutzbare Lernumgebung, die es registrierten Mitgliedern der Universität ermöglicht, die gezeigten Folien mit Annotationen zu versehen. Diese Annotationen sind zeitlich und räumlich mit dem Vortrag verknüpft und können wahlweise privat, d.h. nur für die erstellende Person sichtbar, oder öffentlich, d.h. für andere Nutzer der Lernumgebung sichtbar, angelegt werden. Die Lernumgebung erlaubt den Nutzern also, die angebotenen Vorlesungsaufzeichnungen in passiven (z.B. durch reines Abspielen der

Vorlesungen), aktiven (z.B. durch Anbringen persönlicher Notizen), interaktiven (z.B. durch Anbringen und Kommentieren öffentlicher Annotationen) und konstruktiven (z.B. durch aufeinander bezogene Diskussionen) Lernprozessen zu nutzen (vgl. Chi, 2009).

Für diese Untersuchung wurden im Wintersemester 2013/14 über einen Zeitraum von drei Wochen alle aktiven Nutzer der Plattform aufgerufen, einen Online-Fragebogen auszufüllen. Für den Aufruf wurde eine Nachricht auf jeder Vorlesungsseite mit einem Link auf den Fragebogen platziert, zudem wurde dieselbe Nachricht in der Lernumgebung als Popup eingeblendet, so dass alle im Zeitraum der Befragung aktiven Nutzer mindestens einmal den Aufruf gesehen haben. Während der Befragung mussten die Nutzer zwar auf der Plattform registriert und angemeldet sein, um ein mehrfaches Ausfüllen des Fragebogens auszuschließen und eine zukünftige tiefergehende Analyse des Nutzungsverhaltens zu ermöglichen. Der Datensatz wurde allerdings vor Beginn der Auswertung anonymisiert, so dass aus den Ergebnissen der Analyse keine Rückschlüsse auf einzelne Teilnehmer der Befragung gezogen werden können.

Insgesamt beantworteten N = 210 Nutzer der Plattform den Fragebogen. Nachdem die Nutzung der hier untersuchten Plattform für die Studierenden optional ist und keine allgemeine Pflicht zur Nutzung der Vorlesungsaufzeichnungen oder der Lernumgebung besteht, wird von einer Grundgesamtheit aller Studierenden der Universität ausgegangen. Die dieser Analyse zugrunde liegende Stichprobe hingegen stellt aufgrund verschiedener Selektionseffekte eine willkürliche Stichprobe mit entsprechenden Einschränkungen bei der Interpretation der Ergebnisse und der Übertragbarkeit auf andere Lehr-/Lernkontexte dar.

Der Fragebogen wurde auf sechs Seiten aufgeteilt und enthielt einen Teil mit Fragen zur Erhebung der Technologieakzeptanz, einige Felder zum Nutzungsverhalten und zu demografischen Daten, sowie jeweils vier Items zur Messung der motivationalen Faktoren und acht Items zur Messung der Nutzungsintention. Die Skalen zur Erfassung der Motivation wurden der Studie von Standage et al. (2005) entnommen, ins Deutsche übersetzt und an die untersuchte Plattform angepasst.

Die intrinsische Motivation der Studierenden zur Nutzung der Plattform wurde über folgende Items abgefragt:

- Ich benutze [die Plattform], weil es Spaß macht.
- Ich benutze [die Plattform], weil ich es schön finde, mir die entsprechenden Fertigkeiten anzueignen.
- Ich benutze [die Plattform], weil ich es interessant finde.
- Ich benutze [die Plattform], weil ich es genieße, neue Arbeitsweisen zu lernen.

Identifizierte Regulation wurde über folgende Items ermittelt:

- Ich benutze [die Plattform], weil ich lernen will, wie man sie benutzt.
- Ich benutze [die Plattform], weil es mir wichtig ist, gut bei der Nutzung von VideoOnline zu sein.
- Ich benutze [die Plattform], weil ich dabei besser werden will.
- Ich benutze [die Plattform], weil ich etwas lernen will, was ich auch woanders anwenden kann.

Amotivation erfassten folgende Items:

- Ich benutze [die Plattform], aber es ist mir nicht ganz klar warum.
- Ich benutze [die Plattform], aber ich sehe keinen Grund, sie zu nutzen.
- Ich benutze [die Plattform], aber ich habe das Gefühl, dass ich meine Zeit dabei verschwende.
- Ich benutze [die Plattform], aber ich sehe nicht, was ich davon habe.

Zur Ermittlung der Nutzungsintention wurden die folgenden Items eingesetzt:

- Ich habe die Absicht, die Videos auf [der Plattform] als inhaltliche Informationsquelle zu nutzen.
- Ich habe die Absicht, erstmal zu prüfen, ob die Inhalte von [der Plattform] für mich tauglich sind.
- Ich habe die Absicht, die Inhalte der Videos auf [der Plattform] in meinem Lernprozess gezielt zu verarbeiten.
- Ich habe die Absicht, auf den Inhalten bei [der Plattform] gezielt nach Informationen zu suchen.
- Ich habe die Absicht, mir durch die Videos einen Überblick über die Inhalte der Veranstaltung zu verschaffen.
- Ich habe die Absicht, mir Markierungen (Bookmarks) für die Stellen anzulegen, die ich wichtig finde.
- Ich habe die Absicht, über die Forenfunktion Fragen an Kommilitonen/Dozenten zu den mir unklaren Stellen zu stellen.
- Ich habe die Absicht, über die Videos grundlegende Konzepte für mein Studium zu erfahren.

Die Reliabilität der Skalen wurde nach der Methode der internen Konsistenz geprüft, Cronbachs Alpha lag bei allen Skalen oberhalb der Reliabilitätsgrenze von 0,7 (vgl. Tabelle 1). Die Nutzungsintention wurde ursprünglich mit acht Items erfasst, zur Verbesserung der internen Konsistenz wurden bei der Berechnung der Skalenwerte und der anschließenden Auswertung allerdings zwei Items nicht berücksichtigt („Ich habe die Absicht, die Videos auf [der Plattform] als inhaltliche Informationsquelle zu nutzen" und „Ich habe die Absicht, erstmal zu prüfen, ob die Inhalte von [der Plattform] für mich tauglich sind").

Zur Berechnung der Skalenwerte wurde der Durchschnittwert über jeweils alle zugehörigen Items berechnet, für die vorliegende Analyse wurden die Werte standardisiert, so dass die Skalen jeweils im Wertebereich zwischen 0 und 1 liegen. Aus diesem Grund werden bei der hier durchgeführten Regressionsanalyse v.a. die Beta-Koeffizienten betrachtet, die im Gegensatz zu den regulären Regressionskoeffizienten nicht den absoluten Einfluss auf die Zielvariable beschreiben, sondern als Koeffizienten der Standardabweichung der abhängigen Variable zu verstehen sind.

Das tatsächliche Nutzungsverhalten wurde für den Zweck dieser Untersuchung ebenfalls über den Fragebogen ermittelt, indem nach der Häufigkeit der Logins pro Woche, der geschätzten durchschnittlichen Dauer der Nutzung pro Woche und dem Anteil nicht direkt studienbezogener Nutzung der Vorlesungsaufzeichnungen gefragt wurde. Im Rahmen dieser Untersuchung soll jedoch nur die Anzahl der Logins pro Woche als Maß für das Nutzungsverhalten betrachtet werden, da kein statistisch signifikanter Einfluss der Nutzungsintention auf die beiden anderen Indikatoren des Nutzungsverhaltens messbar war. Hierauf soll auch in der abschließenden Diskussion der Ergebnisse noch eingegangen werden.

Tabelle 1: Skalenreliabilität und deskriptive Statistiken für Motivation, Nutzungsintention und Nutzungsverhalten

Variable	N	Anzahl Items	Cronbachs Alpha	M	SD
Intrinsische Motivation	184	4	0,89	0,64	0,22
Identifizierte Regulation	182	4	0,87	0,41	0,23
Amotivation	187	4	0,74	0,17	0,07
Nutzungsintention	181	6	0,72	0,65	0,17
Logins pro Woche	209			2,55	2,22
Durchschnittl. Dauer der Nutzung pro Woche (in Std.)	209			3,79	6,83
Anteil nicht direkt studienbezogener Nutzung (in %)	206			4,54	10,83

3.2 Befunde

Die oben angeführten Hypothesen zum Einfluss der motivationalen Faktoren auf die Nutzungsintention lassen sich wie dargestellt in einem Modell beschreiben, das mithilfe einer multiplen linearen Regressionsanalyse auf empirische Haltbarkeit überprüft werden kann. Die Hypothese zum Einfluss der Nutzungsintention auf die tatsächliche Nutzung muss gesondert überprüft werden, in der vorliegenden Untersuchung erfolgt dies über eine einfache lineare Regressionsanalyse. Die Auswertung erfolgte mit der Statistiksoftware SPSS 21 für Windows von IBM. Eine Übersicht der deskriptiven Kennzahlen zu den Akzeptanz- und Motivationsvariablen zeigt Tabelle 1, die Ergebnisse der Regressionsanalysen sind in Tabelle 2 zusammengefasst.

Zunächst ist mit Blick auf die deskriptiven Statistiken zu bemerken, dass die Befragten eine starke intrinsische Motivation in Bezug auf die Nutzung der Lernumgebung vorweisen (M = 0,64, SD = 0,22). Die identifizierte Regulation befindet sich im mittelstarken Bereich (M = 0,41, SD = 0,23), während im Durchschnitt ein niedriges Maß an Amotivation wahrgenommen wird (M = 0,17, SD = 0,07). Die angegebene Intention, das Angebot der Lernumgebung für ihr Studium zu nutzen, ist ebenfalls stark (M = 0,65, SD = 0,17). Die befragten Studierenden gaben an, sich zwei- bis dreimal pro Woche auf der Plattform anzumelden (M = 2,55, SD = 2,22), wobei sie im Schnitt 3,79 Stunden in der Lernumgebung verbrachten (SD = 6,83). Der Anteil nicht direkt studienbezogener Tätigkeiten ist mit durchschnittlich 4,54% sehr gering (SD = 10,83), die überwiegende Mehrheit der Zeit beschäftigen die Studierenden sich daher mit Inhalten und Aktivitäten, die sich aus den Anforderungen ihres Studiums ergeben.

Das erste Regressionsmodell dient der Überprüfung der oben genannten Hypothesen H1-H3 und soll damit Aufschluss über die Frage nach möglichen motivationalen Einflussfaktoren auf die Intention von Studierenden geben, eine gegebene Lerntechnologie für sich zu nutzen. Der Test zur Modellgüte weist ein höchst signifikantes Ergebnis auf ($F = 17{,}868$, $df = 3$, $p < 0{,}01$), das Modell erklärt knapp 23% der Varianz der Nutzungsintention (korr. $R^2 = 0{,}228$). Allerdings sind lediglich die Koeffizienten der intrinsischen Motivation und der identifizierten Regulation statistisch signifikant (beide $p < 0{,}01$), wobei der Einfluss der identifizierten Regulation (Beta = 0,290) leicht höher ist als der der intrinsischen Motivation (Beta = 0,259). Der Effekt von Amotivation ist zwar negativ, allerdings ist der Einfluss extrem gering (Beta = -0,043) und zudem statistisch nicht signifikant ($p > 0{,}05$). Die Hypothesen H1 und H2 können demnach beibehalten werden, während H3 verworfen werden muss, da sie keine Bestätigung in den hier vorliegenden Ergebnissen findet.

Das zweite Modell zur Erklärung des Einflusses der Nutzungsintention auf die tatsächliche Nutzung weist deutlich geringere Werte in der Modellgüte auf als das erste Modell. Zwar zeigt sich auch hier, dass die Modellierung statistisch signifikant ist ($F = 7{,}279$, $df = 1$, $p < 0{,}01$), jedoch lassen sich mit dieser Zusammenhangsbeschreibung lediglich 3% der Varianz in der Häufigkeit der Logins erklären (korr. $R^2 = 0{,}034$). Der Effekt der Nutzungsintention auf die Häufigkeit der Anmeldungen ist zwar relativ stark ($B = 2{,}652$, $p < 0{,}01$), allerdings muss die begrenzte Modellgüte bei der Interpretation dieses Ergebnisses berücksichtigt werden.

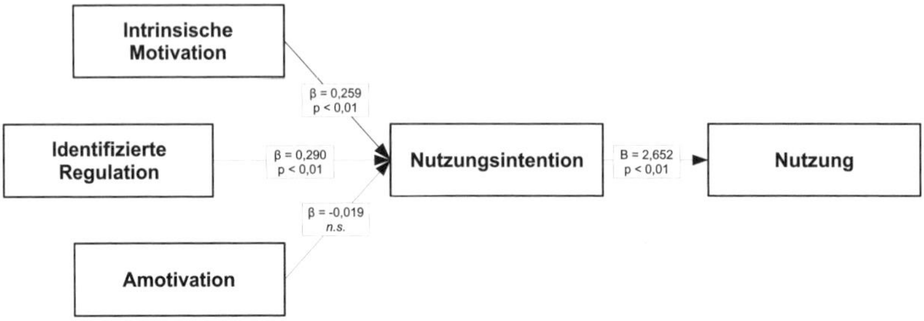

Abb. 3: Zusammenhangsmodell Motivation-Intention-Nutzung mit festgestellten Einflüssen

4 Diskussion der Ergebnisse und Ausblick

Die empirischen Befunde zeigen, dass sowohl intrinsische Motivation als auch identifizierte Regulation einen starken Einfluss auf die Intention der Befragten ausübten, die Online-Vorlesungsplattform für ihr Studium zu nutzen. Die Studierenden wollen demnach onlinebasierte Lerntechnologien sowohl aus eigenem Antrieb nutzen, als auch aufgrund eines Nutzens (im Sinne von Mehrwert/ Gewinn), den sie aus der Nutzung der Lerntechnologie erhoffen.

Auch der angenommene Zusammenhang zwischen Nutzungsintention und tatsächlicher Nutzung konnte grundsätzlich bestätigt werden, allerdings erklärt das zugehörige Modell nur einen sehr geringen Anteil der Varianz in der Stichprobe. Dieses Phänomen konnte bereits in früheren Studien (z.B. Chen, 2011; Murillo Montes de Oca & Nistor, 2014) aufgezeigt und hier reproduziert werden. Es weist auf wahrscheinliche Störeffekte durch externe Variablen hin, die über eine reine Operationalisierungsfrage hinausgehen. Ein möglicher Einfluss, der auch bei Murillo Montes de Oca & Nistor angesprochen wird, könnte durch konkurrierende kognitive Skripts bestehen, die Akzeptanzeinflüsse maskieren bzw. verzerren und durch „over-scripting“ (Dillenbourg, 2002) die Beziehung von Intention und Nutzung stören. Für weiterführende Studien scheint daher eine Berücksichtigung der Skriptebene (z.B. nach Fischer et al., 2013) geboten.

Die bei Nistor (2013) aufgezeigte Problematik der wünschenswerten Motivation in Bezug auf die Nutzung onlinebasierter Lerntechnologien zeigt sich auch in den Ergebnissen der vorliegenden Untersuchung. Zwar gilt wie oben erwähnt intrinsische Motivation als der stärkste Antriebsfaktor für selbstgesteuertes Lernen, zeigen Studierende allerdings eine hohe intrinsische Motivation in Bezug auf die Nutzung einer technologiebasierten Lernumgebung, scheint mehr das grundsätzliche Interesse an der Website an sich als an den Inhalten der angebotenen Vorlesungen zu überwiegen. Dadurch geht allerdings die Aufmerksamkeit für die Wissensinhalte verloren, die im Rahmen der Vorlesungen vermittelt werden sollen. Identifizierte Regulation als hier festgestellter stärkster motivationaler Einflussfaktor auf die Nutzungsintention hingegen kann – bei nicht ständigen grundlegenden Veränderungen der angebotenen Arbeitsumgebung, die wiederum den Neuheitseffekt und eine intrinsisch motivierte Nutzungsintention hervorrufen könnten – zu positiven Effekten im Kompetenz- und Wissenserwerb der Studierenden führen, da sie die Arbeitsumgebung als Werkzeug zur Erreichung eines bestimmten Ziels (z.B. eine bessere Note in der Prüfung, erhöhten Wissenserwerb, etc.) sehen und sich daraus die Intention zur Nutzung der Lernumgebung ergibt. Bei der Überlegung zum Einsatz onlinebasierter Lerntechnologien wie Online-Vorlesungsplattformen sollten daher die durch die Nutzung positiv zu erwartenden Effekte für Studierende kommuniziert und betont werden, um eine Motivationsregulation im hier genannten Sinn zu etablieren, anstatt den Fokus auf die Besonderheit neuer Lernumgebungen zu legen.

Literatur

Chen, J.-L. (2011). The Effects of Education Compatibility and Technological Expectancy on E-Learning Acceptance. *Computers & Education*, *57*(2), 1501–1511.

Chi, M. T. H. (2009). Active-Constructive-Interactive: A Conceptual Framework for Differentiating Learning Activities. *Topics in Cognitive Science*, *1*(1), 73–105.

Deci, E. L., Vallerand, R. J., Pelletier, L. G. & Ryan, R. M. (1991). Motivation and Education: The Self-Determination Perspective. *Educational Psychologist*, *26*(3/4), 325–346.

Dillenbourg, P. (2002). Over-scripting CSCL: The risks of blending collaborative learning with instructional design. In P. A. Kirschner (Hrsg.), *Three worlds of CSCL. Can we support CSCL* (S. 61–91). Herleen: Open Universiteit Nederland.

Fischer, F., Kollar, I., Stegmann, K. & Wecker, C. (2013). Toward a Script Theory of Guidance in Computer-Supported Collaborative Learning. *Educational Psychologist*, *48*(1), 56–66.

Hazrati-Viari, A., Rad, A. T. & Torabi, S. S. (2012). The effect of personality traits on academic performance: The mediating role of academic motivation. *Procedia – Social and Behavioral Sciences*, *32*, 367–371.

Kriszat, M., Sturm, I. & Claussen, J. T. (2010). Lecture2Go – von der Vorlesungsaufzeichnung ins World Wide Web. In S. Mandel, M. Rutishauser & E. Seiler Schiedt (Hrsg.), *Digitale Medien für Lehre und Forschung* (S. 25–38). Münster u.a.: Waxmann.

Murillo Montes de Oca, A. & Nistor, N. (2014). Non-significant intention-behavior effects in educational technology acceptance: A case of competing cognitive scripts? *Computers in Human Behavior, 34*, 333–338.

Nistor, N. (2013). Etablierte Lernmanagementsysteme an der Hochschule: Welche Motivation ist dabei wünschenswert? In C. Bremer & D. Krömker (Hrsg.), *E-Learning zwischen Vision und Alltag* (S. 181–191). Münster u.a.: Waxmann.

Pedrotti, M., Aulinger, J. & Nistor, N. (2014). Vorlesungsaufzeichnungen zur Unterstützung der Lehramtsausbildung an der LMU München. *Zeitschrift für Hochschulentwicklung, 9*(3), 74–84.

Ryan, R. M. & Deci, E. L. (2000). Intrinsic and Extrinsic Motivations: Classic Definitions and New Directions. *Contemporary Educational Psychology, 25*(1), 54–67.

Schulmeister, R. (Hrsg.) (2013). *MOOCs – Massive Open Online Courses: Offene Bildung oder Geschäftsmodell?* Münster u.a.: Waxmann.

Standage, M., Duda, J. L. & Ntoumanis, N. (2005). A test of self-determination theory in school physical education. *British Journal of Educational Psychology, 75*(3), 411–433.

Zenker, D., Gros, L. & Daubenfeld, T. (2013). Virtuelle Vorlesung Physikalische Chemie. Umsetzung eines Inverted-Classroom-Szenarios mit Hilfe von Video-Podcasts und Online-Tests der Lernplattform ILIAS. In C. Bremer & D. Krömker (Hrsg.), *E-Learning zwischen Vision und Alltag* (S. 173–180). Münster u.a.: Waxmann.

Elke Lackner

Didaktisierung von Videos zum Einsatz in (x)MOOCs

Von Imperfektion und Zwischenfragen

Zusammenfassung

Der vorliegende Beitrag fokussiert die Didaktisierung von Videos als Lehr- und Lernmaterialien zum Einsatz in Massive Open Online Courses (MOOCs) und versteht sich als Einführung in die Thematik. Ziel ist, Lehrenden und Interessierten beim Planen und Entwickeln von MOOCs eine Handreichung im Hinblick auf Einsatz und Gestaltung von Videos mitzugeben, die unterschiedliche, didaktisch motivierte und in der Praxis erprobte Möglichkeiten aufzeigt. Hierfür wird zunächst ein mit Blick auf unterschiedliche MOOC-Anbieter gestalteter Überblick über einzelne Videoformate gegeben, wie sie in MOOCs verschiedener Anbieter in der Praxis eingesetzt werden. Anschließend erfolgt eine aus der allgemeinen Forschungsliteratur abgeleitete Zusammenschau von Möglichkeiten der didaktischen Gestaltung von Lehr- und Lernvideos im Kontext von MOOCs. Der Beitrag schließt mit einer allgemeinen und zusammenfassenden Reflexion der Notwendigkeit der Didaktisierung vorhandener und neu erstellter audiovisueller Lehr- und Lernmaterialien und ihrer Einbettung im Kontext von (x)MOOCs.

1 Einleitung

Massive Open Online Courses, kurz MOOCs, sind mittlerweile ein weltweites Phänomen, das seinen Ursprung in den USA genommen hat. Sie scheinen den Bedürfnissen der modernen Lernenden in Hinblick auf Flexibilität, Mobilität und ubiquitäre Zugänglichkeit von Bildungsinhalten und Fort- und Weiterbildungsmaßnahmen zu entsprechen (Lehmann, 2013a; McAuley et al., 2010; Spoun et al., 2013) und werden im *Horizon Report* 2013 als Trend identifiziert, der sich im Hochschulbereich kurzfristig in den nächsten zwölf Monaten durchsetzen wird (NMC, 2013). Die Notwendigkeit einer spezifischen MOOC-Didaktik bzw. eines didaktisierten Kursdesigns speziell für MOOCs wird immer wieder diskutiert, so u.a. von Bremer (2013) oder dem Stifterverband für die Deutsche Wissenschaft (2014) im deutschsprachigen oder von Scagnoli (2012) und Siemens (2012) im anglophonen Raum. Das Design der Kursunterlagen, im Speziellen von Videos, wird in diesem Kontext zwar gestreift, selten aber näher ausgeführt. Der vorliegende Beitrag versteht sich als Einführung in die Thematik und als Versuch, Lehrenden, die MOOCs planen, eine Handreichung in Hinblick auf die didaktisierte Erstellung und Einbettung von Videos zu geben. Die Auswahl der Videoformate und Didaktisierungsmöglichkeiten sind Resultat einer größer angelegten Untersuchung im Zuge der Entwicklung der ersten österreichischen MOOC-Plattform, iMooX (www.imoox.at). Begleitend zur technischen Plattformentwicklung wurde aus mediendidaktischem Erkenntnisinteresse eine Literaturrecherche sowie eine Untersuchung unterschiedlicher Kurse der führenden MOOC-Anbieter unternommen, aus der eine Handreichung mit dem Titel *How to MOOC?* erstellt wurde (Lackner et al., 2014). Sie soll Lehrenden im Planungs- und Entwicklungsprozess von MOOCs eine Hilfestellung geben und behandelt auch das Thema *Videos*.

2 MOOCs und ihre Videoformate

Gerade in xMOOCs[1], also behavioristisch-instruktional fokussierten (Spoun et al., 2013) Massenkursen mit Tausenden Teilnehmenden, sind Videos Kernelement der a) instruktiven Wissensvermittlung durch expositorische „Wissensdistribution“ (Lehmann, 2013a, S. 210) und vermitteln gleichzeitig b) ein Gefühl der Nähe und Personalisierung (Conole, 2013; Lipson, 2013; Wedekind, 2013). Sie schaffen zum einen instruktional authentische Lernsettings, die den Lernenden den notwendigen Input in ansprechender Aufbereitung darbieten und den Vorteil der Wiederholbarkeit besitzen. Auf einer (Lern-)Plattform zur Verfügung gestellt, können die Inhalte wiederholt angesehen und so ein tieferes Verständnis des Lernstoffs erreicht werden. Die Lernenden sind außerdem flexibel, da sie in der Wissensaneignung nicht an fixe Lehrveranstaltungszeiten oder -orte gebunden sind. Zum anderen erfolgt durch die Einbindung von Videos eine Entanonymisierung der Lerngemeinschaft. Lernende nehmen das Konsumieren der Videos als rezeptives Konsumieren von Inhalten wahr, wie sie es aus dem Kontext der Wissensvermittlung einer traditionellen Vorlesung gewohnt sind. Sie finden sich somit in einem ihnen bekannten Setting einer expositorischen Methode (Kerres, 2012).

Hier setzt Schulmeisters (2013) Kritik im Hinblick auf die Konzentration auf Instruktion und das Fehlen von Konstruktion, Interaktion und Individualisierung an. Der über die Lernvideos konsumierte Inhalt ist für alle Lernenden gleich, Individualisierung erfolgt erst im anschließenden Austausch. Die Individualisierung geht über die von Schulmeister (2013, S. 33) konstatierte „individuelle Nutzung der Videos und die individuelle Zeiteinteilung beim Lernen“ hinaus: Die Lerngruppe teilt ihre Erfahrungen in Foren, wo sie kon-

1 Zur Unterscheidung zwischen cMOOCs und xMOOCs siehe u.a. Haug & Wedekind (2013). Im Gegensatz zu xMOOCs verfolgen cMOOCs einen konnektivistischen Ansatz (Siemens, 2005).

struktivistisch bzw. konnektivistisch neues Wissen generiert und voneinander profitiert. Der außerhalb des Hörsaals stattfindende Austausch im Sinne der für den Lernprozess notwendigen Kommunikation und Interaktion wird auf Foren oder Social-Media-Kanäle ausgelagert und nimmt damit, in Abhängigkeit der Unterrichtssprache, auch eine interkulturelle Komponente an (Carson & Schmidt, 2012; Khalil & Ebner, 2013a,b; Preece et al., 2002).[2] Explorative Methoden werden durch die Interaktion und Kommunikation der Lernenden mit den lehrendenorientierten expositorischen Methoden der Instruktion verknüpft (Kerres, 2012).

Gerade um diese Kommunikations- und Interaktionsprozesse auszulösen, sollten in der Auswahl und Konzeption der eingesetzten Videos und ihrer Formate einige Aspekte beachtet werden, wie sie auch schon in Vorformen der MOOCs (Lehmann, 2013b) oder in klassischen mediendidaktisch konzipierten Lehrveranstaltungen (Kerres, 2012) anzutreffen sind. Grundlegend können – mit Blick auf einen möglichen Einsatz in MOOCs – mehrere Videoformate unterschieden werden.

2.1 Videoaufzeichnungen von Massenlehrveranstaltungen

An zahlreichen Universitäten werden in der heutigen Zeit traditionelle, in Präsenzform abgehaltene Massenlehrveranstaltungen aus unterschiedlichen Gründen gestreamt bzw. aufgezeichnet:[3] Die Hörsaalproblematik rund um den Platzmangel gerade in Einführungsveranstaltungen, die eingeschränkte bis fehlende Interaktion und Berücksichtigung individueller Lernprozesse oder die nicht an die Aufmerksamkeitsspanne der Lernenden angepasste Dauer von zumeist 90-minütigen Vorlesungen sind nur einige der Gründe, neue Wege zu beschreiten (Kopp et al., 2013). Die Aufnahme der Kurseinheiten ermöglicht den Lernenden nicht nur ein nachträgliches Ansehen der Inhalte, sondern erlaubt auch, schwierige Passagen im eigenen Tempo zu wiederholen und mögliche Unklarheiten zu klären (Lehmann, 2013a). Die Lernenden splitten die Lerninhalte ihrer eigenen Aufmerksamkeitsspanne entsprechend auf. Der instruktive Kontext der Lehrveranstaltung wird beim Ansehen der Videos beibehalten, durch die asynchrone Betrachtung außerhalb des Hörsaales eröffnen sich jedoch neue Interaktionsräume für die Lernenden: In begleitenden Foren oder in sozi-

2 Haug & Wedekind (2013) sowie Van Treek et al. (2013) betonen dieses partizipative Moment der Lernorganisation bzw. des Lernkonzepts in MOOCs.

3 Auch synchrone, gestreamte Live-Meetings werden mitunter in MOOCs angeboten, beispielsweise im MOOC *Web Science* (2013) auf FutureLearn (https://www.futurelearn.com/), oder im COER13 (http://www.coer13.de/) (2013). Eine Teilnahme ist nicht verpflichtend, da im Anschluss eine Aufzeichnung der Veranstaltung zur Verfügung steht. Die Inhalte können somit nicht nur synchron, sondern auch asynchron verfolgt werden.

alen Netzwerken können sie sich untereinander austauschen, im Peer-Verfahren helfen und offene Fragen beantworten.

Die Aufzeichnungen selbst können in der Nachbearbeitung gekürzt werden[4] und einen in der Präsenzveranstaltung nicht vorhandenen Grad an Interaktivität erhalten, „indem seitens der Lehrenden gezielt Fragen [...] eingebaut werden, die eine Mitarbeit und Aktivität der Lernenden erfordert." (Kopp et al., 2013, S. 479) Eine Interaktion zwischen Materialien und Lernenden, wie von Khalil & Ebner (2013a) identifiziert, findet statt. Durch die individuelle Bearbeitbarkeit der Videoinhalte können die Lernenden über Fragen nachdenken und diese alleine, in einem sozialen Netzwerk oder einer virtuellen Lerngruppe beantworten. Werden die Videos auf eine (Lern-)Plattform gestellt und um begleitende Materialien, wie Quizze oder Forendiskussionen, ergänzt, können sie zur Basis eines MOOCs oder eines Flipped bzw. Inverted Classrooms (Loviscach, 2013; Van Treek et al., 2013) werden.

2.2 Eigens für MOOCs produzierte Videos

Eine weitere Möglichkeit besteht darin, speziell angefertigte Videos zu verwenden. Dabei kann es sich um einfache Screencasts handeln, bei denen traditionelle Präsentationen unterschiedlicher Form, z.B. auf Basis von PowerPoint oder Prezi, mit gesprochenem Text hinterlegt werden.[5] Die Lehrenden sind nur im Off wahrnehmbar. Auch Webseiten oder Anwendungen aus dem Web 2.0 können mit Hilfe dieses Formats präsentiert werden. Die Lernenden betrachten dabei Videos, die den Bildschirm der Lehrperson wiedergeben. Wie auch in Präsenzlehrveranstaltungen oder auf Konferenzen können sie so der geschriebenen Präsentation der Vortragenden und gleichzeitig deren gesprochenen Ausführungen und Erklärungen synchron folgen. Sowohl der auditive als auch der visuelle Lernkanal werden angesprochen.

Auch komplexere Videos, bei denen die Lehrperson vor der Kamera stehend gefilmt wird oder mit Expertinnen und Experten Interviews geführt werden, fallen in dieses Format. So im 2014 auf Coursera (www.coursera.org) angebotenen Kurs *Internet History, Technology, and Security*, in dem zahlreiche Interviews Basis des Wissenserwerbs waren. Die zweite Variante kam beispielsweise im ebenfalls von Coursera[6] angebotenen MOOC *Online Games: Literature, New Media, and Narrative* zum Tragen, bei dem die einleitenden Videos so gestal-

4 Zur filmischen Gestaltung von Aufzeichnungen siehe Lehmann (2013a).

5 Einen kreativen Ansatz wählten die Lehrenden des COER13, wo u.a. Stop-Motion-Trickfilme erstellt wurden, wie die Beispiele auf www.coer13.de/unit0.html zeigen.

6 Zusätzlich zum genannten Format wurden in diesem MOOC auch Filmausschnitte sowie Aufzeichnungen synchroner Seminareinheiten gezeigt. Eine Gruppe Studierender und der Lehrende diskutierten in diesen Seminareinheiten die Kursinhalte und lieferten so unter-

tet wurden, dass der Lehrende vor der Kamera stand und sein Publikum direkt ansprach. Udacity (www.udacity.com) bevorzugt ein an die Tradition eines der Urväter der Lehrvideos und Gründer der Khan Academy (www.khanacademy.org/), Salman Khan (2012), angelehntes ausgeklügeltes Videoformat, das in der Erstellung besonders aufwändig scheint, wie Loviscach & Wernicke (2013, S. 83) aus eigener Erfahrung berichten. Die hier produzierten Videos „zeigen [...] weder den Dozenten noch PowerPoint-Folien. Stattdessen werden Formeln und Diagramme in Handschrift und für den Zuschauer nachvollziehbar entwikkelt, im lockeren Erzählton vom unsichtbaren Dozenten begleitet, der die Inhalte während des Schreibens und Zeichnens erklärt."[7] Die Videos werden in einem speziell dafür ausgestatteten Raum mit ausgefeilter Technik produziert, wie sie für durchschnittliche Lehrende an traditionell ausgestatteten Universitäten nicht realisierbar scheint.[8]

2.3 Videomaterialien aus Videokanälen wie YouTube

Einen anderen Weg beschritt der 2013 auf Coursera angebotene MOOC *E-learning and Digital Cultures*: Weder Lehrveranstaltungsaufzeichnungen noch speziell angefertigte Lehrvideos kamen hier zum Einsatz, sondern digitale Artefakte (u.a. Filmausschnitte, Werbungen, Kurzfilme), wie sie auf Videokanälen wie YouTube zu finden sind, wurden als Ressourcen zur Verfügung gestellt. Ihre besondere Aufgabe lag darin, Reflexionsprozesse einzuleiten und in den Foren und sozialen Netzwerken kritische Diskussionen auszulösen.[9] Das Wissen wurde – eher einem cMOOC entsprechend – im Austausch in den Diskussionsforen generiert, auf eine klassische Wissensüberprüfung mittels Quiz wurde verzichtet. Die Beurteilung erfolgte über eine im Peer-Review von den Lernenden bewertete Abschlussarbeit.

3 Möglichkeiten der Didaktisierung von Videos

In der traditionellen Präsenzlehre erfolgt die Didaktisierung der Lernmaterialien und Lerneinheiten nicht selten im Zuge des Vortrags durch die Anwendung unterschiedlicher von der Lehrperson eingesetzter Methoden: Videos werden

schiedliche Perspektiven. Diese Diskussionen konnten online in den Kursforen aufgenommen und fortgeführt werden.

7 Handke & Franke (2013) beschreiben die Erstellung von Videos basierend auf Aufzeichnungen eines Interactive Whiteboards.

8 Die Vor- und Nachteile strenger Vorgaben diskutieren Loviscach & Wernicke (2013).

9 Im Sinne des Openness-Gedankens sollten die ausgewählten Videos sowie Lernmaterialien eine Creative-Commons-Lizenz tragen (Rodriguez, 2013; Van Treek et al., 2013).

gezeigt, einzelne Passagen vor- und zurückgespult und wiederholt. Durch den synchronen Präsenzcharakter können Reaktionen der Gruppe direkt eingefangen werden. Die Lehrperson verteilt Arbeitsaufträge, stellt Zwischenfragen und beobachtet die Gruppe während der Vorführung. Wirken die Lernenden abgelenkt, kann sie direkt reagieren, indem sie die Vorführung und somit den Akt der Wissensvermittlung unterbricht, um den Lernenden die Möglichkeit zu geben, nachzudenken und Fragen zu stellen. Dadurch wird der Input gleichzeitig in kleinere Portionen aufgeteilt. Die Lernenden werden in das Lehrgeschehen integriert, Lernprozesse und Interaktion sowie Kommunikation innerhalb der Lerngruppe angeregt. Auch das klassische Bildungsfernsehen didaktisiert und rhythmisiert seine Inhalte. Fakten werden präsentiert, dem Publikum vor den Bildschirmen wird anschließend durch kurze Pausen oder Zwischenfragen die Möglichkeit gegeben, nachzudenken, zu wiederholen, nachzusprechen. Die Zusehenden werden vom Sprecher bzw. der Sprecherin oftmals direkt angesehen und angesprochen, wodurch ein personalisiertes Lernsetting simuliert wird. Reflexions- und Lernprozesse werden ausgelöst.

Diese Formen der Didaktisierung erscheinen notwendig, denn, wie Lehmann (2013a, S. 230) richtig feststellt, liegt der Grund für das Einsetzen eines Lernprozesses „eben nicht in der bloßen Dissemination von Wissen“, sondern in der das disseminierte Wissen begleitenden Interaktion und Kommunikation (Lipson, 2013). Videos per se sind somit kein Wundermittel zur Vermittlung von Lerninhalten, wenngleich xMOOCs „die instruktiven Videos zum Herzstück ihrer Lehre“ (ebd.) erheben, da eine Didaktisierung fehlt oder nur in Ansätzen vorhanden ist. Dieser didaktisierten Aufbereitung kann bereits in der Erstellung von Lehr- und Lernvideos Rechnung getragen werden. Dabei können aus den oben genannten klassischen oder traditionellen Settings, wie sie sich in anderen Lehr- und Lernformen bewährt haben, zumindest vier Prinzipien auf die Videoproduktion für den Einsatz in (x)MOOCs übertragen werden.

3.1 Kleine Tranchen statt großer Blöcke

In der Kürze liegt sprichwörtlich die Würze. Die Länge der Videos ist so zu wählen, dass die Teilnehmenden sie konzentriert verfolgen können. Den Theorien „der mentalen Anstrengung“ bzw. „kognitiven Beanspruchung“, wie von Kerres (2012, S. 150) beschrieben, folgend, hängt die optimale Länge stark von den Vorkenntnissen und dem Vorwissen der Lernenden ab, was bei der Erstellung jedenfalls zu beachten ist und in xMOOCs eine besondere Herausforderung darstellt, da die Lerngruppe aufgrund ihrer Größe und Heterogenität nur schwer einzuschätzen ist. Genaue Zeitangaben sind schwierig und werden auch in der Literatur unterschiedlich angegeben: Khan (2012) versteht unter einer optimalen Videolänge sechs bis zehn Minuten, wobei Lindner

(2013) einschränkt, dass sich Videos kürzer gestalten sollten, wenn starke visuelle Elemente eingebaut sind, was auch von Kerres (2012) betont wird. Handke & Franke (2013, S. 110) berichten von E-Lectures, die als „maximal 20-minütige Lehrvideos" konzipiert und „inhaltlich eng mit den Virtuellen Sitzungen verknüpft sind, aber auch Zusatzinformationen bieten". Diese maximale Dauer entspricht der Aufmerksamkeitsspanne der durchschnittlichen Lernenden (Kopp et al., 2013) und sollte somit als echter Maximalwert gesehen werden.

Als Mittelweg erscheint der Ansatz Lehmanns (2013a, S. 212): Die von ihm beschriebenen „Videos sind im High-Definition (HD-)Format erstellt, haben eine durchschnittliche Spieldauer von ca. 8 bis 15 Minuten und verfügen über eine Transkription, so dass sie den Anforderungen der Barrierefreiheit genügen." Dabei nennt Lehmann einen wichtigen zusätzlichen Aspekt: Die Videos sind nicht nur als solche abrufbar, sondern auch als schriftliche Texte nachlesbar. So wird nicht nur eine barrierefreie Zugänglichkeit erreicht, sondern gleichzeitig für die Gruppe der eher traditionell Lernenden, denen das Lesen und Lernen am Bildschirm Mühe bereitet, eine zusätzliche Möglichkeit geboten, die Lernunterlagen klassisch auszudrucken und in analoger Papierform zu nutzen, auf der in gewohnter Weise handschriftliche Notizen angebracht werden können.

3.2 Der Mut zum Imperfekten

Wie Khan (2012) und Rabkin (2013) betonen, ist es in Videos auf sprachlicher Ebene natürlich, Fehler zu machen. Dies macht den Vortrag menschlich und führt zu einem zusätzlichen Moment der Personalisierung. Die Lernenden merken, dass die Vortragenden auf der anderen Seite des Bildschirms Menschen sind. So beschreibt Rabkin (ebd., S. 159) seine persönliche Erfahrung mit der Videoproduktion: „Erstaunlicherweise wurde ich trotz der geringen Leistung als Filmemacher in den Augen der Studierenden menschlicher empfunden, wofür ich unendlich dankbar bin und was natürlich das Lernen eher fördert." Die Videos sollen dennoch professionell erstellt sein und im Sinne des Wiedererkennungseffekts einem bestimmten Schema folgen. Dabei sollen sie, wie u.a. von Udacity gefordert, einem erzählerischen Duktus folgen, der der auditiven Rezeption angemessen ist: „Der Dozent soll also keine Vorlesung halten oder gar ablesen, sondern sich vielmehr mit den (späteren) Zuschauern ‚unterhalten'. Daher ist es wichtig, genug Raum für Natürlichkeit während der Produktion zu lassen." (Loviscach & Wernicke, 2013, S. 91) Inhaltliche Fehler und störende Versprecher können nachträglich nach eigenem Ermessen geschnitten und somit ausgebessert werden, was jedoch zeitaufwändig ist und besonderer Kompetenzen und technischer Ausstattung bedarf.[10]

10 Eine Engführung zwischen Fehlern in Videos und Qualitätssicherung mit und durch MOOC-Videos unternimmt Lehmann (2013a).

3.3 Lebendigkeit statt Monotonie

Hinter dieser Forderung steht der Gedanke, dass Teilnehmende eines MOOCs keinen extrinsischen Zwang verspüren, den Kurs zu besuchen oder zu beenden, wie Loviscach & Wernicke (ebd., S. 99) richtig bemerken: „Bei MOOCs im Allgemeinen ist die Verantwortung des Dozenten, Studenten stetig ‚mitzunehmen' und zu begeistern, ungemein groß: Da die Teilnahme kostenlos ist und am Ende des Kurses kein allgemein anerkanntes Zertifikat winkt, werden die Teilnehmerzahl und die Abbruchrate alleine durch die Qualität und den Aufbau des Kurses bestimmt."[11] Aus diesem Grund empfehlen die beiden Autoren, nach 90 Minuten Aufnahmezeit Pausen einzuplanen: „Nach dieser Zeit schleichen sich nicht nur drastisch mehr Fehler ein; vielmehr klingt man auch müde." (ebd., S. 93) Melodie und Rhythmik der Sprache als Medium der Informationsvermittlung kommt dabei eine besondere Rolle zu: „Generell muss der Dozent aufpassen, ohne Publikum nicht zu sehr wie ‚allein vorm Computer im dunklen Zimmer' zu klingen: zu leise, zu träge, zu undeutlich und nicht enthusiastisch genug. Hierbei geht es um Präsenz, nicht um den in vielen Internet-Erklärvideos zu findenden künstlich-überenthusiastischen Ton oder die ‚Oberlehrer-Ansprache', die beide oft wesentlich mehr stören als mangelnder Enthusiasmus" (ebd.). Verfällt die Lehrperson in einen monotonen Vorlesungsstil – unterstützt durch die komplexe Struktur eines sprachlich ausgefeilten vorgeschriebenen und anschließend vorgelesenen Skripts –, leidet die Aufnahmefähigkeit der Lernenden merklich. Versucht sie, zum Beispiel durch ausladende Sprachmelodie oder spezielle Rhythmisierung des Gesagten, die Lernenden auf nicht authentische Weise zu motivieren und für das Thema zu begeistern, so zeigt sich derselbe Effekt.

3.4 Integrierte Arbeitsaufträge

Lehmanns (2013a, S. 230f.) Bemerkung, dass die bloße Dissemination von Wissen nicht zwangsläufig das Einsetzen eines Lernprozesses zur Folge hat, sondern „dass zu einem Lehr-Lerngeschehen sowohl ein solides Verfahren der Überprüfung des Gelernten gehört als auch eine studentische Betreuung", erscheint nachvollziehbar. Das bloße Ansehen eines Videos oder allgemeiner, einer audiovisuell dominierten Lernressource, garantiert nicht die Speicherung der dargebotenen Informationen. Die audiovisuelle Ausgestaltung mag zwar motivationsfördernd sein und gleichzeitig mehrere Sinnes- und somit Lernkanäle ansprechen, kann durch eine effekthafte und aufwändige Gestaltung aber gleichzeitig überfordernd wirken (Kerres, 2012). Szpunar et al. (2013) beto-

11 Einen differenzierten Blick auf Abbruch- und Abschlussquoten werfen Khalil & Ebner (2014).

nen den positiven Effekt, den Überprüfungen durch kurze Wissenskontrollen für den Lernprozess haben können. Zum einen geben sie in Hinblick auf das Verständnis des Lernstoffs Feedback, zum anderen besitzen sie eine „konzentrationsfördernde Wirkung" (Loviscach, 2013, S. 244). Nicht selten werden deshalb in Lehrvideos (inhaltsorientierte) Fragen eingebaut, die einer Beantwortung bedürfen, um das Video weitersehen oder abschließen zu können.[12] Durch diese Maßnahme kann eine gezielte Aufmerksamkeitslenkung bzw. -sicherung erfolgen, da den Lernenden durch die gestellten Fragen gezeigt wird, welche Inhalte einer besonderen Betrachtung bedürfen. Gleichzeitig bleibt aber zu bedenken, dass selbst eingebaute Fragen keine Garantie dafür sind, dass die Videos aufmerksam angesehen werden (Haug & Wedekind, 2013).

4 Die Notwendigkeit der Didaktisierung

Videos eignen sich zwar durch ihre digitale Verfügbarkeit und ihren audiovisuellen Charakter für den Einsatz in unterschiedlichen Lernsettings, sind jedoch keine Wunderwaffen im Hinblick auf eine gelungene Wissensvermittlung und einen erfolgreichen Lernprozess. Sie schaffen durch die Möglichkeit der Personalisierung instruktional authentische Lernsettings, in denen sich die Lehrpersonen scheinbar persönlich an die Lernenden richten und dadurch eine klassische Klassenzimmeratmosphäre simulieren, wie sie im Frontalunterricht oder in lehrendenorientierten und stark expositorischen Lernräumen einer Vorlesung beispielsweise typisch sind. Sie liefern den inhaltlich notwendigen Input in einer ansprechenden Aufbereitung und besitzen darüber hinaus den Vorteil der Wiederholbarkeit: Lernende können sich die zu erarbeitenden Inhalte so oft wie notwendig ansehen und so ein tieferes Verständnis des Lernstoffes erreichen oder Unklarheiten klären, wie sie im Zuge des Lernprozesses typischerweise auftreten. Sie können die Videos jederzeit ansehen oder gezielt Abschnitte wiederholen. Durch die allgemeine Verfügbarkeit der Lernvideos sind die Lernenden in ihrem Lernprozess flexibler, da sie nicht an fixe Lehrveranstaltungszeiten oder -orte gebunden sind und in ihrem eigenen Tempo lernen können. Bei Fragen können sie sich an die Lerngruppe wenden, indem sie mit ihr unmittelbar nach Auftreten der Frage in sozialen Netzwerken, Newsgroups oder Foren Kontakt aufnehmen und nicht auf das Ende der Kurseinheit warten müssen.

Damit Videos wirkungsvolle Lernmaterialien werden, müssen sie zunächst, wie gezeigt, auf Mikroebene in ihrer Konzeption und Erstellung didaktischen Anforderungen entsprechen. Wird dies berücksichtigt, muss noch eine zweite

12 Bei Udacity ist die richtige Beantwortung keine zwingende Voraussetzung für das Vorankommen im Kurs, ebenso können Quizze problemlos übersprungen werden (Loviscach & Wernicke, 2013).

Bedingung erfüllt werden: Videos dürfen nicht als Stand-Alone-Ressource außerhalb eines größeren Settings betrachtet werden. Sie müssen auf der Makroebene in ein didaktisch durchdachtes Lernsetting eingebunden sein, was eine Vor- und Nachbereitung der in den Videos vermittelten Inhalte bedingt. Diese inhaltlich-methodische Einbettung ermöglicht erst, Lernprozesse auszulösen und zu erleichtern (Lehmann, 2013a). Lehrende können diese Interaktionsebene zwischen den Lernenden und den Materialien (Khalil & Ebner, 2013a) beispielsweise durch Wissensüberprüfungen ermöglichen: Der Inhalt eines Videos fließt in eine abschließende Lernzielkontrolle (z.B. ein Multiple-Choice-Quiz) ein, die ihrerseits konzeptionell so erstellt werden soll, dass auf falsche Antworten Feedback gegeben wird, indem zum Beispiel auf Teile des Videos oder Transkripts verwiesen wird, Teile des Videos wiederholt oder zusätzliche Informationen gegeben werden.

Neben gezielten Lernzielkontrollen scheint auch die Betreuung der Lernenden (Lehmann, 2013a) essentiell, wie Sebastian Thrun, der 2012 mit dem ersten xMOOC über *Artificial Intelligence* an der University of Stanford 160.000 Lernende anzog, in einem Interview bestätigt (Herbold, 2014). Gerade in xMOOCs wird nicht selten die fehlende Interaktion, u.a. unter Lernenden, als Schwachpunkt identifiziert und als Grund für hohe Abbruchraten genannt (Khalil & Ebner, 2013a,b; 2014; Yuan & Powell, 2013). Die Aufnahme der Videos in Diskussionen, wie sie in MOOCs üblicherweise in sozialen Netzwerken oder Foren geführt werden, erscheint als zusätzliche Möglichkeit der Einbettung. Die Videos sind nicht nur Wissensvermittler, sondern auch Impulse, werden in Diskussionen reflektiert und aus verschiedenen Perspektiven kritisch beleuchtet. Dies kann zu einem rekursiven Betrachtungsprozess führen, der wiederum eine vertiefende Auseinandersetzung mit der Thematik zur Folge hat und im Sinne von „Learning by Discussing" den konnektivistischen Ansatz der cMOOCs (Siemens, 2005) aufnimmt. Wichtig erscheint dabei, zusätzliche Quellen und Lernressourcen zur Verfügung zu stellen, die diese vertiefende Beschäftigung mit der Thematik über das Video hinaus erlauben und den Lernstoff aus verschiedenen Blickwinkeln betrachtbar machen. Manchmal reicht es, Transkripte zur Verfügung zu stellen, auf die die Lernenden im Sinne der klassischen Vorlesungsunterlagen zurückgreifen: Sie drucken sie aus und versehen sie mit Annotationen, wodurch sie zusätzliche Sicherheit für einen erfolgreichen Lernprozess erreichen.[13]

13 Die Nützlichkeit der Transkripte nicht nur im Sinne der Barrierefreiheit spiegelt sich in den Erfahrungen der ersten reinen Online-Lehrveranstaltung an einer österreichischen Universität wider. Die Lernenden, so ihre Rückmeldungen, betrachteten die Videos, griffen aber beim Nachschlagen aufgrund der in Textdokumenten verfügbaren Suchfunktion eher auf das Transkript zurück. Die Lehrveranstaltung mit dem Titel *Lernen im Netz* ist mittlerweile für alle Interessierten als MOOC (unter CC BY NC) auf der von der Technischen Universität Graz und der Universität Graz gemeinsam betriebenen ersten österreichischen MOOC-Plattform iMooX (www.imoox.at) verfügbar.

Literatur

Bremer, C. (2013). *Braucht ein MOOC Didaktik? JA, klar!* http://mooc13.wordpress.com/2013/01/27/braucht-ein-mooc-didaktik-ja-klar/.

Carson, S. & Schmidt, J. (2012). The Massive Open Online Professor. *Academic Matters*, May 2012, 20–23. http://www.academicmatters.ca/wordpress/assets/AcademicMatters_May12.pdf.

Conole, G. (2013). *A new classification for MOOCs*. http://e4innovation.com/?p=727.

Handke, J. & Franke, P. (2013). xMOOCs im Virtual Linguistics Campus. Inhalte, Assessment und Mehrwert. In R. Schulmeister (Hrsg.), *MOOCs – Massive Open Online Courses. Offene Bildung oder Geschäftsmodell?* (S. 101-126). Münster: Waxmann. Online: http://www.waxmann.com/fileadmin/media/zusatztexte/2960Volltext.pdf.

Haug, S. & Wedekind, J. (2013). cMOOC – ein alternatives Lehr-/Lernszenarium? In R. Schulmeister (Hrsg.), *MOOCs – Massive Open Online Courses. Offene Bildung oder Geschäftsmodell?* (S. 161–206). Münster: Waxmann. Online: http://www.waxmann.com/fileadmin/media/zusatztexte/2960Volltext.pdf.

Herbold, A. (2014). *Sebastian Thrun im Interview. „MOOCs sind bisher nicht gut genug“.* http://www.tagesspiegel.de/wissen/sebastian-thrun-im-interview-moocs-sind-bisher-nicht-gut-genug/9331844.html.

Kerres, M. (2012). *Mediendidaktik. Konzeption und Entwicklung mediengestützter Lernangebote.* München: Oldenbourg.

Khalil, H. & Ebner, M. (2013a). Interaction Possibilities in MOOCs – How Do They Actually Happen? In *International Conference on Higher Education Development* (pp. 1–24). Egypt: Mansoura University. http://de.scribd.com/doc/134249470/Inter action-Possibilities-in-MOOCs-%E2%80%93-How-Do-They-Actually-Happen.

Khalil, H. & Ebner, M. (2013b). „How satisfied are you with your MOOC?“ – A Research Study on Interaction in Huge Online Courses. In *Proceedings of World Conference on Educational Multimedia, Hypermedia and Telecommunications 2013* (pp. 830–839). Chesapeake, VA: AACE.

Khalil, H. & Ebner, M. (2014). MOOCs Completion Rates and Possible Methods to Improve Retention – A Literature Review. In *Proceedings of World Conference on Educational Multimedia, Hypermedia and Telecommunications 2014*, in print.

Khan, S. (2012). *Making a KSV*. http://www.youtube.com/watch?v=Ohu-5sVux28.

Kopp, M., Ebner, M., Nagler, W. & Lackner, E. (2013). Technologie in der Hochschullehre. Rahmenbedingungen, Strukturen und Modelle. In M. Ebner & S. Schön (Hrsg.), *Lehrbuch für Lernen und Lehren mit Technologien* (S. 475–482). Berlin: epubli. Online: http://l3t.eu/homepage/das-buch/ebook-2013/kapitel/o/id/114/name/technologie-in-der-hochschullehre.

Lackner, E., Kopp, M. & Ebner, M. (2014). How to MOOC? – A pedagogical guideline for practitioners. In I. Roceanu (ed.), *Proceedings of the 10th International Scientific Conference „eLearning and Software for Education“ Bucharest, April 24–25, 2014*. Publisher: Editura Universitatii Nationale de Aparare „Carol I“, in print.

Lehmann, B. (2013a). MOOCs – Versuch einer Annäherung. In R. Schulmeister (Hrsg.), *MOOCs – Massive Open Online Courses. Offene Bildung oder Geschäftsmodell?* (S. 209–238). Münster: Waxmann. Online: http://www.waxmann.com/fileadmin/media/zusatztexte/2960Volltext.pdf.

Lehmann, B. (2013b). Es liegt was in der Luft. Educational Broadcasting. In R. Schulmeister (Hrsg.), *MOOCs – Massive Open Online Courses. Offene Bildung oder Geschäftsmodell?* (S. 257–271). Münster: Waxmann. Online: http://www.waxmann.com/fileadmin/media/zusatztexte/2960Volltext.pdf.

Lindner, M. (2013). *Wie macht man MOOC-Videos im Khan-Style?* http://mathemooc.de/2013/07/02/wie-macht-man-mooc-videos-im-khan-style/.

Lipson, K. (2013). *Dealing with megaclasses in an online environment. 59th ISI World Statistics Congress.* http://www.statistics.gov.hk/wsc/IPS040-P3-S.pdf.

Loviscach, J. (2013). MOOCs und Blended Learning. Breiterer Zugang oder Industrialisierung der Bildung? In R. Schulmeister (Hrsg.), *MOOCs – Massive Open Online Courses. Offene Bildung oder Geschäftsmodell?* (S. 239–256). Münster: Waxmann. Online: http://www.waxmann.com/fileadmin/media/zusatztexte/2960Volltext.pdf.

Loviscach, J. & Wernicke, S. (2013). Zwei MOOCs für Udacity. Planung – Produktion – Durchführung. In R. Schulmeister (Hrsg.), *MOOCs – Massive Open Online Courses. Offene Bildung oder Geschäftsmodell?* (S. 81–100). Münster: Waxmann. Online: http://www.waxmann.com/fileadmin/media/zusatztexte/2960Volltext.pdf.

McAuley, A., Stewart, B., Siemens, G. & Cormier, D. (2010). *Massive Open Online Courses. Digital ways of knowing and learning, The MOOC model For Digital Practice.* http://www.elearnspace.org/Articles/MOOC_Final.pdf.

New Media Consortium. 2013. *The NMC Horizon Report 2013: Higher Education Edition.* http://www.nmc.org/pdf/2013-horizon-report-HE.pdf.

Preece, J., Sharp, H. & Rogers, Y. (2002). *Interaction Design: Beyond Human-Computer Interaction.* New York: Wiley.

Rabkin, E. (2013). Zurücknehmen: Die Reserviertheit der Lehrenden im virtuellen Raum. In R. Schulmeister (Hrsg.), *MOOCs – Massive Open Online Courses. Offene Bildung oder Geschäftsmodell?* (S. 147–160). Münster: Waxmann. Online: http://www.waxmann.com/fileadmin/media/zusatztexte/2960Volltext.pdf.

Rodriguez, O. (2013). The concept of openness behind c- and x-MOOCs (Massive Open Online Courses). *Open Praxis* 5 (1), 67–73.

Scagnoli, N. I. (2012). *Thoughts on Instructional Design for MOOCs.* https://ideals.illinois.edu/bitstream/handle/2142/44835/Instructional%20Design%20of%20a%20MOOC.pdf?sequence=2.

Siemens, G. (2005). Connectivism: A Learning Theory for the Digital Age. *International Journal of Instructional Technology and Distance Learning* 2 (1), 3–10.

Siemens, G. (2012). *Designing, developing, and running (massive) open online courses.* https://ideals.illinois.edu/bitstream/handle/2142/44835/Instructional%20Design%20of%20a%20MOOC.pdf?sequence=2.

Schulmeister, R. (2013). Der Beginn und das Ende von OPEN. Chronologie der MOOC-Entwicklung. In R. Schulmeister (Hrsg.), *MOOCs – Massive Open Online Courses. Offene Bildung oder Geschäftsmodell?* (S. 17–59). Münster:

Waxmann. Online: http://www.waxmann.com/fileadmin/media/zusatztexte/2960 Volltext.pdf.

Spoun, S., Keller, H. & Grünberg-Bochard, J. (2013). Global Learning in Teams: „Think Tank Ideal City". Zur Entwicklung eines Studienkonzepts für digitales Lernen. In R. Schulmeister (Hrsg.), *MOOCs – Massive Open Online Courses. Offene Bildung oder Geschäftsmodell?* (S. 127–146). Münster: Waxmann. Online: http://www.waxmann.com/fileadmin/media/zusatztexte/2960Volltext.pdf.

Stifterverband für die Deutsche Wissenschaft. (2014). *MOOC Didaktik*. http://www.stifterverband.info/wissenschaft_und_hochschule/hochschulen_im_wettbewerb/mooc_fellowships/didaktik/index.html.

Szpunar, K. K., Khan, N. Y. & Schacter, D. L. (2013). Interpolated memory tests reduce mind wandering and improve learning of online lectures. *Proc. National Academy of Sciences* (PNAS), 110(6), 6313–6317.

Van Treek, T., Himpsl-Gutermann, K. & Robes, J. (2013). Offene und partizipative Lernkonzepte. E-Portfolios, MOOCs und Flipped Classrooms. In M. Ebner & S. Schön (Hrsg.), *Lehrbuch für Lernen und Lehren mit Technologien* (S. 287–299). Berlin: epubli. Online: http://l3t.eu/homepage/das-buch/ebook-2013/kapitel/o/id/149/name/offene-und-partizipative-lernkonzepte.

Wedekind, J. (2013). MOOCs – eine Herausforderung für die Hochschulen? In G. Reinmann, S. Schön & M. Ebner (Hrsg.), *Hochschuldidaktik im Zeichen der Heterogenität und Vielfalt*. (S. 45–59). Norderstedt: books on demand.

Yuan, L. & Powell, S. (2013). *MOOCs and Open Education: Implications for Higher Education*. http://publications.cetis.ac.uk/2013/667.

Daphne Scholzen

E-Learning an der Ethiopian Civil Service University
Mögliche Entwicklungen und Konzepte (Visionen & Konzepte)

Zusammenfassung

Die Ethiopian Civil Service University (ECSU) hat erste Erfahrungen mit Blended Learning und FlipTeaching gesammelt und möchte ihr E-Learning-Angebot zukünftig ausbauen. Vor allem vor dem Hintergrund von vorhandener Bildung und Erfahrung der Teilnehmer im Umgang mit Computertechnik stellt sich die Frage nach E-Learning-Konzepten und erfolgreichen Aktivierungsmöglichkeiten.

1 Lokale Bedingungen der Bildung in Äthiopien

Im Osten Afrikas befindet sich der Binnenstaat Äthiopien mit knapp 80 Millionen Einwohnern. Nur 16 Prozent dieser Menschen leben in Städten, das Land ist agrargeprägt und belegt auf dem Human Development Index Platz 173 von 187.

Äthiopien verfügt über traditionelle Kirchenschulbildung, welche lange Zeit die einzige Möglichkeit darstellte, in abgelegenen Gegenden die Grundfertigkeiten in Lesen und Schreiben zu erlernen. Inzwischen erfüllt Kirchenschulbildung vor allem den Zweck, für den kirchlichen Dienst Kleriker auszubilden. Mit internationaler Hilfe gelang es der Regierung in den letzten Jahren, das Bildungssystem deutlich zu verbessern. Mehr als 90 Prozent der Kinder beginnen die Grundschule, auch wenn nur rund 50 Prozent diese primäre Bildung abschließen. Das äthiopische Bildungssystem sieht vor, dass in den ersten zehn Schuljahren die Allgemeinbildung erfolgt. Anschließend wird differenziert in zwei berufsvorbereitende sowie zwei hochschulvorbereitende Schuljahre. Eine sekundäre Ausbildung erhalten knapp 40 Prozent, darauf aufbauend studieren circa sieben Prozent.

Nach der Neugründung von 15 Universitäten in den letzten Jahren verfügt Äthiopien nun über rund 30 Universitäten. Angestrebt sind jährlich 110.000 neue Studenten, 10.000 Masterabsolventen sowie 2.000 Promotionen. Dieser rasante Zuwachs belastet die Ausbildungsqualität und führt zu einem Dozentenmangel (Fischer et al., 2014).

Die traditionelle Schulbildung fand nicht nur in Äthiopien stets in begrenzten Räumen mit physisch anwesenden Lehrern und Schülern statt. Diese Praxis ist immer noch weltweit üblich, allerdings hat sich in den meisten Industrieländern in den letzten Jahrzehnten die Bildungsvermittlung verändert. In einer technologisch fortgeschrittenen Welt wird der klassische Frontalunterricht seltener und das Internet und damit einhergehende E-Learning-Möglichkeiten gewinnen zunehmend an Bedeutung.

Derzeit kann jedoch noch nicht jeder von diesen Vorteilen profitieren, da in afrikanischen Ländern der Zugang zu Informations- und Kommunikationstechnik überwiegend nur in den größten Städten möglich ist (Afemann, 2002). Im Jahr 2013 wurde afrikaweit eine Studie zum Thema E-Learning durchgeführt. Laut dieser (Isaac, Hollow, Akoh & Harper-Merrett, 2013) ist der durchschnittliche befragte Nutzer männlich, hat einen tertiären Abschluss, arbeitet im Hochschulsektor und für eine Regierungsorganisation in Afrika.

Ein weiterer Schwerpunkt der Bildungsreformen ist die Ausbildung von Beamten des öffentlichen Dienstes. Da nur rund 20 Prozent der Beamten eine Hochschulausbildung besaßen, wurde die Ethiopian Civil Service University (ECSU) gegründet. Diese hat bereits stark dazu beigetragen, die Fähigkeiten des öffentlichen Dienstes sowohl in der Präsenzlehre als auch im Fernunterricht auszubauen. Wissen, Fähigkeiten und Fertigkeiten der Wissenschaftler und des Verwaltungspersonals sollen verbessert werden, die Infrastruktur und die Einrichtungen der Universität sollen für mehr Effektivität und Effizienz aufgerüstet werden (Ethiopian Civil Service University, 2011).

2 Mediale Lösungen für die äthiopische (E-)Universität

Entsprechend ihrem Bestreben, Bildung im öffentlichen Dienst voranzutreiben, fördert die äthiopische Regierung E-Learning an der Ethiopian Civil Service University (ECSU).

E-Learning kann unterschiedlich gestaltet und genutzt werden. So gibt es beispielsweise die Unterscheidung von Teil- und vollvirtuellem E-Learning (Döring, 2002). Andere differenzieren stärker und aus einer anderen Perspektive in selbstorganisiertes E-Learning, kollaboratives E-Learning oder live E-Learning (Bruns & Gajewski, 2002).

Ein teilvirtuelles Hybridmodell aus der didaktisch sinnvollen Verbindung von klassischer Präsenzlehre und E-Learning scheint im sogenannten Blended Learning eine praktikable Lösung für den äthiopischen Kontext zu sein. Reine Präsenzlehre schränkt die Teilnahme stark ein, da sie räumlich und zeitlich gebunden ist. Als Hauptvorteile für das E-Learning werden meistens die Orts- und Zeitunabhängigkeit für alle Beteiligten angeführt, ein Problem hierbei ist jedoch das Selbst- und Zeitmanagement sowie fehlender persönlicher Kontakt und Austausch. Durch die Kombination der Vorteile aus beiden Lehrformen können Studierende digitale Lerninhalte flexibel und nach Bedarf abrufen, Lernort und -zeit selbst bestimmen, eine Online-Lern-Community bilden und von der Textorientierung dieser asynchronen Kommunikation profitieren (Haug, Schmidt, Thillosen & Wedekind, 2012) (Heather & Horn, 2012) (Sauter, Sauter & Bender, 2004).

Eine Variante des Blended Learnings vertauscht die Phasen des meist passiven Rezipierens in der Präsenzphase und der Interaktion in der Onlinephase. In diesem sogenannten FlipTeaching – auch bekannt als Flipped- oder Inverted Classroom – erarbeiten sich die Teilnehmer selbständig die Lerninhalte und interagieren während der Präsenzphase. Das Konzept des herkömmlichen Schulunterrichts wird umgedreht, also „geflipped“ (Haug, Schmidt, Thillosen & Wedekind, 2012).

Bei einer klassischen Präsenzveranstaltung führt heterogenes Vorwissen der Teilnehmer häufig zu Über- oder Unterforderung, die Aufmerksamkeit sinkt im Laufe der Veranstaltung deutlich ab, im anschließenden Üben können Verständnisprobleme nicht alleine gelöst werden. Durch die umgekehrte Konzeption von Präsenzlehre und individuellen Lernaktivitäten des FlipTeachings sollen diese Probleme bewältigt werden. In der Onlinephase können die Studierenden sich die Inhalte flexibel, im eigenen Lerntempo und mit eigenen Lernstrategien aneignen. Durch Auslagerung des Inputs wird Freiraum geschaffen und die Präsenzzeit kann stärker für Aufgaben, Interaktionen, Fragen und Ähnliches genutzt werden (Ebner & Schön, 2010).

Ein weiterer Vorteil des FlipTeachings ist die Reproduzierbarkeit der Lerninhalte (Debela, 2014), sie sind verfügbar und müssen nicht erneut vorgetragen werden und in der Präsenzveranstaltung können nichtverstandene Inhalte problemlos kurz aufgerufen und erklärt werden (Haug, Schmidt, Thillosen & Wedekind, 2012).

Vor dem Hintergrund unterschiedlicher technischer Ausstattung und Erfahrung der einzelnen Teilnehmer an der ECSU ist FlipTeaching ideal geeignet, um lernerzentriert auf die einzelnen Teilnehmer einzugehen und in der Präsenzphase technische sowie thematische Fragestellungen zu klären. Im virtuellen Teil erlernen und vertiefen die Teilnehmer nebenbei und in Peer-Gruppen den selbständigen Umgang mit Computern und die Qualitätszeit zwischen Lehrenden und Studierenden wird gesteigert.

Am E-Learning-Horizont zeichnet sich für die ECSU eine aktuelle Entwicklung des E-Learnings in Form von MOOCs ab. Diese Kurse haben keine formalen Teilnehmerbeschränkungen wie etwa Numerus Clausus, sind kostenlos und rein webbasiert. Hierbei gibt es grundlegend zwei Versionen: cMOOCs betonen die Vernetzung der Teilnehmer und Informationen sowie das Entwickeln eigener Beiträge zum Kursthema, während xMOOCs ähnlich einer Vorlesung durch strukturierte Lerninhalte führen und regelmäßige Wissensabfragen und Prüfungen enthalten, die schließlich zur Zertifizierung führen. Voraussetzung für die erfolgreiche Bewältigung von MOOCs ist selbstorganisiertes Lernen, Internetkenntnisse und der Zugang zu und Umgang mit Social Media.

In Anlehnung an FlipTeaching verbinden die eher unbekannten Blended MOOCs, kurz bMOOCs, Präsenzveranstaltungen mit einem geschlossenen Teilnehmerkreis mit einem offenen, virtuellen Umfeld. Eine kleinere Version der MOOCs sind die „small OOCs", seminarähnlich konzipierte offene Onlinekurse mit maximal 150 Teilnehmern (Haug, Schmidt, Thillosen & Wedekind, 2012).

2.1 Aktivierendes E-Learning

Die meisten E-Learning-Angebote setzen selbständiges und selbstdiszipliniertes Lernen und Arbeiten voraus. Bereits in den 1960er Jahre reifte der konstruktivistische Ansatz, dass die meisten Lerngruppen zu heterogen sind, um synchron Wissen zu rezipieren. So wurde zunehmend das Augenmerk auf individuelle Lernerfahrungen und -aktivitäten gelenkt. Hilfreich für die Motivation sowie wichtig für eine effektive Wissensvermittlung ist die Aktivierung der Teilnehmer. Bezogen auf E-Learning können die unbekannte Materie, daraus resultierende Misserfolge, kaum Feedback und mangelnde Anerkennung eine negative Wirkung auf die Motivation und Bereitschaft zur Auseinandersetzung haben.

Lernaktivitäten lassen sich unterscheiden in aktiv, konstruktiv und interaktiv (Chi, 2009). Aktives Lernen soll vorhandenes Wissen aktivieren, mit neuem verknüpfen und damit festigen. Eine klare Abgrenzung zu passivem Lernen gibt es nicht, denn es ist umstritten, ob Auswendiglernen und die Auseinandersetzung damit wirklich passiv ist, oder ob das Rezipieren ohne Reflexion beispielsweise während einer Vorlesung schon als aktiv gilt, weil das Gehirn die Informationen aufnimmt.

Konstruktive Aktivitäten lassen die Lernenden entdecken, vergleichen, ihr Wissen erleben, vertiefen, verfeinern und strukturieren (Chi, 2009). Durch Selbstinstruktion generieren die Studierenden eigene Erklärungen und erkennen, welche Informationen ihnen noch fehlen oder was sie nicht verstehen (Chi, Bassok, Lewis, Reimann & Glaser, 1989). FlipTeaching-Angebote nutzen diese Form als Ergänzung zur Vertiefung der bereitgestellten Ressourcen. Bei selbsterarbeitetem Wissen entsteht seltener der fälschliche Eindruck, etwas wäre verstanden worden. In den Präsenzphasen können dann die wahrgenommenen Verständnislücken geschlossen werden. An der ECSU erfolgt die Aktivierung der Lernenden in den virtuellen Modulen beispielsweise mit Hilfe kleiner Quizze und Übungen.

Interaktives Lernen findet meist durch reziproke Dialoge statt, an der ECSU beispielsweise im intensiven Peergruppenlernen. Anders als bei statischen Texten vertiefen hierbei aufeinander bezügliche Sequenzen den Lerninhalt (Chi, 2009). Ein seichtes Gespräch ohne diese bestimmten Muster kann jedoch nicht als interaktiv bezeichnet werden, auch wenn mehrere Personen beteiligt sind. Im Blended-Learning-Kontext können interaktive Dialoge schriftlich in Communities geführt werden und so eine noch stärkere Auseinandersetzung mit dem Thema bewirken. Anschließend bleiben diese verschriftlichten Gedanken verfügbar.

2.2 Umsetzung an der Ethiopian Civil Service University

Die ECSU hat bereits erste Erfahrungen im Umgang mit E-Learning als Unterstützung der Präsenzlehre gemacht. Ihr E-Learning-Programm besteht aus fünf Bausteinen:

Als erstes ist eine solide Strategie für die Implementierung von E-Learning wichtig und um Normen und Regularien innerhalb der formalen Bildung zu gewährleisten.

Es folgt das Kompetenzzentrum für neue Medien an der ECSU, das Development Learning Center (DLC). Experten sind dort zuständig für den Aufbau des E-Learnings und sorgen für das technische Equipment, die verschiedenen Systeme und die Dienstleistungen.

E-Learning-Systeme gewährleisten die Benutzerregistrierung und Verwaltung, das Modulmanagement und die digitale Umsetzung sowie die Bereitstellung von standardisierten E-Learning-Elementen wie Downloads, Videos, Quizze für Lehrende und Lernende.

Der vierte Baustein sind E-Learning-Pilotprojekte an der ECSU, die bereits mögliche Wege gezeigt haben, wie Blended Learning und FlipTeaching. Nun nutzt das DLC noch komplexere didaktische Konzepte zur Entwicklung des E-Learning-Angebotes.

Das E-Learning-Training für Lehrende der ECSU rundet die Aufgaben des DLC ab.

Diese fünf Bausteine wurden weitestgehend umgesetzt, sodass nun die nächsten Schritte folgen, um ein Vorbild für E-Learning an äthiopischen Universitäten zu werden. Das E-Learning-Konzept und Angebot soll standardisiert und skalierbar werden und Zugang für mehr Teilnehmer bieten.

3 Ausblick E-Learning in Äthiopien

Momentan wird E-Learning als große Chance für Entwicklungsländer gesehen, um auch an abgelegenen Orten preisgünstig exzellente Lehre anbieten zu können. Zukünftig könnte die Ethiopian Civil Service University vielleicht auch smOOCs oder sogar ganze Studiengänge virtuell anbieten und außerdem so die Beamten berufsbegleitend fortbilden.

Bei der Implementierung von Neuerungen im E-Learning für Schwellenländer oder Entwicklungsländer taucht immer wieder die Kritik des Bildungskolonialismus auf. Ziel der ECSU ist es jedoch, eigenes Personal auszubilden, um langfristig selbständig E-Learning in seiner Vielfalt speziell auf den äthiopischen Kontext zugeschnitten durchführen zu können.

Literatur

Heather, S. & Horn, M. B. (2012). *Classifying K–12 Blended Learning.* Innosight Institute.

Afemann, U. (2002). „E-velopment": Vor- und Nachteile des Internet für Entwicklungsländer. In G. Schucher (Hrsg.), *Asien und das Internet* (S. 19–34). Hamburg.

Bruns, B. & Gajewski, P. (2002). *Multimediales Lernen im Netz: Leitfaden für Entscheider und Planer.* Berlin u.a.: Springer.

Chi, M. T. (2009). Active-Constructive-Interactive: A Conceptual Framework for Differentiating Learning Activities. *Topics in Cognitive Science 1*, 73–105.

Chi, M. T., Bassok, M., Lewis, M., Reimann, P. & Glaser, R. (1989). Self-Explanations: How Students Study and Use Examples in Learning to Solve Problems. *Cognitive Science 13*, 145–182.

Debela, N. W. (2014). *E-Learning for economic development of Ethiopia.* Abgerufen am 26. Februar 2014 von http://www.africanidea.org/E_learning.html.

Döring, N. (2002). Online-Lernen. In L. J. Issing & P. Klimsa (Hrsg.), *Information und Lernen mit Multimedia und Internet. Lehrbuch für Studium und Praxis* (S. 247–264). Weinheim: Beltz.

Ebner, M. & Schön, S. (2010). *Lehrbuch für Lernen und Lehren mit Technologie.* Bad Reichenhall: BIMS.

Ethiopian Civil Service University (Hrsg.) (2011). *The Ethiopian context.* Abgerufen am 12. März 2014 von http://www.ecsc.edu.et/index.php?option=com_content&view=article&id=43:the-ethiopian-context&catid=19:college-profile&Itemid=37.

Fischer, S., Raya, Y., Grünewald, L., Danzer, L., Dorrmann, K., Greiner-Köz, A. & Stibbe, C. (2014). *Äthiopien – Kultur- und Bildungspolitik.* (hrsg. vom Auswärtigen Amt) Abgerufen am 12. März 2014 von http://www.auswaertiges-amt.de/DE/Aussenpolitik/Laender/Laenderinfos/Aethiopien/Kultur-UndBildungspolitik_node.html

Haug, S., Schmidt, M., Thillosen, A. & Wedekind, J. (2012). *e-teaching.org eBook. Blended Learning.*

Isaac, S., Hollow, D., Akoh, B. & Harper-Merrett, T. (2013). *The eLearning Africa Report 201.* Deutschland: ICWE.

Sauter, A., Sauter, W. & Bender, H. (2004). *Blended Learning. Effiziente Integration von E-Learning und Präsenztraining.* München: Luchterhand.

Kristina Lucius, Janna Spannagel, Christian Spannagel

Hörsaalspiele im Flipped Classroom

Dieser Beitrag wird im Format „flipped conference“ umgesetzt.

Zusammenfassung

Im Flipped Classroom bereiten sich die Studierenden mit Vorlesungsvideos auf die Präsenzveranstaltung vor. In der Plenumssitzung wird dadurch Raum für den Einsatz verschiedener Methoden geschaffen. Unter anderem können dann dort auch Hörsaalspiele etwa zur Aktivierung, zur Motivation oder zur sozialen Vernetzung der Studierenden durchgeführt werden. In diesem Beitrag werden theoretische Hintergründe zu Spielen dargelegt, das Konzept des Hörsaalspiels erläutert, an drei Beispielen veranschaulicht und erste Erfahrungen beschrieben.

1 Studium und Spiel

Studium und Spiel gehören seit Jahrhunderten zusammen: Beide Begriffe entsprechen in ihrer sprachlichen Bedeutung dem Wort „Übung“ (Wermke, Kunkel-Razum & Scholze-Stubenrecht, 2007). Auch in der geschichtlichen Entwicklung von Spiel und Studium lässt sich leicht ein Zusammenhang erkennen: Bereits in der Antike stellte die Einübung eine von drei Säulen des sogenannten höheren Unterrichts dar. Zur Zeit der Reformation im 16. Jahrhundert wurde versucht, Studenten mittels Preisaufgaben und Wettstreit zu motivieren (Burkhart & Weiß, 2008). Heute werden Spiele, z.B. in Form von Plan- und Rollenspielen sowie Serious Games, in den Sozial-, Erziehungs- und Wirtschaftswissenschaften zur modellhaften Lösung von problemorientierten Aufgaben genutzt (Henningsen, 1995; Tenorth & Tippelt, 2012).

Zu den Besonderheiten der Veranstaltungsart „Vorlesung“ zählt die Gruppengröße der Zuhörenden (Zimmermann, Hurtado, Berther & Winter, 2008). Die Vorlesung entspricht in der klassischen Form eines Vortrags dem schulischen Frontalunterricht (Prange, 2011). Der Wechsel von aktiven und passiven Phasen sowie promptes, häufiges und visualisiertes Feedback tragen dazu bei, das Lernklima im Hörsaal zu verbessern und studentisches Lernen zu erleichtern (Wendorff, 2007; Alberternst, 2007). Methodenwechsel fördert nicht nur die Interaktion zwischen Lehrenden und Lernenden, sondern wirkt sich nach Ansicht verschiedener Autoren zudem positiv auf das soziale Lernen, die Konzentration und Motivation sowie den Lehr- und Lern-Erfolg aus (Wendorff, 2007; Macke, Hanke & Viehmann, 2007).

Besonders in makromethodischen Formen wie dem *Flipped Classroom* bzw. *Inverted Classroom* (Lage, Platt & Treglia, 2000; Bergmann & Sams, 2012; Handke & Sperl, 2012; Handke, Loviscach, Schäfer & Spannagel, 2012; Fischer & Spannagel, 2013) besteht ein großer Freiraum innerhalb einer Präsenzveranstaltung für den Einsatz vielfältiger Methoden. Die Studierenden bereiten sich im Flipped Classroom mit Hilfe von Vorlesungsvideos auf eine Plenumsveranstaltung vor. Dadurch entfällt der neunzigminütige Vortrag des Dozenten in der Vorlesung. Das Plenum kann dann verstärkt für studierendenzentrierte Aktivitäten genutzt werden, beispielsweise mit Methoden wie Partnerarbeiten, Gruppendiskussionen, Think-Pair-Share (Lyman, 1981) oder dem Aktiven Plenum (Iberer, 2011; Spannagel, 2011). Darüber hinaus kann die Präsenzveranstaltung im Flipped Classroom für die Durchführung von Hörsaalspielen genutzt werden, in denen Studierende zum Beispiel ihr Wissen in spielerischen Quiz-Situationen überprüfen und in denen Gruppen im Wettstreit gegeneinander antreten (Spannagel & Spannagel, 2013).

Spielerische Ansätze in der Hochschullehre werden bislang im Kontext von Student Response Systems (Hall, Collier, Thomas & Hilgers, 2005; Trees & Jackson, 2007; Blood & Neel, 2008; Gauci, Dantas, Williams & Kemm, 2009) und Gamification (Deterding, Dixon, Khaled & Nacke, 2011; Sheldon, 2012; Werbach & Hunter, 2012) verstärkt diskutiert. Umfassende, systematische Arbeiten zu Spielen im Hörsaal fehlen aber bislang.

In diesem Beitrag werden die theoretischen Grundlagen von Spielen zusammengefasst (Abschnitt 2) und das Konzept des Hörsaalspiels erläutert (Abschnitt 3). In Abschnitt 4 werden drei konkrete Beispiele von Hörsaalspielen beschrieben. Der Artikel schließt mit ersten Erfahrungen und einem Ausblick auf zukünftige Arbeiten.

2 Definitionen und Funktionen von Spielen

2.1 Definitionen

Generationen von Forschern aus verschiedenen Wissenschaftsbereichen haben versucht, den Begriff „Spiel“ allgemeingültig zu definieren. Je nach Erkenntnisinteresse entstanden dabei verschiedene Erklärungen, die alle, auf ihren Gegenstand bezogen, nebeneinander zutreffend sind (Fritz, 2004; Huizinga, 2011). Für eine Definition ist demnach auch der Kontext des Spiels entscheidend. Übereinstimmend nennen zahlreiche Autoren folgende charakteristische Merkmale von spielerischen Tätigkeiten: (1) Freiwilligkeit, (2) Begrenzung in

Zeit und Raum, (3) Spielregeln, (4) Wiederholung, (5) Selbstzweck, (6) Gefühl von Spannung und Spaß, (7) Lerneffekte sowie (8) Kontrast zum Alltag (z.B. Huizinga, 2011; Fritz, 2004; Benesch & Saalfeld, 1995; Krischker, 1990; Thiesen, 1994; Oerter, 2007).

Andererseits betrachten die o. g. Autoren einige der Merkmale kritisch. So wird zwar auf den vermeintlichen Gegensatz von Spiel und Ernst verwiesen, jedoch betont, dass dieser Unterschied „stets schwebend" bleibe (Huizinga, 2011, S. 17). Es sei demnach „ein glücklicher Umstand, [...] wenn Arbeit Spaß macht und spielerischen, schöpferischen Charakter trägt" (Krischker, 1990, S. 12). Eine direkte Verbindung von Arbeit und Spiel erkannten auch andere Autoren in ihren Untersuchungen. Dabei handelt es sich sowohl um Selbstverwirklichung und Befriedigung von Grundbedürfnissen als auch um Motivation im Zusammenhang mit der Aufhebung der künstlichen Trennung von Spiel und Arbeit (Maslow, 1978; Csikszentmihalyi, 2010). Ebenso wird durch den Versuch, der spielerischen Tätigkeit eine Funktion zuzuschreiben, der Selbstzweck des Spiels in Frage gestellt (Thiesen, 1994).

2.2 Funktionen

In der kindlichen Entwicklung werden bereits im Säuglingsalter durch spielerische Handlungen in sog. „Übungs- bzw. Funktionsspielen" Neugier befriedigt und körperliche Fähigkeiten erprobt. Das darauf folgende „Konstruktionsspiel" schult zusätzlich kognitive und feinmotorische Fähigkeiten. Im „Symbol- bzw. Rollenspiel" ahmen Kinder Verhaltensweisen von Menschen aus ihrer Umwelt nach und können damit sowohl soziale Fertigkeiten erwerben als auch eigene Bedürfnisse erkennen. Diese Fähigkeiten und Fertigkeiten werden im „Regelspiel" neben dem Verständnis der Spielregeln benötigt (Piaget, 1969; Thiesen, 1994).

Folgt man der Auffassung von Rolf Oerter (2007), lassen sich Spiele nach den Funktionen „Übung", „Lernen", „Erholung" und „soziale Interaktion" unterscheiden. Eine andere Einteilung nimmt Jürgen Fritz (2004) vor. Er betrachtet das Spiel als ein „Konstrukt aus Verabredungen, Regeln und Materialien" (S. 32). Sein Vorschlag zur Klassifikation von Spielen beruht auf den möglichen Elementen, die in spielerischen Tätigkeiten enthalten sein können und nach Csikszentmihalyi (2010) der Befriedigung von vier zentralen Bedürfnissen dienen. Die Einteilung nach den Elementen „Wettbewerb" (Agon), „Glück" (Alea), „Maske" (Mimikry) und „Rausch" (Vertigo/Ilinx) wurde von beiden Autoren nach dem Versuch einer Abgrenzung von Roger Caillois vorgenommen und u.a. von Fritz um weitere Merkmale wie z.B. „Ruhe", „Sammlung", „Meditation" und „Gestaltung" ergänzt (2004).

Trotz der Schwierigkeiten, die eine allgemeine Kategorisierung bereitet, ist allen Spielen gemeinsam, dass das Interesse der Menschen am Spiel zwar mit zunehmendem Alter abnehmen kann, aber grundsätzlich bis in das Erwachsenenalter erhalten bleibt (vgl. Piaget, 1969). So werden in Schulen, Hochschulen und in der Erwachsenenpädagogik Lernspiele als didaktisches Mittel eingesetzt, um Motivation und Zusammenarbeit der Lernenden zu fördern (Wendorff, 2007; Hansen, 2010; Wouters, P., van Nimwegen, C., van Oostendorp, H. & van der Spek, E. D., 2013; Ministerium NRW, 1999). Sowohl innerhalb dieser Gruppe als auch allgemein können spielerische Tätigkeiten nochmals differenziert werden in analoge und digitale Spiele (Fritz, 2004).

2.3 Analoge und digitale Spiele

Eine weitere Möglichkeit, spielerische Tätigkeiten zu unterscheiden, ergibt sich aus dem verwendeten Material. Das Spielmaterial ist als Kommunikationsmittel zu betrachten, wenn es Informationen zwischen den Spielenden vermittelt. Dabei reicht die Vielfalt der Medien von Bleistift und Papier über Würfel, Spielsteine, -karten und/oder -bretter bis hin zu Computern und mobilen Geräten wie Laptop oder Smartphone.

Analoge Spiele. Analoge Spiele sind spielerische Tätigkeiten, die ohne digitale Medien durchgeführt werden. Aus der Sportpädagogik sind u.a. Spiele mit Ball, Kugel oder Kegel bekannt und in der Musikpädagogik werden spielerische Tätigkeiten traditionell mit Instrumenten ausgeführt (Dober, 2007; Führer & Zimmermann, 2003). Interdisziplinäre Projekte zur Lehr-Lern-Forschung und Bereiche der Politik-, Rechts- und Wirtschaftswissenschaften setzen „Planspiele“, „Rollenspiele“ oder „Entscheidungsspiele“ in der universitären Ausbildung ein (Heid, 1995; Macke et al., 2007). In den genannten Bereichen werden jedoch die analogen Materialien aufgrund technischer Entwicklungen zunehmend durch digitale Medien ergänzt.

Die Anwendung analoger Spiele im Hochschulbereich bezieht sich derzeit überwiegend auf Lehrveranstaltungen mit verhältnismäßig geringer Teilnehmerzahl, wie sie beispielsweise in Übungen oder Seminaren üblich ist (vgl. Macke et al., 2007; Wendorff, 2007). Nur wenige Autoren unterbreiten methodische Vorschläge für Spiele in Großgruppen, wie sie in Vorlesungen vorzufinden sind (Rosskogler & Hammerl, 2007; Wendorff, 2007; Spannagel & Spannagel, 2013). Das Lernen in Gruppen wird von deren Größe beeinflusst, welche sich wiederum auf die Aktivität der Gruppenmitglieder bezieht (Tenorth & Tippelt, 2012; Böss-Ostendorf & Senft, 2010). Die Vorschläge für analoge Spiele im Hörsaal sind jedoch unter der Voraussetzung einer großen Gruppenstärke kritisch zu betrachten, wenn alle Teilnehmenden aktiv in das Spiel einbezogen werden sollen (Macke et al., 2007). Möglicherweise kann durch die Verwendung digitaler Medien zur Unterstützung von Hörsaalspielen das Problem der Einbeziehung aller Studierenden besser gelöst werden (vgl. Alberternst, 2007; Müller, 2007; Rosskogler & Hammerl, 2007; Winteler, 2005; Wendorff, 2007).

Digitale Spiele. Im Gegensatz zu analogen Spielen basieren digitale Spiele auf dem Einsatz von elektronischen Medien. Ein weiterer Unterschied im Vergleich analoger zu digitalen Spielen besteht in der Anzahl der Mitspielenden. Während analoge Spiele oftmals einen oder mehrere Spielpartner voraussetzen, ist diese Bedingung bei digitalen Spielen grundsätzlich nicht erforderlich. An die Stelle von Mitspielenden tritt in diesem Fall das elektronische Medium.

Unter dem Namen „Serious Games" wird in der Schul-, Erwachsenen- und Hochschulbildung experimentiert (Bastiaens, Schrader & Deimann, 2010; Baume, 2009). Mit Hilfe elektronischer Medien sollen diese Spiele das Lernen apersonal unterstützen, indem sich die Lernenden dabei selbständig mit dem Lerngegenstand beschäftigen (Tenorth & Tippelt, 2012).

Begriffe wie „Gamification" bzw. „Game-based-Learning" beschreiben eine aktuelle Tendenz in verschiedenen Bildungsbereichen. Dabei werden Spielelemente in spielfremden Kontexten verwendet, mit dem Ziel, die Motivation der Lernenden zu erhöhen (Werbach & Hunter, 2012). Spiele und spielerische Elemente im Unterricht sollen außerdem das entdeckende Lernen unterstützen und Kompetenzen zur Entwicklung von Strategien zur Problemlösung fördern (Jackson, 2009). Während im schulischen Bereich bereits erste Erfahrungen mit Game-based-Learning vorliegen (Hansen, 2010; Sheldon, 2012), scheinen Spiele im Hörsaal bisher Ausnahmecharakter zu besitzen. So überträgt z.B. Theo Dingermann von der Universität Frankfurt am Main seit dem Wintersemester 2007/08 das aus dem Fernsehen bekannte Spielprinzip „Wer wird Millionär?" mittels eines TED-/Interacitve-Voting-Systems auf die Vorlesung, um damit die Aufmerksamkeit, Interaktion und Entscheidungsfähigkeit der Studierenden zu fördern (Brockmann, 2008).

3 Hörsaalspiele

Hörsaalspiele sind Spiele, die im Hörsaal mit großen Gruppen gespielt werden. Bei Hörsaalspielen handelt es sich streng genommen nicht um eine einzige Methode, sondern um eine Klasse von Methoden, da jedes Spiel eine eigene methodische Struktur (ggf. mit Varianten) besitzt. Hörsaalspiele erfüllen dabei fast alle Charakteristika von Spielen wie *Begrenzung in Zeit und Raum*, *Spielregeln*, *Wiederholung*, *Gefühl von Spannung und Spaß*, *Lerneffekte* und *Kontrast zum Alltag* (vgl. Abschnitt 2.1). Lediglich die Charakteristika *Freiwilligkeit* und *Selbstzweck* sind (wie oben bereits angedeutet) in formalen Lernkontexten problematisch. Nichtsdestotrotz erscheint es legitim, den Begriff

Spiel auch im Rahmen von formalen Lernkontexten wie Vorlesungen zu verwenden, weil Hörsaalspiele zahlreiche Eigenschaften von Spielen besitzen und sie bestimmte Funktionen von Spielen wie *Üben*, *Lernen*, *soziale Interaktion*, *Ruhe* und *Konzentration* erfüllen (vgl. Abschnitt 2.2). Es lässt sich außerdem feststellen, dass Hörsaalspiele oft *Wettbewerbscharakter* tragen.

Hörsaalspiele lassen sich vollständig analog ohne Nutzung von digitalen Medien durchführen. Darüber hinaus gibt es Hörsaalspiele, bei denen Informationstechnologien wie Student Response Systems, Smartphones oder Tablets eingesetzt werden können. Da Hörsaalspiele aber im realen Raum stattfinden, handelt es sich grundsätzlich um digital angereicherte analoge Spiele.

Im Gegensatz zu *Gamification* werden bei Hörsaalspielen nicht nur spielerische Elemente genutzt, sondern vollständige Spiele im Rahmen von Vorlesungen durchgeführt. Das bedeutet, dass alle zum jeweiligen Spiel gehörenden Elemente einbezogen werden. Während sich *Gamification* oftmals auf die Lehrveranstaltung eines ganzen Semesters bezieht, ist ein Hörsaalspiel eine Phase im Rahmen einer einzigen Präsenzveranstaltung. *Gamification* ist dabei häufig auf den Einsatz von digitalen Medien angewiesen, insbesondere zur Verwaltung und Organisation von Fortschritten. Digitale Medien werden bei der Durchführung von Hörsaalspielen jedoch vorwiegend zur Unterstützung von Kommunikationsprozessen genutzt und tragen damit der Gruppengröße als Besonderheit von Vorlesungen Rechnung.

Der Einsatz von Hörsaalspielen dient unterschiedlichen Zwecken. Lehrende erhalten durch die aktive Einbeziehung der Studierenden ein promptes Feedback zu ihrer aktuellen Lehrveranstaltung und tragen durch den Wechsel von aktiven und passiven Phasen dazu bei, das Lernklima im Hörsaal zu verbessern und studentisches Lernen zu erleichtern (Alberternst, 2007; Macke et al., 2007; Wendorff, 2007; Winteler, 2005). Hörsaalspiele können in Vorlesungen als didaktisches Mittel eingesetzt werden, um Interaktionen zwischen den Lernenden oder zwischen den Lehrenden und Lernenden zu fördern und damit die positiven Auswirkungen auf das soziale Lernen, die Konzentration und Motivation sowie den Lehr- und Lernerfolg zu verstärken (Böss-Ostendorf & Senft, 2010; Rosskogler & Hammerl, 2007; Müller, 2007).

Die Durchführung von Spielen in Vorlesungen kann von unterschiedlicher Dauer sein, je nach Spiel von wenigen Minuten bis zu eineinhalb Stunden. Insbesondere kurze Spiele, die Elemente der Bewegung beinhalten, sind auch im Sinne einer aktiven Pause zur Wiederherstellung von Aufmerksamkeit der Studierenden geeignet.

Es kann jedoch vermutet werden, dass trotz des hohen motivationalen Charakters Hörsaalspiele nicht von allen Lehrenden und Lernenden geschätzt werden. Darüber hinaus erfordern sie sowohl von Lehrenden als auch von Lernenden ein gewisses Maß an Offenheit gegenüber neuen bzw. alternativen Methoden.

Die Auswahl eines Hörsaalspiels erfolgt gemäß mehrerer Kriterien. Neben der Berücksichtigung der allgemeinen Merkmale des Spiels ist auf die Durchführbarkeit bei entsprechender Gruppengröße zu achten. Zusätzlich müssen insbesondere die Ziele der Vorlesung in die Planung von Hörsaalspielen einbezogen werden: Hörsaalspiele sollten nicht zum Selbstzweck, sondern unter Beachtung der didaktischen Ziele der Vorlesung eingesetzt werden. Idealerweise sind dabei die Spielhandlungen identisch mit fachlich zu erlernenden Aktivitäten. Die Entwicklung von Kompetenzen kann so direkt in spielerischen Situationen stattfinden. Wie Hallmann (2014) feststellt, können mit Hörsaalspielen in verschiedenen Fächern allgemeine didaktische Ziele wie Festigung, Wiederholung und Überprüfung der zu erlernenden Kompetenzen verfolgt werden.

Der Ablauf und die Spielregeln müssen zudem leicht verständlich und schnell erlernbar sein. Deshalb ist es oft zweckmäßig, für Spiele im Hörsaal allgemein bekannte Spiele auszuwählen und sie gegebenenfalls der Situation im Hörsaal anzupassen. Bei der Entwicklung von Hörsaalspielen sollte aus organisatorischen Gründen darauf geachtet werden, möglichst wenig, bereits vorhandenes oder gar kein Material zu verwenden. Der Einsatz von Hörsaalspielen ist auch außerhalb des Flipped-Classroom-Modells sinnvoll, wie erste Untersuchungen zeigen (z.B. Hallmann, 2014). Aufgrund der Gruppengröße muss man bei der Entwicklung und Durchführung von Hörsaalspielen berücksichtigen, dass möglichst viele oder sogar alle Anwesenden in das Spiel einbezogen werden können.

4 Hörsaalspiele in einer Flipped-Classroom-Mathematikvorlesung

Im Sommersemester 2013 und im Wintersemester 2013/2014 wurden Hörsaalspiele im Rahmen der Vorlesung „Mathematische Grundlagen I (Primarstufe)“ an der Pädagogischen Hochschule Heidelberg durchgeführt und in der Praxis erprobt. Diese Veranstaltung ist eine Grundvorlesung in Modul 1 des Studiengangs Grundschullehramt. Es werden dort die fachwissenschaftlichen Grundlagen in den Bereichen Arithmetik, Mengenlehre und Logik gelegt. Die Veranstaltung wird dabei als Flipped Classroom durchgeführt: Die Studierenden bereiten sich mit Vorlesungsvideos vor, die Plenumsveranstaltung dient dann der gemeinsamen Besprechung von Fragen, dem gemeinsamen Lösen von Aufgaben und anderen mathematischen Aktivitäten (Fischer & Spannagel, 2012; Spannagel & Spannagel, 2013). In diesem Kontext wurden Hörsaalspiele entwickelt und eingesetzt, die beispielsweise dazu dienen sollten, den Studierenden die Bedeutung des Kopfrechnens deutlich zu machen: Studierende verwenden in der Regel nur den Taschenrechner zum Rechnen, auch bei sehr einfachen Aufgaben. Im Grundschullehramt ist es aber besonders wichtig, schnell und sicher im Kopf zu rechnen, insbesondere wenn Lösungen von Grundschülern kontrolliert werden müssen. Ein einfacher Appell an die Studierenden, Aufgaben im Kopf zu rechnen, wird aber oft nicht ernst genug genommen. Mit Hörsaalspielen wurden unter anderem Situationen geschaffen, in denen Studierende Kopfrechnen *mussten*. Diese Spiele hatten dabei oft einen Wettbewerbscharakter, um die eigene Geschwindigkeit beim Kopfrechnen und ggf. den notwendigen Übungsbedarf deutlich zu machen. Andere Hörsaalspiele dienten der Förderung des kooperativen Arbeitens an mathematischen Aufgaben. Im Folgenden werden exemplarisch drei Hörsaalspiele beschrieben: *Divide and Fight*, *Reihenrotation* und *Ring the Bell*.

4.1 *Divide and Fight*

Divide and Fight ist ein Hörsaalspiel, in dem die Studierenden einen Kopfrechen-Wettbewerb durchführen. Bei diesem Spiel werden die Studierenden in zwei Gruppen geteilt, die gegeneinander spielen. Der Dozent stellt nacheinander Kopfrechen-Aufgaben. Wenn eine Studentin bzw. ein Student die Lösung hat, ruft sie/er diese laut ins Plenum. Ist die Lösung richtig, bekommt die Gruppe einen Punkt. Die Gruppe mit den meisten Punkten gewinnt.

Aufgrund seiner einfachen Spielmechanik ist das Spiel leicht verständlich und flexibel einsetzbar. Die oben beschriebene Wettbewerbssituation baut dabei den Druck auf, in einer hohen Geschwindigkeit zu rechnen. Dies kann dann allerdings Studierende mit langsamem Arbeitstempo demotivieren, unter Umständen mit der Konsequenz, dass sich diese gar nicht mehr am Spiel beteiligen. Durch die Nutzung von Informationstechnologien kann dieser Nachteil ausgeglichen werden, wenn beispielsweise mittels eines Student Response Systems die Antworten aller Studierenden gesammelt und anschließend die Gruppenlösungen verglichen werden.

4.2 *Reihenrotation*

Im Hörsaalspiel *Reihenrotation,* mit dem ebenfalls das Kopfrechnen gefördert werden soll, setzen sich jeweils zehn Studierende auf die Plätze in jeder zweiten Reihe des Hörsaals, und zwar bündig an einen der Ränder. So entstehen automatisch Teams. Der Dozent stellt die erste Aufgabe. Alle Studierenden sind aufgefordert, die Aufgabe zu lösen. Das Ergebnis darf aber nur von den Studierenden, die am Rand sitzen, laut in den Hörsaal gerufen werden. Hat ein anderer Spieler aus dem Team das Ergebnis zuerst errechnet, wird es per *Stille Post* an den Rand weitergegeben. Der Spieler, der das richtige Ergebnis als erstes ruft, steht auf, geht einmal um die eigene Bankreihe und setzt sich wieder zu seiner Gruppe. Alle Studierenden des Teams rücken einen Platz weiter wieder an den Rand auf. Es gewinnt diejenige Reihe, in der zuerst alle Studierenden wieder ihre ursprünglichen Plätze eingenommen haben, die also einmal rotiert ist.

4.3 *Ring the Bell*

Für das Spiel *Ring the Bell* finden sich jeweils vier bis fünf Studierende zu Gruppen zusammen und geben ihrem Team einen Namen. Diese werden vom Dozenten an die Tafel geschrieben und dienen der späteren Punktevergabe. Bei der Verteilung im Hörsaal ist darauf zu achten, dass jedes Team einen freien Weg aus der Reihe hat. Im gleichen Abstand zur ersten und letzten besetzten Reihe werden vorne und hinten im Hörsaal jeweils mittig zwei Klingeln aufgestellt. Mit diesem Spiel soll das kooperative Arbeiten an problemhaltigen mathematischen Aufgaben gefördert werden. Wie in Punkt 2.3 erwähnt, kann hier durch den Einsatz digitaler Medien Zeit gespart werden, indem die umfangreicheren Aufgaben nicht an die Tafel geschrieben, sondern mithilfe einer PowerPoint-Präsentation an die Wand projiziert werden. Wenn eine Gruppe die Aufgabe gelöst hat, läuft ein Mitglied der Gruppe zu einer der Klingeln und schlägt diese an (die vorn sitzenden Gruppen laufen zur hinteren Klingel und umgekehrt). Daraufhin hören alle Teams mit dem Arbeiten auf, die Ergebnisse werden im Plenum verglichen und die Gruppen geben sich auf richtige (Teil-) Lösungen Punkte. Am Ende jeder Runde werden die Punkte aller Gruppen vom Dozenten an die Tafel geschrieben und die nächste Aufgabe wird gestellt. Eine erfolgreiche Strategie in diesem Spiel ist beispielsweise, die Aufgabenstellung sinnvoll unter den Gruppenmitgliedern so aufzuteilen, dass einzelne Teillösungen parallel erarbeitet und anschließend zum Gesamtergebnis zusammengefügt werden.

Die drei beschriebenen Hörsaalspiele wurden zwar im Rahmen einer Mathematikvorlesung zur Förderung mathematischer Kompetenzen eingesetzt, sie können aber auch auf andere Domänen übertragen werden. So ist beispielsweise denkbar, das Spiel *Reihenrotation* auch zur Abfrage von Begriffen in anderen Disziplinen einzusetzen.

5 Fazit und Ausblick

Beim Einsatz von Hörsaalspielen konnten bereits erste Erfahrungen im Rahmen der Mathematikvorlesung „Mathematische Grundlagen 1 (Primarstufe)" an der PH Heidelberg gesammelt werden. Dabei stellte sich unter anderem heraus, dass Wettkampfsituationen, in denen es auf Schnelligkeit ankommt, bei neu erlernten Kompetenzen besser in späten Lernphasen eingesetzt werden sollten, nämlich dann, wenn es um die schnelle Anwendung bis hin zur Automatisierung bereits gelernter Prozesse geht. Wird die Wettbewerbssituation zu früh eingesetzt, kann dies zu Demotivation bei den Studierenden führen. Des Weiteren weisen erste Evaluationsergebnisse darauf hin, dass Hörsaalspiele ein großes Potenzial für *Bewegung* und damit zur *Auflockerung* sowie zur Wiedergewinnung von *Aufmerksamkeit* und *Konzentration* haben sowie motivierend auf die Lerntätigkeit der Studierenden wirken (vgl. auch Hallmann, 2014). So bietet es sich beispielsweise an, eine Plenumsveranstaltung mit einem Hörsaalspiel zu beginnen, um die Aufmerksamkeit der Studierenden auf das Stundenthema und die Konzentration auf den Beginn der Vorlesung zu lenken.

Erst in der Erprobung von Spielen zeigen sich Schwierigkeiten, die sich bei der Entwicklung von Spielideen in der Regel noch nicht abzeichnen. So beteiligten sich in einer ersten Fassung des Spiels *Reihenrotation* nur die am Rand sitzenden Studierenden, was dazu führte, dass alle Studierenden in der Mitte der Reihe nichts zu tun hatten. Hierbei entstand die Idee, die Studierenden in den Reihenmitten mittels *Stille Post* in jede Spielrunde einzubeziehen. Dies verdeutlicht, dass sich Hörsaalspiele insbesondere im Rahmen von Design-Based-Research-Projekten (Reinmann, 2005) erproben und weiterentwickeln lassen. Im Rahmen eines solchen Projekts werden an der Pädagogischen Hochschule Heidelberg zurzeit zahlreiche Hörsaalspiele entwickelt. Dabei sind unter Berücksichtigung weiterer Spielelemente wie *Zufall* oder *Maske* zum einen neue Spiele zu entwickeln (z.B. *Message in a bottle* oder *Scharade*) als auch bereits bekannte Spiele (wie beispielsweise *Tabu* oder *Bingo*) auf die Hörsaalsituation zu übertragen. Insbesondere werden dabei auch über die Mathematik hinaus die Spezifika anderer Disziplinen berücksichtigt. So wird man in diskursorientierten Domänen, in denen es weniger um das Lösen von Problemen geht, Hörsaalspiele mit anderen Spielprinzipien benötigen. Das Projekt beinhaltet somit die Analyse der Hörsaalspiele hinsichtlich ihrer Spielmechanik und die Überprüfung auf ihre Passung hinsichtlich verschiedener Kompetenzen und Lernziele unterschiedlicher Disziplinen. Dies soll in einen Katalog von Hörsaalspielen münden, die auf einer relativ abstrakten Ebene beschrieben sind (beispielsweise in Form von Didaktischen Design Patterns, vgl. Kohls & Wedekind, 2008; Wippermann, 2013) und die damit auf verschiedene Situationen übertragen und angepasst werden können.

6 Danksagung

Wir danken den Mitgliedern der Playgroup Heidelberg (www.playgrouphd.de) für wertvolle Anregungen zu Hörsaalspielen.

Literatur

Alberternst, Chr. (2007). Feedback geben – Feedback holen. In B. Hawelka, M. Hammerl & H. Gruber (Hrsg.), *Förderung von Kompetenzen in der Hochschullehre. Theoretische Konzepte und ihre Implementation in der Praxis* (S. 165–179). Kröning: Asanger.

Bastiaens, Th., Schrader, C. & Deimann, M. (2010). *Lehren und Lernen in der Wissensgesellschaft*. Hagen: FU.

Baume, M. (2009). *Computerunterstützte Planspiele für das Informationsmanagement. Realitätsnahe und praxisorientierte Ausbildung in der universitären Lehre am Beispiel der „CIO-Simulation"*. Norderstedt: Books on Demand.

Benesch, H. & v. Saalfeld, H. (1995). *dtv-Atlas zur Psychologie. Tafeln und Texte* (4. Auflage, 2. Band). München: Deutscher Taschenbuchverlag.

Bergmann, J. & Sams, A. (2012). *Flip your classroom. Reach every student in every class every day*. Eugene, Oregon: ISTE.

Blood, E. & Neel, R. (2008). Using Student Response Systems in Lecture-based Instruction: Does it Change Student Engagement and Learning? *Journal of Technology and Teacher Education, 16*(3), 375–383.

Böss-Ostendorf, A. & Senft, H. (2010). *Einführung in die Hochschul-Lehre. Ein Didaktik-Coach*. Opladen: Budrich.

Brockmann, J. (2008). *Prof spielt in seinen Vorlesungen „Wer wird Millionär?"*. Campus-Blog. Online verfügbar: http://blog.nz-online.de/campus/2008/03/12/prof-spielt-in-seinen-vorlesungen-wer-wird-millionaer/ [27.03.2014].

Burkhart, F.-P. & Weiß, A. (2008). *dtv-Atlas Pädagogik*. München: Deutscher Taschenbuchverlag.

Csikszentmihalyi, M. (2010). *Das flow-Erlebnis* (11. Auflage). Stuttgart: Klett-Cotta.

Deterding, S., Dixon, D., Khaled, R. & Nacke, L. (2011). From game design elements to gamefulness: defining gamification. *Proceedings from Mindtrek 2011*. Tampere, Finnland: ACM.

Dober, R. (2007). *GutsMuths – Spiele zur Übung und Erholung des Körpers und des Geistes*. Online verfügbar: http://www.sportpaedagogik-online.de/gutsmuths/gutsspiel1.html [27.03.2014].

Fischer, M. & Spannagel, C. (2012). Lernen mit Vorlesungsvideos in der umgedrehten Mathematikvorlesung. In J. Desel, J. M. Haake & C. Spannagel (Hrsg.), *DeLFI 2012 – Die 10. e-Learning Fachtagung Informatik der Gesellschaft für Informatik e.V.* (S. 225–236). Bonn: Köllen Druck+Verlag.

Fritz, J. (2004). *Das Spiel verstehen. Eine Einführung in Theorie und Bedeutung*. Weinheim: Juventa.

Führer, S. & Zimmermann, M. (2003). *Blockflötenunterricht mit Kindergruppen. Lehrerhandbuch für kreativen Anfangsunterricht*. Manching: Holzschuh.

Gauci, S. A., Dantas, A. M., Williams, D. A. & Kemm, R. E. (2009). Promoting student-centered active learning in lectures with a personal response system. *Advances in Physiology Education, 33*(1), 60–71.

Handke, J., Loviscach, J., Schäfer, A. M. & Spannagel, C. (2012). Inverted Classroom in der Praxis. In B. Berendt, B. Szczyrba & J. Wildt (Hrsg.), *Neues Handbuch Hochschullehre* (E 2.11, 1–18), Ergänzungslieferung 57, Dezember 2012. Berlin: Raabe.

Handke, J. & Sperl, A. (Hrsg.) (2012). *Das Inverted Classroom Model. Begleitband zur ersten deutschen ICM Konferenz*. München: Oldenbourg Verlag.

Hall, R. H., Collier, H. L., Thomas, M. L. & Hilgers, M. G. (2005). A Student Response System for Increasing Engagement, Motivation, and Learning in High Enrollment Lectures. In *Proceedings of the Eleventh Americas Conference on Information Systems, Omaha, NE, USA Augist 11th-14th, 2005*. Online verfügbar: http://lite.mst.edu/media/research/ctel/documents/hall_et_al_srs_amcis_proceedings.pdf [25.03.2014].

Hallmann, C. (2014). Spielst du noch oder lernst du schon? – Spielend lernen in der Vorlesung. In R. Kordts-Freudinger, D. Urban & N. Schaper (Hrsg.), *Lehr- und Lernpraxis im Fokus – Forschungs- und Reflexionsbeiträge aus der Universität Paderborn*. Online verfügbar: http://www.zhw.uni-hamburg.de/almanach/wp-content/files/ZHW-Almanach-Paderborner-Beitrge-2014-03-Hallmann-Spielend_lernen.pdf. [16.05.2014].

Hansen, N. (2010). *Spielend lernen? Lernspiele in divergierendem Fächerkontext der Sekundarstufe I und II und ihre Auswirkungen auf Lernerfolg und Motivation bei Kindern und Jugendlichen.* Dissertation. Online verfügbar: http://duepublico.uni-duisburg-essen.de/servlets/DerivateServlet/Derivate-25012/Diss_Hansen.pdf. [24.02.2014].

Heid, H. (1995). Die Interdisziplinarität der pädagogischen Fragestellung. In D. Lenzen & K. Mollenhauer (Hrsg.), *Enzyklopädie Erziehungswissenschaft* (Band 1, S. 177–190). Stuttgart: Klett.

Henningsen, J. (1995). Spieltheorie. In D. Lenzen & K. Mollenhauer (Hrsg.), *Enzyklopädie Erziehungswissenschaft* (Band 1, S. 214–231). Stuttgart: Klett.

Huizinga, J. (2011). *Homo Ludens. Vom Ursprung der Kultur im Spiel* (22. Auflage). Reinbek: Rowohlt.

Iberer, U. (2011). Das aktive Plenum: Neue didaktische Potenziale einer klassischen Sozialform. In L. Berger, C. Spannagel & J. Grzega (Hrsg.), *Lernen durch Lehren im Fokus. Berichte von LdL-Einsteigern und LdL-Experten* (S. 87–94). Berlin: epubli.

Jackson, J. (2009). Game-based teaching: What educators can learn from videogames. *Teaching Education, 20*(3), 291–304.

Kohls, C. & Wedekind, J. (2008). Die Dokumentation erfolgreicher E-Learning-Lehr/Lernarrangements mit didaktischen Patterns. In S. Zaucher, P. Baumgartner, E. Blaschitz & A. Weissenbäck (Hrsg.), *Offener Bildungsraum Hochschule. Freiheiten und Notwendigkeiten. Medien in der Wissenschaft 48* (S. 217–227). Münster: Waxmann.

Krischker, U. (1990). Spiel. In C. Schwabe & U. Krischker, *Beiträge zur Instrumental- und Gesangspädagogik. Psychologische Grundlagen der Musikalischen Elementarerziehung* (Band 12). Berlin: MfK.

Lage, M. J., Platt, G. J. & Treglia, M. (2000). Inverting the classroom: A gateway to creating an inclusive learning environment. *The Journal of Economic Education, 31*(1), 30–43.

Lyman, F. (1981). The responsive classroom discussion: The inclusion of all students. In A. S. Anderson (Hrsg.), *Mainstreaming Digest* (S. 109–113). College Park, MD: University of Maryland, College of Education.

Macke, G., Hanke, U. & Viehmann, P. (2007). *Hochschuldidaktik. Lehren – vortragen – prüfen – beraten* (2. Auflage). Weinheim: Beltz.

Maslow, A. (1978). *Motivation und Persönlichkeit*. Olten: Walter.
Ministerium für Schule und Weiterbildung, Wissenschaft und Forschung des Landes Nordrhein-Westfalen. (1999). *Lehrplan Französisch*. Frechen: Ritterbach. Online verfügbar: http://www.standardsicherung.schulministerium.nrw.de/lehrplaene/upload/lehrplaene_download/gymnasium_os/4705.pdf [24.02.2014].
Müller, F. (2007). Studierende motivieren. In B. Hawelka, M. Hammerl & H. Gruber (Hrsg.), *Förderung von Kompetenzen in der Hochschullehre. Theoretische Konzepte und ihre Implementation in der Praxis*. (S. 31–43). Kröning: Asanger.
Oerter, R. (2007). *Zur Psychologie des Spiels*. Online verfügbar: http://www.edu.lmu.de/~oerter/index.php?option=com_docman&task=doc_view&gid=42 [24.02.2014].
Piaget, J. (1969). *Nachahmung, Spiel und Traum*. Stuttgart: Klett.
Prange, K. (2011). Didaktik und Methodik. In J. Kade (Hrsg.), *Pädagogisches Wissen. Erziehungswissenschaft in Grundbegriffen* (S. 183–188). Stuttgart: Kohlhammer.
Reinmann, G. (2005). Innovation ohne Forschung? Ein Plädoyer für den Design-Based-Research-Ansatz in der Lehr-Lernforschung. *Unterrichtswissenschaft, 1*, 52–69.
Rosskogler, M. & Hammerl, M. (2007). Moderationstechniken. In B. Hawelka, M. Hammerl & H. Gruber (Hrsg.), *Förderung von Kompetenzen in der Hochschullehre. Theoretische Konzepte und ihre Implementation in der Praxis* (S. 107–123). Kröning: Asanger.
Sheldon, L. (2012). *The Multiplayer Classroom. Designing Coursework as a game*. Boston: Course Technology PTR.
Spannagel, C. (2011). Das aktive Plenum in Mathematikvorlesungen. In L. Berger, C. Spannagel & J. Grzega (Hrsg.), *Lernen durch Lehren im Fokus. Berichte von LdL-Einsteigern und LdL-Experten* (S. 97–104). Berlin: epubli.
Spannagel, C. & Spannagel, J. (2013). Designing In-Class Activities in the Inverted Classroom Model. In J. Handke, N. Kiesler & L. Wiemeyer (Hrsg.) (2013). *The Inverted Classroom Model. The 2nd German ICM-Conference* (S. 113–120). München: Oldenbourg.
Tenorth, H.-E. & Tippelt, R. (Hrsg.) (2012). *Lexikon Pädagogik*. Weinheim: Beltz.
Thiesen, P. (1994). *Arbeitsbuch Spiel für Kindergarten, Hort, Heim und Kindergruppe* (4. Auflage). Köln: Stam.
Trees, A. R. & Jackson, M. H. (2007). The learning environment in clicker classrooms: student processes of learning and involvement in large university-level courses using student response systems. *Learning, Media and Technology, 32*(1), 21–40.
Wendorff, J. A. (2007). Aktivierende Methoden der Seminargestaltung. In B. Hawelka, M. Hammerl & H. Gruber (Hrsg.), *Förderung von Kompetenzen in der Hochschullehre. Theoretische Konzepte und ihre Implementation in der Praxis* (S. 17–30). Kröning: Asanger.
Werbach, K. & Hunter, D. (2012). *For the Win. How Game Thinking Can Revolutionize Your Buissiness*. Philadelphia: Warton Digital Press.
Wermke, M., Kunkel-Razum, K. & Scholze-Stubenrecht, W. (Hrsg.) (2007). *Duden. Das Herkunftswörterbuch. Etymologie der deutschen Sprache* (7. Band, 4. Auflage). Mannheim: Duden.
Winteler, A. (2005). *Professionell lehren und lernen. Ein Praxisbuch*. Darmstadt: WBG.

Wippermann, S. (2013). *Didaktische Design Patterns: Zur Dokumentation und Systematisierung didaktischen Wissens und als Grundlage einer Community of Practice*. Saarbrücken: Müller.

Wouters, P., van Nimwegen, C., van Oostendorp, H. & van der Spek, E. D. (2013). A Meta-Analysis of the Cognitive and Motivational Effects of Serious Games. *Journal of Educational Psychology, 105*(2), 249–265.

Zimmermann, T., Hurtado, D., Berther, M. & Winter, F. (2008). Dialog mit 200 Studierenden – geht das? Blended Learning in einer Vorlesung mit hoher Teilnehmerzahl. *Das Hochschulwesen*, 6, 179–185. Online verfügbar: http://www.hochschulwesen.info/inhalte/hsw-6-2008.pdf. [24.02.2014].

Stefan Piasecki

Lernen im realen und im „Scheinraum"

Aneignung und Adaption sozialökologischer und virtueller Lebenswelten und das Prinzip der *Gamification*

Zusammenfassung

Die Verbindung von Realität und Virtualität, Multimedia und Spielelementen im Umfeld von Lehre und Pädagogik wird oft als konflikthaft betrachtet. Die Akzeptanz etwa von Smartphones ist gering. Erst langsam setzt sich die Erkenntnis durch, dass Lernprozesse heute auf einer Vielzahl von Ebenen und in mannigfaltigen „Räumen" stattfinden und von Einflüssen abhängen, die Lehrende und Lernende „mitbringen". Im Rahmen dieses Beitrages wird am Beispiel einer Gruppe im Berufsbildungsprozess darauf hingewiesen, dass die Unterstützung vorhandener Medienkompetenzen und erfolgreich praktizierter Nutzungsmuster sowie die Förderung unterhaltender Elemente in Lernprozessen und Lernumgebungen zu einem inhaltlichen Vermittlungserfolg beitragen können. Virtuelle Lernräume können von Erkenntnissen bspw. der *Game Studies* profitieren, wenn sie die Vermittlungserfolge komplexer Spielumgebungen als Vorbild akzeptieren, denen Spielende sich freiwillig und immer neu motiviert unterwerfen.

1 Sozialökologie und virtuelle Lernwelten

Der Begriff der „Sozialökologie" umschreibt das Lebensfeld des Menschen als „Raum" in einem möglichst umfassenden Sinn, von dem Schütz feststellt, dass er von der Realität des Subjekts (Schütz, 1973, S. 207) geformt sei.

Dieser „Sinn" ist durchaus mit modernen Medien und Informationstechnologien kompatibel. Allerdings erscheint es zunehmend schwer oder sogar unmöglich, mit einem einzigen Realitäts- oder Raumbegriff *„die Vielfalt sich gleichzeitig überlappender Räume zu erfassen. (...) Was jedoch die Kinder und Jugendlichen betrifft, die mit Cyberspace-Technologien aufwachsen, so ist meine Schlussfolgerung, dass in virtuellen Räumen systematisch wiederholt wird, was bereits in der verinselten Raumaneignung vorgegeben wird: Die Bezugnahme auf einen nicht einheitlichen Raum."* (Löw, 2009, S. 100f.)

Die verwendeten Begriffe der *verinselten* und *angeeigneten* Lebenswelt sind zur Versinnbildlichung moderner sozialer Sachverhalte hilfreich und können damit durchaus als Prozessbeschreibungen sozialökologischer Realitäten aufgefasst werden.

Im Zentrum stehen Individuen sowie sämtliche Aspekte des „Ökosystems" Sozialraum. Zu diesem Ökosystem gehören selbstverständlich auch Prozesse des Lernens: hier insbesondere solche jugendlichen Lernens, aber auch lebenslangen Lernens für Erwachsene, Berufsrückkehrerinnen und -kehrer und auch Senioren.

Die Lebenswelten von Menschen werden durch sie geprägt und wirken auf die Menschen selbst wieder zurück. Die so (für) *wahr-genommene* Realität[1] in einer individuellen Vorstellungswelt formt sich und reagiert auf Angst- und Hoffnungsräume. Individuen richten sich ein, werden aber auch positiv oder negativ durch sie beeinflusst bzw. stigmatisiert („Quartierseffekt"). Diese Erkenntnisse können gerade auch interessante Impulse für pädagogische Fragestellungen liefern, weil sich mit virtuellen Umgebungen parallele Realitäten ergeben haben, in denen sowohl Unterhaltungs- wie auch Lern- und vielfache Kommunikationsprozesse möglich sind – und dies nicht selten gleichzeitig nebeneinander.

Zunächst ist darauf zu verweisen, dass Lernen, bildliche Darstellungen von Ereignisprozessen und damit die Verbindung von Raum, Zeit, Ereignis, Realität und Vorstellungskraft sich schon als „multimediale" Vorgänge in der Betrachtung von steinzeitlichen Höhlenbildern erschließen lassen: Der Mensch wirkte in seine Umwelt hinein und veränderte sie, um *jetzt* besser leben zu können und gleichfalls Erkenntnisse zu tradieren, um auch *in Zukunft* besser leben zu dürfen. Die Höhlenmalerei diente als Narration, Tradition, Warnung und Gebrauchsanleitung.

Das Bewusstsein, in Teilen der Lebenswelt nicht nur wirken zu können, sie nicht nur zu „besiedeln", sondern auch eine Rückwirkung hinzunehmen (und diese verarbeiten zu müssen!), hat Alexej Nikolajew Leontjew 1973 formuliert. Er ging grundlegend davon aus, dass der Mensch in einen Raum eindringe und dort, um überleben zu können, sich „Werkzeuge" schaffe sowie symbolische Produkte. Während die „Werkzeuge" tatsächlich Elemente des täglichen Lebens sind, handelt es sich bei den „Symbolen" um die gesellschaftliche Realität formende und organisierende Aspekte der Lebenswelt. Der Mensch kreiert sich also bspw. neben einem Überlebens- und Ausbildungs- auch ein politisches System. Dieses formt dann auch Wahrnehmung und Lebensentwurf von Menschen in der Zukunft (Leontjew, 1973, S. 281).

Konkret bedeutet dies, dass der Zugang eines Menschen zu einem existierenden „Werkzeug" durchaus persönlicher und individueller Natur sein kann. Gerade für bereitgestellte Lernumgebungen ist dies zu berücksichtigen, wenn

1 Zu den mannigfaltigen Wirklichkeiten (multiple realities) nach Schütz mit explizitem Bezug auf virtuelle Lernumgebungen siehe: Waltemathe, 2011, S. 65ff.

sie nicht statisch und beliebig sein, sondern zur Mitwirkung anregen sollen. Diese Erzeugnisse und Symbole beinhalten die Ergebnisse seiner Fähigkeiten, Erfahrungen sowie Traditionen und prägen so die *äußeren Lebensbedingungen* des Menschen, die wiederum auf den Menschen zurückwirken (Leontjew, 1973, S. 285). Der wahrnehmbare gesamtgesellschaftliche Schaffensprozess wird vom Individuum ebenfalls angeeignet und prägt die *individuellen Lebensbedingungen.*

Lebensräume sind demnach nicht nur Sozialräume, sondern vor allem auch *Aneignungsräume und Lernräume* (Deinet, 2005, S. 37). Aneignung ist ein aktiver Prozess nicht der „Übernahme“, sondern der Verarbeitung und Adaption von gesellschaftlichen Bedingungen.

Dies gilt für die lebensweltliche und ebenso die virtuelle Realität. Wenn didaktische Konzepte und pädagogische Methoden „scheinräumliche“ Erfahrungswelten ausblenden, werden sie der multiplen postmodernen Chancenvielfalt ebenso wenig gerecht, wie sie die medialen Selbstbefähigungskompetenzen vieler Menschen unberücksichtigt lassen. Gerade „Verlierer“ des klassischen Bildungssystems besitzen in vielen Feldern nutzbare Lern- und Aneignungskompetenzen – sie lernen freiwillig komplexe Regelwerke von Videospielen und bewegen sich instinktiv sicher in riesigen virtuellen Spielwelten und sozialen Netzwerken. Mit dem Verfahren der „Gamification“ können solche Erfahrungen und Erfolgsstrategien übertragen werden. Es beschreibt den Übertrag von Inhalten und Handlungsmustern bspw. von Videospielen auf andere Bereiche: Lernen darf durchaus auch unterhaltsam sein. Virtualität ist für viele Lernende, anders als oft für Lehrende, ein vertrauter und positiv besetzter Bereich. Letztere müssen sich der Wahrnehmungslücke erst bewusst sein, bevor sie sie überschreiten können (Wampfler, 2013, S. 55).

In ihrem 1983 definierten Modell der individuellen „Lebensinseln“ bemerkte Helga Zeiher bereits, dass insbesondere Jugendliche (aber grundsätzlich wohl alle Menschen) auf Inseln lebten, die sie sich aktiv aneigneten und auch verteidigten (Zeiher, 1983, S. 176ff.). Heute sind diesen genannten Räumen soziale Netzwerke hinzuzufügen wie natürlich auch Lernplattformen. Schon 1983 warnte sie davor, dass Normierung Kreativität und Eigenleistung ersticken würde (Zeiher, 1983, S. 184).

Grundsätzlich kann also bereits an dieser Stelle festgestellt werden[2]:

a) Aneignungsprozesse sind schöpferische Eigenleistungen.
b) Sie sind gerahmt und abhängig von äußeren Bedingungen (Möglichkeit, Sicherheit, Inspiration), zu denen auch die *virtuelle Realität* gehört.
c) Aneignung ist das Gegenteil von Anpassung – aktive Adaption von Lebenswelt ist Annahme von Nutzungsmöglichkeiten.

2 In Ergänzung zu Deinet, 2004, S. 178f.

d) Übertragung und Adaption gesellschaftlicher Symbol-Produktion (Gegenstände, Regeln, Werte/Normen, politische Theorien und Systeme …) im Prozess der „Interiorisierung“ erfolgen im Rahmen lebensweltlicher Raumaneignung.

Für Lehrende ergibt sich in der Trias *Lehrende – Medium – Lernende* eine Verpflichtung zur Berücksichtigung des Mediums als Tool und gleichzeitig Lernraum, der zurückwirkt.

Derartige Grenzen aufzubrechen ist von großer Bedeutung, denn sie umfassen ein kategorisiertes Denksystem, das auf Grundlagen von Bildungsprozessen geschärft wurde, die jahrzehntealt sind und deren Wurzeln Jahrhunderte zurück reichen. Sie basieren auf linear verstandenen Lernvorgängen (Aldrich, 2009, S. 243f.), die heute nicht mehr haltbar sind, da segmentierte Lebensläufe lebenslange Lernbereitschaft und höchste geistige Flexibilität voraussetzen.

Lernprozesse heute lediglich technisch zu unterstützen ohne zugleich die Erfahrungen der bisherigen Online-Sozialisation der Nutzenden aufzugreifen und anzusprechen (Schemmerling et al., 2013, S. 53ff.), wird dem möglichen umfassenden Erlebens- und Lernereignis auf Seiten von Nutzern kaum gerecht. Mit anderen Worten: der pädagogisch orientierte Top-Down-Ansatz (Inhalt + Technik = hoffentlich Lernerfolg) alleine lässt unberücksichtigt, was Menschen an dem *Medium Technik* oder dem *technischen Medium* eigentlich fasziniert: Vielfalt, Selbstbestimmung, unmittelbare Rückmeldung von Erfolg oder Misserfolg, Belohnungseffekte durch Töne, Grafiken oder Bonuspunkte, ansprechende grafische Gestaltung.

Christian Brenner (2003, S. 31ff.) sowie Zichermann et al. (2011, S. xxix) führen hier (wie zuvor Inge Kirsner, 1996, S. 21) das bereits erwähnte Beispiel von Höhlenmalereien an: Die Präsentation von Geschehenem, die Rezeption des Bildes durch den Betrachter, dessen Verständnis und seine auf die Zukunft gerichteten Schlussfolgerungen verschmelzen zu einem internalisierten Bedeutungszusammenhang, der niemals losgelöst vom aufnehmenden Individuum stattfindet: Ein Landwirt wird in einem Gemälde über landwirtschaftliche Praktiken etwas anderes entdecken als ein Ingenieur, der landwirtschaftliche Maschinen entwickelt. Für Lehrende in berufsbegleitenden oder -vorbereitenden oder reintegrativen Settings sind derart disparate Lerngruppen mit den unterschiedlichsten Zugängen Realität.

Bonus- und Belohnungssysteme mit Unterhaltungsfaktor können alle gleichsam motivieren und das eigene „Ranking“ im Lernerfolg visualisieren.

2 Wer gestaltet virtuelle Lehre?

Pädagogik, die sich der Vermittlung modernen Wissens verpflichtet sieht, und ihre Lerninhalte stehen in direkter Konkurrenz um Sendekanäle und Aufmerksamkeit mit alternativen und bisweilen leichter vermittelbaren Inhalten.

Während die nachwachsenden „digital eingeborenen“ Pädagogen meistens mit der Vielfalt medialer Möglichkeiten bereits vertraut sind, fällt dies insbesondere älteren und auch fortgeschrittenen Lehrenden eher schwer.

Pädagogen wissen um die Bedeutung von Lob und Belohnung. Lernende, die sich gemüht und bemüht haben, sind dankbar über Aufmunterung – ob kreativ, konstruktiv oder auch nur witzig. Diese (unterhaltsamen) Momente würzen den Alltag, doch sie finden in virtuellen Lernumgebungen oft nicht ausreichend Berücksichtigung.

Die Pädagogik mag virtuelle Lernumgebungen bislang in ihrem auch motivierenden Potenzial nicht ernst genug genommen haben, weil sie dieses möglicherweise aus inhaltlichen Gründen abgelehnt und / oder einfach nicht verstanden hat. Oder auch deshalb, weil die Breitenwirkung und das kommunikative Potenzial des Mediums suspekt war.

Für andere Medien haben die *Elaboration-Likelihood-Modelle* (Petty, 1987, S. 249ff.) auf das Potenzial zur Beeinflussung von persönlichen Einstellungen durch äußere Impulse wie Medien hingewiesen.[3]

Aber warum sind dann nicht auch Lernumgeben so auszustatten, dass sie letztlich auch Spaß machen und zum Wiederkommen animieren?

Erwachsene Menschen verändern ihre erfahrenen und eingeübten Einstellungen meistens aufgrund äußerer Impulse (Einstellungsveränderungen sind eher über Verhaltensveränderungen zu erreichen, da mit ihnen nach Bandura objektive und überzeugende Grundlagen für Selbstachtung, Selbstvertrauen und Würde gegeben ist (Gage, 1996, S. 157)). Virtuelle Lernumgebungen bieten zwar eine weitgehende Interaktivität und persönliche Einwirkungsmöglichkeiten; gleichwohl ist die vielfache Gleichzeitigkeit von Aktion, Reaktion oder Bewertung / Kommentierung nicht selten oberflächlich. Erwachsene Menschen / *Lehrende* mit festgefügten Weltbildern (Symbolsysteme) produzieren für andere (meist jugendliche) Menschen / *Lernende* Inhalte, die ihrerseits (entwicklungs-)psychologisch auf der Suche (im Übergang zwischen verschiedenen Entwicklungsstufen, bspw. der ikonischen zur symbolischen Stufe, bei der bildhafte Vorstellungen als Informationsträger von komplexen Symbol- und Bedeutungssystemen abgelöst werden (Gage, 1996, S. 157)) und darüber hinaus als Schüler, Konsumenten, zukünftige Arbeitnehmer etc. einem zunehmenden Allokationsdruck der globalisierten Welt ausgesetzt sind.

3 Übersichtliches grafisches Schema hierzu: Schenk, 1987, S. 261.

3 Emotion und Lernerfolg am Beispiel einer Lerngruppe

Hinsichtlich der Frage nach Nutzung und Akzeptanz von (Lern-)Medien kommt noch der wichtige Aspekt von Neugierde und Angst, Aufgeschlossenheit und Technikfeindlichkeit hinzu. Facetten einer *lehrenden* Persönlichkeit treffen auf Facetten *lernender* Persönlichkeiten.

Zur Veranschaulichung soll eine Beispielsituation angeführt werden:

Eine Gruppe von Jugendlichen in der Betreuung eines Jobcenters nimmt teil an einem Kurs zur Verbesserung der allgemeinen Tagesstruktur. Inhalte sind neben der eigenständigen Recherche von Fortbildungs-, Freizeit- und letztlich Jobangeboten auch die Erstellung von Bewerbungsunterlagen und die Schulung von Selbst- und Fremdwahrnehmungskompetenzen, da Teilnehmer sowohl introvertierte wie extrovertierte Verhaltensauffälligkeiten zeigen und das Bildungsniveau ausgesprochen heterogen ist.

Festzustellen ist, dass es in Gruppenarbeiten zu großer Unruhe kommt, so dass Teilnehmer mehrfach in verschiedenen Gruppen untergebracht werden müssen. Zusätzlich wird der Gebrauch von Smartphones untersagt und nur in den Pausen gestattet. Die betreuten Jugendlichen werden auch bei der Erstellung ihrer neuen Bewerbungsunterlagen geschult und am PC begleitet – der Internetzugang ist jedoch beschränkt und lässt nur ganz bestimmte Webseiten zu. Soziale Netzwerke sind beispielsweise nicht zugänglich. Die Arbeitsergebnisse sind zäh, die Pausen werden ausgedehnt, die mühsam gestalteten Gruppen lösen sich sofort wieder auf und die Teilnehmer widmen sich individuell ihren Smartphones. Hierbei wird aber *auch* erkennbar, dass die Teilnehmer in Pausen sehr wohl gewillt sind zu kommunizieren – schnell entsteht ein reger Austausch von Bildern, es werden auf Smartphones und Tablets die persönlichen Profilseiten gezeigt und es werden Vorlieben und Abneigungen erkennbar und anhand der Profile in sozialen Netzwerken kommentiert.

Der Aufforderung zum Weitermachen nach dem Ende der Pause kommen die Gruppenmitglieder nur zögernd und mit einigem Widerstand nach.

An diesem Beispiel ist eine ganze Reihe von Auffälligkeiten erkennbar, die für sich gesehen erklärlich und verständlich sind, in der Summe aber der Kursleitung das Leben schwer machen und den Teilnehmern das Erkennen des Sinns der Veranstaltung verstellen.

Zunächst: Jeder der Anwesenden ist Gefangener seiner gegenwärtigen Gefühle wie vielleicht Unruhe, Angst, Neid, Betrübtheit, Schuld oder Versagen. In solchen Emotionen drücken sich *„persönliche Betroffenheit und Engagement in unseren Beziehungen zur Welt“* aus (Ulich, 1989, S. 20). Sie sind außerdem nicht beständig, sondern wechseln sich ab und liegen in unterschiedlicher Intensität vor bzw. werden so empfunden. Die Darstellung umfasst sogenannte

„Grundemotionen“ (Schmitz-Atzert, 2000, S. 37). Aus diesen ergibt sich mit den situativen Einflüssen der Außenwelt und der individuellen Sozialisation sowie der kognitiven Verarbeitung von Erfahrungen ein „Lagebild“, das wiederum mit der Ist/Soll-Vorstellung des Individuums verglichen und in Bezug gesetzt wird zur Zukunftskonzeption. Das bedeutet: Was immer die Kursleitung für sinnvoll erachtet, es wird nur dann seine Wirkung entfalten können, wenn es mit der jeweiligen individuellen *Innenwelt* in Übereinstimmung gebracht werden kann.

Die Gefühle der Jugendlichen bilden *eine* Ebene der Wahrnehmung, die bewusste Lageeinschätzung eine *weitere*. Während der Sinn der Veranstaltung insgesamt wahrscheinlich erkannt wird, erscheint die betreuende Kursleitung weniger als Helfer denn als Regelgeber.

Aufgrund des wahrgenommenen Fehlens entlastender Elemente (Smartphone, Freunde in sozialen Netzwerken) in der gegenwärtigen Situation bleibt die Stimmung vermutlich getrübt oder sogar eindeutig negativ.

Im Vordergrund steht nicht mehr der mögliche Lernerfolg, sondern realisiert wird die eigene Perspektivlosigkeit, die erst hierhin geführt hat sowie ein gewisser Kontrollverlust, weil der Gebrauch von Smartphones außerhalb der Pausen nicht gestattet ist.

Wir erinnern uns: Inhaltlich geht es darum, im Rahmen des Kurses persönliche Struktur und Handlungsfähigkeit zurückzugewinnen.

Lernerfolg zu erkennen bedeutet, sich über Bedingungen von Aufnahme und Ablehnung bewusst sein, die als Effizienz- und Ineffizienzsignale der Umwelt wechselseitig ausgesendet und empfangen werden und als *„informationelle Bedürfnisse, d.h. ein Bedürfnis nach Kompetenzerhöhung und nach Unbestimmtheitsreduktion“* (Schaub, 2001, S. 187f.) verstanden werden müssen.

Menschen reagieren demnach auf Signale des Erfolgs und des Misserfolgs ihrer Handlungen und steuern dadurch den Aktivitätsprozess. Zudem gibt Schaub noch zu bedenken, dass das *„Affiliationsbedürfnis, das Bedürfnis nach sozialen Kontakten“* (Schaub, 2001, S. 187f.) nicht außer Acht gelassen werden dürfe, worunter er bspw. Anlächeln oder Auf-die-Schulter-klopfen versteht.

Umso wichtiger ist es daher jedoch, gerade in Lernumgebungen die bereits vorhandenen Kompetenzen zu schätzen und einzubeziehen.

4 Kompetenz und Erfahrung

Zur Bewältigung einer Situation oder zur Lösung eines Problems ist Kompetenz notwendig. Abgesehen davon, dass es akzeptierte und weniger akzeptierte Kompetenzen gibt (wie etwa körperliche Gewalt[4]), ist Kompetenz auch „Erfahrung" der eigenen Fähigkeiten wie auch der Reaktionen der Umwelt. Das Zusammenspiel von Gefühl, Erfahrung und (Fach-)Wissen zeigt sich im Erreichen eines Zustandes und der nachfolgenden Bewertung als Erfolg oder Misserfolg.

Kompetenz, einmal erworben, bleibt daher nur Kompetenz, wenn sie entsprechend wiederholt von der Umwelt bestätigt oder nachgefragt wird und dazu eingesetzt werden kann, Teile der sozialen Umwelt im eigenen Interesse zu formen.

Selbstsicherheit und Zukunftsantizipation finden sich zwischen Unter- und Überforderung. Sie stellen sich ein, wenn ein Individuum mit seiner Situation klarkommt und vermuten darf, dass das auch auf absehbare Zeit so bleibt.[5]

Es ist daher wichtig noch einmal auf die Verbundenheit von Kompetenz und Emotion zu verweisen und ebenso auf die wichtige Rolle der Umwelt, denn diese befördert oder begrenzt den individuellen Anpassungs- und Ausbreitungsdrang.

Je nach Anlass für eine Lernsituation muss von einer mehr oder weniger bereitwilligen Unterwerfung aller Teilnehmenden unter die situativen Bedingungen ausgegangen werden – sei es für einen Stempel oder einen Schein oder öffentliche Leistungen. Das bedeutet nicht weniger, als dass *alle betroffenen Teilnehmenden* ihre jeweiligen *Kompetenzen und Erfahrungen* zunächst unberücksichtigt lassen müssen oder sogar sollen und nur auf Ansage, mithin dosiert und fremdinduziert, freigeben können. Die Geschlossenheit und kommunikative Abgeschiedenheit der Situation (Smartphone-Verbot – *Offline-Emotion*) vereint zunächst alle Teilnehmenden auf einem weitgehend gleichen Niveau abgeschwächter „Kompetenz-Kompetenz".

Die meisten Kursbestandteile wie Video-Präsentation und Bewerbungstraining sind für alle relativ neu. Eine Vielzahl von bewussten und unbewussten Prozessen tritt hier zusammen: Die Erkundung neuer Bereiche der Umwelt stellt bisherige Kompetenzen in Frage, bekräftigt aber andere und lässt insgesamt *Lerneffekte* entstehen (Berlyne, 1974, S. 245). Einer neuen Situation muss begegnet werden; sie letztlich zu lösen bedarf der Behebung ihrer Ursachen oder der Anpassung an sie (Berlyne, 1974, S. 270). Neue Kompetenzen können Unsicherheiten beheben. Restrisiken verbleiben allerdings, weil nicht immer

4 Die allerdings nach Scherr auch vor dem Hintergrund kulturell geprägter Akzeptanzmodelle verstanden werden kann (Scherr, 2004, S. 202ff.).

5 Siehe das „Flow"-Prinzip (Csikszentmihalyi, 1985, S. 75).

alle Faktoren präzise eingeschätzt werden können. Diese „Ungewissheiten" hält Berlyne für eine der größten Belastungen überhaupt, aus der die vielfältigen Versuche der Menschen erklärlich werden, die Zukunft durch Aktienkurse, Pferdewetten u.v.m. in irgendeiner Form zu eigenen Gunsten zu beeinflussen (Berlyne, 1974, S. 258ff.). Bedeutend sind weiterhin „Legitimationssignale", die das menschliche Bedürfnis nach Zuspruch und Akzeptanz erfüllen, von Boulding auch „OKness" genannt (Boulding, 1978, S. 196). Andere Autoren sprechen in diesem Zusammenhang von einem „Bedürfnis nach Affiliation" (Badke-Schaub, 2012, S. 129).

Menschen richten sich in Lebenssituationen ein und streben danach, stets innerhalb des *Flow* zu bleiben. Erleben Kursteilnehmer einen Kurs als hoffnungslose Situation, werden sie geistig abschalten und zu „überwintern" versuchen, bis der Kurs vorbei oder wenigstens die nächste Pause erreicht ist.

Wie geschildert, zücken tatsächlich beim Erreichen der nächsten Pause die Teilnehmenden ihre Smartphones und tauschen sich mit ihren Sozialkontakten aus. Darüber hinaus zeigen sie sich gegenseitig die Profilseiten ihrer sozialen Netzwerke, senden sich Bilder und hinterlassen sich Nachrichten, während sie ohnehin beisammen sind. Die aufkommende Aktivität ist es, die die Pause lebhaft macht und ausdehnt. Die wiedergewonnene Fähigkeit zum *selbstbestimmten und kompetenten Handeln* (!) ist es zudem, die später zu Unmut führen kann, weil sie mit dem Ende der Pause *wieder unterbunden* wird.

Es erstirbt die eben aufgekommene Kreativität – eben noch gezeigte Kompetenzen dürfen außerhalb der Pausen nicht mehr ausgeübt werden. Teilnehmende sitzen jetzt sprachlos vor der Aufgabe, sich für eine Bewerbung darzustellen (also ähnlich zu präsentieren wie zuvor im sozialen Netzwerk), weil das situative Setting verändert wurde und sie in ihren gerade noch bewiesenen Fähigkeiten nicht „abgeholt" werden. Dies kann jedoch nicht ohne Antwort bleiben. Jeder der Teilnehmer der Gruppe ist seinem „Zustands-Bewusstsein"[6] ausgeliefert: Gefühle sind mit Interessen, Zielen und Bedürfnissen verknüpft. Wer Lernerfolg will, sollte Emotionen willkommen heißen.

Emotionen, Kompetenzen und Bedürfnisse nach *Affiliation* als zentrale Bereiche der Selbstverortung und Existenzsicherung werden berührt. Auch hier finden wir wieder den Drang zum Handeln und das Ringen um neue Bewältigungsstrategien zum Abbau der Erregungsreize, von dem Berlyne gesprochen hat (hierzu auch im Überblick: Lefrancois, 1994, S. 190).

Nach Ulich ist ein positiver emotionaler Umweltbezug überhaupt eine entscheidende Voraussetzung für die Entwicklung jeglicher Handlungsimpulse, ja sogar:

6 Ulich bezieht sich hier auf: Wundt, W.: Grundriß der Psychologie, Leipzig 1896 (Ulich, 1989, S. 34).

„Die Behinderung einer Entwicklung von Selbstvertrauen oder von „Selbst-Wirksamkeit" (Bandura) führt zu einer passiven Haltung der Ohnmacht und Hilflosigkeit, der „Entfremdung" von der Welt; es können sich dann keine Zeit- und Zukunftsperspektiven entwickeln und damit auch kaum Handlungsmotive." (Ulich, 1989, S. 20f.)

Die Alternative liegt auf der Hand: Wäre die Nutzung bspw. der Smartphones freigestellt, wäre es vielleicht viel früher zum kreativen und gewünschten Austausch von Inhalten gekommen: Wer sieht auf seinem Internetfoto gut aus? Wer stellt sich schriftlich vorteilhaft dar? Welche Ideen entwickeln die Teilnehmenden?

Natürlich hätte es auch zu Unruhe kommen können, die Frage ist nur, ob adäquate Methoden hiergegen bei *gleichzeitiger* Zulassung der vorhandenen Kompetenzen, Emotionen und Förderung sozialen Austauschs nicht sogar den Erfolg verbessert und den Gesamtaufwand für die Moderation verringert hätten.

5 Fazit: Echte Erfolgserlebnisse bringen echte Lernerfahrungen – auch im „Scheinraum"

Jede Lernendengeneration lernt vernetzter und interaktiver als die vorhergehende und fragt so implizit nach der Anpassungsfähigkeit der Pädagogik. Interaktive Lernplattformen beenden aktuell die Ära des linearen Lernens in einer komplexen und interaktiven Welt (Zichermann et al., 2011, S. xxi). Interaktive Pädagogik liefert neues Wissen „just in time" – dann, wenn es gebraucht wird. Lernende lernen *im Moment für diesen Moment*, während das klassische Lernen einen Wissensschatz für eine breitestmögliche Anwendungsperspektive vorhält und vermittelt; vieles davon wird möglicherweise niemals benutzt und gerät so in Vergessenheit.

Durch das Lernen in Gruppen *inkl. moderner sozialer und Netzwerktools* und die vernetzte Beschäftigung mit einem übergeordneten Thema können wichtige Fähigkeiten wie Hilfsbereitschaft, Durchhaltevermögen und Entscheidungskraft geschult werden, die in klassischen Lehrplänen als Werte nur schwer vermittelbar sind.

Wie kann sich nun *Gamification*, können sich Lerngratifikationen und Unterhaltungselemente in Lernprozessen sinnvoll auswirken? Spielmechanismen haben auch längst das reale Leben erreicht. Dies nicht nur als Träger fremdinduzierter Inhalte (Product Placement (Grabowiecki et al., 2007, S. 54ff.)) mit einer klaren Werbebotschaft, sondern durchaus manifest realweltlich.

Stampfl (2012, S. 72ff.) nennt das Beispiel der Vielfliegerprogramme, Zichermann et al. verweisen auf das Programm Nike+ für Mobiltelefone, das gelaufene Kilometer protokolliert und mit einer virtuellen Gemeinde die Ergebnisse teilt; auch Nike-Produkte sind stets werbewirksam präsent (Zichermann et al., 2011, S. 96ff.).

Der Kreis schließt sich bei Bonuspunkten, die zwar die alten Vorbilder der Rabattmarken aus der Vor-Internet-Ära aufgreifen, aber heute eben im neuen Gewand ihr Comeback erleben.

Spielfunktionen kommen zurück von der Peripherie des Lebens als Freizeitbeschäftigung *neben oder nach* den wichtigen Tätigkeiten (Zichermann et al., 2011, S. iii) in das Zentrum, indem ihre Mechanismen auf Laufbandmonitoren in Fitnesscentern auftauchen und sich mit sozialen Netzwerken verbinden. Spielen wird wieder – um zum Höhlenbild zurückzukehren – Teil von Lernprozessen wie belohnende oder zur Nachahmung aufrufende Stammesrituale.

Lerneffekte stehen so durchaus in enger Verbindung auch mit Spannungs- und Spaßmomenten: Zichermann et al. (2011, S. 16f.) nennen als besonders prägnantes Beispiel die 2011 in Stockholm eingeführte „Speed Camera Lottery"[7]. Mit dieser werden die Strafgelder der zu schnell Fahrenden verlost auf diejenigen, die die Geschwindigkeitsbegrenzung nicht überschritten haben.

Es ist unschwer vorzustellen, wie sich Lerneffekte dadurch einstellen, dass zum eigentlichen Zweck des sicheren Autofahrens noch die Aussicht hinzukommt, an einem Gewinnspiel teilzunehmen.

Die beobachtete Gruppe von Jugendlichen, die im Rahmen von Arbeitsmarktqualifizierungsmaßnahmen versammelt wurde, könnte also zum Zwecke einer zuträglichen Schulungsatmosphäre *zunächst* ihre sozialen Netzwerkprofile professionalisieren und sich dabei gegenseitig beraten. Hierdurch würden die vorhandenen Kompetenzen direkt einsetz- und sozialkommunikativ vermittelbar, bevor die Ergebnisse später in die klassischen Bewerbungsformate einfließen. Bis dahin werden sich die Teilnehmenden für ihre Situation in der Lerngruppe aber wesentlich stärker interessiert haben als zuvor, die Gruppenleiter werden entlastet und können sich ohne „didaktische Bugwelle" unmittelbar um Praxisfragen kümmern, die bei der Beschäftigung mit dem Medium auftreten.

Literatur

Aldrich, C. (2009). *The Complete Guide to Simulations and Serious Games. How the Most Valuable Content Will Be Created in the Age Beyond Gutenberg to Google.* San Francisco / CA.

Badke-Schaub, P., Hofinger, G., Lauche, K. (2012). *Human Factors. Psychologie sicheren Handelns in Risikobranchen.* Berlin.

7 http://principlesofmanagement.org/blog/2012/11/04/speed-camera-lottery-hastighetslotteriet/ [17.05.2013].

Berlyne, D. E. (1974). *Konflikt, Erregung, Neugier*. Stuttgart.
Boulding, K. E. (1978). *Ecodynamics. A new Theory of Societal Evolution*. Beverly Hills / CA.
Brenner, C. (2003). *Der Computer als Medium im Religionsunterricht*. Münster.
Csikszentmihalyi, M. (1985). *Das Flow-Erlebnis*. Stuttgart.
Deinet, U. (2004). *„Spacing", Verknüpfung, Bewegung, Aneignung von Räumen – als Bildungskonzept sozialräumlicher Jugendarbeit.* In U. Deinet & C. Reutlinger, (Hrsg.), *„Aneignung" als Bildungskonzept der Sozialpädagogik* (S. 175–190). Wiesbaden.
Deinet, U. (Hrsg.) (2005). *Sozialräumliche Jugendarbeit. Grundlagen, Methoden, Praxiskonzepte*. Wiesbaden.
Deinet, U. & Reutlinger, C. (Hrsg.) (2004). *„Aneignung" als Bildungskonzept der Sozialpädagogik*. Wiesbaden.
Fritz, J. (2005). *Wie virtuelle Welten wirken*: http://www.bpb.de/gesellschaft/medien/computerspiele/63699/wie-virtuelle-welten-wirken?p=all, [28.03.2014].
Gage, N. L. & Berliner, D. C. (1996). *Pädagogische Psychologie.* Weinheim.
Grabowiecki, A. von & Halff, G. (2007). *Product Placement in Computerspielen. Chancen und Entwicklungen.* Saarbrücken.
Heitmeyer, W. & Soeffner, H.-G. (2004). *Gewalt. Entwicklungen, Strukturen, Analyseprobleme*, Frankfurt a.M.
Kirsner, I. (1996). *Erlösung im Film. Praktisch-theologische Analysen und Interpretationen*. Stuttgart/Berlin/Köln.
Lefrancois, G. R. (1994). *Psychologie des Lernens*. Berlin.
Leontjew, A. N. (1973). *Probleme der Entwicklung des Psychischen*. Frankfurt a.M.
Löw, Martina (2009). *Raumsoziologie.* Frankfurt a.M.
Otto, J. H., Euler, H. A. & Mandl, H. (2000). *Emotionspsychologie. Ein Handbuch.* Weinheim.
Petty, R. E. & Cacioppo, J. T. (1987). *Communication and Persuasion: Central and Peripheral Routes to Attitude Change*. In: M. Schenk, *Medienwirkungsforschung*, Tübingen.
Schaub, H. (2001). *Persönlichkeit und Problemlösen. Persönlichkeitsfaktoren als Parameter eines informationsverarbeitenden Systems*. Weinheim.
Schemmerling, M., Gerlicher, P. & Brüggen, N. (2013). „Ein Like geht immer ..." – Studienergebnisse zu Identitätsarbeit in Sozialen Netzwerkdiensten. *merz. Medien + erziehung: zeitschrift für medienpädagogik 57* (2), S. 53–59.
Scherr, A. (2004). Körperlichkeit, Gewalt und soziale Ausgrenzung in der postindustriellen Wissensgesellschaft. In W. Heitmeyer & H.-G. Soeffner (Hrsg.), *Gewalt. Entwicklungen, Strukturen, Analyseprobleme* (S. 202–223). Frankfurt.
Schenk, M. (1987). *Medienwirkungsforschung*. Tübingen
Schmitz-Atzert, L. (2000). *Struktur der Emotionen*. In J. H. Otto, H. A. Euler & H. Mandl (Hrsg.), *Emotionspsychologie. Ein Handbuch* (S. 30–44). Weinheim.
Schütz, A. (1973). *Collected Papers I – The Problem of Social Reality*. Den Haag.
Stampfl, N. (2012). *Die verspielte Gesellschaft*. Hannover.
Ulich, D. (1989). *Das Gefühl*. München.
Waltemathe, M. (2011). *Computer-Welten und Religion: Aspekte angemessenen Computergebrauchs in religiösen Lernprozessen*. Hamburg.
Wampfler, P. (2013). *Facebook, Blogs und Wikis in der Schule. Ein Social-Media-Leitfaden*. Göttingen.

Zeiher, H. (1983). *Die vielen Räume der Kinder. Zum Wandel räumlicher Lebensbedingungen seit 1945.* In U. Preuss-Lausitz et al. (Hrsg.), *Kriegskinder, Konsumkinder, Krisenkinder. Zur Sozialisationsgeschichte seit dem Zweiten Weltkrieg* (S. 176–194). Weinheim und Basel.

Zichermann, G. & Cunningham, C. (2011). *Gamification by Design. Implementing Game Mechanics in Web and Mobile Apps*. Sebastopol / CA.

Nicolae Nistor, Michael Jasper, Marion Müller, Thomas Fuchs

Ein Experiment zum Effekt der spielbasierten Gestaltung auf die Akzeptanz einer medienbasierten Lernumgebung

Zusammenfassung

Der Effekt der spielbasierten Gestaltung auf die Akzeptanz von Bildungstechnologien wurde bislang noch nicht ausreichend untersucht. In der vorliegenden Studie wird eine Lernumgebung für Bürosoftware untersucht, die (a) systematisch, (b) spielbasiert gestaltet war oder auch (c) den Lernenden die Möglichkeit gab, zwischen ersteren beiden zu wählen. Das Experiment wurde mit N = 60 Studierenden durchgeführt. Zwischen den Untersuchungsbedingungen (a) und (b) wurde kein signifikanter Akzeptanzunterschied festgestellt. Die Wahl zwischen den beiden Gestaltungsmöglichkeiten (c) hatte einen negativen direkten Effekt auf die Akzeptanzvariablen, moderierte aber negativ den sozialen Einfluss auf die Nutzungsintention der Technologie und positiv den Effekt der Leistungserwartung auf die Nutzungsintention. Aus Selbstbestimmungsperspektive hebt dieser Befund die Bedeutung des Spiels als Lernhandlung hervor.

1 Problemstellung

Der zunehmende Einsatz von Medien in Schule, Hochschule und Wissenschaft wirft immer wieder die Frage auf, wie die Akzeptanz von Bildungstechnologien bei Lernenden erhöht werden kann. Über die rein technischen Merkmale hinaus könnte Akzeptanz durch die didaktische Gestaltung von Lernumgebungen beeinflusst werden. Der Zusammenhang von Akzeptanz und Didaktik wurde aber bislang nur am Rande (z.B. Venkatesh & Bala, 2010) und damit unzureichend untersucht.

Als mögliche Akzeptanz erhöhende Didaktik kann die spielbasierte Gestaltung (Gamification) von Arbeits- und Lernumgebungen betrachtet werden (Kerres, Bormann & Vervenne, 2009). Die Zahl der darauf bezogenen Studien nimmt in den letzten wenigen Jahren rapide zu. Während die Akzeptanzeffekte der Computerspiele noch wenig erforscht wurden (Grebe & Niegemann, 2012), ist der Erkenntnisstand im Motivationsbereich erheblich besser. Der Gamification werden vor allem positive motivationale Effekte zugeschrieben (Hamari, Koivisto & Sarsa, 2014; Kapp, 2012), was wiederum einen positiven Effekt auf die Akzeptanz der Bildungstechnologien haben soll. Allerdings betrachten einige

Forscher diese Annahme mit einer gewissen Skepsis (z.B. Domínguez et al., 2013; Grebe & Niegemann, 2012). Eine systematische empirische Untersuchung der Einflüsse der didaktischen Gestaltung allgemein und speziell der spielbasierten Gestaltung auf die Akzeptanz medienbasierter Lernumgebungen steht allerdings noch aus (Hamari et al., 2014). Deshalb steht dieser Zusammenhang als Fragestellung im Mittelpunkt der vorliegenden Studie.

2 Theoretischer Hintergrund

Die motivationalen Effekte der spielbasierten Lernumgebungen können unter mehreren theoretischen Perspektiven betrachtet werden (s. Überblick in Hense & Mandl, 2009). Eine davon ist die kognitive Perspektive, die auf einer Analyse der Ziele und Mittel basiert. Wertvolle Ziele, die mit vorhandenen oder gut zugänglichen Mitteln erreicht werden können, erhöhen die Motivation, diese Ziele zu erreichen. Computerspiele gehen von einer Aufgabe mit klaren Zielen und Herausforderungen aus, welche die Spieler durch Problemlöseaktivitäten und Auswahl von möglichen Lösungen und Wegen bewältigen muss. In diesem Sinne entspricht das Lernen mit Computerspielen den Goal Based Learning-Szenarien (Sitzmann & Ely, 2011), einem der häufig angewendeten Ansätzen zum selbst gesteuerten Lernen (vgl. Zimmerman & Schunk, 2013).

Ein weiterer Motivationsansatz ist die Selbstbestimmungstheorie (Deci & Ryan, 2002). Demnach erhöht das Erleben von Autonomie, Kompetenz und sozialer Einbettung die intrinsische Motivation. Vor allem durch das gängige Anpassen des Schwierigkeitsgrades eines Computerspiels an die Fähigkeit der Spieler unterstützt die spielbasierte Gestaltung der Lernumgebungen die intrinsische Lernmotivation. Die Lernenden fühlen sich in der Lage, selbst aktiv zu werden und Anforderungen zu erfüllen. Damit sind sie stärker motiviert, die Lernaktivität weiterzuführen. Hinzu kommt eine mögliche Vernetzung der Spieler, was die soziale Einbettung in virtuelle Umgebungen realisieren kann. Auch der Selbststeuerungsansatz definiert eine mögliche Grundlage selbst gesteuerten Lernens (vgl. Zimmerman & Schunk, 2013).

Die spielbasierte Gestaltung medialer Lernumgebungen kann auch die Akzeptanz der eingesetzten Bildungstechnologien positiv beeinflussen. Ein mediierender Prozess kann die zielorientierte Motivation nach dem kognitiven Ansatz sein (Sitzmann & Ely, 2011). Venkatesh, Thong und Xu (2012) synthetisieren in ihrer zweiten Version der Unified Theory of Acceptance and Use of Technology (UTAUT2) eine ganze Reihe von Akzeptanzmodellen, in denen die Leistungs- und Aufwandserwartung als Determinanten der Nutzungsintention einer Technologie dargestellt werden. Diese wiederum resultiert in Nutzungsverhalten. Besonders relevant für spielbasierte Umgebungen ist die hedonistische Motivation (Venkatesh et al., 2012) als zusätzlicher Prädiktor der Nutzungsintention.

Ein zweiter Prozess, der zwischen Gamification und Akzeptanz mediieren kann, beruht auf der Selbstbestimmungsperspektive (Deci & Ryan, 2002). Davis, Bagozzi und Warshaw (1992) konnten einen direkten Einfluss der intrinsischen Motivation zur Durchführung einer technologiebasierten Aktivität auf die Nutzungsintention dieser Technologie zeigen (vgl. auch Giesbers et al., 2013; Nistor, 2013). Auch in diesem Fall soll Intention in Nutzungsverhalten resultieren.

Zusammenfassend scheint die spielbasierte Gestaltung von Lernumgebungen einen positiven Effekt auf die Lernmotivation zu haben (vgl. Domínguez et al., 2013; Hamari et al., 2014). Dieser Effekt kann durch einen kognitiven oder einen Selbstbestimmungseffekt mediiert werden. Beide würden gleichzeitig auch die Akzeptanz der eingesetzten Technologie erhöhen. Allerdings wurden diese Effekte im Kontext spielbasierten Lernens noch nicht ausreichend empirisch untersucht. Unklar ist vor allem, ob der Akzeptanzeffekt vordergründig durch Zielsetzungen (kognitive Perspektive) oder durch Freiheitsgrade der Lernaktivität (Selbstbestimmungsperspektive) entsteht. Mit anderen Worten führen zusätzliche, spielorientierte Freiheitsgrade der Lernumgebung zu höherer Akzeptanz, wenn die Lernziele gleich bleiben? Worauf beruht dann diese Akzeptanz?

3 Fragestellungen

Vor dem Hintergrund dieser Überlegungen werden in dieser Studie folgende Fragen zum Effekt der spielorientierten Gestaltung auf Akzeptanz untersucht:

1. Welchen Effekt hat die Lernweltgestaltung (systematisch vs. spielerisch) auf die Akzeptanzvariablen (Leistungserwartung, Aufwandserwartung, sozialer Einfluss, hedonistische Motivation und Nutzungsintention der Lernwelt)?
2. Welchen Effekt hat die Wahlmöglichkeit der Lernweltgestaltung auf die Akzeptanzvariablen (Leistungserwartung, Aufwandserwartung, sozialer Einfluss, hedonistische Motivation und Nutzungsintention der Lernwelt)?
3. Welchen Effekt haben die Akzeptanzvariablen (Leistungserwartung, Aufwandserwartung, sozialer Einfluss und hedonistische Motivation) auf die Nutzungsintention der Lernwelt?
4. Inwieweit moderiert die Wahlmöglichkeit der Lernweltgestaltung (systematisch oder spielerisch) den Effekt der Akzeptanzvariablen auf die Nutzungsintention der Lernwelt?
5. Einfachheitshalber wurde Motivation im Rahmen dieser Studie zunächst nicht erhoben. Die im theoretischen Teil diskutierten motivationalen Prozesse werden lediglich für die Interpretation der Befunde herangezogen.

4 Methode

Für die Untersuchung der genannten Fragen wurde ein Experiment mit einmaliger Datenerhebung durchgeführt. Als Setting diente eine kommerzielle Lernumgebung, in der sich die Teilnehmer[1] mit vier auf das Programmpaket MS Office 2013 bezogenen Aufgaben auseinandersetzten. Drei verschiedene Zugänge zu den Aufgaben und den unterstützenden Informationen wurden eingerichtet. Für die *Kontrollgruppe* hatten die Untersuchungsteilnehmer Zugang zu einer Lernumgebung, die entweder (a) systematisch oder (b) spielerisch gestaltet war, ohne das Wechseln zwischen den zwei Gestaltungen zu erlauben. Für die *Treatmentgruppe* (c) hatten die Teilnehmer beim Einstieg die Wahl zwischen der systematischen und der spielerischen Gestaltung.

Abbildung 1: Screenshot aus der Lernumgebung in spielerischer Gestaltung

In der spielerischen Gestaltung versetzt die Lernumgebung den Nutzer in eine Alltagssituation in einem Büro mit fünf Angestellten, in dem sich die einzelnen Mitarbeiter abwechselnd mit Herausforderungen im Umgang mit MS Office konfrontiert sehen, die sie alleine nicht bewältigen können (Abbildung 1). Der Spieler übernimmt die Rolle des Mitarbeiters Paul und hilft seinen Kollegen beim Lösen ihrer Probleme: ein Dokument in getrennter Reihenfolge ausdru-

1 Aus Gründen der sprachlichen Einfachheit wird hier nur die männliche Form verwendet. Gemeint sind aber selbstverständlich in gleichem Maße männliche und weibliche Teilnehmer, Benutzer, Spieler, Studenten usw.

cken, ein Dokument als E-Mail-Anhang verschicken, eine Excel-Tabelle in Word einfügen, ein automatisches Inhaltsverzeichnis in Word erstellen.

In der systematischen Gestaltung fehlen die Kontextinformationen über Kollegen und ihre Aktivitäten, die zur Arbeit mit MS Office führen. Sowohl in der spielerischen als auch der systematischen Gestaltung werden die eigentlichen Lerninhalte (also die Erklärung, welche Klicks und Menüaufrufe innerhalb der MS-Office-Programme durchzuführen sind, welche Optionen einzustellen sind, etc.) als Lernfilme mit zusätzlichen textbasierten Erklärungen dargeboten.

Die Untersuchung wurde im Mai (Vergleichsgruppe) und November 2013 (Treatmentgruppe) an zwei deutschen Universitäten durchgeführt. Teilnehmer waren N = 60 Studierende mehrerer sozialwissenschaftlicher Fächer im Alter zwischen 20 und 30 Jahren. Wegen besonderer Datenschutzbestimmungen durften weitere demographische Daten nicht erhoben werden. Von der Stichprobe gehörten n = 31 Teilnehmer der Vergleichsgruppe (davon arbeiteten 17 Teilnehmer mit der systematisch, 14 mit der spielerisch gestalteten Lernwelt) und n = 29 der Treatmentgruppe (diese hatten freie Wahl zwischen den beiden Gestaltungsmöglichkeiten) an.

Erfasst wurden Akzeptanzvariablen: Leistungs- und Aufwandserwartung, sozialer Einfluss, hedonistische Motivation und Nutzungsintention der Lernwelt. Als Datenerhebungsinstrument wurde der Akzeptanzfragebogen der UTAUT2 (Venkatesh et al., 2012), bereits validiert in deutscher Sprache von Nistor, Wagner und Heymann (2012). Die Antwortmöglichkeiten waren auf einer Likert-Skala von 1 (niedrigste Akzeptanz) bis 7 (höchste Akzeptanz) vorgegeben. Die Reliabilitäten der Subskalen werden in Tabelle 1 dargestellt. Für die Studie wurden die Lernwelt und der Akzeptanzfragebogen online gestellt, anschließend wurden die Teilnehmer über studentische E-Mail-Verteiler eingeladen. Erinnerungen an die Befragung wurden zweimal, eine bzw. zwei Wochen später, geschickt. Nach drei Wochen wurde die Befragung abgeschlossen, die Befragungsdaten wurden heruntergeladen und mit Hilfe von IBM SPSS 20 für MacOS X ausgewertet.

5 Ergebnisse

Allgemeine Ergebnisse. Im Allgemeinen lag die Akzeptanz der Lernwelt im mittleren Bereich. Die Teilnehmer gaben mittlere Leistungserwartung und sozialen Einfluss an; Aufwandserwartung, hedonistische Motivation und Nutzungsintention waren niedrig bis mittel (s. Tabelle 1).

Effekte der Lernweltgestaltung (systematisch vs. spielerisch). Innerhalb der Vergleichsgruppe gab es keinen signifikanten Unterschied in den Akzeptanzvariablen zwischen den Untergruppen, die mit der systematischen bzw. der spielerischen Gestaltung der Lernwelt arbeiteten.

Tabelle 1: Reliabilitäten, Werte der Akzeptanzskalen insgesamt (insg.), für die Vergleichsgruppe (Vergl.), für die Treatmentgruppe (Treat.) und Mittelwertevergleich (ANOVA)

	Cronbachs alpha	M *(SD)* insg.	M *(SD)* Vergl.	M *(SD)* Treat.	ANOVA F *p*
Leistungserwartung	0.88	3,38 *(1,21)*	3,81 *(1,31)*	2,91 *(0,88)*	9,787 *0,003*
Die Lernwelt wäre mir im Studium nützlich.					
Mit Hilfe der Lernwelt kann ich Aufgaben schneller erledigen.					
Die Lernwelt zu nutzen erhöht meine Produktivität.					
Wenn ich die Lernwelt nutze, erhöhen sich meine Chancen auf gute Noten.					
Aufwandserwartung	0.76	1,93 *(0,70)*			*n.s.*
Meine Interaktion mit der Lernwelt ist klar und verständlich.					
Es fällt mir leicht, Erfahrung mit der Lernwelt zu sammeln.					
Ich finde es leicht, die Lernwelt zu benutzen.					
Zu lernen, die Lernwelt zu bedienen, fällt mir leicht.					
Sozialer Einfluss	0.84	4,24 *(1,17)*	4,61 *(1,24)*	3,81 *(0,92)*	7,550 *0,008*
Personen, die Einfluss auf mein Verhalten haben, denken, ich sollte die Lernwelt nutzen.					
Personen, die mir wichtig sind, denken, ich sollte die Lernwelt nutzen.					
Die Dozenten meines Studienganges würden die Nutzung der Lernwelt empfehlen.					
Im Allgemeinen würde meine Universität die Nutzung der Lernwelt unterstützen.					
Hedonistische Motivation	0.89	2,90 *(1,19)*	3,17 *(2,61)*	2,61 *(1,11)*	3,500 *0,066*
Die Lernwelt zu benutzen macht mir Spaß.					
Ich genieße es, die Lernwelt zu benutzen.					
Die Lernwelt zu benutzen ist unterhaltsam.					

	Cronbachs alpha	M *(SD)* insg.	M *(SD)* Vergl.	M *(SD)* Treat.	ANOVA F *p*
Nutzungsintention der Lernwelt	0.76	2,63 *(1,18)*			*n.s.*
Ich würde gerne weitere, ähnliche Lernwelten zu anderen Themen nutzen.					
Die Lernwelt würde ich auch meinen Bekannten und Freunden empfehlen.					

Effekte der Wahlmöglichkeit einer Lernweltgestaltung. Die Wahlmöglichkeit einer Gestaltung der Lernwelt führte zu einer signifikanten Senkung in den Akzeptanzprädiktoren Leistungserwartung und sozialer Einfluss sowie zu einer tendenziellen Senkung der hedonistischen Motivation (F = 9,787; df = 58; $p < 0,01$ für Leistungserwartung; F = 7,550; df = 58; $p < 0,01$ für den sozialen Einfluss; F = 3,500; df = 58; $p = 0,066$ für die hedonistische Motivation). Die Nutzungsintention der Lernwelt wurde davon allerdings nicht beeinflusst (s. Tabelle 1).

Effekte der Akzeptanzvariablen auf Nutzungsintention. Eine lineare Regressionsanalyse zeigt einen signifikanten, positiven und schwachen sozialen Einfluss auf die Nutzungsintention ($\beta = 0,29$; $p < 0,05$) sowie einen ebenfalls signifikanten und positiven, allerdings mittelstarken Einfluss ($\beta = 0,47$; $p < 0,01$) der hedonistischen Motivation auf die Nutzungsintention der Lernwelt (Tabelle 2, Modell 1). Weder Leistungs- noch Aufwandserwartung beeinflussten die Nutzungsintention. Insgesamt klärt dieses Modell mehr als ein Drittel der Varianz in der Nutzungsintention auf ($R^2 = 0,35$).

Moderatoreffekte der Wahlmöglichkeit. Um die Moderatoreffekte der Wahlmöglichkeit zu untersuchen, wurde dieselbe Regressionsanalyse für die Vergleichs- und die Kontrollgruppe separat durchgeführt (s. Tabelle 2). In der Vergleichsgruppe (Modell 2) klärte der soziale Einfluss als einzig signifikanter Prädiktor ($\beta = 0,37$; $p < 0,05$) einen relativ geringen Varianzanteil der Nutzungsintention ($R^2 = 0,16$) auf. In der Treatmentgruppe (Modell 3) griff dasselbe Modell deutlich stärker und klärte nahezu drei Viertel der Varianz auf ($R^2 = 0,71$). Der einzige signifikante Prädiktor mit einem mittelstarken, positiven Effekt ist hier die Leistungserwartung ($\beta = 0,47$; $p < 0,05$). In beiden Gruppen hatte die hedonistische Motivation einen mittelstarken Einfluss, der allerdings knapp über der Signifikanzgrenze von 5% lag.

Tabelle 2: Effekte der Akzeptanzvariablen auf die Nutzungsintention

	Modell 1: Gesamtstichprobe		Modell 2: Vergleichsgruppe		Modell 3: Treatmentgruppe	
Aufgeklärte Varianz (korrigiertes R^2)	0,35		0,16		0,71	
Prädiktoren	β	*p*	β	*p*	β	*p*
Leistungserwartung		*n.s.*		*n.s.*	0,47	0,037
Aufwandserwartung		*n.s.*		*n.s.*		*n.s.*
Sozialer Einfluss	0,29	*0,019*	0,37	*0,047*		*n.s.*
Hedonistische Motivation	0,47	*0,003*	0,36	*0,107*	0,35	*0,125*

6 Zusammenfassung der Ergebnisse und Diskussion

Zusammenfassend wurde der Effekt der spielbasierten Gestaltung (Kerres et al., 2009) auf die Akzeptanz einer „Lernwelt" für Bürosoftware untersucht. Grundsätzlich hielt sich die Akzeptanz im mittleren Bereich, was eine gute Voraussetzung für die vertiefte Betrachtung der Akzeptanzprozesse darstellt, denn damit ist die Trennschärfe der Datenerhebungsinstrumente gewährleistet und die Boden- oder Deckeneffekte vermieden.

Weiterhin wurde die Akzeptanz in den verschiedenen Untersuchungsbedingungen erfasst. Zunächst stellte sich ähnlich wie bei Grebe und Niegemann (2012) heraus, dass die systematische oder spielerische Gestaltung keinen signifikanten Einfluss auf die Akzeptanz der Lernwelt hatte. Signifikante Effekte traten erst mit der Wahlmöglichkeit der Gestaltung auf. Überraschenderweise sank die Akzeptanz in drei ihrer Indikatoren, der Leistungserwartung, dem sozialen Einfluss und der hedonistischen Motivation, entgegen der Vorhersagen der Selbstbestimmungstheorie (Deci & Ryan, 2002).

Die Effekte der Wahlmöglichkeit einer Lernweltgestaltung werden aber vor dem Hintergrund der UTAUT2 (Venkatesh et al., 2012) deutlich. Während bei der Gesamtstichprobe und bei der Vergleichsgruppe der soziale Einfluss die Nutzungsintention der Lernwelt signifikant beeinflusste, verlagerte sich dieser Effekt auf die Leistungserwartung, die so bei der Treatmentgruppe an Bedeutung gewann. Die Leistungserwartung war hier zwar als absoluter Wert signifikant niedriger, aber ihr Effekt verstärkte sich deutlich, so dass sie einen sehr großen Varianzanteil der Nutzungsintention aufklärte.

Eine mögliche Erklärung dieses Phänomens kann in der Selbstbestimmungstheorie (Deci & Ryan, 2002) gefunden werden. Durch die Wahlmöglichkeit ist es naheliegend, dass die Untersuchungsteilnehmer mehr Autonomie in ihrem Lernprozess erleben, was ihre intrinsische Lernmotivation erhöht. Diese wiederum hebt die Bedeutung des Spiels als Lernhandlung und damit auch den

Leistungsaspekt hervor: Die Spieler werden zu Lernenden und wollen etwas leisten. Damit tritt der soziale Einfluss in den Hintergrund: Die Lernwelt wird nicht mehr genutzt, weil andere so wollen oder weil andere es auch tun, sondern um zu lernen.

Die hedonistische Motivation spielte unter jeder Versuchsbedingung trotz Veränderungen der absoluten Werte und der Signifikanz eine klare Rolle im Modell. Dieser Befund ist in einer spielbasierten Lernumgebung durchaus erwartungskonform und in Übereinstimmung mit den Annahmen der UTAUT2 (Venkatesh et al., 2012). Die Aufwandserwartung spielt in diesem Kontext kaum eine Rolle, die Perspektive einer Aufwandssenkung für die Untersuchungsteilnehmer im Kontext ihres Studiums scheint noch zu weit entfernt, um ausschlaggebend zu sein.

Bezogen auf die theoretischen Überlegungen, die dieser Studie zugrunde liegen, scheint die Selbststeuerungsperspektive über Akzeptanz und Motivation (Davis et al., 1992; Deci & Ryan, 2002) im Vordergrund zu stehen. Zunächst schien die kognitive Perspektive (Sitzmann & Ely, 2011; Venkatesh et al., 2012) dadurch irrelevant zu sein, dass die Lernziele unter allen Untersuchungsbedingungen für empirische Zwecke gleich gehalten wurden. Im zweiten Schritt der Untersuchung, nämlich wenn die Teilnehmer die Wahl zwischen den beiden Gestaltungsmöglichkeiten haben, erscheinen die deutlich werdenden Lernziele und Leistungserwartungen als Konsequenz der Selbststeuerung.

7 Konsequenzen

Für die mediendidaktische Praxis weisen die vorliegenden Befunde darauf hin, dass die spielbasierte Gestaltung von Lernumgebungen nicht an sich und ohne weiteres eine Akzeptanz erhöhende Maßnahme sein muss (vgl. Domínguez et al., 2013), sondern nur in Kombination mit anderen Formen der Informationsdarbietung und vor allem mit der Wahlmöglichkeit der Lernenden zwischen den verschiedenen Gestaltungsformen. Damit wird noch einmal hervorgehoben, dass die Möglichkeiten zur Selbststeuerung des eigenen Lernprozesses (Zimmerman & Schunk, 2013) die Akzeptanz der Lernmedien (Davis et al., 1992; Venkatesh et al., 2012) über die intrinsische Lernmotivation erhöht (Deci & Ryan, 2002).

Für die mediendidaktische Forschung bringt diese Studie die Akzeptanztheorien und -modelle noch einen Schritt näher an die Erziehungswissenschaft. Neben der Untersuchung der Zusammenhänge zwischen der Akzeptanz und der didaktischen Gestaltung der Lernumgebungen leistet die Studie einen Beitrag zur Forschung und Entwicklung medienbasierter Lernumgebungen. Die Validität der Studie kann allerdings von einigen methodischen Aspekten limitiert sein. Die relativ kleine Stichprobe spiegelt sich in den Effekten am Rande der statistischen Signifikanz wider, vor allem wenn es um die Unterschiede zwischen den Untersuchungsbedingungen (a) und (b) geht. Die zweiphasige Durchführung der Untersuchung kann die Verteilung der individuellen Lernermerkmale polarisiert haben. Die Studie basiert ausschließlich auf subjektiven Daten, was die Gefahr der Common Methods Artefakte birgt. Weitere Forschungen sollen diese Limitierungen überwinden und die Zusammenhänge zwischen spielbasierter Gestaltung und Akzeptanz medialer Lernumgebungen näher beleuchten. Die Bedeutung der Selbststeuerung sowie weitere motivationale Aspekte im Kontext von Lernspielen sollten durch eine qualitative Studie vertieft werden.

Literatur

Davis, F. D., Bagozzi, R. P. & Warshaw, P. R. (1992). Extrinsic and intrinsic motivation to use computers in the workplace. *Journal of Applied Social Psychology, 22*(14), 1111–1132.

Deci, E. L. & Ryan, R. M. (2002). *Handbook of self-determination research.* Rochester, NY: University of Rochester Press.

Domínguez, A., Saenz-de-Navarrete, J., De-Marcos, L., Fernández-Sanz, L., Pagés, C. & Martínez-Herráiz, J. J. (2013). Gamifying learning experiences: Practical implications and outcomes. *Computers & Education, 63*, 380–392.

Giesbers, B., Rienties, B., Tempelaar, D. & Gijselaers, W. (2013). Investigating the relations between motivation, tool use, participation, and performance in an e-learning course using web-videoconferencing. *Computers in Human Behavior, 29*, 285–292.

Grebe, C. & Niegemann, H. M. (2012). Lern-Adventures sind cool – oder doch nicht (immer)? *Empirische Pädagogik, 26*(3), 409–420.

Hamari, J., Koivisto, J. & Sarsa, H. (2014). Does gamification work? – A literature review of empirical studies on gamification. In *Proceedings of the 47th Hawaii International Conference on System Sciences*, Hawaii, USA, January 6–9, 2014.

Hense, J. U. & Mandl, H. (2009). In oder mit Spielen lernen? Digital Learning Games aus Sicht der Lern-, Emotions- und Motivationspsychologie. *DIE Zeitschrift für Erwachsenenbildung, 16*(3), 32–36.

Kerres, M., Bormann, M. & Vervenne, M. (2009). Didaktische Konzeption von Serious Games: Zur Verknüpfung von Spiel- und Lernangeboten. *MedienPädagogik, 2009*, 1–16. http://www.medienpaed.com/2009/#kerres0908.

Nistor, N. (2013). Etablierte Lernmanagementsysteme an der Hochschule: Welche Motivation ist dabei wünschenswert? In C. Bremer & D. Krömker (Hrsg.), *E-Learning zwischen Vision und Alltag. Zum Stand der Dinge* (S. 181–190). Münster: Waxmann.

Nistor, N., Wagner, M. & Heymann, J. O. (2012). Prädiktoren und Moderatoren der Akzeptanz von Bildungstechnologien. Die Unified Theory of Acceptance and Use of Technology auf dem Prüfstand. *Empirische Pädagogik, 26*(3), 343–370.

Sitzmann, T. & Ely, K. (2011). A meta-analysis of self-regulated learning in work-related training and educational attainment: what we know and where we need to go. *Psychological Bulletin, 137*(3), 421–442.

Venkatesh, V. & Bala, H. (2008). Technology Acceptance Model 3 and a research agenda on interventions. *Decision Sciences, 39*(2), 273–315.
Venkatesh, V., Thong, J. Y. L. & Xu, X. (2012). Consumer acceptance and use of information technology: Extending the Unified Theory of Acceptance and Use of Technology. *MIS Quarterly, 36*(1), 157–178.
Zimmerman, B. J. & Schunk, D. H. (Eds.) (2013). *Self-regulated learning and academic achievement: Theoretical perspectives*. London: Routledge.

Danksagung
Die Autoren bedanken sich bei der Soluzione Knowledge Company GmbH München für ihre hilfreiche Unterstützung bei dieser Studie.

Dietmar Zenker, Thorsten Daubenfeld

Die „Insel der Phasen“

Umsetzung eines Game-Based-Learning-Szenarios in der Physikalischen Chemie zur Steigerung der Motivation der Studierenden

Zusammenfassung

Die Studierenden dahingehend zu motivieren, sich außerhalb des Präsenzunterrichts Studieninhalte durch Selbstlernen anzueignen, ist eine der wesentlichen Herausforderungen in der akademischen Ausbildung. Am Fachbereich Chemie & Biologie der Hochschule Fresenius wurde daher ab Sommersemester 2013 die Vorlesung „Physikalische Chemie 1“ auf ein „*Inverted Classroom*“-Szenario umgestellt. Das studentische Feedback hierzu ergab allerdings weiteren Verbesserungsbedarf hinsichtlich der angestrebten Motivationssteigerung der Studierenden. Daher wurde das „*Inverted Classroom*“-Szenario im Folgesemester durch ein *Game-Based-Learning*-Konzept abgelöst, bei dem ein interaktives und grafisch aufbereitetes Adventure-Spiel die Studierenden virtuell durch den Vorlesungsstoff der Physikalischen Chemie führt. Um die abstrakte und sehr trockene Thematik interessanter zu gestalten, wurden die Inhalte der Vorlesung in einzelne Lerneinheiten gepackt und in eine ansprechende dreidimensionale grafische Oberfläche – die „Insel der Phasen“ – eingebettet. Zusätzlich dazu sorgt eine Rahmengeschichte für eine stimmige Atmosphäre. Die Studierenden erkunden in kleinen Gruppen die Insel, entdecken nach und nach deren „Geheimnisse“ und werden auf diese Weise stärker zum eigenständigen Lernen der Physikalischen Chemie motiviert.

1 Ausgangslage und Problemstellung

Eine der wesentlichen Herausforderungen im Hochschulstudium ist die Motivation der Studierenden zum Selbstlernen außerhalb der Vorlesung. Verschiedene Studien zeigen, dass der akkreditierte Soll-Workload in vielen technischen Studiengängen meist nicht ausgeschöpft wird (Schulmeister, 2011, Krueger-Basener, 2011). Dabei wurde weiterhin festgestellt, dass der gefühlte Zeitaufwand für die Studierenden größer war als der tatsächlich gemessene. Diese Untersuchungen werden durch eigene Beobachtungen und durch Gespräche mit Studierenden der Studiengänge „Angewandte Chemie (B. Sc.)“ und „Wirtschaftschemie (B. Sc.)“ der Hochschule Fresenius gestützt.

Die Aktivierung dieser Reserven und die Motivation der Studierenden zu einer kontinuierlicheren Beschäftigung mit dem Vorlesungsstoff außerhalb der Vorlesung sehen wir daher als wesentliche Herausforderung in der Hochschullehre. Eine weitere Herausforderung stellt die Tatsache dar, dass die Hochschulen zunehmend mit einer Generation von Studienanfängern konfrontiert werden, die stark durch digitale Kommunikationstechnologien, intensive Nutzung insbesondere visueller und interaktiver Medien und durch die Beschäftigung mit digitalen Spielen geprägt ist (JIM 2012, 2012). Es ist davon auszugehen, dass dies auch einen nachhaltigen Einfluss auf die Art des Lernens dieser Generation und deren Motivation hierzu hat, und daher besteht auch an ein Studium eine mediale Erwartungshaltung, die die klassische Lehre alleine nicht bedienen kann (Prensky, 2005–2006).

Als Reaktion auf diese Entwicklung will der Fachbereich Chemie & Biologie der Hochschule Fresenius in Idstein zunehmend Lernszenarien schaffen, mit denen sich die Studierenden stärker identifizieren können und die sie besser motivieren. Hierfür setzten wir ab Sommersemester 2013 im Fach „Physikalische Chemie“ zunächst auf ein sogenanntes „*Flipped*-“ bzw. „*Inverted Classroom*“-Szenario. Die theoretischen Lerninhalte der Vorlesung „Physikalische Chemie 1“, die zuvor während der Präsenzzeit vermittelt wurden, wurden nun vorab in Form mehrminütiger Video-Sequenzen aufgezeichnet und online angeboten, damit die Studierenden sich gezielt auf die Vorlesung vorbereiten konnten und die hierdurch für die Präsenzphase gewonnene Zeit für einen interaktiven Dialog genutzt werden konnte (Zenker, Gros & Daubenfeld, 2013).

Die Evaluation des von uns etablierten Konzeptes zeigte einerseits, dass die Studierenden ihr eigenes Lerntempo besser steuern und unterschiedliche Lerntypen (auditiv, visuell, etc.) wesentlich besser und differenzierter angesprochen werden konnten als dies in der klassischen Präsenzlehre der Fall ist. Allerdings offenbarte die Evaluation auch einige Schwächen des Konzeptes, denn es verlangt von allen Beteiligten eine deutlich höhere Konzentration und Disziplin: der Dozent kann nicht mehr „vorhersagen“, welche konkreten Probleme in einer Vorlesung nachgefragt werden. Auch die Studierenden müssen sich nun konsequenter und zielgerichteter als in klassischen Lehr-Lern-Szenarien vorbereiten, um der Diskussion in der Vorlesung folgen zu können. In dieser müssen sie dann mit „weniger Struktur“ leben, da der Lernstoff nicht mehr in einer eindeutig vorstrukturierten Weise erarbeitet wird, sondern sie diesen im Nachgang an eine Lehrveranstaltung eigenständig in den Gesamtkontext des Faches einordnen müssen. Die Motivation der Studierenden zur Vorbereitung erwies sich dabei als die wesentliche Herausforderung: Viele Studierende berichteten von Problemen, sich dazu zu motivieren, die Video-Podcasts zu den theoretischen Inhalten anzuschauen und Tests dazu durchzuführen. Die selbständige Erarbeitung der Lerninhalte durch eine wissenschaftlich-explorative Herangehensweise wurde offenbar noch nicht ausreichend als Wert seitens der Studierenden wahrgenommen. Auch die Bonuspunkte durch Tests erzielten diesbezüglich noch nicht die erwünschte Wirkung. Die Steigerung der Motivation der Studierenden zum Selbstlernen wurde daher im Folgesemester durch Umstellung auf ein spielbasiertes Konzept spezifisch adressiert.

2 Steigerung der Motivation der Studierenden durch *Game-Based Learning* und *Gamification*

Die Methode des „spielbasierten Lernens“ (*Game-Based Learning*) wird als eine weitere Möglichkeit angesehen, Studierende während des laufenden Semesters zu einer intensiveren und kontinuierlicheren Beschäftigung mit dem Studienfach zu motivieren. Oft wird dieser Begriff um den Zusatz „*Digital*“ ergänzt, um hervorzuheben, dass dabei computerbasierte digitale Spiele im Vordergrund stehen (Prensky, 2007; DeLeeuw, 2011; Knautz, Soubusta & Orszullok, 2013). Die Mechaniken und Dynamiken und das hierdurch bedingte Lern- und Motivationspotenzial von Spielen wird dabei gezielt genutzt, um Lerninhalte zu vermitteln. Dabei steht aber aus Sicht des/der Spielenden nicht das Lernen, sondern das Spiel im Vordergrund, was zur Motivationssteigerung führen soll. Zu den dabei eingesetzten Instrumenten gehören beispielsweise das Sammeln von Punkten im Spiel, die als Bonuspunkte für die Abschlussprüfung gewertet werden können, oder auch ein „Levelaufstieg“ im fortschreitenden Spielverlauf, der den schrittweisen Zugang zu immer komplexeren Lerneinheiten im Verlauf des Semesters ermöglicht.

Ein weiterer spielorientierter Ansatz, der insbesondere in den letzten Jahren durch die zunehmende Verbreitung von internetfähigen Mobilgeräten (Smartphones und Tablet-PCs) an Bedeutung gewinnt, ist das sog. „*Gamification*“. Hierunter versteht man die Verwendung von Spielelementen in einem nicht spielbasierten Kontext, d.h. nicht die Umsetzung eines Spiels steht hierbei im Vordergrund, sondern vielmehr die Ergänzung unterschiedlicher Applikationen mit spielerischen Elementen, um die Nutzer zu motivieren (Deterding et al., 2011, Groh, 2012).

Im anglo-amerikanischen Raum wurden bereits mehrfach spielbasierte Konzepte im naturwissenschaftlichen Bereich erfolgreich eingesetzt (Antunes, Pacheco & Giovanela, 2012; Stringfield & Kramer, 2014). In Deutschland liegen bislang noch wenige Erfahrungen mit spielbasierten Szenarien im akademischen Bereich vor: Bislang haben unter anderem die RWTH Aachen („Die Rettung der Zink & Co.“ (Liauw, 2012)) und die Universität Düsseldorf („Die Legende von Zyren“[1], (Knautz et al., 2013; Fehrenbach, 2014)) erfolgreich mit spielbasierten Konzepten experimentiert.

1 http://www.legende-von-zyren.de

3 Umsetzung eines *Game-based-Learning*-Konzepts in der Physikalischen Chemie und dessen Elemente

An der Hochschule Fresenius wurde die Vorlesung „Physikalische Chemie 2" erstmalig im Wintersemester 2013/14 in Form eines *Game-Based-Learning*-Szenarios durchgeführt. Die Lerninhalte wurden hierfür in einzelne thematisch voneinander abgegrenzte Lerneinheiten zusammengefasst und in eine dreidimensionale grafische Oberfläche eingebettet. Jede Lerneinheit stellt dabei einen einzelnen Ort innerhalb dieser Landschaft dar, und mehrere Lerneinheiten sind in übergeordnete Kapitel strukturiert, die durch einen durchgängigen (Lern-)Pfad innerhalb der Landschaft miteinander verbunden sind (siehe Abb. 1).

Die Studenten nehmen auf freiwilliger Basis vorlesungsbegleitend in Gruppen an diesem Online-Spiel teil, in dem sie entlang des Lernpfades die virtuelle Landschaft durchschreiten und an mehreren Stationen Aufgaben lösen. Medien wie Video-Podcasts und Präsentationen sorgen in Verbindung mit regelmäßigen Leistungskontrollen für den Lernerfolg. An bestimmten Kontrollpunkten, die in Abb. 1 in Form roter Rauten dargestellt sind, war ein Weiterkommen nur nach Eingabe eines Passworts möglich. Dieses erhielt die Gruppe nach einem erfolgreich bestandenen Kurzkolloquium beim Dozenten. Auf diese Weise wurde sichergestellt, dass die Leistungskontrolle unter realen Prüfungsbedingungen ablief.

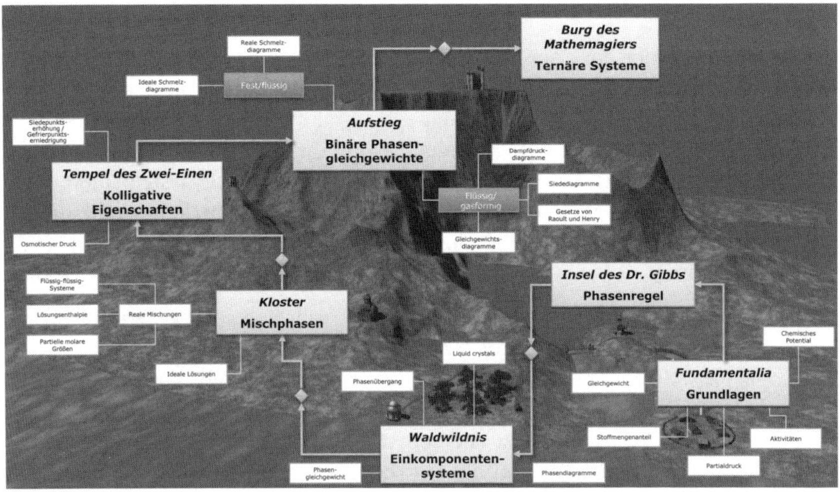

Abb. 1: Darstellung der „Insel der Phasen" mit dem Haupt-Lernpfad (dicke gelbe Linie) und den einzelnen Orten (grüne und weiße Boxen). Jede weiße Box stellt dabei eine einzelne Lerneinheit dar. Die roten Rauten repräsentieren Kontrollpunkte, an denen zum Weiterkommen ein Passwort eingegeben werden muss.

Das Konzept setzt sich aus fünf Elementen zusammen, die im Folgenden näher beschrieben werden.

Gruppenbasiertes Lernen

Ein wesentlicher Bestandteil des Lernkonzeptes sind leistungsmäßig heterogene Gruppen. In jeder Gruppe arbeiten leistungsstarke und -schwächere Studierende gemeinsam zusammen, die Zuteilung erfolgt basierend auf den im bisherigen Studienverlauf erzielten Noten. Die Idee hierbei ist, dass die Studierenden sich gegenseitig beim Lernen unterstützen – und die starken Studierenden die weniger starken „mitziehen“.

Ansprechende Oberfläche in Form einer 3D-Landschaft

Die einzelnen Lerninhalte der Vorlesung „Physikalische Chemie 2“, die in Form vertonter Screencasts (Video-Podcast) vorliegen, werden zusammen mit dem Skript zur Vorlesung, weiterführenden Literaturangaben und Weblinks zu einer einzelnen Lerneinheit zusammengefasst. Jedem Video-Podcast ist zudem jeweils ein Online-Test zur Selbstüberprüfung zugeordnet, mit dem die Studierenden ihren individuellen Lernerfolg kontrollieren können. Die einzelnen Lerneinheiten werden so inhaltlich aufeinander aufbauend angeordnet, dass sich ein „Lernpfad“ für die Studierenden ergibt. Zur Visualisierung dieses Lernpfades werden die einzelnen Lerneinheiten in eine dreidimensionale Landschaft eingebettet, welche durch zusätzliche grafische Elemente (z.B. Häuser, Bäume) ausgestaltet ist. Zusätzlich sorgt eine Rahmengeschichte, die zu jedem Ort (Lerneinheit) eine passende Beschreibung liefert, für eine zusätzliche Motivation (siehe Abb. 2).

Eine derartige Benutzeroberfläche soll als zusätzliches motivierendes Element für die Studierenden dienen, da sie näher an der medialen Erfahrungswelt der jüngeren Generation liegt als traditionelle Lehrformen.

Erwerb von Bonuspunkten als Anreiz für die Teilnahme am Lernspiel

Ein wichtiger Anreiz zur Teilnahme am „Lernspiel“ ist der Erwerb von Bonuspunkten, die auf die Klausur am Ende des Semesters angerechnet werden. Diese werden durch das Bestehen von Kolloquien erworben. Die Anzahl der möglichen Punkte steigt im Laufe des Spiels schrittweise an. Damit wird dem zunehmenden Schwierigkeitsgrad der Kolloquien Rechnung getragen. Gleichzeitig ändert sich auch die Prüfungsform: Während zu Beginn eine mündliche Prüfung angewendet wird (vergleichsweise einfach), werden später schriftliche Prüfungen (stellvertretend für den in der Abschlussklausur verwendeten Prüfungsmodus) und ein „Duell“ (Wettrechnen) in Echtzeit gegen den Dozenten (diese Prüfungsform trainiert den sicheren Einsatz des Taschenrechners in Stresssituationen, vergleichbar der Situation in der Klausur) eingesetzt.

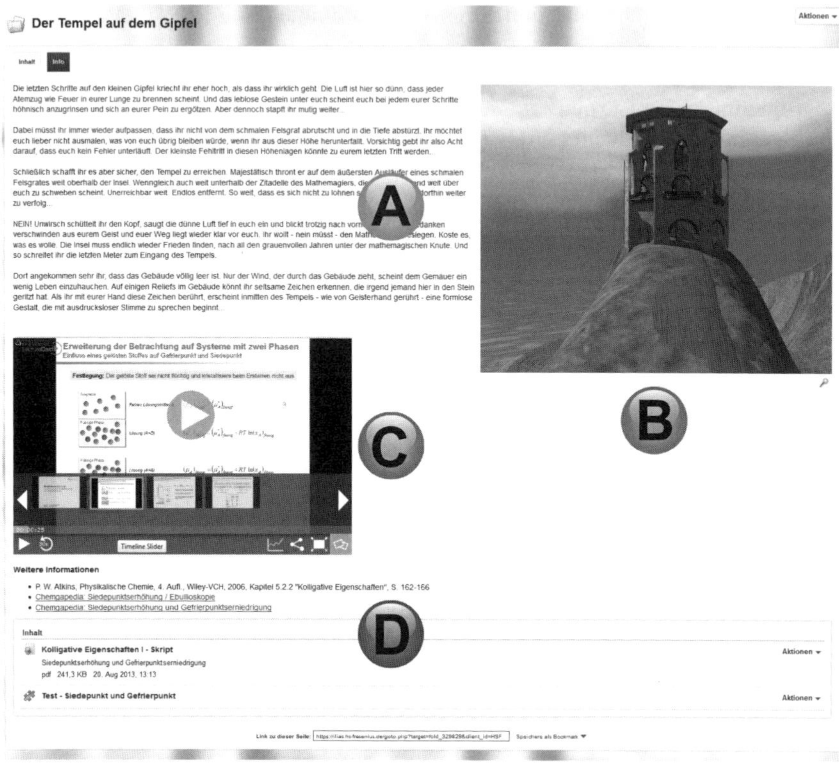

Abb. 2: Beispiel einer Lerneinheit und deren Struktur. Jede Lerneinheit besteht aus einer Beschreibung der Szene als Teil der Rahmenhandlung (A), einer grafischen Darstellung des aktuell besuchten Ortes (B), einem Video-Podcast zur Vermittlung der Grundlagen der entsprechenden Vorlesungseinheit (C), sowie einem zugehörigem Test zur Lernerfolgskontrolle und weiterem Lernmaterial wie Skripte, Weblinks etc. (D).

In den Kolloquien wird zusätzlich mit eigens dafür konzipierten und angefertigten Handouts und „Lernspielen" gearbeitet, um den Studierenden auch in der Prüfung eine motivierende Atmosphäre zu vermitteln (siehe Abb. 3).

Kolloquien als Prüfung

Im unmittelbaren Vorfeld eines Kolloquiums wird ein(e) Studierende(r) aus der Gruppe zufällig ausgewählt, der/die stellvertretend für die gesamte Gruppe im Kolloquium antritt. Besteht er/sie das Kolloquium, kommt die Gruppe weiter, andernfalls muss das Kolloquium wiederholt werden. Durch die zufällige Auswahl soll sichergestellt werden, dass alle Gruppenmitglieder im Vorfeld eines Kolloquiums einen vergleichbaren Wissens- und Leistungsstand haben,

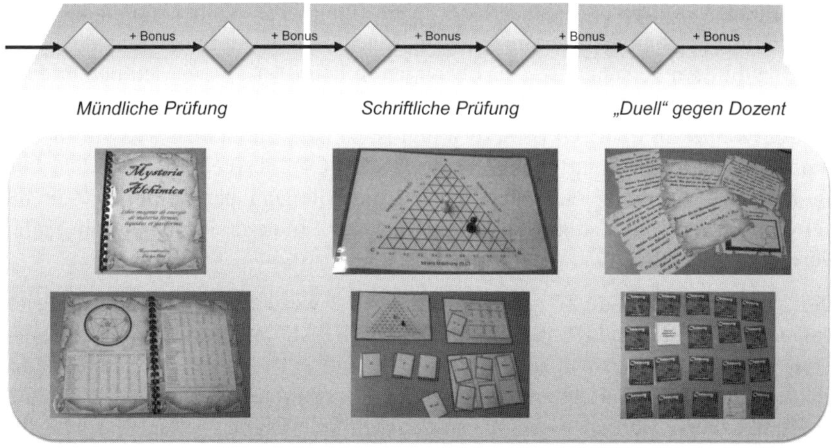

Abb. 3: Exemplarische Darstellung des Ablaufs der verschiedenen Kolloquien und Beispiele darin verwendeter Handouts und Lernspiele.

um die Gesamtchancen der Gruppe auf ein erfolgreiches Kolloquium zu wahren. Dadurch werden kooperative Spielelemente innerhalb der einzelnen Gruppe aktiviert und die Zusammenarbeit der Studierenden gefördert.

Wettbewerb und Kooperation zwischen den Gruppen

Um die Studierenden von Beginn an zu einem intensiven Einsatz im Spiel zu animieren, werden zusätzliche Bonuspunkte für diejenige Gruppe ausgelobt, die als erstes alle Kolloquien besteht. Dadurch wird der Wettbewerb zwischen den einzelnen Gruppen stimuliert. Um andererseits der Gefahr vorzubeugen, dass sich „abgeschlagene Gruppen“ nicht mehr ausreichend am Spiel beteiligen, finden abhängig von bestimmten Spielfortschritten aller Gruppen sogenannte „Turniere“ statt, bei denen die einzelnen Gruppen um weitere Bonuspunkte spielen. Um diese Punkte zu erreichen, müssen alle Gruppen die jeweils ersten beiden bzw. die ersten vier Kolloquien bestanden haben. Auch eine „führende Gruppe“ hat daher zwecks Maximierung ihrer Gesamtpunktzahl ein Interesse daran, dass die übrigen Gruppen diese Punkte im Spiel erreichen. Dadurch wird eine Kooperation zwischen den Gruppen gefördert.

4 Methodik

Die vertonten Screencasts wurden in Form 10–15-minütigen Sequenzen mit Hilfe der Software Camtasia® aufgezeichnet, auf einen Medienserver hochgeladen und mittels des webbasierten Video-Management-Systems „OpenCast

Matterhorn“[2] weiterverarbeitet. Über eine integrierte Szenenerkennung werden die Aufzeichnungen automatisch in Einzelszenen aufgeteilt und diese mit Vorschaubildern versehen, was das Navigieren beim Anschauen deutlich erleichtert (siehe Abb. 2). Der Medien-Player des Systems basiert auf HTML5 und benötigt keine zusätzlichen Browser-Plugins, so dass die Screencasts auf modernen Mobilgeräten (Smartphones und Tablet-PCs) abspielbar sind. Die fertig aufbereiteten Aufzeichnungen werden anschließend per „Framing“[3] in die Lernplattform ILIAS integriert, wo sie von den Studierenden online abgerufen werden können.

Die jedem Video-Podcast zugeordneten Tests wurden mit Hilfe der Test& Assessment-Funktionalität der Lernplattform ILIAS umgesetzt und beinhalten jeweils mehrere Fragen in unterschiedlichen Formaten. Hierbei wurden hauptsächlich numerische Fragen, in denen ein bestimmter Zahlenwert berechnet und eingegeben werden muss, aber auch Multiple-Choice- oder Anordnungs-/ Zuordnungsfragen eingesetzt. Die Tests konnten beliebig oft wiederholt werden, wobei der jeweils beste Testdurchlauf bewertet wurde.

Die grafische Umsetzung der 3D-Landschaft sowie der einzelnen Orte darin erfolgte mit Hilfe der 3D-Konstruktions- und -Animationssoftware Maxon Cinema 4D[4].

Die oben beschriebenen Inhaltselemente wurden in der Lernplattform ILIAS in Form von Ordnern/Unterordnern innerhalb eines Kursobjekts strukturiert und zusammengefasst (siehe Abb. 2). Die Navigation entlang des vorgegebenen Lernpfades wurde durch einen passwortgeschützten Zugriff auf zentrale Ordner sichergestellt.

5 Ergebnisse und Diskussion

Alle 31 Studierenden der beiden Studiengänge „Angewandte Chemie (B. Sc.)“ sowie „Wirtschaftschemie (B. Sc.)“ beteiligten sich auf freiwilliger Basis an dem Spiel. Am Ende des Semesters hatten 25 Studierende (81%) das Spiel abgeschlossen. Die Studierenden, die das Spiel vorzeitig abgebrochen hatten, was durchgängig innerhalb der ersten fünf Wochen passierte, nannten Zeitmangel als Grund für den Abbruch.

Gegen Semesterende hatten die teilnehmenden Studierenden im Rahmen einer anonymen schriftlichen Umfrage die Gelegenheit, das spielbasierte Veranstaltungskonzept sowie dessen einzelne Elemente zu beurteilen. Weiterhin sollten sie abschätzen, wie viel Selbstlernzeit sie für das Lernmaterial in der

2 http://www.opencast.org/matterhorn.
3 Einbindung per IFrame-Embed-Code in eine Seite eines ILIAS-Kurses oder Lernmoduls.
4 MAXON Computer GmbH (www.maxon.net/de).

Woche investiert hatten. Zudem sollten sie diesen geschätzten wöchentlichen Zeitaufwand mit anderen traditionell durchgeführten Vorlesungen des gleichen Semesters sowie mit der im „*Inverted Classroom*"-Modus durchgeführten Vorlesung der Physikalischen Chemie im vorherigen Semester in Beziehung setzen. Insgesamt wurden 26 vollständig ausgefüllte Fragebögen ausgewertet, von denen 11 von weiblichen und 15 von männlichen Teilnehmern stammten.

Die studentische Selbsteinschätzung des Workloads zeigt eine deutliche Steigerung der im spielbasierten Szenario der Vorlesung geleisteten Selbstlernzeit im Vergleich zum traditionellen Vorlesungsformat (siehe Tab. 1). Die Teilnehmer des spielbasierten Ansatzes berichteten, dass sie im Schnitt 4,6 ± 3,4 Stunden für das Selbstlernen aufbrachten. Dies stellt mehr als das Dreifache dessen dar, was für andere Vorlesungen des gleichen Semesters investiert wurde. Auch im Vergleich zu der im „*Inverted Classroom*"-Modus durchgeführten Vorlesung „Physikalische Chemie 1" des vorigen Semesters, welches einen vergleichbaren Soll-Workload gemäß Modulhandbuch besitzt, wendeten die Studierenden nach eigener Einschätzung fast dreimal mehr Zeit auf.

Die Ergebnisse zeigen außerdem, dass hierbei offenbar geschlechtsspezifische Unterschiede existieren, da die weiblichen Spielteilnehmer deutlich mehr Zeit investierten als die männlichen. Dies betrifft sowohl die absolute Lernzeit pro Woche als auch die relative Lernzeit in Bezug zu den anderen Veranstaltungen des gleichen Semesters sowie zur Vorlesung der Physikalischen Chemie im vorherigen Semester. Allerdings sollten diese Ergebnisse aufgrund der auf Schätzung beruhenden Erhebungsmethode, der hohen Schwankungsbreite sowie der vergleichsweise geringen Grundgesamtheit mit Vorsicht betrachtet werden, so dass in den Folgesemestern weitere Untersuchungen durchgeführt werden müssen.

Tab. 1: Einschätzung der Studierenden bzgl. des geleisteten Selbstlernaufwands in Stunden pro Woche im Rahmen des spielbasierten Szenarios der Physikalischen Chemie (P.C.) sowie in Relation zu anderen Veranstaltungen.

	Weiblich (n=11)	**Männlich (n=15)**	**Gesamt (n=26)**
Wie viele Stunden pro Woche haben Sie geschätzt zum Lernen der Inhalte der P.C. aufgewendet?	6,5 ± 4,1	3,1 ± 1,4	4,6 ± 3,4
Um welchen Faktor unterscheidet sich Ihre für die P.C. aufgewendete Selbstlernzeit von der anderer Vorlesungen des Semesters?	4,3 ± 1,2	2,7 ± 0,8	3,3 ± 1,3
Um welchen Faktor unterscheidet sich Ihre für die P.C. aufgewendete Selbstlernzeit von der als „Inverted Classroom" durchgeführten VL des vorherigen Semesters?	3,3 ± 1,4	2,5 ± 0,9	2,9 ± 1,2
Wie oft haben Sie sich die Video-Podcasts der Vorlesung im Schnitt angeschaut?	2,1 ± 0,5	2,1 ± 0,8	2,1 ± 0,6

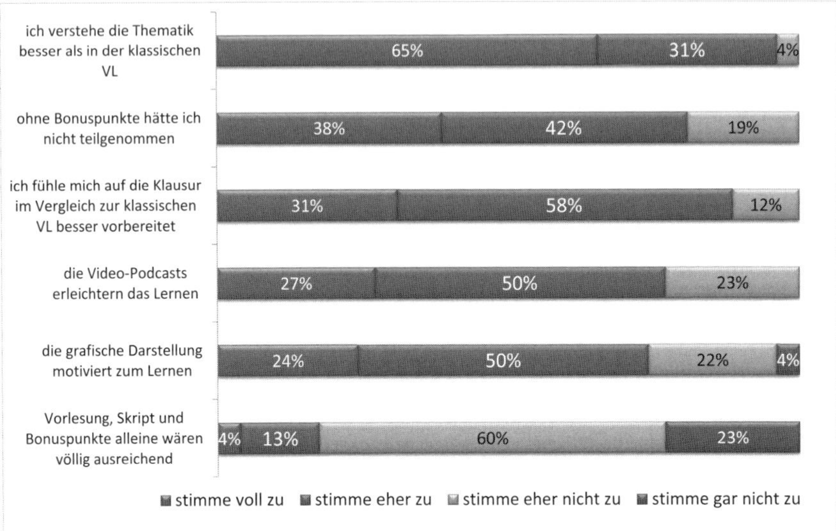

Abb. 4: Bewertung verschiedener Aspekte des *Game-Based-Learning*-Ansatzes (*n=26*).

Die Evaluation des *Game-Based-Learning*-Ansatzes zeigte weiterhin, dass sich die Studierenden mittels des spielbasierten Modus besser auf die Prüfung vorbereitet fühlten, und sie konnten auch ein besseres Verständnis des abstrakten Lehrstoffes entwickeln als bei der traditionellen Veranstaltungsform (siehe Abb. 4). Insbesondere die Bonuspunkte stellten dabei einen wichtigen motivationalen Aspekt dar, demgegenüber die grafische Ausgestaltung eine nicht ganz so große Rolle zu spielen schien. Allerdings stimmten lediglich 17% der Teilnehmer voll oder eher der Aussage zu, dass die klassische Präsenzveranstaltung alleine (traditionelle Vorlesung, Skript und zusätzliche Bonuspunkte), also ohne die spielspezifischen Elemente wie Grafik und Rahmenhandlung, ausgereicht hätte.

Insgesamt bewerteten die Studierenden das Lernkonzept mit einer Schulnote von 1,77 ± 0,59. Auch hier zeigte sich ein geschlechtsspezifischer Unterschied, da die Bewertung der männlichen Teilnehmer etwas besser ausfiel als die der weiblichen (1,6 ± 0,5 vs. 2,0 ± 0,6). Bei den Einzelelementen (Screencasts, Tests etc.) wurden insbesondere die Screencasts mit einer Schulnote von 1,7 sehr positiv bewertet. Die von den Studierenden in den Freitextfragen am häufigsten genannten positiven Aspekte des Konzeptes waren die Bonuspunkte (13 Nennungen) sowie die Gruppenarbeit (10 Nennungen).

6 Fazit und Ausblick

Als Fazit lässt sich festhalten, dass das Ziel, die Studierenden zum selbstgesteuerten Lernen außerhalb der eigentlichen Präsenzzeit der Vorlesung und zu einer kontinuierlicheren Auseinandersetzung mit den Lerninhalten zu motivieren, mit dem beschriebenen *Game-Based-Learning*-Ansatz deutlich erreicht wurde. Welcher der hierbei eingesetzten Einzelelemente den entscheidenden Beitrag lieferte, oder ob diese nur in ihrer Gesamtheit zu dem beobachteten Ergebnis führen, ist bei solch einem komplexen Szenario naturgemäß schwer zu identifizieren und bedarf weiterführender Untersuchungen. Daher beabsichtigen wir in den folgenden Semestern eine Ausweitung des Konzepts auf andere Vorlesungen der Physikalischen Chemie und verwandter Fachdisziplinen (z.B. Physik und Mathematik).

Danksagung

Die Autoren danken dem Bundesministerium für Bildung und Forschung für die Förderung des beschriebenen Vorhabens im Rahmen der BMBF-Initiative „ANKOM – Übergänge von der beruflichen in die hochschulische Bildung“[5].

Literatur

Antunes, M., Pacheco, M. & Giovanela, M. (2012). Design and Implementation of an Educational Game for Teaching Chemistry in Higher Education. *Journal of Chemical Education, 89*, 517–521.

DeLeeuw, K. M. (2011). Cognitive Consequences of Making Computer-Based Learning Activities More Game-Like. *Computers in Human Behavior, 27*, 2011–2016.

Deterding, S., Khaled, R., Nacke, L. E. & Dixon, D. (2011). Gamification: Toward a Definition. *CHI 2011 Gamification Workshop Proceedings* (S. 1–4). Vancouver: ACM.

Fehrenbach, A. (2014). *Telepolis*. Abgerufen am 26. März 2014 von http://www.heise.de/tp/artikel/40/40838/1.html.

Groh, F. (2012). Gamification: State of the Art Definition and Utilization. In N. Asaj, B. Könings, M. Poguntke, F. Schaub & B. W. Weber (Hrsg.), *Proceedings of the 4th seminar on Research Trends in Media Informatics* (S. 39–46). Ulm: Eigenverlag.

JIM 2012. (2012). *Jugend, Information, (Multi-)Media – Basisstudie zum Medienumgang 12- bis 19-Jähriger in Deutschland.* Stuttgart: Medienpädagogischer Forschungsverbund Südwest, c/o Landesanstalt für Kommunikation Baden-Württemberg (LFK).

5 ANKOM-Projekthomepage: http://ankom.his.de.

Knautz, K., Soubusta, S. & Orszullok, L. (2013). Game-based Learning for Digital Natives: Knowledge is Just a Click Away. In D. Tan (Hrsg.), *Proceedings of the 2013 International Conference on Advanced ICT and Education* (S. 74–78). Atlantis Press.

Krueger-Basener, M. (2011). Zeitaufwand von Bachelorstudierenden technischer Studiengänge in den ersten Semestern. *Die Neue Hochschule, 6*, S. 244–249.

Liauw, M. (2012). *WBV-Fachtagung.* Abgerufen am 26. März 2014 von http://www.wbv-fachtagung.de/fileadmin/user_upload/2012/Unterlagen/aktuell_Forum%203_Liauw_Game%20Based%20Learning.pdf.

Prensky, M. (2005–2006). Learning in the Digital Age – Listen to the Natives. (hrsg. von ASCD) *Educational Leadership, 63*(4), S. 8–13.

Prensky, M. (2007). *Digital Game-Based Learning.* St. Paul, Minnesota, U.S.A: Paragon House.

Schulmeister, R. & Metzger, C. (Hrsg.) (2011). *Die Workload im Bachelor: Zeitbudget und Studierverhalten – Eine empirische Studie.* Münster: Waxmann.

Stringfield, T. & Kramer, E. (2014). Benefits of a Game-Based Review Module in Chemistry Courses for Nonmajors. *Journal of Chemical Education, 91*, 56–58.

Zenker, D., Gros, L. & Daubenfeld, T. (2013). Virtuelle Vorlesung Physikalische Chemie – Umsetzung eines Inverted-Classroom-Szenarios mit Hilfe von Video-Podcasts. In C. Bremer & D. Krömker (Hrsg.), *E-Learning zwischen Vision und Alltag* (S. 173–180). Münster: Waxmann.

Nadezda Dietze, Dorit Günther, Monika Haberer

„Wundersame Raumvermehrung"[1]

Möglichkeitsräume und Übergänge in Unterstützungsangeboten zur Selbstlernförderung

Zusammenfassung

Der vorliegende Beitrag betrachtet ein Maßnahmenpaket zur Unterstützung studentischer Selbstlernfähigkeiten, das innerhalb des Bildungsraums Hochschule einen spezifischen Lernraum bildet, der ergänzend und unterstützend zu den fachlichen Lernangeboten die Aneignung von überfachlichen Kompetenzen befördert. Die einzelnen Angebotsstränge, die auf verschiedenen – auch räumlichen – Ebenen unterschiedliche Unterstützungsansätze verfolgen, sollen in Konzeption und Umsetzung eine enge Verzahnung erfahren. Hierbei ist der Aspekt der Ermöglichung von Übergängen sowohl inhaltlicher Gegenstand des Angebots als auch strukturelles Gestaltungsprinzip.

1 (Bildungs-)Räume, Möglichkeiten und Übergänge

„... Hingegen wäre die aktuelle Epoche eher die Epoche des Raumes. Wir sind in der Epoche des Simultanen, wir sind in der Epoche der Juxtaposition, in der Epoche des Nahen und des Fernen, des Nebeneinander, des Auseinander. Wir sind, glaube ich, in einem Moment, wo sich die Welt weniger als ein großes sich durch die Zeit entwickelndes Leben erfährt, sondern eher als ein Netz, das seine Punkte verknüpft und sein Gewirr durchkreuzt" (Foucault, 1991, S. 34).

Die Beschäftigung mit Räumen und Raumkonzepten hat spätestens mit der Verbreitung des Internet, den hier entstehenden Parallel-, Gegen- und Hybridwelten, Grenzauflösungen, Grenzverschiebungen und neuen Grenzsetzungen einen Aufschwung in den Kultur- und Sozialwissenschaften allgemein und in der pädagogischen Diskussion erfahren.[2]

---

1 Guggenberger (2000, S. 56), zit. nach Schroer (2012, S. 262).

2 Exemplarisch für die Fülle an Publikationen der letzten Jahre seien hier die Annäherung an das Thema Raum aus soziologischer Perspektive bei Schroer (2012), die Auseinandersetzung mit digitalen Kultur- und Bildungsräumen bei Grell, Marotzki & Schelhowe (2010), die Thematisierung der Grenzüberschreitung durch E-Learning bei Baumgartner & Reinmann (2007) oder die kulturwissenschaftliche Perspektive auf den Cyberspace bei Haberer & Vatter (2011) genannt.

Parallel zur Beschäftigung mit grundsätzlichen Fragen zum Verhältnis von Realität und Virtualität liegt ein Fokus der pädagogischen Auseinandersetzung auf der Gestaltung, Umgestaltung und Neuausrichtung von Bildungs- und Lernräumen – physisch und/oder digital –, die gerade vor dem Hintergrund einer sich verändernden Hochschul- und Bildungslandschaft Bedeutung erlangen. Analog zu Vilém Flussers Internet-Metapher des „Ozeans der Möglichkeiten" (Bühl, 1997, S. 77, zit. nach Schroer, 2012, S. 259), wird der universitäre Bildungsraum als „Möglichkeitsraum" begriffen, in dem Lehr- und Lernprozesse bzw. übergeordnet Bildungsprozesse (vgl. Schwalbe & Meyer, 2012) veranlasst werden.

Aktuelle Überlegungen und Konzepte zur (infra)strukturellen, organisatorischen und architektonischen Beschaffenheit universitärer Bildungsräume zielen darauf ab, der jetzigen und zukünftigen Studierendengeneration auf verschiedenen Ebenen Einstiegs- und Übergangsmöglichkeiten zu schaffen, die den Veränderungsprozessen der letzten zwei Jahrzehnte in Bildungs- und Arbeitswelt Rechnung tragen. Aus Perspektive der Lebenslaufforschung stellt sich diese Entwicklung folgendermaßen dar: „... mit der Entgrenzung des Lernens, bzw. Verarbeitlichung des Lernens, erhält Bildung ein erweitertes, über die Jugendphase hinaus, in die gesamte Lebenszeit hineingehendes Profil. Während das Lebenslaufmodell der ersten Moderne durch die Spannung von Institution und personaler Autonomie bestimmt war, ist es im Bild der reflexiven Moderne tendenziell durch Entgrenzung, die Freisetzung von Übergängen und die Chance und den Zwang zur Selbstorganisation charakterisiert" (Schröer, 2013, S. 70).[3]

Vor dem Hintergrund dieser Ausgangslage werden in den folgenden Kapiteln Aspekte der grundlegenden Konzeption und konkreten Umsetzung eines spezifischen hochschulischen Lernraums vorgestellt – einem Selbstlernzentrum, das im Rahmen eines BMBF-Projekts[4] an der TU Kaiserslautern etabliert wird. Mehrere Angebotsstränge sollen Studierende bei der Entwicklung ihrer Selbstlernfähigkeiten unterstützen sowie den Studieneinstieg und die kontinuierliche Studienorganisation verbessern. Bei der Ausgestaltung des Angebots werden sowohl physische als auch virtuelle Gestaltungskomponenten berücksichtigt.

Der Fokus des folgenden Beitrags wird in der Realisierung und Umsetzung der Übergänge in diesem Lernraum bestehen, die so konzipiert sind, dass sie dem Lernenden didaktisch kohärente und niedrigschwellige Bewegungsmöglichkeiten zwischen den einzelnen Unterräumen des Gesamtangebots gewähren. Dabei bildet der Aspekt des Übergangs zum einen den zentralen Ausgangspunkt der

3 Diese Entwicklung geht, so Schröer, einher mit der „Entgrenzung der Erwerbsarbeit", d.h. vor allem einem veränderten Verhältnis von Arbeit und Identität (vgl. Schröer, 2013, S. 70).

4 Das Projekt Selbstlernzentrum wird im gemeinsamen Programm des Bundes und der Länder für „Bessere Studienbedingungen und mehr Qualität in der Lehre" („Qualitätspakt Lehre") vom Bundesministerium für Bildung und Forschung gefördert.

inhaltlichen Angebotserstellung und gewährleistet zum anderen die Mobilität zwischen physischer und virtueller Lernwelt.

2 Übergang Schule – Hochschule – Beruf

Wenn es um Übergang als biografische Entwicklung geht, unterscheidet man im Hinblick auf die Persönlichkeitsentwicklung von Studierenden zwei bedeutsame „Wendepunkte“ im Lebenslauf (vgl. Beekbuis, Friebel & Totb, 1983). Wird der Übergang als „Statuspassage“[5] definiert, wird die erste Statuspassage vor dem Hintergrund einer beruflichen Orientierung als Übergang von der allgemeinbildenden Schule ins Studium beschrieben. Bei der zweiten Statuspassage geht es um den späteren beruflichen Status (Berufswahl), der auch einen Einfluss auf die Lebensqualität im Erwachsenenalter hat. Diese Statuspassage wird mit dem Übergang vom Studium in die Erwerbstätigkeit bezeichnet (ebd.).

Diese Übergänge werden individuell vollzogen, aber auch gleichzeitig gesellschaftlich bestimmt. Wird der Übergang als Statuspassage betrachtet, bedeutet es für die Bildungsinstitutionen, Unterstützung beim Wechsel in der Passage zu leisten. Bei diesem Übergangsmodell spielen so genannte „Gatekeeper“ eine wichtige Rolle (z.B. ein Coach), die beim Übergang beteiligt sind (vgl. Wiethoff, 2011). Die Teilhabe einer externen Person beim Statuswechsel des Individuums kann durchaus in Frage gestellt und von einzelnen Individuen nicht akzeptiert werden. In diesem Fall wird die Wegebewältigung vom einzelnen Individuum zwangsläufig selbstständig organisiert. Für eine Bildungsorganisation bedeutet dies, das Individuum beim Streben nach Handlungsfähigkeit in Übergängen zu unterstützen (vgl. Schröer, 2013; Tully, 2013). Dieses Übergangsmodell wird als Transition bezeichnet und beschreibt den Übergang als Bewältigungsprozess (vgl. Wiethoff, 2011). Die Suche nach biografischer Handlungsfähigkeit der Individuen in Übergängen schlägt in der Erziehungswissenschaft die Brücke zu Kompetenzentwicklungsansätzen (vgl. Schröer, 2013).

Vor diesem Hintergrund bietet das hier im Vordergrund stehende Projekt den Studierenden der Universität die Möglichkeit, eigene Selbstlernkompetenzen zu stärken, um Übergänge im Lebenslauf zu gestalten oder dabei von einem Coach im Rahmen einer Lernberatung unterstützt zu werden. Unabhängig davon, ob der Übergang von Studierenden selbstständig gestaltet oder diese Gestaltung

5 Als Statuspassage (trajectories) wird nach Glaser & Strauss (1971) in der Literatur der Wechsel eines Individuums von einem gesellschaftlichen Status in einen anderen bezeichnet. Das Konzept ist für den Bereich der Sozialisations- und Bildungsforschung prägend, hat jedoch eine Ergänzung durch das Konzept der Übergänge (transitions) erfahren (Hopson & Adams, 1976; Welzer, 1990). Im Gegensatz zu Statuspassagen stehen im Mittelpunkt des Transitions-Ansatzes nicht das Durchlaufen gesellschaftlich-institutionell definierter Entwicklungsstufen, sondern die subjektiven Bewältigungsprozesse von Überganssituationen (vgl. Schröer, S. 70, Wiethoff, S. 45ff.).

von einem Gatekeeper bzw. Coach unterstützt wird, spielt das Konzept der Resilienz (als Stressresistenz) beim Gelingen (in der Statuspassage) oder bei der Bewältigung (als Transition) eines Übergangs eine wichtige Rolle (Mackowiak, 2011). Dem emotionalen Moment kommt in diesen Phasen eine besondere Bedeutung zu, daher ist die *Emotionale Kompetenz* Teil eines Methoden-, Sozial- und Personalkompetenzen-Tableaus, das dem im Projekt verankerten Seminarprogramm zu Grunde gelegt wird und als förderliche Voraussetzung für einen gelungenen Einstieg in das Studium und für den Studienerfolg gilt.[6]

DIEMERSTEINER SELBSTLERNTAGE – ECKDATEN

Ansatzpunkt:

- Studentische SWOT-Analyse, Maßnahmen zur Qualität in Lehre und Studium an TU

Konzeption:

- 3-stufiger Seminaraufbau
- je 2-tägige übungsbasierte Trainings mit verschiedenen Schwerpunkten
- erfahrungsorientiertes Lernen mit externen Trainern

Integration:

- Freiwillige Teilnahme
- Curriculare Integration: optionaler oder verpflichtender CP-Erwerb in mehreren Fachbereichen

Beteiligung und Akzeptanz:

- Teilnehmerzahl seit 12/2010: rund 1.200 TN
- Seminartermine: aktuell 20 Seminartermine pro Jahr
- Studierendenzufriedenheit: im Jahre 2013 wurde das Seminarprogramm insgesamt von 90,8% der Studierenden als gut (46,5) bis sehr gut (44,3) bewertet (n = 357)

Das Seminarprogramm der *Diemersteiner Selbstlerntage*[7] ist der Ausgangspunkt des gesamten Unterstützungsangebots und spiegelt inhaltlich die wesentlichen Zielsetzungen des Selbstlernzentrums wider. Die Trainings sind dreistufig konzipiert, um die Studierenden bei beiden wichtigen Wendepunkten der biografischen Entwicklung zu unterstützen. Im Rahmen des ersten Seminars der *Diemersteiner Selbstlerntage* werden für den Studieneinstieg hilfreiche Lern- und Arbeitstechniken angeboten, mithilfe derer die Studierenden ihre eigene Lernstrategie verbessern und den Lehr-Lernprozess effizienter selbst organisie-

6 Neben der Dimension der *Emotionalen Kompetenz* beinhaltet das Selbstlernkompetenzen-Modell der Diemersteiner Selbstlerntage die folgenden Kompetenzbereiche: *Lernkompetenz*, *Wissenskompetenz* und *Kommunikationskompetenz* (vgl. Arnold et al., 2011, S. 122).

7 Das Angebot der Diemersteiner Selbstlerntage wurde bereits an anderen Stellen detailliert beschrieben (vgl. Emig, Lermen & Wilke, 2012, Haberer & Zhukova, 2013, Herwig, Völpel & Zwecker, 2014).

ren können. Das zweite Seminar unterstützt die Studierenden dabei, Aspekte des Studiums zu vertiefen, die zu einem erfolgreichen Studienverlauf beitragen (Fokus u.a.: wissenschaftliches Arbeiten). Im dritten Seminar – in der Regel am Ende des Bachelor-Studiums – geht es um Bewerbungsstrategien und Aspekte des Abgleichs von Berufszielen und Potentialen, mit dem Ziel, die Studierenden auf den Übergang in die Erwerbstätigkeit vorzubereiten. Dabei ziehen sich die für das Selbstlernen zentralen Kompetenzbereiche mit unterschiedlicher Schwerpunktsetzung durch alle drei Seminare.

Im ersten Schritt wurde dieses Angebot als Präsenzveranstaltung konzipiert, das Veranstaltungssetting ist dabei stark an den physischen Ort gekoppelt, an dem die Trainings derzeit stattfinden.[8] In einem weiteren Schritt wurde mit der Konzeption und Umsetzung der Teilvirtualisierung des bestehenden Trainingsprogramms begonnen (s. Kapitel 4.3). Dabei geht es nicht mehr nur um die Übergänge im Lebenslauf des Individuums, sondern auch um Übergänge von physischen in virtuelle Lernräume. Darüber hinaus werden in diesem Umsetzungsprozess auch Aspekte der Lernberatung berücksichtigt.

3 Übergang in der Rollenverteilung in Lernsettings

Lehren in Schulen und Hochschulen wird häufig als Vermittlung von Expertenwissen an Laien nach dem Sender-Empfänger-Modell definiert. Verschiedenen didaktischen Modellen ist gemeinsam, dass dem Lehrenden fachliche und methodisch-didaktische Kompetenz zugesprochen wird und er/sie für die Gestaltung des Lehr-Lernprozesses verantwortlich ist. D.h. der Lehrende unterstützt den Lernenden beim Wissenserwerb, dies beinhaltet Fakten-, Begründungs-, Handlungs- und Methodenwissen (vgl. Arnold et al., 2010, S. 186). Worin sich didaktische Modelle jedoch unterscheiden, ist das Verständnis des Lernprozesses und die Rollenzuschreibung für Lehrende und Lernende darin. Im Gegensatz zur herkömmlichen Vermittlungsdidaktik sieht z.B. die Ermöglichungsdidaktik (vgl. Arnold & Lermen, 2003; Arnold, 2012) eine viel stärkere Selbsttätigkeit des Lernenden im Lernprozess (selbstgesteuerte Wissenskonstruktion). In der aktuellen bildungspolitischen Diskussion im Kontext von Hochschule und beruflicher Weiterbildung wird die Stärkung von Selbstlernkompetenz als eines der wichtigsten Lernziele angesehen.

Mit diesem veränderten Verständnis von Lernprozessen geht das Konzept der Lernbegleitung einher, die eine besondere Form der Interaktion zwischen Lehrendem und Lernenden darstellt, da sich hier im Vergleich zum klassischen Lehr-Lern-Setting eine deutliche Verschiebung der Verantwortung zum

8 Der Veranstaltungsort außerhalb des Campus ist auch namensgebend für die gesamte Seminarreihe, so dass dem spezifischen physischen Ort hier eine besondere Bedeutung zukommt.

Lernenden hin zeigt, wobei der Lehrende eine begleitende Rolle einnimmt. In dieser Beratungsinteraktion steht der Lehrende vor der Herausforderung, den Studierenden dabei zu unterstützen, eigenes Potential zu erkennen und dieses produktiv zu nutzen, um eigenständig gesetzte Ziele zu erreichen.
In dieser Rollenverteilung wird also das Handeln des Lehrenden als subsidiäre Begleitung verstanden, während der Lernende als Akteur im Mittelpunkt des Prozesses steht.

Die traditionelle Rollenverteilung von Lehrenden und Lernenden im Hochschulkontext wird weiter aufgelöst, wenn in der Lernberatung studentische Peers als Berater agieren (Peer-to-Peer-Coaching).

Im hier beschriebenen Unterstützungsangebot des Selbstlernzentrums wird dieser Übergang zu einem beratenden Lernsetting im Wesentlichen durch drei Maßnahmen aufgegriffen:

- Transfer-Coaching-Maßnahmen für Studierende, die zwischen den Präsenzphasen des Seminarangebots *Diemersteiner Selbstlerntage* die Möglichkeit zu einem online-basierten, individuellen Coaching erhalten
- Peer-to-Peer-Coaching-Maßnahmen (z.B. fallbasiertes Gruppencoaching), die von den Mitarbeiter/innen des Projekts initiiert und begleitet werden
- Studienbegleitendes Lernprozesscoaching durch Lernberater
- Train-the-Trainer-Programme für Dozenten, die mit Beratungsansätzen vertraut gemacht werden, womit ein Wandel des Rollenverständnisses im Lernprozess einher geht

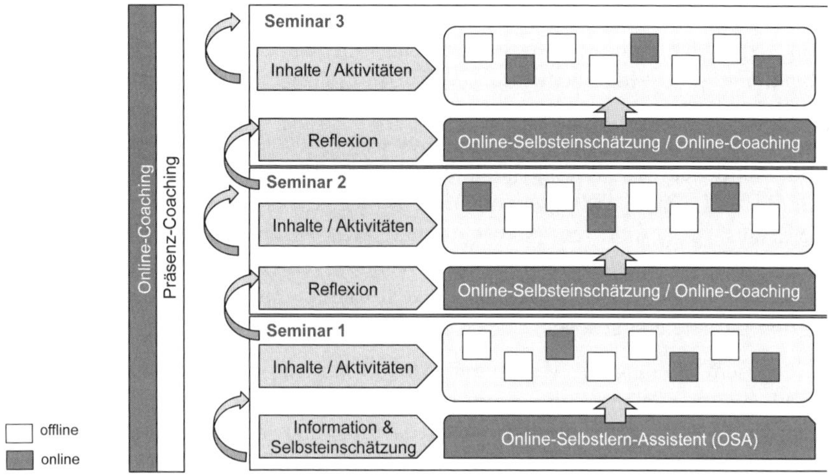

Abb 1.: Erweiterung und Teilvirtualisierung der *Diemersteiner Selbstlerntage* inkl. Coaching-Angebote

4 Übergang vom physischen zum virtuellen Lernraum

4.1 Lernräume – reale und virtuelle Möglichkeitsräume

Mit dem Begriff „Lernraum“ können zwei Aspekte verbunden werden: das Lernen als Prozess und der Raum, in dem dieser stattfindet. Im physischen wie im virtuellen Lernraum sollten beide Komponenten aufeinander abgestimmt sein.

Unter einem virtuellen Lernraum wird hier ein digitaler, computerbasierter Wissens- und Kommunikationsraum verstanden, den der Nutzer über ein Endgerät (PC, Tablet, Smartphone) betritt und mit dessen Hilfe er darin navigiert und interagiert (vgl. Arnold et al., 2011).

Der physische und virtuelle Lernraum ist dadurch gekennzeichnet, dass er eine abgeschlossene Einheit innerhalb eines größeren Kontexts (eines „Gebäudes“ oder eines Netzwerks) ist, zu dem es einen oder mehrere Zugänge gibt. Der Zugang zum Lernraum kann durch Zugangsschlüssel kontrolliert werden (z.B. bei virtuellen Lernräumen, die nur für einen bestimmten Nutzerkreis zugänglich sind). Es gibt also Türen hinein, aber auch (metaphorische) Fenster hinaus.

Das Innere des Lernraums weist eine Infrastruktur auf, er ist unterteilt in Zonen und enthält Objekte (Wissensträger, Vermittlungs- und Lerninstrumente) und Tätigkeiten, die nur bestimmten Funktionsträgern zugänglich sind (vgl. Zürcher, o.J., S. 1).

Der physische Lernraum ist visuell, akustisch und haptisch erlebbar – die Raumerfahrung findet durch Sinneseindrücke, die eigene Bewegung durch den Raum und die darin vollzogenen Handlungen statt. Er kann durch integrierte digitale Medien um einen virtuellen Raum erweitert werden. Dieser virtuelle Raum (z.B. eine Lernplattform oder eine animierte 3D-Umgebung) wird vom Nutzer hauptsächlich visuell erlebt, er/sie kann i. d. R. über Tastatureingabe und Mausbewegung durch die virtuelle Welt navigieren. Vor dem Hintergrund der Pluralisierung und Individualisierung von Lernbedürfnissen sollten flexibel gestaltete Übergänge den physischen mit dem virtuellen Lernraum verbinden.

4.2 Konzeption eines physischen Lernraums („Haus des Lernens“) als Erweiterung des Unterstützungsangebotes

Durch die Kombination von physischen und virtuellen Lernräumen, die im digitalen Zeitalter realisierbar ist, werden neue Möglichkeitsräume geschaffen, die sinnvoll gestalteter Übergänge bedürfen.

Das bereits vorgestellte Seminarangebot *Diemersteiner Selbstlerntage* wurde im ersten Schritt als ein Training im physischen Lernraum konzipiert. Die aktuellen Räumlichkeiten, in denen die Seminare stattfinden, verfügen bereits über eine besondere Lernatmosphäre abseits vom Campusgeschehen und bieten den Studierenden eine Art Rückzugsmöglichkeit. Die hier schon in Ansätzen realisierte Berücksichtigung des Lernraums wird im Rahmen des Projekts auf konzeptioneller Ebene im Hinblick auf aktuelle architektonische, didaktische und informationstechnische Anforderungen an Bildungsarchitektur weitergeführt. Um entsprechend innovative Raumkonzepte zu verwirklichen, liegt es in der Verantwortung von Pädagogen bzw. Bildungseinrichtungen, zunächst einen fundierten Anforderungskatalog an die Architektur zu stellen. Stang sieht hier eine Leerstelle zwischen Bildungsbau und der Erwachsenenbildungswissenschaft: Den Architekten fehle das Wissen über die Anforderungen der Erwachsenenbildung und den Erwachsenenbildnern die Kenntnis über die architektonischen Möglichkeiten und Grenzen bei der Gestaltung von räumlichen Lernarrangements (vgl. Stang et al., 2012, S. 21).

Vor diesem Hintergrund beschäftigt sich das Selbstlernzentrum im Rahmen des Projektes auch mit architektonischen Fragen der Lernraumgestaltung und entwickelt gemeinsam mit universitären Partnern Perspektiven zur Umsetzung.

Um die Möglichkeiten des bestehenden Unterstützungsangebotes zu erweitern und den Übergang vom physischen zum virtuellen Raum zu erleichtern, soll ein Möglichkeitsraum auch die Bereitstellung entsprechender Infrastruktur gewährleisten. Darüber hinaus erfordert die Vielfalt der (didaktischen) Nutzungsformen und Lernbedürfnisse flexible Gestaltungsmöglichkeiten innerhalb der Räumlichkeiten: So sollte z.B. die Raumaufteilung schnell änderbar sein, was eine multifunktionale Raumnutzung erlaubt (z.B. Wechsel von einer Vortrags-/Präsentationssituation zu Kleingruppen- oder Teamarbeit oder zu individuellem Lernen). Die Architektur muss also Raumteilung und akustische Abschottung vorsehen.

Zu berücksichtigen ist weiterhin die Doppeleigenschaft des Raums als gestaltetes Objekt und als gestaltender Einfluss, d.h. der Raum ist einerseits Ausdruck des Gestalters und wirkt andererseits auf den Menschen und seine Lernaktivitäten ein und stellt ein Sinnangebot dar. Laut Kristin Westphal macht der Raum den Nutzern „ein Identifikationsangebot als eine Art Bühne, auf der Plätze, Wege und Hindernisse vorgeschrieben sind, aber auch als Projektionsfläche für Gestaltungsentwürfe." (Westphal, 2007, S. 250f.)

Aktuelle Lernraumgestaltung sollte darüber hinaus auch die Funktionsverknüpfung von Lernen, Lehren und Lernbegleitung aufgreifen und somit die verschiedenen didaktischen Formen wie Wissensvermittlung, Lernbegleitung und selbstgesteuertes Lernen unterstützen. Es sollten daher z.B. auch Lernressourcen für projekt- und forschungsorientiertes sowie kreatives Arbeiten bereitgestellt werden.

Um der Auseinandersetzung mit Lernarchitekturen konkrete Gestalt zu verleihen, hat das Selbstlernzentrum im Wintersemester 2013/14 in Kooperation mit dem Lehrgebiet Raumgestaltung und Entwerfen einen Studierendenwettbewerb ausgeschrieben. Aufgabe der Architekturstudierenden war es, einen Entwurf für ein „Haus des Lernens“ auf dem Campus zu entwickeln. Das Gebäude soll funktionale Büros sowie innovative Seminar- und Lernräume aufnehmen und verschiedenen Arbeitsschwerpunkten – im Fernstudienkontext und als Selbstlernzentrum – Entfaltungsraum geben. Die Lernräume müssen darüber hinaus adressatengerecht sein. Hier sind die Adressaten zum einen junge Erwachsene (Studierende im grundständigen Studium) und zum anderen auch Berufstätige verschiedener Altersgruppen und Metiers (Studierende in postgradualen Fernstudiengängen). Besondere Anforderungen bei Lernarchitekturen für lebenslanges Lernen sind folglich: heterogene Adressaten mit jeweils unterschiedlichen Lerngewohnheiten und -kulturen. Um diese Zielgruppe der Lernenden anzusprechen, ist ein Lernraumdesign wichtig, das Bezüge zu berufsrelevanten Themenkomplexen und Lösungsstrategien erkennen lässt bzw. es den Lernenden ermöglicht, eigene Kontexte herzustellen.

Das Haus des Lernens versteht sich in der aktuellen Konzeption als kommunikatives Zentrum zwischen Lernenden und Lehrenden. Im Haus des Lernens sollen interdisziplinäre Begegnungsstätten sowie Räume zur Selbstreflexion, zum Austausch und zum Erholen geschaffen werden.

Aus dem Wettbewerb sind eine Reihe interessanter Entwürfe hervorgegangen, die vier besten wurden prämiert und die Modelle ausgestellt. Die Entwürfe zeigen, dass sich die didaktischen Ansprüche an Lernräume (wie in den vorhergehenden Abschnitten formuliert) sinnvoll in Architektur übersetzen lassen. Den prämierten Entwürfen ist ein flexibles Raumkonzept gemeinsam, der Raumzuschnitt kann je nach (Lerner-)Bedarf verändert werden. Es wurden Räume für Begegnung, Dialog, Perspektivwechsel und Selbstreflexion bzw. -verortung vorgesehen. In Konzepten für die Durchwegung werden Lernpfade, Nischen, Treffpunkte und Zwischenräume mit Brüchen und Anschlussstellen geschaffen.

Die entworfene Lernarchitektur verbindet informelle Kommunikationsbereiche (wie z.B. ein Bistro oder einen gemeinsamen Aufenthaltsbereich) mit formellen Lernräumen und schafft somit neue Kontexte für den Austausch zwischen Lernenden. Zudem verändert sich im Haus des Lernens die Grenzziehung zwischen Präsenz- und Fernstudium, da hier Präsenzlehre und Selbststudium am physischen Lernort mit Interaktionen im virtuellen Lernraum kombiniert werden.

Es ist geplant, aus den Entwürfen der Architekturstudenten Gestaltungsprinzipien für den Bau eines Haus des Lernens abzuleiten, die Realisierung geht jedoch über den Rahmen des aktuellen Projektes hinaus.

4.3 Teilvirtualisierung der Diemersteiner Selbstlerntage

Bevor auf die Gestaltung des Überganges vom physischen zum virtuellen Lernraum eingegangen wird, müssen zuerst die Aspekte bzw. Prozesse betrachtet werden, die in Übergängen sowohl zwischen physischen als auch zwischen virtuellen Räumen eine Orientierung bieten.

Wenn es darum geht, uns jeden Tag in einer gut vertrauten Umgebung zurechtzufinden, erfolgt das fast automatisch und meist unbewusst (Hamburger et al., 2012). Studierende finden ohne jegliche Anstrengung den Weg zu bekannten Orten wie Bibliothek, Mensa oder Einkaufszentrum. Wenn es aber um eine unbekannte Umgebung geht und wir einen unbekannten Weg finden müssen, wird uns bewusst, dass wir eine Orientierungshilfe brauchen. Als Beispiel aus dem hier beschriebenen Kontext kann der Veranstaltungsort der *Diemersteiner Selbstlerntage* dienen, der sich derzeit abseits vom Campus an einem wenig bekannten Ort befindet. Die Orientierung an einem unbekannten Ort führt zur Konfrontation des Individuums mit herausfordernden kognitiven Abläufen (z.B. Aufmerksamkeit, visuelle Wahrnehmung, Lernen, Gedächtnis, motorische Handlungen usw.), die mit Navigationsleistungen verbunden sind. Navigieren ist dabei ein sehr komplexer Prozess, der als wichtigste Voraussetzung in räumlichen Übergängen gilt und nicht als selbstverständlich erachtet werden soll (ebd.).

Auch in Übergängen zwischen virtuellen Lernräumen spielt Navigation eine wichtige Rolle. Ähnlich wie in physischen Räumen erscheint der Wechsel bekannter virtueller Räume übergangslos und automatisch, wenn wir täglich unsere E-Mails checken oder uns in sozialen Netzwerken austauschen. Solche Übergänge erachten wir nicht mehr als selbstverständlich, wenn ein Link einmal nicht funktioniert, wir das Passwort von einem virtuellen Raum vergessen haben oder uns eine virtuelle Lernumgebung nicht selbsterklärend erscheint. Hier spielen die kognitiven Fähigkeiten wie Wahrnehmung, Erinnerung oder Schlussfolgern im Raum ebenso wie beim Orientieren in physischen Lernräumen eine Rolle.

Bei Übergängen zwischen physischen und virtuellen Lernräumen geht es um „das Changieren zwischen realen und virtuellen Welten" (Tully, 2013, S. 203). Um solche Übergänge zu ermöglichen, wurde im ersten Schritt im Rahmen des Projekts ein Online-Selbstlern-Assistent[9] entwickelt, der die Studierenden vor der Teilnahme am Präsenzangebot zur Reflexion der eigenen Lernstrategie anhand eines Selbsteinschätzungsbogens anregen soll. Dieses webbasierte Tool wurde als ein Informations- und Beratungsinstrument konzipiert und soll unter anderem auch zum Erwartungsabgleich an das Seminarprogramm dienen.

9 Siehe www.disc.uni-kl.de/osa, mehr zum Online-Selbstlern-Assistenten in Haberer & Zhukova, 2013.

Durch Interviews mit Programmabsolventen und die nachträgliche Einschätzung von typischen Erwartungen an das Seminarprogramm sowie ausführliche Informationen über das Angebot sollen realistische Erwartungen aufgebaut werden. Der nächste Übergang von diesem virtuellen Lernraum in den physischen findet im ersten Präsenzseminar statt, wo die Ergebnisse der Selbsteinschätzung (Kompetenzprofil der eigenen Selbstlernkompetenz) und korrigierte Erwartungen vor Ort diskutiert werden.

In den Zwischenräumen der drei Präsenzseminare wird das Maßnahmenpaket durch ein virtuelles Coaching sowie durch geplante Online-Module ergänzt. Dieser Übergang soll durch die Integration in das Gesamtkonzept eines zusätzlichen Online-Moduls zum Thema „Online-Kommunikation und Moderation“ unterstützt werden. Es wurde bereits von Bader (2010) darauf hingewiesen, dass die Erfahrungen der Studierenden in der Online-Kommunikation neue Anforderungen an Kommunikationsformen bei der Übertragung aus dem Kontext von Präsenzseminaren stellen. Darüber hinaus können Übergänge zwischen verschiedenen Lernplattformen bzw. zwischen den virtuellen Lernräumen kaum bemerkbar gestaltet werden. Zwei zentrale virtuelle Lernräume stellen im Projekt ein Learning Management System (Olat) und ein E-Portfoliosystem (Mahara) dar. Diese beiden Plattformen verfügen über eine breite Palette von Funktionalitäten, die jede einzeln nicht abdecken kann. Mit Hilfe einer Schnittstelle wird der Übergang von einem virtuellen Lernraum in den anderen ermöglicht und dadurch der Navigationsprozess erleichtert.[10]

5 Fazit und Ausblick

Die Erweiterung der Möglichkeiten und Unterstützungsangebote für Studierende, die hier im aktuellen Konzeptions- und Planungsstadium vorgestellt wurden, werden teilweise bereits konkret und erfolgreich umgesetzt, müssen sich teilweise jedoch noch in der Praxis als tragfähig erweisen. Hierbei stellt sich immer wieder die entscheidende Frage nach der erfolgreichen Gestaltung der Übergänge zwischen den einzelnen Lernräumen und -angeboten, die eine Überwindung von Grenzen erleichtern können und sollen. Durch die Vielzahl an Optionen und Zugängen können jedoch auch neue, ggf. temporäre Barrieren geschaffen werden, die sich z.B. im Organisationsablauf bewährter Lehr-Lernsettings bemerkbar machen. Das kontinuierliche Ausloten der realen und virtuellen Zwischenräume und Übergänge bleibt dabei eine ebenso zentrale Aufgabe wie ein den Zielen universitärer Bildung angepasstes „Raummanagement“ (Tully, 2013, S. 202).

10 Der Frage, ob und inwiefern solche Übergänge in virtuellen Räumen von Studierenden wahrgenommen werden, wurde z.B. in einer Studie von Bader (2010) nachgegangen.

Literatur

Arnold, P., Kilian, L., Thillosen, A. & Zimmer, G. (2011). *Handbuch E-Learning. Lehren und Lernen mit digitalen Medien*. Bielefeld: W. Bertelsmann.

Arnold, R. & Lermen, M. (2003). Lernkulturwandel und Ermöglichungsdidaktik. Wandlungstendenzen in der Weiterbildung. In *ABWF e. V./Projekt QUEM – QUEM-report, 78*, 23–34.

Arnold, R. (2012). *Ermöglichen. Texte zur Kompetenzreifung*. Baltmannsweiler: Schneider Verlag.

Arnold, R., Cabrera, R., Kilian, L., Schneider, K. & Wilke, A. (2011). AG4: Systemische Pädagogik und internationale Kooperation. In Fachgebiet Pädagogik der TU Kaiserslautern (Hrsg.), *Jubiliäumsschrift 20 Jahre Fachgebiet Pädagogik (Berufs- und Erwachsenenpädagogik). Pädagogische Materialien der Technischen Universität Kaiserslautern, 35*, 109–129.

Bader, R. (2010). Orientierung im virtuellen Raum – Mentale Modelle internetgestützter Lernumgebungen im Studium der Sozialen Arbeit. In K. Hugger & M. Walber, (Hrsg.): *Digitale Lernwelten. Konzepte, Beispiele und Perspektiven* (S. 157–174). Wiesbaden: VS Verlag für Sozialwissenschaften.

Baumgartner, P. & Reinmann, G. (2007). *Überwindung von Schranken durch E-Learning*. Innsbruck: StudienVerlag.

Beekbuis, W., Friebel, H. & Totb, St. (1983). Hamburger Jugendstudie: Jugend beim Übergang von der Schule in den Beruf. In H. Friebel (Hrsg.), *Von der Schule in den Beruf* (S. 39–146). Opladen: Westdeutscher Verlag.

Emig, M., Lermen, M. & Wilke, A. (2012). Selbstlernen im Studium. Das Kaiserslauterner Konzept der Diemersteiner Selbstlerntage. In H.-J. Müller, A. Pachner & T. Prescher (Hrsg.), *Wissenschaft praktizieren – praktizierte Wissenschaft* (S. 121–133). Baltmannsweiler: Schneider Verlag.

Foucault, M. (1991). Andere Räume. In K. Barck (Hrsg.): *Aisthesis. Wahrnehmung heute oder Perspektiven einer anderen Ästhetik* (S. 34–46). Leipzig: Reclam.

Glaser, B. G. & Strauss A. L. (1971): *Status Passage*. Chicago: Aldine Transaction.

Grell, P., Marotzki, W. & Schelhowe, H. (Hrsg.) (2010). *Neue digitale Kultur- und Bildungsräume*. Wiesbaden: VS Verlag für Sozialwissenschaften.

Haberer, M. & Vatter, C. (Hrsg.) (2011). *Le cyberespace francophone. Perspectives culturelles et médiatiques*. Tübingen: Narr.

Haberer, M. & Zhukova, N. (2013). Förderung von Selbstlernkompetenzen mit digitalen Medien – Zur Teilvirtualisierung eines Unterstützungsangebots für Studierende. In R. Arnold & M. Lermen (Hrsg.), *Independent Learning. Die Idee und ihre Umsetzung* (S. 94–109). Baltmannsweiler: Schneider Verlag.

Hamburger, K., Röser, F., Bukow, G. & Knauff, M. (2012). Der Weg als Ziel. Virtuelle Umgebungen und räumlicher Wissenserwerb. In G. Bukow, J. Fromme & B. Jörissen (Hrsg.), *Raum, Zeit, Medienbildung. Untersuchungen zu medialen Veränderungen unseres Verhältnisses zu Raum und Zeit* (S. 173–193). Wiesbaden: VS Verlag für Sozialwissenschaften.

Herwig, M., Völpel, A. & Zwecker, C. (2014). Nachhaltige Kompetenzentwicklung: Diemersteiner Selbstlerntage und Lerncoaching als integratives Konzept an der TU Kaiserslautern. In R. Arnold & K. Wolf (Hrsg.), *Herausforderung:*

Kompetenzorientierte Hochschule (S. 371–394). Baltmannsweiler: Schneider Verlag.

Hopson, B. & Adams, J. (1976). Towards an Understanding of Transition: Defining some Boundaries of Transition Dynamics. In J. Adams, J. Hayes & B. Hopson (Hrsg.), *Transition. Understanding & Managing Personal Change* (S. 3–25). London: Martin Robertson.

Mackowiak, K. (2011). Übergänge – Herausforderung oder Überforderung? In D. Kucharz, T. Irion, B. Reinhoffer, (Hrsg.), *Grundlegende Bildung ohne Brüche* (S. 21–29). Wiesbaden: VS Verlag für Sozialwissenschaften.

Schroer, M. (2012[4]). *Räume, Orte, Grenzen. Auf dem Weg zu einer Soziologie des Raums*. Frankfurt a. M.: Suhrkamp.

Schröer, W. (2013). Entgrenzung, Übergänge, Bewältigung. In W. Schröer, B. Stauber, A. Walther, L. Böhnisch & K. Lenz (Hrsg.), *Handbuch Übergänge* (S. 64–79). Weinheim und Basel: Beltz Juventa Verlag.

Schwalbe, C. & Meyer, T. (2010). Umbauten im und am Bildungsraum. In P. Grell, W. Marotzki & H. Schelhowe (Hrsg.), *Neue digitale Kultur- und Bildungsräume* (S. 27–50). Wiesbaden: VS Verlag für Sozialwissenschaften.

Stang, R., Dollhausen, K. & Schuldt, H. (2012). Stichwort: Erwachsenenbildung und Architektur. *Zeitschrift für Erwachsenenbildung DIE III/2012*, 20–21.

Stang, R. (2012). Im Gespräch mit Richard Stang über das Verhältnis von Architektur und Erwachsenenbildung: Wir brauchen eine pädagogische Bauleitung. *Zeitschrift für Erwachsenenbildung DIE III/2012*, 22–25.

Tully, C. (2013). Übergänge als räumliche Mobilität. In W. Schröer, B. Stauber, A. Walther, L. Böhnisch & K. Lenz (Hrsg.): *Handbuch Übergänge* (S. 196–211). Weinheim und Basel: Beltz Juventa Verlag.

Welzer, H. (1993). Transitionen – ein Konzept zur Erforschung biographischen Wandels. *Handlung Kultur Interpretation 3*, 137–155.

Westphal, K. (2007). Macht im Raum erfahren. Der Körper als Ursprung und Ort des Denkens im Raum. In K. Westphal & N. Hoffmann (Hrsg.): *Orte des Lernens. Beiträge zu einer Pädagogik des Raumes* (S. 249–262). Weinheim.

Wiethoff, C. (2011). Übergangscoaching mit Jugendlichen. Wirkfaktoren aus Sicht der Coachingnehmer beim Übergang von der Schule in die Ausbildung. Wiesbaden: Springer Verlag.

Zürcher, R. (o. J). Der Lernraum. *Portal Lernen im 2. Bildungsweg*. Abgerufen von http://www.2bw.at/toolbox/lraum.pdf. [17.07.2014].

Claudia Bremer, Martin Ebner, Sandra Hofhues,
Oliver Janoschka, Thomas Köhler

Digitale Lernräume an Hochschulen schaffen: E-Learning-Strategien und Institutionalisierungsaspekte (Workshop)

Zusammenfassung

Zur Schaffung digitaler Lernräume an Hochschulen und Universitäten braucht es geeignete Supportstrukturen für Lehrende und Studierende, die die Bereitstellung von Infrastruktur und auch die mediendidaktische Unterstützung der Lehrenden z.B. bei der Entwicklung entsprechender Veranstaltungskonzepte umfassen. Hochschulen und Universitäten sehen sich nach wie vor die Aufgabe gestellt, den Herausforderungen des Einsatzes digitaler Medien in der Lehre zu begegnen.

Insbesondere ist zu klären, wie sie auf die damit verbundenen Anforderungen und Möglichkeiten reagieren wollen, um anschließend geeignete Maßnahmen zu konzipieren und umzusetzen. Während einige Institutionen sich dieser Aufgabe seit einiger Zeit stellen, setzen sich andere erst langsam mit den anstehenden Fragestellungen auseinander, mitunter wird das besondere Wissen einzelner Organisationseinheiten auch übersehen oder vergessen.

Die zentrale Dimension für eine qualitätsvolle und wirtschaftliche Nutzung ist die Einrichtung geeigneter Supportstrukturen für Lehrende und Studierende, die die Bereitstellung von Infrastruktur und auch die veranstaltungsspezifische mediendidaktische Unterstützung der Lehrenden gewährleisten.

1 Einleitung in das Themenfeld

Hochschulen und Universitäten sehen sich nach wie vor die Aufgabe gestellt, den Herausforderungen des Einsatzes digitaler Medien in der Lehre zu begegnen. Insbesondere ist zu klären, wie sie auf die damit verbundenen Anforderungen und Möglichkeiten reagieren wollen, um anschließend geeignete Maßnahmen zu konzipieren und umzusetzen. Während einige Institutionen sich dieser Aufgabe seit einiger Zeit stellen, setzen sich andere erst langsam mit den anstehenden Fragestellungen auseinander, mitunter wird das besondere Wissen einzelner Organisationseinheiten auch übersehen oder vergessen.

Eine Dimension, die in diesem Zusammenhang betrachtet werden kann, ist die *Einrichtung geeigneter Supportstrukturen* für Lehrende und Studierende, die die Bereitstellung von Infrastruktur und auch die mediendidaktische Unterstützung der Lehrenden z.B. bei der Entwicklung entsprechender Veranstaltungskonzepte vorsehen. An einigen Hochschulen umfassen diese Supportmaßnahmen auch Angebote für Studierende oder sogar den Einsatz von Studierenden als so genannte (e-)Tutorinnen und Tutoren zur Unterstützung von Lehrenden. Vielerorts wird auch Unterstützung im Bereich Medienproduktion, Veranstaltungsaufzeichnung und bei der Erstellung digitaler Lernprogramme geleistet.

In der Praxis findet man verschiedene Varianten und Ausprägungen solcher Supportstrukturen vor: Sie unterscheiden sich nicht nur, wie oben angedeutet, im Aufgabenspektrum, sondern auch hinsichtlich *Größe und institutioneller Verortung*. Zum Teil sind entsprechende Stellen und Leistungen zentral z.B. an Hochschulrechenzentren, zum Teil als eigene Einrichtungen oder als Aufgabenbereich innerhalb von hochschuldidaktischen Einrichtungen oder bei Medienzentren verortet (Kerres, 2001; Bremer & Kohl, 2005; Kleimann & Wannemacher, 2004; Seufert & Euler, 2005; Köhler, Neumann & Jentzsch, 2007). So kann auch die Frage der zentralen versus dezentralen Verortung entsprechender Stellen und Angebote in den Blick genommen werden: Neben zentralen Einrichtungen, z.B. den vielerorts etablierten E-Learning-Zentren, bestehen dezentrale Arbeitsstellen, wie sie z.B. die E-Learning Büros der Universität Hamburg darstellen, oder auch eine Kombination aus zentralen und dezentralen Strukturen (Beispiel CEDIS/FU Berlin, studiumdigitale/Universität Frankfurt/Main, Universität Bochum, Medienzentrum/TU Dresden u.a.). Solche Verortungen begründen sich teilweise aus ökonomischen Aspekten, nach deren Überlegung die Bereitstellung bestimmter Serviceleistungen fachbereichsnah, während der zentralisierte Betrieb fachbereichs-, fakultäts- oder sogar hochschulübergreifender Infrastrukturen sinnvoll ist (Bremer et al., 2009; Neumann, 2009; Köhler et al., 2008). Teilweise ergeben sich institutionelle Verankerungen jedoch aus historisch gewachsenen Organisationsstrukturen sowie strukturellen und politischen Entwicklungen einer Institution, so dass es mitunter zu Einzelfalllösungen kommt.

Als weitere Dimension lässt sich eine *zeitlich-dynamische Perspektive* betrachten: Es ist zu beobachten, dass einige Universitäten und Hochschulen zu bestimmten Zeitpunkten und über bestimmte Zeitphasen intensiv entsprechende Investitionen vorgenommen haben und Maßnahmen ergriffen, zu einem späteren Zeitpunkt diese Maßnahmen und Einrichtungen jedoch wiederum abgebaut oder verändert haben (beispielsweise TU Darmstadt und Universität Zürich). Auch der Rückbau einzelner E-Learning-Landesinitiativen (vgl. Bremer et al., 2010) kann hierzu gezählt werden. Ein Ansatz, diese Entwicklungen zu verstehen und zu beschreiben können Innovationszyklen sein, die auf einzelne Hochschulen angelegt werden können. Entsprechend können Innovationsphasen und -typen, wie sie beispielsweise Rogers (1995) beschreibt, auf E-Learning bezogen werden, wie dies in den Arbeiten von Seufert und Euler (2003), Ihbe (2006) und Bremer (2009, 2010) aufgegriffen wurde.

2 Zielsetzung des Workshops

Im Rahmen des hier eingereichten Workshops sollen verschiedene Ausprägungen des Leistungsspektrums und der Institutionalisierung entsprechender Supportstrukturen diskutiert und untersucht werden,

- um den Erfahrungsaustausch zwischen verschiedenen Akteuren und Einrichtungen, die sich mit den oben genannten Fragestellungen befassen, zu unterstützen,
- um Hochschulen und Universitäten, die in diesem Bereich strategische Überlegungen anstellen und sich (weiter)entwickeln wollen, Orientierungshilfen anzubieten und
- unter dem Aspekt der Forschung ein Netzwerk aufzusetzen, das eine fundierte Untersuchung speziell von Institutionalisierungsaspekten im Anschluss an den Workshop ermöglicht.

3 Themen des Workshops

Entsprechend der oben genannten Ziele des Workshops ist die Behandlung folgender Themen und Fragestellungen vorgesehen:

- Das Spektrum möglicher Supportstrukturen wie auch die Aufgaben und das Selbstverständnis verschiedener Einrichtungen (**Leistungsspektrum**) sollen im Kontext ihrer damit verbundenen impliziten und expliziten Hochschulstrategien betrachtet werden (s. bspw. Stratmann & Kerres, 2008).
- Dabei sollen auch die **institutionelle Verortung** von Supportstrukturen und Einrichtungen sowie die Vor- und Nachteile der verschiedenen möglichen Verankerungen betrachtet werden. Vor allem der Gegensatz zwischen Zentralisierung versus Dezentralisierung sollen dazu thematisiert werden (vgl. u.a. Neumann, 2009).
- Zugleich interessiert die Untersuchung der **zeitlich-dynamischen Entwicklung**: Wie haben sich in Bezug auf das E-Learning die Hochschulstrategien verändert? Haben sich diese Veränderungen auf die Entscheidungen bzgl. Supportstrukturen (z.B. Verortung, Mittelausstattung, Leistungsspektrum) ausgewirkt? (Seit wann) gibt es eine explizite E-Learning-Strategie der Hochschule? Wie wirkt(e) sich die Ergreifung anderer Maßnahmen und paralleler Strategien wie Projekte zur Qualitätsverbesserung in der Lehre auf

die Ausrichtung, das Aufgabenspektrum und die Ressourcenausstattung bzgl. E-Learning-Supportstrukturen (darunter auch E-Learning-Einrichtungen und -Arbeitsstellen) aus?

Entlang der einzelnen Themen und Fragestellungen sollen auch mögliche Unterschiede zwischen verschiedenen Hochschularten, z.B. aufgrund unterschiedlicher Ressourcenlagen, in den Blick genommen werden. Im Hinblick auf die entsprechenden Hochschulstrategien soll abschließend auch auf aktuelle Perspektiven wie die Öffnung der Hochschulen in Richtung Weiterbildung, die Debatten und Maßnahmen rund um die Zulassung (Offene Hochschule), die Rolle von MOOCs und Veränderungen der Einsatzformen und -szenarien von E-Learning eingegangen werden. Dabei soll betrachtet werden, ob die aktuellen Supportstrukturen auch für eine zukünftige Ausrichtung von E-Learning zukunftsfähig sind und welche neuen Anforderungen ggf. auf Hochschulen und Universitäten in diesem Bereich zukommen (z.B. Verknüpfung mit Fragen und Bedarfen rund um die Themen Mobile Learning oder eScience). Auch die Einbettung von E-Learning-Supportstrukturen in das Gesamtkonzept einer möglichen Digitalisierungsstrategie, die alle Hochschulbereiche betreffen und damit auch Aktivitäten in den Bereichen Forschung, Transfer, Service und Steuerung umfassen, sind einzubeziehen.

4 Zielgruppe des Workshops

Zielgruppe des Workshops sind Akteure, die mit Aufgaben rund um E-Learning-Supportstrukturen befasst sind oder sich anderweitig, z.B. aus einer Forschungsperspektive oder als Angehörige von Nachbarinstitutionen mit der institutionellen Unterstützung beschäftigen, sowie Entscheidungsträger aus Hochschulen und interessierte Lehrende und Studierende sowie weitere Akteure im wissenschaftsnahen Umfeld.

5 Ablauf des Workshops

Im Verlauf des Workshops werden zuerst mehrere Universitäten und Hochschulen zum Einstieg kurze Inputs geben, in denen sie die Ausgestaltung ihrer Supportstrukturen für das E-Learning vorstellen. Anschließend werden die einzelnen Themenbereiche diskursiv mit den Teilnehmenden bearbeitet, wobei auf die Erfahrungen der Inputgeber und der Teilnehmenden zurückgegriffen wird. Zum Abschluss werden Verabredungen bezüglich der weiteren Vernetzung vorgenommen. Sofern hinreichend Interesse besteht, planen die Autoren, ein vergleichendes Untersuchungsdesign aufzusetzen, das sich z.B. als eine Arbeitsgruppe der GMW oder als ein Beitrag des Hochschulforums Digitalisierung[1] ausgestalten ließe.

Literatur

Bremer, C. (2009). eLearning durch Förderung promoten und studentische Projekte als Innovationspotential für die Hochschule. In N. Apostolopolous, H. Hoffmann, V. Mansmann & A. Schwill (Hrsg.), *E-Learning 2009. Lernen im digitalen Zeitalter* (S. 325–335). Münster: Waxmann.

Bremer, C. (2010). eLearning in Bildungseinrichtungen implementieren durch Anreizsysteme, Organisationsentwicklung und Kompetenzerwerb. In. P. Bauer, H. Hoffmann & K. Mayrberger (Hrsg.): *Fokus Medienpädagogik – Aktuelle Forschungs- und Handlungsfelder* (S. 299–316). München: kopaed.

Bremer, C., Göcks, M., Rühl, P. & Stratmann, J. (2010). *Landesinitiativen für eLearning an deutschen Hochschulen*. Münster: Waxmann.

Bremer, C., Krömker, D. & Voß, S. (2009). Wirtschaftlichkeits- und Wirksamkeitsanalysen sowie Vorgehensmodelle zur Einführung und Umsetzung von E-Learning an Hochschulen. In R. Holten & D. Nittel (Hrsg.), *eLearning in der Hochschule und Weiterbildung. Einsatzchancen und Erfahrungen* (S. 61–80). Bielefeld: Bertelsmann.

Ihbe, W. (2006). Das Bildungsportal Sachsen auf dem Weg zur Nachhaltigkeit; *Workshop des Bildungsportal Sachsen*, Leipzig; Online aufgerufen unter https://bildungsportal.sachsen.de/e135/e1485/e1510/html/ws110506.html am 31.05.2014.

Kerres, M. (2001). Zur (In-)Kompatibilität von mediengestützter Lehre und Hochschulstrukturen. In E. Wagner (Hrsg.), *Virtueller Campus Szenarien, Strategien, Studium. Medien in der Wissenschaft* (Band 14, S. 293–302), Münster: Waxmann.

Kleimann, B. & Wannemacher, K. (2004). *E-Learning an deutschen Hochschulen*. (Reihe Hochschulplanung, Band 165). Hannover: HIS.

Köhler, T., Neumann, J. & Jentzsch, D. (2007). *Organisation des E-Learning. Band 1. Ausgangsanalyse am Beispiel der TU Dresden*. Darmstadt: TUDpress.

Köhler, T., Neumann, J. & Saupe, V. (2008). Organisation des Online-Lernens; In: L. J. Issing & P. Klimsa: *Online-Lernen. Ein Handbuch für das Lernen mit Internet*. München: Oldenbourg Wissenschaftsverlag.

Neumann, J. (2009). *Organisationsmodelle im E-Learning. Unterstützungsstrukturen für E-Learning an Hochschulen des Freistaates Sachsen*. Dresden: TUDpress.

Rogers, E. M. (1995). *The diffusion of Innovations* (4. Aufl.). New York.

Seufert, S. & Euler, D. (2003). *Nachhaltigkeit von eLearning – Innovationen*. St. Gallen: Swiss Centre for Innovations in Learning.

Seufert, S. & Euler, D. (2005). *Nachhaltigkeit von eLearning-Innovationen: Fallstudien zu Implementierungsstrategien von eLearning als Innovationen an Hochschulen*. SCIL-Arbeitsbericht 4. St. Gallen: Swiss Centre for Innovations in Learning.

Stratmann, J. & Kerres, M. (Hrsg.) (2008). *E-Strategy. Strategisches Informationsmanagement für Forschung und Lehre*. (Medien in der Wissenschaft, Bd. 46). Münster: Waxmann.

1 http://www.hochschulforumdigitalisierung.de/ (23.05.2014)

Jana Riedel, Brigitte Grote, Marlen Schumann, Claudia Albrecht, Luise Henze, Lars Schlenker, Claudia Börner, Jörg Hafer, Victoria Castrillejo, Thomas Köhler

Fit für E-Teaching

Diskussion von Empfehlungen für die inhaltliche, methodische und strategische Gestaltung von E-Teaching-Qualifizierungen (Workshop)

Zusammenfassung

Mit dem Ziel, die Kompetenzen von Hochschullehrenden für den didaktisch motivierten Einsatz digitaler Medien und Technologien in der Hochschullehre zu fördern, gibt es an vielen deutschen Universitäten und Hochschulen Qualifizierungsangebote, die aktuell unter dem Label des E-Teaching angeboten werden. Im Rahmen dieser Weiterbildungen lernen Lehrende selbst unterschiedliche Lernräume kennen, erleben einen Perspektivwechsel vom Lehrenden zum Lernenden und gestalten daraufhin eigene Lehrräume.

Die Konzeption und Entwicklung dieser E-Teaching-Qualifizierungsangebote wird im Rahmen des Workshops thematisiert. Ausgehend von der Diskussion um E-Lehrkompetenz und akademischer Medienkompetenz sowie der Vorstellung von Praxisbeispielen der E-Teaching-Weiterbildung werden gemeinsam mit den Teilnehmenden Empfehlungen für die Entwicklung von E-Teaching-Qualifizierungsangeboten erarbeitet und diskutiert. Eine differenzierte Sicht wird durch die Aufteilung in drei Arbeitsgruppen ermöglicht, die Thesen zu inhaltlichen, methodischen und zielgruppenspezifischen Aspekten der Angebotsentwicklung bearbeiten. Diese Ergebnisse werden abschließend durch das Plenum in Form erster Empfehlungen verabschiedet.

1. Ziele von E-Teaching-Weiterbildungsangeboten

1.1 Kompetenzen der Hochschullehrenden zur Nutzung digitaler Medien

Die Nutzung digitaler Medien und Technologien ist zunehmend Alltag in der Hochschullehre: Immer mehr Lehrende nutzen diese zur Unterstützung und Gestaltung ihrer Lehrveranstaltungen. Aktuelle Förderprogramme wie der „Qualitätspakt Lehre“ des Bundesministeriums für Bildung und Forschung

(BMBF) fördern explizit auch Projekte zur Verbreitung digitaler Medien in der Hochschullehre. Vielfach beschränkt sich die Verwendung jedoch auf die Unterstützung der Lehr-Lern-Organisation zur Entlastung der Präsenzphasen von administrativen Aufgaben, wie z.B. die Organisation von Online-Einschreibungen oder die Bereitstellung von Materialien und Informationen. Komplexere Blended-Learning-Szenarien oder der Einsatz digitaler Technologien zur Lösung didaktischer Herausforderungen wie Aktivierung und Prüfung in Massenveranstaltungen oder Unterstützung der Lernmotivation finden seltener Anwendung.[1]

Eine wesentliche Voraussetzung für eine weiterreichende Nutzung und nachhaltige Integration digitaler Technologien in die Hochschullehre (im Sinne des Integrationskonzepts) sind entsprechende Kompetenzen auf Seiten der Lehrenden (vgl. u.a. Kerres, 2007, S. 246). Während Erber et al. (2004, S. 61) noch schrieben: „Organisierte Bündelung von Kompetenz zur Nutzung der neuen Medien befindet sich an einer Reihe von öffentlichen Bildungsinstitutionen im Aufbau. Insgesamt besteht ein erheblicher Bedarf an mediendidaktischer Beratung für die Gestalter und Anbieter von Lehrinhalten“, kann Volk (2011, S. 270) mit seiner empirisch basierten Modellierung bereits zeigen, dass gerade bei der Nutzung von E-Learning seitens der Lehrkräfte „persönliche und organisationale Aspekte zusammenhängen sowie dass konkrete und allgemeine Spezialisierungsgrade ineinander übergehen“ und fordert insofern Weiterbildungsangebote für Hochschullehrende.

Die Betrachtung der Kompetenzen zum Einsatz digitaler Medien in der Hochschullehre schließt mindestens zwei Dimensionen ein: die Gestaltung didaktischer Prozesse auf der einen Seite und den Umgang mit Medien auf der anderen Seite. Bestehende Beschreibungen und Begriffsfassungen betonen daher entweder den Medienumgang, z.B. akademische Medienkompetenz bei Merkt & Schulmeister (2004), oder die Ergänzung und Modifikation didaktischer Kompetenzen, z.B. E-Lehrkompetenz bei Kerres et al. (2005), E-Teaching-Kompetenz bei Albrecht (2004) oder medienbezogene Professionalität bei Mayrberger (2013).

Anhand eines Rahmenmodells setzt Mayrberger (2008) diese beiden theoretischen Zugänge zur Beschreibung von Kompetenzen für den digitalen Medieneinsatz miteinander in Beziehung. Als Schnittmenge beschreibt sie die akademische Medienkompetenz, welche auf der einen Seite um medienpädagogische Kompetenzen wie medienerzieherische und mediendidaktische Kompetenz und auf der anderen Seite um hochschuldidaktische Kompetenzen wie Methoden- und Planungskompetenz ergänzt wird. Das Gesamtkonstrukt bet-

1 Dies zeigen z.B. aktuelle Befragungsergebnisse an der TU Dresden (vgl. Zentrum für Weiterbildung der TU Dresden, 2013).

tet sie in das Konstrukt der E-Kompetenz ein, welches auch auf europäischer Ebene als gemeinsame Diskussionsgrundlage dient.

Die notwendigen Kenntnisse, Fähigkeiten und Einstellungen lassen sich dabei innerhalb der Kompetenzbereiche Selbst-/Personalkompetenz, Sozialkompetenz und Sach-/Methodenkompetenz darstellen (z.B. Kerres et al., 2005). Eine Operationalisierung oder konkrete Beschreibung von Kompetenzbestandteilen erfolgt bisher nur bei Kerres et al. (2005), die ihr Analyseraster anhand der benannten Kompetenzbereiche aufbauen. Die Beschreibungen der weiteren Kompetenzmodelle zum E-Teaching arbeiten eher auf der Ebene von allgemeinen Lernzielen.

Bereits 2004 verweist Bremer zudem auf zusätzliche Fähigkeiten, wie z.B. Projektmanagement. Diese werden auch deshalb erforderlich, da unterschiedliche Akteure mit unterschiedlichen Aufgaben/Rollen am Erstellungsprozess beteiligt sind, wie Euler (2004) hervorhebt. Die Anforderungen an die Kompetenzausprägungen können somit nach verschiedenen Kriterien wie der Aufgabenteilung (Autor, Koordinator, Trainer, Techniker; vgl. Euler, 2004), den Phasen des Erstellungsprozesses (Konzeption, Planung, Durchführung, Evaluation; vgl. Riedel et al., 2013), dem Einsatz-Szenario (z.B. Kollaboration, E-Assessment, Simulation, tutorielle Begleitung, u.a.; vgl. Kerres et al., 2005) oder dem Grad der Virtualität (Anreicherung, Integration, Virtualisierung; vgl. Bremer, 2004) unterschieden werden.

Erste Empfehlungen zur Gestaltung von Qualifizierungsangeboten anhand der theoriegeleiteten (normativen) Beschreibung von Kompetenzmodellen werden in den von Bett (2004) gesammelten Aufsätzen von einzelnen Autoren benannt. Hierbei werden eine handlungsorientierte Gestaltung (Euler, 2004; Albrecht, 2004) und Möglichkeiten für Erfahrungsaustausch (Bremer, 2004; Hugger, 2004) als Erfolgsfaktoren angesehen. Weiterhin wird darauf verwiesen, die Angebote für unterschiedliche Zielgruppen thematisch zu schärfen und eigene Angebote differenziert nach Fachkulturen, Einsatzszenarien oder Rollen zu entwickeln (Albrecht, 2004; Bremer, 2004; Gorny, 2004). Die Empfehlungen zur Gestaltung von Weiterbildungsangeboten in diesem Sammelband fokussieren unterschiedliche Aspekte und sind daher als Erfahrungswerte einzelner Akteure einzuschätzen und nicht als gemeinsam getragene Expertenmeinung. Sie können im Workshop jedoch als Ausgang für eine gemeinsame Diskussion dienen. Darüber hinaus sollen konkrete Erfahrungswerte aus bestehenden Qualifizierungsangeboten in die Diskussion einfließen.

1.2 Qualifizierungsangebote für Hochschullehrende

Um die Lehrenden beim situations- und anforderungsgerechten Einsatz digitaler Medien in der Lehre zu unterstützen, bieten Hochschulen umfangreiche Maßnahmenbündel zur E-Kompetenzentwicklung an (vgl. u.a. Kerres et al. 2005). Eine dieser Maßnahmen sind formale Bildungsangebote wie die von verschiedenen Hochschulen unter dem Label des E-Teaching angebotenen Qualifizierungsprogramme.[2] Zunächst bezogen sich die Trainings- und Qualifizierungsangebote auf das pädagogische Unterstützungspersonal, sogenannte TutorInnen, welche insbesondere im Kontext der akademischen Lehre eine gute Verbreitung gefunden haben (Benoit et al., 2006). Eigenständige Angebote für die Kompetenzentwicklung der Lehrkräfte fanden erst später Verbreitung. Ziel dieser Angebote ist die Vermittlung mediendidaktischer Handlungskompetenzen zur Umsetzung komplexer Blended-Learning-Szenarien in den eigenen Lehrveranstaltungen. Der Fokus der Qualifizierungsangebote liegt dabei vor allem auf der didaktischen Planung der digital gestützten Lehrangebote und den konkreten Umsetzungsmöglichkeiten in der eigenen Lehrveranstaltung. Die Kompetenzentwicklung findet dabei in umfangreichen einsemestrigen Blended-Learning-Angeboten statt, die von den teilnehmenden Lehrenden eine langfristige aktive Mitarbeit erfordern. Im Rahmen der Qualifizierung wechseln die Lehrenden die Perspektive und erleben die medial gestalteten Lehr-/Lernräume aus der Perspektive der Lernenden. In dieser Position lernen sie verschiedene *Lern*räume, z.B. digital angereicherte Präsenzveranstaltungen, virtuelle Klassenräume, kollaborative und selbstgesteuerte Lernräume, kennen und erfahren deren Möglichkeiten und Unterstützungsbedarfe. Anhand dieser Erfahrungen sollen sie anschließend eigene *Lehr*räume konzipieren und gestalten.

Im Folgenden werden drei entsprechende E-Teaching-Programme vorgestellt, die handlungsorientiert und mit hoher Flexibilität für die Lehrenden angeboten werden, wobei die Lehr-/Lernziele und inhaltliche und methodische Gestaltung der verschiedenen Angebote sich im Detail unterscheiden.

E-Teaching.TUD – Ein Qualifizierungsangebot für Lehrende sächsischer Hochschulen (Medienzentrum, Technische Universität Dresden)

Das Qualifizierungsangebot wird im Sommersemester 2014 erstmals angeboten. Im Rahmen eines 18-wöchigen Blended-Learning-Arrangements mit vier Präsenztagen, regelmäßigen Online-Veranstaltungen und Selbstlernphasen, erarbeiten die teilnehmenden Lehrenden kontinuierlich ein Praxiskonzept für die Integration von Online-Medien in ihre Lehre. Die Inhalte sind nach didak-

2 Neben den an der Workshop-Organisation Beteiligten sind hier vor allem das Angebot „Online-Lehre lernen“ der TU Berlin, das „e-Learning-Zertifikat“ der Goethe Universität Frankfurt und das E-Didaktik-Zertifikat des Virtuellen Campus Rheinland-Pfalz zu nennen.

tischen Handlungsfeldern (z.B. Lehr-/Lernorganisation, Aktivierung, Prüfen und Bewerten, Motivation und Betreuung) strukturiert und werden in zweiwöchigen Modulen erarbeitet, wobei jedes Modul mit einem Teilkonzept des Praxistransfers und dessen umfangreichem Feedback durch die TrainerInnen abschließt. Die einzelnen Module gehen dabei jeweils auf didaktische Aspekte, Technologien sowie rechtliche und organisatorische Rahmenbedingungen ein.

eTEACHiNG-Programm – Weiterbildung für Lehrende der Brandenburgischen Hochschulen (Arbeitsgruppe eLEARNiNG, Universität Potsdam)

Das eTEACHiNG-Programm besteht aus vier Basisworkshops, einem wahlobligatorischen Vertiefungsworkshop sowie begleitenden Online-Arbeitsphasen, in denen die Teilnehmenden Stück für Stück die verschiedenen Anwendungsmöglichkeiten des E-Teaching erleben und reflektieren (vgl. Brückner, Hafer & Henze, 2012). Die Inhalte der Weiterbildung umfassen (medien-)didaktische Grundlagen, Beispiele und Good Practice aus verschiedenen Fachbereichen sowie Methoden und Werkzeuge des E-Teaching. Themenschwerpunkte sind Kommunikation, Kooperation und Web 2.0 sowie Urheberrecht, hinzu kommen wahlobligatorische Vertiefungen z.B. zu E-Assessment, Wikis, Lern- und Reflexionsunterstützung, E-Portfolios, Inhaltserstellung (z.B. Videocasts, Podcasts, OERs) u.a. Diese Themen werden für jeden Durchgang neu festgelegt, aufbauend auf den zuvor geäußerten Wünschen und Interessen der Lehrenden und der brandenburgischen Hochschulen. Der rote Faden der Weiterbildung wird durch die Entwicklung eines individuellen, komplexen E-Learning-Szenarios gegeben, der in ein hochschuldidaktisches Lehr-/Lernarrangement mündet. Die Konzeptentwicklung findet mit Hilfe der Beratung durch die KollegInnen in der Weiterbildung sowie durch das eTEACHiNG-Team statt.

E-Teaching – E-Learning-Methoden und -Werkzeuge für die Hochschullehre. Qualifizierungsangebot für Lehrende der Freien Universität Berlin (Center für Digitale Systeme, Freie Universität Berlin)

Bereits seit 2007 bietet CeDiS einmal jährlich eine einsemestrige praxisorientierte Weiterbildung zum Lehren und Lernen mit digitalen Medien und Technologien. In vier Modulen (E-Learning in der Hochschullehre, Didaktische Konzeption, E-Learning-Technologien, Medienproduktion) erarbeiten die Teilnehmenden Schritt für Schritt ein Blended-Learning-Konzept für eine ihrer Lehrveranstaltungen des kommenden Semesters. Methodische Grundlage ist hierbei der Dreischritt aus Entwickeln (Gestalten), Üben und Reflektieren (vgl. Grote & Dietz, 2008). Dazu werden in Präsenzveranstaltungen inhaltliche Grundlagen gelegt, die durch Selbstlernangebote vertieft werden können. In den Online-Phasen wird das Gelernte auf das eigene Lehrprojekt übertragen und Konzepte bzw. Material entwickelt. In den Workshops am Ende eines jeden Moduls werden die Arbeitsergebnisse und Erfahrungen über Fachgrenzen hinweg diskutiert und reflektiert. Das fünfte Modul ist das Lehrprojekt, d.h. die Umsetzung der konzipierten Blended-Learning-Lehrveranstaltung in der regulären Lehre. Hierbei werden die Teilnehmenden vom E-Teaching-Team beraten und teletutoriell betreut. Der Workload der E-Teaching-Qualifizierung umfasst ca. 130 Std., aufgeteilt auf Präsenz (50 Std.) und Online (80 Std.). Seit 2013 ist die E-Teaching-Qualifizierung in das hochschuldidaktische Zertifikat der Freien Universität Berlin integriert und kann dort als E-Learning-Spezialisierung alternativ zum Aufbaumodul und Lehrprojekt belegt werden.

Jedes dieser Angebote beruht auf theoretischen Überlegungen zu den erforderlichen Kompetenzen und berücksichtigt die Anforderungen der Lehrenden der eigenen Hochschule. Im Rahmen der praktischen Umsetzung werden die Programme stetig weiterentwickelt sowie den Gegebenheiten, Anforderungen und der technischen Ausstattung der Hochschulen angepasst. Der Umgang mit Herausforderungen wie das Herausarbeiten von Heterogenität innerhalb der Zielgruppe (Statusgruppen, Fachkulturen, Vorkenntnisse, Teilnehmendeninteressen, Elaborationsgrad der Sprache, u.a.) oder auch der Spagat bspw. zwischen Technikschulung und didaktischem Weiterbildungsangebot sind Bestand dieser Fortentwicklung und Qualitätssicherung.

2 Entwicklung von Empfehlungen für die inhaltliche, methodische und strategische Gestaltung von E-Teaching-Qualifizierungen

Den drei vorgestellten E-Teaching-Qualifizierungen gemeinsam ist das Ziel, Lehrende für den didaktisch motivierten und reflektierten Einsatz von digitalen Medien und Technologien in der Hochschullehre zu qualifizieren. Die Förderung der E-Kompetenzentwicklung von Lehrenden erfolgt in allen drei Angeboten in ähnlicher Weise, doch abhängig von den situativen Rahmenbedingungen an den jeweiligen Hochschulen, den fokussierten E-Kompetenzbereichen und dem avisierten Lernprodukt (Entwicklung eines Blended-Learning-Konzepts oder Durchführung einer Blended-Learning-Lehrveranstaltung) mit unterschiedlichen Schwerpunktsetzungen.

Ziel des Workshops ist es, ausgehend von der theoriegeleiteten Diskussion um E-Lehrkompetenz und akademische Medienkompetenz und den existierenden Qualifizierungsangeboten zum E-Teaching gemeinsam mit den Workshop-Teilnehmenden Grundelemente und Empfehlungen zur Gestaltung erfolgreicher E-Teaching-Qualifizierungen zu erarbeiten. Dabei geht es nicht um eine Bewertung der vorgestellten Angebote, sondern um die Identifikation gemeinsamer Merkmale, die zukünftig Grundlage für die Neu- und Weiterentwicklung von E-Teaching-Weiterbildungen sein können. Dieses trägt zum einen zur Qualitätssicherung bei, zum anderen ermöglicht es auch eine Vergleichbarkeit und somit einfachere wechselseitige Anerkennung der Angebote unterschiedlicher Hochschulen.

Obschon die konkrete Ausgestaltung der E-Teaching-Angebote nur im hochschulspezifischen Kontext erfolgen kann (z.B. unter Berücksichtigung der übergeordneten strategischen Ziele und der situativen Rahmenbedingungen, vgl. Kerres et al., 2005), lassen sich – wie die drei vorgestellten Angebote nahelegen – elementare Lehr-/Lernziele, Themen, Methoden und Strukturen für E-Teaching-Qualifizierungsmaßnahmen identifizieren, so wie es für hochschuldidaktische Qualifizierungen bereits Standard ist (vgl. u.a. die Leitlinien der Deutschen Gesellschaft für Hochschuldidaktik, DGHD, 2005). Darüber hinaus wird diskutiert, inwiefern Standardelemente in der didaktischen Konzeption und methodischen Vermittlung der Ausbildungsinhalte benannt und Empfehlungen ausgesprochen werden können, um eine einheitliche Qualität der Angebote anzustreben.

Da der Fokus des Workshops wie auch der Qualifizierungsangebote auf der Zielgruppe der Hochschullehrenden liegt, die Kompetenzen entwickeln wollen, um digitale Medien vielfältig und didaktisch begründet in ihre Lehre zu integrieren, sollen zudem die Motivation und Einstellung der Lehrenden sowie die bei ihnen vorhandenen Kompetenzen berücksichtigt und thematisiert werden.

2.1 Ablauf und Methodik des Workshops

Nach der Vorstellung der Moderatorinnen und Moderatoren erfolgt eine inhaltliche Einführung in das Thema des Workshops. Hierfür werden die in der Literatur diskutierten Kompetenzbeschreibungen kurz vorgestellt und anhand des von Mayrberger (2008) vorgestellten Rahmenmodells deren Wechselbeziehungen verdeutlicht. Unter Verwendung empirischer Daten aus einer Verbleibstudie der Universität Potsdam und Erfahrungsberichten aus den oben angeführten E-Teaching-Programmen werden die Lernerfolge und nachhaltige Kompetenzentwicklung der teilnehmenden Lehrenden beleuchtet.

Anschließend werden die folgenden drei Fragestellungen in Arbeitsgruppen bearbeitet:

- **Curriculare Überlegungen.** Welche Lernziele und Inhalte können – ausgehend von den erforderlichen E-Kompetenzen – identifiziert werden, die in Form von „Standardelementen“ für E-Teaching-Qualifizierungen zusammengefasst werden können?
- **Methodisch-didaktische Überlegungen.** Welche Methoden und didaktischen Konzepte eignen sich speziell für die Zielgruppe der Lehrenden und sollten somit in den E-Teaching-Qualifizierungen zur Anwendung kommen?

- **Strategische Überlegungen.** Mit welchen Strategien und Betreuungskonzepten kann man den Herausforderungen infolge der Heterogenität der Teilnehmenden an E-Teaching-Qualifizierungen (in Bezug auf Vorwissen, Lehrerfahrung, Medienaffinität, Fachkultur, etc.) begegnen?

An Thementischen erarbeiten drei Arbeitsgruppen Empfehlungen zu den Fragestellungen; die Thementische werden durch das Organisationsteam moderiert. Ausgangspunkt der Diskussion an den drei Tischen ist jeweils ein konkreter Vorschlag (Diskussionsvorlage) des Organisationsteams zu Inhalten, Methoden bzw. strategischer Umsetzung von E-Teaching-Angeboten, welcher den Stand der Forschung und die konkreten Erfahrungen mit E-Teaching-Weiterbildungen zusammenfasst. So soll vermieden werden, dass die Arbeit an den Thementischen auf dem Stand der zuvor vom Organisationsteam präsentierten Inhalte verharrt und sich in einer Sammlung konsensfähiger Aspekte erschöpft. Vielmehr soll Raum geschaffen werden für die zu erwartende kontroverse Diskussion von E-Kompetenzen und somit den Inhalten, Methoden und der strategischen Umsetzung von E-Teaching-Angeboten, von der aufgrund der vielfältigen Erfahrungen und Vorkenntnisse der Teilnehmenden auszugehen ist. Jede Arbeitsgruppe erarbeitet auf Grundlage des Diskussionspapiers für den jeweiligen Teilaspekt eine eigene Position zu den Grundelementen und Empfehlungen zur Gestaltung erfolgreicher E-Teaching-Qualifizierungen und bereitet diese für die sich anschließende Plenumsdiskussion auf.

Das Plenum beschließt abschließend ein gemeinsames Papier mit Gestaltungsempfehlungen für E-Teaching-Qualifizierungen, welches den Veranstaltern der Tagung übergeben wird. Dieses kann als erste Vorarbeit für die Entwicklung gemeinsamer Leitlinien dienen.

Als Gesamtzeit für den Workshop (inkl. Pause) werden 3 Stunden veranschlagt. Der Workshop sollte mit maximal 24 Teilnehmenden stattfinden.

2.2 Motivation und Erfahrungen zur Durchführung des Workshops

Die Moderatorinnen und Moderatoren des Workshops sind wissenschaftliche Mitarbeiterinnen und Mitarbeiter, die mit der Konzeption und Durchführung von E-Teaching-Weiterbildungsangeboten betraut sind. Diese werden im Rahmen der Aktivitäten der zentralen Forschungs- und Dienstleistungseinrichtungen ihrer Hochschulen angeboten, die die Einführung digitaler Medien in der Hochschullehre unterstützen.

Die Organisatorinnen und Organisatoren sind am fachlichen Austausch sowie an einer Bestimmung von notwendigen Kompetenzen für die Entwicklung von E-Learning-Angeboten für ihre alltägliche Arbeitstätigkeit interessiert, um anhand der Erkenntnisse Qualifizierungsangebote optimieren und nachhaltig anbieten zu können.

Literatur

Albrecht, R. (2004). E-Teaching-Kompetenz aus hochschuldidaktischer Perspektive. Die systematische Förderung von E-Teaching-Kompetenzen durch Hochschulentwicklung und Hochschuldidaktik. In K. Bett (Hrsg.), *Medienkompetenz für die Hochschullehre* (S. 15–32). Münster, New York, München, Berlin: Waxmann.

Benoit, E., Kahnwald, N., Köhler, T. & Volk, B. (2006). Teletutoren-Ausbildung für Lehrer/innen des Landes Brandenburg sowie für Lehrende und Studierende der Universität Potsdam. In C. Lattemann & T. Köhler, *Multimediale Technologien. Multimedia in E-Business und Bildung* (S. 81–94). Frankfurt am Main: Peter Lang Verlag.

Bett, K. (2004). *Medienkompetenz für die Hochschullehre.* Münster, New York, München, Berlin: Waxmann.

Bremer, C. (2004). Medienkompetenz von Hochschullehrenden im Kontext von Mediengestaltung und dem Erstellungsprozess netzgestützter Lehre. In K. Bett (Hrsg.), *Medienkompetenz für die Hochschullehre* (S. 197–214). Münster, New York, München, Berlin: Waxmann.

Brückner, C., Hafer, J. & Henze, L. (2012). Eine E-Teaching-Weiterbildung im Spannungsfeld von Theorie und Praxis: Ziele, Wege und Hindernisse in einer hochschuldidaktischen Weiterbildung zur Entwicklung von E-Lehrkompetenz. In B. Berendt, A. Fleischmann, J. Wildt, N. Schaper & B. Szczyrba (Hrsg.), *Neues Handbuch Hochschullehre: Lehren und Lernen effizient gestalten* (S. 172–186). Berlin: Raabe.

DGHD (2005). *Leitlinien zur Modularisierung und Zertifizierung hochschuldidaktischer Weiterbildung*: http://www.dghd.de/download.php?f=151eb9e36144d41aa51ec5bf9ac00898.

Erber, G., Köhler, T., Lattemann, C., Preissl, B. & Rentmeister, J. (2004). *Rahmenbedingungen für eine Breitbandoffensive in Deutschland.* Berlin: Deutsches Institut für Wirtschaft.

Euler, D. (2004). Einfach, aber nicht leicht – Kompetenzentwicklung im Rahmen der Implementierung von E-Learning an Hochschulen. In K. Bett (Hrsg.), *Medienkompetenz für die Hochschullehre* (S. 55–77). Münster, New York, München, Berlin: Waxmann.

Gorny, P. (2004). Dozentenweiterbildung – Multimedia in der Lehre. Ein Konzept zur Verbesserung des E-Teaching: Flutlicht statt Leuchttürme. In K. Bett (Hrsg.), *Medienkompetenz für die Hochschullehre* (S. 85–92). Münster, New York, München, Berlin: Waxmann.

Grote, B. & Dietz, J. (2008). Die Rolle formaler Qualifizierungsangebote bei der e-Kompetenzentwicklung am Beispiel der Freien Universität Berlin. In U. Lucke et al. (Hrsg.), *Workshop-Proceedings der Tagungen Mensch-Computer 2008, DeLFI 2008 und Cognitive Design 2008* (S. 390–397). Berlin: Logos Verlag.

Hugger, K.-U. (2004). Neue Medien und Hochschullehrer: Zu Hinderungsgründen und Widerständen. In K. Bett (Hrsg.), *Medienkompetenz für die Hochschullehre* (S. 269–273). Münster, New York, München, Berlin: Waxmann.

Kerres, M. (2007). Strategische Kompetenzentwicklung und E-Learning an Hochschulen. Chancen für die Hochschulentwicklung. In P. Baumgartner & G. Reinmann (Hrsg.), *Überwindung von Schranken durch E-Learning* (S. 245–264). Innsbruck: Studienverlag.

Kerres, M., Euler, D., Seufert, S., Hasanbegovic, J. & Voss, B. (2005). *Lehrkompetenz für E-Learning-Innovationen in der Hochschule. Ergebnisse einer explorativen Studie zu Maßnahmen der Entwicklung von eLehrkompetenz.* SCIL-Arbeitsbericht 6, St. Gallen.

Mayrberger, K. (2008). (Medien-)pädagogische Kompetenzen für die nachhaltige Integration von E-Learning in die akademische Lehre. *Zeitschrift für E-Learning 3*(2), S. 9–23.

Mayrberger, K. (2013). Medienbezogene Professionalität für eine zeitgemäße Hochschullehre – ein Plädoyer. In G. Reimann, M. Ebner & S. Schön (Hrsg.), *Hochschuldidaktik im Zeichen von Heterogenität und Vielfalt: Doppelfestschrift für Peter Baumgartner und Rolf Schulmeister* (S. 197–213). Norderstedt: Verlag Books on Demand.

Merkt, M. & Schulmeister, R. (2004). Die Entwicklung von Medienkompetenz unter dem Aspekt der Professionalisierung von Hochschullehrenden. In K. Bett (Hrsg.), *Medienkompetenz für die Hochschullehre* (S. 111–127). Münster, New York, München, Berlin: Waxmann.

Riedel, J., Schlenker, L. & Albrecht, C. (2013). Fokus E-Teaching – Zur Mediendidaktischen Handlungskompetenz Lehrender. In K. Hering, J. Kawalek, K. Hornoff & F. Schaar (Hrsg.), *Didaktik Motivation Innovation. Tagungsband zum Workshop on e-Learning 2013, HTWK Leipzig* (S. 75–84). Leipzig: HTWK Leipzig.

Volk, B. (2011). *Kompetenzorientierte Personalentwicklung für das akademische Lehrpersonal als Grundlage für innovative Hochschullehre. Analyse eines Weiterbildungskonzepts für Hochschullehrende zum Erwerb von E-Learning-Kompetenzen.* Dissertation im Fachgebiet Bildungstechnologie an der TU Dresden.

Zentrum für Weiterbildung der TU Dresden (2013). *Lehrpraxis im Transfer. Teilprojekt TU Dresden. Bedarfserhebung 2012/13.* Dokument zur internen Nutzung.

Carola Brunnbauer

Mit Weiterbildung Medienkompetenz fördern und Hochschule mitgestalten (Praxis- und Werkstattbericht)

Zusammenfassung

Dieser Erfahrungsbericht stellt das Konzept der verpflichtenden zweistufigen „Weiterbildung Medienkompetenzen“ für in der Lehre und Forschung tätige Mitarbeitende an der Pädagogischen Hochschule Zürich vor. Ausgehend von ersten Erfahrungen mit der Durchführung von Pilotkursen in zwei Fachbereichen beleuchtet er Spannungsfelder, die sich aufgrund der Rahmenbedingungen ergeben, und analysiert Gelingensbedingungen für die Weiterentwicklung.

1 Weiterbildungskonzept

Das Studienmodell NovaFlex[1] mit deutlich reduzierter Präsenzzeit, das Projekt „Studi-Laptops“[2] und die technische Infrastruktur am neuen Campus sind nur einige Entwicklungen, welche neue Anforderungen an die Mitarbeitenden der Pädagogischen Hochschule Zürich stellen. Um Wissen, Können sowie Haltungen im Umgang mit Medien zu fördern, hat die Leitung der Hochschule verbindliche Weiterbildungsmaßnahmen beschlossen und die nötigen finanziellen und zeitlichen Ressourcen dafür zugesprochen. Im Sinne einer umfassenden akademischen Medienkompetenz (vgl. Reinmann, Hartung & Florian, 2013) sollen die Mitarbeitenden befähigt werden, Medien didaktisch sinnvoll und zielgerichtet in Lehre, Weiterbildung und Forschung einzusetzen, die ICT-Infrastruktur zur Administration, Organisation und Kommunikation zu nutzen sowie vereinbarte medienbasierte Prozesse einzuhalten. Die Umsetzung erfolgt in zwei aufeinander aufbauenden Bausteinen, den „Basiskompetenzen Mediennutzung“ und der „Weiterbildung Mediendidaktik in den Fachbereichen[3]“.

1 http://www.phzh.ch/de/Ausbildung/Primarstufe/Studienformen/NovaFlex/
2 https://stud.phzh.ch/Dienstleistungen/digital-learning-center/Studi-Laptops/
3 Neben der Organisation in Abteilungen und Bereichen bilden 22 Fachbereiche die wissenschaftlich fundierte Basis der PH Zürich. Die Fachbereiche sind Träger des fachlichen Wissens, verteilen fachliche Informationen, diskutieren fachliche Aspekte und leisten so das Wissensmanagement in ihrem Fachbereich.

1.1 Basiskompetenzen Mediennutzung

Mit dem eigens entwickelten „Kompetenzraster Mediennutzung" haben die Mitarbeitenden ein Instrument zur individuellen Selbsteinschätzung zur Verfügung. Dabei geht es einerseits um mediengestützte Abläufe im administrativen Bereich (Infrastruktur und Geschäftsprozesse), andererseits um die Nutzung der zur Verfügung gestellten Software (Basiskompetenzen Anwendungssoftware) und schließlich um vorwiegend medientechnische Kompetenzen im Umgang mit dem Learning-Management-System ILIAS. Die Beherrschung der AV-Technik und die Nutzung spezifischer Tools für Stundenplan, Ressourcenmanagement, Zeitleistungssystem, Raumbuchung, Fileserver, etc. sind für die Tätigkeit an der Hochschule unverzichtbar.

Bei Eintritts- und Standortbestimmungsgesprächen werden mithilfe des Rasters fehlende Kompetenzen ermittelt und der Besuch von darauf abgestimmten Kursangeboten oder eine Erarbeitung im Selbststudium vereinbart. Wenn möglich, sollte die Auseinandersetzung mit den Basiskompetenzen als individuelle Weiterbildung vor dem zweiten Baustein, der Weiterbildung Mediendidaktik, erfolgen.

1.2 Weiterbildung Mediendidaktik in den Fachbereichen

Aufbauend auf die Basiskompetenzen Mediennutzung greift die Weiterbildung im Fachbereich mediendidaktische Fragen auf und vertieft sie. Thematisiert werden der Einsatz von Medien zur Wissensvermittlung im Rahmen des selbstorganisierten Lernens, die Verwendung von Werkzeugen zur Kommunikation (z.B. für die Betreuung von Studierenden oder Teams) und Kooperation. Es geht aber auch darum, die Lehrenden und in weiterer Folge die Studierenden fit zu machen für den Lehrplan 21[4], in dem ICT und Medien als fächerübergreifende Themen definiert sind. Neben der Nutzung digitaler Medien aus hochschuldidaktischer Perspektive spielen auch Medieneinsatz und Medienbildung auf der Zielstufe sowie Medien in der Fachdidaktik eine Rolle.

Dafür hat das Digital Learning Center (DLC)[5] gemeinsam mit dem Weiterbildungsbereich Medienbildung der PH Zürich ein Blended-Learning-Szenario konzipiert. Es umfasst drei Präsenztage (ein ganzer Tag und zwei Halbtage) und zwei Online-Phasen mit einem Workload von insgesamt 32 Stunden. In diesem hybriden Setting erleben die Dozierenden mediengestützte Lernszenarien selbst und werden sich dabei der pädagogischen und methodisch-didaktischen Möglichkeiten von E-Learning bewusst. Ziel ist eine enge Verknüpfung von

4 http://www.lehrplan.ch/
5 https://www.phzh.ch/de/ueber_uns/digital-learning-center/

Erfahrungswissen, eigenem Tun und Reflexion. So lernen die Teilnehmenden Werkzeuge nicht nur theoretisch kennen, sondern nutzen sie in konkreten Anwendungsbereichen. Ein besonderer Stellenwert kommt der Planung und Durchführung eines eigenen kleinen Projekts zu. Die Mitarbeitenden stellen Überlegungen an, ob und wie sich mit dem Einsatz digitaler Medien Lehre und Forschung verbessern lassen. Erfolgreiche Umsetzungen, aber auch das Scheitern und die Suche nach möglichen Ursachen sind Gegenstand einer abschließenden Reflexion.

Das Konzept sieht vor, dass einzelne Programmpunkte jeweils vom Fachbereich mitbestimmt werden können. Dazu zählen beispielsweise die Vorstellung und Analyse ausgewählter mediendidaktischer Szenarien, die an der Pädagogischen Hochschule Zürich bereits erfolgreich durchgeführt werden, und Workshops, welche neben den methodisch-didaktischen Einsatzmöglichkeiten auch Handlungskompetenzen fokussieren. Dabei soll auf die Bedürfnisse der Fächer, die Zusammensetzung im Fachbereich (Ausbildung, Weiterbildung, Lehre oder Forschung) Rücksicht genommen werden.

2 Pilotphase mit zwei Fachbereichen

2.1 Erste Erfahrungen

Zwischen August 2013 und März 2014 absolvierten mit „Geografie“ sowie „Berufswahlkunde und Berufsbildung“ zwei Fachbereiche den Baustein Weiterbildung Mediendidaktik. Während dieser Pilotphase ließen sich wichtige Erkenntnisse gewinnen und das Programm konnte konsolidiert werden.

Die Durchführung wurde und wird auch künftig von einer kurzen Evaluation begleitet. Ziel ist es zu erfahren, wie erfolgreich die Weiterbildung umgesetzt werden konnte. Wesentliche Fragen dabei sind, ob die Teilnehmenden ihre Medienkompetenz verbessern konnten, ob Inhalte und Aufträge als nützlich erlebt wurden, wie groß der Workload und die Erfahrungen mit den Online-Phasen waren und welche Defizite und Ansprüche über die Weiterbildung hinaus bestehen. Die bisherige Evaluation erfolgte entweder als anonyme Umfrage in ILIAS oder mithilfe eines Audience-Response-Systems jeweils am Ende des dritten Präsenztages. 14 Teilnehmende beantworteten die Fragen, was einem Rücklauf von 82% entspricht. Beide Fachbereiche haben sich freiwillig für die Pilotphase gemeldet, sodass die Akzeptanz unter den Dozierenden entsprechend hoch war. Die Ergebnisse bestätigen zwar einen Kompetenzzuwachs, bedingt durch die große Bandbreite im Vorwissen waren jedoch nicht alle Inhalte für alle gleich relevant. Kritisiert wurde, dass die Stofffülle zu groß war und die Zeit für individuelles Vertiefen und auch eine spätere Umsetzung fehlt, wobei die Auffassungen zu Umfang und Tempo sehr unterschiedlich waren. Besonders geschätzt wurden jeweils die Atmosphäre im Kurs selbst, die Erfahrungen mit dem eigenen Projekt und die persönliche Betreuung. Alle Teilnehmenden merkten an, dass sie künftig vermehrt Beratungsangebote des DLC in Anspruch nehmen wollen und sich bei Fragen Unterstützung holen werden.

2.2 Herausforderungen und Chancen

Durchführung im Fachbereich: Die Organisation der Weiterbildung Mediendidaktik in den Fachbereichen führt dazu, dass die Gruppen hinsichtlich der vorhandenen Kompetenzen oder ihrer Erfahrungen mit E-Learning sehr heterogen sind. Hinzu kommt, dass das Zugehörigkeitsgefühl zu einem Fachbereich unterschiedlich stark ausgeprägt ist. Schließlich gehen mit der Tätigkeit in verschiedenen Studiengängen andere Erwartungen an den Einsatz digitaler Medien einher, sowohl aus hochschuldidaktischer Sicht als auch auf der Zielstufe. Der Vorteil dieser Organisationsform liegt jedoch darin, dass Dozierende aus Ausbildung, Weiterbildung und Forschung gemeinsam an ihren Fachthemen arbeiten können, die Inhalte auf fachbereichsspezifische Bedürfnisse zugeschnitten sind und die Weiterbildung im Idealfall zum Auslöser gemeinsamer Diskussionen wird.

Obligatorische Teilnahme: Die Weiterbildung ist für alle Dozierenden und wissenschaftlichen Mitarbeitenden ab einem Anstellungsgrad von 30% verpflichtend, was von vielen begrüßt wird, aber auch Widerstände auslösen kann. Eine Teilnahme während des Hauptsemesters führt unweigerlich zu einer Mehrbelastung. Dies erfordert Flexibilität und Verständnis auf allen Seiten.

Bezeichnung und Ausrichtung: Der Titel „Mediendidaktik in den Fachbereichen" verweist bereits stark auf Medienkompetenzen für Lehre und Lernen. Und tatsächlich ging es im Konzept vor allem darum, den Austausch zwischen Studierenden und Dozierenden mediendidaktisch zu gestalten. Für Forschung und wissenschaftliches Arbeiten greift eine reine Ausrichtung an mediendidaktischen Kompetenzen für die Lehre allerdings zu kurz. Hier sind unter anderem der kompetente Umgang mit Kommunikations- und Kooperationswerkzeugen, die Recherche, das Erheben, Strukturieren und Auswerten von Daten, Publikation und die Vernetzung untereinander (vgl. Reinmann, Hartung & Florian, 2013) wichtig.

Verknüpfung der beiden Bausteine: Die Basiskompetenzen Mediennutzung und die Weiterbildung Mediendidaktik liegen in unterschiedlichen Verantwortungsbereichen. Die Zusammenhänge sind noch nicht für alle Lehrenden ersichtlich und einzelne Bereiche im Kompetenzraster werden hinterfragt.

Planung und Inhalte: Inhaltlich geplant werden Teile der Weiterbildung in enger Zusammenarbeit mit Vertreterinnen und Vertretern der einzelnen Fachbereiche. Damit sollte der Tatsache Rechnung getragen werden, dass es Fachbereiche gibt, welche digitale Medien häufiger einsetzen als andere, oder sich in einem Fachbereich bestimmte Nutzungsformen etabliert haben (vgl. Haug, 2010). Gleichzeitig können Spezifika der Fachdidaktiken besser berücksichtigt werden. Die Akzeptanz des Einsatzes digitaler Medien ist oftmals grösser, wenn Mitglieder des eigenen Faches ihre Good-Practice-Beispiele und positiven Erfahrungen vorstellen.

Besondere Anforderungen der Lehrerinnen- und Lehrerbildung: Neben dem konkreten Einsatz digitaler Medien in der Durchführung von Lehrveranstaltungen an der Hochschule will die Weiterbildung Mediendidaktik sowohl eine integrierte Medienbildung, wie sie im Lehrplan 21 vorgesehen ist, thematisieren als auch Fachdidaktik und Zielstufe im Auge behalten. Des Weiteren geht es um eine Verknüpfung von Methode und Inhalt, indem die eingesetzten Methoden zum Lerngegenstand werden (vgl. Reinmann, 2011). Die Weiterbildung soll unter anderem eine Diskussion zu digitalen Medien als Seminar- und Ausbildungsthema (vgl. Schiefner-Rohs, 2011) anstoßen, was wiederum zur Modul- und Studiengangsentwicklung beiträgt.

Personalentwicklung und Zusammenarbeit: Mit der obligatorischen Weiterbildung Medienkompetenzen signalisiert die Pädagogische Hochschule Zürich, dass sie Wert auf mediendidaktisch und -pädagogisch ausgebildete Dozierende legt und aktiv darauf Einfluss nimmt. Neben der Sensibilisierung für das Thema ergeben sich über die Weiterbildung verschiedene Dimensionen der Zusammenarbeit. Klar ausgewiesen ist die Beteiligung von Dozierenden aus dem Bereich Weiterbildung Medienbildung, aber auch die Expertise des Zentrums für Hochschuldidaktik kann genutzt werden. Insofern leistet die Weiterbildung auch einen Beitrag zur Vernetzung.

3 Fazit

Aufgrund des Konzeptes, der bisherigen Erfahrungen und der oben angestellten Überlegungen zu Spannungsfeldern und Chancen lässt sich folgendes Fazit ziehen:

- Die Zuständigkeiten müssen klar kommuniziert, Begründungen und Verbindungen für alle nachvollziehbar herausgearbeitet werden.
- Es braucht viel Flexibilität von den Kursleitenden, da einheitliche Programme und Inhalte für die unterschiedlichen Fachbereiche nur bedingt möglich sind.
- Es ist entscheidend, dass Bedürfnisse im Fachbereich im Vorfeld abgeklärt und klare Ziele gesetzt werden.
- Die „Weiterbildung Mediendidaktik“ kann nur eine Diskussion anstoßen und eine Palette von Möglichkeiten auftun und begründen, darf aber nicht versuchen, Lehrende zu überzeugen oder zu bekehren,

- Obwohl ein Großteil der in der Forschung an der PH Zürich tätigen Personen auch Lehraufträge hat, müssen deren Anforderungen künftig noch mehr berücksichtigt werden.

Um zu garantieren, dass die Weiterbildung bei den Lehrenden auf Akzeptanz stößt, wird der Zyklus aus Vorabklärungen, Durchführung und Reflexion auch nach der Pilotphase beibehalten. Die „Weiterbildung Mediendidaktik" unterliegt einer laufenden Entwicklung und hoher Adaptivität.

Literatur

Haug, S. (2011). *Die Bedeutung von Fachspezifik in E-Learning-Support & Praxis.* eteaching.org. Verfügbar unter: http://www.e-teaching.org/didaktik/theorie/hochschuldidaktik/Langtext_Fachspezifik_181011.pdf (Stand 27.03.2014).

Reinmann, G. (2011). Blended Learning in der Lehrerausbildung: Didaktische Grundlagen am Beispiel Lehrkompetenzförderung. *Seminar – Lehrerbildung und Schule*, 3, 7–16.

Reinmann, G., Hartung, S. & Florian, A. (2013). *Akademische Medienkompetenz im Schnittfeld von Lehren, Lernen, Forschen und Verwalten.* Verfügbar unter: http://gabi-reinmann.de/wp-content/uploads/2013/07/AkademischeMedienkompetenz_Reinmann_Hartung_Florian.pdf.

Schiefner-Rohs, M. (2011). E-Learning in der Lehrerinnen- und Lehrerbildung – Veränderte Rahmenbedingungen und deren Auswirkungen. *Beiträge zur Lehrerinnen- und Lehrerbildung*, 29(2), 260–271. Verfügbar unter: http://www.bzl-online.ch/archivdownload/artikel/BZL_2011_2_260-271.pdf (Stand: 27.03.2014).

Christian Müller, Michael Hauser

Ein Raum für E-Learning und Medien

Konzeption, Realisierung und Erfahrungen aus dem Pilotbetrieb im neuen Medienzentrum der Universität Passau

Zusammenfassung

Der vorliegende Artikel beleuchtet die Konzeption eines Schulungs- und Veranstaltungsraumes mit neuester Medientechnik und deren Integration in den Hochschulalltag. Anlass dafür gibt der Neubau eines Zentrums für Medien und Kommunikation (ZMK) an der Universität Passau und im Speziellen die Implementierung eines innovativen E-Learning-Labors. Die moderne Medientechnik umfasst hierbei Technologien zur Präsentation, Produktion und Kommunikation. Das ZMK dient der praktischen und theoretischen Ausbildung der Studierenden in den Medienstudiengängen und gleichzeitig als zentrale Dienstleistungseinrichtung im Bereich des E-Learnings und der Medienbildung. Im Qualifizierungs- und Betreuungsangebot „Digital Learning Media Pro" (des InteLeC Zentrums der Universität Passau) wurden über ein Semester hinweg potentielle Einsatzszenarien vorgestellt, getestet und evaluiert. Neben der räumlichen und medientechnischen Konzeption werden in diesem Beitrag erste Erfahrungen mit dem neuen Angebot betrachtet.

1 Einleitung

Wenn heutzutage von Lern- oder Kursräumen gesprochen wird, so ist es nicht mehr selbstverständlich, dass dabei reelle Räume mit Wänden, Böden und Decken gemeint sind. Durch die stetig zunehmende Bedeutung digitaler Medien ist in aktuellen Lern- und Arbeitswelten sehr häufig von virtuellen Räumen die Rede (vgl. Arnold et al., 2011, S. 54).

In diesem Beitrag steht jedoch explizit die Gestaltung eines reellen Lernraumes im Vordergrund. Die konkrete Ausgestaltung des Bereiches für E-Learning im neu errichteten Medienzentrum an der Universität Passau gibt Gelegenheit, darüber nachzudenken, welche Auswirkung die gewachsene Bedeutung von virtuellen Räumen für die Gestaltung von zeitgemäßen Kurs- und Arbeitsräumen hat. E-Learning meint die Unterstützung von Lehr- und Lernprozessen durch digitale Medien und Werkzeuge. Die verschiedenen Facetten des E-Learnings bieten (für Lehrende und Lernende) zahlreiche Möglichkeiten, das Lehren bzw. Lernen zu optimieren. Trotz einer im Bereich des E-Learnings und des Medieneinsatzes sehr heterogenen Hochschullandschaft ist deutlich erkennbar, dass beide Bereiche in weiten Teilen nicht losgelöst voneinander betrachtet werden können, sondern sich letztendlich ergänzen und bedingen. „Mit dem Begriff ‚E-Learning' wird ein vielgestaltetes gegenständliches und organisatorisches Arrangement von elektronischen bzw. digitalen Medien zum Lernen, virtuellen Lernräumen und ‚Blended Learning' bezeichnet" (Arnold et al., 2011, S. 18). An diese Definition wollen wir die Frage anschließen, wie reale Lernräume zur Unterstützung der Arbeit mit und in virtuellen Lernräumen gestaltet sein müssen. Traditionelle PC-Pools oder die starre Anordnung von Desktop-Rechnern in Reih und Glied passen nicht mehr zur propagierten Flexibilität heutiger Lehr- und Lernmethoden. „Es bedarf weitreichender Strategien, Strukturen und Überlegungen um die Potenziale von E-Learning für die Hochschule als Ganzes nutzbar zu machen" (Kerres, 2012, S. 50). Die drei Komponenten Strategie, Struktur und Überlegung sollen nun anhand des Zentrums für Medien und Kommunikation erläutert werden.

2 Aufgaben- und Dienstleistungsspektrum (des ZMK)

Die Verwendung von Medien in Hochschulen fällt äußerst unterschiedlich aus. Insbesondere die Betrachtung der an Hochschulen existierenden Dienstleistungseinrichtungen im Bereich E-Learning und Medien gibt kein sehr einheitliches Bild wieder. So sind es in vielen Fällen Bibliotheken und Rechenzentren, die in den letzten Jahren den Servicebereich E-Learning und digitale Medien übernommen haben. An einigen Hochschulen kam es zu Neugründungen ausgewiesener E-Learning- und Medienzentren aber auch schlichte Umwidmungen von Abteilungen, die mit diesen neuen Aufgabenfeldern betreut werden, sind keine Seltenheit (Quelle AMH-Tagung 2013). Auch eine Verteilung auf einzelne Fachbereiche, Institute oder gar externe Einrichtungen ist an deutschen Hochschulen keine Seltenheit. Diese zum Teil unreflektierte Aufgabenzuweisung verhindert eine zentrale Verfügbarkeit der Angebote. Um jedoch gute und zeitgemäße Lehre unter Einsatz von neuen Medien anbieten zu können, sollten aus hochschulorganisatorischer Sicht zentrale Dienstleistungseinrichtungen existieren, die für alle Angehörigen einer Hochschule verfügbar sind und die ein entsprechendes tiefgreifendes Leistungsspektrum bieten (vgl. Deutsche Initiative für Netzwerkinformation e. V., Arbeitsgruppe „Lernräume"). Natürlich sind an dieser Stelle auch Personal und Infrastruktur entscheidend dafür, wie umfassend ein solches Serviceangebot definiert sein kann.

Das neu geschaffene Zentrum für Medien und Kommunikation (ZMK) an der Universität Passau ist ein Gebäude, in dem sowohl die Medienausbildung des Studiengangs Medien und Kommunikation sowie der Lehramtsstudiengänge als auch die Belange der Medienbildung im Kontext von Lehre und Forschung für die gesamte Universität beheimatet sind. Das InteLeC-Zentrum der Universität Passau ist für den technischen Betrieb verantwortlich und bietet im Rahmen seiner mediendidaktischen Expertise zahlreiche Workshops und Weiterbildungsmaßnahmen zu neuen und bewährten Lehr-/Lern-Methoden an. Begriffe wie Interaktion, Diskussion, Reflexion und vernetztes Lernen sowie die Verknüpfung von Präsenzlehre und E-Learning (Blended Learning) bestimmen das moderne Bild des E-Learnings und spiegeln sich in den fächerübergreifenden Angeboten und Mediendiensten wider.

3 Anforderungen und erste Planungen

Da insbesondere der Bereich E-Learning im ZMK eine zentrale Rolle als Dienstleistungseinheit für alle anderen Einrichtungen des Standortes Passau darstellt, wurden bei der Konzepterstellung für diesen neuen Bereich potenzielle Nutzer aus unterschiedlichen Fachbereichen involviert und deren Bedürfnisse bei der Konzeption und Planung berücksichtigt. In mehreren Stufen wurden Vertreter medienaffiner Fachbereiche befragt, welche Szenarien mit den neuen Räumlichkeiten umgesetzt werden sollen. Aus diesen Erkenntnissen sollte der E-Learning Bereich zusammengefasst folgenden Anforderungen im Lehr-/ Lernbetrieb entsprechen:

- Vortragssituation
- Film- und Medienpräsentationen
- Flexible Formen von Gruppen- und Einzelarbeit
- Durchführung von Seminaren und Workshops im Kontext der Medienbildung
- medienpädagogische und mediendidaktische Schwerpunkte
- Weiterbildung von Hochschullehrenden
- Flexible Aufzeichnungs- und Übertragungsmöglichkeiten
- Web- und Videokonferenzen
- Simulation möglichst realer und praxisnaher Situationen
- Veranstaltungsaufzeichnung sowie Aufzeichnung von Gruppenaktivitäten

Auf Grundlage dieser ersten Erkenntnisse fanden die weiteren Planungen statt. Die Gespräche mit den zukünftigen Nutzern machten ebenso deutlich, dass die Anforderungen an ein und denselben Bereich sehr unterschiedlich sind und es daher nicht ein starres Setting geben dürfe. Während Sportdidaktiker zum Beispiel die vorhandene Technik zur Analyse komplexer Bewegungsabläufe nutzen wollen, legen andere Fachbereiche ihren Fokus auf interaktive Webinare oder Videokonferenzen. Somit waren weitere Anforderungen gegeben, die übergeordnet zu den zuvor genannten Szenarien zu sehen sind; die der Flexibilität und Konnektivität. George Siemens hat den Begriff des Konnektivismus

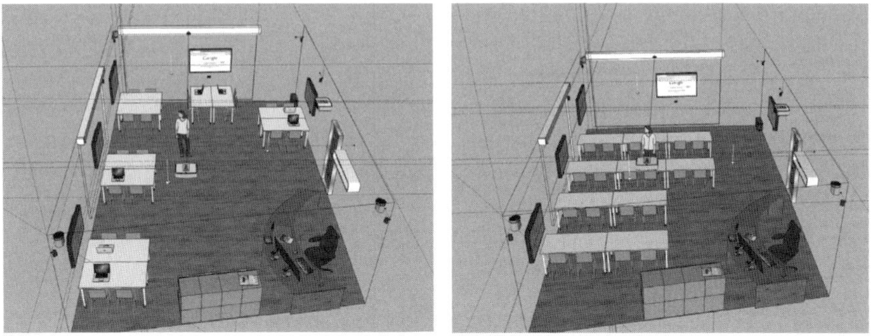

Abb. 1: Entwurf des E-Learning-Raumes in zwei verschiedenen Nutzungen

geprägt und ihn in die Diskussion um neue didaktisch-methodische Konzepte des E-Learning eingeführt. (vgl. Erpenbeck & Sauter, 2007, S. 156) Das strukturelle, strategische Konzept des ZMK berücksichtigt daher auch „die wachsende Tendenz der Lerner zu informellem, vernetzten und elektronisch gestütztem Lernen" (Erpenbeck & Sauter, 2007, S. 159).

Der Raum sollte also möglichst schnell und flexibel an sich ändernde Situationen anzupassen sein. Ein einfaches Beispiel dafür ist der in Abbildung 1 veranschaulichte Wechsel des Arbeitsmodus von Gruppenarbeit auf Frontalunterricht. Wie man gut erkennen kann, ermöglichen sowohl die mediale Ausstattung als auch das Mobiliar des Raumes viele unterschiedliche Anordnungen und Arbeitsmodi. Der Wechsel zwischen den einzelnen Settings soll sehr einfach und schnell erfolgen können weshalb in der Konsequenz zu dieser Anforderung bei der konkreten Planung darauf geachtet wurde, dass auch die Tische und Stühle im Raum entsprechend leicht, beweglich und funktionell sind. Schlanke, stapelbare Stühle, die jederzeit schnell zur Seite gestellt werden können und Tische, die mit Rollen versehen und zusammenklappbar sind, tragen dem Prinzip der Flexibilität Rechnung. Zusätzlich sind die Tische mit Steckdosenleisten ausgestattet, um die Anforderung der Konnektivität zu erfüllen.

In Bezug auf die mediale Ausstattung bedeutet Flexibilität und Konnektivität darüber hinaus, dass einerseits möglichst vielseitige Anschluss- und Verbindungsmöglichkeiten mit den existierenden Geräten vorhanden sind und andererseits, dass sich vorhandene und eingespeiste Signale (z.B. Audio- und Videosignal eines Notebooks) flexibel schalten und im Raum anzeigen lassen. Ein kabelloses Präsentationssystem[1] erlaubt die flexible Anzeige verschiedener Inhalte im gesamten Raum. Ein fest installierter Projektor sowie insgesamt fünf interaktive Displays, die sowohl über eine zentrale Steuerung als auch lokal mit

1 Clickshare des Anbieters Barco (http://www.barco.com).

Daten versorgt werden können, dienen im E-Learning-Labor als Präsentations- und Arbeitsflächen.

4 Technische Anforderungen und Lösungen im Bereich E-Learning

Mit dem Ausbau der E-Learning-Aktivitäten an der Universität Passau wurden Grundlagen sowie erweiterte Möglichkeiten dafür geschaffen, den Einsatz neuer Medien in der Lehre zu verstärken und dies durch zusätzliche Aktivitäten und Dienstleistungen zu unterstützen. Der besonders ausgestattete E-Learning-Raum (mit ca. 70 qm) umfasst 21 Sitzplätze und erlaubt die Durchführung didaktisch-innovativer, mediengestützter Lehrveranstaltungen sowie die Erforschung neuer Lehr- und Lernszenarien. Der Raum bietet flexibel anpassbare Möglichkeiten zur Aufzeichnung und zur Live-Übertragung von Veranstaltungen. Die besonders herausragende und innovative Medienausstattung des Raumes steht allen Dozierenden der Universität Passau zur Verfügung, so dass diese den Spielraum zur Erprobung ihrer eigenen Lernkonzepte nutzen können.

Das an der Universität Passau etablierte InteLeC-Zentrum (Zentrum für E-Learning- und Campusmanagement) bietet Qualifizierungsangebote an, in denen sowohl der grundsätzliche Einsatz von digitalen Lernmedien demonstriert wird, als auch die potenziellen neuen Lernszenarien, die der neue Raum ermöglicht. Wie schon erwähnt ist der E-Learning-Raum mit flexiblem und leicht beweglichem Mobiliar ausgestattet, ermöglicht dadurch einen schnellen Wechsel von einer Sozialform zur anderen und schafft somit die räumlichen Voraussetzungen für eine kompetenzorientierte Lehre. Die Ausstattung erlaubt die Beobachtung und Untersuchung von gruppendynamischen Prozessen sowie die Erprobung und Verwendung neuer Medientechnologien im Unterricht.

Präsentationsflächen durch interaktive Whiteboards und Projektor
Die vorhandenen Präsentationsflächen sind modern und flexibel gestaltet und bilden die Grundlage für die Vorführung von Filmen und anderen bewegten oder bildhaften Medien in der Lehre, die Vorführung und Nutzung von computergestützten Inhalten, d.h. die Darstellung von hochauflösenden Bildschirminhalten, die Durchführung von Qualifizierungsangeboten zu Softwaresystemen und die Durchführung von Videokonferenzen.

In Zeiten von Cloud-Diensten und YouTube verschiebt sich die Bereitstellung fast sämtlicher Informationen zunehmend ins Web. „Der Einsatz von Medien bietet also ein großes Potenzial, um Lernen effektiv zu unterstützen, durch die Kombination von Medien können Sachverhalte vollständiger – z.B. dynamisch – dargestellt werden, als dies mit Einzelmedien möglich ist.“ (Arnold et al., 2011, S. 153) Dem Rechnung tragend ist eine zur primären Präsentationsfläche zusätzlich zur Verfügung stehende Anzeigefläche für Internetinhalte ein immer häufiger eingesetztes Mittel, beispielsweise

- zum Abruf von Materialien aus dem Internet zusätzlich zur Präsentation,
- zur dauerhaften Anzeige der Agenda oder des Konferenzprogramms auf einem zweiten Bildschirm, während das Vortragsprogramm auf dem primären Beamer läuft,
- zur Anzeige einer zweiten gleichzeitigen Präsentation ohne den Einsatz eines zweiten Notebooks,
- für Besprechungen oder Präsentationen ohne die Notwendigkeit, eigene Geräte anzuschließen oder Präsentationen mitzubringen,
- zum Aufruf von Inhalten für spontane Diskussionen oder Demonstrationen.

In der konkreten Umsetzung im E-Learning-Labor sind neben dem Projektor zusätzlich fünf interaktive Whiteboards (IWB) integriert. Durch die integrierte Touchfunktionalität und die entsprechende Software im dazugehörigen Rechnermodul können diese Geräte die Funktionen einer interaktiven Tafel (wie z.B. Smartboard) übernehmen. Dadurch ist der Anschluss weiterer Geräte (Notebook oder Peripherie) nicht erforderlich.

Die Screens bieten den Nutzern des Raumes weitere Präsentations- und Interaktionsflächen und erweitern dadurch die denkbaren Lehr-/Lernszenarien enorm. Vier der IWBs werden an den noch freien Flächen des Raumes angebracht. Das fünfte Gerät ist mobil (auf Rollen) einsetzbar.

Notebooks und Tabletgeräte

Für das E-Learning-Labor ist eine Grundausstattung mit Notebooks und Tabletgeräten vorhanden. Die Geräte sind in einem speziell angefertigten Ladeschrank verwahrt und werden bei Bedarf durch die Veranstaltungsleiter ausgegeben. Die Geräte sind sowohl für Qualifizierungsmaßnahmen oder die Erprobung neuer Softwareanwendungen im Unterricht als auch für die Durchführung von E-Klausuren geeignet und vorgesehen.

Mit dieser Ausstattung ist eine Grundversorgung der Teilnehmer sichergestellt und gewährleistet, dass alle über den gleichen technischen Stand verfügen. Dadurch sind Qualifizierungsmaßnahmen im Bereich von E-Learning-Kompetenzen besonders in Bezug auf spezielle Software einfacher möglich.

Videoaufzeichnung, -konferenz und Regieplatz

Zur Videoaufzeichnung von Übungsszenarien oder ganzen Veranstaltungen und zur Durchführung von interaktiven Video- und Webkonferenzen sind an der Decke des E-Learning-Raums insgesamt drei Kameras installiert, die im 1080i-Format betrieben werden. Eine Kamera ist an der rückwärtigen Wand angebracht und hauptsächlich für die Aufnahme des Dozenten vorgesehen; eine weitere Kamera ist an der Seitenwand installiert und kann sowohl den

Dozenten als auch den Raum im Überblick aufzeichnen; die dritte Kamera ist an der Frontwand angebracht und übernimmt die Aufgabe, den Raum aus Sicht des Dozierenden einzufangen. Die Standorte der Kameras sind so gewählt, dass auch hier wieder eine möglichst große Flexibilität erreicht wird. Sowohl Vortragssituationen als auch Gruppenarbeiten lassen sich im gewählten Setting gut aufzeichnen. Die Kameras sind steuerbar, gleichzeitig aber mit festen Voreinstellungen (Presets) belegt, so dass die Ansteuerung auch bequem über die intuitive Mediensteuerung möglich ist.

Der Regieplatz befindet sich im hinteren Bereich des E-Learning-Labors und stellt einen besonderen Arbeitsplatz dar, der mit der Steuerungseinheit für die fest installierten Kameras ausgestattet ist und die zusätzlich erforderliche Hardware für Livemitschnitte und -aufzeichnungen bereitstellt. Die Bedienung der Kameras und der Audioanlage erfolgt vom Regieplatz aus durch speziell geschultes Personal und ermöglicht es, professionelle hochqualitative Aufnahmen und Livesitzungen zu erzeugen. Am Regieplatz sind alle im Raum und im gesamten Medienzentrum existierenden Eingangssignale (Kameras, Notebooks der Vortragenden, IWB (Screens), Audiosignale etc.) verfügbar und können live gemischt, aufgezeichnet und übertragen werden.

Touchscreen für Gruppenarbeit

An einer Seitenwand und der Rückwand des E-Learning-Labors werden insgesamt vier Touchscreens mit integriertem Rechner montiert und in die Mediensteuerung des Raumes eingebunden, so dass die Signale (Audio- und Videosignal) eines Bildschirms nach vorne auf den Hauptschirm, auf einen der beiden Beamer oder gleichzeitig auf alle Darstellungsgeräte schaltbar sind.

Um der Vielfalt von Studierenden entgegen zu kommen, müssen auch die Hochschulen dementsprechend reagieren. In Anbetracht steigender Mediennutzung und unter der Voraussetzung einer konstruktivistischen Lernkultur werden lehrerzentrierte und präsenzorientierte Unterrichtsformate künftig an Bedeutung verlieren und die Arbeit in Projektgruppen gleichzeitig zunehmen. (vgl. Kerres 2012, S. 44ff.) Die hochmodernen und vernetzten Touchscreens stehen Dozierenden, Studierenden und Projektgruppen zur Planung, Organisation und Durchführung ihrer Aufgaben zur Verfügung. Sie können diese Geräte als Präsentations- und Recherchetools nutzen, ohne die Notwendigkeit – aber mit der Möglichkeit – ein eigenes Gerät anzuschließen.

Audioanlage

Die Anforderungen an die Audioanlage des E-Learning-Labors müssen professionellen Ansprüchen genügen, da bei der Übertragung und Aufzeichnung von Veranstaltungen die Audioqualität ein entscheidendes Qualitätsmerkmal darstellt. Das E-Learning-Labor muss für Aufzeichnung und Wiedergabe von Audio mit besonderer Hardware ausgestattet sein. Die **Wiedergabe** betrifft insbesondere das Ab- und Einspielen von Medien. Für die Hauptpräsentationsflächen an der Front des E-Learning-Labors ist ein Surround-System installiert. Konzeptioneller Hintergrund ist die Simulation möglichst realer und praxisnaher Situationen im E-Learning-Labor herzustellen zu können. Mit Hilfe einer umfassenden und authentischen Beschallung der Teilnehmer kann so eine Immersion erreicht werden.

Die **Aufzeichnung** ist vor allem für das gesprochene Wort im Raum relevant und erfordert eine sehr gute Audioqualität, da Veranstaltungen live übertragen aber auch dauerhaft gespeichert werden können und dabei vor allem die Audioqualität mit das wichtigste Qualitätskriterium für das Medienprodukt bildet. Dabei sind nicht nur die Dozierenden bei Aufzeichnungen von Bedeutung, sondern auch deren Interaktion mit dem Auditorium bzw. die Interaktion innerhalb des Auditoriums. Gruppendiskussionen können mit Hilfe spezieller Tischmikrofone aufgezeichnet und direkt mit dem Bild der Kameras synchronisiert werden.

Erfordernis einer Mediensteuerung

Die Ausstattung des E-Learning-Labors ist flexibel schaltbar, so dass vorhandene Audio- und Videosignale im gesamten Zentrum für Medien und Kommunikation verfügbar und miteinander vernetzt sind. Eine zentrale Mediensteuerung zur Schaltung der vorhandenen Medientechnik ist über eine intuitiv gestaltete Bedieneinheit sichergestellt. Das Bedienkonzept sieht zwei Modi vor: die Bedienung über zweckmäßig gestaltete Presets durch die Dozierenden selbst, und die Bedienung in einem Expertenmodus durch entsprechend geschultes Personal. Folgende Preset-Einstellungen können gewählt werden: Presentation, IWB (Smart), Cinema, Web Presentation, Web Conference, Video Conference. Trotz vorkonfigurierter Einstellungen, wie zum Beispiel einer automatischen Aktivierung aller interaktiven Displays im IWB (Smart) Modus, ist es in fast allen Modi möglich, diese Voreinstellungen an die spezifischen Bedürfnisse anzupassen.

5 Qualifizierungs- und Betreuungskonzept: Digital Learning Media Pro

Zum Wintersemester 2013/14 wurde der E-Learning-Bereich erstmalig im Pilotbetrieb in einem Qualifizierungs- und Betreuungskonzept mit dem Titel „Digital Learning Media Pro" (DLMP) intensiv genutzt. Digital Learning Media Pro ist ein Programm des InteLeC-Zentrums und richtet sich primär an alle Lehrenden der Universität Passau, die digitale Medien in ihrer Lehre einsetzen möchten (vgl. InteLeC 2013). Das Programm vereint erstmalig – anders

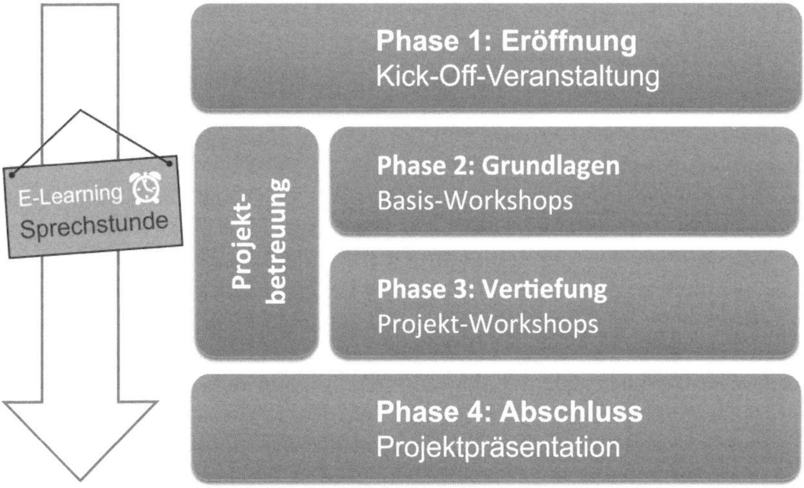

Abb. 2: Ablauf „Digital Media Learning Pro"

als viele existierende Angebote – den Bereich der Medienproduktion und der Mediendidaktik und legt somit den Schwerpunkt auf E-Learning und Medien.

Das Qualifizierungskonzept DLMP ist in vier Phasen unterteilt (siehe Abb. 2). Eine Eröffnungsveranstaltung zu Beginn des Programms hat die Teilnehmer grundlegend über die Angebote und Möglichkeiten rund um das neu geschaffene Zentrum für Medien und Kommunikation informiert. Darüber hinaus wurde das Konzept „Digital Learning Media Pro" ausführlich vorgestellt und die Erwartungen aus Teilnehmer- und Betreuersicht besprochen. In einer zweiten Phase fanden drei Basis-Workshops zu den übergeordneten Themen E-Learning-Systeme, Audiotechnik und Videotechnik statt. Ziel dieser Phase war es, die Teilnehmer für die selbstständige Nutzung des ZMK-E-Learning-Raums zu qualifizieren und den didaktischen Einsatz digitaler Lernmedien über die E-Learning-Systeme der Universität Passau kennenzulernen. Die Vermittlung technischer Grundkenntnisse, das Verständnis, bild- und filmästhetische Mittel sinnvoll anzuwenden und die Vertrautheit mit den hochmodernen Audio- und Videotechniksystemen stellen einen notwendigen Abschnitt im Qualifizierungsprogramm dar. Parallel zu den Workshops realisierten die TeilnehmerInnen individuelle Medienprojekte im Rahmen ihrer Lehre, bei denen die technischen und didaktischen Potentiale im E-Learning-Bereich des neuen Zentrums für Medien und Kommunikation (ZMK) erprobt und genutzt wurden. Das InteLeC-Zentrum stand semesterbegleitend mit weitreichenden Supportangeboten zur Seite. Abhängig vom jeweils erarbeiteten Medienprojekt standen den Teilnehmern in der dritten Phase vertiefende Projekt-Workshops zu Themen wie Podcasting in der Lehre, Audience Response Systeme, Interaktive

Whiteboards oder Webinare und Videokonferenzen zur Auswahl. Abschließend wurden alle im Rahmen des Betreuungs- und Qualifizierungskonzepts erfolgreich durchgeführten Projekte vorgestellt sowie gemeinsam diskutiert und reflektiert.

Evaluationsergebnisse
Im Zuge des Qualifizierungskonzepts DLMP wurden alle Basis- und Projektworkshops anonym evaluiert. Auch wenn die Anzahl der TeilnehmerInnen nicht die Fülle an Daten liefert, um empirisch fundierte Aussagen zu treffen, so war dieses Feedback anhand der Kurzevaluationen doch wichtig für den weiteren Verlauf des Angebots. Besonders positiv hervorzuheben ist, dass die Atmospähre, in der die Workshops stattgefunden haben, durchweg als angenehm empfunden wurde. Der ein oder andere Teilnehmer bzw. die ein oder andere Teilnehmerin hatte anfangs noch Bedenken und ‚Angst', überfordert zu sein; das hat sich über die Workshops hinweg gelegt und ist in Interesse und Motivation für den Einsatz neuer Medien in der Lehre übergegangen. „Die Möglichkeit das Gelernte sofort anzuwenden und ausprobieren zu können", wurde auf Teilnehmerseite immer wieder betont. Die Verzahnung von Theorie und Praxis scheint somit gut gelungen und die theoretisch erarbeiteten Mehrwerte konnten ad hoc in praktische Erfahrungen umgewandelt werden. Dank der regelmäßigen Präsenztermine entstand über das Semester hinweg ein Wissens- und Expertennetzwerk, das sich rege ausgetauscht und viele neue Erkenntnisse gewonnen hat. Ein ‚Kritikpunkt' wurde über die Evaluationen hinweg jedoch vermehrt geäußert. Nahezu alle TeilnehmerInnen haben großes Interesse an den rechtlichen Rahmenbedingungen im Umgang mit elektronischen Medien und Formaten kundgetan. Auch wenn bzw. gerade weil die Rechtslage in diesen Belangen nicht immer eindeutig ist, muss diese Thematik in Zukunft mehr in den Blick genommen werden. Hier können wir uns eine verstärkte interdisziplinäre Zusammenarbeit mit der hauseigenen juristischen Fakultät vorstellen.

6 Erfahrungen und Fazit

Das Workshop-Angebot „Digital Learning Media Pro" wurde sehr gut angenommen und das Interesse an der Nutzung der neuen Möglichkeiten im Zentrum für Medien und Kommunikation ist fächerübergreifend sehr hoch. Unter Umständen mag zwar ein gewisser Neuigkeitseffekt eine Rolle spielen, jedoch wünschen sich auch die Absolventen des Workshop-Programms Digital Learning Media Pro, nach einem Semester wöchentlicher Workshops, weitere Angebote dieser Art. Daher ist nicht davon auszugehen, dass es sich lediglich um Neuigkeitseffekte handelt, sondern eher um echtes Interesse und vor allem einen damit verbundenen Mehrwert für die Lehre.

Die angestrebte Flexibilität und Konnektivität konnte erreicht werden. Dies zeigten erste Erfahrungen der Nutzer. Nach einem Semester im Lehrbetrieb wurde auch sofort klar, dass der Raum aufgrund der flexiblen Gestaltung sehr viele Freiräume für eine eigene kreative Nutzung lässt. Insbesondere die vorhandenen interaktiven Whiteboards konnten in vielen Fällen in Übungen und Seminaren als sinnvolle Präsentations- und Recherchewerkzeuge dienen.

Ebenso sind Übertragungen von und zu anderen Hochschulstandorten, Institutionen oder Kooperationspartnern ein sehr attraktives und häufig nachgefragtes Szenario, das in Zukunft auch viele spannende und innovative Anwendungen vermuten lässt.

Aus technischer Sicht ist insbesondere erwähnenswert, dass das Wunschdenken, einen Raum zu schaffen, der völlig ohne technischen Support auskommt, oft nicht zu erreichen ist. Obwohl die Raum- und Mediensteuerung zwar sehr stark abstrahieren und vom Ansatz her grundsätzlich alle technischen Voreinstellungen für ein bestimmtes Szenario treffen kann, hat sich im täglichen Betrieb auch gezeigt, dass technische Ansprechpartner in greifbarer Nähe sein sollten. Nachdem sich dieses Projekt noch in der Installations- und Konfigurationsphase befand, ist davon auszugehen, dass die Notwendigkeit eines technischen Supports mit der Zeit weniger oft in Anspruch genommen werden muss.

Das zentrale Anliegen des Bereiches E-Learning war die Verknüpfung von virtuellen Räumen und Medien. Im vorliegenden Kontext sind damit vor allem webbasierte Systeme (z.B. Lernplattformen) und Medientechnologien aus dem Bereich der Medien- und Studiotechnik gemeint. Beide Bereiche haben oft sehr unterschiedliche technische Anforderungen, was besonders bei der vorhandenen Videotechnik auffiel und teilweise zu Problemen führte. Die Kameratechnik, die mit hochauflösenden Bildern arbeitet, lässt sich nicht immer ohne weiteres in webbasierte Systeme integrieren. So ist ein häufiger Anwendungsfall die Verwendung von Web-Konferenzsystemen[2]. Die aufgetretenen Probleme sind zwar technisch durchaus zu lösen, zeigen aber auch gleichzeitig die noch nicht stattgefundene Annäherung der Bereiche Medien und E-Learning.

Zusammenfassend lässt sich festhalten, dass das Interesse an dem neu entstandenen Funktionsbereich E-Learning sehr hoch ist. Durch die dort nun zur Verfügung stehende Infrastruktur und die darin angebotenen und abgestimmten Workshop-Angebote lässt sich nicht nur ein existierender Bedarf decken, sondern es wird gleichzeitig auch die Neugier und der Anspruch auf Seiten der Dozenten geweckt, ihre Lehre abwechslungsreicher und moderner zu gestalten.

2 In der Pilotphase wurde die Adobe Connect Installation des DFN verwendet.

Literatur

AMH (2013). Frühjahrstagung des Arbeitskreises Medienzentren an Hochschulen.

Deutsche Initiative für Netzwerkinformation e. V., Arbeitsgruppe „Lernräume“ (2013). *Die Hochschule zum Lernraum entwickeln.* URL: http://d-nb.info/1043590714/34 [14.05.2014].

Denecke, J., Kiel, H.-U., Müller, W., Ottow, S., Rust, J. & Zimmer, S. (2011). *Technische Information Multimedia-Räume. Hinweise zur baulichen Umsetzung. TI-MMR-2011.* URL: vcc.zih.tu-dresden.de/files/vc/raumbeschreibung/bauliche-umsetzung-multimediaraeume.pdf [28.03.2014].

Erpenbeck, J. & Sauter W. (2007). K*ompetenzentwicklung im Netz. New Blended Learning mit Web 2.0.* Köln: Luchterhand.

InteLeC-Zentrum. *Workshops – Digital Learning Media Pro.* Universität Passau. URL: http://www.intelec.uni-Passau.de/e-learning-und-medien/workshops/digital-learning-media-pro/ [28.03.2014].

May, A. (2012). *Lebendige Lernorte. Ergebnisse der DINI-Umfrage „Neugestaltung von Lernräumen an Hochschulen“.* Vortrag im Rahmen des Bibliothekartages HH am 23.05.2012.

Yildiray Ogurol, Kai Schwedes, Jan Stüwe, Martina Salm

Servicekonzept „Universität als Lernort"

Multimediale Lern- und Arbeitsräume für Studierende

Zusammenfassung

Mit dem Servicekonzept „Universität als Lernort" möchte die Universität Bremen die Forderung der Studierenden nach mehr Lernräumen umsetzen. Ziel ist es, den Studierenden eine optimale Infrastruktur für selbständiges und gruppenbasiertes Arbeiten sowie eine produktive Anwesenheit auf dem Campus zu bieten. Hierfür wurden verschiedene Maßnahmen gestartet, u.a. der Aufbau multimedialer Lernräume mit jeweils drei Lerninseln, die von Studierenden in Kombination mit virtuellen Lernräumen für Gruppen- und Projektarbeiten genutzt werden können. Jede Lerninsel ist mit einem Konferenztisch für bis zu sechs Personen und einem Großbildschirm samt internetfähigem Computer und Mediabox zum Anschließen mitgebrachter Geräte ausgestattet. Die Lerninseln können über die Lernplattform gebucht werden.

Die begleitende Evaluation und das Feedback der Studierenden zeigen einen hohen Nutzungsgrad, eine breite Akzeptanz und den Wunsch nach mehr Lernräumen. Sie sind „die besten Räume an der Uni, um in der Gruppe zu lernen!", finden die Studierenden.

Hintergrund und Ziele

Die Überlegungen zur Ausgestaltung eines multimedialen Servicekonzepts für gruppenbasiertes Arbeiten an der Universität Bremen gehen auf ein Symposium zurück, das die Staats- und Universitätsbibliothek Bremen (SuUB) anlässlich ihres 350-jährigen Bestehens im Jahr 2010 ausrichtete. Unter dem Motto „Lernräume in Bibliotheken und Hochschulen" wurde die Notwendigkeit einer Neugestaltung studentischer Lern- und Arbeitsumgebungen erörtert.

Hinzu kommt die Forderung der Studierenden der Universität Bremen gegenüber der Universitätsleitung nach mehr Lernräumen. Ihr straff organisiertes Bachelor- und Masterstudium beinhaltet zwingend Phasen des Selbststudiums und dadurch verstärkt auch die Option zur Gruppenarbeit. Von Studierenden wird zunehmend erwartet, dass sie sich einen Großteil des Lehrstoffs im Selbststudium aneignen. Lernerzentrierte Ansätze (z.B. das forschende Lernen) gewinnen immer mehr an Bedeutung und damit auch gruppen-, team- und projektorientiertes Arbeiten. Die wichtigen kommunikativen und sozialen Anforderungen an die Studierenden und damit die praktische Mitarbeit erhöhen sich dementsprechend.

Universitäten sehen in ihren Infrastrukturen in der Regel keine Orte vor, die explizit für Gruppenarbeiten vorgesehen sind. Bibliotheken, Unicafés oder Sitzgelegenheiten in den Fluren werden zwar von Studierenden als Behelfslösung genutzt, sind aber speziell dafür nicht ausgelegt.

Ziel ist es, die Lern- und Arbeitsbedürfnisse der Studierenden abzubilden und zu unterstützen, insbesondere in den Phasen des Selbststudiums und für Gruppenarbeiten. Hierfür wird eine neue Form von CIP-Pools (CIP=Computer Investitions Programm) auf der Basis eines neuen Servicekonzepts „Universität als Lernort" eingeführt mit dem Ziel, sowohl gruppen-, team- und projektorientiertes Arbeiten zu unterstützen als auch ort- und zeitunabhängige Bildungs- und Serviceangebote bereitzustellen.

Universität als Lernort

Um den Herausforderungen und veränderten Rahmenbedingungen in Hochschulen zu begegnen und vor dem Hintergrund der wachsenden Bedeutung digitaler Medien in der Bildung wurden nach dem Vorbild der britischen Learning Resource Centres (LRC) oder der amerikanischen Information Commons (IC) [vgl. Beagle 1999, Cowen 1999] multimediale Lern- und Arbeitsräume für Studierende als neues Servicekonzept „Universität als Lernort" an der Universität Bremen aufgebaut.

Ob in Gruppen oder alleine, ob mit multimedialer Ausstattung oder klassisch, ob virtuell oder physisch, es werden unterschiedliche Lernarrangements unterstützt. Optimale Arbeitsbedingungen auf dem Campus werden erst durch eine Umgebung gewährleistet, die Entspannung, Essen und Trinken und soziale Kontakte gleichermaßen einbezieht. Damit werden zuerst Lernorte adressiert, die in der Lage sind, einen Ort der Identifikation zu schaffen [vgl. Franzkowiak, 2009]. Hierfür hat die Universität Bremen vier Maßnahmen gestartet und weitestgehend erfolgreich umgesetzt. Zu den Maßnahmen gehören:

1. **Aufbau multimedialer Lern- und Arbeitsräume:** Ein neues Kapitel in der Schaffung von Lernräumen an der Universität Bremen wurde im SoSe2012 mit der Eröffnung von zwei multimedialen Lernräumen mit jeweils drei Lerninseln begonnen. Jede Lerninsel verfügt über einen Konferenztisch, einen Flachbildschirm samt internetfähigem Computer sowie vielfältigen Anschlussmöglichkeiten für mitgebrachte Geräte mit dem Ziel, flexible Lernsettings zu unterstützen [vgl. Weckmann, 2008]. Mit einer Diskussionsinsel wird zusätzlich ein inhaltlicher und sozialer Austausch zwischen den einzelnen Arbeitsgruppen gefördert.

2. **Nutzung freier Seminarräume für Lernzwecke:** Studierende der Universität Bremen dürfen Seminarräume für Lernzwecke nutzen, sofern diese frei sind bzw. nicht von einer Lehrveranstaltung genutzt werden. Hierfür wurde innerhalb der Lernplattform eine Möglichkeit geschaffen, nach temporär ungenutzten Seminarräumen zu suchen und sich jederzeit über die jeweils verfügbaren Raumressourcen eines Gebäudes zu informieren.
3. **Ausbau informeller Lernorte:** Informelle Lernorte, Lernraum im weitesten Sinn, werden seit jeher genau dort geschaffen, wo Studierende sich in Eigeninitiative einen Platz auf dem Campus suchen, um sich alleine oder in Gruppen niederzulassen [vgl. Kahnwald & Albrecht, 2009]. Dies geschieht gemeinhin in frei zugänglichen Gebäudebereichen oder Cafeterien oder im neu geschaffenen Campus Park. Die Wertschätzung dieser Gewohnheit wird seitens der Universität Bremen durch die Bereitstellung hochwertiger Möblierung, einer kommunikationsfördernden Infrastruktur wie Kaffeebar oder einem campusweiten WLAN-Zugang, verdeutlicht.
4. **Möglichkeit der Raumbewertung:** Darüber hinaus steht den Studierenden die Möglichkeit einer nachträglichen Raumbewertung offen. In der Lernplattform kann mit Hilfe einer Kommentarfunktion Kritik an der Ausgestaltung eines Raumes geübt und Verbesserungsvorschläge an die Raumbewirtschaftung geschickt werden.

Die Umsetzung der Maßnahmen 1, 2 und 4 wird im Abschnitt „Multimediale Lern- und Arbeitsräume" beschrieben.

Organisatorische Einbettung

Digitale Bildungsangebote bzw. der Einsatz von E-Learning, insbesondere die Verwendung von Lernplattformen zur Unterstützung von Lehr- und Lernprozessen, gehören zum universitären Alltag. Neben den zentralen und dezentralen Unterstützungsstrukturen, die an der Universität Bremen für Studierende angeboten werden (Studienzentren, Praxisbüros, Studierwerkstatt, Career Center, International Office), bildet das Zentrum für Multimedia in der Lehre (ZMML) mit seinen zentralen Diensten und Betreuungsleistungen die Grundlage für die Umsetzung des Konzeptes für Lern- und Arbeitsräume an der Universität Bremen.

Das ZMML ist die zentrale E-Learning-Einrichtung der Universität Bremen und unterstützt alle Lehrenden der Universität Bremen beim Einsatz digitaler Medien zur didaktischen Gestaltung und Organisation der Lehre, in der Vermittlung mediendidaktischer Kompetenz, in der Durchführung von eAssessments sowie in der Produktion und Verbreitung digitaler Lehrmaterialien und fördert die

Nutzung orts- und zeitunabhängiger Bildungsangebote für Studierende und Lehrende.

Das ZMML bietet die technische und organisatorische Infrastruktur für insgesamt vier E-Learning-Dienste für die Unterstützung der Studierenden und Lehrenden:

1. **Lernplattform** als zentraler Einstiegspunkt in E-Learning.
2. **eAssessment** zur Unterstützung von kompetenzorientierten diagnostischen, formativen und summativen Assessments (z.B. ePortfolios und eKlausuren).
3. **Media Services** für die Produktion und Bereitstellung von Lernmaterialien (insb. Film-/Videoproduktionen) und Online-Kursmaterialien.
4. **Mediendidaktik** für mediendidaktische Qualifizierung, Beratung und Support für Lehrende.

Mit den Lern- und Arbeitsräumen für Studierende wurde ein weiterer Arbeitsbereich in Kooperation mit dem Dezernat 5 (u.a. Raumbewirtschaftung, Campus IT) und der SuUB aufgebaut, mit dem Ziel Studierende in ihren Selbstlernphasen sowohl mit physischen als auch mit virtuellen Lern- und Arbeitsräumen zu unterstützen.

Multimediale Lern- und Arbeitsräume

Das Design, die Ausstattung und die Gestaltung der multimedialen Lern- und Arbeitsräume werden so konzipiert, dass sie die Lern- und Arbeitsprozesse der Studierenden, die Anforderungen der Lehre und die damit verbundene Kommunikation unterstützen und befördern. Es werden die Anforderungen der verschieden Lehr- und Lernformen und Lernsituationen von Studierenden unterstützt, wobei insbesondere multimedial ausgestattete Lern- und Arbeitsbereiche für studentische Arbeitsgruppen bereitgestellt werden (Abbildung 1, 2, 3 und 4).

Die wesentlichen Komponenten der Konfiguration eines Lern- und Arbeitsraumes sind wie folgt:

- Gruppenarbeitsplätze mit Multimediaausstattung (Rechner, Groß-LCD) für bis zu 6 Personen (Abbildung 1)
- Gruppenarbeitsplätze ohne Multimediaausstattung (Sitzecken)
- Server für Backend-Dienste (Storage, Authentifizierung, ...)

Die Sitzecken (Abbildung 2) sollen die Kreativität und den sozialen Austausch fördern, fungieren als Treffpunkt und sorgen für ein angenehmeres Ambiente.

Die technische Ausstattung der physischen Lern- und Arbeitsräume muss sowohl Gruppen-, Team- und Projektarbeit mit und ohne IT-Support ermöglichen als auch die Produktion von audiovisuellen Medien durch Studierende unterstützen. Letzteres wird beispielsweise verstärkt in den Studiengängen für Kunst, Musik und Gestaltung eingesetzt, wo Studierende ihre Projekt- oder Hausarbeiten z.T.

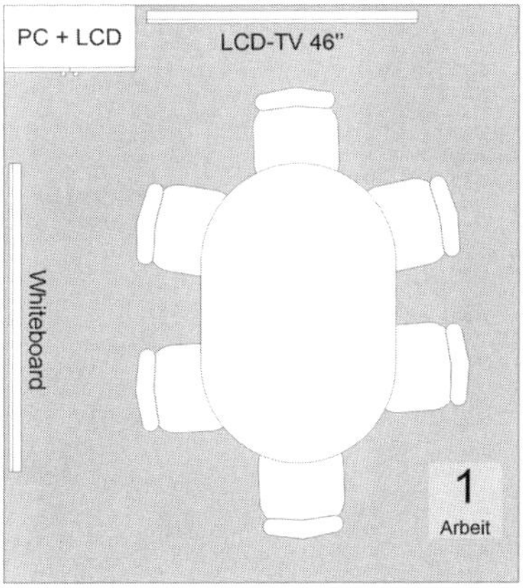

Abbildung 1: Gruppenarbeitsplatz für 6 Personen

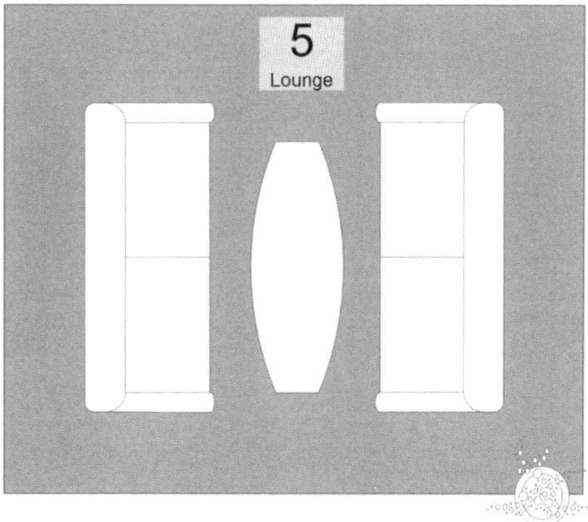

Abbildung 2: Sitzecke

in Form von Videos/Filmen erstellen und damit ihre Medienkompetenz verbessern.

Die technische Ausstattung der Lern- und Arbeitsräume sieht daher, wie im vorherigen Abschnitt skizziert, pro Arbeitsgruppe folgende Komponenten vor:

- Einen LCD-Bildschirm sowie ein leistungsfähiger PC mit Software für Office-Anwendungen und die Bearbeitung von audiovisuellen Medien (Schnittsoftware).
- Peripheriegeräte (Scanner, Funkmaus und Funktastatur, Laser-Pointer, Headsets).
- Mediabox mit Anschlussmöglichkeiten für mitgebrachte Geräte.

Um den Studierenden die Möglichkeit einer konzeptionellen Einflussnahme zu geben, wurde neben dem obligatorischen E-Mail-Support in jedem Raum ein Feedback-Corner installiert, mit dessen Hilfe Ideen und/oder Kommentierungen unmittelbar angebracht werden können. Damit die Benutzung der technischen Infrastruktur reibungslos funktioniert, wurden darüber hinaus an jeder Lerninsel großformatige Nutzerhinweise installiert.

Die Umsetzung der Maßnahmen „Nutzung freier Seminarräume für Lernzwecke“ und „Möglichkeit der Raumbewertung“ erfolgt über die Lernplattform. Dort haben Studierende die Möglichkeit zum Suchen, Buchen und Bewerten von Lernräumen sowie zum Suchen von freien Seminarräumen (Abbildung 5). Studierende können eine Lerninsel ihrer Wahl bis zu zwei Wochen im Voraus buchen – dies neuerdings auch per App „MyUHB“ für Apple iOS. Auch ohne vorherige Buchung sind die multimedialen Lernräume in den Öffnungszeiten frei zugänglich, wobei Studierende mit einer Buchung Priorität haben.

Abbildung 3: Eine Lerninsel mit einer Mediabox für mitgebrachte Geräte (Mitte)

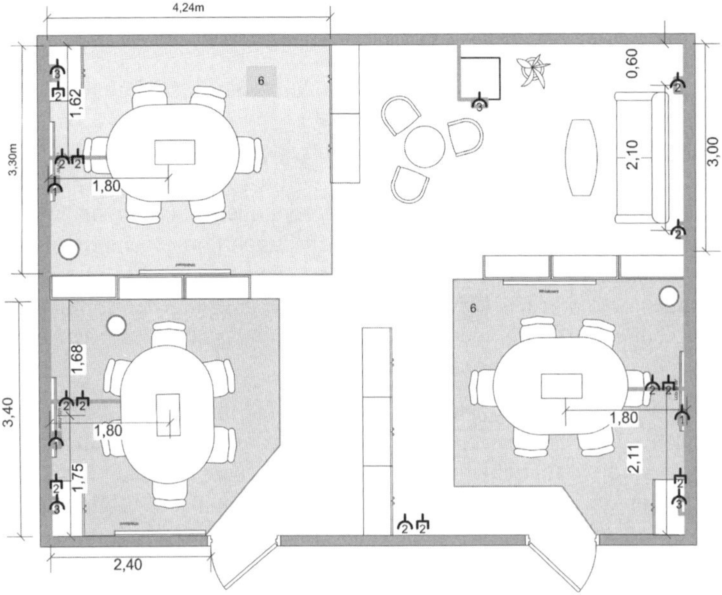

Abbildung 4: Konfiguration eines Lernraums mit 3 Lerninseln und einer Sitzecke

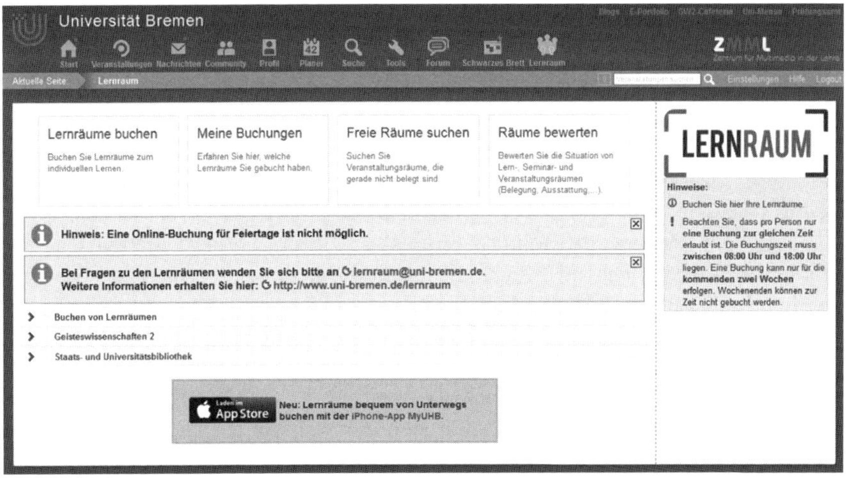

Abbildung 5: Das Lernraum-Modul innerhalb der Lernplattform

Virtuelle Lern- und Arbeitsräume

Lerngruppen benötigen nicht nur eine physische Infrastruktur, sondern auch die Möglichkeit, sich virtuell zu organisieren, z.B. um sich zu vernetzten, gemeinsame Termine oder Materialen zu verwalten, synchron wie auch asynchron ort- und zeitunabhängig zu kommunizieren oder gemeinsam Dokumente zu erstellen oder auszutauschen. In Kombination mit dem physischen Lernraum können Studierende in ihrem Lernprozess je nach Bedarf den physischen und/oder den virtuellen Lernraum nutzen.

Durch die Schaffung von virtuellen Lernräumen innerhalb der vorhandenen und gut akzeptierten Lernplattform der Universität Bremen wird es Studierenden ermöglicht, sich orts- und zeitunabhängig in Lerngruppen virtuell zu organisieren und selbständig ihren Lernprozess zu gestalten. Dabei können die Lerngruppen selber virtuelle Lernräume einrichten und mit einer Auswahl an Funktionalitäten für die virtuelle Gruppenarbeit ausstatten, wie z.B. Diskussionsforen, kollaborative Dokumentenbearbeitung mit Stud.IPad oder Wiki.

Für die audiovisuelle Kollaboration in Echtzeit wird ein innerhalb der Lernplattform integrierter Web-Konferenzdienst allen Studierenden bereitgestellt, der eine Alternative zum persönlichen Gespräch anbietet. Die Teilnehmer einer Web-Konferenz benötigen lediglich einen Webbrowser und ggf. den Adobe Flash Player, um an einer Web-Konferenz teilzunehmen und audiovisuell zu kommunizieren. Bei der gemeinsamen Arbeit an Inhalten können sie ihren Bildschirm freigeben sowie Whiteboards, Chats und Videokonferenzen nutzen.

So haben sie die Möglichkeit zur Interaktion in Echtzeit, ohne vor Ort zu sein. Die Konferenzen und Inhalte lassen sich darüber hinaus aufzeichnen und in den virtuellen Lern- und Arbeitsgruppen verwalten.

Ein breites Angebot an Online-Lehrveranstaltungen ergänzt das Konzept der virtuellen Lern- und Arbeitsräume, in dem es eine weitere Flexibilisierung der Lernprozesse und eine stärkere Orientierung an den unterschiedlichen Bedürfnissen der Studierenden ermöglicht. Dazu gehören die Live-Aufzeichnung von Lehrveranstaltungen (Mobile Lectures) sowie die vorproduzierten General Studies-Veranstaltungen im Filmstudio (s. http://media.uni-bremen.de). Sie bieten den Studierenden folgende Mehrwerte:

- Die Lehrveranstaltungen können virtuell und damit zeit- und ortsunabhängig belegt werden und unterstützen das Konzept der familienfreundlichen Hochschule.
- Im virtuellen Raum können Studierenden im individuellen Lerntempo lernen und einzelne Passagen beliebig oft wiederholen.
- Studierende können im Falle von Verständnisproblemen die Lehrveranstaltung online nachbearbeiten oder zur Prüfungsvorbereitung verwenden.
- Studierende mit Auslandsaufenthalt können die Lehrveranstaltungen online belegen.

Ergebnis der begleitenden Evaluation

Die multimedialen Lernräume sind von den Studierenden begeistert angenommen worden und werden bis hin zur Vollauslastung frequentiert. Dies zeigt die begleitende Nutzerbefragung unter 118 Studierenden, die mit der Eröffnung der multimedialen Lernräume gestartet wurde. Die Ergebnisse der Befragung weisen nach, dass mit der Idee der Installation großformatiger Bildschirme bei den Studierenden offene Türen eingerannt wurden. Über 90% der Befragten gaben an, dass sie die Bildschirme während des gemeinsamen Erarbeitens von Studieninhalten in ihr Arbeitssetting einbezogen haben.

Dabei ist auffallend, dass die Nutzung der Bildschirme den Aufenthalt der jeweiligen Lerngruppen in den Lernräumen signifikant verlängerte. Während jene Arbeitsgruppen, die den Bildschirm nicht nutzten, in nur einem Fall länger als fünf Stunden arbeiteten (8,3% aller Gruppen ohne Bildschirmarbeit), arbeiteten jene Arbeitsgruppen, die den Bildschirm in ihre Arbeit einbezogen, in 24 Fällen (22,6% aller Gruppen mit Bildschirmarbeit) länger als fünf Stunden. Mithilfe dieses Settings wird ein Lernszenarium geschaffen, das Raum für die digitale Darstellung erarbeiteter Studieninhalte im Gruppenverbund bietet, sich dabei bewusst an dem Erwerb einer Vielzahl von Schlüsselkompetenzen orientiert. Eine Nutzerin kommentiert: „Die vorhandene Ausstattung ist ein tolles Angebot, das sich insbesondere zum gemeinsamen Gestalten von Präsentationen etc. eignet. Dadurch eröffnet sich [...] eine neue Möglichkeit der Team- bzw. Gruppenarbeit, weil alle gleichzeitig gemeinsam mitarbeiten können. Die Technik ist eine großartige Investition, mit der das Lernen mehr Spaß macht!"

Den meisten Studierenden ist der Umgang mit den technischen Geräten durch den privaten Gebrauch durchaus vertraut. Allerdings scheinen sie diese nicht im universitären Kontext zu erwarten, wie Rückmeldungen aus den Freitextantworten der Nutzerbefragung schließen lassen: „Die Lernräume sind die besten Orte in der Uni, um in einer Arbeitsgruppe zu lernen, jedoch sind zwei Räume für 20.000 Studenten sehr wenig."

Als Kritikpunkte wurden die Geräuschkulisse bei großen Lerngruppen und die begrenzten Öffnungszeiten genannt, die sich an den Öffnungszeiten des Raumbüros orientieren und zwischen 08:00 und 18:00 Uhr liegen.

Ausblick

Die Kritikpunkte der Studierenden werden aufgegriffen und eine Optimierung der Lernräume durch Geräuschdämmung sowie Ausweitung der Öffnungszeiten angestrebt. Hinzu kommen eine Verbesserung der Barrierefreiheit, Entwicklung und Erprobung eines Scout-Konzepts für die Betreuung sowie der Aufbaue zweier weiterer Standorte, beide mit verlängerten Öffnungszeiten.

Langfristig ist eine campusweite Abdeckung mit Lernräumen geplant, um Studierenden einen produktiven Aufenthalt auf dem gesamten Campus zu ermöglichen und den Leitgedanken „Universität als Lernort" zu stärken.

Um den Studierenden mehr Möglichkeiten und mehr Flexibilität in der Gestaltung der virtuellen Lern- und Arbeitsräume zu ermöglichen, werden neue Ansätze erprobt. Die vorhandene Lernplattform ermöglicht zwar die eigenständige Erstellung von Gruppen durch Studierende, erweist sich jedoch als zu starr und bietet keine Möglichkeiten für eine Vernetzung im akademischen Kontext oder den flexiblen Austausch von Informationen und Inhalten. Mit der Einführung einer persönlichen Lernumgebung sollen die Defizite der vorhandenen Lernplattform beseitigt und die Rahmenbedingungen für virtuelle Lern- und Arbeitsräume mit dem Schwerpunkt auf die akademische Vernetzung und kollaborative Zusammenarbeit geschaffen werden.

Literatur

Beagle, D. (1999). Conceptualizing an information commons. *The Journal of Academic Librarianship 25*, 82–89.

Cowen, W. A. (1999). The Adsetts Center, Sheffield Hallam University. A case study of a multi-functional learning center. *Library Quarterly 9*, 39–57.

Euler, D. (2005). Forschendes Lernen. Studienziel Persönlichkeit. *Beiträge zum Bildungsauftrag der Universität heute*, 253–272.

Franzkowiak, A (2010). Raum als identitätsstiftender Ort. *Deutsche Initiative für Netzwerkinformation e.V. Studentischer Ideenwettbewerb „Lebendige Lernorte"*, 42–48.

Kahnwald, N. & Albrecht, S. (2010). Lernorte als Orte gemeinschaftlichen Lernens. *Deutsche Initiative für Netzwerkinformation e.V. Studentischer Ideenwettbewerb „Lebendige Lernorte"*, 49–59.

Stüwe, J. & Schwedes, K. (2013). *Nutzung und Bewertung der multimedialen Lernräume im GW2. Ergebnisse der Befragung 2012/2013.* Abrufbar unter http://www.uni-bremen.de/lernraum.

Weckmann, H.-D. (2008). Macht Lernen in CIP-Pools Spaß? Moderne Lernarbeitsplätze an deutschen Hochschulen. *Bibliothek – Forschung und Praxis 32,* Heft 2, 167–170.

Silke Kirberg

Hochschulräume öffnen im Wettbewerb „Aufstieg durch Bildung: offene Hochschulen"

Zur Architektur digital unterstützter Öffnung und Erweiterung (Poster)

Zusammenfassung

Im Wettbewerb „Aufstieg durch Bildung: offene Hochschulen" fördert das BMBF 26 Projekte in Deutschland mit dem Ziel, die Durchlässigkeit zwischen beruflicher und akademischer Bildung zu verbessern, einen schnelleren Wissenstransfer in die Praxis zu gewährleisten und die Profilbildung der Hochschulen im Bereich des lebensbegleitenden Lernens zu unterstützen. Im Poster wird am Beispiel der Hochschule Niederrhein und dem dort durchgeführten Projekt „Die duale Hochschule: von ausbildungsbegleitenden hin zu berufsbegleitenden Studienmodellen" erläutert, inwieweit die Flexibilisierung von Studienberatung, -organisation und -formaten durch digitale Medien unterstützt werden kann und zudem die Architektur digitaler Räume in sich öffnenden Hochschulen skizziert. Räume sind ‚Möglichkeiten' und ‚Bewegung' – offene Hochschulen schaffen dafür die notwendigen Strukturen.

1 Räume öffnen – Durchlässigkeit an Hochschulen schaffen

Um die Durchlässigkeit zwischen beruflicher und akademischer Bildung zu verbessern, einen schnelleren Wissenstransfer in die Praxis zu gewährleisten und die Profilbildung der Hochschulen im Bereich des lebensbegleitenden Lernens zu unterstützen, fördert das BMBF im Wettbewerb „Aufstieg durch Bildung: offene Hochschulen" Vorhaben, in denen Hochschulen

- förderliche Strukturen zur Ansprache heterogener Zielgruppen (u.a. Studierende mit beruflicher und/oder familiärer Verantwortung, beruflich Qualifizierte) schaffen,
- die Kooperation zwischen Hochschule, Unternehmen und weiteren Bildungsträgern in ihren Angeboten umsetzen,
- Studienformate als geregelte Teilzeitstudiengänge und unter Ausnutzung der digitalen Möglichkeiten organisieren und
- die Anrechnung außerhochschulisch erworbener Kompetenzen formalisieren.

(vgl. Webseite der wissenschaftlichen Begleitung; Themenschwerpunkte, http://offene-hochschulen.de/wb_themensp.php; 10.05.2014).

Im Projekt „Die duale Hochschule: von ausbildungsbegleitenden hin zu berufsbegleitenden Studienmodellen“ erweitert die Hochschule Niederrhein ihre „Räume“ und Möglichkeiten, digital unterstützt unter anderem um – bildlich gesprochen – Foyers, Gelände, Sammelpunkt und Forum.

2 Räume für Studieninteressierte eröffnen

Im „HN-Navigator“ finden Studieninteressierte Online-Self-Assessments für eine große Auswahl der Studiengänge der zehn Fachbereiche der Hochschule Niederrhein. Im Rahmen von „Aufstieg durch Bildung: offene Hochschulen“ wurde der „HN-Navigator“ speziell für diejenigen erweitert, die vor der Frage stehen „Kann ich mich durch ein Studium weiterentwickeln?“, aber nicht die übliche Qualifikation in Form der Hochschulzugangsberechtigung aufweisen. Zugangsmöglichkeiten und Anregungen zur Selbstreflexion spiegeln die Fragen wider, die aus Beratungen dieser besonderen Zielgruppe als Anforderungen gesammelt wurden (www.hn-navigator.de).

Der Umgang mit außerhochschulisch erworbenen Kompetenzen wurde im Projekt analysiert und hochschulweit diskutiert, um schließlich in einem formellen Prozess als „Anrechnungsrahmenordnung“ formuliert zu werden (Wachendorf, 2014).

Bildlich gesprochen wurden geschaffen

- ein Foyer, in dem über die verschiedenen, formellen Möglichkeiten zu einem Hochschulstudium für neue Zielgruppen informiert wird: Es wurde ein Online-Self-Assessment für beruflich qualifizierte Studieninteressierte entwickelt, in dem der Zugang zum Hochschulstudium ohne die übliche Zugangsberechtigung klar dargestellt wird. In Kombination mit einer für diese Zielgruppe spezialisierten Studienberatung wird der Eintritt in die Hochschule optimal vorbereitet.
- ein Gelände, in dem sich die beruflich Qualifizierten in einem Zusammenspiel von Information und Reflexion in das realistische „Auf-und-ab“ eines Studiums versetzen und ihre Energie einschätzen, die für die erfolgreiche Bewältigung notwendig sein wird: Im Online-Self-Assessment wechseln sich die Informationen für Studieninteressierte mit Fragen zu den Anforderungen an ein Studium ab. Die interessierten, beruflich Qualifizierten werden zur Reflexion über ihre Motive angeregt und über die erforderliche Investition in Zeit und Leistungen für ein Studium informiert.
- ein Sammelpunkt, an dem gefragt wird: Welche Kompetenzen werden in ein Studium eingebracht? Welche decken sich insbesondere in Inhalte und Niveau mit Modulen des Studiengangs? Es ist denkbar, die Implementierung gültiger Verfahren zur Anrechnung von Kompetenzen durch ePortfolios und

online-geführten Datenbanken in offener und pauschalisierter Weise zu erproben.

Mit Hilfe dieser Räume öffnet sich die Hochschule zugunsten einer heterogenen Studierendenschaft; die an vielen Fachbereichen alternativ angebotenen Vollzeit- und Teilzeitstudiengänge knüpfen an das Studieninteresse an.

3 Räume für Studierende erweitern

Digitale Möglichkeiten sollen außerdem dazu genutzt werden, um die realen Räume von Studium und Lehre um virtuelle Komponenten dauerhaft zu erweitern. Das Angebot an Studiengängen wurde hochschulweit durch geregelte Teilzeitstudiengänge erweitert und das duale Studium berufsbegleitend weiterentwickelt (Wachendorf, Rath & Lent, 2012).

Die neu implementierte Lernplattform ist dabei das ‚Forum‘, von dem aus die strukturierte Begleitung der Lehrveranstaltungen geleistet (Kerres, 2012, S. 88) und wo Blended-Learning-Konzepte der Fachbereiche umgesetzt werden können. Um die Ansprache heterogener Zielgruppen zu verbessern, ist der Ausbau der Online-Begleitung der Präsenzlehre und die Erweiterung um Blended-Learning-Konzepte sinnvoll (Zawacki-Richter, 2011; Zinn & Jürgens, 2010).

Im Rahmen von „Aufstieg durch Bildung“ wurden dazu Bedarfsanalysen bei den Lehrenden durchgeführt und sowohl technische als auch rechtliche Umsetzungsbedingungen mit den Beteiligten diskutiert (Schönwald, 2007; Wilbers, 2001). Rechtliche Besonderheiten sind u.a. für die (auch) digitale Kooperation mit Unternehmen und Bildungsträgern sowie für Brückenangebote in Zeiträumen vor der Einschreibung der Studierenden zu regeln.

4 Ausblick

Diese und weitere Räume – virtuell und real – sollen im Wettbewerb „Aufstieg durch Bildung: offene Hochschulen“ durch flexible Lernwege verbunden werden. Ab dem WS 2014/15 werden dazu beispielsweise virtuelle Inhalte und Blended-Learning-Konzepte erprobt, die in Zusammenarbeit mit studentischen eTutor/innen an den Fachbereichen, den Sprachenzentren, der Bibliothek und im Tutorenprogramm erarbeitet wurden.

Literatur

Kerres, M. (2012). *Mediendidaktik. Konzeption und Entwicklung mediengestützter Lernangebote* (3. Aufl.). München: Oldenbourg.

Schönwald, I. (2007). *Change Management in Hochschulen: die Gestaltung soziokultureller Veränderungsprozesse zur Integration von E-Learning in die Hochschullehre* (e-Learning, Bd. 12). Lohmar: Eul.

Wachendorf, N. (2014). Die Implementierung einer hochschulweit geregelten Anrechnungsrahmenordnung. Wie ist ein hochschulweit einheitlicher Kompetenzbegriff und eine einheitliche Kompetenzfeststellung realisierbar? In A. Bergstermann, E. Cendon, L. B. Flacke, C. Grunert, J. Hettel, P. John, S. Kirberg, N. Nause, M. Reinhardt, M. Schäfer, S. Strazny, F. Theis, N. Wachendorf & M. Wolf, *Kompetenzentwicklung und Heterogenität. Ausgestaltung von Studienformaten an der Schnittstelle von Theorie und Praxis.* Handreichung der wissenschaftlichen Begleitung des Bund-Länder-Wettbewerbs „Aufstieg durch Bildung: offene Hochschulen". Verfügbar unter: http://offene-hochschlen.de/download/HANDREICHUNG_Kompetenzentwicklung%20und%20Heterogenit%C3%A4t_final.pdf [10.05.2014].

Wachendorf, N., Rath, M. & Lent, M. (2012). Die Verbindung von beruflicher und akademischer Bildung am Beispiel des dualen Studiums nach dem „Krefelder Modell". Das Erfolgsmodell der Hochschule Niederrhein. *bwp@*, *12*(23). Verfügbar unter: http://www.bwpat.de/content/ausgabe/23/wachendorf-etal/ [28.02.2014].

Wilbers, K. (2001). E-Learning didaktisch gestalten. In A. Hohenstein & K. Wilbers, *Handbuch E-Learning* (Kap. 4.0, S. 1–42). Köln: Deutscher Wirtschaftsdienst.

Zawacki-Richter, O. (2011). Editorial „E-Learning und Fernstudium an Hochschulen". *zeitschrift für e-learning*, *6*(1).

Zinn, B. & Jürgens, A. (2010). Akademische Weiterbildung von Meistern und Technikern in ingenieurwissenschaftlichen Studiengängen. *bwp@*, *10*(19). Verfügbar unter: http://www.bwpat.de/content/uploads/media/zinn_juergens_bwpat19.pdf [28.02.2014].

Patricia Arnold, Swapna Kumar

„Räumchen wechsle dich" – Eigenräume und Raumwechsel beim Aufbau einer Online Community of Practice

Zusammenfassung

Dieser Beitrag untersucht die verschiedenen Lernräume, die beim Aufbau einer Community of Practice genutzt wurden. Im Mittelpunkt steht dabei die Frage, welche Funktionen Lernräume wie das Learning Management System, ein Wiki, Facebook und Twitter sowie Konferenzsysteme, aber auch Präsenztreffen, erfüllt haben. Am Beispiel eines berufsbegleitenden Online-Doktoratsstudiums wird nachgezeichnet, wie sich das Zusammenspiel der Lernräume gestaltet – und auch verändert – hat. Auf der Grundlage der Ergebnisse der Begleitforschung reflektieren wir anschließend die aktuellen Herausforderungen dieser „multiplen Raumgestaltung" beim Aufbau von Communities of Practice in Zeiten der ubiquitären Verfügbarkeit von Social Media.

1 Vielfalt virtueller Lernräume

Die Gestaltung von geeigneten Lernräumen für Studienprogramme wird angesichts der ubiquitären Verfügbarkeit und weit verbreiteten Nutzung von Social Media zunehmend komplexer. Es gilt, aus einer unübersichtlichen Vielzahl formaler und informeller virtueller Lernräume passende für den eigenen Kontext zu finden und sinnvoll in das didaktische Design einzubinden (Arnold et al., 2013; Johnson et al., 2014). Studierende und Lehrende nutzen Social Media auch und gerade *unabhängig von universitären Lehrangeboten*. Auf der Seite der Studierenden überwiegt zwar der Gebrauch von Social Media im privaten Bereich und für informellen Austausch, aber die Unterscheidung „private/wissenschaftliche Zwecke" scheint nicht mehr unbedingt zielführend zu sein: Zunehmend geht informeller Austausch auch in die wissenschaftliche Zusammenarbeit und Auseinandersetzung mit dem Lerngegenstand ein (Conole & Alevizou, 2010; Kumar, Liu & Black, 2012).

Strebt man darüber hinaus im Rahmen eines Studienangebots die Förderung einer Community of Practice (CoP) als Wissens- und Lerngemeinschaft (Lave & Wenger, 1991; Wenger, 1998) an, kommt die Frage hinzu, welche Lernräume die Funktionsweise von CoPs optimal unterstützen können. Allgemeine Hinweise zur Auswahl geeigneter virtueller Räume existieren kaum, zu stark variieren die kontextuellen Faktoren, die konkreten Zielsetzungen der CoPs wie auch die Medienkompetenzen der Beteiligten und die Verfügbarkeiten der Technologien (vgl. auch „digitale Habitate", Wenger, White & Smith, 2009). Immerhin scheint aber in virtuellen Räumen, die als „persönliche Lernumgebungen" durch Social Media aufgespannt werden, die Idee der selbst organisierten Community of Practice zur gemeinschaftlichen Wissenskonstruktion eher realisiert werden zu können als zuvor über Lernräume auf der Grundlage von Learning Management Systemen (Kerres, Hölterhof & Nattland, 2011; Schaffert & Kalz, 2009).

Die Frage, welchen Beitrag die verschiedenen virtuellen Lernräume für den Aufbau und das Funktionieren der CoP leisten und wie sich ihr Zusammenspiel gestaltet, bleibt aber weiterhin offen: Wie können formale und informelle Lern- und Kommunikationsprozesse in verschiedenen virtuellen Räumen realisiert und miteinander verbunden werden? Wie unterscheiden sich virtuelle Räume, die von Lehrenden oder Studierenden initiiert oder verwaltet werden? Die detaillierte Betrachtung des Aufbaus einer CoP, verteilt über unterschiedlichste Lernräume, soll im Folgenden einen Beitrag zur Beantwortung dieser Fragen leisten. Das Fallbeispiel entstammt einem Online-Doktoratsstudium für berufsbegleitend Studierende aus unterschiedlichen Bildungsbereichen.

Wir stellen zunächst das Konzept der CoPs genauer dar (Kap. 2), beschreiben im Anschluss das Online-Doktoratsstudium mit Blick auf die Lernräume (Kap. 3) und legen dann die Ergebnisse der Begleitforschung zur Wahrnehmung der Lernräume und den vorgenommenen „Raumwechseln" dar (Kap. 4). Die Diskussion der Ergebnisse (Kap. 5) und ein Fazit (Kap. 6) runden diesen Beitrag ab.

2 Lernen in Communities of Practice

CoPs sind kurz gefasst „Personengruppen, die ein Anliegen, eine Problemlage oder eine Leidenschaft zu einer Thematik teilen und ihr Wissen und ihre Expertise in diesem Gebiet durch laufende Zusammenarbeit vertiefen" (Wenger, McDermott & Snyder, 2002, 4, Übers. d. Aut.). Die Mitglieder einer idealtypischen CoP verschreiben sich einem gemeinsamen Zweck, entwickeln ihre persönliche und professionelle Identität weiter und bilden ein gemeinschaftliches Verantwortungsgefühl aus (Lave & Wenger, 1991; Wenger, 1998). CoPs sind durch drei Dimensionen gekennzeichnet (Wenger, 1998, 73): (1) ein *gemeinschaftliches Unterfangen*, das die Mitglieder in kontinuierlichen Aushandlungsprozessen weiter entwickeln, (2) ein *aufeinander bezogenes Handeln*, das gegenseitige Unterstützung umfasst, (3) *gemeinschaftliche Ressourcen,* die gemeinsam geschaffene Produkte wie Werkzeuge, Dokumente oder kollektive Erinnerungen beinhalten.

Anders gefasst kann man in einer CoP drei Elemente unterscheiden: die *Domäne*, die *Gemeinschaft* und die *Praxis* (Wenger, McDermott & Snyder, 2002). Die *Domäne* ist das gemeinsam bearbeitete Interessens- und Wissensgebiet. Die *Gemeinschaft* entsteht durch den Aufbau vertrauensvoller Beziehungen sowie den kontinuierlichen Austausch von Informationen zur Domäne. Durch die gemeinschaftliche *Praxis* wird neues Wissen geschaffen und es werden Verständnisse, Gegenstände und Grenzen der Domäne immer feiner ausgehandelt (Byington, 2011).

Nach Lave & Wenger (1991) vollzieht sich Lernen durch die Gelegenheiten, in die Praxis einer Gemeinschaft einbezogen zu werden sowie in Prozessen der Identitätsentwicklung, die gleichzeitig ein Zugehörigkeits- und Teilhabegefühl erzeugen (Handley, Sturdy, Fincham & Clark, 2006, 642). Formales und informelles Lernen verbindet sich. Erfolgreiche CoPs ermöglichen den Austausch und den Aufbau von formalem und informellem Wissen, indem die Mitglieder voneinander und miteinander in der Sache lernen (Wenger, White & Smith, 2009). Der Vorgang dieses „Hineinwachsens" in die gemeinschaftliche Handlungspraxis kennzeichnet das eigentliche Lernen. Plakativ wird dieses Lernen auch als „learning to be" im Gegensatz zum reinen Wissenserwerb („learning about") bezeichnet (Brown & Adler, 2008, 19).

Prinzipiell sind CoPs erst einmal *selbst organisierte* soziale Einheiten. Diese Eigenschaft schließt aber nicht aus, dass Lehrende sich bei der Gestaltung von Studienprogrammen am Konzept der CoPs orientieren und versuchen, CoPs aktiv zu initiieren. So diente das Konzept der CoPs auch im hier untersuchten Fallbeispiel als Ausgangspunkt für das didaktische Design (vgl. Kap. 4.2).

3 Doktoratsstudium „Educational Technology"

Die CoP, die hier als Fallbeispiel betrachtet wird, ist im berufsbegleitenden Doktoratsstudiengang in „Educational Technology" an einer amerikanischen Universität entstanden. Das Online-Studienprogramm wird überwiegend durch Online-Seminare sowie verschiedene Online-Aktivitäten und intensive Online-Betreuung realisiert, enthält aber auch Präsenzphasen[1].

3.1 Eckdaten

Die Studierenden in dem Doktoratsstudium sind alle im Bildungsbereich berufstätig. Auch wenn die einzelnen ausgeübten Berufstätigkeiten unterschied-

1 Für eine ausführliche Beschreibung des Studienprogramms vgl. Kumar (2014); hier stellen wir nur das für unsere Perspektive „CoPs und Lernräume" Notwendige vor.

lich sind, eint alle Studierende ein Selbstverständnis als „Educators". Zu den vertretenen Berufsgruppen gehören Lehrende an Hochschulen und Schulen, TrainerInnen und Bildungsverantwortliche in Unternehmen, SozialpädagogInnen etc. Einzugsgebiet sind die gesamten USA; ca. 15–20% der Studierenden wohnen und arbeiten in Südamerika und Asien. Das Altersspektrum reicht insgesamt von 26–63 Jahre, die Berufserfahrung liegt zwischen 5–38 Jahren. Die *Domäne*, die alle Studierenden verbindet, ist „Educational Technology" und damit das Interesse an der Gestaltung von Lehr- und Lernumgebungen mit digitalen Medien.

3.2 Communities of Practice als zentrales Designelement

Das didaktische Design des Studienprogramms verfolgte zwei Ziele: (1) den Studierenden zu ermöglichen, sich schnell Fachwissen in ihrer Domäne „Educational Technology" anzueignen und dies auf ihre beruflichen Felder zu beziehen, (2) eine Community online aufzubauen, in der die Studierenden auch voneinander lernen. Das Konzept der CoPs hat daher das didaktische Design wesentlich beeinflusst, zumal Communities in Fernstudiensettings wesentlich für das Durchhaltevermögen und den Studienabschluss sind (Junco, 2012).

Um eine gemeinsame Wissensbasis aufzubauen und mit Forschungsmethoden für ihre Berufsfelder vertraut zu werden, absolvieren die Studierenden ein zweijähriges Seminarprogramm, bevor sie ihr eigentliches Dissertationsprojekt beginnen. Um die Entstehung einer CoP zu fördern, wird das gesamte Seminarprogramm in einer Kohorte durchlaufen. Gleichzeitig wird die Diskussion über neues Fachwissen und seine Bedeutung für die Kontexte der Studierenden unterstützt ebenso wie der Transfer in ihre Berufsfelder und eine kontinuierliche Reflexion ihrer Erfahrungen mit digitalen Medien in Bildungszusammenhängen. Zusätzlich werden die gegenseitige Unterstützung sowie der Aufbau persönlicher, vertrauensvoller Beziehungen gefördert.

Das didaktische Design initiiert eine CoP in der Studierendenkohorte damit zunächst „top-down". Gleichzeitig wird aber bewusst auch auf die Selbstorganisation der Studierenden gesetzt und ein „bottom-up"-Ansatz verfolgt, indem Studierende in anderen Bereichen ihre Interaktionen sowie ihre Werkzeuge frei wählen können. Letzteres trägt auch dem Umstand Rechnung, dass alle Studierenden zusätzlich zur CoP des Programms auch Mitglieder in anderen CoPs sind (Beruf, Familie, Hobbys) und zum Aufbau vertrauensvoller Beziehungen auch informeller Austausch über diese anderen Lebensbereiche gehört. Insgesamt erfolgen die Interaktionen innerhalb der CoP in verschiedenen formalen und informellen Lernräumen, die im Folgenden näher beschrieben werden.

3.3 Vielfalt der Lernräume im Programm

Die Lernräume des Programms unterschieden sich in mehreren Dimensionen: Sie waren *formaler oder informeller Natur*; in formalen Räumen interagierten Studierende mit Lehrenden, achteten auf ihren Sprachgebrauch und ihre Beiträge wurden teilweise bewertet. Die informellen Räume haben die Studierenden meist selbst aufgebaut und Lehrende hatten häufig keinen Zugang zu ihnen. Manche Räume wurden *von Lehrenden gestaltet und verwaltet* und die Nutzung war für alle *verbindlich*, andere waren *von Lehrenden bereitgestellt*, aber *von Studierenden gestaltet und verwaltet*. Wiederum andere haben die Studierenden auf eigene Initiative *aufgebaut und verwaltet* und ihre Nutzung war *freiwillig*. Die überwiegende Zahl der Lernräume waren *virtuelle* Räume, aber auch *Präsenz*treffen konstituierten Lernräume. Aus den folgenden setzte sich Gruppe A zusammen:

Online-Seminare auf Moodle wurden von Lehrenden gestaltet, waren für die Studierenden verbindlich und thematisierten fachspezifische Inhalte zu „Educational Technology". Studentische Beiträge hier wurden bewertet. Der Schwerpunkt lag auf der Aneignung von Fachinhalten und deren Anwendung in den Berufsfeldern der Studierenden. Das Herausarbeiten der Bedeutung der Fachinhalte für die Berufspraxis, die Personalisierung der Aufgaben sowie der Transfer der Inhalte in die Praxis gewährleisteten, dass in diesem formalen Lernraum sowohl die *Domäne* als auch die gemeinschaftliche *Praxis* der CoP adressiert wurden.

Präsenzseminare führte die Studiengangsleitung durch. Sie beinhalteten Treffen mit anderen Lehrenden, Diskussionen, Präsentationen, Kleingruppenarbeit sowie die Vorbereitung der Dissertationsprojekte. Das Studienprogramm startet mit einem 2-tägigen Orientierungstreffen. Zusätzlich ist die Teilnahme an 5-tägigen Präsenzseminaren einmal jährlich verpflichtend. Außerhalb der formalen Seminarzeiten verbringen Studierende viel Zeit zusammen, um die „kostbaren Zusammenkünfte" optimal zu nutzen.

Monatliche synchrone Online-Treffen mit Elluminate konstituierten weitere formale Lernräume, die verpflichtend waren und für fachspezifische Diskussionen oder organisatorische Fragen genutzt wurden. Aufgrund von technischen Problemen standen nur Audioaufnahmen und kein Video zur Verfügung. Lehrende haben diese Treffen im 1. Semester geleitet, aber ab dem 2. Semester die Leitung an die Studierenden übergeben.

Die Wiki-Funktionalität in Moodle wurde zur Zusammenstellung von relevanter Literatur benutzt. Ausgehend von einer verbindlichen Gruppenaufgabe in einem Online-Seminar, ein Literatur-Wiki anzulegen, wurden die Studierenden ermutigt, das Wiki im Verlauf ihres Studiums freiwillig weiter zu pflegen. Die Studierenden haben das Wiki auch während des Studiums fortgeschrieben, eine

Diskussion der Einträge fand aber nicht im Wiki statt, sondern in der Facebook-Gruppe und den Online-Seminaren auf Moodle. Hier deuten sich auch bereits die Überschneidungen und Verbindungen der einzelnen virtuellen Lernräume und die Übergänge von formal zu informell an.

Eine **Facebook-Gruppe,** die durch Studierende aufgebaut und verwaltet wurde und an der Lehrende nicht teilnahmen, kann als informeller Raum angesehen werden. Studierende diskutierten hier u.a. das Programm als Ganzes, die Aufgaben, die Lehrenden und Work-Life-Balance Herausforderungen.

Kleine Forschungsgruppen wurden im ersten Semester formal durch die Studiengangsleitung gebildet. Die Gruppen haben sich einerseits, formal arrangiert, mit ihren betreuenden Lehrenden über E-Mail, Skype oder Telefonkonferenzen ausgetauscht, sich aber auch unabhängig von den Lehrenden „getroffen" – persönlich, in selbst gewählten virtuellen Räumen oder per Telefon.

4 Ergebnisse der Begleitforschung

4.1 Methodisches Vorgehen

Im Rahmen der Qualitätssicherung des Studienprogramms wurde seit 2010 vielfältige Begleitforschung mit unterschiedlichen Fragen und Schwerpunkten durchgeführt. Die Datenerhebungen erfolgten mit Fokusgruppen, Interviews und einer schriftlichen Befragung in Anlehnung an Arbaugh et al. (2008); durchgeführt von Forschenden, die nicht selber im Programm beteiligt waren. Zusätzlich haben zwei Studierende die Kommunikation innerhalb der Facebook-Gruppe einer Inhaltsanalyse unterzogen (Kenney, Kumar & Hart, 2013). Aus diesen Daten stellen wir hier diejenigen vor, die für unsere Frage des Aufbaus einer CoP im Zusammenspiel mit verschiedenen Lernräumen besonders relevant sind und verweisen für Details auf die anderen entstandenen Publikationen[2].

2 Die Untersuchung von Kumar & Ritzhaupt (2014) fokussiert beispielweise die Lernergebnisse sowie die Lernerzufriedenheit mit dem gesamten Studienprogramm. Daten aus dieser Untersuchung, die für unsere Betrachtung zu Lernräumen für CoPs aufschlussreich sein können, beziehen wir hier mit ein, ohne sie im Detail darzustellen. Analoges gilt für Kumar & Kenney (im Druck), bei denen die Wahrnehmung von Lehrenden und Studierenden zur Gemeinschaftsförderung im Learning Management System der Hochschule im Vordergrund steht.

4.2 Ergebnisse

Auf einer Likert Skala von 1–5 (mit 5 als „stimme vollständig zu") schätzten die Studierenden (N=18) die Präsenztreffen als wichtigste Unterstützung für den Aufbau der CoP ein (M=4.88, SD=0.34), gefolgt von der ihrer Facebook-Gruppe (M=4.5, SD=0.96) und den kleinen Forschungsgruppen mit selbst gewählten Kommunikationsmitteln (M=4.4, SD=0.91). Für ihre Lernergebnisse hielten die Studierenden die Online-Seminare und die Präsenztreffen für am wichtigsten (M=4.94), gefolgt von ihrer Facebook-Gruppe (M=4.37) und den monatlichen synchronen Online-Treffen (M=4.25) (Kumar & Ritzhaupt, 2014).

Die Fokusgruppen-Daten zeigen, dass die Online-Seminare auf Moodle im Wesentlichen als formale Lernräume gesehen wurden, um sich Wissen anzueignen und mit Lehrenden zu kommunizieren. Die monatlichen synchronen Online-Treffen wurden als sehr nützlich für Diskussionen zur Domäne erlebt, aber Studierende wünschten sich zusätzlich, dass Lehrende ihre eigenen Forschungen vorstellen und Studierende von Konferenzbesuchen etc. berichten würden (Kumar, 2014). Das Literatur-Wiki trat in Fokusgruppen wie Interviews als kollektiver Sammelort hervor, der den Studierenden „gehörte" und den sie für ihre Dissertationsprojekte und Prüfungen nutzen. Die Jahrgangskohorte wurde insgesamt als wichtigste Unterstützungsstruktur im Studium gesehen.

Die Facebook-Gruppe wurde sehr stark als *„ihre"* hervorgehoben und als Ort, um sich als *„Menschen und nicht als Studierende"* auszutauschen – erleichtert durch den informellen Charakter der Gruppe und den Umstand, dass Lehrende nicht dazu gehörten (Kumar & Kenney, im Druck). Die Inhaltsanalyse in der Facebook-Gruppe ergab, dass die meisten Unterhaltungen Lehrende zum Gegenstand hatten, gefolgt von Leistungsnachweisen. Auffallend war, dass trotz des informellen Charakters 92% aller Unterhaltungen einen Bezug zum Studium aufwiesen (Kenney, Kumar & Hart, 2013).

Die kleinen Forschungsgruppen waren wichtig für die Studierenden, um Beziehungen aufzubauen und ihre Forschung in selbst gewählten Lernräumen zu diskutieren. Gewählt wurden Skype, Cisco WebEx oder Telefonkonferenzen in Abhängigkeit der Bedürfnisse und Kenntnisse der Gruppe und einer evtl. Zeitverschiebung bei der Zusammenarbeit. Zusätzlich haben die Studierenden sich in ihren jeweiligen beruflichen Fach-Communities engagiert, auch online via Twitter. In Interviews nach Abschluss ihrer Promotionen betonten die Studierenden das Bedürfnis, ihre Erfahrungen aus diesen Fach-Communities auch mit anderen Beteiligten am Studienprogramm, Mitstudierenden wie Lehrenden, zu teilen.

4.3 Umgesetzte Veränderungen

Das didaktische Design und die genutzten Lernräume in der nächsten Gruppe, Gruppe B, wurde angesichts dieser Ergebnisse und der Verfügbarkeit weiterer Technologien leicht verändert: **Moodle** wurde weiterhin als formaler Lernraum für die Online-Seminare genutzt und auch die Instruktionen für die monatlichen **Online-Treffen** und den Wiki-Aufbau blieben unverändert. Die synchronen Online-Treffen wurden nun aber über Adobe Connect durchgeführt und neben den domänenspezifischen Diskussionen auch für Berichte aus der Forschung, von beruflichen Fachkonferenzen und -Communities genutzt, die Vorschläge der Studierenden in Gruppe A aufgreifend. Diejenigen, die etwas vorstellten, nutzen Videoaufnahmen, was als persönlicher und gleichzeitig informeller erlebt wurde. Für den **Wiki-Aufbau** nutzten die Studierenden *pbworks*, um Ressourcen zusammenzustellen, die kommentiert und diskutiert werden können. Das Wiki trug damit auch zum Community Aufbau bei und fungierte nicht nur als Dateiablage. Zusätzlich nutzten Studierende **Mendeley und Refworks**, um gemeinsame Forschungsordner anzulegen.

Die informelle **Facebook-Gruppe** wurde unmittelbar nach Programmstart gegründet. Sie blieb weiterhin ein von den Studierenden verwalteter Raum ohne Beteiligung von Lehrenden. Die kleinen Forschungsgruppen in Gruppe B trafen sich in der Regel in Google Hangout und arbeiteten an Dokumenten gemeinsam in Google Drive. Studierende organisierten die Lernräume selber und luden gelegentlich Lehrende ein, um Teile ihrer Arbeit zu besprechen. Zahlreiche Studierende aus Gruppe B nutzten **Twitter** sehr aktiv; die Gruppe legte daher einen Hashtag fest, um auf ggf. auch für das Studium interessante Ressourcen hinzuweisen. Aber nicht alle Studierenden und vor allem nicht allen Lehrenden sagte die Twitter Nutzung zu, sodass diese Interaktionen sich auf die aktiven Twitter-User beschränkten.

5 Eigenräume und Raumwechsel – Diskussion

Das didaktische Design sah vor, eine anfängliche Struktur für den Aufbau der CoP seitens der Lehrenden in formalen Lernräumen bereitzustellen, aber im Anschluss die Fortführung der Community in informellen Räumen durch die Studierenden anzuregen.

Rolle der formalen und informellen Lernräume: Bezogen auf den Community-Aufbau erfüllten alle Lernräume je verschiedene Funktionen, aber in fast allen standen die *Domäne* und die *Praxis* im Vordergrund. Nur in den Präsenztreffen sowie in der Facebook-Gruppe war *Community*, der Aufbau sozialer Beziehungen und einer Gruppenidentität, ähnlich gewichtig wie die beiden anderen Elemente. Diese beiden Lernräume erlauben als ganze Person sichtbar zu werden, nicht nur als Studierende eines Programms (Kumar & Kenney, im Druck). In einem formalen Lernraum wie Moodle, in dem Studierende auf ein professionelles Auftreten achten und sich der Gegenwart bewertender Lehrender bewusst sind, kann dies offensichtlich weniger geschehen. Auffallend ist, dass in formalen Lernräumen wie Moodle, aber auch in informellen wie der Facebook-Gruppe dennoch die Domäne zentral für die Konversationen ist. Dies zeigt einmal mehr die hohe Bedeutung des „gemeinsamen Dritten" beim Aufbau einer CoP.

Weiterhin verwischen die Grenzen zwischen formal und informell häufig: Im Fallbeispiel waren das Wiki, Mendeley und Refworks virtuelle Räume, die gleichzeitig formal und informell waren. Sie begannen formal als Teil einer Studienleistung, aber wechselten dann zu informellen Räumen, in denen die Studierenden in eigener Regie weiter zusammenarbeiteten und sich durch „social bookmarking" und „tagging" beim Verfassen der Forschungsarbeiten unterstützten. Auch wenn sie schon in Eigenregie von den Studierenden betrieben wurden, wurden Lehrende punktuell in die Räume eingeladen, um Feedback oder Hinweise auf Fachliteratur etc. zu bekommen, was den Charakter eher wieder in die Nähe formaler Räume rückte. Analoges gilt für die Präsenztreffen: Sie waren tagsüber formale Lernräume und nahmen mittags oder abends eher einen informellen Charakter an.

Die Nutzung der formalen oder informellen Räume ist zudem beeinflusst vom Zweck des jeweiligen Lernraums innerhalb der CoP. Das Fallbeispiel zeigt eine Diskrepanz zwischen der Zweckbestimmung der Studierenden und der Lehrenden: Lehrende strebten mit den Lernräumen den Aufbau einer **wissenschaftlichen** Community an – um die Domäne zu diskutieren und die Qualität der Forschungsarbeiten zu erhöhen. Studierende strebten in den virtuellen Räumen stärker eine **Unterstützungs-Community** an – um über Herausforderungen beim Absolvieren des Programms zu sprechen, gemeinsame Ressourcen zu schaffen, die allen das Durchhalten ermöglichen sowie eine Gruppenzugehörigkeit zu erleben (Kumar & Kenney, im Druck). Diese Diskrepanz verdeutlicht die Chancen von vielfältigen Räumen, in denen ggf. beide Zielsetzungen erfüllt werden und sich gegenseitig ergänzen können.

Auswahl von Technologien von Lehrenden und Studierenden: Während Lehrende Technologien zur Gestaltung der Lernräume nach der Verfügbarkeit an der Universität, unter Berücksichtigung von Hochschulrichtlinien und gemäß ihrer Vertrautheit mit den Technologien auswählten, stand bei den Studierenden die Vertrautheit und die Frage, wie gut die Technologien sich in ihren Alltag integrieren ließen, im Vordergrund. Lehrende nutzen das an der Universität verfügbare Learning Management System und die Videokonferenzsoftware, weil beide automatisch mit den Studierendendaten verbunden sind. Diese

Technologien sind aber nicht notwendig leicht für die Studierenden zu verwenden oder eignen sich für die mobile Nutzung. Im Fallbeispiel waren Lehrende wie Studierende vertraut mit Lerntechnologien und auch bereit, neue Werkzeuge auszuprobieren. Die Adobe Connect Smartphone App wurde beispielsweise von einigen Studierenden genutzt, während für das in Gruppe A verwendete System keine App verfügbar war. Analog verwendeten alle Studierenden Facebook, Twitter, Mendeley, Google Hangout, Skype und Moodle auf ihren mobilen Geräten, da diese entweder Teil ihres Alltags (Skype, Facebook) oder jederzeit mobil zu erreichen waren. Gleichzeitig darf nicht vergessen werden, dass nicht alle Studierenden Social Media nutzen wollten und auch Lehrende Bedenken hatten, z.B. Kursanforderungen in Social Media bekannt zu geben. In Kontexten, in denen die Beteiligten nicht so medienaffin sind, sollte daher Orientierung und Unterstützung im Gebrauch verschiedener Werkzeuge bereitgestellt werden. In jedem Fall empfiehlt es sich, Studierende an der Auswahl der Werkzeuge zu beteiligen, insbesondere unter dem Aspekt der vertrauten Handhabung und der leichten Integration in ihre Alltagsabläufe.

6 Fazit

In diesem Artikel ging es um den Beitrag, den verschiedene virtuelle Lernräume angesichts der ubiquitären Verfügbarkeit von Social Media für den Aufbau einer CoP leisten können. Deutlich wurde, dass „Eigenräume“ wie auch „Raumwechsel“ notwendig sind: „Eigenräume“ im Sinne von durch Studierende aufgebaute oder verwaltete informelle Räume, „Raumwechsel“ im Sinne von (a) eines sich im Laufe eines Studienprogramms ändernden formalen bzw. informellen Charakters mancher Lernräume und (b) einer Änderung der genutzten Technologien für die Lernräume zwischen verschiedenen Durchläufen eines Programms, da sich Technologien an sich und vor allem auch ihre Alltagsintegration schnell ändert. Zentral scheint einerseits die Bedeutung der Domäne als verbindendem Dritten zu sein – nicht nur in formalen, sondern auch in informellen Räumen. In den Top-Down-Elementen zur Förderung einer CoP von Seiten der Programmverantwortlichen wirkt es darüber hinaus wichtig, unabhängig von der jeweilig genutzten Technologie das zentrale Community-Element der *gegenseitigen Unterstützung* hinreichend zu berücksichtigen und die CoP nicht ausschließlich als wissenschaftliche Gemeinschaft zu verstehen.

Auch wenn nicht vergessen werden darf, dass manche Lehrende und auch Studierende der Verbindung von informellen und formalen Lernräumen skeptisch gegenüberstehen, öffnen Social Media Chancen für Lernräume, die vorher nicht existierten. Beteiligung der Studierenden an der Auswahl der Werkzeuge insbesondere mit Blick auf Alltagsintegration sowie ggf. auch Orientierung zur Auswahl und Unterstützung beim Gebrauch für weniger medienaffine Beteiligte,

Studierende wie Lehrende, scheint von Vorteil. Vertiefende Forschung sollte klären, wie man etwaigen Vorbehalten konstruktiv begegnen und die Verbindung bzw. teilweise auch Vermischung von eher privatem und eher professionellem Social-Media-Gebrauch gut gestalten kann.

Literatur

Arbaugh, J. B., Cleveland-Innes, M., Diaz, S. R., Garrison, D. R., Ice, P., Richardson, J. C. & Swan, K. P. (2008). Developing a community of inquiry instrument: Testing a measure of the Community of Inquiry framework using a multi-institutional sample. *The Internet and Higher Education, 11*(3/4), 133–136.

Arnold, P., Kilian, L., Thillosen, A. & Zimmer, G. (2013). *Handbuch E-Learning. Lehren und Lernen mit digitalen Medien.* (3. überarb. Auflage). Bielefeld: W. Bertelsmann.

Brown, J. S. & Adler, R. P. (2008). Minds on Fire: Open Education, the Long Tail and Learning 2.0. *Educause Review, 43*(1), 16–32.

Byington, T. A. (2011). Communities of practice: Using blogs to increase collaboration. *Intervention in School and Clinic, 46*(5), 280–291.

Conole, G. & Alevizou, P. (2010). *A Literature Review of the Use of Web 2.0 Tools in Higher Education: A report commissioned by the Higher Education.* Milton Keynes, OK: Open University. http://www.heacademy.ac.uk/assets/EvidenceNet/Conole_Alevizou_2010.pdf.

Handley, K. Sturdy, A., Fincham, R. & Clark, T. (2006). Within and beyond communities of practice: Making sense of learning through participation, identity and practice. *Journal of Management Studies, 40*(3), 641–653.

Johnson, L., Adams Becker, S., Estrada, V. & Freeman, A. (2014). *NMC Horizon Report: 2014 Higher Education Edition.* Deutsche Ausgabe (Übersetzung: Helga Bechmann, Multimedia Kontor Hamburg). Austin, Texas: The New Media Consortium.

Junco, R. (2012). The relationship between frequency of Facebook use, participation in Facebook activities, and student engagement. *Computers and Education, 58*(1), 162–171.

Kenney, J., Kumar, S. & Hart, M. (2013). More than a Social Network: Facebook as a Catalyst for an Online Educational Community of Practice. *International Journal of Social Media and Interactive Learning Environments, 1*(4), 355–369.

Kerres, M., Hölterhof, T. & Nattland, A. (2011). Zur didaktischen Konzeption von „Sozialen Lernplattformen“ für das Lernen in Gemeinschaften. *MedienPädagogik. Zeitschrift für Theorie und Praxis der Medienbildung.* http://www.medienpaed.com/Documents/medienpaed/2011/kerres1112.pdf

Kumar, S. (2014). Signature Pedagogy, Implementation and Evaluation of an Online Program that impacts Educational Practice. *Internet and Higher Education, 21,* 60–67.

Kumar, S. & Kenney, J. (im Druck). Social networking websites for the development of online community among educational practitioners. In H. Tinmaz (Ed.), *Cases on Social Networking Websites for Instructional Use.* Hershey, PA: IGI Global.

Kumar, S., Liu, F. & Black, E.W. (2012). Undergraduates' collaboration and integration of new technologies in higher education: Blurring the lines between informal and educational contexts. *Digital Culture and Education, 4*(2), 248–259.

Kumar, S. & Ritzhaupt, A. D. (2014). Adapting the Community of Inquiry survey for an Online Graduate Program: Implications for Online Programs. *E-learning and Digital Media, 11*(1), 59–71.

Lave, J. & Wenger, E. (1991). *Situated learning: Legitimate peripheral participation.* Cambridge, UK: Cambridge University Press.

Schaffert, S. & Kalz, M. (2009). Persönliche Lernumgebungen: Grundlagen, Möglichkeiten und Herausforderungen eines neuen Konzepts. In K. Wilbers & A. Hohenstein (Hrsg.), *Handbuch E-Learning, 27 Gruppe 5 Nr. 5.16* (S. 1–24). Köln: Deutscher Wirtschaftsdienst (Wolters Kluwer Deutschland).

Wenger, E. (1998) *Communities of practice; Learning, Meaning and Identity*. New York: Cambridge University Press

Wenger, E., McDermott, R. & Snyder, W. M. (2002). *Cultivating Communities of Practice. A guide to managing knowledge.* Boston: Harvard Business School Press.

Wenger, E., White, N. & Smith, J. D. (2009). *Digital habits: Stewarding technology for communities*. Portland, OR: CPsquare.

Patricia Jäger, Anton Kieffer, Alexander Lorenz, Nicolae Nistor

Der Einfluss der didaktischen Gestaltung auf die Akzeptanz und Nutzung von moodle in der Hochschullehre

Zusammenfassung

In der mediendidaktischen Forschung wurde bislang die Akzeptanz von Lernmanagementsystemen wie moodle kaum in Zusammenhang mit der didaktischen Gestaltung der Kurse erforscht. Die Unified Theory of Acceptance and Use of Technology sowie die kürzlich veröffentlichte Skripttheorie der Instruktion bieten sich als sinnvolle Instrumente dafür an. Vor diesem Hintergrund untersucht die vorliegende Studie sechs moodle-gestützte Kurse, deren didaktische Gestaltung unterschiedlich ausgeprägte kollaborative Anteile aufweist. Die Befragung einer Stichprobe von N = 100 Studierenden zusammen mit der didaktischen Analyse der moodle-Kurse zeigt signifikante Effekte der kollaborativen Gestaltung auf die Akzeptanz und Nutzung der Lernplattform. Damit trägt diese Studie zu einer Annäherung zwischen der Akzeptanz- und der mediendidaktischen Forschung bei. Für die mediendidaktische Praxis weist sie auf Fördermöglichkeiten der Akzeptanz von Lernmanagementsystemen hin.

1 Problemstellung

In der Hochschullehre werden zunehmend Lernmanagementsysteme (LMS) wie moodle eingesetzt (Ellis et al., 2009; Nistor, 2013). Die Nutzungsmöglichkeiten von moodle für den Aufbau unterschiedlichster Lehrveranstaltungen sind vielseitig; vor allem die Ausprägung der kollaborativen Anteile dieser Veranstaltungen kann stark variieren.

Ausschlaggebend für die Nutzung der LMS ist die Akzeptanz der Studierenden. Für die Hochschulentwicklung und Lehr-Lernforschung ist es von Interesse, den Einfluss der didaktischen Gestaltung auf die Akzeptanz und Nutzung einer in der Lehre eingesetzten Technologie zu erklären (vgl. Nistor, 2014). Dieser Zusammenhang wurde bislang nur am Rande untersucht (z.B. Venkatesh & Bala, 2008). Tiefergehende Forschung dazu steht noch aus.

Vor diesem Hintergrund wird in der vorliegenden Studie die Akzeptanz von LMS anhand der Unified Theory of Acceptance and Use of Technology (Venkatesh, Thong & Xu, 2012) erfasst, die auch im deutschsprachigen Raum validiert wurde (Nistor, Wagner & Heymann, 2012); die didaktische Gestaltung wird basierend auf der recht neuen und noch wenig angewendeten Skripttheorie der Instruktion (Fischer, Kollar, Stegmann & Wecker, 2013) analysiert. Zusammenhänge zwischen den beiden Konzepten sollen auf theoretischer Ebene zu einer Annäherung zwischen der Akzeptanz- und der mediendidaktischen Forschung beitragen. Für die mediendidaktische Praxis sollen sie darauf hinweisen, wie die Akzeptanz von Lernmanagementsystemen gefördert werden kann.

2 Theoretischer Hintergrund

Die *Akzeptanz von Bildungstechnologien* hat grundsätzlich zwei Bedeutungen: Zum einen eine positive Einstellung der Nutzer, welche die Intention zur (Weiter-)Nutzung der Technologie beeinflusst (Einstellungsakzeptanz) und zum anderen die tatsächliche Nutzung (Verhaltensakzeptanz; vgl. Nistor et al., 2012). Für den Zweck dieser Studie wird die Unified Theory of Acceptance and Use of Technology (UTAUT; Venkatesh et al., 2012) angewendet. Wie der Name bereits impliziert, ist die UTAUT kein gänzlich neues Modell, sondern eine Synthese mehrerer Vorgängermodelle. Die UTAUT erklärt das Nutzungsverhalten als Folge von Nutzungsintention und erleichternden Bedingungen. Die Nutzungsintention ist wiederum abhängig von drei Konstrukten: der Leistungserwartung, der Aufwandserwartung und dem sozialen Einfluss. Als Moderatorvariablen gelten das Alter, das Geschlecht, die Erfahrung mit Technologie und die Freiwilligkeit der Nutzung.

Akzeptanztheorien und -modelle wurden ursprünglich im Bereich der Informationssysteme entwickelt. Später kamen die mediendidaktischen Anwendungen, die einerseits zu robusten Ergebnissen führten (z.B. Pynoo et al., 2011), andererseits wurden dabei Limitierungen deutlich. Wie u.a. Bagozzi (2007) kritisiert, stellt das eindimensionale Akzeptanzkonstrukt in komplexen, technologiebasierten Umgebungen eine übermäßige Vereinfachung dar. Darüber hinaus wird in der Forschung der Intentionseffekt auf das Nutzungsverhalten zu unkritisch angenommen, da er von der aktuellen empirischen Befundlage kaum unterstützt wird (vgl. Nistor, 2014).

Eine Möglichkeit, die didaktische Komplexität von medienbasierten Lernumgebungen zu erfassen stellt die *Skripttheorie der Instruktion* (Fischer et al., 2013) dar. Diese baut auf dem Konzept des Lern- oder kognitiven Skripts auf. Skripts werden als kognitive Handlungsmuster verstanden. Liegen gleiche oder ähnliche Erfahrungen vor, so können Menschen nach einem bekannten Skript mit bestimmten Prozessen handeln. Innerhalb dieser Skripts nehmen unterschiedliche Personen unterschiedliche Rollen ein, wodurch sie Strategien zur Verfügung haben, um einer Alltagssituation zu begegnen. Selbst wenn sich eine Person in einer für sie unbekannten Situation befindet, kann sie sich bereits internalisierte Skripts zur Hilfe nehmen und anpassen, um der neuen Situation zu begegnen. Fischer und seine Kollegen (ebd.) betrachten Skripts als instruktionales Instrument in kollaborativen und medienbasierten Lehr-Lernumgebungen, dabei unterscheiden sie die Bestandteile Stück, Szene, Scriptlet und Rolle der Lernenden. Anhand dieser Bestandteile können umfangreiche, komplexe Lernprozesse analysiert und gesteuert werden.

Die Skripttheorie der Instruktion spricht auch die Fälle an, in denen mehrere kognitive Skripts am Werk sind. Internale Skripts helfen Verständnis und Handlungssicherheit zu schaffen. Externale Skripts unterstützen und ermöglichen Lernsituationen, in denen internale Skripts nicht angewendet werden können. Erfolgreiche Lernskripts werden dann eher in Verhalten umgesetzt. Durch die Anknüpfung an höchstmögliche internale Skriptkomponenten werden externe Skripte am erfolgreichsten. Ein externales kognitives Skript ist am erfolgreichsten, wenn es an die höchstmögliche internale Skriptkomponente anknüpft, unter welcher bereits untergeordnete Komponenten verfügbar sind.

Der *Zusammenhang von Didaktik und Akzeptanz* wurde bisher kaum untersucht. Venkatesh und Bala (2008) erweiterten vorhandene Akzeptanzmodelle um Prädiktoren wie Relevanz für die Arbeit, Qualität der Ausgabe oder Vorzeigbarkeit der Ergebnisse. Damit bleibt aber die Akzeptanzforschung nach wie vor im technischen Bereich (Informationssysteme) und die akzeptanzbezogenen Effekte der didaktischen Gestaltung werden bestenfalls an der Oberfläche angesprochen. Eine vertiefende Untersuchung dieser Effekte steht noch aus.

3 Didaktische Gestaltung von moodle-Kursen

Die vorliegende Studie geht von der Annahme aus, dass eine didaktische Analyse wie von Fischer et al. (2013) vorgeschlagen die Annäherung zwischen Akzeptanzforschung und Mediendidaktik vorantreiben kann. Sechs moodle-Kurse an einer großen deutschen Universität wurden einer solchen Analyse unterzogen. Die Kurse trugen die Titel: „Grundbegriffe der Pädagogik", „Lern- und Weiterbildungsforschung", „Erziehung in der Schule", „Schule und Bildung", „Entwicklung und Implementation virtueller Lehr-Lernumgebungen" und „Methoden der Biochemie". Im Folgenden wird einer dieser moodle-Kurse mit einer höheren Komplexität des Lernskripts exemplarisch beschrieben.

Der Kurs „Entwicklung und Implementation virtueller Lehr-Lernumgebungen" ist ein virtuelles Seminar, das sich an Studierende richtet, welche das Hauptstudium abgeschlossen haben und eine Schlüsselqualifikation im Bereich Medienkompetenz anstreben. Das Seminar besteht aus acht Modulen mit jeweils unterschiedlichen Lernschwerpunkten, in denen verschiedene Formen virtueller Lernumgebungen vorgestellt, Grundlagen der didaktischen Gestaltung erarbeitet und Kenntnisse über die Implementation virtueller Lernumgebungen erworben werden. Die Didaktik dieses Seminars konzentriert sich auf der Erarbeitung von Kenntnissen in Gruppenarbeit (siehe Abb. 1). Nach einer obligatorischen Präsenzveranstaltung (Plenum) wird die Lernaktivität auf die moodle-Plattform verlagert. Hier werden virtuelle Gruppen gebildet; diese haben die Möglichkeiten, über einen eigenen Chatbereich miteinander zu kommunizieren und Aufgabenlösungen hochzuladen. Die gesamte Kursdauer von zehn Wochen schließt fünf Gruppenarbeitsphasen ein, in denen die Lernenden verschiedene Aufgaben bewältigen. Vom Workload her sieht das Lernskript 83,75% kollaborative Aufgabenbearbeitung, 11,25% individuelles Lernen und 5% Lernen im Plenum vor.

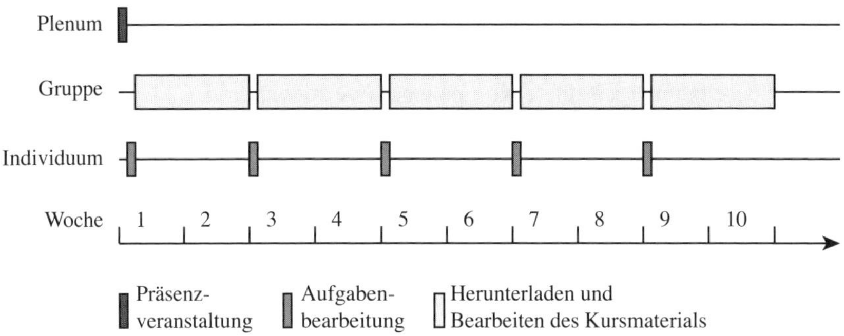

Abbildung 1: Der moodle-Kurs „Entwicklung und Implementation virtueller Lehr-Lernumgebungen“

Damit unterscheidet sich das virtuelle Seminar deutlich von den anderen moodle-Kursen, z.B. von „Grundbegriffe der Pädagogik“, einer Vorlesung, deren PPT-Präsentationen auf der moodle-Plattform zur Verfügung stehen. Hier sieht das Lernskript 50% Lernen im Plenum, 50% individuelles Lernen und 0% kollaborative Aufgabenbearbeitung vor.

4 Fragestellungen und Methode

Vor dem Hintergrund der Beobachtung, dass die kollaborativen Anteile der jeweiligen Lernskripts den Hauptunterschied in der didaktischen Gestaltung zwischen den moodle-Kursen ausmachen, werden folgende Fragestellungen untersucht:

1. Welcher Zusammenhang besteht zwischen den kollaborativen Anteilen der Lernskripts und der Akzeptanz der moodle-Plattform bei den Studierenden?
2. Welchen moderierenden Effekt haben die kollaborativen Anteile der Lernskripts auf die Zusammenhänge des Akzeptanzmodells UTAUT?

Zur Untersuchung der Fragestellung wurde ein Korrelationsdesign mit einer einmaligen Datenerhebung verwendet. Die Stichprobe (N = 100) umfasst Studentinnen (n = 82) und Studenten (n = 18) im Alter zwischen 18 und 45 Jahren (M = 23; SD = 4,0). Die Verteilung der Studierenden in den einzelnen Kursen wird in Tabelle 1 dargestellt.

Im Ablauf der Untersuchung wurden zunächst gleichzeitig die kollaborativen Anteile der Lernskripts anhand der didaktischen Analyse ermittelt (s.o.) und die Akzeptanzvariablen (Aufwandserwartung, Leistungserwartung, sozialer Einfluss, erleichternden Bedingungen und Nutzungsintention) wurden anhand des UTAUT-Fragebogens erhoben. Dieses Instrument wurde ursprünglich von Venkatesh et al. (2012) entwickelt und in deutscher Sprache von Nistor et al. (2012) validiert. Die Subskalen nahmen Werte von 1 (niedrigste Akzeptanz) bis 7 (höchste Akzeptanz) an und wiesen gute Reliabilität auf (Cronbachs alpha zwischen 0,72 und 0,87). Daten zum Nutzungsverhalten wurden aus den Logfiles von moodle extrahiert; diese waren Häufigkeiten der Logins, der Active Clicks, der generativen Handlungen (Hochladen von Materialien, Schreiben und Senden von Nachrichten, Ausfüllen von Tests) und rezeptiven Handlungen (Lesen und Herunterladen von Materialien).

5 Ergebnisse

Allgemeine Ergebnisse. Die analysierten moodle-Kurse enthielten kollaborative Anteile zwischen 0 und 84% (M = 26, SD = 34). Die Akzeptanz der moodle-Plattform lag im Mittelfeld, mit mittleren Werten des sozialen Einflusses (M = 3,10; SD = 0,13), mittleren bis niedrigen Werten der Leistungserwartung (M = 2,67; SD = 1,24) und der Aufwandserwartung (M = 2,47; SD = 0,37) und niedrigen Werten der wahrgenommenen erleichternden Bedingungen (M = 1,69; SD = 0,10). Die Nutzungsintention war ebenfalls mittel bis niedrig (M = 2,13; SD = 0,10).

Tabelle 1: Studierenden und ihr Nutzungsverhalten in den moodle-Kursen

moodle-Kurs	Art der Veranstaltung	Koll. Anteile (%)	N	Active Clicks	Logins im Monat	Rezeptive Handlungen im Monat	Generative Handlungen im Monat
Grundbegriffe der Pädagogik	Vorlesung	0	45	69,51	14,98	68,62	0,89
Lern- und Weiterbildungs-forschung	Vorlesung	0	11	14,27	5,45	13,27	1
Methoden der Biochemie	Vorlesung mit Übungen	0	4	366	17,75	83	271,5
Erziehung in der Schule	Seminar	84	20	649,5	57,6	507,15	142,35
Schule und Bildung	Seminar	42	11	542,82	47,82	405,64	137,18
Entwicklung und Implementation virtueller Lehr-Lernumgebungen	Seminar	30	9	677,78	74,11	582,33	95,44

Die Logfile-Analyse (Tabelle 1) zeigt unterschiedliches Nutzungsverhalten. Die Studierenden loggten sich im Durchschnitt zwischen einmal pro Woche („Lern- und Weiterbildungsforschung") und mehrere Male am Tag („Entwicklung und Implementation virtueller Lehr-Lernumgebungen") ein. Die rezeptiven Handlungen waren deutlich häufiger als die generativen; die einzige Ausnahme bildete die Vorlesung „Methoden der Biochemie".

Zusammenhänge zwischen kollaborativen Anteilen und Akzeptanz. Die durch die didaktische Analyse getroffene Einteilung nach Art der Veranstaltung bzw. kollaborativen Anteilen zeigt einen starken Einfluss der Didaktik auf das Nutzungsverhalten (vgl. Tabelle 1). Auf Grund der geringen Zahl der Fälle (n = 6 Kurse) wurden diese Zusammenhänge als Rangkorrelationen (Kendalls Tau) überprüft. Die Korrelationen der kollaborativen Anteile der moodle-Kurse mit den Akzeptanzvariablen (Leistungserwartung, Aufwandserwartung, sozialer Einfluss, erleichternde Bedingungen, Nutzungsintention) waren nicht signifikant. Es konnten lediglich marginale Korrelationen mit der Leistungserwartung (T = 0,13; $p = 0{,}096$) und der Aufwandserwartung (T = 0,15; $p = 0{,}057$) festgestellt werden. Weiterhin korrelieren die kollaborativen Anteile positiv mit den rezeptiven Handlungen (T = 0,48; $p < 0{,}000$) und den generativen Handlungen (T = 0,68; $p < 0{,}000$).

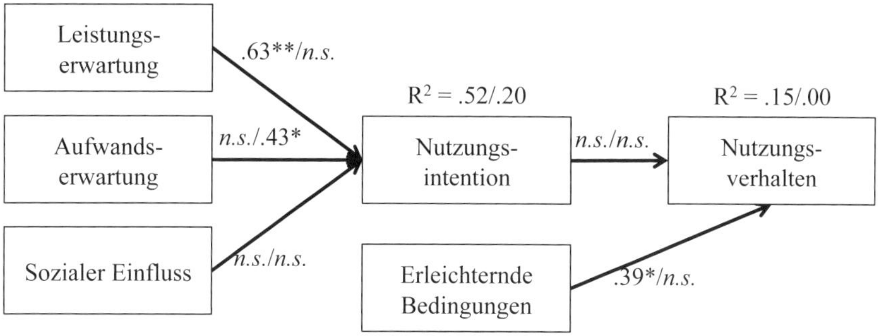

Abbildung 2: Der moderierende Einfluss der kollaborativen Anteile im Lernskript (niedrig/hoch bzw. Vorlesung/Seminar); $*p < 0,05$; $**p < 0,01$

Der Moderatoreinfluss der kollaborativen Anteile. Getrennte Regressionsanalysen für die Unterstichproben der Vorlesungsteilnehmer/innen (niedrige kollaborative Anteile, n = 60 Studierenden) und der Seminarteilnehmer/innen (hohe kollaborative Anteile, n = 40 Studierenden) decken unterschiedliche Zusammenhangsmuster auf.

Bei niedrig kollaborativen didaktischen Gestaltungen (etwa Vorlesungen) wird die Nutzungsintention von moodle allein von der Leistungserwartung positiv und stark beeinflusst ($\beta = 0,63$; $p < 0,01$), was einen großen Varianzanteil ($R^2 = 0,52$) aufklärt. Dann aber hat die Nutzungsintention keinen signifikanten Effekt auf das Nutzungsverhalten, dieses ist nur von den wahrgenommenen erleichternden Bedingungen ($\beta = 0,39$; $p < 0,05$) schwächer beeinflusst. Damit wird ein kleiner Varianzanteil ($R^2 = 0,15$) des Nutzungsverhaltens aufgeklärt.

Bei hoch kollaborativen didaktischen Gestaltungen (Seminaren mit Gruppenarbeit) wird die Nutzungsintention allein von der Aufwandserwartung positiv und mittelstark beeinflusst ($\beta = 0,43$; $p < 0,05$). Damit ist ein kleinerer Varianzanteil ($R^2 = 0,20$) der Nutzungsintention aufgeklärt. Das Nutzungsverhalten wird in diesem Fall von keinem der gemessenen Variablen beeinflusst und das Modell weist gar keine Erklärungskraft mehr auf.

(Das Nutzungsverhalten bezieht sich in dieser Ergebnisdarstellung nur auf die Login-Häufigkeit, die in einigen vorhandenen Studien (z.B. Pynoo et al., 2011) in signifikantem Verhältnis mit den anderen Akzeptanzvariablen steht. Die Zusammenhänge mit den anderen Indikatoren des Nutzungsverhaltens waren ähnlich und werden hier einfachheitshalber nicht mehr aufgeführt.)

6 Zusammenfassung der Ergebnisse und Diskussion

Zusammenfassend wurde in dieser Studie versucht, die Lücke zwischen der Akzeptanzforschung und der Mediendidaktik zu überbrücken, indem der Effekt der didaktischen Gestaltung von LMS- bzw. moodle-basierten Kursen auf deren Akzeptanz bei den Studierenden untersucht wird. Die Erfassung der didaktischen Gestaltung ging von der Skripttheorie der Instruktion (Fischer et al., 2013) aus und konzentrierte sich auf die kollaborativen Anteile von sechs universitären Lehr-Lernveranstaltungen. Diese moodle-Kurse waren unterschiedlich gestaltet, drei davon als Vorlesungen ohne Gruppenarbeit, weitere drei als Seminare mit stark ausgeprägten kollaborativen Anteilen.

In diesem Kontext war die Akzeptanz der Studierenden gegenüber der moodle-Plattform mittel bis niedrig. Diese relative Gleichgültigkeit der Studierenden kann bedeuten, dass moodle seinen Zweck erfüllt und zur alltäglichen Lernroutine gehört, ohne dass ihm die Studierenden spezielle Aufmerksamkeit schenken müssen (vgl. Nistor, 2013). Aus methodischer Sicht weist dieses Ergebnis auf gute Trennschärfe der Messinstrumente, was Decken- oder Bodeneffekte weitgehend ausschließt. Die niedrigste Akzeptanzvariable waren die erleichternden Bedingungen; dies kann durch den fehlenden technischen moodle-Support erklärt werden. Insgesamt wurde aber moodle recht intensiv genutzt, wie die Logfile-Daten zeigen. Dabei war die rezeptive Nutzung deutlich intensiver als die generative, mit Ausnahme der Vorlesung, in der die Studierenden aufwändige Online-Übungen zu absolvieren hatten.

Die Nutzung von moodle war deutlich intensiver in den Seminaren als in den Vorlesungen, was sich selbstverständlich durch die erhöhte Häufigkeit und Komplexität der kollaborativen Aktivitäten erklären lässt. Dieselbe Vorlesung mit Online-Übungen stellte die Ausnahme dar, in der die generativen Handlungen überwogen. Wie erwartet waren zwei der Akzeptanzprädiktoren, die Leistungs- und die Aufwandserwartung etwas höher bei höheren kollaborativen Anteilen der Kurse. Die niedrige Signifikanz dieses Zusammenhangs lässt sich vermutlich durch die geringe Größe der Stichprobe erklären.

Die interessanteren Ergebnisse beziehen sich auf die Effekte der Akzeptanzvariablen und deren Moderation durch die didaktische Gestaltung. Bei Vorlesungen bildeten die Studierenden eine Nutzungsintention von moodle lediglich auf Grund ihrer Leistungserwartung. Dieses Ergebnis ist konform mit den allgemeinen Befunden der Akzeptanzforschung (Venkatesh et al., 2012; Nistor et al., 2012), dass Leistungserwartung der stärkste Prädiktor der Nutzungsintention ist. Bei Seminaren mit Gruppenarbeit entwickelte sich die Nutzungsintention unter dem Einfluss der Aufwandserwartung. Dies hängt möglicherweise mit dem erhöhten Koordinationsaufwand in virtuellen Gruppen zusammen (Straus & McGrath, 1994).

Eine umfassendere Erklärung dieser Befunde könnte die folgende sein. Vorlesungen stellen einen Fall der Mediennutzung dar, in dem die Lernhandlungen weniger zahlreich oder komplex sind, daher ist die Aufmerksamkeit der Nutzer hauptsächlich auf die Technologie gerichtet. Den Studierenden ist es dann wichtig, dass moodle ihre Leistung unterstützt. Anders bei Seminaren: Hier werden deutlich komplexere Handlungen ausgeführt, so dass die Aufmerksamkeit der Studierenden mehr auf die Lernhandlung gerichtet ist. Die Technologie ist zwar wie bei Vorlesungen ein fester Bestandteil der Lernhandlungen, sie wird in den Seminaren sogar intensiver genutzt als in Vorlesungen, aber von der Bedeutung für den Lernprozess her tritt sie in den Hintergrund – wahrscheinlich solange keine technischen Störungen auftreten. Den Studierenden ist es dann wichtiger, dass moodle ihren ohnehin erhöhten Nutzungsaufwand minimiert (vgl. Straus & McGrath, 1994). Der Effekt der erleichternden Bedingungen auf das Nutzungsverhalten, der nur bei Vorlesungen signifikant ist, erscheint konsistent mit dieser Erklärung. Wenn bei Vorlesungen die Technik sichtbarer wird, dann werden auch die erleichternden Bedingungen wie der technische Support auch wichtiger. In Seminaren ist die Gruppenarbeit wichtiger, die (an sich problemlos funktionierende) Technik weniger wichtig, möglicherweise gewinnen die Studierenden auch an Selbstsicherheit durch die verstärkte soziale Einbettung.

Der fehlende Effekt des sozialen Einflusses stimmt mit der Annahme überein, dass die Arbeit mit moodle im studentischen Kontext zur Routine geworden ist, so ist auch die Empfehlung der Dozierenden vermutlich nicht mehr notwendig. Obwohl moodle robust und nützlich ist, entspricht es sicherlich nicht den aktuellen Trends einer „Hochglanztechnik“ (Nistor, 2013; Wang, 2010). Daher spielt der Gruppenzwang zur Nutzung von moodle kaum eine Rolle, wie es z.B. bei der Nutzung eines aktuellen Smart Phone der Fall sein könnte.

Die Nutzungsintention war nicht mit dem Nutzungsverhalten korreliert. Beim ersten Blick erscheint dieser Befund kontraintuitiv, dafür gibt es aber einige plausible Erklärungen (s. Überblick in Nistor, 2014). Eine davon beruht auf der o.g. Skripttheorie der Instruktion (Fischer et al., 2013): Das Lernverhalten kann aus mehreren kognitiven Skripts gleichzeitig resultieren. Bei der Nutzung von moodle konkurrieren mindestens ein Akzeptanzskript (i.S.v. „Wenn moodle etwas leistet und meinen Aufwand minimiert, dann nutze ich es“) und ein Lernskript (i.S.v. Aufgabe aufteilen, Lösungsansatz in der Gruppe abstimmen etc.). Fischer und seine Kollegen (ebd.) diskutieren diese Situation und gehen davon aus, dass sich das erfolgreichere Skript durchsetzt. Was genau „erfolgreich“ unter welchen Umständen bedeutet, bedarf einer weiteren Diskussion und weiterer empirischen Untersuchungen.

7 Konsequenzen

Aus Forschungsperspektive weist diese Studie also darauf hin, dass eine Weiterentwicklung der Akzeptanztheorien und -modelle im mediendidaktischen Bereich nicht nur dringend notwendig, sondern auch möglich ist. Die Skripttheorie der Instruktion (ebd.) erscheint als fruchtbarer Boden für diese Weiterentwicklung. Vor diesem Hintergrund sollte die Akzeptanz von Bildungstechnologien als kognitives Skript betrachtet werden, das mit weiteren aktiven Lernskripts konkurriert. Es gilt noch zu klären, unter welchen Bedingungen und inwieweit das resultierende Lernverhalten einem oder mehreren Skripts entspricht, ob das „stärkste" Skript „gewinnt" oder ob Skripteffekte additiv sein können.

Für die mediendidaktische Praxis empfiehlt es sich, den Einsatz von LMS wie moodle in engerem Zusammenhang mit den hochschuldidaktischen Formen zu betrachten. LMS als so genannte „PDF-Schleuder" einzusetzen, bringt sicherlich einen gewissen Nutzen im Studium, das Potenzial der LMS kann aber auch sinnvoller ausgenutzt werden. LMS-basierte Szenarien wie die hier untersuchten virtuellen Seminare können durchaus die Akzeptanz der Bildungstechnologien in Hochschule und Wissenschaft erhöhen.

Die Ergebnisse dieser Studie sind wie immer mit einigen Einschränkungen zu betrachten. Beteiligt war bereits eine akzeptable Anzahl an Studierenden; für die Erhöhung der Signifikanzwerte und für vertiefende Datenauswertungsverfahren wie Mehrebenenanalysen oder Strukturgleichungsmodellierung sind aber noch größere Stichproben und vor allem mehr moodle-Kurse notwendig. Die Freiwilligkeit der Nutzung von moodle sollte als bekannter Moderator der Akzeptanzmodelle noch genauer beleuchtet werden. In bereits geplanten Folgestudien sollten diese Limitierungen überwunden werden.

Literatur

Bagozzi, R. P. (2007). The legacy of the Technology Acceptance Model and a proposal for a paradigm shift. *Journal of the Association for Information Systems, 8*(4), 244–254.

Ellis, R. A., Hughes, J., Weyers, M. & Riding, P. (2009). University teacher approaches to design and teaching and concepts of learning technologies. *Teaching and Teacher Education, 25*(1), 109–117.

Fischer, F., Kollar, I., Stegmann, K. & Wecker, C. (2013). Toward a script theory of guidance in computer-supported collaborative learning. *Educational Psychologist, 48*(1), 56–66.

Nistor, N. (2013). Etablierte Lernmanagementsysteme an der Hochschule: Welche Motivation ist dabei wünschenswert? In C. Bremer & D. Krömker (Hrsg.),

E-Learning zwischen Vision und Alltag. Zum Stand der Dinge (S. 181–190). Münster: Waxmann.

Nistor, N. (Ed.) (2014). When technology acceptance models won't work: Non-significant intention-behavior effects. Special issue of *Computers in Human Behavior, 34*, 299–351.

Nistor, N., Wagner, M. & Heymann, J. O. (2012). Prädiktoren und Moderatoren der Akzeptanz von Bildungstechnologien. Die Unified Theory of Acceptance and Use of Technology auf dem Prüfstand. *Empirische Pädagogik, 26*(3), 343–370.

Pynoo, B., Devolder, P., Tondeur, J., van Braak, J., Duyck, W. & Duyck, P. (2011). Predicting secondary school teachers' acceptance and use of a digital learning environment: A cross-sectional study. *Computers in Human Behavior, 27*(1), 568–575.

Straus, S. G. & McGrath, J. E. (1994). Does the medium matter? The interaction of task type and technology on group performance and member reactions. *Journal of Applied Psychology, 79*(1), 87–97.

Venkatesh, V. & Bala, H. (2008). Technology Acceptance Model 3 and a research agenda on interventions. *Decision Sciences, 39*(2), 273–315.

Venkatesh, V., Morris, M. G., Davis, G. B. & Davis, F. D. (2003). User acceptance of information technology: Toward a unified view. *MIS Quarterly, 27*(3), 425–478.

Venkatesh, V., Thong, J. Y. L. & Xu, X. (2012). Consumer acceptance and use of information technology: Extending the Unified Theory of Acceptance and Use of Technology. *MIS Quarterly, 36*(1), 157–178.

Wang, P. (2010). Chasing the hottest IT: Effects of information technology fashion on organisations. *MIS Quarterly, 34*(1), 63–85.

Claudia Lehmann, Annelene Sudau, Frank Ollermann

Implementierung digitaler Lehr-/Lerntechnologien in der Erwachsenenbildung

Herausforderungen und Strategien

Zusammenfassung

Als Ergebnis der ersten Phase des Projektes „eLearning und LebensLanges-Lernen“ (eL4) werden in diesem Beitrag die wesentlichen Herausforderungen bei der Einführung digitaler Bildungstechnologien in Form von Lernmanagementsystemen an Volkshochschulen identifiziert und Möglichkeiten vorgestellt, diesen zu begegnen. Zu den Bedingungen, die Einfluss auf den Implementierungsprozess haben, gehören insbesondere die verfügbaren finanziellen, technischen und personellen Ressourcen, die Zeit und Motivation, die Mitarbeiter/innen und Dozent/innen für die Aneignung von Medienkompetenzen investieren können, sowie rechtliche Rahmenbedingungen.

1 Einleitung

Digitale Lehr-/Lerntechnologien, allen voran Lernmanagementsysteme (LMSe), sind an Hochschulen mittlerweile sehr weit verbreitet (Kerres, Ojstersek, Preussler & Stratmann, 2009). LMSe werden vor allem zu organisatorischen Zwecken und zum Austausch von Lehr- und Lernmaterialien (Kerres et al., 2009; Ollermann, Hamborg, Schulze & Gruber, 2006) sowie teilweise auch zur Realisierung von elektronisch gestützten Lehr- und Lernformaten im engeren Sinne wie elektronischen Übungen und Prüfungen (Handke & Schäfer, 2012; Krüger & Schmees, 2013), kooperativen Szenarien mit Wikis (Thelen & Gruber, 2003) oder videobasierter Lehre verwendet (Handke & Sperl, 2012; Rust & Krüger, 2011).

Während der Einsatz von LMSen an Hochschulen als weitestgehend etabliert gelten kann, gibt es im Bildungsbereich der Erwachsenen- und Weiterbildung, die zu einem Großteil von Volkshochschulen (VHSn) geleistet wird[1], vergleichsweise wenig dokumentierte Erfahrung im Einsatz solcher Lerntechnologien. Hier bietet der Einsatz digitaler Lerntechnologien, sofern mediendidaktisch begrün-

1 Erfahrungen mit E-Learning im Bereich der Weiterbildung haben außer VHSn vor allem mit Hochschulen assoziierte Institutionen wie z.B. das Center für lebenslanges Lernen (C3L) in Oldenburg.

det (Bremer, 2009; Reimer, 2004, S. 267), grundsätzlich dieselben Mehrwerte wie an Hochschulen, u.a. einen zeit- und ortsunabhängigen Zugang zu Lernressourcen, die Möglichkeit der Einbindung und Nutzung vielfältiger medialer Angebote und die Förderung der Medienkompetenz der Nutzer/innen (Köck, 2012, S. 344–345).

Nicht zuletzt deshalb erfährt das Thema digitale Medien seitens der VHSn in den letzten Jahren vermehrt Aufmerksamkeit (siehe hierzu auch Grell, 2012; Herber, Schmidt-Herta & Zauchner-Studnicka, 2013; Kerres & Preußler, 2013). So wird es im Rahmen von landes- und bundesweiten VHS-Fachbereichstagungen, wie zuletzt auf der niedersächsischen Fachkonferenz Berufliche Bildung im November 2013 und der Bundestagung Gesundheit im Januar 2014, immer wieder diskutiert. Außerdem gab und gibt es eine Reihe von Projekten und Initiativen im Kontext von digitalen Medien und VHSn, wie z.B. das Projekt „Neue Medien im Hessencampus" des Hessischen Volkshochschulverbandes in Kooperation mit der Universität Frankfurt (Bremer, 2013; Köck, 2012; Seibel, 2012) oder den vhsMOOC verschiedener VHS-Landesverbände und VHSn (Klotmann, Köck, Lindner, Oberländer, Sucker & Winkler, 2014).

In diesem Beitrag sollen die Erfahrungen dargestellt werden, die im Rahmen des Projekts „eLearning und LebensLangesLernen" (eL4)[2] gewonnen werden konnten. Ausgehend von langjährigen Erfahrungen bei der Einführung und dem Betrieb von LMSen und anderen E-Learning-Systemen an Hochschulen, hat das Projekt zum Ziel, den Einsatz digitaler Lehr-/Lerntechnologien bei Einrichtungen der Erwachsenenbildung und der beruflichen Weiterqualifikation in Niedersachsen zu begleiten und zu intensivieren und gleichzeitig den Aufbau von Medien- und Informationskompetenzen bei den Mitarbeitenden der beteiligten Institutionen zu unterstützen.

2 Rahmenbedingungen an Volkshochschulen

In diesem Abschnitt sollen, entsprechend dem Projektziel von eL4, Erfahrungen aus dem Hochschulkontext auf VHSn zu transferieren, zunächst die für die Implementierung von digitalen Lehr-/Lerntechnologien relevanten Unterschiede zwischen Hochschulen und VHSn dargestellt und ihre Konsequenzen für die Einführung solcher Innovationen beschrieben werden.

2 http://www.el4.me/ – Das Projekt wird gefördert vom Niedersächsischen Ministerium für Wissenschaft und Kultur (MWK) und verortet sich im Rahmen des Landeskonzeptes „Medienkompetenz in Niedersachsen. Meilensteine zum Ziel". Neben dem ELAN e.V. waren fünf niedersächsische Volkshochschulen an der ersten Projektphase von Juli 2012 bis Ende 2013 beteiligt.

2.1 Finanzierung

Im Vergleich zu Hochschulen[3], die sich hauptsächlich aus öffentlichen Mitteln finanzieren, basieren VHSn auf einem anderen Finanzierungsmodell, das sich in Niedersachsen zu etwa 28% aus Kursbeiträgen, zu ca. 31% aus öffentlichen Zuschüssen und zu ca. 41% aus Drittmitteln und sonstigen Einnahmen zusammensetzt (Huntemann & Reichart, 2013, S. 21–22).

Diese Ausgangslage hat zur Folge, dass im Wesentlichen drei Möglichkeiten bestehen, die Kosten, die durch die Implementierung, die Pflege und den Einsatz von digitalen Lehr-/Lerntechnologien entstehen, zu kompensieren, wobei diese mit jeweils unterschiedlichen Problemen verbunden sind bzw. unterschiedliche Bedingungen erfordern.

(1) Eine Erhöhung der Kursbeiträge bedeutet für VHSn das Risiko, dass Teilnehmende die Kurse ggf. nicht mehr buchen.

(2) Die Vergabe öffentlicher Gelder wird in Niedersachsen durch das Niedersächsische Erwachsenenbildungsgesetz (NEBG) geregelt. In den Anerkennungsrichtlinien bleibt unberücksichtigt, inwieweit Phasen förderfähig sind, in denen die Vermittlung und Aneignung von Inhalten und Wissen nicht ausschließlich in Präsenz stattfindet (z.B. Diskussionen in Foren, videobasierte Szenarien, Lernmodule).

(3) Eine Finanzierung über Drittmittel ist nur möglich, wenn es Ausschreibungen gibt, in deren Rahmen der Einsatz digitaler Technologien förderfähig ist. Darüber hinaus stellt sich bei Drittmittelförderungen die Frage der Nachhaltigkeit (Haug & Wedekind, 2009; Köck, 2012, S. 348).

2.2 Technische Infrastruktur

Während Hochschulen i. d. R. über eigene Rechenzentren und entsprechendes IT-Personal verfügen und somit Serverbereitstellung, Administration u.ä. selbst leisten können, stehen VHSn in dieser Hinsicht häufig deutlich weniger personelle Kapazitäten und technische Ressourcen zur Verfügung. Gerade kleinere Einrichtungen können webbasierte Bildungstechnologien wie LMSe häufig nicht selbst hosten und administrieren, sodass stattdessen auf externe Anbieter zurückgegriffen werden muss, wie VHSn dies z.B. für ihre Homepages oder Verwaltungssysteme bereits oft praktizieren.

Darüber hinaus ist es für VHSn von Vorteil, möglichst nur ein E-Learning-System zu verwenden, das verschiedene Funktionalitäten (Datei- und Informationsaustausch, Kommunikationswerkzeuge, Videoplattformen, Organisations-

3 Private Hochschulen nicht einbezogen.

tools, Assessmentsysteme usw.) umfasst. Dies bewirkt eine weitere Reduktion der für den Betrieb erforderlichen technischen und personellen Ressourcen.

Und schließlich erscheint es, gerade für kleinere Institutionen, sinnvoll, ein gemeinsames, ggf. landesweites Hosting der Plattformen in Betracht zu ziehen. Langfristig kann bei einem erhöhten LMS-Einsatz an den Standorten eine Migrationsstrategie auf lokale Server sinnvoll sein.[4]

2.3 Beschäftigungsverhältnisse

Während Lehrende an Hochschulen zu ca. 79% hauptberuflich und zu ca. 20% nebenberuflich (z.B. im Rahmen von Lehraufträgen) beschäftigt werden (Statistisches Bundesamt, 2013, S. 22), fallen in Niedersachsen etwa 6% der Stellen an VHSn in den hauptberuflichen Anteil und 94% der Menschen arbeiten auf frei- oder nebenberuflicher bzw. ehrenamtlicher Basis (Huntemann & Reichart, 2013, S. 18–20).[5]

Die Vergütung der Kursleiterinnen und Kursleiter richtet sich dabei nach Kontakt- bzw. Präsenzzeiten und erfolgt nur dann, wenn die Kurse auch tatsächlich stattfinden, ggf. unter der zusätzlichen Bedingung, dass eine bestimmte Mindestanzahl von Teilnehmenden zustande kommt. Das führt dazu, dass Dozierende teilweise recht kurzfristig akquiriert werden, sodass eine langfristige Vorbereitung nicht möglich ist bzw. von ihnen erstellte Konzepte u.U. nicht umgesetzt und somit nicht vergütet werden können.

Diese Randbedingungen erschweren einen nachhaltigen Aufbau von Kompetenzen im Umgang mit neuen Lerntechnologien. So müssen Schulungen in der Freizeit erfolgen, was eine hohe Motivation seitens der Schulungsteilnehmenden voraussetzt. Die dabei angeeigneten mediendidaktischen Kompetenzen gehen zudem leicht verloren, wenn die Dozierenden nicht zeitnah für eine Kursleitung angefragt werden. Und schließlich führt die im Vergleich zu Hochschulen geringer ausgeprägte Bindung an die VHSn dazu, dass ein Austausch zwischen den Dozierenden nur sehr eingeschränkt möglich ist.

Diese Faktoren könnten außerdem bereits vorhandene Vorbehalte von Dozierenden gegenüber dem Einsatz digitaler Lehr-/Lerntechnologien verstärken. Sowohl Unsicherheiten bezüglich der Frage, was mit den eigenen Konzepten, Ideen und Inhalten passiert, wenn diese einmal online verfügbar sind, als auch

4 Eine ähnliche Strategie wird im Rahmen des Projekts „Neue Medien im Hessencampus" verfolgt, das VHSn landesweit zwei Varianten der technischen Bereitstellung des LMS anbietet: Je nach Nutzungsintensität entweder eine gemeinsam genutzte oder eigene Instanz (Köck, 2012, S. 345).

5 Allerdings sind auch Hochschulen und weitere Bildungsbereiche zunehmend von niedrigen Löhnen sowie befristeten und nicht sozialversicherungspflichtigen Arbeitsverhältnissen geprägt (GEW, 2007).

die Sorge, dass ein verstärkter Einsatz digitaler Lehr-/Lerntechnologien zu einer Reduzierung der Präsenzstunden, d.h. der vergüteten Stunden, führen könnte, wurden mehrfach in Gesprächen und im Rahmen von Schulungsangeboten geäußert.

Schließlich haben VHSn aufgrund ihrer finanziellen Situation (siehe Abschnitt 2.1) wenig Spielraum, den Mehraufwand zu vergüten, der sich für Dozierende aufgrund der Einführung und Nutzung digitaler Medien ergibt, oder ihnen Anreize zu bieten, sich intensiv mit diesen Technologien auseinanderzusetzen.

2.4 Zielgruppen und Zweck des Besuchs

Während Studierende an Hochschulen i. d. R. diese Institutionen kontinuierlich und über einen längeren Zeitraum besuchen, buchen Teilnehmende an VHSn einzelne Kurse[6], die sie häufig zusätzlich zu einer beruflichen Tätigkeit besuchen.

Weiterhin ist der Besuch von Bildungsangeboten von Hochschulen und VHSn mit verschiedenen Zielsetzungen verbunden. Im Hochschulkontext ist eine akademische Qualifizierung zentral, die mit dem Erlangen eines akademischen Titels verbunden ist. Qualifizierungen in Form von Zertifikaten und Abschlüssen können an VHSn vor allem in den Bereichen Sprachen, Arbeit/Beruf sowie Grundbildung/Schulabschlüsse angestrebt werden, die zusammengenommen jedoch nur von weniger als der Hälfte aller Teilnehmenden von Bildungsangeboten niedersächsischer VHSn besucht werden (Huntemann & Reichart, 2013, S. 28).

Aus diesen Unterschieden ergibt sich, dass der Anreiz, digitale Lerntechnologien für lediglich einen Kurs zu nutzen, geringer ist als an Hochschulen, wo meist viele Seminare und Veranstaltungen durch den Einsatz eines LMS unterstützt und begleitet werden und die Studierenden so schneller die Vorteile eines LMS erleben.

2.5 Medienkompetenzen und Support

„Erwachsenenbildner/innen, unabhängig ob sie im Bildungsmanagement oder im Unterricht tätig sind, weisen heute in der Mehrheit eine hohe professionelle Distanz zum Leitmedium Internet auf" (Köck, 2012, S. 347). Daher sind Qualifizierungs- und Supportangebote notwendig, die sowohl den technischen

6 Der Begriff Kurs wird hier übergreifend für unterschiedliche Bildungsformate verwendet wie z.B. Lehrgänge, Trainings, Workshops, Seminare oder Vorträge.

Umgang mit digitalen Technologien als auch ihren didaktisch sinnvollen Einsatz im jeweiligen Kurskontext vermitteln.

Auf der Seite der Zielgruppen, die VHSn durch ihre Kursangebote erreichen, zeigt sich eine im Vergleich zu Hochschulen stärkere Heterogenität in Bezug auf Medien- und Informationskompetenzen, Vorbildung sowie (Selbst-) Lernkompetenzen.[7] Um den Einsatz digitaler Medien auch für Teilnehmende erfolgreich zu gestalten, sind die aufgrund der Heterogenität sehr unterschiedlichen Bedürfnisse von Teilnehmenden zu berücksichtigen und entsprechende vielfältige Angebote zu unterbreiten. Daher ergibt sich für Dozierende und weitere VHS-Mitarbeitende potenziell ein erhöhter Betreuungsaufwand im Vergleich zu reinen Präsenzangeboten.

2.6 Rechtliche Aspekte

Der § 52a des Urheberrechtsgesetzes (UrhG) erlaubt es Lehrenden, kleine Teile eines urheberrechtlich geschützten Werkes zu Unterrichtszwecken einem begrenzten Kreis von Personen zugänglich zu machen. An VHSn gilt diese Regelung jedoch nur für solche Kurse, die der Berufsbildung im Sinne des Berufsbildungsgesetzes (BBiG) dienen. Im Gegensatz zu Hochschulen gibt es an VHSn demnach keine institutionsweite eindeutige Regelung, was bei Lehrenden zu Unsicherheiten bezüglich der Nutzungsrechte für den Einsatz digitaler Materialien führt.

3 Vorgehen im Projekt eL4

Ausgehend von den soeben dargestellten Randbedingungen wurde im Rahmen des Projekts eL4 ein geeignetes Vorgehen zur Bereitstellung von Infrastruktur und Unterstützungsangeboten entwickelt, das im Folgenden dargestellt werden soll.

3.1 LMS-Bereitstellung und -Anpassung

LMSe verfügen über eine Vielzahl unterschiedlicher Funktionen unter einer einheitlichen Oberfläche, was sich in Anbetracht der oben dargestellten Ressourcenknappheit bei VHSn als vorteilhaft, weil ressourcensparend erweist. Die Wahl fiel auf das LMS Stud.IP[8], das bundesweit von über 50 Hochschulen

7 Mit der bildungspolitischen Forderung der Öffnung von Hochschulen und Durchlässigkeit von Bildungsinstitutionen ist der Umgang mit heterogenen Zielgruppen zunehmend auch Aufgabe von Hochschulen (Zawacki-Richter, 2012).

8 http://www.studip.de/

und anderen Bildungseinrichtungen eingesetzt wird und hinsichtlich dessen Administration und technischer Weiterentwicklung der ELAN e. V. über langjährige Erfahrung verfügt. Es bietet Funktionen wie die Anmeldung zu Veranstaltungen, Dateiablage, Diskussionsforum oder Wiki. Da es sich um ein Open-Source-System handelt, fallen keine Lizenzkosten an. Zudem lässt sich das System beliebig erweitern oder an spezielle Bedingungen und Anforderungen anpassen, was im Kontext des Projekts u.a. bezüglich des Sprachgebrauchs von VHSn (z.B. „Kurs“ statt „Veranstaltung“) oder als Anpassung an das Corporate Design der jeweiligen VHS erforderlich war. Die Auswahl von Stud.IP begründet sich weiterhin in der verbesserten Möglichkeit künftiger Kooperationen zwischen Hochschulen und VHSn, wenn das gleiche LMS genutzt wird.

Aufgrund der stark eingeschränkten technischen und personellen Ressourcen von VHSn wurden die benötigten Plattformen nicht selbst von den jeweiligen Institutionen gehostet, sondern im Rahmen des Projekts zentral durch den ELAN e. V. bereitgestellt und teilweise auch administriert.

3.2 Kursauswahl

Für den Einsatz von digitalen Lehr-/Lerntechnologien sind Kurse der beruflichen Bildung besonders geeignet, weil erstens die Kurse im Vergleich zu anderen über einen verhältnismäßig langen Zeitraum laufen, zweitens das Ziel des Kursbesuchs die berufliche (Weiter-)Qualifikation ist und drittens diese Kurse meist mit einer Zertifizierung abschließen (vgl. Abschnitt 2.3). Dies lässt vermuten, dass ein höherer Anreiz für Teilnehmende besteht, die Technologien zur Unterstützung des Kompetenzerwerbs zu nutzen, als in anderen Programmbereichen. Außerdem kommt in diesen Kursen die Schrankenregelung des § 52a UrhG zur Anwendung, was eine Nutzung urheberrechtlich geschützter Werke analog zur Hochschule ermöglicht (vgl. Abschnitt 2.6).

Für den Einsatz von Blended Learning im Projekt eL4 wurden als Modellkurse daher vorrangig solche aus dem Bereich der beruflichen Bildung und Qualifizierung ausgewählt: 13 der 19 Modellkurse sind in diesem Bereich angesiedelt.

3.3 Multiplikator/innen vs. Beratung durch Außenstehende

Um bei den geringen personellen Ressourcen und den ungünstigen Beschäftigungsverhältnissen an VHSn eine hinreichende technische und inhaltliche Betreuung insbesondere der Kursleitenden zu gewährleisten, bieten sich im Wesentlichen zwei mögliche Strategien an: der Rückgriff auf externe Berater/innen bzw. Netzwerke oder ein Multiplikator/innen-Konzept. Externe Berater/innen verfügen bereits über die erforderlichen Kompetenzen, ihr Einsatz bringt jedoch Kosten mit sich und ist nicht in der Häufigkeit und Intensität möglich, wie dies gerade zu Beginn der Einführung neuer Technologien erforderlich ist. Der Einsatz einzelner, speziell geschulter VHS-Mitarbeiter/innen als Multiplikator/innen zur Betreuung der Dozierenden vor Ort hat den Vorteil einer größeren Nähe zur Institution und einer größeren Vertrautheit mit deren Abläufen, erfordert jedoch das Vorhandensein und die Identifikation geeigneter Personen, die sich dann, i. d. R. außerhalb ihrer Arbeitszeit, die erforderlichen Kompetenzen aneignen müssen.

Im Projekt eL4 wurde eine Kombination beider Strategien umgesetzt: An jedem Standort wurden Personen als Multiplikator/innen identifiziert und geschult; gleichzeitig fungierten die Mitarbeiterinnen des eL4-Projekts als Ansprechpartnerinnen für Fragen und Probleme, die von den Multiplikator/innen vor Ort nicht beantwortet bzw. gelöst werden konnten. Auf diese Weise konnten die Vorteile beider Strategien genutzt und ihre Nachteile weitgehend vermieden werden.

3.4 Support: Schulungen, Beratungen und Materialien

An sämtlichen Standorten wurden wiederholt Einführungsveranstaltungen für interessierte Dozierende angeboten, bei denen das LMS vorgestellt wurde, erste Erfahrungen im Umgang gemacht werden konnten und didaktische Einsatzmöglichkeiten vorgestellt und diskutiert wurden. Außerdem wurden mit Unterstützung des Kompetenzbereichs „Rechtsfragen des E-Learning“ des ELAN e.V. Materialien erstellt und Schulungen durchgeführt, die sich mit rechtlichen Fragestellungen auseinandersetzten.

Aufgrund der Beschäftigungssituation von Kursleitenden wurden Schulungen so konzipiert, dass sie auch zusätzlich zu den beruflichen Verpflichtungen wahrgenommen werden können. So wurden einzelne Termine mit einer bis vier Stunden Dauer angeboten, die vorwiegend abends bzw. nachmittags direkt an der jeweiligen VHS stattfanden. Um die Nachhaltigkeit zu erhöhen, wurde ein modulares Konzept gewählt, das einerseits ermöglicht, die Termine einzeln und unabhängig voneinander wahrzunehmen, und das andererseits auch bei einer Teilnahme an mehreren Schulungen wenig Dopplungen enthält.

Sowohl zu technischen als auch zu didaktischen und rechtlichen Aspekten gab es zusätzlich individuelle Unterstützungs- und Beratungsangebote in Form von Arbeitstreffen sowie persönlichen Telefongesprächen und Videokonferenzen.

Schließlich wurden schriftliche Materialien erstellt, die auch unabhängig von Schulungen und Beratungen dauerhaft durch Dozierende und Kursteilnehmende genutzt werden können. Diese Materialien wurden auf den jeweiligen Plattformen zentral platziert und sind öffentlich zugänglich, sodass auch Interessierte, die (noch) nicht an Schulungen teilgenommen haben, auf sie zugreifen können.

4 Erfahrungen

Über den beobachteten Zeitraum von 12 Monaten wurden durchschnittlich 258 Logins pro Monat pro VHS beobachtet. Daraus folgen bei durchschnittlich 10 aktiven Kursen pro Monat 26 Logins pro Kurs. Das bedeutet bei einer durchschnittlichen Zahl von 16 Teilnehmenden pro Kurs, dass sich jede/r Teilnehmende durchschnittlich ein- bis zweimal pro Monat in seinen/ihren Kurs eingeloggt hat.

In Übereinstimmung mit den Befunden von Ollermann et al. (2006) sind die LMSe vor allem zum Austausch von Dateien genutzt worden: Die insgesamt 842 hochgeladenen Dokumente sind im Durchschnitt jeweils achtmal heruntergeladen worden, was bei den durchschnittlich 16 Teilnehmenden pro Kurs bedeutet, dass im Schnitt jede/r zweite Teilnehmende dieses Angebot genutzt hat. Diese im Vergleich zu anderen Funktionen häufig genutzte Funktion erscheint für VHSn besonders geeignet, weil ein geringerer Mehraufwand anfällt: Einerseits ist ein Rückgriff auf bereits vorhandene Materialien möglich, andererseits kann die Bereitstellung ergänzend zum Kurs erfolgen, ohne dass Anpassungen der Kurskonzeption nötig sind.

Auffallend ist die vergleichsweise intensive Nutzung der drei in Stud.IP zur Verfügung stehenden Kommunikationswerkzeuge Nachrichten, Forum und Blubber (Chat), die mit jeweils 789, 592 und 352 Beiträgen am zweit- dritt- und vierthäufigsten genutzt wurden. Dies deutet auf einen Kommunikationsbedarf hin, der über Präsenzzeiten nicht komplett abgedeckt wird.

Weniger häufig genutzt wurden Wikis (134 Wiki-Seiten), E-Assessments (95 Aufgabenblätter, 36 Umfragen), Ankündigungen (26) und Lernmodule (19). Die im Vergleich geringe Nutzung dieser nur unter höherem Zeitaufwand sinnvoll einzusetzenden Funktionsbereiche ist in Zusammenhang mit den oben beschriebenen Rahmenbedingen der Beschäftigungsverhältnisse für Dozierende zu sehen.

Aus unstandardisierten qualitativen Befragungen ergibt sich hinsichtlich der Akzeptanz des LMS bei Kursteilnehmenden und Dozierenden ein unterschiedliches Bild:

Dozierende nahmen die Plattform überwiegend positiv an, was jedoch darauf zurückzuführen sein könnte, dass aufgrund der Auswahl der Kurse eine tendenziell homogene Gruppe von Dozierenden zustande kam. Diese hatten im Vorfeld häufig konkrete Anwendungsszenarien und Bedarfe vor Augen und empfanden das LMS als Mehrwert, da sich neue Möglichkeiten der Ergänzung und Anreicherung von Präsenzkursen ergeben. Dozierende, die sich gegen den Einsatz des LMS entschieden haben, gaben meist den zu hohen zusätzlichen zeitlichen Aufwand an.

Das Feedback der Kursteilnehmenden zur Plattform fiel deutlich heterogener aus und reichte generell von „kompliziert und zu schwierig“ bis hin zu „unkompliziert und intuitiv“. Die Akzeptanz der Plattform hing dabei offenbar zum einen von der Medienkompetenz der Nutzer/innen ab, zum anderen aber auch von ihrer Motivation, die wiederum stark durch den Ziel des Kursbesuchs, die Dozierenden sowie die Art des Einsatzes im Verlauf des Kurses beeinflusst wird.

5 Schlussfolgerungen und Ausblick

Das im Projekt eL4 gewählte Vorgehen war dazu geeignet, den mitunter schwierigen Rahmenbedingungen an VHSn zu begegnen und das LMS in ausgewählten Modellkursen erfolgreich einzuführen. Gerade die Lehrenden nahmen das LMS positiv auf, da sie mit ihm bereits vorhandene Ideen umsetzen konnten. Die Kursteilnehmenden profitierten neben den Möglichkeiten des Dateiaustausches vor allem von den kommunikativen Funktionen. Die Nutzungsintensität ist im Vergleich zu Hochschulen sehr gering. Die Gründe hierfür sind in weiteren Studien systematisch zu ermitteln. Zur Steigerung der Motivation der Kursteilnehmenden sollten diese außerdem gezielt auf die Mehrwerte der LMS-Nutzung hingewiesen werden.

Abweichend vom gewählten Vorgehen im Projekt eL4, das sich auf ausgewählte Modellkurse beschränkte, könnten künftig von Beginn an sämtliche Dozierende auf das Angebot aufmerksam gemacht werden, das LMS in eigenen Kursen zu nutzen. Abgesehen von einer insgesamt erhöhten Sichtbarkeit des Angebots ließe sich so außerdem besser einschätzen, welche Mehrwerte auch weniger technikaffine oder skeptische Dozierende für ihre Kurse erkennen.

Neben den Multiplikator/innen vor Ort ist eine zentrale Supportstelle, die dauerhaft technische und mediendidaktische Kompetenzen vermittelt, besonders wichtig. Unterstützungsformate sind dabei so zu gestalten, dass sie von den Dozierenden neben ihrer Berufstätigkeit leicht wahrgenommen werden können. Webinare könnten sich hier künftig als besonders geeignet erweisen. Neben technischen und didaktischen Aspekten sollten den Dozierenden auch konkrete urheberrechtliche Empfehlungen, z.B. zur rechtssicheren Auswahl und Gestaltung von Materialien oder zur Nutzung und Erstellung von Open Educational Ressources (OER), an die Hand gegeben werden, um Unsicherheiten in diesem Bereich abzubauen.

Auf technischer Ebene bietet sich für eine Verstetigung des E-Learning-Einsatzes an VHSn eine landesweite LMS-Installation an, die eine effiziente Nutzung von Ressourcen erlaubt (Bremer, 2013, S. 47) und unter anderem eine Kooperation zwischen verschiedenen Institutionen erleichtert.

Auf rechtlicher Ebene schließlich ist eine Anpassung des NEBG dringend erforderlich, um auch Aktivitäten der Dozierenden außerhalb der Präsenzphasen vergüten zu können, wie sie im Rahmen von Blended-Learning-Arrangements typisch sind. Dies ist vor allem deshalb besonders kritisch, da die Frage nach der Vergütung von Zusatzaufwänden für die Akzeptanz durch Lehrende eine wesentliche Rolle spielt.

Insgesamt kann der Einsatz digitaler Lehr-/Lerntechnologien aber nur dann nachhaltig erfolgen, wenn in den VHSn Geschäftsmodelle etabliert werden, welche die anfallenden Kosten definieren und deren Finanzierung klären. Weiterhin sind für eine nachhaltige Implementierung über Projekte hinausreichende Organisationsentwicklungsprozesse zu definieren und initiieren, die ferner einen Wandel der Lehr-/Lernkultur beinhalten.

Literatur

Bremer, C. (2009). *Szenarien und Mehrwerte des Einsatzes neuer Medien in der Lehre*. Verfügbar unter: http://www.bremer.cx/weingarten/Paper_Mehrwerte_Szenarien_Bremer.pdf (letzter Zugriff: 22.08.2012).

Bremer, C. (2013). Einsatz neuer Medien im Hessencampus. Web 2.0 in der Praxis. *DIE Zeitschrift für Erwachsenenbildung, 20*(2), 46–47.

Gewerkschaft Erziehung und Wissenschaft (GEW) (2007). *Schwerpunkt: Prekarität*, 04/2007. Verfügbar unter: https://www.gew.de/Schwerpunkt_Prekaritaet_042007.html (letzter Zugriff: 20.05.2014).

Grell, P. (2012). Internetgestützte Lehr- und Lernkulturen. *Hessische Blätter für Volksbildung, 62*(4), 307–314.

Handke, J. & Schäfer, A. M. (2012). *E-Learning, E-Teaching und E-Assessment in der Hochschullehre. Eine Anleitung*. München: Oldenbourg.

Handke, J. & Sperl A. (Hrsg.) (2012). *Das Inverted Classroom Model: Begleitband zur ersten deutschen ICM-Konferenz*. München: Oldenbourg.

Haug, S. & Wedekind, J. (2009). „Adresse nicht gefunden" – Auf den digitalen Spuren der E-Teaching-Förderprojekte. In U. Dittler, J. Krameritsch, N. Nistor, C. Schwarz & A. Thillosen (Hrsg.). *E-Learning: Eine Zwischenbilanz. Kritischer Rückblick als Basis eines Aufbruchs* (S. 19–37). Münster et al.: Waxmann.

Herber, E., Schmidt-Herta, B. & Zauchner-Studnicka, S. (2013). Erwachsenen- und Weiterbildung. Technologieeinsatz beim Lernen und Lehren mit Erwachsenen. In M. Ebner & S. Schön (Hrsg.). *Lehrbuch für Lernen und Lehren mit Technologien* (2. Aufl.). Verfügbar unter: http://l3t.tugraz.at/index.php/LehrbuchEbner10/article/download/133/128 (letzter Zugriff: 20.05.2014).

Huntemann, H. & Reichart, E. (2013). *Volkhochschul-Statistik, 51. Folge, Arbeitsjahr 2012.* Verfügbar unter: http://www.die-bonn.de/doks/2013-volkshochschule-statistik-01.pdf (letzter Zugriff: 19.03.2014).

Kerres, M., Ojstersek, N. Preussler, A. & Stratmann, J. (2009). E-Learning-Umgebungen in der Hochschule: Lehrplattformen und persönliche Lernumgebungen. In U. Dittler, J. Krameritsch, N. Nistor, C. Schwarz & A. Thillosen (Hrsg.), *E-Learning: Eine Zwischenbilanz. Kritischer Rückblick als Basis eines Aufbruchs* (S. 101–115). Münster et al.: Waxmann.

Kerres, M. & Preußler, A. (2013). Möglichkeiten für die Erwachsenenbildung. Soziale Medien und Web 2.0. *DIE Zeitschrift für Erwachsenenbildung, 20*(2), 28–30.

Klotmann, E., Köck, C., Lindner, M., Oberländer, N., Sucker, J. & Winkler, B. (Hrsg.) (2014). *Der vhsMOOC 2013. Wecke den Riesen auf.* Bielefeld: Bertelsmann.

Köck, C. (2012). Neue Medien im Hessencampus – ein Praxisbericht. *Hessische Blätter für Volksbildung, 62*(4), 344–350.

Krüger, M. & Schmees, M. (Hrsg.) (2013). *E-Assessments in der Hochschullehre. Einführung, Positionen & Einsatzbeispiele.* Frankfurt am Main, Berlin, Bern, Bruxelles, New York, Oxford, Wien: PL Academic Research.

Ollermann, F., Hamborg, K.-C., Schulze, L. & Gruber, C. (2006). Empirische Untersuchung zur Veränderung des Studienalltags durch Einführung eines Lernmanagementsystems. In M. Mühlhäuser, G. Rößling & R. Steinmetz (Hrsg.), *DeLFI 2006. 4. e-Learning Fachtagung Informatik. 11.–14. September 2006 in Darmstadt, Germany* (S. 219–230). Bonn: Gesellschaft für Informatik.

Reimer, R. (2004). Blended Learning – veränderte Formen der Interaktion in der Erwachsenenbildung. *REPORT, 27*(1), 265–271.

Rust, I. & Krüger, M. (2011). Der Mehrwert von Vorlesungsaufzeichnungen als Ergänzungsangebot zur Präsenzlehre. In T. Köhler & J. Neumann (Hrsg.), *Wissensgemeinschaften. Digitale Medien – Öffnung und Offenheit in Forschung und Lehre* (S. 229–239). Berlin et al.: Waxmann.

Seibel, R. (2012). Neue Medien im HESSENCAMPUS Main-Taunus. Ein Erfahrungsbericht aus Volkshochschulperspektive. *Hessische Blätter für Volksbildung, 62*(4), 351–356.

Statistisches Bundesamt (2013). *Personal an Hochschulen*, Fachserie 11 Reihe 4.4, 2012. Verfügbar unter: https://www.destatis.de/DE/Publikationen/Thematisch/BildungForschungKultur/Hochschulen/PersonalHochschulen2110440127004.pdf?__blob=publicationFile (letzter Zugriff: 06.03.2014).

Thelen, T. & Gruber, C. (2003). Kollaboratives Lernen mit WikiWikiWebs. In M. Kerres & B. Voß (Hrsg.), *Digitaler Kampus. Vom Medienprojekt zum nachhaltigen Medieneinsatz in der Hochschule* (S. 356–365). Münster et al.: Waxmann.

Zawacki-Richter, O. (2012). Keynote: Offene Hochschulen. Implikationen für das internetgestützte Lernen. In O. Vornberger (Hrsg.), *teaching trends. Neue Konzepte des Technologie-Einsatzes in der Hochschullehre* (S. 3–7). Osnabrück: epOS-media.

Benedikt Engelbert, Karsten Morisse, Oliver Vornberger

Zwischen Nutzung und Nutzen

Die Suche nach geeigneten Lernmaterialien und deren Mehrwerte im Kontext einer Informatikveranstaltung

Zusammenfassung

Der vorliegende Artikel beschreibt die Untersuchung des studentischen Nutzungsverhaltens im Umgang mit digitalen Lernmaterialien im Kontext einer Informatikvorlesung an einer Hochschule. Obwohl Lehrende oft bereits eine Vielzahl an Materialien bereitstellen, zeigt die Hochschulpraxis, dass Studierende weiteres Material recherchieren. Die vorliegende Evaluation lässt Rückschlüsse auf die zunehmende Überforderung, beispielsweise Orientierungslosigkeit oder Prokrastinationsverhalten, Studierender durch die globale Bereitstellung von Inhalten über das Internet zu.

1 Einleitung

Digitale Lernmaterialien sind in der Hochschullehre seit vielen Jahren fester Bestandteil. Verändert hat sich vor allem die Vielfalt an Materialien, die durch die Lehrenden zur Verfügung gestellt werden. Viele Lehrende nutzen weit mehr als eine digitalisierte Form des Vorlesungsskripts und so sind Vorlesungsaufzeichnungen, Podcasts, Powerpoint-Folien oder Online-Tests immer öfter Bestandteil des Lehrszenarios einer Veranstaltung, da durch einige digitale Lernmaterialien ein deutlicher Mehrwert für die Studierenden entsteht (vgl. Rust & Krüger, 2011; Tillmann, Bremer & Krömker, 2012). Als eher klassische Bildungsressource steht den Studierenden dann noch die Bibliothek zur Verfügung, wobei viele Inhalte auch dort bereits in digitaler Form angeboten werden. Neben den hochschulinternen Systemen ist das Internet die primäre Bezugsquelle für Informationen und Materialien. Studierende sehen sich somit einem breiten Spektrum an Bezugsquellen gegenübergestellt, aus denen sie die für sie am geeignetsten erscheinenden Materialien und Informationen auswählen. Zunächst scheint ein vielfältiges Angebot von Vorteil, wobei die Möglichkeit der Überforderung bei einer zu großen (ggf. ungeprüften) Materialvielfalt auf der Hand liegt. Gibt man so z.B. den Begriff *theoretische Informatik* bei der gängigsten Suchmaschine des Internets, Google[1], ein, so erhält man unter den ers-

1 http://www.google.de

ten zehn Treffern mehrere Vorlesungsskripte, eine Vorlesungsaufzeichnung auf YouTube[2], ein frei verfügbares digitales Buch, sowie diverse Links zu Fachbereichen verschiedener Hochschulen, die wiederum verschiedene Materialien anbieten. Auch nach den ersten 100 Treffern von Google nimmt die Menge an Materialien nicht ab. Die mehrjährige Praxiserfahrung zeigt, dass Studierende trotz vielfältigen Angebots an Materialien das Internet zur weiteren Suche heranziehen. Das Hauptaugenmerk der vorliegenden Untersuchung liegt auf der Evaluation der Nutzung digitaler Lernmaterialien durch eine Studierendengruppe und der Rückschlüsse, die sich daraus ableiten lassen. Von Bedeutung ist zum einen, wie intensiv/häufig die durch den Lehrenden zur Verfügung gestellten Materialien genutzt werden und wie Studierende diese Materialien bewerten. Des Weiteren ist zu ermitteln, inwiefern Studierende sich neue Materialien suchen, wo sie nach neuen Materialien suchen und welches die Gründe für das Einleiten einer Suche sind. Die Untersuchung wurde begleitend zu einer Lehrveranstaltung „Theoretische Informatik" an einer Hochschule durchgeführt, die im Untersuchungszeitraum als Frontalveranstaltung durchgeführt wurde. Der vermittelte Stoff, der inhaltlich im Bereich der Formalwissenschaften anzusiedeln ist, erfreut sich bei Studierenden erfahrungsgemäß nicht sehr großer Beliebtheit. Die enge Nähe zur Mathematik wirkt aufgrund des didaktisch bewusst sehr strengen Formalismus abschreckend. Um Studierende bei der Auswahl geeigneter Materialien zu unterstützen wird das System LAOs **(Learning Assistance Osnabrück)** entwickelt, welches eine Online-Arbeitsumgebung bereitstellt, die zum Bearbeiten von Materialien mit Annotationen genutzt werden kann. Durch die Analyse gesetzter Annotationen einer gesamten Studierendengruppe können individuelle Materialempfehlungen abgeleitet werden. Das System ist in einem ersten Prototyp implementiert und wird im zweiten Abschnitt kurz beschrieben. Die Nutzung von Lernmaterialien ist innerhalb des Systems von zentraler Bedeutung, weshalb im Kontext der Entwicklung eine Evaluation zur Ermittlung des Nutzungsverhaltens von Lernmaterialien durchgeführt wurde.

2 Das Lernassistenzsystem LAOs

Vor dem Hintergrund der immer größer werdenden Materialvielfalt in der Lehre wird das Lernassistenzsystem LAOs (Learning Assistance Osnabrück) entwickelt. Das System hat zum Ziel, den Punkten der *Desorganisation*, *Überforderung*, *Fehleinschätzung* und *Unwissenheit* (in Bezug auf ungenutzte Materialien) entgegenzuwirken. Zentrale Aufgaben sind somit die Einschätzung der Leistung eines Studierenden, das Aufdecken ungenutzter und passender Materialien in Bezug auf den aktuellen Leistungsstand, sowie der Unterstützung in der Organisation durch leistungsgerechte Strukturierung und Visualisierung

2 http://www.youtube.com

der Veranstaltung. Die Wichtigkeit von Materialien und Materialinhalten erschließt sich durch die kollektive Intelligenz einer Studierendengruppe. Hinter dem Begriff der kollektiven Intelligenz verbirgt sich in diesem Zusammenhang das Auffinden wichtiger Materialien bzw. Materialbereiche durch die implizite und explizite Rückmeldung mehrerer Studierender. Hierfür haben Studierende innerhalb des Systems die Möglichkeit, jegliches Material – also von der PDF-Datei bis hin zur Videoaufzeichnung – durch die Nutzung sogenannter *Tags* oder auch *Annotationen* zu bearbeiten. Dabei geht es nicht um das Annotieren ganzer Dokumente, sondern um die Kennzeichnung einzelner Teile eines Dokuments. Grund hierfür ist die Komplexität, die ein Material annehmen kann (so z.B. eine 90-minütige Vorlesungsaufzeichnung). Wenig sinnvoll ist deshalb die Empfehlung ganzer Materialien als die Bereitstellung dedizierter Bereiche, die leistungsabhängig präsentiert werden. Für Studierende besteht die Nutzung einer Bewertung, eines Textmarkers oder einer vordefinierten Annotation aus den Bereichen *Schwierigkeit*, *Unterstützung*, *Verständnis* und *Wichtigkeit*, sowie frei wählbarer Kommentare. Des Weiteren ist das Verlinken zu neuen Materialien möglich, so dass einem Material Beispiele o.ä. hinzugefügt werden können. Über die Anhäufung von Tags innerhalb eines Materials ist die Bestimmung von hochfrequentierten Bereichen möglich, die nach weiterer Analyse als wichtig oder weniger wichtig eingestuft werden. Die Analyse berücksichtigt auch die Bedeutung eines Tags durch einen bestimmten Benutzer auf ein Material. So nimmt ein Tag durch einen aktiven sowie integren Nutzer mehr Einfluss auf die Bewertung eines Materials, als ein neuer Nutzer im System. Auch die Arten von Tags ergeben eine unterschiedliche Gewichtung auf ein Material bzw. einen Materialbereich. Individuelle Benutzerprofile können ebenfalls durch die gesetzten Tags eines Benutzers abgeleitet werden. Hieraus ergeben sich neben der expliziten Rückmeldung durch Tags auch implizite Informationen wie z.B. Nutzungsdauer/-häufigkeit, die für einen Empfehlungsprozess relevant sind. Für eine detaillierte Beschreibung des Systems wird an dieser Stelle auf weitere Literatur verwiesen (Engelbert, Morisse & Vornberger, 2013).

3 Evaluationsszenario

Das vorgestellte Evaluationsszenario untersucht sowohl das Nutzungsverhalten[3] im Umgang mit digitalem Lernmaterial durch eine Studierendengruppe, als auch das Suchverhalten nach neuen, alternativen Materialien. Wie einleitend bereits beschrieben wurde, sind neben der Bestimmung des Nutzungsverhaltens gegebener Materialien die Fragen: *Warum suchen Studierende nach neuen Materialien?*

3 Im nachfolgenden wird der Begriff Nutzungsverhalten mit der Anhäufung genutzter Materialien synonym verwendet, wobei eine Nutzung auch immer einen Grund und ein Ziel beinhaltet, wie fortlaufend noch genauer beschrieben wird

und *inwiefern werden diese zum Lernen herangezogen?* von Bedeutung. Die Untersuchung wurde im Rahmen der Veranstaltung „Theoretische Informatik“ durchgeführt. Die Veranstaltung ist Pflichtveranstaltung zweier Informatik-Studiengänge *Technische Informatik* und *Medieninformatik* und wird laut Studienverlaufsplan regulär im vierten Semester angeboten. Die Veranstaltung ist ein 5 ECTS-Modul und wird als Vorlesung mit einem Anteil von 2/5 dozentengebundener Workload und 3/5 individueller Arbeitseinteilung durchgeführt. Materiell begleitet wurde die Vorlesung durch ein umfangreiches Vorlesungsskript, begleitende durchgeführte Vorlesungsaufzeichnungen mit Opencast Matterhorn[4] die in der digitalen Lernumgebung in voller Länge sowie in thematisch-portionierter Form per YouTube (von 1:30–10:00 min Länge) bereitgestellt wurden, Übungsblätter sowie empfohlene Literatur. Die YouTube-Videos sind Screencapturings der auf einem Tablet-Computer durchgeführten Hörsaalmitschrift des Lehrenden, die durch Audiobegleitung erläutert werden.

Im Rahmen der Untersuchung hatten die Studierenden die Aufgabe, ihr Lern- und Nutzungsverhalten innerhalb eines onlinebasierten Lerntagebuchs zu dokumentieren. Ein Eintrag im Lerntagebuch umfasst den Grund des Lernens (Vor- und Nachbereitung oder Vorbereitung auf eine Hörsaalübung), das Ziel, welches frei durch die Studierenden beschrieben werden konnte, sowie die genutzten Lernmaterialien, die sie zum Erreichen des Ziels verwendet haben. Darüber hinaus war für jedes genutzte Lernmaterial eine Bewertung auf einer fünfstufigen Skala durchzuführen, die eine Vergabe von 1 (wenig) bis 5 (sehr) Punkten in den Kategorien *Schwierigkeit, Unterstützung, Verständnis* und *Wichtigkeit* erlaubte. Zur Verdeutlichung ist in Abbildung 1 ein Auszug aus dem Lerntagebuch gezeigt. Die Materialien konnten aus einer vordefinierten Liste ausgewählt werden, die ein *Script*, *Vorlesungsaufzeichnungen*, kurze, themenspezifische *YouTube-Videos* und vier *Literaturhinweise* beinhaltete. Die Liste ergibt sich aus den Materialien, die der Lehrende für die Vorlesung zur Verfügung gestellt hat. Zusätzlich hatten die Studierenden die Möglichkeit, eigene Materialien mit in die Liste aufzunehmen (vgl. hierzu Abbildung 1). Jedes Lerntagebuch kann genau einem Studierenden zugeordnet werden, wobei die Zuordnung über einen frei wählbaren Nickname erfolgt und die Nutzung somit anonymisiert erfolgte. Unvollständige Einträge bleiben innerhalb der Evaluation unberücksichtigt.

Ein abschließender Fragebogen analysiert das Suchverhalten für neue Materialien und hinterfragt die Zufriedenheit mit den zur Verfügung gestellten Materialien. Bedeutend waren in diesem Zusammenhang die Fragen ob, wo und warum Studierende nach neuen Materialien suchen und warum bereitgestellte Materialien ggf. nicht oder nur ungenügend unterstützen.

4 http://opencast.org/matterhorn/

Abb. 1: Auszug Lerntagebuch (links) und Übersicht Materialien (rechts)

4 Evaluationsergebnisse

Zunächst seien die Ergebnisse der Lerntagebücher dargestellt, welche 244 Einträge von insgesamt 25 Studierenden beinhalteten. Abbildung 2 zeigt die Nutzung der Materialien in Abhängigkeit der Einträge.

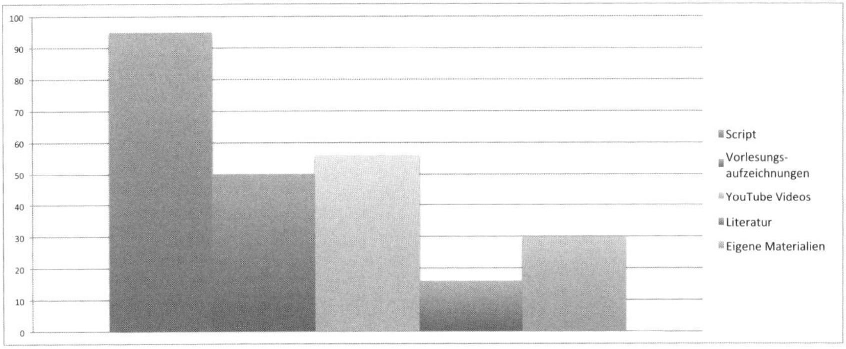

Abb. 2: Nutzungshäufigkeit auf Basis von Einträgen im Lerntagebuch

Deutlich zu sehen ist die primäre Nutzung des Skriptes, welches als zentrales Element und Ausgangspunkt zum Lernen gesehen werden kann. Gleich häufig wurden Vorlesungsaufzeichnungen und YouTube-Videos genutzt, allerdings nur halb so häufig wie das Vorlesungsskript. Einen geringen Anteil machen die Literaturangaben sowie neu hinzugefügte Materialien aus. Die Nutzungsdauer scheint sich nach der Komplexität des Materials zu richten. So hat ein Großteil der Studierenden die YouTube-Videos weniger als 30 Minuten am Stück genutzt, wobei diese auch nur eine Dauer zwischen knapp zwei und zehn Minuten besitzen. Die Nutzungsdauer von Vorlesungsaufzeichnungen, die in der Regel von 90 Minuten Dauer sind, ist durchweg gleichmäßig auf die erfragten Untergruppen verteilt. Zu jeweils ungefähr 25% wurden die Aufzeichnungen unter 30 Minuten, zwischen 30–60 Minuten, zwischen 60–90 Minuten oder mehr als 90 Minuten genutzt. Das Vorlesungsskript hat eine durchschnittliche Nutzungsdauer von 30–60 Minuten. Die Nutzung von eigenen eingebrachten Materialien ist insgesamt geringer als die zur Verfügung gestellten Materialien. Die Nutzungsdauer lag gleichwertig bei weniger als 30 Minuten oder zwischen 30–60 Minuten.

Abbildung 3 zeigt die aggregierte Bewertung aus den Lerntagebüchern in den Bereichen *Unterstützung*, *Verständnis*, *Schwierigkeit* und *Wichtigkeit*. Man sieht vor allem an den Bereichen Unterstützung und Schwierigkeit, dass die Materialien sich deutlich unterscheiden. Eine Unterstützung wird vor allem durch die YouTube-Videos gegeben, wobei diese auch am schwierigsten eingestuft wurden. Da allerdings Verständnis und Wichtigkeit hoch bewertet sind, können die YouTube-Videos als bedeutendes Medium, vor allem bei der Erläuterung schwerer Sachverhalte, gesehen werden.

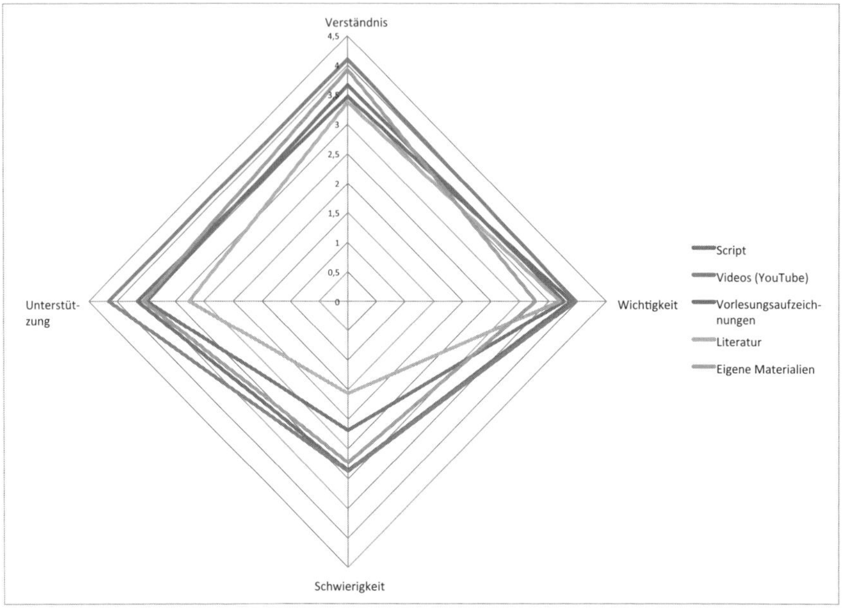

Abb. 3: Bewertung der Lernmaterialien

Das Skript wurde vorab schon als zentrales Lernmedium ausgemacht, was sich auch in der hoch bewerteten Wichtigkeit widerspiegelt. Eine ähnliche Bewertung ergibt sich für die Vorlesungsaufzeichnungen, wobei der Grad der Schwierigkeit deutlich geringer eingeschätzt wird. Literatur ist durch die Studierenden zwar als Verständlich und wichtig eingestuft, allerdings auch als wenig unterstützend, was die geringe Nutzung begründen würde. Neu hinzugefügte Materialien sind zwar sehr verständlich, dennoch als wenig wichtig eingestuft.

Aus den Ergebnissen des gestellten Fragebogens ergibt sich allerdings, dass die Suche nach neuen Materialien durchaus relevant für Studierende ist. 80% der Studierenden haben sich mit den zur Verfügung gestellten Materialien gut vorbereitet gefühlt, obgleich 60% der Gruppe auf der Suche nach weiteren Materialien war. Die Nutzungsdauer betrug im Schnitt zwischen 30–60 Minuten. Bei den zur Verfügung gestellten Materialien fehlten den Studierenden in erster Linie Aufgaben mit Lösungen, ausführliche Beispiele und detailreichere Informationen zu einigen Themenbereichen. Das primäre Medium zur Suche ist, wie einleitend erwähnt, das Internet. 85% der Studierenden haben auf die Frage, wo sie nach alternativen Materialien suchen, eine Seite im Internet genannt. Erste Anlaufstellen sind vor allem die Suchmaschine Google und das Videoportal

YouTube[5]. Die Studie von Höver, Rößling & Mühlhäuser (2010) präsentierte im Kontext von Lernen mit Web-Diensten in der Lehre bereits ähnliche Ergebnisse. Unterschiedlich sind allerdings die Ergebnisse zur Nutzung von Foren oder Wikipedia[6]. Die Rückmeldung der Studierenden innerhalb dieses Artikels zur Nutzung von Foren oder Wikipedia ist eher gering. Dies lässt den Rückschluss zu, dass Foren/Wikipedia zum Lernen zwar genutzt werden, zur Suche nach Materialien allerdings nicht.

Eine weitere Frage galt der Untersuchung, nach welcher Art von Materialien Studierende suchen. 37% suchen vor allem nach multimedialem Material wie Vorlesungsaufzeichnungen, Videos oder auch Podcasts. 30% der Studierenden suchen konkret nach Skripten anderer Hochschulen. Noch 20% suchen nach Literatur, wobei ca. 8% ausschließlich Literatur online bevorzugen.

5 Schlussfolgerung

Das nachfolgende Kapitel dient der Interpretation der Ergebnisse, die in Kapitel 4 präsentiert wurden. Im Kontext der Nutzungsdauer von Materialien ist vor allem das Ergebnis für Vorlesungsaufzeichnungen interessant. Vorlesungsaufzeichnungen hatten eine durchschnittlichen Länge von 90 Minuten, hatten aber dennoch einen Nutzungszeitraum zwischen weniger als 30 und mehr als 90 Minuten. Es kann davon ausgegangen werden, dass Vorlesungsaufzeichnungen als Vorlesungsersatz oder Medium zum „Nachschlagen"/Wiederholen konsumiert werden. Dies deckt sich mit den Ergebnissen aus Hamborg et al. (2012).

Aus den Ergebnissen der Lerntagebücher ergeben sich Informationen, warum Materialien genutzt bzw. weniger genutzt wurden. Zunächst scheinen alle zur Verfügung gestellten Materialien als potentiell wichtig. Diese sind allerdings nicht gleichwertig unterstützend, was nicht zwangsläufig mit dem Schwierigkeitsgrad der Materialien zusammenhängt. Die YouTube-Videos wurden zwar am schwierigsten bewertet, boten dennoch die meiste Unterstützung. Im Vergleich dazu sind Vorlesungsaufzeichnungen wenig schwierig bewertet, boten allerdings eine geringe Unterstützung. Der Grund hierfür kann in der Komplexität und der Strukturierung des Materials gesehen werden. Jedes bereitgestellte YouTube-Video zeigt ein knapp umrissenes Thema, beispielsweise eine Definition, einen Satz inklusive Beweis oder ein Beispiel. Dies ermöglicht die sehr zielgenaue Bereitstellung des Sachverhaltes. Dies gilt nur bedingt für das Medium Vorlesungsaufzeichnung. Trotz der Unterteilung in Vorlesungseinheiten ist der Einsprung zu einem Thema oder zu einer Aufgabe aufwändiger zu finden. Das genutzte System Matterhorn bietet bislang lediglich im Kontext von

5 http://www.youtube.com
6 http://www.wikipedia.org

Präsentationsfolien eine ausreichende Unterstützung im zielgenauen Zugriff. Hierdurch lässt sich der deutlich geringere Wert für Verständnis im Vergleich zwischen YouTube-Videos und Vorlesungsaufzeichnungen erklären.

Das Vorlesungsskript wurde bereits als zentrales Lernmedium herausgestellt. Dieses belegt die hohe Nutzung, als auch der hohe Wert an Wichtigkeit. Das Skript stellt zudem die gesamte Vorlesung in verschriftlicher Form dar. Auch die Strukturierung der Themen ist äquivalent zu den Themen in der Vorlesung, wodurch das Skript als Begleitmaterial zur Vorlesung gesehen werden kann und den Punkt der Wichtigkeit unterstreicht. Dennoch scheint der hohe Schwierigkeitsgrad des Skripts ein geringeres Verständnis hervorzurufen, was in einer geringeren Unterstützung mündet. Hier liegt aber die Vermutung nahe, dass der inhärente formale Ansatz der theoretischen Informatik einen erheblichen Teil hierzu beiträgt. Abschnitte des Skripts sind mit den YouTube-Videos verknüpft (siehe Abb. 4), in denen der jeweilige Themenbereich per Video erklärt wird. Der abgebildete QR-Code verlinkt auf die audiovisuelle Erläuterung des Themas durch den Lehrenden. Die positive Wertung der Videos spricht für eine bessere Aufnahme der Lerninhalte, sofern diese multimedial aufbereitet sind. Dies ist für die Vorlesungsaufzeichnungen zwar nicht der Fall, allerdings sind diese, wie bereits herausgestellt, weniger als Ergänzung zum Skript zu sehen. Die Transferleistung von der Vorlesungsaufzeichnung auf das Skript scheint ohne konkrete Verknüpfung aufwändiger und schwieriger. Literaturhinweise spielten im Kontext der Vorlesung nur bedingt eine Rolle. Die Nutzung der angegebenen Literatur war gering, was aus einer geringen Unterstützung resultiert.

Interessant ist die Bewertung für die Materialien, die durch die Studierenden selbst mit aufgenommen wurden. Das Verständnis der Materialien ist deutlich höher als dies für Skript und Vorlesungsaufzeichnungen der Fall ist. Dennoch schätzen die Studierenden eigens gesuchtes Material als weniger wichtig als alle weiteren Materialien ein. Einerseits lässt sich daraus ein Verbesserungspotential für das bereitgestellte Skript ableiten.

Es stellt sich aber die Frage, warum Materialien mit hohem Verständnisfaktor keine Bedeutung für die Studierenden haben. Das Problem kann vor allem an der Art von neu gesuchten Materialien ausgemacht werden. Über die Hälfte aller Studierenden haben angegeben, primär nach Skripten, Vorlesungsaufzeichnungen und Videos zu suchen. Dies sind in der Regel Vorlesungsunterlagen anderer Hochschulen oder ggf. eines anderen Lehrenden an der gleichen Hochschule. Im Kontext der theoretischen Informatik gilt, dass Herangehensweise, mathematischer Formalismus und die Tiefe von Themen sich zwischen den verschiedenen Vorlesungsmaterialien deutlich unterscheiden können. Ein direkter Transfer auf die besuchte Vorlesung kann deshalb zunächst ausgeschlossen werden. Da sich 83% der Studierenden, die sich neue Materialien zum Lernen gesucht haben, lediglich weniger als 30 Minuten oder zwischen 30 und 60

Kapitel 3.

Formale Sprachen

Eine formale Sprache ist im Unterschied zu einer konkreten Sprache für die Kommunikation in Form von gesprochenem und geschriebenem Wort eine abstrakte Sprache, die für eine formale, mathematische Verwendung genutzt wird. Formale Sprachen bilden beispielsweise die Grundlagen von Programmiersprachen, die automatisiert von einem Computer verarbeitet werden, in dem der Programmcode in maschinenausführbare Form kompiliert wird.

3.1. Grammatiken

Viele Sprachen aus der Informatik werden durch Grammatiken beschrieben. Eine Grammatik definiert auf Basis von Symbolen und Zeichen eine Menge von Umformungsregeln, mit deren Hilfe eine Sprache erzeugt wird. Dabei wird ausgehend von einem Startsymbol oder einer Startvariable durch sukzessive Anwendung der Regeln ein Wort erzeugt, welches aus sogenannten Variablen oder Terminalen besteht. Die Terminale werden nach ihrer Erzeugung üblicherweise nicht weiter ersetzt und die Umformung endet, sobald man ein nur noch aus Terminalen bestehendes Wort erhält.

Definition 3.1.1 (Grammatik) *Eine* Grammatik G *ist ein Viertupel* $G = (V, T, R, S)$. *Sie besteht aus*

Grammatik

- V *eine endliche Menge von* Variablen *(Nonterminals)*
- T *eine endliche Menge von* Terminalen
- R *eine endliche Menge von* Regeln. *Eine Regel ist ein Element* (P, Q) *aus*

$$((V \cup T)^* \, V (V \cup T)^*) \times (V \cup T)^*$$

  Für eine Regel $(P, Q) \in R$ *schreibt man üblicherweise* $P \to Q$.
- S *das* Startsymbol, $S \in V$.

Abb. 4: Auszug Skript; der QR-Code verlinkt auf die audiovisuelle Erläuterung der Definition einer Grammatik

Minuten mit den Materialien pro Woche beschäftigt haben, ist ungewiss, ob ein Gesamtverständnis für die neuen Materialien aufgebaut wurde und zum Verständnis der besuchten Vorlesung beigetragen hat. Gestützt wird die Annahme durch einen geringen Wert an Unterstützung.

6 Fazit

Das Internet ist in vielen Lebenslagen ein wertvolles Medium zur Suche nach Informationen. Nach Präsentation der Ergebnisse aus der Evaluation kann allerdings herausgestellt werden, dass sich die Suche im Kontext von Lehrveranstaltungen schwierig gestallten kann und ggf. nicht immer sinnvoll ist. Sicher ist, dass Materialien einer genauen Prüfung unterzogen werden müssen, sofern diese im Kontext einer anderen Lehrveranstaltung entstanden sind. Die Evaluation zeigt, dass die Suche nach konkreten Veranstaltungsunterlagen anderer Hochschulen durch Studierende fokussiert wird. Ein Mehrwert scheint oft allerdings nicht gegeben zu sein, da Unterschiede ggf. zu groß sind. Schlussendlich gilt dann doch der etwas pragmatische Grundsatz, dass Studierende auf die Prüfung in der besuchten Vorlesung vorbereitet sein müssen. Es lässt sich ableiten, dass Studierende oftmals umsonst den Weg über das Internet gehen, da geeignete Materialien schwieriger zu finden sind als zunächst angenommen. Materialien müssen in vielen Kriterien zu der Vorlesung passen oder ein Verständnis muss für die neuen Materialien aufgebaut werden, um das Wissen adäquat in der besuchten Vorlesung einzusetzen. Insofern birgt ein Zuviel an Material auch die deutliche Gefahr des Orientierungsverlustes. Zudem sind zur Verfügung gestellte Materialien meist auf die Vorlesung abgestimmt und haben sich oft über lange Zeit entwickelt, so dass diese eigentlich eine genügende Basis zum Lernen darstellen sollten. Die Unterstützung wurde auch durch die Evaluation belegt. Es sei an dieser Stelle gemutmaßt, ob eine aufwändige Suche durch das Internet sich wohlmöglich kontraproduktiv auf die Lernleistung auswirkt, da zu viele Materialien zur Verfügung stehen und so der Fokus für Themen der besuchten Vorlesung verloren geht. Sicher ist allerdings, dass Studierende in der Vielfalt an Materialien Unterstützung benötigen, um den Zeitaufwand bei der Suche von Materialien zu dezimieren und das Lernen in den Vordergrund rücken. Eine Begleitung des Lernprozesses ist somit notwendig (vgl. auch Wichelhaus et al., 2008). Zudem konnte die Evaluation zeigen, dass die Anreicherung von komplexen Materialien z.B. durch die Erklärung dedizierter Bereiche in Videos unterstützend gesehen wird. Die sukzessive Anreicherung komplexer Materialien durch kurze, multimediale Abschnitte könnte so das Verständnis steigern und bei der Organisation unterstützen.

Literatur

Engelbert, B., Morisse, K. & Vornberger, O. (2013). A folksonomy-based recommender system for learning material prediction. In Jan Herrington et al. (Eds.), *Proceedings of World Conference on Educational Multimedia, Hypermedia and Telecommunications 2013* (pp. 1590–1595). Chesapeake, VA: AACE.

Hamborg, K.-C., Ollermann, F, Meyknecht, G., Meier da Fonseca, V. & Rolf, R. (2012). Akzeptanz von Lehrveranstaltungsaufzeichnungen – Befunde aus zwei empirischen Studien. In J. Desel, J. M. Haake & C. Spannagel (Hrsg.), *DeLFI 2012. Die 10. e-Learning Fachtagung Informatik der Gesellschaft für Informatik e. V.* (S. 63–74). Bonn: Köllen Verlag.

Höver, K. M., Rößling, G. & Mühlhäuser, M. (2010). Studierende, das Web und Vorlesungsaufzeichnungen. In: M. Kerres, N. Ojstersek, U. Schroeder & U. Hoppe (Hrsg.), *DeLFI 2010 – 8. Tagung der Fachgruppe E-Learning der Gesellschaft für Informatik e.V.* (S. 121–132). Bonn: Gesellschaft für Informatik.

Rust, I. & Krüger, M. (2011). Der Mehrwert von Vorlesungsaufzeichnungen als Ergänzungsangebot zur Präsenzlehre. In T. Köhler & J. Neumann (Hrsg.), *Wissensgemeinschaften. Digitale Medien – Öffnung und Offenheit in Forschung und Lehre* (S. 229–239). Münster: Waxmann.

Tillmann, A., Bremer, C. & Krömker, D. (2012). Einsatz von E-Lectures als Ergänzungsangebot zur Präsenzlehre. Evaluationsergebnisse eines mehrperspektivischen Ansatzes. In G. Csanyi, F. Reichl & A. Steiner (Hrsg.), *Digitale Medien – Werkzeuge für exzellente Forschung und Lehre* (S. 235–249). Münster: Waxmann.

Wichelhaus, S., Schüler, T., Ramm, M. & Morisse, K. (2008). Medienkompetenz und selbstorganisiertes Lernen – Ergebnisse einer Evaluation. In S. Zauchner, P. Baumgartner, E. Blaschitz & A. Weissenbäck (Hrsg.), *Offener Bildungsraum Hochschule.* (Medien in der Wissenschaft, Bd. 48). (S. 124–133). Münster: Waxmann.

Tamara Ranner, Markus Stroß

Partizipative Gestaltung eines Bildungsnetzes im organisierten Sport (Projektvorhaben)

Zusammenfassung

Digitale Medien finden zunehmend Eingang in die Qualifizierungsmaßnahmen im organisierten Sport. Die Erfahrungen, die die Sportverbände dabei machen, werden aktuell kaum untereinander geteilt und diskutiert. Deshalb entwickelt der Deutsche Olympische Sportbund im Rahmen des Projekts „SALTO – Einsatz digitaler Medien in den Bildungsprozessen des deutschen Sports“ ein Online-Portal – das Bildungsnetz. Dieses soll eine Informations- und Austauschplattform rund um den Einsatz digitaler Medien in der Qualifizierungsarbeit bieten. Die späteren Nutzer werden von Anfang an in die Gestaltung der Umgebung einbezogen. Der Praxisbericht stellt zunächst das noch laufende Projekt und seine Ziele vor, bevor die unterschiedlichen (geplanten) Maßnahmen der Nutzerbeteiligung an der partizipativen Gestaltung und Entwicklung des Bildungsnetzes beschrieben werden.

1 Mediengestützte Aus-, Fort- und Weiterbildung im organisierten Sport

Digitale Medien finden inzwischen in den unterschiedlichsten Bildungskontexten Verwendung, neben Schule, Hochschule und beruflicher Bildung zunehmend auch im organisierten Sport. Der Deutsche Olympische Sportbund (DOSB) ist einer der größten Bildungsanbieter der Zivilgesellschaft in Deutschland: Über 580.000 Personen besitzen eine gültige DOSB-Lizenz ihres Fachverbandes oder Landessportbundes.[1] Jährlich werden rund 46.000 neue Trainer/innen, Übungsleiter/innen, Jugendleiter/innen und Vereinsmanager/innen[2] in den Sportverbänden ausgebildet, hinzu kommen zahlreiche Fort- und Weiterbildungsmaßnahmen. Dabei orientieren sich die Sportverbände an den aktuellen Rahmenrichtlinien (RRL) für Qualifizierung des DOSB, die „die Qualität und Vergleichbarkeit der Aus- und Fortbildung im organisierten Sport

---

1 Insgesamt engagieren sich rund 8,8 Mio. Menschen in 91.000 Sportvereinen in Deutschland.

2 Ausschließlich aus Gründen der besseren Lesbarkeit wird im Folgenden durchgehend die männliche Form verwendet. Es sind jedoch in der Regel und, wenn nicht explizit anders angegeben, sowohl männliche wie auch weibliche Personen gemeint.

sichern" (DOSB, 2013, S. 11). Die RRL bieten den Ausbildungsträgern die Möglichkeit, neue Formen des Lehrens und Lernens unter Einsatz digitaler Medien in ihre Konzepte aufzunehmen. In den letzten Jahren haben einige Sportverbände von dieser Möglichkeit Gebrauch gemacht und digitale Lehr- und Lernmedien fest in ihren Qualifizierungsrahmen verankert. Jedoch gibt es viele Mitgliedsorganisationen, die sich bislang kaum oder gar nicht mit diesem Thema beschäftigen (vgl. Reinmann, Lames & Kamper, 2010).

Erfahrungen zum Einsatz digitaler Medien aus dem Bildungskontext des organisierten Sports sind nicht nur innerhalb des Sportsystems interessant, sondern können spannende Impulse für die E-Learning-Diskussion anderer Bereiche liefern. Zum einen entstehen für die Qualifizierung im Sport vielfältige mediengestützte Lehr-Lernkonzepte und -materialen, die in der Praxis erprobt und auf Grundlage der Erfahrungen weiterentwickelt werden. Zum anderen stehen die Sportverbände vor der Herausforderung, ihre Strukturen dahingehend zu verändern und anzupassen, dass digitale Medien nachhaltig in der Qualifizierungsarbeit implementiert werden können. Von diesen Erkenntnissen und Erfahrungen können auch andere Bildungseinrichtungen profitieren.

Dafür müssen das Wissen und die Erfahrungen kommuniziert und geteilt werden. Wie aber lassen sich die zahlreichen Erfahrungen innerhalb der Sportverbände erfassen? Der DOSB hat insgesamt 98 Mitgliedsorganisationen[3], die unterschiedlich viele regionale Untergliederungen haben, die selbst Qualifizierungsmaßnahmen durchführen. Die Herausforderung besteht darin, diese Organisationen so untereinander zu vernetzen, dass sie ihr Wissen und ihre Erfahrungen zur mediengestützten Qualifizierung austauschen können. Dafür müssen vorhandene räumliche, zeitliche und organisationale Barrieren aufgelöst und Offenheit für einen Austausch geschaffen werden.

2 Communitybasiertes Wissensmanagement im SALTO-Projekt

Diese Herausforderung greift der DOSB im Rahmen des Verbundprojekts (insg. sechs Teilprojekte) „SALTO – Einsatz digitaler Medien in den Bildungsprozessen des deutschen Sports"[4] auf. Ziel des Gesamtprojekts ist es, die Qualität im Qualifizierungssystem des organisierten Sports durch den Einsatz digitaler Medien in der der Aus-, Fort- und Weiterbildung zu verbessern. Das

3 Die 98 Mitgliedsorganisationen setzen sich zusammen aus 16 Landessportbünden, 62 Spitzenverbänden (34 olympischen und 28 nicht-olympischen) sowie 20 Sportverbänden mit besonderen Aufgaben.

4 Das Projekt SALTO (http://www.salto-dosb.de/) wird vom Bundesministerium für Bildung und Forschung (BMBF) sowie dem Sozialfonds der Europäischen Union gefördert.

Ziel des Teilprojekts des DOSB ist es, ein Online-Portal, das Bildungsnetz zu entwickeln. Dieses soll in erster Linie den Bildungsverantwortlichen der Sportverbände eine Informations- und Austauschplattform rund um digitale Medien in der Qualifizierungsarbeit bieten. Dort sollen Informationen, Tipps, Beispiele und Erfahrungsberichte sowie Orientierungs- und Entscheidungshilfen zum Einsatz digitaler Medien (z.B. Blended Learning, Implementation) bereitgestellt, von den Nutzern ausgetauscht und diskutiert werden.[5]

Das Bildungsnetz folgt der Idee vom communitybasierten Wissensmanagement (vgl. Koch, 2001). Die Bildungsverantwortlichen der Sportverbände bilden eine Community of Practice (vgl. Lave & Wenger, 1991; Wenger, McDermott & Snyder, 2002), die das gemeinsame Interesse der Qualifizierungsarbeit im Sport teilt. Mit dem Bildungsnetz bekommt diese Community eine Umgebung, in der sie Wissen und Erfahrungen zum Einsatz digitaler Medien dokumentieren, miteinander teilen, sich austauschen und kollaborativ neues Wissen generieren kann. Persönlich treffen sich die Bildungsverantwortlichen der Mitgliedsorganisationen in der Regel einmal im Jahr, so dass ein regelmäßiger F2F-Austausch der örtlich verstreuten Community nur bedingt möglich ist. Durch die Entwicklung des Bildungsnetzes möchte der DOSB eine Umgebung schaffen, die einen virtuellen Austausch ermöglicht.

3 Partizipative Gestaltung und Entwicklung eines Bildungsnetzes

Die Bildungsverantwortlichen der Mitgliedsorganisationen des DOSB sowie ihrer regionalen Untergliederungen werden als zentrale Nutzergruppe des Bildungsnetzes von Anfang an in die Planung, Gestaltung und Entwicklung miteinbezogen. Zu diesem Zweck hat der DOSB verschiedene Maßnahmen ergriffen bzw. geplant, die nachfolgend beschrieben werden.

3.1 Anforderungsanalyse

Um das Bildungsnetz den Bedürfnissen der Nutzer entsprechend zu gestalten, wurden zunächst die genauen Anforderungen erfasst. Das Fachforum Bildung 2013 widmete sich dem Thema „Lehren und Lernen mit digitalen Medien"

5 Darüber hinaus sollen DOSB-Lizenzen für Trainer, Übungsleiter, Vereinsmanager und Jugendleiter in Zukunft über das im Bildungsnetz integrierte Lizenzmanagementsystem vergeben und verlängert bzw. optional verwaltet werden. Dies soll die Funktion des Bildungsnetzes als Kristallisationspunkt für alle Fragen der Qualifizierung allgemein und mit digitalen Medien im organisierten Sport unterstützen und mehr Transparenz in der Qualifizierungsarbeit schaffen.

und wurde als Blended Conference[6] durchgeführt. Ziel der Veranstaltung war es, die Bildungsverantwortlichen in Kontakt mit E-Learning zu bringen, sie über das SALTO-Projekt zu informieren und mit ihnen zu eruieren, welche Anforderungen sie an das Bildungsnetz stellen. Dazu wurden Nutzungsszenarien sowie Screendummies, also einfache, erste Bildschirmentwürfe mit möglichen Funktionen erarbeitet. Diese wurden in zwei Arbeitsgruppen den Teilnehmenden präsentiert, von ihnen bewertet, diskutiert und ergänzt.

Anschließend wurden die Bildungsverantwortlichen der Mitgliedsorganisationen des DOSB und ihrer regionalen Untergliederungen online befragt.[7] Ziel war es zum einen, zu erheben, wie der aktuelle Einsatz digitaler Medien in der Qualifizierungsarbeit der Sportverbände aussieht. Zum anderen sollten die Anforderungen der Zielgruppe an das Bildungsnetz konkret erfasst werden. Es haben 137 Personen an der Befragung teilgenommen. Laut den Ergebnissen setzen bereits 86% der Bildungsverantwortlichen Medien in der Aus- und/oder Fortbildung in ihrem Verband ein. Welche Medien- und Web-Anwendungen dabei Verwendung finden, zeigt Abbildung 1. Die Bildungsverantwortlichen sind daran interessiert, digitale Medien in Zukunft vermehrt in den Lehr-Lern-Kontext einzubinden.

In Bezug auf Inhalte rund um den Einsatz digitaler Medien in der Qualifizierungsarbeit interessieren sie im Bildungsnetz v.a. Empfehlungen, wie sie selbst E-Learning-Inhalte qualitativ ansprechend und kostengünstig herstellen können, gefolgt von Beispielen für erfolgreichen Einsatz digitaler Medien in anderen Verbänden sowie Konzepten, wie sie ihre Lehrreferenten im Einsatz digitaler Medien schulen können. Die Befragung zeigt, dass die Bildungsverantwortlichen Inhalte aus dem Bildungsnetz nutzen möchten, einem gegenseitigen Austausch oder dem Einstellen von eigenen Inhalten jedoch unentschieden gegenüberstehen. Das Ergebnis weist auf eine grundsätzliche Bereitschaft hin, sich mit anderen Nutzern des Bildungsnetzes auszutauschen, dies aber möglicherweise nur zu bestimmten Themen.

---

6 Um das Thema digitale Medien nicht nur theoretisch zu diskutieren, gab es vor dem eigentlichen Präsenztermin eine Vor- und danach eine Nachphase in einer virtuellen Umgebung. Ziel war es, die teilnehmenden Bildungsverantwortlichen in Kontakt mit digitalen Medien zu bringen und potentielle Berührungsängste und Hemmschwellen abzubauen.

7 Neben den Bildungsverantwortlichen gab es noch zwei weitere Online-Befragungen: Ein Fragebogen richtete sich an die Lizenzverantwortlichen der Mitgliedsorganisationen, weil diese für die Verwaltung und Bestellung der Lizenzen zuständig sind und später mit dem neuen Lizenzmanagementsystem arbeiten müssen. Außerdem wurden noch Trainer und Übungsleiter (ausgewählter Verbände) befragt, da diese eine weitere Zielgruppe darstellen, die vor allem über die Bildungsverantwortlichen vom Bildungsnetz profitieren soll.

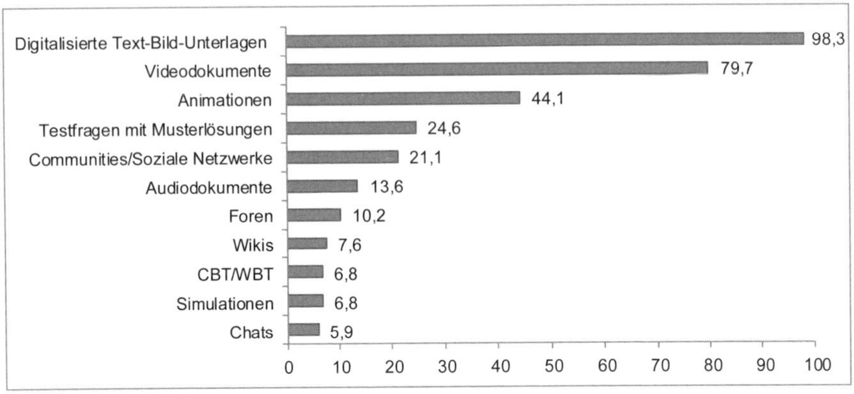

Abbildung 1: Medien bzw. Web-Anwendungen, die die Bildungsverantwortlichen in der Qualifizierungsarbeit einsetzen (in Prozent)

3.2 Portalkonzept und Maßnahmen zur Partizipation

Auf Grundlage der Anforderungsanalyse wurde ein Konzept für das Bildungsnetz erarbeitet. Es beschreibt Ziele und Zielgruppen, Ansprüche und Bedürfnisse wesentlicher Stakeholder, didaktische Angebote und technische Funktionalitäten sowie Maßnahmen zur Unterstützung von Implementation und Nachhaltigkeit. Die erste Version des Portalkonzepts wurde zwei Experten aus dem wissenschaftlichen Kontext vorgelegt, die jeweils eine kurze Expertise dazu verfasst haben. Diese Expertisen sind in die weitere Überarbeitung des Dokuments eingeflossen.

Aus dem Portalkonzept wurden Maßnahmen für die Motivation und Partizipation der Nutzer im Bildungsnetz abgeleitet. Dies knüpft an die Ergebnisse der Befragung an, die gezeigt haben, dass ein aktiver Austausch nicht von selbst zu erwarten ist, sondern einer Unterstützung bedarf. Neben der frühen Einbindung der Nutzer in die Entwicklung und Gestaltung des Bildungsnetzes ist bspw. geplant, eine nutzenorientierte Dokumentation zu erstellen, die mittels Screencasts und konkreten Nutzungsbeispielen den Mehrwert der Umgebung aufzeigen soll (vgl. Richter et. al., 2012). Dabei spielt auch der frühe Einbezug von Key Usern bzw. Promotoren eine wichtige Rolle. Weitere geplante Maßnahmen sind die Möglichkeiten, Beiträge zu bewerten, Beitragsempfehlungen (z.B. aufgrund der thematischen Nähe) anzeigen zu lassen oder besonders aktive Nutzer für ihr Engagement auszuzeichnen.

3.3 Kommunikationsmaßnahmen

Um laufend über den aktuellen Stand im Projekt zu informieren und der Zielgruppe sowie den Entscheidungsträgern in den Mitgliedsorganisationen eine Möglichkeit zur Mitbestimmung zu geben, werden projektbegleitend unterschiedliche Kommunikationsmaßnahmen durchgeführt. Die Bildungsverantwortlichen werden über Beiträge im Newsletter des DOSB sowie durch Vorträge auf Veranstaltungen über den jeweiligen Projektstatus und Partizipationsmöglichkeiten informiert. Zusätzlich wird in einzelnen Entscheidungsgremien der Mitgliedsorganisationen über das Projekt berichtet. Außerdem wurde ein SALTO-Weblog eingerichtet, dessen Ziel es ist, die interessierte Öffentlichkeit über aktuelle Entwicklungen im Gesamtprojekt sowie in den Teilprojekten auf dem Laufenden zu halten. Auch andere Sportverbände, die bereits digitale Medien in der Aus-, Fort- und Weiterbildung einsetzen, können über ihre Aktivitäten bloggen. Das Weblog soll dazu beitragen, Projekte und Bestrebungen von Sportverbänden im Hinblick auf den Einsatz digitaler Medien transparent zu machen. So sollen die Motivation und die Bereitschaft anderer Sportverbände, in diesem Bereich selbst aktiv zu werden, gefördert werden.

3.4 Iterative technische Entwicklung und Partizipation

Die technische Entwicklung des Bildungsnetzes ist iterativ angelegt: Es werden verschiedene Funktionalitäten aufeinander aufbauend in mehreren Ausbaustufen umgesetzt. Bereits nach der ersten Ausbaustufe sollen die zentralen Funktionen des Bildungsnetzes (in einfacher Form) umgesetzt sein und dann schrittweise weiterentwickelt werden. Ziel ist es, Nutzer bereits frühzeitig in die Weiterentwicklung einzubeziehen. Im Evaluationskonzept ist vorgesehen, dass nach der ersten Ausbaustufe zunächst einige ausgewählte Experten die Funktionalitäten und die Benutzerführung des Bildungsnetzes testen. Anschließend wird die Umgebung von einer kleinen Anzahl an Pilotnutzern aus der Kern-Zielgruppe der Bildungsverantwortlichen erprobt. Das Feedback der Experten der Pilotnutzer wird die weitere Ausgestaltung des Bildungsnetzes direkt mitbestimmen. Mit den weiteren Ausbaustufen werden die Nutzergruppen schrittweise vergrößert. Die Implementation des Bildungsnetzes ist keine Phase am Ende des Projekts, sondern beginnt mit der Technologieentwicklung und wird laufend evaluiert.

4 Fazit

Ziel des DOSB ist es, ein Bildungsnetz zum communitybasierten Wissensmanagement gemeinsam mit den späteren Nutzern zu gestalten und zu entwickeln. Zu diesem Zweck wurden verschiedene Maßnahmen geplant und zum Teil bereits umgesetzt. Bislang stoßen diese Maßnahmen auf eine gute Resonanz bei der Zielgruppe. Aktuell läuft die technische Umsetzung der zweiten Ausbaustufe, die im August 2014 abgeschlossen werden soll. Ab Juni 2014 wird das Bildungsnetz zunächst mit Experten und anschließend mit der Pilotgruppe getestet. Im Rahmen eines Praxisvortrags möchten wir bei der GMW-Tagung 2014 unsere bis dahin gesammelten Erkenntnisse zur partizipativen Gestaltung eines Bildungsnetzes für communitybasiertes Wissensmanagement im organisierten Sport sowie erste Evaluationsergebnisse vorstellen und darüber mit den Teilnehmern diskutieren.

Literatur

Deutscher Olympischer Sportbund (2013). *DOSB | „Das habe ich im Sport gelernt!". Bericht 2013. Die Leistung des Sports für lebenslanges Lernen.* Frankfurt am Main.

Koch, M. (2001). Community-Support-Systeme. In G. Schwabe, N. Streitz & R. Unland (Hrsg.), *CSCW-Kompendium: Lehr- und Handbuch zum computerunterstützten kooperativen Arbeiten* (S. 286–296). Berlin: Springer.

Lave, J. & Wenger, E. (1991). *Situated learning: Legitimate peripheral participation. Learning in doing.* Cambridge: Cambridge University Press.

Reinmann, G., Lames, M. & Kamper, M. (2010). *DOSB Bildung und Qualifizierung – E-Learning für die Qualifizierung im organisierten Sport.* Frankfurt am Main: Deutscher Olympischer SportBund,

Richter, A., Koch, M., Behrendt, S., Nestler, S., Müller, S. & Herrlich, S. (2012). *aperto – Ein Rahmenwerk zur Auswahl, Einführung und Optimierung von Corporate Social Software.* (Schriften zur soziotechnischen Integration, Band 2.) München: Forschungsgruppe Kooperationssysteme, Universität der Bundeswehr München.

Wenger, E., McDermott, R. & Snyder, W. M. (2002). *Cultivating communities of practice: A guide to managing knowledge.* Boston, Mass.: Harvard Business School Press.

Aviva Sugar Chmiel, Maya Shaha, Diane Morin, Daniel K. Schneider

Vom Frontalunterricht zum „Blended Learning“

Erster Schritt zur Entwicklung eines umfassenden Evaluierungsprozesses (Poster)

Zusammenfassung

In einem schweizerischen Programm zum Master of Science in Pflegewissenschaften wurde das dritte von vier Semestern in einem Pilotprojekt in „Blended Learning“ oder integriertes Lernen umgewandelt. Zentral war dabei die Durchführung einer umfassenden Evaluierung, die alle Mitwirkenden einschließt – sowohl die strukturellen, technischen Dimensionen als auch die Durchführung des veränderten Programms – sowie die Auswirkungen auf Endnoten und Selbstorganisation der Studierenden und Lehrenden miteinbezieht. Die Daten wurden einerseits mit Hilfe von Fragebogen mit Likert-Skalen und freien Textfeldern, Einzelinterviews mit Lehrenden erhoben und andererseits mit Datenanalysen der Lernplattform ergänzt. Die Analyse dieser Daten dokumentiert den Erfolg des Pilotprojekts und zeigt den Verbesserungsbedarf auf. Vor allem bildet sie die Grundlage zur Weiterentwicklung eines umfassenden Evaluierungsprozesses zur Begleitung solcher Flexibilisierungsprojekte.

1 Einführung

In der Ausbildung steht Blended Learning einerseits für das Streben, die heutigen technologischen Möglichkeiten für das Online-Lernen optimal mit Lernphasen im Klassenraum zu kombinieren. Andererseits geht es darum, verschiedene didaktische Möglichkeiten bestmöglich auszuschöpfen und die didaktischen Erkenntnisse in die Praxis umzusetzen (Driscoll, 2002; Nielsen, 2013). Die Suche nach der besten Kombination baut heute im deutschsprachigen Raum auf einige Jahre Erfahrung auf (Iberer, Müller & Wippermann, 2014; Schober, Wagner, Reimann, Atria & Spiel, 2006) und wurde bereits unter Berücksichtigung verschiedener Gesichtspunkte erforscht (Graham, Henrie & Gibbons, 2013; Graham, Woodfield & Harrison, 2012; Smyth, Houghton, Cooney & Casey, 2012). Studien zeigen aber, dass die Evaluierung eines Flexibilisierungsprozesses selten umfassend ist und sich meist auf eine Zielgruppe (z.B. Studierende) oder eine Dimension (z.B didaktische Vorgänge oder „Technology acceptance“) beschränkt (Bliuc, Goodyear & Ellis, 2007; Halverson, Graham, Spring, Drysdale & Henrie, 2014; Triola, Huwendiek,

Levinson & Cook, 2012). Das hier vorgestellte Projekt unternimmt einen ersten Schritt zur Entwicklung eines umfassenden Evaluierungsprozesses zur Begleitung der Flexibilisierung eines Masterprogramms. Dieser Evaluierungsprozess soll im Sinne einer längerfristigen, zyklischen Entwicklung gemäß eines „Design-Based research“-Vorgehens (Anderson & Shattuck, 2012; Reeves, 2008) weiterentwickelt werden.

2 Das Projekt

Das „Institut Universitaire de Formation et de Recherche en Soins“ (IUFRS)[1] bietet im Auftrag der Fachhochschule Westschweiz (HeSSO)[2] und der Universität Lausanne (Unil)[3] seit fünf Jahren einen Master of Science in Pflegewissenschaften (MscSI[4]) an. Die Studierenden sind diplomierte Pflegefachpersonen oder AbsolventInnen der Bachelorausbildung in Pflege mit mindestens zwei Jahren Berufserfahrung. Um in Zukunft flexibler und zugänglicher zu werden, die Lehrpraktiken zu bereichern und größere Selbstständigkeit der Studierenden zu fördern, wurde die strategische Ausrichtung des Masterprogramms überarbeitet. Unterstützt wurde diese Neuausrichtung mit einem Zuschuss für pädagogische Innovationen (Fond d’Innovation Pédagogique, FIP)[5]. Die Analyse des bestehenden Programms zeigte als möglichen Weg die Flexibilisierung von vier der fünf Kursen im dritten Semester des Masterprogramms. Es wurde ein Forschungsprojekt erarbeitet mit folgenden Zielen: 1) begleiten, dokumentieren und analysieren des voraussichtlich mehrstufigen Umsetzungsprozesses; 2) entwickeln eines Evaluierungsprozesses, das auf ähnliche Vorgänge übertragen werden kann. Im Einvernehmen mit den betroffenen Dozentinnen wurden die traditionellen Vorlesungsformate zu Blended-Learning-Formaten umgewandelt. Insgesamt waren 25 Studierende des Jahrgangs 2012/2014, vier Dozentinnen und eine Assistentin von der Flexibilisierung betroffen.

Tabelle 1 macht die Veränderungen im Zeitplan deutlich.

1 http://www.unil.ch/sciences-infirmieres/page65876.html.
2 http://www.hes-so.ch/fr/master-sciences-infirmieres-mscsi-613.html?theme=T12.
3 http://www.unil.ch/index.html.
4 Master ès Sciences en Sciences Infirmières.
5 http://unil.ch/fip.

Tabelle 1: Stundenplan des Semesters vor und nach der Flexibilisierung

	Woche	Kranken-Vers.Systeme	Klin. Projekt	Qualitative Methoden	Forschungsseminar	Familienzentriertes Vorgehen
Sep	38	□ ■			□	
	39	□	□ ■	□ ■	■	
Okt	40	□	□	□		
	41	□	□	□		
	42	□ ■	□ ■	□	■	
	43	□	□	□		
	44	□		□		
Nov	45		□	□		
	46	■	□ ■		■	
	47		□		□	
	48		□		□	
Dez	49	■	□	■	□	
	50		□	■	□	
	51		■	■		
Kurs-Stunden		□ 20 ■ 12	□ 26 ■ 12	□ 20 ■15	□ 20 ■ 12	
Wochen mit Präsenz-Kursen □ vor der Fexibilisierung ■ nach der Fexibilisierung						

3 Evaluierungsmethoden

Es wurden drei Dimensionen des Flexibilisierungsprojektes in der Evaluierung berücksichtigt: 1) die strukturgebundenen Faktoren (technische Voraussetzungen, Benutzerfreundlichkeit der Lernplattform, Personalaufwand); 2) die Beurteilung des Ablaufs des Semesters (veränderter Lehr- und Lernvorgang); und 3) die Ergebnisse (flexible Organisation, Benotung der StudentInnen und Zufriedenheit der Dozentinnen/StudentInnen).

Alle betroffenen Personen wurden in die Evaluierung des Flexibilisierungsprojekts einbezogen. Die Lehrbeauftragten wurden in einem semi-strukturierten Interview zu Vorbereitung, Ablauf, Auswirkungen auf die didaktischen Prozesse und Zufriedenheit befragt. Die Gespräche wurden wörtlich transkribiert und analysiert. Die Studierenden beantworteten neben den im Institut üblichen Fragebogen zur Kursbewertung auch Fragen zum Ablauf des neu flexiblen Semesters. Dazu wurden Ausschnitte von geprüften, zuverlässigen Instrumenten zu einem Online-Fragebogen zusammengestellt und durch kontextgebundene Fragen ergänzt: TAM (Technology Acceptance Model) (Ngai, Poon & Chan, 2007); Web-Based Learning Environment Instrument (WEBLEI) (Chang & Fisher, 2003); Distance Education Learning Environment Survey (DELES) (Walker & Fraser, 2005). Der Fragebogen enthielt auch freie Textfelder für Kommentare.

Zusätzlich wurden ausgewählte Daten (z.B. Nutzung einzelner Aktivitäten durch die StudentInnen) aus der Lernplattform (Moodle) analysiert sowie das Administrationsteam in einem Interview befragt. Tabelle 2 fasst die Evaluierungsinstrumente zusammen:

Tabelle 2: Übersicht der Evaluierungsinstrumente

	Institut	Dozentinnen	StudentInnen
Quantitative Methoden	Personal- und Zeitaufwand		Fragebögen: Kursbewertungen, Semeseterablauf. Benotung
Moodle Data			Nutzung einzelner Aktivitäten
Qualitative Methoden	Interview des administrativen Teams	semistrukturiertes Interview	Informelle Gespräche

4 Ergebnisse der Evaluierung

Die Datenanalyse erlaubte eine umfassende Bewertung der Vorgänge vor, während und nach der Flexibilisierung des Semesters. Die Auswertung wurde durch die Erstautorin als Teil ihres Auftrags als Projektleiter durchgeführt. Es konnten Aussagen zu den folgenden Themen in Bezug auf die Flexibilisierung gemacht werden:

Nutzung der Moodle2-Plattform: Diese Lernplattform ist einfach zu nutzen. Jedoch ist Support für Studierende wie Lehrbeauftragte wichtig. Klare Anweisungen zu den Online-Aktivitäten sind vor allem bei Kursen wichtig, die jedes Semester neu beginnen.

Didaktische Überarbeitung: Der Vorgang hatte einen strukturierenden Effekt auf die Kursabläufe und bewirkte eine Auseinandersetzung der Lehrbeauftragten mit ihren Inhalten sowie didaktischen Methoden. Die Studierenden eigneten sich theoretische Grundlagen in der Selbstlernphase an. Dadurch konnte die Präsenzzeit besser für Austausch und Diskussion genutzt werden.

Selbstständiges Lernen: Studierende zeigen sich zwar selbstständiger im Lernvorgang, schätzen aber nicht immer dieses größere Maß an Eigenverantwortung. Sie anerkennen, dass die Organisation des Studiums parallel zu Beruf und Familie leichter fällt. Einige StudentInnen haben die Verfügbarkeit einzelner Aktivitäten genutzt, um sie frühzeitig abzuschließen.

Benotung: Die Noten der Studierenden waren ähnlich zu denen der Studierenden im Vorjahr im selben Semester.

Zufriedenheit: Studierende und Lehrbeauftragte schätzten gleichermaßen die neu entstandene Flexibilität. Sie bedauerten jedoch, dass weniger direkte Kontakte entstanden. Dieser Verlust war besonders spürbar in Kursen, die im Flexibilisierungssemester neu begannen. Es stand weniger Zeit zum Kennenlernen zur Verfügung.

Insgesamt zeigten sich Studierende sowie Lehrbeauftragte mit der Flexibilisierung und den Lehr-/Lernvorgängen im Blended-Learning-Format zufrieden bis sehr zufrieden.

Die Bewertung des Evaluierungsprozesses zeigte aber auch auf, wo Verbesserungen nötig sind: Auf Institutsebene wurde deutlich, wie wichtig die Zusammenarbeit zwischen Dozent/Innen und Administrationsteam bei der koordinierten Aufstellung des Lehrplans im Blended-Learning-Format ist. Die ausschließliche Verwendung von Fragebögen erlaubt außerdem keine feinere Bewertung der Aussagen von SrudentInnen, wie zum Beispiel Einsichten in die Veränderungen im Lernvorgang oder in der Art und Weise, wie die Artikulierung einzelner Lernaktivitäten zwischen Präsenzzeiten und Selbstlernphasen von den Lernenden umgesetzt werden.

5 Schlussfolgerungen

Der sehr ausführliche Evaluierungsprozess bringt Einsichten und Antworten, die einerseits die Grundlage zur Fortführung und Verbesserung des flexibilisierten Semesters bildet. Die gesammelten Daten erlauben auf Anhieb eine eingehende Analyse des Pilotprojektes auf verschiedenen Ebenen (Lehr- und Lernende, Lernplattform, Institut). Bekannte Ergebnisse konnten reproduziert werden: Zufriedenheit der StudentInnen mit der flexiblen Zeiteinteilung und Autonomie, aber auch ihr Wunsch nach mehr persönlichem Kontakt und das Gefühl der Einsamkeit oder nach vermehrtem Feedback (Smyth et al., 2012); die Bereicherung der didaktischen Kompetenzen der Lehrenden (Kaleta, Skibba & Joosten, 2007) oder, auf institutioneller Ebene, die Notwendigkeit, das Blended-Learning-Format zu definieren und in die Planungs- und Entschädigungsvorgänge zu integrieren (Graham et al., 2012). Andererseits kann dieses integrative Evaluierungsvorgehen selbst überdacht und weiterentwickelt werden. Dadurch wird eine Übertragung auf ähnliche Projekte möglich. Es zeigt sich jedoch, dass gewisse Fragen ohne Interviews mit den Studierenden nicht beantwortet werden können. In dieser ersten Phase hätte der zeitliche Aufwand eines solchen Vorgehens den Rahmen des Pilotprojektes gesprengt. Es müssen also bei den nächsten Etappen der zyklischen Entwicklung des Evaluierungsprozesses Schwerpunkte definiert werden.

Literatur

Anderson, T. & Shattuck, J. (2012). Design-Based Research A Decade of Progress in Education Research? *Educational Researcher, 41*(1), 16–25.

Bliuc, A.-M., Goodyear, P. & Ellis, R. A. (2007). Research focus and methodological choices in studies into students' experiences of blended learning in higher education. *The Internet and Higher Education, 10*(4), 231–244.

Chang, V. & Fisher, D. (2003). The validation and application of a new learning environment instrument for online learning in higher education. *Technology-rich learning environments: A future perspective*, 1–18.

Driscoll, M. (2002). Blended learning: Let's get beyond the hype. *E-learning, 1*(4).

Graham, C. R., Henrie, C. R. & Gibbons, A. S. (2013). DEVELOPING MODELS AND THEORY FOR BLENDED LEARNING RESEARCH. *Blended learning: Research perspectives, 2*, 13.

Graham, C. R., Woodfield, W. & Harrison, J. B. (2012). A framework for institutional adoption and implementation of blended learning in higher education. *The Internet and Higher Education.*

Halverson, L. R., Graham, C. R., Spring, K. J., Drysdale, J. S. & Henrie, C. R. (2014). A thematic analysis of the most highly cited scholarship in the first decade of blended learning research. *The Internet and Higher Education, 20*, 20–34.

Iberer, U., Müller, U. & Wippermann, S. (2014). Vom Innovationsprojekt zum etablierten Blended Learning. *E-Learning: Bildung 2.0?: Anforderungen auf dem elektronischen Weg der individualisierten Lernumgebungen, 9*, 78.

Kaleta, R., Skibba, K. & Joosten, T. (2007). Discovering, designing, and delivering hybrid courses. *Blended learning: Research perspectives*, 111–143.

Ngai, E. W., Poon, J. & Chan, Y. (2007). Empirical examination of the adoption of WebCT using TAM. *Computers & Education, 48*(2), 250–267.

Nielsen, S. M. (2013). „Half Bricks and Half Clicks": Is Blended Onsite and Online Teaching and Learning the Best of Both Worlds?

Reeves, T. C. (2008). Design-Based Research and Educational Technology: Rethinking Technology and the Research Agenda. *Educational Technology & Society, 11*, 29–40.

Schober, B., Wagner, P., Reimann, R., Atria, M. & Spiel, C. (2006). Teaching research methods in an internet-based blended-learning setting: Vienna e-lecturing (VEL). *Methodology: European Journal of Research Methods for the Behavioral and Social Sciences, 2*(2), 73.

Smyth, S., Houghton, C., Cooney, A. & Casey, D. (2012). Students' experiences of blended learning across a range of postgraduate programmes. *Nurse education today, 32*(4), 464–468.

Triola, M. M., Huwendiek, S., Levinson, A. J. & Cook, D. A. (2012). New directions in e-learning research in health professions education: Report of two symposia. *Medical Teacher, 34*(1), e15–e20. doi: doi:10.3109/0142159X.2012.638010.

Walker, S. L. & Fraser, B. J. (2005). Development and validation of an instrument for assessing distance education learning environments in higher education: The Distance Education Learning Environments Survey (DELES). *Learning Environments Research, 8*(3), 289–308.

Michael Klebl

Lernen mit Fehlern: Kontrollüberzeugungen bei Fehlfunktionen in kooperativen webbasierten Arbeitsumgebungen

Zusammenfassung

Der vorliegende Beitrag betrachtet den Umgang mit Fehlfunktionen, die bei der Nutzung von Web-Konferenzsystemen in Lernarrangements auftreten. In einer Befragung unter Teilnehmern an Lehrveranstaltungen im „Virtuellen Klassenzimmer" (N = 129) wird der Zusammenhang zwischen einer Präferenz für internale oder externale Kontrollüberzeugungen und der Wahrnehmung technischer Schwierigkeiten untersucht. Ausgangspunkt ist die Überlegung, dass die Erfahrung von Fehlfunktionen Einfluss auf die Akzeptanz entsprechender technischer Systeme hat, Hilfs- und Unterstützungsangebote aber vor allem von Nutzern in Anspruch genommen werden, die ohnehin selbstverantwortlich im Umgang mit Technik handeln.

Einleitung: Vertraute Räume

Häufig nehmen Menschen, die an Lehr-/Lernprozessen beteiligt sind, den Einsatz einer Medientechnik als Substitution wahr. Das Digitale ersetzt das Analoge. Insbesondere internetbasierte, also räumlich verteilte Formen der Kommunikation und Zusammenarbeit werden mit dem Dialog unter an einem Ort anwesenden Personen verglichen. Allein die Verwendung der Metapher des Raums für internetbasierte Anwendungen macht deutlich, dass Nutzungsformen der Informations- und Kommunikationstechnik bekannten und vertrauten Strukturen der gegenständlichen Umwelt des Menschen gegenübergestellt werden. Wo ein Vergleich ist, liegt immer auch eine Präferenz für die eine oder die andere Möglichkeit nahe. Vereinfacht kann eine Präferenz durch ein Aufwand-Nutzen-Kalkül erklärt werden. Die Notwendigkeit, für die fehlerfreie Funktion von Technik zu sorgen, bedeutet Aufwand. Nicht funktionsfähige Technik, Störungen, Abstürze unterbrechen die Nutzung oder vermindern den Nutzen. Darüber hinaus kosten Fehlfunktionen Zeit zur Fehlersuche und Fehlerbehebung.

Weder die Mediendidaktik noch Forschungen zum Instructional Design haben Fehlfunktionen medientechnischer Systeme und ihre Auswirkungen in Lehr-/Lernprozessen oder in Prozessen der Einführungen neuer Medien in der Bildung bisher umfassend thematisiert. Auch allgemein finden sich wenig

Forschungsarbeiten zu Ärger oder Frustration im Umgang mit Software und Computern (vgl. Bessière et al., 2006; Charlton, 2009). Erwartungskonformität und Fehlertoleranz sind zwar Kriterien bei der Beurteilung der Gebrauchstauglichkeit von Softwareanwendungen (ISO 9241-110, vgl. Schneider, 2008) und als solche auch hinsichtlich ihrer Relevanz für die Gebrauchstauglichkeit untersucht (vgl. Pataki, 2009, S. 100ff.). In gängigen Modellen zur Technikakzeptanz (vgl. Venkatesh & Bala, 2008) finden negative Erfahrungen explizit jedoch keine Berücksichtigung, allenfalls implizit subsumiert unter beispielsweise das Konstrukt der wahrgenommenen einfachen Bedienbarkeit („*perceived ease of use*"), das durch externale Faktoren (subjektiv wahrgenommene Verhaltensnorm) und internale Faktoren (Selbstwirksamkeitserwartungen) beeinflusst wird.

Forschung im Umfeld medientechnischer Entwicklung gründet fast ausschließlich auf eine affirmative Haltung: Man will zeigen, dass etwas funktioniert, und wenn etwas nicht funktioniert, so ist das kaum zu publizieren. Daher gelten in technischer Perspektive Fehlfunktionen grundsätzlich als ein technisches Problem, das wiederum mit mehr oder besserer Technik zu lösen ist (vgl. Morozov, 2013). Eine bildungswissenschaftliche, insbesondere eine medienpädagogische Perspektive sollte hingegen berücksichtigen, wie Menschen sich im Umgang mit technischen Systemen verhalten. Dabei geht es nur vordergründig um Sorgfalt, die notwendig ist, um störungsfreie Abläufe zu gewährleisten. Das Gewahrwerden für die persönliche Verantwortung im Umgang mit Technik ist Voraussetzung für einen mündigen Umgang mit Technik. Erst eine Fehlfunktion – ein „Zusammenbruch" (mit Bezug auf Heidegger vgl. Winograd & Flores, 1992, S. 69ff.) – macht Technik sichtbar. Nur so werden digitale Räume zu gestaltbaren Bildungsräumen.

In diesem Beitrag geht es um die synchrone Online-Zusammenarbeit mit Web-Konferenzsystemen, die im Bildungsbereich mit einer Raummetapher als „Virtuelles Klassenzimmer"[1] bezeichnet werden.

Fehlfunktionen bei der Nutzung von Web-Konferenzsystemen in Lehr-/Lernprozessen sind besonders belastend: Im Gegensatz zur Nutzung von Internettechniken im asynchronen Modus (beispielsweise für die typische webbasierte Lernplattform, aber auch für Dienste und Anwendungen des Web 2.0) gilt für die synchrone Online-Interaktion (mittels Videoübertragung, Audio-Konferenz und einem geteilten Präsentations- und Arbeitsbereich), dass die Störung bei einem Teilnehmer meist den gesamten Prozess unterbricht – jedenfalls dann, wenn man

1 Während im Deutschen der Begriff „Virtuelles Klassenzimmer" sich tatsächlich meist auf die Nutzung von Web-Konferenzsystemen für die synchrone Kommunikation und Zusammenarbeit in Lehr-/Lernprozessen verwendet wird, steht im Englischen der Begriff des „Virtual Classroom" einerseits ebenfalls für „Webinare", andererseits aber auch für kursbezogene Arbeitsbereiche in webbasierten Lernplattformen, die vornehmlich der asynchronen Zusammenarbeit dienen.

die Werkzeuge zur Zusammenarbeit und zur Kommunikation nutzt, und nicht in erster Linie zur Übermittlung eines eher unidirektionalen Lehrvortrags.

Kontrollüberzeugungen

Für den Umgang mit Fehlfunktionen lässt sich eine wichtige Unterscheidung treffen: Zeit, Wissen und Problemlösestrategien für den Umgang mit Fehlfunktionen stehen dem einzelnen Nutzer zur Verfügung, sachliche und personelle Ressourcen (das heißt: funktionsfähige Technik und Personen für Wartung sowie Unterstützung) normalerweise nicht. Das Konstrukt der Kontrollüberzeugungen (vgl. Rotter, 1954, S. 105ff.) bietet sich hier an. Differentialpsychologisch werden internale und externale Kontrollüberzeugungen unterschieden, das heißt: Menschen sind mehr oder weniger davon überzeugt, dass Ereignisse die Konsequenz des individuellen Handelns sind (nicht notwendigerweise des eigenen), oder dass sich Ereignisse nicht durch individuelles Handeln beeinflussen lassen. In verschiedenen Untersuchungsfeldern wurde diese Unterscheidung weiter zu einer dimensionalen Struktur ausdifferenziert. Interessanterweise widmen sich die einschlägigen Forschungsarbeiten zu Kontrollüberzeugungen eher dem Misslingen als dem Erfolg. Kontrollüberzeugungen sind entscheidend, wenn es darum geht, Schaden zu vermeiden oder Leid zu verbessern. Einschlägig sind die Arbeiten im Bereich der Salutogenese und Resilienz (vgl. Wallston et al., 1976). Hier liegt ein multidimensionales Erhebungsinstrument zu Kontrollüberzeugungen in Bezug auf Krankheit und Gesundung vor (vgl. Muthny & Tausch, 1994).

Für ein technikbezogenes Anwendungsfeld sind die Studien zu riskanten Fahrverhalten im Straßenverkehr passend zur Fragestellung des vorliegenden Beitrags (vgl. Özkan & Lajunen, 2005). Dort liegt ebenfalls ein multidimensionales Erhebungsinstrument vor. Ausgangsüberlegung ist hier, dass internale Kontrollüberzeugungen in Bezug auf Verkehrsunfälle eine zentrale Voraussetzung dafür sind, dass Verkehrsteilnehmer riskante Fahrweisen meiden. Für die Studien werden externale Kontrollüberzeugungen differenziert zwischen Technik (z.B. Zustand des Fahrzeugs, Zustand der Straße) und Schicksal, sowie internale Kontrollüberzeugungen unterschieden zwischen Selbst und anderen Verkehrsteilnehmern. Diese Struktur lässt eine Analogie zum Untersuchungsfeld der vorliegenden Studie erkennen. Auch die Nutzung von Web-Konferenzsystemen setzt ein komplexes technisches System mit funktionstauglicher Infrastruktur voraus (Server, Breitbandinternet), Störungen sind nicht immer lokalisierbar und erscheinen daher schicksalhaft. Insbesondere tragen aber mehrere Nutzer zum Gelingen der Kommunikation und Zusammenarbeit bei.

Fragestellungen und Hypothesen

Das Untersuchungsfeld der vorliegenden Studie, kooperative webbasierte Arbeitsumgebungen, konkretisiert sich in der Nutzung von Adobe Connect™ im Rahmen von Lehr-/Lernprozessen im Fernstudium. Hier wurden verschiedene Unterstützungsangebote bereitgestellt, mit Hilfe derer sich die Studierenden auf den Einsatz dieses Web-Konferenzsystems vorbereiten konnten: Anleitungen zur technischen Vorbereitung, Hinweise auf typische Fehlerquellen in den E-Mails zur Einladung, Video-Tutorials und Termine für einen Technikcheck. Es zeigte sich allerdings, dass ein Teil der Studierenden diese Angebote nicht wahrnimmt. Hier ergab sich der Ansatz für die vorliegende Studie: Der Untersuchungsgegenstand sind die Dimensionen der Kontrollüberzeugung, die sich auf technische Fehlfunktionen beziehen. Aus der bisherigen Darstellung ergeben sich folgende Fragestellungen:

- Lassen sich Dimensionen der Kontrollüberzeugung mit Bezug auf Fehlfunktionen in kooperativen, webbasierten Arbeitsumgebungen nachweisen?
- Besteht ein Zusammenhang zwischen der Kontrollüberzeugung und der Wahrnehmung von technischen Schwierigkeiten?

Dementsprechend sind die Arbeitshypothesen, dass Kontrollüberzeugungen im Umgang mit technischen Schwierigkeiten eine dimensionale Struktur aufweisen, und dass differentialpsychologisch ein Zusammenhang zwischen den Dimensionen der Kontrollüberzeugungen und der Wahrnehmung technischer Schwierigkeiten besteht.

Eine mediendidaktische Relevanz der Fragestellung ergibt sich ganz pragmatisch aus der Frage nach geeigneten Hilfs- und Unterstützungsangeboten sowie in Bezug auf Fragen der Akzeptanz bei der Einführung entsprechender Nutzungsszenarien. Wie bereits angeführt, ist zudem medienpädagogisch relevant, wie ein verantwortungsvoller, mündiger Umgang mit Technik möglich wird.

Untersuchung

Im Rahmen einer Erhebung zur Akzeptanz von Web-Konferenzsystemen im Fernstudium (vgl. Junge et al., 2011) wurden Studierende der FernUniversität in Hagen (N = 129) nach dem *Grad der technischen Schwierigkeiten* gefragt, die während der Teilnahme an entsprechenden Lehrveranstaltungen (synchron und online, mit Videobild und webbasierter Sprachübertragung) wahrgenommen wurden. Im Folgenden werden zunächst das Forschungsdesign und die verwendeten Erhebungsinstrumente vorgestellt, dann die Durchführung der Erhebung und die Stichprobe skizziert. In einem dritten Unterabschnitt werden die Ergebnisse der statistischen Auswertung dargestellt. Im nachfolgenden, letzten Abschnitt des Beitrags folgen eine Zusammenfassung und ein Ausblick.

Forschungsdesign und Instrumente

Die Befragung erfolgte per Online-Fragebogen, wobei nur Studierende angesprochen wurden, die bereits ein- oder mehrmals an Sitzungen mit dem Web-Konferenzsystem Adobe Connect™ teilgenommen haben. Für die an dieser Stelle relevanten, vermuteten *Dimensionen der Kontrollüberzeugung (Selbst, Andere, Technik, Schicksal, Autorität)* wurden in Anlehnung an bestehende Erhebungsinstrumente neue Items entwickelt. Für die bislang genannten Konstrukte wurden Likert-Skalen verwendet, wobei jedes Konstrukt durch vier Items entsprechend einem repräsentativen Messmodell operationalisiert wurde.[2] Zusätzlich von Bedeutung für die weitere Darstellung ist der *Grad der Erfahrung* mit dem Web-Konferenzsystem Adobe Connect™. Hier wurde die Zahl der Sitzungen erfragt, an denen die Befragten teilgenommen haben. Zu den Skalen im Einzelnen:

*Grad der technischen Schwierigke*iten: Der Grad der technischen Schwierigkeit wurde zum einen über den Faktor Zeit operationalisiert (z.B. „Aufgrund technischer Probleme verlängern sich Sitzungen mit Adobe Connect unnötig.“). Zum anderen gründete die Itemfindung auf einen Bezug zur kognitiven Last (z.B. „Die Ablenkung durch technische Störungen überwiegt gelegentlich den Nutzen von Adobe Connect.“). Die vier verwendeten Items ergeben eine konsistente Skala (Cronbachs α = ,88). Im Mittel wird der Grad der technischen Schwierigkeit als neutral wahrgenommen ($\bar{x}$= 2,8) und weist eine angemessene Varianz auf (SD = 0,9).

Kontrollüberzeugung (Selbst, Andere, Technik, Schicksal, Autorität): Für die Dimensionen Selbst, Schicksal, Autorität orientierte sich die Itemformulierung an der deutschen Fassung der Multidimensional Health Locus of Control Scales (MHLC) nach Muthny & Tausch (1994). Hier wurden jeweils vier aus sechs Items ausgewählt. Diese beschreiben unter anderem Aspekte wie Verantwortlichkeit (für Selbst z.B. „Ich bin selbst dafür verantwortlich, dass die Sitzung mit Adobe Connect gut funktioniert.“) oder Einhaltung von Richtlinien

2 Um die Möglichkeit zu geben, eine unentschiedene Haltung zu äußern, wurden fünf Antwortoptionen vorgegeben („Stimme überhaupt nicht zu“, „Stimme nicht zu“, „Neutral“, „Stimme zu“, „Stimme voll und ganz zu“). Die Codierung erfolgte durch Zahlen 1 bis 5, wobei ein niedriger Wert eine hohe Zustimmung zur Itemaussage repräsentiert. Die Darstellung der Antwortoptionen im Online-Fragebogen war horizontal, mit gleichen Abständen zwischen den Schaltflächen. Auf dieser Grundlage werden entsprechend den allgemein anerkannten Auswertungsverfahren zu Likert-Skalen die Antwortoptionen als äquidistant betrachtet und die resultierenden Variablen als intervallskaliert.

(für Autorität z.B. „Der beste Weg, mit Adobe Connect störungsfrei zu arbeiten, ist es, den Anleitungen genau zu folgen."). Für die Dimension Andere, die hier im Kontext des synchronen kooperativen Handelns relevant wird, wurden verschiedene Aspekte wie Verantwortung, Umsicht oder Verhalten für die jeweils anderen Teilnehmer an einer Online-Sitzung in Itemaussagen formuliert (z.B. Fähigkeiten: „Wenn alle über die notwendigen technischen Kenntnisse verfügen, kann eine Sitzung mit Adobe Connect reibungslos funktionieren."). Aussagen zur Technik waren nur lose vom englischen Fragebogen zum Traffic Locus of Control (T-LOC, vgl. Özkan & Lajunen, 2005) inspiriert. Der Transfer erfolgte über abstrakte Komponenten komplexer technischer Systeme (wie Betriebsmittel, bei T-LOC „gefährliche Straßen", hier „Oft funktioniert etwas mit Adobe Connect nicht, weil die Internetverbindung gestört ist."). Das Konstrukt der Kontrollüberzeugung ist objektbezogen operationalisiert, d.h. es findet sich jeweils in den Itemformulierungen ein Bezug auf das verwendete Web-Konferenzsystem Adobe Connect™.

Zur Validierung der vermuteten Dimensionen wurde eine konfirmatorische Faktorenanalyse durchgeführt (Extraktion der Faktoren durch Hauptkomponentenanalyse, Rotationsmethode Varimax mit Kaiser-Normalisierung). Allerdings bildeten sich bei Einbeziehung aller zwanzig Items nicht alle vermuteten Dimensionen eindeutig in der Faktorenstruktur ab. Insbesondere die Items zum Einfluss der Autoritäten bilden keine konsistente Dimension und mischen sich mit den Items zur Dimension Selbst. Eine zweite, explorative Faktorenanalyse, die sieben Items ohne eindeutige Zuordnung nicht mit einbezieht, kann mit den verbliebenen dreizehn Items die Dimensionen Selbst, Andere, Technik, Schicksal gut validieren. Inhaltliche Überlegungen und eine abschließende Prüfung der internen Reliabilität ergeben eine dimensionale Struktur von je vier Items für diese vier Dimensionen der Kontrollüberzeugung (mit $,55 < \text{Cronbachs } \alpha < ,85$). Die Dimension der Autorität wurde in der folgenden Auswertung nicht weiter berücksichtigt. Die Kontrollüberzeugungen sind für Andere, Technik und Schicksal im Durchschnitt leicht stärker zustimmend ($2{,}7 < \bar{x} < 2{,}9$), für Schicksal leicht stärker ablehnend ($\bar{x} = 3{,}5$). Für die Dimension Technik fällt die Varianz geringer aus ($SD = 0{,}6$) als für die übrigen Dimensionen ($0{,}7 < SD < 0{,}8$).

Grad der Erfahrung: Anhand der erfragten Zahl der Sitzungen, an denen die Befragten teilgenommen haben, wurden Gruppen gebildet. Eine Trennung nach einmal, mehrmals (2 bis 3) und häufig (4 oder mehr) ergab drei etwa gleichgroße Gruppen (N = 45, 41, 43).

Stichprobenkonstruktion und Datenerhebung

Die Datenerhebung erfolgte per Online-Fragebogen. Aus pragmatischen Gründen erfolgte die Ansprache der Probanden im Rahmen von oder im Nachgang zu Lehrveranstaltungen, die mit dem Web-Konferenzsystem Adobe Connect™ durchgeführt wurden. Hierzu wurden die Dozenten gebeten, eine E-Mail mit einem Einladungstext an die Studierenden zu versenden, die an der Lehrveranstaltung teilgenommen haben. Daher ist nicht bekannt, wie viele Studierende tatsächlich angeschrieben wurden, so dass keine Aussage über eine Rücklaufquote möglich ist. Rückschlüsse auf Effekte einer Klumpenstichprobe sind ebenfalls nicht möglich, da davon auszugehen ist, dass einzelne Studierende an mehreren Lehrveranstaltungen teilgenommen haben, also von mehreren Dozenten zur Befragung eingeladen wurden (insbesondere in der Gruppe der häufigen Nutzer). Zur Teilnahme an der Befragung wurde durch die Aussicht auf eine Verlosung angeregt. Die Teilnahme an der Verlosung war freiwillig und über einen Code anonymisiert.

Ergebnisse

Insgesamt nahmen 133 Studierende an der Befragung teil, die den Fragebogen vollständig ausfüllten. Aufgrund unplausibler Angaben (insbesondere zur Zahl der Sitzungen, an denen die Befragten teilgenommen haben) wurden vier Datensätze ausgeschlossen. Von den verbliebenen 129 Befragten waren drei Viertel Frauen (76%) und ein Viertel Männer (24%). Im Schnitt waren die Teilnehmer 36,8 Jahre alt. Die Standardabweichung bei den Altersangaben betrug 8,1. Die Altersspanne reichte von 21 bis 59 Jahren. Überwiegend studierten die Teilnehmer an der kultur- und sozialwissenschaftlichen Fakultät (76,0%). Ein weiteres Viertel der Teilnehmer verteilt sich auf die mathematisch-informatische Fakultät und die rechtswissenschaftliche Fakultät.

Zusammenhang zwischen Kontrollüberzeugung und dem wahrgenommenen Grad von technischen Schwierigkeiten: Eine paarweise Produkt-Moment-Korrelation nach Pearson ergibt mittelstarke Zusammenhänge, die jeweils hoch signifikant sind ($p < ,01$). Für die internalen Dimensionen sind die Zusammenhänge negativ (für Selbst $r = -,38$, für Andere $r = -,29$). Menschen, die weniger technische Schwierigkeiten erleben, sind eher davon überzeugt, dass sie selbst oder andere das Gelingen beeinflussen können. Für die externalen Dimensionen sind die Zusammenhänge erwartungsgemäß positiv (für Technik $r = ,41$, für Schicksal $r = ,55$). Menschen, die eher davon ausgehen, dass mangelhafte Technik oder einfach Zufall das Gelingen bestimmen, erleben mehr technische Schwierigkeiten. Selbstverständlich kann im ersten Schritt aus dem statistischen Zusammenhang nicht auf einen Zusammenhang von Ursache und Wirkung geschlossen werden, weder in der einen noch in der anderen Richtung.

Im Weiteren wurden die Zusammenhänge durch eine Regressionsanalyse überprüft, mit dem Grad der technischen Schwierigkeiten als abhängige Variable. Eine lineare Regressionsanalyse, die alle vier Dimensionen als unabhängige Variable in das Modell einschließt, ergibt eine aufgeklärte Varianz von 33%. Dabei sind nur die Regressionskoeffizienten für die externalen Kontrollüberzeugungen signifikant ($p < ,05$) und bestätigen den positiven Zusammenhang (für Technik $\beta = ,34$, für Schicksal $\beta = ,47$).

Grad der (negativen) Erfahrung als mögliche Ursache: Offen bleibt jedoch die Frage, ob unterschiedliche Kontrollüberzeugungen tatsächlich den Umgang mit technischen Fehlfunktionen beeinflussen, oder im Gegenteil die wiederholte Erfahrung technischer Fehlfunktionen dazu führt, dass Menschen eine pessimistische Einstellung der Ohnmacht entwickeln. Wer oft genug erlebt, dass Technik nicht funktioniert, wird geneigt sein, die Kontrolle außerhalb der menschlichen Möglichkeiten zu verorten, also bei der Technik selbst, oder ohne Kontrolle beim Zufall. Umgekehrt: Wer davon überzeugt ist, dass die Verantwortung für fehlerfreie Abläufe bei den Benutzern liegt, wird mehr dafür tun, eine fehlerfreie Funktion sicherzustellen.

Die vorliegende Untersuchung kann einen Hinweis darauf liefern, in welcher Richtung der Zusammenhang zwischen Kontrollüberzeugungen und Wahrnehmung der technischen Schwierigkeiten zu deuten ist. Vorausgesetzt wird, dass es einen Unterscheid macht, ob ein Nutzer das fragliche Web-Konferenzsystem einmalig (für eine typische Sitzung von maximal 120 Minuten), mehrmals (mehrere Sitzungen, verteilt über mindestens ein oder zwei Wochen) oder häufig nutzt. Je häufiger das System genutzt wird, desto wahrscheinlicher sind Fehlfunktionen. Gleichzeitig steigt die Erfahrung mit dem System, insbesondere bei den Benutzern, die internale Kontrollüberzeugungen haben (Selbst, Andere).

Eine Überprüfung der Unterschiede zwischen den Gruppen der Einmalnutzer, der Mehrfachnutzer und der Häufignutzer ergibt keine signifikanten Mittelwertdifferenzen, weder für den wahrgenommenen Grad von technischen Schwierigkeiten noch für die Dimensionen der Kontrollüberzeugung (einfaktorielle ANOVA, Varianzgleichheit angenommen, Post-hoc-Test mit Tukey-HSD).

Für die vorliegende Untersuchung darf daher geschlossen werden, dass sowohl die Kontrollüberzeugungen im Umgang mit Fehlfunktionen als auch der wahrgenommene Grad technischer Schwierigkeiten auch über einen gewissen Zeitraum der Nutzung stabil bleiben. Erfahrung beeinflusst kurzfristig die Kontrollüberzeugungen nicht. Es ist anzunehmen, dass nicht die wahrgenommenen technischen Schwierigkeiten die Dimensionen der Kontrollüberzeugung beeinflussen, sondern umgekehrt.

Unterschiede nach Geschlecht: Trotz der Ungleichverteilung in der Stichprobe zwischen Frauen und Männern bietet sich ein Blick auf Unterschiede nach den Geschlechtern an. Es zeigen sich dabei keine signifikanten Unterschiede in den Dimensionen der Kontrollüberzeugung. Allerdings nehmen die befragten Frauen tendenziell mehr technische Schwierigkeiten wahr als die Männer ($\overline{x}$ = 3,3 bei Frauen gegenüber $\overline{x}$ = 2,7 bei Männern, t-Test $p < ,05$). Das Geschlecht trägt also zur Varianz im wahrgenommenen Grad von technischen Schwierigkeiten bei. Es ist allerdings nicht klar, welche Disposition hier eine Erklärung liefern kann, da sich auch für die Ankerfaktoren (Selbstwirksamkeitserwartungen, Angst, Spiel) keine Unterschiede zwischen Geschlechtern zeigen.

Diskussion und Ausblick

Die dargestellte Untersuchung bestätigt die Annahme, dass sich internale und externale Dimensionen der Kontrollüberzeugung im Umgang mit Fehlfunktionen in webbasierten kooperativen Arbeitsumgebungen unterscheiden lassen. Es lässt sich zudem zeigen, dass diese Kontrollüberzeugungen im Zusammenhang mit der Wahrnehmung technischer Fehlfunktionen stehen. Wer von einer internalen Kontrolle überzeugt ist, nimmt weniger technische Schwierigkeiten war. Wer davon überzeugt ist, dass die Kontrolle nicht bei den handelnden Personen liegt, nimmt mehr technische Schwierigkeiten wahr. Aus dem Abgleich mit dem Grad der Erfahrungen mit dem verwendeten technischen System lässt sich schließen, dass nicht negative Erlebnisse von technischen Schwierigkeiten die Kontrollüberzeugungen beeinflussen, sondern tatsächlich die Kontrollüberzeugungen die Wahrnehmung von Fehlfunktionen leiten. Dabei sind Kontrollüberzeugungen im Gegensatz zu Selbstwirksamkeitserwartungen generalisiert. Das heißt: Es lässt sich kein Unterschied zwischen der Zuschreibung von Verantwortung zu sich selbst oder zu anderen Teilnehmern erkennen, ebenso wenig wie ein Unterschied zwischen Technik und Schicksal. Der entscheidende Unterschied liegt in der Zuschreibung von Verantwortung zu Menschen als Akteuren gegenüber nicht-menschlichen Einflussfaktoren.

Ausgangspunkt für den vorliegenden Beitrag ist die Annahme, dass Fehlfunktionen in das Aufwand-Nutzen-Kalkül beim Einsatz digitaler Medientechniken in Lehr-/Lernprozessen mit einbezogen werden. Hieraus ergibt sich eine Relevanz der Wahrnehmung technischer Schwierigkeiten, die, wie dargestellt, maßgeblich durch verschiedene Dimensionen der Kontrollüberzeugung bestimmt werden. Die vorliegende Untersuchung trifft dabei noch keine Aussage über den Zusammenhang zwischen Fehlfunktionen und Akzeptanz – dieser Zusammenhang erscheint bislang nur plausibel. Ausgehend vom Modell zur Technikakzeptanz TAM3 (vgl. Venkatesh & Bala, 2008) ist zu vermuten, dass die Erfahrungen von Fehlfunktionen auf die „wahrgenommene einfache Bedienbarkeit" („perceived ease of use") sowie auf den „wahrgenommenen Nutzen" („perceived usefulness") Einfluss hat und somit die Nutzungsintention mitbestimmt. Hier bieten sich weitere Untersuchungen an, um die tatsächliche Relevanz von Misslingen und Frustration zu erheben.

Grundlage für die vorliegende Untersuchung ist die differentialpsychologische Perspektive, die dem Konzept der dimensionalen Struktur der Kontrollüberzeugungen zugrunde liegt. Verschiedene Menschen haben unterschiedliche Präferenzen, wem oder was sie die Verantwortung für eine fehlerfreie Funktion zuschreiben. Von Bedeutung ist diese Zuschreibung – internal oder external; Selbst, Andere, Technik oder Schicksal – für die Vorbereitung und die Unterstützung der Nutzung entsprechender Techniken. Es ist zu vermuten, dass Hilfs- und Unterstützungsangebote von denjenigen Personen angenommen werden, die eine internale Kontrollüberzeugung haben, insbesondere der Dimension Selbst. Wer davon ausgeht, dass die Verantwortung für die störungsfreie Funktion bei der eigenen Person liegt, wird die notwendigen Anweisungen lesen, alles gut vorbereiten, sich Routinen zur Fehlerbeseitigung erarbeiten und so letztlich weniger technische Schwierigkeiten erleben. Wer aber davon überzeugt ist, dass man ohnehin nichts machen kann, weil Technik einfach funktionieren soll (und wenn nicht, so sind das Unglücke oder Mängel), wird in der Vorbereitung nicht für Anweisungen und Hilfsangebote zugänglich sein. Das Ergebnis ist ein Effekt für Unterstützungs- und Hilfsangebote beim Einsatz digitaler Techniken in der Bildung, der sich als „preaching to the converted"[3] umschreiben lässt: Diese erreichen nur diejenigen, die ohnehin in der Lage sind, sich aktiv handelnd Medientechniken anzueignen. Wie Unterstützungs- und Hilfsangebote aussehen müssen, um auch Personen mit externalen Kontrollüberzeugungen zu erreichen, muss an dieser Stelle offen bleiben. Es erscheint sinnvoll, trotz sorgfältiger Vorbereitung bei der Durchführung synchroner Online-Lehrveranstaltungen mit Fehlfunktionen zu rechnen, und die technischen Anforderungen nur langsam zu steigern. So haben diejenigen, die technisch schlecht vorbereitet sind, die Möglichkeit, nach und nach die Erfahrung zu machen, dass sich technische Schwierigkeiten durch eigenes Zutun beseitigen oder vermeiden lassen.

Literatur

Bessière, K., Newhagen, J. E., Robinson, J. P. & Shneiderman, B. (2006). A model for computer frustration: the role of instrumental and dispositional factors on incident, session, and post-session frustration and mood. *Computers in Human Behavior* Bd. 22, Nr. 6, 941–961.

3 Im Deutschen nicht ganz treffend als „Eulen nach Athen tragen" wiederzugeben; hier fehlt allerdings der Bezug zu den Adressaten als Personen.

Charlton, J. P. (2009). The determinants and expression of computer-related anger. *Computers in Human Behavior* Bd. 25, Nr. 6, 1213–1221.

Junge, T., Klebl, M. & Mengel, S. (2011). Mit Online-Konferenzen zurück ins Klassenzimmer. Synchrone Online-Lernszenarien im Fernstudium. *Zeitschrift für E-learning* Bd. 6, Nr. 1, 7–20.

Morozov, E. (2013). *Smarte neue Welt digitale Technik und die Freiheit des Menschen*. München: Blessing.

Muthny, F. A. & Tausch, B. (1994). Adaptation der Multidimensional Health Locus of Control Scales (MHLC) für den deutschen Sprachraum. In: *Zeitschrift für Differentielle und Diagnostische Psychologie* Bd. 15, Nr. 1, 3–15.

Pataki, K. (2009). *Usability scoring auf Basis multiattributer Entscheidungsverfahren. Die Gewichtung von Aspekten der software-ergonomischen Qualität*. Berlin: OPUS Technische Universität Berlin.

Özkan, T. & Lajunen, T. (2005). Multidimensional Traffic Locus of Control Scale (T-LOC): factor structure and relationship to risky driving. *Personality and Individual Differences* Bd. 38, Nr. 3, 533–545.

Rotter, J. B. (1954). *Social learning and clinical psychology*. Bd. ix. Englewood Cliffs, NJ, US: Prentice-Hall, Inc.

Schneider, W. (2008): *Ergonomische Gestaltung von Benutzungsschnittstellen: Kommentar zur Grundsatznorm DIN EN ISO 9241-110*. Berlin, Wien, Zürich: Beuth Verlag.

Venkatesh, V. & Bala, H. (2008): Technology Acceptance Model 3 and a Research Agenda on Interventions. *Decision Sciences* Bd. 39, Nr. 2, 273–315.

Wallston, B. S., Wallston, K. A., Kaplan, G. D. & Maides, S. A. (1976). Development and validation of the Health Locus of Control (HLC) Scale. *Journal of Consulting and Clinical Psychology* Bd. 44, Nr. 4, 580–585.

Winograd, T. A. & Flores, F. (1992). *Erkenntnis – Maschinen – Verstehen: zur Neugestaltung von Computersystemen, Understanding computers and cognition*. 2. Aufl. Berlin: Rotbuch-Verlag.

Angelika Thielsch, Timo van Treeck, Frank Vohle

Video-Feedback für Promovierende[1] – Erfahrungen eines Qualifizierungskonzepts mit dem Video als Lernraum (Praxis- und Werkstattbericht)

Zusammenfassung

Im Laufe einer Promotion ergeben sich immer wieder Anlässe, das Dissertationsthema vorzustellen. Allen gemeinsam ist eine übergeordnete Anforderung: Das eigene Wissen als Experte oder Expertin verständlich und nachvollziehbar für eine jeweils unterschiedliche Zielgruppe zu präsentieren. Um Promovierende auf diese komplexe Aufgabe vorzubereiten, wurde im Wintersemester 2013/2014 an der Fachhochschule Köln sowie an der Georg-August-Universität Göttingen ein gemeinsam entwickeltes und miteinander verzahntes Qualifizierungsangebot durchgeführt, das hochschulübergreifend den sozialen Lernraum „Video" für die Kompetenzentwicklung der Promovierenden nutzte. Die Teilnehmenden konnten sich anhand gemeinsam erarbeiteter Kategorien zur Bewertung wissenschaftlicher Vorträge gegenseitig Feedback auf Kurzpräsentationen geben, die eigene Vortragskompetenz gezielt erweitern sowie Erwartungen an die Disputation diskutieren.

1 Von der Promotion her denken

Promovierende sind oftmals in zahlreiche Tätigkeiten innerhalb der Wissenschaft eingebunden. „Häufig machen sie erste Erfahrungen in der Lehre, bei der Betreuung von Studierenden und in der wissenschaftlichen und nicht-wissenschaftlichen Öffentlichkeit bei der Präsentation ihrer Ergebnisse in Vorträgen auf Tagungen und Konferenzen" (Wergen, 2011, S. 244). Das Thema der Promotion zieht sich im Idealfall durch die verschiedenen Aufgaben, d.h. es wird in unterschiedlich bekannten und vorhersagbaren Situationen, für unterschiedliche Zielgruppen auf verschiedene Weisen dargestellt. Die Disputation am Ende eines Promotionsprozesses stellt hier eine besonders ausgestaltete, oftmals relativ unbekannte Situation für die Promovierenden dar. Sie zeichnet sich laut Vohle und Reinmann (2012, S. 294f.) durch folgende Aspekte – im Vergleich zu anderen Vortragssituationen – aus:

- einen anderen Zweck,
- eine andere Struktur,

1 Kurz ViFePro.

- eine Reaktion (des Publikums) in Echtzeit,
- die Tatsache, dass sie eine Prüfungssituation und folglich emotional belastend ist.

Vohle und Reinmann (ebd., S. 295) empfehlen, dass Promovierende sich auf diese komplexe Situation insbesondere durch den Austausch mit einer bereits promovierten Personen vorbereiten, gleichwohl aber auch dadurch, die Vortragssituation zu üben und dazu Feedback zu erhalten. An dieser Stelle setzt das hier vorgestellte Qualifizierungsformat „Video-Feedback für Promovierende“ – kurz ViFePro – an. Die formulierten Ziele[2] des Qualifizierungsangebotes waren u.a., dass die Promovierenden

- grundlegende Elemente eines ‚guten‘ wissenschaftlichen Vortrages kennenlernen und auf die eigene Situation übertragen,
- eigene Kurzvorträge durchführen, (Video-)Feedback zur eigenen Präsentationskompetenz und konkrete Verbesserungsmöglichkeiten für die Gestaltung zukünftiger Vorträge erhalten,
- die eigenen Vorträge auf der Grundlage von hochschulübergreifendem und interdisziplinärem Peer-Feedback reflektieren und eigene Feedbackkompetenzen vertiefen.

Dadurch sollte den Promovierenden ermöglicht werden, das eigene Wissen als Expertin bzw. Experte in ihrem Gebiet zielgerichtet(er) präsentieren zu können und sich durch ein mehrstufiges Feedback – unmittelbar ebenso wie im Lernraum „Video“ – der eigenen Leistung bewusster zu werden.[3]

Im Folgenden werden zunächst das Design und die Rahmendaten des durchgeführten Angebotes vorgestellt sowie ein genauerer Einblick in die einzelnen Phasen des Angebotes ermöglicht. Im Fazit wird schließlich der Mehrwert, den der Lernraum „Video“ für dieses Angebot und seine Wirksamkeit hat, adressiert.

2 Offline & Online – Video & face-to-face: Die Gestaltung des Angebots

Das Angebot „Video-Feedback für Promovierende“ wurde zeitgleich im Wintersemester 2013/2014 für Promovierende der Fachhochschule Köln[4] sowie

2 Entlang dieser Ziele wurde zum Abschluss des Angebots eine qualitative Evaluation durchgeführt, auf deren Ergebnisse auszugsweise im Fazit dieses Beitrages eingegangen wird.

3 Vgl. hierzu Knigge-Illner (2006, S. 8f.).

4 Die Förderung des wissenschaftlichen Nachwuchses ist erklärtes Ziel der Fachhochschule Köln. Zwar hat sie laut NRW-Hochschulgesetz kein eigenes Promotionsrecht, doch begrüßt und fördert sie ausdrücklich Promotionsstudien in Kooperation mit einer Universität. Über 70 Promovierende gibt es derzeit an der Fachhochschule – Tendenz steigend. Zur Beratung von FH-Absolventinnen und Absolventen bei der Promotion vgl. auch Wergen (2012).

Abbildung 1: Struktur und Ablauf des ViFePro-Angebots

der Georg-August-Universität Göttingen ausgeschrieben und fand im Zeitraum Februar bis März 2014 mit insgesamt elf Teilnehmenden statt.[5] Der Ablauf stellte sich wie folgt dar (vgl. Abb. 1): In einem in Köln und Göttingen parallel verlaufenden Workshoptag wurden die inhaltlichen sowie arbeitsorganisatorischen Grundlagen thematisiert, um die Gruppe – auch hochschulübergreifend – als solche zu formen[6] und die mehrstufige Selbstlernphase optimal vorzubereiten. Sowohl in der ersten als auch in der zweiten Hälfte der Selbstlernphase standen die Arbeit an eigenen Vorträgen sowie das Geben eines Peer-Feedbacks auf einen Vortrag von Tandempartner/innen im Vordergrund. Unterstützt wurde dies zum einen über die Arbeit auf einem insbesondere dafür geeigneten Online-Campus, zum anderen über ein Online-Treffen in der ganzen Gruppe. Am zweiten Workshoptag und somit dem Angebotsabschluss wurden die gewonnenen Erkenntnisse (aus der eigenen praktischen Umsetzung, dem erhaltenen (Video-) Feedback sowie einer abschließenden Reflexion) ausgewertet und insbesondere mit Blick auf die Disputations-Situation behandelt.

Genauer betrachtet sah das Arbeiten wie folgt aus: Die Promovierenden erstellten in beiden Selbstlernphasen Kurzvorträge von max. 10 Minuten Umfang zu einem frei wählbaren Vortragsanlass. Während der ersten Selbstlernphase wurde im Beisein[7] der Tandempartner/in vorgetragen und direkt im Anschluss ein Kurzfeedback erhalten. Dies diente insbesondere dazu, zeitnah eine erste Rückmeldung zum eigenen Vortragen zu bekommen und so eventuelle Ängste in der Arbeit mit (persönlichen) Videos in der Online-Umgebung abzubauen.[8]

5 Es gab acht Teilnehmende in Göttingen, drei in Köln; insgesamt drei männliche und acht weibliche Promovierende. Angestrebt war eine Durchführung mit gleich großer Beteiligung an beiden Hochschulen. Dies konnte leider nicht umgesetzt werden.

6 Zur Relevanz einer funktionierenden Gruppendynamik vgl. Braune-Krickau & Langmaack (2000).

7 In der ersten Selbstlernphase wurden die Vorträge in Tandems am jeweiligen Standort (folglich „nur" in Göttingen bzw. „nur" in Köln) durchgeführt, in der zweiten Phase wurden hochschulübergreifende Feedbackgruppen gebildet.

8 Hier wurde seitens der Trainer/innen auch intendiert, mögliche Hemmungen abzubauen, das eigene Video in einem Online-Bereich allen Mitgliedern des Workshops – sowohl aus der eigenen als auch der darüber hinaus beteiligten Hochschule – zur Ansicht und Bearbeitung zur Verfügung zu stellen.

Ferner sollte bereits hier der Austausch in den Tandemgruppen sichtbar machen, inwiefern die teilnehmenden Promovierenden vom Peer-Feedback profitieren können sowie dass durch das gemeinsame Arbeiten das Ziel[9] – erfolgreich die Disputation zu bestehen – (besser) erreicht werden kann. Schließlich sollte so die Motivation für ein detaillierte(re)s Feedbackgeben direkt im Vortragsvideo in der Online-Umgebung gesteigert werden.

Eine Besonderheit des ViFePro-Konzeptes ist, dass die teilnehmenden Promovierenden nicht „nur" ein Face-to-face-Feedback erhalten, sondern dies direkt integriert in die Aufzeichnung ihres Vortrages bekommen. So konnte das Video als Lernraum genutzt werden,

- um die Weiterentwicklung der individuellen Vortragskompetenzen durch Visualisierung und Wiederholbarkeit des erhaltenen Feedbacks zu fördern.
- um durch das Betrachten anderer Video-Feedbacks die eigenen Entwicklungspotentiale zu reflektieren und sich so in den Videos der anderen Teilnehmenden neue Anregungen zu holen.
- um das geprobte Vortragen für die bevorstehende Disputation immer wieder ansehen zu können.

Die Arbeit mit und an den eigenen Vorträgen sowie die (Video-)Feedbacks stellten das zentrale Element des Angebots dar. Um dieses reflektierte und tiefenorientiertes Arbeiten an individuellen Anliegen und Herausforderungen im eigenen Vortragen zu fördern und den Lernraum „Video" optimal zu nutzen, wurde der Online-Campus „edubreak" eingesetzt, der sich speziell für die individuelle und kollaborative Videoreflexion eignet (vgl. Vohle & Reinmann, 2012 sowie Vohle, 2013). Das hier zur Verfügung gestellte Tool zur Videobearbeitung ermöglicht an konkreten Stellen eines Videos, somit eines Vortrages, (punktgenau) Feedback geben bzw. erhalten zu können. Zudem bietet der Online-Campus die Gelegenheit, das Feedback zu kategorisieren, mit visuellen Markern zu versehen und – last but not least – anderen Teilnehmenden im Online-Campus einseh- und nachvollziehbar zu machen.

Um innerhalb des ViFePro-Angebots eine vergleichbare Feedback-Grundlage zu haben, wurde insbesondere mit zwei Ebenen[10] eines gelungenen wissenschaftlichen Vortrages gearbeitet: der Verständlichkeit und dem Auftreten. Beide Kategorien wurden im ersten Workshoptag von den Teilnehmenden als die Zentralen identifiziert und so als Oberkategorien für das Ausgestalten und Durchführen der eigenen Vorträge, ebenso als Fokus des Feedbackgebens verwendet. Eine weitere Oberkategorie „Sonstiges" ergänzte dies.

In der ersten Selbstlernphase lag der Fokus alleine auf diesen Oberkategorien, jedoch stets unter Beachtung dessen, welche einzelnen Aspekte bzw.

9 Vgl. zur Bedeutung eines gemeinsamen Ziels für das Arbeiten in Gruppen Braune-Krickau & Langmaack (2000).

10 Vgl. hierzu Allhoff & Allhoff (2006) und Langer et al. (2011).

Unterkategorien zu Verständlichkeit und Auftreten ermittelt werden konnten. Die einzelnen, von den Teilnehmenden im Feedbackgeben gefundenen Unterkategorien wurden in der Gruppe – insbesondere im Online-Meeting – in der Zusammenschau besprochen. So wurde eine erweiterte Grundlage für das Arbeiten in der zweiten Selbstlernphase geschaffen. In dieser hatten die Promovierenden ein umfangreiches Set von Unterkategorien für Verständlichkeit ebenso für Auftreten zur Verfügung, um die eigene Weiterentwicklung der Vortragskompetenz zu steuern bzw. dezidierteres Feedback in den Vortragsvideos geben zu können.

An einem gemeinsam entwickelten Kategoriensystem für „gute wissenschaftliche Vorträge" zu arbeiten, hatte zur Folge, dass in der zweiten Selbstlernphase das Video als Lernraum noch effektiver genutzt werden konnte: Nicht nur hinsichtlich der neu mit Feedback zu versehenen Videos, sondern auch mit Blick auf die erweiterte Wahrnehmung des bereits erhaltenen bzw. gegebenen Feedbacks, welches den Teilnehmenden im Online-Campus nach wie vor als Reflexionsgrundlage zur Verfügung stand.

3 Ergebnisse und Ausblick

Über den Lernraum „Video" haben Promovierende wichtige Schritte für ein im Sinne der eigenen Kompetenzentwicklung förderliches Feedback praktisch umgesetzt. Peer-Feedback und Systematisierung der Feedbackkategorien aus verschiedenen Fachperspektiven halfen, den eigenen Blick auf eine erfolgreiche Darstellung des Promotionsthemas in Relation zur Zielgruppe zu setzen. Mit gut 60 Aspekten einer guten Präsentation, welche die Promovierenden in den Oberkategorien „Auftreten", „Verständlichkeit" und „Sonstiges" anhand des erhaltenen und gegebenen Feedbacks zusammenstellten, beleuchteten sie die fachspezifischen Besonderheiten. So gaben 7 von 10 Teilnehmenden an, dass sie die interdisziplinäre Zusammensetzung als bereichernd empfanden („trifft voll zu", 5-stufige Skala). Verschiedene Kategorien/ Elemente eines guten wissenschaftlichen Vortrages kennengelernt zu haben, gaben 8 („trifft voll zu") bzw. 2 („trifft weitestgehend zu") Promovierende an. Die Übertragung der kennengelernten Elemente ist dabei noch ausbaufähig (1* „trifft voll zu", 6* „trifft weitestgehend zu", 2* „trifft kaum zu").

Durch die Rahmung der Selbstlernphase mit zwei Workshops und einer Halbzeit-Live-Schalte scheinen die Teilnehmenden bereits im ersten Workshop genug Vertrauen und Sicherheit in Gruppe, Vorgehensweise sowie Haltung beim Geben und Nehmen von Feedback gewonnen zu haben, dass die Selbstlernphase auch trotz einiger Hürden motiviert bearbeitet werden konnte.[11] Insofern ist bei einer Weiterführung des Qualifizierungsangebotes im Blick zu behalten, dass hier der Lernraum „Video" in einer interdisziplinären und hochschulübergreifenden Konstellation insbesondere durch die Kopplung von Präsenz und Online-Phasen zum Erfolg führte.

Literatur

Allhoff, D.-W. & Allhoff, W. (2006). *Rhetorik & Kommunikation. Ein Lehr- und Übungsbuch.* München: Ernst Reinhardt Verlag.

Braune-Krickau, M. & Langmaack, B. (2000). *Wie die Gruppe laufen lernt. Anregungen zum Planen und Leiten von Gruppen. Ein praktisches Lehrbuch.* Weinheim: Beltz.

Knigge-Illner, H. (2006). Promotionsprobleme präventiv angehen. Doktoranden-Workshop zur psychologischen Beratung. In B. Berendt, H.-P. Voss & J. Wildt (Hrsg.), *Neues Handbuch Hochschullehre.* Berlin: Raabe. Griffmarke F 5.4.

Langer, I., Schulz von Thun, F. & Tausch, R. (2011). *Sich verständlich ausdrücken.* München und Basel: Ernst Reinhardt Verlag.

Vohle, F. (2013). Relevanz und Referenz. Zur didaktischen Bedeutung situationsgenauer Videokommentare im Hochschulkontext. In G. Reinmann, M. Ebner & S. Schön (Hrsg.), *Hochschuldidaktik unter dem Zeichen von Heterogenität und Vielfalt* (S. 166–181). Norderstedt: books on demand. Online verfügbar: http://www.bimsev.de/n/userfiles/downloads/festschrift.pdf.

Vohle, F. & Reinmann, G. (2012). Die mündliche Prüfung üben? Dezentrales Online-Coaching mit Videoannotation für Doktoranden. In G. Csanyi, Reichl, F. & A. Steiner (Hrsg.), *Digitale Medien – Werkzeuge für exzellente Forschung und Lehre* (S. 294–297). Münster: Waxmann. Online verfügbar: http://www.waxmann.com/?eID=texte&pdf=2741Volltext.pdf&typ=zusatztext.

Wergen, J. (Hrsg.) (2011). *Forschung und Förderung. Promovierende im Blick der Hochschulen.* Berlin, Münster, Wien, Zürich, London: LIT Verlag.

Wergen, J. (2012). Gut beraten: Beratung als Maßnahme des Promotionserfolgs von FH-Absolventinnen und Absolventen. *Zeitschrift für Hochschulentwicklung ZFHE,* Jg 7/2012 (März 2012), S. 132–138. Online verfügbar: http://www.zfhe.at/index.php/zfhe/article/viewFile/416/492.

Wissenschaftsrat (2002): *Empfehlungen zur Doktorandenausbildung.* Online verfügbar: http://www.wissenschaftsrat.de/download/archiv/5459-02.pdf.

11 Die Anzahl der Videokommentare (mehr als 200 bei 11 Teilnehmenden) gibt einen Eindruck, wie detailliert und umfangreich Feedback gegeben wurde.

Sebastian Wieschowski

Hochschullehre im virtuellen Klassenzimmer

Veranstaltungsformen und Methoden für den Einsatz von „Adobe Connect" (Projektvorhaben)

1 Ziel des Beitrags

Im Fokus des Austausches soll ein Feedback für ein Dissertationsprojekt stehen, welches sich am Fachbereich Erziehungswissenschaften der Universität Bielefeld der Hochschuldidaktik im virtuellen Klassenzimmer widmet. Der Doktorand ist hauptberuflich an der privaten Fachhochschule der Diakonie in Bielefeld tätig, betreut die E-Learning-Aktivitäten und möchte fundierte Erkenntnisse für die Nutzung von Webinaren an der Hochschule gewinnen. Hierfür soll das Dissertationsprojekt neue Impulse liefern, da es bislang nur vereinzelt Forschung zur Hochschullehre per Web-Konferenz gibt.

2 Hintergrund

Unter der Bezeichnung „Virtuelles Klassenzimmer" werden seit einigen Jahren vereinzelt spezielle Web-Konferenzsysteme eingesetzt, die „eine ortsunabhängige synchrone Zusammenarbeit aller am Lehr-/Lernprozess Beteiligten ermöglichen." (Czerwionka, Klebl & Schrader, 2009). In der Hochschullehre sind sogenannte „Webinare" bislang allerdings nur vereinzelt zu beobachten. Dass Umsetzung von Hochschulseminaren und Prüfungsszenarien mithilfe internetgestützter Videoübertragung allerdings durchaus möglich ist, zeigen virtuelle Studienmodelle wie beispielsweise die „Webinare" der FernUniversität in Hagen, die nach Angaben der Universität „dem klassischen Präsenzstudium in vielfacher Hinsicht immer ähnlicher" würden, ohne „seine spezifischen Vorteile einzubüßen. Gelernt wird in einem virtuellen Klassenzimmer." (Dapprich, 2011)

Im Rahmen des beschriebenen Forschungsprojekts soll untersucht werden, inwieweit audiovisuelle Übertragungstechniken die Umsetzung von Seminaren und Prüfungen im Rahmen eines universitären Curriculums ermöglichen. So bleibt trotz der räumlichen Trennung das ursprüngliche Seminar- sowie Prüfungsszenario bestehen, da Dozent und Studierende sowie später Prüfer und Prüfling audiovisuell kommunizieren und interagieren und ein traditionell aufgebautes Lern- oder Prüfungsgespräch mit Frage- und Antwortstruktur möglich ist.

Im Fokus des Dissertationsprojektes stehen unter anderem mögliche Chancen und Hürden beim Einsatz von Webkonferenzen in der Hochschullehre aus Sicht der befragten Lehrenden.

Bei der Abbildung von Seminar- und Prüfungssituationen könnte der digitale Übertragungskanal zu einer objektiveren Beurteilung der Teilnehmenden beitragen. So wird in der Literatur die Annahme vertreten, dass die klassische Hierarchiestruktur, die bei einer Diskussion innerhalb einer festen Gruppe in einem einzigen Raum entsteht, durch die Videoübertragung aufgehoben wird und auch stillere TeilnehmerInnen aktiviert werden (Weinig, 1996, S. 167).

Durch den Einsatz der Videoübertragungstechnik könnten Studierende an neue Medien herangeführt werden und auf diesem Wege ihre Medienkompetenz erweitern. Dies ist insbesondere im Hinblick auf die zunehmende Bedeutung moderner IT-Systeme in der Wirtschaft nötig. So unterstreicht beispielsweise Wolfgang Thiele, Professor an der Fachhochschule Ostfriesland, bereits 1996 in seinem Aufsatz „Die Virtuelle Hochschule“, dass eine praxisorientierte Hochschulausbildung auch „neue Konzepte des Lehrens und Lernens“ erfordere und Studierende „den Umgang mit komplexen Informationssystemen kennenlernen“ müssten, die „in der Wirtschaftspraxis zum ‚state of the art‘ gehören.“ (Thiele, 1996) Dies trifft insbesondere auf Videokonferenztechnik zu, die insbesondere in international ausgerichteten Unternehmen bereits alltäglich eingesetzt wird.

Der Einsatz von Videoübertragungstechnik bei der Verbreitung von Seminaren und Prüfungen könnte die Vereinbarkeit von Privat- sowie Arbeitsleben und dem Studium steigern (Daesler-Lohmüller, 1996). So sorgt die Zunahme von flexiblen Arbeitszeitmodellen auch für einen stärkeren Bedarf nach korrespondierenden Bildungsangeboten.

Zudem müsste keine Rücksicht auf räumliche Kapazitäten genommen werden. Seminare und Prüfungen könnten an der Heimathochschule auch im Rahmen eines Fernstudiums oder bei Auslandsaufenthalten durchgeführt werden – dies dürfte den Hochschulen, die sich einem Kostendruck in allen Bereichen“ ausgesetzt sehen, entgegenkommen.

Durch die digitale Übertragungstechnik wäre ferner eine umfassende Dokumentation und Analyse der Seminare und Prüfungen möglich.

Mithilfe von Webinaren könnten „differenziertere Angebote vorgehalten sowie regionale Standortnachteile ausgeglichen werden. So können spezielle Themen, die vor Ort nicht genügend InteressentInnen finden, dennoch mit vertretbarem Aufwand angeboten werden.“ (Daesler-Lohmüller, 1996) So wären insbesondere neue Studiengänge möglich, die bisher aufgrund einer geringen und geographisch weit entfernten Zielgruppe nicht angeboten werden konnten.

Webinare ermöglichen die parallele Durchführung eines Seminars an mehreren Hochschulen, dies wäre insbesondere bei internationalen Studiengängen oder gelegentlichen Kooperationen mit Seminarteilnehmenden aus dem Ausland relevant.

Den genannten Vorzügen stehen allerdings einige Hürden und Probleme gegenüber:

Zur Einrichtung der Technik dürfte ein hoher organisatorischer Aufwand notwendig sein, zudem müssten Studierende durchgehend über einen Laptop mit Webcam und Mikrofon verfügen.

Neben den technischen Hürden wäre zudem eine umfangreiche didaktische Vorbereitung der Seminare und Prüfungen unter Berücksichtigung der besonderen Situation einer Videoübertragung nötig. Für das Seminar müssten besondere Präsentationstechniken konzipiert werden. Auch müssten für die mündliche Prüfung spezielle Fragetechniken entwickelt werden, so dass kein Faktenwissen abgefragt, sondern der intuitive Umgang des Prüflings mit einem Thema bewertet wird.

Ferner müssten juristische Rahmenbedingungen geklärt werden, da die Prüfungsform „Videoprüfung“ noch wenig verbreitet ist und grundlegende Rechtsfragen ungeklärt sind. Zwar wird in der Literatur zur Prüfungsgestaltung stets betont, dass sich die Prüfenden einen unmittelbaren Eindruck von der Leistung des Prüfungskandidaten machen müssen. Es ist allerdings nicht klar, ob der „unmittelbare“ Charakter der Wahrnehmung bei einer Videokonferenz gegeben ist. Hier ist eine Definitionslücke vorhanden, denn die Videoübertragung ist zweifelsfrei ein Medium zur Informationsübertragung, dennoch wäre durchaus die Interpretation möglich, dass auch eine Videokonferenz tatsächlich auch eine unmittelbare Wahrnehmung des Sicht- und Hörbaren ermöglicht.

3 Methode

Als Grundlage für die vorliegende Arbeit dient das Datenmaterial, welches im Rahmen von zwölf leitfadengestützten Experteninterviews gewonnen wurde. Der Leitfaden enthält Fragen zu sechs Schwerpunktthemen, darunter die Seminargestaltung und Seminarvorbereitung, organisatorische Rahmenbedingungen an der Hochschule sowie der Einsatz von Medien und Technik im Webinar. Außerdem werden Detailfragen zur Interaktion innerhalb des Seminars sowie der Motivation der Teilnehmenden gestellt.

Für den vorliegenden Workshop sollen hauptsächlich Erkenntnisse zu möglichen Einsatzszenarien, insbesondere konkreten Seminar- und Veranstaltungsformen vorgestellt werden. Anhand der Angaben der Hochschullehrenden soll auch die Vorbereitung und Durchführung der Seminare beleuchtet und auf dieser Grundlage zu Best-Practice-Beispielen zusammengefasst werden.

4 Durchführung

Die zwölf Interviews wurden zwischen dem 24. Januar und dem 15. März 2013 geführt. Die Teilnehmenden wurden dafür an ihren Arbeitsorten persönlich aufgesucht, also in Bielefeld, Witten, München, Nürtingen, Stuttgart, Elmshorn, Kaiserslautern, Furtwangen sowie Würzburg. Die Interviews hatten eine Länge zwischen 32:29 und 104:14 Minuten.

5 Ausgewählte Zwischenergebnisse

Im Folgenden werden die Seminarformen vorgestellt, welche in den leitfadengestützten Experteninterviews sowie in der Literatur identifiziert werden konnten.

Vorlesung: In diesem Szenario steht der Vortrag des/der Hochschullehrenden mit Bild- und Tonübertragung im Mittelpunkt. Die Studierenden können das Webcam-Bild der Dozierenden sehen und ihre Stimme hören, übertragen selbst aber kein Bild und Ton.

Seminar: Dieses Szenario erweitert die klassische Vorlesung um weitere kommunikative Elemente. Bei Bedarf können die Studierenden auch ihr Webcambild und ihren Mikrofonton übertragen, eigene Diskussionsbeiträge während des Seminars leisten und in Kleingruppen ihre Lernergebnisse erarbeiten.

Lerngruppe: In diesem Szenario wird der virtuelle Seminarraum einer Lerngruppe zur freien Verfügung überlassen, Dozierende sind üblicherweise nicht anwesend. Die Teilnehmenden werden mit Veranstalterrechten ausgestattet und können die Webinar-Oberfläche frei einteilen.

Sprechstunde: In diesem Szenario stehen Hochschullehrende abseits der Lehrveranstaltung für Fragen im virtuellen Raum bereit.

Klausurkolloquium: In diesem Szenario beantworten Hochschullehrende im Vorfeld einer Prüfung konkrete Fragen und wiederholen bei Bedarf mögliche Prüfungsinhalte.

Ringvorlesung: In diesem Szenario sprechen wechselnde Hochschullehrende, auch von anderen Institutionen, in regelmäßigen Abständen zu einem übergeordneten Thema, die Veranstaltung ist mindestens hochschulöffentlich.

Konferenz: In diesem Szenario halten verschiedene Fachleute verschiedene Vorträge und diskutieren hinterher. Die Veranstaltung ist ausschließlich für Hochschullehrende geöffnet.

Prüfung: In diesem Szenario erfolgt die mündliche Wissensabfrage durch Hochschullehrende.

Exkursion: In diesem Szenario zeigen Hochschullehrende relevante Gegenstände oder Orte über ihre Webcam, meist mithilfe eines mobilen Endgerätes. Die Studierenden schauen von zuhause zu.

6 Zielsetzung des Austausches

Im Fokus kurzen Inputs sollen die ermittelten Seminarformen (z.B. Vorlesung, Seminar, mündliche Prüfung) im Überblick vorgestellt und mit Beispielen verdeutlicht werden. Die Zuhörenden sollen auf diesem Weg einen groben Einblick in die Möglichkeiten bekommen, die „virtuelle Klassenzimmer" wie „Adobe Connect" für Hochschullehrende bieten und welche Vorbereitungen nötig sind, um entsprechende Seminare gelingen zu lassen. Danach ist ein Erfahrungsaustausch unter den zugehörenden Expertinnen und Experten beabsichtigt. Es besteht die Möglichkeit, eigene Erfahrungen zum Einsatz von Adobe Connect zu diskutieren oder Ideen für den künftigen Einsatz zu entwickeln. Außerdem können die genannten Einsatzszenarien mit dem Wissen der Teilnehmenden weiterentwickelt und neue Methoden (z.B. Open Space, Fishbowl-Diskussion) auf ihre „Webinar-Tauglichkeit" hin überprüft werden.

Literatur

Czerwionka, T., Klebl, M. & Schrader, C. (2009). Die Einführung Virtueller Klassenzimmer in der Fernlehre. Ein Instrumentarium zur nutzerorientierten Einführung neuer Bildungstechnologien. In: Apostolopoulos, N., Hoffmann, H., Mansmann, V. & Schwill, A. (Hrsg.), *E-Learning 2009. Lernen im digitalen Zeitalter* (S. 96–105). Münster: Waxmann.

Daesler-Lohmüller, C. (1996). Der virtuelle Hörsaal. Erfahrungen und Anregungen zur Lehre per Videokonferenz. *Die neue Hochschule*, 37(3), 14–16.

Dapprich, G. (2011). *Studieren im Netz mit allen Sinnen. Wie unterscheiden sich Online- und „Face-to-Face"-Kommunikation grundsätzlich?* http://www.fernuni-hagen.de/universitaet/newsletter/lehreundweiterbildung/29-news-webinare.shtm (Version vom 26.08.2011, abgerufen am 05.03.2012).

Thiele, W. (1996): Die virtuelle Hochschule. Kooperatives Lehren und Lernen mit Groupware-Unterstützung. *Die neue Hochschule*, 37(3), 11–13.

Weinig, K. (1996). *Wie Technik Kommunikation verändert: Das Beispiel Videokonferenz*. Münster: LIT Verlag.

Christian Swertz, Peter Henning, Alessandro Barberi, Alexandra Forstner, Florian Heberle, Alexander Schmölz

Der didaktische Raum von INTUITEL

Ein pädagogisches Konzept für ein ontologiebasiertes, adaptives, intelligentes, tutorielles LMS-Plugin

Zusammenfassung

Die Gestaltung von Lernräumen als Software entgrenzt die didaktischen Spielräume im Vergleich zur Gestaltung von Lernräumen als Gebäude. Die resultierenden Räume können statisch oder als interaktive Räume dynamisch gestaltet werden. Die dynamische Gestaltung interaktiver, d.h. adaptiver Räume mit Mitteln der künstlichen Intelligenz ist bisher wenig erfolgreich gewesen. Daher wird vorgeschlagen, didaktische Überlegungen in die Konzeption von solchen Softwareräumen einzubeziehen. Ein Konzept für einen solchen Raum wird am Beispiel der Adaption von Lernpfaden und der Auswahl von Rückmeldungen vorgestellt.

1 Einleitung

Werden Medien als physikalische Zeichenträger verstanden, die von Entscheidungsimpulse setzenden Akteuren als Zeichen gestaltet werden können (Swertz, 2000), ist neben der Anordnung der Zeichen, d.h. der Ordnung der Inhalte in einen physikalischen Zeichenträger, auch die Gestaltung des physikalischen Zeichenträgers eine Aufgabe für die Mediendidaktik. Dabei wird zu einer spätestens seit Comenius und Rousseau prominenten Erziehung durch die Dinge (Parmentier, 2001), wie die physikalischen Zeichenträger auch bezeichnet werden, von Nohl bemerkt, dass „die gewünschten Handlungspraktiken nicht erzwungen, sondern durch die Dinge nur nahegelegt werden" (Nohl, 2011: 201). Das ist keine Besonderheit, die nur von physikalische Zeichenträger gestaltenden Mediendidaktikerinnen und Mediendidaktikern zu berücksichtigen ist, sondern ein allgemeines Kennzeichen von Verständigungsprozessen zwischen Entscheidungsimpulse setzenden Akteuren. Ein Beispiel dafür ist das Erlernen von Wissen, so, dass es in einer Klausur auch dann erfolgreich wiedergegeben werden kann, wenn die Lernenden und die Lehrenden das Wissen und möglicherweise auch die Institution für witzlos halten. In einem solchen Fall führen die Handlungspraktiken kaum zu Denkpraktiken. Denkpraktiken können nie erzwungen werden, weil die Entwicklung von Denkpraktiken die wie auch immer gewonnene Zustimmung des lernenden Entscheidungsimpulse setzenden Akteurs voraussetzen.

Allerdings legen materielle Zeichenträger Handlungspraktiken nicht nur nahe, sondern können Handlungen erzwingen. Ein einfaches Beispiel dafür ist die durch eine Software erzwungene Eingabe eines Passworts. Diese Handlung wird nicht nur nahegelegt, sondern in der Tat ohne irgendeine Toleranz für die geringste Abweichung erzwungen. Dabei ist wegen der syntaktischen Nulldimensionalität von Computern (Swertz, 2000) klar, dass die Software im Gebrauch als materieller Zeichenträger fungiert.

Nun führt eine solche erzwungene Handlung allerdings keineswegs automatisch zu bestimmten Entscheidungen von Akteuren, in denen sich bestimmte Denkpraktiken ausdrücken. Es ist vielmehr möglich, sich etwa zur Eingabe eines Passworts zwingen zu lassen, ohne sich damit schon einer Herrschaft der kybernetischen Maschine zu unterwerfen.

Da es aber in der pädagogischen Praxis um Menschen und daher nicht nur um die meist als Ausbildung bezeichneten Handlungspraktiken geht, sondern auch um die oft als Bildung diskutierten Denkpraktiken, ist die Dialektik von Handlungs- und Denkpraktiken in der Gestaltung von Lernräumen mittels Software zu berücksichtigen. Die These ist nun, dass die Dialektik von Handlungen und Denken oder von Praxis und Theorie bei der Gestaltung von intelligenten tutoriellen Systemen und adaptiven Lernräumen bisher kaum berücksichtigt worden ist, aber berücksichtigt werden muss und auch berücksichtigt werden kann.

Um diese These zu begründen, werden zunächst Ansätze zur Gestaltung intelligenter tutorieller adaptiver Lernräume aus didaktischer Sicht diskutiert und anschließend an einem Beispiel, in dem die Gestaltung von Spielräumen im Bereich der Lernpfade und der Rückmeldungen im Mittelpunkt steht, die behauptete Möglichkeit der Berücksichtigung der Dialektik demonstriert.

2 Ansätze zur Gestaltung intelligenter, tutorieller und adaptiver Lernräume

Gegenstand der Didaktik ist die Abbildung von Sachverhalten in die Lernzeit (Hönigswald, 1927; Meder, 1997). Die Artikulation der zeitlichen Abfolge, in der Inhalte mit Unterrichtsmethoden in didaktischer Absicht verbunden werden, ist dabei zentral. Aus diesem Grund wird der Umgang mit Lernpfaden hier in den Mittelpunkt gestellt. Dabei gibt es keinen Grund für die Annahme, dass die Artikulation vollständig formalisiert werden kann. Es sind immer interpretative Akte erforderlich, die Entscheidungsimpulse von Akteurinnen und Akteuren implizieren.

Um nun vorliegende Ansätze zur Gestaltung intelligenter tutorieller und adaptiver Systeme diskutieren zu können, muss zunächst die Perspektive, aus der heraus die Diskussion erfolgt, dargestellt werden. Dabei kommt es hier nicht auf eine genaue Darstellung der vielfältigen Positionen an. Vielmehr genügt für diesen Zweck eine kurze Skizzierung einiger Markierungen.

Eine erste Markierung ist, dass Menschen über einen freien Willen verfügen. Eine in der deutschsprachigen Bildungswissenschaft zentral rezipierte Sichtweise ist die von Kant, die etwa von Benner (2009) aufgegriffen wird (kritisch dazu: Giesinger 2011). Entscheidend ist dabei, dass überhaupt so etwas wie ein wie auch immer gedachter freier Wille zu berücksichtigen ist. Weil der freie Wille notwendig zu berücksichtigen ist, sind Ursache-Wirkungs-Modelle nicht geeignet, um didaktische Handlungen zu orientieren (Hönigswald, 1927).

Eine zweite Markierung ist, dass es in der pädagogischen Praxis und in der pädagogischen Theorie zunächst und vor allem um den einzelnen Menschen geht. Spätestens seit Comenius (1657), der jeden einzelnen Menschen in den Mittelpunkt gerückt hat, gehört das „omnes“ zum pädagogischen Programm. Hier ist relevant, dass der einzelne Mensch schon deswegen bedacht werden muss, weil es immer einzelne Menschen sind, die lernen. Daher ist die Relevanz von mit Maßen der zentralen Tendenz begründeten Argumenten für die mediendidaktische Gestaltung von Lernräumen gering.

Eine dritte Markierung ist, dass Lehrende und Lernende keine bekannte, sondern eine immer auch unbekannte Zukunft erwartet. Diese Überlegung wird spätestens seit Schleiermacher (1957) und Dewey (2000) in der Didaktik diskutiert. Das führt nicht nur zu spezifischen didaktischen Herausforderungen bei der Entscheidung über Ziele und Inhalte der Erziehung und des Unterrichts, sondern ist auch für die mediendidaktische Gestaltung physikalischer Zeichenträger, die als Algorithmen in der pädagogischen Verständigung verwendet werden, relevant, weil Algorithmen nicht ergebnisoffen interpretieren können. Daher kann mittels Algorithmen weder der Inhalt für Lernprozesse gestaltet werden, noch können Algorithmen die Lernenden verstehen.

Eine vierte Markierung ist, dass oft ein enger Zusammenhang zwischen einer Forschungsmethode und Unterrichtsmethoden hergestellt wird (etwa bei Ruhloff (1979) oder Winter (2001)). Das ist problematisch, weil keine Forschungsmethode als die einzig richtige ausgewiesen werden kann. Daher kann auch nicht eine Unterrichtsmethode, wie etwa die programmierte Unterweisung (Corell, 1965), die offene Lernumgebung (Schulmeister, 2006) oder die pragmatische Methode (Kerres & DeWitt, 2002) als die einzig richtige ausgewiesen werden. Zudem ist zu bedenken, dass schon aus diesem Grund in die Gestaltung physikalischer Zeichenträger immer auch politische Interessen hineinspielen, was etwa aus der von Kerres und deWitt vorgeschlagenen Perspektive nicht in den Blick gerät. Daher ist ein Algorithmus als Lernraum immer auch eingeschränkt und nur für bestimmte Zwecke geeignet, wiewohl es aber möglich ist, mehrere Methoden zu berücksichtigen. Aktuell könnte etwa ein Mixed Method Teaching ausgehend vom Mixed Method Research (Tashakkori & Teddlie, 2010) vorgeschlagen werden.

Mit diesen im Blick auf die Dialektik von Denken und Handeln vorgenommenen Markierungen wird der einzelne, freie und zukunftsoffene Mensch in den Mittelpunkt gerückt. Die Vielzahl der zu intelligenten adaptiven Lernräumen vorliegenden Arbeiten erfordert nun eine Auswahl (Übersichten bei Schulmeister, 2006, 2007). Die Auswahl wurde hier in der Absicht getroffen, spezifische Probleme aus Sicht der genannten Markierungen hervorheben zu können.

2.1 Aufgabenbasierte Systeme

Eine erste Gruppe von Ansätzen arbeitet wie die programmierte Unterweisung (Corell, 1965) auf der Grundlage von maschinell auswertbaren Tests. Aktuelle Ansätze verwenden Tests zur Anpassung der Aufgabenmenge, der Instruktionszeit, der Aufgabenschwierigkeit, der Systemwartezeit und für Hinweise beim explorierenden Lernen (Klauer & Leutner, 2012). Ein Beispiel für ein solches Vorgehen sind die von Brusilovsky et. al. entwickelten Algorithmen (Brusilovsky, 2001; Hsiao et al., 2010). Mit diesen Algorithmen werden Testfragen parametrisiert, generiert und Studierenden auf der Grundlage der Testergebnisse adaptive Linkanmerkungen in Form von farbigen Zielscheiben präsentiert. Das System ist für die Einführung in die Programmiersprache Java konzipiert.

Die Einführung in eine Programmiersprache ist eines der wenigen Gebiete, in denen durch die Variation von Parametern automatisch auswertbare Testfragen generiert werden können. Forschungsmethodische Problematiken kommen bei Brusilovsky nicht in den Blick, weil schon die Differenz etwa zwischen funktionalen, prozeduralen und objektorientierten Programmiersprachen nicht thematisiert wird. Unterschiedliche unterrichtsmethodische Absichten können ebensowenig realisiert werden wie ein dynamischer Umgang mit Lernpfaden. Insofern dem Lernenden die Navigation jederzeit vollständig zur Verfügung steht, wird die Freiheit der Lernenden in dieser Hinsicht berücksichtigt. Eine Verwendung des Konzepts in einem anderen Gebiet ist aber nicht möglich.

2.2 Intelligente Systeme

Eine zweite Gruppe von Ansätzen arbeitet mit Algorithmen, die auf künstlicher Intelligenz basieren. Zur künstlichen Intelligenz sei nur kurz bemerkt, dass das Wort künstliche Intelligenz einen anderen Begriff bezeichnet als der psychologische Begriff der Intelligenz, mit dem wiederum nicht das bezeichnet wird, was in der Philosophie der Begriff des Denkens meint, was wieder nicht das Gleiche ist wie das in der Erziehungswissenschaft als Verstehen oder Bildung bezeichnete. Klar ist aber, was der Begriff des Algorithmus meint (Krämer, 1988), und dass weder Denken noch Verstehen unter diesen Begriff fallen.

Intelligente tutorielle Systeme wurden durch Entwicklungen im Rahmen des Algorithmenbegriffs, konkret: den Übergang von der Batch- zur Dialogverarbeitung sowie das Aufkommen von Problemlösungstheorien, angeregt. Protoypisch ist der General Problem Solver (Newell, Shaw & Simon, 1959). Weder dieses System noch eines der daran anschließenden Intelligenten Tutoriellen Systeme war brauchbar oder erfolgreich (Schulmeister, 2007).

Ein Beispiel dafür ist der Ansatz von Bredweg and Struss (2003). Sie zeigen an einem Überblick über das qualitative Folgern (qualitative reasoning), dass eine besondere Stärke des qualitativen Folgerns die Berücksichtigung von Kausalität ist. Dies wird als Stärke gesehen, weil es für die Modellbildung im wissenschaftlichen Denken zentral sei. Daher wird die Darstellung von Wirkungs-Ursache-Relation mit künstlichen Intelligenzalgorithmen in den Mittelpunkt gerückt und so für den Unterricht gewendet, dass Lernende das Denken in Ursache-Wirkungs-Relationen erlernen, indem sie durch das Handeln mit kybernetischen qualitativen Intelligenzalgorithmen Zusammenhänge modellieren.

Damit wird nur ein forschungsmethodischer Ansatz berücksichtigt. Die damit implizit forcierte erkenntnistheoretische Position wird nicht dargestellt. Auch ein Bezug auf eine Modelltheorie (Stachowiak, 1973) oder Abbildtheorie (Wittgenstein, 2003) findet sich nicht. Die Freiheit des Lernenden, sich selbst eine wissenschaftliche Position zu erarbeiten, wird schon deswegen übergangen. Da auch die Methodenreflexion nicht ins Spiel gebracht wird, entspricht das Vorgehen auch keinem wissenschaftlichen Denken. In den Mittelpunkt rückt das Funktionieren einer kybernetischen Steuerung, die als Algorithmus notwendig eine in sich geschlossene Welt (Krämer, 1988) und damit die Illusion einer bekannten Zukunft erzeugt.

2.3 Lerntypenbasierte Ansätze

Algorithmen, die auf der Analyse von Lerntypen basieren, führen zunächst einen Lerntypen- oder Lernstiltest durch, um dann Inhalte dem Ergebnis entsprechend zu präsentieren.

Ein Beispiel für eine solche Studie ist die Arbeit von Lehmann (2010), die auf dem Lernstilinventar von Kolb (1971) basiert. Lehmann hat Inhalte für einen lernstiloptimierten Lernkreislauf (Lehmann, 2010, S. 109) aufbereitet, anschließend Personen einem Lernstiltest unterzogen und diese dann zufällig auf unterschiedliche Treatmentgruppen so verteilt, dass die Inhalte in einer für den gefundenen Lernstil optimierten Art und Weise präsentiert wurden.

Neben dem Umstand, dass die Studie von Lehmann wie fast alle Studien in diesem Bereich nur auf wenigen, nicht zufällig ausgewählten Fällen einer sehr engen Grundgesamtheit basiert und die Ergebnisse daher nicht verallgemeinert werden könnten, wurden auch keine relevanten Ergebnisse gefunden. Das Ergebnis ist wenig überraschend, denn das Vorgehen, die Gestaltung von Lernräumen an Lernstiltheorien zu orientieren, hat sich schon aus Sicht einer auf Maßen der zentralen Tendenz basierenden Perspektive als wirkungslos erwiesen (Jonassen, 1993; Hattie, 2013). Das ist aus didaktischer Sicht wenig überraschend, denn Lernstiltheorien übersehen, dass Lernende nicht nur Inhalte lernen, sondern auch lernen, wie die Inhalte gelernt werden (Swertz, 2007). Lernstile sind daher keine langfristig wirksamen Persönlichkeitseigenschaften, sondern Ausdruck von individuellen Interpretation eines Lernraums durch Entscheidungsimpulse setzende Akteure.

2.4 Adaptive Systeme

Die ersten in der Informatik entwickelten adaptiven Systeme wurden in den 1960er und 1970er Jahren entwickelt (Nwana, 1990). Ein Beispiel für ein Konzept adaptiver Systeme ist der Ansatz von Martens (2013). Martens hat mit dem Tutoring Process Model (TPM) ein formales Konzept für die Gestaltung von adaptiven tutoriellen Systemen vorgeschlagen. Das Konzept wurde in einem Prototypen realisiert, der nicht mehr verfügbar ist, nicht mehr weiter entwickelt wird und nicht in anderen Projekten verwendet wurde – ein Schicksal, dass viele solche Systeme teilen (Schulmeister, 2006). In der Konzeption ihres Ansatzes formalisiert Martens das tutorielle Modell als TPM = <C, LM, show, enable> mit C=<Q, A, q0, F, B, ∂, select, allow>. Damit wird zunächst die Möglichkeit des Aufbaus adaptiver Menüsysteme erreicht und ein Lernendenmodell formal berücksichtigt. Dabei werden als Bausteine (B) allerdings nur Informationselemente und Interaktionselemente genannt. Kooperationen fehlen. Damit ist der Anwendungsbereich des Modells erheblich eingeschränkt. Ähnliche Einschränkungen gelten für weitere derzeit diskutierte Modelle (etwa Carchiolo et. al., 2008).

Es wurde deutlich, dass die eingangs bezeichneten Markierungen in den diskutierten Ansätzen kaum berücksichtigt worden sind. Die Algorithmen, die implementiert wurden, bleiben auf Einzelfälle und wenige Inhalte (Mathematikunterricht, Programmierunterricht, Sprachunterricht) beschränkt. In allen Fällen werden dabei nur formalisierte und weitgehend standardisierte Teilgebiete, die fast immer im Anfangsbereich angesiedelt sind, herangezogen. Viele aktuelle Algorithmen bleiben noch hinter den bisher diskutierten Ansätzen zurück und realisieren lediglich einfache Varianten der programmierten Unterweisung. Es wurden also in Einzelfällen sinnvolle fachdidaktische Anwendungen geschaffen. Es liegt aber kein Ansatz vor, der unter Berücksichtigung mediendidaktischer Überlegungen als Spielraum für die Verständigung zwischen Lehrenden und Lernenden konzipiert wurde.

3 Die mediendidaktische Gestaltung eines Spielraums für Entscheidungsimpulse setzende Akteure

Die mediendidaktische Gestaltung eines algorithmischen Spielraums kann nun, so die These, die eingangs genannten Markierungen berücksichtigen. Die im Folgenden vorgenommene Positionierung geht vom Menschen als mit einem freien Willen ausgestatteten und in einer Kooperation erfordernden Gemeinschaft lebenden Entscheidungsimpulse setzenden Akteur aus. Freiheit und Zukunftsoffenheit werden als wesentlich angesehen. Diese Positionierung wird hier mit der Absicht einer praktischen Anwendbarkeit der Adaption von Lernpfaden und Rückmeldungen verbunden. Mediendidaktisch geht es darum, die Position in einen anwendbaren Algorithmus umzusetzen und damit den physikalischen Zeichenträger in pädagogischer Absicht zu gestalten. Dabei werden zwei Kontextbedingungen berücksichtigt:

(1) Um mit begrenzten Mitteln eine breite praktische Anwendbarkeit zu erreichen, ist es nicht sinnvoll, ein neues Lernmanagementsystem (LMS) zu entwickeln. So zeigen die Erfahrungen mit Coppercore (http://coppercore.sourceforge.net/), dass die Akzeptanz für solche Systeme gering ist. Daher ist es im Blick auf die praktische Verwendung und unter Berücksichtigung des Umstandes, dass didaktische Entscheidungen notwendigerweise auch heuristisch getroffen werden, sinnvoll, ein System als Erweiterung für bestehende und breit genutzte LMS zu entwickeln.

Die Effekte einer solchen Erweiterung zeigt ein Beispiel: Wir transformieren derzeit aus vor allem administrativen Gründen eine Vorlesung in ein Fernlernangebot. Das geplante Angebot erfordert ca. 1.000 Bildschirmseiten. Ein Kurs in dieser Länge ist mit dem LMS Moodle kaum sinnvoll zu verwenden. Erst eine Erweiterung des LMS mit dem im Folgenden beschriebenen adaptiven tutoriellen Algorithmus macht die Navigation im Kurs so übersichtlich, dass sie benutzbar erscheint.

Nun gibt es bisher kaum praktische Erfahrungen mit Algorithmen wie dem hier intendierten. Es ist daher erforderlich, die Gestaltung so vorzunehmen, dass möglichst viele Elemente nachträglich adaptiert werden können. Dafür ist ein metadatenbasiertes System sinnvoll, dass über die Veränderung der Metadaten adaptiert werden kann. Nötig ist also ein adaptierbares adaptives System.

Da Algorithmen zwischen Eingaben und Ausgaben operieren, sind vor allem die Ein- und Ausgaben zu bestimmen. Drei Typen von Eingaben sind möglich:

1. Beobachtungsdaten zum Lehr- und Lernverhalten
2. Die von Lehrenden eingegebenen Daten
3. Die von Lernenden eingegebenen Daten

(1) Die Beobachtungsdaten sind nur sehr aufwändig zu interpretieren. Zwar ist es im Blick auf die Freiheit der Lernenden und die daher erforderliche Transparenz erforderlich, den Lernenden die Daten zugänglich zu machen. Im Lernprozess ist es aber nicht handhabbar, dass die Lernenden alle Daten selbst auswerten. Das macht eine vorbereitete Auswertung erforderlich. Wenn diese Auswertung vor allem die Interessen der Lehrenden berücksichtigt, wird die Freiheit der Lernenden übergangen. Daher sollte die Auswertung auch die Interessen der Lernenden berücksichtigen. Beides ist allerdings problematisch, da die Interessen vor dem Lernprozess nicht bekannt sind, die Algorithmen aber vorher formuliert werden müssen und daher in dieser Hinsicht die Interessen der Mediendidaktikerinnen und Mediendidaktiker zum Ausdruck bringen und insofern die Interessen der Lehrenden und der Lernenden übergehen. Die Reichweite der Auswertungen muss daher gering gehalten werden. Der Beobachtungsdaten sind nun eine Rückmeldung zum Lernverhalten. Rückmeldungen sind wirksame Elemente in didaktischen Prozessen (Hattie, 2013), können sich im konkreten Fall aber nicht auf Inhalte beziehen, sondern nur auf das beobachtete Lernverhalten. Welche Rückmeldungen in diesem Fall sinnvoll und wirksam sind, ist nicht bekannt. Daher muss es hier zunächst darum gehen, einen Algorithmus zu entwickeln, mit dem solche Rückmeldungen erzeugt werden können, um überhaupt handeln zu können.

Um einen solchen Algorithmus entwickeln zu können, ist derzeit die Verwendung einer semantischen Beschreibungssprache eine sinnvolle Lösung. Naheliegend ist die Verwendung der Web Ontology Language (OWL), da umfangreiche als Open Source verfügbare Softwarekomponenten vorliegen.

Die Softwarearchitektur des Algorithmus wurde nun so gestaltet, dass eine Learner State Ontology (LSO), in der Beobachtungsdaten gespeichert werden, durch die Definition von didaktischen Faktoren (DF) ausgewertet wird, mit denen Rückmeldungen zum Lernverhalten mittels einer Reasoning Engine ausgewählt werden können. Ein einfaches Beispiel ist die Beobachtung, dass der letzte Zugriff längere Zeit (> 14 Tage) zurückliegt. In diesem Fall wird der entsprechende DF gesetzt und löst die Rückmeldung aus, dass es sinnvoll sein kann, das letzte bearbeitete Thema zu wiederholen. Wesentlich ist, dass das Thema nicht einfach wiederholt wird, sondern nur der Hinweis erfolgt, so dass Lernende die Rückmeldung selbst interpretieren können. Ein anderes Beispiel ist, dass anhand von Geschlecht und Alter die bisher am häufigsten gewählten Lernpfade anderer ähnlicher Lernender identifiziert und mitgeteilt werden können („In diesem Kurs werden folgende didaktische Modelle angeboten:

(A) Frontalunterricht, (B) Forschungsorientierter Unterricht, (C) Programmierte Unterweisung. Andere Lernende mit ähnlichem Alter und gleichem Geschlecht haben am häufigsten „Programmierte Unterweisung" gewählt. Welches Modell möchten Sie verwenden?").

Da bisher nicht bekannt ist, welche Rückmeldungen sinnvoll sind und also keine Grundlage für die Fixierung von Variablen vorhanden ist, besteht hier weiterer Forschungsbedarf und die Notwendigkeit der Anpassung des Systems an praktische Erfahrungen. Um eine nachträgliche Anpassung der didaktischen Faktoren und Rückmeldungen zum Lernverhalten zu ermöglichen, werden diese Elemente nicht als Software, sondern mittels OWL semantisch formuliert. Lediglich die DFs werden um einen Softwareanteil ergänzt, mit dem nicht semantisch vorliegende Daten aufbereitet werden.

(2) Neben den Daten der Lernenden können auch Eingaben der Lehrenden berücksichtigt werden. Die Lehrenden können dazu semantische Metadaten eingeben, in denen die für eine kybernetische Steuerung auswertbare didaktische Bedeutung von Inhalten ausgedrückt wird. Dazu können Sie entweder auf das vorhandene Vokabular zurückgreifen oder das Vokabular erweitern. Vorgegeben ist lediglich, dass mindestens eine Artikulation angegeben werden muss. Wie diese Artikulation aussieht und welche Elemente dabei verwendet werden, ist nicht festgelegt. Daher können beliebige didaktische Modelle realisiert werden.

In der Softwarearchitektur wurden dafür drei Ontologien vorgesehen: Die pädagogische Ontologie (PO) enthält im Kern lediglich die Vorgabe, dass die Inhalte in Lernpfaden verbunden werden müssen. Darüber hinaus ist das Vokabular der Webdidaktik (Meder, 2006) als exemplarisches Vokabular enthalten, dass bei Bedarf von den Lehrenden ergänzt werden kann, so dass die Freiheit der Lehrenden gewahrt bleibt. Auf der zweiten Ebene wird eine Cognitive Map (CM) verwendet. In der CM benennen Lehrende die Themen (Concept Container (CC)), die in ihrem Kurs (Knowledge Domain (KD)) vorkommen und formulieren mit Hilfe von Relationen mögliche Reihenfolgen, in denen die Themen bearbeitet werden können.

Auf der dritten Ebene werden die Wissensobjekte (Knowledge Object (KO)) mit Wissensart und Medientyp typisiert und mit Hilfe von Relationen mögliche Reihenfolgen angegeben, in denen die Wissensobjekte bearbeitet werden können.

Die von Lehrenden angegebenen Reihenfolgen können nun den Lernenden als Empfehlungen angeboten werden.

(3) Dabei ist es im Blick auf die Freiheit der Lernenden wesentlich, die Reihenfolge nicht fest vorzuschreiben, sondern es den Lernenden zu ermöglichen, von den geplanten Bearbeitungsreihenfolgen jederzeit auch abzuweichen, das didaktische Modell während des Lernprozesses zu wechseln oder

selbst eines zu erzeugen. Die Anforderung der Berücksichtigung abweichenden Verhaltens führt zu erheblichen Anforderungen an die Algorithmen. Um abweichendes Verhalten berücksichtigen zu können, werden die didaktischen Daten aus der PO, dem CM und dem CCM mit den Daten aus der LSO mittels eines Reasoners miteinander verbunden. Die Verbindung, bei der es sich um eine logische Schlussfolgerung handelt, wird durch die semantische Beschreibung gesteuert und kann also angepasst werden.

Ein Beispiel für eine solche Schlussfolgerung ist eine Lernende, die während der Bearbeitung eines Kurses das didaktische Modell gewechselt hat und nun auf Inhalte trifft, die sie bereits bearbeitet hat. An dieser Stelle könnte es sinnvoll sein, die Lernende zu fragen, ob sie die Inhalte erneut bearbeiten oder überspringen möchte. Wesentlich ist dabei, die Entscheidung nicht für die Lernende zu treffen, sondern der Lernenden die Entscheidung über ihr Lernen zu überlassen.

Damit kann vermieden werden, dass die verwendeten Daten zur Kontrolle und Überwachung verwendet werden. Das wäre der Fall, wenn die Daten nur den Lehrenden zur Verfügung stehen oder automatisierte, in der Software implementierte Entscheidungen ohne Zustimmung der Lernenden getroffen werden, die wegen der Aussichtslosigkeit von Widerstand lediglich Anpassung ermöglicht, aber nicht das Spiel im didaktischen Raum (Swertz et al., 2013).

Die semantische Modellierung der didaktischen Daten und die Analyse mit Hilfe eines Reasoners wird dabei dazu verwendet, komplexe Untersuchungen in eine einfach Aussage umzuwandeln, deren semantische Bedeutung im Rahmen einer konkreten Lernsituation fassbar zu machen und damit für die Lehrenden und für die Lernenden die Handlungsräume zu erweitern.

4 Conclusio

Es wurde deutlich, dass bisherige adaptive Lernumgebungen und intelligente Systeme didaktischen Anforderungen kaum gerecht werden. Anhand des Designs eines adaptiven intelligenten Systems wurde gezeigt, dass es möglich ist, ein System unter mediendidaktischen Gesichtspunkten so zu gestalten, dass pädagogischen Forderungen entsprochen wird. Mit einem solchen System kann der mediendidaktisch gestaltete Raum, in dem sich Lehrende und Lernende miteinander über Inhalte verständigen, erweitert werden.

Der dadurch entstehende Spielraum stellt die Freiheit und Zukunftsoffenheit der Lehrenden und der Lernenden in den Mittelpunkt. So ist schon durch den Umstand, dass der Algorithmus als Erweiterung für bestehende LMS realisiert wird, jederzeit die Möglichkeit vorhanden, den Algorithmus nicht zu verwenden. Wenn der Algorithmus verwendet ist, bestehen für Lehrende mehr Möglichkeiten, ihre didaktischen Absichten auszudrücken. Damit werden die

Spielräume der bestehenden LMS und damit die vorhandenen Freiheitsgrade erweitert. Für die Lernenden wird die Variation von geplanten Sequenzen und damit abweichendes Verhalten begünstigt. Insofern die in abweichendem Verhalten ausgedrückte Herausforderung von Lehrenden durch Lernende Ausdruck der zukunftsoffenen Freiheit eines Entscheidungsimpulse setzenden Akteurs ist, ist es gut, derartig abweichendes Verhalten zu berücksichtigen.

Literatur

Brusilovsky, P. (2001). Adaptive hypermedia. *User Modeling and User Adapted Interaction* 11, 87–110.

Carchiolo, V., Alessandro L., Giuseppe M. & Vincenzo N. (2008). Adaptive E–Learning: An Architecture Based on PROSA P2P Network. *New Frontiers in Applied Artificial Intelligence,* 777–786.

Comenius, J. A. (2008). *Große Didaktik: Die vollständige Kunst, alle Menschen alles zu lehren.* 10. Aufl., Herausgegeben und übersetzt von Andreas Flitner. Stuttgart: Klett-Cotta.

Corell, W. (Hrsg.) (1965). *Programmiertes Lernen und Lernmaschinen.* Braunschweig: Westermann.

Dewey, J. (2000). *Demokratie und Erziehung. Eine Einleitung in die philosophische Pädagogik.* Weinheim: Beltz.

Giesinger, J. (2011). Bildsamkeit und Bestimmung. Kritische Anmerkungen zur Allgemeinen Pädagogik Dietrich Benners. *Zeitschrift für Pädagogik* (57) 6, 894–910.

Hönigswald, R. (1927). *Über die Grundlagen der Pädagogik.* 2. umgearb. Auflage. München: E. Reinhardt.

Hsiao, I.-H., Sosnovsky, S. & Brusilovsky, P. (2010). Guiding students to the right questions: adaptive navigation support in an E-Learning system for Java programming. *Journal of Computer Assisted Learning*, 26 (4), 270–283.

Jonassen, D.H. & Grabowski, B. L. (1993): *Handbook of Individual Differences, Learning and Instruction.* New York/London: Routledge.

Kerre, M. & deWitt, C. (2002). Quo vadis Mediendidaktik? Zur theoretischen Fundierung von Mediendidaktik. *MedienPädagogik* [http://www.medienpaed.com/Documents/medienpaed/6/kerres_dewitt0211.pdf (16.5.2014)].

Klafki, W. (1994). *Neue Studien zur Bildungstheorie und Didaktik. Zeitgemäße Allgemeinbildung und kritisch-konstruktive Didaktik.* 4. Aufl. Weinheim/Basel: Beltz.

Klauer, J. & Leutner, D. (2012). *Lehren und Lernen. Einführung in die Instruktionspsychologie.* 2. überarb. Aufl. Weinheim, Basel: Beltz.

Kolb, D. A. (1971). *Individual learning styles and the learning proess.* Working Paper #535-71. Boston: Massachusetts Institute of Technology.

Krämer, S. (1988). *Symbolische Maschinen. Die Idee der Formalisierung in geschichtlichem Abriss.* Darmstadt: Wissenschaftliche Buchgesellschaft.

Lehmann, R. (2010). *Lernstile als Grundlage adaptiver Lernsysteme in der Softwareschulung.* Münster: Waxmann.

Martens, A. (2008). Adaption formal. *Zeitschrift für e-learning, 3* (Adaptivität in hypermedialen Lernsystemen).

Meder, M. (Hrsg.) (2006). *Web-Didaktik. Eine neue Didaktik webbasierten, vernetzten Lernens.* Bielefeld: Wilhelm Bertelsmann Verlag.

Meder, N. (1997). Die Abbildung von Sachverhalten in die Zeit. Reflexion auf die philosophische Grundlegung der Pädagogik und die pädagogische Grundlegung der Erkenntnistheorie. in: R. Schmied-Kowarzik (Hrsg.), *Erkennen – Monas – Sprache*. Würzburg: Ergon.

Newell, A., Shaw, J. C. & Simon, H. A. (1959). Report on a general problem solving program. In: *Proceedings of the International Conference on Information Processing* (S. 256–264).

Nohl, A. M. (2011). *Pädagogik der Dinge*. Bad Heilbrunn: Klinkhardt.

Nwana, H. S. (1990). Intelligent Tutoring Systems: an overview. *Artificial Intelligence Review* 4, 251–277.

Parmentier, M. (2001). Der Bildungswert der Dinge. *Zeitschrift für Erziehungswissenschaft* (4) 1, 39–50.

Ruhloff, J. (1979). *Das ungelöste Normproblem der Pädagogik. Eine Einführung.* Heidelberg: Verlag Quelle & Meyer.

Schleiermacher, F. (1957). *Pädagogische Schriften.* Unter Mitwirkung von Theodor Schulze herausgegeben von Erich Weniger. Düsseldorf: Schwann.

Stachowiak, H. (1973). *Allgemeine Modelltheorie.* Wien, New York: Springer.

Schulmeister, R. (2007). *Grundlagen hypermedialer Lernsysteme. Theorie – Didaktik – Design.* 4. überarb. Aufl., Bonn u.a.: Addison-Wesley.

Schulmeister, R. (2006). *eLearning: Einsichten und Aussichten.* München: Oldenbourg.

Schulmeister, R. (2005). Plädoyer für offene Lernumgebungen. In: B. Bachmair, P. Diepold & C. de Witt, *Jahrbuch Medienpädagogik*, 43–53.

Swertz, C. (2000). Computer und Bildung. Eine medienanalytische Untersuchung der Computertechnologie in bildungstheoretischer Perspektive. Universität Bielefeld: Bielefeld.

Swertz, C. (2004). Medienbildung. Skeptische Anmerkungen zum Beitrag der Cultural Studies. *Spektrum Freizeit* 2, 49–56.

Swertz, C., Schmölz, A., Forstner, A., Heberle, F., Henning, P., Streicher, A., Bargel, B., Bela, A. & Bock, J. (2013). A Pedagogical Ontology as a Playground in Adaptive Elearning Environments. In: M. Horbach, (Hrsg.), *INFORMATIK 2013 – Informatik angepasst an Mensch, Organisation und Umwelt* (Lecture Notes in Informatics Bd. 220, S. 1955–1960). Bonn: Köllen Verlag.

Tashakkori, A. & Teddlie, C. (2010). *Handbook of Mixed Methods in Social and Bahavioral Research.* 2nd Edition. London et. al.: Sage.

Winter, R. (2001). *Die Kunst des Eigensinns. Cultural Studies als Kritik der Macht.* Weilerswist: Velbrück.

Wittgenstein, L. (2003). *Tractatus logico-philosophicus, Logisch-philosophische Abhandlung.* Frankfurt am Main: Suhrkamp.

Martin Ebner, Christian Haintz, Karin Pichler, Sandra Schön

Technologiegestützte Echtzeit-Interaktion in Massenvorlesungen im Hörsaal

Entwicklung und Erprobung eines digitalen Backchannels während der Vorlesung

Dieser Beitrag wird im Format „flipped conference“ umgesetzt.

Zusammenfassung

Interaktion zwischen Lehrenden und Studierenden in gefüllten, großen Hörsälen ist eine große Herausforderung. Audience-Response-Systeme werden als eine Möglichkeit betrachtet, schnelle Rückmeldungen von den Studierenden zu erhalten und so deren Einbindung und die Interaktion im Hörsaal zu erhöhen. Im vorliegenden Beitrag wird die Entwicklung, das Konzept sowie das Design eines Prototypen einer Anwendung vorgestellt („Backchannel“), die es den Studierenden ermöglicht, den Vortragenden kontinuierlich Rückmeldung zum Vortrag zu geben. Die Lehrenden erhalten ein aggregiertes visuelles Feedback in Echtzeit und können darauf reagieren. Ausführlich werden dabei die Ergebnisse des Testeinsatzes dargestellt sowie zukünftige Adaptionen und Entwicklungsmöglichkeiten diskutiert.

1 Herausforderungen der Massenlehrveranstaltung und die Möglichkeit der technologiegestützten Interaktion im Hörsaal

Massenvorlesungen, also Lehrveranstaltungen mit einer Anzahl von oft weit über hundert Teilnehmer/innen, gehören an Universitäten zum Alltag. Ein/e Lehrende/r steht dabei einem häufig überfüllten Hörsaal gegenüber und präsentiert den Lehrstoff zumeist traditionell. Natürlich ist es durchaus möglich, den Anwesenden Fragen zu stellen oder auch mit Hilfe von Abstimmungen für deren Beteiligung am Unterricht zu sorgen. Trotzdem gestaltet sich die Interaktion mit den Teilnehmenden besonders schwierig, so werden z.B. eher selten offene Fragen seitens der Studierenden gestellt. Dieses Problem der mangelnden Interaktion in Lernräumen für Massen ist hinlänglich bekannt und es gibt bereits weiter zurückreichende Untersuchungen zu deren Verbesserung (z.B. Bligh, 1971; Gleason, 1986).

Anderson et al. (2003) führen die Probleme in der Massenvorlesung auf drei wesentliche Aspekte zurück: Zunächst fehlen Rückmeldungen der Lernenden während der Veranstaltung, beispielsweise wenn Fragen offen bleiben. Damit verbunden ist die Zurückhaltung der Studierenden in Massenlehrveranstaltungen; Studierende erleben großes Unbehagen, Fragen zu stellen oder Antworten zu geben. Schließlich sorgt die Unterrichtssituation an sich, das „Einzel-Sprecher-Paradigma“ für eine mäßige Beteiligung der Teilnehmenden. Darüber hinaus führt nach Smith (2001) die Dauer einer solchen Veranstaltung (min. 45 bis 90 Minuten) zu einer zunehmend geringer werdenden Aufmerksamkeitsspanne, die Smith (2001) generell mit etwa 20 Minuten benennt.

Um die Interaktion in vollen Hörsälen zu erhöhen, wird schon seit Jahrzehnten mit Technologien experimentiert. Während früher dazu Hörsäle eigens mit entsprechenden Geräten ausgestattet wurden, hat heute ein Großteil der Studierenden entsprechend nutzbare Geräte im Hörsaal dabei (z.B. Laptop, Smartphone), so dass diese mehr und mehr in den Fokus rücken. In diesem Beitrag möchten wir, aufbauend auf einem kurzen allgemeinen Überblick über den Einsatz von Audience-Response-Systemen in Hörsälen, die Entwicklung und die Erfahrungen bei den Testeinsätzen mit einem neuen Backchannel-System vorstellen, bei dem die mitgebrachten Geräte der Studierenden genutzt werden („Bring Your Own Device“, kurz BYOD). Beim vorgestellten System wurde u.a. die Zielsetzung verfolgt, Rückmeldungen der Studierenden den Lehrenden in Echtzeit visuell aufzubereiten, damit jene entsprechend im Verlauf der Vorlesung auf diese Rückmeldungen zeitnah reagieren können. Die Erfahrungen mit dem System werden abschließend diskutiert und Empfehlungen für weitere Aktivitäten im Feld entwickelt. Der Beitrag beruht dabei zum Teil auf den Ergebnissen einer Abschlussarbeit an der TU Graz (Haintz, 2013).

2 Audience-Response-Systeme im Hörsaal

Um die Interaktion in Hörsälen zu erhöhen, gab es bereits in den 1960er Jahren erste Versuche mit sogenannten Audience-Response-Systemen (kurz ARS; s. Fröhlich, 1963; Boardman, 1968). Diese basierten damals technisch auf Voltmetern. Praktisch bedeutete dies, dass die Studierenden auf einen Knopf auf ihrem Tisch drückten und die Lehrenden so entsprechende Rückmeldung auf ihre Frage erhielten (Abrahamson, 2006). Hand in Hand mit der zunehmenden Digitalisierung haben sich in der Zwischenzeit unterschiedliche Systeme etabliert, die im Wesentlichen die Möglichkeit der Fragestellung durch den Lehrenden und die Beantwortung mit (digitalen) individuellen Endgeräten durch die Lernenden während des Unterrichts ermöglichen.

Audience-Response-Systeme			
Digitaler Frontchannel		Digitaler Backchannel	
Qualitative Systeme	Quantitative Systeme	Qualitative Systeme	Quantitative Systeme
Bsp: Publikumbefragungssysteme mit Freitext-Antwortmöglichkeit.	Bsp: Publikumbefragungssysteme mit vorgegebenen Antwortmöglichkeiten	Bsp: Freitext-Feedbacksysteme (Kommentarsystem)	Bsp: Feedbacksysteme mit vordefinierten Rückmeldedimensionen.

Abb. 1: Überblick über unterschiedliche Formen von Audience-Response-Systemen in Hörsälen.

Ein wichtiges Anwendungsfeld von Audience-Response-Systemen ist die fragengeleitete Lehre, die zu einer Erhöhung der Aufmerksamkeit und Aktivität der Studierenden führen soll. Dazu unterbrechen die Vortragenden ihren Vortrag und stellen Fragen an die Studierenden. Man spricht bei einem solchen System auch von einem „Frontchannel-System", da es für alle sichtbar eingesetzt wird. Es handelt sich dabei typischerweise um Mehrfachauswahlfragen („quantitative Systeme"), die in Echtzeit beantwortet werden können um den Lehrenden eine Einschätzungsmöglichkeit zu geben, wie man dem Unterricht folgen konnte oder wo noch Unklarheiten herrschen. Es kommen aber auch Systeme mit offenen Fragen oder Eingabemöglichkeiten („qualitative Systeme") zum Einsatz, bei denen Studierende längere Freitexte als Antwort – oder auch als Verständnisfrage – eingeben können.

Ein Backchannel-System läuft im Hintergrund, d.h. es wird i.d.R. auch nicht in der Vorlesung thematisiert. Das wohl bekannteste qualitative digitale Backchannel-System ist Twitter (Ebner, 2009). Auch in Backchannel-Systemen können Fragen zur Vorlesung gestellt werden oder es werden Rückmeldungen zum Vorlesungsverlauf eingeholt. Beides kann wiederum mit offenen Texteingaben (z.B. als Kommentar bei einer Folie) oder mit geschlossenen (z.B. Mehrfachauswahlfragen) geschehen. Der quantitative Backchannel erlaubt Lernenden, Lehrenden Rückmeldungen in Echtzeit zu geben. Ein Beispiel dazu ist die Möglichkeit, die Vortragsgeschwindigkeit einzuschätzen, also den Lehrenden mitzuteilen ob sie gerade zu schnell oder auch zu langsam den Lehrstoff darbieten.

Während die große Mehrzahl der Systeme als Frontchannel konzipiert wurden und die fragengeleitete Lehre unterstützen sollen, wurde an der TU Graz ein

Backchannel-System entwickelt, dass dezidiert dazu gedacht ist, als quantitatives System Lehrenden kontinuierliches Feedback zur Veranstaltung zu geben und damit auch Reaktionsmöglichkeiten zu bieten, während die eigene Wahrnehmung der Geschehnisse im Hörsaal hier ggf. keine genauen Interpretationen zulässt. Ein solches Tool, dass sich ausschließlich auf einige wenige Dimensionen des Lehrerverhaltens beschränkt, die zu relativ zeitnahen Veränderungen in der Vorlesung führen können, dass auf dem BYOD-Ansatz beruht und als Backchannel konzipiert wurde, gab es zu diesem Zeitpunkt u.E. nach nicht. Einen ähnlichen Ansatz verfolgte das Tool understoodit.com, hatte aber nur eine Feedbackdimension (Verständnis). Gegenstand der Forschungsarbeit war aber auch die Frage, ob nicht auch weitere Dimensionen (Vortragsgeschwindigkeit, Wohlbefinden) Sinn machen. Im Folgenden wird das Konzept des Systems „Backchannel" beschrieben.

3 Entwicklung des Prototypen

3.1 Zielsetzung und Anforderungen

Zielsetzung des Projekts ist die Entwicklung und Erprobung eines Prototypen eines „Backchannels", bei dem Studierende dem Unterrichtenden während der Vorlesung Feedback zur Vorlesung geben können, was wiederum dem Lehrenden Möglichkeiten verschafft, neben dem persönlichen Eindruck im Hörsaal auch ggf. genauere und unmittelbarere Rückmeldung zu erhalten und darauf ggf. unmittelbar reagieren zu können.

Die Entwicklung des Prototypen beruht dabei neben allgemeinen Überlegungen auch auf einer Literaturstudie zu ähnlichen Systemen. Dazu zählen beispielsweise die Applikationen LectureTools[1], myTU[2] und UnderstoodIt[3]. Die Literatur weist hier bereits einiges an Erfahrungen mit unterschiedlichen Systemen auf, beispielsweise mit den Entwicklungen ClassTalk (Anderson et al., 2003), ActiveClass (Ratto et al., 2003), AuthoringOnTheFly (Datta & Ottmann, 2001), Realfeedback (Haintz et al., 2014) oder weiteren speziell entwickelten Systemen (Purgarthofer & Reinhaler, 2008; Ebner, 2010; Gehlen-Baum et al., 2011; Attkinson, 2009; Yardi, 2006).

Der Prototyp wurde dabei allgemein mit Hilfe eines iterativen agilen Softwareentwicklungsprozesses umgesetzt (Beck & Cynthia, 2006), wobei folgende Schritte dabei immer wieder (iterativ) durchlaufen werden: Planung, Definition der Anforderungen („requirements"), Analyse und Design, Implementation sowie Test und Evaluation.

1 http://www.lecturetools.com/ (letzter Abruf März 2014)
2 http://mytu.tu-freiberg.de/ (letzter Abruf März 2014)
3 https://understoodit.com/ (letzter Abruf März 2014)

Die auf diese Weise entwickelten Anforderungen sind die folgenden: So soll die *kontinuierliche Backchannel-Aktivität* helfen, dem Lehrenden Rückmeldungen in Echtzeit zu geben und den Lernenden ermöglichen, ihr Feedback ständig erneuern zu können. Die *Ablenkung* ist dabei *auf ein Minimum zu reduzieren,* damit sowohl die Lehrenden als auch die Lernenden sich dem eigentlichen Unterricht widmen können und nicht der Bedienung des Systems. Damit verbunden ist auch die *Benutzerfreundlichkeit*, denn eine einfache Bedienung des Systems muss gewährleistet sein. Technisch sollte die *Systemarchitektur einfach gehalten sein*, damit auch hier größtmögliche Flexibilität und Erweiterbarkeit gegeben ist. *BYOD* (kurz für „Bring Your Own Device") ist essentieller Bestandteil der Gesamtkonzeption, d.h. die Endgeräte der Nutzer sind fixer Bestandteil des Konzepts. Die *Benutzeroberfläche soll universell verfügbar* sein, sodass beliebige Endgeräte ohne Änderungen des Interface benutzt werden können. Dann müssen die *Aktionen der Nutzer/innen sichtbar sein.* Auf Eingaben der Benutzer muss das System sichtbar reagieren, damit der Beitrag innerhalb der Community sichtbar wird (vgl. Schön et al., 2013). Schließlich soll *Mehrsprachigkeit* berücksichtigt werden.

Bei der Entwicklung wurden folgende drei Dimensionen für das Feedback festgelegt: die aktuelle Zufriedenheit bzw. Stimmung, zweitens die Verständlichkeit bzw. das Verständnis des aktuell Gesagten sowie drittens eine Einschätzung zur Geschwindigkeit des Vortrags. Diese heuristische Auswahl beruhte zum einen auf anderen Systemen (UnderstoodIt verwendet die Verständnis-Dimension, myTU die Vortragsgeschwindigkeit) sowie auch Gespräche mit Dozierenden, auf welche Art von Rückmeldung, wie sie beispielsweise in Evaluationsfragebögen erfasst werden, sie überhaupt während einer Vorlesung („spontan") reagieren können. Beispielsweise trifft das nicht auf eine Rückmeldung der Art „ist nicht gut vorbereitet" zu.

3.2 Technische Umsetzung

Der Prototyp wurde als responsive Webapplikation mit aktuellen Technologien umgesetzt. Die Verwendung von HTML5 ermöglicht es, ein breites Spektrum an verschiedensten Geräten (wie Smartphones, Tablets oder Notebooks) zu unterstützen. Der Vortragende kann den Prototyp über einen einfachen Webbrowser bedienen, da keine Installation von Software oder eine Registrierung notwendig ist. Mit einem Klick kann eine neue „Umfrage" angelegt werden, die für den Verlauf einer Vorlesungseinheit gilt. Mit einem eindeutigen fünfstelligen Identifikationscode können sich die Teilnehmer (das Publikum) anonym am System anmelden. Zur Nutzung des Systems wird lediglich ein Gerät mit Zugang zum Internet benötigt. Sobald sich die Teilnehmer/innen einmal angemeldet haben, können sie kontinuierlich Rückmeldung an den/die Vortragende(n) geben. Der/die Vortragende sieht in seinem Webbrowser in Echtzeit das gesammelte aktuelle Feedback seines Publikums. Dadurch soll die aktuelle Stimmung und das Verständnis des Publikums dargestellt werden, um als Vortragender unmittelbar darauf reagieren zu können.

3.3 Design

Das Design wird den Anforderungen entsprechend gewählt. Eine Anforderung ist Mehrsprachigkeit, diese wird speziell durch Einsatz von Symbolen und Bildern anstelle von Text erreicht (vgl. Abbildung 2 mit dem Display für das Publikum).

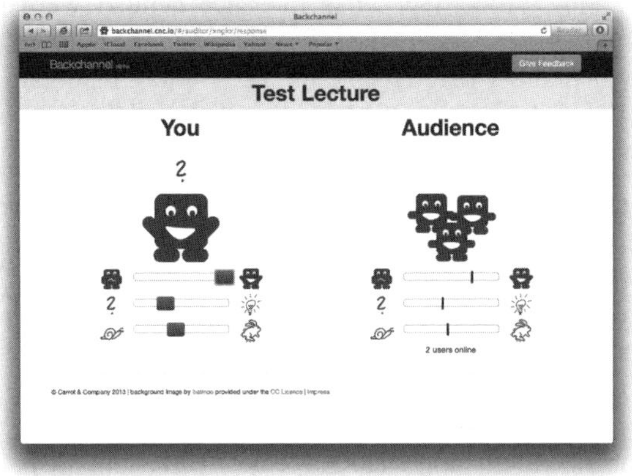

Abb. 2: Screenshot der Teilnehmeransicht des Backchannel-Prototypen

Auf der linken Seite in Abb. 2 sieht man die Eingabeansicht für die Teilnehmer/in. Hier kann mithilfe von drei Schiebereglern die aktuelle Befindlichkeit übermittelt werden. Die rechte Seite stellt das Gesamtbild aller Teilnehmer dar. Alle Änderungen werden in Echtzeit dargestellt. Die Rückmeldung der Teilnehmer erstreckt sich dabei auf drei gewählte Feedback-Dimensionen (Zufriedenheit, Verständnis, Vortragsgeschwindigkeit) die alle durch Symbole erklärt werden sollen. Die Feedbackwerte der drei Dimensionen ergeben die Mimik und Gestik des Avatars, der den jeweiligen Zustand darstellt (siehe Abb. 3).

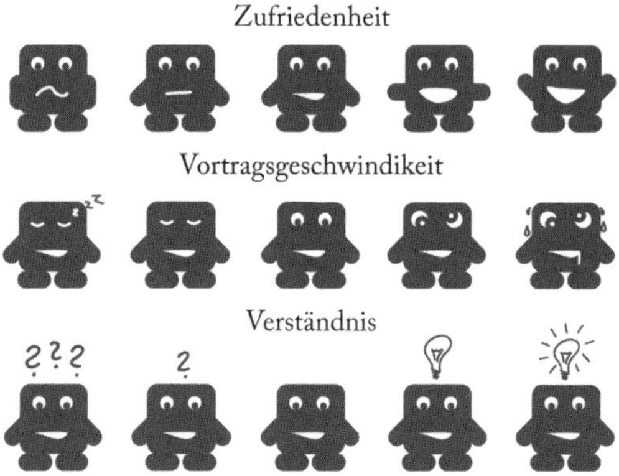

Abb. 3: Mimik- und Gestikverlauf des Avatars

Angezeigt werden jeweils die Durchschnittswerte (arithmetisches Mittel), da noch Erfahrungen mit den Veränderungen der Werte fehlten, um weitere Algorithmen zu entwerfen. Dazu galt es zunächst, Daten von einem ersten Einsatz zu erfassen.

4 Erster Einsatz im Massenlernraum

Der Prototyp wurde im Rahmen der Vorlesung „Gesellschaftliche Aspekte der Informationstechnologie“ an der Technischen Universität Graz im Sommer 2013 zur ersten Erprobung eingesetzt. Bei der angeführten ausgewerteten Veranstaltung waren 133 Studierende aus dem Fachbereich der Informatik anwesend. Das System wurde kurz vorgestellt, aber nicht ausführlich erklärt, da der Prototyp auch hinsichtlich Benutzerfreundlichkeit getestet werden sollte. Der fünfstellige Identifikationscode, der den Teilnehmern Zugang zum Prototypen gewährt, wurde an die Tafel geschrieben. Es wurde zudem erklärt, dass die Verwendung des Prototypen keinen Einfluss auf die Benotung hat und das Feedback zum Prototypen erwünscht ist.

5 Ergebnis: Erfahrungen beim Einsatz und Einbau eines Alterungsalgorithmus

Zunächst einmal war das allgemeine Interesse am System und die Beteiligung der Studierenden erfreulich hoch. An dem Testeinsatz nahmen 117 von den 133 Studierenden, d.h. 88% der Anwesenden, aktiv teil. Die Zählung erfolgte dabei über Browser-Cookies der jeweiligen Endgeräte.

Die genauere Analyse des Klickverhaltens der Studierenden zeigen die folgenden Auswertungen: In Abb. 4 sieht man die ungefilterten Daten für jede Feedback-Dimension dargestellt in Minutenintervallen. Das Diagramm zeigt den Schiebereglerwert über die Zeit von allen Dimensionen und von allen Benutzern.

Man sieht hier z.B. die Aktivitäten über die Zeit und den Ausfall des VPN-Zugangspunktes zwischen 17:10 und 17:12 Uhr, durch den kurzzeitig kein Internet im Hörsaal verfügbar war.

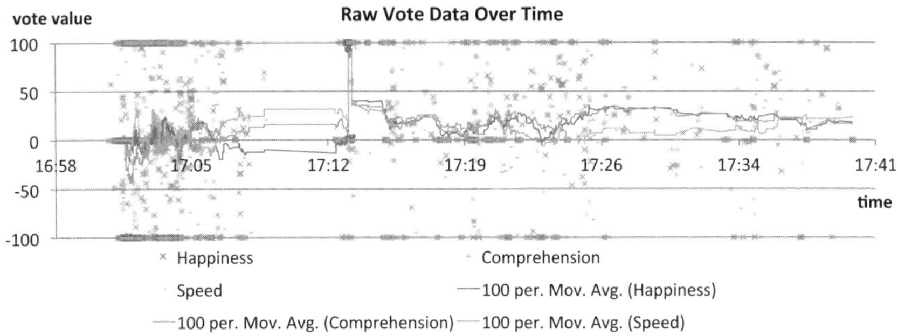

Abb. 4: Ungefiltertes Feedback aller drei Feedback-Dimensionen

Abb. 5 zeigt eine Auswertung des Durchschnitts aller Stimmen pro Dimension zu je einer Zeiteinheit (Minute). Erwartungsgemäß nimmt bei dieser Darstellung auch die Nivellierung zu, kurzfristigen Veränderungen bzw. expliziten Rückmeldungen fällt es zunehmend schwerer, sich durchzusetzen.

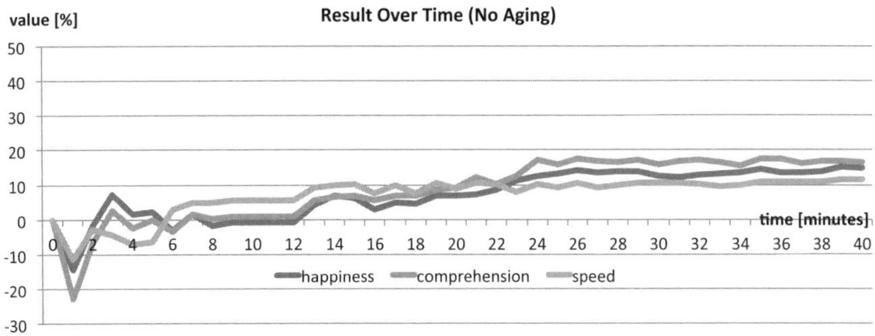

Abb. 5: Das arithmetische Mittel aller Rückmeldungen der drei Feedback-Dimensionen über die Zeit

Nachdem man aber davon ausgehen muss, dass sich Zustände über einen längeren Zeitraum hinweg verändern, wird angenommen, dass aktuelle Rückmeldungen mehr Gewicht haben sollen als Rückmeldungen, die bereits weiter in der Vergangenheit liegen, um die aktuelle Publikumsstimmung besser darzustellen. Es wurden dazu mit diesen ersten Daten verschiedene Alterungsalgorithmen getestet, um das gewünschte Resultat zu bekommen (vgl. Abb. 6)

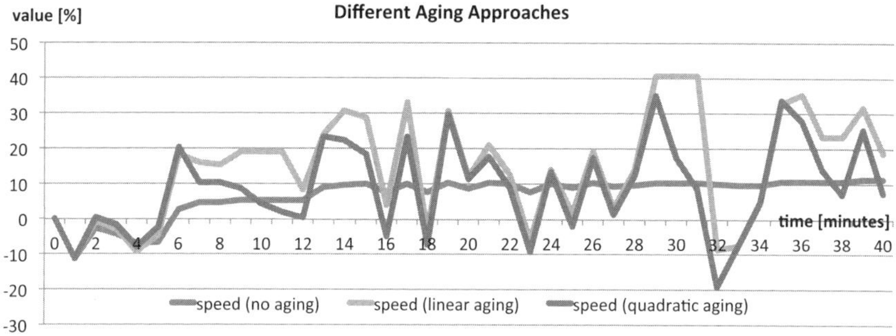

Abb. 6: Verschiedene Alterungsalgorithmen angewandt auf die Feedback-Dimension Geschwindigkeit

Als aussichtsreichster Ansatz erschien uns der quadratische Alterungsalgorithmus (rot; siehe Abb. 7). Dieser Alterungsalgorithmus auf die Daten angewandt hebt die aktuelleren Rückmeldungen in den Vordergrund und gibt so ein adäquateres Bild der aktuellen Stimmung im Publikum wieder.

$$aging\_factor(age) = \frac{1}{\left(\frac{1}{aging\_decay}\right)^{age}}$$

$$Result_{\%} = \frac{\sum_{i=1}^{n} vote\_value_i \times aging\_factor_{i,50\%}^2}{\sum_{i=1}^{n} auditor\_influence_i \times aging\_factor_{i,50\%}}$$

Abb. 7: Aging-Faktor und gewichtetes Ergebnis mit quadratischem Alterungsalgorithmus.

6 Weitere Erfahrungen

Das Tool wurde weiterhin bei Vorlesungen und Vorträgen eingesetzt, die bisherigen ergänzenden Erfahrungen wurden dabei jedoch nicht systematisch erfasst und ausgewertet. Allgemein sind technische Probleme gänzlich ausgeblieben, sowohl die Anzeige für die Lehrenden als auch für die Studierenden auf deren Endgeräten funktionierte reibungslos. Damit stand stets die Verwendung des Tools im Vordergrund und entspricht dem ubiquitären Einsatz, bei dem die Technik in den Hintergrund rückt, um den eigentlichen Prozess zu unterstützen. Bisher gab es auch eine relativ hohe Beteiligung der Studierenden bzw. Hörer/innen. Dies ist wohl einerseits einem gewissen Neuigkeitseffekt geschuldet, andererseits auch der intuitiven Benutzeroberfläche. Auch die unmittelbare Reaktion der Visualisierung nach einer erfolgten Eingabe wird positiv kommentiert. Dabei ist zu berücksichtigen, dass alle Teilnehmer/innen Studierende der Informatik bzw. E-Learning-Interessierte sind und tendenziell weniger Schwierigkeiten mit einem neuen System haben. Es zeigte sich, dass der Einsatz des Systems bislang noch nie zu Störungen beim eigentlichen Vortrag führte.

Auf Seiten der Lehrenden bzw. der Interpretation des Feedbacks liegt jedoch offensichtlich eine größere Herausforderung. Hier stellt sich beispielsweise die Frage, (ab) wann eine Reaktion auf die Rückmeldungen notwendig wird. Es sind hier Überlegungen anzustellen, ob und wo Grenzwerte eingetragen werden sollten, die den Lehrenden schnell visualisieren, wenn das Hin und Her der Rückmeldungen Grenzen überschreitet, die zu konkretem Handeln zwingen, beispielsweise eine Frequenz der Vorlesung zu wiederholen, etwas neu zu umschreiben, auf fortführende Literatur hinzuweisen oder auch die Vorlesung zu unterbrechen und die Studierenden nach dem aktuellen Problem zu fragen. Besonders herausfordernd ist die Interpretation des visualisierten Feedbacks, weil bei zwei Dimensionen positive Werte ideal sind, während bei der Dimension „Geschwindigkeit“ der mittlere Wert das Optimum darstellt. Gerade bei der „Geschwindigkeit“ ergibt sich auch ein Interpretationsspielraum, der bei der Konzeption nicht mitbedacht wurde: Geben die Studierenden eine Rückmeldung zur Sprechgeschwindigkeit, oder geben sie eine Rückmeldung auf die Geschwindigkeit des Vortrags? So stellte sich die Frage: Wenn ein/e Studierende/r den Regler in Richtung Schnecke schiebt, zeigt dies an, dass der Vortragende *langsamer werden soll*, oder wird dargestellt dass der Vortragende *zu langsam ist?* Diese zwei Annahmen sind konträr und der Standpunkt macht hier den Unterschied.

Gerade weil das Werkzeug eingesetzt wird, macht es natürlich eine Reaktion der Lehrenden notwendig, wenn Extremwerte erreicht werden. Das kann u.U. zu einer Unterbrechung der Veranstaltung und entsprechender Gespräche im Hörsaal führen. Aus unserer Sicht ist dies jedoch allgemein ein gewünschtes Ergebnis der Entwicklung und des Einsatzes des Systems: Dieses „Risiko“ einzugehen, ist eben auch der Zweck des Systems. Ambitionierte Lehrende sollen nicht erst durch kleiner werdende Hörerzahlen oder frustriert den Hörsaal verlassende Studierende und Gesamtevaluationen auf Probleme aufmerksam werden, sondern ggf. auch bereits vorher eingreifen können.

7 Zusammenfassung und Ausblick

In diesem Beitrag haben wir die Konzeption und Implementierung eines neuartigen Backchannel-Systems beschrieben. Das System ist für alle frei verfügbar und kann jederzeit eingesetzt werden (http://backchannel.cnc.io). Gleichzeitig hat unsere Darstellung gezeigt, dass weitere Erfahrungen und ein entsprechender Austausch dazu notwendig sind und auch von uns gewünscht werden. Darüberhinaus ist zu bedenken, dass gerade die didaktischen Auswirkungen des Werkzeugs auf den Verlauf von Vorträgen im Hörsaal noch weitestgehend offen sind. Hier sind zum einen Interpretationsspielräume beobachtbar, zum anderen Handlungsspielräume erst zu entdecken, um ein entsprechendes Methodenrepertoire für die Lehrenden gezielt zu entwickeln. Das könnten beispielsweise Handlungsempfehlungen sein, wenn eine Dimension (sehr) schlechte Werte erreicht. Auch ist der bisherige Prototyp, wenngleich einsatzfähig, eben noch ein vorläufiger im Hinblick auf die Wahl der Dimensionen. Es könnten hier gezielte parallele sozialwissenschaftliche bzw. pädagogische Überlegungen und Studien ausgeführt werden, die sich darauf konzentrieren, welche Dimensionen und Rückmeldungen allgemein für eine kurzfristige Veränderung in der Vorlesung taugen (entsprechende Untersuchungen konnten wir nicht finden). Auch der kombinierte Einsatz mit anderen Back- und Frontchannelsystemen ergibt weitere Fragen und Herausforderungen. Schließlich stellt das Werkzeug auch eine Interaktionsmöglichkeit bei gestreamten Lehrveranstaltungen dar, wo Rückmeldungen in Form von Haltung und Mimik der Hörer/innen nicht greifbar sind.

Literatur

Abrahamson, L. (2006). A Brief History of Networked Classrooms: Effects, Cases, Pedagogy, and Implications. In: David Banks (Ed.) *Audience Response Systems in Higher Education* (pp. 1–25). IGI Global.

Anderson, R. J., Anderson, R., Vandegrift, T., Wolfman, S. & Yasuhara, K. (2003). Promoting Interaction in Large Classes with Computer-Mediated Feedback. In: *Designing for Change in Networked Learning Environments*, Proceedings of CSCL 2003, Bergen, 119–123.

Atkinson, C. (2009). *The Backchannel: How Audiences are Using Twitter and Social Media and Changing Presentations Forever.* New Riders, S. 240.

Beck, K. & Andres, C. (2006). *Extreme Programming Explained: Embrace change.* Addison Wesley.

Bligh, D. A. (1971). *What's the Use of Lecturing?* Devon, England: Teaching Service Centre, University of Exeter.

Boardman, D. E. (1968). *The use of immediate response systems in junior college.* PhD thesis. University of California.

Datta, A. & Ottmann, T. (2001) Towards a Virtual University. *Journal of Universal Computer Science, 7*, 870–885.

Ebner, M. (2009). Introducing live microblogging: how single presentations can be enhanced by the mass. *Journal of research in innovative teaching*, 91–101.

Ebner, M. (2010). Interactive Lecturing by Integrating Mobile Devices and Microblogging in Higher Education. *Journal of Computing and Information Technology (eCIT),* Vol. 17, No. 4, December 2009, 371–381.

Froehlich, H. P. (1963). What about classroom Communicators? *Audiovisual communication review* 11.3, 19–26.

Gehlen-Baum, V., Pohl, A. & Bry, F. (2011). Assessing Backstage – A Backchannel for Collaborative Learning in Large Classes. A Formative Study on its Usability and Influence on Students' Questioning. In: *Interactive Collaborative Learning (ICL).* September 2011, 154–160.

Gleason, M. (1986). Better communication in large courses. *College Teaching, 34* (1), 20–24.

Haintz, C. (2013). *Quantitative Digital Backchannel: Developing a Web-Based Audience Response System for Measuring Audience Perception in Large Lectures.* Master's Thesis, Graz University of Technology.

Haintz, C., Pichler, K. & Ebner, M. (2014). Developing a Web-Based Question-Driven Audience Response System Supporting BYOD. *Journal of Universal Computer Science (J.UCS).* Special Issue on Interaction in Massive Courses. 20(1), 39–56.

Purgarthofer, P. & Reinthaler, W. (2008). Exploring the „Massive Multiplayer E-Learning" Concept. *Proceeding of 20th ED-Media Conference,* AACE, 2015–2023.

Ratto, M., Shapiro, R. B., Truong, T. M. & Grisworld, W. G. (2003). The ActiveClass project: Experiments in encouraging classroom participation. *Computer Support for Collaborative Learning* (S. 477–486). Amsterdam: Kluwer.

Schön, S., Ebner, M., Rothe, H., Steinmann, R. & Wenger, F. (2013). *Macht mit im Web! Anreizsysteme zur Unterstützung von Aktivitäten bei Community- und Content-Plattformen.* Band 6 der Reihe „Social Media". Salzburg: Salzburg Research.

Smith, B. (2001). Just give us the right answer. In: H. Edwards, B. Smith & G. Webbs (Ed.), *Lecturing. Case studies, experience and practice* (pp. 123–129). London: Taylor & Francis.

Yardi, S. (2006). The role of the backchannel in collaborative learning environments. *International Conference on Learning Sciences*, October 2004, 852–858.

Jasmin Leber, Irene T. Skuballa

Lernräume adaptiv gestalten

Ein blickbewegungsbasierter Ansatz

Zusammenfassung

Beim Lernen mit Multimedia werden Lernende mit einer Vielzahl an Informationen in unterschiedlichen Darbietungsformaten konfrontiert, die zur Konstruktion eines elaborierten mentalen Modells zusammengeführt und miteinander verbunden werden müssen. Auf Grund individueller Lernvoraussetzungen stellt diese Aufgabe Lernende vor unterschiedliche Herausforderungen. Hier sollten den Lernenden passend zu ihren Lernvoraussetzungen Unterstützungsmaßnahmen angeboten werden. Im Folgenden wird das Konzept für ein adaptives multimediales Lernsystem vorgestellt, in welchem Blickbewegungsparameter zur adaptiven Anpassung eines multimedialen Lernraums an die Voraussetzungen des Lernenden eingesetzt werden.

1 Adaptive multimediale Lernsysteme

Multimediale Lernumgebungen zeichnen sich durch die Darstellung von Repräsentationen unterschiedlicher Formate aus. Der Grundannahme des Multimedialernens folgend lernen Menschen aus Text und Bild (multiple Repräsentationen) besser als aus Text allein (Mayer, 2009). Die Integration von Informationen aus unterschiedlichen Formaten ermöglicht den Lernenden, ein elaboriertes mentales Modell über den zu erlernenden Sachverhalt zu konstruieren, welches „Verstehen“ konstituiert und Transfer erlaubt (z.B. Mayer, 2009; Schnotz & Bannert, 2003). Dazu müssen die unterschiedlichen Informationsquellen und Repräsentationen mental zueinander in Verbindung gebracht werden, was Lernenden aber vielfach Schwierigkeiten bereitet (z.B. Ainsworth, 2006; Cierniak, Scheiter & Gerjets, 2009). Daher ist zur Förderung des Lernerfolgs entsprechende Unterstützung bei der Integration der Informationen erforderlich (z.B. Kombartzky, Plötzner, Schlag & Metz, 2010). Eine Förderungsmaßnahme kann entweder „post-hoc“ nach dem Lerngeschehen Lerndefizite identifizieren und die Misskonzepte korrigieren oder aber schon während des Wissenserwerbs „online“ intervenieren. Dieser Beitrag widmet sich der zweiten Variante, nämlich der Lernförderung durch adaptive Lernsysteme im Lernverlauf.

Adaptivität in computergestützten Lernumgebungen kann als die Anpassung eines „intelligenten“ Systems an die Bedürfnisse von Lernenden verstanden werden. Shute und Zapata-Rivera (2008) stellen einen solchen adaptiven Zyklus in einem Vier-Phasen-Modell vor, der den Prozess der Adaptivität basierend auf der Interaktion eines Lernenden mit einem Computersystem beschreibt (Abbildung 1). Dieser Zyklus besteht aus vier Komponenten: Erfassung, Analyse, Auswahl und Präsentation.

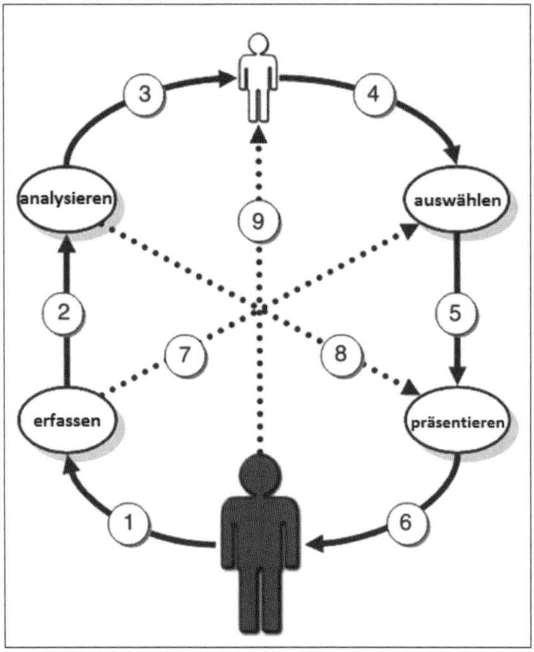

Abb. 1: Zyklus eines adaptiven Systems in Anlehnung an Shute und Zapata-Rivera (2008, S. 281)

In einem ersten Schritt erfasst das System Daten über den Lernenden, während dieser in einem multimedialen Lernraum mit dem Computer interagiert. Beispielsweise könnte das System Tippverhalten, Blickbewegungen oder die Hautleitfähigkeit aufzeichnen. Diese Informationen bilden die Grundlage für das im Folgenden entstehende Lernermodell. Die Datenerfassung findet während des gesamten Lernprozesses statt und dient dazu, das Modell über den Lernenden zu aktualisieren. Im zweiten Schritt werden die gewonnenen Daten einer Analyse unterzogen, um ein erstes Lernermodell zu erstellen, das auf den inhaltsspezifischen Informationen der Lernumgebung beruht. Im Idealfall gibt das Lernermodell den vollständigen Wissensstand sowie die damit verbundenen Lerndefizite des Lernenden an. Diese Informationen können genutzt werden, um über die Notwendigkeit und Art einer Intervention zu entscheiden. Daher werden im dritten Schritt die intervenierenden Maßnahmen bestimmt. Diese können einen Hinweis, Prompt oder/und eine Erklärung beinhalten. Die hier stattfindende Auswahl der adäquaten Maßnahme macht das Kernstück eines adaptiven Systems aus. Die Angemessenheit der Auswahl wird über vordefinierte Entscheidungsregeln und Schwellenwerte bestimmt, die wiederum im weiteren Lernverlauf dynamisch aktualisiert werden können. Der finale Schritt beschäftigt sich lediglich mit der Präsentation der ausgesuchten adaptiven Interventionsmaßnahme.

Das beschriebene Modell hat zunächst einen linearen Verlauf, jedoch sind Rücksprünge und regressive Analysen im weiteren Verlauf unvermeidbar, um mit den Entwicklungen des Lernenden Schritt zu halten. Ist das anfängliche Modell eher grob und unspezifisch, so wird es mit der Zeit facettenreicher und genauer. Das Lernermodell ist somit kein statisches, sondern vielmehr ein dynamisches, sich selbst aktualisierendes Spiegelbild des Lernenden. Nachfolgend wird auf die Bedeutung von Blickbewegungen zur Erfassung von Lernenden-Daten sowie auf Rapid Assessment Tasks zur Identifikation und Analyse von Lerndefiziten und Prompts als Unterstützungsmaßnahmen in adaptiven Lernsystemen eingegangen.

1.1 Bedeutung von Blickbewegungen in adaptiven multimedialen Lernsystemen

Die Integration unterschiedlicher Repräsentationsformen und verschiedener Informationsquellen in multimedialen Lernumgebungen ist für viele Lernende schwierig (z.B. Ainsworth, 2006; Cierniak, Scheiter & Gerjets, 2009). Um bereits im Lernverlauf korrigierend eingreifen zu können – bevor sich falsche Konzepte festigen – müssen Informationen über die Prozesse gewonnen werden, die Lernende zur Integration der Informationen in einer multimedialen Lernumgebung nutzen.

Der Einsatz von Eye-Tracking ist für die Untersuchung multimedialer Lernsysteme besonders geeignet. Die Entwicklung valider und reliabler Messinstrumente erlaubt hierbei die Nutzung von Blickbewegungen, welche nicht nur als Indikator für visuelle Aufmerksamkeitsallokationen genutzt werden können (D'Mello, Olney, Williams & Hays, 2012; Conati & Merten, 2007). Blickbewegungen der Lernenden geben Aufschluss darüber, welchen Informationsquellen für wie lange Aufmerksamkeit geschenkt wird, wann Lernende dies tun und in welcher Reihenfolge sie diese betrachten. Diese Angaben können genutzt werden, um Wahrnehmungs- und Verarbeitungsprozesse sichtbar zu machen und die verwendeten multimedialen Lernmaterialien zu optimie-

Abb. 2: Aufbau eines Eyetracking-Experiments mit multimedialer Lernumgebung und Eyetracker (li.) und Versuchsleitungsplatz (re.)

ren (Van Gog & Scheiter, 2010). Weiter liefern Blickbewegungsdaten hilfreiche Informationen zur Erklärung bekannter Effekte, wie sie beispielsweise aus der Cognitive Load Theory (Sweller, Ayres & Kalyuga, 2011) für das Lernen mit Multimedia abgeleitet werden können (z.B. Modality Effect, Split Attention Effect; Van Gog & Scheiter, 2010).

Vor dem Hintergrund bisheriger Befunde aus der Blickbewegungsforschung können Lernsysteme entwickelt werden, die Blickbewegungen bereits im Lernverlauf erfassen und direkt analysieren. Auf diese Weise können schwierige Lernsituationen sofort aufgedeckt werden, um ein unmittelbares Eingreifen zu ermöglichen. Conati und Merten (2007) zum Beispiel konnten zeigen, dass die Aufzeichnung von Online-Blickbewegungen half, ein präziseres mentales Modell von Lernenden zu zeichnen. Zudem geben Blickbewegungen Hinweise auf den motivationalen Zustand von Lernenden (D'Mello et al., 2012).

In den vergangenen Jahren konnten einige Blickbewegungsindikatoren identifiziert werden, die Aufschluss über Lernprozesse erlauben. So werden Wechsel zwischen Text und Bild als Integration von Text- und Bildinformationen interpretiert (Mason, Pluchino, Tornatora & Ariasi, 2013): Die Anzahl von Wechseln ist mit einem höheren Lernerfolg assoziiert. Ergänzend kann die Länge dieser Wechsel (auch Sakkaden genannt) Aufschluss darüber geben, ob Personen Informationen eher auf lokaler oder globaler Ebene integrieren (Jian, Wu & Su, 2014). Längere Sprünge zurück im Material, sogenannte Regressionen, können als intensive Verarbeitung bis hin zu Verständnisschwierigkeiten interpretiert werden (Hyönä, Radach & Deubel, 2003). Weiter kann zwischen Blickbewegungen erster und zweiter Instanz unterschieden werden (Hyönä et al., 2003). Blickbewegungen erster Instanz beziehen sich auf die erste visuelle Betrachtung des Materials, wogegen Blickbewegungen zweiter Instanz sich auf alle darauf folgenden Re-Inspektionen beziehen. Während den Blickbewegungen erster Instanz Enkodierungs- und Selektionsprozesse zugeschrieben werden, beschäftigen sich Blickbewegungen zweiter Instanz mit Organisations- und Integrationsprozessen. Insgesamt kann die bisherige Befundlage zu Blickbewegungen als vielversprechend bewertet werden. Diese Erkenntnisse können genutzt werden, um spezifische Prompts (vgl. Kap. 1.3) einzusetzen, welche die Aufmerksamkeit der Lernenden neu ausrichten und schließlich den Lernerfolg fördern.

Neben Blickbewegungsdaten könnte das erste Modell eines Lernenden durch weitere personenspezifische Daten ergänzt werden. Shute und Towle (2003) plädieren in diesem Zusammenhang für die Inklusion von Vorwissen, kognitiven Fähigkeiten und Interesse, um ein präziseres Lernermodell zu konstruieren. Die Aufnahme dieser Variablen gibt Auskunft über die Lernvoraussetzungen, mit denen das Individuum in die Lernsituation eintritt. Es wird davon ausgegangen, dass eine optimale Adaptivität stets die Interaktion dieser Variablen mit den Lernanforderungen berücksichtigen sollte. Die Bedeutung dieser Variablen soll am Beispiel der Gedächtniskapazität demonstriert werden. Die individuelle Gedächtniskapazität ist positiv mit dem Verständnis von multimedialen Aufgaben assoziiert (Pazzaglia, Toso & Cacciamani, 2007); sie steht jedoch negativ im Zusammenhang mit der Fähigkeit Distraktoren im Lernverlauf auszublenden (Sanchez & Wiley, 2006). Weiterhin konnte belegt werden, dass Lernende mit niedriger Gedächtniskapazität von eher invasiven Interventionen profitieren können, wogegen dieselben Maßnahmen bei Lernenden mit hoher Gedächtniskapazität eher lernhinderlich sein können (Skuballa, Schwonke & Renkl, 2012). Folglich könnte die Gedächtniskapazität im Vorfeld bestimmt werden, um bei der Interpretation von Blickbewegungen herangezogen zu werden und die Auswahl geeigneter Interventionsmaßnahmen, wie zum Beispiel Prompts, zu erleichtern.

1.2 Identifikation von Lerndefiziten in einem adaptiven multimedialen Lernsystem

Ein adaptives Lernsystem sollte Verständnis- und Wissenslücken frühzeitig aufdecken und auf den Lernenden zugeschnittene Fördermaßnahmen darbieten, um eben diese Defizite zu schließen (Kopp, Britt, Millis & Graesser, 2012). Mit Bezug auf das Vier-Phasen-Modell von Shute und Zapata-Rivera (2008; 2012) stellt sich die Frage, wie festgestellt werden kann, ob Lernende Wissensdefizite aufweisen. Kurze in die Lernumgebung eingestreute Bestandsaufnahmen des Wissensstatus könnten helfen, Weichen für weitere Datenanalysen und somit auch Interventionen zu stellen. Eine solche Abfrage sollte möglichst bescheiden sein und den Lernprozess wenig stören. Für diesen Zweck haben sich Rapid Assessment Tasks (RATs) als geeignete Technik bewährt (Kalyuga, 2006a; 2006b). RATs sind kurze in die Lernumgebung eingestreute Fragen, welche die aktuelle kognitive Architektur des Lernenden erfassen sollen. Diese Fragen können im offenen oder im Multiple-Choice-Format präsentiert werden. Eine besondere Form des Multiple-Choice-Formats sind sogenannte Verifikationsaufgaben, die Lernende dazu auffordern, auf den Lerninhalt abgestimmte Aussagen als richtig oder falsch zu beurteilen. Unzutreffend bearbeitete Fragen geben Aufschluss über Wissenslücken und können genutzt werden, um die Art der Intervention zu bestimmen. Dieses Verfahren kann als zeitsparend und nichtreaktiv beurteilt werden (Rübel, 2011).

1.3 Bedeutung von Prompts in einem adaptiven multimedialen Lernsystem

Unter den vielfältigen Interventionsmaßnahmen zur Behebung von Lernproblemen konzentriert sich dieser Beitrag auf die Darbietung von Prompts während der Wissensaneignung. Als Prompts werden Strategieaktivatoren in Form von Hinweisen oder Fragen bezeichnet, durch welche die Lernenden zur Verwendung passender Strategien angeregt werden sollen (Reigeluth & Stein, 1983). Diese Art der instruktionalen Unterstützung ist besonders hilfreich, wenn Lernende nicht in der Lage sind, die gewünschten Lernaktivitäten spontan zu zeigen.

In zahlreichen Untersuchungen (z.B. Graesser, Jeon & Dufty, 2008; Nückles, Hübner, Dümer & Renkl, 2010) konnte die Effektivität von Prompts nachgewiesen werden. Prompts wurden hierbei vorwiegend eingesetzt, um Lernprozesse oder die Verwendung von Lernstrategien zu unterstützen. Darüber hinaus kann Prompting aber auch eingesetzt werden, um spezifische Wissenslücken von Lernenden zu schließen. Die Herausforderung dieses Vorgehens besteht in der angemessenen Balance zwischen Über- und Unter-Prompting. Wenn Grenzwerte für die Auslösung von unterstützenden Hilfemaßnahmen gesetzt werden, müssen Designer entscheiden, welche Fehlerart weniger wiegt: falsch negative Diagnose, die zu Über-Prompting, oder falsch positive Diagnose, die zu Unter-Prompting führen kann. Im Kern dieser Entscheidung steht die Aufgabe, die Wahrscheinlichkeit für wahre positive und wahre negative Diagnosen durch Ausschöpfung von Informationen über den Lernenden und seine Charakteristika zu erhöhen (Conati & Merten, 2007). Gleichzeitig sollte das Regelwerk, welches der Auslösung von adaptiven Interventionen zugrunde liegt, ökonomisch sein und somit nur relevante und bedeutungshaltige Informationen in die Analysen einbeziehen.

Einhergehend mit der eingangs beschriebenen Modifikation des Lernermodells im Lernverlauf kann sich auch die Relevanz der Variablen, die der Lernende in die Situation mitbringt, verändern. Es ist daher durchaus vorstellbar, dass Variablen wie Vorwissen und Interesse die ersten Zyklen des adaptiven Systems maßgeblich mitbestimmen, jedoch im weiteren Verlauf an Bedeutung verlieren und von neuen Geschehnissen, wie zum Beispiel aktuellen Wissenserkenntnissen abgelöst werden. Aus dieser Sicht scheint die Forderung nach einer in Echtzeit arbeitenden Lernumgebung, die sich dynamisch an die gegenwärtigen Lernzustände anpasst, plausibel und erstrebenswert. Ein erstes Modell für ein solches adaptiv agierendes multimediales Lernsystem, welches die beschriebenen Elemente Blickbewegungen, Rapid Assessment Tasks und Prompting miteinander vereint, wird im nachfolgenden Kapitel vorgestellt.

2 Adaptives Prompting basierend auf Blickbewegungen

2.1 Vorstellung eines Modells für ein adaptives multimediales Lernsystem

Aufbauend auf den beschriebenen theoretischen Annahmen wurde eine multimediale Lernumgebung entwickelt, in welcher ausgehend von einem Lernermodell adaptive Lernhilfen angeboten werden. In Anlehnung an das Vier-Phasen-Modell von Shute und Zapata-Rivera (2008) werden die Blickbewegungen eines Lernenden via Eyetracker erfasst und online analysiert. Werden bei dieser Analyse Ausprägungen von Blickbewegungsmustern erkannt, die auf eine potentielle Wissenslücke hinweisen, führt dies zur Auswahl einer spezifischen Verifikationsaufgabe, um das Vorhandensein der Wissenslücke zu verifizieren oder zu falsifizieren. Wird die vermutete Wissenslücke mittels Rapid Assessment Task verifiziert, wird ein passender Prompt präsentiert, welcher das Schließen der Wissenslücke unterstützen soll.

Basierend auf der frei verfügbaren Online-Lernplattform ILIAS (**I**ntegriertes **L**ern-, **I**nformations- und **A**rbeitskooperations-**S**ystem) wurde eine multimediale Lernumgebung zum Thema Strategisches Management entwickelt. Dem Lernenden werden mehrere Lerneinheiten präsentiert, die jeweils aus einer Kombination von Text und Bild oder nur aus einem Textabschnitt bestehen. Auf auditiv präsentierte Inhalte wird verzichtet. Die Online-Lernplattform ILIAS wurde dahingehend erweitert, dass die Blickbewegungen eines Lerners während der Arbeit mit einer Lerneinheit online aufgezeichnet und direkt analysiert werden können (Wassermann, Hardt & Zimmermann, 2012). Die Blickbewegungen werden umgehend verarbeitet, um die Lernumgebung adap-

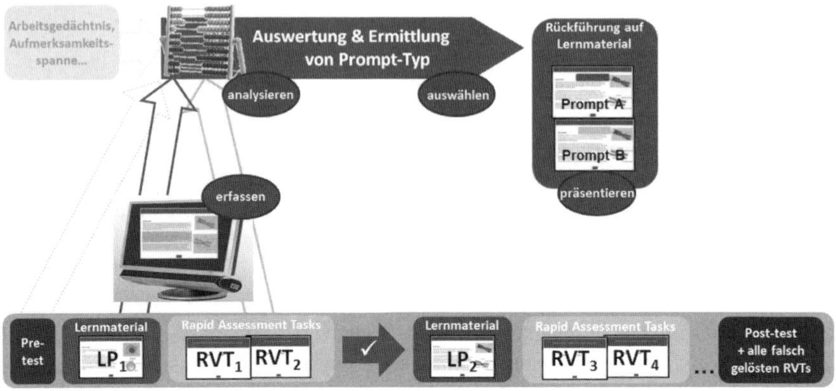

Abb. 3: Schematische Darstellung der adaptiven Lernumgebung

tiv an den Lernenden anpassen zu können. Dafür werden die bereits beschriebenen Blickbewegungsindikatoren genutzt, welche als aufschlussreich hinsichtlich des Lernprozesses identifiziert werden konnten (z.B. Blickdauer und Anzahl an Fixationen, Jarodzka, Balslev, Holmqvist, Nyström, Scheiter, Gerjets & Eika, 2012).

Zur Generierung des Lernermodells und zur Online-Diagnostik von Wissenslücken werden zunächst fest platzierte Verifikationsaufgaben (siehe RATs) verwendet. Diese RATs beziehen sich auf die Inhalte der jeweiligen Lerneinheit, sodass zu deren Beantwortung sowohl Informationen aus dem Text als auch aus vorhandenen Bildern notwendig sein können. Bei falscher Beantwortung eines RATs wird ein Prompt ausgelöst, wobei zwei Varianten von Prompts eingesetzt werden. Die falsche Beantwortung einer Aufgabe, die auf fehlendes deklaratives Wissen verweist (Restudy-Fragen), führt zur Auslösung eines Prompts mit optischer Unterstützung durch das Hervorheben relevanter Textpassagen und gegebenenfalls dazu gehörender Bilder in der Lernumgebung (Spotlight-Prompts, Abb. 4). Diese Prompt-Variante soll die lokale Verarbeitung der Informationen fördern. Ist die falsche Beantwortung der Verifikationsaufgabe auf fehlendes prozedurales Wissen zurückzuführen (Concept-Frage), wird ein Prompt ausgelöst, welcher dem Lernenden zusätzliche Informationen zur jeweiligen Thematik bietet und ihn dazu anregen soll, sich mit den entsprechenden Inhalten nochmals intensiv auseinanderzusetzen (Think-Prompts, Abb. 4). Diese Prompt-Variante soll die holistische Verarbeitung der präsentierten Inhalte anregen.

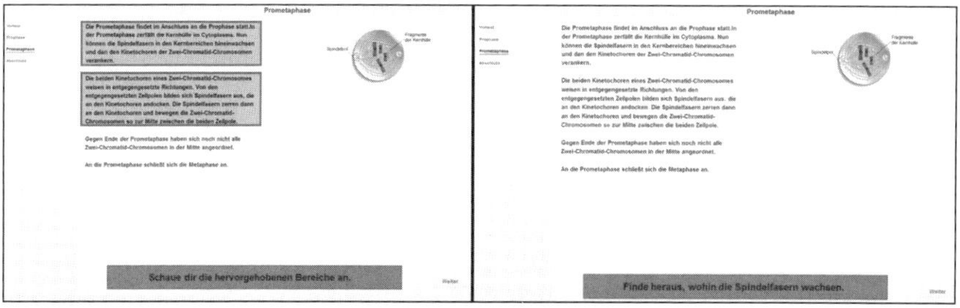

Abb. 4: Multimedia-Lernumgebung mit Spotlight-Prompt (li.) und Think-Prompt (re.)

Die Online-Diagnostik mittels fest platzierter Verifikationsaufgaben soll im ersten Schritt Blickbewegungsmuster aufdecken, die in Verbindung mit dem Lernprozess stehen. Hierzu wurde eine Voruntersuchung (N = 16) durchgeführt, um die Entscheidungsregeln und Schwellenwerte für das adaptive System zu bestimmen. Die Blickbewegungsparameter der Probanden (Blickdauer auf einen semantisch relevanten Bereich, Anzahl der Fixationen, Anzahl der Übergänge zwischen relevanten Bereichen) wurden in Abhängigkeit der Lösungsgüte der Rapid Assessment Tasks (richtig versus falsch) gesetzt. So wurde bestimmt, wie sich gute von schlechten Lösern hinsichtlich ihrer Blickbewegungen unterscheiden. Diese Angaben wiederum dienten als Referenz für die Schwellenwerte, wann ein RAT ausgelöst werden muss. Die falsche Beantwortung eines RATs führt dann zur Auslösung eines Prompts, wohingegen bei richtiger Beantwortung kein Prompt ausgelöst und die Lernphase direkt fortgeführt wird. Zudem wurde die Voruntersuchung genutzt, um das Lernmaterial, den Vorwissens- sowie den Lernerfolgstest zu prüfen. Auf diese Weise sollten eventuelle Boden- und Deckeneffekte aufgedeckt und vermieden werden.

In einem weiteren Schritt wird die Online-Diagnostik von Wissenslücken adaptiv umgesetzt. Hierzu werden die gefundenen Entscheidungsregeln und Schwellenwerte in die Lernumgebung integriert. Gegenwärtig wird im Rahmen einer ersten Hauptuntersuchung die Adaptivität des Systems auf Effektivität geprüft. Es werden insgesamt drei Bedingungen getestet und miteinander verglichen. In der ersten Bedingung erhalten Probanden Rapid Assessment Tasks, sobald ihre Blickbewegungen die in der Voruntersuchung bestimmten Schwellenwerte unter- bzw. überschreiten; Probanden in der zweiten Bedingung erhalten wie in der Voruntersuchung nach jeder Lerneinheit RATs und bei falscher Beantwortung Prompts – unabhängig von ihrem Blickverhalten; die letzte Bedingung dient als Kontrollgruppe. Die Probanden dieser Gruppe erhalten keinerlei RATs und Prompts. Insgesamt sollen ca. 100 Personen untersucht werden, die den drei Bedingungen randomisiert zugeteilt werden. Wir nehmen an, dass die adaptive Präsentation von Rapid Assessment Tasks basierend auf Blickbewegungsparametern der festen Präsentation von RATs überlegen ist, um

Wissenslücken zu identifizieren und deren Behebung zu unterstützen. Diese von uns angenommene Überlegenheit gilt es nun empirisch zu überprüfen.

2.2 Ausblick

Nach Abschluss der ersten Überprüfung der adaptiven Lernumgebung kann analysiert werden, ob die genutzten Blickbewegungsparameter weiter differenziert werden können und schließlich fein genug sind, um auf die Verifikation der angenommenen Wissenslücken mittels Rapid Assessment Tasks zu verzichten und ausschließlich ausgehend von Blickbewegungen unterstützende Prompts präsentieren zu können.

Hinsichtlich der Unterstützungsmaßnahmen wird weiter angenommen, dass Prompts, die von den Lernenden die Produktion eines externalen Produkts, zum Beispiel eines kurzen Textes, erfordern, hinsichtlich des Schließens von Wissenslücken effektiver sind, als Prompts, die ausschließlich mentale Prozesse anregen. Auch dies gilt es in weiteren Studien zu verifizieren.

Die Ausprägungen von Blickbewegungsparametern sind oftmals von wissensbezogenen Variablen abhängig, wie z.B. dem Vorwissen. So können kurze Fixationen eines relevanten Inhalts bei Lernern mit hohem Vorwissen bedeuten, dass die präsentierten Inhalte bereits bekannt sind, während dasselbe Verhalten bei Lernern mit geringem Vorwissen auf fehlende Aufmerksamkeit oder fehlende Verarbeitungstiefe hindeuten kann (D'Mello et al., 2012). In einem ganzheitlich gestalteten adaptiven multimedialen Lernsystem sollten in die Erstellung des Lernermodells, von welchem aus die adaptive Anpassung der Lernumgebung gesteuert wird, daher neben Blickbewegungen und RATs auch wissensbezogene Variablen einbezogen werden, um eine umfassende Online-Diagnostik und eine ideale Anpassung der Lernumgebung an die Individualität des Lernenden zu gewährleisten. Auch hier gibt es noch weiteren Entwicklungsbedarf.

Die Nutzung von Blickbewegungsdaten bringt auch einige Nachteile mit sich. Nicht von allen Lernenden können die Blickbewegungen in derselben Güte aufgezeichnet werden. So können zum Beispiel ein dichter Wimpernkranz oder unterschiedliche Brillenmodelle die Erfassung der Blickbewegungen beeinträchtigen. Zudem erschwert der Einbezug von Blickbewegungsdaten die flexible Nutzung des entwickelten adaptiven multimedialen Lernsystems, da es nur an einem Arbeitsplatz verwendet werden kann, der mit einem Eyetracker ausgestattet ist. Diese sind meist nur im forschungsbezogenen Kontext und dann auch nur in geringer Anzahl vorhanden, sodass das Lernen im Einzelsetting stattfindet. Das wiederum nimmt der Lernsituation ihren natürlichen Charakter. Aktuelle technologische Entwicklungen weisen darauf hin, dass diese Eingrenzung in Zukunft durch flexibel einsetzbare Eyetracker aufgelöst werden kann. Um den heutigen Anforderungen Lernender gerecht zu werden und ein solches adaptives Lernsystem einer größeren Menge an Lernenden zugänglich zu machen, soll zukünftig daher auch dessen Umsetzung auf mobilen Geräten getestet werden.

Literatur

Ainsworth, S. (2006). DeFT: A conceptual framework for considering learning with multiple representations. *Learning and Instruction, 16*, 183–198. doi:10.1016/j.learninstruc.2006.03.001.

Cierniak, G., Scheiter, K. & Gerjets, P. (2009). Explaining the split-attention effect: is the reduction of extraneous cognitive load accompanied by an increase in germane cognitive load? *Including the Special Issue: State of the Art Research into Cognitive Load Theory, 25*, 315–324. doi:10.1016/j.chb.2008.12.020.

Conati, C. & Merten, C. (2007). Eye-tracking for user modeling in exploratory learning environments: an empirical evaluation. *Knowledge-Based Systems, 20*, 557–574. doi:10.1016/j.knosys.2007.04.010.

D'Mello, S., Olney, A., Williams, C. & Hays, P. (2012). Gaze tutor: a gaze-reactive intelligent tutoring system. *International Journal of Human-Computer Studies, 70*, 377–398. doi:10.1016/j.ijhcs.2012.01.004.

Graesser, A. C., Jeon, M. & Dufty, D. (2008). Agent technologies designed to facilitate interactive knowledge construction. *Discourse Processes, 45*, 298–322. doi:10.1080/01638530802145395.

Hyönä, J. (2010). The use of eye movements in the study of multimedia learning. *Learning and Instruction, 20(2)*, 172–176. doi:10.1016/j.learninstruc.2009.02.013.

Hyönä, J., Radach, R. & Deubel, H. (Eds.). (2003). *The mind's eye: cognitive and applied aspects of eye movement research.* Amsterdam: Elsevier.

Jarodzka, H., Scheiter, K., Gerjets, P. & Van Gog, T. (2010). In the eyes of the beholder: how experts and novices interpret dynamic stimuli. *Learning and Instruction, 20(2),* 146–154. doi:10.1016/j.learninstruc.2009.02.019.

Jarodzka, H., Balslev, T., Holmqvist, K., Nyström, M., Scheiter, K., Gerjets, P. & Eika, B. (2012). Conveying clinical reasoning based on visual observation via eye-movement modelling examples. *Instructional Science, 40*, 813–827. doi:10.1007/s11251-012-9218-5.

Jian, Y.-C., Wu, C.-J. & Su, J.-H. (2014). Learners' eye movements during construction of mechanical kinematic representations from static diagrams. *Learning and Instruction, 32*, 51–62. doi:10.1016/j.learninstruc.2014.01.005.

Kalyuga, S. (2006a). Rapid assessment of learners' proficiency: a cognitive load approach. *Educational Psychologist, 26(6),* 735–749. doi:10.1080/01443410500342674.

Kalyuga, S. (2006b). Rapid cognitive assessment of learners' knowledge structures. *Learning and Instruction, 16*, 1–11. doi:10.1016/j.learninstruc.2005.12.002.

Kombartzky, U., Ploetzner, R., Schlag, S. & Metz, B. (2010). Developing and evaluating a strategy for learning from animations. *Learning and Instruction, 20*, 424–433. doi:10.1016/j.learninstruc.2009.05.002.

Kopp, K. J., Britt, M. A., Millis, K. & Graesser, A. C. (2012). Improving the efficiency of dialogue in tutoring. *Learning and Instruction, 22*, 320–330. doi:10.1016/j.learninstruc.2011.12.002.

Kriz, S. & Hegarty, M. (2007). Top-down and bottom-up influences on learning from animations. *International Journal of Human-Computer Studies, 65*, 911–930. doi:10.1016/j.ijhcs.2007.06.005.

Mason, L., Pluchino, P., Tornatora, M. C. & Ariasi, N. (2013). An eye-tracking study of learning from science text with concrete and abstract illustrations. *The Journal of Experimental Education, 81*, 356–384. doi:10.1080/00220973.2012.727885.

Mayer, R. E. (2009). *Multimedia learning* (2nd ed.). Cambridge: Cambridge University Press.

Nückles, M., Hübner, S., Dümer, S. & Renkl, A. (2010). Expertise reversal effects in writing-to-learn. *Instructional Science, 38*, 237–258. doi:10.1007/s11251-009-9106-9.

Pazzaglia, F., Toso, C. & Cacciamani, S. (2007). The specific involvement of verbal and visuospatial working memory in hypermedia learning. *British Journal of Educational Technology, 39*, 110–124. doi:10.1111/j.1467-8535.2007.00741.x.

Reigeluth, C. M. & Stein, F. S. (1983). The elaboration theory of instruction. In C. M. Reigeluth (Ed.), *Instructional Design Theories and Models: An Overview of Their Current Status* (S. 335–382). Hillsdale, NJ, USA: Erlbaum.

Rübel, N. (2010). *Rapid Assessment: Schnelle Online-Erfassung des Leistungsstands – Diagnostisches Verfahren oder auch lernförderliche Intervention?* (Unveröffentlichte Diplomarbeit). Freiburg: Institut für Psychologie der Universität Freiburg.

Sanchez, C. A. & Wiley, J. (2006). An examination of the seductive details effect in terms of working memory capacity. *Memory & Cognition, 34*, 344–355. doi:10.3758/BF03193412.

Schnotz, W. & Bannert, M. (2003). Construction and interference in learning from multiple representation. *External and Internal Representations in Multimedia Learning, 13*, 141–156. doi:10.1016/S0959-4752(02)00017-8.

Shute, V. & Towle, B. (2003). Adaptive e-learning. *Educational Psychologist, 38*, 105–114. doi:10.1207/S15326985EP3802_5.

Shute, V. J. & Zapata-Rivera, D. (2008). Adaptive technologies. In J. M. Spector, D. Merrill, J. van Merriënboer & M. Driscoll (Eds.), *Handbook of Research on Educational Communications and Technology (3rd Edition)* (pp. 277–294). New York, NY: Lawrence Erlbaum Associates, Taylor & Francis Group.

Shute, V. J. & Zapata-Rivera, D. (2012). Adaptive educational systems. In P. J. Durlach & A. M. Lesgold (Eds.), *Adaptive technologies for training and education* (pp. 7–27). Cambridge, New York: Cambridge University Press.

Skuballa, I. T., Schwonke, R. & Renkl, A. (2012). Learning from narrated animations with different support procedures: working memory capacity matters. *Applied Cognitive Psychology, 26*, 840–847. doi:10.1002/acp.2884.

Sweller, J., Ayres, P. L. & Kalyuga, S. (2011). *Cognitive load theory*. New York: Springer.

Van Gog, T. & Scheiter, K. (2010) Eye tracking as a tool to study and enhance multimedia learning. *Learning and Instruction, 20(2)*, 95–99. doi:10.1016/j.learninstruc.2009.02.009.

Wassermann, B., Hardt, A. & Zimmermann, G. (2012). *Generic gaze interaction events for web browsers: using the eye tracker as input device.* WWW2012 Workshop: Emerging Web Technologies, Facing the Future of Education. Paper online verfügbar: http://www2012.org/proceedings/nocompanion/EWFE 2012_006.pdf.

Grit Steuer, Rebecca Renatus, Jörn Pfanstiel, Ingo Keller, Franziska Uhlmann

Gestaltung eines individuellen Lernraums

Konzept eines ubiquitären Bildungs- und Informationssystems (Visionen & Konzepte)

Zusammenfassung

Die allgegenwärtige Verfügbarkeit von Information, welche vor allem durch die zunehmende Verbreitung sozialer Medien einen neuen Stellenwert erfährt, erfordert eine neue Lernkultur. Insbesondere der kompetente und effiziente Umgang mit der vorherrschenden Informationsvielfalt stellt für Lernende eine große Herausforderung dar. Das Forschungsprojekt SESAM möchte hier ansetzen und einen Lernraum entwickeln, der sich Lernenden individuell anpasst und sie bei der Wissensaneignung unterstützt.

1 Ausgangspunkt

Neue Informations- und Kommunikationstechnologien eröffnen Freiräume zum Lernen, indem sie Möglichkeiten schaffen und Motivationen wecken, um Lernwelten eigenverantwortlich zu entdecken (vgl. Mandl & Reinmann-Rothmeier, 2000). Eine zentrale Rolle spielt hierbei zum einen der Siegeszug der sozialen Medien. Mit ihnen hat sich das Internet von einem einseitigen Inhaltsangebot zu einem Mitmachweb entwickelt, das freie Kommunikation, Interaktion, soziales Feedback und Partizipation ermöglicht (vgl. Panke, Gaiser & Draheim, 2007). Zum anderen haben mobile und ubiquitäre Technologien (z.B. mobil verfügbares Internet, Sensoren) zu einer zunehmenden Auflösung der zeitlichen und räumlichen Restriktionen der Wissensaneignung geführt. Medial gestütztes Lernen kann nunmehr auch unterwegs und kontextangepasst erfolgen und erhält damit eine größere Authentizität und Alltagsnähe. Mit Blick auf die im Zuge der verstärkten Nutzereinbindung und gewonnenen Flexibilität gewachsenen Lernmöglichkeiten hat in den letzten Jahren insbesondere das Konzept der persönlichen Lernumgebungen (PLE) große Beachtung gefunden. Persönliche Lernumgebungen stellen Werkzeuge zum selbstorganisierten Lernen zur Verfügung und setzen damit explizit den Lernenden in den Mittelpunkt. Damit grenzen sie sich vom klassisch instruktionalen E-Learning ab. Unser interdisziplinäres Forschungsprojekt „Softwareentwicklung sozialer und allgegenwärtiger Medien“ (SESAM) knüpft an diese Entwicklung an. Ziel ist es, die unerschöpfliche Quelle an digitalen Informationen für eine breite Zielgruppe individuell effektiv nutzbar zu machen.

Digitale Informationsräume zeichnen sich heutzutage durch einen extrem hohen Grad an Komplexität aus. So ist eine wachsende Fülle an Inhalten in zunehmend unterschiedlichen Formen und Professionalitätsgraden über immer mehr Kanäle und Geräte verfügbar. Die wachsende Quantität und Vielfältigkeit an Informationsangeboten stellt den Nutzer vor zwei grundlegende Herausforderungen: erstens eine ausreichende Zahl an relevanten Informationen zu finden und zweitens deren Qualität zu beurteilen. Diese Aufgabe ist im zunehmend ubiquitären aber auch intransparenten Web grundsätzlich mit Unsicherheit verbunden, welche zu informationellen Pathologien wie Informationsüberlastung, Informationsangst, an der erstbesten Lösung ausgerichtete Informationssuche (sogenanntes „Satisficing“) oder gar Informationsablehnung führen kann (Bawden & Robinson, 2009). Das auf der Theorie der begrenzten Rationalität beruhende Prinzip des Satisficing zeigt sich sehr anschaulich in dem Webverhalten junger Internetnutzer. So konnte Agosto (2002) am Beispiel der Evaluation von Webseiten zeigen, dass junge Frauen bei Entscheidungsprozessen im Webkontext Strategien der Reduktion (z.B. Wiederkehren zu bekannten Seiten oder Nutzung von Indexkategorien) sowie Stopp-Regeln heranziehen, um eine schnelle Einschätzung treffen zu können. Erste qualitative Untersuchungen zum Online-Informationsverhalten verschiedener Altersgruppen machen zudem deutlich, dass sich das „Googeln“ als neue Form der Informationsaneignung etabliert hat, bei dem die schnelle und passgenaue Suche nach einzelnen Wissenselementen im Vordergrund steht. Eine kritische, tiefgründige Auseinandersetzung mit einzelnen Quellen und Zusammenhängen findet kaum mehr statt. Vielmehr hüpft der prototypische Nutzer schnellen Fußes durch das Internet, besucht ein bis maximal drei Seiten und filtert dort durch schnelles Querscannen die geforderten Informationshäppchen heraus (sogenanntes „Bouncing“ und „Skittering“, (Miller & Bartlett, 2012)). Um vor diesem Hintergrund eine effektive, selbstverantwortliche Informations- und Wissensaneignung zu ermöglichen, gilt es Werkzeuge zu entwickeln, die den Lernenden bei der reflektierten Auswahl und Überprüfung von Webinhalten unterstützen. Mit dem Ziel, einen authentischen Bildungsraum zu gestalten, der an aktuellen Nutzungsmustern ansetzt, verfolgt SESAM hierbei die Idee eines ubiquitären Bildungs- und Informationssystems (uBIS), das direkt an der Webinteraktion der Nutzer anknüpft.

2 Infrastruktur des Lernens

Kern unseres Konzepts eines ubiquitären Bildungs- und Informationssystems ist eine *semantische Wissensbasis*. Die in der Wissensbasis gespeicherten Informationen (Metadaten, Konzepte, persönliche Daten, etc.) speisen sich einerseits aus den vorhandenen semantischen Annotationen der vom System indizierten Webinhalte, andererseits aus Nutzungsdaten, die im Zuge der nutzerseitigen Interaktion mit dem System generiert werden. Hierbei kommen semantische Technologien aus dem Bereich des Linking Open Data zum Einsatz, die vor allem dazu dienen, externe Quellen um semantische Informationen anzureichern. Dies reicht von einfachen Metainformationen (z.B. Autor, Erstelldatum) bis hin zu Schlagworten, denen komplex verknüpfte Konzepte (domänenspezifische Informationen) zugrunde liegen. Der integrierte Ansatz von uBIS sieht zudem vor, die im Zuge der Interaktion mit dem System gewonnenen Nutzungsdaten für zusätzliche Annotationen der Webinhalte zu verwenden. Mit Rückgriff auf die in der Wissensbasis hinterlegten semantischen Daten, Konzepte und Modelle ist das System in der Lage, online verfügbare (Lern-)Inhalte passend zu den persönlichen Präferenzen des Nutzers bereitzustellen bzw. beliebige Webinhalte mit zusätzlichen, lernrelevanten Informationen anzureichern (siehe Abbildung 1).

Die Wissensbasis kann über definierte Schnittstellen von beliebigen Endgeräten (z.B. PC, Tablet, Smartphone) und Anwendungen bzw. Apps genutzt werden. Der im Rahmen von SESAM konzipierte *Lernbrowser* stellt hierbei nur eine Möglichkeit dar, wie eine Nutzerschnittstelle von uBIS gestaltet sein kann.

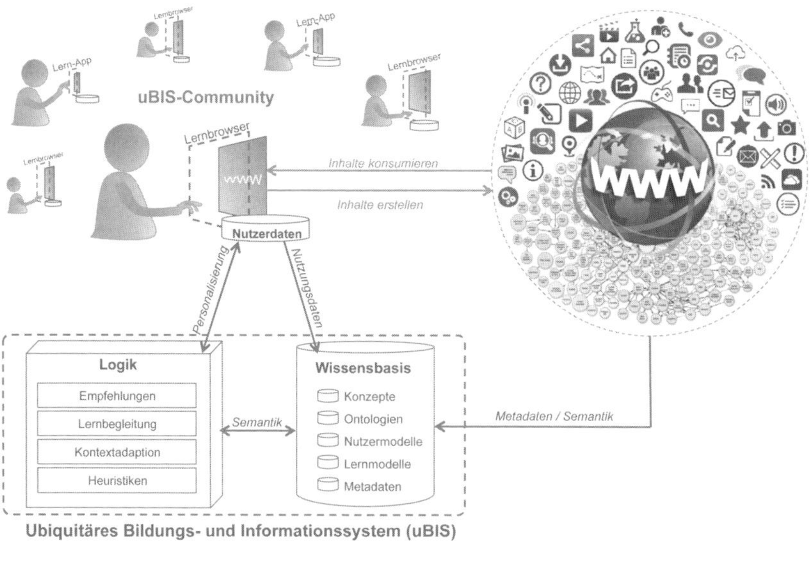

Abbildung 1: Konzept des ubiquitären Bildungs- und Informationssystems: Verknüpfung von Webinhalten und Nutzeraktivitäten über die semantische Wissensbasis und die Bereitstellung von Informationen über Lernbrowser oder mobile Lern-Apps

Der SESAM-Lernbrowser unterscheidet sich prinzipiell nicht von einem gewöhnlichen Web-Browser, vielmehr nutzt er das bekannte Konzept zur Exploration von Webinhalten, ergänzt dieses jedoch durch eine direkte Integration von speziellen Werkzeugen und Funktionalitäten, welche den Nutzer bei der Wissensaneignung unterstützen sollen. Die verschiedenen Funktionen des Lernbrowsers sind als Komponenten von uBIS definiert und dienen der Erfassung von Nutzeraktivitäten und der Sammlung semantischer Daten. Eine Übersicht der im Lernbrowser integrierten uBIS-Komponenten ist in Tabelle 1 dargestellt.

Tabelle 1: Übersicht der im Lernbrowser angelegten uBIS-Komponenten

uBIS-Komponente	**Funktion**
Lesezeichen	Persönliche Verwaltung relevanter Webseiten
Social Tagging	Kollaborative Erarbeitung von Themen
Notizbuch	Persönliche Verwaltung von Mitschriften und Gedanken
Bewertungssystem	Explizite (qualitative) Beurteilung von Webinhalten durch Nutzer und implizite Bewertung durch Tracking des Nutzungsverhaltens
Empfehlungen	Generierung personalisierter Vorschläge für passende Lerninhalte aus aggregierten Metadaten und individuellen Nutzungsdaten
Lernpfade/ Lernpfadeditor	Strukturierte Sammlung von Webinhalten zur angeleiteten Auseinandersetzung mit einem Thema
Lerngruppen	Informationsaustausch und kollaborative Erarbeitung von Inhalten innerhalb von Themen-Communities
Lernbegleiter	Proaktive Unterstützung des Nutzers durch einen pädagogischen Agenten
Suche	Suchfunktion, die die in der Wissensbasis hinterlegten Informationen in die Trefferliste einbezieht

3 Pädagogische Perspektiven

Im Gegensatz zu herkömmlichen persönlichen Lernumgebungen, die als eine eigenständige, aber isolierte Web-Plattform konzipiert sind, entwickelt das SESAM-Forschungsprojekt eine Lernumgebung, die sich zum Ziel erklärt, einen *individuellen Lernraum* zu schaffen, welcher die digitale Informationsvielfalt als Ganzes nutzbar macht. Mit Blick auf die ihm innewohnenden Bildungspotenziale zeichnet sich dieser individuelle Lernraum durch folgende Besonderheiten aus:

In dem ubiquitären Bildungs- und Informationssystem SESAM ist Lernen an keine zeitlichen und örtlichen Restriktionen gebunden. Die Auflösung dieser Grenzen von stationärer, computerbasierter Informationsaneignung ermöglicht einen *entgrenzten Lernraum* und ubiquitäres Lernen (vgl. Kirchhöfer, 2004). Aufgrund der in uBIS via Lernbrowser und mobiler Lernapp erreichten Verknüpfung von Wissensaneignung im stationären und mobilen Kontext kann Lernen immer, überall und kontextgebunden stattfinden.

Ein weiteres Bildungspotenzial birgt die Personalisierung der Lernumgebung. Sie holt Lernende direkt in ihren Nutzeraktivitäten ab und knüpft an ihren bisherigen Nutzungserfahrungen an, um somit das Auffinden von für das Lernen relevanten Informationen zu vereinfachen und effektiver zu gestalten. Anhand der Analyse des Gesamtprofils eines Lernenden und dessen im Web ausgeführter Lerninteraktionen werden Lerninhalte demnach dynamisch generiert. Das Lernen wird somit auf die Lernenden zugeschnitten, indem die spezifischen Bedürfnisse und das Vorwissen der Nutzer berücksichtigt werden. Dadurch, dass der Lernraum die Lernenden selbst ins Zentrum des Lernprozesses rückt, wird der Lernende zum Urheber seines selbstbestimmten Lernens und darüber hinaus eine Auseinandersetzung mit dem persönlichen Wissenserwerb erreicht (vgl. Hopkins, 2006).

Im Lernprozess unterstützend wirken möchte der Lernraum ebenso durch von uBIS zugefügte Zusatzinformationen zum individuellen Nutzungskontext. Durch die Annotation der Webinhalte mit Erklärungen von Fachbegriffen oder Zusammenhängen soll den Lernenden die Möglichkeit geboten werden, eventuelle Wissenslücken, welche die erfolgreiche Informationssuche nachweislich negativ beeinflussen (z.B. Fries, 2007), während der Webinteraktion direkt auszugleichen und die Qualität von Informationen besser einschätzen zu können. Die Annotationen umfassen ebenso Bewertungen, die von den Lernenden selbst über das Bewertungstool des Lernraums generiert werden und hinsichtlich der Entscheidung für oder gegen eine Information beeinflussend und reflexionsstiftend wirken können. Darüber hinaus ermöglicht das im Lernraum anwendbare Prinzip des Social Taggings den Lernenden, weiterführende Quellen zu einem Lerninhalt festzuhalten und mit anderen zu teilen.

Neben dem Austausch von Informationen räumt die von SESAM entwickelte Lernumgebung auch der Erstellung von Inhalten einen zentralen Stellenwert ein. Ausgehend von der Lehr-Lern-Konzeption *Learners as Designers* (Jonassen & Reeves, 1996) können Lernende als Lernpfad-Editoren selbst zu Produzenten digitaler Lehrmedien für andere Lernende werden. Hierbei können sie aus der gesamten inhaltlichen Bandbreite des Internets schöpfen und die jeweiligen Webinhalte so sammeln und strukturieren, dass andere Nutzer sie lernfördernd rezipieren können. Diese konstruktive Tätigkeit des Designens regt Lernende dazu an, sich aktiv mit den Lerninhalten auseinanderzusetzen (vgl. Reimann & Zumbach, 2001). Wiederum können andere Nutzer die Lernpfade als Rezipienten absolvieren und erhalten somit als eine Art Lernempfehlung einen

Überblick über die im Internet vorherrschenden Wissensinhalte zu einem Thema (vgl. Roth, 2004).

In der Gestaltung eines individuellen und entgrenzten Lernraums sieht die SESAM-Forschungsgruppe ein umfangreiches Potenzial an Möglichkeiten, das Lernen so intuitiv und alltagsnah wie möglich zu gestalten. Als personalisierte Lernumgebung holt das ubiquitäre Bildungs- und Informationssystem Lernende in ihren ohnehin genutzten internetbasierten Bildungsräumen ab, führt diese zusammen und begünstigt somit das Zusammenfließen der Wissensinhalte zu jeder Zeit und an jedem Ort. Lernende können systematisch auf das eigene Wissen und das Wissen anderer zugreifen, relevante Inhalte auswählen, reflektieren, in das eigene Wissen integrieren und dieses weiterentwickeln. Neben dieser Selbstorganisation des Lernens soll das ubiquitäre Bildungs- und Informationssystem mittels individueller und gemeinschaftlicher Erfahrungsprozesse ebenso die Verständnisbildung für das Funktionieren und die Qualität von Informationen anregen. Das Konzept sowie der darauf basierende, sich in der Entwicklungsphase befindende Demonstrator des hier vorgestellten ubiquitären Bildungs- und Informationssystems werden im Rahmen von qualitativen Studien derzeit evaluiert.

Literatur

Agosto, D. (2002). Bounded Rationality and Satisficing in Young People's Web-Based Decision Making. *Journal of the American Society for Information Science and Technology*, 53, 1, 16–27.

Bawden, D. & Robinson, L. (2009). The dark side of information: overload, anxiety and other paradoxes and pathologies. *Journal of Information Science*, 35, 2, 180–191.

Fries, R. (2007). *Suchverhalten im Internet. Studie über Suchstrategien im Web.* Saarbrücken: VDM Verlag Dr. Müller.

Hopkins, D. (2006). *Schooling for Tomorrow. Personalising Education.* Online verfügbar: http://actionlearning knox.wikispaces.com/file/view/Schooling%20for%20 Tomorrow%20_PersonalisingLearning.pdf/265742532/Schooling%20for%20 Tomorrow%20_PersonalisingLearning.pdf.

Jonassen, D. H. & Reeves, T. C. (1996). Learning with technology: Using computers as cognitive tools. In D. H. Jonassen (Ed.), *Handbook of research for educational communications and technology* (pp. 693–719). New York: MacMillan.

Kirchhöfer, D. (2004). Entgrenzung des Lernens – das soziale Umfeld als neues Lernfeld. In: R. Brödel & J. Kreimeyer, (Hrsg.), *Lebensbegleitendes Lernen als Kompetenzentwicklung* (103–122). Bielefeld: Bertelsmann.

Mandl, H. & Reinmann-Rothmeier, G. (2000). *Lernen mit neuen Medien.* Online verfügbar: http://computerphilologie.uni-muenchen.de/jg00/mandl.html.

Miller, C. & Bartlett, J. (2012). ‚Digital fluency': towards young people's critical use of the internet. *Journal of Information Literacy*, 6, 2, 35–55.

Panke, S., Gaiser, B. & Draheim, S. (2007). Weblogs als Lerninfrastrukturen zwischen Selbstorganisation und Didaktik. In: C. Schwarz & U. Dittler (Hrsg.), *Online-Communities als soziale Systeme* (S. 81–97). Münster: Waxmann.

Reimann, P. & Zumbach, J. (2001). Design, Diskurs und Reflexion als zentrale Elemente virtueller Seminare. In: F. Hesse & F. Friedrich (Hrsg.), *Partizipation und Interaktion im virtuellen Seminar* (S. 135–163). Münster: Waxmann.

Roth, J. (2004). *Lernpfade – Ein gangbarer Weg zur sinnvollen Nutzung digitaler Werkzeuge im Mathematikunterricht?!* Online verfügbar: http://www.dms.uni-landau.de/roth/veroeffentlichungen/2013/roth_lernpfade.pdf.

Yasemin Gülbahar, Christian Rapp, Jennifer Erlemann

Social Media Toolkit

Supporting Instructors to Create Social and Unbound Learning Spaces in Higher Education (Hands-on Session)

Abstract

In an ongoing EU FP7 Era.NET RUS project,[1] utilizing a mixed-method approach (interviews/focus group (n=145) in four countries; online teaching style survey), we, among others, researched how instructors and students in higher education (HE) use social media (SoMe) for teaching, learning, and research. We revealed potential benefits of SoMe usage by instructors in HE classrooms. However, although many instructors are open-minded about applying SoMe in their teaching contexts, they often face difficulties when deciding how to integrate it in their instructional designs. Therefore, we developed a SoMe toolkit that will (a) assess the instructor's teaching scenario by asking four questions, (b) suggest the best matching SoMe class by utilizing an algorithm based on pedagogical principles, and (c) provide instructional tips for the instructor on how to integrate the suggested SoMe class in his or her teaching. The pedagogical framework of the toolkit will be presented in detail in this paper. At the conference, you will be able to test the toolkit's functions, see the users' data entry visualized in nearly real time, and have the opportunity to give feedback and discuss.

1 Introduction

The use of SoMe has been gaining popularity in recent years. Although instructors realize possible educational gains from using it in an educational context, a detailed literature review and current research findings (a complementary research project focusing on determining and evaluating measures that can assist in using SoMe media for teaching and learning purposes has been recently started by Gruzd et al. (2013)) of this project have revealed that only a small number of instructors are aware of the potential educational benefits of SoMe use in the classroom. Similarly, although most students use SoMe in their daily lives, they are often not used to or are sometimes against the idea of using these social environments for instructional purposes (for more information about students' (social) media literacy at Zurich University of Applied Sciences (zhaw),

1 Social Media as Catalyser for Cross-National Learning (SoMeCat) (www.somecat.org).

see data collected (n=928) by Lim (2013)). However, it is also obvious that, when used properly, SoMe can turn into an effective social and unbound learning environment for students, who benefit individually from using it for their learning purposes. Similarly, observing good examples and making effective use of SoMe can lead instructors to become aware of its potential benefits, both for themselves and for their students. Thus, our cases of SoMe implementation in HE in different cultures have shown that SoMe can be used as an effective learning environment to support traditional courses (similar findings have been supported by Göldi et al. (2012), who also focus on institutional factors for SoMe application in HE, and by Bittel (2014), who trains instructors in SoMe usage for HE)). Using SoMe makes it easier to reach students, communicate with them 24x7, and extend communication beyond the confines of the classroom. It also encourages peer learning, group work, and socialization among students (Gulbahar, 2014).

2 Social Media Toolkit

This paper aims to present the social media toolkit designed to (1) analyze the teaching scenario for an instructor in HE, (2) decide on the best social media type through an algorithm[2], and (3) provide instructional tips about the best matching social media type usage in educational context. Hence, the process of development of this toolkit will be explained in detail throughout this paper.

2.1 Classification of Social Media

The first and main task undertaken was the identification of the classes of SoMe services, since the toolkit is supposed to suggest one class to the user. SoMe services were classified according to the study done by Bower, Hedberg, and Kuswara (2010), who proposed eight classes. Two classes ("social bookmarking" and "research") were not relevant in our context and therefore omitted.

As Table 1 below demonstrates, we grouped the numerous SoMe services that exist on the Internet into six classes. The services included in each class were selected only as examples for their possible use in the teaching-learning process. Since new features are being added to SoMe services almost every day, this classification may need to be adjusted at some point. We believe that one

2 The functioning and justification of the algorithm is beyond the scope of this paper, but is discussed in Gülbahar, Rapp & Kilis (2014). Also, the technical basis for the toolkit has only been sketched out; for more information see Rapp, Gülbahar & Erlemann (2014). For the first presentation and discussion see: https://www.eduhub.ch/conferences-events/eduhub-webinars/social-media-for-education/.

day many SoMe services will be similar to each other in terms of the number of features they support. That is why grouping SoMe services according to their educational uses was a challenging process.

Table 1: Classification of Social Media

Social Networking Services	Media Sharing Services	Document Sharing Services	Live-Communication Services	Collaboration	Blogging & Microblogging Sites
Building relationships/ connections between people with similar interests	Uploading and sharing media such as video, audio, and photo; preparing and sharing animation and simulation	Uploading and sharing documents (text-based materials)	Live communication	Working together and studying collaboratively	Focusing on a topic and discussing with short updates
Facebook Google+ LinkedIn	YouTube/ Vimeo Flickr/Picasa Pinterest, Glogster, Animoto/ GoAnimate/ Xtranormal	SlideShare, Prezi, Dropbox, Google Drive, Webspiration, Ustream	Hangouts, Skype, Viber Dimdim	Wiki Google Drive Zoho	Tumblr Edublogs Twitter WordPress Blogger Scoop.it

2.2 Rationale for Theoretical Framework

Based on our research,[3] we identified the following eight dimensions that can be used while implementing a SoMe strategy for HE: (1) identity of target audience, (2) name & design, (3) measuring success – presence, (4) teaching styles, (5) learning opportunities, (6) goals, (7) assessment & evaluation/tracking tools, and (8) content types – sharing.[4]

In order to form theoretical underpinnings, we questioned all the dimensions in terms of their potential contribution to our suggestion to instructors via the toolkit. After much debate, we came to a conclusion that considering four dimensions would be sufficient to decide which SoMe class would be the most effective for a particular instructor. Thus, the following factors important for the

3 The WP reports will be published open access after editing here: http://www.somecat.org/conferences-and-workshops/.

4 Content and empirical basis for the social media strategy is, unfortunately, beyond the scope of this paper. A paper was presented at http://www.eden-online.org/eden-events/upcoming-conference.html. Brief information can be found here: http://www.somecat.org/proposed-framework-for-social-media-strategy/.

instructional process and instructional design were selected as the main dimensions:
1. Knowledge Levels
2. Content Types
3. Instructional Methods
4. Assessment
Each factor will be discussed briefly below.

2.2.1 Knowledge Levels

From the knowledge levels point of view, we decided to rely on the cognitive dimension of Bloom's revised taxonomy, because it is a very strong theoretical framework used for many years by both educators and researchers (Anderson et al., 2000; Bloom, 1956).

Many of the SoMe classes are appropriate for the lowest level of knowledge. When the level of knowledge increases, the number of appropriate SoMe classes decreases. For instance, creativity is the highest level of knowledge and requires a high level of skills. Therefore, not all SoMe classes are appropriate for this level. On the contrary, remembering and understanding are the lowest level of knowledge and can be viewed as a starting point for any course. They do not require a high level of skill, and almost all classes of SoMe match this lowest level of knowledge.

2.2.2 Content Types

Content types were also found to be important for making decisions about SoMe. Hence, based on a recent review of literature (Bower, Hedberg, & Kuswara, 2010; McLoughlin & Lee, 2007; OECD, 2007; Safko, 2012), we decided to ask instructors which of the following five types of content they have and typically use in their teaching: (1) text, (2) video, (3) audio, (4) visual, and (5) animation / simulation.

2.2.3 Instructional Methods

In terms of instructional methods, we decided to provide six well-known approaches to teaching; three of them teacher-centered and the other three learner-centered, since this classification is well-known and widely used by educators (Arends, 2011; Borich, 2013; Burden & Byrd, 2013).

2.2.4 Assessment

Finally, the types of assessment instructors intend to use could be an important point in making the decision about which SoMe class is the most appropriate. For the purposes of this research, the assessment types were classified as (1) alternative and (2) classic.

The literature review revealed different classifications of assessments. The first one divides assessment types into summative and formative (Garrison & Ehringhaus, 2007), and the other one into classic and alternative (Pressley & McCormick, 2007). Since there is no common paradigm for the educational systems of different countries, the terms "classic" and "alternative," which are more general, were used to classify assessments in this project.

Therefore, the above four factors were considered while forming the decision matrix, which is the basis for the algorithm that provides suggestions for the most appropriate classes of SoMe to instructors. SoMe classes were analyzed separately in terms of each of these four factors. These four factors also form the pedagogical basis of the toolkit. All important aspects of instructional design are questioned for pedagogical concerns in order to return a reliable suggestion. The resulting decision matrix is the path to defining the most suitable SoMe class for an instructor's teaching purposes.

2.3 Decision Matrix – Relating User Input to Outputs

The below decision matrix (Table 2) was formed based on the previously mentioned classifications and decisions. This matrix is used for decision-making by matching patterns in the flow of the program.

Table 2: Decision Matrix for Social Media Suggestion

	Knowledge levels	**Content Types**	**Instructional Methods**	**Assessment**
Social Networking Services	Remembering, Understanding, Analyzing, Evaluating	Text, Video, Audio, Visual	Cooperative Learning Model, Problem-Based Learning, Holding Discussions	Alternative, Classic
Media Sharing Services	Applying, Creating	Video, Visual, Animation	Presentation Model, Training Model, Concept Teaching, Problem-Based Learning	Alternative
Document Sharing Services	Understanding, Applying, Evaluating, Creating	Text, Video, Audio, Visual, Animation	Presentation Model, Training Model, Concept Teaching, Cooperative Learning Model, Problem-Based Learning	Alternative, Classic
Live-Communication Services	Understanding, Analyzing, Evaluating	Text, Visual	Presentation Model, Training Model, Holding Discussions	Alternative
Collaboration	Applying, Analyzing, Creating	Text, Visual	Concept Teaching, Cooperative Learning Model, Holding Discussions	Alternative
Blogging & Micro-blogging Sites	Remembering, Understanding, Analyzing, Evaluating Creating	Text, Video, Audio, Visual, Animation	Concept Teaching, Cooperative Learning Model, Problem-Based Learning, Holding Discussions	Alternative, Classic

2.4 Main Components and Processes of the Toolkit

As can be seen in Figure 1 below, the toolkit has four major components: (1) the start page, which welcomes the user and explains what service the toolkit offers and what the target group is (instructors in HE); (2) the query wizard, which asks four questions (knowledge levels, content types, instructional methods, and assessment type) in order to analyze the teaching situation in which the instructors want to apply SoMe; (3) the results page, which will display the most suitable class of SoMe based on the previous entries;[5] and (4) additional information about the suggested SoMe class, displayed upon request to instructors who

5 In case of a tie between two social media classes the user can assign preferences.

would like to see examples of instructional tips and ideas about how to integrate SoMe into their teaching process.[6] The resulting possible user/machine interaction is displayed in the swim lane "What the User Does." There will be a template in the toolkit allowing the users to leave feedback. However, it is not yet implemented and is therefore omitted from Figure 1.

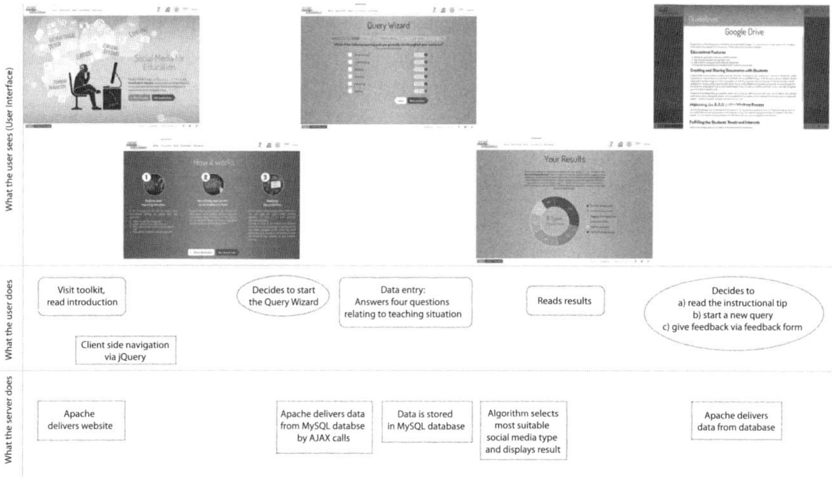

Figure 1: Graphical User Interface, User Entries, and Corresponding Server Activities

3 Discussion

In this paper, we presented the pedagogical basis for the toolkit that, we hope, can provide educational support to instructors teaching in HE classrooms and enrich their teaching activities by incorporating SoMe services. This toolkit is in its preliminary stages and will likely be modified and enhanced through continuing user feedback. Technological tools, user interfaces, and features change considerably all the time and it is hard to keep up with these changes. Hence, in the toolkit we tried to address forthcoming features of SoMe and tried to group them according to these features that also support educational use. We tried to shape our decisions based on several pedagogical concerns and matched these expectations with the features of SoMe. Therefore, the toolkit provides not only some insight about which class of SoMe an instructor should use but also pos-

6 We decided not to provide guidelines on how certain SoMe services are used technically (e.g., how to send a tweet in Twitter). There are numerous sites explaining that; and technology services and their functions/usage change rapidly (which poses major problems with updating). We focused, rather, on the guidelines on how to use the SoMe class for educational purposes (similar to Manning & Johnson, 2011; Richardson, 2010).

sible instructional tips and ideas that can be implemented in his or her teaching. Going through all of the details and ideas provided in the toolkit is aimed to shape the instructor's mind in terms of potential use cases and to create an insight about the use of SoMe in education. Thus, we believe that going for additional information is more important than limiting oneself to the SoMe class suggested by the toolkit.

In line with the motto of the conference, we hope that successful SoMe usage for teaching in HE can contribute to creating an open and more social and unbound space for learning, among students and between students and instructors. Regarding the conceptual and technical basis for the toolkit, we have to test the user feedback and the working (i.e., the fit of the suggestions) of the algorithm. We invite you to join us for that purpose in the session.

Future research studies could concentrate on several problems emerging due to SoMe usage for educational purposes. Copyright, privacy, and data security issues should be investigated; threats should be revealed; and solutions may be provided. Students' use of SoMe as their "research facilities" could be studied, and ways of encouraging students to use more services for collaboration should be identified. In such a socially connected world, attempts to make effective and efficient use of technological tools should continue. There is a large amount of data and thousands of users. We are just exploring for what purposes different types of technology are most beneficial and how to effectively integrate technology into educational contexts.

Literature

Anderson, L. W., Krathwohl, D. R., Airasian, P. W., Cruikshank, K. A., Mayer, R. E., Pintrich, P. R., Raths, J. & Wittrock, M. C. (2000). *A taxonomy for learning, teaching, and assessment: A revision of Bloom's taxonomy of educational objectives.* New York: Pearson, Allyn & Bacon.

Arends, R. (2011). *Learning to teach* (9th ed., rev.). New York, NY: McGraw-Hill Higher Education.

Bittel, N. (2014). Teaching and learning with social media [Webinar]. *Certificate of Advanced Studies – eDidactics.* Swiss Distance Learning University. Retrieved from https://www.eduhub.ch/conferences-events/eduhub-webinars/lehren-und-lernen-mit-social-media/

Bloom, B. (1956). *Taxonomy of Educational Objectives, Handbook I: The cognitive domain.* New York, NY: David McKay.

Borich, G. D. (2013). *Effective teaching methods: Research-based practice* (8th ed.). Upper Saddle River, NJ: Pearson Merrill Prentice Hall.

Bower, M., Hedberg, J. G. & Kuswara, A. (2010). A framework for Web 2.0 learning design. *Educational Media International, 47*(3), 177–198.

Burden, P. R. & Byrd, D. M. (2013). *Methods for effective teaching: Meeting the needs of all students* (6th ed.). Boston: Pearson, Allyn & Bacon.

Garrison, C.,& Ehringhaus, M. (2007). *Formative and summative assessments in the classroom.* Retrieved from http://ccti.colfinder.org/sites/default/sfiles/formative_and_summative_assessment_in_the_classroom.pdf

Göldi S. et al. (2012). *Social Media in Lehr- und Lernszenarien* [Strategic initiative 2012 – Social media in learning/teaching scenarios for (further) training]. University of Applied Sciences Northwestern Switzerland. Available at https://blogs.fhnw.ch/SMinLehre/

Gruzd, A. et al. (2013). *project on Learning Analytics for the Social Media Age – #pLASMA (2013–2018).* Research project funded by the Insight Grant (2013–2018) from the Social Sciences and Humanities Research Council of Canada (SSHRC). Available at http://socialmedialab.ca/?page_id=9219

Gülbahar, Y. (2014). *Current State of Usage of Social Media for Education: Case of Turkey.* Journal of Social Media Studies, 1(1), 53–69.

Gülbahar, Y., Rapp, C. & Kilis, S. (2014). Validation of Social Media Toolkit: Peer reviewed Paper. Accepted. Ireland International Conference on Education 27-29.10.2014. Dublin, Ireland.

Lim, U. (2013). *Anforderungen an die E-Medienkompetenz Studierender.* [Research on the media use for studying and on students' media literacy] (n=928). Unpublished. Zurich University of Applied Sciences (ZHAW).

Manning S. & Johnson, K. (2011). *The technology toolbelt for teaching.* San Francisco, CA: Jossey Bass.

McLoughlin, C. & Lee, M. J. W. (2007). Social software and participatory learning: Pedagogical choices with technology affordances in the Web 2.0 era. In *ICT: Providing choices for learners and learning. Proceedings ASCILITE Singapore 2007.* Retrieved from http://www.ascilite.org.au/conferences/singapore07/procs/mcloughlin.pdf

OECD. (2007). *Participative web and user-created content: Web 2.0, wikis and social networking.* Paris: OECD. Retrieved from http://browse.oecdbookshop.org/oecd/pdfs/free/9307031e.pdf

Pressley, M. & McCormick, C. (2007). *Cognition, teaching, and assessment.* New York, NY: Harper Collins College.

Rapp, C., Gülbahar, Y. & Erlemann, J. (2014). Social Media for Education – A Toolkit for Supporting Instructors in Higher Education Enriching Their Teaching with Social Media. Poster Presentation (peer reviewed). Accepted. Social Media & Society 2014 International Conference. 27-28 September 2014. Toronto, Canada.

Richardson, W. (2010). *Blogs, wikis, podcasts, and other powerful web tools for classrooms* (3rd ed.). Thousand Oaks, CA: SAGE.

Safko, L. (2012). *The social media bible: Tactics, tools, and strategies for business success* (3rd ed.). Hoboken, NJ: John Wiley & Sons.

Philipp Marquardt[1]

Portal Praktika

Webanwendung zur Begleitung Studierender in Praktika (Praxis- und Werkstattbericht)

Zusammenfassung

Dieser Bericht schildert das Konzept, die Entwicklung und erste Nutzungsergebnisse einer Webanwendung zur Begleitung Lehramtsstudierender in Schulpraktika und Studierender der Geisteswissenschaften in Berufspraktika. Im Gegensatz zu klassischen E-Learning-Szenarios liegt der Fokus weniger auf dem *Lernen* von Inhalten als vorrangig auf Betreuung und (Selbst-)Reflexion erster Praxiserfahrung. Die Anwendung ermöglicht die Kommunikation in einem Forum, die Reflexion der Differenz von Theorie und Praxis mittels Fragebogen/ Tagebuch sowie die Betreuung Studierender mit Video-Seminaren in einem *Virtual Classroom*. Die sehr spezifischen, individuellen Anforderungen wurden in einer eigens entwickelten Software umgesetzt, statt das Konzept an bestehende Tools anzupassen.

1 Anforderungen, Konzept und Planung

Die Entwicklung folgt aus dem Qualitätspakt-Lehre-Antrag „Projekt erfolgreiches Lehren und Lernen" (PerLe) der Christian-Albrechts-Universität zu Kiel unter dem Punkt: „Maßnahmen zur besseren Begleitung von Schul- und Berufspraktika". Die Projektziele sind: Studierendenzufriedenheit erhöhen, Studienabbruchquote verringern und Studienentscheidungen festigen/ reflektieren. Diese übergeordneten Ziele können nicht direkt evaluiert werden. Die Maßnahmen tragen aber mittelbar zu den genannten Zielen bei, denn die Erfahrungen aus der Praxisphase können für den weiteren Studienverlauf prägend sein, da Studierende im Anschluss an ein Praktikum bestimmte Schwerpunkte setzen oder sich für einen Studienwechsel entscheiden. Zudem kann darauf verwiesen werden, dass die Praxisanteile eines Lehramtsstudiums einen wesentlichen Aspekt des Studiums ausmachen (Hascher, 2012). Die konkrete empirische Grundlage, die die Einrichtung einer Praktikumsbegleitung initiierte, ergab sich aus Studierendenumfragen: So wurden die Vor- und Nachbereitung der Schulpraktika (ø-Note 3,8) und der Berufspraktika (ø-Note

1 Zur Praktikumsbegleitung gehören außerden: K. Lüdecke-Röttger, W. Omernik, I. Schmidt, Dr. M. Kuchnowski, K. Pommerening, K. Schmidtke.

3,9) deutlich negativer bewertet als die Praktikumsbetreuung in den Schulen (ø-Note 2,1). Daraufhin sollen antragsgemäß in den Jahren 2012–2016 eine Begleitung Studierender während der Praktika, unter anderem in Online-Seminaren und -Sprechstunden sowie in einem webbasierten Portal eingerichtet werden. Seitens der Universität kann dies erst seit der Förderung aus dem Qualitätspakt Lehre des Bundesministeriums für Bildung und Forschung geleistet werden.

Im Wortsinne und im übertragenen Sinne finden zu bestimmten Zeiten eines Studiums, nämlich während der Schul- und Berufspraktika, Raumwechsel statt: Es werden nicht nur physische Räume gewechselt, sondern auch die Sozial- und Vertrauensräume – von der Universität in Unternehmen, in Organisationen oder in die Schule. Um die Übergänge und die große Herausforderung an Studierende, die Transferleistung und Reflexion von Theorie und Praxis erfolgreich und in Zufriedenheit zu bewältigen, sind die virtuellen Räume des *Portals Praktika* als prüfungs- und wertungsfreier Vertrauensraum geschaffen worden, da es um die persönliche berufliche Orientierung geht, die nicht direkt mit den Leistungen eines Studiums zusammenhängt. Die Praktikumsbegleitung durch erfahrene GeisteswissenschaftlerInnen und Lehrkräfte bietet strukturell durch ihre hohe Unabhängigkeit die Möglichkeit von Vertrauen, da weder finanziell noch personell direkte Abhängigkeiten zu prüfenden DozentInnen oder ProfessorInnen bestehen. Das Portal kann auch als ein virtueller Zwischenraum angesehen werden: Er steht zwischen Studierenden, der Universität sowie den Praktikumsgebern. *Lernen* findet dort auf einer Metaebene statt, wobei kein explizit prüfungsrelevantes Wissen erlernt wird. Vielmehr stehen Reflexion, berufliche Orientierung, Persönlichkeitsbildung und letztlich Bildung im gesellschaftlich relevanten Sinne im Vordergrund: gebildete Persönlichkeiten für Wirtschaft, Organisationen und Schulen. Studium und Beruf fallen in beiden zu betreuenden Studierendengruppen auseinander: Im Bereich der beruflichen Orientierung für GeisteswissenschaftlerInnen haben mögliche Berufsfelder – so die Meinungen Studierender – wenig mit dem Studium und seinen konkreten Inhalten zu tun. Vielmehr gilt es hier die Kompetenzen, die ein geisteswissenschaftliches Studium vermittelt, zu erkennen, da in diesem meist nicht auf einen konkreten Beruf vorbereitet wird. Für das Lehramt ist der zukünftige Beruf eindeutig. Hier vermissen Studierende an der Universität aber oft den Bezug zur Praxis und zur Realität des Schulalltags. Im weiten Sinne *lernen* Studierende nun mögliche Berufsfelder und ihre Praxis kennen, sie *lernen* Kompetenzen zu erkennen, sie *lernen* von Erfahrungen anderer und sie *lernen* von der Betreuung seitens der Universität. Berufliche Werdegänge von GeisteswissenschaftlerInnen zu kennen und auf diese einzugehen ist erst mit der Einführung der Bologna-Reform Aufgabe von Universitäten. So kann die Universität ebenfalls *lernen,* um die Angebote zur beruflichen Orientierung zu verbessern: Sie bekommt einen sehr konkreten Einblick in die Räume, in die sie Studierende nach Studienabschluss entlässt. Die Praktikumsbetreuung und berufliche Orientierung sowie die Reflexion der Differenz von Theorie und Praxis können somit durch reziproke Prozesse stetig verbessert werden. Studierende bekommen mit dem Portal und seinen verschiedenen Angeboten eine orts- und zeitunabhängige wissenschaftlich fundierte Betreuung. Über die im Antrag geforderten Features und im Besonderen mit Hilfe eines Fragebogens, Steckbriefen zu den Praktikumsgebern, Foren oder des Reflexionstagebuchs können die individuellen Erfahrungen, Schwierigkeiten und Beobachtungen im Praktikum diskutiert, analysiert und reflektiert werden. Das Portal teilt sich in einen öffentlichen und einen internen Bereich, der eine Anmeldung mit universitätsweit gültigen Daten erfordert. Damit bleiben die Studierenden im Portal untereinander anonym, können aber durch das Hochschulpersonal identifiziert werden, z.B. zur Anerkennung der Teilnahme. Sowohl statische Informationsseiten als auch interaktive Features sind in *einem* Portal verwoben.

2 Didaktische Features

Moderierte Foren: Sie ermöglichen den Austausch Studierender untereinander und Fragestellungen an die Praktikumsbegleitung. Studierende haben hier die Möglichkeit, Texte in editierbare Felder einzugeben, diese im Layout zu bearbeiten und auf vorhandene Einträge zu antworten. Das Forum aktualisiert sich selbsttätig innerhalb weniger Sekunden, so dass eine sehr dynamische Nutzung möglich ist. Die Nutzung ist fakultativ.

Steckbriefe Berufspraktika: Studierenden werden Fragen zum Praktikumsgeber präsentiert und es wird die Möglichkeit geboten, Steckbriefe anderer Studierender zu Praktikumsgebern einzusehen, so dass Erfahrungen und Kontakte bisheriger PraktikantInnen genutzt werden können. (s. Abb.)

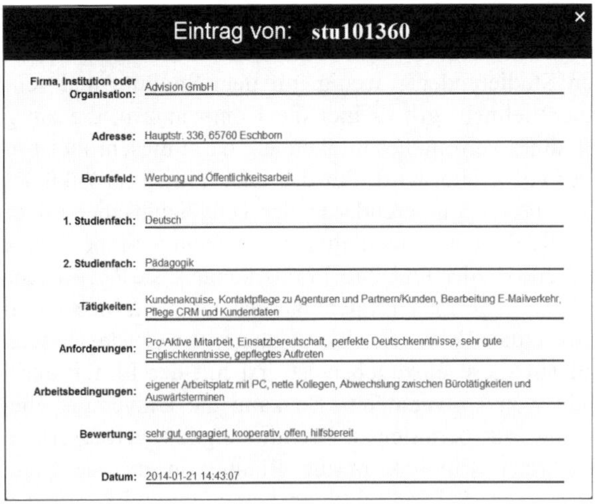

Eintrag von: stu101360

Firma, Institution oder Organisation:	Advision GmbH
Adresse:	Hauptstr. 336, 65760 Eschborn
Berufsfeld:	Werbung und Öffentlichkeitsarbeit
1. Studienfach:	Deutsch
2. Studienfach:	Pädagogik
Tätigkeiten:	Kundenakquise, Kontaktpflege zu Agenturen und Partnern/Kunden, Bearbeitung E-Mailverkehr, Pflege CRM und Kundendaten
Anforderungen:	Pro-Aktive Mitarbeit, Einsatzbereutschaft, perfekte Deutschkenntnisse, sehr gute Englischkenntnisse, gepflegtes Auftreten
Arbeitsbedingungen:	eigener Arbeitsplatz mit PC, nette Kollegen, Abwechslung zwischen Bürotätigkeiten und Auswärtsterminen
Bewertung:	sehr gut, engagiert, kooperativ, offen, hilfsbereit
Datum:	2014-01-21 14:43:07

Fragebogen Berufspraktika: Studierenden werden vor, während und nach dem Praktikum auszufüllende Textfelder mit Fragen zu Rahmenbedingungen, Erwartungen, positiven und negativen Erfahrungen, Tätigkeiten, Kollegialität, Lernergebnissen und Zukunftsvorstellungen präsentiert. Diese Selbstreflektion ist verpflichtend, aber unbenotet.

Tagebuch Schulpraktika: Mit Hilfe des fakultativen Lerntagebuchs, das auch als Teil eines Portfolios dienen soll, wird dazu angeregt, das eigene Lernen und Arbeiten zielgenau zu beobachten, dieses über Aufzeichnungen zu dokumentieren und zu reflektieren. Abhängig von den Leitfragen können Reflexionsprozesse aktiviert werden, welche zu einer bewussten Wahrnehmung des eigenen Lernens und Arbeitens und zu einer Beurteilung dieser Prozesse führen. Die selbstreflexive Auseinandersetzung mit dem eigenen Lernen und Arbeiten unterstützt die Verarbeitung des Gelernten in Form eines Self-Monitorings, nicht nur als eine Reflexion, sondern auch als eine Selbstregulation (Landmann und Schmitz, 2007). Es werden Fragen zur Person, zur Schule, den KollegInnen, den Erwartungen, Erfahrungen, dem eigenen Unterrichtsversuch, den Kompetenzen von Lehrpersonen, der Lehrerbelastung, Pädagogik und zum Lernprozess gestellt.

Online-Seminar Schulpraktika: Da Studierende während ihres Praktikums meist örtlich der Universität fern sind, wird ihnen ein fakultativer virtuell-persönlicher Kontakt mit der Universität und mit Kommilitonen ermöglicht. Während des Praktikums werden in Kleingruppenseminaren von allen Teilnehmenden die konkret erlebten und beobachteten Schulsituationen durch verschiedene, angeleitete Techniken reflektiert.

3 Entwicklung und Gestaltung

Da die digitale Alltagswelt Studierender von *Social Media* geprägt ist, war es ein Ziel, im Portal vergleichbar intuitive und dynamische Webtechnologie („Web 2.0“) zu verwenden. Die Nutzung kommerzieller *Social Media* (wie Facebook, google+) ist von der Universität derzeit nicht erwünscht. Der Datenschutz und die Authentizität der Identität der Teilnehmenden ist, insbesondere in der sensiblen Beziehung von Schulen zur Universität, notwendig. Auch ist die Abwesenheit von Werbung und Spam gefordert und zu Recht gibt es kritische Studierende, die nicht an kommerziellen *Social Media* teilnehmen. Die Barriere des Logins kann zukünftig durch ein *Single-sign-in*-Verfahren oder ein linkbasiertes *Access-token*-Verfahren entschärft werden (Anmeldung über individualisierten Hyperlink). Das Portal wird unter der URL www.praktika.uni-kiel.de entwickelt. So lassen sich Inhalte in einem Forum bzw. Blog, ähnlich zum Newsstream bei z.B. Facebook, automatisch aktualisieren, ohne dass die Seite neu geladen oder ein Aktualisieren veranlasst werden muss. So verschmelzen klassisches Forum und Chat zu einem Raum. Alle Elemente, die editiert werden können, erfordern kein manuelles Speichern oder Aktualisieren, denn dies erfolgt im Hintergrund. Für die Betreuenden und Lehrenden, die Inhalte einpflegen, ist die Entwicklung eines minimalistischen Content-Management-Systems mit Hilfe der neuesten (und nachhaltigen) HTML5 Features und dem HTML-Editor CKEditor 4 umgesetzt worden. Der Editor bietet echtes *wysiwyg* (what you see is what you get) *inline* und *in place* (über das HTML5 *contenteditable* Feature), als wäre die Seite ein Dokument. Bisherige Webeditoren bieten zwar eine Vorschau, die jedoch meist in Layoutdetails vom Ergebnis abweicht und damit einer intuitiven Arbeitsweise und dem *wysiwyg* Paradigma widerspricht. Die dynamischen und interaktiven Inhalte wurden mit Javascript (jQuery), PHP und mySQL entwickelt. Für die Online-Seminare wird die kommerzielle Software Adobe Connect genutzt. Bestehende Lernmanagementsysteme ermöglichen es, konkrete Kurse in standardisierten Formaten umzusetzen, was aber dem hohen Individualisierungsgrad der geplanten Features und dem Ziel Betreuung statt *Learning* anzubieten, nicht gerecht geworden wäre. Die Beschränkung auf das Notwendige und Benutzerfreundlichkeit, auch für die Administration im „Kontrollraum", sind zentrale Ziele des Konzepts. So hätte die Anpassung an bestehende Systeme einige Features unmöglich gemacht bzw. diese entfremdet. Nachhaltigkeit bedeutet in diesem speziellen Fall, dass *Open-Source*-Technologien verwendet wurden, jedoch nicht, dass gänzlich ohne Programmierkenntnisse weiterentwickelt oder gepflegt werden könnte. Das Design des Portals, im Corporate Identity der Universität, wurde an eine Designagentur in Auftrag gegeben.

4 Erste Praxisergebnisse und Erfahrungen

Für die Berufspraktika wurden das Erstellen eines Steckbriefs und das Ausfüllen des Fragebogens verpflichtend eingeführt, eine Benotung erfolgt jedoch nicht. Die Teilnahmezahlen liegen deshalb im Schnitt bei ca. 100 Teilnehmenden pro Semester. Für die Schulpraktika ergaben sich in einer Bedarfsanalyse im vorbereitenden Pflichtseminar mit N=456 BA-Lehramtsstudierenden (3. Semester) folgende realisierbare Bedürfnisse:
(auf einer Skala von 1 ‚trifft nicht zu' bis 4 ‚trifft zu')

- Betreutes Forum in einem Online-Portal: MW=2,8
- Wissenschaftlich angeleitetes Online-Tagebuch: MW=2,1
- Wöchentliches freiwilliges Online-Seminar: MW=2,0

Trotz dieser Ergebnisse gab es nur wenig Teilnehmende an der fakultativen Begleitung der Schulpraktika: ca. 6 aktive (Videoseminare) und ca. 25 passive (Login im Portal) von ca. 600 pro Praktikumszeitraum, sowohl in der Pilotphase 2013 als auch 2014. Gründe sind tendenziell die mangelnde Einsicht in die

Notwendigkeit der Reflexion (50%, N=12) sowie fehlende Motivation zu fakultativer Teilnahme und Evaluation. Diese Punkte haben sich in der Evaluation der Nichtteilnehmenden nach dem Praktikum bestätigt, wobei deren Datenbasis kleiner ist (N≤59), da die Studierenden nicht mehr in Pflichtveranstaltungen erreicht werden konnten und daher ein Vergleich mit der Bedarfsanalyse statistisch nicht belastbar ist. Wenn also ein Angebot von Studierenden gewünscht wird, bedeutet dies anscheinend, dass die Angebote in den Studienverlaufsplan integriert sowie ECTS Punkte vergeben (Verpflichtung) oder andere Maßnahmen zur Motivation gefunden werden sollten.

Literatur

Altrichter, H. & Posch, P. (2007). *Lehrerinnen und Lehrer erforschen ihren Unterricht* (4. Auflage). Bad Heilbrunn: Klinkhardt.

Friebe, J. (2012). *Reflexion im Training: Aspekte und Methoden der modernen Reflexionsarbeit.* (2. Auflage). Bonn: managerSeminare Verlags GmbH.

Gläser-Zikuda, M. & Hascher, T. (2007). Zum Potenzial von Lerntagebuch und Portfolio. In M. Gläser-Zikuda & T. Hascher (Hrsg.), *Lernprozesse dokumentieren, reflektieren und beurteilen. Lerntagebuch und Portfolio in Bildungsforschung und Bildungspraxis* (S. 9–21). Bad Heilbrunn: Klinkhardt.

Hascher, T. (2012). Lernfeld Praktikum – Evidenzbasierte Entwicklungen in der Lehrer/innenbildung. *Zeitschrift für Bildungsforschung*, *2*(2), 109–129.

Landmann, M. & Schmitz, B. (2007). Welche Rolle spielt Self-Monitoring bei der Selbstregulation und wie kann man mit Hilfe von Tagebüchern die Selbstregulation fördern? In M. Gläser-Zikuda & T. Hascher (Hrsg.), *Lernprozesse dokumentieren, reflektieren und beurteilen. Lerntagebuch und Portfolio in Bildungsforschung und Bildungspraxis* (S. 149–169). Bad Heilbrunn: Klinkhardt.

Möller, J. & Wild, E. (2009). *Pädagogische Psychologie.* Heidelberg: Springer.

Rambow, R. & Nückles, M. (2002). Der Einsatz des Lerntagebuchs in der Hochschullehre. *Das Hochschulwesen, 50*(3), 113–120.

Winter, F. (2007). Fragen der Leistungsbewertung beim Lerntagebuch und Portfolio. In M. Gläser-Zikuda & T. Hascher (Hrsg.), *Lernprozesse dokumentieren, reflektieren und beurteilen. Lerntagebuch und Portfolio in Bildungsforschung und Bildungspraxis* (S. 109–129). Bad Heilbrunn: Klinkhardt.

Marlene Gruber, Patrick Rauwald-Josephs, Christin Heinze, Dieter Schumacher

Mobiles Online-Praktikum für Mediziner (Poster)

Zusammenfassung

Die Weiterentwicklung des bestehenden Online-Physik-Praktikums, welches im Rahmen des Medizinstudiums an der Heinrich-Heine-Universität (HHU) Düsseldorf eingesetzt wird, zielt darauf, die Nutzbarkeit der Lernplattform auf mobile Geräte auszudehnen. Beschrieben wird neben der Anpassung der interaktiven Web-Inhalte auch die Überarbeitung des didaktischen Konzeptes im Hinblick auf den mobilen Nutzungskontext. Die Ergebnisse eines Benutzertestes und ein Ausblick auf zukünftige Entwicklungen vervollständigen die Vorstellung des mobilen Online-Tools.

1 Rahmenbedingungen

Für Studierende der Medizin ist Physik ein Themenbereich, der wenig Interesse auslöst, u.a. da der Zusammenhang mit der Medizin ad hoc nicht ersichtlich ist. Die Mehrheit der Studierenden hatte Physik nicht länger als bis zur 10. Jahrgangsstufe (Theyßen, 2000), bringt somit geringes Vorwissen mit (Heise & Mittner, 1975) das teilweise mit einer grundlegenden Abneigung gekoppelt ist. In den vier Semestern des Grundstudiums müssen die Studierenden jedoch Wissen und Fähigkeiten in diesem Fach erwerben, welche relevante Grundlagen für diverse medizinische Bereiche bilden.

Die Vermittlung dieser Kompetenzen wird an der HHU Düsseldorf durch die Physikalischen Grundpraktika wahrgenommen. Unter Berücksichtigung der o.g. Voraussetzungen sollen im Praktikum qualitative Zusammenhänge veranschaulicht und Bewertung und Interpretation von Messergebnissen erlernt werden. Zum Wintersemester 2013/14 wurde der bestehende Studiengang Medizin umstrukturiert, sodass Themen in fächerübergreifend aufeinander abgestimmten Unterrichtsveranstaltungen bearbeitet werden. Konzeptionell haben Nebenfächer die Aufgabe das jeweilige Basiswissen für die medizinischen Kernfächer zeitnah bereitzustellen. In der Physik geschieht dies durch Versuche im adressatenspezifischen Praktikum (Theyßen, 2005) und zugehörige Vorlesungseinheiten. Im obligatorischen Physik-Praktikum hat der Studierende die Möglichkeit, einen Teil der realen Versuche über die entwickelte Lernplattform virtuell zu bearbeiten. Diese Option enthält auch Versuche, die ein Gefahrenpotential bieten, z.B.

die Arbeit mit radioaktiven Substanzen, und somit unter realen Bedingungen nicht durchführbar wären.

2 Die Lernplattform

In Kooperationen mit Didaktikern und Fachwissenschaftlern wurde 2000 begonnen, eine Lernplattform zu entwickeln, die es Studierenden ermöglicht, Teile des fachspezifisch orientierten Praktikums statt vor Ort zu einer festen Zeit online zu erarbeiten (Theyßen, 2006). Seit 2004 befindet sich die Plattform im Routinebetrieb, sodass unter ständiger Erweiterung und Optimierung Studierende derzeit die Möglichkeit haben, fünf der elf Praktikumsversuche als eLearning-Module in folgenden Themengebieten online durchzuführen:

- Strömungsmechanik / Blutkreislauf
- Gasgesetze / Atmung
- Elektrische Leitung / Ionenleitung
- Geometrische Optik / Auge
- Röntgenstrahlung / Röntgendiagnostik.

Eine Vorbereitung für die Bearbeitung eines Moduls ist nicht notwendig, da mit Grundlagen begonnen wird und Studierende kleinschrittig durch die Physik geführt werden. Zudem folgt die Erarbeitung der Theorie auf Basis von eigens gewonnenen Daten. Die lineare Grundstruktur der Module besteht dabei aus thematisch aufeinander aufbauenden Kapiteln, den ‚Roten Seiten', die als roter Faden durch die Physik des jeweiligen Themas führen (Schumacher, 2001). Exkurse auf ‚Blaue Seiten', erkennbar an einem blauen Rahmen, dienen dem Erarbeiten, Vertiefen und Üben der Inhalte. Das auf Basis der Roten Seiten erworbene Wissen wird durch Übungsaufgaben, Animationen, Videos und vorrangig Interaktive Bildschirmexperimente (IBEs) in einen medizinischen Kontext gestellt. Diese kurzen Überprüfungen des gerade Gelernten erhöhen Aufmerksamkeit und Merkfähigkeit (Sudahl, 2013). Die IBEs sind detailgetreue, interaktive Repräsentationen der realen Praktikumsversuche mit annähernd derselben Funktionalität. Neben der beliebigen Wiederholbarkeit sind Vorteile und zweckmäßiger Einsatzrahmen bereits mehrfach publiziert (Kirstein, 2004). Es entsteht eine direkte Verzahnung zwischen Theorie und Praxis, anders als in herkömmlichen Praktika, wo die Theorie weit vor oder nach dem Versuch selbst erarbeitet wird. Die einzelnen Seiten sind so untereinander verlinkt, dass das Modul schrittweise absolviert werden kann, die gezielte Navigation zu einer Seite ist aber auch über die Kapitelübersicht direkt möglich. Die dadurch geschaffene Lernumgebung (s. Abb. 1) ist webbasiert umgesetzt und kann mit jedem aktuell verfügbaren Browser genutzt werden. Sie stellt ein multimediales, interaktives, persönliches Arbeitsbuch eines Studierenden dar, mit seinen

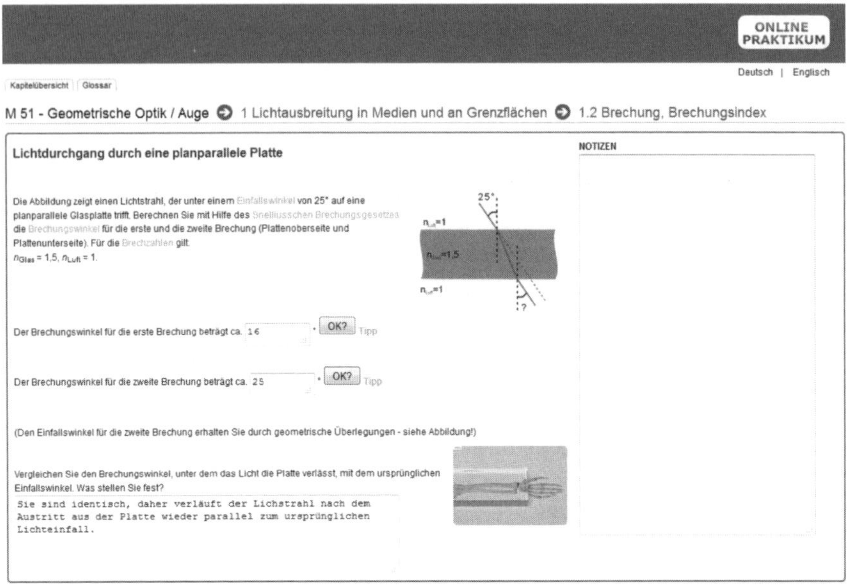

Abb. 1: ‚Blaue Seite' eines Moduls der Lernplattform: *Oben:* Kapitelnummer der Roten Seite, welcher diese Blaue Seite zugeordnet ist; *Mitte oben:* Abbildung einer physikalischen Gesetzmäßigkeit; *Links:* Text mit Fragen und Feldern für Antworten; *Mitte unten:* Link (Abbildung) zu einem IBE, das den thematisierten Effekt verdeutlicht. *Rechts*: Eingabefeld für Notizen.

persönlich bearbeiteten Aufgaben, Fragen und Messungen unter seiner eigenen Kennung.

Durch automatisiertes permanentes Speichern des Bearbeitungsfortschritts kann im Lernprozess problemlos pausiert werden, um diesen zu einem späteren Zeitpunkt andernorts fortzusetzen. Die Bearbeitung wird nach der Abgabe durch Tutoren kontrolliert und ggf. Anregungen zu Korrekturen gegeben. Diese entstehende Kommunikation gibt den Studierenden ein Feedback über ihren Lernprozess. Der entscheidende Vorteil der Online-Module ist bei nachweislich gleicher Lernwirksamkeit (Hüther, 2005) bezogen auf die Inhalte, die freie Wahl von Lernzeit und Lernort, wodurch Freiräume im Studium geschaffen werden.

3 Mobile Weiterentwicklung

Die erste Generation von IBEs entstand auf Basis von Adobe Director und Flash (Kirstein, 1999). Dies machte den Einsatz eines Browserplugins wie Shockwave bzw. dem Flash-Player notwendig. Die zunehmende Verbreitung mobiler Endgeräte und der damit verbundene Wandel der Internetnutzung forcierte die Weiterentwicklung der Lernplattform für den mobilen Kontext. Mögliche Nutzungsformen sind: die plattformspezifische App, die hybride App und die Web-App. Die Entscheidung fiel auf die Umsetzung der Lernumgebung als Web-App, da im Hinblick auf aktuelle und zukünftige Webtechnologien die Umstellung der Programmierung der IBEs auf HTML5-Standards alle nötigen Vorteile bietet. Neben der Verfügbarkeit auf allen Betriebssystemen entfällt die Notwendigkeit eines Browserplugins. Ein entscheidender Mehrwert ist zudem die Einbeziehung touch- und multitouchfähiger Geräte, da diese in der Regel keine Unterstützung für o.g. Player bieten. Zudem ist die Unabhängigkeit von der Bereitstellung in den verschiedenen App-Stores gegeben, sodass z.B. Updates ohne Verzögerung an die Nutzer weitergegeben werden können.

4 Überarbeitetes Konzept für IBEs

Die aktuelle Weiterentwicklung zielt darauf, sämtliche IBEs an die vielfältigen Eigenschaften mobiler Endgeräte (Auflösungsvermögen, Bildschirmgröße und verfügbare Browser) anzupassen. Hierzu wurden ~70 IBEs auf der Basis von HTML, CSS und Javascript überarbeitet. Dies beinhaltete eine gesamte Neuprogrammierung, u.a. für eine Erweiterung der Funktionalität aller IBEs um Touchgesten und die Berücksichtigung der Orientierung bei mobilen Endgeräten. Darauf basierend werden Größe und Position der Interaktionselemente und des Inhaltes festgelegt (s. Bsp. in Abb. 2). Dennoch ist die Nutzbarkeit der neuen IBEs durch konventionelle Computer gegeben.

Die Erstellung des fotografischen Ausgangsmaterials erfolgt spezifisch für jedes IBE auf Grundlage eines unter didaktischen, visuellen und technischen Aspek-

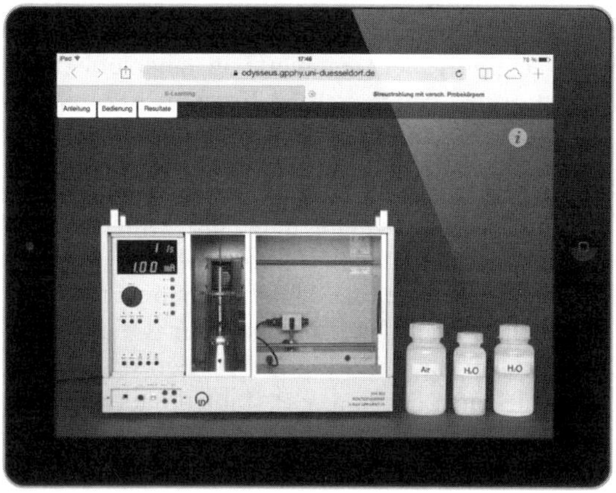

Abb. 2:
Mobile Umsetzung eines IBEs zum Thema Röntgenstrahlung

ten konzipierten Drehbuchs. Eine durchdachte Gestaltung der Bedienoberfläche resultiert in einer intuitiven Bedienbarkeit der IBEs und stellt sicher, dass das physikalische Verständnis wie im realen Praktikum im Vordergrund steht. Zudem wird der Benutzer durch den direkten Zugriff auf Informations- und Hilfefunktionen in seiner Bearbeitung unterstützt. Das minimal zu haltende Datenvolumen, welches hauptsächlich das Bildmaterial verursacht, wird durch eine mittlere Auflösung realisiert, welche das Zoomen weiterhin ermöglicht. Mit Blick auf die Hardware-Entwicklung und die zukünftige Bandbreite des Datennetzes wird der Austausch des verwendeten Materials mit höher aufgelösten Bildern angestrebt. Die spezifische Umsetzung für das jeweilige Experiment wird durch Testphasen der Arbeitsgruppe zunächst auf Desktop PCs und den unterschiedlichen Browsern, anschließend auf Tablets ergänzt. Das Feedback der Zielgruppe wird in regelmäßigen Testphasen eingeholt und zur weiteren Optimierung der IBEs herangezogen.

5 Benutzertest/Evaluation

Im Frühjahr 2013 wurde ein Benutzertest unter realen Praktikumsbedingungen durchgeführt. 64 Medizinstudierende führten ein Modul in zwei Gruppen à 32 Personen durch: Eine Gruppe nutzte Desktop-PCs, die andere Gruppe Tablets. Die Studierenden wurden während der Bearbeitung des Versuchs durch einen Tutor online intensiv betreut. Im Anschluss an die Bearbeitung fand ein mündliches Testatgespräch zur Überprüfung des Wissensstandes statt. Direkte Rückmeldungen zur Lernplattform und zu den IBEs wurden über einen umfangreichen Fragebogen ermittelt.

Als besonders positiv wurde von beiden Testgruppen die strukturelle Unterteilung in Rote und Blaue Seiten hervorgehoben. Die didaktische Aufbereitung der Lehrinhalte durch prägnante und einleuchtende Erklärungen sorgte für positive Resonanz. Die praktische Auseinandersetzung mit den Lehrinhalten in Form der IBEs, vieler Beispiele und Übungsaufgaben resultierte in einer effektiven Auseinandersetzung mit dem Lernstoff und zeigte sich im Ergebnis des mündlichen Testatgesprächs.

Bezüglich der neu entwickelten IBEs begeisterte die Realitätsnähe, die optisch ansprechende Gestaltung, eine intuitive Bedienung und die Unterstützung durch Informations- und Hilfsmittel. Bei der mobilen Tablet-Gruppe gefielen: die erweiterte örtliche Flexibilität, die jederzeitige Unterbrechung und nahtlose Wiederaufnahme eines Versuches, die Unterstützung der Orientierung des Gerätes durch einen Layoutwechsel und die Möglichkeit der sukzessiven Bearbeitung des Versuches an verschiedenen Geräten, z.B. Tablet unterwegs und Notebook zu Hause. Als unangenehm wurden längere Ladezeiten bei schwachem mobilem Netz und die erschwerte Texteingabe mittels einer Software-

Tastatur empfunden. Einigen wenigen Studierenden beider Testgruppen fehlte die persönliche Betreuung durch einen Assistenten, wie im realen Praktikum, was nachvollziehbar subjektiv als Schwachpunkt empfunden werden kann. Erwartungsgemäß war die Bedienung der IBEs nicht vollkommen problemlos, doch sollte sich durch Durchführung mehrerer Module ein geübterer Umgang einstellen.

6 Ausblick

Nach der erfolgreichen Testphase der mobil optimierten IBEs steht als weiterführende Entwicklung die Überarbeitung der visuellen Darstellung der Lernplattform an. Ziel ist ein vollständig responsives Layout, das sich an die Größe des Betrachtungsmediums anpasst und durch gezielte Neuanordnung der Bedienelemente den zur Verfügung stehenden Raum bestmöglich ausnutzt. Zudem wurde eine Expertise entwickelt, wodurch zukünftig die Erstellung neuer Module vereinfacht wird, um das bereits bestehende Angebot zu erweitern und noch mehr auf die Bedürfnisse der Lernenden auszurichten.

Literatur

Heise, H. & Mittner, J. (1975). Über die elementarmathematischen Kenntnisse von Medizinstudenten der Anfangssemester und die Konsequenzen. *Der mathematische und naturwissenschaftliche Unterricht, 28*(7), 436–438.

Hüther, M. (2005). *Evaluation einer hypermedialen Lernumgebung zum Thema Gasgesetze – Eine Studie im Rahmen des Physikpraktikums für Studierende der Medizin.* Studien zum Physik- und Chemielernen – Band 41. Berlin: Logos Verlag.

Kirstein, J. (1999). *Interaktive Bildschirmexperimente – Technik und Didaktik eines neuartigen Verfahrens zur multimedialen Abbildung physikalischer Experimente.* Dissertation, TU Berlin.

Kirstein, J. (2004). Selbstlernmodule mit Interaktiven Bildschirmexperimenten. In V. Nordmeier & A. Oberländer (Hrsg.), *Didaktik der Physik. Beiträge zur Frühjahrstagung der DPG – Düsseldorf 2004* (CD-ROM). Berlin: Lehmanns Media.

Schumacher, D., Theyßen, H., Klawikowski, P., Kummer, T. & Sumfleth, E. (2001). Entwicklung einer hypermedialen Lernumgebung „Physik für Mediziner". In R. Brechel (Hrsg.), *Zur Didaktik der Physik und Chemie: Probleme und Perspektiven. Band L21* (S. 394–396). Alsbach/Bergstraße: Leuchtturm-Verlag.

Sudahl, M. (19.11.2013). *Mobiles Lernen mit Tablet und Phone liegt voll im Trend.* http://www.computerwoche.de

Theyßen, H. (2000). *Ein Physikpraktikum für Studierende der Medizin. Darstellung der Entwicklung und Evaluation eines adressatenspezifischen Praktikums nach dem Modell der Didaktischen Rekonstruktion.* Berlin: Logos.

Theyßen, H. (2005). Didaktische Rekonstruktion eines Physikpraktikums für Medizinstudierende. *Zeitschrift für Didaktik der Naturwissenschaften, 11*, 57–72.
Theyßen, H. (2006). Physik für Mediziner – real und hypermedial, Konzeption und Evaluation eines in Inhalten, Methodik und Medieneinsatz adressatenspezifischen Physikpraktikums. *Physik und Didaktik in Schule und Hochschule*, *5*(1), 35–44.

Elisabeth Liechti, Benjamin Wilding, Nicolas Imhof, Tobias Bertschinger

www.klicker.uzh.ch – Praxisreport zum webbasierten Interaktionstool Klicker (Praxis- und Werkstattbericht)

Zusammenfassung

Der vorliegende Praxisreport beschreibt den „Klicker", ein webbasiertes Interaktionstool (Classroom-Response-System), das vom Teaching Center des Instituts für Banking und Finance der Universität Zürich entwickelt und betreut wird. Seit dem ersten Release und dem Ersteinsatz im Jahr 2011 bestätigt die steigende Anzahl an Nutzerregistrierungen den Bedarf eines Classroom-Response-Systems. Nachfolgend werden die Funktionalitäten und das technische Framework vorgestellt sowie ein Status quo der Nutzenden (Dozierende wie Studierende) zusammengefasst. Ausserdem wird auf technische Herausforderungen in den Aspekten Sicherheit und Stabilität eingegangen.

1 Was ist der Klicker?

Um die Interaktion zwischen Dozierenden und Studierenden in Lehrveranstaltungen mit vielen Teilnehmenden zu ermöglichen und zu fördern, können sogenannte Classroom-Response-Systeme (CRS) eingesetzt werden. Auch bekannt unter dem Namen „Clicker" sind dies Hard- und/oder Softwarelösungen, die Befragungen und Selbsttests in anonymisierter Form ermöglichen und die Ergebnisse unmittelbar darstellen können.

Das Teaching Center des Instituts für Banking und Finance (IBF) der Universität Zürich hat ein solches webbasiertes Interaktionstool unter dem Namen „Klicker" entwickelt. Auf der Website www.klicker.uzh.ch können Dozierende in ihrem Account auf einfache Art und Weise ihre Fragen und Aktivierungsideen vorbereiten, editieren und die Ergebnisse anzeigen lassen. Während der Lehrveranstaltung haben die Studierenden die Möglichkeit, mit Laptop, Smartphone oder Tablet die von den Dozierenden gestellten Fragen auf einer durch die Dozierenden bekanntgegebenen URL (es wird auch automatisch ein QR-Code generiert) anonym zu beantworten. Zum Beantworten der Fragen ist kein Login notwendig. Die Resultate werden ohne Zeitverzug und grafisch aufbereitet im Browser angezeigt und können so nach Abschluss der Beantwortungszeit den Studierenden präsentiert und durch die Dozierenden kommentiert werden.

2 Entstehungsgeschichte des Klickers

Das IBF Teaching Center weist mit der Entwicklung und Bereitstellung des Klickers auf seine Hauptanliegen hin, in der Lehre die Studierenden und ihre Bedürfnisse ins Zentrum der Aufmerksamkeit zu rücken, Interaktion zwischen Dozierenden und Studierenden zu ermöglich und zu fördern sowie innovative Medien als Mittel zum Erreichen dieser Ziele einzusetzen.

Ursprünglich aus der Idee der Entwicklung eines „SMS-Spieles" zur Aktivierung und Involvierung der Studierenden entstanden, soll der Klicker im heutigen Kleid eine einfache und kostengünstige Alternative zu anderen Classroom-Response-Lösungen bieten.

Der Klicker wurde das erste Mal im Herbstsemester 2011 in der UZH Lehrveranstaltung „Investments" von Dr. Benjamin Wilding mit Erfolg und sehr gutem Feedback eingesetzt. Nach einigen wichtigen Anpassungen im Jahr 2012 wird der Klicker nun von diversen Dozierenden aus den verschiedensten Fachbereichen eingesetzt und von den Studierenden positiv aufgenommen.

3 Funktionalitäten des Klickers

Als Fragetypen stehen bisher Single-Choice- und Textfragen zur Verfügung. Zur Auswertung können Bar-Charts und Pie-Charts oder die eingegebenen Antworten (Text oder Zahlen) angezeigt werden. Zurzeit wird vor allem daran gearbeitet, das Management der Fragen für die Dozierenden zu verbessern. So wird beispielsweise die Möglichkeit geschaffen, Fragen zu duplizieren oder Ordner für verschiedene Lehrveranstaltungen oder Durchführungen zu erstellen.

Aus Sicht der Dozierenden kann der Klicker in unterschiedlichen didaktischen Szenarien eingesetzt werden, welche folgend beschrieben werden:

- *Wissensabfrage*: Zur Überprüfung, ob die Studierenden das zuvor gelernte Wissens verstanden haben, eignen sich Single-Choice-Fragen mit einer eindeutigen Antwort. (Beispiel: Wie definiert sich die Sharpe Ratio?)
- *Sofortfeedback*: Dozierende können ein unmittelbares Feedback zur Unterrichtseinheit einholen. (Beispiele: Geschwindigkeit, Verständlichkeit, Schwierigkeit)
- *Schätzfragen*: Zur Aktivierung der Studierenden können Fragen ohne eindeutige Antwort gestellt werden. Dadurch machen sich die Studierenden Gedanken zum behandelten Thema und werden direkt involviert. (Beispiel: Wo wird der SMI Ende 2014 stehen?)

4 Das technische Framework des Klickers

Der Klicker basiert auf dem PHP-Framework CakePHP, das eine einfache, schnelle und saubere Entwicklung von Webapplikationen ermöglicht. Für den Klicker wird CakePHP in Version 1.3 verwendet. Diese setzt mindestens die PHP-Version 4.3.2 (aus dem Jahr 2003) voraus. Die im Framework integrierten MVC-Konventionen (Model-View-Controller) erlauben eine einfache Trennung der Datenbankinteraktionen von der Programmsteuerung und dem Layout. Somit kann sichergestellt werden, dass der Code übersichtlich und nachvollziehbar bleibt. Durch die Verwendung von CakePHP kann sehr viel Programmieraufwand erspart werden, da diverse Aufgaben wie zum Beispiel die Abfrage von Daten aus der Datenbank integriert sind und lediglich aufgerufen werden müssen.

Neben PHP und MySQL werden im Klicker HTML-, CSS- und Javascript-Elemente verwendet. Das Layout baut auf Twitter Bootstrap (Version 2.1.0) auf, ein von Twitter entwickeltes Framework für die Gestaltung von Webapplikationen. Im Framework sind diverse Funktionen enthalten, welche die Adaption des Layouts für mobile Geräte erlauben (responsive design).

Der Klicker wird auf dem Webserver der UZH gehostet mit vier Intel-Xeon-Prozessoren mit 2.8 GHz Taktfrequenz und 16 GB RAM. Durch eine Virtualisierungssoftware laufen auf diesem Server rund 500 virtuelle Server mit unterschiedlichen Webseiten der UZH. Der virtuelle Server für den Klicker hat eine maximale RAM-Zuteilung von 1 GB. Zudem wird eine MySQL Datenbank eingesetzt.

Der Klicker benötigt lediglich 8 MB an Speicherplatz (ohne temporäre Dateien, mit temporären Dateien 35 MB), wobei rund 6.5 MB vom CakePHP Framework stammen. Da CakePHP unter der MIT Lizenz lizenziert ist, wäre auch eine OpenSource-Nutzung der Klicker-Software möglich.

5 Nutzerauswertung des Klickers

Der Klicker wird in kleinen, grossen (200–400 Studierende) und sehr grossen Lehrveranstaltungen (800–1500 Studierende) eingesetzt.

Einige Zahlen aus der Nutzerstatisik (seit 2012):

- *Registrierte User (Dozierende):* Im Tool sind zurzeit 147 User registriert, wobei rund 40 User als aktiv bezeichnet werden können (mehr als vier Fragen erfasst).
- Erfasste Fragen:
  - Insgesamt sind 765 Fragen in der Datenbank erfasst, wobei Fragen gelöscht werden können.

  - Zu 544 von 765 Fragen wurden mindestens 2 Antworten abgegeben.
  - Die User haben 1–52 Fragen in der Datenbank registriert.
  - 20 User haben mehr als 10 Fragen registriert.
- Abgegebene Antworten:
  - Die Teilnahmequote ist je nach Lehrveranstaltung sehr unterschiedlich, aber kann mit durchschnittlich 50% der anwesenden Studierenden angegeben werden.
  - Rund 30.000 Clicks (Einträge als Antworten in die Datenbank) wurden registriert.
- *Single-Choice-Fragen versus Freitext:* Bisher wurden überwiegend Single-Choice-Fragen gestellt.
- *Geräte:* Rund 67% der Studierenden nehmen an den Umfragen mit Smartphones teil, 23% mit Laptops und 10% mit Tablets.
- *Studierenden-Feedback:* Aus Sicht der Studierenden wird der Nutzen des Klicker-Einsatzes durchwegs positiv eingeschätzt. Die kritischen Stimmen bedauern den Zeitverlust und Hinterfragen den effektiven Nutzen.
- *Anzahl Einsätze pro Veranstaltung:* In den Veranstaltungen des Instituts für Banking und Finance wird der Klicker vor allem in Bachelor-Lehrveranstaltungen mit hoher Studierendenanzahl verwendet (150–800 Studierende). Pro Semester (14 Wochen) wurde der Klicker in diesen Veranstaltungen zwischen drei und sieben Mal verwendet, wobei durchschnittlich drei Fragen pro Veranstaltung gestellt wurden.

Um ein vollständiges Bild der Dozierenden zu bekommen, die Klicker verwenden oder probiert haben, soll bis Juni 2014 eine Befragung der registrierten User durchgeführt werden.

6 Herausforderungen

Zuerst wird auf Klicker-spezifische Herausforderungen eingegangen. Anschliessend werden ausserdem grundsätzliche Herausforderungen von (webbasierten) Interaktionstools genannt.

- *Sicherheit:* Beim Klicker wurde bewusst die Entscheidung getroffen, von den Studierenden *keinen Login* zur Teilnahme an Umfragen zu verlangen, um die Partizipationsschwelle möglichst gering zu halten. Diese Entscheidung birgt im Vergleich zu einer Registrierung ein gewisses Manipulationsrisiko, da keine Kontrolle darüber besteht, ob eine Frage ein- oder mehrmals von einer Person beantwortet wird. Bis zum heutigen Tag wurde nur ein Manipulationsversuch festgestellt.
- *Kapazitätsgrenzen:* Die aktuellen Einstellungen des Klickers halten auch einer hohen Anzahlung von Teilnehmenden bei Umfragen stand. Falls das Ausmass zusätzlicher Dozierender und insbesondere die parallele

Nutzung in grossen Veranstaltungen stark steigt, muss eine Anpassung der Kapazitätsgrenzen geprüft werden.

- *Internet-Access:* Ob der Zugang zum Internet für die Studierenden wirklich optimal funktioniert, hängt von vielen Faktoren ab, die (insbesondere bei grossen Institutionen) nur bedingt kontrolliert werden können. Auf jeden Fall soll der WLAN-Zugang oder die Verbindungsqualität des mobilen Datennetzes vorab getestet werden, da dieser je nach Hörsaal sehr unterschiedlich ist. Die Vorbereitung alternativer Szenarien ohne den Einsatz des Klickers empfiehlt sich.
- *Nicht-technische Herausforderungen:* Die nicht-technischen Herausforderungen sind genau so präsent wie die technischen. In der Erfahrung der bisherigen Dozierenden stellen sich vor allem Fragen des inhaltlichen Einsatzes des Klickers sowie der Zeitverlust und die Unruhe, die durch den Einsatz entstehen. Zudem bedarf es an Flexibilität seitens der Dozierenden bei der Kommentierung, da die Resultate und Ergebnisse selten planbar sind und daher für viele Szenarien Erklärungen oder Lösungen bereitgehalten werden sollten.

7 Fazit

www.klicker.uzh.ch bietet aus Sicht der Dozierenden ein technisch einfaches und kostengünstiges Hilfsmittel, um die Interaktion zu fördern und um unmittelbares Feedback bei den Studierenden einzuholen. Der Unterricht erfährt durch den Einsatz des Klickers eine deutliche Aufwertung, da durch den Einbezug von vielen Studierenden eine breitere Diskussionsbasis geschaffen wird. Anstelle einer häufig durch wenige Studierende geprägte Diskussion tritt eine breite Meinungsäusserung, da die Partizipationsrate durchschnittlich bei 50% der anwesenden Studierenden liegt.

Kurzbeiträge

Helge Fischer, Linda Heise, Matthias Heinz, Kathrin Möbius

E-Learning-Trends an Hochschulen

Befunde aus der inhaltsanalytischen Analyse von GMW- und DeLFI-Beiträgen von 2007 bis 2013

Wie geht es mit E-Learning an Hochschulen weiter? Welche E-Learning-Trends dominieren? Welche Anwendungen stehen kurz vor dem Durchbruch? Die Beantwortung solcher Fragen bildet die Basis für die Anpassung von Kommunikations- und Dienstleistungsstrategien im akademischen E-Learning-Umfeld. Der Beitrag liefert daher ein differenziertes Bild über Trends und Hypes des E-Learning an deutschsprachigen Hochschulen. Basierend auf konzeptionellen Überlegungen und empirischen Befunden werden Entwicklungstendenzen einzelner Anwendungen identifiziert und diskutiert.

Konzeptionelle Grundlage der präsentierten Studie ist der *Innovation Hype Cycle* der Gartner Group, welcher die Lebenszyklen von Innovationen beschreibt und einen Zusammenhang zwischen der produktiven Nutzung von Technologien und deren öffentlicher Wahrnehmung bzw. Kommunikation herstellt. Damit wird es möglich, durch die Analyse bereits stattgefundener Diskurse auf Zukunftspotenziale einzelner Innovationen zu schließen. Mit der Analyse des wissenschaftlichen E-Learning-Fachdiskurses wurde die Entwicklung von Themen im Zeitraum von 2007–2013 nachverfolgt. Hierfür wurden Fachbeiträge (n=427) wissenschaftlicher, deutschsprachiger E-Learning-Leitkonferenzen (GMW und DeLFI) inhaltsanalytisch untersucht. Basierend auf den Untersuchungsergebnissen wurden Annahmen zu den Perspektiven von Lernmanagement, Social Software, E-Portfolios, Virtuelle Welten, Mobile Learning und MOOCs in der akademischen Lehre formuliert.

Tobias Halbherr, Nora Dittmann-Domenichini, Thomas Piendl, Claudia Schlienger

Das virtuelle Prüfungszimmer

Authentische, kompetenzorientierte Online-Prüfungen an der ETH Zürich

Dieser Vortrag bespricht Möglichkeiten der Gestaltung authentischer, kompetenzorientierter Online-Prüfungen jenseits der klassischen Aufgabenformate. In einer Diskussion der prüfungsdidaktischen Forschung werden relevante Faktoren für die Verbesserung der Qualität von Prüfungen im hochschuldidaktischen Alltag hergeleitet. Es werden Lösungen für die einfache aber flexible Gestaltung von Prüfungsumgebungen vorgestellt, welche einen gegen Betrug abgesicherten, selektiven Zugriff auf Ressourcen wie Software, Dateien, Netzwerke oder Internet ermöglichen. Basierend auf der prüfungsdidaktischen Diskussion und anhand von Beispielen aus der Praxis an der ETH Zürich wird dargelegt, wie die Verfügbarkeit solcher Ressourcen die unmittelbare, authentische Abbildung von Kompetenzen in Prüfungsaufgaben deutlich vereinfacht – oder überhaupt erst ermöglicht – und damit grundlegend neue Möglichkeiten der Prüfungsgestaltung eröffnet.

Benno Volk, Andreas Reinhardt, Koni Osterwalder

MOOCs für Innovationsprozesse in der Hochschullehre nutzen

Die weltweite Diskussion um MOOCs hat an der ETH Zürich dazu geführt, dass die Stabstelle des Rektors für „Lehrentwicklung und -technologie" (LET) Ende 2012 beauftragt wurde, eine Initiative zur Entwicklung von ETH-eigenen MOOCs zu lancieren. Das Konzept ist darauf ausgerichtet, grundlegende Veränderungen in Bezug auf die didaktische Konzeption von Lehrveranstaltungen durch die Integration von Elementen des Fernstudiums mittels offener Online-Kurse sowie durch die Umsetzung von Konzepten des „flipped classroom" zu erreichen. Dabei werden Kernkonzepte des Fachs im Online-Selbststudium als Vorbereitung auf die Präsenzlehre erworben. Im Unterricht werden darauf aufbauend problem- und fallbasierte Lernformen, Gruppendiskussionen und Projektarbeiten durchgeführt.

Evaluationsergebnisse machen deutlich, dass die Einstellung der Studierenden gegenüber der Umgestaltung der Hochschullehre zwiegespalten ist: Zum einen werden Videos als Lernmedium vielfach geschätzt, da sie die Möglichkeit bieten, Erklärungen mehrfach anzusehen und durch dazugehörige Aufgaben und Fragen zu vertiefen. Die individuelle Anpassung der Lernprozesse an den eigenen Lernrhythmus wird dabei immer wieder hervorgehoben. Gleichzeitig wird die Kombination von Online-Selbststudium und interaktiver Präsenzlehre als zeitintensiv empfunden und teilweise kritisch bewertet.

Die Dozierenden sind dagegen von dieser Lehr- und Lernform weitgehend überzeugt und äussern sich insgesamt positiv über die gemachten Erfahrungen. So wird vor allem der höhere Grad an Interaktion mit den Studierenden und der hierdurch gewonnene Einblick in die studentischen Lernprozesse hervorgehoben. Die grössere Vielfalt an eingesetzten Methoden wird zudem als Qualitätssteigerung der eigenen Hochschullehre empfunden.

Der Aufwand zur Produktion und Durchführung von MOOCs ist für Dozierende, aber auch für die begleitenden Supporteinrichtungen enorm hoch. Diese Kurskonzepte können sich dauerhauft nur etablieren, wenn Wege gefunden werden, wie Dozierende noch niederschwelliger und flexibler bei der Umsetzung des Konzepts und der Entwicklung von Lernmaterialien unterstützt werden können. Hierfür wird an der ETH Zürich ein Peer-to-Peer-Ansatz favorisiert, der durch den Aufbau einer „Community of Practice" aus erfahrenen Dozierenden ermöglicht werden soll. Auf diese Erfahrungen von Kolleg/innen können Hochschullehrende ohne oder mit wenig Erfahrung zurückgreifen. Insgesamt lässt sich festhalten, dass die Einbindung von lokalen und globalen MOOCs eine positive Wirkung auf die Hochschullehre hat, da sowohl bei Studierenden als auch Dozierenden die Auseinandersetzung über die didaktischen Aspekte akademischer Bildung enorm gestiegen ist.

Autorinnen und Autoren

Frederic Adler, Dr. phil. Dipl.-Päd., studierte Erziehungswissenschaft mit den Schwerpunkten Erwachsenenbildung und Medienpädagogik. Promotion 2008 an der Universität Augsburg zur Lernförderlichkeit von Computerspielen. Seit 2004 arbeitet er als wiss. Mitarbeiter an der Professur für Mediendidaktik und zeitweise an der Professur für Digitale Medien der Universität Augsburg. Zeitweise tätig an der TU München und gegenwärtig an der Universität der Bundeswehr München. Mitarbeit in Verbundprojekten (EU, BMBF) zur Gesundheitsförderung und aktuell zur Förderung mathematischer Kenntnisse von Studienanfängern. Seit 2004 Lehrveranstaltung zum Lernen und Lehren mit Medien sowie zu Forschungsmethoden.

Claudia Albrecht, B.A., studierte Bildungswissenschaft an der FernUniversität in Hagen. Seit 2009 ist sie Mitarbeiterin im Medienzentrum der TU Dresden. Aktuell ist sie im Qualifizierungsangebot E-Teaching.TUD, in der Weiterbildung SOOPAL sowie für die Betreuung des hochschuleigenen Förderprogramms Multimediafonds beschäftigt.

Steffen Albrecht, Dr., ist wissenschaftlicher Mitarbeiter am Medienzentrum der TU Dresden und forscht zu den Auswirkungen der Informations- und Kommunikationstechnologien in Wissenschaft, Bildung und Politik (E-Science, E-Learning, E-Partizipation). Zu seinen Schwerpunkten zählen neben der Untersuchung der gesellschaftlichen Veränderungen, die das Internet mit sich bringt, auch die Weiterentwicklung von Methoden der Onlineforschung wie der Netzwerkanalyse, der Diskursforschung und der Inhaltsanalyse.

Patricia Arnold, Dr. phil., seit 2006 Professorin für Sozialinformatik an der Fakultät für Angewandte Sozialwissenschaften der Hochschule München, wiss. Leiterin des E-Learning-Centers der Hochschule und Leiterin des Online-Studiengangs BA Soziale Arbeit. Promotion in Pädagogik mit einer Studie zu Communities of Practice im Fernstudium, Helmut-Schmidt-Universität in Hamburg. Langjährig in der Erwachsenenbildung, in Forschungs- und Entwicklungsprojekten zu E-Learning an Hochschulen und in der betrieblichen Weiterbildung tätig. Schwerpunkte: Flexibilisierung des Studiums durch Einsatz von E-Learning, E-Portfolios, Open Educational Resources, Communities of Practice, Qualitätsentwicklung im E-Learning.

Dorit Assaf, Dr., studierte Wirtschaftsinformatik an der Universität Zürich. Während ihres Doktorats am Artificial Intelligence Laboratory der Universität Zürich entwickelte sie Roboterbausätze bestehend aus Hardware und Software, welche sie mit Schülern, Studenten und Lehrern testete. Zurzeit macht sie ein Postdoc am Center for Engineering Education and Outreach der Tufts University in Boston, wo sie weiterhin mit Begeisterung neue Technologien für den

Unterricht entwickelt. Gleichzeitig bietet sie Lehrerweiterbildungen an, wo sie neue Technologien und Methodiken vorstellt.

Gudrun Bachmann, Dr., leitet seit 1999 den Bereich Bildungstechnologien (BBiT) der Universität Basel, unter dessen Federführung 2001 das dortige Kompetenznetzwerk für Neue Medien in Lehre und Studium (LearnTechNet) aufgebaut wurde. Das LearnTechNet hat den Auftrag, „e"-Bildungsinnovationen einzuführen sowie die damit erforderlichen Veränderungen zu gestalten, umzusetzen und zu begleiten. Gudrun Bachmann ist promovierte Neurowissenschaftlerin. Sie hat an der Universität Tübingen Biologie und Psychologie mit den Schwerpunkten Kybernetik und Kognitionswissenschaften studiert.

Alessandro Barberi, Mag., ist wiss. Mitarbeiter im Forschungsbereich Medienpädagogik am Institut für Bildungswissenschaft der Universität Wien und Chefredakteur der Zeitschrift Medienimpulse. Er studierte Geschichte, Philosophie und Literaturwissenschaft an der Universität Wien. Seine Forschungsschwerpunkte sind Technology Enhanced Learning und die sozialwissenschaftliche Grundlage der Medienpädagogik.

Petra Bauer, Dr., wiss. Mitarbeiterin in der AG Medienpädagogik am Institut für Erziehungswissenschaft der Johannes Gutenberg-Universität Mainz. Vor der Tätigkeit an der Universität Mainz: Berufsausbildung zur Bankkauffrau, Studium der Betriebswirtschaftslehre (FH), Studium Dipl. Erziehungswissenschaft, Promotion zu Einführung von E-Learning in Unternehmen. Langjährige Tätigkeit in der beruflichen Erwachsenenbildung und außerschulischen Jugendbildung. Aktuelle Arbeitsschwerpunkte: Lehren und Lernen mit neuen Medien, E-Learning in der Erwachsenenbildung, Filmbildung, Hochschuldidaktik.

Peter Baumgartner, Prof. Dr., ist Professor für technologiegestütztes Lernen und Multimedia am der Donau-Universität Krems. Er studiere Soziologie an der Universität Wien und habilitierte in Weiterbildung an der Alpen-Adria Universität in Klagenfurt mit „Der Hintergrund des Wissens". Er hatte Professuren an den Universitäten Münster, Innsbruck und an der FernUniversität in Hagen bevor er die Leitung des Departments „Interaktive Medien und Bildungstechnologien" in Krems übernahm. Seine Forschungsinteressen sind: E-Learning, Gestaltung von technologiegestützten Lernarrangements, Lerntheorie und (Hochschul-)Didaktik.

Simon Baumgartner, Lic. phil., Studium der Medien- und Sozialpsychologie an der Universität Bern. Wissenschaftlicher Mitarbeiter am Digital Learning Center der Pädagogischen Hochschule Zürich. Themenschwerpunkte: Mobile Learning, E-Assessment. Gemeinsam mit Jürg Fraefel Leitung des Forschungs- und Entwicklungsprojekts „Mobiles Lernen".

Ingrid Bergner, Dr., hat ein Lehramtsstudium der Amerikanistik/Anglistik sowie Philosophie, Psychologie und Pädagogik. Sie unterrichtete in Präsenz- und Fernstudium am Abendgymnasium Innsbruck für Berufstätige und promovierte an der Fakultät für Sozial- und Kulturwissenschaften der FernUniversität in Hagen mit: „Internet Communication and Practices of Scientist in the Academic World. An Intercultural Approach“. Sie ist derzeit national und international als freiberufliche Universitätslektorin und Trainerin zu interkulturellen Studien, Projektmanagement und wissenschaftlichem Arbeiten tätig.

Thomas Bernhardt, Dipl.-Medienwiss., ist seit 2008 wissenschaftlicher Mitarbeiter an der Professur „Didaktische Gestaltung multimedialer Lernumgebungen“ an der Universität Bremen. Er studierte Angewandte Medienwissenschaften an der TU Ilmenau und promoviert aktuell zum Thema „Einsatz internetbasierter Werkzeuge zur Unterstützung selbstorganisierten Lernens in einer persönlichen Lernumgebung“. Weiter beschäftigt er sich mit Fragen rund um die Verwendung von digitalen Medien im Lehr-/Lernkontext von Schulen und Hochschulen. Daneben ist er einer der Initiatoren der EduCamp-Reihe und hat selbst bereits einige dieser BarCamps zu Lernen und Lehren mit digitalen Medien (mit-)organisiert.

Pascal Berrang promoviert an der Graduate School of Computer Science der Universität des Saarlandes im Bereich Computersicherheit.

Tobias Bertschinger, BA UZH, Studentischer Mitarbeiter am IBF Teaching Center, Institut für Banking und Finance der Universität Zürich.

Matthias Birkenstock studiert Regenerative Energien an der FH Bielefeld. Er entwickelt den Live-Editor von Capira zum Erstellen von Quizzes während der Vorlesungsaufzeichnung.

Claudia Börner, M.A., studierte Erziehungswissenschaft, Psychologie und Medienwissenschaften in Potsdam und Bergen. Seit 2006 ist sie Mitarbeiterin am Medienzentrum der TU Dresden und leitet seit 2011 die Abteilung Bildungsforschung und -services. In dieser Funktion akquiriert und koordiniert sie Forschungs- und Entwicklungsprojekte, bietet mediendidaktische Beratungen an und leitet die Programmbetreuung des hochschuleigenen Förderprogramms Multimediafonds.

Sabina Brandt, Mag. Art., M.A., ist seit 2011 wissenschaftliche Mitarbeiterin im Bereich Bildungstechnologien (BBiT) der Universität Basel. Sie studierte Theater- und Medienwissenschaften, Geschichte sowie Choreographie und Darstellende Kunst in Köln, London und Berlin, forschte im Bereich der Bildwissenschaften im Basler NCCR eikones und war als Studiengangentwicklerin und Dozentin u.a. an der Zürcher Hochschule der Künste tätig. Seit 2008 arbeitet sie zudem als selbstständige Beraterin und Dozentin in Wissenschaft und Privatwirtschaft zu den Themenfeldern Kommunikation, Teamentwicklung und Change Management.

Urs Brändle studierte Biochemie an der ETH Zürich und promovierte danach in Pflanzenwissenschaften über molekulare Populationsgenetik von Getreideschädlingen. Danach arbeitete er als Applikationsentwickler im Medizinalbereich und als Projektleiter im Electronic-Publishing, unterrichtete Chemie und bildete Informatiklehrlinge aus. Seit 2008 ist er am Departement Umweltsystemwissenschaften der ETH Teil des hochschulweiten Netzwerks der Lehrspezialisten und ist zuständig für Lehrgangsentwicklung und Lehrinnovation. Der niederschwellige Einsatz von mobilen Endgeräten ist sein Schwerpunkthema im Bereich Lehrtechnologie.

Claudia Bremer, Geschäftsführerin von studiumdigitale, der zentralen eLearning-Einrichtung der Goethe-Universität Frankfurt/Main, unterstützt Lehrende der Goethe-Universität, aus Hochschulen, Unternehmen und Bildungseinrichtungen zum Einsatz neuer Medien in Bildungsprozessen und bei der Konzeption und Umsetzung von eLearning-Strategien. Sie koordiniert die Projekte „Lehr@mt – Medienkompetenz in allen drei Phasen der Hessischen Lehrerbildung" und „Neue Medien im Hessencampus" des Hessischen Kultusministeriums. Ihre Forschungsthemen sind eLearning-Szenarien, MOOCs, Online-Kooperation, Medienkompetenz, eLearning-Strategien und Organisationsentwicklung.

Carola Brunnbauer (M.A.) ist seit 2013 Dozentin und E-Learning-Beraterin im Digital Learning Center (DLC) der Pädagogischen Hochschule Zürich. Sie ist hauptverantwortlich für die Konzeption und Durchführung der Weiterbildung „Medienkompetenzen für Dozierende und wissenschaftliche Mitarbeitende". Nach vielen Jahren im Lehrberuf, dem Studium der Bildungswissenschaften (Educational Sciences) mit Schwerpunkt Erwachsenenbildung und dem Nachdiplomstudium „E-Learning und Wissensmanagement" war sie zunächst an der Pädagogischen Hochschule Luzern für Beratung und Schulung Dozierender beim Einsatz digitaler Medien zuständig und später auch als Dozentin in der Ausbildung tätig.

Victoria Castrillejo studierte Spanisch in Valladolid. Sie arbeitete an verschiedenen Universitäten in den USA und Deutschlands sowie für das Cervantes-Institut und die Spanische Botschaft in Berlin. Aktuell ist sie am Center für Digitale Systeme (CeDiS) der FU Berlin beschäftigt.

Thorsten Daubenfeld, Prof. Dr., ist seit 2010 Dozent für Physikalische Chemie an der Hochschule Fresenius. 2011 wurde er zum Professor an der Hochschule Fresenius berufen. Seit dieser Zeit ist er als Studiendekan für den Bachelor- und Masterstudiengang Wirtschaftschemie verantwortlich. Er leitet seit Anfang 2012 ein Projekt der Hochschule im Rahmen der BMBF-Initiative „ANKOM – Übergänge von der beruflichen in die hochschulische Bildung". Darüber hinaus ist er Mitglied im „AK Wirtschaftschemie" der „Vereinigung für Chemie und Wirtschaft" (VCW) in der Gesellschaft Deutscher Chemiker. Von 2006–

2010 war er als Consultant in der Unternehmensberatung The Boston Consulting Group (Düsseldorf) tätig.

Nadezda Dietze, Studium im Fachbereich Mathematik und Informatik auf Lehramt an der Technischen Universität Novocherkassk (Russische Föderation). Seit 2005 wiss. Mitarbeiterin am Lehrstuhl für angewandte Mathematik der TU Novocherkassk mit Schwerpunkt auf der Lehre im Fachgebiet Informatik. Der Schwerpunkt der Promotion liegt auf einer Vergleichsanalyse des Informationskompetenzniveaus von russischen und deutschen Studierenden. Seit 2012 wiss. Mitarbeiterin im Distance and Independent Studies Center der TU Kaiserslautern (Abteilung Self-directed Learning und eLearning) für BMBF-Projekte „Selbstlernförderung als Grundlage“ und „Offene Kompetenzregion Westpfalz“ im Themenbereich E-Learning.

Nora Dittmann-Domenichini, Dr., ist Mitglied der Gruppe Prüfen und Evaluieren der Stabsstelle für Lehrentwicklung und -technologie (LET) des Rektors der ETH Zürich. Sie ist zuständig für die Analyse und Erarbeitung von Handlungsfeldern und Ergebnissen zur Unterrichtsbeurteilung sowie der Überarbeitung von Evaluationskonzepten und Erhebungsinstrumenten. Nach ihrem Studium der Psychologie in Berlin und Magdeburg spezialisierte sie sich auf kognitive Ergonomie an der Université Paris X. Nanterre. Sie arbeitete an der Cité des Sciences et de l’Industrie als kognitionspsychologische Beraterin für museale Gestaltung und war Dozentin für Lernpsychologie und Pädagogische Diagnostik an der PH Bern.

Beat Döbeli Honegger, Dr., ist Professor am Institut für Medien und Schule (IMS) der Pädagogischen Hochschule Schwyz. Seine aktuellen Forschungsschwerpunkte umfassen strategisches und operatives IT-Management an Bildungsinstitutionen, kollaboratives Schreiben am Computer, 1:1-Ausstattungen und BYOD-Konzepte, digitale Lehrmittel sowie Didaktik der Informatik in der Primarschule

Martin Ebner, Univ.-Doz. Dr., ist Leiter der Abteilung Vernetztes Lernen an der Technischen Universität Graz und ist dort für sämtliche E-Learning-Belange zuständig. Zudem forscht und lehrt er als Medieninformatiker am Institut für Informationssysteme und Computer Medien rund um technologiegestütztes Lernen. Seine Schwerpunkte sind e-Learning, m-learning, Social Media, Learning Analytics und Open Educational Resources.

Benedikt Engelbert ist Diplom-Informatiker, arbeitet seit 2011 als wiss. Mitarbeiter im eLearning Competence Center der Hochschule Osnabrück sowie im BMBF-geförderten Forschungsprojekt eCULT – eCompetence and Utilities for Learners and Teachers, wo er sich primär mit der Entwicklung und Implementierung von Informationssystemen zur Verbesserung der Lehre beschäftigt. Des Weiteren promoviert er am Institut für Informatik der Universität Osnabrück im Bereich assistierende und intelligente Lernsysteme. Durch die

Arbeit in verschiedenen Forschungsprojekten beschäftigt er sich seit 2009 mit dem Bereich assistierende und intelligente Multimediasysteme unter Einsatz von Empfehlungsdiensten.

Jennifer Erlemann (Master of Science in Computer Science) ist Technische Leiterin im Zentrum für Innovative Didaktik der ZHAW School of Management and Law. Während des Studiums an der Beuth Hochschule in Berlin war ihr Fokus die Internationalisierung & Lokalisierung von Internetanwendungen. Heute ist das Kerngebiet ihrer Arbeit die Konzeption, Umsetzung und Implementierung von computergestützten Lehr- und Lernumgebungen. Aktuell verknüpft sie beide Forschungsschwerpunkte als IT-Projektleiterin und Programmiererin im Rahmen eines EU FP7 Era.Net RUS Projekts.

Helge Fischer, Dr., war nach Abschluss des Studiums der Angewandten Medienwissenschaften an der TU Ilmenau im Jahr 2005 mehrere Jahre bei der BPS Bildungsportal Sachsen GmbH für die Geschäftsbereiche Change Management, Marketing sowie Drittmittelakquise verantwortlich, bevor er eine wiss. Laufbahn an der TU Dresden einschlug. Promoviert wurde er 2012 im Rahmen einer binationalen Industriepromotion (Joint Degree) an der Fakultät für Erziehungswissenschaften der TU Dresden und der University of Bergen (Norwegen). Seit 2010 leitet er die sächsische E-Learning-Verbundinitiative „Qualitätssicherung und -management in der postgradualen Weiterbildung“ als Mitarbeiter des Medienzentrums der TU Dresden.

Alexandra Forstner, Mag., ist wiss. Mitarbeiterin im Forschungsbereich Medienpädagogik am Institut für Bildungswissenschaft der Universität Wien. Ihre Forschungsschwerpunkte sind derzeit die Prozesstheorie von Whitehead und die Konzeption adaptiver Lernumgebungen.

Jürg Fraefel, M.A. Educational Media Universität Duisburg, Organisationsberater BSO. Leiter des Digital Learning Center und Dozent für Medienbildung an der Pädagogischen Hochschule Zürich. Themenschwerpunkte: Medienintegration in Bildungsinstitutionen aus organisationaler Sicht, Mobile Learning. Gemeinsam mit Simon Baumgartner Leitung des Forschungs- und Entwicklungsprojekts „Mobiles Lernen“

Oliver B. T. Franken, M.A., studierte an den Technischen Universitäten Chemnitz und Dresden Allgemeine Erziehungswissenschaft mit dem Schwerpunkt Erwachsenenbildung (insbesondere wissenschaftliche Weiterbildung) und Medien- und Kommunikationswissenschaften sowie Betriebswirtschaftslehre. Forschungspraktikum an der Privaten Pädagogischen Hochschule der Diözese Linz. Seit 2013 ist er wiss. Mitarbeiter am Medienzentrum der TU Dresden im ESF-Projekt „Qualitätssicherung und Qualitätsmanagement in der postgradualen Weiterbildung“. Seine Forschungsbereiche umfassen Weiterbildungsmanagement, Weiterbildungseinrichtungen für wissenschaftliche Weiterbildung und Bildungstechnologien für die Erwachsenenbildung.

Thomas Fuchs ist Pädagoge und Informatiker; seit einigen Jahren leitet er den Bereich ‚Forschung und Entwicklung' der Soluzione Knowledge Company GmbH München.

Martina Gaisch, Mag., hat an der Karl-Franzens-Universität Graz Translationswissenschaften (Arbeitssprachen Deutsch, Englisch, Französisch und Spanisch) studiert. Auslandsstudium an der Université de Valenciennes und Heriott Watt University of Edinburgh. Seit 2012 absolviert sie an der Universität Wien ein PhD-Studium an der Schnittstelle von Hochschulforschung, Sozio-Linguistik und interkultureller Kompetenz. Seit 2009 ist sie Professorin für Englisch und interkulturelle Kommunikation an der FH OÖ, Fakultät für Informatik, Kommunikation und Medien. Ihre Forschungsschwerpunkte sind interkulturelle und interdisziplinäre Kollaborationen und English as a Lingua Franca.

Kathrin Galley, M.A., studierte den Bachelor- und Masterstudiengang „Medien und Kommunikation" an der Universität Augsburg. Seit Oktober 2013 arbeitet sie als wissenschaftliche Mitarbeiterin an der Professur für Mediendidaktik der Universität Augsburg. Hier ist sie vor allem als Mitarbeiterin im Projekt „UniPAd – iPads an der Universität Augsburg" tätig. In ihrer Dissertation beschäftigt sie sich mit der Medienkompetenz von Kindern bis zu einem Alter von acht Jahren.

Flavio Di Giusto ist wissenschaftlicher Mitarbeiter am Zentrum für Innovative Didaktik an der School of Management and Law der ZHAW. Er ist dipl. Betriebsökonom und verfügt über einen MSc in Business Administration.

Yasemin Gülbahar Güven, Assoc. Prof. Dr. PhD, is Chair of the Department of Informatics and Vice Chair of the Distance Education Centre at Ankara University. BS in the field of Mathematics, MS and PhD in the field of computer education and instructional technology from Middle East Technical University. Her current research areas are informatics education, instructional design, social software, blended learning and e-learning. She runs courses in instructional theories, distance education, research methods, web design, web-based programming, instructional technologies and material preparation, measurement and evaluation, technology integration and project management.

Dorit Günther, Dr., studierte Informationswissenschaft, Anglistik und Philosophie an der Universität des Saarlandes und der University of Maryland (USA) und promovierte 2005 mit einer Arbeit zur Gestaltung von Online-Informations- und Kommunikationssystemen für den wissenschaftlichen Diskurs. Seit 2006 ist sie wiss. Mitarbeiterin an der TU Kaiserslautern, zunächst im eTeaching Service Center und seit 2009 im Distance and Independent Studies Center. Seit 11/2013 ist sie Mitarbeiterin im Projekt „Selbstlernförderung als Grundlage" im Bereich Lerncoaching und Lernarchitekturen. Arbeitsschwerpunkte sind Lerncoaching, Mediendidaktik und Social Media, virtuelle und physische Lernräume.

Brigitte Grote, Dr., studierte Computerlinguistik und Anglistik in Trier und Newcastle und promovierte 2004 in der Angewandten Sprachwissenschaft/ Computerlinguistik an der Universität Bremen. Sie war als wissenschaftliche Mitarbeiterin im Bereich Sprachverarbeitung, Dokumentverarbeitung und wissensbasierte Systeme am IPSI der GMD (jetzt Fraunhofer), am FAW Ulm und an der Otto-von-Guericke-Universität Magdeburg und anschließend an der FH Potsdam im Rahmen von Neue Medien in der Bildung I tätig. Seit 2005 arbeitet sie beim Center für Digitale Systeme (CeDiS) der FU Berlin und leitet den Bereich Fortbildung.

Marlene Gruber absolvierte den Studiengang Physik an der Heinrich-Heine-Universität Düsseldorf und schloss diesen mit dem Diplom ab. Während des Studiums arbeitete sie im Bereich der Physikalischen Grundpraktika als studentische und wissenschaftliche Hilfskraft und war u.a. für die Betreuung der Praktika zuständig. Seit Januar 2012 ist sie Teil der Arbeitsgruppe zur Weiterentwicklung des Online-Physik-Praktikums für Mediziner mit dem Ziel der Verbesserung der Lehre in der Nebenfachausbildung. Zusätzlich optimiert sie, seit Mitte 2013 als wissenschaftliche Angestellte der Zentralen Einrichtung, die Physik-Praktika.

Nina Grünberger, MMag. phil. studierte Bildungswissenschaft sowie Theater-, Film- und Medienwissenschaft (Universität Wien). Seit 2011 ist sie wissenschaftliche Mitarbeiterin und Lehrgangsleiterin am Department für Interaktive Medien und Bildungstechnologie (Donau-Universität Krems). In ihrer Dissertation (Universität Innsbruck) behandelt sie die Frage der Bedeutung des Spiels und spielerischer Haltungen in gesellschaftlichen Umbrüchen und individuellen Bildungsprozessen.

Monika Haberer, Studium der Französischen Kulturwissenschaft und Interkulturellen Kommunikation, Anglistik und Neueren Geschichte an der Universität des Saarlandes und der Université Laval (Kanada). Seit 2001 wiss. Mitarbeiterin im E-Learning-Bereich an der Universität des Saarlandes (BMBF-Projekt Modulang), der Universität Mannheim (Universitätsbibliothek) und der TU Kaiserslautern (eTeaching Service Center). Seit 2007 Abteilungsleiterin im Distance and Independent Studies Center der TU Kaiserslautern (Abteilung Self-directed Learning und eLearning). Lehre in den Bereichen online-basiertes Lehren und Lernen und Medienkompetenz. Publikationen zu Neue Medien, Medienentwicklung und E-Learning.

Jörg Hafer, M.A., studierte Erziehungswissenschaft, Soziologie und Philosophie an der Johann-Wolfgang-Goethe-Universität in Frankfurt/Main. Seit 1999 Beratung, Konzeption und Leitung von eLearning-Projekten für Unternehmen und Organisationen. Seit 2007 Mitarbeiter und Leiter der Arbeitsgruppe eLEAR-

NiNG der Universität Potsdam. Arbeitsschwerpunkte sind neben mediendidaktischer Beratung und Weiterbildung E-Portfolios, PLE und Moodle.

Christian Haintz, Dipl.-Ing., BSc, ist Geschäftsführer und Softwareentwickler der Carrot & Company GmbH. Seine Expertise liegt im Einsatz von aktuellen und innovativen Web- und Mobiltechnologien für kontextbasierte Echtzeitinteraktions- und Feedbacksysteme. Neben SW-Entwicklungsprojekten für innovative Unternehmen und Startups ist er einer der Hauptentwickler von realfeedback.io und backchannel.cnc.io.

Tobias Halbherr, lic. Phil., arbeitet als Fachexperte Prüfen in der Stabsstelle Lehrentwicklung und -technologie (LET) des Rektors der ETH Zürich und leitet den Service „Online-Prüfen" der ETH Zürich. Er hat an der Universität Zürich und ETH Zürich Psychologie und Informatik studiert. Seine früheren Tätigkeiten beinhalten Forschung zu menschlicher Objekterkennung sowie adaptivem computergestütztem Training und Assessment im Bereich der Zivilluftfahrt; quantitative Analysen und Softwareentwicklung für das Asset Liability Management und das Engineering Treasury der Zürcher Kantonalbank; sowie freischaffende Arbeit im Bereich Event-Management und Videoinstallationsdesign.

Michael Hauser arbeitet als wissenschaftlicher Mitarbeiter im Fachbereich kulturell ästhetische Medienbildung und Kinder-Jugendmedienschutz in der digitalen Gesellschaft am Lehrstuhl für Allgemeine Pädagogik der Universität Passau. Seit 2012 erstellt und betreut er die virtuelle Veranstaltung „Einführung in die Medienpädagogik". Er studierte an der Fachhochschule Deggendorf Medientechnik mit den Schwerpunkten Mediendesign und Medienproduktion und befindet sich derzeit kurz vor Abschluss eines Lehramtsstudiums.

Florian Heberle ist wiss. Mitarbeiter an der Hochschule Karlsruhe. Er hat angewandte Informatik an der Dualen Hochschule Baden-Württemberg studiert und war danach eineinhalb Jahre bei SEW Eurodrive als Softwareentwickler tätig. 2013 hat er seinen Master in Informatik an der Hochschule Karlsruhe – Technik und Wirtschaft erworben und arbeitet seither im Bereich E-Learning im EU-Projekt INTUITEL.

Matthias Heinz ist seit 2012 wissenschaftliche Hilfskraft im Projekt Q2P (Qualitätssicherung und -management in der postgradualen Weiterbildung) am Medienzentrum der TU Dresden und schreibt gegenwärtig an seiner Abschlussarbeit im Master Weiterbildungsforschung und Organisationsentwicklung zum Thema E-Learning in der wissenschaftlichen Weiterbildung. Zuvor studierte er im Bachelor Pädagogik mit dem Schwerpunkt Erwachsenenbildung/Weiterbildung und dem Nebenfach Psychologie an der TU Chemnitz und arbeitete ein Jahr in Polen als Dozent für interkulturelle Themen.

Christin Heinze legte ihr Diplom in Medieninformatik ab und schloss einen Masterstudiengang mit dem Schwerpunkt „Multimediale Systeme und Anwendungen" an der FH Düsseldorf an. Zunächst war sie als wissenschaftliche Hilfskraft und seit 2012 als wissenschaftliche Mitarbeiterin an der Heinrich-Heine-Universität Düsseldorf tätig. Ihr Aufgabengebiet umfasste die Betreuung und Weiterentwicklung des Online-Physik-Praktikums für Mediziner. Sie hat zudem einem Lehrauftrag an der FH Dortmund für Webdesign und -programmierung. An der Folkwang Universität der Künste ist sie seit April 2014 als Fachlehrerin für Digitales Publizieren im Fachbereich Gestaltung tätig.

Linda Heise arbeitet seit 2012 als studentische Hilfskraft in dem Projekt Q2P „Qualitätssicherung und Qualitätsmanagement in der postgradualen Weiterbildung" am Medienzentrum der TU Dresden. Den Bachelorstudiengang Pädagogik absolvierte sie an der TU Chemnitz mit dem Schwerpunkt Pädagogik des E-Learning und der Neuen Medien. Zurzeit nimmt sie an einer Qualifizierung von E-Tutoren teil und arbeitet im Rahmen ihres Masterstudiums Weiterbildungsforschung und Organisationsentwicklung an der TU Dresden an ihrer Abschlussarbeit. Darin erforscht sie die Nachhaltigkeitsstrategien von E-Learningprojekten in der mediengestützten Weiterbildung an Hochschulen.

Peter A. Henning, Prof. Dr., ist Professor für Informatik an der Hochschule Karlsruhe und Professor für Information Business Technologies an der Steinbeis-Hochschule Berlin. Seine Arbeitsgebiete sind technologiegestütztes Lernen, Computergrafik, Multimedia und Semantische Systeme. Er ist Koordinator des EU-Projektes INTUITEL, Wissenschaftlicher Leiter der LEARNTEC und Mitglied der Programmkommission der Virtuellen Hochschule Bayern.

Luise Henze, M.A., studierte Erziehungswissenschaften in Jena und International Business and Languages in Dublin. Seit 2010 ist sie wissenschaftliche Mitarbeiterin der Arbeitsgruppe eLEARNiNG an der Universität Potsdam, wo sie sich mit Qualitätsentwicklung und Lehrendenqualifizierung im Bereich E-Learning und Mediendidaktik befasst. In diesem Rahmen entwickelt und realisiert sie Weiterbildungsangebote und Workshops und berät Hochschullehrende zum Einsatz digitaler Medien in der Lehre

Sabrina Herbst, M.A., hat bis 2011 an der TU Dresden Politikwissenschaft studiert und arbeitet seit 2010 am Medienzentrum der TU Dresden. Dort ist sie seit 2012 als wissenschaftliche Mitarbeiterin im „eScience – Forschungsnetzwerk Sachsen" tätig und beschäftigt sich mit dem Einfluss der Digitalisierung auf die Wissenschaftspraxis und Veränderungen im Verhältnis Wissenschaft und Öffentlichkeit.

Thomas Hermann, Dr. phil., ist Dozent im Fachbereich Medienbildung und am Schreibzentrum der Pädagogischen Hochschule Zürich. Seine Arbeits- und Forschungsschwerpunkte sind Bildpädagogik/Visual Literacy, Visuelle Methoden in der Forschung sowie Schreibdidaktik und -forschung.

Michael Hielscher studierte Informatik an der Hochschule Zittau/Görlitz und promovierte an der Johannes Gutenberg-Universität Mainz. Er beschäftigt sich seit vielen Jahren mit der Konzeption und Entwicklung von computergestützten Lehr- und Lernumgebungen für die Schule und Hochschule und betätigt sich vielfältig bei der Aus- und Weiterbildung von Lehrerinnen und Lehrern im Bereich ICT und Informatik. Zu seinen erfolgreichsten Projekten zählen AtoCC.de, ProgrammingWiki.de und LearningApps.org. Letzteres wird bereits von mehr als 200.000 Lehrenden und Lernenden aus der ganzen Welt eingesetzt.

Sandra Hofhues, Dr. phil., akademische Mitarbeiterin (PostDoc) am Lehrstuhl für Hochschuldidaktik an der Zeppelin Universität Friedrichshafen und im Higher Educational Design Research Center (HEDeR) verantwortlich für Digital Education. Schwerpunkte in Forschung, Lehre und Entwicklung: Persönliche Kompetenzentwicklung mit (digitalen) Medien, Kooperationen zwischen Bildungsinstitutionen und Organisationen (insbesondere Unternehmen), Prozesse der Öffnung und Entgrenzung mit/durch (digitale) Medien.

Peter Holzwarth, Dr., Dozent, Pädagogische Hochschule Zürich, Fachbereich Medienbildung. Lehrbeauftragter an der Pädagogischen Hochschule Ludwigsburg, Studium an der Universität Tübingen, Forschungsprojekte an der Universität Tübingen und an der Pädagogischen Hochschule Ludwigsburg. Arbeitsschwerpunkte und Interessengebiete: Medienbildung, Aktive Medienarbeit (Fotografie, Video, Audio), Interkulturelle Pädagogik, Migrationsforschung, visuelle Forschungsmethoden, Filmbildung, Bildpädagogik, Werbung und Medienkritik, Jugendforschung, Graffitiforschung, Medien und Migration, Jugendkultur und Schule.

Timo Hoyer, Dr. phil. habil., apl. Professor für Erziehungswissenschaft an der Pädagogischen Hochschule Karlsruhe; Promotion und Habilitation an der Universität Kassel; von 2005 bis 2010 Mitarbeiter am Sigmund-Freud-Institut Frankfurt am Main. Publikationen u.a. über Friedrich Nietzsche, Alexander Mitscherlich, Tugendpädagogik, Glück und Bildung, Begabung. Derzeitige Arbeitsschwerpunkte: Hochbegabungsforschung, Sozialgeschichte der Erziehung, Blended Learning (e:t:p:M).

Nicolas Imhof, BSc ETHZ, studentischer Mitarbeiter am IBF Teaching Center, Institut für Banking und Finance der Universität Zürich.

Tanja Jadin, FH-Prof. Mag. Dr., hat an der Universität Salzburg Psychologie und im Erweiterungsstudium Kommunikationswissenschaft studiert. 2007 hat sie in Psychologie an der Universität Salzburg promoviert. Seit September 2011 ist sie Professorin für E-Learning an der FH OÖ, Campus Informatik, Kommunikation und Medien. Seit Juni 2013 ist sie zusätzlich Pädagogische Koordinatorin des Masterstudiengangs Kommunikation, Wissen, Medien der FH OÖ. Ihre Forschungsschwerpunkte sind selbstreguliertes und informelles Lernen mit digitalen Medien, computerunterstütztes kollaboratives Lernen und

Arbeiten, Lernen in Online Communities sowie medienkompetenter Umgang mit digitalen Medien.

Patricia Jäger studiert Pädagogik mit Schwerpunkt ‚Lehren und Lernen mit Medien' an der Fakultät für Humanwissenschaften, Universität der Bundeswehr München, wo sie 2014 ihren BA-Abschluss erreichte.

Oliver Janoschka leitet im Stifterverband den Programmbereich „Forschung, Transfer und Wissenschaftsdialog" und betreut dort im Schwerpunkt die digitalen Programmaktivitäten (MOOC-Fellowshipprogramm, Strategiewettbewerb Hochschulbildung und Digitalisierung und das Hochschulforum Digitalisierung). Als Geschäftsstellenleiter des Hochschulforums Digitalisierung kümmert er sich um den Aufbau dieses vom BMBF geförderten Kooperationsprojekts zwischen Stifterverband, CHE und HRK, bei dem über 70 Experten in sechs Themengruppen der Leitfrage nachgehen, wie die Hochschullehre mithilfe digitaler Medien weiterentwickelt werden kann.

Michael Jasper studiert Pädagogik mit Schwerpunkt ‚Lehren und Lernen mit Medien' an der Fakultät für Humanwissenschaften, Universität der Bundeswehr München, wo er 2014 seinen BA-Abschluss erreichte.

Nina Kahnwald, Jun.-Prof. Dr., ist seit 2013 an der Universität Siegen Juniorprofessorin für Bildungsforschung mit dem Schwerpunkt Informelles Lernen im Erwachsenenalter. Zuvor war sie seit 2006 an der Technischen Universität Dresden (Professur für Bildungstechnologie und Medienzentrum) tätig. Von 2008 bis 2012 leitete sie die Abteilung Medienstrategien am Medienzentrum der TU Dresden. Seit 2012 leitete sie die Sektion Hochschuldidaktik und E-Learning am Internationalen Hochschulinstitut (IHI) der TU Dresden. Arbeits- und Forschungsschwerpunkte: virtuelle Gemeinschaften, E-Learning 2.0, Hochschuldidaktik und Online-Forschung.

Ingo Keller studierte Informatik an der TU Ilmenau und ist seit 2012 als wissenschaftlicher Mitarbeiter an der Juniorprofessur Software Engineering ubiquitärer Systeme (SEUS) der TU Dresden tätig. Sein Forschungsschwerpunkt liegt auf der Entwicklung von Softwarearchitekturen für ubiquitäre Systeme. Im Rahmen der Nachwuchsforschergruppe SESAM beschäftigt er sich mit der Entwicklung des ubiquitären Informations- und Bildungssystems (uBIS) und im speziellen mit der Umsetzung des SESAM-Lernbrowsers.

Stefan Andreas Keller, Dr. phil., Experte für E-Learning, Science 2.0 und Digital Humanities an der Universität Zürich und E-Learning-Koordinator der Philosophischen Fakultät der Universität Zürich sowie Dozierender und Schulungsleiter an verschiedenen Universitäten und Fachhochschulen in der Schweiz. Arbeitsschwerpunkte bilden die Produktion von Massive Open Online Courses (MOOCs) sowie BarCamp-Formate integriert in traditionell organisierten Tagungen. Forschungsschwerpunkte sind: Mediengeschichte und Medienwandel, Demokratisierung und gesellschaftliche Partizipationserweiterung (E-Learning 2.0/Web 2.0), Wissensorganisation und Literaturverwaltung, Digitale Geschichtswissenschaft.

Anton Kieffer studiert Pädagogik mit Schwerpunkt ‚Lehren und Lernen mit Medien' an der Fakultät für Humanwissenschaften, Universität der Bundeswehr München, wo er 2014 seinen BA-Abschluss erreichte.

Silke Kirberg ist an der Hochschule Niederrhein im Hochschulzentrum für Lehre und Lernen zuständig für E-Learning/Hochschuldidaktik insbesondere der dualen und berufsbegleitenden Studiengänge. Zuvor leitete sie die zentrale E-Learning-Beratungsstelle der Deutschen Sporthochschule Köln. Sie berät u.a. Lehrende, die neue virtuelle Formate durchführen möchten.

Michael Klebl, Prof. Dr., hat seit Oktober 2010 den Lehrstuhl für Wirtschaftspädagogik mit dem Schwerpunkt Berufliche Weiterbildung und Bildungsmanagement an der WHL Wissenschaftlichen Hochschule Lahr inne. Zuvor lehrte Klebl fünf Jahre als Juniorprofessor für CSCL (Computer-Supported Collaborative Learning) an der FernUniversität in Hagen. 2004 promovierte er am Lehrstuhl für Arbeitswissenschaft und Betriebspädagogik der Katholischen Universität Eichstätt-Ingolstadt. Nach einem Lehramtsstudium und dem Studium für das Diplom in Erziehungswissenschaft arbeitete er in verschiedenen Bereichen der Erwachsenenbildung, der beruflichen Weiterbildung und der Neuen Medien.

Thomas Köhler, Prof. Dr., ist seit 2005 Professor für Bildungstechnologie und Leiter des Medienzentrums der TU Dresden. Er studierte Psychologie und Soziologie an der Friedrich-Schiller-Universität Jena sowie am Liberal Arts College in Swarthmore (USA) und schloss 1999 seine Promotion an der Universität Jena ab. 2002–2005 Juniorprofessor für „Lehr-Lern-Forschung unter besonderer Berücksichtigung multimedialen Lernens" an der Universität Potsdam und Lehrtätigkeit an den Universitäten Bergen (Norwegen) und Dresden.

Michael Kopp, Dr., ist Leiter der Akademie für Neue Medien und Wissenstransfer an der Universität Graz und verantwortlich für die mediendidaktische Betreuung aller E-Learning-Aktivitäten an der Universität. Seine Aufgaben umfassen die Entwicklung didaktischer Methoden, Strategien und Lösungen zur Lehrinnovation. Gleichzeitig ist er für die Bereitstellung von Initiativen und Services verantwortlich, die Lehrende dazu motivieren, ihre Lehrinhalte mit neuen Medien anzureichern. Er verfügt über langjährige Erfahrung im Management von E-Learning-Projekten. Er hat Lehraufträge im Bereich Bildungsmarketing, lehrt und forscht in den Bereichen E-Learning, MOOCs, Social Media und Open Educational Resources.

Detlef Krömker, Prof. Dr., studierte Elektrotechnik in Bielefeld und danach Informatik an der Technischen Hochschule in Darmstadt. Dort promovierte er im Fachgebiet „Graphisch-Interaktive Systeme". Seit Dezember 1999 ist er Professor für Grafische Datenverarbeitung im Institut für Informatik der Goethe-Universität. Forschungsschwerpunkte: Authoringprobleme in Multimedia, E-Learning und Visualisierung. Krömker ist Vorstandssprecher der zentralen E-Learning-Einrichtung studiumdigitale der Goethe-Universität Frankfurt.

Swapna Kumar, Dr. ed., seit 2009 Clinical Assistant Professor of Educational Technology und Leiterin des Studiengangs ‚Doctor of Education in Educational Technology' am College of Education, University of Florida, USA. Promotion mit einer Dissertation zur Integration von Online-Interaktionen in die Hochschullehre an der Boston University, USA. Arbeits- und Forschungsschwerpunkte: Online Education, Blended Learning, Online Communities und Lehren und Lernen mit neuen Medien.

Elke Lackner, Dr., leitet den Fachbereich „Mediendidaktik" an der Akademie für Neue Medien und Wissenstransfer (Universität Graz). Sie ist für die Entwicklung und Durchführung von Weiterbildungsmaßnahmen in den Bereichen E-Learning und Bildungstechnologien verantwortlich. Zurzeit lehrt sie an der Akademie für Neue Medien und Wissenstransfer (Bereich Mediendidaktik) sowie französische und italienische Literaturwissenschaft sowie Fachdidaktik (Französisch, Italienisch, Spanisch) am Institut für Romanistik der Universität Graz. Darüber hinaus hat sie einen Lehrauftrag an der FH Kärnten (Bereich Mediendidaktik) und hält Fortbildungen an der Pädagogischen Hochschule Steiermark im Bereich Einsatz neuer Medien im Unterricht.

Jasmin Leber ist wiss. Mitarbeiterin am Institut für Psychologie der Albert-Ludwigs-Universität Freiburg in der Abteilung Pädagogische Psychologie und Entwicklungspsychologie und Doktorandin im interdisziplinären Projekt „Adaptive und Adaptierbare Multimediasysteme" des WissenschaftsCampus Tübingen. Sie studierte Erziehungswissenschaften an der Pädagogischen Hochschule Freiburg (B.A.) sowie der Albert-Ludwigs-Universität Freiburg (M.A.). Ihre Forschungsschwerpunkte liegen in der adaptiven Gestaltung multimedialer Lernumgebungen unter Einbezug von Eye-Tracking sowie dem Einsatz von Prompts zur Förderung des Lernprozesses.

Claudia Lehmann ist seit 2012 wissenschaftliche Mitarbeiterin im Projekt „eLearning und LebensLangesLernen" (eL4) beim E-Learning Academic Network (ELAN e.V.). Zuvor war sie als (Medien-)Kunstvermittlerin am EDITH-RUSS-HAUS für Medienkunst in Oldenburg tätig, wo sie Workshops und Projekte zur Vermittlung und Aneignung von Kompetenzen in den Bereichen Medien und ästhetische Bildung konzipierte und realisierte. Sie studierte Kunst- und Medienwissenschaften und Anglistik an der Carl von Ossietzky Universität Oldenburg.

Elisabeth Liechti, Dr., Leiterin IBF Teaching Center, Institut für Banking und Finance der Universität Zürich.

Andrea Lißner, M.Ed., studierte Höheres Lehramt für berufsbildendende Schulen und beschloss das Studium im März 2013 mit einer Masterarbeit zum Thema E-Portfolio an der TU Dresden. Aktuell ist sie wissenschaftliche Mitarbeiterin am Medienzentrum der TU Dresden und beschäftigt sich insbesondere mit Massive Open Online Courses (als Mitveranstalterin des SOOC13, SOOC1314) und E-Portfolio-Arbeit.

Alexander Lorenz studiert Pädagogik mit Schwerpunkt ‚Lehren und Lernen mit Medien' an der Fakultät für Humanwissenschaften, Universität der Bundeswehr München, wo er 2014 seinen BA-Abschluss erreichte.

Anja Lorenz, Dipl.-Medieninf., studierte Medieninformatik an der Technischen Universität Dresden und ist heute wissenschaftliche Mitarbeiterin an der Professur Wirtschaftsinformatik der Technischen Universität Chemnitz. Von April 2012 bis Mai 2013 gehörte Sie zudem dem eScience-Netzwerk Sachsen an und untersuchte in dem Teilprojekt „CELePro: Collaboration in E-Learning Projects" den Einsatz von Social-Software-Anwendungen durch Lehrende an sächsischen Hochschulen. In ihrer Forschung befasst sie sich mit verschiedenen Aspekten von Lernmaterialien, insbesondere deren kollaborative Erstellung mithilfe von Web-2.0-Anwendungen. Sie war eine der Gastgeberinnen des Saxon Open Online Course.

Jörn Loviscach ist Professor für Ingenieurmathematik und technische Informatik an der Fachhochschule Bielefeld, hat mehr als 35.000 Abonnenten auf YouTube und betreibt seit September 2012 das MOOC „Differential Equations in Action" bei Udacity. Zuvor war er Professor für Computergrafik, Animation und Simulation an der Hochschule Bremen. Nach seiner Promotion in Physik im Hauptberuf Journalist, war er mehrere Jahre stellvertretender Chefredakteur der Computer-Fachzeitschrift c't. Er forscht an Didaktik und Technik der Hochschullehre, aber auch an Mensch-Maschine-Schnittstellen, Signalverarbeitung und Datenvisualisierung.

Daniela Lozza ist Verantwortliche für E-Learning am Departement Life Science and Facility Management der ZHAW und verfügt über einen Master of Advanced Studies (MAS) in Educational Technology, Schwerpunkt E-Learning und Instructional Design.

Kristina Lucius arbeitet als Musiklehrerin und setzt Spiele als Methode in ihrem Unterrichtsalltag ein. Seit 2014 beschäftigt sie sich als Doktorandin in der Arbeitsgruppe „Playgroup HD" von Prof. Dr. Christian Spannagel an der Pädagogischen Hochschule Heidelberg mit der Frage, inwiefern sich Spiele für den Einsatz in Vorlesungen eignen.

Maren Lübcke, Dr., ist wissenschaftliche Mitarbeiterin am Zentrum für Innovative Didaktik an der School of Management and Law der ZHAW. Sie ist in Soziologie promoviert und hat einen Master of Higher Education.

Philipp Marquardt studierte Physik und Philosophie auf Lehramt an Realschulen, wechselte an die FH Kiel und schloss das Studium der Elektrotechnik/Informatik 2005 mit dem Diplom (FH) ab. Es folgten Anstellungen als Softwareentwickler bei der LaserSoft Imaging AG Kiel und der Native Instruments GmbH Berlin. Es folgte ein Studium der Philosophie, Literatur und Musikwissenschaft und eine Anstellung als Softwareentwickler in der Arbeitseinheit Psychologie für Pädagogen, jeweils an der Christian-Albrechts-Universität zu Kiel. Abschluss des Magisterstudiums 2012 und Beginn der Tätigkeit als Softwareentwickler im interdisziplinären „Projekt erfolgreiches Lehren und Lernen“ an der CAU.

Kerstin Mayrberger, Univ.-Prof. Dr. phil., seit 2011 Professorin für Mediendidaktik an der Universität Augsburg. Forschungsschwerpunkte: Lernen und Lehren mit mobilen Endgeräten; Partizipatives Lernen im Social Web; Entgrenzung formaler Lernprozesse; Partizipative Mediendidaktik; (Medien-) Pädagogische Professionalität von Lehrenden, Hochschuldidaktik und -entwicklung.

Kathrin Mertes, Dr., ist wissenschaftliche Mitarbeiterin in der AG Medienpädagogik am Institut für Erziehungswissenschaft der Johannes-Gutenberg-Universität in Mainz. Ihre thematischen Schwerpunkte in Lehre und Forschung liegen insbesondere in den Bereichen Lehren und Lernen mit Neuen Medien, Medienkompetenzvermittlung in der Schule, Fernsehrezeption sowie Mediensozialisation.

Claudia Minet, M.A., hat bis 2011 Kommunikationswissenschaften und Angewandte Linguistik in Dresden und Stockholm studiert. Seit 2013 arbeitet sie als wissenschaftliche Hilfskraft am Medienzentrum der TU Dresden. Im ESF-Projekt „eScience – Forschungsnetzwerk Sachsen“ beschäftigt sie sich mit der wissenschaftsbezogenen Nutzung von Social Media und onlinebasierten Anwendungen.

Kathrin Möbius hat 2011 ihr Magisterstudium in den Fächern Erziehungswissenschaften, Psychologie und Soziologie an der Technischen Universität Dresden abgeschlossen. Anschließend hat sie freiberuflich im Bereich der medienunterstützten Bildungsforschung gearbeitet. Seit 2012 promoviert sie ebenfalls an der Technischen Universität Dresden im Bereich „kindliche Sprachförderung und Sprachstandsmessung“ und arbeitet außerdem im Bereich der wissenschaftlichen Begleitforschung als wissenschaftliche Hilfskraft im Projekt „Q2P – Qualitätssicherung und -management in der postgradualen Weiterbildung“ am Medienzentrum der Technischen Universität Dresden.

Daniel Mohr studiert im Master Informatik an der Universität des Saarlandes. Er arbeitet als Softwareentwickler am Deutschen Forschungszentrum für künstliche Intelligenz.

Diane Morin leitet seit 2010 das „Institut Universitaire de Formation et de Recherche en Soins" (IUFRS). Ihre Erstausbildung und Berufstätigkeit in der Pflege und später in der Präventivmedizin in Canada und Afrika führte sie ab 1993 in eine akademische Karriere und sie wurde 2005 Professorin der Pflegewissenschaften an der Universität Laval (Québec) und 2006 Dekanin der Fakultät. Sie sieht die akademische Weiterbildung und Forschung in den Pflegewissenschaften als wichtigen Beitrag zu einem effizienten Gesundheitssystem und setzt mit dem IUFRS Leadership, interdisziplinäre Zusammenarbeit und akademisch fundierte Forschung ins Zentrum dieses in der Schweiz noch jungen Studienganges.

Karsten Morisse, Prof. Dr., hat an der Universität Paderborn Informatik studiert und 1996 in Mathematik promoviert. Nach Tätigkeiten in der Industrie und einer Informatik-Professur an der FH Trier ist er seit 2000 Professor für Medieninformatik an der Hochschule Osnabrück. Seit Beginn seiner Lehrtätigkeit beschäftigt er sich theoretisch in mehreren Forschungsprojekten wie auch praktisch im täglichen Lehrbetrieb mit dem Einsatz elektronischer Medien in der Lehre.

Heinz Moser, Prof. Dr.; Dozent an der Pädagogischen Hochschule Zürich; Honorarprofessor für Medienpädagogik an der Universität Kassel, emeritiert 2013; 2001–2012 im Vorstand der Sektion Medienpädagogik in der DGfE; Mitbegründer der Aktionsforschungsdebatte der 1970er Jahre und der Praxisforschung im deutschsprachigen Raum; Geschäftsführender Herausgeber der Online-Zeitschrift MedienPädagogik. Interessen- und Arbeitsschwerpunkte: Visuelle Medien (Leitung des Schweizer Nationalfonds-Projektes „VIBES – Visuelle Berufswünsche"), Netzdidaktik, Medienbildung, Praxisforschung als Forschungskonzept.

Christian Müller, Dr. phil., beschäftigt sich seit über 10 Jahren mit dem Lehren und Lernen mit digitalen Medien und ist seit 2010 als Mitarbeiter des InteLeC-Zentrums an der Universität Passau für den Bereich Mediendidaktik zuständig und übt gleichzeitig Lehraufträge an der Universität Passau und an der FH Oberösterreich im Bereich Digitale Medien und Medienbildung aus. Er studierte an der Fachhochschule Deggendorf Medientechnik mit den Schwerpunkten Medieninformatik und Medienproduktion und promovierte im Anschluss an der Philosophischen Fakultät der Universität Passau im Fach Medienwissenschaften.

Marion Müller ist Pädagogin mit Schwerpunkt Medienpädagogik/Mediendidaktik. Sie erwarb ihren MA-Abschluss 2013 an der Ludwig-Maximilians-Universität München, Lehrstuhl für Empirische Pädagogik und Pädagogische Psychologie.

Claude Müller Werder, Dr., ist Leiter des Zentrums für Innovative Didaktik an der School of Management and Law der ZHAW. Er ist studierter Geograph, Ökonom und diplomierter Handelslehrer und in Pädagogik promoviert.

Fabian Mundt, M.A., ist seit 2013 wissenschaftlicher Mitarbeiter an der Pädagogischen Hochschule Karlsruhe. Derzeitige Arbeitsschwerpunkte: Mediendidaktik (Blended Learning, e:t:p:M) und Übergangsforschung (Schule – Hochschule).

Monika Niederhuber studierte Geographie, Schwerpunkt Physische Geographie/Geoökologie an der Katholischen Universität Eichstätt. Nach ihrem Abschluss arbeitete sie als wissenschaftliche Mitarbeiterin im Bereich Fernerkundung/Geoinformationswissenschaften in verschiedenen Firmen, u.a. beim Joint Research Center in Ispra. Seit 2002 ist sie wissenschaftliche Mitarbeiterin/IT-Fachkraft an der Professur Forstliches Ingenieurwesen der ETH Zürich und ist dort als Dozentin für die GIS-Ausbildung am Departement Umweltsystemwissenschaften verantwortlich. Die Einbindung neuartiger Lernmethoden (Stichwort: Podcast, mobiles Lernen) ist ein Schwerpunkt ihrer Tätigkeiten.

Jana Niemeyer, M.A., B.A./M.A.-Studium in Kulturanthropologie/Europäische Ethnologie an der Goethe-Universität in Frankfurt am Main, Schwerpunkt Medienanthropologie. Seit 2013 ist sie wissenschaftliche Mitarbeiterin der zentralen eLearning-Einrichtung studiumdigitale im Bereich Mediendidaktik und Evaluation. Sie übt Lehraufträge am Institut für Kulturanthropologie und Europäische Ethnologie aus.

Nicolae Nistor, Dipl.-Ing. Univ., Dr. phil. habil., ist Privatdozent für Medienpädagogik/Mediendidaktik an der Ludwig-Maximilians-Universität München, Lehrstuhl für Empirische Pädagogik und Pädagogische Psychologie. Seit Oktober 2013 vertritt er die Professur für Lehren und Lernen mit Medien an der Fakultät für Humanwissenschaften, Universität der Bundeswehr München. Seine Forschung umfasst die Themen Akzeptanz von Bildungstechnologien; Wissensgemeinschaften; Medienkompetenz. Aktuell konzentriert er sich auf Anwendungen der Learning Analytics, speziell der automatischen Auswertung textbasierten Dialogs bei der Analyse und Gestaltung von offenen Lernumgebungen, die auf Social Media basieren.

Yildiray Ogurol, Dr., ist Geschäftsführer des Zentrums für Multimedia in der Lehre (ZMML), der E-Learning-Serviceeinrichtung der Universität Bremen. Forschungsinteressen sind interaktive und intelligente Lernsysteme, integrierte IT-Lösungen mit Fokus auf Systemarchitekturen und Standards. Er promovierte 2003 im Bereich Expertensysteme in der Medizin mit dem Thema „XMORAL: Ein offenes Sprachkonzept für wissensbasierte Systeme in der medizinische Wissensverarbeitung“. Ehem. Projektkoordinator und Entwickler von Expertensystemen für medizinische Anwendungen im KI-Labor des Zentrums für Angewandte Informationstechnologie (ZAIT) der Universität Bremen. Dipl.-Informatikstudium an der Universität Bremen.

Frank Ollermann, Prof. Dr., studierte Psychologie mit dem Schwerpunkt Arbeits- und Organisationspsychologie an der Universität Osnabrück und arbeitete danach mehrere Jahre als Manager des Usability-Labors des dortigen Instituts für Kognitionswissenschaft sowie als Usability-Experte und Projektmanager im Zentrum für Informationsmanagement und virtuelle Lehre der Universität Osnabrück (virtUOS). 2008 wurde er am Institut für Psychologie promoviert. Seit 2010 leitet er den Geschäftsbereich Virtuelle Forschung und Lehre des Zentrums virtUOS. Seit 2012 ist er Professor für Psychologie und User Experience an der Hochschule Osnabrück.

Koni Osterwalder, Dr. sc. ETH Zürich, leitet seit 2010 den Stabsbereich Lehrentwicklung und -technologie der ETH Zürich (www.let.ethz.ch). Schwerpunkte seiner Tätigkeit sind die Förderung von Lehrinnovationen sowie die hochschuldidaktische Weiterentwicklung der ETH Zürich. Er hat an der ETH Zürich Umweltnaturwissenschaften studiert und verfügt über ein Lehrdiplom in Biologie. Er hat unter anderem ein Lehrmittel für ökologische Botanik entwickelt und war mehrere Jahre Assistent in systematischer Botanik und Dozent für Fachdidaktik der Biologie an der ETH. 2007 übernahm er die Leitung des Network for Educational Technology an der ETH, von wo er 2010 an seine heutige Stelle wechselte.

Maxime Pedrotti, Dipl.Soz., ist als wissenschaftlicher Mitarbeiter bei der Einrichtung Unterrichtsmitschau und didaktische Forschung am Department Pädagogik und Rehabilitation der Ludwig-Maximilians-Universität München angestellt. Seit 2011 koordiniert er die Vorlesungsaufzeichnungen, die durch die Unterrichtsmitschau durchgeführt werden, und betreut verschiedene Medienprojekte zur Unterstützung der universitären Lehre. Im Rahmen seines Promotionsvorhabens untersucht er aktuell studentische Motivation und Aspekte der Hochschuldidaktik und deren Einfluss auf die Nutzung online bereitgestellter Vorlesungsaufzeichnungen.

Jörn Pfanstiel studierte Medientechnologie an der TU Ilmenau und ist seit 2012 als wissenschaftlicher Mitarbeiter an der Juniorprofessur Software Engineering ubiquitärer Systeme (SEUS) der TU Dresden tätig. Sein Forschungsschwerpunkt liegt auf der nutzerzentrierten Entwicklung und Gestaltung von Benutzerschnittstellen ubiquitärer Systeme und deren soziotechnische Integration. Im Rahmen der Nachwuchsforschergruppe SESAM beschäftigt er sich mit der Entwicklung einer Authoring-Methode und -umgebung für ubiquitäre Informations- und Bildungssysteme sowie der Konzeption eines Bewertungssystems für Online-Lerninhalte.

Stefan Piasecki, Prof. Dr., Jg. 1969, Professor für Handlungsfelder der Sozialen Arbeit an der CVJM-Hochschule in Kassel, leitet die Forschungsstelle Medienpädagogik und forscht dort zu Medien- und Kommunikationsfragen. Im Rahmen des Projektes „Innenwelten – Außenwelten" untersucht er die Wirkung und Rückwirkung von mediengestützter Kommunikation auf die Jugend- und Gemeindearbeit und verbindet Fragen mediengestützter Kommunikation und virtueller Emotionalität mit Praxisansätzen der Sozialen und Gemeindearbeit sowie in hybriden Lernumgebungen.

Karin Pichler, Dipl.-Ing., BSc ist Geschäftsführerin, Softwareentwicklerin und Usability-Expertin der Carrot & Company GmbH. Ihre Schwerpunkte sind innovative Webtechnologien in Hinblick auf Webapplikationen und mobile Anwendungen, sowie Echtzeitkommunikation im Bereich von Feedbacksystemen. Neben Auftrags- und Produktentwicklung für innovative Unternehmen und Startups ist sie eine der Hauptentwicklerinnen von realfeedback.io und backchannel.cnc.io.

Thomas Piendl, Dr., schloss sein Doktorat 1996 ab und hält ein Diplom in Biologie sowie in Informationswissenschaft. Er leitet die Gruppe IT-Services Lehre der Stabsstelle für Lehrentwicklung und -technologie (LET) des Rektors der ETH Zürich.

Daniela Pscheida, Dr., ist wissenschaftliche Mitarbeiterin am Medienzentrum der TU Dresden. Nach dem Magisterstudium der Erziehungswissenschaft, Medien- und Kommunikationswissenschaft und Politikwissenschaft promovierte sie 2009 an der Martin-Luther-Universität Halle-Wittenberg im Fach Medienwissenschaft mit einer Arbeit zum wissenskulturellen Wandel im Web 2.0. Seit Ende 2011 koordiniert sie das ESF-Projekt „eScience – Forschungsnetzwerk Sachsen" und leitet das dortige Cluster E-Learning. Derzeit arbeitet und forscht sie zu den Themen Digitale Wissenschaft (Science 2.0) und Lernen mit Social Media (E-Learning 2.0). Sie war Initiatorin und Veranstalterin des Saxon Open Online Course (SOOC).

Tamara Ranner, M.A., hat an der Universität Augsburg Medien und Kommunikation studiert. Von April 2010 bis April 2013 war sie als wissenschaftliche Mitarbeiterin an der Professur für Lehren und Lernen mit Medien, Universität der Bundeswehr München tätig. Seit Januar 2013 ist sie als Projektreferentin beim Deutschen Olympischen Sportbund angestellt und arbeitet am BMBF-Projekt „SALTO – Einsatz digitaler Medien in den Bildungsprozessen des deutschen Sports". Sie promoviert zum Thema „Potenziale von internetgestützter Videoreflexion für die Fahrlehrerausbildung – Untersuchung der Implementation einer mediendidaktischen Innovation" (bei Prof. Dr. Gabi Reinmann an der Zeppelin Universität).

Christian Rapp hat Politische Wissenschaften, Soziologie und Psychologie in Deutschland und Großbritannien studiert. Er arbeitet seit 2002 freiberuflich in der Jugend- und Erwachsenenbildung und im Bereich Neue Medien. Weiterhin forscht er im Bereich Sicherheitspolitik (Gegenstand seiner Promotion). Seit 2007 doziert er an der „School of Management and Law" der Zürcher Hochschule für angewandte Wissenschaften (ZHAW). Ab 2009 ist er Wissenschaftlicher Mitarbeiter an der Fachstelle Neues Lernen (ab 2013 Zentrum Innovative Didaktik) ebenda. Er ist Koordinator mehrerer F&E-Projekte (u.a. SNF Scopes, EU FP7 Era.Net RUS) im Bereich Technology Enhanced Learning.

Patrick Rauwald-Josephs hat Physik an der Heinrich-Heine-Universität Düsseldorf studiert und mit dem Bachelor of Science abgeschlossen. Anschließend begann er mit dem Studium der Medizinischen Physik, bei dem er kurz vor dem Abschluss Master of Science steht. Während seines Physikstudiums betreute er als studentische Hilfskraft innerhalb der physikalischen Grundpraktika Studierende diverser Fächer wie zum Beispiel Biologie, Medizin oder Physik. Seit Januar 2012 ist er Teil der Arbeitsgruppe zur Weiterentwicklung des Online-Physik-Praktikums für Mediziner mit dem Ziel der Verbesserung der Lehre in der Nebenfachausbildung.

Andreas Reinhardt studierte Umweltnaturwissenschaften an der ETH Zürich, bildete sich für den didaktischen Ausweis weiter und arbeitete dort als eLearning-Spezialist in der zentralen Einheit für Lehrtechnologie. Dort hat er den eLearning-Baukasten und den Förderfonds für innovative Lehrprojekte mitentwickelt. Seit 2010 leitet er die Gruppe „Innovationsmanagement" des Stabsbereichs für Lehrentwicklung und -technologie (LET) des Rektors der ETH Zürich (www.let.ethz.ch). Die Gruppe ist für die systematische Entwicklung, Bewertung und Verbreitung von Innovationen in der Lehre beauftragt. Aktuell leitet er eine hochschulweite Initiative zur Erprobung von MOOC-ähnlichen Kursformaten.

Rebecca Renatus studierte Dipl. Soziologie an der Technischen Universität Chemnitz sowie der Otto-Friedrich-Universität Bamberg. Während ihres Studiums war sie als wiss. Hilfskraft im Projekt PERLE (Persönlichkeits- und Lernentwicklung in der Grundschule) am Lehrstuhl für Grundschulpädagogik an der Universität Bamberg tätig. Von Januar 2011 bis September 2012 arbeitete sie in der Abteilung Medienforschung der Psyma Research & Consulting GmbH. Seit Oktober 2012 arbeitet sie als Projektmitarbeiterin in dem interdisziplinären Forschungsprojekt SESAM (Software Engineering Sozialer und Allgegenwärtiger Medien). Sie promoviert zum Themenbereich „Informationskompetenz im Kontext digitaler Medien".

Jana Riedel, M.A. studierte Kommunikations- und Medienwissenschaft sowie Kulturwissenschaften in Leipzig und Barcelona. Anschließend arbeitete sie in verschiedenen E-Learning-Projekten der HTW Dresden. Aktuell ist sie wissenschaftliche Mitarbeiterin für das Qualifizierungsangebot E-Teaching.TUD des Medienzentrums der TU Dresden tätig.

Klaus Rummler, Dr. phil., leitet die Forschungsgruppe Medienpädagogik an der Pädagogischen Hochschule Zürich. Er hat an der Universität Kassel Erziehungswissenschaft und Medienpädagogik studiert und hat zu Themen wie Kinderfernsehforschung oder Internationalisierung und Qualitätssicherung von Studium und Lehre gearbeitet. An der Universität Bremen hatte er die exekutive Koordination des Projektes „draufhaber.tv" inne. Aktuelle Schwerpunkte sind Medienbildungschancen von Risikolernern, Mobiles Lernen sowie die Weiterentwicklung einer kulturtheoretisch geprägten und interdisziplinär ausgerichteten Medienpädagogik mit ihrer zentralen Verankerung in der Erziehungswissenschaft.

Martina Salm, Dipl. Päd., ist seit 2001 Mitarbeiterin des Zentrums für Multimedia in der Lehre (ZMML) der Universität Bremen und Hauptverantwortliche für die mediendidaktische Qualifizierung und Beratung der Lehrenden. Sie organisiert und betreut regelmäßige E-Learning-Workshops für Angehörige der Universität Bremen und koordiniert das langjährige Vorhaben „Win a Tutor" zur Unterstützung didaktischer Anwendungsszenarien. Ihre aktuellen Forschungsinteressen liegen im Bereich der Mediendidaktik, wie z.B. Blended Learning, Inverted Classroom und ePortfolio, wo sie in zahlreichen nationalen und internationalen Drittmittelprojekten ihre Expertise einbringen und Erfahrungen sammeln konnte.

Walter Scheuble, lic. phil I., MAS. Dozent an der Pädagogischen Hochschule Zürich im Bereich Medienbildung, Bildungs- und Erziehungswissenschaften. Mitarbeiter in der Forschungsabteilung mit den Arbeitsschwerpunkten: Visualisierte Berufswünsche, Evaluationen von Projekten und Lehrgängen im Bereich Medienbildung.

Lars Schlenker, Dr., hat Architektur in Dresden sowie Educational Media in Duisburg studiert und am Duisburg Learning Lab über die soziale Kontextualisierung virtueller Lern- und Arbeitsräume promoviert. Seit 2008 arbeitet Lars Schlenker als wissenschaftlicher Mitarbeiter am Medienzentrum sowie seit 2012 als Mediendidaktiker am Zentrum für Weiterbildung der TU Dresden.

Mandy Schiefner-Rohs ist seit 2013 Juniorprofessorin für Pädagogik mit Schwerpunkt Schulentwicklung an der TU Kaiserslautern. Nach ihrem Studium an der Universität des Saarlandes arbeitete sie an der FHNW im Bereich E-Learning. 2006 wechselte sie als wissenschaftliche Mitarbeiterin ins E-Learning Center der Universität Zürich und übernahm 2007 die stellvertretende Leitung der Hochschuldidaktik. 2011 promovierte sie an der Universität der Bundeswehr, bevor sie 2011 an die Universität Duisburg-Essen wechselte. Sie forscht an der Schnittstelle von medien- und (hoch-)schulpädagogischen Fragen wie Medien(-bildung) in Institutionen, pädagogische (Hoch-) Schulentwicklung sowie forschendem Lehren und Lernen.

Claudia Schlienger, Dr., leitet die Gruppe Prüfen und Evaluieren der Stabsstelle für Lehrentwicklung und -technologie (LET) des Rektors der ETH Zürich. Sie ist verantwortlich für die Unterrichtsbeurteilung durch Studierende. Dr. Schlienger hat an der Universität Zürich Psychologie studiert und arbeitete am Institut für Informatik der Universität Zürich in Forschung und Lehre. Für ihre Doktorarbeit entwickelte, implementierte und evaluierte sie ein hybrides Supervisionsmodell für Studierende in Lehrveranstaltungen mit grossen Teilnehmerzahlen. Sie wechselte 2008 zur ETH als Projektleiterin E-Kollaboration.

Alexander Schmölz, Mag., Bakk. ist wiss. Mitarbeiter im Forschungsbereich Medienpädagogik am Institut für Bildungswissenschaft der Universität Wien und Consultant für das Österreichische Bundesministerium für Bildung und Frauen. Seine Forschungsschwerpunkte sind intelligente tutorielle Systeme, forschendes Lernen, multimodale Didaktik sowie humanisierende und emotionale Kreativität.

Daniel K. Schneider hat in Sozial- und Wirtschaftswissenschaften promoviert und ist Dozent in der Einheit „Technologies de Formation et Apprentissage“ (TECFA), Fakultät für Psychologie und Erziehungswissenschaften, Universität Genf. Er arbeitet seit 1988 an Lern- und Lehrtechnologien, war an verschiedenen innovativen lerntechnologischen Forschungsprojekten beteiligt und unterrichtet seit zwanzig Jahren in einem „Master of Science in Learning and Teaching Technologies“. Akuelle Interessen sind Lernen in „Citizen Science“-Projekten, „Digital Design and Fabrication“, „Learning Process Analytics“ und projektorientierter Unterricht in den Sozialwissenschaften.

Sandra Schön, Dr., ist Erziehungswissenschaftlerin, forscht bei der Salzburg Research Forschungsgesellschaft zu innovativen Formen des Lernens und des Arbeitens mit dem Web und leitet beim BIMS e.V. unregelmäßig medienpädagogische Projekte. Ihr Fokus liegt auf Technologien, Materialien und Werkzeugen, die unkompliziert und kostenfrei nutzbar sowie im besten Fall offen zugänglich sind – allen voran offene Bildungsressourcen.

Daphne Scholzen. Nach ihrem Abitur 2007 ging sie zur Bundeswehr und studiert im Rahmen der Offizierausbildung seit 2010 Bildungswissenschaften an der Universität der Bundeswehr in München. Schwerpunkte ihres Studiums sind Interkulturelle Bildung und Medienbildung. 2013 erlangte sie den Bachelor of Arts in Bildungswissenschaften. Im Sommer 2014 wird sie ihr Studium mit dem Master of Arts in Bildungswissenschaften abschließen.

Dieter Schumacher, Prof. Dr., ist Leiter der Abteilung Physikalische Grundpraktika im Fach Physik an der Heinrich-Heine-Universität Düsseldorf. Die Physikalischen Grundpraktika bieten Praktikumskurse für nahezu 1000 Studierende pro Studienjahr. Diese Studierenden stammen aus zehn verschiedenen Studiengängen, von der Human- und Zahnmedizin über die Pharmazie und Biochemie bis hin zur Informatik und Physik. Neben dieser Dienstleistungsaufgabe verstehen sich die Physikalischen Grundpraktika als Forschungs- und Entwicklungsstandort für Lernumgebungen (Experimentelle Aufbauten, Interaktive Bildschirmexperimente sowie Anleitungen und Selbstlerneinheiten) im Bereich Praktika und eLearning.

Marlen Schumann, M.A., studierte Erziehungswissenschaft in Potsdam und Bergen. Aktuell ist sie wissenschaftliche Mitarbeiterin der Arbeitsgruppe eLEARNiNG der Universität Potsdam. Im Rahmen ihrer Tätigkeit bietet sie Weiterbildungsangebote und Workshops an und berät Lehrende rund um den Einsatz neuer Medien. Sie leitete bis Ende 2013 das eTEACHiNG-Programm, eine Weiterbildung für Lehrende der Brandenburgischen Hochschulen.

Kai Schwedes, hat Mathematik an der Universität Bremen studiert. Er hat an verschiedenen Softwareprojekten mit medizinischem Hintergrund und im Fachbereich Erziehungswissenschaften gearbeitet. Seit 2003 ist er wissenschaftlicher Mitarbeiter im Zentrum für Multimedia in der Lehre und hat dort den 2009 mit dem MeDiDa-Prix ausgezeichneten Bereich E-Assessment mit aufgebaut. Derzeit betreut er das Vorhaben LERNRAUM an der Universität Bremen.

Judith Seipold, Dr., studierte Erziehungswissenschaft, Politikwissenschaft und Psychologie und hat ihre Dissertation zum Mobilen Lernen verfasst. Auf das Studium folgten neben Lehraufträgen, Berater- und Gutachtertätigkeiten Anstellungen an den Universitäten Florenz, Kassel und Siegen sowie für die Direktorenkonferenz der Landesmedienanstalten. Sie arbeitet zum Mobilen Lernen und hat dazu an Einrichtungen in Europa geforscht, gelehrt, veröffentlicht und vorgetragen. Insbesondere setzt sie sich mit dem Mobilen Lernen an der Schnittstelle zwischen Schule und Alltag auseinander, arbeitet zum Wissenschaftsprozess der M-Learning-Diskussion und nimmt das Konzept der Learner Generated Contexts in den Blick.

Werner Sesink, Prof. Dr. em., Universitätsprofessor für Allgemeine Pädagogik, Schwerpunkt Bildung und Technik an der Technischen Universität Darmstadt; Forschungs-/Arbeitsschwerpunkte: Bildungstheorie, Pädagogische Medientheorie, Theorie des Bildungsraums, E-Learning, Curriculumentwicklung für informationspädagogische Aus- und Weiterbildung, Schulentwicklung.

Maya Shaha, nach einem Doktorat in Pflegewissenschaft an der City University in London (2003) folgte ein Postdoktorat in Pflegewissenschaft an der Johns Hopkins University in Baltimore (2007). Seit 2009 wissenschaftliche Mitarbeiterin im Bereich Fachentwicklung der Direktion Pflege/MTT des Inselspitals, Universitätsspital Bern. Seit 2010 Dozentin für Pflegewissenschaft am Institut für Pflegewissenschaft (IUFRS) an der Universität Lausanne. Hauptinteressen: Wissenschaftsphilosophie in der Pflegewissenschaft,

Pflegetheorien, Theoriebildung und Konzeptentwicklung, onkologische Pflege, chronische Erkrankungen und Multimorbidität.

Irene T. Skuballa doziert und forscht im Bereich Kognitionspsychologie und Medienpsychologie an der Universität Tübingen. Sie promoviert im Rahmen des WissenschaftsCampus Tübingen zum Thema adaptierbare und adaptive Multimediasysteme. Ihr Forschungsschwerpunkt liegt auf der Entwicklung und Evaluierung adaptiver multimedialer Lernumgebungen in Einzelsettings sowie kooperativen Szenarien unter Einbindung von Prozessdaten wie beispielsweise Blickbewegungen.

Christian Spannagel ist Professor für Mathematik und ihre Didaktik mit den Schwerpunkten Informatik und Implementierung neuer Medien an der Pädagogischen Hochschule Heidelberg. Seit einigen Jahren experimentiert er mit der Methode Flipped Classroom in seinen Mathematikvorlesungen. Neuerdings verbindet er diese Methode mit der Durchführung des Massive Open Online Courses „Mathematisch denken!“. Darüber hinaus versucht er, Spielelemente in seinen Lehrveranstaltungen in Form von Hörsaalspielen und Gamification nutzbar zu machen.

Janna Spannagel ist Studentin an der Pädagogischen Hochschule Heidelberg für das Lehramt Grundschule. Gemeinsam mit einigen Mitgliedern der Playgroup Heidelberg beschäftigt sie sich seit einem Jahr mit der Entwicklung und Optimierung von Hörsaalspielen. Im letzten halben Jahr lag der Schwerpunkt im Rahmen ihrer Zulassungsarbeit auf dem Thema „Gamification in der Grundschule“.

Tino Steffens studiert Informatik an der Universität des Saarlandes und beschäftigt sich unter anderem mit der intelligenten Auswertung von mathematischen Ausdrücken in Quizantworten.

Grit Steuer studierte von 2007 bis 2010 Germanistik an der Universität Leipzig. Im Anschluss an ihr Bachelorstudium absolvierte sie 2013 das Masterstudium der Kommunikations- und Medienwissenschaft mit dem Schwerpunkt Medienpädagogik. Der Fokus ihrer Arbeit lag auf der qualitativen Erforschung der Medienaneignung und medialen Identitätsarbeit von Kindern und Jugendlichen. Im Rahmen des Forschungsprojekts SESAM setzt sie sich mit den unterschiedlichen Lernformen heterogener Nutzergruppen und dem Bildungspotenzial intergenerationellen Lernens auseinander.

Markus Stroß, Dr. (des.), hat an der TU Darmstadt Sportwissenschaft mit Schwerpunkt Informatik studiert. Von 2006 bis 2011 war er als wiss. Mitarbeiter an der Professur für Bewegung, Training und Sportinformatik der TU Darmstadt tätig. Von März 2007 bis Juni 2011 erhielt er ein DFG-Promotionsstipendium und verfasste seine Dissertation zum Thema „Technische Hilfsmittel in Training und Wettkampf – ein Spannungsfeld?“ (Disputation Juni 2013). Von 2011 bis

2012 war er am Arbeitsbereich Sportmedizin der Goethe-Universität Frankfurt am Main tätig. Seit 2012 ist er als Projektleiter beim Deutschen Olympischen Sportbund angestellt und arbeitet im BMBF-Projekt „SALTO – Einsatz digitaler Medien in den Bildungsprozessen des deutschen Sports".

Jan Stüwe hat nach einer handwerklichen Ausbildung Germanistik an der Universität Bremen und der FU Berlin studiert. Seit 2010 ist er wissenschaftlicher Mitarbeiter im Zentrum für Multimedia in der Lehre (ZMML) und hat dort im Bereich Medienproduktion sowie in diversen EU-Projekten gearbeitet. Seit 2012 betreut er gemeinsam mit Kai Schwedes das Vorhaben LERNRAUM.

Aviva Sugàr Chmiel. Nach einem Medizinstudium an der Universität Zürich und einem MD 1994 Umstieg auf eLearning ab 2006. Master in Learning and Teaching Technologies an der Universität Genf in 2001, jetzt Projektleiterin am Institut für Pflegewissenschaft (IUFRS) an der Universität Lausanne. Projekt: Flexibilisierung eines Semesters des Masterprogrammes, im Februar 2014 abgeschlossen. Hauptinteressen: Erwachsenen- und Weiterbildung im Bereich Gesundheitswesen und Medizin in Verbindung mit Neuen Technologien. Evaluierung von didaktischen Prozessen, Blended learning, design-based research.

Annelene Sudau studierte Mathematik und Informatik an der Universität Osnabrück und ist seit 2012 wissenschaftliche Mitarbeiterin im Projekt „eLearning und LebensLangesLernen" (eL4) beim E-Learning Academic Network (ELAN e. V.).

Christian Swertz, Univ. Prof. Dr., hat Erziehungswissenschaft, Informationswissenschaft und Psychologie in Düsseldorf studiert, wurde 2000 an der Universität Bielefeld mit einer Dissertation über „Computer und Bildung" promoviert und ist seit 2004 Universitätsprofessor für Medienpädagogik an der Universität Wien.

Angelika Thielsch ist Mitarbeiterin der Hochschuldidaktik der Georg-August-Universität Göttingen und dort zuständig für die Angebote für den wissenschaftlichen Nachwuchs, insbesondere für die Entwicklung und Durchführung von Team-Teaching-Programmen in Kooperation mit den Graduiertenschulen der Universität. Sie studierte Ethnologie, Geschlechterforschung und Romanistik. Seit 2008 arbeitet sie als Hochschuldidaktikerin, zunächst an der Universität Kassel im Servicecenter Lehre, anschließend an der TU München im Team von ProLehre. Thielsch arbeitet nebenberuflich als hochschuldidaktische Trainerin, u.a. zu den Themen Lehrportfolio und Vielfalt in der Lehre.

Alexander Tillmann, Dr., promovierte an der Goethe-Universität Frankfurt im Fachgebiet „Didaktik der Geographie". Seit 2006 ist er wissenschaftlicher Mitarbeiter der zentralen eLearning-Einrichtung studiumdigitale im Bereich Mediendidaktik und Evaluation. Er übt Lehraufträge am Fachbereich Geographie und am Goethe-Gymnasium in Frankfurt aus. Forschungsschwerpunkte: empirische Bildungsforschung mit Fokus auf fachdidaktische Fragestellungen im Rahmen des Einsatzes neuer Medien in der Schul- und Hochschulbildung.

Alexandra Totter, Mag. phil., ist Dozentin am Zentrum für Schulentwicklung der Pädagogischen Hochschule Zürich. Sie lehrt und forscht zum Einsatz neuer Medien und Tools im Hochschulbereich und der berufspraktischen Ausbildung von Lehrpersonen. Weiters entwickelte sie im Bereich der Lehrmittelentwicklung Ansätze und Methoden zur Evaluation von Lehrmitteln.

Thomas Tribelhorn, Psychologe lic.phil, Leiter der Hochschuldidaktik an der Universität Bern; Hochschul- und Mediendidaktiker; langjährige Tätigkeit als Berater und Kursleiter für Lehrende an verschiedenen Hochschulen in der Schweiz und im Ausland; Begleitung von Projektteams zur Curriculumentwicklung oder -reform; Konzeption von Weiterbildungs- und Beratungsangeboten für Hochschullehrende.

Daniel Trüssel studierte Umweltnaturwissenschaften (Major in Wald- und Landschaftsmanagement) an der ETH Zürich. Seit 2011 arbeitet er als wissenschaftlicher Mitarbeiter im GISTeam an der Professur Forstliches Ingenieurwesen der ETH Zürich. Seine Hauptaufgaben sind die Entwicklung von Lehr- und Lernmaterial für die Ausbildung im Bereich Geoinformationswissenschaften (GIS) auf Bachelor- und Masterstufe, verbunden mit der Einführung neuartiger Lernmethoden (Stichwort: mobiles Lernen), der Aufbau eines Geodatenservers, sowie Supportleistungen bei GIS-Anfragen bei Bachelor- und Masterarbeiten und des Departements.

Matthias Uhl ist Privatdozent für Medienwissenschaften an der Universität Siegen. Als Diplombiologe und promovierter Philosoph beschäftigt er sich mit den Grundlagen der Kommunikation und der Nutzung und Wirkung von Medien. Er hat ein indisch-deutsches Forschungsprojekt zu Universalien in Hollywood- und Bollywoodfilmen am Kulturwissenschaftlichen Forschungskolleg Medienumbrüche in Siegen koordiniert und war ein Fellow in der Forschergruppe „Embodied Communication in Humans and Machines“ des Zentrums für interdisziplinäre Forschung in Bielefeld.

Franziska Uhlmann studierte Angewandte Medienforschung an der TU Dresden und ist seit 2014 als wissenschaftliche Mitarbeiterin im Projekt „Software Engineering mobiler und allgegenwärtiger Medien“ am Lehrstuhl „Emerging Communication and Media“ des Instituts für Kommunikationswissenschaft, TU Dresden, tätig. Im Rahmen der Nachwuchsforschergruppe SESAM beschäftigt sie sich mit der zentralen Frage danach, wie insbesondere junge und ältere Menschen soziale und ubiquitäre Medien zur Informations- und Wissensaneignung verwenden. Ihr Forschungsschwerpunkt liegt zudem auf der Untersuchung von Mediennutzungsunterschieden im mobilen und stationären Kontext.

Alexander Unger ist seit 2011 Juniorprofessor für Erziehungswissenschaft und Medienpädagogik an der Universität Hamburg. Er studierte Erziehungswissenschaft an der Universität Darmstadt, wo er auch Stipendiat im DFG-Graduiertenkolleg „Technisierung und Gesellschaft" war und 2008 promovierte. Von 2006–2011 war er wissenschaftlicher Assistent an der Universität Magdeburg und am Aufbau des Studiengangs „Medienbildung: Visuelle Kultur und Kommunikation" beteiligt. Zu seinen Forschungsschwerpunkten gehören neben der Veränderung von Bildung und Lernen unter medialisierten Bedingungen auch die Transformation von Raum und Räumlichkeit sowie produktive Praktiken im WWW.

Timo van Treeck ist wiss. Mitarbeiter des Kompetenzteams Hochschuldidaktik an der Fachhochschule Köln und dort im Verbundprojekt KomDiM (Zentrum für Kompetenzentwicklung für Diversity Management in Studium und Lehre an Hochschulen in NRW) tätig. Er studierte Erziehungswissenschaft, Germanistik und Philosophie. Seit 2005 ist er im Feld Hochschuldidaktik und Medien tätig, zunächst in der Betreuung von Blended-Learning-Seminaren, dann in der Qualifizierung Lehrender für die Entwicklung von eLearning-Angeboten (beides Uni Düsseldorf), anschließend in der innerinstitutionellen Hochschulforschung an der Fachhochschule Köln. Er arbeitet außerdem zu Themen wie ePortfolio, Feedback und Diversität.

Frank Vohle, Studium der Sportwissenschaft und Pädagogik in Köln, Promotion an der Universität Augsburg über ein mediengestütztes Analogietraining. Forschungsschwerpunkte Mediendidaktik im Sport, Videoannoation. Gründer und Gesellschafter der Ghostthinker GmbH seit 2005.

Benno Volk, Dr., ist Leiter des Bereichs für „Curriculumsentwicklung und Faculty Development" in der Stabstelle für Lehrentwicklung und -technologie (LET) des Rektors der ETH Zürich (www.let.ethz.ch). Vorherige berufliche Stationen: Leiter der „IT Fort- und Weiterbildungen" der Universität Zürich, stellvertretender Leiter des „E-Learning Center" (ELC) der Universität Zürich, wissenschaftlicher Mitarbeiter und Dozent an den Universitäten Potsdam und Heidelberg. Er verfügt über langjährige Erfahrungen als Online-Trainer und Tele-Tutor, Lehrbeauftragter und Dozent an verschiedenen Universitäten sowie als Trainer und Coach in der Hochschuldidaktik und in Weiterbildungsveranstaltungen.

Oliver Vornberger, Prof. Dr., studierte Informatik in Dortmund, promovierte in Paderborn und wirkte als Postdoc an der University of California, Berkeley, USA. Heute ist er Direktor des Instituts für Informatik an der Universität Osnabrück und Vorstandssprecher von virtUOS, dem Zentrum zur Unterstützung der virtuellen Lehre an der Universität Osnabrück.

Joshua Weidlich hat in Chemnitz das Pädagogikstudium mit dem Schwerpunkt „E-Learning und neue Medien" absolviert. Danach studierte er „E-Learning und Medienbildung" an der PH Heidelberg, wo er seine Abschlussarbeit bei Prof. Dr. Christian Spannagel schrieb. Im Rahmen dieser Arbeit erprobte er ein Unterrichtsmodell für die Hochschule, welches auf dem „Flipped Classroom"-Konzept basiert. Seit kurzem arbeitet er als wissenschaftlicher Mitarbeiter an der FernUni Hagen, Lehrgebiet Mediendidaktik bei Prof. Dr. Theo Bastiaens. Dort beschäftigt er sich mit Instruktionsdesign und der Entwicklung didaktischer Konzepte für die Einbindung von Social Software in die Hochschullehre.

Adrian Weidmann ist wissenschaftlicher Mitarbeiter im Institut für Erziehungswissenschaft sowie im Medienzentrum der Johannes Gutenberg-Universität Mainz. Für Blended-Learning-Vorlesungen vermittelt er als Dozent in Workshops den Teilnehmern theoretische und praktische Kenntnisse zur Verwendung von digitalen Medien. Am Medienzentrum erarbeitet Adrian Weidmann aktuell ein Beratungs- und Entwicklungskonzept zur Förderung von E-Learning an der Universität Mainz. Für die Goethe-Universität Frankfurt hält er zudem gelegentlich Workshops und Seminare zu den Themen Gamification/ Game Based Learning und Interaktiven Whiteboards im Unterricht.

Sebastian Wieschowski, Dipl. Journ. univ., Wissenschaftlicher Mitarbeiter im Bereich E-Learning an der Fachhochschule der Diakonie in Bielefeld, Lehrbeauftragter für Medientheorie an der Fachhochschule des Mittelstands Bielefeld, Doktorand am Fachbereich Erziehungswissenschaften an der Universität Bielefeld.

Benjamin Wilding, Dr., Geschäftsführer Weiterbildung in Finance und Mitarbeiter IBF Teaching Center, Institut für Banking und Finance der Universität Zürich.

Robin Woll studiert Medieninformatik an der Universität des Saarlandes. Das Management der Entwicklung der Plattform Capira und ihre Gestaltung sind Thema seiner Bachelorarbeit.

Nicola Würffel, Prof. Dr., ist Professorin für Didaktik der Neuen Medien an der Pädagogischen Hochschule Heidelberg. Sie ist Leiterin des Masterstudiengangs „E-Learning und Medienbildung". Sie studierte Deutsch und Französisch auf Lehramt sowie Deutsch als Fremdsprache und promovierte im Bereich Deutsch als Fremdsprache zum computergestützten Fremdsprachenlernen. Ihre Forschungsschwerpunkte liegen im Blended Learning, im Kooperativen Lernen und im Fremdsprachenlernen mit digitalen Medien. Sie ist als internationale Fortbildnerin tätig.

Dietmar Zenker, Dr., ist seit 2012 an der Hochschule Fresenius als wiss. Angestellter und E-Learning-Berater beschäftigt. Er betreut operativ ein Projekt im Rahmen der BMBF-Initiative „ANKOM – Übergänge von der beruflichen in die hochschulische Bildung“ und befasst sich mit der Umsetzung neuer E-Learning-Konzepte sowie der strategischen Weiterentwicklung der E-Learning-Aktivitäten der Hochschule. 6 Jahre wirkte er am medizinischen E-Learning-Projekt k-MED der Goethe-Universität Frankfurt mit, war 2 Jahre als E-Learning-Referent der Universitätsmedizin der Johannes Gutenberg-Universität Mainz beschäftigt und 2 Jahre am eTeaching Service Center der Technischen Universität Kaiserslautern tätig.

Veranstalter und wissenschaftliche Leitung

Dr. Klaus Rummler, Pädagogische Hochschule Zürich
Jürg Fraefel M.A., Pädagogische Hochschule Zürich
Prof. Dr. Gerhard Thomann, Pädagogische Hochschule Zürich

Steering Committee

Prof. Dr. Beat Doebeli Honegger, Pädagogische Hochschule Schwyz
Prof. Dr. Petra Grell, Technische Universität Darmstadt
Prof. Dr. Kerstin Mayrberger, Universität Augsburg
Prof. Dr. Christian Spannagel, Pädagogische Hochschule Heidelberg
Prof. Dr. Christian Swertz, Universität Wien
Dr. Claudia Bremer, Universität Frankfurt
Dr. Martin Ebner, Technische Universität Graz
Dr. Sandra Hofhues, Zeppelin Universität
Dr. Claude Müller Werder, Zürcher Hochschule für Angewandte Wissenschaften
Dr. Eva Seiler Schiedt, Universität Zürich
Dr. Vincent Tscherter, Mittelschul- und Berufsbildungsamt Zürich

Gutachterinnen und Gutachter

Dr. Steffen Albrecht, Technische Universität Dresden
Prof. Dr. Stefan Aufenanger, Johannes Gutenberg-Universität Mainz
Frau Juliane Aulinger, Ludwig-Maximilians-Universität München
Prof. Dr. Ben Bachmair, Institute of Education, University of London
Dr. Gudrun Bachmann, Universität Basel
Dr. Petra Bauer, Johannes Gutenberg-Universität Mainz
Herr Christian Berger, Pädagogische Hochschule Wien
Herr Thomas Bernhardt, Universität Bremen
Dr. David Boehringer, Universität Stuttgart
Frau Sabina Brandt, Universität Basel
Frau Claudia Bremer, Universität Frankfurt
Frau Carola Brunnbauer, Pädagogische Hochschule Zürich
Dr. Gottfried Csanyi, Technische Universität Wien
Dr. Markus Deimann, Fernuniversität Hagen
Prof. Dr. Beat Döbeli Honegger, Pädagogische Hochschule Schwyz
Dr. Martin Ebner, Technische Universität Graz
Prof. Dr. Ulf-Daniel Ehlers, Duale Hochschule Baden Württemberg
Herr Jürg Fraefel, Pädagogische Hochschule Zürich

Dr. Christian Glahn, ETH Zürich
Dr. Marc Göcks, Multimedia Kontor Hamburg MMKH
Prof. Dr. Petra Grell, Technische Universität Darmstadt
Dr. Vania Guerra, Zürcher Hochschule für angewandte Wissenschaften
Herr Jörg Hafer, Universität Potsdam
Frau Britta Handke-Gkouveris, Universität Hamburg
Dr. Thomas Hermann, Pädagogische Hochschule Zürich
Dr. Klaus Himpsl-Gutermann, Pädagogische Hochschule Wien
Dr. Eveline Hipeli, Pädagogische Hochschule Zürich
Prof. Dr. Brigitte Hipfl, Universität Klagenfurt
Dr. Sandra Hofhues, Zeppelin Universität
Dr. Peter Holzwarth, Pädagogische Hochschule Zürich
Prof. Dr. Theo Hug, Universität Innsbruck
Prof. Dr. Isa Jahnke, Umea University, Schweden
Dr. Stefan Andreas Keller, Universität Zürich
Prof. Dr. Michael Kerres, Universität Duisburg-Essen
Prof. Dr. Thomas Köhler, Technische Universität Dresden
Dr. Thomas Lerche, Ludwig-Maximilians-Universität München
Frau Andrea Lißner, Technische Universität Dresden
Frau Anja Lorenz, Technische Universität Dresden
Dr. Eileen Lübcke, Universität Bremen
Dr. Maren Lübcke, Zürcher Hochschule für angewandte Wissenschaften
Prof. Dr. Ulrike Lucke, Universität Potsdam
Prof. Dr. Johannes Magenheim, Universität Paderborn
Dr. Björn Maurer, Pädagogische Hochschule Zürich
Prof. Dr. Kerstin Mayrberger, Universität Augsburg
Prof. Dr. Dorothee Meister, Universität Paderborn
Prof. Dr. Heinz Moser, Pädagogische Hochschule Zürich
Prof. Dr. Wolfgang Mueller, Pädagogische Hochschule Weingarten
Dr. Claude Müller Werder, Zürcher Hochschule für angewandte Wissenschaften
Dr. Carsten Müssig, Universität Potsdam
Dr. Jörg Neumann, Technische Universität Dresden
Dr. Nicolae Nistor, LMU/UniBw München/Walden U
Herr Maxime Pedrotti, Ludwig-Maximilians-Universität München
Dr. Angela Peetz, Universität Hamburg
Prof. Dr. Gabi Reinmann, Zeppelin Universität
Dr. Christoph Rensing, Technische Universität Darmstadt
Prof. Dr. Matthias Rohs, Technische Universität Kaiserslautern
Herr Eike Rösch, Pädagogische Hochschule Zürich
Prof. Dr. Mandy Schiefner-Rohs, Technische Universität Kaiserslautern
Dr. Sandra Schön, Salzburg Research Forschungsgesellschaft
Prof. Dr. Ulrik Schroeder, RWTH Aachen
Prof. Dr. Rolf Schulmeister, Universität Hamburg

Frau Ursula Schwander, Universität Basel
Dr. Eva Seiler Schiedt, Universität Zürich
Dr. Judith Seipold, London Mobile Learning Group, LMLG
Prof. Dr. Christian Spannagel, Pädagogische Hochschule Heidelberg
Dr. Thomas Strasser, Pädagogische Hochschule Wien
Prof. Dr. Jörg Stratmann, Pädagogische Hochschule Weingarten
Prof. Dr. Christian Swertz, Universität Wien
Dr. Anne Thillosen, Institut für Wissensmedien Tübingen
Prof. Friederike Tilemann, Pädagogische Hochschule Zürich
Dr. Alexander Tillmann, Universität Frankfurt
Frau Alexandra Totter, Pädagogische Hochschule Zürich
Prof. Dr. Bernd Trocholepczy, Universität Frankfurt
Dr. Vincent Tscherter, Mittelschul- und Berufsbildungsamt Zürich
Dr. Benno Volk, ETH Zürich
Dr. Klaus Wannemacher, HIS Hochschul-Informations-System GmbH
Prof. Dr. Karsten Wolf, Universität Bremen
Prof. Dr. Nicola Würffel, Pädagogische Hochschule Heidelberg

Gesellschaft für Medien in der Wissenschaft (GMW)

Medien sind mehr denn je Werkzeug und Objekt der Wissenschaft. So kann die Bedeutung der digitalen und online Medien im Kontext des wissenschaftlichen Lehrens und Forschens kaum überschätzt werden. Die GMW hat sich zur Aufgabe gemacht, diesen Prozess reflektierend, gestaltend und beratend zu begleiten. Dabei begreift sich die GMW als internationales Netzwerk zur inter- und transdisziplinären Kommunikation zwischen Theorie und Praxis im deutschsprachigen Raum. Anwender und Forschende aus den verschiedensten Disziplinen kommen durch die GMW miteinander in Kontakt.

Mitte der neunziger Jahre begründete die GMW zusammen mit dem Waxmann Verlag die Buchreihe „Medien in der Wissenschaft", woraus Ihnen hier ein weiterer Band vorliegt. Im Fokus der Buchreihe stehen hochschulspezifische Fragestellungen zum Einsatz neuer Medien. Für die GMW geht es dabei um die gestalterischen, didaktischen und evaluativen Aspekte dieser Medien sowie deren strategisches Potenzial für die Hochschulentwicklung, weniger um deren technische Seite. Autoren und Herausgeber mit diesen Schwerpunkten sind eingeladen, die Reihe für ihre Veröffentlichungen zu nutzen. Informationen zu Aufnahmekriterien und -modalitäten sind auf der GMW-Webseite unter www.gmw-online.de zu finden.

Jährlicher Höhepunkt der GMW-Aktivitäten ist die europäische Fachtagung im September. Dabei wechseln sich deutsche, österreichische und schweizerische Hochschulen als Veranstalter ab. Die Konferenz fördert die Entwicklung medienspezifischer Kompetenzen, unterstützt innovative Prozesse an Hochschulen und Bildungseinrichtungen, verdeutlicht das Innovationspotenzial neuer Medien für Reformen an den Hochschulen, stellt strategische Fragen in den Blickpunkt des Interesses und bietet ein Forum, um neue Mitglieder zu gewinnen. Mit der Konferenz 2014 machen wir deutlich, wie Lehrräume zugleich Lernorte und Ort wissenschaftlicher Reflexion sein können.

Bereits seit 1997 werden die Beiträge der Tagungen in der vorliegenden Buchreihe publiziert, seit 2011 auch als OPEN ACCESS PUBLICATION mit freiem Zugang auf den Webseiten des Verlages. Eng verbunden mit der Tagung waren die jährliche Ausrichtung und Verleihung des MEDIDA-PRIX durch die GMW für herausragende mediendidaktische Konzepte und Entwicklungen in den Jahren 2000–2008 unter Schirmherrschaft und mit Förderung der Bundesministerien aus Deutschland, Österreich und der Schweiz.

Die GMW ist offen für Mitglieder aus allen Fachgruppierungen und Berufsfeldern, die Medien in der Wissenschaft erforschen, entwickeln, herstellen, nutzen und vertreiben sowohl in Form einer individuellen wie auch einer institutionellen Mitgliedschaft. Für diese Zielgruppen bietet die GMW ein gemeinsames Dach umso die Interessen ihrer Mitglieder gegenüber Öffentlichkeit, Politik und Wirtschaft zu bündeln. GMW-Mitglieder profitieren von folgenden Leistungen:

- Reduzierter Beitrag bei den GMW-Tagungen,
- Gratis-Tagungsband unabhängig vom Besuch der Tagungen,
- Kommunikation zu aktuellsten Entwicklungen in Forschung und Lehre im Fachgebiet.

Informieren Sie sich, fragen Sie nach und bringen Sie Ihre Anregungen und Wünsche ein. Werden Sie Mitglied in der GMW! [www.gmw-online.de]